채권자 취소권

제 4 판

이순동 저

육 법 사

제4판의 머리말

이 책의 제3판이 나온 2017. 4. 이후 채권자취소권에 관한 실무와 학계는 성숙기에 들어섰다고 볼 수 있다. 판례가 양적으로 많이 생산되지는 않았지만 특히 채권자취소권 행사의 효과에 관하여 눈에 띄는 사례가 보이고, 학계에서도 채권자취소권에 관한 이론의 근본적 문제점과 실무에 대한 반성 아래 그 대안을 제시하려는 움직임이 있다.

한편 해외로 눈을 돌리면 채권자취소권을 절대적 무효로 한 일본 민법이 시행되었다. 이웃 일본 민법 개정이 우리 민법 개정이나 실무에 상당한 영향을 줄 수 있으므로, 그 내용을 설명하고 그에 따라 실무에 미칠 영향을 분석하였다. 다만 이러한 일본 민법의 태도는 채권자취소권의 연혁이나 세계적 흐름과는 거리가 있는 입법으로서 채권법의 세계화라는 글로벌 기준에 맞지는 않다는 점을 유의해야 한다. 우리 민법을 개정할 때 타산지석으로 삼아야 할 것이다.

우리나라의 취소권은 프랑스민법을 수계한 입법이면서도 독립 법전을 가지고 있는 독일의 해석론을 도입하였다. 또한 채권자취소권 행사가 모든 채권자의 이익을 위하여 효과가 있다는 규정(개정 전 일본민법 425조, 우리 민법 407조)과 부동산에 대하여는 수익자 명의로 된 등기를 채무자에게 회복시키는 일본의 실무를 이어받았다. 그 결과 취소의 상대효와 관련하여 많은 이론적 모순과 혼란이 있다. 이와 관련되어 학자들과 실무가들의 연구업적이 이 책에 소개되어 있다. 그 외에도 새로 나온 대법원 판결 중에서 실무적으로 의미 있는 내용은 모두 언급하였다(대법원 판결 중 병합 사건은 편의상 주된 사건의 사건 번호만을 적었다.)

법률은 언어를 수단으로 하는 인류문명 최고의 결정체이다. 그래서 서로의 원만한 소통이 필수적이다. 이 책이 보다 쉽게 읽혔으면 하는 바람을 담아 문투를 바꾸었다. 꼭 필요하지 않은 연결사나 부사어를 과감히 빼고, 일반적으로 사용하지 않는 일본식 말투를 일상용어로 바꾸어, 더 간결하고 거부감 없이 읽힐 수 있도록 하였다. 판례를 인용할 때도 일본어 문투를 자연스러운 우리말로 바꾸어 읽는데 저항감을 조금이나마 없앴다.

제4판을 내는 과정에서 육법사 백욱 전 사장님이 서거하셨다는 가슴 아픈 소식을 들었다. 법률서적의 편찬 환경이 척박한 시절부터 언제나 따뜻한 마음과 출판인의 양심으로 많은 출판인과 법조인들로부터 존경을 받아 온 분이다. 필자 또한 그 분의 따뜻한 격려와 충고를 아직도 잊을 수 없다. 이 자리를 빌어 백욱 사장님의 명복을 빕니다. 다행히 송정례 사장님이 그 뒤를 이어 육법사의 전통을 이어가신다고 하니 얼마나 다행인지 모른다. 육법사의 무궁한 발전을 기원한다. 그리고 꼼꼼한 교정과 편집을 해주신 육법사의 편집관계자들에게도 다시 한번 감사드린다.

2022년 입춘에 안동에서

이 순 동 씀

제3판의 머리말

이 책의 개정·증보판이 발간된 것이 2012. 12.로 4년이 지났다. 개정·증보판은 초판에 비하여 질적으로나 양적으로 많이 보강되었으나, 그 후 상당한 시간이 흘러 새로운 입법과 판례 및 참고자료가 많이 나왔다. 특히 신탁법의 개정으로 사해신탁부분을 대폭 손질할 필요가 있었다. 사해행위취소소송은 지금도 변함없이 법원의 소송유형 중 매우 중요한 위치를 차지하고 있다. 다만 과거에 비하여 사해행위에 관한 대법원 판례가 많이 나오지 않은 것은, 이미 쟁점이 될 수 있는 부분에 대한 판례이론이 어느 정도 정립되어 있기 때문이 아닌가 생각된다. 한편 해외로 눈을 돌리면 일본 민법(채권법 분야) 개정안이 확정되어 국회의 심의를 기다리고 있다. 또한 미국의 사해행위취소법이 2014년에 개정되면서 그 명칭도 UVTA로 바뀌었다. 필자는 초판을 낸 그해 12월에 오랫동안 종사하던 변호사업무를 접고 법원으로 직장을 옮겼다. 그동안 재야의 안목에서 보던 채권자취소권을 재조의 안목에서 보는 기회를 가졌고, 그 시기에 사해신탁에 관한 논문을 사법논집에 발표하였다. 위 글은 그 후 영문으로 번역되어 해외에 소개되었다. 제3판을 출판하는 현재는 영남대학교 법학전문대학원의 교수로 자리를 옮기면서 로스쿨 학생들에게 강의하고 학문적인 연구를 하는 새로운 안목에서 채권자취소권을 바라볼 수 있게 되었다. 필자는 채권자취소권에 관한 관심을 가지고, 일본 민법 개정안 중 사해행위취소권에 관한 부분과 미국 사해행위취소권에 관한 논문을 발표하였다.

이번 제3판에서도 일반적으로는 개정·증보판에서 설명한 바와 같은 체계를 유지하였다. 다만 책의 전체 내용을 [1]에서 [48]로 분류하여 이를 책의 상단에 표시하고, 책의 내용을 인용할 때도 위 번호를 사용함으로써, 독자들이 서로 연관되는 내용을 보다 쉽게 검색할 수 있도록 하였다.

그리고 신탁이 우리에게 낯선 제도임에도 불구하고 매우 빈번하게 이용되고 있는 현실을 감안하여, 사해신탁 부분을 대폭 보강하고, 새로운 판례와 그에 대한 평석을 덧붙였으며, 부록의 독일과 미국의 개정된 채권자취소법도 읽기 쉽게 정리하였다.

그 외에 제3판의 새로운 내용이나 특징은 뒤의 (일러두기)를 참조하기 바란다.

제3판을 내는 과정에서도 육법사 백욱 사장님의 변하지 않는 따뜻한 격려와 충고에 감사드린다. 그리고 꼼꼼한 교정과 편집을 해주신 육법사의 편집관계자들에게도 다시 한번 감사드린다.

2017년 정초에

이 순 동 씀

개정 · 증보판 머리말

이 책의 초판이 발간된 것이 2010. 6.로 2년이 지났다. 부끄러움을 무릅쓰고 초판을 발간한 후 많은 분들의 가르침을 받을 수 있었던 것은 무엇보다 큰 보람이다. 초판의 모든 내용은 이미 법원 코트넷에 등록되어 있다. 이를 계기로 여러 분들이 필자가 잘못 이해하고 있는 부분에 관하여 적절히 지적하여 주셨다. 사해행위취소소송은 지금도 변함없이 법원의 소송유형 중 매우 중요한 위치를 차지하고 있다. 특히, 체계적인 법조문이 없어 사실상 판례법으로 이론이 정립되어 왔고 지금 이 순간에도 계속 발전하고 있는 분야이다. 그래서 초판을 낸 후 2년이 흘렀으나 다른 분야에 비한다면 10년 넘게 지난 것 같은 느낌이 들 정도이다. 실제로 그동안에도 새로운 판례가 많이 나왔다. 초판을 내고 난 뒤에 가능하면 빨리 개정 · 증보판을 내겠다고 생각하였으나 여러 가지 여건 때문에 필자의 의욕대로 되지는 못하였다. 무엇보다 필자가 초판을 낸 그해 12월에 오랫동안 종사하던 변호사업무를 접고 법원으로 직장을 옮긴 것이 큰 원인이 될 수 있다. 비록 법조생활을 법관으로 시작한 필자였으나 15년의 긴 세월 동안 법원을 떠나 있다가 다시 법관이 된 후, 새로 배워야 할 많은 업무가 기다리고 있었고, 새로운 생활에 적응하는 것이 그리 만만치는 않았다. 그러나 한편으로 대법원을 비롯한 모든 하급심 판례와 각종 법률문헌들이 신속하게 제공되고, 특히 법원도서관에서 제공하는 제일법규법률정보(D1-law) 및 TKC Law Library에서 생생한 일본의 판례와 문헌을 비롯한 영미나 독일의 자료를 모두 검색할 수 있다는 점은 무엇보다 다행스럽고 고마운 일이었다. 필자는 2011년 가을학기부터 로스쿨에서 강의를 시작하게 되었고, 2012년 봄 학기에는 영남대학교 로스쿨에서 민사재판실무를 강의하면서, 학생들에게 채권자취소권을 쉽게 정리해서 강의하고 싶은 생각이 들었다. 그래서 초판을 다시 검토하면서 새로 나온 판례를 정리하고 한편으로는 필자가 잘못 이해하고 있었거나 충분히 이해하지 못한 부분을 검증하면서 강의안을 만들기로 하였다. 그 과정에서 개정 · 증보판이 조금은 빨리 그리고 조금은 더 충실한 내용으로 나올 수 있었던 것이 아닌가 하는 생각이 든다. 필자에게 강의를 맡겨준 법원과 영남대학교, 그리고 부족한 강의나마 열심히 들어준 학생들에게 고마운 마음을 전하고 싶다.

이번 개정・증보판에서도 일반적으로는 초판에서 설명한 바와 같은 체계를 유지하였다. 다만 독자들에게 조금이라도 읽기 쉽게 하기 위한 노력으로 각론에 해당하는 '사해행위의 유형'을 별개의 「제4장」으로 분리하고, 판례를 간단한 문장으로 바꾸어 이해도를 높였다.

또한 제9장에 '부인권'을 새로 추가하여, 채권자취소권과 그 연혁을 같이 하는 제도로서, 이론적으로나 운용상 상호 보완적 관계에 있는 부인권의 개념과 함께 채권자취소권과의 관계를 종합적으로 정리하였다.

그리고 부록에는 독일과 미국 채권자취소법의 원문과 번역문을 함께 실었다. 이들은 모두 채권자취소권을 '도산 외 부인절차'의 개념으로 운영되고 있다. 우리 채권자취소제도의 정비와 바람직한 운용을 위한 참고자료가 되리라 믿는다.

그 외에 개정・증보판의 새로운 내용이나 특징은 뒤의 (일러두기)를 참조하기 바란다.

개정・증보판을 내는 과정에서도 육법사 백욱 사장님의 따뜻한 격려와 충고에 깊이 감사드린다. 그리고 꼼꼼한 교정과 편집을 해주신 육법사의 편집관계자들에게도 다시 한번 감사드린다.

2012. 여름날에

이 순 동 씀

머 리 말

이 책은 필자가 2000. 4. 17. 대구지방변호사회 소송실무연구회에서 발표한 후, 2004. 4. 19. 그 내용을 보완하여 다시 발표하였다가, 짬짬이 새로 나온 판례를 보충하면서 소송활동에 참고로 하여온 것을 종합적으로 다시 정리한 것이다. 당초 발표할 때만 하더라도 채권자취소소송이 하급심에서 봇물 터지듯 밀려들었지만 많은 분야에서 우리나라 판례가 없어서 주로 일본의 판례와 이론을 참조하였다. 그러나 10년 동안 채권자취소소송은 우리 법원의 가장 빈번한 소송형태의 하나로 자리 잡으면서, 여러 가지 쟁점에 관하여 대법원을 비롯한 하급심의 판단과 연구 성과가 쌓여 있는 상황이 되었다.

그러나 채권자취소권의 행사는 해당 민법 조문이 위치하는 채권법 분야는 물론이고, 물권법(저당권이나 변제충당 등), 친족상속법(재산분할이나 상속포기 등) 분야에서 집행법 분야를 비롯한 관련된 모든 영역(공탁법, 신탁법, 가등기담보법이나 부동산실명법, 채무자회생법 등)에 걸치는 하나의 거대한 법체계를 형성하고 있는 방대한 영역으로서, "채권자취소소송법"이라는 하나의 법 영역을 이루고 있다고 하여도 과언이 아니다. 채권자취소권은 지난 10년 동안 활발히 이용되어 오는 과정에서 사회・경제적 변화와 함께 실무의 현실을 재조명할 필요성이 대두되고, 이론적인 정합성과 구체적 타당성의 입장에서 나온 비판을 수용함으로써, 현재에도 여러 가지 쟁점에 관한 판례와 실무이론이 형성되어 가는 중이다. 그래서 채권자취소소송의 현장에서 그때그때 나오는 판례를 면밀히 분석하지 않고는, 채권자취소권의 문제점이나 판례의 진정한 취지를 제대로 파악하여 실무에 응용하는 것은 그리 쉬운 일이 아니다. 그래서 필자는 현재까지 나온 판례를 기초로 하여, 각종 논문과 단행본을 정리하여 필자 나름대로의 실무 매뉴얼을 만들어 보고 싶었다. 그러나 당초 간단하게 생각하였던 일이 예상보다는 풍부한 연구 업적과 판례의 집적 및 필자의 무능력 때문에, 이 일이 필자의 능력을 뛰어넘는 힘든 일이라는 사실을 통감하게 되었다. 다만 부족한 가운데서 독자들의 질책을 기꺼이 받아 다시 공부하여 깨닫는 것이 필자의 부족한 능력으로 혼자 고민하는 것보다는 낫겠다는 생각에 부끄러움을 무릅쓰고 이 책을 출간하게 되었다.

이 책은 체계적인 구조 속에서 판례를 소개하고 분석한 것으로서 채권자취소소송 실무에 있어서 크게 보아 총론적인 성격을 가지고 있다. 그러나 다른 한편으로 시각을 바꾸어 각종 사해행위의 유형인, 매매, 대물변제, 채무면제, 저당설정, 채권포기 등으로 분류하여, 사해행위의 유형별로 행위의 성립 여부로부터 원상회복의 절차를 분석하는 것도, 사해행위소송의 생동하는 사례의 흐름을 있는 그대로 접할 수 있어, 사해행위 판례를 이해하고 문제점을 파악하는 데 도움이 될 것이다. 이러한 분석은 각론에 해당된다고 할 수 있을 것인데 이 부분에 관하여는 오래 전부터 경험을 축적하여 온 일본에서 충분한 검토가 이루어져 있으므로, 일본의 하급심 판례를 비롯한 선례를 많이 참작하였다.

우리 민법은 채권자취소권에 관하여 제406조와 제407조의 단 두 개 조문만을 두고 있을 뿐이어서, 대부분 학설과 판례에 의존하여 문제를 해결할 수밖에 없는 실정이고, 현재도 계속 판례가 형성되어 가는 중이다. 그 과정에서 채권자취소소송이 제대로 운영되기 위해서는, 그 길잡이가 될 제도의 근본적인 취지에 대한 이론적인 연구도 게을리 하여서는 안 된다. 그러나 이론적인 깊은 연구는 현재로서는 필자의 능력과 여건을 넘어서는 것이어서 가까운 미래에 이 분야를 학문적으로 연구하는 분과 함께 집필하면서 필자의 부족한 부분을 메울 예정이다.

이 책이 나오기까지 대구지방변호사회 회원들과 법무법인 세영의 변호사님들 및 직원들의 성원과 귀한 자료를 챙겨준 경북대학교 법학대학원 박사과정 민법 전공 권경은 군의 노고에 감사드리고, 육법사의 백욱 사장님의 고마운 충언에 깊이 사의를 표하며, 꼼꼼한 교정과 편집을 해주신 육법사의 편집관계자 분에게도 다시 한번 감사드린다.

마지막으로 이 졸저는 못난 아들을 자랑스럽게 여기시던 아버님과 꽃같이 가신 어머님의 영전에 바친다.

2010. 5.

이 순 동 씀

이 책의 특징(일러두기)

이 책은 학술적인 목적이 아니라 실무를 위한 현장 매뉴얼을 지향하였기 때문에 채권자취소권에 관한 이론적 연구나 논쟁의 상세한 설명은 가급적 피하고, 주로 채권자취소소송의 현장에서 나타나는 실무상의 문제점을 가능하면 두루 파악하여 정리하는 것을 목적으로 하고, 그에 관한 이론은 필요한 만큼만 간단히 언급하는 것으로 하였다. 실무상 무엇이 쟁점으로 되어 있는지는 법원의 선례, 즉 살아있는 법으로부터 직접 파악하는 것이 가장 효과적인 방법이다. 그러나 판례들이 있는 그대로의 상태에서는 실무가들이 현장에서 그 정확한 취지를 신속하게 파악하는 것은 쉽지 않고 비효율적이다. 잘 정리된 법이론은 실무에서 가장 효율적이고 실용적인 가치가 있다는 것은 영미의 법률가들도 익히 인식하고 있다. 채권자취소권은 그 본질론에서부터 여러 가지 어려운 학설의 대립이 있고 이를 충분히 검토할 가치도 있으나, 이 책은 실무 매뉴얼의 성격상 통설, 판례인 절충설과 상대적 무효론의 입장을 따르는 것을 원칙으로 하되, 이를 이해하기 쉽도록 프랑스와 독일, 그리고 일본의 학설사와 그 개념을 정리하였다.

이 책에는 가능하면 최근까지 나온 판례를 모두 검토하여 그 판례의 취지와 체계적인 위치를 자리매김함으로써 실무 매뉴얼로서의 역할에 충실하도록 노력하였다. 그래서 대법원의 주류적인 판례와는 다른 견해의 판결도 소개함으로써, 선례로서의 가치가 없더라도 실무에서 인용되는 경우에 대처할 수 있도록 하였다. 그리고 아직 대법원 판례가 나오지 않은 부분에 대하여는 하급심 판결과 오랜 경험을 축적한 일본의 선례와 이론도 함께 소개함으로써 그 부분에 대한 대처에 도움이 되도록 하였다. 또한 하나의 판례가 여러 항목에서 언급되는 경우가 많은데, 이는 판시사항이 여러 가지 쟁점에 걸친 판례가 있고, 쟁점마다 서로 연관되는 경우가 있기 때문이다. 판시사항이 동일하다 할지라도 사실관계가 달라지면 그 법률효과나 작용이 달라지는 경우도 있다. 그러한 경우에는 사실관계도 언급하였다. 다만 판례의 사실관계를 장황하게 언급하는 것은, 실무에서 발생하는 법률적 문제점을 신속하게 검색하여 해결할 수 있게 하려는 이 책의 본래 목적상 바람직하지 않기 때문에, 사실관계에 관한 언급은 비교적 간단하게 하고, 지나치게 긴 내용은 각주로 돌렸다. 따라서 판례의 전문을 읽지 않더라도 법률적인 문제점은 어느 정도 파악할 수 있을 것이나, 좀 더 시간적 여유를 가지고 문제점을 파악하고자 하는 독자는 각주를 꼼꼼히 읽고 거기에 언급된 판례를 검색하여 연구할 필요가 있다.

이 책은 특히 실무가들이 채권자취소소송의 와중에 의문이 생기는 부분이 있을 때, 그 부분을 신속히 찾아내어 판례와 실무 이론을 파악할 수 있도록 목차의 검색기능을 강화하였다. 그래서 목차의 일람성을 높이기 위하여 체계적으로 순서를 정하고, 다소 제목이 길더라도 세분하여 제목을 달았다. 또한 덧붙여 사항색인이나 판례색인을 충실히 하도록 하였다.

이 책의 내용을 목차별로 간단히 설명하면 아래와 같다.

제1장에서는, 채권자취소권과 연혁적으로 같은 목적을 가진 채권자대위권 항목을 신설하였다. 채권자대위권은 채권자취소권과는 달리 로마법에 기원하지 않고, 프랑스 구 관습법(Ancienne Droit)에 기원을 두고 있지만, 프랑스민법에 도입될 당시에는 채권자취소권과 함께 채권자의 책임재산 확보라는 동일한 목적을 가지고 있었다. 그리고 채권자가 채무자를 매개로 하여 제3채무자 혹은 수익자(전득자)를 상대로 하여 권리를 행사한다는, 매우 유사한 구조를 가지고 있는 제도이고, 해석상으로도 서로 연관되거나 비교의 대상이 될 수 있다. 그러나 권리의 본질적 차이로 말미암아 차이가 있으므로, 취급상 그 차이점을 중심으로 설명하였다. 이는 채권자취소권의 본질과 구조를 이해하는 데에도 많은 도움이 될 것이다.

또한 채권자취소권의 연혁과 관련하여 로마법으로부터 프랑스법, 독일법과 그 학설, 그리고 미국법과 일본법에 관하여 보다 상세한 설명을 부가하였다. 채권자취소권이나 부인권의 연혁적·비교법적 연구는 취소권의 합리적인 해석에도 많은 도움을 줄 것은 당연하지만, 한편 앞으로의 입법론적인 방향을 제시함에도 좋은 자료가 될 수 있기 때문이다. 필자는 취소권이 '도산 외 절차에서 부인권(취소권)'이 되어야 하고, 그런 점에서 부인권과는 상호 보완적인 관계를 가지고 운용되는 것이 바람직하다고 생각한다. 또한 그러한 사고의 틀이 연혁적으로나 비교법적으로 일반적(global)이라는 점을 눈여겨 보아주기 바란다. 우리 민법이 세계시장에서 이해하기 어려운 블랙박스와 같은 존재가 되어서는 국제거래에서 준거법으로 될 수 없을 것이다. 이와 관련하여 부록에는 채권자취소권에 관한 단행 법률을 가지고 있는 독일과 미국법을 원문과 번역 및 이를 이해하는 데 도움이 되는 간단한 주석과 함께 소개하였다.

마지막으로 새로 도입된 재산분할청구권을 피보전권리로 한 채권자취소제도를 설명하였다.

제2장 채권자취소권의 성질에서는, 이에 관한 일본 판례의 큰 흐름을 살펴보았다. 원래 채권자취소권의 성질에 관한 학설은 프랑스와 독일에서 비롯되어, 그 중 독일의 학설이 주로 일본에 수입되었지만, 일본법의 독특한 특징(특히 우리 민법 제407조에 해당하는 일본 민법 제425조) 때문에, 독일이나 프랑스와는 내용이 다른 학설이 주장되고 실무관행이 정착되었다. 그리고 이러한 일본의 학설과 실무는 우리나라에 그대로 계수되어 오늘에 이르게 되었다. 그래서 제1장에서 설명한 프랑스와 독일의 학설을 배경으로 하여, 일본 학설의 흐름을 설명하고, 채권자취소권에 관한 우리 실무 이론(특히 상대적 무효론)의 일반론과 이를 실제로 원상회복의무의 형태에 따라 적용하였을 때, 학설의 큰 윤곽 속에서 어느 위치에 있는가 하는 점을 짚어 보았다.

제3장은 채권자취소권의 요건인 피보전채권, 사해행위 및 사해의사(통모)를 중심으로 채권자취소권의 구성요건을 분석한 부분이다.

I. 피보전채권은, 어떠한 채권이 피보전채권이 될 수 있는가 하는 점을 검토하되, 특히 장래채권의 피보전채권으로서의 적격성 여부가 실무에서 가장 문제가 된다.

Ⅱ. 사해행위는, 사해행위의 객관적 요소로서, 부동산명의신탁을 비롯하여, 행위의 주체와 관련된 문제, 법률행위의 종류, 신분적 법률행위, 행위의 사해성, 행위의 배신성, 사해성의 판단기준시 등이 문제된다.

Ⅲ. 악의와 통모에서는 사해행위의 주관적 요소로서, 언제 악의가 필요하고, 언제 통모가 필요한지, 악의가 가지는 의미, 악의의 승계, 입증책임 등을 설명하였다.

제4장 사해행위의 유형은, 채권자취소소송의 각론에 해당하는 것으로서 사해행위를 변제, 대물변제, 담보의 제공, 무상행위, 채권양도, 채무면제, 신분법상의 행위, 등기나 대항요건구비행위, 소송행위, 부작위, 회사의 설립, 부존재의 행위, 허위의 행위, 어음행위, 신탁행위 등으로 나누어 각 행위에 따른 특유한 문제들을 검토하였다.

제5장 채권자취소권 행사는, 행사의 주체, 방법, 관할법원, 당사자, 소송물, 범위, 반환의 방법, 가액반환에 대하여 설명하였다. 그 중 Ⅵ. 취소·반환의 범위와 Ⅶ. 반환의 방법, 그리고 특히 Ⅷ. 가액반환이 특히 많은 쟁점이 있는 부분이다.

제6장 취소의 효과에서는, 취소의 상대적 효력과 채권자평등의 원칙이라는 다소 이율배반적인 원칙에 따른 여러 가지 문제점이 검토된다. 여기서는 취소채권자를 중심으로 다른 채권자, 채무자, 수익자(전득자), 수익자의 채권자 사이의 관계가 문제되고, 사해행위취소로 인한 반환 목적물의 종류에 따라 채권만족의 방법에 차이가 있다는 점을 설명하고, 가액배상과 관련된 집행법상의 문제를 다룬다.

제7장은 특히 실무상 매우 중요한 역할을 하는 1년의 제척기간과 관련하여 제기되는 쟁점들을 설명하였다.

제8장 채권자취소소송의 실무는, 취소권을 피보전권리로 하는 보전처분에 관한 부분은 물론이고 소송실무에서 필요한 내용을 언급하였다. 특히 주장과 항변으로 나누어 설명하였기 때문에 요건사실에 따른 소송 운영과 판결

문 작성에 도움이 될 것으로 믿는다. 이 부분은 앞에서 나온 내용을 반복하여 설명한 부분도 있으나, 이는 이론에 대한 실전연습의 의미를 가지고 있다고 보면 될 것이고, 로스쿨 학생들의 실무연습에도 도움이 될 수 있을 것이다.

제9장에서 '부인권'을 새로 추가하였다. 부인권은 채권자취소권과 그 연혁을 같이 하는 제도이고 이론적으로나 운용상 상호 보완적 관계에 있다. 그래서 제1장에서 제8장까지 관계되는 부분에서 부인권에 관하여 개별적으로 언급하였지만, 부인권의 개념과 함께 채권자취소권과의 관계를 종합적으로 정리해 보는 것이 부인권과 취소권의 관계에 관한 이해에 도움이 되리라 생각되어 이를 추가하였다.

부록에서는, 독일과 미국 채권자취소법의 원문과 번역문을 함께 실었다. 필자는 거의 대부분 판례법으로 발전한 우리 채권자취소제도의 정비와 바람직한 운용을 위하여 독립된 법률이 필요하다는 생각을 가지고 있다. 그런 점에서 대륙법 국가인 독일법은 우리의 입법에 많은 시사를 줄 것이다. 또한 판례법 국가인 미국이 독립된 모델법을 가지고 있다는 것은, 채권자취소법이 단순한 실체법상의 권리로서가 아니라, 절차법적으로도 일률적 규율의 필요가 있다는 사실을 말해주고 있다. 위에서 말했지만 독일이나 미국 모두 채권자취소권은 도산 외 부인절차의 개념을 가지고 있는 제도인 점을 유의하여야 한다.

* 사례를 설명할 때, 달리 설명이 없으면 편의상 <u>채권자는 X</u>(채권자가 다수일 때에는 X1, X2…로 함, 이하 같다), <u>채무자는 S</u>, <u>수익자는 Y</u>, <u>전득자는 Z</u>, 특히 채권양도에서 <u>제3채무자는 D</u>로 표시하기로 한다.

| 참 고 문 헌 |

* 참고문헌을 본문에서 인용할 때, **필자와 문헌의 제목**만을 기재하고, 단행본 중에서 자주 인용되는 부분은 약어를 사용한다. 또한 대법원판례해설과 같이 제목이 지나치게 길 경우에는 저자와 대법원판례해설집의 호수(혹은 연도수)나 논문집(연도)을 기재한다.

■ 논문

강선명, 미국 파산절차 실무, 법조 통권 572호, 법조협회 2004.

강성국, 채무초과상태에 있는 채무자가 타인 소유의 부동산을 매수하여 자신의 아들 명의로 명의신탁등기한 후 채권자 중의 한 명에게 대물변제로 양도한 경우 채권자인 원고가 그 명의신탁약정을 사해행위로 취소하고 위 약정 이후 이루어진 소유권이전등기의 말소 및 매도인을 상대로 채무자를 대위하여 소유권이전등기의 이행을 구할 수 있는지 여부, 대법원판례해설 49호, 법원도서관.

강진우, 사해행위취소소송의 제문제, 재판실무연구, 서울남부지방법원 2010.

강효인, 부동산 매매계약 해제에 따른 매수인의 원상회복의무 이행이 사해행위에 해당하는지, 민사법연구 17집, 대한민사법학회 2009.

고경우, 채권자취소권에 있어서의 피보전권리, 판례연구 9집, 부산판례연구회 1998.

고경우, 채권자취소권의 주관적 요건, 판례연구 17집, 부산판례연구회 2006.

고상룡, 사해행위 취소, 판례월보 130호, 판례월보사 1981. 7.

고원석, 임금채권의 변제와 파산법상의 고의부인, 민사재판의 제문제 11권, 한국사법행정학회 2002.

고재민, 어음발행행위의 사해행위 인정 여부 및 채권자취소에 따라 회복될 채권이 장래의 미확정채권인 경우 원상회복의 방법과 범위에 있어서의 특수성, 부산판례연구회 판례연구 15집, 2004.

김건우, 사해행위인 근저당권설정계약의 취소와 배당이의소송, 재판과 판례 20집, 대구판례연구회 2011.

김관재, 국세징수법상의 사해행위 취소소송에 민법 제406조 제2항의 제소기간규정이 준용되는지 여부, 대법원판례해설 16호, 1992.

김능환, 채권자취소권의 행사방법 : 부동산이 전전양도된 경우를 중심으로, 민사재판의 제문제 6권 31면, 1991.

김능환, 유류분 반환청구, 상속법의 제문제(재판자료 78집), 법원도서관 1998.

김대원, 사해행위취소소송에서 피보전채권을 변경하는 것이 소의 변경에 해당하는지 여부, 대법원판례해설 44호, 2004. 1.

김대정, 채권자취소권의 피보전채권의 성립시기, 민사법학 17호, 한국사법행정학회

1999. 4.
김병재, 제3채무자가 가압류채무자에 대한 반대채권으로써 상계할 수 있는 요건, 민사판례연구 10권, 박영사 1988.
김상용, 매매예약의 사해행위성 여부, 법률신문 2581호, 1997. 3.
김성용, 미국 파산법상의 부인권 개관, 법조 통권 507호, 법조협회 1998.
김용관, 사해행위로서 근저당권설정등기가 마쳐지고 그 근저당권설정계약 중 일부만이 사해행위에 해당하는 경우 그 원상회복방법, 대법원판례해설 63호(2006년 하반기), 2007. 7.
김용덕, 미국법상 채무자의 강제집행면탈을 목적으로 한 재산도피 및 은닉 등을 방지하기 위한 제도, 외국사법연수논집(11)(재판자료 65집), 1994.(김용덕)
김용상, 채권자취소권과 특별사정에 의한 가처분취소, 민사판례연구 23권, 박영사 2001. 2.
김이수, 상사신탁에 비추어 본 신탁법 제8조 사해신탁법리의 재구성 - 토지개발신탁을 대상으로 하여 - , 상사판례연구 제22집 제3권, 한국상사판례학회, 2009.
김재범, 회사의 동일성, 채무면탈 목적과 법인격부인론의 적용, 경영법률 제22집 1호, 한국경영법률학회, 2011.
김재협, 집합동산양도담보, 사법연구자료 16집, 법원행정처 1989. 5.
김재형, 자산유동화에 관한 법률의 현황과 문제점, 민사판례연구 23권, 민사판례연구회 2001.
김재형, 채권자취소권의 본질과 효과에 관한 연구, 인권과 정의 329호, 대한변호사협회 2004. 1.
김재형, 2008년도 주요판례해설, 대한변호사협회 변호사연수원 2009.
김재형, 2010년 분야별 중요판례분석 민법 上, 법률신문 2011. 3. 31.
김재형, 법인격, 그 인정과 부정 - 법인격 부인 또는 남용에 관한 판례의 전개를 중심으로, 민사법학 제44호, 한국사법행정학회 2009.
김정도, 사해행위취소에 있어서 가액배상의 범위, 재판과 판례 13집, 대구판례연구회 2005.
김종필, 사해행위 취소와 원상회복의 효력을 받게 되는 채권자의 범위, 대법원판례해설 44호(2003년 상반기), 법원도서관 2004.
김종필, 회사정리법상 부인의 요건인 '지급정지'의 의미와 당좌거래정지처분이 지급정지의 구체적인 사례에 해당하는지 여부 및 이에 관한 인식이 수익자의 악의로 되는지 여부, 대법원판례해설 42호(2002년 하반기), 법원도서관 2003.
김주수, 사해행위취소와 부부별산제, 판례월보 316호 8면, 판례월보사 1997. 1.
김진현, 우리 도산법상 부인권에 관한 연구, 강원법학 11권, 1999.
김창종, 저당부동산의 대물변제가 사해행위인 경우, 그 사해행위 취소의 범위와 원상회복방법, 형평과 정의 12집 66면, 대구지방변호사회 1997.

김창종, 채권자취소권 행사에 의한 원상회복의 방법 및 내용, 사법논집 26집, 법원도서관 1995.

김천수, 2008년 민사(채권편)판례연구, 인권과 정의, 대한변호사협회 2009. 3.

김천수, 특정채권자를 위한 하도급약정과 약속어음발행의 사행성, 민사판례연구, 박영사 2004. 2.

김충섭, 채권자취소소송에 있어서 사해행위해석에 관한 판례의 동향, 특별법연구 제7권, 박영사 2005.

김형두, 담보권의 실행행위에 대한 관리인의 부인권, 민사판례연구 26권, 박영사 2004.

김형배, 채권자취소제도의 재구성, 고시계(31권 9호), 국가고시학회 1986.

노재호, 소멸시효의 원용－원용권자의 범위와 원용권자 상호간의 관계를 중심으로－, 사법논집 제52집, 법원도서관 2011.

민일영, 독일의 채권자취소제도, 재판자료 48권, 법원도서관 1989.

박기춘, 수익자의 고유채권자에 대한 사해행위취소의 효력, 판례연구 18집, 부산판례연구회 2007.

박병민, 불사용을 이유로 하는 상표등록취소심결에 대한 취소소송 계속 중 상표권자를 수익자로 하는 사해행위취소 판결이 확정되어 집행이 이루어짐으로써 그 상표등록이 말소된 경우, 상표권자의 피심판청구인 적격이 상실되는지 여부, 대법원판례해설 86호(2010 하반기), 2011.

박성철, 파산법상의 부인권, 파산법의 제문제(하), 재판자료 83집, 법원도서관 1999.

박성철, 사해행위와 가액배상액산정의 기준시, 판례연구 11집 137면, 부산판례연구회 2000.

박운삼, 사해행위의 수익자와 취소채권자의 채권의 소멸시효의 원용, 판례연구 21집, 부산판례연구회 2010.

박창현, 채권양도가 사해행위로 취소된 경우의 원상회복 및 법률관계, 판례연구 11집, 부산판례연구회 2000.

박 철, 갱생목적의 담보제공행위가 사해행위로 되는지 여부, 대법원판례해설 36호(2001년 상반기), 법원도서관 2001. 12.

박치봉, 원물반환을 청구취지로 하는 사해행위취소소송에서 가액배상판결을 할 수 있는가, 재판과 판례 11집, 대구판례연구회 2002.

박효열, 무자력상태에서의 담보제공행위와 사해행위, 대법원판례해설 6호, 1986.

배광국, 사해행위취소의 소에 있어서의 의무이행지 및 소유권이전등기 말소등기의무의 이행지, 대법원 판례해설 42호(2002년 하반기), 2003.

배성호, 채권자취소권에 있어서 특정물채권의 피보전채권성, 인권과 정의, 대한변호사협회 2004. 4.

백승엽, 채권자취소권과 배당, 사법논집 42집, 법원도서관 2006.

변동열, 유류분제도, 민사판례연구 25권, 박영사 2003. 2.

서인겸, “채권자취소권에 관한 몇 가지 쟁점”, 인권과 정의 395호, 대한변호사협회 (2009. 7.).

서인겸, “채권자취소권에서 채권자인 수익자의 보호에 관한 고찰”, 법조, 법조협회 (2010. 2.).

설민수, M&A의 한 방법으로서의 LBO에 대한 규제, 그 필요성과 방법, 그리고 문제점 : 대법원의 2004도7027 판결에 대한다른 시작 : 미국의 사해행위 취소와 한국의 배임죄 규제의 비교－미국의 사해행위 취소와 한국의 배임죄 규제의 비교－, 사법논집 45집, 법원도서관 2007.

설범식, 가. 수인의 채권자 중 특정 채권자에게 채무자의 유일한 부동산에 관하여 근저당권을 설정해 준 경우, 그 채권자로부터 차용한 금원의 사용처에 따라 사해행위의 범위가 달라지는지 여부, 나. 사해행위로 경료된 근저당권설정등기가 사해행위취소소송의 변론종결시까지 존속하고 있는 경우, 사해행위 이전에 설정된 별개의 근저당권이 사해행위 후에 말소된 사정이 원상회복의 방법에 영향을 미치는지 여부, 대법원판례해설 71호(2007 하반기), 법원도서관 2008.

성보기, 채권자가 이미 가압류를 해 둔 상태에서 채무자가 동일부동산에 관하여 타인을 위해 근저당권을 설정함으로써 물상보증인이 되는 행위가 채권자에 대한 사해행위가 되는지 여부, 대법원판례해설 83호(2010 상반기), 법원도서관 2010.

손현찬, 수개의 사해행위 취소소송이 중첩된 경우의 법률관계, 재판과 판례 15집, 대구판례연구회 2007.

송홍섭, 저당권이 설정된 부동산을 채무자가 제3자에게 양도한 행위가 사해행위가 되는 경우 사해행위취소의 범위와 방법, 민사판례연구 20집, 1998.

신봉근, 유동집합채권의 양도담보, 인권과 정의 344호, 대한변호사협회 2005. 4.

신용호, “채권자가 피보전채권을 달리하여 동일한 법률행위의 취소 및 원상회복을 구하는 채권자취소의 소를 이중으로 제기하는 경우, 전・후소의 소송물이 동일한지 여부”, 대법원판례해설 제93호(2012년 하), 2013.

신진화, 채무자가 채무초과상태에서 주택임대차보호법 제8조의 소액보증금 최우선변제권 보호대상인 임차권을 설정해준 행위가 사해행위취소의 대상이 되는지 여부, 재판과 판례 15집, 대구판례연구회 2007.

신태근, 유동집합동산의 양도담보에 관한 연구, 전남대학교 법학과 박사학위논문, 2004.

심준보, 회사정리법상 대항요건의 부인(2004. 2. 12. 선고 2003다53497 판결), 대법원판례해설 통권 제49호, 법원도서관 2004.

안성포, 사해신탁의 취소와 수익자 보호－일본 신신탁법을 중심으로－, 증권법연구 9권 2호, 삼우사 2008.

안철상, 사해행위취소의 소에 있어서 제척기간의 기산점인 “채권자가 취소원인을 안 날"의 의미, 대법원판례해설 통권 제35호, 법원도서관 2001.
양창수, 장래채권의 양도, 민법연구 7권, 박영사 2003.
양창수, 최근 중요 민법판례 동향, 민법연구 7권, 박영사 2003.
예상해, 사해행위 취소소송에 있어서의 실무상 문제점 고찰, 인천법조 창간호 69면, 인천지방변호사회 1993.
오영준, 사해행위취소권과 채권자 평등주의, 사법논집 32집, 법원도서관 2001.
오영준, 사해행위취소의 효력이 미치는 채권자의 범위, 민사판례연구 26권, 박영사 2004.
오영준, 집합채권양도담보와 도산절차의 개시, 사법논집 제43집, 법원도서관 2006.
오영준, 채권자취소소송의 제문제, 민사법(계약법의 제문제), 대한변호사협회 변호사연수원 2010.
우성만, 회사정리법상 담보권자의 지위, 재판자료 86집, 회사정리법・화의법상의 제문제, 법원도서관 2000.
위광하, 사해행위 취소소송에서의 가액배상에 관한 고찰, 재판실무연구, 광주지방법원 2001.
유병현, 채권자취소소송에 관한 연구－강제집행과 관련하여, 고려대학교 대학원법학과, 박사학위 논문, 1993.
윤 경, 사해행위취소와 가액배상, 저스티스 34권 5호, 한국법학원 2001. 10.
윤 경, 근저당권이 설정된 부동산에 관하여 사해행위로서 소유권이전등기가 경료된 다음 근저당권이 말소된 경우 누가 근저당권을 변제하여 말소시켰는지에 따라 원상회복의 방법이 달라지는지 여부 및 원물반환을 구하는 채권자에 대하여 가액반환 판결을 할 수 있는지 여부, 대법원판례해설(2001년 상반기), 법원행정처 2002.
윤 경, 신규자금차용을 위한 물적담보의 제공과 사해행위의 성립, 인권과 정의 309호, 대한변호사회 2002. 5.
윤 경, 사해행위소송에서 원상회복으로서 가액배상을 명하는 경우 대항력만 갖춘 임차인의 임차보증금도 부동산의 가액에서 공제하여야 하는지 여부, 대법원판례해설 36호(2001년 상반기), 법원행정처 2002.
윤 경, 사해행위취소소송에서 물적담보를 가진 채권자의 피보전채권의 범위, 대법원판례해설 40호(2002년 상반기), 법원행정처 2003.
윤 경, 보증인의 추상적 구상권이 채권자취소권의 피보전채권이 될 수 있는지 여부 : 사전구상권과 사후구상권의 차이, 대법원판례해설 42호, 법원도서관 2003.
윤남근, 일반환취권과 관리인・파산관재인의 제3자적 지위, 인권과 정의 386호, 대한변호사협회 2008. 10.
윤병철, 동일한 사해행위에 관한 취소소송이 중첩되고, 선행 소송에서 확정판결로 처분부동산의 감정평가에 따른 가액반환이 이루어진 경우, 후행 소송에서 부동산의 시가를 다시 감정한 결과 확정판결에서 인정한 시가보다 평가액이 증가되었다면 그 증가된 부분을 확정판결에서 인정한 부분과 중첩되지 않는 부분으로 보아 이에 대하여 다시 가액배상을 명할 수 있는지 여부(소극). 대법원판례해설 54호(2005년 상반기), 법원도서관 2006.

윤성근, 담보거래에 관한 UNCITRAL 입법가이드와 국내 담보거래 현황, 국제거래법연구 15집 2호, 국제거래법학회 2006.

윤진수, 상속법상의 법률행위와 채권자취소권－상속포기 및 상속재산협의분할을 중심으로－, 사법연구 6집, 한학문학 2001. 12.

윤진수, 2007년도 주요민법판례 회고, 법학 49권 1호, 서울대학교 법학연구소 357~361.

윤진수, 부동산의 이중양도와 원상회복, 민법논고, 박영사 2007.

이계정, 채권자취소권의 사해의사에 관한 판례 고찰, 실무연구 Ⅳ, 서울지방법원 남부지원 2005. 12.

이계정, 채권자취소권의 주관적 요건으로서의 사해의사에 관한 연구, 사법논집 40집, 법원도서관 2005.

이근영, “신탁수탁자의 보상청구권에 관한 고찰”, 『재산법연구』 26권 3호, 법문사 2009.

이동원, 재산분할과 사해행위, 재판과 판례 9집, 대구판례연구회 2000.

이동훈, 공동저당권의 목적 부동산에 관한 사해행위 판단 기준, 대법원판례해설 75호(2008년 상반기), 법원도서관 2008.

이민걸, 회사정리법상의 상계와 부인권, 민사판례연구 17권, 박영사 1995.

이백규, 채권자취소권의 행사요건, 법조 통권 535호, 법조협회 2001. 4.

이상경, 채권자취소소송에 있어서 원상회복방법 및 채권의 만족방법, 인권과 정의 89면, 1997. 2.

이상균, 회사정리법상 부인권의 대상이 되는 행위, 재판과 판례 11집, 대구판례연구회 2002.

이상주, 채무자가 유일한 재산을 매각하여 소비하기 쉬운 금전으로 바꾸거나 무상으로 이전하여 주는 경우, 사해행위의 성립 여부(적극) 및 사해의사의 추정 여부(적극)와 수익자의 악의에 관한 입증책임, 대법원판례해설(2001년 상반기), 2001.

이수기, 사해행위 취소의 범위와 원상회복의 방법, 판례연구 8집, 부산판례연구회 1998.

이순동, 사해행위취소권에 관한 일본민법 개정안의 연구, －우리 채권자취소권 규정의 개정방향을 탐구하며－, 법조(통권 712호), 법조협회 2016. 1.

이언학, “사해행위취소 소송에서 취소의 효과가 미치는 범위 및 전득자의 악의 판단에 수익자가 법률행위의 사해성을 인식하였는지가 문제되는지 여부”, 대법원판례해설 93호(2012년 하), 2013.

이연갑, “신탁법상 수탁자의 파산과 수익자의 보호”, 『민사법학』 45-1호, 한국사법행정학회 2009.
이연갑, "신탁재산에 강제집행할 수 있는 채권자", 『중앙법학』 11집 4호, 중앙법학회 2009.
이연갑, "신탁재산의 파산에 관한 「채무자 회생 및 파산에 관한 법률」 개정안의 검토", 『법조』, 통권 661호, 법조협회(2011. 10.).
이영풍, 소송물과 소의 교환적 변경－사해행위취소소송을 중심으로－, 재판실무연구(2003), 광주지방법원 2004.
이완희, 사해행위취소송의 경합, 경기법조 10호, 수원지방변호사회 2003.
이우재, 개발신탁의 사해행위 판단방법, 대법원판례해설 46호(2003년 하반기), 법원도서관 2004. 7.
이우재, 사해행위취소의 효력과 배당절차에서의 취급, 재판자료 117집, 민사집행법 실무연구 Ⅱ, 법원도서관 2009.
이원범, 채무자가 양도한 목적물에 담보권이 설정되어 있고 그 피담보채권액이 목적물의 가격을 초과하고 있는 상황에서 목적물 가격에 미달하는 변제액에 기초한 근저당권자의 조건부 담보해지의사에 따라 목적물이 양도되고 그 근저당권설정등기도 말소된 경우, 사해행위가 성립하는지 여부, 대법원판례해설 71호(2007 하반기), 법원도서관 2008.
이은영, 채권자취소권의 효과, 사법행정 357호 28면, 한국사법행정학회 1990. 9.
이은영, 채권자취소권과 판례발전, 고시계 47권 4호(542호), 2002년 4월호.
이인계, 사해행위 이후에 목적부동산에 대한 경매절차에서 배당을 받은 교부권자와 가압류권자에게 사해행위 취소의 효력이 미쳐 그 경매절차에서의 배당금이 부당이득이 되는지 여부, 대법원판례해설 57호(2005년 하반기), 2006. 7.
이인규, 사해행위 이후에 목적부동산에 대한 경매절차에서 배당을 받은 교부권자와 가압류권자에게 사해행위 취소의 효력이 미쳐 그 경매절차에서의 배당금이 부당이득이 되는지 여부, 대법원판례해설 57호, 법원도서관 2006.
이재성, 채권자취소권의 행사방법, 이재성판례평석집 11권 292면, 한국사법행정학회 1998. 4.
이정환, 파산법상 부인권에 관한 사례 연구, 실무연구자료 6권, 대전지방법원 2005.
이종엽, 가액배상판결의 집행법상 실현, 저스티스, 한국법학원 2007. 12.
이종채, 채무자가 기존채무의 변제를 위하여 특정 채권자와 소비대차계약을 체결한 후 집행증서를 작성하여 주고 채권자는 이를 이용하여 채무자 소유의 부동산에 대한 경매절차에서 배당을 받은 경우 그 소비대차계약이 사해행위가 되는지 여부, 대법원판례해설 89호, 법원도서관 2012.
이중기, 사해신탁에 대한 취소와 원상회복, 비교사법 제14권 1호(통권 36호), 한국비교사법학회 2007.
이진만, 통합도산법상의 부인권－부인의 대상을 중심으로－, 민사판례연구 28권, 민사판례연구회, 박영사 2006.
이진수, 가액배상을 구하는 사해행위취소소송에서 원물반환을 명할 수 있는지 여부, 판례연구 21집, 부산판례연구회 2010.
이한석, 사해행위취소소송에 있어서 가액배상 문제에 대한 소고, 창원지방법원 재판실무 2집, 2005.
이환승, 채권자취소소송에 있어 수인의 수익자들의 가액배상의 범위, 대법원판례해설 77호(2008년 하반기), 법원도서관 2009.
임기환, 채권자취소권의 행사에 따른 원상회복의 방법으로의 배당이의의 소, 민사판례연구 28권, 박영사 2006.
임일혁, 사해행위취소에 따른 원상회복으로서의 원물반환과 가액배상의 관계, 재판과 판례 제17집, 대구판례연구회 2008.
임종헌, 일본 파산법상의 부인권에 관한 연구, 외국사법연수논집(12)(재판자료 제66집), 대법원 법원행정처 1994.
임채웅, 채권자취소권의 행사범위에 관한 연구, 인권과 정의 292호, 대한변호사협회 2000. 12.
임채웅, "담보권의 임의적 실행행위와 부인권에 관한 연구", 「BFL」 제1호, 서울대학교 금융법센터(2003).
임채웅, "부인소송의 연구", 「사법」 4호, 사법연구지원재단(2008.).
임채웅, "사해신탁의 연구", 「법조」 55권 9호, 법조협회(2006. 9.).
임채웅, "사해행위와 편파행위에 관한 연구", 「저스티스」 94호, 한국법학원(2006. 10.).
임채웅, "일본 신파산법의 사해행위와 편파행위에 관한 연구", 「민사소송 : 한국민사소송법학회지」 10-1, 한국사법행정학회(2006).
임채웅, "사해행위로서의 소송행위의 취소 및 부인에 관한 연구", 「민사재판의 제문제」 16권, 민사실무연구회(2007).
임채웅, "담보신탁의 연구", 「인권과 정의」 378호, 대한변호사협회(2008. 2.).
임치용, 채권자취소권과 특별사정을 이유로 한 가처분취소, 대법원판례해설 30호(1998년 상반기), 1998.
임치용, 판례를 통하여 본 부인권의 효과, 법조 57권 8호(2008. 8.), 법조협회 44면.
임치용, 도산법 에세이 : 파산과 우주 1, BFL 21호, 서울대학교 금융법센터 2007. 1.
장석조, 소멸시효항변의 소송상 취급, 법조 통권 508호, 법조협회 1999. 1.
장홍선, 기존 채무에 관하여 강제집행을 승낙하는 취지의 공정증서를 작성하여 준 경우, 그 공정증서 작성 원인이 된 합의가 사해행위에 해당되는 지 여부, 판례연구 23집, 부산판례연구회 2012.
전경근, 상속재산의 분할과 채권자취소권, 가족법연구 제15권 1호, 가족법학회 2001.

정규상, 사해행위 취소소송에 있어서의 수익자・전득자의 선의의 입증책임문제, 월간고시 20권 5호(232호), 법지사 1993. 5.

제철웅, 구상보증채무자의 사해행위, 판례월보 311호 8면, 판례월보사 1996. 8.

조남대, 채권자취소권의 대상으로서의 사해행위에 관한 고찰, 사법논집 28집, 1997.

조용현, 사해행위취소 판결의 효력이 수익자의 고유채권자에게 미치는지 여부, 대법원판례해설 79호(2009 상반기).

조용현, "명의신탁 부동산의 처분이 명의신탁자의 채권자에 대한 관계에서 사해행위가 성립하는지", 대법원판례해설 93호(2012년 하).

조재연, 채권담보의 목적으로 채무자로부터 변제수령권을 위임받은 채권자는 제3채무자에 대하여 직접 이행청구를 할 수 있는가? 법률실무연구 1호, 강원법률실무연구회 1999.

최상렬, 가. 사해행위인 근저당권설정계약에 기해 설정된 근저당권설정등기가 경락으로 인하여 말소된 경우에도 그 설정계약의 취소를 구할 이익이 있는지 여부, 나. 수익자가 사해행위로 취득한 근저당권에 기해 경매절차에서 배당에 참가하여 배당표는 확정되었으나 아직 배당금이 현실적으로 지급되지 않은 경우, 채권자취소권의 행사에 따른 원상회복의 방법, 대법원판례해설 29호(1997년 하반기), 1998.

최성경, 상속법상의 법률행위와 채권자취소권－상속의 승인・포기와 포괄적 유증의 승인・포기를 중심으로－, 법조 56권 9호, 2007.

최영남, 채권자취소권행사의 방법, 범위 및 원상회복의 방법, 재판실무연구 1999, 광주지방법원 2000.

최영수, 신축건물에 대한 추가신탁의 사해신탁 해당 여부, 법률신문 2010. 10. 21.

최영수, 신축건물에 대한 추가신탁의 사해신탁 해당 여부, 판례연구 제25집(1) 서울지방변호사회 2011.

최영은, 사해행위취소소송을 제기한 다수의 채권자 사이의 관계에 대한 고찰, 부동산소송(실무자료 4집), 의정부지방법원, 유로 2010.

최진수, "지연손해금청구", 사법연수원 논문집 제4집, 사법연수원 2007.

최창렬, 민법상의 채권자취소권과 세법상의 사해행위취소권과의 비교, 연구논총 제1권; 조세연구 제1호, 세경사 2001.

편지원, 상속재산의 승인 및 포기와 채권자취소권, 가족법연구 7호 127면, 한국가족법학회 1993. 12.

하현국, 채권자취소로 인한 가액배상과 취소채권자의 우선변제, 민사재판의 제문제 19권, 한국사법행정학회 2010.

한명수, 가. 연대보증 채무자의 사해행위에 있어서 사해의 의사가 있었는지 여부의 판단기준, 나. 채무자가 유일한 재산을 매각하여 소비하기 쉬운 금전으로 바꾼 경우, 사해행위의 성부(적극) 및 사해의사 추정 여부(적극)와 수익자의 악의에 관한 입증책임, 대법원판례해설 30호(1998년 상반기), 1998.
한호형, 채권자취소제도 운용에 관한 시론, 사법연수원 논문집 제1집, 사법연수원 2004.
허진용, 채권자취소권과 파산절차상 부인권의 차이－특히 판례의 검토를 통하여－, 서울대학교 대학원 석사학위논문, 2008.
홍승면, 임금채권 등 우선변제권이 있는 채권자에 대한 상대적 사해행위의 성립 가능성, 대법원판례해설 60호(2006년 상반기), 2006.
홍준호, 채권자취소권 행사의 제척기간의 기산점, 민형사실무연구, 서울북부지방법원 2004.
홍춘의, 태기정, 독립당사자참가에서의 사해소송과 채권자취소권에서의 사해행위, 동북아법연구(제9권 3호), 2016.
황진영, 조세민사소송에 있어서 사해행위취소에 관한 연구, 연세대학교 대학원 2006.
飯原一乘, 詐害行爲取消權に基する民事保全, 民事保全講座 3－假處分の諸類型, 法律文化社 1996.
吉田邦彦, 相續放棄と詐害行爲取消權, 別冊 ジュリツト No. 99 家族法判例百選(第四版) 1988.
高須順一, 民法から 詐害行爲取消と法人格否認の法理, 法學セミナー 57권 12호(通卷 695호), 日本評論社, 2012.
松 中 學, 商法から 詐害行爲取消と法人格否認の法理, 法學セミナー 57권 12호(通卷 695호), 日本評論社, 2012.
伊藤靖史, 財産讓渡による債權者詐害と法人格否認・詐害行爲取消權, 商事法律硏究會, 2003.
林 邦 彦, 信託法改正における詐害信託の問題点, 阪大法學 55(3・4), 大阪大學法學會, 2005. 11.

■ 단행본(뒤의 괄호 안의 **굵은 글씨**는 인용할 때 사용하는 **약어**)

강인철, 재판의 이해, 유로 2010.(재판의 이해)
곽용진, 국세징수실무해설, 법률서원 2002.(국세징수실무해설)
곽윤직(편집대표), 민법주해 Ⅸ(채권 2), 박영사 1995.(민법주해 Ⅸ)
곽윤직(편집대표), 민법주해(Ⅸ), 채권(2), 박영사 2000.(**민법주해 채권** 2)
곽윤직, 채권총론[민법강의Ⅲ](제6판), 박영사 2006.
김대정, 채권총론, 도서출판 피데스 2006.
김상용, 채권총론(개정판 증보), 법문사 2003.
김상용 감수, 신탁법 해설, 법무부 2012.(**법무부 신탁법 해설**)

김주수, 주석 민법(상속 1) 제2판, 한국사법행정학회 2005.
대한변호사협회 변호사연수원, 2008년도 주요판례해설, 2009.
박동섭, 유류분 청구의 이론과 실무, 법률정보센터 2011.
박준서(편집대표), 주석민법 채권총칙(2)(제3판), 한국사법행정학회 2000.(**민법주석 채권총칙**)
법원도서관, 재판자료 117집, 민사집행법 실무연구 Ⅱ, 2009.(**민사집행법 실무연구 Ⅱ**)
법원행정처, 조정실무, 2002.(**조정실무**)
법원행정처, 법원실무제요 민사집행 Ⅱ, 2003.(**실무제요 민사집행 Ⅱ**)
사법연수원, 요건사실론, 2005.(**요건사실론**)
사법연수원, 조세법총론, 2004.(**사법연수원, 조세법총론**)
서울중앙지방법원 파산부 실무연구회, 개인파산・회생실무, 제4판[개정증보], 박영사 2015.(**개인파산회생실무**)
서울중앙지방법원 파산부 실무연구회, 회생사건실무(상)(하), 제4판[개정증보], 박영사 2015.{**회생사건실무(상),(하)**}
서울중앙지방법원 파산부 실무연구회, 법인파산실무, 제4판[개정증보], 박영사 2015.(**법인파산실무**)
서울중앙지방법원 파산부 실무연구회, 도산절차와 소송 및 집행절차, 박영사 2011.(**도산절차와 소송**)
신봉근, 유동집합동산의 양도담보에 관한 연구, 전북대학교 대학원 2004.
여하윤, 채권자대위권 연구, 경인문화사 2007.
유재관, 신탁법실무, 법률출판사 2008.(**유재관, 신탁법실무**)
이우재, 민사집행에 따른 배당의 제문제, 진원사 2008.
이은영, 채권총론(제3판), 박영사 2006.
인지실무연구회, 인지실무, 사법정책실 2006.(**인지실무**)
임채웅, 신탁법 연구 2, 박영사 2011.
임채홍・백창훈, 회사정리법(상)(제2판), 한국사법행정학회 2002.
전병서, 도산법, 법문사 2006.
최한신, 사해행위취소실무 I, 유로 2009.(**최한신, 사해행위 I**)
해마루(법무법인), 사해행위 취소소송연구, 도서출판 솔숲 2006.(**해마루, 사해행위취소**)
황진영, 조세민사소송에 있어서 사해행위취소에 관한 연구, 연세대학교 대학원, 2006.
奧田昌道 편, 註釋民法(10), 有斐閣 소화 62.{奧田昌道, 註釋民法(10)}
我妻 榮, 新訂債權總論(民法講義 Ⅳ), 岩波書店 소화 39(1964).
我妻 榮, 水本浩, 全訂第1版 民法案內 5-1(債權法總論 上), 一粒社 1990.(我妻・水

本, 民法案內 5-1)
內田貴, 民法Ⅲ[제3판](債權總論・擔保物權), 東京大學出版會 2005(內田貴, 債權總論)
川井健 외 편, 民法コンメンタル(9) 債權總則(債權의 目的・效力), ぎょうせい, 평성원년.
荒木新五, 判例便覽 詐害行爲取消權, 社團法人 商事法律硏究會 1999.(荒木新五, 判例便覽)
飯原一乘, 詐害行爲取消訴訟, 悠悠社 2006.(飯原一乘, 詐害行爲取消訴訟)
飯原一乘, 詐害行爲取消權・否認權の硏究, 日本評論社 2008.(飯原一乘, 詐害行爲取消權・否認權)
飯原一乘, 詐害行爲取消訴訟の實務と理論, 悠悠社 2015. (飯原, 實務理論)
佐藤岩昭, 詐害行爲取消權の理論, 東京大學出版會 2001.(佐藤岩昭, 詐害行爲取消權の理論)
園尾隆司 외 편, 新版 破産法, 新・裁判實務大系 28, 青林書院 2007.
齊藤秀夫 외 편, 註解 破産法(제3판) (상)(하), 青林書院 1999.(齊藤秀夫, 註解 破産法, 상, 하)
片山直也, 詐害行爲の基礎理論, 慶應義塾大學出版會 2011
三谷忠之, 民事倒産法講義, 成文堂 2006.
兼子 一 감수, 條解 會社更生法(中), 弘文堂 1999.{兼子, 條解 會社更生法(中)}
永石一朗 외 편, 改正 解說 倒産法, 青林書院 2005.(永石一朗, 改正 倒産法)
高木新二郎, 伊藤眞 편집대표, 講座 倒産法 제1, 2, 3, 4권, 日本評論社 2006.
東京地裁破産・和議實務硏究會 편, 破産・和議の實務(上), 社團法人民事法情報センター, 1998.
高木新二郎 외 편집대표, 倒産法實務事典, 財團法人金融事情硏究會 1999.
吉野正三郎, 集中講義 破産法, 成文堂 1996.
西岡淸一郎 외 편, 東京地裁會社更生實務硏究會 저, 會社更生の實務(上), 財團法人金融財政事情硏究會 2005.
園尾隆司 외 편, 新裁判實務大系(28), 新版 破産法, 青林書院 2007.
伊藤眞, 新版 破産法, 有斐閣 1998.(伊藤眞, 破産法)
倉田卓次 감수, 春日偉知郎 저, 要件事實の證明責任(債權總論), 西神田編輯室 소화61(1986).(春日偉知郎, 要件事實の證明責任)
潮見佳男, 債權總論 Ⅱ[제2판], 信山社 2001.(평성13년)
田中英夫, 英美法辭典, 東京大學出版會 2000.
山田晟, ドイツ法律用語辭典, 大學書林 1985.
寺本振透(編集代表), 解說 新信託法, 弘文堂, 2007(평성19년)
竹下守夫 등 編, 大コンメンタール破産法, 青林書院, 2007.

鈴木仁志, 民法改正の 眞實, 講談社, 2013.
内田貴, 契約の再生, 弘文堂, 1990.
内田貴, 契約の時代, 岩波書店, 2000.
内田貴, 債權法の新時代, 商事法務, 2009.
内田貴, 民法改正, ちくま新書, 2011.
民事法硏究會, 民法改正に關する檢討事項, 法制審議會 民法(債權關係)部會資料(詳細版), 2011.
商事法務 編, 民法(債權關係)の改正に關する中間試案の補足說明, 商事法務, 2013.
渡邊新矢 편집, 要點解說 民法改正, 淸文社, 2014.
東京弁護士會法友全期會 債權法改正特別委員會 編著, 弁護士が弁護士のために說く債權法改正, 第一法規, 2015.
American Jurisprudence 2nd, Fraudulent Conveyances and Transfers, Thomson Reuters Westlaw, 2016=WestlawNext에서 검색(Am Jur)
Baird, Douglas G, (The) elements of bankruptcy, foundation, 2006.
Brian A. Blum, Bankruptcy and Debtor/Creditor(fifth edition), Wolters Kluwer, 2010.
Comment of Uniform Fraudulant Transfer Act(미국 사해행위취소법안에 첨부한 공식적 주석)=http://www.stcl.edu/faculty_pages/faculty_folders/rosin/ufta84.pdf에서 검색(Comment)
David G. Epstein, Bankruptcy and Related Law in Nutshell 7th Ed. Thomson West 2005.(Epstein)
Dewitt C. Moore, A Treatise on Fraudulant Conveyances and Creditor's Remedies at Law and in Equity(Volume 1, 2), Matthew Bender & Co. 1908,(Dewitt)
Epstein, David G, Principles of Bankruptcy law, thomson, 2007.
Ferriell, Jeffrey T, Understanding bankruptcy, lexisnexis, 2007.
Resnick, Alan N, Collier portable pamphlet : text of the bankruptcy code and additional statutory provisions, 2005. Supplement, lexisnexis, 2005.
Jeff Ferriell & Edward J. Janger, Understanding Bankruptcy(second edition), LexisNexis, 2007.(Jeff & Edward)
John W. Smith, The Equitable Remedies of Creditors in Relation to Fraudulent Conveyances, Transfers. Mortgages, Judgments and Assignments, Chicago Callaghan & Co., 1899.
Kenneth c. Kettering, The Uniform Voidable Transitions Act; or, the 2014 Amendments to the Uniform Fraudulent Transfer Act, The Business Lawyer, Vol. 70, American Bar Association, 2015.(Kenneth)

채권자취소권 *제4판*

차 례

제 1 장 서 론 71

제 2 장 채권자취소권의 성질

제 3 장 채권자취소권의 요건 148

제 9 장 부인권

제1장 서 론

[1] Ⅰ. 채권자취소소송의 이용현황

성장 일변도였던 우리 경제가 20세기 말에 이른 바 IMF 사태라는 생각지도 못하였던 경제난국을 맞이하면서 대기업까지도 도산, 해체되는 상황에 이르렀다. 그 과정에서 경제성장기에는 거의 이용되지 않았던 도산법 분야가 각광을 받게 되었다. 특히, 채무자가 재산을 처분하여 무자력이 된 경우, 이를 다시 채무자의 책임재산으로 회복하는 제도인 채권자취소권(사해행위취소권, actio pauliana. Gläubigeranfectungsrecht)이 공적자금이 투입된 금융기관을 중심으로 실무에서 빈번하게 이용되게 되었고, 20여년이 지난 현재까지도 그 이용건수와 비중은 여전히 실무에서 중요한 위치를 차지하고 있다.[1]

[2] Ⅱ. 제도의 목적

1. 채권보전의 필요성

채권은 채무자에 대하여 일정한 행위를 요구할 수 있는 권리이고, 그 행위가 특정물의 인도를 목적으로 하더라도, 채권자는 목적물 자체에 대하여 직접 권리를 가질 수 없고, 채무자는 그에 대한 배타적 지배권을 잃지 않는다.

1) 2002년부터 2020년까지 접수된 채권자취소소송의 건수는 아래와 같다(사법연감).

연도	2002	2004	2006	2008	2010	2012	2014	2016	2018	2020
건수	4,817	6,978	6,496	6,526	6,745	7,947	7,567	6,944	7,143	7,219

다만 사건명이 채권자취소 혹은 사해행위취소로 접수된 사건수를 말하고 도산법상의 부인소송이나, 배당이의, 등기말소소송 등 다른 사건명으로 접수되었으나 실질적으로 사해행위취소소송인 경우는 이에 포함되어 있지 않다.

한편 채권은 채무자에 대한 권리이지 제3자에 대하여 효력이 미치지 않으므로, 채무자와 거래를 한 제3자는 그 행위에 관하여 채권자로부터 아무런 간섭을 받지 않는다.

그럼에도 불구하고 근대법에서는 인적집행을 할 수 없으므로,[2] 채권은 궁극적으로 채무자의 책임재산으로 변제받을 수밖에 없다. 따라서 채무자가 그 책임재산을 처분하여 무자력이 되면, 채권은 가치를 잃고 신용거래가 설 땅을 잃는다.

채권자는 민사집행법에 따른 보전처분의 방법으로 미리 책임재산 일탈을 방지할 수 있으나, 채권자가 채무자의 재산 내역이나 움직임을 미리 파악할 수 없다면 그 기회를 놓치기 쉽다. 그 외에 채무자의 재산은닉이나 허위 양도는 강제집행면탈죄(형법 제327조)에 해당되고, 가장매매는 통정허위표시(민법 제108조)로서 무효가 되지만, 이 또한 책임재산 보전에 충분한 대응책이 될 수는 없다.

2. 채권자취소제도의 취지

민법은 위와 같은 경우의 채권자를 구제하기 위하여 채권자취소제도를 두고 있다.

민법 제406조, 제407조가 규정하는 사해행위취소권제도의 목적(취지)은 사해의 원인인 채무자의 법률행위를 취소하여, 수익자나 전득자가 채무자의 재산을 보유하고 있을 때에는 직접 이를 회복하고, 이를 보유하지 않을 때에는 그 회복에 갈음하는 배상을 하게 함으로써, 채무자의 일반담보를 확보(총채권자를 위한 공동담보를 보전)하는 데 있다는 것이 통설・판례의 입장이다.

즉 우리 민법상의 채권자취소제도는 우선주의가 아닌 채권자평등주의를 채택함으로써 강제집행의 준비절차로서 기능하는 것을 전제로 하고 있다. 그

---

2) 로마법에서는 Debita sequuntur personam debitoris(채무는 채무자 개인의 인격에 종속된다)고 하여 채권은 채무자에 대한 권리로서 불이행시에 채권자의 채무자에 대한 지배(체포, 감금, 노예로 만들거나, 매매, 심지어는 살해)를 당연한 권한으로 생각하였다([3] 1. 로마법 참조).

러나 환원된 책임재산을 분배할 절차나 시기에 관하여는 민법상 아무런 규정이 없으므로 채권자들은 민사집행법상 강제집행의 방법으로 채권의 만족을 얻어야 한다.[3]

3. 채권자대위권과의 관계

가. 연혁적 관계

채권자취소권은 독일법은 물론이고 영미법에도 있는 제도이나,[4] 이와 함께[5] 규정되어 있는 채권자대위권(action oblique)은 프랑스와 이탈리아 등 라틴법계에만 존재하는 제도로서[6] 독일법에는 없는 제도이다. 우리 민법의 모법인 프랑스법을 일본 민법이 계수할 당시, 프랑스에서는 상법전에 파산규정을 둠으로써, 이른바 상인파산주의를 채용하였다.[7] 그래서 상인이 아닌

3) 이는 원물반환의 경우에는 타당하지만, 가액배상의 경우에 취소채권자가 반환된 금액을 자신의 채권과 상계함으로써 사실상 우선변제를 받게 되는 결과(이때 취소채권자는 집행권원이 필요하지도 않다), 채권자평등주의가 가액배상에서는 실현될 수 없다. 원물반환과 가액배상이라는 우연한 차이 때문에, 취소권 행사의 효과에서 채권자평등주의와 우선주의, 그리고 채권 만족에 집행권원의 필요 여부라는 전혀 다른 결과가 발생한다는 점은 채권자취소권 제도의 합리적인 운용이라는 관점에서 볼 때 간과하기 어려운 문제점으로 부각되고 있다. 이에 대하여는 [35] 참조.

4) 아래 [3] 참조. 다만 프랑스법과 이를 계수한 일본과 우리나라는 민법에 규정되어 있으나, 독일이나 영미법에는 독립된 법률이 있다.

5) 채권자대위권 규정은 채권자취소권(민법 제406조, 제407조)의 바로 앞(민법 제404조, 제405조)에 위치한다.

6) 프랑스 민법 제1166조; 스페인 민법 제1111조; 이탈리아 민법 제1234조. 여하윤, 채권자대위권 연구, 2면 주 1).

7) 상인파산주의와 징계주의(파산을 타인에게 피해를 입히는 범죄행위로 보아, 사회적 자격의 박탈을 포함하는 제재를 가하는 입법주의)는 중세 이탈리아의 북방 자유도시(베니스, 제노바, 피렌체, 밀라노 등)에서 기원하여 1807년 나폴레옹이 제정한 프랑스 상법전에 도입되었는데, 근대 독일법은 상인파산주의를 폐지하였다. 프랑스에서도 1989년의 법률(1989. 12. 31. 법률 제89-1010, 개인과 세대의 과잉채무로 인한 곤궁 예방과 정리에 관한 법률)로 상인이 아닌 자연인에 대하여도 명시적으로 파산능력이 부여되었다. 그러나 위 법률의 제정이 반드시 상인파산주의로부터 일반파산주의로 변경을 뜻하지는 않고, 자연인에게 본래의 도산처리절차를 적용하는 것에 대하여는 거부감이 있다. 예를 들면 1985년의 법률(1985. 1. 25. 법률 제85-98, 기업의 갱생과 재판상의 청산절차에 관한 법률)에는 일정한 경우에 본지변제의 부인이 가능하다는 규

채무자가 민사상 파산상태(déconfiture)에 빠진 경우에는, 채권자는 민법이 정한 사해행위취소권(action paulienne)과 그 특칙으로서 채권자를 해치는 유산분할에 이의를 제기하거나(프랑스 민법 제882조), 부부가 재산에 관한 계약이나 상태를 변경하는 경우에 채권자가 제3자이의 소(tierre opposition)를 제기하는(프랑스 민법 제1397조 제6항) 규정에 따라, 개별적 집행을 통하여 채권회수를 할 수 있을 뿐 개인파산절차가 불완전하였다. 그래서 파산능력을 가지지 못한 일반인으로 하여금 일종의 민사상 파산절차, 즉 평등주의적 분배를 실현함으로써 모든 채권자의 채권을 보전하기 위한 제도로서 프랑스 구법(Ancienne Droit)에서 발달한 채권자대위권(action oblique, '간접소권'이라고도 한다)이 프랑스 민법 제1166조에 규정되었다.[8]

즉 원래 프랑스법에서는 로마법과 같은 정비된 '집단적 파산제도'[9]가 없었기 때문에 그에 갈음하여 채권자대위권제도가, 민사법상의 집단적 청산절차로서 발전하게 되었다.[10] 채권자대위권은 채무자에게 속하는 소권이나 권리행사 권한을 파산관재인이 아닌 개별 채권자에게 부여하지만, 그 효과는 집단적으로 모든 채권자에게 미친다. 바꾸어 말하면 파산관재인이 없는 불완전한 일종의 '민사상 파산제도'의 역할을 한다. 한편 독일은 로마법에 기초한 정비된 파산제도를 계수하였기 때문에 채권자대위권과 같은 민법상의 집단적 청산제도가 필요하지 않았다. 뒤에 보는 바와 같이 우리 민법상 채권자취소권은 모든 채권자를 위하여 책임재산을 보전하는 제도이므로(민법 제407조), 그러한 점에서 채권자대위권은 채권자취소권과 같은 목적을 가진 제도라 할

정이 있으나, 1989년 법률에는 그러한 규정이 없다. 그래서 프랑스에서는 민법의 해석론으로서 변제는 경쟁의 보수(le paiment est le prix de la cours)라는 법격언이 준칙으로 통용되어, 본지변제는 사해행위가 되지 않는 것으로 해석된다. 佐藤岩昭, 詐害行爲取消權の理論, 409면.

8) 여하윤, 채권자대위권 연구, 47면에도 채권자대위권의 고전적 기능이 '책임재산보전'에 있다고 한다.

9) 이를 venditio bonorum(총재산의 매각)이라 한다. 로마법에서는 채권자가 채무자의 모든 재산을 점유할 수 있고, 파산관재인(curator bonorum)이 모든 채권자의 이름으로 채무자의 소권과 권리를 제3자에 대하여 행사할 의무를 부담하였다. 그리고 파산관재인은 채무자의 모든 재산을 매각한 대금과 함께, 채무자의 소권이나 권리를 행사하여 얻은 이익을 모든 채권자에게 분배할 의무를 부담하였다.

10) 佐藤岩昭, 詐害行爲取消權の理論, 390~391면(이는 프랑스 학자들의 주장이다).

수 있다. 그러나 우리나라는 상인이 아닌 일반인들에게도 적용되는 파산절차가 정비되어 있기 때문에 채권자대위권의 고유한 기능은 의미가 퇴색하였다고도 할 수 있다.[11]

나. 채권자취소권과의 차이점

채권자취소권과 채권자대위권은 원래 같은 목적을 가지고 있었고, 파산이나 집행절차와 깊은 관련이 있는 제도로서[12] 법률적 행위의 당사자가 아닌 그 채권자가 이에 간섭한다는 점에서, 외견상으로나 운용에서 서로 유사한 면이 있다. 즉 개괄적으로 말한다면, ① 둘 다 피보전채권이 필요하고, ② 권리 행사도 피보전채권의 범위 내에서 할 수 있으며, ③ 채무자의 무자력이 필요하고[13] ④ 압류할 수 없는 채권[14]이나 비재산적 권리를 대상으로 할 수

11) 상인파산주의를 채택한 프랑스에서도 채권자대위권의 책임재산보전 기능은, 그 행사요건인 '채무자의 무자력'을 입증하기 어렵고, 행사결과 모든 채권자를 위해서 효력이 발생하고 채무자는 단지 소송비용만 우선적으로 변제받을 수 있을 뿐이어서 이용빈도가 매우 낮다고 한다. 그래서 우리나라에서는 '일반적인 책임재산 보전'보다는 오히려 등기청구권과 같이 '특정채권의 실효성을 확보'하기 위하여 이용되고 있다. 프랑스에서도 1980년대 이후 이를 허용하고 있다. 여하윤, 전게서, 39면, 47~49면.

12) 다만 현재 프랑스 통설은 채권자대위권의 강제집행절차로서의 성격을 부정한다. 佐藤岩昭, 詐害行爲取消權の理論, 413면 주 86 참조.

13) 다만, 채권자대위권에서는 특정채권을 보전하는 경우에는 물론이고, 피보전채권이 금전채권인 경우에도 채무자의 무자력을 요구하지 않는 경우가 있다(대법원 1968. 6. 18. 선고 68다663 판결). 그러나 특정채권을 보전하기 위한 대위권 행사에서는 어떠한 권리를 대위행사할 수 있는가에 대한 검토가 필요하다. 이에 대하여 대법원은 채권자대위권 행사가 채무자의 자유로운 재산관리행위에 대한 부당한 간섭이 되지 않는다면 채무자의 권리를 대위행사할 수 있다고 한다. 구체적으로는 피보전권리와 대위하려는 채무자의 권리가 밀접하게 관련되어 있고, 대위권을 행사하는 것이 채권의 현실적 이행을 유효·적절하게 확보하기 위하여 필요한 경우가 이에 해당된다(대법원 2001. 5. 8. 선고 99다38699 판결). 따라서 피보전채권이 특정채권이라 하여 반드시 순차매도 또는 임대차에서 소유권이전등기청구권이나 명도청구권 등의 보전을 위한 경우에만 채권자대위권이 인정되는 것은 아니다(대법원 2001. 5. 8. 선고 99다38699 판결). 특정채권의 보전을 위한 채권자대위권이 인정되는 범위가 점차 넓어지는 것이 판례의 경향이다.

14) 의료인의 치료비청구권을 피보전채권으로 하는 경우에는, 국가배상법 제4조의 압류금지채권에 대하여도 대위권 행사가 가능하다는 판례가 있다(대법원 1981. 6. 23. 선고 80다1351 판결). 국가배상을 받을 권리를 압류할 수 없도록 한 취지가, 배상청구

없으며, ⑤ 그 효과가 모든 채권자의 이익으로 귀속된다는 점[15] 등에서 유사하다. 그러나 구체적으로 살펴보면, 전자는 채무자와 수익자 사이의 유효한 법률행위를 취소하여 원상으로 회복하는 절차로서 채권자의 권리이고, 후자는 채무자의 권리를 채권자가 대신 행사하는 것으로서 그 요건과 효과가 달라, 실무에서 여러 가지로 다르게 취급하고 있다. 양자를 구체적 차이점을 중심으로 간단히 비교·설명하면 아래와 같다. 다만 판례를 중심으로 설명하되 판례가 없으면 학설을 소개한다.[16]

(1) 피보전채권

채권자가 채무자에 대하여 채권을 가져야 함은 둘 다 당연한 요건이나, 구체적인 내용에는 차이가 있다.

① 채권의 종류 : 취소권으로 보전되는 채권은 특정물 인도청구권이나 등기청구권이 아니어야 하고, 원칙적으로 금전채권에 한정된다.[17] 그러나 대위권의 피보전채권은 널리 청구권을 의미하고 채권의 종류나 발생 원인을 불문한다. 금전채권은 물론이고 채무불이행에 따라 손해배상채권으로 전환될 채권뿐만 아니라, 일정한 행위를 요구할 채권,[18] 물권적 청구권과[19] 등기청

권자를 보호하기 위한 것이고, 특히 그 중 신체의 침해에 따른 치료비청구권의 압류를 금지한 취지는 이를 금지함으로써 피해자로 하여금 그 상해를 치료하기 위한 치료비 채권을 확보할 수 있게 하기 위한 것이므로, 상해를 치료한 의료인이 피해자에 대한 치료비청구권에 기하여 피해자의 국가배상청구권을 압류하는 것은, 오히려 피해자의 치료에 도움이 되므로, 이를 허용해야 한다는 것이 그 이유이다.

15) 다만 특정채권(예를 들어 등기청구권)의 보전을 위한 채권자대위권을 행사할 때는 처음부터 다른 채권자의 이익을 고려할 여지가 없고, 채권자가 제3채무자(취소소송의 수익자)에 대하여 직접 금전이나 물건의 인도를 구할 수 있을 때는 채권자대위(취소)권 행사 결과 취득한 금품에 대하여 실질적으로 대위(취소)채권자의 우선적 만족이 가능하다.

16) 채권자취소권에 관한 판례는 이 책의 관련 부분에서 모두 나오므로 특별히 필요한 경우가 아니면 인용하지 않고, 여기서는 채권자대위권 관련 판례를 중심으로 소개한다. 피보전채권을 중심으로 하여 채권자대위권과 채권자취소권을 비교한 자료로서는, 신용호, 대법원판례해설 제93호(2012년 하), 49~50면 참조.

17) [8] 1. 참조.

18) 대법원 1996. 10. 25. 선고 96다23825 판결(토지거래허가신청 절차의 협력의무 이행청구권).

19) 대법원 2007. 5. 10. 선고 2006다82700 판결(토지소유권을 피보전채권으로 하여 임

구권과 같이 특정채권도 피보전채권이 될 수 있다.20)

② 채권의 발생시기와 변제기 : 취소권의 피보전채권은 원칙적으로 사해행위 전에 발생해야 하고, 다만 채권이 이행기에 이르지 않아도 상관 없다.21) 대위권의 피보전채권은 피대위채권보다 먼저 성립할 필요는 없으나, 원칙적으로 변제기가 도래해야 행사할 수 있다(민법 제404조-보전행위 외에는 이행기가 도래하지 않은 채권은 법원의 허가를 받아야 한다).22)

③ 피보전채권이 흠결된 소제기의 효과 : 취소권은 취소권 행사의 요건 불비로 청구기각을, 대위권은 소송요건인 당사자적격의 흠결을 이유로 소각하 판결을 한다.23) 취소권에서는 직권조사사항이 아니지만, 대위권에서는 직권조사사항으로서 상고심에서도 주장할 수 있다.24)

대인을 대위하여 임차인에게 임대차계약을 해지한 사안).

20) 대법원 1976. 10. 12. 선고 76다1591 판결.

21) [8] 3. 참조.

22) 채권자대위권은 채무자가 제3채무자에 대하여 당연히 행사하여야 할 권리를 지체하여 채권자가 이를 대위하여 행사하는 것이고, 채권자취소권은 채무자와 수익자 사이의 유효한 법률행위를 무효로 하는 것이므로, 피보전채권이 후자가 전자보다는 요건이 더 엄격하여야 할 것인데, 실제로는 오히려 대위권의 피보전채권이 이행기에 이르지 못한 경우 법원의 허가를 받아야 한다고 규정하여 취소권보다 요건을 강화한 것은 입법 연혁상의 이유 때문이다. 우리가 계수한 일본민법을 입안한 Boissonade는 당시 프랑스의 판례·통설인 상대적효력설을 따르지 않고 Colmet de Santerre의 절대적효력설에 따라, 채권자취소권을 모든 채권자들을 위한 책임재산을 확보하여 평등하게 분배하기 위한 제도, 즉 민사상의 파산절차로 운영하려고 생각하였다. 그 일환으로 채권자대위권을 행사하는 채권자는, 파산절차의 관재인과 같은 지위를 가지도록 하기 위하여, 사전에 '재판상 허가(l'autorisation judiciare)'를 얻어 '재판상대위'를 하게 함으로써 모든 채권자를 대표하는 지위를 취득케 하고, 재판상대위 절차에 따라 채무자를 소송에 참가하게 함으로써 채무자의 권리처분권을 박탈하려 하였다. 이러한 구상이 일본 구민법의 사해행위취소권 규정과 함께 '재판상대위법'으로 입법화되었다. 그러나 일본 현행 민법 제정과정에서 채권자대위권을 행사하기 위하여 반드시 법원의 허가를 받아야 한다는 부분은 받아들여지지 않고, 피보전채권이 이행기에 이르지 못한 경우에만 법원의 허가를 얻어야 한다는 규정이 남았다. 한편 일본의 '재판상대위법'의 내용은 우리 비송사건절차법 제3장(재판상대위에 관한 사건) 제45조~제52조에 남아 그 명맥을 유지하고 있다. 佐藤岩昭, 詐害行爲取消權の理論, 392면 이하.

23) [8] 7. 참조.

24) 대법원 2008. 9. 25. 선고 2007다60417 판결(당사자적격의 유무는 소송요건으로 직

(2) 행 사

① 행사방법 : 취소권은 반드시 소를 제기해야 하고, 대위권은 소송 외에서도 행사할 수 있다.

② 행사범위 : 취소권은 피보전권리의 범위 내에서 행사되어야 한다.25) 대위권 중 특정채권을 피보전권리로 하는 경우에는 취소권과 같다.26) 금전채권을 피보전권리로 하여 채무자의 금전채권을 대위행사하는 경우에는, 피보전채권의 범위 내에서만 대위권을 행사할 수 있다는 견해27)와 다른 채권자의 채권액까지 합한 모든 채권자의 채권액을 기준으로 행사의 범위를 정하여야 한다는 견해28)가 나뉜다. 대법원은 판례가 없으나, 일본의 통설·판례는 앞의 견해를 따른다.29)

(3) 중복제소

취소권은 채권자가 현실적인 채권만족을 얻지 않는 한 다른 채권자가 동일한 사해행위의 취소를 청구할 수 있으나,30) 대위권은 일단 채권자가 대위소송을 제기하면, 채무자가 소 제기 사실을 알든 모르든 채무자의 제3채무자

권조사사항이므로 상고심에서도 새로이 주장, 증명할 수 있다).

25) [30] 참조. 다만 취소채권자 외에 다른 채권자의 배당요구 가능성이 명백하거나, 양도목적물이 불가분인 때는 취소채권자의 피보전채권의 범위를 넘어 취소할 수 있다.

26) 대법원 2010. 11. 11. 선고 2010다43597 판결(부동산을 공동매수한 채권자가 채무자에 대한 소유권이전등기청구권을 피보전채권으로 하여, 제3채무자를 상대로 채무자의 제3채무자에 대한 소유권이전등기청구권을 대위행사하는 소송을 제기한 사안에서, 위 채권자는 공동매수인 중 1인에 불과하므로 그의 매수지분 범위 내에서만 채무자의 제3채무자에 대한 소유권이전등기청구권을 대위행사할 수 있고, 그 지분을 초과하는 부분에 관하여는 채무자를 대위할 보전의 필요성이 없다).
대법원 2014. 10. 27. 선고 2013다25217 판결(채무자 소유 부동산을 시효취득한 채권자의 공동상속인이 채무자에 대한 소유권이전등기청구권을 피보전채권으로 하여 제3채무자를 상대로 채무자의 제3채무자에 대한 소유권이전등기의 말소등기청구권을 대위행사하는 경우, 그 공동상속인은 자신의 지분 범위 내에서만 말소등기청구권을 대위행사할 수 있고, 그 지분을 초과하는 부분은 채무자를 대위할 보전의 필요성이 없다).

27) 김주수·장경학·이태재·김형배·이은영, 민법주해 Ⅸ, 774면 주 177.

28) 곽윤직·김증한·김용한·현승종·임정평, 민법주해 Ⅸ, 774면 주 178.

29) 最判 소화 44. 6. 24. 民集 23-7-1079, 민법주해 Ⅸ, 774면 주 179, 180.

30) [41] 참조.

에 대한 같은 권리에 관한 소송이나 다른 채권자의 대위소송은 모두 중복소송으로 각하된다.[31]

채권자가 보존행위 외의 채무자의 권리를 대위행사하는 경우에는 그 사실을 채무자에게 통지해야 하고, 통지를 받은 채무자는 그 권리를 처분하여도 채권자에게 대항할 수 없다(민법 제405조).[32] 한편 기한 미도래의 채권으로서 보전행위가 아닌 대위권 행사는 법원의 허가가 필요하고 이를 '재판상대위'라 한다(민법 제404조 제2항). 재판상대위의 절차는 비송사건절차법에 규정되어 있고(비송 제45조에서 제52조), 법원이 대위권 행사를 허가한 때에는 그 재판을 직권으로 채무자에게 고지하고, 고지를 받은 채무자는 그 권리를 처분할 수 없다(비송 제49조).

이와 관련하여, 채무자가 채권자대위소송의 제기 사실을 알았을 경우에는 그 확정판결의 효력은 채무자에게도 미치고, 이 경우 채권자대위권에 따라 공동하여 채무자의 권리를 행사하는 다수의 채권자들은 유사필수적 공동소송 관계에 있으므로, 그 중 1인만이 항소한 경우에도 공동소송인 전원에 대하여 확정이 차단되고 상소심에 이심된다.[33]

---

31) 대법원 1981. 7. 7. 선고 80다2751 판결; 대법원 1995. 4. 14. 선고 94다29256 판결.

32) 채무자가 제3채무자와의 계약을 합의해제하는 것이 채권자에게 대항할 수 없다는 것은 당연하다. 그런데 채무자가 제3채무자의 최고에 응하지 아니하여 제3채무자가 매매계약을 해제하도록 한 법정해제의 경우에도 채권자에게 대항할 수 없다는 판례(대법원 2003. 1. 10. 선고 2000다27343 판결)가 있었다.
그러나 대법원 2012. 5. 17. 선고 2011다87235 전원합의체 판결로 위 판결은 폐기되었다. 즉, 채무자가 채권자대위권 행사의 통지를 받은 후에 채무를 불이행함으로써 통지 전에 체결된 약정에 따라 매매계약이 자동적으로 해제되거나, 채권자대위권 행사의 통지를 받은 후에 채무자의 채무불이행을 이유로 제3채무자가 매매계약을 해제한 경우 제3채무자는 계약해제로써 대위권을 행사하는 채권자에게 대항할 수 있다. 다만 형식적으로는 채무자의 채무불이행을 이유로 한 계약해제인 것처럼 보이지만 실질적으로는 채무자와 제3채무자 사이의 합의에 따라 계약을 해제한 것으로 볼 수 있거나, 채무자와 제3채무자가 단지 대위채권자에게 대항할 수 있도록 채무자의 채무불이행을 이유로 하는 계약해제인 것처럼 외관을 갖춘 것이라는 등의 특별한 사정이 있는 경우에는, 채무자가 피대위채권을 처분한 것으로 보아 제3채무자는 계약해제로써 대위권을 행사하는 채권자에게 대항할 수 없다.

33) 대법원 1991. 12. 27. 선고 91다23486 판결(채권자가 대위소송 수행 중 사망하여 그 상속인들이 소송을 수계하여 공동소송이 된 사례).

(4) 시 효

① 피보전채권의 시효 원용 : 취소소송의 피고인 수익자(전득자)는 채무자의 채권자에 대한 시효항변을 원용할 수 있고,[34] 대위권의 피고인 제3채무자는 이를 원용할 수 없는 것이 원칙이다.[35] 또한 대위소송에서 채권자가 채무자를 상대로 피보전채권에 관한 승소판결이 확정되면 제3채무자는 그 청구권의 존재를 다툴 수 없다.[36]

좀 더 일반적으로 말하자면, 채권자대위권의 제3채무자는 채무자에 대하여 가지는 항변으로 채권자에게 주장할 수 있으나,[37] '채무자가 채권자에 대하여 가지는 항변'으로 대항할 수 없다.[38] 또한 채권자는 채무자가 주장할 수 있는 사유의 범위 내에서 주장할 수 있을 뿐, 자기와 제3채무자 사이의 독자적

34) 대법원 2007. 11. 29. 선고 2007다54849 판결. 다만 이 판결은 취소채권자의 채권을 제외하더라도 채무자가 채무초과 상태인 경우에는, 취소채권자의 채무자에 대한 피보전채권의 이행을 구하는 승소판결이 확정된 이상 수익자는 더 이상 소멸시효의 주장을 할 수 없다고 한다. 취소소송에서 피보전채권의 존부는 ① 취소소송을 제기할 수 있는 채권자에 해당하는지 여부와 ② 피보전채권 자체가 채무자의 소극재산으로 계산되어 채무자의 무자력 판단의 대상으로 된다. 그러나 피보전채권을 제외하더라도 채무자가 무자력일 때에는 피보전채권의 존부는 위 ①의 문제에만 국한된다. 그렇다면 피보전채권의 기능이 마치 채권자대위소송과 유사하게 되므로, 대위소송의 경우와 같이 보겠다는 취지이다(대위권에 관하여는 아래 2003다1250 판결 참조). 이에 대하여는 박운삼, '사해행위의 수익자와 취소채권자의 채권의 소멸시효의 원용', 292면 이하에 비판적인 견해가 있다. 즉 소멸시효 원용권은 독자적인 권한이므로, 수익자에게 시효원용권이 있다면 설혹 채무자가 이를 원용하지 않음으로써 취소채권자가 채무자에 대한 채권에 관하여 승소확정판결을 받았다고 하더라도, 수익자는 시효를 원용할 수 있다는 것이다.

35) 대법원 1993. 3. 26. 선고 92다25472 판결. 주의할 것은, 제3채무자가 채무자의 소멸시효항변을 원용할 수는 없지만, 채무자가 이미 소멸시효항변을 원용하고 재판부가 채무자의 소멸시효항변을 받아들인 경우, 제3채무자는 채무자에 의한 소멸시효항변의 효과, 즉 '피보전채권의 부존재'를 주장할 수 있다(대법원 2008. 1. 31. 선고 2007다64471 판결). 한편 채권자는 채무자의 제3채무자에 대한 소멸시효를 채권자의 지위에서 독자적으로 주장할 수 없지만, 채무자를 대위하여 채무자의 권리를 대위행사할 수는 있다(대법원 1997. 12. 26. 선고 97다22676 판결).

36) 대법원 2003. 4. 11. 선고 2003다1250 판결.

37) 대법원 2009. 5. 28. 선고 2009다4787 판결.

38) 대법원 2009. 9. 10. 선고 2009다34160 판결. 다만 위 2007다64471 판결과 같이 이미 채무자가 행사한 항변을 '주장'할 수는 있다.

인 사유를 주장할 수는 없다.[39] 취소권의 경우에는 취소채권자가 수익자에 대하여 사해행위의 성립과 관련된 모든 주장을 할 수 있고, 수익자 역시 피보전채권을 비롯하여 사해행위의 요건을 저지할 수 있는 모든 항변을 할 수 있음에도,[40] 대위채권자와 제3채무자 상호간에는 위와 같은 제한이 있는 것은, 권리 자체의 본질적 차이에서 비롯된다. 즉 취소권은 채권자가 자기의 권리를 행사하는 것이고, 대위권은 비록 채권자의 이름으로 행사하지만 채무자의 권리를 행사하기 때문이다.

② 시효중단의 효과 : 대위권 행사는 곧 채무자의 권리행사이므로 채무자의 권리에 대하여는 시효중단의 효과가 생긴다.[41] 대위권 행사는 채권자 자신의 권리행사는 아니므로 피보전채권에 관하여는 시효중단 효과가 없다는 견해도 있으나,[42] 대위권행사가 통지되면 압류와 유사하게 처분제한의 효력이 생기므로(민법 제405조 제2항), 민법 제168조 제2항의 압류 · 가압류 · 가처분에 준하여 채권자의 피보전채권도 시효중단이 생긴다고 보아야 한다.[43]

취소소송의 제기는 피보전채권에 대한 소멸시효 중단의 효력이 있는가? 이에 관한 우리 판례는 없지만, 소멸시효가 중단되지 않는다는 것이 일본의 주류적인 판례이다.[44] 피보전채권이 취소소송의 소송물이 아니고, 채무자에 대한 직접 청구도 아니라는 것이 이유이다. 그러나 취소소송은 채무자로부터 변제를 받기 위하여 행사하는 소송이고, 피보전채권의 보전을 목적으로 채권을 행사하는 점에서 가압류나 가처분과 같으므로(민법 제168조 제2호), 피보전채권이 소송물이 아니라는 이유로 시효중단효력을 부정하는 것은 부당하다.[45] 중단효를 인정한 일본 하급심 판례도 있다.[46]

---

39) 위 2009다4787 판결(무효인 소유권이전등기청구권 보전을 위한 가등기의 유용 합의에 따라, 부동산 소유자인 채무자로부터 가등기이전의 부기등기를 마친 제3채무자를 상대로, 채권자가 채무자를 대위하여 가등기 말소를 구한 사안에서, 채권자가 부기등기 전에 부동산을 가압류한 사실을 주장하는 것은, 채무자가 아닌 채권자 자신이 제3채무자에 대하여 가지는 사유에 관한 것이어서 대위소송에서는 허용되지 않는다).

40) [43] 2. 참조.

41) 대법원 2011. 10. 13. 선고 2010다80930 판결.

42) 奧田昌道, 註釋民法(10), 771면.

43) 민법주해 IX, 778면.

44) 最判 소화 37. 10. 12. 判時 324-18.

(5) 행사의 효력

① 다른 채권자들에 대한 효력 : 대위권은 대위채권 발생의 전후를 불문하고 모든 채권자들을 위한 책임재산 회복의 효력이 있으나,[47] 취소권의 경우에는 사해행위 이전의 채권자에게만 미친다.[48] 한편 금전을 수령한 채권자가 우선적으로 변제에 충당(상계)할 수 있다는 점에서는 취소권이나 대위권의 효력은 같다.[49]

② 채무자에 대한 효력 : 취소소송은 채무자와 수익자 사이, 채무자와 채권자 사이에는 판결의 효력이 미치지 않는다.[50] 대위권 행사의 실체법상 효력은 채권자가 아닌 채무자에게 귀속되며,[51] 한편 대위권을 재판상 행사한 경우 그 판결은 어떤 사유로든 채무자가 소 제기 사실을 알았다면 기판력이 미친다.[52]

③ 피보전채권에 대한 기판력 : 취소소송에서 피보전채권은 소송물이 아니라 공격방어방법에 불과하므로, 피보전채권이 존재하지 않는다는 이유로 원고 패소판결이 확정되면 사실심 변론 종결시까지 주장할 수 있었던 피보전채권 모두에 대하여 기판력이 미치고, 다른 피보전채권이 존재한다는 이유로 다시 취소소송을 제기할 수 없다. 그러나 대위소송에서 피보전채권의 부존재로 소 각하의 소송판결이 선고되면 그 소송의 피보전채권이 존재하지

45) 일본 통설의 입장이다. 飯原一乘, 詐害行爲取消訴訟, 445면, 448면.

46) 東京高判 평성 12. 8. 17. 判時 1735-63.

47) 대위권이 재판상 행사되었을 때, 채권자대위소송의 확정판결이 다른 채권자에게 미치는가? 이 경우에는 그 채무자가 어떠한 사유로든 채권자대위소송이 제기된 것을 알았을 때 동일한 소송물에 대한 또 다른 채권자에 의한 채권자대위소송에 미친다(대법원 1994. 8. 12. 선고 93다52808 판결).

48) [34] 2. 참조.

49) [35] 참조. 여하윤, 채권자대위권 연구, 238～239면. 민법주해 채권 2, 772～773면.

50) [34] 3. 참조.

51) 대법원 1971. 4. 30. 선고 71다411 판결.

52) 대법원 1975. 5. 13. 선고 74다1664 전원합의체 판결. 따라서 채권자대위소송을 제기한 사람이 종국판결 후 소를 취하한 경우, 그 소송제기 사실을 알았던 피대위자에 대하여도 재소금지규정이 적용된다(대법원 1996. 9. 20. 선고 93다20177 판결). 이에 대하여 대부분의 민법학자들은 채권자대위소송의 법적 성격이 법정소송담당이라는 논리에 서서, 채무자가 알든 모르든 관계없이 기판력이 채무자에게 미친다고 한다(여하윤, 채권자대위권 연구, 241면).

않았다는 점에만 기판력이 미치므로, 그 후 다른 피보전채권을 가지고 대위소송을 제기할 수 있다.

(6) 비용상환

대위권은 채권자가 채무자의 권리를 행사하는 것이므로, 그 한도에서는 일종의 법정위임관계라고 할 수 있다. 그러므로 채권자는 일정한 비용을 지출한 경우에는 채무자를 상대로 민법 제688조를 준용하여 비용상환청구권을 행사할 수 있다.[53] 만일 채권자가 목적물을 대위수령하여 목적물 보관비용을 지출한 경우, 이 비용은 대위수령한 물건에 관하여 생긴 채권이므로 목적물 위에 유치권을 취득한다(민법 제320조). 그러나 취소권은 채권자가 자신의 권리를 행사하고 채무자에게는 판결의 효력이 미치지 않으므로 비용상환의 문제는 발생할 여지가 없다.[54]

[3] Ⅲ. 제도의 연혁

1. 로마법[55]

가. 강제집행과 관련된 제도

(1) 로마의 사해행위취소권은 강제집행과 관련하여 생성 · 발전하였다. 로마 고대법의 강제집행제도는 채무자에 대한 사법상 의무를 실현하는 것이 아니라 오히려 채무불이행에 대한 형벌이나 응징의 성질을 가지고 있었다. 채무자가 판결 후 30일 이내에 변제하지 않으면, 채무자는 일정한 절차를 거쳐 채권자의 집에 감금된 후, 살해되거나 국외에 노예로 팔렸다. 채권자가 다수일 때에는 채무자의 신체를 잘라서 이를 분배하였다. 만약 채무자에게 재산이 있으면 채권자의 소유가 되었다.

(2) 그러나 BC 4세기 경 위와 같은 가혹한 인적집행은 Lex Poe-

53) 대법원 1996. 8. 21.자 96그8 결정.

54) 대법원 2011. 2. 10. 선고 2010다79565 판결.

55) 飯原一乘, 詐害行爲取消訴訟, 6면 이하 참조.

teria에 따라 완화되어, 채무자를 구금하여 살해하거나 노예로 파는 것은 금지되고, 채무자는 채권자의 지시 아래 일을 하여 채무변제에 갈음할 수 있게 되었다.

또한 BC 1세기 중엽에는 법무관법(jus praetorium)에 의하여 재산집행제도가 도입되었다. 다만 당시에는 채권자가 채무자의 인적 지배권을 잃는 대신, 적어도 채무자의 모든 재산은 가져야 한다는 생각으로, 일반집행인 파산이 보통의 재산집행 방식이었다. 이와 같이 인적 집행으로부터 재산 집행으로 옮겨가면서, 채권의 현실적 효력에서 채무자의 생명이나 자유에 대한 위협이 없어지고, 이에 따라 채무자가 고의로 자기 재산을 감소함으로써 발생하는 채권자의 불이익을 구제할 필요성이 생겼다. 이것이 바로 그 후 actio Pauliana라는 이름으로 통합된 사해행위취소제도 발상의 기반이 되었다.[56]

나. actio Pauliana의 내용

로마법에서의 actio Pauliana는 아직 파산법상의 부인권과 파산외의 취소권의 구별이 없었다. 그러나 그 성립요건에는 객관적 요건으로서 재산적 이익의 이전과 채권자의 불이익이, 주관적 요건으로서 채무자의 사해의사와 수익자의 사해인식이 요구되었다. 다만 무상행위에는 수익자에게 사해인식이 없어도 Pauliana 소권이 인정되었다. 이 제도의 주된 기능은 채무자의 행위를 완전히 무효로 하거나 취소하는 것이 아니라, 채무자가 제3자에게 이전한 재산적 이익을 회복하는 것이었다. 그리고 제3자의 반환의무의 법적 기초(근거)는, 유상행위의 경우에는 그가 채무자의 사해의사를 알고 재산을 취득한 것이 신의에 반하는 불법행위로 보았고, 무상행위의 경우는 사해행위 채권자를 구제하는 것이 선의의 취득자가 받은 이익을 보유하도록 하는 것보다 공평의 관념에 부합하다는 것이었다.

이와 같이 actio Pauliana가 채무자의 신의 위배를 바탕으로 하여, 오로지 주관주의에 입각한 결과, 채무자와 상대방의 사해의사와 인식에 관한 증명책

56) 로마법에서 채권자취소권의 원형은 AD 4년의 lex Aelia Sentia까지 소급한다. 이 법은 채권자를 사해할 의사로 채무자가 그 소유의 노예를 해방한 경우에는, 그 노예해방을 무효로 할 수 있다고 규정하고 있다. 佐藤岩昭, 詐害行爲取消權の理論, 70면.

임은 원고가 부담하게 되어, 채권자구제의 실행이 상당히 어렵게 되었다.

다. 소권의 체계

로마법은 소권(actio)의 체계를 가지고 있었다. 채권자취소권이 로마법에서 생겨난 권리이고, 우리 민법이 계수한 채권자취소권의 모법인 프랑스민법도 로마법상 소권의 영향을 강하게 받고 있었다.57) 그러므로 우리 민법의 해석을 위해서도 소권의 개념을 전혀 무시할 수는 없다.

로마법에서 actio의 특색은 다음과 같이 설명할 수 있다. 첫째는 권리를 행사하는 자가, 그 권리의 실현과 실행을 위하여 임의로 사용할 수 있는 수단이 바로 actio이다. 둘째는 로마법에서 actio의 개념 속에는 실체법의 요소와 소송법의 요소가 동시에 들어 있다. 다시 말해서 actio에는 실체법적인 사법상 권리와 형식적인 소송법상 권리가 현재보다 더 강하게 일체화된 형태로 되어 있었다. 보다 간명하게 말한다면 actio에는 실체법적인 요소와 소송법적인 요소를 함께 가지고, 사법적인 청구권을 의미함과 동시에 공법적인 소권도 의미하였다. 한편 현대의 민사법체계에 좇아 설명한다면, actio라고 하는 하나의 권리에는, ① 실체법상의 권능, ② 판결절차상의 권능과 ③ 강제집행절차상의 권능을 모두 포함하고 있었다.58)

우리 민법의 채권자취소이론이 민법전에 규정되어 있으면서도 단순히 실체법상의 문제뿐만 아니라, 소송법상·집행법상의 쟁점과 긴밀하게 관련하여 복잡한 학설이나 실무상의 문제가 발생하는 것은, 채권자취소권이 가지는 이러한 연혁적인 이유 때문이기도 하다.

---

57) 프랑스에서도 소권(action)과 권리(droit)는 준별되어야 한다는 것이 현재 통설적 견해이나, 이는 1972. 7. 20. 공포된 프랑스 신민사소송법 제30조~제32조에 규정된 소권의 정의규정을 둘러싼 논의로부터 시작된 것이다. 그렇다 하더라도 프랑스법에서는 독일과 같이 Klagrecht와 Privatrecht가 완전히 분리되었다기보다, action은 완전히 실체적 권리로부터 분리 독립한 소송법상 객관적인 권리나 권능으로서의 성질을 가지고 있지 않다. 독일에서 Klagrecht의 개념은 국민과 국가의 재판제도가 어떠한 관계에 있는가 하는 시점에서 출발한 개념이다. 한편, 프랑스의 action개념은 실체법상 주관적 권리(driot subjectif)가 action과 어떠한 관계에 있는가 하는 관점에서 출발하였다. 佐藤岩昭, 詐害行爲取消權の理論, 46~49면.

58) 佐藤岩昭, 詐害行爲取消權の理論, 13~14면.

2. 이탈리아 도시법

가. 로마법이 채무자의 사해의사를 요건으로 하는 주관주의에 입각한 데 반하여, 14세기 중엽의 이탈리아 도시법에서는, 상업의 발전과 신용거래의 확대에 따라, 일일이 채무자나 그 상대방의 의사를 묻지 않고, 채권자 보호를 도모할 수 있는 객관주의가 채용되었다.

로마법에서는 사해행위의 구제가 악의에 대한 보복을 기조로 하는 개인주의적 제도였으나, 이탈리아 도시법에서 사해적 재산감소는 상업거래사회에 부여된 신용에 대한 배신으로 파악되었다. 그리고 채무자가 지급능력이 없는 상태에서 하는 재산 이전은, 객관적으로 이미 채권자를 해치는 것이 되고, 채무자나 상대방에게 실제로 사해의사나 인식이 있는지 여부는 중요한 문제가 아니었다.

나. 이탈리아 도시법의 특징으로서는, 채무자와 일정한 친족관계에 있는 사람들 사이의 행위나, 채무자가 도주 전 일정 기간 내에 한 행위 등은, 채무자의 사해의사에 관한 증명 없이도 무효가 되었다. 그리고 로마법에는 무상행위의 취소를 위해서도 요구되던 채무자의 사해의사가, 이탈리아 도시법에서는 요구되지 않았다.

또한 이탈리아 도시법에는 로마법에는 없었던 파산 내외를 구별하여, 파산 내 부인법에 관하여 객관적 부인을 창설하여, 파산 내 부인을 파산 외 부인과 병존시킴으로써 그 후 각국의 입법에 많은 영향을 미쳤다.

3. 프랑스법

가. 연 혁

(1) 이탈리아 도시의 상인사회에서 싹이 튼 파산법과 부인권 제도는, 17세기 프랑스 상업의 중심지인 리옹에 이식되어, Réglement de Lyon(1667년)이 제정되었다. 이탈리아 도시법의 객관주의를 계승한 것이었다. 그러나 루이 14세 치하에서 제정된 Ordonnance de Commerce(1673년)는 파산제도를

정비하였지만, 부인권에 관하여는 오히려 로마법에 가까워, 파산선고전의 행위에 관하여 사해의사를 추정하지 않고, 채권자의 입증을 요구하였다.

(2) 그 후 déclaration(1703년), Code de Commerce(1807년)을 거쳐, 이른바 상인파산주의가 확립되어, 파산 내외의 부인권이 형식적으로도 병존하게 되었다. 또한 파산에 관한 법률(Loi sur les Faillites et Banqueroutes du 28. Mai 1838)에 따라 내용이 정비되고 보다 충실한 제도가 되어, 사해의사 유무를 지급정지의 인식 유무에 따라 결정하는, 주관주의 이론에 객관주의적 실효성을 가미하였다.

(3) 다만 파산 외의 부인권에 관하여는 프랑스 민법(Code de Civil 1804) 제1167조 제1항이 "채권자는 자기의 이름으로, 그 권리를 해치는 채무자의 행위를 다툴 수 있다"[59]고 규정함에 그쳐, 그 불비점은 판례 · 학설로 보완될 수밖에 없었다.

나. 채권자취소권의 성격

프랑스에서 채권자취소권은 명문의 규정은 없지만 '소 제기(intenter une action)'의 방식으로만 행사할 수 있고, 재판 외의 의사표시나 항변으로는 행사할 수 없다. 원고(poursuivant)는 채권이 ① 사해행위 이전에 발생한 것으로서 채권의 존재가 확정적(certain)이고, ② 금액이 확정되어 있으며(liquide), ③ 기한이 도래한(exigible) 채권을 가진 채권자여야 한다.[60] 채무자는 피고(défendeur)가 될 수 없고, 수익자(acquéreur)나 전득자(sousacquéreur)를 상대로 한다. 프랑스에서 채권자취소권은 채권자가 피고에 대하여 손해배상을 청구할 수 있는 실체법상 권리와 함께 소송법상 권리의 성질을 함께 가진다. 소송의 성격은 대인소송(action personnelle, actio in personam)이라 함이 통설이다.[61] 소 제기의 요건은 ① 채무자의 처분행위나 채무부담

59) 원문은 다음과 같다. Ils peuvent aussi, en leur nom personnel attaquer les actes faits par leur debiteur de leur droits.

60) 여기서 채권의 확정은 판결에 의한 확정만을 의미하지 않는다. 다만 ① 채권의 존재 확정, ② 금액의 확정, ③ 기한의 도래와 조건성취라는 3가지 요건은 민사집행에서 압류의 요건과 거의 일치한다.

행위, 또는 채무면제행위가 있을 것, ② 채권자에게 손해(préjudice)가 발생할 것, 즉 지급불능상태(무자력, insolvabilité)를 야기시킬 것, ③ 채권자에게 손해를 주려는 의도가 필요하다.[62]

다. 취소의 효력[63]

(1) 취소채권자와 피고(수익자)와의 관계

취소채권자는 취소판결을 집행권원(titre exécutoire)으로 하여 수익자의 수중에 있는 사해행위 목적물을 압류(saisie)·매각(vente)하여 그 매득금으로부터 채무자(débiteur)에 대한 채권을 변제받을 수 있다. 즉 채권자취소소송에서 '취소(révoquer)'의 내용은 채무자의 재산으로부터 일탈한 사해행위 목적물을 취소채권자가 압류할 수 있다[64]는 것을 의미하고, 그 목적물을 다시 채무자의 재산으로 복귀하는 효력을 가지지는 않는다. 취소채권자는 취소판결을 얻음으로써 마치 채무자와 수익자 사이의 사해행위가 존재하지 않는 것처럼, 수익자에 대하여 압류할 수 있다. 이는 독일의 집행인용판결의 기능

61) 프랑스에서 소송(action en justice)은 전통적으로 그 성질에 따라 3가지 기준으로 구별한다. 즉 ① 대물소송, 대인소송, 혼합소송, ② 동산소송, 부동산소송, ③ 점유권소송(action possessoires), 본권소송(action pétitoires)의 3가지 분류이다. 그 중 ①의 분류는 소송에 의하여 행사되는 권리의 종류에 따른 것이다. 즉 채권을 소송에서 행사하는 경우에는, 채권은 대인적 권리이므로, 그 소송은 대인소송이라 한다. 대인소송(actio in personam)은 그 채권의 효력을 받는 자(sujets passifs)에 대하여만 제기할 수 있다. 한편 물권을 소송으로 행사하는 경우에는 그 소송은 대물소송이 된다. 대물소송(actio in rem)은 그 물권의 객체인 물건을 보유하는 자(détenteur) 모두에 대하여 제기할 수 있다.

62) 佐藤岩昭, 詐害行爲取消權の理論, 69면, 80면 이하.

63) 佐藤岩昭, 詐害行爲取消權の理論, 84면 이하 참조.

64) 이 경우에 취소채권자와 수익자의 채권자 사이에 경합이 있을 수 있다. 이에 대하여 프랑스에서는 목적물이 특정물인 경우에는 취소채권자가 그 목적물을 추급하여 압류하는 것이므로, 수익자의 채권자는 그 물건에 관한 집행에서는 취소채권자와 경합할 수 없다. 즉 취소채권자가 수익자의 채권자에 우선하고, 수익자의 채권자는 취소채권자가 만족을 얻은 후 남은 금액에 대하여 집행할 수 있다. 그러나 채무면제를 취소하는 경우와 같이 특정물에 대한 취소가 아닌 경우에는, 취소채권자는 면제된 채권액을 수익자의 일반재산으로부터 만족을 얻는 것이므로, 수익자의 채권자와 경합이 생기는 것은 당연한 결론이다. 佐藤岩昭, 전게서, 113면 참조.

과 동일하다. 따라서 취소의 범위는 취소채권자의 피보전채권액을 넘을 수 없다. 취소판결의 주문에는 사해행위의 취소(annuler)와 손해배상(dommages-intérêts)의 지급을 명하는 판결을 한다. 취소채권자가 채권의 만족을 얻는 방법은 오로지 취소판결을 집행권원으로 하여 민사집행법이 정한 절차(압류·매각)에 따른다. 다시 말해서 취소판결은 그 후의 강제집행절차와 직결되어 있고, 강제집행절차에 따라 비로소 취소판결의 목적－취소채권자의 피보전채권의 만족－을 달성할 수 있다. 위와 같은 이론과 실무의 태도는 취소판결로써 사해행위가 취소채권자와 관계에서만 무효가 되고, 수익자와 채무자 사이, 취소채권자 이외의 채권자에게는 유효하다는 결론으로 자연스럽게 귀착된다.

(2) 채무자와 피고(수익자)와의 관계

프랑스의 학설과 판례는 일치하여 취소판결은 채무자와 수익자 사이의 법적행위의 효과에 아무런 영향을 미치지 않는다고 한다. 즉 사해행위는 행위당사자 사이에서는 유효하다. 그 근거로는 취소소송의 목적은 취소채권자에게 채권의 만족을 주는 데 있으므로, 그러한 목적만 이룰 수 있다면 충분하고, 굳이 채무자와 수익자 사이 이루어진 법적행위의 효력에 영향을 줄 필요가 없다는 것이다. 그 결과 ① 취소채권자가 강제집행에서 얻은 매득금을 취소채권자에 대한 변제에 충당하고 남는 돈이 있으면, 이를 채무자가 아닌 수익자에게 배당한다. 한편 ② 수익자는 채무자에 대하여 구상권을 취득한다.[65)]

(3) 취소채권자 이외의 채권자에 대한 취소판결의 효력

이는 채권자취소판결의 효력이 상대적(relatif)인가, 절대적(absolu)인가 하는 문제이다. 당초 프랑스에서는 3가지 학설이 있었다.

① 절대적 효력설 : 채권자취소의 효과는 모든 채권자의 이익이 되어야 한다는 견해이다. 취소채권자는 물론이고, 취소권을 행사할 수 있었지만 이를 행사하지 않은 사해행위 이전의 채권자뿐만 아니라, 취소권을 행사할 수 없

65) 구상권의 근거가 담보책임인가, 아니면 수익자가 채무자의 채무를 지급한 사실에 기한 것인가 하는 논쟁은 있으나, 채무자는 이미 무자력이어서 구상권을 행사하더라도 그 실익은 없을 것이다.

었던 사해행위 이후의 채권자에게도 취소판결, 즉 취소채권자 승소판결의 효력이 미친다는 설이다. 이 학설의 주창자는 Colmet de Santerre이다. 그 근거로는 프랑스 민법 제2093조에 따르면 채무자의 재산은 채권자의 공동담보(le gage commun)이고, 그 예외로 정당한 우선사유(le causes légitimes de préférence)가 있어야 하는데, 그 우선사유는 프랑스 민법 제2094조의 선취특권(les priviléges)과 저당권(les hypothéques)만을 뜻하고, 취소채권자는 이에 해당되지 않기 때문이다. 아래 보는 바와 같이 Boissonade가 일본 민법을 기초할 때 Colmet de Santerre의 학설을 기초로 하여 절대적 효력설을 명문화하였고, 우리 민법이 이를 계수하였다.

② 혼합설 : 현실적으로 취소권을 행사하였느냐 여부에 관계없이, 취소권을 행사할 수 있었던 사해행위 이전의 채권자 모두에게 취소의 판결효가 미친다는 견해이다. Larombiére의 학설이다. 그 근거로, 취소소송의 목적은 사해행위 때문에 손해를 입은 채권자의 손해를 전보하는 것이므로, 사해행위로 채무자의 자산에서 일탈한 재산을, 사해행위 이후에 채권을 취득한 사람의 공동담보로 볼 수 없다는 것이다. 우리 대법원의 견해이다.[66]

③ 상대적 효력설 : 취소소송을 현실적으로 행사한 채권자만이 승소판결의 이익을 얻을 수 있다는 설이다. 프랑스의 통설이자 판례의 입장이다. 그 이유는 취소권의 근거규정인 프랑스 민법 제1167조는, 채권자가 '자기의 이름으로'(en leur nom personnel) 사해행위를 공격할 수 있다고 규정하고 있으므로, 취소소송은 집단적 청산방법이 아니라, 개별 채권자에게 개인적인 권리로 부여되었기 때문이다. 또한 프랑스 민법 제1351조는 기판력이 소송당사자 사이에만 생긴다고 되어 있으므로, 취소소송의 당사자인 취소채권자 외의 채권자에게는 판결의 효력이 미치지 않는다는 것이다. 또한 절대적 효력설은 취소의 범위가 취소채권자의 피보전채권에 한정되지 않고, 모든 채권자의 채권액을 확정하여 그 범위만큼 사해행위를 취소해야 하는데, 이는 프랑스 민법 제1167조의 규정이나 재판실무에 비추어 합리적이지 못하다는 것이다.[67]

---

66) 대법원 2009. 6. 23. 선고 2009다18502 판결. [34] 2. 나. 참조. 현재 프랑스에서는 이 설을 취하는 학자나 판례는 찾아볼 수 없다고 한다.

4. 독일법[68]

가. 연 혁

(1) 독일에서도 로마법의 actio Pauliana가 계승되었고, 보통법(gemeines Rechet) 시대에는 사해의사에 따른 반환(Rückgewähr)과 증여에 따른 반환의 구별은 있었다. 그러나 공동적 반환과 개별적 반환의 구별은 원칙적으로 없었고, 이 구별은 1855년 프러시아 파산법과 '파산 외 변제자력 없는 채무자의 법률행위 취소에 대한 채권자의 권한에 관한 법률'(Gesetz betreffend die Befugnis der Gläubiger zur Anfechtung von Rechtshandlungen zahlungsunfähiger Schuldners auβerhalb des Konkursverfahrens)에 따라 인정되었다. 독일 보통법 아래 지배적인 학설을 보면, paulianische Klage의 목적은 채무자의 재산을 채권자가 압류(Zugriff)할 수 있는 상태로 만드는 것이고, 그 방법으로는 채권자의 만족에 필요한 범위 내에서 수익자에게 부과된 의무로서, 취소는 채권적 효과를 가지고 있다는 것이다. 그리고 프로이센 법원은, 취소소송은 수익자의 수중에 있는 목적물에 대한 강제집행을 구하는 집행인용의 소(die Klage der Duldung der Zwangsvollstreckung)라는 입장이었다.

(2) 통일 후 독일제국은 1877년 파산법(Konkursordnung)에서 파산 내의 부인을 규정하고, 1879년 파산 외 취소에 관하여 '파산절차 외에서 채무자의 법률적 행위의 취소에 관한 법률'(Gesetz betreffend die Anfechtung von Rechtshandlungen eines Schuldners auβerhalb des Konkursverfahrens)을 제정하여 시행하였다. 이는 독일 민법(BGB)의 시행(1900년)보다 무려 20년 앞선 시점이다.[69] 위 법률에 관하여 통설과 판례는 취소권의 행사는 소(Klage)로써만 행

---

67) 이 부분은 혼합설을 취하는 우리 대법원의 입장에서도 까다로운 문제이다. [30] 3. 참조.

68) 민일영, '독일의 채권자취소제도', 7면 이하; 佐藤岩昭, 詐害行爲取消權の理論, 133면 이하 각 참조.

69) 이 점은 법사학적으로도 의미가 있다고 본다. 즉 채권자취소권이 실체법적인 권리가 아닌 소권(소송법적 권리)의 형태로 발전해 왔고, 집행절차와 밀접한 관련을 가진다는 점에 관한 설득력 있는 설명이 될 수 있다. 따라서 원래 채권자취소권 판결에서 '취소'의 효력은 취소채권자와 수익자 사이에 채권적 효력을 가짐에 그치고, 채무자

사할 수 있고, 이는 취소채권자의 수익자에 대한 집행인용의 소로서 소송당사자 사이에만 효력이 미치며, 취소의 효과는 사해행위 당사자인 채무자와 수익자 사이에는 미치지 않는다는 것이다.

(3) 그 후 1994년 파산법을 대신한 Insolvenz Ordnung(도산법)이 제정됨과 동시에 Gesetz über die Anfechtung von Rechtshandlungen eines Schuldners außerhalb des Insolvenzverfahrens(AnfG : 도산절차 외에서 채무자의 법률적 행위의 취소에 관한 법률)이 제정되어, 두 법률이 같이 1999년부터 시행되었다.

나. 학 설

채권자취소의 법적 성질에 관한 독일의 논의는 일본을 통하여 우리나라에도 많은 영향을 끼쳤다.[70] 주요 견해로는 ① 물권설(Dinglichkeitslehre), 즉 채권자취소는 민법상의 일반적인 취소와 같이 권리소멸의 효과를 가져와 '채무자와 취득자' 사이에 취소되는 행위를 무효로 한다는 견해(Hellwig가 BGB의 시행과 함께 취소권을 실체법적인 취소와 정합적인 해석을 시도하며 주창하였고, 이는 일본의 형성권설에 영향을 주었다), ② 전통적인 견해인 채권설(schuldrechtliche Lehre), 즉 채권자취소는 채무자와 취득자 사이의 법률행위의 효력에 아무런 영향을 미치지 않고, 단지 채권자가 그의 채무자에 대하여 가지는 권리의 실행에 필요한 한도에서 취득자를 상대로 취득물의 반환을 구할 수 있는 채권관계를 생기게 한다고 보는 견해로서, 여기에서의 반환은 취득자가 취득재산을 반환하는 것이 아니라, 채권자가 그 재산에 대하여 강제집행하는 것을 취득자가 수인(Duldung)하는 것을 말한다. 독일의 통설과 판례의 입장으로 일본의 청구권설에 영향을 주었다. ③ 이에 대하여 책임설(haftungsrechtliche Lehre)은 채권자취소의 본질을 취소되는 행위에 따른 취득의 물적인 무효나 채권관계의 구속력에서 찾는 것이 아니

와 수익자 사이의 행위에는 아무런 영향이 없다는 점은 다툼이 없었다. 그러다 독일 민법이 시행됨과 함께 Hellwig가 채권자취소권의 취소를 실체법인 독일 민법상 형성권의 개념으로 포섭하려는 시도로 물권설이 주장되었다.

70) 이에 대한 일본 학설의 내용은 [33] 참조.

라, 채무자 재산으로부터 일탈한 재산이 지닌 책임(Haftung)의 회복에서 찾는 견해이다. 채권자는 채무자의 재산으로부터 충분한 만족을 얻지 못하는 경우에, 채무자로부터 제3자에게 귀속된 재산을 여전히 채무자의 것처럼 강제집행할 수 있고, 그에 따라 제3자는 채권자에 대하여 아무런 채무를 부담하지 않지만, 위 재산으로 책임을 진다는 것이다. Paulus가 제창하여 일본에도 영향을 주었다.71)

다. 학설에 따른 차이

(1) 채권설의 효과

① 취소채권자와 피고(수익자)와의 법률관계

취소판결의 목적은 사해행위에 의하여 채무자의 자산으로부터 일탈한 목적물에 대한 취소채권자의 강제집행을 가능하도록 하는 것이다. 따라서 취소판결의 효력에 따라 수익자는 그 수중에 있는 사해행위 목적물을 마치 채무자에게 귀속하는 것같이 취급할 의무를 부담한다. 즉 수익자는 사해행위 목적물에 대한 취소채권자의 강제집행을 인용하여야 한다. 취소채권자는 취소판결을 집행권원으로 수익자를 집행채무자로 하여 사해목적물에 강제집행할 수 있다.

② 채무자와 수익자와의 관계

취소판결의 효력은 사해행위 당사자에게는 미치지 않는다. 토지가 양도된 경우에도 부동산등기부의 명의를 정정할 필요가 없다.

③ 채무자의 피고적격

취소소송은 집행인용의 소이므로 채무자에게 피고적격을 인정할 여지가 없고, 수익자에게 피고적격이 있다.

④ 취소채권자 이외의 채권자에 대한 취소판결의 효력

71) 우리나라에서도 이를 지지하는 견해를 볼 수 있다. 유병현, '채권자취소소송에 관한 연구(박사학위 논문)'. 유병현 교수는 우리 채권자취소권에도 독일의 수인 소송 개념을 도입할 수 있고 그 필요성이 있다고 주장한다. 또한 김형배, '채권자취소제도의 재구성', 고시계(31권 9호), 국가고시학회 1986. 28면 이하.

독일에서는 프랑스와는 달리 이 문제에 관하여 학설의 대립이 전혀 없다. 즉 취소판결의 효과를 취소채권자 이외의 채권자에게 미친다고 하는 학설은 독일에서는 존재하지 않는다. 따라서 아래 다른 학설의 효과를 설명할 때도 이 부분은 따로 언급하지 않는다.

(2) 물권설의 효과

① 취소채권자와 피고(수익자)와의 법률관계

사해행위는 취소채권자에 대하여 처음부터 무효가 된다.

② 채무자와 수익자와의 법률관계

채무자와 수익자 사이의 사해행위는 처음부터 무효가 된다. 취소채권자는 채무자에 대한 집행권원을 가지고 사해목적물에 강제집행할 수 있다. 한편 프랑스에서는 채무자와 수익자 사이의 법률행위를 무효로 하는 학설은 전혀 없다.[72)]

③ 채무자의 피고적격

물권설에서도 수익자에 대하여 취소 의사표시를 하거나 확인을 구하므로, 채무자의 피고적격이 문제되지는 않는다. 다만 채권자취소권을 행사한 후에 이어지는 강제집행에서, 채무자는 집행채무자가 된다. 이 점이 취소소송이 집행인용의 소로서 수익자가 집행채무자가 되는 채권설과 다른 점이다.

(3) 책임설의 효과

① 취소채권자와 피고(수익자)와의 법률관계

사해행위는 책임법적으로 무효가 되므로, 사해목적물은 여전히 채무자의 책임재산을 구성한다. 취소채권자는 집행인용판결을 집행권원으로 수익자를 집행채무자로 하여 책임재산을 구성하는 사해목적물에 집행할 수 있다.

② 채무자와 수익자와의 법률관계

수익자는 채무자의 채무를 위하여 책임(Haftung)만을 부담한다. 따라서

72) 프랑스에서는 취소판결의 효력이 취소채권자 이외의 다른 채권자에게도 미치는지 여부에 관한 학설의 대립이 있었다는 점이 독일과는 다른 점이다. 앞에서 본 바와 같이 독일에서는 이에 대한 학설의 대립은 전혀 없었다.

사해행위는 유효하다.

③ 채무자의 피고적격

채권자취소권의 행사는 공격방법으로서는 집행인용의 소로 하므로 채무자의 피고적격은 문제될 여지가 없다.

(4) 독일 학설의 요약

독일 학설에서 견해의 차이는 ① 채무자와 수익자 사이의 법적 행위를 무효로 할 것인지 여부와 ② 사해목적물에 대한 집행을 할 때 무엇을 집행권원으로 할 것인가, 즉 채권자취소판결인가 아니면 채권자의 채무자에 대한 집행권원, 즉 AnfG 제2조에서 말하는 집행권원인가, 바꾸어 말해서 집행채무자는 수익자인가 채무자인가 하는 점이다. 이를 표로 만들면 아래와 같다.

	채무자=수익자 사이	집행권원	집행채무자
채 권 설	유 효	집행인용판결	수익자
물 권 설	무 효	AnfG 2조	채무자
책 임 설	유 효	집행인용판결	수익자

라. 독일법의 특징

독일법(AnfG)은 비교적 상세한 조문을 두고 있어 우리 채권자취소소송의 해석에 많은 참고가 되므로 부록에 그 전문과 번역문을 함께 소개한다.

독일법의 특징을 들면, ① 피보전채권은 원칙적으로 집행력 있는 집행권원을 취득하고 채권이 변제기에 있어야 하며,[73] 채무자의 재산에 대한 강제집행이 완전한 만족을 얻지 못하였거나, 그럴 가능성이 있어야 하고,[74] ② 집행권원을 취득하기 전에는 항변으로 주장할 수 있고, ③ 고의와 무상급부에 따른 사해행위에 대한 별도의 규정을 두고, ④ 사해행위가 집행권원을 취득하더라도 채권자취소에 대항할 수 없고, ⑤ 취소할 수 있는 법률행위에 따라

73) 이 부분이 우리 채권자취소권과 근본적 차이가 있다. 독일에서는 채권자취소를 집행법 분야에서 다루고 있다. 민일영, '독일의 채권자취소제도', 14면.

74) 채무자의 무자력, 즉 채무초과상태를 말한다. 무자력을 판단함에는 이미 처분된 재산, 즉 취소대상 재산은 그 산정에서 고려하지 아니한다.

일탈된 재산은 채권자의 채권변제에 필요한 한도에서 채권자의 처분에 맡기며, ⑥ 취소의 상대방은 채무자에 대하여 반대급부의 상환이나 취소의 결과로 부활한 청구권을 행사할 수 있다.

5. 영국법

가. 영국에서도 로마법의 영향을 받아 헨리 8세 때(1509년~1549년) 파산법이 제정되었고, 엘리자베스 1세 때인 1570년 최초의 사해행위취소법인 엘리자베스법(Statute of 13 Elizabeth. chapter 5)[75]이 제정되었다. 엘리자베스법은 채권자의 정당한 법적 청구권을 방해하거나 지연시키거나 기망할 목적으로 이루어진 사기적 재산양도를 무효로 하고, 사해목적물이 동산인 경우에는 이를 몰수하고, 부동산인 경우 그 1년의 사용료를 몰수함과 동시에, 사해행위자를 투옥하는 것으로 되어 있다.[76] 원래 엘리자베스법에서는 채무자가 한 양도가 사해행위에 해당하여 무효가 된 경우에도, 채권자에게 회복되는 것은 일탈재산의 절반에 불과하고, 나머지 반은 국왕(the Crown)에게 인도되고 형사벌을 받게 되어 있었다. 그러나 1571년의 Mannock's Case에서 엘리자베스법을 적용하면서도 판결채권자는 일탈재산에 대하여 직접강제집행을 할 수 있는 권한을 인정함으로써, 그 후 채권자의 일탈재산 전부가 채권자의 채

75) 엘리자베스 1세 치세의 13년째 의회에서 채택한 법률 제5호라는 뜻이다. Fraudulant Conveyance Act 1571이라고도 함. 그 후 1587년에 statute of 29 Elizabeth (1587)로 변경은 되었으나 본래 규정의 취지는 그대로 유지되었다. 영국에서 사해양도의 금지에 관한 성문법의 연원은 1215년의 Magna Charta까지 소급한다. 거기에는 영지에 부과된 역무를 피하기 위하여 영지를 모두 처분하는 행위를 금지하였다(Magna Charta, §§ 32 & 36, June 19, 1215.). 또한 그 후 채권자로부터의 집행을 피하기 위하여 재산을 지인에게 양도하거나 Westminster 사원과 같은 성역(sanctuaries=조세면제지)에 편입시키는 행위를 금지한 입법으로 에드워드 1세{St. 13 Edward Ⅰ, chap. 1(1290)}, 리차드 2세{St. 2 Eichard Ⅱ, chap. 3(1379)}. 에드워드 3세{St. 50 Edward Ⅲ, chap. 6(1376)} 때의 제정법 등이 있고, 헨리 7세의 제정법{St. 3 Hen. Ⅶ, chap. 4(1487)}은 이러한 사해행위가 무효(void and of none effect)임을 선언하였다. 엘리자베스법은 이러한 선행 입법들의 정신을 이어받아 채권자 보호에 만전을 기하기 위하여 제정된 것이다. Dewitt, 9면 이하 참조.

76) 다만 형벌규정(엘리자베스법 제3조)은 거의 적용되지 않았다. 佐藤岩昭, 詐害行爲取消權の理論, 195면.

권회수에 제공되는 것으로 운용되었다.[77)]

한편 위 법은 적정한 약인(good consideration)에 따라, 선의(bona fide)로 목적물을 양수하거나, 그 당시 채무자의 사해의도를 알지 못한 양수인에게는 적용되지 않는다.[78)]

엘리자베스법에서 규정된 hinder, delay, defraud는 후에 사해의 요건으로서 미국판례에 도입되어, 통일사해행위취소법{1918년의 UFCA§7, 1984년의 UFTA 및 UVTA§4(a)(1)}의 기초가 되었고, good consideration(fair consideration), bona fida(good faith)의 개념도 역시 UFCA§§3-6, 8, 9, UFTA 및 UVTA§§4, 6에 들어있다.

엘리자베스법이 적용된 사건 중 Twyne's Case[79)]에서 채용된 badges of fraud(사해의 징표)의 개념은 사기적 의도를 추인할 수 있는 징표(signals and marks)가 무엇인지 밝힘으로써, 사기적 의도에 관한 증명을 경감할 수 있도록 하였다.[80)] badges of fraud의 개념은 사해행위 성립요건의 중핵을 구성하는 것으로서, 미국의 통일사해행위취소법에 계수되어 중요한 기능을 담당하고 있다.

---

77) 佐藤岩昭, 詐害行爲取消權の理論, 197면; Epstein, 62면.

78) 佐藤岩昭, 詐害行爲取消權の理論, 196면; Epstein, 62면.

79) Twyne's Case(1601), 3 Co. Rep. 80b, 76 Eng. Rep. 809.
당시 영국의 Court of Star Chamber(왕실재판소)에서 한 판결이다. 사안은 T(Twyne)와 C에 대하여 채무를 부담하고 있던 A가, C로부터 소송을 당하자, T에게 의복이나 생활필수품을 비롯한 동산이나 가축인 양까지 하나 남기지 않고 모두 날인증서(deeds)에 의하여 비밀리에 증여하였으나, A는 그 후에도 이것들을 그대로 점유하고, 일부 동산을 매각하거나, 양에게는 자기 이름의 낙인을 찍었다. 승소판결을 얻은 C가 강제집행영장을 얻어서 A에 동산에 집행하려 하자, T의 지시를 받은 자가 집행관에 저항하며 T가 적정한 약인에 따라 선의로 증여받았다고 주장하면서, 엘리자베스법의 적용 유무가 다투어진 사례이다. 법원은 T의 선의를 인정하지 않고 A의 증여가 사해행위에 해당한다고 판결하였다.

80) 이 사건에서의 사해의 징표는, ① 증여 목적물 중에 의복을 비롯한 필수품이 포함되어 있는 점, ② 증여자가 물건의 점유를 계속한 점, ③ 은밀히 행하여 진 점, ④ 증여가 소송 계속 중에 이루어 진 점, ⑤ 당사자 사이에 신탁이 존재하고 있는 점, ⑥ 증여증서에 통상 사용하지 않는 문구(여기서는 일반적으로 사용하지 않는 '성실하고 진정으로 선의로' 양도한다는 말)를 사용한 점 등이다.

나. 그 후 사해행위에 대하여는 1925년 재산법(Law of Property Act, 1925)에 규정되었다. 위 법 제9장이 사해행위 취소에 관한 규정인데, 제172조[81]에는 특별한 경우를 제외하고는 채권자를 사해할 의사를 가진 재산의 양도는, 그에 따라 권리침해를 받은 사람의 청구에 따라 취소할 수 있고, 사해의사 없는 재산양도는 취소할 수 없으나, 사해의사는 양도의 사정으로부터 추정된다고 한다. 엘리자베스법에 있던 벌칙조항은 삭제되었다.[82]

6. 미국법

가. UFCA－1918년

미국이 1776년에 영국으로부터 독립하였지만 19세기 중엽까지는 영국의 전통적인 민사소송제도를 그대로 도입하여 운영하였다. 사해행위취소에 관하여도 미국 각 주들은 영국의 엘리자베스법과 판례법을 계수하였다.[83] 그러나 미국에서는 금전채권의 청구는 보통법에 따르고, 사해행위취소는 형평법상의 권리로서, 채권자는 보통법에 의한 판결을 받아[84] 강제집행영장(fieri facias)

---

81) 현재는 1986년 파산법(Insolvency Act 1986) 제423조에서 제425조까지 이를 규정하고 있다.

82) 사해행위에 대하여 1925년 재산법(Law of Property Act, 1925)에 규정된 내용을 보면, 법 제9장(Part IX)이 사해행위 취소에 관한 규정인데, 제172조에는 특별한 경우를 제외하고는 채권자를 사해할 의사를 가지고 한 재산 양도는, 그에 따라 권리침해를 받은 자의 청구가 있으면 취소할 수 있고, 사해의사 없는 재산양도는 취소할 수 없으나, 사해의사는 양도의 사정으로부터 추정된다고 한다. 엘리자베스법에 있던 벌칙조항은 삭제되었다. 파산과 관련된 사해행위에 관하여는 Insolvency Act 1986 §§423-425에서 규정하고 있다. 사해행위취소의 대상(파산부인도 같음)은 증여나 거래대가가 현저히 낮은 경우(약인이 없거나 약인의 대가가 현저히 낮은 경우) 등 채권자를 해치는 거래이고, 거래의 모습은 재산이나 이익의 양도나 귀속, 담보(재판상 우선권 등 포함)나 채무면제나 해제 등을 포함한다. 구제수단은 거래가 없었던 것으로 하거나 피해자의 이익을 보호하기 위하여 적합한 재판을 할 수 있다. 사해행위취소는 선의의 전득자나 정당한 대가를 지급하고 취득한 자에게 미치지 않는다. 파산법의 원문은 http://www.legislation.gov.uk/ukpga/1986/45/pdfs/ukpga_19860045_en.pdf 참조.

83) 엘리자베스법이 미국의 사해행위취소송에서 그 기초가 되고 불문법의 일부라고 한 판례가 있다. Gardner v. Cole, 21 Iowa, 205.(Judge Dillon의 판결). Dewitt, 13면.

84) 판결을 받은 채권자를 judgement creditor라 한다. Epstein, 49면. 형평법상의 엘리

을 발부받던가, 이에 따른 강제집행이 불만족으로 종료되었다는 사실 중 한 가지를 증명하여야만 채권자취소소송을 제기할 수 있었으나, 주에 따라 절차가 달랐으므로(특히 보통법과 형평법상의 권리를 한 법원에서 동시에 심리할 수 있는가 하는 경합관할, competent jurisdiction의 문제) 1918년 14개조로 구성된 통일사해행위금지법(Uniform Fraudulent Conveyance Act=UFCA)이 마련되어 여러 주(1984년까지 버진아일랜드를 포함한 25개 법역)에서 이를 채택하였다. UFCA는 엘리자베스법을 적용한 우수한 판례들을 입법화한 것이다.

특히 관할 문제는 마치 UFCA의 제정과 보조를 맞춘 것처럼 F.R.C.P.(연방민사소송규칙)§18(b)[85]가 보통법과 형평법을 동시에 심리할 수 있는 경합관할을 긍정하는 취지의 명문 규정을 둠으로써 해결되었다. UFCA 아래에서는 반드시 보통법에 의한 판결을 취득하지 않더라도 형평법상의 취소소송을 제기할 수 있고, 가압류 등의 구제를 받을 수 있게 됨으로써(§§9, 10 참조) 불필요한 시간지연과 소송순환(circuity of action)을 방지할 수 있게 되었다.[86]

자베스법에 따르면 채권자취소권을 행사하기 위해서는 보통법상 판결의 취득과 강제집행 개시라는 요건이 필요하였다(형평법의 보충성).

85) Rule 18. Joinder of Claims

(a) In General. A party asserting a claim, counterclaim, crossclaim, or third-party claim may join, as independent or alternative claims, as many claims as it has against an opposing party.

(b) Joinder of Contingent Claims. A party may join two claims even though one of them is contingent on the disposition of the other; but the court may grant relief only in accordance with the parties' relative substantive rights. In particular, a plaintiff may state a claim for money and a claim to set aside a conveyance that is fraudulent as to that plaintiff, without first obtaining a judgment for the money.(부수적인 청구의 병합. 당사자는 하나의 청구가 다른 청구에 대한 결정에 의존하는 불확정한 것인 경우에도 병합할 수 있다. 그러나 법원은 당사자들 사이의 상대적인 실체법적 권리에 부합하는 경우에만 이를 허용한다. 특히 원고는 금전지급판결을 먼저 취득하지 않더라도, 사해행위에 대한 취소청구와 함께 금전지급을 청구할 수 있다).

86) 리딩케이스는 American Surety Co. v. Conner et. al. (1929) 251 N. Y. 1, 166 N. E. 783, 65 A.L.R. 244이다. 이 판결서를 작성한 Cardozo판사는 UFCA 제10조가 이행기에 이르지 않은 채권마저도 취소권으로 보호하는데, 이미 이행기에 이른 채권을, 판결을 취득하지 않았다는 이유로 그보다 못한 권리를 가진다는 것은 정의의 신속한 추구라는 채권자취소법의 목적에 비추어 부당하다는 논리를 폈다. 그 결과 채

또한 UFCA §9에 의한 취소판결은 그 판결을 기초로 하여, 수익자의 수중에 있는 사해목적물에 대한 강제집행을 할 수 있는 기능을 가지므로, 그 법적 기능은 독일의 집행인용소송과 같다고 할 수 있고, 이는 프랑스의 취소소송도 마찬가지라는 점은 위에서 보았다.

법조문의 주요내용을 소개하면 아래와 같다.

§1은 용어의 정의, §2는 무자력의 정의, §3는 사해행위가 성립되는지 여부에 관한 중요한 요건인 공정한 대가(fair consideration－UFTA 나 UVTA의 value)에 관한 것으로서 UFTA나 UVTA와 큰 차이가 없다.

§4는 '지급불능자의 양도'를, §7는 '사해의사를 가지고 하는 양도'를 모두 사해행위의 전형적인 유형으로 규정하였다. 사해의사는 법률상 추정되는(presumed in law) 의사로는 부족하고, 현실의(actual) 사해의사여야 한다.

§5는 사업(business)에 종사하는 자의 양도행위를 사해행위의 특수한 유형으로 규정하여 그 성립요건을 정하였다.

§9는 '기한이 도래한 채권을 가진 채권자의 권리'로서 사해행위를 취소하고(set aside), 사해행위의 목적물을 압류(levy execution)할 수 있다는 취지의 규정이다.

§10는 '기한이 도래하지 않은 채권자의 권리'로서, 피보전채권의 기한이 도래하지 않아도 채권자는 취소소송을 제기할 수 있고, 이에 따라 법원은 목적물의 보관이나 관재인 선임을 비롯한 일체의 명령을 할 수 있다는 규정이다.

나. UFTA－1985년[87)]

권자는 보통법상 판결과 judgement lien을 취득하지 않아도 채권자취소소송을 제기할 수 있고, 따라서 채권자는 1회의 소송으로 사해행위를 취소할 수 있다고 결론 내렸다.

87) 정확히 말하면 법률이라기보다는 법률안, 혹은 모델법이라 할 수 있다. 개정된 법률안은 1984년 Colorado주 Keystone에서 열린 제93차 통일주법위원회(National Conference of Commissioners on Uniform State Laws) 회의에서 채택되고, 1985. 2. 13. American Bar Association에서 최종적으로 승인되어 모든 주에서 입법되고 시행되기를 승인·권고된 법안이다. 이 법률안은 그 후 미국 대부분의 주에서 채택되어 입법화되었다.

(1) 개정 연혁

그 후 UFCA는 1985년에 Uniform Fraudulent Transfer Act(=UFTA)로 명칭이 변경됨과 동시에 그 내용도 대폭 수정되었다.

UFCA를 개정할 필요성은 아래 5가지로 요약할 수 있다.

① Bankruptcy Reform Act of 1978(1978년 개정 연방파산법. 이하 BRA of 1978이라 한다)이 사기적 양도에 관한 규정들을 크게 변경하였기 때문에, 연방법인 BRA of 1978과 통일 주법인 UFCA와 사이에 저촉이 생겼다. ② 미국법조협회(ABA)가 수정작업에 착수한 Model Corporation Act의 이익배당에 관한 규정과 UFCA가 서로 모순되는지 여부의 검토를 통일주법위원회에 의뢰하였다. ③ 50개 법역에서 채택한 Uniform Commercial Code(통일상사법전)가 동산 양도를 규제하는 모든 규정에서, Bulk Transfer(기업재산의 포괄적 양도)의 효력을 인정하는 방향으로 수정하였다. ④ BRA of 1978에 따라 개시된 많은 파산절차 중에서 파산관재인이 담보권 실행(foreclosure of security)을 사기적 양도로서 부인하게 될 상황이 되었다. ⑤ 미국법조협회가 변호사들에 대하여, 변호사가 사기적이라는 사실을 알고 있는 행위에 관하여 의뢰인의 상담을 금지하였다.[88]

한편 법 명칭의 Conveyance가 Transfer로 변경된 이유는, 전자가 부동산 양도만을 의미하는 것으로 오해할 수 있는 우려가 있어서, 법률 명칭과 법조문의 용어를 후자로 바꿈으로써, 개정법이 동산양도에도 적용할 수 있다는 점을 명시하였다.

위에서 본 법 개정 배경에 비추어 보더라도 짐작할 수 있듯이, 미국법의 특징은 취소의 대상, 특히 양도(transfer)의 개념 등이 파산법(Bankruptcy Code)상의 부인권(avoidance power)과 밀접한 관련을 가지고 있다. 특히 사용하는 용어의 정의도 크게 다르지 않기 때문에, 파산법상 부인권에 관한 해석이 채권자취소권에도 원용될 수 있는 여지가 많다.[89] 파산이 개시되면 관재인이

88) Comment의 ‘PREFATORY NOTE’ 부분 참조

89) 이는 UFTA 법조항에 실린 용어 중 많은 부분이 파산법에서 유래된 것이라는 점을 보면 잘 알 수 있다.

부인권을 행사할 수 있는 것은 당연하지만, 경우에 따라 채권자취소권을 행사할 수도 있다. 주법인 사해행위취소법에 따른 제소기간이 연방법인 파산법보다 길어서 사해행위취소권을 행사할 실익도 있다.[90]

(2) 주요 부분

참고할 만한 주요내용과 간단한 설명은 아래와 같다.

§ 2는 지급불능을 규정하고 있다. 채권자에 대한 채무 총액이 채무자의 총자산보다 많을 때 지급불능이 된다. 변제기에 있는 채무를 지급할 수 없는 채무자는 지급불능으로 추정된다. 위 자산 속에는 양도된 것은 포함되지 않는다.

§ 4는 현재 및 장래 채권자에 대한 사해행위를 규정한다.

(a) 채무자가 방해(hinder), 지체(delay), 사기(defraud)의 현실적인 의도(actual intent)를 가지고 한 경우와 양도가 합리적인 대가 수령 없이 한 경우에는 채권이 사해양도 전후에 발생한 것임을 불문하고 사해가 된다.

(b) 현실적인 사해의사는 약인(consideration)이 있었는지 여부를 비롯하여, 양도가 내부자(insider)를 위하여 한 것인지 여부, 채무자가 양도 후에도 그 재산을 점유 또는 관리하고 있는지 여부, 양도가 공개적인가 은폐되었는가(disclosed or concealed) 여부, 양도 전에 소송이 제기되었거나 소제기의 우려가 있었는지 여부 등을 고려하여 인정한다.

위의 각 요인들은 채무자의 현실적 사해의사에 관한 증거이지, 채무자의 사해양도를 추정(presumption)하는 것은 아니므로, 그러한 징표가 증명되었다 하더라도 증명책임이 전환되어 사해의사가 추론(inference of intent)되는 것이 아니라 사실인정의 문제이다.[91]

§ 5는 현재채권자에 대한 사해행위를 규정한다. (a) 채무자가 합리적인 대가를 수령하지 않고 양도하였거나, 당시 채무자가 이미 지급불능이었거나, 또는 양도에 따라 지급불능이 된 경우와 (b) 지급불능인 채무자가 내부자(insider)에 대한 기존채무의 변제를 위하여 양도하고, 그 내부자가 채무자의 지급불능 사실을 알고 있었다고 볼 만한 합리적 이유가 있을 때는 현재 채권자에 대한 사해행위가 된다.

---

90) Epstein, 73면; Jeff & Edward, 582면.

91) Am Jur §12에서 §14. Brennecke v. Riemann, 102 S.W.2d 874, 109 A.L.R. 1214. (Mo. 1937)

§ 7는 채권자의 구제방법을 규정하고 있다.

(a) 채권자는 채권 만족에 필요한 범위에서, 양도의 취소(avoidance), 양도된 자산에 대한 가압류를 비롯한 임시구제(attachment or other provisional remedy), 형평법상 처분금지명령(injunction against further disposition), 또는 양도된 자산의 관리를 위한 관재인의 선임(appointment of receiver) 등 필요한 모든 구제방법을 선택할 수 있다.

담보부 채권자가 사해행위취소권을 행사하기 위해서는 담보가 충분하지 않다는 사실을 증명하여야 하는가?[92] 담보권이 채권자의 취소권을 제한되지 않는다는 판례가 있는 한편,[93] 담보권을 행사한 후 담보되지 않는 채권이 있다는 판결을 받아야 취소권을 행사할 수 있다(foreclose a mortgage and secure a deficiency judgment[94])는 판례도 있다.[95] 후자의 입장에서 담보는 물적담보뿐만 아니라 인적담보(예, 책임보험)도 포함된다.[96]

우리 판례는 피보전채권은 원칙적으로 사해행위 이전이어야 하나,[97] Twyne사건의 해석에서 장래 채권자도 양도 무효를 주장할 수 있다고 한 후,[98] UFCA §§6,7와 UFTA §4(a)(1)(2)는, 사행행위 이전의 채권자(present creditor)와 장래 채권자(future creditor) 모두에게 구제를 인정하고 있다.[99]

UFCA 이전 미국의 채권자소송(creditor's bill)에서 판결채무자(judgment debtor)는 원칙적으로 필수적 당사자(necessary party)로 보았다.[100] UFCA나 UFTA 모두 채무자의 피고적격에 관하여는 명문 규정은 없으나, 다수 판례는 채무자는 고유의 당사자(proper party)이지만, 일반적으로는 필수적 당사자(in-

92) Am Jur §104.

93) First Nat. Bank of Omaha v. First Cadco Corp., 189 Neb. 553, 203 N.W.2d 770, 8 A.L.R.4th 1105. (1973)

94) 담보권 처분 후에 아직 남아 있는 부족금에 관하여 담보권설정자에 대하여 인적책임을 부담케 하는 판결.

95) McMillan v. McMillan, 42 Idaho 270, 245 P. 98 (1926); Perkins v. Bundy, 42 Idaho 560, 247 P. 751 (1926); Security Ben. Ass'n v. Swartz, 146 Kan. 267, 70 P.2d 16. (1937)

96) 飯原, 實務理論, 202면.

97) 대법원 2013. 12. 26. 선고 2012다41915 판결 외 다수.

98) Dewitt, 19면.

99) 다만 UFTA§5(a)와 §5(b)는 지급불능상태와 관련되어 약인이 없거나 내부자(insider)에 대하여 한 행위에 대하여는 현재 채권자만의 구제를 인정한다.

100) Dewitt, 819면 이하.

dispensable party)라고는 볼 수 없다고 한다.[101] 채권자가 채무자에 대하여 금전급부판결을 받지 못한 경우에는 필수적 당사자가 된다.[102]

사해행위취소 소송을 제기하기 이전에, 사해양도 대상인 재산에 우선권(specific lien)을 가지고 있지 않는 채권자는, 소송의 개시로써 가압류 또는 형평법상 압류(levy)의 성격을 가지는 우선특권(specific lien)을 가진다.[103] 공동원고가 되어 취소의 소를 제기하였다면 그 재산에 대하여 채권금액에 비례하여(pro rata) 배당을 받지만,[104] 채권자들 사이에 별개로 소가 제기되었다면 소송개시일(dates of commencement of their suits)을 기준으로 우선권(lien)의 순서가 정하여진다.[105]

UFTA§7에 따른 양도의 무효나 취소는 절대적이 아니라, 취소채권자와 양수인 사이에서만 무효라는 것이 일반적인 견해다.[106] UFTA§§4, 5에도 채권자에 대하여 사해가 된다(fraudulent as to creditors)고 규정한다.

취소의 범위에 대하여, UFTA§7(a)(1)은 채권자의 채권회수에 필요한 한도(to the extent necessary to satisfy the creditor's claim)라고 규정되어 있고, UFTA§8(b)에서는 UFTA§7의 한도에 관하여 양도재산의 가액이나 채권자의 채권 중 낮은 쪽이고, UFTA§8(c)에서는 양도재산 가격의 산정방법은 판결하는 경우에는 양도시점의 가격에 따른다고 규정한다.

심각하고 계획적인 악행, 중대한 과실, 무모하거나 고의로 한 무자비한 행위가 있는 경우에 미국법에서는 종종 징벌적 배상이 인정된다.[107] 사해행위취소소

---

101) Hoesman v. Sheffler, 886 N.E.2d 622. (Ind. Ct. App. 2008)

102) Williams & Miller v. Jones, 180 So. 140. (La. Ct. App. 1st Cir. 1938)

103) Brown Packing Co. v. Lewis, 185 Misc. 445, 58 N.Y.S.2d 443. (Sup 1943)

104) Foley v. Ruley, 50 W. Va. 158, 40 S.E. 382. (1901)

105) Gilbert v. Peppers, 65 W. Va. 355, 64 S.E. 361 (1909). 채권자소송으로 생기는 lien의 발생시기를 결정하기 위한 기준이 되는 채권자소송의 "개시(commencement)"의 정의는 각 주마다 다르다. 어떤 곳에서는 소송의 신청에 따라 개시된다고 보고, 다른 곳에서는 필요한 절차에 관한 소환장의 송달(service of process)로 개시된다고 본다. 김용덕, 454면.

106) Am Jur §§77, 82. 반대견해의 판례도 있다. §189.

107) 우리나라에 도입된 예(주로 3배 배상) : 하도급거래 공정화에 관한 법률 35조 2항, 기간제 및 단시간 근로자 보호 등에 관한 법률 13조 2항, 신용정보의 이용 및 보호에 관한 법률 43조 2항(5배), 개인정보보호법 39조 3항, 정보통신망 이용촉진 및 정보보호 등에 관한 법률 32조 2항, 대림점거래의 공정화에 관한 법률 34조 2항, 가맹사업거래의 공정화에 관한 법률 37조의2 1항, 제조물책임법 3조 2항, 공익신고

송에서도 양수인의 매우 부당하고, 고도의 도의적 유책성(gross, wanton and involved a high moral culpability)이 있는 경우에 인정된다.[108]

취소채권자가 양수인에 대하여 재판상 절차(judicial attack)를 취하기 전에 양수인에 대한 선의의 채권자(innocent creditor)가 일탈재산에 가압류집행을 한 경우에는 그 채권자가 우선하지만,[109] 그 채권자가 사해 인식이 있는 경우에는 취소채권자가 우선한다.[110] 취소채권자와 양수인의 선의 채권자 사이에 우열이 없는 경우에 채권액의 비율에 따른 분배(a pro rata apportionment)를 명한 사례도 있다.[111]

(b) 채권자가 채무자에 대하여 이미 판결을 취득하여 법원의 명령을 받으면, 채권자는 양도된 자산이나 그 수익(proceeds)에 대하여 강제집행(levy execution)할 수 있다.

이와 관련하여 현재 대부분의 주에서는 다음과 같이 운영되고 있다.[112]

판결채권자는 사해양도를 무시하고, 일탈재산이 동산이든 부동산이든(personal or real) 사해행위취소 소송을 제기할 필요 없이, 강제집행에 따른 매각을 할 수 있다.[113] 이 경우에 양수인이 사해양도의 관여자(a party to the fraudulent scheme)라면 그 재산의 매각을 거부할 수 없다.[114]

자 보호법 29조의2 1항, 공익신고자 보호법 29조의2 1항, 환경보호법 19조 2항, 독점규제 및 공정거래에 관한 법률 56조 3항, 부정경쟁방지 및 영업비밀보호에 관한 법률 14조의2 6항, 대규모유통업에서의 거래공정화에 관한 법률 35조의2 2항, 대·중소기업 상생협력 촉진에 관한 법률 40조의2 2항, 특허법 128조 8항, 축산계열화사업에 관한 법률 34조의2 2항, 산업기술의 유출방지 및 보호에 관한 법률 22조의2 2항, 자동차관리법 74조의2 2항(5배), 중대재해처벌에 관한 법률 15조 1항(5배).

108) Am Jur §190. Lockhart v. Draper, 209 P.3d 1025 (Alaska 2009). 다만 사해행위취소소송에서는 징벌적 손해가 인정되지 않는다는 판례도 있다. C & A Investments v. Kelly, 2010 WI App 151, 330 Wis. 2d 223, 792 N.W.2d 644. (Ct. App. 2010)

109) In re Mullen, 101 F. 413. (D. Mass. 1900)

110) Am Jur §196. Wilkinson v. Livingston, 45 F.2d 465. (C.C.A. 8th Cir. 1930)

111) Lowenthal v. Standard Oil Co. of New York, 114 N.J. Eq. 375, 168 A. 857. (Ch. 1933)

112) Am Jur §120.

113) Keene v. Hale-Halsell Co., 118 F.2d 332. (C.C.A. 5th Cir. 1940)

114) 다만, 이러한 직접적인 강제집행은 위험부담이 있고, 경우에 따라서는 비용이 많이 든다. 왜냐하면, 채권자가 잘못 강제집행을 한 경우에는 이로 인하여 처분행위의 상대방이 입은 손해를 배상할 책임이 있고, 집행관(sheriff)으로서도 손해배상책임

판결채권자가 사해소송의 종결 전에도 재산매각권한을 가진다고 하여, 사해취소 소송을 제기할 권리가 박탈되는 것은 아니다.[115]

§ 8는 양수인의 방어권과 보호에 관한 규정으로서, 양도가 선의(in good faith)이고 합리적인 대가로 한 경우의 양수인이나 전득자 또는 권리자에 대하여는 취소할 수 없다.

(3) 신설된 규정[116]

UFTA §4(b)는 현실적으로 사기적 의사(actual intent)의 존부를 결정하기 위하여 고려되는 요소들, 이른 바 badges of fraud가 11개 조항에 걸쳐 정밀하게 규정되어 있다. 이에 대하여는 배심원들이 이러한 요소들에 지나친 중요성을 부여할 우려가 있다는 비판도 있지만, 이는 엘리자베스법이나 UFCA §7의 해석론과 적용에서 승인된 요소들이고 법원의 재판에 도움이 된다는 옹호론이 있다.

또한 UFTA §5(b)는 지급불능(insolvent)인 채무자가, 지급불능임을 알고 있었다고 할 만한 합리적 이유가 있는 채권자에 대하여 편파적인 양도(preferential transfer), 즉 내부자 편파거래(Insider Preference)를 한 경우이다. 내부자(insider)라 함은 UFTA §1에 정의되어 있고, 채무자의 관리 아래 있는 관계인, 이사, 중역, 조합원 등을 가리킨다. 이러한 Insider Preference의 전형적인 예를 들자면, 지급불능의 법인(채무자)이 내부자인 이사가 부담하는 채무를 위하여 담보권을 부여하는 경우이다. 이 경우 UFCA에서는 담보권 부여가 선의(good faith)로 된 경우라면 유효한 것으로 취급하였다. 이에 대하여 UFTA는 일정한 요건 아래 취소할 수 있게 하였다. 그러나 그 요건이 매우 엄격하여 취소하기는 어려운 유형으로 평가된다.

을 질 염려가 있으므로 그 집행에 착수하기에 앞서 담보(indemnity bond)의 제공을 요구하기 때문이다. 그리고 경매절차에 있어서 매수신청인은 그 재산의 소유권에 관한 분쟁을 예상하여 그 재산의 가치를 감액한 금액으로 매수신청을 할 것이다. 이러한 여러 가지 이유로, 직접적인 강제집행수단은 보다 안전한 사해행위의 취소소송보다는 덜 이용된다. 김용덕 481면. 양수인에 대한 취소판결이 있어야 일탈재산에 대한 집행이 가능하다는 유력한 견해도 있다. Epstein 70면.

115) Epstein v. Bendersky, 130 N.J. Eq. 180, 21 A.2d 815. (Ch. 1941)

116) 자세한 내용은 佐藤岩昭, 詐害行爲取消權の理論, 210면 이하.

UFTA §3(b)는 비임의적 양도(involuntary transfer)에 관한 규정이다. 이 규정을 신설한 것은 나름의 사유가 있다. 즉 1980년에 선고된 Durret v. Washington National Insurance Co. 판결이, 채권자와 채무자 사이에 공모 없는 저당권 실행까지도, 텍사스주 법과 개정 전 연방파산법 제67조(d)에 따라, 법정사기(사해행위)에 해당된다고 판시하여 저당권 실행을 부인하였다. 그리하여 위 판결은 입법으로 변경되어야 한다는 움직임이 있었고, 그 결과 이 규정이 신설되었다. 구체적으로 말하면 채무불이행을 원인으로 한 담보권 실행의 결과 이루어진 비임의적 거래의 효력을 주법의 차원에 한정하여 보호하는 규정이다.

다. UVTA－2014년

(1) 개정 연혁

UFTA는 2014년에 Uniform Voidable Transactions Act(＝UVTA)로 명칭이 변경됨과 동시에 그 내용도 일부 수정되었다.[117)]

2014년에 통일주법위원회(Uniform Law Commission)는 UFTA에 대한 개정안을 승인하고, 그 명칭을 Uniform Voidable Transactions Act.로 변경하였다. 이번 개정은 좁은 범위에서 소수의 조항을 대상으로 한 것으로서 UFTA의 체계를 바꾼 것은 아니다. 따라서 그 내용은 원칙적으로 위에서 본 UFTA에 관한 설명과 다르지 않다.

(2) 새로운 내용

Uniform Voidable Transactions Act(＝UVTA)의 새로운 내용은 아래와 같다.

준거법(§ 10 Choice of Law)에 관한 규정을 신설하였다.

증명책임의 분배와 공격방어방법의 입증기준에 관한 통일규칙을 추가하였다{§§ 4(c), 5(c), 8(g), and 8(h)}.

조합(partnerships)의 지급불능(insolvency)에 관한 특별규정을 삭제하였다. UFTA § 2(c)의 규정이 삭제됨으로써 조합의 지급불능에 관하여도 § 2(a)의 일

117) UVTA는 2020년을 기준으로 하여 캘리포니아 주를 비롯한 21개주에서 입법이 되고 4개주에서 법안이 의회에 제출되어 있다.

반적인 정의규정이 적용된다. 그 이유 중 하나는, UFTA § 2(c)가 일반 조합원들의 순자산가치를 조합의 자산으로 보았으나, 이는 각 조합원들이 조합의 모든 채무에 대한 책임을 지는 경우에만 의미가 있는데, 현재의 조합규정에서는 조합원의 책임이 반드시 그렇지는 않다는데 있다. 보다 근본적인 이유는 지급불능에 관한 UFTA § 2(a)의 일반적인 정의에서 비조합채무의 지급불능을 판단할 때 보증인의 자산을 고려하지 않는다는 것이다. 조합원이 조합채무에 대한 책임을 부담하는 경우에는 보증인의 책임과 유사한 면이 있다. 조합채무와 보증인이 있는 비조합채무에 관한 지급불능의 개념을 달리 볼 합리적 이유가 없다.

방어방법(Defenses)의 정리 : 개정법은 비교적 사소한 부분이지만 양수인이나 채권자가 사용할 수 있는 공격·방어방법에 관한 규정을 다듬었다(§ 8(a), (b), (e)(2)). 예를 들어 UFTA §8(a)에 따르면 수익자나 채권자가 선의로 합리적이고 상응한 대가로 취득하였다면 취소를 면한다는 규정이 있었는데, UVTA §8(a)는 거기다 합리적이고 상응한 대가가 실제로 지급되었어야 한다는 요건을 명시적으로 추가하였다.

구분책임회사(Series Organizations)조항의 신설[118] : 신설된 UVTA §11는 유한책임회사에서 구분책임을 지는 각 구성원(each protected series)들은 이 법을

118) 'series organizations' 는 최근의 기업조직 방식으로 series를 만들 수 있는 조직을 말한다. 2014. 11.을 기준으로 미국 12개 주와 District of Columbia 및 Puerto Rico에서 이를 인정하는 법률이 제정되어 있다. 한편 series는 새로운 법률용어로서 유한책임회사(limited liability companies: LLCs)에 적용된다. 유한책임회사는 회사장부에 series라는 항목의 계정을 만들어 그 회사 자산 중 일정 부분을 series와 결합시킬 수 있다. 이 경우에 예를 들어 유한책임회사가 Series A와 Series B를 계정에 만들었다면, series A는 자신이 양도하거나 자신의 행위에 따른 채무에 대하여만 책임을 지고 Series B는 물론이고 그 모체(mother ship)인 유한책임회사는 그에 따른 책임을 지지 않는다. 그 효과는 모회사와 자회사 사이의 관계와 유사하지만 법적인 구성이 다르다. 이러한 기업형식은 투자회사에서 생겨났다. 펀드메니저가 여러 가지 상호투자(mutual funds)를 받아 각 펀드마다 다른 투자목적을 가지는 펀드를 조성하는 경우에 각 펀드마다 다른 series를 만들 수 있다. 문제는 series가 모체로부터 독립한 법인격을 가지는지 여부나 더 나아가 회사의 한 부서인지 여부도 분명하지 않다는 것이다. 그런데 UVTA §§ 1(11), 1(16)에 따르면 취소할 수 있는 양도는 사람(person)이 한 것이 아니면 안 된다. 그래서 무자력인 Series A가 Series B에게 증여를 하는 경우에 Series A의 채권자는 증여된 재산에 집행할 수 없고, 거기다 그 증여를 취소할 수도 없는 결과가 될 수 있다. 이러한 점에 착안하여 UVTA에서는 각 Series를 별개의 사람으로 취급한다는 규정을 신설하였다. Kenneth, 828면 이하 참조.

적용함에는 다른 법규에서 정하는 바와는 별개로 각자 한 사람(person)으로 취급된다고 규정한다. 이 개정 부분은 새로운 기업조직의 출현에 다른 대응책이다.

포괄적 표현(Medium Neutrality) : 현대적 기술용어를 수용한다는 차원에서 '기재'(writing)를 '기록'(record)으로 대체하였다.

문체(Style)의 변화 : 개정법은 UFTA의 의미를 변경하지 않는 범위에서 문체를 변경한 부분이 상당수 있다. 예를 들면 이 법에 의한 구제수단이 인정되는 양도나 채무부담행위를 표현할 때 일관되게 '취소할 수 있는'(voidable)이라는 말을 사용하고 있다. UFTA에서는 같은 의미를 가짐에도 불구하고 일관되지 않게 '사해'(fraudulent)란 말도 사용하였다. 이러한 변화로 의미가 달라진 것은 없다.

7. 일본법

일본법은 우리 민법이 계수한 법이므로 그 제정 과정을 볼 필요가 있다.

가. 구 민법

명치유신 직후인 명치 3년(1870년)경부터 프랑스 민법의 번역 도입작업이 시작되어 명치 5년(1872년)에는 제1185조에 이르는 최초의 민법전 초안이 만들어지고, 재산법 부분은 프랑스 민법 거의 전부가 계수되었다. 그 후 이를 기초로 입법작업이 진행되었으나 결실을 보지 못하고, 다시 Boissonade[119]에게 기초를 의뢰하여, 명치 23년(1890년)에 구 민법이 공포되었으나 시행되지는 않았다. 사해행위취소는 그 재산편에 편입되어 있고,[120] 부인권은 프랑스

---

119) Gustave Emile Boissonade de Fontarabie(1825~1910). 프랑스의 저명한 법학자로서 1873년부터 1895년까지 21년 넘게 일본에 살면서 일본 민·형사법의 기초를 닦았다. 특히 일본 민법의 초안을 완성하고, 호세(法政)대학을 창시하였다.

120) 그 중요한 내용은 아래와 같다.
제341조 취소소송은 채권자가 수익자와 전득자에 대하여 제기한다.
제342조 채권자는 사해행위가 무엇이든 채무자의 사해의사를 입증하여야 한다. 유상의 행위에 대하여는 채무자와 수익자 사이의 통모를 입증해야 한다. 유상이든 무상이든 전득자가 수익자로부터 취득할 때 채권자에게 손해가 된다는 사실을 알지 못하였을 때에는 전득자에 대하여 취소소송을 제기할 수 없다.
제343조 취소소송은 사해행위 이전에 채권을 가지고 있는 채권자가 아니면 제기할 수 없다. 다만 취소의 결과는 모든 채권자에게 이익이 된다.

법과 같이 같은 해에 제정된 구 상법에 규정되었다.

구 민법의 초안과 조문의 문언 및 주석에서 나타난 Boissonade의 견해는 프랑스 민법과 그 당시의 프랑스의 실무와 학설에 근거한 것으로서 다음과 같이 요약할 수 있다.

① 실체법상의 효력 : 모든 채권자(사해행위 전후를 묻지 않음)에 대하여 사해행위는 폐파(廢罷)[121]되어 무효가 된다. 다만 채무자와 수익자 사이의 법적 행위의 효력에는 영향이 없이 유효하다. 사해목적물에 대한 폐파로 채권자의 회복에 따른 수익자는 채무자에 대하여 구상권을 취득한다.

② 판결절차의 효력 : 원고로 될 수 있는 채권자는 사해행위 이전의 채권자이다. 또한 원고가 얻은 승소판결의 효력만이 모든 채권자들에게 미치고, 패소판결의 효력은 원고 이외의 채권자에게 미치지 않는다. 피고로 될 수 있는 자는 채무자가 아니라 수익자이다.[122] 원상회복의 방법으로 폐파의 효과를 피고로부터 직접 얻을 수 없는 경우에는,[123] 피고는 채권자에게 손해배상으로서 가액배상을 해야 한다.

③ 강제집행절차상 효력 : 사해행위 목적물을 압류하여 매각한 매득금은 파산절차와 같이 평등원칙에 따라 사해행위 전후를 묻지 않고 모든 채권자에게 분배된다. 즉 사해행위 목적물은 모든 채권자를 위한 공동담보(le gage commun)가 된다.[124] 사해목적물이 부동산인 경우에 수익자에게 이전된 등

---

121) Boissonade가 사해행위 취소(l'annulation)를 폐파소권(action révocatoire)에 따라 재판상 행사할 수 있다고 하여, 폐파소권이라는 특별한 명칭을 사용한 이유는, 사해행위 소권을 다른 취소소권과 구별하기 위하여, 관습상 그와 같은 이름을 사용하였기 때문이라고 그의 주석에서 밝히고 있다. 즉 Boissonade는 폐파소권의 효과를 보통의 취소와는 달리 생각하고 있었다. 佐藤岩昭, 詐害行爲取消權の理論, 243면.

122) 다만 Boissonade의 민법 초안에는 취소판결의 효력을 채무자에게 대항할 수 있도록 채무자를 강제참가(intervention forcée)시키는 것으로 되어 있다(초안 제361조 제3항).

123) 예를 들어 사해목적물이 피고가 소비하여 반환할 수 없는 동산이거나, 수익자가 폐파소권으로 공격할 수 없는 제3자인 전득자에게 동산이나 부동산을 이전하였을 때를 말한다.

124) 이 부분은 당시 프랑스의 판례와 통설에 따르지 않고 소수설인 Colmet de Santrre의 학설을 따랐다.

기는 말소되지 않고, 수익자 명의로 된 상태에서 강제집행을 하고, 집행채무자는 수익자가 된다. 사해목적물의 경매 후에 잉여금은 수익자에게 반환된다.

나. 명치 29년 민법

1896년(명치 29년)에 시행된 일본 민법은 독일법의 영향을 강하게 받았으나, 채권자취소권에 관한 규정은 구 민법 규정을 수정한 것으로서 프랑스법을 계수하였다. 다만 민법 시행 당시 일본은 독일 법학의 영향을 강하게 받았기 때문에, 채권자취소권에 대한 이론도 그 법률의 기초자인 Boissonade의 프랑스법 해석론이 아닌 독일의 민법해석 이론이 일본에 그대로 수입되었다.[125] 명치 29년 민법은 식민지 시절 우리에게 의용되어 시행되었을 뿐만 아니라, 우리 현행 민법 시행 전의 구민법이기도 하다. 그 내용은 아래와 같다.

> 第424조(사해행위취소권) ① 채권자는 채무자가 채권자를 해칠 것을 알고 한 법률행위의 취소를 법원에 청구할 수 있다. 다만 그 행위에 따라 이익을 받은 자나 전득자가 그 행위나 전득시에 채권자를 해친다는 사실을 알지 못한 때는 그렇지 않다.
>
> ② 전항의 규정은 재산권을 목적으로 하지 않는 법률행위에 관하여는 적용하지 않는다.
>
> 第425조(사해행위취소의 효과) 전조의 규정에 따른 취소는 모든 채권자의 이익을 위하여 그 효력이 발생한다.
>
> 第426조(사해행위취소권 기간의 제한) 第424조에 따른 취소권은, 채권자가 취소 원인을 안 때부터 2년간 행사하지 않으면 시효로 소멸한다. 행위시로부터 20년이 경과한 때도 같다.

참고로 입법 당시 第425조(구 민법 第343조)의 채택 여부에 관하여 많은 논의가 있었는데 그 입법이유서를 보면 아래와 같다.

“이 부분은 취소의 결과를 규정한 것으로서, 명문의 규정이 없으면, 판결의 효력이 당사자 사이에만 미친다는 원칙에 따라 취소청구를 한 채권자만 이익을 받는 것으로 잘못 생각할 우려가 있으므로, 본조는 특히 명문을 두어

---

125) [6] 3. 참조.

취소 결과는 모든 채권자의 이익에 귀속된다는 점을 명확히 함에 있다.”

다. 개정 민법

2017년 개정되어 2020. 4. 1.부터 시행되고 있는 개정민법은 채권자취소권에 관하여 자세한 규정과 함께 특히 취소의 효과에 관하여 획기적인 변화를 도입하였다. 사해행위취소권에 관한 일본 개정 민법을 살펴본다.

(1) 수익자에 대한 사해행위취소권의 요건

> 제424조(사해행위취소청구) ① 채권자는, 채무자가 채권자를 해치는 사실을 알고 한 행위의 취소를 법원에 청구할 수 있다. 다만 그 행위로 이익을 얻은 자(이하 ‘수익자’라 한다)가 그 행위시에 채권자를 해친다는 사실을 알지 못한 때는 그렇지 않다.
> ② 제1항은 재산권을 목적으로 하지 않은 행위에 관하여 적용하지 아니한다.
> ③ 채권자는 그 채권이 제1항에 규정하는 행위를 하기 전의 원인에 기초하여 발생한 경우에 한하여 제1항에 의한 청구(이하 ‘사해행위취소청구권’이라 한다)를 할 수 있다.
> ④ 채권자는 그 채권이 강제집행에 의하여 실현할 수 없는 것인 때에는 사해행위취소청구를 할 수 없다.

위 규정은 명치 29년 민법의 내용을 크게 변경한 것은 아니다. 다만 세부적인 점에서 차이가 있다.

1) 제1항 본문에서 현행 일본 민법의 ‘법률행위’를 ‘행위’로 개정하였다. 이것은 시효중단 사유로서의 변제, 채무의 승인이나 법정추인과 같은 ‘법률행위’ 이외의 ‘행위’도 사해행위취소권의 대상이 됨을 명확하게 하기 위함이다.

2) 제1항 단서에서 명치 29년 민법과 다른 점은 ‘전득자’의 기재가 없다는 점이다. 그 이유는 개정법에서는 사해행위취소권의 요건에 관하여, 수익자를 상대방으로 하는 경우와, 전득자를 상대방으로 하는 경우를 구별함으로써, 전득자에 대하여는 424조의5에서 별도로 요건을 규정하기 위한 것이다.

3) 제2항은 명치 29년 민법 제424조 제2항을 그대로 유지한 것이다.

4) (2)항은 명치 29년 민법에 없는 내용을 추가하였지만, 이는 채권자의 피보전채권이 사해행위 이전의 원인으로 생긴 것만 사해행위취소권을 행사할 수 있다는 판례의 법리를 명문화한 것이다.

5) (3)항도 신설규정이지만, 강제집행으로 실현될 수 없는 채권에 관하여 사해행위취소권을 행사할 수 없다는 것은 다른 견해가 없으므로 이를 명문화한 것이다.

(2) 상당한 대가를 얻고 한 재산처분행위의 특칙

> 제424조의2(상당한 대가를 얻고 한 재산의 처분행위의 특칙) 채무자가 그가 가진 재산의 처분행위를 하면서 수익자부터 상당한 대가를 취득한 때는, 채권자는 다음에 열거한 요건에 모두 해당한 때에 한하여 그 행위에 대하여 사해행위취소청구를 할 수 있다.
>
> 1. 행위가 부동산을 금전으로 환가하거나 그 외 당해 처분에 의한 재산의 종류를 변경함으로 인하여, 채무자가 은닉, 무상의 공여나 그 밖에 채권자를 해치는 처분(이하 이 조에서 이를 '은닉 등의 처분'이라 한다)을 할 우려가 현실적으로 발생할 것.
> 2. 채무자가 행위 당시 대가로서 취득한 금전이나 그 밖의 재산에 관하여 은닉 등의 처분을 할 의사를 가지고 있었을 것.
> 3. 수익자가 행위 당시 채무자가 은닉 등의 처분을 할 의사가 있다는 사실을 알았을 것.

1) 위 규정은 '상당한 대가를 얻고 한 재산처분행위'(상당가격처분행위)라는 특정 행위유형의 요건에 대한 특칙을 신설한 것이다. 즉, 파산절차와의 연속성 및 부인권과의 균형을 위하여, 상당가격처분행위의 요건을 일본 파산법 제161조 제1항과 같이 규정하였다.

2) 일본 파산법 제161조 제2항은 상당가격처분행위와 관련하여 채무자와 내부자(특수관계인)의 '은닉 등의 처분의사'에 관한 추정규정이 있으나, 개정법에서는 그러한 내용이 없다. 그러나 위 파산법을 유추적용하거나 사실상

추정에 따라 같은 효과를 낼 수 있을 것이다.

3) 이 규정은 기존 판례 법리와 달리 상당가격처분행위에 대한 사해행위취소권의 행사요건을 보다 엄격히 정한 것이므로(원칙적 취소 가능에서 예외적 취소로 전환) 실무에 큰 영향을 미칠 것으로 보인다.

(3) 특정 채권자에 대한 담보 제공 등의 특칙

> 제424조의3(특정채권자에 대한 담보제공 등의 특칙) ① 채무자가 한 기존채무에 관한 담보 제공이나 채무 소멸에 관한 행위에 관하여, 채권자가 아래에 열거하는 요건에 모두 해당하는 경우에만 사해행위취소청구를 할 수 있다.
>
> 1. 그 행위를 채무자가 지급불능(채무자가 지급능력이 없어서 그 채무 중 변제기에 있는 것을, 일반적으로 그리고 계속적으로 변제할 수 없는 상태를 말한다. 아래 항 제1호도 같다)의 시기에 할 것.
> 2. 그 행위를 채무자와 수익자가 통모하여 다른 채권자를 해칠 의도를 가지고 할 것.
>
> ② 전항에 규정하는 행위가 채무자의 의무에 속하지 않거나, 그 시기가 채무자의 의무에 속하지 않은 경우에는, 아래 열거하는 요건에 모두 해당할 때, 채권자는 제1항에 관계 없이 그 행위에 관하여 사해행위 취소청구를 할 수 있다.
>
> 1. 그 행위를 채무자가 지급불능이 되기 전 30일 이내에 하였을 것.
> 2. 그 행위를 채무자와 수익자가 통모하여 다른 채권자를 해칠 의도를 가지고 하였을 것.

1) 위 규정은 '기존 채무에 관한 담보의 제공이나 채무소멸에 관한 행위(편파행위)'라는 특정 행위유형에 관한 요건의 특칙을 신설한 것으로서, 그 내용은 일본 파산법 제162조의 내용과 사해행위취소권의 대상 중 위의 유형에 관한 기존 판례이론에 따른 요건을 결합하여 이를 조문화 한 것이다.

2) 제1항은 '기존채무에 관한 담보 제공이나 채무소멸에 관한 행위'의 요건에 관한 특칙으로서 채권자가 사해행위취소권을 행사하기 위해서는, 그 행위가 ① 채무자가 지급불능시에 하였고, ② 채무자가 수익자와 통모하여 다른

채권자를 해칠 의사로 한 것일 것이라는 2가지 요건을 명문화하였다.

3) 또한 제2항은 제1항의 요건에 해당하지 않는 경우라 하더라도, '기존채무에 관한 담보제공이나 채무소멸에 관한 행위'가 ① 채무자의 의무에 속하지 않거나 그 시기가 채무자의 의무에 속하지 않을 것, ② 채무자가 지급불능이 되기 이전 30일 이내에 행한 해위일 것, ③ 채무자와 수익자가 통모하여 다른 채권자를 해할 의사로 행하였을 것이라는 3가지 요건을 충족하면, 채권자는 사해행위취소권을 행사할 수 있다는 규정을 신설하였다.

4) 이 규정 역시 '기존 채무에 관한 담보제공이나 채무소멸에 관한 행위'의 취소에 관한 기존 판례 이론에 의한 요건에, 특히 시기적 제한을 둠으로써 사해행위취소권의 행사요건을 보다 엄격히 규정한 것으로서 실무에 큰 영향을 미칠 것으로 예상된다.

(4) 과다한 대물변제 등의 특칙

> 제424조의4(과다한 대물변제 등의 특칙) 채무자가 한 채무소멸에 관한 행위로서, 수익자가 받은 급부의 가액이 그 행위로 인하여 소멸한 채무의 액수보다 과다한 경우에 관하여, 제424조의 요건에 해당하는 때에는, 채권자는 전조 제1항과 관계없이 그 소멸한 채무액에 상당하는 부분 이외의 부분에 관하여는 사해행위 취소청구를 할 수 있다.

1) 과다한 대물변제 등(채무소멸에 관한 행위로서 수익자가 받은 급부 가액이 당해 행위로 소멸한 채무액수보다 과다한 것)이 제424조의3의 요건을 충족하는 경우에는 그 행위 전부를 취소할 수 있음은 당연하다.

이 규정은 과다한 대물변제가 제424조의3의 요건을 충족하지 않더라도, 제424조의 요건을 충족한다면, 그 과다한 부분에 한하여 사해행위취소권의 행사를 인정할 수 있다는 특칙이고, 이는 일본 파산법 제160조 제2항과 같은 취지이다.

2) 이 규정은 과다한 대물변제 부분에 관하여 사해행위취소권의 일반요건을 갖춘다면 사해행위로 취소할 수 있다는 점에서는 기존 실무이론과 다르

지 않다. 다만 사해행위취소권의 일반요건에 해당하는지 따져보기 전에 제424조의3의 요건을 먼저 검토할 필요가 있다는 점에서 유의할 필요가 있다.

(5) 전득자에 대한 사해행위취소권의 요건

> 제424조의5(전득자에 대한 사해행위취소청구) 채권자는 수익자에 대하여 사해행위취소청구를 할 수 있는 경우에, 수익자에게 이전한 재산을 전득한자가 있는 때에는, 다음 각 호의 구분에 따라, 각각 당해 각호에 정한 경우에 한하여, 그 전득자에 대하여도 사해행위취소청구를 할 수 있다.
>
> 1. 전득자가 수익자로부터 전득한 경우 : 전득자가 전득 당시 채무자가 한 행위가 채권자를 해친다는 사실을 알았을 때
> 2. 전득자가 다른 전득자로부터 전득한 경우 : 그 전득자와 그 전의 전득한 모든 전득자가 각각 전득 당시 채무자가 한 행위가 채권자를 해친다는 사실을 알았을 때

1) 위 규정은 전득자에 대한 사해행위취소권의 요건을 수익자에 대한 사해행위취소권의 요건을 정한 424조와는 구별하여 따로 규정하고 있다.

2) 명치 29년 민법 제424조 제1항 단서(한국 민법 제406조 제1항 단서)는 전득자에 대한 사해행위취소권에 관하여, '전득자가 전득 당시에 채권자를 해함을 알지 못한 때'(전득자가 선의인 때)는, 그 요건을 충족하지 못한다고 규정한다.

이에 대하여 판례는 전득자 자신이 악의라면, 수익자가 선의라 하더라도, 전득자에 대한 사해행위취소권을 행사할 수 있다고 한다.

그런데 일본 파산법 제170조 제1항 제1호는 거래안전을 위하여, 전득자 자신이 악의라 하더라도, 전득자의 전자가 선의라면, 전득자에 대한 부인권의 행사가 인정되지 않는다.

3) 위 규정은 판례와는 달리 일본 파산법 제170조와의 균형을 위하여, 전득자의 전자(수익자를 포함)가 선의라면, 전득자에 대한 사해행위취소권의 행사는 인정되지 않는 것으로 규정하였다.

4) 일본 파산법 제170조 제1항 제2호는 특수관계인인 전득자에 대한 부인

권에 관하여 주장입증책임의 전환 규정이나, 개정민법에는 이 규정이 들어 있지 않다. 다만 이에 대하여는 위 파산법 규정의 유추적용이나 사실상의 추정에 의하여 해결될 수 있을 것이다.

5) 이 규정은 전득자에 대한 사해행위취소권에 관한 요건에 관하여, 입법으로 기존 판례 이론을 변경한 것이므로 실무에 큰 영향을 미칠 것이다.

(6) 사해행위취소권의 행사 방법

> 제424조의6(재산의 반환 또는 가액의 상환청구) ① 채권자는 수익자에 대한 사해행위취소청구에서, 채무자가 한 행위의 취소와 함께 그 행위에 의하여 수익자에게 이전한 재산의 반환을 청구할 수 있다. 수익자가 그 재산을 반환할 수 없는 때에는 채권자는 그 가액의 상환을 청구할 수 있다.
>
> ② 채권자는 전득자에 대한 사해행위취소청구에서, 채무자가 한 행위의 취소와 함께 전득자가 전득한 재산의 반환을 청구할 수 있다. 전득자가 그 재산을 반환할 수 없는 때에는 채권자는 그 가액의 상환을 청구할 수 있다.
>
> 제424조의7(피고 및 소송고지) ① 사해행위취소청구에 관한 소에 관하여는 다음 각 호의 구분에 따라 각각 당해 각 호에 정하는 자를 피고로 한다.
>
> 1. 수익자에 대한 사해행위취소청구에 관한 소 : 수익자
> 2. 전득자에 대한 사해행위취소청구에 관한 소 : 그 사해행위취소청구의 상대방인 전득자
>
> ② 채권자는 사해행위취소청구에 관한 소를 제기한 때는 지체 없이 채무자에 대하여 소송고지를 하여야 한다.

1) 사해행위취소소송의 법적 성격에 관하여, 판례는 사해행위 취소라는 형성소송으로서의 성격과 일탈재산의 반환이라는 급부소송으로서의 성격을 함께 가진다고 한다(절충설).

또한 사해행위취소권의 행사방법에 관하여, 판례는 원칙적으로 현물반환을 청구하고, 현물반환을 할 수 없을 때에는 가액상환을 청구할 수 있다고 한다. 424조의6 제1항은 수익자에 대한 청구에 관하여, 제2항은 전득자에 대한 청구에 관하여, 각 행사방법을 구분하여 정하고 있으나, 모두 이러한 판례이론

을 명문화한 것이다.

2) 제424조의7 제1항은 사해행위취소소송에서 수익자나 전득자만이 피고로 되고, 채무자는 피고적격이 없다는 판례이론을 명문화한 것이다. 중간시안에서는 채무자도 피고로 하였으나, 반대 견해가 강하여 개정법에서는 채무자의 피고적격을 인정하지 않았다.

3) 제424조의7 제2항은 채권자가 사해행위취소소송을 제기한 경우에는, 채무자에 대하여 소송고지를 하도록 되어 있다. 이것은 뒤에서 볼 개정 민법 425조에서 채무자에게도 취소의 효력이 미치는 것으로 하였기 때문에 채무자에 대한 절차보장의 견지에서 마련한 것이다.

4) 사해행위취소권의 행사방법에 관한 부분은 대부분 기존 판례이론을 답습한 것으로서 실무에 별다른 영향을 미치지 않을 것이지만, 채무자에 대한 소송고지는 뒤에서 볼 채무자에 대한 취소의 효력이 미친다는 규정과 함께 기존 판례이론에 대한 매우 중요한 변화이므로 유의하여야 한다.

(7) 사해행위취소의 범위

> 제424조의8(사해행위취소의 범위) ① 채권자가 사해행위취소청구를 하는 경우에, 채무자가 한 행위의 목적이 가분인 때에는 자기의 채권액의 한도에서만 그 행위의 취소를 청구할 수 있다.
>
> ② 채권자가 제424조의6 제1항 후단 또는 제2항 후단에 의하여 가액상환을 청구하는 경우에도 전항과 같다.

판례는 사해행위의 목적인 재산이 가분이고, 피보전채권의 가액이 그 재산보다 작을 때는, 피보전채권의 가액 한도에서만 사해행위를 취소할 수 있다고 한다. 위 개정법은 그러한 판례이론을 명문화한 것에 불과하다(이에 대하여는 사해행위취소가 모든 채권자의 이익을 위하여 효력이 있다는 점을 중시한다면 부당하다는 비판이 있다).

(8) 직접인도 등

> 제424조의9(채권자에게 지급 또는 인도) ① 채권자는 제424조의6 제1항 전단 또는 제2항 전단에 의하여 수익자나 전득자에 대하여 재산의 반환을 청구하는 경우에, 그 반환청구가 금전의 지급이나 동산의 인도를 구하는 때에는, 수익자에 대하여 그 지급이나 인도를, 전득자에 대하여 그 인도를 자기에게 할 것을 청구할 수 있다. 이 경우에는 수익자나 전득자가 채권자에 대하여 그 지급이나 인도를 한 때에는 채무자에 대하여 그 지급이나 인도의무를 면한다.
>
> ② 채권자가 제424조의6 제1항 후단이나 제2항 후단에 따라 수익자나 전득자에 대하여 가액상환을 청구하는 경우에도 전항과 같다.

1) 판례는 사해행위 목적물이 금전이나 동산인 경우에는 채권자가 직접 자기에게 인도할 것을 청구할 수 있다고 한다. 제1항 전단은 이러한 판례이론을 명문화한 것이다. 후단은 수익자나 전득자가 채권자에 대하여 금전이나 동산을 직접 인도한 경우에는, 그로 인하여 수익자나 전득자의 채무자에 대한 인도의무가 소멸된다고 규정하였다.

2) 사해행위취소권에 의한 사실상의 우선변제를 부정하는 입장에서, 채권자는 직접 인도를 받은 금전에 관하여 채무자에 대하여 부담하는 반환채무와, 채무자에 대하여 가지는 금전채권을 상계할 수 없다는 취지의 규정(상계금지규정)을 명문화하는 것도 검토되었다. 그러나 사실상의 채권회수기능을 부정한다면, 상당한 시간과 비용이 소요되는 사해행위취소권의 행사에 대한 인센티브가 없어져, 결국에는 사해행위에 대한 억제력으로서의 사해행위취소권의 기능까지도 소멸될 수 있다는 반대의견 때문에, 개정법에서는 상계금지나 제한 규정을 두지 않기로 하였다.

(9) 사해행위취소의 효과

> 제425조(인용판결의 효력이 미치는 사람의 범위) 사해행위취소청구를 인용하는 확정판결은 채무자와 모든 채권자에 대하여 효력이 있다.

1) 명치 29년 민법 제425조(한국 민법 제407조)는 "취소는 모든 채권자의 이익을 위하여 효력이 있다"고 규정하고 있다. 그런데 판례는 사해행위취소의 효과는 채무자에게는 미치지 않는다고 한다.

2) 위 규정은 판례이론과 달리 사해행위취소 청구를 인용하는 확정판결은 채무자에 대하여도 그 효력이 미치는 것으로 하였다. 이는 뒤에 보는 제425조의2와 제425조의4를 신설한 것과 관련하여 그 이론적 전제가 된다.

3) 이 규정은 사해행위취소에 관한 기존 판례 이론인 상대효를 수정하여, 최소한 채무자에 대하여서는 취소효를 인정한 것으로서, 실무상 획기적인 의미를 가진다. 상대효에 따른 실무상 · 이론상의 어려움이 대폭 해소될 것으로 보인다. 다만 명치 29년 민법상 실무이론에 의하면 일탈재산이 채무자 명의로 반환되더라도, 이는 채무자의 소유가 아니므로 강제집행절차에서 잉여금이 있다면, 실체법상으로는 이를 취소의 상대방에게 주어야 한다.[126] 그런데 취소의 효과가 채무자에게 미친다면 잉여금은 실체법상으로도 채무자에게 귀속되는데, 이러한 결론은 정의관념에 반한다. 그래서 수익자나 전득자를 보호하기 위하여 제425조의2와 제425조의4와 같은 특별규정을 두고, 취소판결로 발생한 수익자나 전득자의 채무자에 대한 반대급부반환채권 등과 관련하여 반환의무에 대한 동시이행항변권이나 상계의 주장이 가능한지 검토할 필요가 있다.

주의할 것은 위 규정만으로는 채무자 이외에 사해행위 취소소송의 피고가 되지 않은 수익자나 전득자를 비롯한 제3자에게는 취소판결의 효력이 미친다고 단정할 수는 없다는 점이다. 따라서 앞으로의 학설이나 판례의 추이를 지켜볼 필요가 있겠지만, 이 규정이 있다고 하여 취소판결에 절대적인 효력이 인정된다고 속단할 수는 없다.

(10) 수익자의 반대급부

> 제425조의2(채무자가 받은 반대급부에 관한 수익자의 권리) 채무자가 한 재산의 처분에 관한 행위(채무소멸에 관한 행위를 제외한다.)가 취소된

126) 다만 경매과정에서는 일단 재산의 명의자인 채무자에게 배당될 수밖에 없고, 이에 대하여 취소의 상대방(수익자나 전득자)이 배당이의나 부당이득반환청구를 할 수 있을 것이다. [31] 6. 나(3) 참조.

때에는, 수익자는 채무자에 대하여 그 재산을 취득하기 위하여 한 반대급부의 반환을 청구할 수 있다. 채무자가 그 반대급부의 반환을 할 수 없는 때에는 수익자는 그 가액의 상환을 청구할 수 있다.

1) 사해행위취소의 효과가 채무자에게 미치지 않는다는 판례이론에 따르면, 수익자는 사해행위가 취소되어 채무자로부터 취득한 재산을 반환하여도, 그 재산을 취득하기 위하여 한 반대급부의 반환을 청구할 수 없다는 결론에 이른다. 그러나 그렇게 되면 수익자는 반대급부에 관하여 취소채권자나 다른 일반채권자보다 불리한 지위에 놓이게 되어, 구체적 타당성이 결여되고, 일본 파산법 제168조가 상대방에게 반대급부의 반환청구권을 인정하고 있는 것과도 균형이 맞지 않는다는 비판이 제기되었다.

2) 그래서 개정법에서는 사해행위취소권에 관하여도, 수익자가 채무자에 대하여 반대급부의 반환을 청구할 수 있도록 규정하였다.

3) 이 규정이 가져올 실무상의 여파는 매우 크다고 볼 수 있다. 즉 반대급부 있는 계약이 취소된 경우에, 취소 자체만으로 바로 수익자가 채무자에 대하여 반대급부의 반환이나 그 가액의 상환청구를 할 수 있게 된다면, 결국 수익자는 자신의 반대급부 반환채권과 채무자에게 반환할 채무 사이에 견련성을 주장하여 동시이행항변권을 행사하거나, 상계적상에 있을 경우에는 상계를 주장할 수도 있다. 이 문제에 대하여는 향후 이론이나 판례의 추이를 지켜보아야 하겠지만, 수익자의 동시이행항변권이나 상계를 허용한다면 기존 판례법리상 취소채권자가 수익자에 대하여 가지고 있는 우선적 지위를 부정하고, 반대로 수익자에게 우선적 지위를 인정하는 획기적인 변화가 될 것이다.

(11) 수익자의 채권

제425조의3(수익자의 채권의 회복) 채무자가 한 채무소멸에 관한 행위가 취소된 경우(제424조의4에 의하여 취소된 경우를 제외한다)에, 수익자가 채무자로부터 받은 급부를 반환하거나 그 가액을 상환한 때는, 그로 인하여 수익자의 채무자에 대한 채권은 원상으로 회복된다.

채무자의 수익자에 대한 변제나 대물변제가 사해행위로서 취소된 경우에, 판례도 수익자의 채무자에 대한 채권은 회복된다고 한다. 다만 채무자가 한 과대한 대물변제 가운데 당해 대물변제로 소멸한 채무액에 상당하는 부분만이 제424조의4에 따라 취소된 경우는, 수익자가 그 취소된 부분에 대하여 가액을 상환하더라도, 당해 대물변제로 소멸한 채무액에 상당하는 부분에 대한 가액을 상환한 것이 아니므로 수익자의 채권은 회복되지 않는다. 일본 파산법 제169조도 파산법상 부인권에 관하여 같은 취지의 규정을 두고 있다.

(12) 전득자의 반대급부 및 채권

> 제425조의4(사해행위 취소청구를 받은 전득자의 권리) 채무자가 한 행위가 전득자에 대한 사해행위취소청구에 의하여 취소된 때는, 그 전득자는 다음 각 호의 구분에 따라, 각각 당해 각호에서 규정한 권리를 행사할 수 있다. 다만 그 전득자가 그 전자로부터 재산을 취득하기 위하여 한 반대급부나 그 전자로부터 재산을 취득함으로써 소멸한 채권의 가액을 한도로 한다.
>
> 1. 제425조의2에서 규정한 행위가 취소된 경우 : 그 행위가 수익자에 대한 사해행위취소청구에 의하여 취소되었다면, 같은 조의 규정에 의하여 발생한 수익자의 채무자에 대한 반대급무의 반환청구권이나 그 가액의 상환청구권
>
> 2. 전조에서 규정한 행위가 취소된 경우(제424조의4에 따라 취소된 경우를 제외한다) : 그 행위가 수익자에 대한 사해행위취소청구에 의하여 취소되었다면 전조의 규정에 따라 회복되는 수익자의 채무자에 대한 채권

1) 개정법에서는 제425조의2, 제425조의3에서, 수익자의 반대급부와 채권에 관한 규정을 따로 두었으므로, 전득자의 반대급부와 채권에 관하여도 같은 취지의 규정을 둘 필요가 생기게 되었다.

또한 개정법은 제425조에서 채무자에게도 사해행위취소의 효과를 미치는 것으로 하였기 때문에, 전득자가 채무자에 대하여 반대급부나 채권을 청구할 수 있다는 점에 관하여 이론적인 문제는 해결되었다.

그래서 파산법상 부인권에는 전득자의 반대급부나 채권에 관한 규정이 존재하지 않지만, 개정법은 이러한 규정을 신설하여, 사해행위취소권에 관하여 전득자가 채무자에 대하여 반대급부나 채권을 청구할 수 있도록 하였다.

다만 전득자가 수익자 등의 전자에 대하여 청구를 할 수 있는가에 관하여는, 이론적으로나 실무상 논란이 많아, 이후의 해석에 맡기기로 하고 명문화하지는 않았다.

2) 1호의 구체적 예를 들면, 채무자가 수익자에 대하여 자기 부동산을 매각한 후, 다시 수익자가 전득자에 대하여 그 부동산을 매각한 경우에는, 전득자는 수익자에 대하여 지급한 당해 부동산의 매매대금을 상한으로 하여, 수익자가 채무자에 대하여 지급한 매매대금의 반환청구권(반대급부청구권)을 행사할 수 있다.

3) 2호의 구체적 예를 들면, 채권자가 수익자에 대하여 자기 부동산을 가지고 대물변제를 한 후, 다시 수익자가 전득자에 대하여 그 부동산을 매각한 경우에는, 전득자는 수익자에 대하여 지급한 그 부동산의 매매대금을 상한으로 하여, 수익자가 채무자로부터 대물변제 받음으로써 소멸한 채무자에 대한 채권을 행사할 수 있다.

4) 이 규정 역시 제425조의2에서 본 바와 같이 실무에 미치는 영향이 클 것으로 보인다.

(13) 사해행위취소권의 기간 제한

> 제426조(채권자취소권의 기간 제한) 사해행위취소청구에 관한 소는 채무자가 채권자를 해칠 것을 알고 행위를 한 사실을 채권자가 안 때로부터 2년을 경과하면 제기할 수 없다. 행위시로부터 10년이 경과한 때도 같다.

1) 명치 29년 민법 제426조 전단이 규정하는 2년의 소멸시효 기산점인 '취소원인을 안 때'에 관하여, 판례는 채무자가 채권자를 해침을 알고 법률행위를 한 사실을 안 때라고 한다. 즉 채권자는 구체적인 사해행위의 존재를 알고 나아가 채무자에게 사해의사가 있다는 사실까지 알 것을 요한다.

개정법 전단은, 이 판례법리를 명문화함과 동시에, 단기 2년의 기간제한을 소멸시효기간이 아니라 출소기간(제척기간)으로 재구성하였다.

2) 개정법 후단은 명치 29년 민법 제426조 후단이 규정하는 20년의 기간제한을 10년으로 단축한 것이다. 위 규정 역시 출소기간(제척기간)임을 명확히 하였다.

3) 사해행위취소권을 행사할 때 가장 먼저 생각해야 하는 것이 바로 행사기간이다. 따라서 이 개정법은 일본에서 실무상 큰 영향을 미칠 것이다. 다만 우리 민법 제406조 제2항은 1년의 단기제척기간과 5년의 장기제척기간을 두고 있으므로, 이 부분이 개정의 대상이 되지는 않을 것으로 보인다.

(14) 개정법의 검토

1) 일본 민법(채권법분야)의 개정 이유는 ① 경제적·사회적 변화의 수용, ② 계약법의 세계화, ③ 민법규정의 명확화(투명성 강화)를 들 수 있다.

2) 그 중 '경제적·사회적 변화의 수용' 문제는, 사해행위취소권의 개정에 관하여는 특히 도산법상 부인권과의 균형(정합성)의 문제가 가장 큰 무게를 차지하였다. 즉 2004년 일본 파산법의 개정에 따라 채권자평등이 강조되어야 할 국면에서 기능하는 부인권보다도 평시에 행사되는 사해행위취소권이 취소할 수 있는 행위의 범위가 넓은 경우가 있다는 이른 바 역전현상이 발생하였다. 이는 서로 같은 기능을 가지고 상황에 맞추어 균형 있게 운영되어야 할 사해행위취소권과 도산법상 부인권 사이에 방치할 수 없는 심각한 모순현상이라 할 것이어서, 개정법에서도 이 문제를 극복하기 위한 조문이 차지하는 비중이 가장 크다고 할 수 있다. 그리고 그에 따른 개정 내용을 한마디로 말하자면, '사해행위취소 요건의 강화(대상의 축소)와 수익자·전득자의 보호'라 할 수 있다.

3) 다음으로 '계약법의 세계적 통일 경향'과 관련해 볼 때, 사해행위취소권에 관한 이번 개정법은, 오히려 세계화와는 다른 길을 선택하였다고 말할 수 있다. 채권자대위권이 프랑스를 비롯한 라틴계통 국가들의 특유한 제도임에 반하여, 사해행위취소권 제도는 로마법에서 유래하여 프랑스와 독일을 위시한 대륙법계 국가는 물론이고, 영국과 미국을 대표로 하는 영미법계 국가들

도 모두 가지고 있는 범세계적인 제도라 할 수 있다. 그리고 세부적인 내용은 조금씩 다를 수 있지만, 이들 국가들이 모두, 사해행위 취소판결의 효력에 관하여, 취소채권자가 피고(수익자 · 전득자)의 수중에 있는 사해목적물에 대한 강제집행을 할 수 있다는 것으로서, 판결의 효력은 취소채권자와 피고 사이에 상대적 효력을 가지고 있을 뿐, 피고적격이 없는 채무자에게는 미치지 않는다. 상대효는 대륙법계 국가는 물론이고 영미법계 국가에서도 역시 마찬가지이다.[127] 취소판결의 상대효는 그야말로 전세계적인(글로벌) 이론인 것이다. 다시 말해서 일탈재산을 피고 수중에 두고, 취소채권자가 취소판결에 기하여 이를 집행할 수 있다는 것이지, 취소판결에 따라 일탈재산이 채무자에게 복귀하는 것을 의미하지는 않는다. 그리고 도산법상의 제도가 아닌 평시에 행사되는 사해행위취소 판결의 효력이 취소채권자가 아닌 다른 채권자의 이익을 위하여 인정되는 입법례도 일본과 우리 민법 외에는 없다.

그럼에도 불구하고 지금까지 일본의 실무(우리도 물론 같다)는 사해행위취소에 따라 일탈재산이 채무자에게 복귀하는 것을 전제로 하여, 취소채권자뿐만 아니라 다른 채권자들까지 복귀된 재산에 대한 집행을 할 수 있다고 하면서도, 독일이나 프랑스의 학설 · 판례에 따라 상대적 효력설을 채택하여, 취소판결의 효력이 채무자에게는 미치지 않는다고 하다 보니, 해결하기 어려운 모순점이 생겨나게 되었다. 이러한 모순점을 해결하기 위하여 이번 개정법에서는 아예 취소판결의 효력이 채무자에게 미치는 것으로 규정함으로써, 민법의 세계화가 아닌 일본 특유의 사해행위취소권이, 단순한 판례 이론을 넘어서 민법전으로 탄생하게 되었다. 이는 오랫동안의 실무관행을 무시할 수 없었던 이유도 있었을 것이지만, 사해해위취소권의 연혁이나 그 본질 및 효용에 관한 깊은 고뇌를 하기보다는, 실무에서 발생하는 현행 판례이론의 문제점만을 해결하려는 방식으로 검토하였기 때문이 아닌가 하는 생각도 든다.

이번 개정법에서는 사해행위취소권이 도산법상 부인권과의 균형 때문에, 그 대상범위가 상당히 축소되고, 지급불능이라는 시기적 제한요건도 도입되었다. 그렇다고 하더라도 우리가 근본적으로 의문을 가져야 할 부분이 있다.

127) 飯原一乘, "アメキカ詐害行爲取消訴訟概要", 詐害行爲取消訴訟の實務と理論, 悠悠社(2015), 142면. 다만 영미법계 국가에서는 채무자에게 피고적격은 부여한다.

그것은 채권자라는 이유만으로 아무런 집행권원도 없이 도산절차가 아닌 평시에 채무자의 행위에 관여하여 제3자와의 행위를 취소하여 책임재산을 회복하고, 그 효과가 제3자(거래 상대방인 수익자나 전득자 및 다른 채권자)에게까지 미치게 할 수 있는가 하는 점이다. 채권자는 채무자에게 행위(급부)를 요구할 수 있을 뿐, 채무자의 행위를 직접 지배할 수는 없고, 더욱이 채무자 이외의 제3자에 대하여 자신의 채권을 주장할 수 없는 것이 원칙이다. 다수의 채권자 중 한 사람이 모든 채권자의 이익을 위하여 소제기를 하는 것도 매우 이례적이다. 이러한 의문에 대한 해답은 결국 채무자의 무자력 혹은 지급불능상태라는 비상사태에서는 채권자평등이 강조되어야 한다는 논리를 펼 수밖에 없을 것이다. 그러나 도산절차라면 몰라도 그렇지 않은 상태에서 채권자평등의 요구는 원칙적으로 인정될 수 없다. 따라서 사해행위취소권은 도산법상의 부인권과 기능적으로 밀접하게 관련되어 있을 뿐만 아니라, 시기적으로도 도산절차에 준한 시기에 행사되어야 하는 제도이다. 그렇다고 하더라도 도산절차가 아니므로 취소의 효과는 취소채권자의 만족을 위한 최소한의 범위에 머물러야 하고, 그래서 자연히 상대적 효력설이 채택된 것이다. 어쨌든 사해행위취소권에 관한 이번 일본 민법개정은 세계화라는 명제와는 많이 떨어져 있음은 명백하다.

4) 마지막으로 '민법규정의 명확화(투명성 강화)'의 관점에서 볼 때, 현행 민법에 비하면 개정법은 훨씬 국민에게 친절한 민법이 되었다고 할 수 있다. 특히 사해행위의 요건, 취소권의 행사방법, 취소의 범위와 효과, 그리고 여러 가지 개별규정까지 비교적 명확하게 규정하고 있다. 참고로 미국의 통일사해행위취소법에서는 이보다 더 나아가, 사해행위로 인정함에 고려될 수 있는 요소(사해행위의 징표)들이 정밀하게 규정되어 있음은 위에서 본 바와 같다. 지나치게 자세한 규정을 두는 데 대한 타당성 여부를 그만 두고서라도, 법조문을 대하는 일반 국민들은 무엇이 사해행위가 되는지 알기 쉽고, 법원으로서도 투명성이 높은 판단을 할 수 있다는 것은 틀림이 없어, 이른바 '국민에게 친절한 법률'이라는 관점에서 고려해볼 만한 입법태도라 할 수 있다.

(15) 우리 민법의 개정 방향

일본의 사해행위취소권 규정에 관한 개정법이 우리 민법의 채권자취소권에 관한 개정 작업에도 상당한 영향을 미칠 것으로 생각된다.

문제는 우리 민법의 채권자취소권 규정을 개정하면서 큰 방향을 어떻게 잡느냐 하는 점이다. 즉 일본은 사해행위취소제도에 관한 범세계적인 구조를 버리고, 현행실무의 기본틀을 더욱 강화하는 방향(취소판결의 효력이 채무자에게 미치고, 취소목적물이 채무자에게 반환됨)으로 개정하였다. 즉 취소판결의 효력이 채무자에게 미치지 않는다는 현행 판례법리(이는 세계적인 이론이다)는, 취소판결에 따라 취소 목적물이 채무자에게 반환된다는 판례법리(이는 일본과 우리나라의 이론이다)와 모순되므로, 후자의 입장을 유지하면서, 전자의 이론을 입법으로 폐지하여 채무자에 대하여는 취소판결의 효력이 미치는 방향으로 변경하였다. 이는 오랫동안 유지하여 오던 현행 실무의 혼란을 최소한으로 방지하고 이론적인 모순을 해결하려는 방안으로 채택된 것으로 보인다. 결과적으로는 다른 나라에는 없는 일본 특유의 사해행위취소권 제도가 탄생한 것이다.

우리가 채권자취소권 규정을 개정하면서, 일본과 같은 길을 간다면 실무의 혼란을 최소한으로 막을 수 있고, 또한 일본의 풍부한 자료를 쉽게 이용할 수도 있는 현실적인 이득이 있을 것이다. 그러나 한편으로는 오랜 전통을 가지고 있고, 세계 각국이 채택하고 있는 채권자취소제도의 일반적 이론에서는 벗어나, 채권법의 세계화라는 관점에서는 멀어지고,[128] 또 다시 일본법을 모방했다는 비난을 받는 대가를 치러야 한다.

반대로 우리가 독일이나 프랑스와 같이 사해행위취소판결이, 일탈재산을 그대로 피고(수익자 · 전득자) 수중에 둔 채, 피고에 대한 집행인용판결의 효력을 가지는 것으로 한다면, 그에 맞는 민사집행법의 정리가 필요하고, 우리에게는 낯선 제도의 도입에 따른 혼란이 야기될 것이라는 우려 때문에 현재로서는 이를 지지하는 견해는 많지 않다.

이 부분에 대하여는 더 깊은 연구가 필요하나, 필자의 단견으로는, 절차법인 집행법을 변경하지 않은 채, 취소판결을 받은 취소채권자에게 일탈재산에 대한

128) 이는 국제거래에서 우리 민법이 준거법이 될 수 있는 가능성이 낮아지는 결과를 가져온다. 內田貴, 『民法改正』, ちくま新書(2011), 71면 이하 참조.

담보권과 유사한 권한을 부여하고, 피고는 물상보증인과 같은 지위에 두거나, 취소채권자에게 우선권(가액배상의 경우는 우선변제권)을 준다면 실체법인 민법의 개정만으로도 집행인용판결에 유사한 효과를 낼 수 있을 것으로 생각된다. 이때 피고에 대한 다른 채권자(담보권자 포함)와의 우선순위를 결정하는 것이 문제인데, 예를 들어 취소대상 목적물이 부동산인 경우에는 취소채권자가 가압류나 가처분을 하는 시기를 기준으로 하여 그 선후를 결정하는 것도 한 방법일 것이다. 채권양도의 취소를 청구하는 경우에는 제3채무자에 대한 소송고지시를 기준으로 할 수도 있다. 그리고 부동산의 반환방법으로는 말소등기나 이전등기가 아닌 '취소등기'라는 형식을 취할 수 있을 것이다.

민법은 어느 나라이건 법체계의 중심에 서 있고, 국민들의 일상생활이나 경제활동에 관한 기본법인 동시에 그 나라 국민들의 문화적 자존심이기도 하다. 따라서 우리 민법을 개정할 때, 과거 프랑스나 독일민법이 제정되었을 당시 그 나라 국민들이 가졌던 문화국가로서 자부심을 느낄 수 있도록, 보다 많은 정성과 노력, 그리고 무엇보다도 우리 민법에 대한 깊은 사랑이 필요하다. 우리 채권자취소권 규정을 어느 쪽으로 개정하든, 그 결과가 아니라 양쪽의 득실을 철저히 분석하여 결정하는 과정 자체에 더 큰 의미가 있을 것이다.

8. 우리 민법

우리 민법은 일본의 명치 29년 민법을 그대로 계수하였다. 다만 우리 민법 제406조는 '취소' 뿐만 아니라 '원상회복'도 법원에 청구할 수 있다고 하여, 통설은 종래 채권자취소권에 관한 여러 학설 중 절충설과 상대적무효설을 입법화하였다고 말한다.

[4] Ⅳ. 유사한 제도

채권자취소권과 동일하거나 유사한 취지의 다른 법 규정을 살펴보면 아래와 같다.

1. 도산법상의 부인권

가. 부인권이란, 파산선고나 회생절차개시 전에 채무자가 채권자를 해치는 행위를 한 경우, 그 행위의 효력을 부인하고 일탈된 재산의 회복을 목적으로 하는 권리로서(채무자회생법 제100조, 제391조, 제584조), 이는 모든 채권자를 대상으로 하는 일반집행절차상의 제도이다. 따라서 부인권에서는 채권자취소권과 같이 개별 채권자와 그 채권(피보전채권)은 고려되지 않고, 그 행사는 채권자가 아니라 법원이 선임한 관재인이나 관리인의 업무이고, 채무자의 고의행위뿐만 아니라 편파행위도 부인의 대상이 됨이 원칙이다. 또한 부인의 결과는 모두 관재인이나 관리인이 장악하고, 모든 채권의 엄격한 확정절차를 거쳐, 배당과 채무자회생을 위한 자산이 된다.

나. 한편 채권자취소권은 채권자 사이의 평등분배까지 보장하려는 취지가 아니고(즉 일부 채권자에 대한 변제가 반드시 사해행위가 되지 않음), 사업의 재건을 위한 합리적 수단행위(예컨대 채무자가 경영하는 회사에 채무자 소유의 부동산을 담보로 제공하는 행위[129])가 취소의 대상이 되지 않는다는 점에서 도산법상의 부인권과는 다르다.

다. 도산법상의 부인권은 채권자취소권과 서로 근거규정, 요건 및 효과에서는 다른 부분이 많지만, 집행절차와 관련하여 채권자취소권과 함께 paulo 소권에서 비롯된 것으로,[130] 가능한 범위 내에서는 이론적인 정합성이 유지되도록 해석하고 운영할 필요가 있으므로, 채권자취소를 설명하는 각 해당 부분에서 부인권에 관하여도 비교적 상세히 언급하고,[131] 「제9장 부인권」

---

129) 아래 [9] 6. 참조. 위의 사례는 東京地判 소화 41. 8. 26. 判時 470-47.

130) 엄격히 말하면 고의부인은 로마법상 paulo소권에서 유래하지만, 위기부인과 무상부인은 중세 이탈리아 도시법에서 생긴 제도이다{潮見佳男, 債權總論, Ⅱ[제2판], 信山社 2001(평성 13년). 63면}.

131) 채무자회생법에서는 회생절차, 파산절차 및 개인회생절차에서 각각 부인에 관한 규정을 두고 있다(제100조 · 제391조 · 제584조). 이들은 서로 대부분 일치되는 내용을 갖고 있으나 완벽하게 일치하지는 않는다. 또한 절차 자체의 내용이 다른 데에서 오는 필연적인 차이점도 있다. 예를 들어 담보권자의 경우 파산절차에서는 별제권

[47][48]에서 부인권의 설명과 함께 부인권과 취소권과의 관계를 전체적인 맥락에서 살펴본다.

2. 상법상의 사해설립취소[132)]

상법 제185조・제269조・제552조는 각 합명회사, 합자회사, 유한회사의 설립에 관하여, 사해행위취소에 관한 일반규정인 민법 제406조의 특칙으로서, 위 각 회사설립이 채권자를 해칠 때는 민법 제406조가 아닌 위 상법상의 사해설립취소 규정이 적용된다.

3. 세법상의 사해행위취소의 소

세법상의 사해행위취소의 소는 실무상 자주 접하는 유형의 소송이다. 여기서는 민법상의 채권자취소소송과 비교하여 그 차이점과 행사방법의 문제점을 중심으로 하여 살펴본다.

가. 서 론

(1) 세법의 규정

민법의 채권자취소권[133)]을 준용하는 규정으로서 국세징수법(국세징수법 제25조[134)])과 지방세징수법이 있다(지방세징수법 제39조). 조문의 내용이 동일하므

자가 되어 파산절차의 제약을 받지 않으므로, 부인권이 적용될 여지가 거의 없다. 또한 처분된 채무자의 재산을 회복하여 환가한 다음 이를 배당재원으로 쓰고자 하는 것이 파산제도이고, 그와 달리 재산을 회복하여 기업의 존속을 위하여 사용하고자 하는 것이 회생절차이므로, 이러한 목적상의 차이가 운영을 할 때 상당한 차이를 가져올 수도 있다. 그러나 이 책에서는 그러한 차이가 쟁점이 되는 경우가 적고, 도산절차 중에서는 파산절차가 가장 기본이므로, 아래에서는 부인권에 관한 것은 특별한 사정이 없다면 파산절차에 관한 것(제391조 이하)을 기본으로 하여 논의를 전개하되, 필요한 경우 다른 절차에 관해서도 언급한다.

132) 이에 대한 자세한 설명은 [21] 참조.

133) 이하 이 항(3항)에서는 단순히 '채권자취소권'이라 한다.

134) 제25조(사해행위의 취소 및 원상회복) 관할 세무서장은 강제징수를 할 때 납세자가 국세의 징수를 피하기 위하여 한 재산의 처분이나 그 밖에 재산권을 목적으로 한

로 이하 국세를 중심으로 설명한다.

(2) 특 징

채권자취소권이 모든 피보전채권에 관하여 포괄적으로 적용되는 것임에 대하여, 세법상의 사해행위취소권은 조세채무를 피보전채권으로 하는 경우에 적용된다는 특징이 있다.

(3) 채권자취소소송과의 관계

세법상 사해행위 취소의 소도 규정상 민법 제406조가 정하는 채권자취소소송의 일종임이 명백하다. 따라서 납세자의 재산처분행위가 사해행위에 해당하는지 여부는 처분행위 당시를 기준으로 판단하고,[135] 민법 제406조 제2항의 제소기간 내에 제기되어야 한다.[136] 다만 아래 보는 바와 같이 조세채권에 관한 채권자취소소송이나 세법상의 사해행위취소소송에서는 일반 채권에 대한 취소소송과는 달리 취급하는 경우가 있다.

나. 피보전채권(조세채권)

(1) 채권자취소권의 피보전채권은 사해행위 이전에 성립(발생)되어 있어야 하는 것이 원칙이다. 다만 장래의 채권이라도 ① 사해행위 당시에 이미 채권 성립의 기초가 되는 법률관계가 발생되어 있고, ② 가까운 장래에 그 법률관계에 기하여 채권이 성립되리라는 점에 대한 고도의 개연성이 있으며, ③ 실제로 가까운 장래에 그 개연성이 현실화되어 채권이 성립된 경우에는, 그 채권도 채권자취소권의 피보전채권이 될 수 있다.[137] 법인의 세금체납이 사해행위 이전에 있었다면 법인의 무한책임사원이 2차납세자 의무자로 지정되기 전에 부동산을 매각했다 하더라도 과세관청은 부동산 매도를 취소할 수 있다는 사례가 있다.[138]

법률행위(신탁법 제8조에 따른 사해신탁을 포함한다)에 대하여 신탁법 제8조 및 민법 제406조·제407조를 준용하여 사해행위(詐害行爲)의 취소 및 원상회복을 법원에 청구할 수 있다.

135) 대법원 2017. 10. 26. 선고 2015다254675 판결.

136) 대법원 1991. 11. 8. 선고 91다14079 판결.

137) 대법원 1995. 11. 28. 선고 95다27905 판결 등.

(2) 조세채권은 각 세법이 정한 과세요건이 충족된 때에 법률상 당연히 성립한다.139)

그 중 기간과세라 할 수 있는 소득세, 법인세, 부가가치세, 재산세 등은 과세기간이 종료된 때에 납세의무가 성립한다. 그런데 과세기간 도중에 사해행위의 대상이 되는 부동산양도행위 등이 있는 경우, 피보전채권의 성립시기에 관하여 엄격하게 해석한다면, 이는 피보전채권 성립 전의 행위이므로 사해행위로 취소될 수 없다고 보아야 한다. 그러나 사해행위를 과세기간 개시일 이후에 하였다면, 이미 조세채권 발생의 기초가 존재하고, 조세채권 발생의 개연성이 매우 높을 뿐 아니라, 과세기간이 종료되면 부과처분을 거쳐 곧바로 현실화될 것이기 때문에, 사해행위 피보전채권으로서 적격이 있는 장래채권의 요건에 해당된다.

또한 조세채권은 계약으로 성립하는 일반채권과는 달리 납세의무자의 자산상태와 관계없이, 법이 정한 요건에 따라 일반적으로 성립한다. 그러한 점을 고려하면, 과세기간 중의 사해행위도 과세기간이 종료되어 발생한 조세채권을 피보전채권으로 하여 취소할 수 있다고 보아야 한다.140)

이와 같은 법리는 상속세, 증여세 등 수시부과되는 조세의 경우도 마찬가지이다.141)

(3) 과세처분의 공정력과의 관계

과세처분은 공정력이 있으므로 무효 사유가 있지 않다면, 조세채권을 피보전채권으로 한 사해행위취소소송에서 과세처분을 취소할 수 있는 위법사유를 가지고 과세처분의 효력을 다툴 수 없다.142)

---

138) 대법원 2013. 6. 27. 선고 2011다81657 판결(S가 무한책임사원으로 있던 A수산회사가 부동산양도차익에 대한 과세신고를 빠뜨려 법인세와 부가가치세의 납부고지를 받자, S는 2달 뒤에 자신의 건물을 여동생인 Y_1과 조카인 Y_2에게 매도하였다. 관할세무서는 A회사가 세금을 체납하자 매도 후 2달 뒤에 S를 2차 납세의무자로 지정하고 위 세금을 납부할 것을 통지하였다).

139) 국세기본법 제21조 제1항, 지방세기본법 제34조(조세채권의 성립시기에 관하여 각 세목에 따라 자세히 규정하고 있다).

140) 大阪高判 평성 2. 9. 27. 判タ 743-171, 東京地判 평성 3. 6. 27. 判時 1409-77.

141) 사법연수원, 조세법총론, 224면; 국세징수실무해설, 276~277면.

142) 대법원 1999. 8. 20. 선고 99다20179 판결.

(4) 판 례

피보전채권이 건축물의 취득세인 경우 늦어도 구 지방세법상 취득일로 규정된 '사용승인을 받은 날'[143]에는 취득세채권은 채권자취소권의 피보전채권이 된다.[144]

법인세 납세의무는 과세기간인 그 사업연도 말일(그 해 12. 31.)이 종료함으로써 성립되므로, 사해행위가 그 이후에 있었다면, 국가의 채무자에 대한 법인세 채권은 채권자취소소송의 피보전채권이 된다.[145]

다. 취소권의 행사

(1) 당사자

세법 규정에는 원고가 마치 세무서장이나 지빙자치단체의 장이 되어야 하는 것처럼 규정되어 있으나, 사법상 권리능력이 있는 국가나 지방자치단체가 원고가 된다.

세법상의 사해행위취소권이 본질적으로 채권자취소권과 다르지 않으므로, 피고는 반드시 수익자나 전득자를 상대로 제소하여야 하고, 체납자(채무자)를 상대로 한 소송은 부적법하다는 것이 통설·판례이다.[146]

국세징수법 제25조가 세무공무원이 국세징수를 할 때 체납자의 법률행위에 대한 사해행위의 취소를 구할 수 있다고 규정하고 있다 하더라도 이를 조세채무자가 반드시 체납자의 지위에서 또는 체납처분절차가 개시된 후 법률행위를 하는 경우에만 사해행위취소권을 행사할 수 있다고 제한 해석할 수는 없다.[147]

(2) 취소권의 포기 여부에 관한 사례

채무자의 수익자에 대한 재산양도에 따른 양도차익에 대하여 과세하였다

143) 현행 지방세기본법 제34조 제1항 제1호 참조{다만 현행법에는 취득세채권의 성립시기를 과세물건을 취득하는 날로 규정하고, 달리 건축물의 취득시기를 '사용승인을 받은 날'(구 지방세법시행령 제73조 제4항)로 규정하지는 않음}.

144) 대법원 2009. 11. 12. 선고 2009다53437 판결.

145) 대법원 2008. 8. 11. 선고 2008다24487 판결.

146) 자세한 논의는 [26] 참조.

147) 대법원 2008. 8. 11. 선고 2008다24487 판결.

하더라도 취소권을 포기한 것으로는 볼 수 없다.[148)]

(3) 취소의 대상

체납자 소유의 부동산에 대한 체납처분이 개시될 무렵 국세채권에 우선하는 근저당권으로 담보되는 채무액이 부동산의 시가를 상회하는 경우라도 그 부동산에 대한 체납처분 자체가 불가능한 것은 아니고, 그 피담보채무의 채무자가 체납자가 아닌 제3자인 경우에는 일차적인 변제의무가 있는 제3자의 변제 여부에 따라 장차 그 채무액이 변동·감소하는 것이어서 피담보채무액이 부동산의 시가를 상회한다는 점만으로는 그 부동산에 대한 체납처분의 결과 종국적으로 국세의 만족을 받을 수 없다고 단정할 수는 없으므로, 그러한 경우에도 체납자가 체납처분에 따른 압류를 면하고자 고의로 그 재산을 양도하고 양수인 또한 이를 알면서 양수하였다면 이는 국세징수법 제25조의 사해행위에 해당한다.[149)] 주의할 것은 위 판결은 피담보채무의 채무자가 체납자가 아닌 제3자인 경우라고 한정하고 있다. 즉 저당권의 피담보채무를 지는 채무자가 체납자인 경우에는 피담보채무액이 양도 당시 부동산 시가보다 높다면 그 부동산의 양도는 사해행위가 되지 않는다.[150)]

(4) 납세자의 무자력

사해행위취소의 요건인 납세자의 '무자력'이란 납세자가 부담하는 조세채무의 총액이 그 자가 현재 소유하는 적극재산의 총액을 초과하는 것으로서, 보통 무자력은 대개 '채무초과'와 같은 뜻으로 사용된다. 국세징수법통칙 30-0…1은 납세자의 무자력에 대해 「압류를 면하고자 양도한 재산 이외에 다른 자력이 없어 국세를 완납할 수 없는 경우」로 해석하고 있다. 특이한 것은 국세징수법 통칙 30-0…2는 제2차납세의무자, 보증인 등이 있는 경우 그들로부터 국세의 전액을 징수할 수 있는 경우에는 납세의무자를 무자력으로 인정하지 아니한다 한다.[151)]

---

148) 福岡高判 소화 36. 5. 31. 訟月 7-7-1422.

149) 대법원 1996. 10. 11. 선고 95다3442 판결. 이는 일반 채권에 대한 취소의 요건과 다르다. [9] 5. 라. (3) 참조.

150) 대법원 2001. 10. 9. 선고 2000다42618 판결.

라. 취소판결 후의 체납처분의 실무[152)]

(1) 반환받을 재산이 동산·유가증권인 경우, 수익자가 동산 등 물건을 인도하지 않을 경우에는 수익자는 체납자 소유 물건을 점유하고 있는 자이므로, 제3자가 점유하는 재산에 대한 체납처분에 의한 압류절차에 따라 이를 점유하여 압류한다.

(2) 반환받을 재산이 부동산 등 등기명의를 납세자 명의로 변경할 필요가 있을 때에는, 판결에 따라 수익자 등의 등기명의를 말소하거나 말소에 갈음하는 이전등기의 방법으로 납세자 명의로 한 후 재산을 압류하고 촉탁등기를 한다.

(3) 반환받을 재산이 채권인 경우에는 압류채권의 추심 등의 처리의 방법에 따른다. 피고가 임의로 이행하지 않으면 집행문을 부여받아 민사집행법에 따라 강제집행을 한다. 가액배상의 경우에도 민사집행법상 강제집행절차를 따른다.

(4) 사해행위취소에 따라 반환받은 재산에 대하여 체납처분을 하고 국세에 충당한 후의 잔여분은 체납자가 아니라 그 재산을 반환한 수익자 또는 전득자에게 반환한다.

4. 신탁법상의 사해신탁[153)]

채무자가 채권자를 해칠 것을 알면서 신탁을 설정한 경우, 채권자는 수탁자가 선의일지라도 수탁자나 신탁수익자에게 민법 제406조 제1항의 취소 및 원상회복을 청구할 수 있다(신탁법 제8조).

사해신탁취소는, 민법상 채권자취소권과 마찬가지로 책임재산 보전을 위한

151) 이는 연대채무자나 보증인 등 공동채무자의 자력을 묻지 않고 사해행위를 한 채무자의 자력만을 기준으로 무자력 여부를 판단하는 일반채권자의 경우와는 다르다. [9] 5. 나. (2) 참조.

152) 국세징수실무해설, 291면.

153) 이에 대한 자세한 설명은 [24] 참조.

것이므로 피보전채권은 금전채권이어야 하고, 특정물에 대한 소유권이전등기 청구권을 보전하기 위한 행사는 허용되지 않는다.[154)]

5. 재산분할청구권 보전을 위한 사해행위 취소 및 원상회복

가. 의의 및 취지

이혼에 따른 재산분할청구권은 협의나 심판으로 그 구체적인 내용이 형성되기까지는 범위와 내용이 불명확・불확정하기 때문에 구체적으로 권리가 발생하였다고 할 수 없어, 사해행위소송의 요건인 피보전채권이 될 수 없다는 견해가 일반적이었다.[155)] 이혼과 재산분할청구소송이 계속되어 아직 확정되기 전이라면 그 재산분할청구권은 피보전채권이 될 수 없다는 일본 판례가 있고,[156)] 우리 실무에서도 그와 같이 취급하였다. 한편 위와 같이 취급한 실질적인 이유는 이혼사건을 담당하는 가정법원과 채권자취소사건을 담당하는 일반법원 간에 판단이 서로 상충되는 것을 피하기 위하여, 일반법원이 가정법원 사건에 대한 판단을 유보한 측면도 있었다. 그런데 재산분할청구권의 재판이 진행된 후 확정되기까지는 상당한 기간이 걸리는데, 그 과정에서 분할대상 재산이 제3자에게 처분될 우려가 많다.

그래서 2007. 12. 21. 법 제8720호로 민법을 개정하여 제839조의3을 신설하였다. 그 내용은, "부부의 일방이 다른 일방의 재산분할청구권 행사를 해함을 알면서도 재산권을 목적으로 하는 법률행위를 한 때에는 다른 일방은 민법 제406조 제1항을 준용하여 그 취소 및 원상회복을 가정법원에 청구할 수 있"게 한 것이다.

따라서 확정되지 않은 재산분할청구권도 사해행위취소의 피보전채권이 되고, 다만 이는 일반법원이 아니라 가정법원에서 심리・판단하는 다류 가사사건이다(가소법 제2조 제1항).

154) 대법원 2001. 12. 27. 선고 2001다32236 판결 외 다수 참조.

155) 대법원 1999. 4. 9. 선고 98다58016 판결은 채권자대위권을 인정하지 아니함.

156) 仙台高判 소화 35. 7. 4. 判時 233-24; 岐阜地判 소화 57. 11. 29. 判時 1075-144.

나. 당사자

원고는 재산분할청구권을 행사하거나 행사할 예정인 사람이고, 피고는 사해행위의 수익자나 전득자가 된다. 이미 이혼한 경우는 당연히 원고가 될 수 있고, 반드시 이혼소송이나 재산분할청구가 제기되어 있을 필요는 없다. 이혼의 상대방에게는 피고적격이 없다.

다. 관 할

가사소송의 토지관할은 가사소송법에 특별한 규정이 있는 경우를 제외하고는 피고의 보통재판적이 있는 곳의 가정법원이다(가소법 제13조 제1항). 사해행위취소 및 원상회복청구 소의 토지관할에 대하여는 특별규정이 없으므로, 피고(수익자나 전득자)의 보통재판적이 있는 곳의 가정법원에 토지관할이 있다. 이혼 및 재산분할청구가 법원에 계속 중인 경우에는 이혼소송의 피고와 사해행위취소송의 피고가 달라지지만, 이혼소송이 제기된 가정법원에 병합하여 제기할 수 있다(가소법 제14조 제2항).

라. 취소대상 재산의 범위

취소대상 재산은 일방 배우자 명의였던 재산 전부인지, 아니면 재산분할청구의 대상이 되는 재산(혼인 중 부부 쌍방의 협력으로 형성된 재산)에 한정되는지 문제된다.

법문상 취소대상 재산에 제한이 없고, 일방의 특유재산이라 할지라도 상대방 배우자가 금전지급을 명하는 재산분할 판결(심판)에 기하여 집행을 하는 경우 집행대상이 되므로, 재산 전부가 취소대상이 된다.

마. 제척기간

민법 제406조 제2항이 정한 기간 내에 행사하여야 한다. 즉 취소원인을 안 때로부터 1년, 법률행위가 있은 날로부터 5년 내에 소를 제기하여야 한다(민법 제839조의2 제2항).

한편 채권자취소권의 요건으로 피보전권리가 있어야 하므로, 이혼 후 2년이 지나 재산분할청구권 행사의 제척기간이 도과되면 취소권을 행사할 수 없다.

제2장 채권자취소권의 성질

[5] Ⅰ. 취소권의 성질

채권자취소권의 성질에 관하여 일본에서 제기된 학설로서, 채무자의 사해행위를 취소하는 권리만을 말하는가(취소권설), 사해행위의 효력을 소멸시키는 것이 아니라, 단지 그 행위에 따른 일탈된 재산을 반환하는 권리에 불과한가(청구권설), 아니면 양쪽의 권리를 포함하는 개념인가(절충설)-절충설 중에서도 취소를 중시하는 설과 반환을 중시하는 설이 있다-에 대한 학설의 대립이 있다. 어느 설을 취하느냐에 따라서, 누구를 피고로 하는가, 어떠한 청구를 하는가, 특히 취소권의 효과를 어떻게 해석하는가에 대한 견해가 달라진다.[1)]

판례와 통설은 취소권의 성질에 관하여 절충설-그 중 반환을 중시하는 설-을 따른다. 이는 아래 설명하는 상대적 효력설(상대적 무효설)과 함께 일본 민법 시행 초기부터 확립된 판례로, 일본과 우리나라의 실무에서 오랫동안 유지해 온 이론으로서 달리 입법적인 조치가 없는 한 바뀌기 어려울 것이다.[2)]

특히 우리나라의 통설·판례는 민법 제406조가 "그 취소 및 원상회복을

---

1) 여기서 '취소'가 무엇을 의미하는가에 관하여, 유럽의 전통적인 학설에 대하여는 이미 제1장에서 프랑스와 독일의 학설 대립과 일본 민법의 기초자인 Boissonade의 견해를 설명하였다. 다만 우리나라에서는 실질적인 학설의 대립이 많다고 볼 수 없어 여기서는 이를 자세히 언급하지 않고, 편의상 채권자취소의 효과에 관한 [33]에서 이와 관련된 여러 학설을 소개한다.

2) 절충설과 상대적 무효설은 일본에서 민법 시행 초기부터 최고법원인 대심원이 채택한 후 지금까지 유지되고 있다. 대심원 연합부 명치 44. 3. 24. 판결(民錄 17-117) 참조. 대법원도 오래 전부터 이 견해를 채택하였다. 대법원 1962. 2. 15. 선고 4294민상378 판결 참조.

법원에 청구할 수 있다"고 규정한 것을 근거로 채권자취소권을 사해행위 취소와 일탈재산의 반환 2가지를 그 본질적인 내용으로 하는 권리로 파악하고 있다.3) 따라서 취소소송은 일반적으로 사해행위 취소와 함께 재산의 반환을 청구하고 있다.4)

[6] Ⅱ. 취소의 효과에 관한 학설5)

채권자취소권의 성질에 관한 논쟁은 취소의 효과에 관한 학설과 밀접하게 관련되어 있다.

1. 상대적 무효설

통설과 판례는 채권자취소권의 성질에 관하여 절충설을 취하면서, 최소의 효과에 관하여는 상대적 무효설을 취한다.

통설・판례가 취하고 있는 견해의 요지는 아래와 같다.

① 사해행위 취소의 효과는 목적물 반환에 필요한 범위 내에서 그 상대방에 대한 관계에서만 상대적인 효력이 있을 뿐이므로, 수익자 또는 전득자만이 피고로 되고 채무자는 피고로 될 수 없다(당사자 적격의 한정).

② 전득자가 있는 경우에 수익자와 전득자 중 누구를 상대방으로 하여 채권자취소권을 행사할 것인가는 채권자의 자유로운 선택에 달려 있다(상대방 선택의 자유).6)

③ 취소 및 원상회복의 효력은 소송당사자인 채권자와 수익자(전득자 포함) 사이의 상대적 관계에서만 발생하기 때문에 채무자와 수익자 사이의(전득자만이 피고로 된 경우에는 수익자와 전득자 사이도 같다) 법률관계에는 아무런 영향을 미치지 않는다.

---

3) 우리 민법이 일본 민법과 달리 '취소'뿐만 아니라 '원상회복'청구도 제기하여야 한다고 규정함으로써 민법의 규정으로 보더라도 절충설을 취하였다고 볼 수 있다.

4) 대법원 1962. 2. 15. 선고 4294민상378 판결.

5) 이에 대하여는 편의상 [33]에서 다시 자세히 설명한다.

6) 김능환, '채권자취소권의 행사방법', 36면.

④ 또한 취소 및 원상회복에 따른 불이익은 수익자가 스스로 감수하여야 하며, 그를 이유로 채무자에 대하여 손해배상을 청구하지 못한다. 다만 채무자가 그로 인하여 부당이득을 얻고 수익자가 손해를 입은 때에는 수익자는 채무자에 대하여 부당이득반환을 청구할 수 있다. 그러나 수익자는 부당이득반환청구권을 가지고 취소채권자에게 대항할 수는 없다.

2. 상대적 무효설의 문제점

상대적 무효이론은 [3]에서 살펴본 바와 같이 프랑스나 독일의 전통적인 이론을 그대로 받아들인 것이다. 그러나 채무자와 수익자 사이의 법률행위는 적법・유효한 것으로 그대로 놓아둔 채, 채권자와 수익자 사이에서만 상대적으로 물권적 무효를 인정하고 있기 때문에, 일탈재산이 채무자의 책임재산으로 환원되어 강제집행의 대상이 된다는 것을 이론적으로 설명하기 어렵다. 부동산 등기명의가 수익자로부터 채무자 앞으로 회복된다 하더라도 채권자와 채무자 사이에는 그 부동산은 여전히 수익자의 소유로 보아야 하므로, 취소채권자가 채무자에 대한 집행권원에 기하여 위 부동산에 대한 강제집행을 할 수 있다는 점을 설명하기 어려운 점 등 여러 가지 이론적 취약점이 있다.

3. 일본 학설의 흐름[7)]

일본의 기존 학설은 대심원 판례가 절충설과 상대적무효설을 채택하자 이에 대한 비판으로부터 시작되었다. 그 중 일부는 역사적 의미가 있을 뿐 현재로는 이를 주장하는 사람이 없는 것도 있지만, 현재의 학설이 모두 100년 전부터 시작된 이들 논쟁을 기반으로 하여 탄생한 것이고, 또한 우리나라의 학설과 실무는 직접적으로 일본의 지대한 영향을 받았으므로[8)] 이를 개략적으로나마 소개할 필요가 있다. 아래에서 보는 바와 같이 일본의 학설 대립은

7) 佐藤岩昭, 詐害行爲取消權の理論, 26면 이하.

8) [3] 특히 「3. 프랑스법과 4. 독일법」에서 본 서양의 이론은 우리 실무에 관한 한 일본을 통하여 간접적인 영향을 주었을 뿐이다.

소송실무에서 취소소송의 피고를 누구로 할 것인가 하는 점이 실질적 쟁점이 되고 있다.

가. 형성권설의 등장

먼저 위 대심원 판례에 대한 비판의 포문을 연 사람은 石坂音西郎이다. 石坂은 독일 Hellwig의 물권설에 영향을 받아 다음과 같이 주장하였다.

첫째, 일본 민법 제424조(개정 전 민법, 이하 같음. 우리 민법 제406조 제1항)의 '취소'는 일본 민법 제121조(우리 민법 제141조)에서 규정하는 법률행위의 취소와 동일하다. 그러므로 일본 민법 제424조의 취소권은 형성권이고, 그 형성권을 소로써 행사하기 때문에 취소소송은 형성소송이다.

둘째, 판례가 절충설을 취한데 대하여, 일본 민법 제424조가 청구권을 포함한다는 명문의 근거가 없다고 비판한다. 판례에 따르면 하나의 권리 중에 형성권과 청구권이라는 2개의 서로 다른 권리가 섞여 있는 기묘한 결론에 이른다.9)

셋째, 형성권설을 따른다면 취소는 채무자와 수익자 사이의 법률행위를 처음부터 무효로 하는 효과(절대적 효력)을 가진다. 또한 취소소송의 피고는 채무자와 수익자를 공동피고로 해야 한다.

나. 청구권설의 등장

그 후 雉本朗造가 독일의 통설·판례인 채권설에 영향을 받아 아래와 같은 내용의 청구권설을 주장하면서 石坂과 논쟁을 개시하였다.

첫째, 채권자취소권의 목적은 수익자의 수중으로 일탈한 재산을 채무자에게 반환하도록 함에 있다. 그 목적을 위하여 채권자는 수익자에 대하여 형평의 원칙과 법률에 따라 직접 일탈재산의 반환을 구할 수 있다. 따라서 취소권은 청구권이고, 취소소송은 이행소송이며, 피고는 채무자가 아닌 수익자나 전득자가 된다.

둘째, 형성권설을 따르면 사해행위를 취소한 후에 채권자대위권에 기하여

9) 이 부분은 우리 민법이 입법으로 해결하였다. 즉 민법 제406조 제1항은 '취소 및 원상회복을 법원에 청구할 수 있다'고 규정하고 있다.

목적물 반환을 구하는 이행소송을 제기하여야 하는데, 이는 이중소송을 필요로 하는 비경제적인 방법이다.

셋째, 대심원 판결에 대한 비판으로는 형성권설을 주장하는 石坂의 둘째 주장과 같다. 즉 하나의 권리에 전혀 성질이 다른 2개의 권리가 혼재할 수 없다는 것이다.

다. 절충설의 통설화

판례가 채택한 절충설은 앞에서 본 바와 같이 형성권설과 청구권설 양쪽의 비판을 받았다. 그러나 한편으로 형성권설은 일탈한 재산의 반환을 위하여 취소소송 외에 다시 대위소송을 제기해야 한다는 결점을 가지고 있다는 점이 지적되었다. 또한 청구권설은 일본 민법 제424조의 '취소'라는 문언을 전혀 고려하지 않는 결점을 가지고 있었다. 위와 같은 이유로 형성권설과 청구권설은 결국 대심원 판결이 채택한 절충설의 대안이 되지 못하였다. 그래서 위 양설의 결점을 보충할 수 있다는 이유로 채권자취소권을 형성권과 청구권이 합체된 권리로 보는 절충설이 통설의 위치를 차지하게 되었다.[10] 한편 상대적 취소이론에 대하여는 법조문상 아무런 근거가 없다는 비판이 있었고, 취소를 소제기의 방식으로만 해야 한다면, 예를 들어 채무면제의 경우에 소송경제에 반한다는 비판이 판례를 지지하는 쪽에서도 나왔다.

위와 같은 비판이 있었음에도 불구하고, 판례가 채택한 절충설과 상대적 취소이론은, ① 판례의 근본정신이 제도의 목적을 고찰하여 그 효력을 필요한 범위에 국한 시키려 한다는 점, ② 상당히 굳어진 판례법을 형성하고 있는 상황에서, 이를 사소한 이론적 문제를 가지고 변경하는 것은 법적 안정의 관점에서 보아 해석의 바른 길이 아니라는 我妻의 주장 이후 다수 학설의 지지를 받게 되었다.

---

10) 我妻 榮, 新訂 債權總論, 민법강의 Ⅳ, 1964. 175면에도 "절충설은 형성권설과 청구권설의 결점을 보정하는 점에서 정당하다"고 한다. 다만 절충설 중에서도 판례와 같이 상대적 무효이론을 지지하는 설(我妻 榮)이 있는가 하면, 취소의 효력을 절대적으로 보는 설(鳩山秀夫)과 청구에 중점을 두어 반드시 소제기의 방법으로 할 필요가 없다는 설(新堂幸司)도 있다.

라. 책임설의 등장

판례 이론이 굳어지고 판례를 지지하는 설이 통설화되어 있는 가운데, '상대적취소' 이론의 결함을 극복하기 위하여, 1960년 무렵 책임설이 下森定, 中野貞一郎에 의하여 주장되었다.

이 설은 독일 Paulus의 책임설에 영향을 받은 것으로서, 채권자취소권을 책임법적 무효의 효과를 발생하게 하는 일종의 형성권이라고 주장한다. 즉 사해행위로 채무자의 책임재산에서 일탈하여, 채권자가 실시하는 강제집행의 대상에서 제외된 목적물을, 다시금 집행대상 적격을 회복하도록 하는 형성권이라는 것이다. 그리고 취소소송은 수익자를 피고로 하는 책임법적 무효인 상태를 만드는 형성소송이라고 한다.

또한 책임설을 따르면 재산의 귀속과 책임을 분리하여 생각하기 때문에, 종래의 판례와 학설과 같이 목적물을 현실적으로 반환할 필요가 없다. 왜냐하면 취소채권자는 형성소송과 병합하거나, 형성판결이 확정된 후에, 수익자(전득자)를 피고로 하여 집행인용판결[11]을 얻어, 이를 집행권원으로 하여 사해행위 목적물에 강제집행을 함으로써, 만족을 얻을 수 있기 때문이다.

또한 책임설은 앞에서 본 판례·통설의 문제점을 예리하게 지적한다. 즉, ① 판례의 목적물 반환방법을 보면, 상대적 취소 이론을 채택하면서도, 부동산은 등기명의의 말소를 인정한다. 그러나 현행 부동산등기법에는 '상대적 말소'라는 개념이 없다. 그렇다면 판례가 인정하는 등기명의 말소는 절대적 효력을 긍정하는 것과 같다. ② 상대적 취소 이론에 입각한다면, 일탈재산이 채무자의 일반재산으로서 강제집행 대상이 되는 것을 이론적으로 설명할 수 없다. 즉 반환된 일탈재산에 대한 강제집행은 언제나 취소채권자와 채무자와 사이에 실시되기 때문에, 그들 사이의 관계에 취소의 효과가 미치지 않는다면, 취소채권자의 만족을 위한 강제집행의 준비가 될 수 없다. 이와 같이 사해행위 후에 실시된 강제집행과의 관계에서 검토한다면, 판례가 채택하는 상대적 취소이론에는 치명적인 이론적 결함이 있다.

이러한 치명적 결함이 판례에서 간과되는 이유는 아래 2가지를 들 수 있

11) 판결 주문은 "채무자에 대한 채권의 만족을 위하여, 사해행위의 목적물에 대한 강제집행을 할 수 있다"는 취지가 될 것이다.

다. ① 집행절차상의 요건(예컨대 등기명의 말소 등)을 구비하면, 집행기관으로서는 실체관계를 심사할 권한이 없으므로, 집행절차를 개시할 수밖에 없다는 점이다. ② 수익자가 채무자와의 관계에서는 일탈재산이 자기 소유재산이라고 주장하여 제3자이의 소를 제기하려고 하여도, 수익자는 취소판결의 효력을 받아, 취소채권자에게 자기의 소유권을 주장할 수 없기 때문이다. 책임설에서는 집행인용판결을 집행권원으로 인정한다면, 판례의 상대적 취소이론이 갖는 위와 같은 흠을 극복할 수 있고, 사해행위를 일부 취소할 때 생기는 판례·통설의 복잡한 문제와 취소의 범위와 민법 제407조와의 관계를 쉽게 해결할 수 있다고 주장한다.

위와 같이 책임설은 중요한 문제점을 지적하고, 여러 가지 장점을 가지고 있기는 하나, 집행인용소송이라는 제도가 일본에 존재하지 않는다는 이유 때문에, 그 사고방식에는 공감하면서도 선뜻 적극적으로 지지하는 사람은 많지 않다. 그러나 이에 대하여 한국 학자 중에서는 우리 강제집행법에서도 집행인용절차는 충분히 운용될 수 있다는 견해도 있다.[12]

생각건대, 집행인용소송이라는 제도가 우리 민사소송법상 존재하지 않는다고 하여, 우리 민사집행법상 채무자와 집행목적물 소유자가 다른 경우에 민사집행방법이 없는 것도 아니므로,[13] 취소채권자의 채무자에 대한 집행권원과 채권자취소소송의 집행인용판결이 있다면, 집행이 불가능하지는 않다고 생각한다.[14]

---

12) 유병현, '채권자취소소송에 관한 연구－강제집행과 관련하여', 고려대학교 대학원 법학과, 박사학위 논문 참조.

13) 물상보증인의 재산에 저당권이 민사집행으로 실현되는 경우에는 채무자와 집행목적물의 소유자가 다르고, 물상보증인은 채무를 부담하는 것이 아니라 단지 책임만을 부담한다. 이는 집행인용판결에서 채무자와 수익자(혹은 전득자)와의 관계와 매우 유사하다. 현행 민사집행법은 집행권원에 따른 강제경매와 담보권실행을 위한 경매를 함께 규율하고, 양쪽은 특별한 규정이 없다면 동일하게 규율된다(민사집행법 제268조, 제269조, 제272조, 제273조 등 참조). 집행인용판결은 원칙적으로 강제경매절차에 따르되, 채무자와 목적물 소유자가 다르다는 점에는 담보권실행경매와 유사하므로, 대법원규칙으로 그 부분에 대한 집행절차를 따로 정한다면, 현행 민사집행절차에서도 비교적 연착륙이 어렵지 않을 것이다.

14) 물론 이 부분에 대하여는 민사집행법상 문제점을 좀 더 자세히 검토할 필요가 있다. 다만 여기에서는 집행인용판결의 집행이 우리 민사집행법의 체제에서 불가능하지는

마. 그 외의 학설

그 외에도 여러 학설이 있으나, 특히 채권자취소권을 연혁적·기능적으로 보아 실체법상 권리와 소송법상 권리가 미분화된 채로 융합되어 있는 권리 즉 소권(actio)라고 보는 소권설(즉 민법 제406조는 집행인용소송을 소권의 형식으로 규정한 것)이 유력하게 주장되고 있다.[15] 소권설에 따르면 연혁적으로 보더라도 채권자취소권은 실체접과 절차법의 분화 전에 소권의 형태로, 강제집행절차에서 집행절차를 보완하는 권리로 생성된 것이고, 현재에도 프랑스나 독일 및 미국의 운용도 소권적인 성격을 벗어나지 못하고 있다는 점을 근거로 하고 있다.

실체법과 절차법이 엄격하게 구분되어 있는 현행 법체계에서 소권설을 채택하기는 어렵다. 다만 채권자취소권이 가지는 기능적 특수성이 연혁적으로 실체법상 권리와 소송법상 권리가 분화되지 않은 소권에서 비롯되었다는 점을 염두에 둔다면, 이를 운용하면서 많은 시사점을 얻을 수 있을 것이다.

4. 대법원의 입장

대법원은 절충설과 상대적 무효설의 입장을 채택하면서도, 특히 상대적 무효설을 소송법상 기판력 이론을 빌려 설명하고 있다.

않다는 전제 아래, 열린 마음으로 책임설의 유용성을 검토할 필요가 있다는 점을 강조하고 싶다. 채권법이란 물권법과 달리 세계적으로 보편성을 가지는 법 영역이다. 따라서 연혁적으로나 우리가 채권자취소권제도를 계수한 프랑스를 비롯하여 같은 대륙법계인 독일은 물론이고, 법체계가 전혀 다른 영미법계에서도 사해행위 취소의 효력에 관한 한 책임설과 집행인용판결과 가까운 입장에서 운용되고 있다. 이를 감안할 때, 그러한 입장이 보다 세계적으로 보편성을 가지고 있으므로, 책임설의 수용에 관하여 전향적인 자세를 가져야 한다. 시장이 세계화되면서 이를 규율하는 채권법 역시 세계화와 통일화의 흐름이 있고, 보다 보편적인 법을 가진 나라의 법이 국제거래에서 준거법이 될 가능성이 높아진다. 그러한 관점에서 우리 민법(특히 채권법)의 세계화와 보편화를 위한 하나의 시도로서 채권자취소권의 입법적·이론적 정비가 필요하지 않을까. 또한 책임설이 취하는 이론적 구성은 우리 통설·판례가 채택하는 상대적 무효설의 연혁적 기반일 뿐만 아니라, 통설·판례의 이론적 맹점과 실제로 발생하는 불합리한 결과를 해결하는 효과적인 수단이 될 수도 있을 것이다.

15) 佐藤岩昭, 詐害行爲取消權の理論 参조.

즉 대법원은 채권자취소송의 효력을 설명할 때 "사해행위 취소판결의 기판력은 취소권을 행사한 채권자와 상대방인 수익자 또는 전득자와의 상대적인 관계에서만 미칠 뿐, 소송에 참가하지 않은 채무자 또는 채무자와 수익자 사이의 법률관계에는 미치지 않는다"[16]고 하여, 일반적으로 실체법의 영역으로 파악하는 채권자취소권의 효과를 소송법 이론인 기판력을 원용하여 설명한다.[17] 이러한 대법원의 입장이 채권자취소권의 연혁이 소권(actio)적인 성격을 가지고 있고, 강제집행절차와 밀접한 관련을 가진다는 점을 인식한 결과인지는 알 수 없다. 그러나 채권자취소권이 민법에 규정되어 있으나, 현재까지도 단순한 실체법적인 권리만은 아니라는 점은 유의할 필요가 있다.

[7] Ⅲ. 민법의 규정과 실무

우리 민법은 채권자취소권에 관하여 제406조와 제407조의 단 두 개 조문만을 두고 있을 뿐이어서, 대부분을 학설과 판례에 의존하여 문제를 해결하고 있는 실정이다. 특히 민법 제407조는 취소의 효력을 취소채권자뿐만 아니라 다른 모든 채권자에게 미치는 것으로 규정함으로써 모법인 프랑스나 독일의 실무・이론과 다르다. 그런데도 한편 가액배상을 비롯한 금전지급을 명하는 경우에는, 취소채권자가 사실상 우선적으로 변제받을 수 있다는 것이 판례이다. 채권자취소권은 해석론이나 입법론적으로 여러 가지 문제점이 있으나, 당장은 오랫동안 확고하게 유지해온 통설・판례가 쉽게 바뀌지는 않을 것이므로, 이 책에서는 통설・판례인 절충설과 상대적 무효설의 입장에서 소송에 나타나는 문제점들을 정리하되, 사안에 따라 이해의 편의를 돕기 위하여 다른 학설의 견해도 함께 소개하기로 한다.

참고로 채권자취소권의 효력에 관하여 우리 판례이론의 실질적 적용결과

16) 대법원 1988. 2. 23. 선고 87다카1989 판결.

17) 우리의 모법인 프랑스의 판례에서도 action paulienne의 효력을 프랑스 강제집행제도상의 평등주의를 채택하지 않고, 원고 이외의 채권자에 대한 확장을 인정하지 않은 이유를, 프랑스 민법 제1351조의 '판결효의 상대성 원칙'(우리 민사소송법상 기판력의 주관적 효력에 해당된다)을 근거로 삼고 있다는 점에서 우리 판례의 태도와 같다고 할 수 있다. 佐藤岩昭, 전게서, 376면 참조.

를 간단히 도표로 정리한다.[18]

<table>
<tr><td colspan="2" rowspan="2"></td><td colspan="2">채무자－수익자 사이의 법률행위 효력</td></tr>
<tr><td>무효(물권적 효력)</td><td>유효(채권적 효력)</td></tr>
<tr><td rowspan="2">효력이 미치는 채권자의 범위</td><td>모든 채권자</td><td>부동산 기타 등기·등록할 수 있는 재산과 채권에 관한 취소의 효과[19]</td><td>판례의 일반론(상대적 무효설과 민법 제407조)[20]</td></tr>
<tr><td>취소 채권자</td><td></td><td>금전지급의 경우[21]</td></tr>
</table>

한편 [3][6]의 내용을 바탕으로, 같은 도표를 사용하여 프랑스와 독일, 그리고 기존 일본의 학설에 따른 채권자취소권의 효력을 정리해 본다.

<table>
<tr><td colspan="2" rowspan="2"></td><td colspan="2">채무자－수익자 사이의 법률행위 효력</td></tr>
<tr><td>무효(물권적 효력)</td><td>유효(채권적 효력)</td></tr>
<tr><td rowspan="2">효력이 미치는 채권자의 범위</td><td>모든 채권자</td><td>* 일본의 형성권설</td><td>* 프랑스의 절대적 효력설
* 일본의 청구권설
* 일본의 책임설, 소권설</td></tr>
<tr><td>취소 채권자</td><td>* 독일의 물권설</td><td>* 프랑스의 상대적 효력설(판례·통설)
* 독일의 채권설(판례·통설)
* 독일의 책임설</td></tr>
</table>

18) 취소의 효과에 대한 학설과 판례의 상세한 내용은 [33][34][35] 참조.

19) 우리 판례는 부동산처분을 취소한 경우에도 일반론으로는 채무자와 수익자 사이의 법률관계는 유효하다고 하면서도, 수익자 앞으로 경료된 등기를 말소하여 채무자 명의로 회복한다는 점에서 결과적으로 물권설(형성권설)과 차이가 없다. 채권양도를 취소한 경우에도 채무자에게 반환하기 위하여 대항요건을 다시 갖춘다는 점에서 같다.

20) 다만 사해행위 이전에 채권을 가진 채권자들에 대하여만 효력이 미친다.

21) 가액배상을 명하는 경우뿐만 아니라, 예를 들어 변제를 취소한 경우(우리 판례는 본지변제의 경우에도 통모가 있으면 취소할 수 있음)와 같이, 취소에 따른 반환 방법이 금전지급을 명하는 경우가 모두 여기에 해당된다.

제3장 채권자취소권의 요건

> 채권자취소권의 요건사실
>
> ① 원고가 될 수 있는 요건=피보전채권의 존재
> ② 객관적요건=채무자가 채권자를 해치는 법률행위 즉 사해행위를 하였을 것(채무자의 '무자력' 포함).
> ③ 주관적요건=채무자 및 수익자(또는 전득자)가 사해사실에 대하여 악의(예외적으로 통모)일 것.

[8] Ⅰ. 피보전채권[1)]

1. 피보전채권의 종류

가. 금전채권

채권자취소권의 취지에 비추어 금전채권은 당연히 피보전채권이 될 뿐만 아니라 본래적인 피보전채권이다. 오래된 판례 중에는 채권자취소권의 피보전채권은 금전채권이어야 한다고 판시한 것[2)]도 있으나, 그 후 채권자취소권을 행사하는 채무자의 채권은 반드시 금전채권일 필요는 없고 금전 이외의 급부를 목적으로 하는 채권이라도 특정물이 아니라면 채무자가 사해의사로써 무자력을 가져올 행위를 한 때에는 채권자취소권을 행사할 수 있다고 하여

---

1) 도산법상 부인권은 개개의 채권자가 행사하는 것이 아니므로, 채권자취소권의 원고가 될 수 있는 요건인 피보전채권의 개념은 존재하지 않는다.

2) 대법원 1961. 8. 10. 선고 60다436 판결.
독일에서는 채권자취소권의 피보전채권이 금전채권이어야 한다는 것이 통설이다. 미국도 통일사해행위취소법상 피보전채권은 지급을 받을 수 있는 권리(a right to payment)이므로 금전채권을 원칙으로 한다는 견해도 있다(飯原一乘, 詐害行爲取消訴訟, 37면).

백미 급부청구권을 피보전채권으로 인정한 판례[3]도 보인다.

나. 특정물채권

(1) 대법원의 견해

특정물의 인도청구권이나 등기청구권을 가진 채권자는 채권자취소권을 행사할 수 없다는 것이 대법원의 확립된 판례이다.[4]

(2) 부동산의 이중양도

이와 관련하여 부동산을 양도받아 소유권이전등기청구권을 가지고 있는 사람이, 양도인이 제3자에게 이를 이중으로 양도하여 소유권이전등기를 경료하여 줌으로써 취득하는, 부동산 가액 상당의 손해배상채권이 이중양도행위에 대한 사해행위취소권을 행사할 수 있는 피보전채권에 해당하느냐 여부에 관하여도, 대법원은 이를 부정한다.[5]

즉 이중양도인에 대한 손해배상채권이 발생하기 이전에 사해행위로 볼 수 있는 행위가 있었다 하더라도, 그 손해배상채권은 사해행위 당시 발생하지 않았고, 그 채권의 성립에 관한 고도의 개연성이 없어, 이를 피보전채권으로 하여 채권자취소권을 행사할 수 없다는 것이다.

(3) 검 토

그러나 민법 제406조가 법문상 특정물인도채권을 제외하지 않으며, 특정물채권도 궁극적으로는 손해배상채권으로 변할 수 있어, 채무자의 일반재산으로써 담보되어야 하므로, 특정물 처분에 따라 채무자가 무자력이 된 경우에는, 특정물채권자는 그 물건의 처분행위를 사해행위로 취소할 수 있다고 보는 견해[6]도 있다(일본 판례[7]의 견해이기도 함).

---

3) 대법원 1965. 6. 29. 선고 65다477 판결.

4) 대법원 1954. 11. 18. 선고 4286민상37 판결 이후, 대법원 1996. 9. 20. 선고 95다1965 판결; 대법원 1999. 4. 27. 선고 98다56690 판결 등 다수.

5) 위 98다56690 판결 참조.

6) 배성호, '채권자취소권에 있어서 특정물채권의 피보전채권성', 77면 이하.

7) 일본에서도 과거 우리 대법원과 같은 견해를 취한 적이 있으나, 이에 대하여 학자와 실무가들로부터 많은 비판이 일자 결국 最判 소화 36. 7. 19. 判時 266-6로서 그 견해를 바꾸었다.

프랑스 학설과 판례도 특정물 인도를 목적으로 하는 채권을 갖는 채권자는 그 특정물이 이중매매됨으로써, 채무자가 무자력이 되고 채무자와 수익자의 사해의사 등이 갖추어진 때에는 채권자취소권을 행사할 수 있다고 한다.[8)]

독일에서도 채권자취소권은 특정 채권자의 만족권을 침해한 데 대한 구제수단으로 본다.[9)] 그리하여 총채권자의 책임재산을 보전하기 위한 기능은 도산법상 부인권이 담당하고 개별채권자의 채권 만족을 위한 기능은 채권자취소권이 담당하는 것으로 이해한다.[10)]

채권자취소권은 연혁적으로 볼 때 일반채권자를 위하여 공동담보를 보전하는 것이 아니라, 파산 외에서 개별적 강제집행의 전제로서 개개의 채권을 위하여 그 집행재단을 증가시키는 것이 그 직접적인 목적이다. 따라서 민법 제407조의 자구에 너무 구속되어 채권자취소권은 총채권자의 공동담보를 보전하기 위한 경우에만 허용되는 것으로 좁게 해석할 것은 아니다. 위 조항은 단순히 채권자취소권 행사에 따른 취소의 결과 복귀된 재산에 대하여는 취소권을 행사하지 않았던 채권자라도 배당요구절차를 취하면 변제에 참가할 수 있다는 뜻을 명확히 하고 있는 정도로 의미를 부여함이 타당하다.[11)]

특히 위의 이중양도 사례에서, 채무자가 무자력으로서 당해 부동산 외에 달리 재산이 없는 경우에는, 제1매수인 X가 취득하는 손해배상채권의 회수는 거의 불가능하다. 그러므로 X가 이중매매계약을 사해행위로써 취소할 수

---

8) Planiol et Ripert, Traite pratique de droit civil francais, t.7, Obligations, 2epartie(par Paul Esmein, Jean Radouant et Gabriel Gabolde), 2eed., 1954, n°953; Marty et Raynaud, Droit civil, t.2, 1ervol., Les obligations, 1962, n°699; Civ. 10 avril 1948, D 1948, 421. 배성호, '채권자취소권에 있어서 특정물채권의 피보전채권성', 78면에서 재인용.

9) **[부록1]** AnfG 제1조 제1항 참조. 즉 독일의 사해행위취소법(AnfG)은 도산법과 달리 개별 채권자를 해치는 행위를 취소하기 위한 규정으로서, 다른 모든 일반채권자의 공동담보를 보전하기 위한 것이 아니다. 따라서 채권자의 채권이 특정물인도를 목적으로 하더라도 채권보전을 위한 사해방지의 필요성이 있다면 피보전채권이 되는데 지장이 없다.

10) 유병현, 채권자취소소송에 관한 연구-강제집행과 관련하여-, 고려대학교박사학위논문(1993), 286면.

11) 강영호, '특정물채권자는 채권자취소권을 행사할 수 없는가', 사법논집 34집, 법원도서관(2002), 324면.

있느냐 여부는 매우 중요한 의미를 가진다.

채권자취소제도는 채무자가 채권자를 해칠 의사를 가지고 자신의 무자력 상태를 초래하거나 심화시키는 행위로써 채권자를 해치는 경우에 채권자를 보호하기 위한 제도이므로, 취소채권자의 채권이 공동담보 감소에 따라 피해를 입을 수 있으면 충분한 것이지, 반드시 사해행위 당시 손해배상채권일 필요는 없다는 견해가 설득력이 있고 현실적 필요성도 있다.

다만 X의 취소청구가 인정되어 부동산이 채무자 S명의로 환원된 후에, X가 S로부터 그 부동산을 양도받을 수 있는가 하는 점에 관하여는 부정설이 일본의 다수설이다.[12] 이중매수인 Y에게 소유권이전등기가 경료됨으로써 X의 특정물인도청구권은 이행불능에 따라 손해배상청구권(금전채권)으로 전환되었고, 동시에 S가 무자력이 되어 X의 금전채권이 만족될 수 없게 되었다는 이유로 취소권이 인정되었으므로, 그 부동산이 S명의로 환원되었다고 하여 이를 다시 X에게 양도하는 것은 허용될 수 없기 때문이다.[13]

다. 그 외의 채권

(1) 사 례

위에서 본 백미의 급부청구권이 피보전채권이 된 경우 외에는 달리 눈에 띄지 않는다. 일본 판례로는 도급계약에 기한 공사 완성을 청구하는 채권이 피보전채권이 될 수 있고,[14] 임차권은 피보전채권이 될 수 없다[15]는 판례가 있다.

(2) 작위나 부작위를 목적으로 하는 채권

이러한 채권은 그 자체가 채무자의 일반재산과는 아무런 관계가 없으므로 취소권이 인정되지 않고, 채무불이행으로 손해배상채권으로 된 경우에 비로소 취소권을 행사할 수 있다.[16]

---

12) 飯原一乘, 詐害行爲取消權・否認權, 327면.

13) 이를 이유로 제1양수인의 사해행위취소권이 그다지 유용한 이론으로 볼 수 없다는 견해도 있다(윤진수, '부동산의 이중양도와 원상회복', 327면 이하).

14) 最判 소화 54. 4. 6. 判時 928-102.

15) 大審院 명치 43. 12. 2. 民錄 16-873.

(3) 특별담보가 있는 경우[17]

(가) 물적 담보의 경우

채권자가 피보전채권에 대하여 충분한 물적 담보를 가지고 있다면 그 범위 내에서 채무자의 재산처분이 사해행위가 되지 않는다.

(나) 인적 담보의 경우

인적 담보의 유형으로는 전형적으로 보증을 들 수 있고, 실질적으로 연대채무도 인적 담보의 역할을 하지만, 이들은 물적 담보와는 달리 채권자가 즉시 집행하여 우선변제를 받을 수 있는 성질의 담보가 아니기 때문에 인적 담보가 있는 채권도 피보전채권이 될 수 있다.

2. 채권의 존부 · 채권액 확정의 요부

가. 채권의 존부확정이 필요한지 여부

(1) 존부확정의 필요성

채권자취소권을 행사할 때 피보전채권에 대한 집행권원은 요구하지 않는다.[18] 따라서 피보전채권에 관하여 별개의 소송이 계속 중이라 하더라도 그 채권을 전제로 하는 취소소송이 가능하다. 그러나 피보전채권의 존부에 대한 다툼이 있을 때 채권자는 그 채권의 존재에 관한 증명책임이 있고, 수익자 또는 전득자에 대한 채권자취소소송과 채무자에 대한 피보전채권에 관한 급부소송이 병합된 경우에는, 후자의 청구를 일부 혹은 전부 인용한 후에 전자가 판단되어야 한다.

---

16) 大阪地判 소화 48. 5. 19. 判時 716-91(상고심은 最判 소화 54. 4. 6. 判時 928-102).

17) 이에 대하여는 [9] 5. 나. 에서 자세히 살핀다.

18) 독일에서는 원칙으로 피보전채권은 변제기가 도래하고 집행권원이 필요하다(AnfG 제2조). 이에 비하여 미국법(UFTA 및 UVTA)은 피보전채권(Claim)에 관하여, 지급받을 수 있는 권리(a right to payment)이기만 하면, 판결에 따른 권리(the right is reduced to judgment)여부나, 확정 · 미확정적(liquidated, unliqudated), 확정 · 유동적(fixed, contingent), 변제기 도래 여부(matured, unmatured), 계쟁 여부(disputed, undisputed), 보통법상의 권리든 형평법상의 권리든(legal, equitable), 담보가 있든 없든(secured, unsecured) 관계없다고 한다(제1조 제3항).
이 점에서 우리 채권자취소권의 피보전채권은 미국법에 가깝다.

(2) 재산분할청구권

(가) 이혼 및 위자료와 재산분할청구소송이 계속하고 아직 미확정인 경우에는 그 위자료나 재산분할청구권은 피보전채권이 될 수 없다는 일본 판례가 있다.[19] 재산분할청구권은 "이혼한 자"(민법 제839조의2)가 청구할 수 있고, 위자료도 이혼이 성립하지 않으면 발생하지 않는다는 것이 그 표면적인 이유이나, 실질적인 이유는 이혼사건을 담당하는 가정법원과 채권자취소사건을 담당하는 일반법원 사이에 판단이 서로 상충되는 것을 피하기 위하여, 일반법원이 가정법원 사건에 대한 판단을 유보한 것으로 생각된다.

또한 채권자대위권과 관련하여, 이혼에 따른 재산분할청구권은 협의 또는 심판으로 그 구체적 내용이 형성되기까지는 범위 및 내용이 불명확 · 불확정하기 때문에 구체적으로 권리가 발생하였다고 할 수 없으므로 이를 보전하기 위하여 채권자대위권을 행사할 수 없고,[20] 협의 또는 심판으로 구체화되지 않은 재산분할청구권은 채무자의 책임재산에 해당하지 않으므로, 이를 포기하는 행위는 채권자취소권의 대상이 될 수 없다고 한다.[21]

(나) 우리 민법 제839조의3은, "부부의 일방이 다른 일방의 재산분할청구권 행사를 해함을 알면서도 재산권을 목적으로 하는 법률행위를 한 때에는 다른 일방은 민법 제406조 제1항을 준용하여 그 취소 및 원상회복을 가정법원에 청구할 수 있"도록 하였고, 이에 따라 가사소송법은 제2조 제1항에 다류 가사소송사건으로 '민법 제839조의3에 따른 재산분할청구권 보전을 위한 사해행위취소 및 원상회복의 청구'를 첨가하였다. 따라서 확정되지 않은 재산분할청구권도 사해행위취소의 피보전채권이 되고, 다만 이는 일반법원이 아니라 가정법원에서 심리 · 판단하는 가사사건이라는 점에 유의해야 한다.[22]

나. 채권액이 확정되어야 하는가

피보전채권의 존재가 인정되면 그 금액은 미확정(여기에서 '확정'이란 재판

---

19) 仙台高判 소화 35. 7. 4. 判時 233-24; 岐阜地判 소화 57. 11. 29. 判時 1075-144. 반면 혼인비용분담청구권은 피보전채권이 된다(最判 소화 46. 9. 21. 判時 645-66).

20) 대법원 1999. 4. 9. 선고 98다58016 판결

21) 대법원 2013. 10. 11. 선고 2013다7936 판결

22) [4] 5. 참조.

상 확정을 의미하는 것이 아님)인 상태라도 피보전채권이 된다.

피보전채권인 손해배상채권이 사해행위 이전에 성립되어 있다면 액수나 범위가 구체적으로 확정되지 않은 경우라도 채권자취소권의 피보전채권이 된다는 판례가 있다.[23] 협의이혼을 한 상태에서 위자료에 대한 소송이 계속 중 그 액수가 미확정인 상태에서도 피보전채권이 된다는 일본 사례[24]도 있다.

3. 피보전채권의 발생시기 등

가. 사해행위 전에 발생한 채권이어야 하는가

(1) 판례의 입장

피보전채권은 원칙적으로 사해행위로서 취소되어야 할 행위 이전에 발생해야 한다는 것이 통설・판례[25]이다.

이러한 입장은 일본 구민법[26]과 그 영향을 받은 일본 판례와 학설을 답습한 것으로 보인다. 채권자취소권은 도산과 같이 전체 채무의 청산이나 회생을 목적으로 하는 것이 아니라, 특정채권을 보전하기 위한 것이기 때문에 채무자회생법상 부인권과는 달리 해석해야 한다는 것이 그 이유다. 사해행위 후의 채권자는 사해목적물을 채무자의 일반담보로 생각하지 않았을 것이므로 판례의 입장은 타당하다.

(2) 독일법과 미국법

참고로 독일법의 해석으로는 사해행위 후에 발생한 채권도 취소권이 인정된다.[27] 또한 미국법(UFTA, UVTA)은 채무자의 행위형태에 따라, 사해행위

---

23) 대법원 2018. 6. 28. 선고 2016다1045 판결(사해행위 당시 원고의 채무자에 대한 불법행위로 인한 손해배상채권이 발생하였으나 그 후 관련사건 판결의 선고로 위 손해배상채권의 액수와 범위가 정해진 사안에서, 사해행위 당시에 위 채권의 성립의 기초가 되는 채무자의 불법행위가 있었다고 하더라도 그로 인하여 가까운 장래에 위 채권 성립의 고도의 개연성이 있다고 보기 어려워 위 손해배상채권이 채권자취소권의 피보전채권이 될 수 없다는 이유로 사해행위취소청구를 기각한 원심을 파기한 사례).

24) 東京高判 소화 56. 9. 21. 判時 1020-43.

25) 대법원 1978. 11. 28. 선고 77다2467 판결 등.

26) [제343조] 사해행위 취소는 미리 권리를 취득한 채권자가 아니면 청구할 수 없다.

전에 발생한 채권인지 여부를 가리지 않고 피보전채권이 되는 경우와(UFTA, UVTA§4), 사해행위 이전에 발생한 것이 아니면 피보전채권이 되지 않는 경우로 구별하고 있다(UFTA, UVTA§5).

(3) 조세채권

피보전채권이 건축물의 취득세인 경우 늦어도 구 지방세법상 취득일로 규정되어 있는 '사용승인을 받은 날'[28]에는 취득세채권은 채권자취소권의 피보전채권이 된다.[29] 법인세 납세의무는 과세기간인 그 사업연도 말일(그 해 12. 31.)이 종료함으로써 성립되므로, 사해행위가 그 이후에 있었다면, 국가의 채무자에 대한 법인세 조세채권은 채권자취소소송의 피보전채권이 된다.[30]

(4) 준소비대차와 경개

(가) 준소비대차에 따른 채무는 당사자의 반대의사가 없다면, 기존채무와 동일성을 유지하면서, 단지 소비대차 규정에 따르는 것으로 한 것에 지나지 않는 것으로 추정되므로, 기존채무의 성립 후에 특정채권자를 위하여 한 채무자의 행위는, 사해행위의 요건을 구비한다면 준소비대차계약 성립 전의 것이라도 사해행위로서 취소할 수 있다.[31]

(나) 대 환

현실적인 자금의 수수 없이 형식적으로만 신규대출을 하여 기존채무를 변제하는 이른바 대환은 특별한 사정이 없다면 형식적으로는 별도의 대출에 해당하나 실질적으로는 기존채무의 변제기 연장에 불과하므로, 그 법률적 성질은 기존채무가 여전히 동일성을 유지한 채 존속하는 준소비대차로 보아야 한다.[32][33]

---

27) 飯原一乘, 詐害行爲取消訴訟, 50면.

28) 현행 지방세기본법 제34조 제1항 제1호 참조{다만 현행법에는 취득세채권의 성립시기를 과세물건을 취득하는 날로 규정하고, 달리 건축물의 취득시기를 '사용승인을 받은 날'(구 지방세법시행령 제73조 제4항)로 규정하지는 않음}.

29) 대법원 2009. 11. 12. 선고 2009다53437 판결.

30) 대법원 2008. 8. 11. 선고 2008다24487 판결.

31) 대법원 2002. 3. 29. 선고 2001다81870 판결은 준소비대차의 경우에 기존채권에 대한 사해행위가 준소비대차에 따른 채권에 대한 사해행위가 된다는 점을 당연한 전제로 하고 있다.

실질적으로 대환을 목적으로 이루어진 신규대출의 법적 성질이 준소비대차가 아닌 경개로 인정되어, 신규대출에 따른 채무가 종전대출에 따른 채무와 법적 동일성이 없다고 하더라도, 그 대환 전 종전대출채무의 연대보증인이었다가 대환 후의 신규 대출채무에 대하여도 연대보증인이 된 사람의 신규대출 전 재산처분행위가 사해행위인지 여부를 판단할 때, 신규대출에 따른 연대보증채권이 사해행위취소권의 피보전채권이 될 수 있다고 한 사례[34]가 있다.

(5) 재판상 화해에 따른 채권

채권자와 채무자 사이에 재판상 화해에 따라 금전을 지급하기로 합의한 경우에, 그것이 화해로 새로이 창설된 채권인가, 아니면 그 이전에 존재하던 채권을 확인한 것인가에 따라 채권의 성질이 다르다. 이를 충분히 심사하지 않고 재판상 화해에 따른 채권이라는 이유만으로 전자에 해당한다고 하여, 화해 이전에 채무자가 한 부동산 매각행위는 채권자를 사해하는 행위가 아니라고 판단한 것은 이유불비라고 한 사례가 있다.[35]

---

32) 대법원 2012. 2. 23. 선고 2011다76426 판결. 기술신용보증기금이 S와 기존 신용보증약정의 기한이 만료되기 직전에 종전 보증서를 회수하고 새로운 신용보증약정을 체결하였는데, 그로부터 수개월 후 신용보증사고가 발생하자 대위변제를 한 다음 구상금채권을 피보전채권으로 하여 새로운 신용보증약정 체결 전 S에게서 특허권을 양도받은 Y를 상대로 사해행위취소 등을 구한 사안에서 피보전채권의 성립을 인정.

33) 금융기관이 채무자가 발행한 회사채를 인수하고, 그 인수대금으로 채무자의 기존 신용대출의 변제에 충당한 경우는 '대환'에 해당하지 않는다(대법원 2008. 12. 11. 선고 2006다5550 판결).

34) 대법원 2002. 3. 29. 선고 2001다81870 판결. 원고(중소기업은행)가 A에게 피고의 연대보증 아래 어음할인약정을 체결하고 어음할인대출을 하다가, 어음의 발행인(한보철강)이 부도가 나자, 정부에서는 한보철강 발행 어음에 대하여는 금융지원을 통하여 한보철강의 영업이 정상화되기까지 어음할인의 대출기간을 연장하여 줄 것을 요청하였다. 이에 따라 원고는 A에게 신규대출을 하여 그 돈으로 어음할인대출금을 변제하도록 하였는데, 피고는 신규대출을 하기 전에 자신의 부동산을 처분하였고, 신규대출에도 연대보증인이 되었다. 이 사건에서는 채권성립의 고도의 개연성도 인정되었다.

35) 大判 소화 2. 10. 27. 飯原一乘, 詐害行爲取消訴訟, 52면.

(6) 잔여재산분배청구권[36](상법 제260조, 제269조)

(가) 사 안

S합자회사가 법원의 해산명령 후 청산절차에서 부동산을 사원인 Y 등에게 매각하였다. 사원 X는 그 매각이 염가라고 하여 잔여재산분배청구권의 보전을 위하여 그 취소를 청구하였다.

(나) 판시내용(청구기각)

사해행위취소권은 회사채권자가 가지는 채권의 효력으로서 인정되는 것이다. 합자회사의 잔여재산분배는 회사가 해산하여 회사채무를 완제한 후에 잔존하는 적극재산을 영리법인으로서의 본질에 따라 회사 내부적인 처리로서 사원에게 분배하는 것이다. 사원이 잔여재산을 분배받을 수 있는 권리는 사해행위취소제도가 예정하는 채권과는 본질적으로 다르다. 따라서 잔여재산분배청구권의 효력을 가지고 사해행위취소권을 행사할 수 없다. 다만 회사채무를 완제하고 잔존재산이 남아 있는 단계에서는 잔여재산으로부터 재산을 일탈하는 회사의 행위는 사해행위가 될 여지가 있다.

(다) 비 판

위 판결의 취지는, 잔여재산분배청구권은 회사채무를 모두 변제하고 남는 것이 있어야 발생하므로, 그 이전에는 채권자취소권의 피보전채권이 존재하지 않는다는 것이다. 그러나 출자자의 잔여재산분배청구권은 잠재적으로는 출자할 때부터 존재하는 것으로서, 만약 회사가 부당하게 싼 가격으로 재산을 매각하였다면 사해행위가 성립할 수 있다고 보아야 한다. 그렇게 해석하지 않는다면 회사채무의 변제가 늦어지는 동안 이루어진 부당한 재산감소행위에 대하여 출자자를 구제할 수 없기 때문이다.[37]

(7) 사해행위와 동시에 발생하는 채권

(가) 대법원의 견해

대법원은 부동산을 양도받아 소유권이전등기청구권을 가지고 있는 사람이,

---

36) 名古屋高判 소화 52. 9. 28. 判時 883-81. 이 사안은 합자회사에 관한 사례인데, 우리나라에서는 합자회사 설립의 예를 거의 찾아볼 수 없으므로, 조합 해산에 따른 잔여재산분배(민법 제724조 제2항)의 경우에 선례로 참조할 수 있을 것이다.

37) 같은 취지로 飯原一乘, 詐害行爲取消訴訟, 52~53면.

양도인이 제3자에게 이를 이중으로 양도하여 소유권이전등기를 경료하여 줌으로써 취득하는 부동산 가액 상당의 손해배상채권은, 이중양도행위에 관한 사해행위취소권을 행사할 수 있는 피보전채권에 해당하지 않는다고 한다.[38)]

대법원은 채권자취소권으로 보호될 수 있는 채권은 원칙적으로 사해행위 전에 발생되어야 하나, 사해행위 당시에 이미 채권 성립의 기초가 되는 법률관계가 발생되어 있고, 가까운 장래에 그 법률관계에 기하여 채권이 성립되리라는 점에 대한 고도의 개연성이 있어야 하는데, 이중양도에 따른 손해배상청구권은 위 요건(특히 채권성립에 관한 고도의 개연성)을 충족하지 못한다고 보고 있다.

(나) 다른 견해

그러나 "목적물의 처분행위에 따라 채권자의 채권이 손해배상채권으로 변함과 동시에 사해행위가 성립한다고 하여도, 손해배상채권은 특정물인도청구권의 변형으로서 동일성을 해치지 않으므로, 피보전채권이 사해행위 이전에 존재한다는 점은 조금도 변함이 없다"고 한 일본 최고재 대법정 판결[39)]이 더 합리적이다. 물론 위 판결은 특정물인도청구권이 채권자취소권의 피보전채권이 된다는 것을 전제로 한 것이다. 특정물인도청구권을 사해행위의 피보전채권으로 인정하지 않는 것이 부당하다는 점은 위에서 보았다.[40)]

나. 장래의 채권[41)]

---

38) 대법원 1999. 4. 27. 선고 98다56690 판결.

39) 最判 소화 36. 7. 19. 判時 266-6.

40) [8] 1. 나. 참조.

41) 장래채권을 3가지로 분류하여,

① 현재 그 채권발생의 기초가 되는 법률관계가 존재하고, 그에 단순히 어떤 사실이 추가됨으로써 채권이 발생하는 경우(예컨대, 이미 고용되어 있는 사람에 대한 장래의 임금채권, 임대차계약에 따른 장래의 차임채권, 이자부 소비대차에 따른 장래의 이자채권, 공사도급계약이 체결되었으나 실제로 일을 완성하기 전의 공사대금채권이 전형적으로 이에 속한다).

② 현재 그 채권발생의 기초가 되는 법률관계를 발생시킬 요건의 일부만이 성립하고 있는 경우(예컨대, 계속적 물품공급계약에서 개개의 주문에 따라 매매대금채권이 발생하는 경우와 같이 기본계약만이 존재하는 경우, 임대차관계가 존속 중이어서 종료시에 임대인의 채권을 공제하고 남는 것이 있을지 불명인 보증금반환채권, 계약상

(1) 요 건

대법원은, 피보전채권은 원칙적으로 사해행위 전에 발생되어야 하지만, 그렇지 않더라도 아래 요건을 갖춘 경우에는 채권자취소권의 피보전채권이 될 수 있다고 한다(기초적 법률관계론).[42]

① 사해행위 당시에 이미 채권 성립의 기초가 되는 법률관계가 발생되어 있을 것.

② 가까운 장래에 그 법률관계에 기하여 채권이 성립되리라는 점에 대한 고도의 개연성이 있을 것.

③ 실제로 가까운 장래에 개연성이 현실화되어 채권이 성립되었을 것.

(2) 채권성립의 기초가 되는 법률관계

(가) 신용보증계약 체결일이, 사해행위라고 주장하는 부동산매매 이후인 경우에는, 아직 채권성립의 기초가 되는 법률관계(이하 '기초법률관계'라 함)가 형성되지 않았다고 한 사례가 있다.[43] 또한 신용카드 가입계약을 체결하고 신용카드를 발행받았다고 해도, 사해행위 이전에는 신용카드를 사용하지 않다가 그 이후부터 신용카드를 물품구매나 현금서비스 등에 사용하기 시작했고, 그 후 대금을 연체하게 되었다면, 신용카드 가입계약만을 가지고 기초법률관계에 해당한다고 할 수 없고, 신용카드를 사용하는 행위가 있어야 비로소 신용카드업자는 기초법률관계를 가진다는 사례가 있다.[44] 전자가 신용

채무에 대하여 불이행이 있으면 발생할 손해배상채권 등이 이에 속한다).

③ 아무런 기초적 법률관계가 없는 경우(예컨대 당사자들 사이에 어느 정도 교섭이 진행되어 앞으로 일정한 단계에 이르면 계약이 체결될 수도 있다는 전망이 선 경우에 그 계약상의 채권이 이에 해당한다)가 있다. ①항의 채권은 장래채권에 관한 요건인 '채권발생의 고도의 개연성'이 있다고 볼 수 있으나, ②,③항의 채권은 위 요건을 충족하지 못한다고 보는 것이 대법원 판례의 취지라는 견해가 있다(양창수, '장래채권의 양도', 민법연구 7, 244면 참조). 그러나 채권자취소권의 피보전권리에 관한 대법원의 입장은 아래에서 보는 바와 같이 그보다는 더 넓게 인정하고 있다.

42) 대법원 1995. 11. 28. 선고 95다27905 판결 등.

43) 대법원 2006. 9. 28. 선고 2005다8286 판결.

44) 대법원 2004. 11. 12. 선고 2004다40955 판결. 이 사건은 사해행위 이전에는 전혀 카드를 사용하지 않은 사례인데, 신용카드를 사용한 이후에(카드대금을 연체한 상태가 아니었더라도) 사해행위를 하였다면 피보전채권으로 인정될 수도 있었을 것이다.

보증계약 체결을 기초법률관계로 보았는데 반하여, 후자는 신용카드 가입계약만으로는 이를 인정하지 않고, 카드사용을 함으로써 기초법률관계가 성립한다고 한 것은 언뜻 모순으로 보인다. 그러나 전자는 계약체결 당시에 이미 주된 채무가 구체적으로 성립되어 있는데 반하여, 후자는 카드가입계약만으로는 아직도 아무런 채무가 성립되지 않은 상태이므로 반드시 같은 선상에서 평가할 것은 아니다.[45)]

(나) 준법률관계나 사실관계

채무자가 대출계약의 성립단계에서 자기 재산의 존재를 확인하는 등기부등본을 교부하고 나서, 계약 성립 전에 바로 수익자에게 자신의 유일한 부동산을 이전해 버리는 경우와 같이, 형평과 도덕적 관점에서 허용할 수 없는 경우에는, 위에서 말하는 "채권성립의 개연성이 있는 법률관계"에 준법률관계나 사실관계 등을 널리 포함하는 것으로 볼 수 있을 것인가? 당사자 사이에 채권발생을 목적으로 하는 계약의 교섭이 상당히 진행되어 계약체결의 개연성이 고도로 높아진 단계도 여기에 포함되는 것으로 본 판례가 있다.[46)]

(3) 채권성립의 고도의 개연성

(가) 사해행위취소소송에서 피보전채권 발생의 고도의 개연성 문제는, 사해행위 당시를 기준으로 하여 피보전채권의 발생가능성에 관한 문제로서 가장 다툼이 많은 분야이다.[47)] 이에 대한 판례는 고도의 개연성 문제를 매우 엄격하게 해석하여 이를 인정하지 않은 것도 보이지만,[48)] 일반적으로 말하자면 그 범위를 확장해가는 경향에 있다. 즉 금융기관으로부터 거래정지를 받

45) 이 판례의 사안에 대하여도 기초적 법률관계는 인정하되 고도의 개연성을 부정함으로써 채권자취소권의 행사를 배척하는 것이 타당하다는 견해(남기정, "채권자취소권에서 기초적 법률관계론의 바람직한 적용에 대한 검토", 사법 제43호(2018), 237~8면)가 있다.

46) 대법원 2002. 11. 8. 선고 2002다42957 판결. 채무자가 금융기관과 대출약정을 위한 협상이 타결되어 계약을 체결하기로 사실상 확정된 상태에서, 대출계약 체결 직전에 금융기관이 대출금에 대한 담보로 고려하였던 부동산을 처분한 사안임.

47) 특히 아래에서 보는 '구상채권'의 경우에 그러한 사례가 많다.

48) 대법원 1996. 2. 9. 선고 95다14503 판결(증여한 후 연체한 일자가 27일 차이가 남); 대법원 2000. 6. 27. 선고 2000다17346 판결(거래정지일보다 20일 남짓 이전에 부동산 처분).

은 후 1개월 5일이 지나서 한 부동산 증여를 장래 구상금채권을 피보전채권으로 하는 사해행위로 인정하고,[49] 인정상여에 따른 소득금액변동통지 이전에 세무조사가 이루어진 직후에 형제 사이에 이루어진 가등기[50]가 소득세채권을 피보전채권으로 한 사해행위가 된다. 또한 구상금채권의 기초가 되는 신용보증약정은 이미 체결되어 있었고 사해행위 시점이 주채무자의 부도일로부터 1개월 전으로서 이미 주채무자의 재정상태가 악화되어 있었던 경우, 위 구상금채권은 채권자취소권의 피보전채권이 된다고 한다.[51]

(나) 그렇다고 하더라도 고도의 개연성을 판단할 때는 위 (2)항의 기초적 법률관계의 요건보다는 엄격하게 해석한다.

① 신용보증기금이 원고가 된 사안에서, 원고의 채무자에 대한 구상금채권의 발생일이 채무자가 부동산을 매도한 날 이후이므로, 부동산의 매도행위 당시 구상금채권이 가까운 장래에 성립되리라는 점에 대한 고도의 개연성이 인정되지 않았다.[52]

신용보증기금 X가 A에 대한 은행대출금 채무를 보증하고, S가 X의 구상금 채무에 보증을 한 사안에서, S가 그의 아들인 Y에게 부동산을 증여한 1997. 8. 8.에는 아직도 A의 대출금채무에 대한 이자 연체가 없었고 1998. 3. 말에야 부도가 나고, X가 1998. 6. 16.에 은행에 보증채무를 이행하였다면, 위 증여 당시에 X의 구상금채권이 가까운 장래에 발생하리라는 사실에 대한 고도의 개연성이 인정되지 않았다.[53]

② 단순히 채무자의 소극재산이 적극재산을 초과하였다거나, 별건의 보증채무와 관련하여 채무변제 독촉을 받고 있었다는 사정만으로는 가까운 장래에 그 법률관계에 기초하여 채권이 발생하리라는 점에 대한 고도의 개연성은 없다고 한 사례[54]가 있다. 이 사건에서는 채무자가 부동산을 처분한 후

49) 최한신, 사해행위 I, 288면 이하.
대법원 1997. 10. 28. 선고 97다34334 판결(그 외에 사해행위 당시 거래처의 연쇄부도로 많은 손해를 입어 채무자의 재정상태가 매우 불건전한 사실이 입증됨).

50) 대법원 2001. 3. 23. 선고 2000다37821 판결(참고로 인정상여에 따른 소득세채권은 소득금액변동통지를 할 때 성립함).

51) 대법원 2000. 2. 25. 선고 99다53704 판결.

52) 대법원 2006. 10. 12. 선고 2006다39560 판결.

53) 대법원 2002. 11. 26. 선고 2000다64038 판결.

이자연체를 한 것이 1년 3개월 후이고, 부동산 처분 후에도 신용보증기금인 원고가 별개의 신용보증을 하여 새로운 대출을 하였다는 점이 고려되었다.

③ 한편 신용보증약정의 갱신과 관련된 사례가 있다. 신용보증기금이 A와 체결한 신용보증약정에 따라 A의 물품대금채무를 대위변제한 후 연대보증인 S에 대한 구상금채권을 피보전권리로 하여, S가 신용보증약정 체결 전 자기 소유의 부동산에 관하여 A의 채권자인 Y와 체결한 근저당권설정계약에 대해 사해행위취소를 구한 사안이다. 대법원은 위 신용보증약정이 근저당권설정계약 전에 체결한 구 신용보증약정과 기초적 법률관계가 동일하다고 보아, 근저당권설정계약 체결 당시 이미 위 구상금채권의 성립의 기초가 되는 구 신용보증약정과 S에 대한 연대보증계약이 성립하여 있었고, 근저당권설정계약 체결 직전 무렵부터 A의 자금사정이 악화된 사정에 비추어 구상금채권 발생에 대한 고도의 개연성을 인정하였다.[55]

(다) 어음추심금의 지급채무

어음채권의 추심을 의뢰받은 수임인이 위임인에 대하여 부담하는 추심금 지급의무는 현실적으로 제3채무자로부터 이를 지급받은 경우에 구체적으로 발생하는 것이므로, 추심의뢰 또는 제3채무자에 대한 청구(지급제시)의 사실만으로는 피보전채권이 될 수 없다.[56]

(4) 손해배상채권 등

공사계약이 해제되어 공사대금 반환청구권이 발생하기 전이거나,[57] 매매계약에 따른 손해배상이나 담보책임이 발생하기 전이라도[58] 그 채권[59]발생에 대한 고도의 개연성이 있는 경우에는 취소권이 생긴다.

---

54) 대법원 2006. 9. 28. 선고 2005다8286 판결.

55) 대법원 2010. 4. 29. 선고 2009다80705 판결.

56) 대법원 2009. 9. 24. 선고 2009다37107 판결.

57) 대법원 1997. 5. 23. 선고 96다38612 판결(이 사건은 채무자가 사해행위시에 채권의 발생가능성을 예측할 수 없었다는 이유로 취소권을 인정하지 않은 사례임).

58) 대법원 1999. 11. 12. 선고 99다29916 판결(취소권을 인정하지 않은 사례임); 대법원 2005. 8. 19. 선고 2004다53173 판결.

59) 손해배상 예정(민법 제398조)이 있는 경우는 물론이지만 그렇지 않아도 관계없다.

(5) 구상채권 등

(가) 채권자가 연대보증인에게 채권을 청구할 수 있는 상태가 되었다면, 연대보증인은 채권자에게 변제함으로써 현실적으로 구상권이 발생하기 전에도 채권자취소권을 행사할 수 있다.60) 수탁보증인은 주채무의 변제기가 도래하면 사전에 구상권을 행사할 수 있으므로(민법 제442조), 채권자취소권을 가진다.61) 보증인 사이의 구상권도 그것이 현실적으로 발생하기 전에 피보전채권이 될 수 있다.

(나) 채무자가 보증인의 보증 아래 은행으로부터 대출을 받았는데, 채무자의 보증인에 대한 구상채무에 대하여 연대보증한 자가 그 후, 소유 부동산을 제3자에게 증여한 사안에서, 증여계약 당시의 채무자의 재정상태에 비추어 볼 때 채권자취소권의 피보전채권인 구상채권 성립의 개연성이 있었다고 인정한 사례62)가 있고, 같은 종류의 사안에 대한 판례가 많이 있다.

(다) 이른바 '보증구상사건'에서는 ① 피보전채권이 현실적으로 발생한 시기와 사해행위가 있었던 시기와의 근접성, ② 사해행위 당시의 채무자의 재정상태라는 2개의 사정이 '채권발생의 고도의 개연성'이라는 요건을 판단하는 중요한 자료가 된다.63)

(라) 또한 단순히 소극재산이 적극재산을 초과하고 있었다거나 별건의 보증채무와 관련하여 채무변제 독촉을 받고 있었다는 사정만으로는 개연성이 있다고 단정하기 어렵고, 취소채권자가 사해행위라고 주장하는 매매계약 체결 이후 취소채권자가 채무자와 별도의 신용보증계약을 체결한 점을 감안하여 채권발생의 고도의 개연성이 없다고 한 사례가 있다.64) 신용보증을 주된 업무로 하는 금융기관이 채무자와 신용보증계약을 체결하였다면, 채무자의 신용에 관하여 충분히 조사를 하였을 것이고, 그렇다면 그 이전에 재산을 처분한 보증인에게 사해성을 인정하기도 어려울 것이다.

---

60) 東京控判 소화 12. 4. 22. 飯原一乘, 詐害行爲取消訴訟, 55면.

61) 東京地判 소화 46. 10. 4. 判時 658-51.

62) 대법원 1997. 10. 28. 선고 97다34334 판결.

63) 이러한 관점에서 채권발생의 고도의 개연성에 대한 심리가 미진하다고 하여 원심 판결을 파기한 사례로는, 대법원 2005. 10. 13. 선고 2005다30641 판결 참조.

64) 대법원 2006. 9. 28. 선고 2005다8286 판결.

(6) 조세채권

사해행위일 이후에 조세채권의 납세의무가 성립되었으나, 이미 그 과세기간이 개시되어 있는 상태에서, 실제로 가까운 장래에 조세채권이 성립된 경우라면, 채권자취소권의 피보전채권에 포함된다.65)

채무자 명의의 제1부동산이 양도된 지 1년 후에, 채무자가 제2부동산을 처에게 증여하였다면, 제1부동산의 양도에 대하여 채무자에게 부과된 양도소득세 조세채권은 제2부동산의 증여행위에 대한 채권자취소권의 피보전채권이 될 수 있다.66)

(7) 백지어음 보충

백지어음의 발행 후 보충 전에 한 사해행위는 취소의 대상이 된다.67)

다만 백지보충을 하지 않은 어음은 어음상 권리가 발생하지 않으므로, 미보충 백지어음에 기한 채권을 피보전채권으로 하여 취소를 청구할 수 없다는 것은 말할 나위가 없다.68)

(8) 출자청구권

주식회사 정관의 규정에 따라 현실적으로 주금납입을 청구하지 않았다 하더라도, 주주가 이를 예측하고 사해행위를 한 때, 회사는 그 취소를 할 수 있다고 한 사례가 있다.69) 발기인들은 서면으로 주식을 인수하여야 하고(상법 제293조), 발기인이 회사 설립 시에 발행하는 주식의 총수를 인수한 때에는 지체 없이 각 주식에 대하여 인수가액의 전액을 납입해야 하므로(상법 제295조 제1항), 주식인수 후의 인수인의 행위는 회사의 출자청구권을 해치는 행위로서 취소의 대상이 된다.

---

65) 대법원 2004. 7. 9. 선고 2004다12004 판결.

66) 대법원 2003. 12. 12. 선고 2003다30616 판결.

67) 名古屋高決 소화 56. 7. 14. 判時 1030-45.

68) 대법원 1988. 8. 9. 선고 86다카1858 판결.
다만 만기가 기재된 백지어음은 일반적인 조건부 권리와는 달리 백지부분이 보충되지 않은 미완성어음인 상태에서도 만기일로부터 어음상의 청구권에 대해 소멸시효가 진행하므로, 그 백지부분을 보충하지 않은 상태에서 어음금을 청구하더라도 시효가 중단된다(대법원 2010. 5. 20. 선고 2009다48312 전원합의체 판결).

69) 大判 소화 3. 5. 9. 飯原一乘, 詐害行爲取消訴訟, 56면.

다. 사해행위에 등기나 대항요건이 필요한 경우

(1) 대법원의 견해

사해행위가 부동산 매매와 같이 등기가 필요한 경우에, 피보전채권 발생 전에 한 행위는 비록 그에 대한 등기가 피보전채권 발생 후에 경유되었다 하더라도 취소할 수 없다는 것이 대법원의 견해이다.[70]

(2) 반대 견해

(가) 이에 대하여 채권자는 채무자가 부동산을 양도하여도 이전등기를 할 때까지는 이를 압류할 수 있고, 양수인도 등기를 함으로써 소유자가 되므로, 피보전채권은 매매계약 후 등기 이전에 발생하여도 된다는 유력한 반대설[71]이 있고, 이 반대설을 따른 일본 판례도 있다.[72]

(나) 일본에서는 등기가 물권이전의 대항요건에 불과하지만, 우리 민법에서는 등기도 물권변동의 요건이므로, 등기를 마칠 때 사해행위가 있다(완성되었다)고 해석하는 데 이론상 아무런 어려움이 없다. 그리고 우리와 같이 형식주의를 취하는 독일법에서는, 사해행위의 시점에 관하여 법률행위에 등기가 필요한 경우에는, 채무자의 의사표시와 상대방의 등기신청이 있을 때를 그 기준으로 한다(AnfG 제8조).[73]

일본에서도, 대물변제를 부동산으로 하는 경우에는, 대물변제가 요물계약이므로, 소유권이전등기를 할 때 계약이 성립하고,[74] 부동산 이중양도의 경우에 사해행위는 제2양수인에게 등기할 때 완성하는 것으로 해석되므로, 이러한 경우의 등기는 양도행위의 일부를 구성하는 것으로서 등기할 때 사해행위가 있다고 본다.[75]

---

70) 대법원 1962. 11. 15. 선고 62다634 판결; 最判 소화 59. 4. 20. 金法 1068-32.

71) 我妻 榮, 新訂 債權總論(民法講義 Ⅳ), 岩波書店 소화 39. 89면.

72) 東京地判 소화 41. 8. 19. 判時 468-50; 廣島地判 소화 43. 11. 7. 判時 547-74(양도한 후 10년 이상 경과한 후 소유권이전등기가 경료된 사안에서, 그 등기시에 소유권이전행위가 있는 것으로 보았다).

73) 飯原一乘, 詐害行爲取消訴訟, 66면.

74) 最判 소화 40. 4. 30. 民集 19-3-768.

75) 東京高判 소화 51. 2. 24. 判タ 338-174(제2양수인에 대한 사해행위취소권의 소멸시효는 등기할 때부터 진행한다).

(다) 현실적으로도 채무자가 부동산 매매 후에 장기간 등기를 하지 않아, 매매사실을 전혀 알지 못하고 이를 전제로 하여 신용을 제공한 채권자로서는 예상치 못한 손해를 입을 수 있다.

뿐만 아니라 채무자와 수익자 사이에 등기를 하면서 등기원인일자를 5년 이전의 일자로 소급하여 그 일자가 등기부에 기재되면, 등기부의 추정력 때문에 특별한 사정이 없다면 등기부상의 등기원인일자를 사해행위가 있었던 것으로 판정할 수밖에 없고,[76] 채권자로서는 실제 사해행위가 있었던 날을 입증하기는 매우 어려워 결국에는 제척기간이 도과된 소송으로 각하될 수밖에 없는 불합리한 사태가 발생할 수 있다.

(라) 부인권의 경우에는 일반집행의 특수성 때문에 성립요건 및 대항요건(이하 '대항요건 등'이라 함)의 부인을 인정하여(채무자회생법 제394조), 개개 채권자의 채권 발생시기는 문제가 되지 않고, 채무자의 사해의사나 상대방의 사해 인식도 요건으로 하지 않으며, 오로지 대항요건 등의 시기만이 문제가 된다. 또한 부인의 경우에는 원래의 등기는 말소되지 않고 부인의 등기(채무자회생법 제26조)를 하여, 부동산이 관재인의 관리 아래 있다는 사실을 공시하도록 하고 있다.

라. 채권발생 전에 한 예약에 따른 행위

(1) 예약시를 기준으로 함

피보전채권 발생 전에 한 매매예약에 따라 그 채권 발생 후에 예약완결권이 행사된 경우에는 그 매매는 취소의 대상이 되지 않고,[77] 대물변제예약에 따라 대물변제가 된 경우에도 같다.[78] 가등기에 기초하여 본등기가 경료된 경우 가등기의 원인인 법률행위와 본등기의 원인인 법률행위가 명백히 다르지 않다면, 사해행위 요건의 구비 여부는 가등기의 원인된 법률행위 당시를 기준으로 하여 판단한다.[79] 다만 가등기가 경료된 후 사정 변경으로 본등기

76) 대법원 2002. 11. 8. 선고 2002다41589 판결.
77) 大阪高判 소화 40. 5. 20. 下民 16-5-888.
78) 大阪高判 소화 38. 4. 9. 判タ 147-79.
79) 대법원 1999. 4. 9. 선고 99다2515 판결; 대법원 2002. 4. 12. 선고 2000다43352 판결.

를 경료해주지 않아도 됨에도 불구하고 본등기를 경료해 주었다면 사정이 달라질 수 있다. 가등기에 따른 본등기청구권(예약완결권)을 10년간 행사하지 않아 제척기간이 도과하였음에도, 채무자가 가등기에 따른 본등기를 마쳐 주었다면 그러한 행위는 매매예약과는 별개로 채권자취소권의 대상이 된다는 판례가 있다.[80]

(2) 일련의 약정

예약에 따른 행위와 유사한 사안으로서, 당사자 사이에 일련의 약정과 그 이행으로 최종적인 법률행위를 한 경우, 일련의 약정과 최종적인 법률행위를 동일한 법률행위로 평가할 수 없다면, 일련의 약정과는 별도로 최종적인 법률행위에 대하여 사해행위의 성립 여부를 판단해야 한다.

이때 동일한 법률행위로 평가할 수 있는지에 관하여 대법원 판례[81]의 기준을 보면, ① 당사자가 같은지 여부, ② 일련의 약정에서 최종적인 법률행위의 내용이 특정되어 있거나 특정할 수 있는 방법과 기준이 정해져 있는지 여부, ③ 조건 없이 최종적인 법률행위가 예정되어 있는지 여부 등을 종합해서 판단해야 한다.

위 사례에서는 제1차 신탁과 제2차 신탁이 모두 피고 앞으로 된 신탁등기이지만, ① 제1차 신탁은 관리신탁이고 제2차 신탁은 부동산담보신탁이며, ② 각 계약의 당사자가 다르고, ③ 제2차 신탁계약을 체결할 당시에 신탁재산, 신탁기간, 수익자 등 그 구체적인 내용에 관하여 정함이 없는 조건부의 담보신탁계약이라는 점을 들어, 제2차 신탁계약은 제1차 신탁계약을 비롯한 종전의 일련의 약정과 동일한 법률행위라고 할 수 없다고 하였다.[82]

80) 대법원 2013. 5. 31.자 2012마712 결정{다만 예약완결권이 '시효'로 소멸하였고 채무자가 자신의 '시효이익을 포기'하는 행위는 취소대상이 된다는 판시는 문제가 있다. 예약완결권은 형성권으로서 10년의 제척기간에 걸리고(대법원 2003. 1. 10. 선고 2000다26425 판결), 제척기간 경과로 예약완결권은 절대적으로 소멸하고 당사자가 소송에서 주장하지 않더라도 법원은 직권으로 제척기간을 판단해야 하므로(대법원 1996. 9. 20. 선고 96다25371 판결), 채무자는 시효이익을 포기한 것이 아니라 아무런 의무 없는 행위를 한 것이므로, 그러한 행위는 당연히 사해행위가 된다.}. 같은 취지로 대법원 2021. 9. 30. 선고 2019다266409 판결.

81) 대법원 2009. 11. 12. 선고 2009다53437 판결.

82) 이와 관련하여 [9] 5. 가. (8) 참조.

마. 변제기 도래 전의 채권

(1) 피보전채권 발생 후의 행위라면 그 채권의 변제기가 도래하지 않았더라도 사해행위를 취소할 수 있음은 일본에서 대심원[83] 이래의 일관된 판례이고, 우리나라 하급심 판례도 있다.[84]

채권자취소권은 현재 청구권을 행사하는 것이 아니라 모든 채권자를 위하여 채무자의 자력을 유지하는 것이므로, 그 필요성은 반드시 이행기에 이르러야만 발생하는 것은 아니다. 그리고 이행기 도래는 강제집행 개시의 요건이고(민집법 제40조), 채권자가 채권자취소소송과 채무자에 대한 급부소송을 제기하여 강제집행에 착수하기까지는 상당한 시간이 걸리므로, 그 전에 채무자에 의한 책임재산의 일탈을 방지할 필요성이 있다.

(2) 보전처분에서는 기한이 도래하지 않은 채권도 피보전채권이 된다는 점을 명시하고 있다(민집법 제276조 제2항).

(3) 독일법에서는 피보전채권은 원칙으로 집행력 있는 집행권원의 존재와 그 채권의 변제기 도래(fällig)를 요건으로 한다(AnfG 제2조). 변제기가 도래하지 않은 채권은 가압류나 가처분으로 보전된다. 독일법의 해석상 채권자취소소송은 집행인용소송으로서, 취소채권자의 채무자에 대한 집행권원에 따른 집행을 수익자인 피고가 인용하라는 판결이 내려져, 채무자와 수익자가 모두 집행채무자가 되어 강제집행이 실시되므로, 기한 도래를 요건으로 하는 것은 당연하다. 그리고 계속적 반복적 급부에 관하여는 변제기가 도래한 것만 피보전채권이 되고, 도래하지 않은 것은 별소로 제기해야 한다.[85]

한편 위 대법원 판결에 대하여는 부동산개발을 위하여 먼저 토지에 대한 신탁을 한 후에, 건물이 완성되었을 때 그 신축건물에 대하여 추가신탁을 한 경우에는, 당초 토지신탁시를 기준으로 하여 사해행위 여부를 판단해야 한다는 이유로 판례의 취지에 반대하는 평석이 있다(최영수, '신축건물에 대한 추가신탁의 사해신탁 해당 여부', 284면 이하－이 사건은 파기 환송 후의 대법원 2010. 6. 24. 선고 2010다15325 판결에서 제척기간의 기산점에 대한 판단이 잘못되었다는 취지로 파기환송된 후에 서울고등법원 2011. 3. 25. 선고 2010나59150 판결에서 1년의 제척기간이 지났다는 이유로 각하로 종결되었다).

83) 大判 대정 9. 12. 27. 民錄 26-2096.

84) 청주지법 2004. 10. 21. 선고 2004나2404 판결.

(4) 채권자대위권은 변제기 도래 전에 원칙적으로 행사할 수 없도록 규정하고 있다.86)

바. 피보전채권의 이전

(1) 피보전채권 발생 후의 행위라면 그 후에 그 채권을 양수한 자도 취소권을 행사할 수 있다(취소권은 피보전채권에 부수하여 이전하므로, 채권과 분리하여 취소권만을 양도하는 것은 무효이다)는 오래된 일본 판례87)가 있고, 대법원도 같은 입장이다.88) 사해행위 후 대위변제에 따라 피보전채권이 변제자에게 이전한 경우에도 취소권이 인정된다.89)

S회사와 Y 사이의 채권양도의 확정일자 있는 통지가 채무자인 D에게 도달한 후에, S회사의 채권자 X의 양도 채권에 대한 채권압류 및 전부명령이 D에게 송달되어 확정된 경우, S회사와 Y 사이의 위 채권양도계약이 무효이거나 취소되지 않는다면 X의 위 채권압류 및 전부명령은 이미 양도된 채권에 대한 것이어서 무효이고, 따라서 X는 S회사에 대한 채권자로서의 지위를 잃지 않으므로 채권자취소소송을 제기할 수 있다.90)

(2) 채무자는 채권양도인을 해칠 의사는 있었다 하더라도, 채권양수인을 해칠 의사가 없었다는 이유를 들어 취소를 면할 수는 없다.91)

(3) 사해행위 이전에 성립되어 있는 채권자의 채권이 양도된 경우, 채권양도의 대항요건을 사해행위 이후에 갖추더라도 채권양수인이 채권자취소권

85) 飯原一乘, 詐害行爲取消訴訟, 61면.

86) 민법 제404조 ② 채권자는 그 채권의 기한이 도래하기 전에는 법원의 허가 없이 전항의 권리를 행사하지 못한다. 그러나 보전행위는 그러하지 아니하다.

87) 大判 명치 37. 2. 24. 民錄 10-213.

88) 대법원 2012. 2. 9. 선고 2011다77146 판결.
채권이 사해행위 이전에 성립되어 있는 이상 사해행위 이후에 채권이 양도되었다고 하더라도 양수인은 채권자취소권을 행사할 수 있으며, 채권양수일에 채권자취소권의 피보전채권이 새로이 발생되었다고 할 수 없다.

89) 最判 소화 54. 1. 25. 判時 918-69.

90) 대법원 1997. 6. 27. 선고 95다40977 판결.

91) 大判 소화 10. 10. 11. 判決全集 23-13, 飯原一乘, 詐害行爲取消訴訟, 67면.

을 행사할 수 있다.[92)]

(4) 사해행위가 있은 후 양도인에 대한 제척기간이 경과하기 전에 피보전채권이 양도된 경우에는 채권양수인을 기준으로 하여 제척기간을 기산해야 한다는 일본의 사례가 있으나,[93)] 사해행위가 있은 후 채권자가 취소원인을 알면서 피보전채권을 양도하고 양수인이 그 채권을 보전하기 위하여 채권자취소권을 행사하는 경우에는, 채권양도인이 취소원인을 안 날을 기준으로 제척기간 도과 여부를 판단해야 한다는 대법원 판례가 설득력이 있다.[94)]

(5) 채무의 승계와 관련하여

사해행위 후에 채무가 상속이나 회사합병으로 일반승계가 되면 승계인은 포괄적으로 이를 승계한다. 특정승계의 경우에도 승계를 받은 사람이 무자력인 경우에는 종전 채무자의 행위로 발생한 채권자취소권은 소멸하지 않는다.[95)]

사. 피보전채권이 조건부인 때

피보전채권이 정지조건부인 경우[96)]에 대법원은 장래에 정지조건이 성취되기 어려울 것으로 보이는 등 특별한 사정이 없다면, 이를 피보전채권으로 하여 채권자취소권을 행사할 수 있다고 한다.[97)]

참고로 조건부채권도 가압류·가처분의 피보전채권이 된다(민집법 제276조 제2항).

---

92) 대법원 2006. 6. 29. 선고 2004다5822 판결.

93) 名古屋控判 명치 42. 4. 29. 最近判 5-4.

94) 대법원 2018. 4. 10. 선고 2016다272311 판결.

95) 大判 소화 11. 4. 8. "채권이 존속하는 이상, 그 채무의 주체가 변경되더라도, 그 변경이 채권자의 의사에 기인하지 않은 때에는, 채권자취소권은 그 때문에 당연히 소멸하지 않고, 그 채무의 승계인이 취소권행사 당시 무자력이라면 채권자는 여전히 취소권을 보유한다." 飯原一乘, 詐害行爲取消訴訟, 77면.

96) 정지조건부채권도 넓게 보면 장래의 채권으로 볼 수 있지만 이론상이나 실무상 별개로 취급하는 것이 일반적이다.

97) 대법원 2011. 12. 8. 선고 2011다55542 판결. 공사계약의 수급인인 S 회사가 공사가 완공되지 못하고 중도에 계약이 해제될 경우 X에게 일정액의 돈을 지급하기로 하는 정지조건부채무를 부담하고 있는데, 정지조건 성취 전 자신의 유일한 부동산에 관하여 Y에게 근저당권설정등기를 마쳐준 사안.

아. 피보전채권의 권리행사와 신의칙

확정판결에 따른 집행이 권리남용에 해당하여 청구이의소송으로 그 집행의 배제를 구할 수 있는 정도라면, 그러한 판결금 채권에 기초한 다른 권리의 행사, 예를 들어 그 판결금 채권을 피보전채권으로 하여 채권자취소권을 행사하는 것도 허용될 수 없다.[98] 부제소합의 채권을 피보전채권으로 하여 채권자취소권을 행사하는 것은 소의 이익을 인정할 수 없다.[99]

4. 피보전채권의 범위

가. 이자와 지연손해금[100]

(1) 실무상 특히 가액반환에서 사해행위 전에 발생되어 있는 피보전채권(원본)에 관하여, 사해행위 후에 발생한 이자나 지연손해금이 피보전채권에 포함되느냐 여부가 문제된다. 피보전채권 발생 후의 행위만이 취소할 수 있다는 이론을 엄격히 해석하면 행위 후에 발생한 이자, 손해금은 피보전채권

98) 대법원 2014. 2. 21. 선고 2013다75717 판결.
[사실관계] X가 S1으로부터 S1의 S2에 대한 공사대금채권을 양도받아 S2를 상대로 양수금 청구소송을 제기하여 일부 승소판결이 확정되었다. S2가 건물 소유권을 취득하여 Y 등에게 근저당권을 설정하여 주자 X가 판결금 채권을 피보전채권으로 하여 Y 등을 상대로 채권자취소소송을 제기하였다.
[판시] X와 S1의 채권양도가 소송신탁에 해당하여 무효라고 볼 여지가 있지만, 그러한 사정만으로 X의 판결금 채권에 기초한 강제집행이나 권리행사가 당연히 권리남용에 해당한다고 보기 어렵고, S2로 하여금 판결금 채권에 따른 강제집행이나 권리행사를 수인하도록 하는 것이 명백히 정의에 반하여 사회생활상 용인할 수 없는 정도라고 볼 수 없다. 그럼에도 판결금 채권에 터 잡은 X의 권리행사가 신의칙상 허용되지 않고 X의 채권자취소권 행사도 허용될 수 없다고 본 원심판결에 법리오해의 위법이 있다.

99) 대법원 2012. 3. 29. 선고 2011다81541 판결(甲 주식회사가 乙 주식회사에 대한 물품대금채권에 관하여 민·형사상 법적 절차를 취하지 않겠다는 취지의 합의각서를 작성하였는데, 그 후 위 채권을 피보전채권으로 하여 丙 주식회사를 상대로 사해행위취소의 소를 제기한 사안).

100) 채권자취소소송에서 문제되는 지연손해금은, 피보전채권의 지연손해금과 원상회복금(배상금)에 대한 지연손해금으로 나눌 수 있다. 양자의 구분 및 후자에 관한 문제는 [30] 7. 에서 살펴본다.

에 포함되지 않는다고 할 수 있고 과거 그와 같은 입장에 선 일본 최고재 판례도 있었다.[101]

그러나 엄밀한 의미에서 채권 자체가 발생되기 전이라도 그 기초인 법률관계가 사해행위 전에 발생되어 있으면 취소권을 행사할 수 있다고 한다면, 위 일본 최고재의 해석은 지나치게 엄격하다. 피보전채권의 범위에 사해행위 후에 사실심 변론종결시까지 발생한 이자와 지연손해금도 포함된다고 보는 대법원과 그 후 선고된 일본 최고재판례[102]가 타당함은 말할 것도 없다.

(2) 피보전채권은 채권자취소소송에서 취소의 범위를 한정하는 기능을 가지기 때문에, 일단 취소소송 변론종결시를 지연손해금의 종기로 해야 한다. 그러나 피보전채권은 원고가 채무자에 대한 급부소송에서 집행권원을 얻어, 채무자의 책임재산으로부터 궁극적인 만족을 얻을 수 있는 근거이고, 집행단계에서는 사해행위 이후 집행 시까지의 이자나 지연손해금도 당연히 가산되기 때문에, 채권자취소소송의 단계에서 지연손해금 발생의 종기가 한정되는 것은 아니다.[103]

(3) 조세의 가산금

대법원은 조세채권의 가산금·중가산금도 피보전채권에 포함된다고 하나,[104] 가산금이 지나치게 커서 가혹하므로 그 범위를 일반적으로 예측할 수 있는 범위 내로 한정해야 한다는 견해가 있다.[105]

---

101) 最判 소화 62. 4. 7. 金法 1185-27. 다만 아래 最判 평성 8. 2. 8. 判時 1563-112에서 입장을 변경하였다.

102) 대법원 2001. 9. 4. 선고 2000다66416 판결; 대법원 2002. 4. 12. 선고 2000다63912 판결; 대법원 2003. 7. 11. 선고 2003다19572 판결; 最判 평성 8. 2. 8. 判時 1563-112.

103) 飯原一乘, 詐害行爲取消訴訟, 417면.

104) 대법원 2007. 6. 29. 선고 2006다66753 판결(채권자취소권의 피보전채권인 양도소득세 채권액에 사해행위 이후 사실심 변론종결시까지 발생한 국세징수법이 정한 가산금과 중가산금은 지연이자의 성질을 가지는 것으로서 피보전채권에 포함된다).

105) 최한신, 사해행위 I, 361면 이하는 소송촉진법이 정한 범위 내로 한정해야 한다고 함. 위 2006다66753 판결의 원심이 가산금은 장래채권으로서 고도의 개연성이 없다는 이유로 피보전채권으로 인정하지 않은 것도 그와 같은 배려에서 비롯된 것이라고 함.

나. 우선변제권이 확보되어 있는 경우

(1) 주채무자 또는 제3자 소유의 부동산에 대하여 채권자 앞으로 근저당권이 설정되어 있고, 그 부동산의 가액 및 채권최고액이 당해 채무액을 초과하여 전액에 대하여 채권자에게 우선변제권이 확보되어 있다면, 그 범위 내에서는 채권자취소소송의 피보전채권이 될 수 없다.[106)]

(2) 채권자의 채권액이 그 부동산의 가액 또는 채권최고액을 초과하는 경우에는 그 담보물로부터 우선변제받을 액수를 공제한 나머지 채권액만이 피보전채권이 된다. 피보전채권의 존재와 범위는 채권자취소권 행사의 요건에 해당되므로, 채권자로서는 담보권의 존재에도 불구하고 자신이 주장하는 피보전채권이 우선변제권의 범위 밖에 있다는 점을 주장·증명해야 한다.[107)]

이와 같이 채권자의 채권원리금이 우선변제권으로 전액 담보되지 않는 경우에는 변제충당의 법리를 유추적용하여 이자가 원금에 우선하여 담보된다. 따라서 채권자가 채권자취소권을 행사할 수 있는 피보전채권의 범위는 사해행위 당시 담보부동산의 가액과 채권최고액 중 적은 금액을 초과하는 부분에 해당하는 채권원리금 및 그 중 원금 부분에 대하여 그 후 사실심 변론종결시점까지 발생한 지연이자 상당의 금원이 된다.[108)]

---

106) 대법원 2001. 7. 27. 선고 2000다73377 판결; 대법원 2002. 4. 12. 선고 2000다63912 판결.

107) 대법원 2002. 11. 8. 선고 2002다41589 판결.

108) 대법원 2010. 2. 11. 선고 2009다81616 판결.
<피보전채권의 산정 사례> 2000. 1. 1.자 대여금 채권 1,000만 원, 이자 연 12%, 목적물 가액 2,000만 원, 근저당최고액 700만 원, 사해행위일 2001. 12. 31. 변론종결일 2002. 12. 31.인 경우, 피보전채권액을 산정해보자.
사해행위일까지의 대여금 이자는 240만 원(1,000만 원×0.12×2년)이므로, 이를 먼저 채권최고액 700만 원에서 공제하면 460만 원이 된다. 따라서 채권의 사해행위시까지의 원금 1,000만 원 중에서 근저당권으로 보장되는 460만 원을 공제한 540만 원과 이에 대하여 그때부터 변론종결일까지의 이자 648,000원(540만 원×0.12×1년)을 합친 6,048,000원이 피보전채권액이 된다.
가액배상일 경우에는 목적물 가액 2,000만 원에서 근저당최고액 700만 원을 공제한 1,300만 원의 한도 내에서 위 피보전채권액 6,048,000원을 배상받을 수 있다.
한편 근저당으로 담보된 700만 원(원금 460만 원과 사해행위시까지의 이자 240만 원)은 담보권자로서 우선하여 변제받을 수 있음은 물론이다.

5. 강제집행이 가능한 채권

채권자취소제도는 '강제집행의 준비절차'이기 때문에 강제집행이 가능함을 전제로 한다. 따라서 강제집행할 수 없는 자연채무나 파산절차나 회생절차에서 면책된 채권은 피보전채권이 될 수 없다.

□ 대법원 2008. 6. 26. 선고 2008다25978 판결

채권자취소권은 채무자의 책임재산을 보전하기 위한 제도로서, 채무자에 대하여 채권을 행사할 수 있음이 전제되어야 한다. 면책을 받은 채무자는 파산절차에 의한 배당을 제외하고는 파산채권자에 대한 채무의 전부에 관하여 책임이 면제되므로(채무자회생법 제566조), 채무자가 파산절차에서 면책결정을 받은 때에는 그 파산채권을 피보전채권으로 하여 채권자취소권을 행사할 수 없다.

□ 대법원 2021. 10. 28. 선고 2019다200096 판결

회생계획인가결정이 있는 때에는 회생채권자 등의 권리는 회생계획에 따라 실체적으로 변경되고 회생계획인가결정의 효력은 회생절차가 폐지되더라도 영향을 받지 않는다(채무자회생법 제252조 제1항, 제288조 제4항). 따라서 회생계획인가결정이 있으면 회생채권자 등의 권리는 회생계획 조항에 따라 채무의 전부 또는 일부의 면제효과가 생긴다. 재정적 어려움으로 파탄에 직면해 있는 채무자에 대하여 채권자 등 다수의 이해관계인의 법률관계를 조정하여 채무자 또는 그 사업의 효율적인 회생을 도모하려는 회생절차의 목적, 당사자의 의사와 무관하게 법률에 의해 채무면제 효과가 발생하는 회생계획인가결정의 효력(채무자회생법 제252조 제1항) 등에 비추어 볼 때, 회생채권자인 원고가 회생채권신고액수를 기준으로 사해행위취소 및 가액배상을 청구한 사건에서는 피고가 명시적으로 주장하지 않았더라도 채무자에 대하여 회생절차가 개시되어 원고를 포함한 회생채권자들의 권리변경내역이 담긴 회생계획인가결정문 등이 제출되었다면, 원심으로서는 원고의 원래 채권액이 회생계획인가결정에 따라 일부 면제되었는지, 피고가 이를 주장하는지 등에 관하여 석명권을 행사해야 한다.

6. 피보전채권의 존속과 소멸

가. 개 설

채권자취소권이 피보전채권의 존재를 전제로 하는 이상 채권이 변론종결시에도 존재하지 않으면 취소권을 행사할 수 없음은 물론이다.

S와 Y 사이의 채권양도의 확정일자 있는 통지가 제3채무자 D에게 도달한 후에, S의 채권자 X의 양도채권에 대한 채권압류 및 전부명령이 D에게 송달되어 확정된 경우, S와 Y 사이의 채권양도계약이 무효이거나 취소되지 않으면 X의 채권압류 및 전부명령은 이미 양도된 채권에 대한 것이어서 무효이고, 따라서 X는 S에 대한 채권자로서 피보전채권을 가지므로 채권자취소소송을 제기할 수 있다.[109)]

취소권의 기초인 피보전채권이 소멸한 경우에는, 설혹 변론종결시에 취소를 구하는 행위 후에 발생한 새로운 채권이 존재하더라도 이는 사해행위 이후의 채권이므로 피보전채권이 될 수 없다. 그러나 사해행위시에 존재하던 채권이 채무불이행에 따라 손배배상채권으로 변경된 경우에는 피보전채권으로 할 수 있다.[110)]

회생채권 중 회생계획에서 면제된 부분은 회생계획 인가결정 시점에, 현금으로 변제하기로 한 나머지 부분은 그 이후의 변제에 따라 각 확정적으로 소멸되므로, 채권자취소소송의 피보전채권이 될 수 없다.[111)]

---

109) 대법원 1997. 6. 27. 선고 95다40977 판결.

110) 다만 대법원 판례에 따르면 특정물인도채권이 채권자취소소송의 피보전채권으로 될 수 없기 때문에, 특정물인도채권이 채무불이행에 따라 손해배상채권으로 변한 경우에는 여기에 해당되지 않는다.

111) 대법원 2017. 10. 26. 선고 2015다224469 판결(신용보증기금이 甲에 대한 구상금채권을 피보전채권으로 하여 甲이 체결한 부동산 증여계약의 수익자인 乙을 상대로 채권자취소소송을 제기하여 가액배상금을 지급하기로 하는 내용의 화해권고결정이 확정되었다. 그 후 甲에 대하여 개시된 회생절차에서 신용보증기금의 구상금채권에 관한 회생채권 중 일부는 면제하고, 나머지는 현금으로 변제하는 내용의 회생계획이 인가되었다. 이에 따라 甲이 회생계획에서 정한 변제의무를 완료한 후에 乙이 화해권고결정에 기한 강제집행의 불허를 구하였다. 회생계획 인가결정이 이루어짐에 따라 구상금채권에 관한 회생채권이 회생계획에 따라 실체적으로 변경되어, 구상금채권에 관한 회생채권 중 회생계획에서 면제하기로 한 부분은 회생계획 인가

나. 피보전채권의 소멸시효와 그 중단

(1) 수익자 Y나 전득자 Z를 상대로 한 채권자취소소송의 제기는 피보전채권에 대한 소멸시효 중단의 효력이 없다는 것이 일본 최고법원의 판례이나,[112] 이에 대하여는 반대설이 통설이고, 통설을 따르는 판례도 있다.[113]

또한 채무자 S는 채권자취소소송의 피고적격이 없으나, S를 피고로 한 취소소송의 제기는 소멸시효의 중단사유인 최고의 효력을 가진다.[114]

(2) 시효의 원용[115]

사해행위취소소송의 상대방인 Y나 Z는 피보전채권의 소멸시효를 원용할 수 있다. 즉 소멸시효를 원용할 수 있는 사람은 권리의 소멸로 직접 이익을 받는 사람에 한정되는데, 채권자취소소송의 상대방이 된 Y는 사해행위가 취소되면 사해행위로 얻은 이익을 상실하게 되나, 채권자취소권을 행사하는 채권자 X의 채권이 소멸되면 그와 같은 이익 상실을 면할 수 있는 지위에 있으므로, 그 채권의 소멸로 직접 이익을 받는 자에 해당한다.[116]

결정 시점에, 현금으로 변제하기로 한 나머지 부분은 그 이후의 변제으로 각 확정적으로 소멸하였다. 사해행위 취소에 따른 가액배상금 지급에 관한 화해권고결정의 전제가 된 신용보증기금의 피보전채권 역시 소멸하였는데도, 화해권고결정의 집행력 배제를 구할 청구이의 사유가 존재하지 않는다고 본 원심판단에는 법리오해 등의 위법이 있다).

112) 最判 소화 37. 10. 12. 判時 324-18.

113) [43] 2. 가. 참조.

114) 福岡高判 소화 49. 5. 16. 判時 759-48, 채무자에 대한 소를 제기하였다가 취하한 경우, 소송계속 중 시효중단의 효력이 존속하고, 취하로 소송이 종료된 후에 6개월 이내에 재판상의 청구 등을 함으로써 시효중단의 효력을 유지할 수 있다.

115) 일본 민법 제145조는 “시효는 당사자가 이를 원용하지 않으면 법원은 그에 따른 재판을 할 수 없다”라는 시효원용의 규정이 있다. 이에 반하여 우리 민법은 구민법에 존재하던 위 규정을 삭제하였을 뿐 아니라 소멸시효 완성으로 권리는 당연히 소멸한다는 이른바, 절대적 소멸설이 통설이다. 통설의 입장에서도 변론주의와의 관계에서 당사자가 시효 이익을 ‘주장’하지 않으면 법원이 직권으로 이를 판단할 수는 없다고 한다. 대법원은 과거의 판례를 답습하여 시효 ‘원용권’을 인정하고 있고 이는 확고한 판례이론으로 자리 잡고 있다.
소멸시효의 원용에 관한 우리 법원의 실무에 관하여는, 노재호, ‘소멸시효의 원용’, 227면 및 장석조, ‘소멸시효항변의 소송상 취급’, 32면 참조.

116) 대법원 2007. 11. 29. 선고 2007다54849 판결; 最判 소화 62. 4. 7. 판결 61(オ)1371.

참고로 채권자대위권에 기한 청구에서 제3채무자는 채권자의 채무자에 대한 채권의 소멸시효를 원용할 수 없다.[117] 다만 채무자가 이미 원용하였다면 피보전채권이 소멸하였으므로 채무자는 채권자의 피보전채권 소멸에 따른 채권자대위권 부존재의 항변을 주장할 수 있다.[118]

7. 피보전채권이 존재하지 않은 경우의 판결주문 형식

사해행위의 취소를 주장하는 원고의 채권이 인정되지 않는 경우 당사자적격의 문제로 보아 소를 각하할 여지가 있다는 견해가 있다.[119] 그러나 제3자 소송담당의 일종인 채권자대위소송과는 달리 채권자취소소송에서는, 채권자는 피고인 Y나 Z에 대하여 자신의 권리를 행사하고, 피보전채권의 존부는 요건사실 중 하나로 본안에 관한 판단사항이므로 피보전채권의 존재가 인정되지 않더라도 당사자적격이 없다는 이유로 소를 각하할 것은 아니고 청구를 기각해야 한다는 주장이 대세이고,[120] 대법원도 청구기각설을 채택하고

117) 대법원 1992. 11. 10. 선고 92다35899 판결.

118) 대법원 2008. 1. 31. 선고 2007다64471 판결.

119) 민법주해 Ⅸ, 833면. 이 부분 필자(김능환)는 채권자취소소송의 피보전채권은 채권자대위권보다도 더욱 당사자적격의 성질을 가진다고 한다. 그런데 그 후 개정된 민법주해 채권 2에서는 이에 대하여 아무런 언급이 없다.
근래에도 각하설은 상당히 설득력 있게 주장되고 있다(이하. 사법연수원 교수실에서 나온 반론).
"채권자취소권의 본질을 형성권과 원상회복청구권의 결합으로 보고, 사해행위취소소송의 성질도 형성의 소와 이행의 소의 결합이라고 보는 것이 통설 · 판례이다. 채무자의 사해행위취소를 구하는 부분은 형성의 소이고, 형성의 소는 법률에 특별한 규정을 둔 경우에만 제기할 수 있다. 그러한 근거규정 없이 제기된 소는 부적법하여 각하해야 한다는 것이 확립된 판례이다(92다35462 판결, 2000다45020 판결 등). 따라서 사해행위 채무자에 대한 채권자의 지위가 인정되지 않는다면 당사자적격이 없는 것으로 보아야 한다. 또한 민법 제406조는 '채무자가 채권자를 해함을 알고 재산권을 목적으로 한 법률행위를 한 때에는 채권자는 그 취소 및 원상회복을 법원에 청구할 수 있다'고 규정한다. 즉 '사해행위 채무자에 대한 채권자가 아니면 사해행위취소의 소를 제기할 수 없다.'고 해석해야 하는 것이 아닌가."

120) 김대원, '사해행위취소소송에서 피보전채권을 변경하는 것이 소의 변경에 해당하는지 여부', 179~180면. 荒木新五, 判例便覽, 24면.

있는 것으로 보인다.[121]

[9] Ⅱ. 사해행위 —— 사해행위 취소의 객관적 요건

사해행위 취소의 객관적 요건은 「채무자」가 「채권자를 해치는」 「법률행위」를 한 것(민법 제406조 제1항)을 말한다.

1. 행위의 존재

사해행위가 취소되려면 채권자취소소송의 변론종결시까지 사해행위가 존재해야 한다. 따라서 사해행위가 있어서 채권자취소소송을 제기하였더라도 그 사해행위가 해제·해지되어 원래의 재산상태로 이미 복귀되었다면, 그 소송은 특별한 사정이 없는 한 권리보호의 이익이 없다.[122] 여기서 '특별한 사정'이라 함은 해제·해지된 법률행위가 사해행위로 취소되는지 여부에 따라 후행행위에 대한 법률적 판단이 달라지는 경우를 들 수 있다.[123]

아래에서는 사해행위의 존재가 문제되는 경우를 차례로 살펴본다.

가. 중간생략등기

121) 대법원 1993. 2. 12. 선고 92다25151 판결(이 사건에서는, 채권자대위소송의 피보전채권 부존재를 이유로 직권으로 소를 각하하면서도, 채권자취소소송 부분에 대하여는 원심이 피보전채권의 부존재를 이유로 기각한 부분을 그대로 인정하였다).

122) 대법원 2008. 3. 27. 선고 2007다85157 판결.

123) 대법원 2013. 5. 9. 선고 2011다75232 판결. 채무자 S가 Y_1 명의 선순위 근저당권이 설정(선행행위)되어 있는 상태에서 그 부동산을 Y_2에게 양도(후행행위)한 후 선행행위를 해지하고 저당등기를 말소한 사안임(선행행위는 이미 해지되었지만 그것이 사해행위에 해당하는지 여부에 따라 후행행위 당시 그 부동산의 잔존가치가 피담보채무액을 초과하는지 여부가 달라지고, 그 결과 후행행위에 대한 사해취소청구가 받아들여지는지 여부 및 반환범위가 달라지는 때에는, 이미 해지된 선행행위에 대한 사해행위취소청구를 할 수 있는 권리보호의 이익이 있다. 이는 선행행위가 후행행위보다 나중에 해지된 경우뿐 아니라 선행행위 해지를 원인으로 한 말소등기와 후행행위를 원인으로 한 소유권이전등기가 같은 날 접수되어 함께 처리되고 그 원인일자가 같은 경우에도 마찬가지다).

채무자 S로부터 Y에게 부동산이 직접 양도된 것같이 등기되어 있으나, 사실은 S→A→Y의 순으로 양도되고 중간생략등기가 경료된 경우에는, S와 Y 사이에는 양도행위가 존재하지 않으므로 그들 사이의 법률행위의 취소를 구하는 소송은 기각될 수밖에 없다.[124)]

나. 부동산 명의신탁과 관련하여[125)]

(1) 명의신탁의 유형과 그 효력

(가) 유 형

명의신탁은 ① 가장 간단한 형태로 신탁자가 자기 소유 부동산을 수탁자 명의로 이전하는 양자간 명의신탁, ② 신탁자가 부동산 매도인으로부터 부동산을 매수하여 그 등기를 수탁자에게 이전하는 3자간 명의신탁('중간생략형 명의신탁'이라고도 함) 및 ③ 수탁자가 신탁자의 부탁을 받고 직접 부동산 양도인과 매매계약을 체결하여 수탁자 명의로 등기를 하는 계약명의신탁 유형으로 크게 나눈다.

(나) 효 력

1995. 7. 1. 부동산실명법 시행 이전에는 위 3가지 유형의 신탁계약이 모두 유효한 것으로 인정되어, 수탁자는 대외적으로 완전한 소유권을 취득하고, 신탁자는 대내적으로 수탁자에 대하여 명의신탁해지를 원인으로 한 소유권이전등기청구권을 가지고 있었다. 그러나 부동산실명법 시행으로 명의신탁계약과 그에 따른 부동산소유권 변동은 종중이나 배우자 소유 부동산을 제외하고는 원칙적으로 무효가 되고,[126)] 다만 계약명의신탁에서 매도인이 명의신탁 사실을 알지 못한 경우에는 수탁자의 소유권취득은 유효하다.[127)]

---

124) 상세한 설명은 [22] 참조.

125) 명의신탁이라 하더라도 소유권이전, 담보권 설정, 매매예약 등 여러 가지 거래형태가 있을 수 있으나, 편의상 소유권이전등기가 경료된 사례를 중심으로 본다.

126) 주의할 점은 여기에서 무효가 되는 것은 명의신탁계약이지, 부동산매도인과 명의신탁자(또는 명의수탁자)와의 매매계약 등 부동산물권변동에 관한 계약이 무효로 되는 것은 아니라는 점이다.

127) 계약명의신탁에서 매도인이 선의인 경우에도 신탁자와 수탁자 사이의 명의신탁약정은 무효임에 변함이 없다.

(2) 양자간 및 3자간 명의신탁에서 신탁자에게 이전

(가) 부동산실명법 시행 이전에 명의수탁자가 명의신탁자에 대한 반환의무 이행으로 한 행위는 사해행위가 되지 않음은 물론이다.[128] 이는 부동산실명법 시행 후에도 유효한 명의신탁의 경우에 그대로 적용된다.[129]

(나) 부동산실명법 시행 이후에는 어떠한가[130]

① 양자간 명의신탁의 경우에 부동산소유권은 여전히 신탁자에게 있고 수탁자는 무권리자이므로, 수탁자가 신탁자에게 소유권이전등기를 경료해 주거나 수탁자 명의 소유권이전등기의 말소등기절차를 경료하는 행위는 권리관계에 부합하는 것으로서 사해행위에 해당하지 않음은 당연하다.

② 3자간 명의신탁의 경우에는, 부동산 소유권은 여전히 매도인에게 있으므로 수탁자가 이를 신탁자에게 이전하는 것은 문제가 있어 보인다.

그러나 판례는 부동산실명법 시행 이전에 경료된 3자간 명의신탁에서, 명의수탁자가 법에서 정한 유예기간 경과 후에 스스로 명의신탁자에게 소유권이전등기를 경료해 주었다면 실체관계에 부합하는 유효한 등기로 보고 있다.[131] 이러한 이전행위는 결국은 실체관계에 부합하는 등기로서 사해의사가 없다고 인정될 여지가 크므로, 부동산실명법 시행 이후에 경료된 3자간 명의신탁의 경우도 마찬가지로 볼 수 있을 것이다.[132]

□ 대법원 2004. 6. 25. 선고 2004다6764 판결

유예기간 경과로 명의신탁약정과 명의수탁자 명의의 등기가 모두 무효가 되므로, 명의신탁자 명의의 소유권이전등기도 무효가 되는 것이 원칙이다. 그러나 매도인과 명의신탁자 사이의 매매계약의 효력은 여전히 유효하므로, 명의신탁자는 매도인에

---

128) 대법원 1996. 9. 20. 선고 95다1965 판결(이 판결은 소유권이전등기청구권 보전을 위하여 채권자취소권을 행사할 수 없다고 판시하였다).

129) 대법원 2001. 8. 24. 선고 2001다35884 판결(종중의 신탁), 대법원 2007. 4. 26. 선고 2006다79704 판결(부부간 명의신탁).

130) 부동산실명법 시행 이전에 명의신탁을 하였건 시행 이후에 명의신탁을 하였건 결과는 같다.

131) 대법원 2004. 6. 25. 선고 2004다6764 판결.

132) 부동산실명법 시행 이후에도 매도인과 명의신탁자 사이의 매매계약은 유효하므로, 명의신탁자는 매도인에 대하여 매매계약에 기한 소유권이전등기를 청구할 수 있는 지위에 있기 때문이다. 같은 견해로 최한신, 사해행위 I, 218면 이하.

대하여 매매계약에 기한 소유권이전등기를 청구할 수 있고, 그 등기청구권을 보전하기 위하여 매도인을 대위하여 명의수탁자에 대하여 무효인 그 명의 등기의 말소를 구할 수도 있으므로, 명의수탁자가 명의신탁자 앞으로 바로 경료해 준 소유권이전등기는 결국 실체관계에 부합하는 등기로서 유효하다.

(3) 계약명의신탁에서 신탁자에게 이전

(가) 매도인이 악의인 경우

이 경우 수탁자는 소유권을 취득하지 못하고 신탁자 역시 매매계약의 당사자가 아니므로, 신탁자 명의로 경료된 등기는 원칙적으로 무효의 등기이다.[133)]

그렇다고 하더라도 수탁자는 무권리자로서 그 재산이 수탁자의 채권자를 위한 책임재산이 되지 못하므로, 수탁자의 행위가 수탁자의 채권자에 대하여 사해행위가 될 수는 없다.

(나) 매도인이 선의인 경우

부동산실명법 제4조 제2항 단서가 적용되는 계약명의신탁의 경우[134)]에는, 수탁자는 부동산 소유권을 취득하고 신탁자에 대하여 부담하는 채무는 제공받은 매수자금 상당의 부당이득 반환의무이므로,[135)] 수탁자가 그 부동산을 신탁자에게 양도한 행위[136)]는 위 금전채무의 대물변제로서 사해행위에 해당된다.[137)]

---

133) 매도인이 악의인 계약명의신탁에서는 명의신탁약정과 물권변동이 모두 무효이므로, 명의신탁자가 부동산 소유자를 상대로 이전등기청구권을 가지지 못한다. 이러한 경우까지 부동산에 관한 물권을 자신의 명의로 등기하지 않았다는 이유로 명의신탁자에게 이행강제금을 부과할 수 없다(대법원 2016. 6. 28. 선고 2014두6456 판결).

134) 즉 명의수탁자가 그 일방 당사자가 되고 그 타방 당사자는 명의신탁약정이 있다는 사실을 알지 못한 경우.

135) 대법원 2005. 1. 28. 선고 2002다66922 판결, 부당이득의 범위는 명의신탁자가 지급한 매매대금은 물론이고 그 외의 취득비용(취득세, 등록세 등)도 포함된다(대법원 2010. 10. 14. 선고 2007다90432 판결).

136) 계약명의신탁의 경우에는 신탁자가 부동산양도인에 대하여 계약상 소유권이전등기청구권을 가지고 있지 않아, 신탁자 명의의 등기는 실체관계에 부합하는 등기도 아니다.

137) 대법원 2008. 9. 25. 선고 2007다74874 판결.

이에 대하여 명의수탁자는 명의만 빌려준 사람으로서 그의 채권자들을 보호할 가치가 있는 것도 아니고, 채무자(수탁자)에게 사해의사를 인정할 수 없다는 이유로 이 판례에 반대하는 견해가 있다.[138]

(다) 부동산실명법 시행 전의 계약명의신탁

판례는, 부동산실명법 시행 전에 계약명의신탁에 따라 명의수탁자 앞으로 소유권이전등기가 경료되고, 법이 정한 유예기간이 경과하여 명의수탁자가 그 부동산의 완전한 소유권을 취득한 경우, 명의수탁자가 명의신탁자에게 반환하여야 할 부당이득의 대상은 그 부동산 자체이므로, 이 경우 수탁자가 신탁자에게 부동산을 양도한 행위는 사해행위가 될 수 없다고 한다.[139]

다만 부동산실명법 이전의 계약명의신탁이라 하더라도 유예기간 경과 시까지 농지취득자격을 구비하지 못하여 부동산을 등기이전하는 데 법률적 장애가 있었던 경우에는 명의신탁자가 소유권을 취득할 수 없었으므로 명의신탁약정의 무효로 신탁자가 입은 손해는 부동산 자체가 아니라 매수자금이므로,[140] 이 경우에는 수탁자가 신탁자에게 부동산을 양도하면 사해행위가 될 수 있다.

(4) 제3자에게 처분

부동산실명법 시행 전의 수탁자는 외부관계에서 소유자로서의 모든 권리를 행사할 수 있었다.[141]

---

138) 김천수, '2008년 민사(채권편)판례연구', 60면.

139) 대법원 2002. 12. 26. 선고 2000다21123 판결.
이에 비하여 3자간 등기명의신탁의 경우 부동산실명법이 정한 유예기간 경과에 따라 명의신탁 약정과 그에 따른 등기가 무효가 되더라도, 명의신탁자는 매도인에 대하여 매매계약에 기한 소유권이전등기청구권을 보유하고 있어 유예기간 경과로 등기 명의를 보유하지 못하는 손해를 입었다고 볼 수 없다. 또한, 명의신탁 부동산의 소유권이 매도인에게 복귀한 마당에 명의신탁자가 무효등기의 명의인인 명의수탁자를 상대로 이전등기를 구할 수도 없다. 따라서, 명의신탁자는 명의수탁자를 상대로 부당이득반환을 원인으로 한 소유권이전등기(즉 부동산 자체의 반환)를 구할 수 없다(대법원 2008. 11. 27. 선고 2008다55290 판결). 신탁자는 소유권이전등기청구권을 보전하기 위하여 매도인을 대위하여 명의수탁자에게 무효인 그 명의 등기의 말소를 구한 후(대법원 2002. 3. 15. 선고 2001다61654 판결), 매도인에 대하여 소유권이전등기를 구할 수 있다.

140) 대법원 2008. 5. 15. 선고 2007다74690 판결.

그렇다면 수탁자가 신탁자가 아닌 제3자에게 명의신탁된 부동산을 처분하는 경우에는 사해행위가 될 수 있다.

부동산실명법 시행 후에도 명의신탁이 유효하거나 매도인 선의인 계약명의신탁의 경우에는 위와 같이 해석된다.

그러나 부동산실명법 제4조 제2항 본문이 적용되어 명의수탁자인 채무자 명의의 소유권이전등기가 무효인 경우, 명의수탁자는 그 부동산의 소유자가 아니므로 이를 채무자의 일반채권자들을 위한 공동담보에 제공된 책임재산이라고 볼 수 없다.

그러므로 명의수탁자가 제3자에게 근저당권을 설정하여 주었거나,[142] 매매계약에 따라 소유권이전등기를 경료하여 주었더라도[143] 사해행위에 해당되지 않는다.[144]

계약명의신탁약정에 따라 수탁자가 당사자가 되어 선의 매도인과 사이에 부동산에 관한 매매계약을 체결하고 수탁자 명의로 소유권이전등기를 마친 경우에는, 수탁자는 그 부동산의 완전한 소유권을 취득하고, 다만 수탁자는 신탁자에 대하여 매수대금 상당의 부당이득반환의무를 부담한다. 이 경우에 그 부동산은 신탁자의 일반채권자들의 공동담보에 제공되는 책임재산은 아니므로, 신탁자가 그 부동산에 관하여 제3자와 매매계약을 체결하는 등 실질적인 당사자가 되어 처분행위를 하였더라도, 신탁자의 일반채권자들을 해치는 사해행위가 될 수 없다.[145][146]

---

141) 대법원 1963. 9. 19. 선고 63다388 판결. 따라서 수탁자가 수탁재산에 대하여 한 처분행위는 유효한 행위가 된다. 즉 수탁자가 신탁자의 승낙 없이 신탁재산을 처분한 때에도, 그 제3취득자는 그 목적물이 신탁재산인가 여부에 대한 **선의 · 악의를 묻지 않고** 신탁재산에 대한 소유권을 취득한다.

142) 대법원 2000. 3. 10. 선고 99다55069 판결.

143) 대법원 2008. 9. 25. 선고 2008다41635 판결.

144) 여기서 인용되는 판례들은 아래에서 보는 부동산실명법상 '채권자의 제3자성'을 인정하지 않은 것을 전제로 한다.

145) 대법원 2013. 9. 12. 선고 2011다89903 판결.

146) 참고로 명의수탁자가 제3자에게 신탁재산을 처분한 경우의 형사책임에 관한 판례를 살펴본다. ① 양자간 명의신탁 : 횡령죄 부정(대법원 2021. 2. 18. 선고 2016도18761 전원합의체 판결). ② 중간생략형 명의신탁 : 횡령죄 부정(대법원 2016. 5. 19. 선고 2014도6992 전원합의체 판결). ③ 계약명의신탁 : 횡령죄와 배임죄 모두

명의수탁자 명의 등기가 무효인 경우에, 명의수탁자인 채무자가 제3자에게 근저당설정등기를 마쳐준 후에, 명의수탁자의 일반채권자가 신청한 강제경매절차가 개시되었다 하더라도, 그 강제경매절차의 개시로써 무효인 명의수탁자 명의의 소유권이전등기가 유효하게 되거나 그 채권자들을 위한 공동담보에 제공된 책임재산이 되는 것도 아니므로, 위 근저당설정행위는 사해행위가 될 수 없다.147)

한편 합유재산과 관련하여, 동업 목적의 조합체가 부동산을 조합재산으로 취득하였으나 합유등기가 아닌 조합원들 명의로 공유등기를 하였다면, 조합체가 그 조합원에게 각 지분에 관하여 명의신탁한 것으로 보아야 하므로, 그 등기는 부동산실명법 제4조 제2항 본문이 적용되어 전체가 무효가 된다. 그 후 조합원들 중 1인 甲이 조합에서 탈퇴하면서 나머지 조합원들에게 그 지분에 관한 소유권이전등기를 경료해 주었다고 하더라도, 甲 명의 부동산 지분은 그의 소유가 아니므로 그러한 행위가 甲의 일반채권자를 해치는 사해행위가 될 수 없다.148)

성립 부정(매도인 선의인 경우－대법원 2000. 9. 8. 선고 2000도258 판결, 대법원 2004. 4. 27. 선고 2003도6994 판결). (매도인 악의인 경우－대법원 2012. 11. 29. 선고 2011도7361 판결). 이에 대한 자세한 논의는, 우인성, "악의의 계약명의신탁에 있어 명의수탁자의 보관물 임의처분시 범죄성립 여부", 685면 이하 참조.

147) 대법원 2012. 8. 23. 선고 2012다45184 판결.

148) 대법원 2002. 6. 14. 선고 2000다30622 판결. 매수인들이 공동사업 경영을 목적으로 하는 조합이 조합재산으로 취득한 부동산은 조합체의 합유물이 되는데, 조합체가 합유등기를 하지 않고 조합원 1인의 명의로 소유권이전등기(혹은 공유등기)를 하였다면 조합체가 그 조합원에게 명의신탁한 것으로서 전체가 무효의 등기가 된다(대법원 2006. 4. 13. 선고 2003다25256 판결).
다만 부동산의 공동매수인들이 전매차익을 얻으려는 '공동의 목적 달성'을 위해 상호 협력한 것에 불과하고 이를 넘어 '공동사업을 경영할 목적'이 있었다고 인정되지 않는 경우, 이들 사이의 법률관계는 공유관계에 불과할 뿐 민법상 조합이 아니다. 즉 조합이 인정되려면 공동매수인들 사이에서 그 매수한 토지를 공유가 아닌 동업체의 재산으로 귀속시키고, 공동매수인 전원의 의사에 기해 전원의 계산으로 처분한 후 그 이익을 분배하기로 하는, 명시적 또는 묵시적 의사의 합치가 있어야만 한다. 이와 달리 공동매수 후 매수인별로 토지에 관하여 공유 지분권을 가지고 각자 자유롭게 지분권을 처분하여 대가를 취득할 수 있도록 하였다면 동업체에서 조합재산으로 매수한 것으로 볼 수는 없다(대법원 2007. 6. 14. 선고 2005다5140 판결).

(5) 채권자의 제3자성 문제

(가) 원 칙

부동산실명법 제4조 제3항은, 명의신탁의 무효는 "제3자에게 대항하지 못한다"고 규정한다.

여기서 제3자라 함은 명의신탁 약정의 당사자 및 포괄승계인 이외의 자로서 명의수탁자가 물권자임을 기초로 그와의 사이에 직접 새로운 이해관계를 맺은 사람(소유권 등 물권의 취득자와 압류·가압류 채권자 등)을 의미하고[149] 제3자의 선의·악의는 묻지 않는다.[150]

(나) 수탁자의 채권자에 대한 판례

수탁자의 채권자가 위에서 말하는 제3자에 해당되는지 여부가 문제된다. 수탁자의 채권자가 부동산에 가압류·압류결정을 받은 경우에는 제3자에 해당한다는 판결이 있다.[151]

그러나 일반적으로 명의수탁자의 일반채권자는 여기서 말하는 제3자로 보지 않고 있다.[152]

(6) 명의신탁의 사해성

채무자 S가 채무초과상태에서 매수한 부동산의 등기명의를 아들 Y에게 신탁하고 이에 따라 소유권이전등기를 마친 사안(3자간 명의신탁)에서, 위 명의신탁약정은 사해행위에 해당하고, 나아가 채권자가 수익자 Y 및 전득자 Z를 상대로 소유권이전등기의 말소를 구하고, 매도인을 상대로 S를 대위하여 소유권이전등기절차의 이행을 구할 수 있다고 한 사례가 있다.[153] S가 채

149) 대법원 2000. 3. 28. 선고 99다56529 판결. 따라서 명의수탁자와 사이에 아무런 법률관계가 없이 소유권이전에 관한 서류를 위조하여 명의수탁자로부터 소유권이전등기를 경료한 자와 그로부터 그 부동산을 양수한 자는 부동산실명법 제4조 제3항의 제3자라 할 수 없다(대법원 2003. 5. 16. 선고 2003다11714 판결).

150) 대법원 2001. 6. 26. 선고 2001다5371 판결.

151) 대법원 2000. 1. 28. 선고 98다56529 판결(가압류); 대법원 2013. 3. 14. 선고 2012다107068 판결(압류).

152) 대법원 2007. 12. 27. 선고 2005다54104 판결(원심인 서울고법 2005. 8. 19. 선고 2004나89105 판결은 수탁자의 채권자를 부동산실명법 제4조 제3항의 "제3자"에 해당되는 것으로 보았다).

153) 대법원 2004. 3. 25. 선고 2002다69358 판결.

무초과 상태에서 매수한 부동산의 등기명의를 아들인 Y에게 신탁등기한 경우, 위 명의신탁은 S가 공동담보인 금전을 출연하여 그 대가인 부동산을 매수하고도 그의 공동담보재산으로 편입시키지 않고 명의수탁자인 Y명의로 소유권이전을 마치기로 하는 내용의 약정이므로, 이는 특별한 사정이 없는 한 S의 채권자인 원고를 해치는 사해행위가 된다는 것이다. 부동산실명법 제4조 제3항에 따르면 선의·악의를 묻지 않고 제3자에 대하여는 명의신탁등기의 무효를 주장할 수 없으므로, 명의신탁이 비록 무효라 하더라도 사해성이 없다고 단정할 수 없다.

또한 명의수탁자 명의로 등기되어 있다는 사실 자체만으로도, 채권자로서는 채무자 명의로 등기되어 있는 경우보다는 집행이 어렵다. 무효인 명의신탁 자체를 사해행위로 인정한 보기 드문 판례이다. 아래 **다.** 항에서는 무효인 명의신탁을 사해행위취소의 대상으로 함으로써 얻을 수 있는 실익이 무엇인지 살펴보기로 한다.

명의신탁이 유효한 경우에는 당연히 사해행위가 될 수 있다.

(7) 신탁법상의 신탁

신탁법상의 신탁은 원칙적으로 유효하나, 채무자가 유일한 재산인 부동산에 관하여 신탁법상의 신탁계약을 체결하고 수탁자 명의로 소유권을 이전하는 경우, 그 신탁계약은 사해행위가 된다.154)

다. 행위의 무효 — 허위표시155)

(1) 허위표시

통정허위표시 행위도 채권자취소권의 대상이 된다는 것이 대법원의 입장이다.156)

이와 관련하여 허위표시를 이유로 채권자취소권을 행사하는 경우 제척기간의 적용을 받는지 여부에 관하여, 대법원은 원고가 채무자를 대위하여 그

154) 대법원 1999. 9. 7. 선고 98다41490 판결(토지개발신탁의 경우임). 자세한 내용은 [24] 참조.

155) 이에 대한 자세한 설명은, [22] 나. 참조.

156) 대법원 1984. 7. 24. 선고 84다카68 판결.

등기가 원인 없음을 이유로 제척기간의 적용을 받음이 없이 말소를 구할 수 있지만, 사해행위취소 소송을 제기하였다면 제척기간의 적용을 받는다고 한다.157)

채권자취소권의 대상이 된 채무자의 법률행위라도 통정허위표시의 요건을 갖춘 경우에는 채권자취소 소송으로써 취소되지 않더라도 무효를 주장할 수 있다.158)

그러나 일본에서는 통정허위표시는 사해행위취소권의 대상이 되지 않는다는 것이 대심원159) 이래의 판례이다(따라서 일본 실무에서는 주위적 청구로서 허위표시 무효를 주장하면서 채무자를 대위하여 재산의 반환을 구하고, 허위표시가 인정되지 않을 것에 대비하여 예비적으로 사해행위취소권을 행사하여 취소를 청구한다).

(2) 명의신탁

위에서 본 바와 같이 명의신탁행위는 특별한 요건을 갖추지 않는 한 원칙으로 무효이고, 수탁자 명의의 등기는 무효의 등기로서 말소되어야 하며, 채무자 S의 채권자는 명의신탁등기의 무효를 이유로 S를 대위하여 수익자 Y에 대한 등기의 말소를 구할 수 있다.

그런데 위 2002다69358 판결은 무효인 신탁행위(3자간 명의신탁)에 대하여 사해행위 취소를 인정하였다.

이 사건은 부동산이 S → Y → Z로 넘어간 사안이다. 그런데 부동산실명법 제4조 제3항에 따르면 선의·악의를 묻지 않고 제3자에 대하여는 명의신탁등기의 무효를 주장할 수 없으므로, Z에 대하여는 명의신탁의 무효를 주장하여 등기 말소를 구할 수 없다. 그렇지만 채권자취소를 인정한다면 채권자는 Y와 Z를 상대로 소유권이전등기의 말소를 구할 수 있는 실익이 있다.160)

---

157) 대법원 1991. 11. 8. 선고 91다14079 판결.

158) 대법원 1998. 2. 27. 선고 97다50985 판결; 대법원 2001. 5. 8. 선고 2000다9611 판결(피고의 근저당권 양수가 허위표시로서 무효임을 이유로 배당이의 소를 제기한 사안).

159) 大判 명치 41. 6. 20. 民錄 14-759.

160) 위 판례의 해설인 강성국, '대법원판례해설 49호', 76면 참조.

한편 채무자 S가 Y에게 명의신탁(양자간 명의신탁)한 부동산을 Y로부터 Z에게 근저당권을 설정하는데, S가 실질적인 당사자가 되어 법률행위를 한 경우에는, X가 S-Y 사이의 명의신탁을 사해행위로 취소함이 없이, Y-Z 사이의 처분행위를 사해행위로 취소할 수 있다는 판례가 있다.161) 이 경우에 사해행위로서 실질적으로 취소의 대상이 되는 것은 S와 Z 사이의 법률행위이다.

라. 사해행위로 경료된 근저당권설정등기의 부존재

(1) 경락에 따른 말소

사해행위로 경료된 근저당권설정등기가 경락으로 말소되었다고 하더라도 수익자로 하여금 근저당권자로서의 배당을 받도록 하는 것은 민법 제406조 제1항의 취지에 반하므로, 채권자는 근저당권설정계약의 취소를 구할 이익이 있다.162)

(2) 혼동에 따른 말소

판례는, 사해행위로 수익자 Y를 위하여 근저당권설정등기가 경료된 후, Y가 사해행위로 목적부동산에 대한 소유권을 취득함으로써 근저당권설정등기가 혼동으로 소멸한 경우에도, X는 소유권이전행위뿐만 아니라 근저당권설정계약의 취소도 구할 필요가 있다고 한다.163) 소유권이전행위가 취소되면

---

161) 대법원 2012. 10. 25. 선고 2011다107382 판결. 원심은 취소의 대상이 S와 Y 사이의 법률행위에 한정되고, S 이외의 사람이 한 법률행위는 취소의 대상이 되지 않는다고 하여 소를 각하하였다. 그러나 대법원은 명의신탁은 무효이므로 S가 그의 소유재산을 신탁하더라도 신탁재산은 여전히 S의 책임재산으로 남고, 신탁재산에 대하여 신탁자 S가 직접 자신의 명의로 하든, 수탁자 Y의 명의로 하든, 제3자인 Z와 매매계약을 체결하는 등 S가 실질적 당사자가 되어 법률행위를 하면, 이는 S의 행위로서 사해행위가 된다고 하였다. 타당한 판결이다. 이 경우 사해행위 취소의 대상은 S와 Z 사이의 법률행위가 되고, 원상회복은 Z가 Y에게 말소등기를 이행하는 방법으로 한다. 이에 대한 평석으로는, 조용현, "명의신탁 부동산의 처분이 명의신탁자의 채권자에 대한 관계에서 사해행위가 성립하는지", 대법원판례해설, 제93호 (2012년 하), 91면 이하.

162) 대법원 1997. 10. 10. 선고 97다8687 판결.

163) 대법원 2001. 9. 4. 선고 2001다14108 판결 참조.
X는 취소 대상 부동산에 관하여 Y와 S 사이에 체결된 근저당권설정계약과 매매계

혼동으로 말소되었던 근저당권이 등기실무상 부활하기 때문에(등기예규 제183호 참조) 이를 말소하기 위하여 취소가 필요하다는 취지로 보인다.[164] 취소의 효과가 채무자 S와 Y 사이의 법률행위(소유권 이전행위)에는 아무런 영향이 없다는 대법원의 확립된 입장에 선다면, Y의 근저당권은 목적부동산의 소유권취득과 함께 혼동으로 소멸함이 원칙이고, 소유권이전행위가 취소되었다고 하더라도 다시 부활하지 않으므로, 근저당권 설정행위를 따로 취소할 필요는 없고 근저당등기는 실체법상 무효의 등기로서 말소를 구할 수 있다고 보는 것이 논리에 맞다. 그런데 이 판결은 오히려 절차법(부동산등기법)에 따른 등기의 존재가 실체법상의 권리(채권자취소권) 행사의 요건이나 효과에 미쳤다는 점에서 법리상 문제가 있다.

(3) 수용에 따른 말소

수익자 Y 명의로 근저당권등기가 경료된 토지에 관하여 한국토지공사 앞으로 토지수용을 원인으로 한 소유권이전등기가 되었고, Y 명의 근저당권등기가 말소된 사례에서, Y가 토지에 관한 수용보상금 지급절차 완료 시까지 근저당권 말소에 따른 물상대위로서 토지수용보상금 채권에 대한 채권압류 및 전부명령을 신청하거나 배당요구 등의 절차를 밟지 않았다면(민법 제370조, 제342조 참조), 토지가 수용되면서 Y의 근저당권이 소멸되므로, Y에 대한 근저당권설정행위에 대한 사해행위취소소송은 이미 그 목적이 실현되어 더 이상 권리보호의 이익이 없다고 한 판례가 있다.[165]

마. 백지근저당권설정계약서가 작성된 경우

채무자와 수익자 사이에 백지근저당권설정계약서가 작성된 경우에 사해행위 시점은 계약서 작성시가 아니라 백지보충시로 본 판례가 있다.[166]

약의 취소 및 Y명의로 경료된 소유권이전등기의 말소를 청구하여 제1심에서 승소한 뒤, 제2심에서 사해행위의 취소에 따른 원상회복으로서 근저당권설정등기의 말소청구를 추가한 사안에서, 제척기간이 문제된 사안이다.

164) 대법원 1971. 8. 31. 선고 71다1386 판결.

165) 서울고등법원 2010. 1. 15. 선고 2008나110373 판결.

166) 대법원 2000. 4. 25. 선고 99다55656 판결.

□ 대법원 2000. 4. 25. 선고 99다55656 판결

피고들이 채무자로부터 백지근저당권설정계약서 등을 받아 가지고 있었다고 하더라도, 담보목적 부동산이나 피담보채권의 최고액이 확정되지 않은 상태였으므로, 아직 근저당권설정계약이 체결되었다고 볼 수 없고, 피고들이 백지근저당권설정계약서를 보충한 날에 근저당권설정계약이 체결되었다고 보아야 한다. 또한 그 무렵 채무자가 이미 채무초과의 상태에 있었으므로 피고들과 채무자 사이의 근저당권설정계약은 사해행위에 해당된다.

2. 행위의 주체 — 채무자

가. 개 설

(1) 채무자의 행위

(가) 사해행위취소권으로 취소될 행위는 '채무자'의 행위이다.

(나) 채무자의 행위가 공유물 처분, 연대채무나 공동보증과 같이 타인과 공동으로 한 행위라도, 채무자의 행위가 독립하여 분리할 수 있다면, 그 부분만을 취소할 수 있다.

(다) 채무자를 위하여 자기의 부동산을 담보로 제공한 물상보증인은 채무자가 아니므로 그가 한 행위는 취소의 대상이 되지 않는다.[167]

(2) 부인의 대상도 채무자의 행위여야 하는가

(가) 문제점

도산절차에서도 일반적인 부인권의 대상이 되는 행위는 채무자가 그 주체로 규정되어 있다(채무자회생법 제391조).

위 규정에 불구하고 도산절차에서 채무자의 행위라는 요건이 필요한지에 대하여 ① 채무자의 행위(또는 이것과 동일시 할 수 있는 행위)가 필요하다는 필요설, ② 채무자의 사해의사를 요건으로 하는 고의부인의 경우에는 채무자의 행위(또는 채무자의 해의가 있는 가공)가 필요하지만 채무자의 사해의사를 요건으로 하지 않는 위기부인의 경우에는 채무자의 행위가 필요하지 않다는 절충설, ③ 고의부인이든 위기부인이든 상관없이 부인 일반의 경우 채무자의

167) 大判 명치 36. 2. 9. 飯原一乘, 詐害行爲取消訴訟, 70면.

행위가 필요하지 않다는 불요설의 대립이 있다.

(나) 판 례

대법원은 채무자 S의 행위가 없이 채권자 또는 제3자의 행위만 있는 경우에는 예외적으로 S가 채권자와 통모하여 가공하였거나, 기타 특별한 사정으로 S의 행위가 있었던 것과 동일시할 수 있는 사유가 있을 때에만 부인의 대상이 될 수 있고,[168] 금융기관이 S와 사이에 체결하는 대물변제예약의 내용에 따라 위기시기에 예약완결권과 대물변제로 양도·양수할 매출채권의 선택권을 행사한 것은 S의 행위로 볼 수 없어 부인의 대상이 되지 않는다고 한다.[169] 상계금지의 적용을 받지 않는 상계의 경우에도, 상계 그 자체는 부인의 대상으로 삼지 않고 상계적상을 야기한 S의 행위를 부인의 대상으로 삼아 그 행위가 부인되면 그 결과로 상계가 효력을 잃는다는 것이 대법원 판례이다.[170]

그러나 일반적인 부인권과는 달리 집행행위 부인의 경우(채무자회생법 제395조)에는 채권자의 행위도 성질상 당연히 이에 포함되므로 채무자의 행위에 국한되지 않는 것은 당연하다.[171]

(다) 절충설의 취지에 따른 해석

고의부인의 경우에는 채무자 'S의 사해의사'를 요건으로 하므로 원칙적으로 S의 행위일 것이 요구되고, 예외적으로 S와의 통모 등 특별한 사정이 있

168) 대법원 2002. 7. 9. 선고 99다73519 판결(채권자와 주채무자 사이의 어음할인약정에 따라 정리 전 회사가 주채무자의 채무에 대하여 연대보증을 한 후, 주채무자의 어음할인행위가 위기시기에 이루어진 사안에서, 주채무자가 어음할인행위를 한 때에 정리 전 회사의 연대보증행위가 이루어진 것이 아니고, 주채무자의 어음할인 역시 정리 전 회사의 행위와 동일시할 수 없으므로 부인의 대상이 될 수 없다).

169) 대법원 2002. 7. 9. 선고 2001다46761 판결. 반면 대법원 2011. 10. 13. 선고 2011다56637 판결은 채권자가 예약완결권과 선택권을 행사한 것이 특정 채권자에게만 담보를 제공함으로써 파산절차에서 채권자평등의 원칙을 회피하는 편파행위에 해당하고, 채권자의 예약완결 의사표시는 실질적으로 甲 회사의 행위와 동일시할 만한 특별한 사정이 있는 경우에는 부인의 대상이 된다고 한다.

170) 대법원 1993. 9. 14. 선고 92다12728 판결 참조.

171) 대법원 2003. 2. 28. 선고 2000다50275 판결; 대법원 2011. 11. 24. 선고 2009다76362 판결(채권자의 민법 제353조에 따른 질권행사를 집행행위에 준하여 부인의 대상으로 인정함).

어 채권자 등 제3자의 행위를 S의 행위와 동일시 할 수 있는 정도라면 이를 S의 행위로 평가할 수 있으므로 부인의 대상이 된다.

위기부인의 경우에도 법문상 원칙적으로 S의 행위일 것이 요구되지만, 위기부인은 사해의사가 요건이 아니므로, 널리 예외를 인정하여 형식상으로는 S의 행위가 아니라 할지라도 그 행위의 효과(특히 담보제공이나 채무소멸의 효과)가 S의 행위와 동일시 할 수 있을 때에는 채권자 또는 제3자의 행위도 부인의 대상으로 하는 것이 타당하다. 위기부인은 고의부인과 달리 사해의사라는 주관적 요건을 요구하지 않으므로 굳이 S의 행위에 한정하여야 할 필요가 없다. 또한 위기부인의 대상이 형식적인 위기시기임을 알고 한 행위, 또는 S의 의무에 속하지 않는 행위이므로 특정채권자의 이익보다는 전체 채권자의 이익과 공평이라는 부인제도의 목적을 우선시키는 것이 이익형량의 면에서 타당하기 때문이다.

독일의 도산법은 부인의 대상이 되는 행위를 채무자의 행위에 한정하지 않는다((InsoO 제129조).[172] 또한 미국 파산법상 부인의 대상은 그 중점이 재산의 이전(transfer)에 있는 것이지 특정인의 행위가 있었는지 여부가 아니다. 즉 채무자의 행위가 있었는가 하는 점은 문제되지 않고, 채무자와 관련된 행위나 사상(事象)이 이전을 초래한 것이기만 하면 부인의 대상이 된다. 따라서 사법절차나 법률의 규정에 따른 재산권의 이전도 채무자가 임의로 한 것이 아님에도 부인의 대상인 이전행위에 포함된다.[173]

나. (채권자가 한) 상계

채권자가 채무자 S에 대하여 한 상계는 S의 행위가 아니므로 취소의 대상이 되지 않는다.[174]

S가 채무초과 상태에서 채권자 중 한 사람과 통모하여 S소유의 부동산을 그 채권자에게 매각하고, 그 매매대금채권과 채권자의 S에 대한 채권을 상계하는 약정을 하였다면, S의 매각행위는 사해행위에 해당한다고 한 판례[175]가

172) 이진만, '통합도산법상의 부인권', 881～882면.
173) 임채웅, '사해행위와 편파행위에 관한 연구', 87면.
174) 大阪地判 소화 38. 9. 21. 判タ 157-78.

있으나, 이는 상계계약에 앞서는 대물변제적 매매가 취소의 대상인 사안이다.[176]

다. (채무자의 상대방이 한) 예약완결행위

대물변제예약이나 매매예약에 기하여 채무자 S의 상대방이 S에 대하여 한 예약완결의 의사표시를 하고, 그에 따라 본계약이 성립되었다면 그 예약완결행위는 S의 행위가 아니므로 본계약을 취소할 수 없다.[177]

이 경우에는 예약 그 자체가 취소의 대상으로 될 수 있고, 예약에 기하여 S와 그 상대방 사이에 새로운 합의에 의하여 본계약을 체결하였다면 그 본계약 역시 취소의 대상이 된다.

라. 강제집행

(1) 전부명령에 따른 피전부채권의 이전은 '채무자의 법률행위'에 해당하지 않으므로 취소의 대상이 되지 않는다.[178]

(2) 그러나 대물변제 사실을 인정한 확정판결에 기하여 소유권이전등기가 되었더라도, 그 대물변제가 취소의 대상이 되는 경우에는 대물변제를 취소할 수 있다.[179] 즉 사해행위는 이를 근거로 한 판결이나 강제집행이 있다고 하더라도 취소할 수 없는 것이 아니다.

(3) 채무자가 적극재산인 채권을 특정채권자로 하여금 강제집행의 형식을 빌려 압류·전부받게 할 목적으로 채무부담행위를 하고, 그에 대한 강제집행을 승낙하는 취지의 공정증서를 작성해 주어 채권자가 채권을 압류·전부받은 경우는, 실질적으로 채무자가 자신의 채권을 특정채권자에게 양도한 것과 다를 바가 없다고 볼 수 있는 특별한 사정이 있으므로 사해행위가 될 수 있다.[180]

---

175) 대법원 1994. 6. 14. 선고 94다2961 판결.

176) 뒤에 설명하는 [11] 7. 참조.

177) 最判 소화 38. 10. 10. 判タ 157-56; 大阪高判 소화 40. 5. 20. 金法 415-9.

178) 大阪高判 소화 40. 3. 31. 金法 409-11.

179) 大阪高判 소화 38. 9. 18. 金法 358-7.

마. 수익자 · 전득자의 행위

전득자가 악의인 경우 취소의 효과가 전득자에게도 미치나, 이 경우에도 취소할 행위는 채무자 S와 수익자 Y 사이의 행위(사해행위)이고, Y와 전득자 Z 사이의 행위(전득행위)가 사해행위로서 취소되는 것은 아니다.[181]

즉 Y와 Z 사이의 행위(전득행위)는 민법 제406조에서 정한 '사해행위'에 해당되지 않으므로 이를 취소할 수는 없고, 그 취소를 구하는 소는 소의 이익이 없어 부적법 각하된다.

3. 법률행위

가. 법률행위 · 준법률행위

(1) 법률행위

(가) 원 칙

사해행위는 원칙으로 법률행위에 한정되고(민법 제406조 제1항) 단순한 사실행위는 취소의 대상이 되지 않는다. 예컨대 채무자가 자기의 재산을 파손하는 행위는 채권자를 해치는 행위일지라도 사해행위가 될 수 없다. 저당권의 효력은 저당목적물에 부합하는 물건에 미치는데(민법 제358조), 채무자가 저당권의 목적으로 되어 있는 부동산에 일반채권자들의 담보가 될 수 있는 자기 소유 물건을 부합함으로써, 저당채권자에게 이익을 주고 일반채권자들을 해치는 결과를 가져올지라도, 부합행위는 사실행위로서 사해행위로 취소할 수

---

180) 대법원 2002. 10. 25. 선고 2000다7783 판결; 대법원 2009. 1. 15. 선고 2007다61618 판결.

181) 대법원 2004. 8. 30. 선고 2004다21923 판결.
대법원 2006. 7. 4. 선고 2004다61280 판결. 이 판결의 설시 중에는, "채권자가 사해행위의 취소로서 수익자를 상대로 채무자와의 법률행위의 취소를 구함과 아울러 전득자를 상대로도 '전득행위의 취소'를 구함에 있어서"라는 표현을 하고 있다. 이는 마치 전득행위를 사해행위로서 취소하는 것으로 오인할 우려가 있으므로, 밑줄 친 부분을 '전득자에게 원상회복을 구함(여기서는 근저당권설정등기의 말소)에 있어서'라고 표현하는 것이 낫지 않을까 한다. 이 판결은 전득행위를 사해행위로서 요건을 갖추어야 하는 것으로 본 원심의 잘못을 지적하면서 "수익자와 전득자 사이의 전득행위가 다시 채권자를 해치는 행위로서 사해행위의 요건을 갖추어야 하는 것은 아니다"고 설시하고 있다.

없다.

공법상 행위는 사해행위의 대상인 법률행위가 아니므로 취소할 수 없다는 일본 판례가 있다.[182)]

(나) 부인의 대상

도산법상에는 단지 '행위'라고 되어 있으므로(채무자회생법 제391조), 부인의 대상이 되는 행위는 법률행위뿐만 아니라 법률적 행위도 당연히 포함된다.

(다) 독일법

독일법(AnfG 제1조)에서는 취소대상이 법률적 행위(Rechtshandlungen)로 규정되어 있다. 법률적 행위는 법률행위(Rechtsgeschäft)보다 넓은 개념으로서, 법률행위는 행위자가 의욕한 바에 따른 법률효과가 부여되는데 반하여, 법률적 행위는 행위자가 의욕하였는지 여부에 관계없이 법률효과에 결부되어 있는 것을 말한다.

(라) 실무에서의 유형

판례에 나타나는 법률행위는 계약인 경우가 대부분이고, 채권포기나 채무면제와 같은 단독행위[183)]나 회사설립 등의 합동행위[184)]도 취소의 대상이 된다. 무상행위는 물론이고 유상행위도 취소할 수 있다. 채무자가 제3채무자에 대하여 기한의 유예를 주는 행위도 취소의 대상이 된다.

판례에서 보이는 사해행위의 유형을 보면, 증여, 매매, 담보제공[185)]이 가장 많고, 그 외에도 상계, 채권양도를 비롯한 권리양도, 계약상 지위의 양도,[186)] 채무인수, 채무의 면제, 인적담보의 부담(보증), 권리 포기[187)]가 있다.

---

182) 山口地判 소화 38. 4. 17. 判時 338-37.

183) 東京地判 소화 60. 9. 19. 金判 751-30(채무면제).

184) 다만 회사설립행위는 상법 제185조가 적용되고 민법 제406조는 적용되지 않는다는 판례로 最判 소화 39. 1. 23. 判タ 161-71.

185) 제3자를 위한 물상보증의 사례로 最判 평성 12. 7. 7. 金法 1599-88.
기존채무를 위한 담보설정의 사례로 最判 소화 35. 4. 26. 判時 223-2.

186) 대법원 1995. 5. 26. 선고 95다7413 판결(도급계약상의 지위 양도가 사해행위에 해당된다는 사례).

187) 대법원 2013. 5. 31.자 2012마712 결정(채무자가 소멸시효 완성 후에 한 소멸시효 이익의 포기행위는 소멸하였던 채무가 소멸하지 않았던 것으로 되어 결과적으로 채무자가 부담하지 않아도 되는 채무를 새롭게 부담하게 되는 것이므로 채권자취소권의 대상인 사해행위가 될 수 있다.) 매매예약완결권이 10년의 제척기간이 경과

(마) 계약의 이행이 필요한 경우

일반적으로 계약관계는 계약체결과 그에 따른 이행으로 이루어지지만, 계약체결로 채권채무관계는 확정적으로 발생하므로 사해행위의 존재는 이때 이미 충족된다. 다만 그 계약이 이행되기 전에는 계약취소를 구할 수는 있으나 원상회복을 구할 여지가 없다. 이 경우 이행되지 않았다 하여 일반채권자들에게 손해가 없다고 단정할 수는 없다. 계약을 통하여 채무자의 총채무가 증가하였기 때문이다. 다만 아직 이행되지 않아 대상물이 채무자의 지배범위에 남아있어 집행이 가능하면, 굳이 사해행위인 계약을 취소할 필요 없이 바로 그 대상물에 대하여 집행을 하면 될 것이다. 그러나 그 계약이 통정허위표시 또는 채권자가 바로 집행할 수 없는 사정이 있는 경우 등에는, 이행되지 않은 계약이라도 이를 취소할 소의 이익이 인정될 수 있다.

계약 체결과 동시에 특별한 이행 없이도 곧바로 재산의 이전효과가 발생하는 경우, 예를 들어 채무면제계약을 체결한 경우 사해행위가 성립함은 물론이다.[188)]

(바) 예 약

소유권이전등기청구권 보전의 가등기를 경료한 경우에는, 그 자체만으로는 물권취득의 효력을 발생하지 않지만 후일 본등기를 하는 경우엔 가등기한 때 소급하여 소유권변동의 효력이 발생하기 때문에 채권자로 하여금 완전한 변제를 받을 수 없게 하는 결과를 초래하게 되므로, 가등기를 경료하기 위한 계약(매매예약 등)은 그 자체로 채권자를 해치는 것으로서 사해행위가 될 수 있다.[189)]

(사) 어음 · 수표의 발행행위[190)]

된 사안에서 대법원은 소멸시효가 완성된 것으로 보고 위와 같이 판시하였다. 제척기간의 완성으로 권리는 당연히 소멸하고 법원은 직권으로 이를 참작하여야 하므로, 채무자가 제척기간의 이익을 포기한다는 개념은 있을 수 없다는 점에서 사안에 입각한 정확한 판시라고는 볼 수 없으나, 이 판례는 소멸시효가 완성된 사안에 대한 대법원의 법리 표명으로 볼 수는 있을 것이다. 특히 위 사안은 가등기가 대여금채권의 담보를 위하여 경료된 것으로서, 대여금채권의 시효가 완성되었다고 법리구성을 할 수도 있는 경우이다.

188) 임채웅, '사해행위로서의 소송행위의 취소 및 부인에 관한 연구', 270면.

189) 대법원 1975. 2. 10. 선고 74다334 판결.

기존채무의 지급을 위하여 약속어음이 발행된 경우에는 특별한 사정이 없다면 그 약속어음 발행에 따라 채무자의 채무가 새로이 증가되는 것이 아니므로 그 약속어음 발행이 사해행위에 해당한다고 할 수 없다.[191] 채무자가 약속어음을 발행함으로써 새로운 채무를 부담하게 되는 경우에는, 그 채무부담에 따라 채무자가 채무초과상태에 빠지거나 이미 빠져 있던 채무초과상태가 더욱 악화·심화된다면, 그 약속어음 발행은 다른 채권자를 해치는 것으로서 사해행위에 해당한다. 다만 아직 강제집행절차가 종료되지 않은 경우에는, 수익자가 어음채권을 취득한 것 외에 어떤 구체적인 수익을 얻었다고 할 수 없고, 집행권원을 얻은 것 자체를 원상회복의 대상이 되는 수익에 해당한다고도 할 수 없으므로, 그 집행권원의 반환이나 인도 등에 따른 원상회복을 청구할 여지는 없다.[192]

(아) 판단기준

사해행위는 반드시 실체법적 측면에서 완전한 권리이전을 통한 채무자의 재산 감소를 요구하지 않는다. 그 구체적인 판단기준은, 권리의 확정적 이전 여부가 아니라, 채무자의 일반채권자들에게 실제로 사해성이 있는지 여부, 즉 그들이 강제집행으로 나아갔을 때를 기준으로 하여 그 집행대상 재산이 감소하는지 여부라 할 수 있다. 따라서 반드시 유·무효를 기준으로 판단할 것은 아니며, 실제로 취소로 집행대상 재산이 증가할 가능성이 있다면 사해행

---

190) [23] 참조.

191) 대법원 2002. 8. 27. 선고 2002다27903 판결.

192) 대법원 2002. 10. 25. 선고 2000다64441 판결.
채무자의 약속어음 발행이 사해행위에 해당하는 경우, 채권자는 사해행위인 약속어음의 발행행위를 취소하고 강제집행의 결과 수익자가 얻은 환가금이나 추심금 또는 전부금의 반환이나 전부채권의 양도를 원상회복으로서 구할 수 있다.
아직 강제집행절차가 종료되지 않은 경우에는, 수익자가 어음채권을 취득한 것 외에 어떤 구체적인 수익을 얻었다고 할 수 없고, 집행권원을 얻은 것 자체를 원상회복의 대상이 되는 수익에 해당한다고도 할 수 없으므로, 그 집행권원의 반환이나 인도 등에 따른 원상회복을 청구할 여지는 없다고 판시하였다. 원심은 약속어음 공정증서에 기한 피고의 채권압류 및 전부명령이 아직 확정되지 않았음에도 불구하고, 원상회복으로서 약속어음 공정증서 정본의 인도를 명하였다.
대법원 2002. 10. 25. 선고 2002다42711 판결(약속어음을 발행하여 가공의 어음채무를 부담하는 행위).

위로서 취소대상이 될 수 있다.[193)]

(2) 준법률행위도 취소의 대상이 될 수도 있다.

(가) 변제 – 채무의 본지에 따른 이행[194)]

채권자가 채무의 변제를 구하는 것은 그의 당연한 권리행사로서 다른 채권자가 존재한다는 이유로 이것이 방해받아서는 안 되고, 채무자도 채무내용에 좇아(민법 제460조) 채무를 이행할 의무를 부담하고 있어 다른 채권자가 있다는 이유로 그 채무이행을 거절하지는 못한다. 따라서 채무자가 채무초과 상태에서 특정채권자에게 채무내용에 좇아 변제를 함으로써 다른 채권자의 공동담보가 감소하는 결과가 되는 경우에도, 그 변제는 채무자가 특히 일부의 채권자와 통모하여 다른 채권자를 해할 의사를 가지고 변제를 한 경우[195)]가 아닌 한 원칙적으로 사해행위가 되는 것은 아니다.

기존 금전채무의 변제에 갈음하여 다른 금전채권을 양도하는 경우에도 통모가 필요하다는 판례가 있다.[196)][197)]

참고로 통모를 인정할 때 참작하여야 할 사정에 관하여, 대법원은 아래와 같이 판시하였다.

□ 대법원 2004. 5. 28. 선고 2003다60822 판결

채무자가 일부 채권자와 통모하여 다른 채권자를 해칠 의사를 가지고 변제나 채권양도를 하였는지 여부는 사해행위임을 주장하는 사람이 증명해야 한다. 이는 ① 수익자의 채무자에 대한 채권이 실제로 존재하는지 여부, ② 수익자가 채무자로부터 변제 내지 채권양도를 받은 액수 및 양도받은 채권 중 실제로 추심한 액수, ③

193) 임채웅, '사해행위로서의 소송행위의 취소 및 부인에 관한 연구', 279면 참조.

194) [11] 참조.

195) 대법원 2005. 3. 25. 선고 2004다10985 판결(수익자가 채무자의 처, 딸, 대여금이 인정되지 않음 – 통모 인정); 대법원 2003. 6. 24. 선고 2003다1205 판결(수익자가 친구의 형으로 채무자의 내부 사정을 잘 알았고, 채권양도 시점과 양도통지 시점이 15일 차이 나는 점에서 통모 인정); 대법원 2001. 4. 10. 선고 2000다66034 판결(사실혼 관계, 변제금액이 대여금의 40%, 변제 중에도 추가 대여 – 통모 불인정).

196) 대법원 2004. 5. 28. 선고 2003다60822 판결.

197) 이에 대하여는 아래 [12] 및 [15] 참조. 현재 대법원은 대물변제로 채권을 양도한 경우에도 사해행위를 인정할 때 원칙적으로 통모를 요구하지 않는 입장을 취하는 것으로 보인다.

채무자와 수익자와의 관계, ④ 채무자의 변제능력 및 이에 대한 수익자의 인식, ⑤ 변제 또는 채권양도 전후에 수익자의 행위, ⑥ 그 당시의 채무자 및 수익자의 사정 및 ⑦ 변제 또는 채권양도의 경위를 비롯한 모든 사정을 종합적으로 참작하여 판단한다.[198]

변제와 달리 대물변제는 채무의 본지에 따른 이행이 아니므로 통모가 없어도 사해행위가 될 수 있다.[199]

(나) 최고나 채권양도의 통지, 시효중단을 위한 승인과 같은 준법률행위도 취소의 대상이 될 수 있다는 학설이 있으나,[200] 채권양도통지에 관하여는 단순히 대항요건 구비행위에 불과하여 취소의 대상이 되지 않는다는 것이 판례[201]이다. 또한 채무자가 제3채무자에 대하여 자신의 채권을 보전하기 위하여 최고하는 행위나 반대로 자신의 채무에 대한 시효중단을 위한 승인[202]이 사해행위로 될 수 있을지는 의문이다.

나. 등기경료행위

등기이전행위 자체나 물권이전행위 자체는 사해행위로 될 수 없다는 일본

198) 이 사건에서는 채권을 양도받은 경우인데, 수익자의 채권 약 9억 8,000만 원 중 일부인 7억 5,000만 원에 해당하는 채권을 양수한 경우, 실제로 회수할 수 있는 채권이 액수가 불확실하고, 채무자와 수익자 사이에 친인척관계에 있으나 수익자가 채무자의 사업내용을 알 수 없었던 점, 원고와 다른 채권자들에게도 22억 원 정도의 채권을 양도해 준 점 등에 비추어 통모가 인정되지 않았다.

199) 대법원 1990. 11. 23. 선고 90다카27198 판결(외 다수).
다만 대물변제의 경우에도 사해행위가 되지 않는다는 판례도 있다.
대법원 1981. 7. 7. 선고 80다2613 판결은 원고만이 참여하지 않은 채권단에 채무자의 유일한 재산을 대물변제로 양도한 것이 사해행위에 해당되지 않는다고 한 사례이다. 조금 오래된 것으로서 대법원 1967. 4. 25. 선고 67다75 판결은 선박을 상당한 가격으로 평가하여 대물변제로 제공한 것은 사해의사가 없다고 한다.

200) 飯原一乘, 詐害行爲取消訴訟, 71면 참조.

201) 대법원 2012. 8. 30. 선고 2011다32785 판결(피보전권리인 채권자 X의 채무자 S에 대한 대여금채권은 S→Y의 임대차보증금 반환채권 양도 후에 발생하였고, 채권양도의 통지는 피보전권리가 발생한 후에 이루어진 사안에서, X는 채권양도통지행위가 사해행위에 해당된다고 주장하였으나 인정되지 않았다); 最判 평성 10. 6. 12. 判時 1660-60.

202) 시효이익 포기를 위한 승인은 별개의 문제로서 당연히 사해행위가 된다.

판례[203]가 있다.

대법원은 가등기 경료행위가 사해행위에 해당한다는 표현을 사용한 예가 있으나[204] 그 취지가 반드시 등기경료행위를 그 원인행위와 별개의 사해행위로 본 것인지는 의문이다.

이에 대하여는 피보전채권의 성립시기나 제척기간과 관련하여, 채권자 보호와 거래안전을 위하여, 등기경료를 물권변동행위의 요소로 보고, 등기경료가 있을 때, 부동산의 처분행위(사해행위)가 완성된 것으로 볼 필요가 있다는 점은 앞에서 보았다.[205]

그렇다 하더라도 물권변동의 요소로서 원인행위와 등기 중에서 사해행위로서 취소되어야 할 것은 등기경료행위가 아니라, 등기경료를 목적으로 하는 법률행위인 것이 원칙이다. 원인행위가 취소되면 등기는 효력을 상실하기 때문이다.[206]

다. 소송행위[207]

순수한 소송행위는 취소의 대상이 되지 않지만 그것이 동시에 실체법상 법률행위로서 성질을 갖는 경우, 예컨대 소송상 상계, 청구의 포기 인낙,[208] 재판상 화해[209] 등은 대상이 된다.

기일불출석에 따른 의제자백을 부작위로 한 사해행위로서 채권자취소소송의 대상이 된다고 한 하급심판례가 있다.[210] 기일불출석이란 부작위가 자백이라는 효과를 가져오므로 자백이라는 행위를 한 것으로 보고 이를 취소의 대상으로 한 것으로 볼 수 있다.

---

203) 最判 소화 55. 1. 24. 判時 956-48.

204) 대법원 1975. 2. 10. 선고 74다334 판결.

205) [8] 3. 다. 참조.

206) 이에 대한 자세한 설명은 [18] 참조.

207) 임채웅, '사해행위로서의 소송행위의 취소 및 부인에 관한 연구', 245면 이하; [19] 참조.

208) 인천지법 1996. 12. 18. 선고 96가합4356 판결(청구인낙이 채권자취소권의 대상이 된다고 함).

209) 대법원 2017. 4. 7. 선고 2016다204783 판결.

210) 광주고법 1984. 3. 16. 선고 83나329 제2민사부 판결.

□ 광주고법 1984. 3. 16. 선고 83나329 판결

민법 제406조 제1항의 "법률행위"는 엄격한 의미의 법률행위에 국한되는 것이 아니라 더 넓게 법적행위를 의미하고, 당사자의 의욕 여부에 관계없이 법률효과가 부여되는 의사활동으로서 의식된 부작위도 포함된다. 채무자가 그의 유일한 재산인 부동산에 관하여 그의 아버지인 피고로부터 신탁해지를 원인으로 한 소유권이전등기청구의 소가 제기되자, 의제자백의 방법으로 승소판결을 받게 하여 소유권이전등기를 마치게 하였다면, 이는 채무자가 피고의 신탁해지를 적극적으로 거절할 수 있었음에도 불구하고, 오히려 소극적으로 이를 묵인하는 것처럼 가장한 부작위행위로서 확정판결을 이용하였다 하더라도 채권자취소권의 대상이 된다.

라. 부작위

취소권의 행사대상은 법률행위임이 원칙이므로 시효중단조치를 하지 않거나 증여 승낙의 의사표시를 하지 않는 것과 같은 단순한 부작위는 대상이 되지 못하나, 민법 제15조나 제131조와 같이 상대방의 최고에 대하여 일정기간 내에 확답을 하지 않으면 취소할 수 있는 법률행위를 추인한 것으로 간주되거나 추인을 거절한 것으로 간주되는 경우에는 대상이 될 수 있다는 주장이 있다.[211] 그러나 실무에서는 위에서 본 바와 같이 기일불출석을 사해행위로 본 경우 외에는 사례가 거의 없다.[212]

4. 재산권을 목적으로 한 행위

가. 개 설

(1) 원 칙

채권자취소권은 채무자의 책임재산 확보를 위한 것이므로, 채무자의 행위는 재산권을 목적으로 하는 행위여야 한다(민법 제406조 제1항). 따라서 혼인, 이혼, 파양 등의 순수한 신분행위에 따라 실질적으로 채무자의 재산상태에 영향이 생기는 경우에도 취소의 대상이 되지 않는다. 또한 채무자가 하는 고용계약이나 위탁계약은 재산권을 목적으로 하는 행위라 할 수 없다.

---

211) 민법주해, 815면, 816면 참조.

212) 자세한 설명은 [20] 참조.

(2) 공법상의 권리

여기서 재산권이라 함은 공법상 권리이든 사법상 권리이든 채권자의 일반담보에 제공될 수 있다면 관계가 없다. 공유수면점용허가권은 공법상 권리이지만 관할관청의 허가 없이 자유로이 양도할 수 있어 독립한 재산적 가치를 가지고 있고, 법률상 압류가 금지된 권리도 아니어서 민사집행법 제251조가 정한 '그 밖의 재산권'에 대한 집행방법에 따라 강제집행을 할 수도 있으므로, 채권자취소권의 대상이 된다.[213)]

구 수산업법(2009. 4. 22. 법률 제9626호로 개정되기 전)에서는 현행 수산업법과는 달리 어업허가의 양도・양수에 관한 규정이 따로 없었으므로, 어업허가를 양도한 행위는 채권자취소권의 대상이 될 수 없었다.[214)]

건축주명의를 변경해주는 약정도 사해행위가 될 수 있다.[215)]

(3) 강제집행이 가능한 재산

채권자취소권에 따라 회복된 채무자의 재산은 채권자의 집행대상으로 되므로, 압류금지재산(민집법 제195조)에 관한 행위는 취소할 수 없다. 자연채무는 이행을 강제할 수 없기 때문에, 이를 부담하는 것은 채권자에 대하여 일반담보의 감소로 되지 않으므로 사해행위가 되지 않지만, 채무자가 이를 이행하면 자산이 감소되는 것이므로 사해행위가 된다.

(4) 증여의 거절

재산권에 관한 행위라도 증여를 거절하는 행위는 채무자의 자유의사에 맡겨야 하므로 채권자가 이에 개입하는 것은 허용될 수 없다.[216)]

---

213) 대법원 2005. 11. 10. 선고 2004다7873 판결.

214) 대법원 2010. 4. 29. 선고 2009다105734 판결. 현행 수산업법 제44조는 어업허가를 받은 자로부터 어선 등을 매입한 자는 그 어업허가를 받은 자의 지위를 승계한다고 규정함으로써 어업허가를 포함한 어선 등의 양도는 허용하고 있으므로, 취소의 대상이 될 수 있을 것이다.

215) 대법원 2017. 4. 27. 선고 2016다279206 판결. 다만 수익자 명의로 이미 보존등기가 완료되었다면, 가액배상의 방법으로 원상회복을 이행해야 한다.

216) 재산적 신분행위라 할 수 있는 유증의 포기에 대하여는 약간의 문제가 있으므로, 아래에서 다시 본다.

(5) 구체적인 예

재산권을 목적으로 하는 행위는, 일반적으로 물권이나 기타 재산의 양도, 설정[217] 또는 계약해제[218] 등 재산의 처분을 말하지만, 소비대차,[219] 임차권 설정[220] 또는 보증계약과 같이 채무부담행위[221]도 취소의 대상이 된다. 조건부행위로서 조건성취의 여부가 확정되지 않은 경우도 마찬가지다.[222]

나. 재산적 신분행위[223]

(1) 상속·유류분·유증의 포기

상속포기[224]와 유류분반환청구권의 포기[225]는 취소의 대상이 되지 않는다.

다만 유증의 포기에 대하여, 대법원은 사해행위취소의 대상이 되지 않는다고 하나,[226] 상속포기가 상속개시를 알고부터 3개월 이내에 가정법원에 신고

---

217) 대법원 2007. 2. 23. 선고 2006다47301 판결(담보의 제공).

218) 東京高判 소화 56. 3. 30. 東京高等裁判所判例時報 23-3-78(계약해제).

219) 東京地判 평성 10. 12. 8. 金判 1057-3.

220) 대법원 2005. 5. 13. 선고 2003다50771 판결(채무자가 채무초과 상태에서 채무자가 소유한 유일한 주택에 대하여 주택임대차보호법 제8조의 소액보증금 최우선변제권 보호대상인 임차권을 설정해 준 행위는 사해행위취소의 대상이 된다).

221) 大阪高判 소화 42. 4. 18. 判時 495-54(채무인수); 東京地判 소화 52. 12. 8. 判時 908-67(연대보증계약).

222) 東京高判 소화 47. 9. 4. 判タ 288-324.

223) 이에 대하여는 [17]에서 자세히 본다.

224) 대법원 2011. 6. 9. 선고 2011다29307 판결. 대법원은 포기자가 상속재산 분할협의에 참여하여 그 당사자가 되었다고 하더라도, 그 협의가 그의 상속포기를 전제로 하여 포기자에게 상속재산에 대한 권리를 인정하지 않는 내용이고, 그 후 포기기간 내에 상속을 포기한 경우에도 상속포기의 효력을 인정할 수 있다고 한다. 最判 소화 49. 9. 20. 判時 756-70도 같은 취지이다.

225) 대법원 2010. 5. 27. 선고 2009다93992 판결.

226) 대법원 2019. 1. 17. 선고 2018다260855{유증을 받을 자는 유언자의 사망 후에 언제든지 유증을 승인 또는 포기할 수 있고, 그 효력은 유언자가 사망한 때에 소급하여 발생하므로(민법 제1074조), 채무초과 상태에 있는 채무자라도 자유롭게 유증을 받을 것을 포기할 수 있다. 또한 채무자의 유증 포기가 직접적으로 채무자의 일반재산을 감소시켜 채무자의 재산을 유증 이전의 상태보다 악화시킨다고 볼 수도 없다. 따라서 유증을 받을 자가 이를 포기하는 것은 사해행위 취소의 대상이 되지 않는다.}

하는데 반하여(민법 제1019조), 특정유증의 포기는 유언자의 사망 후에 언제든지 할 수 있으므로(민법 제1074조 제1항), 유증의 효력이 발생한 후 장기간 경과한 후에 유증을 포기한 경우에는, 수증자의 채권자가 예상치 못한 손해를 입을 수 있으므로, 장기간의 경과에 따라 묵시적 승인으로 인정될 수 있는 상태에서 채무자가 한 유증목적물의 처분은 사해행위가 성립된다.[227)]

(2) 상속재산 분할

상속재산 분할은 이미 채무자의 소유로 된 재산에 대한 처분행위이므로 그 대상이 된다.[228)] 그러나 그 범위는 재산분할 결과가 구체적 상속분[229)]에 상당하는 정도에 미달하는 부분에 국한하여 취소된다.[230)]

(3) 이혼에 따른 재산분할

너무 과대하여, 재산분할을 빙자하여 한 재산처분이라고 인정할 수 있는 특별한 사정[231)]이 없다면 취소의 대상이 되지 않는다.[232)]

(4) 이혼 위자료, 양육비

이혼 위자료는 정신적 손해에 대한 손해배상채권으로 일반채권자의 채권

---

227) 飯原一乘, 詐害行爲取消訴訟, 239~240면.

228) 대법원 2007. 7. 26. 선고 2007다29119 판결(상속재산 분할과정에서 채무초과 상태에 있는 채무자가 상속재산의 분할협의를 하면서 자신의 상속분에 관한 권리를 포기함으로써 일반채권자에 대한 공동담보가 감소된 사안임); 대법원 2008. 3. 13. 선고 2007다73765 판결.

229) 여기서 '구체적 상속분'이란 특별수익(민법 제1008조)이나 기여분(민법 제1008조의2 제1항)이 있는 경우에 지정상속분이나 법정상속분이 그에 따라 수정된 것을 가리킨다. 구체적 상속분이 법정상속분과 다르다는 사실은 주장하는 자가 입증한다.

230) 대법원 2001. 2. 9. 선고 2000다51797 판결; 最判 평성 11. 6. 11. 判時 1682-54. 상속재산이 여러 개 있을 때에는 그 재산 전부를 고려한다. 상속재산 일부에 대하여만 상속을 포기하는 방법으로 한 상속재산 분할은 사해행위가 될 수 있지만 다른 상속재산이 남아 있는 경우에는 채무총액과 재산총액의 차이를 고려해야 한다.

231) 最判 평성 12. 3. 9. 判時 1708-101은 민법 제839조의2 제2항(재산분할의 액수와 방법)의 취지에 반하여 지나치게 과대하고 사해의사가 존재하는 것으로 판단된다고 하여 취소를 인정하였다.

232) 대법원 1984. 7. 24. 선고 84다카68 판결 외 다수. 대법원 판례를 보면 재산분할이 상당성을 초과하여 사해행위가 된다고 본 사례는 그리 많지 않다. 양창수, '최근 중요 민사판례 동향', 389면 참조.

과 동일한 성격을 가지므로, 원칙으로 혼인생활 중 형성한 재산의 청산이라는 성격을 가지는 재산분할과는 달리 보아야 한다. 따라서 위자료 지급을 위하여 부동산을 넘김으로써 무자력이 되었다면 사해행위가 될 수 있다.233) 다만 형식상 위자료 명목으로 지급한 재산이라도 재산분할의 성격을 가지고 있다면 재산분할로 보고 사해행위 여부를 판단한다.234)

이혼을 원인으로 한 양육비도 위자료와 같이 보아야 할 것이나 타당성이 있는 경우에는 사해성이 부정될 수 있다.235)

5. 행위의 사해성 — 채권자에 대한 사해

가. 개 설

(1) 사해행위의 개념과 편파행위와의 관계

채무자의 행위에 대한 취소가 인정되려면 '채권자를 해'치는 경우여야 한다(민법 제406조 제1항). 채권자취소제도는 채무자의 징벌을 목적으로 하는 것이 아니라, 사해행위로 피해를 입은 채권자를 구제하기 위한 것이기 때문이다.

여기서 '채권자를 해치는 행위'라 함은 채무자의 일반재산 감소로 무자력 상태를 가져오거나 심화되는 경우를 말한다. 그런데 사해행위에 채권자를 해치는 행위뿐만 아니라 편파행위도 포함되는가 하는 문제가 변제나 대물변제(특히 본지변제)와 관련하여 논의된다. 원래 '사해행위'와 '편파행위'는 서로 구별되는 개념이다. 사해행위는 채무자의 총재산에 감소를 가져오는 행위를 말하고, 편파행위는 채권자 간의 공평을 해치는 행위236)를 말한다. 즉 편파행

---

233) 대법원 1990. 11. 23. 선고 90다카24762 판결(채권자가 채무자 소유의 부동산에 대한 가압류결정을 받기 하루 전에 채무자가 처와 협의이혼하고 유일한 재산인 위 부동산을 처에게 위자료와 자녀 양육비 명목으로 무상양도한 경우). 또한 대법원 2000. 7. 28. 선고 2000다14101 판결도 재산분할이 사해행위에 해당하는지 여부를 판단하기 위하여는 먼저 '위자료를 제외한 상당한 재산분할의 액수를 확정'해야 한다고 하여 위자료와는 달리 보고 있다.

234) 대법원 2001. 5. 8. 선고 2000다58804 판결.

235) 아래 [9] 6. 다. 참조.

236) 편파행위는, ① 다수 채권자의 존재, ② 일부 채권자에 대한 채권만족 행위, ③ 행

위는 재산의 처분행위가 기존채무에 관한 것이고, 원칙적으로 행위 당시 채무자의 채무초과상태(무자력)가 그 요건이다. 그런데 아래 보는 바와 같이 대법원은 사해행위라는 개념에 편파행위를 포섭하여 사용한다.[237]

판례에 따르면, 부인권 중에서 채권자취소권과 기본적으로 동일한 고의부인에서는, 사해행위란 채무자의 재산을 절대적으로 감소시키는 행위뿐만 아니라 채권자들 사이에 불공평을 생기게 하는 편파행위도 포함된다.[238]

그러나 채권자가 채무변제를 구하는 것은 그의 당연한 권리행사로서 다른 채권자가 존재한다는 이유로 방해받아서는 안 되고, 채무자도 채무의 본지에 따라 채무를 이행할 의무를 부담하고 있어 다른 채권자가 있다는 이유로 그 채무이행을 거절하지 못하므로, 채무자가 채무초과 상태에서 특정채권자에게 채무의 본지에 따른 변제를 함으로써 다른 채권자의 공동담보가 감소하는 결과가 되더라도(즉 채권자들 사이에 불공평한 결과를 가져오더라도), 그 변제는 채권자취소권에서 사해행위가 되지 않는다.

다만 채무자가 특히 일부의 채권자와 통모하여 다른 채권자를 해칠 의사를 가지고 변제한 경우에는 사해행위가 될 수 있다는 것이 판례이다.[239][240]

변제와 달리 대물변제나 담보제공은 채무의 본지에 따른 이행이 아니므로 통모가 없어도 사해행위가 될 수 있다. 물론 대물변제라고 하여 항상 사해행위가 되지는 않는다.[241]

위 당시의 무자력=채무초과상태, ④ 행위에 따라 채권자 사이에 채권만족 비율이 달라질 것을 그 요건으로 한다. 이에 비하여 사해행위는 ① 여러 채권자가 존재할 필요가 없고, ② 사해행위의 상대방은 다른 채권자일 필요도 없으며, ③ 행위에 따라 채권자 사이의 만족 비율의 감소가 아닌 채권자(들)의 만족이 불가능하거나 심화되는 것을 말한다. 허진용, '채권자취소권과 파산절차상의 부인권의 차이', 40면.

237) 이에 대한 상세한 논의와 비판은 임채웅, '사해행위와 편파행위' 참조.

238) 대법원 2006. 6. 15. 선고 2004다46519 판결.

239) 대법원 2005. 3. 25. 선고 2004다10985 판결(수익자가 채무자의 처, 딸. 대여금이 인정되지 않음–통모 인정); 대법원 2003. 6. 24. 선고 2003다1205 판결(수익자가 친구의 형으로 채무자의 내부 사정을 잘 알았고, 채권양도 시점과 양도통지 시점이 15일 차이 남–통모 인정); 대법원 2001. 4. 10. 선고 2000다66034 판결(사실혼 관계, 변제금액이 대여금의 40%, 변제 중에도 추가 대여–통모 불인정).

240) 통모에 관하여는 아래 [10] 2. 나. 참조.

241) 대법원 1990. 11. 23. 선고 90다카27198 판결(외 다수).

결론적으로 편파행위 중 변제는 통모가 없는 한 사해행위가 되지 않고, 대물변제나 담보의 제공은 통모가 없어도 사해행위가 될 수 있다는 것이 판례의 입장이다. 앞에서 본 바와 같이 사해행위 본래의 의미에서 볼 때는 어느 정도 범위를 벗어난 해석이지만, 실무의 필요에 따라 형성된 대법원 판례의 확고한 입장이다.

(2) 일체로 이루어진 행위 – 행위 전체로 판단

사해성의 판단과 관련하여 대법원은, 일체로 이루어진 행위에 대하여는 그 행위 전체가 채권자에게 미치는 영향을 두고 판단되어야 하고, 그 전체를 통틀어 판단할 때 채권자에게 불이익을 주는 것이 아니라면 개별약정만을 따로 분리하여 유해성이 있다고 판단하여서는 안 된다고 한다.

□ 대법원 2002. 9. 24. 선고 2001다39473 판결(부인권에 관한 사안)

[사안] 채무자 S가 수익자 Y와 사이에 직장인저축보험계약을 체결하고 그 보험료로 100억 원을 Y에게 지급함과 동시에 Y는 S에게 100억 원을 대출해 주면서 후순위특약(대출금의 변제기 전에 S에 대하여 파산선고가 되는 경우에는 그 파산절차에서 다른 채권 전액이 우선변제되고 남는 재산이 있을 경우에 한하여 파산절차에 따른 변제 또는 배당을 받거나 S에 대한 채무와 상계할 수 있도록 하는 내용의 특약)이 있는 여신거래약정을 체결하고, 동시에 향후 S가 파산되는 경우 Y는 위 보험계약의 해약에 따른 보험료의 환급채무와 위 대출금채권을 상계할 수 있기로 하는 추가약정을 체결하였다. 그 후 S는 지급정지(부도)사태에 빠졌고, 이에 Y는 위 추가약정에 따라 보험계약 해약에 따른 보험료환급채무와 대출금채권을 대등액에서 상계하였다.

[판단] S와 Y는 실질적인 자금을 주고받음이 없이 장부와 서류상의 계산만으로만 보험료의 납입과 대출 거래를 하면서 위와 같은 약정을 체결하였으므로, 위 약정 체결에 따라 파산채권자들을 해쳤다고 보기 어려우므로, 결국 위 상계약정만을 분리하여 유해성을 가지는 행위라고 할 수 없다.

다만 대물변제의 경우에도 사해행위가 되지 않는다는 판례가 있다.

대법원 1981. 7. 7. 선고 80다2613 판결(원고만이 참여하지 않은 채권단에 채무자의 유일한 재산을 대물변제로 양도한 경우); 대법원 1967. 4. 25. 선고 67다75 판결(선박을 정당한 가격으로 평가하여 대물변제로 제공).

(3) 변제자력의 부족(무자력, insolvency)

(가) 개 념

사해행위는 '채권자를 해치는' 행위이고, 이는 '채무자의 재산처분행위에 따라 그 일반재산이 감소하여 채권의 공동담보에 부족이 생기거나 이미 부족한 공동담보의 부족의 정도가 더욱 심화되어 채권자에게 완전한 변제를 할 수 없게 되는 것'[242] 즉 '소극재산이 적극재산보다 많아지는'[243] 상태(= 채무초과상태)라고 설명할 수 있다. 채무자의 행위에 따라 비로소 채무초과상태가 된 경우뿐만 아니라, 이미 채무초과상태가 된 채무자가 재산 처분으로 더욱 심해진 경우도 포함되나, 전자의 경우보다는 후자의 경우가 사해성이 강하다고 할 수 있다. 오래 된 판례에서도, 채권자 취소권의 대상이 되는 법률행위가 채권자를 해친다 함은, 채무자의 행위로 말미암아 채권자의 적극재산이 채무의 총액보다 적게 되는 경우를 말하는 것이므로, 채무자의 채무총액이 적극재산의 총액을 초과한다는 것이 확정되지 않고서는, 채무자에게 채권자를 해치는 법률행위가 있었다고 단정할 수 없다고 한다.[244]

미국법(UVTA)에는 채권자를 해치는 행위의 유형을, 방해(hinder), 지체(delay)와 사기(fraud) 행위를 들고 있다(부록 UVTA 제4조).

(나) 부인권과 사해성

① 부인권은 채무자의 사해의사를 성립요건으로 하는 고의부인(채무자회생법 제391조 제1호)과, 이를 요건으로 하지 않는 위기부인 · 무상부인(채무자회생법 제391조 제2호 · 제3호 · 제4호)이 있다.

그래서 고의부인에서 요구되는 사해의사와는 별도로, 부인권의 일반적인 발생요건으로 도산자가 한 행위의 유해성(채권자에 대하여 사해적이거나 편파적인 행위)과 부당성(또는 상당성이 없는 것)을 요구하는 학설이 있다.[245] 그러나 유해성(즉 사해성)은 모든 부인에서 공통되는 요건이 되지만, 부당성은 부인권행사를 저지하는 요건으로 보아, 수익자가 증명해야 한다는 설(부

242) 대법원 2003. 12. 12. 선고 2003다40286 판결 외 다수.

243) 대법원 2001. 4. 27. 선고 2000다69026 판결.

244) 대법원 1962. 11. 15. 선고 62다634 판결.

245) 飯原一乘, 詐害行爲取消訴訟, 75면.

인권발생 저지사유설)이 타당하다.246) 대법원은 행위의 상당성이 부인권발생의 요건이라고 하면서도, 부당성의 요건을 흠결하였다는 사정에 대한 주장·입증책임은 상대방인 수익자에게 있다고 하여 결론적으로는 후자의 입장에 서있다.247)

한편 채무자의 일반재산 유지·확보를 주된 목적으로 하는 채권자취소권과는 달리, 편파행위까지 규제대상으로 하는 부인권은, 반드시 행위 당시 부채총액이 자산총액을 초과하는 상태(채무초과상태)에 있어야만 한다고 볼 필요는 없고, 행위 당시 자산초과상태였다 하더라도 장차 파산절차에서 배당재원이 채권을 모두 만족시킬 수 없거나 그러한 개연성이 있다면, 일부 특정채권자에게만 변제를 하거나 담보를 제공하는 것은 다른 채권자들이 파산절차에서 배당받아야 할 배당액을 감소하는 행위로서 부인권행사의 대상이 된다.248)

파산의 주된 원인은 '지급불능', 즉 변제능력의 결핍이다(채무자회생법 제305조 제1항. '채무초과'는 법인과 상속재산의 특유한 파산원인이다. 같은 법 제306조, 제307조). 지급불능이란 변제능력이 부족하여 변제기가 도래한 채무를 일반적, 계속적으로 변제할 수 없는 객관적 상태를 말한다.249) 재산이 없더라도 신용이 있어서 금전차입으로 변제가 가능하면 지급불능으로 보기 어렵고, 부동산 등의 재산이 있더라도 이를 환가할 수 없는 경우에는 지급불능이 될 수 있다.250) 지급정지가 있으면 지급불능이 추정된다(같은 법 제305조 제2항).

채권자취소권에서 사해성을 판단함에는 '채무초과'를, 파산절차에서 부인권의 유해성과 부당성을 판단함에는 '지급불능'이라는 개념을 염두에 둘 필요가 있다.

② 사해성을 인정하여 고의부인을 긍정한 사례로는, 회사정리절차에서는

246) 이진만, '통합도산법상의 부인권', 875~876면.

247) 대법원 2002. 8. 23. 선고 2001다78898 판결 외 다수.

248) 대법원 2005. 11. 10. 선고 2003다271 판결. 한편, 이 사건에서는 편파행위가 고의부인의 대상이 되고, 이 경우에는 파산절차가 개시되는 경우에 적용되는 채권자평등의 원칙을 회피하기 위하여 특정채권자에게만 변제나 담보제공한다는 인식이 필요하다고 한다.

249) 대법원 2006. 4. 4.자 2006마93 결정.

250) 법인파산실무, 36면.

담보권을 설정하여준 후 10일이 지나 부도가 났고 담보제공시 정리절차개시 신청을 준비하고 있던 경우,[251] 부도 후 어음금채무의 변제에 갈음하여 임대차계약을 체결한 경우[252]가 있고, 파산절차에서는 유동성부족으로 예금인출 사태를 겪고 있는 회사(금융기관)가 채권자(다른 금융기관)에게 제3자 발행의 약속어음을 담보로 제공한 경우,[253] 부도유예 대상기업으로 지정된 후 수개월간 채권행사가 유예됨에도 담보조로 채권양도를 한 경우,[254] 부도 5일 전에 단기 대여금채권을 이율이 높은 환매대금채권으로 전환한 경우,[255] 지급정지 후 전세금반환채무를 담보하기 위하여 근저당권을 설정한 경우[256] 등이 있다.[257]

(다) 사해성과 불법행위

사해행위의 법적 근거가 불법행위가 아니라는 점은 일반적인 견해이다.

제3자가 채무자와 공모하여 책임재산의 감소행위를 한 때 채권자의 구제책은, 원칙적으로 채권자취소권을 활용하고, 위법성이 강한 경우에는 불법행위에 따른 손해배상을 청구할 수 있다.[258]

제3자가 채무자의 재산을 감소시킨 경우[259]나 수익자가 채무자로부터 제3채무자에 대한 채권을 양수하여, 채권자로부터 채권자취소소송이 제기되어 소송계속 중에, 제3채무자로부터 채권에 관한 대물변제를 받아 채권을 소멸

251) 서울지방법원 2001. 1. 9. 선고 2000가합15314 판결.

252) 서울고등법원 2001. 6. 5. 선고 2000나41426 판결.

253) 서울지방법원 2001. 3. 30. 선고 2000가합16683 판결.

254) 서울지방법원 2001. 11. 7 선고 2000가합77596 판결.

255) 서울지방법원 2000. 8. 10. 선고 98가합105221 판결.

256) 서울지방법원 1999. 11. 11. 선고 99가합66804 판결.

257) 이상 하급심 판례는 이진만, '통합도산법상의 부인권', 885면에서 인용.

258) 대법원 2009. 7. 23. 선고 2008다81534 판결(제3자의 행위가 채권자에 대하여 불법행위를 구성한다고 하기 위하여는 단순히 채무자 재산의 감소행위에 관여하였다는 것만으로는 부족하고 제3자가 채무자에 대한 채권자의 존재 및 그 채권의 침해사실을 알면서 채무자와 적극 공모하였다거나 채권행사를 방해할 의도로 사회상규에 반하는 부정한 수단을 사용하였다는 등 채권침해의 고의·과실 및 위법성이 인정되는 경우라야만 한다.) 사해행위취소와 원물반환의 승소판결을 받은 채권자가 원물반환이 집행불능이 되자, 수익자에 대하여 채권침해를 이유로 손해배상청구를 하였으나, 불법행위로 인한 손해배상청구가 인정되지 않은 사례이다.

259) 廣島高判 소화 38. 12. 4. 判タ 160-86.

시킨 경우[260]에 모두 불법행위의 성립을 부정한 사례가 있다.

부동산 증여에 관하여 사해행위와 불법행위를 모두 인정한 사례[261]와, 반대로 변제충당에 관하여 양자를 모두 부정한 사례[262]가 있다.

특이한 사건으로는 원고가 사해행위취소의 요건에 관하여 충분한 조사 없이 피고를 악의 수익자로 생각하여 채권자취소소송을 제기하여 패소한 때에는, 그 소 제기가 불법행위를 구성한다는 사례가 있다.[263]

(라) 평가기준

어떠한 행위가 재산감소의 결과를 가져오는 사해행위에 해당하느냐 여부는 그 행위만을 가지고 판단해서는 안 되고, 그 전후 사정을 모두 고려하여 전체적으로 평가해야 한다.

즉 채무초과상태에 빠진 채무자가 유일한 재산인 부동산을 채권자 중의 한 사람에게 채권담보로 제공하는 행위는, 특별한 사정이 없다면 재산감소를 가져오는 행위로서, 다른 채권자들에 대한 관계에서 사해행위가 된다. 그러나 채무자가 수익자로부터 금전을 차용하여 주택 매수자금으로 사용하고, 새로 취득한 주택을 수익자에 대한 당해 차용금채무의 담보로 제공하였다면, 특별한 사정이 없다면 단기간에 이루어진 그 일련의 행위 전후를 통하여 기존채권자들의 공동담보가 감소되었다고 할 수 없고, 이러한 경우 채무자의 수익자에 대한 위 담보제공행위만을 분리하여 그것이 사해행위에 해당한다고 보아서는 안 된다.[264]

채무자가 공사대금채권 중 일부를 수익자에게 이전하였으나,[265] 이전 당시 구체적으로 발생한 공사대금채권액이나 공사를 도급받은 지위 또는 도급받을 수 있는 지위에 대한 객관적인 평가액이 확정되지 않았다면, 그 이전행위를

260) 東京地判 평성 13. 11. 21. 金法 1658-95.
261) 東京地判 소화 55. 5. 30. 判時 985-92.
262) 東京高判 평성 7. 12. 26. 金法 1445-49.
263) 東京地判 소화 35. 1. 28. 下民 11-1-152.
264) 대법원 2009. 4. 23. 선고 2008다95663 판결.
265) 구체적인 방법으로는, 채무자가 약속어음을 발행하여 채무부담행위를 하고 그에 대한 강제집행승낙문구가 기재된 공정증서를 작성한 다음, 이를 이용하여 약속어음 수취인이 채무자의 공사대금채권 중 일부를 압류전부받았다.

사해행위라고 단정할 수 없다고 한 사례가 있다.[266] 채무자가 장래채권인 공사대금채권을 수익자에게 이전할 때, 그 당시 발생한 공사기성금 채권만을 가지고 채무자의 자력을 평가해서는 안 되고, 채무자가 가지고 있는 수급자로서의 지위나 그 후 발생할 공사대금채권 등을 함께 평가해야 한다는 취지이다.[267]

또한 채무자의 재산일탈행위가 채권자에게 불이익이 된다 하더라도, 채권자와 채무자, 채권자와 수익자와의 이익균형 등의 관점으로부터, 사해행위가 성립하지 않는다고 볼 여지도 있다.[268]

(마) 당좌부도와 무자력 추정 여부

기업이 거래금융기관으로부터 부도처리를 받은 경우에는 이미 채무초과상태에 이르렀을 가능성이 많다고 할 것이나, 당좌부도는 어음, 수표 등이 지급거절됨에 따라 어음교환소로부터 당좌거래정지처분을 받는 것으로서 이는 기업의 유동성자금이 부족하여 발생되는 것이고, 당좌거래정지처분과 기업의 채무초과 상태가 반드시 일치하는 것은 아니므로 기업이 당좌부도가 났다는 사실로부터 기업의 채무초과 상태를 추인할 수는 없다.[269]

(4) 적극재산

사해행위로 수익자에게 귀속된 재산은 채무자의 적극재산에서 제외한다.[270]

---

266) 대법원 2002. 10. 25. 선고 2000다7783 판결.

267) 같은 취지로 볼 수 있는 대법원 1995. 5. 26. 선고 95다7413 판결이 있다. 이 판결은 채무자가 수익자에게 이전한 공사수급인으로서의 지위에 대한 평가를 원심이 제대로 하지 못하였다는 취지로 파기하였다.

268) 부인권에 관한 판례로서 대법원 2004. 3. 26. 선고 2003다65049 판결의 행위의 상당성 여부에 관한 기준 참조.
파산법상 부인의 대상이 되는 행위가 파산채권자에게 유해하다고 하더라도 행위 당시의 개별적・구체적 사정에 따라서는 당해 행위가 사회적으로 필요하고 상당하였다거나 불가피하였다고 인정되어 일반 파산채권자가 파산재단의 감소나 불공평을 감수해야 한다고 볼 수 있는 경우가 있을 수 있다.

269) 대법원 2000. 4. 25. 선고 99다55656 판결(다만 이 사건에서는 다른 증거로써 부동산처분 당시 채무자의 채무초과를 인정할 수 있다고 인정하였다).

270) 대법원 2005. 5. 27. 선고 2003다36478 판결. 미국사해행위취소법(UVTA) §2(c)는 무자력을 판단할 때 자산에는 사해의사로 양도된 재산은 포함되지 않는다고 규정

채무자의 적극재산을 산정할 때 실질적으로 재산적 가치가 없어 채권의 공동담보가 될 수 없는 재산은 제외하는 것이 원칙이고,[271] 그 재산이 채권인 경우에는 용이하게 변제 받을 수 있는 확실성이 있는 경우에만 적극재산에 포함시키고, 압류금지재산은 공동담보가 될 수 없는 점에 비추어 이를 적극재산에 포함시켜서는 안 된다.[272]

그러나 실질적으로 재산적 가치가 있는 재산을 강제집행이나 환가의 용이성이 다소 떨어진다는 이유만으로 채무자의 적극재산에서 제외하여서는 안 된다.[273] 위탁자가 금전채권을 담보하기 위하여 금전채권자를 우선수익자로, 위탁자를 수익자로 하여 위탁자 소유 부동산을 신탁법에 따라 수탁자에게 이전하면서 채무불이행 시에는 신탁부동산을 처분하여 우선수익자의 채권변제에 충당하고 나머지를 위탁자에게 반환하기로 하는 내용의 담보신탁을 해 둔 경우에도, 위탁자의 담보신탁계약상 수익권은 위탁자의 책임재

하고 있다.

271) 대법원 2001. 10. 12. 선고 2001다32533 판결(쉽게 변제받을 수 없는 이른 바 불량채권은 적극재산에 포함시켜서는 안 된다).

272) 대법원 2005. 1. 28. 선고 2004다58963 판결(퇴직금의 2분의 1에 상당하는 금액은 적극재산에 포함시킬 수 없다). 다만 이 경우에도 채무자가 사해행위 후에 퇴직금을 수령하였을 때는 퇴직금 전부에 대한 압류가 가능하므로(대법원 1999. 10. 6.자 99마4857 결정), 채무자가 수령한 퇴직금 전액이 피보전채권액보다 많다면 채무자의 자력 회복으로 인하여 취소권이 소멸되었다고 할 수 있는가. 채권자가 취소권을 행사할 당시에는 채무자가 퇴직금을 수령하지 않아 무자력 상태였으나, 그 후 퇴직금을 수령하여 무자력 상태에서 벗어난 경우에는 채권자취소권이 소멸하는가 하는 점이 재판실무상 문제될 수 있다. 채무자가 언제 퇴직금을 수령하는지 채권자로서는 알기 어려워 그 돈에 대한 집행이 현실적으로 어려운 점을 감안한다면, 채권자가 채무자의 퇴직금 수령을 알고 그 돈에 대한 집행을 할 수 있었다는 특별한 사정이 없는 한, 채무자가 퇴직금을 수령하여 일정 기간 현금을 가지고 있었다는 사실 만으로, 채무자의 자력회복을 이유로 취소권이 소멸되었다고 하기는 어려울 것이다. 물론 변론종결시를 기준으로 하여 채무자가 현금을 가지고 있음으로써 채무초과 상태에서 벗어난 사실이 객관적으로 밝혀졌다면 취소권의 소멸을 인정하여도 무방할 것이다. 채권자는 즉시 그 돈에 집행할 수 있기 때문이다.

273) 대법원 2010. 10. 11. 선고 2010다85102 판결(채무자 S가 그 소유 부동산을 수익자 Y회사에 현물출자하여, Y 앞으로 소유권이전등기를 마치고 그 대가로 Y회사 발행의 보통주를 취득하였는데, 소규모 비상장법인인 Y회사의 주식이 강제집행하여 쉽게 환가하기 어렵다는 이유만으로 S의 적극재산을 산정할 때 이를 포함하지 아니한 원심을 파기한 사례).

산(적극재산)에 해당한다.[274]

조건부나 기한부 또는 반대급부의 이행과 관련된 권리도 압류할 수 있으므로(민집법 제241조) 적극재산에 포함될 수 있다. 임차인의 보증금반환채권은 장차 임대차관계가 종료되는 등으로 그 권리가 실제로 성립하는 때에 선순위권리의 존재나 임차인의 차임지급의무 불이행 등으로 임차인이 이를 현실적으로 반환받을 가능성이 없거나 제한될 것이 합리적으로 예측되는 등의 특별한 사정이 없다면 이를 애초의 보증금액 상당의 가치대로 적극재산에 포함된다.[275]

그러나 이혼에 따른 재산분할청구권은 이혼을 한 당사자 일방이 다른 일방에 대하여 재산분할을 청구할 수 있는 권리로서, 이혼이 성립한 때에 그 법적 효과로서 비로소 발생하고,[276] 협의나 심판에 따라 구체적 내용이 형성되기까지는 범위 및 내용이 불명확・불확정하기 때문에, 구체적으로 권리가 발생하였다고 할 수 없으므로,[277] 협의 또는 심판으로 구체화되지 않은 재산분할청구권은 채무자의 책임재산이 될 수 없다.[278]

채무자가 소유하고 있던 주식이 그 회사의 경영악화로 전체 자본이 잠식된 상태여서 적극재산으로서의 가치가 없다고 본 사례도 있다.[279]

채무자의 소극재산을 평가할 때는 채무자는 전액을 변제할 의무가 있기 때문에, 채무자가 명목가치 이상을 변제하지 않으면 부당하다고 볼 수 없으므로 특별한 사정이 없는 한 실질가치를 논할 가치가 없다. 그러나 적극재산에 관하여는 실질가치로 평가하는 것이 원칙이다.[280] 재산의 실질가치는 항상 증감하므로 정확히 알기 어렵고, 사해행위 후에 그 당시의 시점을 기준으로 산정함으로써 비로소 확정된다. 이 부분이 채무자나 수익자의 사해인식의

274) 대법원 2016. 11. 25. 선고 2016다20732 판결.

275) 대법원 2013. 4. 26. 선고 2012다118334 판결.

276) 대법원 1998. 11. 13. 선고 98므1193 판결.

277) 대법원 1999. 4. 9. 선고 98다58016 판결.

278) 대법원 2013. 10. 11. 선고 2013다7936 판결(원고들의 채무자가 피고와 이혼한 후에 아직 재산분할에 관한 협의나 심판을 거치지 않은 상태에서 피고에 대한 재산분할청구권을 포기한 행위는 사해행위 취소의 대상이 되지 않는다).

279) 대법원 2006. 10. 26. 선고 2005다76753 판결.

280) 임채웅, '사해행위와 편파행위에 관한 연구', 96면.

내용을 이루게 되어, 채무자의 사해의사나 수익자의 악의 여부에 관한 사실 인정이 어렵게 되는 이유 중 하나가 된다.

(5) 소극재산

(가) 채권자취소권 행사의 요건인 채무자의 무자력 여부를 판단함에 있어서 그 대상이 되는 소극재산은 원칙적으로 사해행위라고 볼 수 있는 행위가 있기 전에 발생해야 하지만, 사해행위 당시에 이미 채무 성립의 기초가 되는 법률관계가 성립되어 있고, 가까운 장래에 그 법률관계에 터 잡아 채무가 성립되리라는 점에 대한 고도의 개연성이 있으며, 실제로 가까운 장래에 개연성이 현실화되어 채무가 성립된 경우에는 그 채무도 채무자의 소극재산에 포함시켜야 한다.[281] 이는 앞에서 본 피보전채권(장래의 채권)에 관한 판례의 태도와 동일하다.

(나) 채무자 소유 부동산에 담보권이 설정되어 있으면 그 피담보채권액을 공제한 나머지 부분만이 일반채권자들의 공동담보로 제공되는 책임재산이 된다. 그런데 채권자가 선순위담보권과 후순위담보권에 대한 사해행위취소 및 등기말소를 구하는 소송에서, 선순위담보권 설정행위가 사해행위로 인정되는 경우에는 후순위담보권 설정행위가 사해행위에 해당하는지 여부를 판단할 때, 그 선순위담보권의 피담보채무액을 그 부동산에 설정된 담보권의 피담보채무액에 포함시켜서는 안 된다.[282] 따라서 저당권이 설정된 다음 부동산이 양도되었고 그 후 저당권설정행위가 해지되어 저당권설정등기가 말소된 사안에서도, 부동산 양도행위가 사해행위에 해당하는지 여부는 저당권설정행위가 사해행위에 해당하는지 여부에 좌우될 수 있으므로 이 경우에는 예외적으로 해지된 저당권설정행위에 대해 사해행위취소를 제기할 이익이 있다.[283]

그런데 취소의 상대효를 이유로 이와 다른 취지의 판결한 사례도 있다. 대

281) 대법원 2011. 1. 13. 선고 2010다68084 판결.

282) 대법원 2007. 7. 26. 선고 2007다23081 판결(선순위담보권이 사해행위취소 판결로 이미 말소된 경우는 그 피담보채무를 채무자의 소극재산에 포함시켜서는 안 됨은 물론이다). 주의할 것은 이 사건에서는 선순위담보권자와 후순위담보권자가 모두 채권자취소소송에서 수익자로서, 채권자가 각각의 담보권 취득행위를 사해행위로 취소를 구하는 경우이고, 전자가 수익자, 후자가 전득자의 관계에 있지 않다.

283) 대법원 2013. 5. 9. 선고 2011다75232 판결.

법원 2018. 6. 28. 선고 2018다214319 판결은 '저당권설정행위가 사해행위에 해당하여 채권자가 저당권설정자를 상대로 제기한 사해행위 취소소송에서 채권자의 청구를 인용하는 판결이 선고되었다고 하더라도 이러한 사해행위 취소판결의 효력은 해당 부동산 소유권을 이전받은 자에게 미치지 않으므로, 저당권이 설정되어 있는 부동산이 사해행위로 양도된 경우 부동산 가액에서 저당권의 피담보채무액을 공제한 잔액의 한도에서 양도행위를 사해행위로 취소하고 가액의 배상을 구할 수 있다는 법리는 저당권설정행위가 사해행위로 인정되어 취소된 때에도 마찬가지로 적용된다'고 하여 앞선 판결과 다른 결론을 내고 있다. 취소판결의 상대효를 근거로 들고 있지만, 민법 제407조와 관련하여 타당성에 의문이 든다. 취소의 상대효이론은 채권자취소권의 모든 영역에서 절대적 규범으로 적용되는 것이 아니다.

(다) 민사집행법에 따른 경매를 통하여 체육시설의 설치·이용에 관한 법률이 정하는 체육시설업의 필수시설을 인수한 자가 승계하는 회원에 대한 입회금액 반환채무도, 담보권의 피담보채권액과 같이 필수시설의 가액에서 공제하여야 하고, 그 나머지 부분만이 필수시설을 인수한 자의 일반 채권자들을 위한 책임재산이 된다는 판례가 있다.[284] 체육시설 회원들의 입회금반

284) 대법원 2013. 11. 29. 선고 2012다31963 판결{체육시설의 설치·이용에 관한 법률(이하 '체육시설법'이라 한다) 제27조 제1항은 "체육시설업자가 사망하거나 그 영업을 양도한 때 또는 법인인 체육시설업자가 합병한 때에는 그 상속인, 영업을 양수한 자 또는 합병 후 존속하는 법인이나 합병에 따라 설립되는 법인은 그 체육시설업의 등록 또는 신고에 따른 권리·의무(제17조에 따라 회원을 모집한 경우에는 그 체육시설업자와 회원 간에 약정한 사항을 포함한다)를 승계한다."고 규정하고, 같은 조 제2항은 "다음 각 호의 어느 하나에 해당하는 절차에 따라 문화체육관광부령으로 정하는 체육시설업의 시설 기준에 따른 필수시설을 인수한 자에게는 제1항을 준용한다."고 규정하면서 제1호로 "민사집행법에 따른 경매"를 들고 있다. 따라서 민사집행법에 따른 경매 등을 통하여 체육시설법령으로 정하는 체육시설업의 시설기준에 따른 필수시설을 인수한 자가 승계하게 되는 체육시설법 제17조에 따라 모집한 회원에 대한 입회금액의 반환채무 금액 부분은, 민사집행법에 따른 경매절차 등에서 매각대금이 그 반환채무 금액을 감안하여 결정되는 것이 일반적이라는 점 등에 비추어 일반 채권자들의 공동담보에 제공되는 책임재산에 포함되지 않으므로 그 상당액은 공제되어야 한다－필수시설의 가액보다 그에 설정된 저당권의 피담보채무와 입회금액 반환채무를 합한 채무의 액수가 많으므로, 필수시설은 일반 채권자들의 책임재산이 될 수 없다고 한 사례).

환채권이 우선변제권이 있는 것은 아니지만, 시설인수인이 체육시설을 인수할 때 입회금반환채무액을 감안하여 인수금액을 결정할 것이므로, 체육시설이 인수인의 채권자들을 위한 공동담보가 되는가 여부를 판단할 때, 그 금액만큼은 공제하는 것이 인수인이 체육시설을 인수하면서 투자한 금액에 대한 정당한 평가가 된다는 취지이다. 우선변제권이 없는 입회금반환채무액을 적극재산에서 공제하여 책임재산을 산정하는 근거가 무엇인가. 채권자들의 일반담보를 위한 책임재산을 회복하는 것이 채권자취소권의 목적이고, 회복 대상 재산의 책임재산으로서의 가치는 결국 그 처분가치가 될 것이므로, 체육시설의 인수인이 회원입회금의 반환채무를 인수해야 한다면, 그 처분가치는 회원입회금을 공제한 액이 될 수밖에 없을 것이다. 대법원의 견해는 그런 점에서 수긍할 수 있다.

(라) 처분행위 당시에 채무자에게 가집행선고 있는 판결 상의 채무가 존재하였더라도 그것이 나중에 상급심의 판결에 따라 감액된 경우에는 그 감액된 채무만이 소극재산이다.[285]

(6) 강제집행을 전제로 하여 판단

무자력이란 채무자의 변제자력이 없음을 뜻하는 것이고, 특히 임의변제를 기대할 수 없는 경우에는 강제집행을 통한 변제를 염두에 두어야 하므로, 소극재산이든 적극재산이든 강제집행의 가능성이 있는 재산인지 여부가 변제자력 유무 판단의 중요한 고려요소가 된다.

채무자 명의로 정기예금을 하였으나 그 정기예금에 관하여 무기명 양도성 예금증서가 발행되었고, 그 양도성예금증서를 채무자가 아닌 제3자가 소지하다가 다른 사람에게 처분한 경우, 그 증서를 채권자들이 쉽게 파악하고 이를 집행 대상으로 삼을 수 있었다는 특별한 사정이 없는 한, 그 양도성예금증서가 표창하는 예금채권 상당액을 위 채무자의 적극재산으로 볼 수 없다.[286]

(7) 책임재산보호의무 위반

변제, 대물변제, 저당권설정 등은 채무자의 적극재산과 소극재산 총액에

285) 대법원 2006. 2. 10. 선고 2004다2564 판결.
286) 대법원 2006. 2. 10. 선고 2004다2564 판결.

변화가 없다는 이유로 사해행위에 해당되지 않는다는 설도 유력하나 판례는 사해행위가 될 수 있다고 한다.[287)]

채무자가 채권자에게 채무를 부담하는 경우에는 채무초과상태에 이르지 않도록 성실히 자기의 재산을 보전·유지하여야 할 신의칙상 의무가 있고, 나아가 이미 채무초과상태에 봉착해 있더라도 모든 채권자들을 위하여 성실히 자기의 재산을 보호하여 파산절차에서와 같은 평등변제는 아니더라도 총채권자 상호간의 공평한 분배를 확보하여야 할 신의칙상 의무가 있다.

따라서 책임재산의 양적 감소를 수반하는 경우뿐만 아니라 비록 채무자의 총재산의 감소를 수반하지 아니하더라도 채무자가 위와 같은 책임재산 보호의무를 위반하고 재산처분행위를 감행한다면 채권자의 공동담보 확보에 대한 신뢰를 깨뜨리게 되어 채권자를 해치는 결과를 초래한다. 그렇다면 채무초과상태에서 아무런 이유 없이 그의 유일한 부동산을 매각하여 현금으로 바꾼다든지, 특정채권자만의 이익을 위하여 대물변제하는 행위, 또는 특정채권자와 통모하여 하는 재산처분행위[288)] 등도 그 행위가 책임재산의 보호의무를 위반하는 것으로 판단된다면 채권자를 해치는 결과가 되어 사해성을 인정할 수 있다.

(8) 연속된 수 개의 재산처분

간단한 예를 들자면, X에 대하여 1억 원의 채무를 지는 S가 시가 각 5,000만 원인 3개의 재산 A, B, C를 3일에 걸쳐 하루에 1개씩 Y에게 처분함으로써 무자력이 되었다고 하자. 이때 X는 A에 대한 채권자취소권을 행사할 수 있는가. S의 처분행위를 일괄하여 1개의 사해행위로 볼만한 특별한 사정이 있다면 문제가 없지만, A, B, C에 대한 처분행위를 별개의 행위로 본

287) 대법원 2000. 4. 25. 선고 99다55656 판결; 대법원 2008. 2. 14. 선고 2005다47106 판결(어느 특정채권자에 대한 담보제공행위가 사해행위가 되기 위하여는, 채무자가 이미 채무초과 상태에 있을 것과 그 채권자에게만 다른 채권자에 비하여 우선변제를 받을 수 있도록 하여 다른 일반채권자의 공동담보를 감소시키는 결과를 초래할 것을 그 요건으로 한다).

288) 예컨대, 부동산을 채권담보로 제공하는 행위(대법원 2002. 4. 12. 선고 2000다43352 판결－다만 이 판결은 가등기일자에 대한 등기부상의 추정을 깨지 못하여 사해행위가 가등기일자보다 후에 이루어진 것으로 인정되어 원고 패소된 사안임).

다면, S가 A만을 처분한 상태에서는 아직도 무자력 상태가 아니므로 취소권은 부정된다.

□ 대법원 2001. 4. 27. 선고 2000다69026 판결

채무자가 연속하여 수 개의 재산처분행위를 한 경우에는, 그 행위들을 하나의 행위로 보아야 할 특별한 사정이 없는 한, 일련의 행위를 대상으로 일괄하여 그 전체의 사해성 여부를 판단할 것이 아니라 각 행위마다 그로 인하여 무자력이 초래되었는지 여부에 따라 사해성 여부를 판단해야 한다.[289]

일련의 행위를 하나의 행위로 볼 수 있는 특별한 사정에 대하여, ① 처분의 상대방이 동일한지, ② 각 처분이 시간적으로 근접한지, ③ 상대방과 채무자가 특별한 관계가 있는지, ④ 각 처분의 동기나 기회가 동일한지 등이 구체적인 기준이 된다.[290] 아래 판결은 매매계약과 그 이행확보 등을 위한 근저당설정계약을 하나의 사해행위로 보고 있다.

□ 대법원 2010. 5. 27. 선고 2010다15387 판결[291]

이 사건 매매계약과 근저당권설정계약은 계약의 당사자가 동일하고, 목적물도 사실상 동일하며, 실질적으로 동시에 이루어졌고, 이 사건 부동산이 토지거래허가의 대상임에도 그 허가를 얻지 아니한 채 이 사건 매매계약이 체결되고 또 대금 일부가 먼저 지급되었으므로, 이 사건 근저당권설정계약은 주로 이 사건 매매계약의 이

289) 같은 취지로 대법원 2013. 7. 25. 선고 2013다33874 판결(채무자가 부동산을 처분한 금액을 여러 차례 나누어 증여한 경우, 국가의 피보전채권은 채무자가 부동산을 처분한 데 따라 발생한 양도소득세 납부채무로서 부동산의 처분행위 자체는 사해행위가 될 수 없고, 그 매매대금을 수익자인 피고에게 증여한 행위는 별도의 처분행위이므로, 그것이 사해행위가 되는지는 각 증여행위 당시의 조세채무와 잔존재산을 비교해 판단해야 한다. 채무자가 증여한 상대방이 동일하고 동일한 부동산 처분대금을 증여한 사정이 있지만 각 증여행위가 상호 연계되었다는 등 일괄해서 하나의 사해행위로 평가할 특별한 사정은 없다).

290) 하나의 행위가 아니라고 본 사례 : 대법원 2002. 9. 24. 선고 2002다23857 판결; 대법원 2002. 11. 8. 선고 2002다41589 판결.
하나의 행위로 본 사례 : 대법원 2005. 7. 22. 선고 2005다7795 판결(채무자와 수익자 사이의 자산양수도 계약체결일을 기준으로 판단하고, 그 후 대출과 근저당설정등기의 말소는 고려하지 아니함); 대법원 2006. 9. 14. 선고 2005다74900 판결; 대법원 2010. 5. 27. 선고 2010다15387 판결.

291) 이에 대한 평석으로는 강진우, '사해행위취소소송의 제문제' 참조.

행을 미리 확보하거나 이 사건 매매계약이 무효로 확정되는 경우 이미 지급된 매매대금의 반환을 담보할 목적으로 체결되었다. 그렇다면 이 사건 매매계약과 근저당권설정계약은 사해행위 여부를 판단할 때 이를 하나의 행위로 봄이 타당하고, 따라서 채무자의 채무초과상태 등 사해행위 요건의 구비 여부는 애초의 법률행위인 이 사건 매매계약 당시를 기준으로 판단해야 한다.

나. 채무자 자력의 판단

(1) 자력의 회복

채무자의 무자력은 사해행위를 한 때는 물론이고 변론종결시까지 유지되어야 한다. 일단 감소한 채무자의 일반재산이 그 총액이 원상으로 회복되었다고 하여 취소권이 인정되지 않은 사례가 있다.[292)]

사해행위 후에 채무의 일반승계가 있으면 승계인이 포괄적으로 이를 승계하지만, 특정승계가 행하여진 경우에 무자력은 누구를 기준으로 판단하는가.

채무승계가 채권자의 의사에 기하지 않은 경우, 채권자취소권은 소멸하지 않고 승계인이 무자력자라면 채권자는 의연히 채권자취소권을 가진다고 한 사례가 있다.[293)] 채무가 채무자 S1 → S2 → S3의 순서로 이전된 경우 S2가 유자력자였다면 채권자취소권은 그에게 이전할 때 소멸한다.[294)] S3에 대하여 새로운 사해행위의 성립요건이 충족되어 다시 채권자취소권을 가지는 것은 별개의 문제이다.

(2) 다른 공동채무자의 자력과의 관계

(가) 연대보증인이 한 법률행위의 사해성을 판단함에 있어서, 주채무를 담보하기 위하여 주채무자 또는 제3자 소유의 부동산에 채권자 앞으로 근저당권이 설정되어 있다거나 기타 채권자에게 우선변제권이 확보되어 있는 경우가 아니라면, 주채무자의 일반적인 자력은 고려할 요소가 아니다.[295)]

(나) 따라서 연대보증인이 부동산을 처분할 때 주채무자가 채무초과 상태

292) [9] 7. 참조.
293) 大判 소화 11. 4. 8. 民集 15-709.
294) 飯原一乘, 詐害行爲取消訴訟, 77면.
295) 대법원 2003. 7. 8. 선고 2003다13246 판결.

가 아니었다고 하더라도 사해행위에 해당할 수 있다. 즉 연대보증인은 채권자에 대하여 각자 전액 변제의무를 부담하고 채권 전액이 각 보증인의 일반재산에 의하여 담보되기 때문에, 연대보증인의 재산처분행위가 사해행위에 해당하느냐 여부를 판단하기 위하여 주채무자의 변제자력 유무는 참작할 필요가 없다.[296)]

같은 이치로 채권자가 저당권 등의 물적 담보를 가지고 있을 때는 바로 경매를 신청하여 우선변제를 받을 수 있으나, 단지 인적 담보가 있는 경우에는, 보증인에게 자력이 있다 하더라도 그의 이행을 통하여만(경우에 따라 이행소송과 강제집행을 거쳐야만) 변제를 받을 수 있고, 더욱이 우선변제권이 확보되어 있지 않으므로, 채무자의 행위에 대한 사해성은 채무자의 자력만으로 판단해야 한다.

합자회사 A의 무한책임사원 S가 한 대물변제 등 법률행위가 A의 채권자에 대하여 사해행위에 해당하는지 판단하는 기준은 어떠한가. S 고유의 채무총액과 A의 부채총액을 합한 액이 S 고유의 재산총액을 초과하는 경우에는 그 법률행위는 특별한 사정이 없다면 사해행위에 해당한다. 다만 합자회사 무한책임사원의 책임은 이행상 보충성이 있으므로(상법 제269조, 제212조 제1항),[297)] 법률행위 당시 A가 그 재산으로 채무를 완제할 수 있었다는 점이 주장·입증된 경우에는 A의 채무를 고려함이 없이 S 고유의 채무총액과 고유의 재산총액을 비교하여 법률행위가 사해행위에 해당하는지를 판단한다.[298)]

---

296) 대법원 1998. 4. 14. 선고 97다54420 판결.

297) 상법 제269조에 따라 합자회사에 준용되는 상법 제212조 제1항은, "회사의 재산으로 회사의 채무를 완제할 수 없는 때에는 합명회사의 각 사원은 연대하여 변제할 책임이 있다"고 규정하고, 제2항은 "회사재산에 대한 강제집행이 주효하지 못한 때에도 전항과 같다"고 규정하고 있다. 합자회사의 무한책임사원은 회사가 채무를 부담하면 법률에 따라 당연히 발생하고, 상법 제212조에 규정된 조건이 발생하여야 비로소 발생하는 것은 아니다. 이는 회사채권자가 그와 같은 경우에 해당함을 증명하여 합자회사의 무한책임사원에게 보충적으로 책임의 이행을 구할 수 있다는 책임이행의 요건을 정한 것이다(대법원 2009. 5. 28. 선고 2006다65903 판결).

298) 대법원 2012. 4. 12. 선고 2010다27847 판결(상법 제212조 제1항에서 규정하는 "회사의 재산으로 회사의 채무를 완제할 수 없는 때"라 함은 회사의 부채 총액이 회사의 자산 총액을 초과하는 상태, 즉 채무초과 상태를 의미한다. 이는 회사가 실제 부담하는 채무의 총액과 실제 가치로 평가한 자산의 총액을 기준으로 판단하여야

(다) 연대보증인의 다른 연대보증인에 대한 증여

특정채권에 대한 공동연대보증인 중 1인이 다른 공동연대보증인에게 재산을 증여한 경우, 특정채권자가 추급할 수 있는 채무자들의 총책임재산에는 변동이 없다고 하더라도, 재산을 증여한 연대보증인의 재산이 감소되어 그 특정채권의 채권자를 포함한 일반채권자들의 공동담보에 부족이 생기거나 심화된 경우에는, 그 증여행위의 사해성을 부정할 수 없다.[299]

(라) 사해의사의 판단 기준

사해행위자의 사해의사를 판단함에도, 이는 사해행위자 자신의 책임재산이 부족하게 되는 것에 대한 인식이므로, 연대보증인은 자신의 자산상태가 채권자에 대한 연대보증채무를 담보하는 데 부족이 생기게 되리라는 것을 인식하는 것을 말하며, 주채무자의 자산상태에 그러한 부족이 있다는 점에 대한 인식은 문제되지 않는다.[300]

(마) 연대보증이 아닌 보증의 경우

위의 설명은 연대채무자 1인의 행위에 대한 사해성을 판단함에도 그대로 타당하다. 또한 연대보증이 아닌 보증이 있는 경우 주채무자의 행위에 대한

하고, 대차대조표 등 재무제표에 기재된 명목상의 부채 및 자산의 총액을 기준으로 판단할 것은 아니며(대법원 2007. 11. 15.자 2007마887 결정), 나아가 회사의 신용·노력·기능(기술)·장래의 수입 등은 원칙적으로 회사의 자산 총액을 산정할 때 고려할 대상이 아니다. 본래 영업권은 기업의 전통, 사회적 신용, 그 입지조건, 특수한 제조기술 또는 특수거래관계의 존재, 제조판매의 독점성 등으로 동종의 사업을 영위하는 다른 기업보다 더 큰 수익을 올릴 수 있는 초과수익력이라는 무형의 재산적 가치를 의미하는 것이다(대법원 2004. 4. 9. 선고 2003두7804 판결). 회사가 영업권을 적절한 평가방법에 따라 유상으로 취득하였다는 등의 사정이 있다면 몰라도 채무초과 여부 판단 시 고려할 대상이 아니다(다만 상표권의 가액은 자산총액에 포함시켜야 한다).

299) 대법원 2009. 3. 26. 선고 2007다63102 판결.

300) 대법원 1998. 4. 14. 선고 97다54420 판결(이 사건의 경우에는 주채무자가 이미 부도가 난 상태에서 사해행위가 있었고, 주채무자인 회사의 대표이사와 연대채무자 및 수익자는 모두 형제들이다).
이와 관련하여 위 [8] 3. 나. (3)에서 보는 바와 같이, 피보전채권이 장래채권일 경우에 피보전채권이 될 수 있는 요건인 '채권발생의 고도의 개연성'을 판단할 때, 연대보증인이 사해행위자인 경우에는 주채무자의 채무상태를 기준으로 하여 판단한다는 점에 유의해야 한다.

사해성을 판단함에도 타당하므로, 주채무자의 행위에 대한 사해성을 판단함에는 보증인의 자력은 고려의 대상이 되지 않는다.

그러나 보증인의 행위에 대한 사해성을 판단함에는 보증인은 최고·검색의 항변권을 가지므로(민법 제437조), 수익자는 이를 원용하여 주채무자의 자력과 집행의 용이함을 입증하여 취소를 면할 수 있다.

합명회사의 사원이나 합자회사의 무한책임사원에 대하여 회사의 채권자가 취소소송을 제기한 경우도 사원의 책임이 보충성을 가진다는 점은 위에서 보았다.[301)]

(3) 취소채권자가 물적 담보를 확보하고 있을 경우

(가) 여러 명의 연대보증인 중 한 사람인 S1이 한 재산처분행위에 관하여, 다른 연대보증인 S2의 재산에 취소채권자가 저당권을 가지고 있다 하더라도 사해행위의 성립에 지장이 없다고 한 일본 판례[302)]가 있다.

그러나 취소채권자가 다른 방법으로 채권의 만족이 확보되어 있는 경우에는 채권자취소소송의 피보전'채권액'에서 공제되어야 한다. 즉 주채무자뿐만 아니라 제3자소유의 부동산에 대하여 채권자 앞으로 근저당권이 설정되어 채권자에게 우선변제권이 확보되어 있다면, 그 범위 내에서는 채무자의 재산처분행위는 채권자를 해치지 않으므로, 그 담보물로부터 우선변제 받을 금액을 공제한 나머지 채권액에 대하여만 채권자취소권이 인정된다.[303)] 담보권자는 담보부족 부분에 관하여만 다른 재산으로부터 변제를 받을 수 있기 때문이다(민법 제340조, 제370조). 또한 당해 채권액이 그 부동산의 가액 및 채권최고액을 초과하는 경우에는 그 담보물에 대한 우선변제권 있는 채권액을 공제한 나머지 채권액에 대한 채권자취소권이 인정된다. 그리고 피보전채권의 존재와 범위는 채권자취소권 행사의 요건이 되므로, 채권자취소권을 행사하는 채권자로서는 담보권의 존재에도 불구하고 자신의 피보전채권이 우선변제

---

301) 대법원 2012. 4. 12. 선고 2010다27847 판결; 대법원 2009. 5. 28. 선고 2006다65903 판결.

302) 福岡高裁 那覇支判 소화 48. 1. 24. 判タ 292-261. 다만 채권자가 충분한 저당권을 가지고 있지는 않은 경우로 보임.

303) 대법원 2002. 4. 12. 선고 2000다63912 판결.

권 범위 밖에 있다는 점을 주장·증명해야 한다.[304)]

같은 이유로 채권자가 채무자 소유 부동산에 근저당권을 설정받아 채권 전액에 대한 우선변제권을 확보하고 있는 경우, 그 보증인이 채무자에 대한 사전구상채권을 피보전권리로 삼아 채무자의 다른 재산처분행위에 대하여 사해행위로 취소를 구할 수 없다.[305)]

다만 양도담보계약에 따른 소유권이전등기청구권을 보전하기 위하여 처분금지가처분등기만을 경료한 상태에서는 목적 부동산에 대한 우선변제권을 확보하였다고 할 수 없다.[306)]

(나) 물상보증의 경우

① 문제점

채권자 X가 채무자 S에 대하여 채권을 가지고 물상보증인 A의 재산에 저당권을 가지는 경우, 또는 S의 부동산에 X를 위하여 저당권이 설정된 후 그 부동산이 A에게 양도된 경우에, S가 Y에게 재산을 증여하는 행위가 사해행위가 될 수 있을 것인가.

② 일본의 통설·판례

304) 대법원 2008. 5. 15. 선고 2005다60338 판결.

305) 대법원 2009. 6. 23. 선고 2009다549 판결(이 경우에는 주채무의 보증인이 있더라도 채무자가 보증인에 대하여 부담하는 사전구상채무를 별도로 소극재산으로 평가할 수는 없고, 보증인이 변제로 채권자를 대위할 경우 자기의 권리로써 구상할 수 있는 범위에서 채권과 그 담보에 관한 권리를 행사할 수 있으므로, 사전구상권을 피보전권리로 주장하는 보증인에 대하여 사해행위가 성립하지 않는다).

306) 대법원 2007. 10. 12. 선고 2005다42750 판결(사해행위취소 소송의 목적부동산에 대하여 수익자에 대한 근저당권설정 등기 후에, 원고가 채무자와 사이의 양도담보계약에 따른 소유권이전등기청구권 보전을 위한 가처분을 한 사안이다. 원고가 위 근저당설정행위에 대한 사해행위취소의 소를 제기하자, 원심은 원고가 위 처분금지가처분등기를 경료함으로써 이 사건 부동산의 가액 중 이 사건 근저당권의 채권최고액을 공제한 나머지 가액에 대하여 우선변제권을 확보하였고 그 결과 자신들의 채권 전액에 대하여 우선변제를 받을 수 있게 되었으므로 채권자취소권을 행사할 수 있는 피보전채권이 없다고 하였다. 그러나 대법원은, 원고가 위 가처분에 기한 본안소송에서 승소 확정판결을 받아 그 소유권이전등기를 경료하면 그때 비로소 양도담보권을 취득하게 되어 우선변제를 받을 수 있을 뿐이지, 단순히 가처분등기만을 경료한 상태에서는 그 가처분의 목적물에 대하여 어떠한 우선변제권을 확보한다고 볼 수 없다고 하였다).

이에 대하여 일본의 통설과 판례[307]는 A가 물상보증인으로서 물상대위로 S에 대하여 구상권을 취득할 수 있다면(민법 제341조, 제370조), X의 A에 대한 담보권은 본래 S의 일반책임재산에 포함되어 있지 않다고 보아야 하고, 그렇게 해석하더라도 구상권을 취득한 A가 나중에 Y에 대하여 취소권을 행사하는 것을 피할 수 없으므로, X의 취소권을 인정하여도 Y에게 불이익하지 않다는 이유로, X의 취소권을 인정한다.[308]

③ 검 토

물상보증의 경우에는 담보목적 부동산 이외의 재산으로부터 변제를 받는데 관하여 민법 제340조 · 제370조의 제약이 없으므로, X가 S에게 이행을 구할 수 있고, 따라서 X가 그 채권을 보전하기 위하여 S의 행위를 취소하는 것을 인정하는 것은 당연하다고 생각할 수도 있다.

그러나 원래 물상보증은 X, S 및 A 3자간의 합의에 따라, S의 재산변동에 관계없이, X가 A의 자력에서 변제받는 것이 예정된 제도이고, 그 채권액이 담보물의 가치를 넘지 않는 한, X의 채권은 A의 재산에서 우선적으로 확실하게 회수할 수 있으므로, X는 S의 재산처분행위로 손해를 입지 않는다. 채권자취소권은 달리 채권의 보전방법이 없을 때 비로소 인정되는 것이므로, 이 경우에 X의 취소권을 인정하지 않는 것이 타당하다.

④ 대법원의 견해

대법원은 담보물이 채무자의 소유이든 물상보증인의 소유이든 묻지 않고 물적담보가 확보되어 있는 채권에 대하여 채권자취소권을 인정하지 않는다.[309]

한편 공동저당권이 설정되어 있는 여러 개 부동산 중 일부가 처분된 경우에 그 피담보채권액은 원칙적으로 공동저당권의 목적으로 된 각 부동산의 가액에 비례하여 공동저당권의 피담보채권액을 안분한 금액으로 보아야 하나(안분설)(민법 제368조 참조),[310] 여러 개의 부동산 중 일부는 채무자의 소유이고

307) 福岡高裁 那覇支判 소화 48. 1. 24. 判タ 292-261.

308) 飯原一乘, 詐害行爲取消訴訟, 85면 이하.

309) 윤경, '사해행위취소소송에서 물적담보를 가진 채권자의 피보전채권의 범위'(대법원 2002. 4. 12. 선고 2000다63912 판결에 대한 해설).

310) 대법원 2003. 11. 13. 선고 2003다39989 판결.

일부는 물상보증인 소유인 경우에는, 물상보증인이 변제자대위에 따라 채무자소유 부동산에 대하여 담보권을 행사할 수 있는 지위에 있는 점(민법 제481조, 제482조) 등을 고려할 때, 채무자소유 부동산에 관한 피담보채권액은 공동저당권의 피담보채권액 전액으로 보아야 한다(전액설).[311] 이러한 법리는 하나의 공유부동산 중 일부 지분이 채무자의 소유이고, 다른 일부 지분이 물상보증인 소유인 경우에도 마찬가지로 적용된다.[312]

(4) 채무자의 신용 등

사해행위 여부의 기준이 되는 채무자의 자력을 판단함에는 단순한 숫자상의 채무초과 사실뿐 아니라 신용 등의 존부까지도 고려하여 판단해야 한

---

311) 대법원 2008. 4. 10. 선고 2007다78234 판결. 공동저당권이 설정되어 있는 여러 개의 부동산 중 일부는 채무자소유이고 일부는 물상보증인의 소유인 경우 위 각 부동산의 경매대가를 동시에 배당하는 때에는, 물상보증인이 민법 제481조, 제482조에 따른 변제자대위에 의하여 채무자소유 부동산에 대하여 담보권을 행사할 수 있는 지위에 있는 점 등을 고려할 때, 민법 제368조 제1항은 적용되지 않는다. 이 경우 채무자소유 부동산의 경매대가에서 공동저당권자에게 우선적으로 배당을 하고, 부족분이 있는 경우에만 물상보증인소유 부동산의 경매대가에서 추가로 배당해야 한다(대법원 2010. 4. 15. 선고 2008다41475 판결).

312) 대법원 2013. 7. 18. 선고 2012다5643 전원합의체 판결(공유부동산 전체에 근저당권이 설정된 후 채무자가 그 소유 지분을 처분한 경우 그 처분행위가 사해행위에 해당되는지를 판단할 때, 처분된 지분 가액에서 공제되어야 할 피담보채권액은 지분 비율에 따라 안분한 금액이 아니라 피담보채권액 전액이다. 대법원 2002. 12. 6. 선고 2002다39715 판결과 대법원 2005. 12. 9. 선고 2005다39068 판결 중 이와 배치되는 부분은 변경됨).
이 판결은 채무자 소유 부동산과 물상보증인 소유 부동산이 공동담보로 되어 있고, 그 경매대금을 동시배당할 때 채무자 소유 부동산의 경매대가에서 우선적으로 배당해야 한다는 위 2008다41475 판결과 궤를 같이 하는 것이다. 다만, 2012다5643 판결(전합)이 전액설의 입장을 취하면서도 "그 물상보증인이 채무자에 대하여 구상권을 행사할 수 없는 특별한 사정이 없는 한"이라는 문구를 부가하였다. 즉 구상권을 행사할 수 없는 특별한 사정이 있는 경우에는 예외적으로 안분설의 입장에 따라야 한다. 위 판결들은 물상보증인이 채무자에 대하여 가지는 변제자 대위로서 구상권을 확보해주기 위한 배려에서 나온 것이므로, 물상보증인이 내부적으로 채무자에게 구상권을 행사할 수 없다면, 그 범위 내에서는 사해행위의 피담보채권은 안분설에 의한 금액이 된다. 한편 이 판결의 사안은 채무자와 물상보증인이 부부간으로서 변제자의 구상권이 인정되지 않을 수도 있는 사정이 엿보이는 사건이다.

다.[313]

채무자의 자력을 평가하는 기준이 청산가치인가 아니면 계속기업가치인가는 이전행위 당시의 채무자의 사정에 따라 다르다. 그러므로 예컨대 이전행위 당시에 채무자가 정상적으로 영업을 계속하고 있었다면 계속기업가치가 적절한 기준이 되겠지만, 채무자가 이미 재정적으로 불안정하고 정상적인 영업을 영위한다고 할 수 없다면 청산가치가 기준이 될 것이다.[314]

한편 합자회사의 채권자는 무한책임사원에 대하여 '회사의 재산으로 회사의 채무를 완제할 수 없을 때' 보충적으로 이행을 청구할 수 있다(상법 제269조, 제212조 제1항). 위와 같은 요건은 합자회사의 채권자가 무한책임사원의 법률행위에 대하여 취소권을 행사하기 위하여도 필요한 전제요건이 될 수 있는데, 이 경우에는 회사의 부채총액이 회사의 자산총액을 초과하는 상태, 즉 채무초과 상태를 의미하고, 회사의 영업권·신용·노력·기능(기술)·장래 수입 등은 원칙적으로 회사의 자산총액을 산정하면서 고려할 사항이 아니다.[315]

다. 재산감소의 유무

(1) 원 칙

사해행위가 성립되려면 채무자 S가 어떤 법률행위를 함으로써 S의 공동담보, 즉 그의 적극재산에서 소극재산을 공제한 금액이 그 법률행위 이전보다 부족하게 되어야 한다.

따라서 채무초과 상태인 채무자가 제3자로부터 돈을 빌려 주택을 매수하고 단기간에 그 주택을 그 차용금채무의 담보로 제공하였다면, 기존채권자들의 공동담보가 감소되었다고 할 수 없고, 이러한 담보제공행위만을 분리하여 사해행위에 해당한다고 볼 수 없다.[316]

---

313) 東京地判 소화 57. 4. 26. 判タ 478-83.

314) 김성룡, '미국 파산법상의 부인권 개관', 134면 참조.

315) 대법원 2012. 4. 12. 선고 2010다27847 판결(다만 상표권 가액은 포함될 수 있다).

316) 대법원 2009. 4. 23. 선고 2008다95663 판결, 그 외에도 대법원 1982. 5. 25. 선고 80다1403 판결(빌린 돈으로 토지를 매수하고 그 토지 위에 담보가등기를 설정한 경우); 대법원 2008. 8. 11. 선고 2008다24487 판결(부동산취득을 위한 대출금채무

또한 수익자 Y가 채무초과 상태에 있는 S의 부동산에 관하여 설정된 선순위담보가등기의 피담보채무를 변제하여 그 가등기를 말소하는 대신, 동일한 금액을 피담보채무로 하는 새로운 담보가등기를 설정하는 것은 S의 공동담보를 부족하게 하는 것이라고 볼 수 없어 사해행위가 성립한다고 할 수 없다. 그러나 선순위담보가등기를 말소시킨 후 그 부동산에 관하여 매매예약을 하고, 그에 기하여 소유권이전등기청구권 보전의 가등기를 경료한 경우에는 그 부동산의 가액, 즉 시가에서 피담보채무액을 공제한 잔액의 범위 내에서 사해행위가 성립한다.[317)]

그리고 채무자가 채권자의 요구에 따라 그 채권자에 대한 기존채무의 변제를 위하여 소비대차계약을 체결하고 강제집행을 승낙하는 취지가 기재된 공정증서를 작성하여 주어 전체적으로 채무자의 책임재산이 감소하지 않는 경우에는, 그와 같은 행위로 채무자의 책임재산을 특정 채권자에게 실질적으로 양도한 것과 다를 바 없는 것으로 볼 수 있는 특별한 사정이 있는 경우가 아니라면, 다른 채권자를 해치는 사해행위가 되지 않는다.[318)]

(2) 실손해의 발생

(가) 채무자 S의 행위가 사해행위가 되려면, 그 행위 때문에 채권자 X가 현실적으로 손해를 입을 필요가 있다.[319)] 독일법(AnfG 제2조)은 취소의 요건으로서, S의 재산에 실시한 강제집행에서 X가 충분한 만족을 얻지 못하거나 얻지 못할 가능성이 있을 때를 요구하고 있다. 사해행위취소는 제3자의 권리관계에 중대한 영향을 미치므로, 취소 외에 다른 방법이 없는 경우에만 인정되어야 한다.[320)]

또한 공동담보의 침해에 따른 손해의 발생도 현실적이어야 하고, 단순히 손해발생의 가능성이 있다는 정도로는 안 된다. 채무자가 양도한 목적물에 담보권이 설정되어 있고 그 피담보채권액이 목적물 가격을 초과하고 있는

를 담보하기 위하여 신탁등기를 한 신탁회사 앞으로 취득부동산을 신탁한 경우).

317) 대법원 2003. 7. 11. 선고 2003다19435 판결.

318) 대법원 2015. 10. 29. 선고 2012다14975 판결.

319) 대법원 2007. 7. 12. 선고 2007다24954 판결.

320) 大判 명치 29. 9. 30. 民錄 1-258; 松山地判 소화 36. 9. 8. 判時 274-25.

상황이라면, 목적물가격에 미달하는 금액을 변제해도 담보를 해지하여 주겠다는 근저당권자의 약속이 있었다 하더라도, 그 목적물 양도는 사해행위가 되지 않는다.

□ 대법원 2007. 7. 12. 선고 2007다24954 판결

사해행위에서 공동담보의 이탈에 따른 채권자의 손해는, 단순히 그러한 손해발생의 위험이 있다는 것만으로는 부족하고 현실적인 것이어야 한다. 근저당권의 피담보채무액이 목적물 가액을 넘는 부동산에 대하여, 채무자의 양도행위 이전에 근저당권자(금융기관)가 목적물 가격에 미달하는 회수예상가액을 지급하면 근저당권을 해지하여 주겠다는 의사표시를 하였더라도, 위와 같은 근저당권자의 조건부 의사표시만으로는 공동담보의 발생 가능성이 생긴 데 불과하다. 따라서 양수인이 위와 같은 근저당권자의 의사표시에 기초하여 채무자로부터 목적물을 양수한 것이 일반채권자들에 대하여 사해행위가 될 수 없다.

(나) 이와 달리 채권자대위권에서는 채권자에게 실손해의 발생을 요구하지 않고, 단지 손해발생의 위험이 있으면 충분하다. 채권자대위는 제3채무자에게 채무자에 대하여 본래 이행하여야 할 의무가 있고, 채권자는 이것을 대위하여 수령하는 것이므로, 제3채무자에 대하여 특별히 불이익을 주는 것이 아니다. 이에 반하여, 채권자취소권은 본래 유효한 법률행위에 개입하여 제3자가 취득한 권리를 빼앗는 결과가 되기 때문이다.

(다) 이와 관련하여 택시영업권 양도에 관하여 그 영업권의 내용이 자산으로서의 가치가 없다고 하여 사해행위가 인정되지 않은 사례가 있다.[321)]

(3) 변제에 갈음하여 채권이나 부동산을 양도한 때

특정채권자에 대한 변제에 갈음하여 채권을 양도할 때, 양도채권의 가액이 변제할 채권액을 초과하지 않아, 채무자 S의 재산감소가 없어도 채무본지에 따른 이행이 아니므로 사해행위가 될 수 있다.[322)]

(4) 계약해제로 원상회복하는 행위

---

321) 橫浜地判 평성 7. 3. 31. 金判 975-37.

322) 最判 소화 48. 11. 30. 判時 725-18. 이에 관하여는 [12]에서 자세히 본다.

계약이 적법하게 해제되면 그 계약의 이행으로 변동되었던 물권은 계약이 없었던 상태로 복귀하여야 하므로, 매수인이 매매에 따른 채무를 이행하지 않아 매매계약이 적법하게 해제되었다면, 매도인으로부터 매수인에게 넘어갔던 소유권은 복귀하여 매도인이 그 소유자가 된다. 따라서 부동산매수인이 매매계약 해제에 따른 원상회복의무의 이행으로서 자기 명의로 경료된 소유권이전등기를 말소하거나 진정명의 회복을 위하여 매도인 앞으로 부동산 소유권이전등기를 하는 행위는 기존채무의 이행으로서 사해행위가 아니다.[323)]

계약해제가 물권적 효과를 가진다는 대법원 판례의 입장에서 본다면 이는 당연한 결론이다. 그런데 대법원은 일반적으로 계약해제의 물권적 효과를 채무불이행에 따른 계약해제뿐만 아니라 합의해제의 경우에도 인정한다.[324)] 그러나 사해행위 여부를 판단할 때 합의해제는 채무불이행에 따른 계약해제와는 다르게 보아야 한다. 즉 채무자가 제3자와 계약에 따라 자기 명의로 소유권이전등기를 경료한 부동산에 관하여 채무초과 상태에서 위 계약을 '합의해제'하고 이에 따른 원상회복으로 제3자에게 채무자 명의로 된 유일한 재산인 부동산을 양도하거나 소유권이전등기의 말소등기절차를 이행한 경우, 위 합의해제가 '채무불이행 해결의 방편'으로 이루어진 경우[325)] 이외에는 사해행위에 해당한다고 보아야 한다. 합의해제가 채무불이행 해결의 방편으로 이루어졌다는 점은 수익자인 제3자가 이를 주장·증명해야 한다.

그리고 채무자가 제3자와 실권특약부 부동산 매매계약을 체결하고 채무자 앞으로 소유권이전등기를 경료한 이후, 채무자의 채무불이행으로 실권특약에서 규정한 사유가 발생하여, 채무자가 채무초과 상태에서 그 명의의 유일한 재산인 부동산을 제3자에게 소유권 이전하거나 소유권이전등기를 말소한 경우에는 사해행위에 해당하지 않는다.[326)]

---

323) 대법원 2009. 11. 12. 선고 2009다57675 판결.

324) 대법원 1982. 7. 27. 선고 80다2968 판결.

325) 예를 들자면, 채무자의 채무불이행으로 계약 상대방의 계약해제권 발생의 요건이 충족된 상황에서, 그러한 계약해제권 행사를 피하기 위하여 계약 당사자가 합의하여 계약을 해제하는 경우를 말한다.

326) 강효인, '부동산 매매계약 해제에 따른 매수인의 원상회복의무 이행이 사해행위에 해당하는지', 203면 이하.

(5) 기타 사례

시가 상당으로 특정채권자에게 부동산을 매도한 경우에는, 그 때문에 비록 채무자의 재산이 감소되지는 않는다 하더라도, 채무자가 매매로 취득하는 금전은 소비하거나 은닉하기 쉽기 때문에 사해행위가 성립된다.[327] 채무자가 부동산에 전세권을 설정하고 전세금을 받은 경우도 같다.[328]

채무자가 강제집행을 회피할 목적으로 유일한 재산인 채권을 Y에게 무상으로 양도한 행위는 다른 채권자들과의 관계에서 사해행위가 되고, Y가 양수채권을 추심하여 그 돈을 채무자에게 주었다고 하더라도 그 금액 상당을 원상회복의 범위에서 공제하여서는 안 된다.[329]

그 외 재산감소를 이유로 사해행위에 해당된다고 한 것으로, 어음배서,[330] 납세보증,[331] 면제[332]의 사례가 있다. 다만 채무자의 영업활동을 위하여 거래처에 근저당권설정과 대물변제예약을 해주었으나, 구상권을 확실히 회수(상계)할 수 있는 경우에는 사해행위가 되지 않는다는 판례가 있다.[333]

채무자가 경매 진행 중인 부동산을 대금지급기일이 임박하여 최소한 경매보다는 나은 조건으로 처분한 경우에는 사해행위가 부정되었다.[334]

---

327) 대법원 1995. 6. 30. 선고 94다14582 판결.

328) 대법원 2010. 7. 15. 선고 2007다21245 판결.

329) 대법원 2013. 4. 11. 선고 2012다211 판결; 대법원 2014. 5. 29. 선고 2014다3924 판결(甲이 수익자 乙을 상대로 사해행위인 약속어음 발행행위의 취소를 구하자, 乙이 위 약속어음에 터 잡아 회수한 공탁금이나 수표를 그대로 채무자인 丙에게 반환하였다고 본안전항변한 사안에서, 이를 반환하였다고 하더라도 甲이 사해행위의 취소에 따라 복귀를 구하는 재산이 丙에게 복귀되었다고 볼 수 없어 乙의 본안전항변을 배척한 사례).

330) 大阪地判 소화 48. 5. 19. 判時 716-91.

331) 東京地判 소화 41. 2. 28. 判時 454-46.

332) 東京高判 소화 61. 11. 27. 判タ 641-128.

333) 東京高判 소화 52. 1. 31. 判時 848-71.

334) 대법원 1995. 6. 9. 선고 94다32580 판결.
[원심판단] 채무자 S는 원고들에 대한 5억여 원을 비롯한 합계 40억 원에 이르는 채무를 부담하여 채무초과 상태에 있던 중, 1991. 5. 10.경 원고들에 대한 채무의 일부로 매매대금을 상계하는 조건하에 이 사건 부동산 등을 원고들에게 5억 원에 매도하기로 하면서 소유권이전등기는 1991. 11. 15.까지 경료하여 주되 그 전에라도 원고들이 이를 다른 사람에게 매도하거나 담보제공하여 원고들의 채권을 변제받거

신축공장의 허가명의를 넘겨준 경우 그 대가를 비교형량하여 사해행위가

나 그 돈으로 이 사건 부동산의 근저당권자인 T금고에 대한 채무를 변제하려고 하는 경우 이에 협조하기로 하였다. 1991. 5. 24. T금고의 신청에 따라 이 사건 부동산에 관한 임의경매절차가 진행되어 1991. 9. 6. A 등에게 경매가격을 95,100,000원으로 한 경락허가결정이 나자 S는 이에 대한 항고 및 재항고를 제기하였으나 모두 기각되어 1991. 12. 20. 10:00로 대금지급기일이 지정되었으며, 한편 S는 1991. 9. 12. 원고들에게 위 매매대금을 130,000,000원으로 수정하여 이전하기로 재약정을 하고도 소유권이전등기를 하여 주지 아니한 채 은밀히 이를 처분하기 위하여 매수자를 물색하던 중 1991. 12. 17. 자신의 사위로서 피고의 신도인 B를 통하여 알게 된 피고와의 사이에 이 사건 부동산을 250,000,000원에 매도하기로 계약을 체결하고 1991. 12. 19. 그 대금의 일부를 지급받아 T금고에게 위 경락대금 상당액인 95,100,000원을 변제하고 경매법원으로부터 경락허가 취소결정을 받아 피고에게 이 사건 부동산에 관한 소유권이전등기를 해 주었다. S가 원고들에 대한 채무변제를 위하여 담보제공을 통한 자금조달에 협조하도록 약정하고도 이를 회피한 채 다른 매수자를 물색하다가 부동산을 피고에게 처분한 점에 비추어 그 처분 당시 채권자들을 해친다는 사실을 알았다고 보아야 하고, 채무자의 악의가 인정되는 이상 수익자의 악의는 추정되는 것인데 피고가 선의라는 점을 인정할 증거가 없으므로 S의 이 사건 부동산 처분행위는 사해행위로서 취소되어야 한다.
[대법원 판단] S와 원고들은 위 경락허가결정 이후 이 사건 부동산의 매매대금을 감액하여 재약정하면서 만약 S가 원고들에 대한 채무를 모두 변제하면 그 매매를 무효로 하되 1개월 내에 변제하지 못하면 그 부동산 처분은 원고들에게 맡기기로 하고, 원고들은 T금고에 대한 경락대금 상당의 채권을 대신 변제하여 매매대금의 지급에 충당하며, 원고들이 위 경락 및 경매절차를 정리하지 못했을 때에는 위 매매를 무효로 하기로 약정하였다. 원고들은 위 약정에 따라 T금고에게 변제하기로 한 채권을 변제하지도 않았을 뿐더러 변제자금을 위한 자금조달 대책을 제시하고 이 사건 부동산에 대한 이전등기 또는 담보제공을 요청한 바도 없었으며, 달리 경락 및 경매절차를 저지하기 위한 조치를 취하지도 않았다. 이에 S가 스스로 부동산을 처분하거나 담보제공하여 자금을 마련할 방도를 알아보다가 결국 대금지급기일이 임박하여서야 피고에게 이를 처분하게 되었으며, 한편 피고는 S의 채무초과 상태나 이 사건 부동산 취득이 다른 채권자를 해친다는 사정을 알지 못하였다.
일반적으로 부동산 경매절차에서 경락인은 대금지급기일에 경락대금을 납입하고 소유권을 취득하는 것이 보통인 실정에 비추어 볼 때 채무자가 이 사건 부동산을 처분하기에 이른 경위가 위와 같다면, 채권자가 경매신청채권을 변제하고 경매절차를 해결하기로 한 약정을 이행하지 않고 그에 따른 대안도 제시하지 않는 상황에서 대금지급기일이 임박하여 부동산을 상실할 위기에 놓인 채무자가 최소한 경매보다는 나은 조건으로 부동산을 처분한 데에 채권자를 해칠 의사가 있었다고 보기 어렵다. 또한 부동산 취득시에 채권자를 해침을 알지 못하였다는 피고의 주장도 수긍할 여지가 많다.

되지 않는다는 사례가 있다.

□ 대법원 2001. 5. 8. 선고 2000다66089 판결

채무자 S가 수익자 Y에게 신축 공장 허가명의를 변경하기로 한 약정이 사해행위인지의 여부는, ① 신축 공장의 공정이 60~70% 정도 진행된 상태에서 건축물 및 그 부지를 매각하는 경우의 순자산가치와, ② 공사 완공 후 건축물 및 그 부지 전체를 하나의 영업단위로 매각하는 경우의 순자산가치에서, Y의 공사비를 공제하고 남는 차액을 비교형량하여 판단하여야 하는데, ②가 ①보다 더 크므로 신축 건물을 담보로 제공하고 공사를 완공시키기로 한 약정은, S의 일반재산을 감소시키는 것이 아니라 오히려 증가시키는 행위로 평가되므로 사해행위가 되지 않는다.[335)]

라. 일반채권자에게 불리하지 않는 경우

(1) 수익자 Y가 일반채권자보다 우선변제를 받을 수 있는 경우

이 부분은 채권자의 일반담보의 대상이 아니므로, 그 부분에 대한 채무자 S의 변제 등 행위는 사해행위에 해당되지 않는다. 저당채권자에 대한 변제[336)]와 대물변제,[337)] 저당부동산을 타인에게 매각하여 그 대금을 저당권자에게 변제한 경우 그 매매,[338)] 종업원에 대한 임금이나 수당의 대물변제를 위한 물건의 양도나 채권양도[339)]가 사해행위에 해당하지 않는다는 사례가 있

335) ① 신축 공장건물이 생산시설이라는 점, ② 일반적으로 생산설비의 경우 투입된 공사비보다는 완성된 시설의 경제적 가치가 클 것으로 추정되는 점, ③ 채무자에 대하여 실태조사를 한 원고 은행의 직원조차도 공사를 완공시키는 것이 일반재산을 증가시키게 될 것이라고 보고한 점, ④ 채무자의 채권자단 스스로가 위 담보제공 약정의 당사자라는 점이 고려되었다.

336) 대법원 1996. 10. 29. 선고 96다23207 판결. 참고로 채무자의 선순위담보권자에 대한 변제는 후순위담보권자에게 배당액 증가라는 이익을 주는 편파행위로서 부인의 대상이 될 수 있다는 미국 판례가 있다{In re Prescott. 805 F. 2d 719(7th Cir. 1986.), 김성룡, '미국 파산법상의 부인권 개관', 132면}. 채무자가 후순위담보권자를 위하여 선순위담보권자에게 변제함으로써, 결과적으로 후순위담보권자에게 새로운 담보권을 설정한 것과 같은 이익을 주었다면, 후순위담보권자에 대하여 변제를 취소하고 변제의 효과인 담보권을 부정할 수 있을 것이다. 수익자인 후순위담보권자의 악의를 취소채권자가 증명하여야 함은 물론이다.

337) 東京地判 소화 56. 9. 11. 判時 1038-304.

338) 東京地判 소화 46. 12. 20. 金法 662-32.

339) 대법원 2008. 2. 14. 선고 2006다33357 판결(임금채권의 대물변제로 승합차 양도).

다. 신탁법상 우선수익자에 대하여 처분환가의 일환으로 된 대물변제는 사해행위가 되지 않지만, 신탁계약이 종료하여 우선수익권의 행사로 볼 수 없는 경우에는 사해행위가 성립한다.[340)]

공동저당권이 설정되어 있는 여러 개의 부동산 중 일부가 양도된 경우에 그 피담보채권액은 특별한 사정이 없다면 민법 제368조의 취지에 비추어 공동저당권의 목적으로 된 각 부동산의 가액에 비례하여 공동저당권의 피담보채권액을 안분한 금액이라고 보고, 부동산 양도행위가 사해행위에 해당되는지 여부를 판단해야 한다.[341)]

(2) 신축건물 수급인의 저당권설정청구권과 유치권

---

340) 대법원 2018. 4. 12. 선고 2016다223357 판결.
[1] 신탁행위로 정한 바에 따라 수익자로 지정된 사람은 당연히 수익권을 취득한다(신탁법 제56조 제1항). 부동산담보신탁계약에서 우선수익자로 지정된 채권자가 채무자의 채무불이행 시에 신탁재산 처분을 요청하고 처분대금에서 자신의 채권을 위탁자인 채무자나 그 밖의 다른 채권자들보다 우선하여 변제받을 수 있는 권리를 말한다. 우선수익권자는 담보신탁을 통하여 담보물권을 얻는 것이 아니라 신탁이라는 법적 형식을 통하여 도산 절연 및 담보적 기능이라는 경제적 효과를 달성하는 신탁계약상 권리이다.
[2] 甲 회사가 乙 회사에 대한 채무를 담보하기 위해 신탁회사인 丙과 甲 회사 소유의 아파트에 관하여 우선수익자를 乙 회사로 하는 부동산담보신탁계약을 체결하였다. 그 후 甲 회사가 乙 회사의 동의를 받아 신탁계약을 해지하고 甲 회사 명의로 아파트에 관한 소유권이전등기를 마친 다음, 같은 날 乙 회사와 대물변제계약을 체결하여 乙 회사에 아파트에 관한 소유권이전등기를 해주자, 甲 회사의 채권자인 국가가 대물변제계약이 사해행위에 해당한다며 乙 회사를 상대로 사해행위취소를 구하였다. 대물변제계약 이행을 위하여 작성한 분양계약서에 매도인이 丙이 아닌 甲 회사로 기재되어 있는 점, 乙 회사에 아파트에 관한 소유권이전등기를 마쳐준 것도 丙이 아닌 甲 회사인 점 등에 비추어 대물변제계약이 신탁계약에서 정한 처분·환가의 일환으로 체결된 것이라고 보기 어렵고, 오히려 신탁계약이 해지로 종료하여 '우선수익자가 갖는 수익권의 유효기간은 신탁계약에 따른 우선수익자의 채권발생일부터 신탁계약 종료일까지로 한다'는 내용의 신탁계약 조항에 따라 乙 회사가 더 이상 우선수익자로서 수익권을 행사할 수 없다. 대물변제계약이 사해행위에 해당하지 않는다고 판단한 원심판결 파기한 사례.

341) 대법원 2003. 11. 13. 선고 2003다39989 판결. 원심은 공동저당 부동산 중 양도된 당해 부동산만의 가액을 기준으로 하여, 그 가액이 피담보채무보다 낮다고 하여 양도행위를 사해행위로 인정하지 않았다.

□ 대법원 2008. 3. 27. 선고 2007다78616 판결

신축건물의 도급인이 민법 제666조가 정한 수급인의 저당권설정청구권의 행사에 따라 공사대금채무의 담보로 그 건물에 저당권을 설정하는 행위는 특별한 사정이 없으면 사해행위에 해당하지 않는다. 즉 민법 제666조는 "부동산공사의 수급인은 보수에 관한 채권을 담보하기 위하여 그 부동산을 목적으로 한 저당권의 설정을 청구할 수 있다"고 규정한다. 이는 부동산공사에서 그 목적물이 보통 수급인의 자재와 노력으로 완성되는 점을 감안하여 그 목적물의 소유권이 원시적으로 도급인에게 귀속되는 경우 수급인에게 목적물에 대한 저당권설정청구권을 부여함으로써 수급인이 사실상 목적물로부터 공사대금을 우선적으로 변제받을 수 있도록 하는 데 취지가 있다. 이러한 수급인의 지위가 목적물에 대하여 유치권을 행사하는 지위보다 더 강화되는 것은 아니어서 도급인의 일반 채권자들에게 부당하게 불리해지는 것도 아니기 때문이다.

같은 취지에서 공사대금을 지급받지 못한 아파트공사 수급인이 신축아파트에 대한 유치권을 포기하는 대신 수분양자들로부터 미납입 분양대금을 직접 지급받기로 하고, 그 담보를 위해 도급인과의 사이에 그 아파트를 대상으로 수익자를 수급인으로 하는 신탁계약을 체결하고 수급인이 지정하는 사람 앞으로 소유권이전등기를 한 행위[342]나 약정 공사비 지급을 위하여 건축주명의를 유치권을 가지는 수급인으로 변경한 행위[343]가 사해행위에 해당하지 않는다고 한 사례가 있다.

(3) 목적물에 담보권이 설정되어 있거나 우선권이 있는 경우

(가) 원 칙

저당권이 설정되어 있는 부동산에 관하여 사해행위가 이루어진 경우에 그 사해행위는 부동산의 가액, 즉 시가[344]에서 저당권의 피담보채권액[345]을 공제한 잔액의 범위 내에서만 성립한다. 즉 부동산에 설정된 제3자명의 담보권

342) 대법원 2001. 7. 27. 선고 2001다13709 판결.

343) 대법원 2001. 5. 8. 선고 2000다66089 판결.

344) 보통은 시가감정을 하여 평가된 가액으로 하나, 실제로 거래한 가격이 있고 그 액수가 합리적인 경우에는 그 가격을 기준으로 한다.

345) 여기서 피담보채권액이라 함은 근저당권의 경우 채권최고액이 아니라 실제로 이미 발생하여 있는 채권금액이다.

의 피담보채권액이 목적물 가격을 상회하는 경우는 그 목적물의 처분은 사해행위에 해당하지 않는다.346)

따라서 사해행위 후에 변제 등에 의하여 저당권설정등기가 말소된 경우, 그 부동산 가액에서 저당권의 피담보채권액을 공제한 잔액의 한도에서 사해행위를 취소하고 가액배상을 명할 수 있을 뿐이다.347)

한편 건물의 공유자가 공동으로 건물을 임대하고 임차보증금을 수령한 경우 특별한 사정이 없으면 그 임대는 각자 공유지분을 임대한 것이 아니라 임대목적물을 다수 당사자로서 공동으로 임대한 것이고 임차보증금 반환채무는 성질상 불가분채무이다. 임차인이 공유자 모두로부터 상가건물을 임차하고 상가건물 임대차보호법 제3조 제1항에서 정한 대항요건을 갖추어 임차보증금의 우선변제를 받을 수 있는 권리를 가진 경우에, 상가건물 공유자 중 1인인 채무자가 처분한 지분 중에 일반채권자들의 공동담보에 제공되는 책임재산은 우선변제권이 있는 임차보증금 반환채권 전액을 공제한 나머지 부분이다.348)

(나) 조세채권의 경우

① 판 례

체납자 소유의 부동산에 대한 체납처분이 개시될 무렵 국세채권에 우선하는 근저당권으로 담보되는 채무액이 부동산의 시가를 상회하고 있는 경우라도, 그 피담보채무의 채무자가 체납자가 아닌 제3자인 경우에는 일차적인 변제의무가 있는 제3자의 변제 여부에 따라 장차 그 채무액이 감소할 수 있으므로, 체납자가 체납처분에 의한 압류를 면하고자 고의로 그 재산을 양도한 것이라면 이는 국세징수법 제30조(현행법 제25조)의 사해행위에 해당한다고 한 대법원 판례349)가 있다.

② 검 토

---

346) 대법원 1997. 9. 9. 선고 97다10864 판결; 대법원 2006. 4. 13. 선고 2005다70090 판결.

347) 대법원 1998. 2. 13. 선고 97다6711 판결. 따라서 취소채권자가 사해행위 당시의 부동산의 시가감정을 하고 실제 발생한 피담보채권액이 얼마인지 밝힐 필요가 있다.

348) 대법원 2017. 5. 30. 선고 2017다205073 판결.

349) 대법원 1996. 10. 11. 선고 95다3442 판결.

그러나 위에서 본 바와 같이 피보전채권이 조세채권이 아닌 경우에 부동산에 설정된 제3자 명의 담보권의 피담보채권액이 목적물 가격을 상회한다면 그 목적물의 처분이 사해행위에 해당하지 않는다는 것은 대법원의 확립된 견해[350]이다.

피보전채권이 조세채권이냐 아니냐에 따라 결론이 달라지는 것은 아무런 합리적인 이유나 근거 없이[351] 조세채권자와 일반채권자를 차별하는 결과가 되어 부당하다.

(4) 상대적 사해행위의 문제

(가) 판 례

□ 대법원 2006. 4. 13. 선고 2005다70090 판결

채무초과의 상태에 있는 채무자가 근로자들에 대한 임금채무 등의 지급을 면하고자 채무자의 유일한 재산인 선박을 채권자 중 1인에게 매도하였는데, 매도 당시 그 선박에 설정되어 있는 근저당권의 피담보채권액 합계가 선박의 시가를 초과하였다. 선박 양도행위가 근저당권에 우선하는 임금채권 등의 채권을 가진 자에 대하여는 사해행위에 해당된다고 한 원심판결을 취소하여 상대적 사해행위를 부인하였다.[352]

(나) 검 토

생각건대, ① 특정채권자에 대한 사해행위를 인정하는 것은 사해행위취소의 효과가 모든 채권자에게 있다는 민법 제407조에 어긋나고, ② 가액반환의 경우 매매행위로 이득을 본 사람은 임금채권의 공제 없이 배당받은 근저당권자임에도, 근저당권자의 이득은 그대로 보유시킨 채 수익자의 손실로 임금채권자의 채권을 만족시키는 것은 경제적 관점에서도 불공평하며, ③ 피담보채무액이 가액을 초과하여 이미 공동담보에서 제외되어 있는 부동산 양도에 관하여 채무자에게 사해 의사가 있다고 볼 수 없다는 점 등에 비추어, 상대적 사해행위는 인정할 수 없다는 것이 그 근거이다.[353] 우리 채권자취소권의

350) 대법원 1996. 10. 29. 선고 96다23207 판결; 대법원 1997. 9. 9. 선고 97다10864 판결; 대법원 2006. 4. 13. 선고 2005다70090 판결 외 다수.

351) 조세채권의 공익성을 근거로 삼을지는 모르겠으나 아무래도 합리적인 차별의 근거가 되기에는 부족하다.

352) 같은 취지 대법원 2008. 2. 14. 선고 2006다33357 판결.

효력이 모든 채권자의 이익을 위한 것이라는 점을 전제로 할 때 우선은 타당한 결론이다. 그러나 채권자취소권이 항상 모든 채권자를 위하여 효력이 발생하는 것은 아니고,[354] 만약 채무자가 우선채권자의 이익을 침해하기 위하여 근저당권자나 수익자와 통모하여 목적물을 양도하는 경우에는, 근저당권자나 수익자보다는 우선채권자를 보호할 필요가 크므로, 이 경우에는 우선채권자를 위한 채권자취소권을 인정할 필요성도 있다. 따라서 상대적 사해행위는 언제나 인정될 수 없다는 방향으로 위 판례를 해석해서는 안 된다.

마. 취소채권자에 대항할 수 없는 행위

(1) 저당권에 대항할 수 없는 부동산양도에서 (저당권자의) 취소청구를 배척한 사례가 있다.[355]

소의 이익이 없는 경우로 볼 수 있다. 따라서 채권자 X가 저당권자라 하더라도 채무자 S가 그 부동산에 저당권을 해칠 수 있는 권리[356]를 설정한 경우에는 사해행위가 될 수 있다. X의 가압류 후에 S가 주택임대차보호법 제8조의 소액임차권을 설정한 경우에 사해행위를 인정한 사례가 있다.[357] 소액임차인의 보증금반환청구권은 가압류권자나 저당권자보다 우선하기 때문이다.

(2) 부동산에 대하여 가압류등기가 먼저 되고 나서 근저당권설정등기가 된 경우

경매절차의 배당관계에서 근저당권자는 선순위 가압류채권자에 대하여는

353) 홍승면, '임금채권 등 우선변제권이 있는 채권자에 대한 상대적 사해행위의 성립가능성', 85면 이하.

354) 취소로 보호되는 채권자는 모든 채권자가 아니라 사해행위 이전의 채권자이고, 가액배상의 경우에는 취소채권자가 실질적으로 우선적인 만족을 얻는다.

355) 대법원 2005. 10. 13. 선고 2005다30641 판결(여러 채권에 관하여 포괄근저당이 설정된 부동산을 수익자에게 증여한 경우, 각 채권마다 근저당채권에 포함되는지 여부를 심리하여 이에 해당된다면 채권자취소소송의 피보전채권이 될 수 없다).

356) 일본에서는 영소작권계약을 체결한 경우에 저당물의 가격에 영향을 미칠 것이 필연적이라 하여 근저당권자 X의 청구에 따라 영소작권계약의 취소를 인정한 사례가 있다(大判 명치 27. 7. 13. 民錄 1-118).

357) 대법원 2005. 5. 13. 선고 2003다50771 판결. 이 문제는 저당권에 기초한 방해배제청구권과도 연관된다(대법원 2006. 1. 27. 선고 2003다58454 판결 참조).

우선변제권을 주장할 수 없으므로, 그 가압류채권자는 근저당권자와 일반 채권자의 자격에서 평등배당을 받을 수 있다. 따라서 가압류채권자는 채무자의 근저당권설정행위로 아무런 불이익을 입지 않으므로 채권자취소권을 행사할 수 없다.

그러나 가압류채권자의 실제 채권액이 가압류채권금액보다 많은 경우 그 초과하는 부분에 관하여는 가압류의 효력이 미치지 않아, 그 범위 내에서는 채무자의 처분행위가 채권자들의 공동담보를 감소시키는 사해행위가 되므로 그 부분채권을 피보전채권으로 삼아 채권자취소권을 행사할 수 있다.[358]

또는 채무자의 부동산에 채권자가 가압류한 후에, 채무자가 존재하지 않은 채권으로 근저당권설정등기를 마친 경우는 물론이고, 다른 사람을 위하여 물상보증인이 되는 경우에는 채무자의 총재산에 감소를 가져오므로 근저당권설정행위 전체가 사해행위가 됨은 당연하다.[359]

바. 재산이 금전으로 바뀐 경우

채무자가 자기의 유일한 재산인 부동산을 매각하여 소비하기 쉬운 금전으로 바꾸는 행위는 특별한 사정이 없으면 항상 채권자에 대하여 사해행위가 된다.[360] 다만 이 경우에 정당한 가격으로 매수한 수익자의 선의가 증명되면 그 수익자에 대한 취소권을 행사할 수 없다.

사. 입증방법

채무자의 채무초과사실은 채권자인 원고가 증명해야 한다. 부동산 소유에 관한 증명방법으로는 사해행위 시점부터 변론종결시까지 기간 동안 목적부동산 등이 소재하는 지방자치단체(재산세에 관하여)와 채무자의 주소지 세무서(종합부동산세에 관하여)에 부동산 보유에 따른 세금 납부에 관한 사실조회신청을 함으로써 증명할 수 있다.[361]

---

358) 대법원 2008. 2. 28. 선고 2007다77446 판결.

359) 대법원 2010. 1. 28. 선고 2009다90047 판결; 대법원 2010. 6. 24. 선고 2010다20617 판결(채무자가 다른 사람을 위하여 연대보증을 하면서 자신의 부동산을 담보로 제공한 경우).

360) 대법원 1998. 4. 14. 선고 97다54420 판결.

6. 행위의 배신성(동기, 대가의 용도 등)

가. 개 설

사해행위를 판단할 때, 그 동기나 (매각대금 등) 대가의 사용처를 문제 삼은 사례가 적지 않다. 이는 오히려 주관적 요건(사해의사)에 관한 문제로 볼 수 있지만, 많은 경우 사해의사에 대한 언급이 없이 행위의 사해성 문제로 다루고 있다.

나. 신의성실 위반, 동기·목적 등의 정당성

취소대상이 된 채무자의 담보력 감소행위의 범위는 그 행위의 동기, 목적 등 전반적인 사정을 고려하여, 그 행위가 신의성실에 반하는 것인가 여부를 기준으로 정해야 한다는 판례[362]가 있다.

다. 대가의 용도

(1) 부동산의 매각대금이 당해 부동산의 담보권자에 대한 변제에 충당되었다는 이유로 사해성이 부정된 사례[363]가 있고, 그 외에도 매각대금이 변제, 생활비, 기계설비자금 등의 용도에 사용되었다는 이유로 사해성이 부정된 외국 사례[364]가 있다. 대법원도 같은 견해이다.

□ 대법원 2021. 10. 28. 선고 2018다223023 판결

채무자가 자기의 유일한 재산인 부동산을 매각하여 소비하기 쉬운 금전으로 바꾸는 경우, 매각 목적이 채무를 변제하거나 변제자력을 얻기 위한 것이고 대금이 부당한 염가가 아니며 실제 이를 채권자에 대한 변제에 사용하거나 변제자력을 유지하고 있는 때에는 채무자가 일부 채권자와 통모하여 다른 채권자를 해칠

---

361) 재산세는 부동산 등의 소재지 관할 지방자치단체에서 부과하고(재산세법 제184조), 종합부동산세는 전국의 부동산에 대하여 납세의무자의 주소지 관할세무서에서 부과한다(종합부동산세법 제4조). 따라서 각 부과기관에 사실조회를 신청한다.

362) 大津地判 소화 32. 1. 26. 下民 8-1-125.

363) 最判 소화 41. 5. 27. 判時 455-38.

364) 東京地判 소화 29. 4. 9. 下民 5-4-459; 東京地判 소화 52. 1. 31. 判時 866-153.

의사를 가지고 변제를 하는 등의 특별한 사정이 없는 한, 사해행위에 해당한다고 볼 수 없다. 이러한 법리는 유일한 재산으로서 영업재산과 영업권이 유기적으로 결합된 일체로서 영업을 양도하는 경우에도 마찬가지로 적용된다.

(2) 사업계속·사업재건을 위한 행위라는 이유로 사해성을 부정한 판례

(가) 채무자 S가 유일한 재산이나 중요한 재산을 특정채권자에게 담보로 제공하였더라도, 자금난으로 사업을 계속 추진하기 어려운 상황에 놓인 S가 자금을 융통하여 사업을 계속 추진하는 것이 채무변제력을 갖는 최선의 방법이라고 생각하고, 이를 위하여 부득이 부동산을 특정채권자에게 담보로 제공한 경우에는 그 행위가 사해행위에 해당되지 않는다.[365] 이러한 법리는 연대보증인이 주채무자의 경제적 회생을 위하여 자기 소유의 부동산을 주채무자의 특정채권자에게 담보로 제공하고 그로부터 물품을 공급받아 사업을 계속하게 한 경우에도 마찬가지다.[366]

[1] 대법원 2001. 5. 8. 선고 2000다66089 판결

[사안] 공장신축공사가 공정률 60~70% 정도 진행된 상태에서 도급업자의 자금난으로 중단되자, 도급업자의 위임을 받은 채권자단이 수급업자로 하여금 수급업자의 부담 아래 공사를 계속하도록 하기 위하여, 공사대금 담보조로 신축공장의 건축주 명의를 수급업자로 변경하여 준 사례.

[판단] 공장신축공사를 완공하여 공장을 가동하는 것이 채권자들에 대한 최대한의 변제력을 확보하는 최선의 방법이었고, 수급인에게 신축공장의 건축주 명의를 변경하여 준 것은 공장을 완공하기 위한 부득이한 조치였다(사해행위 부정).

[2] 대법원 2003. 12. 12. 선고 2001다57884 판결

[사안] 사해신탁의 여부가 문제된 사례로서, 채무자가 토지에 집합건물을 지어 분양하는 사업을 추진하던 중 공정률 45.8%의 상태에서 자금난으로 공사를 계속할 수 없게 되자, 사업을 계속하기 위한 방법으로 신탁회사와 사이에 신탁계약을 체결

365) 대법원 2001. 5. 8. 선고 2000다50015 판결; 대법원 2001. 5. 8. 선고 2000다66089 판결; 대법원 2005. 11. 10. 선고 2005다33718 판결; 대법원 2009. 5. 14. 선고 2008다70701 판결(아파트 분양을 위한 신규자금을 차용하고 신탁수익금에 근질권을 설정해준 사안) 등 다수. 같은 취지의 일본 판례로는 最判 소화 44. 12. 19. 判時 585-38 등 다수가 있다.

366) 대법원 2012. 2. 23. 선고 2011다88832 판결.

하고 건물의 신축공사를 완료한 사례.

[판단] 신탁으로 채권자들에게 이익이 되고 채무자에 대하여 행사할 수 있었던 권리를 사실상 행사할 수 있었으므로 사해행위에 해당하지 않는다.

[3] 대법원 2022. 1. 14. 선고 2018다295103 판결

[사안] 피고는 금융기관으로서 의료기관 운영자들을 상대로 하는 소위 '메디칼론'이라는 금융상품을 판매하고 있었다. 메디칼론은 의료기관 운영자들에게 대출을 실행하면서 그에 대한 담보로 대출기간에 상응한 의료기관 운영자들의 국민건강보험공단에 대한 장래의 요양급여비용 채권을 양도받는다. 피고는 의료기관 운영자들로부터 요양급여채권을 양도받은 다음 매월 국민건강보험공단으로부터 보험급여를 의료기관 운영자 대신 지급받고 거기에서 그 달 상환원리금을 공제하여 자신의 대출금 채권에 변제충당한 다음 나머지 금액을 의료기관 운영자에게 돌려주었다. 그에 따라 의료기관 운영자의 일반채권자가 요양급여채권을 통하여 채권만족을 얻지 못하였다.

[판시] 의료기관 운영자가 금융기관으로부터 대출을 받으면서 의료기관 운영자의 국민건강보험공단에 대한 현재 또는 장래의 요양급여채권을 합리적인 범위 내에서 채권양도의 형식으로 담보제공하는 행위는 의료기관의 통상적인 자금운용 상황이나 현실적인 필요성 등을 고려할 때 신규자금의 유입을 통해 영업을 계속하여 변제능력을 향상시키는 유용한 방법이 될 수 있다. 그러나 이러한 담보제공도 다른 채권자의 이익을 해친다면 사해행위로 취소되어야 한다. 의료기관 운영자가 채무초과 상태에서 실행한 대출이 신규자금의 유입이 아닌 기존채무의 변제에 사용되거나 채무자의 변제능력의 향상에 기여하지 않고, 나아가 담보로 제공된 요양급여채권이 지나치게 많은 금액이어서 상당한 기간 동안 다른 채권자들이 요양급여채권을 통한 채권만족이 어려워진 경우에는 다른 채권자들을 해친다.

메디칼론 자체는 의료기관 운영자의 자금 상황이나 현실 등을 고려할 때 필요성이 있으므로 일률적으로 사해행위에 해당한다고 보기는 어렵고, 다만 채무초과 상태에서 신규자금 융통으로 변제능력을 향상시키는 것이 아니라 기존 채무 변제에 사용한 것이거나 채권양도 금액이 지나치게 많아 의료기관 운영자의 일반채권자의 피해가 상당한 경우는 사해행위를 인정하여야 한다. 이 사건 채권양도도 이러한 이유로 사해행위에 해당한다.

(나) 신규자금의 융통

신규자금의 융통 없이 단지 기존채무의 이행을 유예받기 위하여 채권자 중 한 사람에게 담보를 제공하는 행위는, 그것이 비록 사업의 갱생이나 계속 추진의 의도에서 비롯된 것이라 할지라도, 다른 채권자들에 대한 관계에서 사해행위에 해당한다.[367] 다만 계속적 거래관계에서 외상물품대금이 있는 상황에서 사후의 거래를 계속하기 위하여 불가피하게 기존 물품대금에 대하여도 저당권을 설정해 준 경우에는 사해행위가 되지 않는다.[368]

(다) 사업추진과 관계없는 채무

사업추진과 관계없는 채무는 기존채무이든 신규차입이든 이를 피담보채무의 범위에 포함시켰다면 그 부분에 대한 담보권설정행위는 사해행위가 된다.[369] 재료를 계속적으로 공급받기 위한 목적이라도 부동산을 염가로 대물변제하는 것은 사해행위가 된다.[370]

(3) 생계비나 자녀의 교육비를 빌리기 위한 양도담보 설정이 사해행위가 되지 않는다는 판례[371]가 있는 반면(생계비에 대하여는 민집법 제195조 제3호의 압류금지물건 참조), 이혼을 하면서 미성년자인 자녀 양육비를 위하여 그 자녀에게 한 증여가 사해행위에 해당된다는 판례[372]가 있다.

(4) 우선권 있는 채무의 변제를 위한 차용행위

(가) 채무자가 수익자로부터 차용한 돈 중 일부로 우선변제권 있는 국세를 납부하고 선순위근저당권자에게 피담보채무를 대위변제하여 근저당등기를 말소하였다는 사정만으로는, 국세와 대위변제금의 범위 내에서 사해행위가 성

367) 대법원 2009. 3. 12. 선고 2008다29215 판결.

368) 대법원 2002. 3. 29. 선고 2000다25842 판결(채무초과 상태에서 사업의 계속에 필요한 물품을 공급받기 위한 방법으로 기존 물품대금채무를 포함하여 장래 발생할 물품대금채무를 담보하기 위하여 근저당권을 설정하여 준 행위는 사해행위에 해당하지 않는다).

369) 대법원 2001. 10. 26. 선고 2001다19134 판결(기존채무의 경우); 대법원 2008. 10. 23. 선고 2008다49578 판결(신규차입채무의 경우).

370) 宮崎地判 소화 57. 3. 29. 判タ 471-176.

371) 最判 소화 42. 11. 9. 判時 505-34. 어차피 채무자의 생활을 위하여 필요한 경비임.

372) 大阪地判 소화 42. 8. 3. 判タ 214-227. 만약 배우자에게 양육비로 지급하였다면 재산분할의 성격을 가진 것으로 보아 사해행위로 되지 않을 가능성이 크다.

립하지 않는다고는 볼 수 없다는 판결이 있다.

□ 대법원 2007. 10. 11. 선고 2007다45364 판결

피고 Y가 채무자 S에게 6,000만 원을 대여한 후 위 대여금채권의 담보로 채무초과 상태인 S의 유일한 부동산에 관하여 근저당권설정등기를 경료받은 행위는 특별한 사정이 없다면 다른 채권자들에 대한 관계에서 사해행위에 해당하고, 그 특정채권자로부터 차용한 돈의 사용처에 따라 사해행위의 범위가 달라지지 않는다. 즉 S가 Y로부터 차용한 돈의 일부로 우선변제권 있는 국세 3,000만 원을 납부하고, 선순위근저당권자의 피담보채무 2,000만 원을 대위변제하여 선순위근저당권이 말소되게 하였다는 사정만으로는, 이 사건 근저당권설정계약 중 5,000만 원의 범위 내에서 사해행위가 성립하지 않는다고 볼 수 없다.[373)]

(나) 그러나 한편 이미 1번 근저당등기가 설정된 부동산에 사해행위로 2번 근저당등기를 설정하면서 빌린 돈의 일부로, 1번 근저당등기의 피담보채무를 변제하고 이를 말소한 경우에는, 선순위근저당권의 피담보채무를 변제한 부분을 제외한 나머지 부분에 대하여만 사해행위가 성립한다는 판례도 있다.

□ 대법원 2006. 12. 7. 선고 2006다43620 판결

2번 근저당권설정계약의 채권최고액에서 변제한 1번 근저당권의 피담보채무액을 공제한 잔액의 한도에서 사해행위를 취소하고, 2번 근저당권설정등기의 채권최고액을 변제한 1번 근저당권의 피담보채무액으로 감축하는 근저당권변경등기절차의 이행을 명해야 한다.[374)]

또한 복합건물의 대지에 설정된 저당권설정등기를 말소함과 아울러 그 저당권과 동일한 피담보채무를 담보할 목적으로 그 건물에 매매예약에 따른

---

373) 이 판결은 채권자로부터 차용한 돈의 용도가 처음부터 우선변제권 있는 채권의 변제에 사용될 예정으로 빌린 것이라는 점에 대한 증명이 부족한 사안으로 보인다. 설범식, '대법원판례해설 71호 (2007 하반기)', 216면 참조. 다만 위 판례해설의 내용을 보면, 설혹 차용금이 우선변제권 있는 채권의 변제에 사용된 것으로 밝혀졌다 하더라도 사해행위의 성립에 영향을 줄 수 없다고 한다고 하나 의문이다.

374) 채무자소유의 다른 부동산에 관한 저당권말소에 관하여 같은 취지의 대법원 2007. 5. 31. 선고 2006다18242 판결이 있다.

가등기를 하는 것이 사해행위가 되는 경우에도 같은 취지의 판결이 있다.

□ 대법원 2009. 6. 11. 선고 2007다4004 판결

복합건물의 대지권의 목적인 토지에 설정된 저당권설정등기를 말소함과 아울러 그 저당권과 동일한 피담보채무를 담보할 목적으로 그 건물에 담보목적의 매매예약에 따른 가등기를 설정한 행위가 사해행위에 해당하는 경우에도, 이 사건 사해행위는 위 건물의 가액에서 위 토지에 설정되었던 위 근저당권의 피담보채무액 중 위 건물 해당 대지권 부분만큼을 공제한 잔액의 범위 내에서만 성립한다.

(다) 검 토

위와 같은 사안에서는, 담보재산의 감소가 없고, 채무자의 사해의사를 인정하기 어렵다는 점 및 사해행위를 판단할 때 채권자와 수익자의 이익 형량이 중요한 요소임을 감안할 때 사해행위를 부정하는 견해가 타당하고 주류적인 대법원 판례로 보인다.

□ 대법원 2012. 1. 12. 선고 2010다64792 판결

[사안] 채무자 S가 Y_1으로부터 돈을 빌리면서 여러 개의 부동산을 공동담보로 하여 소유권이전등기 청구권보전을 위한 가등기와 근저당권설정등기를 해 주었고, Y_2에게서 돈을 빌리면서 위 부동산이 포함된 여러 개의 부동산을 공동담보로 하여 근저당권설정계약을 체결하였다. 그 후 S가 Y_1명의의 가등기와 근저당권설정등기를 말소한 후 Y_2에게 근저당권설정등기를 해 주었다.

[판단] S와 Y_2 사이의 근저당권설정계약은 Y_1 명의의 가등기와 선순위근저당권 설정등기를 대체하기 위하여 체결된 것이다. 근저당권설정계약 중 Y_1 명의 가등기나 선순위근저당권 등기가 되어 있던 부동산의 피담보채무에 관한 부분은 S의 공동담보를 부족하게 하는 것이라고 볼 수 없어 사해행위가 성립하지 않으므로, Y_1의 가등기나 선순위근저당권으로 담보되는 피담보채무액을 담보부동산 가액의 한도에서 사해행위의 성립 범위에서 제외해야 한다.[375]

375) 그 이전에도 대법원은, 수익자가 채무초과상태에 있는 채무자의 부동산에 설정된 선순위 담보가등기의 피담보채무를 변제하여 그 가등기를 말소하는 대신, 동일한 금액을 피담보채무로 하는 새로운 담보가등기를 설정하는 것은 채무자의 공동담보를 부족하게 하는 것이 아니므로 사해행위가 성립하지 않는다고 하였다(대법원 2003. 7. 11. 선고 2003다19435 판결).

7. 사해성의 판단 기준시

가. 행위시

(1) 채권자를 해치는지 여부는 먼저 사해행위의 행위 당시를 기준으로 판단되어야 한다. 설령 재산처분행위가 정지조건부인 경우라 하더라도 특별한 사정이 없다면 마찬가지이다.376)

채무자 S의 처분행위 당시 자산이 그 처분행위가 있더라도 채권자 X의 만족에 지장이 없으면, 그 행위에는 사해성이 없다. 객관적 요건인 사해성의 판단뿐만 아니라, S의 사해의사 유무도 행위시를 기준으로 하여 판단한다. 다만 S의 행위와 무자력과의 사이에 상당인과관계가 있고, S도 이를 예측할 수 있었을 때에는, 행위 후에 무자력 상태가 발생하여도 사해행위가 성립할 수 있다.377)

(2) 담보로 제공된 부동산이 재산처분행위가 있은 후에 임의경매 등 절차에서 환가가 진행된 경우에, 그 재산처분행위의 사해성 여부를 판단하기 위한 부동산 가액의 평가는 부동산 가액의 하락이 예상되는 등 특별한 사정이 없다면 사후에 환가된 가액을 기준으로 할 것이 아니라, 재산처분행위 당시를 기준으로 해야 한다.378)

(3) 채권자의 채권원리금 전액이 우선변제권으로 담보되지 않고, 일부만 담보되는 경우에 피보전채권액을 구체적으로 어떻게 산정할 것인가.

채권자의 채권 중 담보권 실행 등으로 소멸한 부분을 제외하고 실제로 남

376) 대법원 2013. 6. 28. 선고 2013다8564 판결(채무자 S가 Y와 사이의 물품 및 금전거래에 따른 채무를 담보하기 위하여 Y에게 채무를 변제하지 못하는 것을 정지조건으로 S의 D에 대한 임대차보증금 반환채권을 양도하고 Y로부터 금전을 빌렸는데, 그 후 S가 부도를 내고 사업을 폐지한 다음 Y와 임대차보증금 반환채권에 관한 채권양도증서를 작성하여 채권양도 사실을 D에게 통지하였다면, 사해행위에 해당하는지는 대항요건을 갖추기 위한 양도증서 작성시점이 아니라 당초 채권양도계약이 체결된 시점을 기준으로 판단해야 한다).

377) 飯原一乘, 詐害行爲取消訴訟, 97면.

378) 대법원 2001. 4. 27. 선고 2000다69026 판결; 대법원 2002. 11. 8. 선고 2002다41589 판결; 대법원 2005. 5. 15. 선고 2005다60338 판결.

은 미회수원리금 전부가 아니라, 사해행위 시점을 기준으로 산정해야 한다.

변제충당의 법리를 유추하면 사해행위 시점에서는 이자채권이 원금채권에 우선하여 우선변제권으로 담보되므로, 담보되지 않는 부분 가운데에는 원금에 해당하는 돈이 포함되어 남을 것이고, 따라서 피담보채권의 범위는 사해행위 당시 채권최고액 또는 담보부동산 가액을 초과하는 부분에 해당하는 채무원리금 및 그 중 원금 부분에 대한 사실심 변론종결 시점까지 발생한 지연이자 상당이다.[379)]

나. 사실심 변론종결시

사해성은 행위시뿐만 아니라 사실심 변론종결시에도 필요하다는 것이 통설・판례이다.

□ 대법원 2001. 10. 9. 선고 2000다42618 판결

근저당권이 설정된 부동산의 시가에서 실제의 피담보채권액을 공제한 결과 사해행위시는 물론 변론종결시에 잔액이 있는 경우 그 한도에서 사해행위의 성립을 인정해야 한다.[380)]

따라서 처분행위 당시에는 채권자를 해치는 것이었다고 하더라도 그 후 채무자가 자력을 회복[381)]하여 채권자취소권을 행사하는 사실심 변론종결시에는 채권자를 해치지 않게 된 경우에는, 책임재산보전의 필요성이 없게 되어 채권자취소권이 소멸하고,[382)] 그러한 사정변경이 있다는 사실은 채권자취소소송의 상대방이 증명하여야 할 항변사실이다.[383)]

---

379) 위 2002다41589 판결.

380) 같은 취지 대법원 2005. 5. 27. 선고 2003다36478 판결; 대법원 2009. 3. 26. 선고 2007다63102 판결.

381) 大判 대정 15. 11. 13. 民集 5-798; 東京地判 평성 3. 4. 16. 判時 1404-88.

382) 채무자의 자력이 회복한 경우, 취소권이 소멸한다고 볼 것인가(소멸설), 아니면 취소권의 행사를 허용하지 않는 항변이 인정된다고 할 것인가(항변권설)의 다툼이 있다. 채무자의 자력이 다시 악화된 경우에, 항변권설에 따르면 원래의 사해행위에 대하여 다시 취소권의 행사가 가능하나, 소멸설에 따르면 새로운 요건의 구비가 있어야 취소권을 행사할 수 있게 된다. 이에 대하여 대법원은 소멸설을 취한다(대법원 2009. 3. 26. 선고 2007다63102 판결). 이에 대하여는 [43] 2. 나. 참조.

[10] Ⅲ. 악의 · 통모 —— 사해행위 취소의 주관적 요건

1. 개 설

사해행위는 '채무자가 채권자를 해함을 알고' 하였을 때(민법 제406조 제1항 본문), 즉 채무자 S가 악의일 때 그 취소를 구할 수 있으나, 수익자 Y나 전득자 Z가 '채권자를 해함을 알지 못하는 경우'(민법 제406조 제1항 단서), 즉 Y나 Z가 선의일 때에는 취소청구를 행사할 수 없다. 다시 말해서 S의 악의는 채권자취소청구의 적극적 요건이고, Y나 Z의 선의는 채권자취소청구를 방해하는 요소다. 따라서 전자는 취소권을 행사하는 원고가 주장 · 입증하여야 하고, 후자는 그 취소를 면하기 위하여 피고가 주장 · 입증하여야 할 사항이다.

2. 채무자의 악의(사해의사)

가. 개 관

(1) 의 미

사해의사는 채무자 S의 재산처분행위에 따라 그 재산이 감소되어 채권의 공동담보에 부족이 생기거나 이미 부족상태에 있는 공동담보가 한층 더 부족하게 됨으로써 채권자 X의 채권을 완전하게 만족시킬 수 없게 된다는 사실(채무초과 상태)을 인식하는 것을 의미하고,[384] 그러한 채무초과 상태의 인식은 일반채권자에 대한 관계에서 있으면 충분하고 특정 채권자를 해친다는 인식은 필요 없다.[385] 채권자를 해친다는 인식(ein Wissen)은 필요하나

---

383) 대법원 2003. 9. 5. 선고 2003다32964 판결; 대법원 2007. 11. 29. 선고 2007다54849 판결. 사해행위 당시에는 채무자가 무자력이었으나 그 후 채권자취소소송의 변론종결일 이전에 일시 채무자의 자산상태가 양호해져서 무자력상태에서 벗어난 경우에 채권자취소권을 행사할 수 없게 되는가? 소멸설을 엄격하게 적용한다면 취소권이 소멸되었다고 할 수 있을 것이다. 그러나 취소채권자가 알지 못하는 사이에 채무자의 자산상태가 일시 양호해졌다가 다시 무자력상태에 빠진 경우에 취소권이 소멸하였다고 하는 것은 취소채권자에게 지나치게 불리하므로 그렇게 볼 수는 없다고 생각한다. 그런 점에서 소멸설보다는 항변권설이 타당하다.

384) 대법원 1999. 11. 12. 선고 99다29916 판결.

채권자를 해친다는 의사(害意, ein Wollen, Absicht)는 일반적으로 필요하지 않다.[386] 채무자에게 악의 외에 통모(통모도 害意의 일종임)가 필요한 경우에 대하여는 아래에서 항을 바꾸어 설명한다.

S가 사해사실을 인식하지 못한 이상 알지 못한 데 대하여 과실이 있는지 여부에 관계없이 사해행위는 성립하지 않는다.[387]

(2) 입법례

(가) 채무자회생법

채무자회생법 제391조 제1호는 민법 제406조 제1항과 동일하게 규정하고 있는데 이를 고의부인이라 하고, 그 외의 부인유형(법 제100조 제1항 제2호 · 제3호, 제391조 제2호 · 제3호)과 무상부인(법 제100조 제1항 제4호, 제391조 제4호)과는 구별된다. 고의부인은 채무자에게 사해의사가 있는 경우의 부인유형이다.

(나) 독일 취소법

무상행위 등을 제외하고 채권자를 해칠 의사(Absicht, seine Gläubiger zu benachteiligen)가 필요하고(AnfG 제3조 제1항), 이 의사는 의욕(ein Wollen)을 필요로 하며, 단순한 인식(ein Wissen)으로는 부족하다. 법률상 의무를 이행하는 의사(die Absicht, eine Rechtspflicht zu erfüllen)는 사해의사(die Benachteiligungs-absicht)를 배제하지 않는다. 또한 사물의 일반적인 진행 결과 채권자를 해치는 결과로 될 것이라는 인식(Bewußtsein)과 채권자를 해치려는 의사(Absicht)와는 서로 다르다. 다만 신법은 Absicht(목적) 대신 Vorsatz(고의)라는 말을 사용하고 있고, 도산법(InsO 제133조)도 같다.

(다) 로마법

주관적 요건으로 채무자와 원칙적으로 수익자 및 전득자에게 사해 의사(animus fraudandi)의 존재가 필요하였다.

---

385) 대법원 1998. 5. 12. 선고 97다57320 판결; 대법원 2009. 3. 26. 선고 2007다63102 판결.

386) 대법원 1997. 5. 9. 선고 96다2606 판결; 대법원 1999. 4. 9. 선고 99다2515 판결 등.

387) 大判 대정 5. 10. 21. 民錄 22-2069. 수익자의 선의에 과실이 필요 없다는 판례로는 대법원 2001. 5. 8. 선고 2000다50015 판결.

(라) 영국의 엘리자베스법

채권자를 기망하는 등의 목적이나 의도를 가지고 증여, 양도 등을 해야 한다고 규정하였고, 그 후 재산법에서도 채권자를 사해하는 의도를 가지고(with intent to defraud creditors)할 것을 요구하고 있다.

(마) 미국의 사해행위방지법(UVTA)

사해행위는 채권자를 기망하는 등의 현실적 의도(actual intent)를 가지고 해야 한다. 현실적 의도는 약인(consideration)이 부여되었는가, 양도가 내부자(insider)를 위하여 하였는가, 채무자가 양도된 재산을 점유하거나 관리하고 있는가, 양도 등이 알려졌는가(開示) 은폐되었는가(disclosed or concealed) 등의 사정에 따라 결정된다.

(3) 종합판단과 그 기준

판례는 객관적인 요건(사해성)과 주관적인 요건(사해의사)을 엄격히 구분하지 않고, 이를 종합적으로 검토하여 사해행위로서 취소를 인정할 것인가 여부를 결정하는 경향이 있다.[388]

종합판단의 구체적인 기준(사해행위의 징표)을 예로 들면 아래와 같다.[389]

(가) 무자력 상태에서 법률행위를 하여 재산상태가 더욱 악화된 경우가 그 법률행위로 비로소 무자력이 된 경우보다 사해행위가 될 가능성이 크다.

(나) 채무자의 행위가 유상인가 무상인가, 상당한 대가를 지급하였는가 여부와 관련하여, 무상이나 상당한 대가가 지급되지 않은 경우가 사해행위로 될 개연성이 크다.

(다) 법률행위가 재산처분행위인 경우에, 그 재산이 가지는 객관적인 중요성, 특히 부동산인가 아닌가가 고려된다. 중요한 재산일수록 사해행위성은 커진다.

(라) 법률행위의 목적·동기가 정당한 것으로 인정되는 때, 예컨대 변제자금을 마련하기 위한 성실한 부동산매각, 생계비나 자녀교육비 마련을 위한

388) 이러한 판례의 경향은 일본도 같다. 飯原一乘, 詐害行爲取消訴訟, 107면.

389) 飯原一乘, 詐害行爲取消訴訟, 111～112면. 미국법(UVTA)에서는 이른 바 badges of fraud(사해의 징표)로서 사해의사를 판단할 때 고려사항들을 11가지에 걸쳐 예시적으로 규정한다. 우리 법의 해석에도 많은 도움을 줄 수 있다{UVTA§4(b)}.

재산처분, 영업을 계속하기 위하여 어쩔 수 없이 한 담보제공행위 등의 사정이 있다면, 그러한 사정은 사해행위성을 부정하는 방향으로 작용할 것이다.

(마) 채무자와 수익자 사이에 통모나 해의가 있으면, 그것만으로 사해성이 있다고 인정될 개연성이 크다. 특정채권자와 통모하여 그에게 우선적으로 만족을 얻게 하기 위한 매각이나 대물변제는 본래 변제하여야 할 것이라 하더라도 사해행위로 될 수 있다.

나. 통모의 유무

(1) 원 칙

사해의사는 '채권자를 해할 것'을 알면 되는 것이지 더 나아가 통모행위가 필요한 것은 아니다. 그런데 채무자와 수익자 사이에, 다른 채권자를 해친다는 인식(사해의사)과 함께, '채권자인 수익자에게 우선적으로 채권을 만족시켜준다는 의사', 즉 통모가 있어야 하느냐 하는 문제는 사해행위가 변제나 대물변제인 경우를 둘러싸고 논란이 되어 왔다.[390]

일본의 하급심 판례 중에는 자산의 '양적 감소'와 '질적 감소'로 나누어, 전자의 경우에는 사해의사(사해의 인식)로 충분하고 후자의 경우에는 통모가 필요하다고 하는 것도 있다.[391]

(2) 대물변제

이에 대하여 판례는, 채무자가 채무액 전액을 변제할 수 없는데도 일부 채권자에게만 대물변제를 한 경우 특별한 사정이 없는 한[392] 통모 여부에 상관

---

390) [9] 3. 가. 참조.

391) 宮崎地判 소화 57. 3. 29. 判タ 471-176(저가로 대물변제한 사안임).
판시를 요약하면 아래와 같다.
공동담보인 재산상태가 양적으로 감소하는 경우, 예컨대 무상양도나 염가매각에서는 채무자가 채권자를 해친다는 것을 알고 법률행위를 하고, 그로써 충분하며, 반드시 채권자를 해칠 것을 의도하거나 바랄 것을 요구하지 않는다. 이에 대하여 사해행위가 공동담보로 되는 재산의 양적 감소를 동반하지 않고, 질적 감소가 생기는데 불과할 경우, 예컨대 부동산을 상당한 가격으로 매각하거나, 특정 채권자에 대한 채무 변제를 하는 경우에는 채무자와 수익자 사이에 통모가 필요하다.

392) 채권자가 늦은 밤까지 찾아와 변제를 요구하다가, 상품을 가지고 가는 것을 그대로 둔 경우의 대물변제를 사해의사가 없다고 본 사례로서 最判 소화 45. 11. 19. 判時

없이 사해행위가 성립하는 것으로 판시하고 있다.[393)]

(3) 변제-통모 필요

채무의 본지에 따른 '변제'(민법 제460조 참조)에 대하여는, 채무자가 채무초과 상태에서 특정 채권자에게 채무변제를 한 경우 그 변제는 '채무자가 특히 일부의 채권자와 통모하여 다른 채권자를 해칠 의사를 가지고 변제한 경우'가 아니라면 원칙적으로 사해행위가 되지 않고, 일부 채권자와 통모하여 다른 채권자를 해칠 의사를 가지고 변제하였는지 여부는 사해행위임을 주장하는 사람이 증명해야 한다.[394)]

금전채무의 변제에 갈음하여 다른 금전채권을 양도하는 경우도 원칙적으로 통모가 필요하다는 판례가 있다.[395)] 채무자 S에 대한 금전채권에 갈음하여 S의 D에 대한 금전채권을 양수한 채권자는, 자신의 S에 대한 채권은 소멸하는 대신 스스로의 책임 아래 D에 대하여 채권을 추심하여야 하므로, 그러한 불안정한 지위에 놓이게 되는 점을 감안하여, 원칙적으로 사해행위를 인정하는 일반적인 대물변제와는 다르게 취급한 것으로 보인다. 다만 대법원은 2010. 9. 30. 선고 2007다2718 판결에서 위와 같은 견해를 사실상 변경하여 대물변제의 목적물이 금전채권이라 하여 다른 유형의 대물변제와 구별하여 취급하지 않는다는 취지로 판시하였다.[396)]

616-65.

393) 대법원 1990. 11. 23. 선고 90다카27198 판결 외 다수.
통모에 따른 대물변제가 사해행위가 됨은 물론이다. 판례는 채무자가 채무초과 상태에서 채권자 중 한 사람과 통모하여, 그 채권자만 우선적으로 채권 만족을 얻도록 할 의도로, 채무자 소유 부동산을 그 채권자에게 매각하고 그 매매대금채권과 그 채권자의 채무자에 대한 채권을 상계하는 약정을 하였다면, 설사 매매가격이 합당한 가격이거나 합당한 가격을 초과할지라도, 채무자의 매각행위는 다른 채권자를 해칠 의사로 한 법률행위에 해당한다고 한다(대법원 1994. 6. 14. 선고 94다2961 판결).

394) 대법원 2005. 3. 25. 선고 2004다10985 판결 등.

395) 대법원 2004. 5. 28. 선고 2003다60822 판결.

396) 대법원 2007다2718 판결이 전원합의체 판결이 아니므로 이와 다른 취지의 종전 판결을 명시적으로 변경한 것은 아니다. 다만 종전 판례를 사실상 변경한 것이라는 견해가 있다{김재형, '2010년 분야별 중요판례분석 민법(상)', 법률신문 2011. 3. 31. 자}. 그 후에도 2007다2718 판결과 같은 취지의 대법원 판결이 나오고 있다.

다. 자신의 책임재산에 대한 인식

사해행위자의 사해의사는, 사해행위자 자신의 책임재산이 부족하게 되는 것에 대한 인식이므로, 연대보증인은 자신의 자산상태가 채권자에 대한 연대보증채무를 담보하는 데 부족이 생기게 되리라는 것을 인식하는 것을 말하며, 주채무자의 자산상태에 그러한 부족이 있다는 점에 대한 인식은 문제되지 않는다.397)

라. 신탁자의 부동산양도에 따른 조세채무와 수탁자의 사해의사

국세징수법상의 채권자취소소송에서, 조세채무자가 양도소득세의 부과대상 부동산의 명의수탁자에 불과하여, 명의신탁된 부동산의 양도에 관여하지 않아, 양도소득세가 부과될 것을 예상하지 못한 상태에서, 양도소득세 부과처분 전에, 자신이 실제로 소유하는 다른 부동산을 타인에게 양도함으로써 무자력 상태가 된 경우 사해의사를 인정할 수 없다고 한 사례가 있다.398)

3. 수익자·전득자의 악의

가. 개 관

(1) 의 미-사해행위의 객관적 요건에 대한 인식

(가) 일본 판례 중에서는 수익자 Y의 악의를, 채무자 S에게 채권자 X를 해치는 의사가 있다는 사실을 행위 당시 알았다(따라서 전득자 Z의 악의는 Y의 악의를 전득 당시 알았다)는 의미로 본 것이 있으나,399) 대부분의 판례는 S의 행위가 객관적으로 X를 해치는 것을 아는 것을 의미하는 것으로 해석한다.400) 즉 다수 판례의 견해에 따르면 Y와 Z의 악의는 S의 행위가 X를 해

397) 대법원 1998. 4. 14. 선고 97다54420 판결(이 사건에서는 주채무자가 이미 부도가 난 상태에서 사해행위가 있었고, 주채무자인 회사의 대표이사와 연대채무자 및 수익자는 모두 형제들이다).

398) 대법원 2003. 12. 12. 선고 2003다30616 판결. 이 경우 실질과세의 원칙상 명의수탁자에게 명의수탁된 부동산에 관한 양도소득세를 부과하는 것은 위법하지만, 과세관청으로서는 명의신탁관계를 알 수 없으므로, 명의수탁자에 대한 과세처분이 당연무효는 아니다.

399) 大判 소화 8. 5. 2. 民集 12-1050.

친다는 객관적 사실을 알면 되고, X에 대한 해의는 물론이고 S가 악의인 사실, 즉 S의 주관적 인식이나 의사에 대한 인식은 물론이고 Y의 악의를 알 필요가 없다.

(나) 대법원도, X가 S와 Y 사이 사해행위의 취소를 청구하고, Z를 상대로 원상회복을 구하는 경우에, Z의 악의는 전득행위 당시 S・Y 사이의 행위가 X를 해친다는 사실, 즉 사해행위의 객관적 요건을 구비하였다는 것에 대한 인식을 의미한다고 본다. 따라서 Z의 악의를 판단할 때는 단지 Z가 전득행위 당시 S와 Y 사이 법률행위의 사해성을 인식하였는지 여부만이 문제가 되고, Y와 Z 사이의 전득행위가 다시 채권자를 해치는 행위로서 사해행위의 요건을 갖추어야 하는 것은 아니다.[401] 따라서 수익자가 선의라도 전득자는 악의가 되어 원상회복의무가 인정될 수 있다.[402] 민법 제406조 단서가 '채권자의 해함을 알지 못한 경우'라고 규정하고 있는 점에서도 대법원의 견해는

400) 大判 소화 6. 9. 16. 民集 10-806; 東京地判 소화 56. 4. 17. 判時 1018-89 등.

401) 대법원 2006. 7. 4. 선고 2004다61280 판결(이 판결은 채무자 S가 부동산소유권을 Y에게 이전하고, Y는 Z에게 근저당권설정등기를 경료해 준 사례이다. Z가 S에 대한 채권자로서, S와 Y 사이의 부동산처분행위가 사해행위라는 이유로 처분금지가처분을 하고 사해행위취소의 본안소송을 제기하여 승소판결을 얻은 다음, S에 대한 채권회수 대신 이 사건 전득행위인 근저당권을 설정받았다는 사실을 자인하고 있다면, Z는 위 전득행위 당시 S와 Y 사이의 부동산 처분행위가 Z를 포함한 S의 다른 채권자들을 해치는 사해행위임을 인식하고 있었다고 보아야 한다고 하여 원상회복의무를 인정하였다).

402) 대법원 2012. 8. 17. 선고 2010다87672 판결(채권자가 사해행위 취소로써 전득자를 상대로 채무자와 수익자 사이의 법률행위 취소를 청구하는 경우, 전득자의 악의는 전득행위 당시 취소를 구하는 법률행위가 채권자를 해친다는 사실, 즉 사해행위의 객관적 요건을 구비하였다는 것에 대한 인식을 의미하므로, 전득자의 악의 판단에는 전득자가 전득행위 당시 채무자와 수익자 사이 법률행위의 사해성을 인식하였는지만이 문제가 될 뿐이고, 수익자가 채무자와 수익자 사이 법률행위의 사해성을 인식하였는지는 원칙적으로 문제가 되지 않는다). 위 판결의 해설은, 이언학, "사해행위취소 소송에서 취소의 효과가 미치는 범위 및 전득자의 악의 판단에 수익자가 법률행위의 사해성을 인식하였는지가 문제되는지 여부", 대법원판례해설, 제93호(2012년 하), 70면 이하. 일본에는 학설이 갈리지만, 판례는 수익자가 선의라도 악의의 전득자에 대하여 취소할 수 있다고 한다(最高裁 소화 49. 12. 12. 金法 743-31). 우리나라 통설도 이를 인정한다. 학설에 대하여는 민법주해 채권 2, 837면 참조. 다만 수익자가 선의인 경우 일본 현행 민법에 따르면 사해행위가 될 수 없다는 점은 위에서 본 바와 같다. [3] 7. 다. (5) 참조.

타당하다. 이 경우 전득자는 수익자에 대하여는 담보책임을 물을 수 없고,[403] 채무자에 대하여 부당이득반환을 구할 수 있을 뿐이다. 반환된 재산으로 채무가 변제되는 것이 채무자가 얻은 이득이다.

(다) 다만 판례는 변제가 사해행위가 되려면 S의 악의는 Y와 사이에 통모가 있어야 한다고 하므로, Y의 악의에 관하여도 통모의 점을 고려할 필요가 있다. 즉 S와 통모가 요구되는 사해행위에서는 악의(=인식) 이상의 것(통모)이 필요하고, S에 관하여 주관적 요건과 객관적 요건을 함께 판단하는 결과, Y는 2가지 요건 모두의 사정이 존재함을 인식할 필요가 있다.[404]

(2) 입법례

(가) 채무자회생법

수익자의 악의 내용은 ① 고의부인에서는 채권자를 해치는 사실(동법 제391조 제1호 단서), ② 위기부인 중 본지행위 부인에서는 지급의 정지, 회생절차나 파산의 신청(이하 '지급정지 등'이라 함)이 있는 사실 및 채권자를 해치는 사실(동법 제391조 제2호 단서), ③ 위기부인 중 비본지행위 부인에서는, 채무자가 다른 채권자와의 평등을 해치는 것(지급정지 등이 있은 후의 행위는 지급정지 등의 사실까지)이고(동법 제391조 제3호 단서), ④ 무상행위부인은 수익자의 악의가 요건이 아니다(동법 제391조 제4호).[405]

전득자의 악의 내용은, 전득 당시 각각 그 전자에 대한 부인의 원인이 있다는 사실을 아는 것(동법 제403조)이다.

(나) 독일 취소법

수익자(andere Teil)는 채무자에게 사해의사가 있다는 사실을 아는 것(AnfG 제3조 제1항), 전득자(권리승계자=Rechtsnachfolger)는 전 권리자의 취득에 관한 취소원인이 있다는 사실을 아는 것(AnfG 제15조 제2항)을 말한다.

(다) 로마법

주관적 요건으로서 채무자와 상대방 사이에 사해의사(animus fraudandi)

---

403) 취소의 효과가 취소채권자와 전득자 사이에서 상대적으로만 생기므로, 수익자는 완전한 권리를 전득자에게 이전한 것으로 취급되기 때문이다.

404) 飯原一乘, 詐害行爲取消訴訟, 116면.

405) [47] 4.의 첫머리에 이를 한 눈에 알아보기 쉽게 정리한 도표가 있다.

가 존재해야 하고, 상대방의 사해의사는 채무자가 채권자를 해칠 의사로 행위한다는 사실을 아는 것을 말한다.

(라) 엘리자베스법

유효한 약인(consideration)에 따라 선의(bona fida)로 목적물을 양수하고, 그 목적물 양수 당시에 채무자의 사기적 의도를 알지 못한 양수인은 위 법의 적용을 받지 않는다.

(마) 미국 사해행위취소법

양도나 채무부담은 선의(in good faith) 및 합리적인 대가(for a reasonably equivalent value)로 행위한 사람과 그 후의 양수인・권리자(subsequent transferee or obligee)에 대하여 취소할 수 없다. 또한 약인이 있는 경우도 같다.

(바) 신탁법

채무자의 행위가 신탁인 경우에는 수익자인 수탁자가 선의인 경우에도 취소할 수 있다(신탁법 제8조 제1항).

(사) 무상행위

채무자회생법에는 무상행위에서는 수익자와 전득자가 선의인 경우에도 취소할 수 있으나(동법 제391조 제4호), 민법은 유상・무상을 구별하지 않는다.

(3) 선의・악의는 누구를 기준으로 판단할 것인가

(가) 대리인이 한 법률행위가 사해행위인지를 판단할 때 수익자나 전득자의 사해행위에 대한 악의 유무의 판단은 대리인을 기준으로 한다(민법 제116조 제1항). 그러나 특정한 법률행위를 위임한 대리인이 본인의 지시에 좇아 행위를 한 때에는, 본인에게 악의가 있으면 대리인이 악의가 아니라도 취소할 수 있다(민법 제116조 제2항). 전득자가 공인중개사 사무원을 대리인으로 하여 부동산을 매수한 경우 그 사무원이 악의라면 전득자도 악의라는 판례가 있다.[406)]

(나) 법인의 경우에 보통은 대표자를 기준으로 할 것이나,[407)] 그 업무를

406) 대법원 2006. 9. 8. 선고 2006다22661 판결.

407) 東京高判 평성 11. 2. 16. 金判 1072-32.

담당한 사람에게 권한이 위임되어 있는 경우에는 대리인과 같이 해석할 수 있다.[408]

(다) 회사가 파산하면 파산관재인이 악의 판단의 대상이고,[409] 회사설립이 사해행위가 되는 경우는 회사가 수익자이지만 설립자가 악의라면 회사도 악의로 인정된다.[410]

(라) 피상속인에게 악의가 있으면 그 권리의 취득은 상속인에게 악의가 없는 경우에도 사해행위가 된다.[411]

(마) 제3자를 위한 계약을 사해행위로 취소하기 위하여는 채무자(요약자)와 수익자(제3자)의 악의가 필요하지만, 낙약자의 악의는 필요하지 않다.[412]

나. 선의 · 악의의 소송법상 성격

(1) 학설의 대립

민법 제406조 단서가 수익자 · 전득자가 "채권자를 해함을 알지 못한 경우에는 그러하지 아니하다"고 규정하고 있어, 수익자 · 전득자의 악의는 취소요건이지만 추정되는가, 아니면 선의가 항변권(취소의 소극적 요건)인가에 관하여 다툼이 있다.

(2) 추정설

수익자 Y · 전득자 Z의 악의는 취소의 요건이 되지만, 그 악의는 법률상 추정되므로, Y · Z는 법률이 추정하는 악의를 번복하기 위하여 선의를 주장 · 입증해야 한다.[413]

(3) 항변권설

채권자취소권은 채무자 S에게 악의가 있으면 성립하고, Y는 선의를 입증

408) 大阪高判 소화 45. 12. 25. 訟月 17-6-899는 회사경영의 실권을 가지는 업무담당이사에게 사해의사가 없다는 이유로 사해행위가 되지 않는다고 함.

409) 大判 명치 40. 7. 9. 民錄 13-816.

410) 大判 대정 7. 10. 28. 民錄 24-2195.

411) 東京控判 대정 3. 11. 26. 法律新聞 991-29.

412) 飯原一乘, 詐害行爲取消訴訟, 125면.

413) 大判 명치 39. 5. 23. 民錄 12-800, 大判 소화 12. 11. 17. 判決全集 4-22-10.

하지 않으면 취소를 면할 수 없다는 설이다.[414] 항변권의 구체적 내용으로는 '취소권 행사의 저지'라는 견해가 다수설이다.[415]

(4) 항변권설이 타당함[416]

(가) 추정설과 항변권설은 결과적으로 차이가 없다는 견해도 있다.[417] 그러나 Y나 Z가 취소권 행사를 면하기 위하여 자기의 선의를 본증으로 입증해야 한다는 점에는 같으나, 채권자취소권 성립에 관한 근본적인 견해 차이가 있고, 그로 인한 몇 가지 중요한 문제[418]에 관한 해석의 차이를 가져온다.

먼저 추정설에서 말하는 추정은 법률상 사실추정으로 보인다. 즉 민법 제406조는 S의 악의를 전제사실로 하여, 그것이 존재하면, Y · Z의 악의(추정사실)가 추정된다고 규정되어 있다는 것이다. 그렇다면 Y · Z는 악의의 반대사실인 선의를 증명하지 않으면 악의로 인정된다. 따라서 이 경우 선의의 증명은 단순한 반증이 아니라 법관에게 확신을 줄 정도의 본증이 된다.

추정설에 따르면 Y의 악의는 취소권발생의 요건사실이므로, X가 이를 주장하여야 하고, 한편 Y · Z가 선의를 입증하려면 이를 주장할 필요가 있다. 따라서 표리의 관계에 있는 동일사실에 관하여 쌍방이 주장책임을 부담하는 결과가 되어 이론적으로 명쾌하게 설명할 수 없다.

(나) 이와 달리 항변권설을 따르면, S의 악의만(행위가 사해성이 있다는 점을 전제로 함) 있으면 취소권이 성립하기 때문에, X의 주장책임은 그 범위에 그치고, Y의 악의까지 주장할 필요가 없다. Y · Z의 선의는 X의 청구를 배제하기 위하여 Y · Z가 주장 · 입증할 사항이다.

(다) 사해행위는 S의 행위이고, Y를 피고로 하는 경우와 Z를 피고로 하는 경우에 관계없이, 취소의 대상은 S의 행위이므로, 사해행위가 성립하는지 여부는 S를 중심으로 하여 검토해야 한다. Y의 악의가 사해행위 성립의 요건이 된다면, S의 행위가 면제 등 단독행위일 경우에는 설명할 수 없다. 따라

414) 大判 명치 37. 3. 25. 民錄 10-296; 東京高判 평성 11. 2. 16. 金判 1072-32.

415) 飯原一乘, 詐害行爲取消訴訟, 118면.

416) 飯原一乘, 詐害行爲取消訴訟, 118~119면.

417) 下森定 집필, 奧田昌道편 주석민법(10), 有斐閣 소화 62.

418) 단기제척기간의 기산점과 선의 · 악의의 승계 문제 등.

서 일관적인 해석이 되려면 악의가 S에게 있으면 사해행위가 성립하고, Y의 악의를 요건으로 하지 않는다고 보아야 한다.[419)]

(라) 대법원이 채권자취소권 제척기간의 기산점 중 '채권자가 취소원인을 안 날'(민법 제406조 제2항)의 의미를, '취소권발생의 요건인 사실, 즉 채무자가 채권자를 해침을 알면서 사해행위를 하였다는 사실을 알게 된 날'을 의미하고 '수익자의 악의'까지 알 필요는 없다고 판시한 것도 위와 같은 이해를 전제로 한 것으로 볼 수 있다.[420)]

즉 취소권발생의 요건은 채무자의 사해행위이고, 수익자의 악의는 그 요건이 아니다. 수익자나 전득자의 악의까지 알아야 한다면 상대방이 누구냐에 따라 채권자취소권 행사의 제척기간 기산점이 달라지는 불합리한 결과가 발생한다.

대법원은 "수익자에게 악의가 없었다는 점에 관한 입증책임이 있다"고만 설시하고 있어[421)] 위 판시만으로는 추정설인지 항변설인지 명백하지는 않다. 다만 단기제척기간에 관한 위 판례의 취지로 본다면 항변설을 취하고 있다고 볼 수 있을 것이다.

(마) 결 론

취소권은 S의 사해의사만으로 발생하고, Y의 악의는 취소권의 성립요건이 아니라, Y에 대한 취소권행사의 요건으로 보아야 한다.[422)] 다만 S가 악의라면 S와 거래한 Y의 악의도 추정되므로, Y의 선의는 Y가 입증해야 하고, 이는 반증이 아니라 본증이다.

다. 수익자 · 전득자의 선의 · 악의와 취소권

(1) 수익자 · 전득자가 모두 악의인 경우

419) 임채웅, '일본 신파산법의 사해행위와 편파행위에 관한 연구', 364면의 주 14.

420) 대법원 2000. 9. 29. 선고 2000다3262 판결(수익자가 채무자와 사위 · 장모인 사실을 몰랐으므로 단기제척기간이 진행되지 않는다는 원고의 주장을 배척함)을 시작으로, 대법원 2005. 6. 9. 선고 2004다17535 판결; 대법원 2005. 3. 25. 선고 2004다66490 판결 등 다수

421) 대법원 1966. 10. 18. 선고 66다1447 판결; 대법원 2001. 4. 24. 선고 2000다41875 판결; 대법원 2008. 12. 11. 선고 2006다5550 판결 외 다수.

422) 임채웅, '사해행위와 편파행위에 관한 연구', 92면도 같은 의견이다.

채권자 X는 수익자 Y와 전득자 Z 중 누구에게라도 취소권을 행사할 수 있다. 다만 Z가 일탈재산을 소유하고 있다면 Z에 대하여는 그 물건 자체의 반환을 청구하고(원물반환의 원칙), 가액반환을 구할 수는 없음이 원칙이다. Y와 Z의 각 소유권등기가 있으면 Z로부터 원물반환을 받기 위하여는 Y의 등기말소도 필요하다. 소유권을 취득한 Y가 Z를 위하여 저당권설정등기를 한 경우에도, Y와 Z를 모두 피고로 하여 등기말소를 청구해야 한다.

(2) 수익자 악의·전득자 선의인 경우

선의인 Z에 대하여는 취소권을 행사할 수 없으므로, X는 Y에 대하여 가액반환을 구할 수밖에 없다. 다만 채무자 S로부터 부동산을 양수한 Y가 Z를 위하여 저당권을 설정한 경우에는, Y에 대하여 말소등기에 갈음하는 이전등기를 구할 수 있고, Z의 피담보채권액이 부동산가액을 초과한다면 Y에 대하여 가액반환을 청구할 수밖에 없다.

(3) 수익자 선의·전득자 악의인 경우

수익자 Y가 선의이고 전득자 Z가 악의인 경우에, 또는 제1전득자 Z_1이 선의, 제2전득자 Z_2가 악의인 경우에, 악의인 Z나 Z_2에 대하여 취소권을 행사할 수 있는가 하는 점은 일본 구 민법 제정 당시부터 논의되었던 문제이다.

한편 이는 이른 바 선의·악의의 승계 문제로서, 취소권 발생에 수익자 Y의 악의를 요건으로 할 것인가 여부와 관련된 문제이기도 하다.

(가) 취소를 인정하지 않는 설

선의자가 있으면 그 권리가 확정되고 취소권은 소멸되며, 그 후 악의자가 있다 하더라도 취소권이 다시 살아나지 않는다거나, 악의자인 Z에 대하여 취소를 인정한다면 Z가 선의인 Y에 대하여 담보책임을 묻게 되어 선의자 보호에 문제가 있다는 점 및 선의인 Y가 재산을 소유하면 취소할 수 없는데, 그것이 악의인 Z에게 양도하면 취소할 수 있다고 하는 것은 불합리하다는 것이 그 이유이다.[423]

또한 Y 악의, Z_1 선의, Z_2 악의인 경우와 같이 "한 사람이라도 선의자가

423) 飯原一乘, 詐害行爲取消訴訟, 121면과 126면의 주 40에 따르면 일본 명치 29년 민법 입법 당시의 속기록에 그러한 논의가 등장한다.

있으면 취소할 수 없고, 민법 제406조 밖의 문제로서 악의자에게 불법행위에 따른 손해배상인 가액배상을 할 수 있다"고 하여, Y에 대하여도 취소권 행사를 인정하지 않는 견해도 있다.[424]

(나) 취소를 인정하는 설

① 민법 제406조 단서가 "그 행위로 인하여 이익을 받은 자나 전득한 자가 그 행위 또는 전득 당시에 채권자를 해함을 알지 못한 경우에는 그러하지 아니하다"고 규정하고 있으므로, 악의인 사람이라면 누구에게든 취소권을 행사할 수 있고, 또한 이 경우는 법률에 특별히 Z에 대하여 취소권을 인정한 것이고, Z는 악의이기 때문에 취소권의 상대방이 된 것일 뿐만 아니라, 취소는 원칙적으로 상대효를 가지므로, 취소의 효과는 양도인인 Y에게 미치지 않고, 따라서 매도인의 담보책임규정은 적용되지 않는다는 견해이다.[425]

② 일본 판례도, 수익자나 전득자의 선의 · 악의는 그 사람이 인식한 바에 따라 결정되고, 그 전자의 선의 · 악의를 승계하지 않으므로, 수익자나 전득자로부터 전득한 사람이 악의인 경우에는 그 전자가 선의라 하여도 민법 제406조의 추급을 면할 수 없다[426]고 한다.

③ Y의 악의를 S에게 사해의사가 있는 것을 인식하는 것이고, Z의 악의를 Y의 악의를 인식하는 것으로 본다면, Y가 선의이고 Z가 악의인 경우에 채권자취소는 아예 문제가 되지 않는다. Y가 S의 사해의사를 인식하지 않은 이상 Z가 Y의 악의를 인식하는 것은 처음부터 있을 수 없기 때문이다.

그러나 사해행위는 S의 행위이고 취소권은 항상 S를 중심으로 파악해야 한다. 따라서 Y나 Z의 악의는 사해행위 성립이나 취소권발생 요건이 아니라, 그 행사요건이라고 해야 한다. S에게 악의가 있으면 취소권이 발생하고, Y가 선의라 하여도 취소권이 발생하지 않는다든가 소멸하는 것이 아니라, Z가 악의라면 Y와는 상관없이 Z에 대하여 취소권을 행사할 수 있다.[427]

---

424) 前田達明, 口述 債權總論〔제3판〕, 成文堂 평성 5. 284면, 飯原一乘, 詐害行爲取消訴訟, 121면에서 인용.

425) 飯原一乘, 詐害行爲取消訴訟, 122면, 126면 주 45에는 我妻, 末弘을 비롯한 원로 학자로부터 潮見와 같은 신진학자까지 많은 학자들이 이러한 견해를 지지한다.

426) 最判 소화 49. 12. 12. 金法 743-31.

427) 대법원 2012. 8. 17. 선고 2010다87672 판결.

이 경우에 Z는 Y에 대하여는 담보책임을 물을 수 없으나, S는 그에 따라 채무를 면하거나 이익을 얻었으므로, 부당이득을 구할 수 있다.[428)]

4. 선의 · 악의의 판단시기

가. 채무자의 경우

사해행위의 성립은 채무자 S가 법률행위를 한 때이므로, S의 악의 유무는 그 행위시를 기준으로 하여 판단해야 한다. 채권양도나 부동산의 양도와 같이 대항요건이나 등기 · 등록을 구비하여야 하는 경우에는, 양도계약시를 기준으로 악의 유무를 판단하여야 하고, 대항요건이나 등기 · 등록을 구비한 때가 아니다.[429)] 대물변제의 예약이나 매매의 일방예약은 예약할 때를 기준으로 하고, 정지조건부 계약도 계약을 한 때이고 조건성취시가 아니다.

나. 수익자 · 전득자의 경우

수익자 Y나 전득자 Z의 악의는 '그 행위 또는 전득 당시'(민법 제406조 단서)를 기준으로 판단한다. Y는 보통 채무자 S와 계약을 한 때에 이익을 얻고, Z도 Y와 계약을 한 때에 일탈재산을 취득하므로, 이때 선의였다면 그 후에 악의가 되었다 하더라도 그에 대한 취소권은 행사할 수 없다.

문제는 제3자를 위한 계약이나 단독행위와 같이 S의 행위시와 Y가 이익을 취득할 때 사이에 시간적 간격이 있는 경우이다. 이에 대하여는 여러 가지 설이 있으나, 이때에도 Y가 이익을 취득한 때를 기준으로 하여 Y의 악의를 검토하는 것이 타당하다.[430)]

5. 증명책임

428) 같은 견해로, 內田貴, 債權總論, 315~316면.

429) 이에 대한 상세한 설명은 [8] 3. 다. 및 [9] 3. 나. 참조. 다만 대물변제는 요물계약이므로 부동산의 경우에 계약의 성립(=등기완료) 시를 기준으로 판단한다.

430) 飯原一乘, 詐害行爲取消訴訟, 124면.

가. 원 칙

채무자의 악의는 취소채권자에게 증명책임이 있고,431) 수익자와 전득자의 선의는 자신들이 스스로 증명해야 한다.432) 다만 부인소송에서 전득자의 악의(전득자가 전득 당시 각각 그 전자에 대한 부인의 원인이 있음을 아는 것)에 대한 증명책임은 특별한 사정이 없는 한 관재인에게 있다(채무자회생법 제403조 제1항 제1호).433) 채무자회생법의 규정 형식434)으로 보더라도 부인권을 행사하는 관재인에게 증명책임이 있다. 이는 내심의 의사이기 때문에 간접사실로써 추인할 수밖에 없다.

나. 채무자의 악의

(1) 판단의 기준

(가) 채무자의 사해의사는 사해행위 당시의 사정을 기준으로 판단하여야 하나, 사해행위라고 주장되는 행위 이후의 채무자의 변제노력과 채권자의 태도 등도 사해의사 유무를 판단하기 위한 간접사실로 삼을 수 있음은 당연하다.435) 즉 사해행위 당시나 그 후에 채권자가 스스로 채무자를 신뢰하여 한 조치가 있고, 채무자 스스로 변제자력을 갖추거나 변제하려는 노력을 기울인 행위가 인정될 때는 사해의사를 인정하기 어려울 것이다.

(나) 구체적인 사례

[1] 대법원 1999. 11. 12. 선고 99다29916 판결

채무자가 그 소유의 아파트를 처에게 증여할 당시 가까운 장래에 성립할 개연성이 높았던 피보전채권액이 비교적 소액이고(과세예고 통지된 세액이 4,468,030원이었고, 그 후 실제 과세액은 2,524,030원), 증여된 아파트의 가액이 피보전채권액의

---

431) 대법원 1965. 4. 6. 선고 64다1743 판결.

432) 대법원 1966. 10. 18. 선고 66다1447 판결; 대법원 2008. 12. 11. 선고 2006다5550 판결 외 다수.

433) 회생절차에 관한 판례로서 대법원 2011. 5. 13. 선고 2009다75291 판결.

434) 채무자회생법 제403조 제1항에는 '다음 각 호의 어느 하나에 해당하는 때에는 전득자에 대하여도 부인권을 행사할 수 있다"고 규정되어 있다.

435) 대법원 2000. 12. 8. 선고 99다31940 판결; 대법원 2003. 12. 12. 선고 2001다57884 판결.

수십 배에 달하고, 채무자에게 평소 자력이 있었던 점에 비추어 위 증여를 사해행위로 단정할 수 없다.

[2] 대법원 2000. 12. 8. 선고 99다31940 판결

① 원고 X가 채무자 S에 대한 채무를 회수하지 않은 채 오히려 S의 증여행위 2개월 전에 대여기간을 연장하면서 2년 동안 무이자로 변경하여 준 점, ② S의 증여행위 당시의 X에 대한 채무는 S가 X에게 제공한 근저당권의 채권최고액에 미달하고 있는 점, ③ S는 그 후 X로부터 추가 담보제공을 요구받아 이를 제공하였고, 이에 X는 S와 함께 병존적으로 채무를 부담하던 A를 면책시킨 점, ④ 그 후 1년 3개월 간 S에 대한 유류 외상거래액을 증가시켜 주면서 거래를 계속하였고, ⑤ 이 사건 증여행위 후 1년 4개월 후에 X의 변제요구에 따라 채무의 상당 부분을 변제한 점, ⑥ X는 이 사건 각 부동산 외에 다른 임야도 소유하고 있는 점 등을 고려하면, S가 Y에게 이 사건 각 부동산을 증여할 때 채권자인 X를 해칠 의사가 있었다고 단정하기는 어렵다.

[3] 대법원 2003. 12. 12. 선고 2001다57884 판결(사해신탁이 문제된 사안)

채무자가 공사대금을 마련하기 위하여 신탁을 한 후에, 그 전에 지급하지 못하였던 공사대금을 지급하는 등 채무변제를 위한 노력을 하였다면 사해의사를 인정하기 어렵고, 일부 자금을 다른 공사현장의 하수급업체를 비롯한 일반채권자들에 대한 변제에 사용하였더라도, 신탁부동산이 원고들뿐만 아니라 다른 채권자들의 공동담보에 속하므로, 사해의사 여부는 일반채권자들에 대한 관계에서 판단되어야 한다는 점에 비추어, 그러한 사실만으로 사해의사를 인정할 수 없다.

분양대금을 마련하기 위한 신탁에 사해의사를 인정하기는 어려울 것이나, 거의 완공이 된 상태에서 분양만을 위한 신탁행위는 사해의사를 인정하기 쉬울 것이다.

(2) 악의 추정

사해행위를 할 때 채무초과사실(무자력)이 입증되면 채무자의 악의는 사실상 추정되므로, 유일한 재산인 부동산의 처분행위(매각,[436] 담보제공,[437] 주택

436) 대법원 1966. 10. 4. 선고 66다1535 판결 외 다수.

437) 대법원 2007. 2. 23. 선고 2006다47301 판결.

임대차보호법 제8조의 소액임차권의 설정[438] 등)가 있으면 채무자의 사해의사 역시 사실상 추정된다.[439]

□ 대법원 2008. 12. 11. 선고 2006다5550 판결

채무자가 자기의 유일한 재산인 부동산을 매각하여 소비하기 쉬운 금전으로 바꾸거나 타인에게 무상으로 이전해 주는 행위는 특별한 사정이 없다면 채권자에 대하여 사해행위가 되므로 채무자의 사해의사는 추정되고, 이를 매수하거나 이전받은 자가 악의가 없었다는 입증책임은 수익자에게 있다.

다만 채무자가 정상적인 경제활동을 하는 상태에서 하는 재산처분행위는, 특별한 사정이 없으면, 정당한 동기와 목적에 따라 이루어진 것으로 추정되므로, 그와 같은 재산처분행위에 채무자의 사해의사를 인정하기 어려울 것이다.

□ 제주지법 2008. 5. 27. 선고 2007가단27112 판결(확정)

채무자가 건실한 직장생활을 하면서 상당한 월급을 받는 상황에서 대출을 받은 경우에, 아직 대출금을 완제하지 않았으나 정상적인 경제적 활동을 하고 있는 기간에 채무자가 한 재산처분행위는 특별한 사정이 없다면 정당한 동기와 목적에 따라 이루어진 것으로 추정되므로, 그와 같은 재산처분행위를 사해행위로 볼 수 없다. 왜냐하면 ① 사해행위를 고려할 때 채무자의 법률행위 당시의 자력을 참작해야 하는데, 여기서의 자력은 현재의 자력뿐만 아니라 장래에 확실시되는 자력을 같이 고려해야 하고, ② 채무자로서는 지속적으로 받을 상당한 월급을 통해 대출금을 완제할 수 있다고 생각하는 것이 보통이므로 채무자에게 사해의사를 인정하기 어렵고, 수익자에 대하여는 사해인식이 없었다고 보는 것이 합당하며, ③ 만약 그와 반대로 해석하는 경우에는, 채무자가 정상적인 경제적 활동을 한 기간 동안에 한 모든 재산처분행위가 소급적으로 사해행위가 되어 거래의 질서가 심히 위축되기 때문이다.

다. 수익자의 선의

(1) 선의만이 문제되고 선의에 과실이 있더라도 문제되지 않는다.[440]

---

438) 대법원 2005. 5. 13. 선고 2003다50771 판결.

439) 대법원 1966. 10. 4. 선고 66다1535 판결; 대법원 1991. 2. 12. 선고 90다16276 판결; 대법원 2008. 12. 11. 선고 2006다5550 판결.

440) 대법원 2001. 5. 8. 선고 2000다50015 판결.

(2) 선의 판단의 기준－소액임차인의 경우

주택임대차보호법 제8조의 소액보증금 최우선변제권 보호대상인 임차권을 설정해 준 행위가 사해행위인 경우에 수익자의 선의에 관한 판단기준을 아래와 같이 설시한 사례가 있다.

즉 이 경우 수익자인 임차인의 악의는 추정된다. 다만 소액임차인에 대하여 선행의 담보권자 등에 우선하여 소액보증금을 회수할 수 있도록 한 입법취지에 비추어 보면, 위 법조가 정한 임차권을 취득하는 사람은 자신의 보증금회수에 대하여 상당한 신뢰를 갖는다. 따라서 임대인의 채무초과 상태 여부를 비롯하여 자신의 임대차계약이 사해행위가 되는지에 대하여 일반적인 거래행위 때보다는 주의를 덜 기울이게 될 것이다.

이러한 점을 전제로 하여, 수익자인 임차인의 선의를 판단함에는 ① 실제로 보증금이 지급되었는지, ② 보증금의 액수는 적정한지, ③ 등기부상 다수의 권리제한관계가 있어서 임대인의 채무초과 상태를 의심할 만한 사정이 있었는데도 굳이 임대차계약을 체결할 사정이 있었는지, ④ 임대인과 친인척관계 등 특별한 관계는 없는지 등을 종합적으로 고려하여 논리와 경험칙에 따라 합리적으로 판단해야 한다.

□ 대법원 2005. 5. 13. 선고 2003다50771 판결

① 이 사건 아파트는 방이 2개인데, 채무자 S는 처와 청소년인 아들 딸과 함께 거주하고 있으며, 한편 피고 Y는 성년인 여자인바, 그렇다면 S는 Y에게 방 하나를 임대해 주고 자신의 가족 4명이 방 하나를 사용하였다는 점, ② Y가 이 사건 임대차계약을 체결할 때 이미 이 사건 아파트에는 여러 건의 근저당권과 가압류등기 및 체납처분이 되어 있다는 것을 알았으면서도 소액보증금의 보호한도 1,200만 원을 넘는 1,500만 원을 지급한 점, ③ 집행관이 이 사건 아파트의 현황을 조사할 때 S는 Y의 보증금이 1,200만 원이고 점유개시일자도 Y가 주장하는 점유 개시일자와 달리 진술한 점, ④ S의 처남 명의 근저당권은 X가 제기한 사해행위취소소송의 결과 사해행위로서 말소되었으며, ⑤ Y는 S의 처와 친척관계가 있는 것으로 보이는 점 등 경험칙상 Y가 진정한 임차인인지에 대하여 의심의 여지가 있고, 수익자인 Y의 악의에 대한 추정이 번복되었다고 보기 어렵다.

(3) 선의 입증의 정도

사해행위 당시 수익자가 선의였음을 인정하기 위하여는 객관적이고도 납득할 만한 증거자료 등이 뒷받침되어야 하고, 채무자의 일방적인 진술 또는 사후조작이 용이한 채무자 명의의 문서 등에만 터 잡아 수익자가 선의였다고 선뜻 단정하여서는 안 된다.441) 채무자와 수익자는 사해행위의 당사자로서 인적관계가 밀접하거나 사해행위 취소에 대하여 반대의 이해관계를 가진 사람들이기 때문에, 채무자의 진술은 신빙성이 낮을 수밖에 없다.

사해행위취소소송에서 수익자의 악의는 추정되므로 수익자로서는 자신의 책임을 면하려면 자신의 선의를 입증해야 한다. 이 경우 수익자의 선의 여부는 ① 채무자와 수익자의 관계, ② 채무자와 수익자 사이의 처분행위의 내용과 그에 이르게 된 경위나 동기, ③ 처분행위의 거래조건이 정상적이고 이를 의심할 만한 특별한 사정이 없으며 정상적인 거래관계임을 뒷받침할 만한 객관적인 자료가 있는지 여부, ④ 처분행위 후의 정황 등 여러 사정을 종합적으로 고려하여 논리칙 · 경험칙에 비추어 합리적으로 판단해야 한다.442)

판례는 거래안전을 위하여 특히 제3자 사이의 정상적인 거래에서는 수익자의 선의를 인정하려는 경향이 있다.

(4) 선의가 입증된 사례

[1] 대법원 2001. 5. 8. 선고 2000다50015 판결

자금난으로 사업을 계속 추진하기 어려운 상황에 놓인 채무자 S가 자금을 융통하여 사업을 계속 추진하는 것이 채무변제력을 갖는 최선의 방법이라고 생각하고 달리 자금을 융통할 방법이 없어 부득이 부동산을 담보로 제공하고 Y에게 자금융통을 간청하여 Y가 S에게 사업자금을 융통하여 주면서 담보를 취득하였고, Y로서는 당시 S가 그 자금을 은닉하려 한다는 것을 알았다고 볼 특별한 사정이 없는 경우.443)

441) 대법원 2005. 11. 25. 선고 2005다30160 판결; 대법원 2006. 4. 14. 선고 2006다5710 판결; 대법원 2009. 5. 28. 선고 2009다11617 판결.

442) 대법원 2010. 8. 19. 선고 2010다30102 판결; 대법원 2008. 7. 10. 선고 2007다74621 판결 등 참조.

443) 이 판결은 원래 채무자의 사해의사 인정여부에 관한 사례로서, 수익자의 선의에 관

[2] 대법원 2001. 7. 13. 선고 2000다29301 판결

① 이 사건 계약 당시 수익자 Y는 이 사건 부동산에 3년 이상 거주하였다. ② Y는 채무자 S에게 이미 142,176,700원을 지급하였다. ③ S는 71개의 부동산을 소유하고 있었고 그 평가액이 40억 원을 넘는데, 제3자인 Y로서는 그 전체 평가액과 S의 채무액을 상세히 알기 어려웠다. ④ 이 사건 부동산은 S가 소유하고 있던 부동산 중 극히 일부에 불과하여 이를 Y에게 양도한다고 하여 S의 재산상태가 급격히 악화된다고 판단하기 어려웠다.

[3] 대법원 2002. 11. 8. 선고 2002다42100 판결

① Y가 실수요자로서 일반적인 거래를 통하여 부동산을 매수하였다. ② Y는 채무자 S와 친인척관계 등이 전혀 없어 채무자의 신용상태 등을 전혀 알 수 없었다. ③ 부동산등기부상으로도 오랜 동안 가압류기입등기 등이 경료된 바 없었다. ④ 매매대금이 시세보다 현저히 낮지 않았다. ⑤ Y가 매매대금 전액을 모두 지급하였다. ⑥ Y가 부동산에 거주하면서 실제로 공장을 운영하고 있다. ⑦ 매수가격이 시세보다 다소 낮았으나 Y가 그에 상응하여 잔금을 단기간에 지급하기로 약정하였다. ⑧ Y가 사해행위에 해당함을 알면서도 부동산을 매수할 만한 동기나 이유를 찾기 어렵다.

[4] 대법원 2003. 3. 25. 선고 2002다62036 판결

사해행위의 수익자 Y가 채무자 S와 일면식이 없이 이웃의 소개로 급히 금전이 필요한 S로부터 다소 저렴한 가격으로 토지를 매수하였을 뿐이어서, 그 과정에서 단기간에 매매대금이 지급되고 그 직후 소유권이전등기가 경료되었다.

[5] 대법원 2004. 1. 27. 선고 2003다6217 판결

① Y는 분할 전 A임야를 매수하려는 과정에서 채무자 S를 알게 되었고, Y와 S 간에 아무런 친·인척 관계도 없다. ② S는 처음에 위 임야를 팔라고 하는 Y의 요청을 거부하다가, 자금사정이 악화되자 Y를 찾아가 돈을 빌려달라고 사정하여, Y로부터 2,000만 원을 차용하는 한편, 분할 전 A임야에서 이 사건 토지를 분할한 뒤, 그 다음날 Y에게 이 사건 토지를 1,200만 원에 매도하였다. ③ Y는 선대의 묘를 설치하기 위하여 이 사건 토지를 정상가격에 매수하였다.

[6] 대법원 2006. 10. 12. 선고 2006다39560 판결

한 전형적인 사안은 아니다.

① Y와 S 사이에는 친인척 등 특수한 관계가 없고, 지역 신문에 게재된 광고를 통해 부동산을 매수하였다. ② 매매가격이 시세와 크게 다르지 않다. ③ 실제로 매매대금이 모두 지급되었다. ④ S가 퇴거한 이 사건 부동산을 Y가 사용하고 있다. 사정이 위와 같다면 매매계약서에 중개인의 확인이 없다거나 계약서 작성일자와 등기부상 매매계약일이 다르다고 하여 Y가 선의가 아니라고 할 수 없다.

[7] 대법원 2008. 7. 10. 선고 2007다74621 판결

S는 등록된 대부업자의 생활정보지 광고를 매개로 Y를 만나 일반적인 사채거래 방식으로 이루어졌고, Y는 S에 대한 선순위근저당권자 외에 다른 채권자들의 존재를 알지 못한 채, S 소유 부동산의 객관적인 담보가치를 신뢰하여 통상적인 사채거래를 통해 그 담보가액 범위 내의 돈을 사채로 제공하였다.

[8] 대법원 2010. 8. 19. 선고 2010다30102 판결

[사안] 채무자 S는 건물을 신축하여 소유할 목적으로 Y의 아버지로부터 토지를 임차하여 그 지상에 건물을 신축하였다. 그 후 S가 위 건물을 Y에게 매도하였다.

[판단] Y의 선의 인정

① S는 위 토지를 15년 동안 보증금도 없이 저렴한 차임으로 사용하여 왔으므로, 임차인에게 불리한 약정이었다고 할 수 없어 건물매수청구권을 행사할 수 없고 건물을 철거해야 할 처지에 있었고, 당시 S는 사업자금을 신속하게 마련할 필요에서 Y에게 이 사건 건물의 매수를 권유하여 매매계약을 체결하였다.

② 이 사건 건물의 매매대금이 지나치게 적어서 정상적인 매매로 볼 수 없는 정도는 아니다.

③ S가 Y에게 자신의 사업부진 등을 이유로 이 사건 건물을 매수하여 줄 것을 요청하였다 하더라도, 그러한 사정만으로 Y가 S의 채권자를 해친다는 것을 알았다고 보기는 어렵다.

④ Y는 S와 멀리 떨어져 살고 있고 친인척 관계도 아니며, 이 사건 건물 매수 이전에 토지 임대차 외에는 아무런 거래관계도 없었다.

⑤ Y는 건물을 매수한 후 이를 제3자에게 임대하여 현재까지 수익하고 있다.

일반적으로 매수인이 실수요자로서 채무자와 특수한 관계가 없이 공인중개사나 제3자의 소개를 통하여 적정한 금액으로 부동산을 매수하였다면 사해의사를 인정하기 어려울 것이다.[444] 따라서 다소 저렴한 가격으로 매수하

444) 대법원 2010. 2. 11. 선고 2009다80484 판결; 대법원 2011. 3. 10. 선고 2010다102632

였다는 이유만으로 사해의사를 인정하여서는 안 된다(위 판례 [4] 참조).

미국에서는 처분행위가 선의이고 합리적인 동등한 대가로 이루어진 경우에는 취소할 수 없다{UVTA§8(a)}.

판결.

제4장 사해행위의 유형

사해행위를 행위 유형별로 검토하여 각 유형별로 문제점을 파악하는 것은 실무에서 매우 유용할 뿐만 아니라, 사해행위 일반론을 이해하는 데도 많은 도움이 된다. 따라서 앞의 일반론에서 설명한 부분과 다소 중복되는 부분이 있지만, 여기서는 변제를 비롯하여 사해행위가 될 수 있는 각 행위를 유형별로 살펴보기로 한다.

[11] Ⅰ. 변 제

1. 서 론

가. 문제점

여러 채권자에 대하여 채무를 부담하는 채무자 S가 그 중 일부 채권자 Y에 대한 채무를 변제하여 무자력이 됨으로써, 다른 채권자 X의 채권 만족에 지장을 초래한 경우에, X가 위 변제를 사해행위로 취소할 수 있는가 하는 점은 오래 전부터 논의의 대상이 되어 왔고, 오늘날에도 채권자취소권을 둘러싼 논쟁의 큰 문제 중 하나이다.

논쟁의 주요 주제는 아래와 같다.

(1) 변제는 법률상 의무의 이행임에도 왜 취소의 대상이 되는가.

(2) 동일한 채권자인 취소채권자 X와 수익자 Y 중에서 어느 쪽을 더 보호해야 하는가.

(3) 변제의 취소를 인정하는 경우에, 현행법상 X의 독점적인 만족을 가져오는 결과가 될 수 있는데, 그것이 우리 채권자취소제도에서 허용되는가.

나. 변제의 부인

(1) 채무자회생법상의 부인권은 ① 채무자가 채권자를 해칠 것을 알면서 한 행위를 부인하는 고의부인(동법 제391조 제1호), ② 채무자가 지급정지 등 경제적 파탄이 표면화된 시기에 한 행위를 부인하는 위기부인{위기부인은 다시 i) 채무자의 의무에 속한 행위를 부인하는 본지행위부인(동법 제391조 제2호)과 ii) 채무자의 의무에 속하지 않는 행위를 부인하는 비본지행위부인(동법 제391조 제3호)으로 나눈다}, ③ 채무자가 한 무상행위를 부인하는 무상부인(동법 제391조 제4호)으로 크게 나눌 수 있다.[1)]

(2) 본지변제와 고의부인

변제기가 도래한 채권을 변제하는 본지변제행위가 위기시기에 이루어진 경우에 불평등변제(편파행위)로서 위기부인의 대상이 될 수 있다는 점은 반대 견해가 없다. 그런데 본지변제가 고의부인의 대상이 될 수 있는가 하는 점에 대하여는 논란이 있다. 판례[2)]는 이를 인정하고 있다.

(3) 일본 파산법[3)]은 사해행위부인{사해의사로 한 사해행위(동법 제160조 제1항 제1호) 및 지급정지 이후의 사해행위 부인(동법 제160조 제1항 제2호)}과 편파행위부인{지급불능 이후의 기존채무 소멸 등 행위(동법 제162조)}으로 나누어, 본지변제 등은 사해행위부인(고의부인)의 대상으로 하지 않고, 지급불능 이후나 파산절차개시 신청 이후의 것만 부인할 수 있도록 하였다.

본지변제를 고의부인의 대상에서 제외한 것은, 사해의사 유무를 인정하는 기준이 명확치 않아 거래안전과 부인권의 성부에 관한 예측가능성이 없어서, 지급불능으로써 그 시기를 획정하는 방식을 채택하였기 때문이다.

---

1) 그 밖에도 특수한 부인으로 성립요건 및 대항요건 부인(채무자회생법 제103조 · 제394조)과 집행행위 부인(채무자회생법 제104조 · 제395조)이 있다.

2) 대법원 2005. 11. 10. 선고 2003다271 판결. 다만 본지변제에 대한 고의부인이 인정되기 위해서는, 파산법규가 정한 부인대상행위 유형화의 취지를 몰각시키는 것을 방지하고 거래안전과의 균형을 도모하기 위하여, 파산절차가 개시되는 경우에 적용되는 채권자평등 원칙을 회피하기 위하여 특정 채권자에게만 변제이익을 준다는 인식이 필요하다.

3) 일본 파산법은 2004(평성 16). 6. 2. 개정되었고, 2005. 1. 1.부터 시행되었다. 구법은, '제72조(부인가능한 행위)' 1개의 조문이 있었는데, 현행법은 詐害行爲(제160조 · 제161조)와 偏頗行爲(제162조)를 명백히 나누어 규정하고 있다.

다. 독일법

독일법에서는 순수한 이행행위, 즉 본지변제(reine Erfüllungsgeschäfte, sog. kongruente Deckungsgeschäfte)와 이행기 도래 전 또는 대물변제 등의 비본지변제(inkongruente Deckungsgeschäfte)를 구별하여, 후자는 사해행위로 되지만, 전자는 채무자가 의무를 이행할 의사보다는 오히려 다른 채권자의 변제이익을 박탈하고 이를 해칠 의사로 한 경우에만 취소할 수 있다고 해석한다. 그래서 독일의 현행 도산법(InsO)은 본지변제(제130조)와 비본지변제(제131조)를 구별하여 규정한다.

라. 프랑스법

프랑스법에서도 이행기 전의 변제는 사해행위가 되지만, 이행기가 도래한 채무변제는 다른 채권자에게 불법한 손해를 가할 목적으로 한 사해적 통모(un concert frauduleux)가 존재하지 않으면 취소할 수 없다.

2. 일반적 변제

여기서 설명하는 일반적 변제라 함은 아래 따로 살펴보는 「3. 이행기 전의 변제」나 「4. 담보권자에 대한 변제」를 제외한 변제를 말한다.

가. 판 례

(1) 채권자가 채무변제를 구하는 것은 그의 당연한 권리행사로서 다른 채권자가 존재한다는 이유로 방해받아서는 안 되고, 채무자도 채무의 원래 취지에 따라 채무를 이행할 의무를 부담하므로 다른 채권자가 있다는 이유로 채무이행을 거절하지 못한다. 따라서 채무자가 채무초과 상태에서 특정 채권자에게 채무 본지에 따른 변제를 함으로써 다른 채권자의 공동담보가 감소하는 결과가 되더라도, 그 변제는 채무자가 특히 일부 채권자와 통모하여 다른 채권자를 해칠 의사를 가지고 변제를 한 경우가 아니라면 원칙적으로 사해행위가 되지 않는다는 것이 대법원의 확립된 판례이다.

(2) 결국 변제는 채무자 S와 특정채권자 Y가 통모한 사실을 인정할 수 있는지, 즉 어떠한 경우에 통모가 있었다고 볼 수 있는지 여부가 사해행위 성부의 쟁점이 된다.

채무자 S가 특정채권자 Y와 통모하여 다른 채권자 X를 해칠 의사를 가지고 변제를 하였는지 여부는 사해행위임을 주장하는 X가 증명해야 한다. 이는 ① Y의 S에 대한 채권이 실제로 존재하는지 여부, ② Y가 S로부터 변제받은 액수, ③ S와 Y와의 관계, ④ S의 변제능력 및 이에 대한 Y의 인식, ⑤ 변제 전후의 Y의 행위, ⑥ 그 당시의 S와 Y의 사정 및 ⑦ 변제경위를 비롯한 모든 사정을 종합적으로 참작하여 판단해야 한다.[4)]

(3) 취소를 인정하지 않은 사례

[1] 대법원 2001. 4. 10. 선고 2000다66034 판결

Y가 1995. 11. 30.부터 1996. 8. 31.까지 15회에 걸쳐 합계 441,510,000원을 S회사에 대여하였다가 그 중 일부(40% 정도)를 변제받았다.

① Y의 S회사에 대한 대여금은 변제기의 정함이 없던 것이므로 Y가 그 변제를 요구함으로써 변제기가 도래하였고, ② 변제받은 금액이 대여금액의 40% 정도이며, ③ 변제를 받는 기간 중에도 추가로 대여한 점 등의 사정을 감안해 보면, 비록 ⓐ Y가 변제를 받아간 시점이 S회사의 자금사정이 악화된 이후이고 ⓑ Y와 채무자 S회사의 대표이사인 A가 사실상 부부라고 할지라도, S회사의 대표이사인 A의 변제행위를 Y와 통모하여 다른 채권자를 해칠 의사를 가지고 한 사해행위라고 단정할 수는 없다.

[2] 대법원 2007. 5. 31. 선고 2005다28686 판결

채무자가 채무초과 상태에서 자신의 재산을 타인에게 증여한 행위는 특별한 사정이 없다면 사해행위가 된다. 그러나 채무자가 채무초과 상태에서 특정채권자에게

4) 대법원 2004. 5. 28. 선고 2003다60822 판결 참조. 다만 이 사건은 대물변제로 채권을 양도한 경우에 사해행위가 인정되려면 통모가 있어야 한다는 점을 전제로 하여 통모를 부정한 판결이다. 수익자의 채권 약 9억 8,000만 원 중 일부인 7억 5,000만 원에 해당하는 채권을 양수하였는데, 실제로 회수할 수 있는 채권이 액수가 불확실하고, 채무자와 수익자 사이에 친인척관계에 있으나 수익자가 채무자의 사업내용을 알 수 없었던 점, 원고와 다른 채권자들에게도 22억 원 정도의 채권을 양도해 준 점 등에 비추어 통모를 인정하기 어렵다고 하였다.

채무의 본지에 따른 변제를 함으로써 다른 채권자의 공동담보가 감소하는 결과가 되는 경우, 그 변제는 채무자가 특히 일부의 채권자와 통모하여 다른 채권자를 해칠 의사를 가지고 변제를 한 경우가 아니라면 원칙적으로 사해행위가 되지 않는다. 채무자의 금원지급행위가 증여인지, 변제인지에 대한 입증책임은 사해행위를 주장하는 사람에게 있다.

[3] 最判 소화 33. 9. 26. 民集 12-13-3022

S가 변제한 이유는 Y로부터 강력한 변제요청의 결과이고, Y가 변제를 요구한 것은 Y자신의 경제상태가 매우 어려웠기 때문이라면, 채무자가 다른 채권자를 해칠 의사를 가지고 채권자와 통모하여 한 변제라 할 수 없다.[5)]

(4) 취소를 인정한 사례

[1] 대법원 2004. 3. 26. 선고 2003다65049 판결(파산절차의 부인권 사례임)

① S회사의 부도 후 Y 등 입점업체들이 미지급 결제대금을 지급하지 않으면 영업을 중단하고 매장에서 철수하겠다고 하여, S회사는 영업 정상화를 위하여 부득이 이 사건 변제금을 지급하게 된 사정이 있으나, ② S회사가 부도처리되어 이 사건 변제행위 당시에는 이미 지급정지 상태에 있었고, 이러한 상태에서 Y에게 미지급 물품대금 3,000만 원을 지급한 변제행위는 '지급정지 후의 채무소멸행위'에 해당하고, ③ 이 사건 변제행위 당시 S회사는 부채가 2,236억 원에 이르고 초과부채가 575억 원에 이름에도 불구하고 법원에 대한 화의절차개시결정을 의식한 나머지 입점업체들의 예상 영업실적 등을 구체적으로 판단하지 아니한 채 Y 등 93개 업체만을 예외로 선정하여 그들에게 선급금 명목으로 합계 32억 원이 넘는 돈을 지급한 점, ④ 그와 같은 변제행위에 대하여 보전관재인이나 법원의 동의가 없었던 점 등의 사정에 비추어 볼 때, 위 변제금 지급행위는 신의칙이나 공평의 이념에 비추어 부당성이 흠결되었다고 보기 어렵다.

[2] 대법원 2005. 3. 25. 선고 2004다10985 판결

① S가 Y들에게 대여금을 변제할 당시 S는 X를 비롯한 금융기관에 대하여 약 2,600억 원 정도의 보증채무를 부담하고 있었고, 국가적인 외환 위기 때문에 A그

5) 유사한 사례로서 最判 소화 52. 7. 12. 判時 867-58. 이 사례는, 채무자가 채권자(수익자)의 강력한 요구(폭행까지 수반됨)에 따라 변제한 경우이고, 그 채권자에게 경제적 어려움이 있었는지 여부에 대하여는 아무런 설시가 없다.

룹 소속 계열사 대부분이 자금난에 어려움을 겪고 있었던 점, ② Y들은 S의 처와 딸들로서 비록 S 및 A그룹의 자금사정을 정확하게는 알지 못하였다고 하더라도 자금사정이 매우 어렵다는 것은 알고 있었다고 보이는 점, ③ 당시 Y들로서는 S로부터 위 돈을 지급받아 사용할 필요가 없었음에도, S가 한솔종금으로부터 돈을 차용하여 Y들에게 지급한 점에 비추어, S와 Y들이 통모하여 X를 비롯한 다른 채권자들을 해칠 의사를 가지고 변제한 것이라고 볼 수밖에 없다.

[3] 最判 소화 46. 11. 19. 判時 651-65

도산상태에 빠진 채무자 S가 채권자 Y회사에 대한 채무변제를 위하여, 재고상품을 Y의 대표이사가 대표이사를 겸직하고 있는 A회사에 매각하고, 대금을 받지 않고 S의 Y에 대한 채무를 소멸시켰다면, 이를 변제로서 취소를 인정한 원심의 판단은 정당하다.

아래 소개하는 사례들은 통모를 인정한 일본의 하급심 판결들이다. 비교적 사안의 유형이 다양하여 '통모'의 개념을 이해하는 데 도움이 될 수 있을 것으로 생각되어 소개한다(참고로 ③, ④를 제외하고는 모두 피보전채권이 조세채권인 경우이다).

□ 일본 하급심 판례

① 大阪地判 소화 49. 3. 22. 訟月 21-2-401

1인 주주 회사의 실질상의 경영자인 Y가 자기의 대여금채권을 회수하기 위하여, 회사의 해산결의를 한 후에 청산절차가 완료되기 전에, 잔여재산분배와 함께 채권변제를 받은 때에는 회사청산인과 통모하여 우선적으로 채권만족을 받을 의도가 인정된다.

② 廣島高判 소화 49. 4. 24. 訟月 20-8-7

신용어업협동조합인 Y가 채무자 S에 대한 채권회수를 위하여, S의 어업허가권을 다른 채무자 A에게 양도하게 한 후에, 이를 Y가 매수하고 그 대금을 가지고 S에 대한 채권변제에 충당한 경우에, 그 변제는 실질적으로는 대물변제이고 통모로 한 사해의사가 인정된다.

③ 東京高判 소화 60. 1. 24. 判時 1147-96

Y로부터 상품을 구입한 A가 이를 B에게 전매하고, B가 이를 다시 C에게 전매한 후에, A와 B가 도산하자, Y의 요구로 B가 C로부터 수령한 대금을 A 대신 Y

에게 대위변제하였으나, 그것이 A의 의사에 반하는 경우에, B의 변제는 A를 해친다는 사실을 알면서 한 것으로서 A의 파산관재인의 Y에 대한 채권자취소를 인정하였다.

④ 東京地判 소화 60. 9. 19. 金判 751-30

채무자 S의 실질적인 경영자이자 이사인 Y가 S의 도산일에 금융기관을 돌면서 S가 발행한 수표를 현금화한 돈 중에서 Y에 대한 채무를 변제하고, 채권양도를 한 사안에서, 이러한 변제나 채권양도는 다른 채권자를 해친다는 사실을 알면서 통모하여 한 행위라고 인정하였다.

⑤ 大阪地判 평성 원년 3. 16. 金法 1221-34

S회사가 회사청산의 목적 아래 부동산을 매각하고, 그 대금의 대부분을 Y회사에게 변제한 경우에, S가 Y의 자회사이고, 양쪽 회사의 대표자와 직원이 겸직하고 있는 점 등에 비추어 변제에 관하여 통모가 있었다고 인정하였다.

⑥ 大阪高判 평성 2. 9. 27. 判タ 743-171

토지를 매각하면 법인세가 부과된다는 사실을 알면서도 매각대금을 전부 채무변제에 사용한 경우에 국가의 조세채무에 대한 사해의사를 인정하였다.

⑦ 東京地判 평성 3. 6. 27. 判時 1409-77

S회사가 재산을 처분하여 해산한 후, 그 대표이사인 Y가 대표청산인으로 되어, Y가 S에 대한 대여금, 임원 보수 등의 변제를 받은 경우에, S와 Y 사이에는 통모가 있고, S에게 사해의사가 있다고 하였다.

나. 학 설

(1) 소극설

(가) 아래와 같은 근거로 변제는 사해행위로 될 수 없다는 설이 우리나라의 통설이고,[6] 과거 일본의 통설이었다.

① 변제로 채무자의 적극재산이 감소하지만, 반면 소극재산도 감소하므로, 채무자의 총자산에 변화가 없다.

② 변제는 법률상 이행해야 할 의무를 이행하는 것이고, 채무자는 달리 채권자가 있다는 이유로 변제를 거절할 수 없다.

③ 평등변제가 강제되는 것은 파산절차가 개시되는 경우에 국한되므로, 채권자가 평등변제를 바란다면 파산절차를 신청하여 부인권을 행사해야 하고

---

6) 민법주해 채권 2, 828면 주 215.

채권자취소권을 선택해서는 안 된다.[7)]

(나) 변제를 사해행위로써 취소할 수 있다면, 취소채권자 X는 먼저 변제받은 Y로부터 회수하여 이를 X자신의 채권에 우선변제 받는 경우가 생기므로 (가액배상의 경우), 그렇게 된다면 채권의 회수에 빨리 착수한 채권자가 늦게 착수한 채권자보다 불리한 현상이 발생하고, 근면한 채권자 Y가 모처럼 회수한 것을 게으른 채권자 X에게 빼앗기는 결과가 되므로, 변제취소를 인정해서는 안 된다는 견해도 있다.[8)]

(2) 적극설

특정채권자에 대한 변제는 채무자의 공동담보를 감소케 하므로 특별한 사정이 없다면 다른 채권자에 대하여 사해행위가 된다는 견해[9)]이나, 우리나라에서 이를 주장하는 사람은 없는 것으로 보인다.

(3) 절충설

(가) 현재 일본의 통설로서 판례 이론을 지지하는 입장이다. 근래에는 변제로 이익을 받은 수익채권자와 불이익을 받은 취소채권자 사이의 공평과 이익형량을 고려하여 사해행위 성립 여부를 판단하려는 경향이 있다.

(나) 판례 입장을 지지하면서 통모를 인정할 수 있는 경우를, ① 채무이행을 가장한 경우, ② 기한미도래의 채무를 기한의 이익을 포기하여 이행한 경우, ③ 소멸시효가 경과한 채무를 이행한 경우, ④ 불법적인 원인에 따른 채무를 이행한 경우, ⑤ 그 밖에 자연채무를 이행한 경우 등을 열거하는 견해가 있다.[10)]

(다) 그 밖에 변제의 사해행위성을 인정할 수 있는 경우로서, ① 채권자 X가 집행권원을 취득하여 집행하려고 하자, 채무자가 다른 채권자 Y에게 변

---

7) 飯原一乘, 詐害行爲取消訴訟 133면 · 134면 · 137면 주 8, 我妻 · 水本, 民法案內 5-1, 330면.

8) 安達三季生, 債權總論講義〔제4판〕, 信山社 평성 12. 121면, 飯原一乘, 詐害行爲取消訴訟 134면에서 인용.

9) 일본에서도 대정 시대의 오래된 학설이다.

10) 大島俊之, 債權者取消權の硏究, 大阪府立大學 經濟硏究叢書 제63책, 大阪府立大學 經濟學部, 소화 63. 28면, 飯原一乘, 詐害行爲取消訴訟, 136면 · 137면에서 인용.

제한 경우, ② 무자력자가 X로부터 편취하거나 절취한 금전으로 변제한 경우, ③ 채무자가 채권자 Y의 강박으로 변제한 후에 그 취소를 청구하지 않는 경우에는 다른 채권자 X가 채권자대위권에 따라 취소할 수 있고, ④ 채무초과 상태에 있는 채무자가 채권자단회의의 정리안과 달리 변제를 한 경우 등을 들기도 한다.[11)]

다. 문제점의 고찰

(1) 변제의 사해성

판례의 입장을 정리하면 아래와 같다.

(가) 채무자 S의 채권자 Y에 대한 변제는 다른 채권자 X의 공동담보를 감소할 수 있다.

(나) 그러나 변제기에 있는 채무이행은 Y의 당연한 권리행사이자, S도 법률상 이행할 의무가 있으므로, Y의 권리행사, S의 의무이행은 X가 있다고 하여 방해받지 않는다.

(다) 채권자 평등분배의 원칙은 파산이 선고될 때 비로소 생긴다.

(라) 그러나 S가 Y와 통모하여 X를 해칠 의사를 가지고 변제하는 경우에는 사해행위가 될 수 있다.

그렇다면 어떠한 경우에 사해의사라고 평가할 수 있을 것인가.

판례가 말하는 사해의사는 순수하게 S의 주관적 측면만을 말하는 것이 아님은 물론이고, S·Y간의 관계만을 보고 판단하지는 않는다. 다만 위에서 본 최고재 판례는 모두 Y가 집요하게 S를 압박하거나 늦은 밤까지 폭력을 행사하면서 변제를 요구하여, 이에 굴복한 S가 변제를 한 사안인데, S가 어쩔 수 없이 변제를 하였기 때문에, 사해의사를 인정할 수 없다고 한 것은 지나치게 S만을 중심으로 판단한 것이라는 비판을 면할 수 없다. 강제적인 방법으로 채권을 회수한 Y를 보호하는 것보다는 오히려 여러 채권자들 사이의 공평도 고려하여 판단할 필요가 있다.

11) 飯原一乘, 詐害行爲取消訴訟, 136면.

(2) 공동담보의 증감

통설이 변제가 사해행위로 될 수 없다는 첫째 이유가, 변제로 채무자의 자산이 감소하지만, 반면에 채무도 감소하므로, 결국 채무자의 자산에 증감이 없다는 것이다.

채무자의 영업이 순조롭게 운영되고 있는 가운데 한 시점을 포착한다면 이는 옳은 말이다. 그러나 변제가 사해행위가 되는지 여부가 문제되는 것은, 채무자의 자산이 모든 채권자의 채무를 만족시킬 수 없는 상태가 되었을 때이므로, 특정채권자에 대한 변제가 다른 채권자에 대한 변제를 불가능하게 하든가, 현저하게 곤란하게 하는 것은 불을 보듯 뻔한 일이다. 이때 채무자의 자산은 변제수단으로서의 자산을 의미하므로, 적극적 자산만을 고려해야 한다. 따라서 적극적 재산의 감소만을 문제 삼아야 하고, 소극재산의 감소를 고려해서는 안 된다.

(3) 권리행사 · 의무이행

판례는 변제가 사해행위로 되지 않는다는 이유로, 그것이 채권자 Y의 권리행사인 동시에, 채무자 S의 의무이행이라는 점을 들고 있다.

물론, Y가 S에 대하여 변제를 요구하는 것은 Y의 권리행사이고, S가 이에 따르는 것은 S의 의무이다. 그러나 S는 Y에 대하여만 법률상 의무를 지는 것이 아니라 동시에 다른 채권자인 X에 대하여도 의무를 진다. 사해행위의 성립 여부는 S가 Y에게 변제한 행위 때문에, X에게 변제할 수 없게 되었을 때에 문제가 되므로, 단순히 S와 Y 사이에서 판단되는 것이 아니라, 오히려 Y와 X 사이의 비교 · 검토가 필요하다.

원래 채권자취소권은 S · Y 사이의 적법한 법률행위를 취소하여 X를 구제하기 위하여 인정된 제도이므로, S · Y 사이에 권리의무관계가 있다는 점만으로는 취소를 부정할 근거가 될 수 없다. 권리행사도 때로는 남용으로 무효가 되고, 의무이행도 신의칙에 어긋나면 무효가 될 수 있다(민법 제2조).

(4) 파산절차와의 관계

변제로 공동담보가 감소한다는 점은 인정하면서도, 채권자 평등분배는 파산절차에 들어갔을 때에야 보장된다는 견해가 있다.

채권자취소제도는 채무자의 사해행위를 취소하여 일반담보를 원상회복한 후 이를 개별집행의 대상으로 한다. 이와 달리 파산절차는 채권자 전원을 대상으로 평등변제를 실현하는 절차구조를 취하고 있음은 두말할 것도 없다.

그러나 채권자취소는 이에 이어지는 강제집행절차를 위하여 채무자의 책임재산을 확보하는 것이고, 민사집행법은 구 민사소송법과 같이 폭 넓게 일반채권자들의 배당가입을 인정하지는 않지만, 원칙적으로 채권자평등을 위한 배려를 하고 있으므로(민집법 제88조 · 제217조 · 제247조), 평등변제는 파산절차에만 보장된다고 하는 주장은 설득력이 없다.

거기다 파산절차는 손쉽게 개시되는 것이 아니고, 개시되더라도 시간과 비용이 든다. 또한 사해행위로 피해를 입은 채권자 X가 수익자로부터 재산을 회복하여 채권 만족을 얻기 위하여 파산절차를 이용한다 하더라도, 수익자로부터 재산을 반환받기 위하여는 파산관재인이 부인권을 행사하지 않으면 안 되므로, 반드시 X의 뜻대로 될 수 있는 것은 아니다.

(5) 수익자와 취소채권자 입장의 역전

변제를 사해행위로 인정한다면, 수익자 Y와 취소채권자 X의 입장이 역전되므로, 그 취소를 인정하여서는 안 된다는 입장은, 뒤[12]에서 보는 바와 같이 X가 Y로부터 금전을 반환받은 경우에 이를 자기 채권에 대한 만족에 충당할 수 있다는 점을 전제로 하는 것이다.

현재 실무에서 금전을 반환받은 X가 이를 독점하는 것은, 그것이 당연한 권리로 인정되는 것이 아니라, 달리 적절한 방법이 없으므로 사실상 그런 결과가 되는 것에 불과하므로, 이를 이유로 변제를 사해행위로 인정할 수 없다고 하는 것은 너무 조급한 결론이다. 다만 금전반환의 경우에도 채권자취소권의 본래 모습을 찾을 수 있는 법적 장치를 마련할 필요가 있다는 지적이 있다.[13] 원물반환이냐 금전반환이냐 하는 우연한 결과에 따라 취소채권자의

12) [32] 및 [35] 참조.

13) 飯原一乘, 詐害行爲取消訴訟, 141~142면. 이에 대하여 대법원은 가액배상금을 수령한 취소채권자가 사실상 우선변제권을 받는 불공평한 결과를 초래하는 경우가 생기더라도, 이러한 불공평은 채무자에 대한 도산절차를 통하여 시정하거나 가액배상금의 분배절차에 관한 별도의 법률 규정을 마련하여 개선하는 것은 몰라도, 현행 채권자취소 관련규정의 해석상으로는 불가피하다고 한다(대법원 2008. 6. 12. 선고

권리가 달라진다는 것은 합리적인 법 운용의 모습이 아니고, 그 중 특히 변제의 취소가 또 다른 편파변제의 결과를 낳는다면 이 또한 제도의 취지에 어긋난다. 수익자로 하여금 금전을 공탁할 수 있도록 하는 것도 한 방안이 될 것이다.

3. 이행기 전의 변제

가. 사해행위가 된다.

이행기에 있는 채무의 변제가 원칙적으로 사해행위가 될 수 없다 하더라도, 이행기 전의 채무변제는 사해행위가 될 여지가 많다.

다만 취소의 범위에 관하여, (1) 이행기 전의 변제는 채무자의 이행의무에 따른 것이 아니므로 전체를 취소해야 한다는 견해와, (2) 무이자채무에 대한 기한의 포기가 사해행위로 된다고 하여, 변제시로부터 이행기까지의 중간이자의 한도에서 취소할 수 있다는 견해가 있다.

나. 판례의 입장

이에 대한 일본 하급심 판결의 입장은, 이행기 전의 변제를 사해행위로서 그 전부의 취소를 인정한다. 즉 이행기 전의 변제는 기한의 이익을 포기하는 것이고, 그것은 의무이행이 아니라는 점에서 대물변제나 담보제공 등과 같은 성질을 가지는 행위라는 것이다.

중간이자 부분의 취소에 한정해야 한다는 견해는 채권자는 이행기 전에도 중간이자를 포기하기만 하면, 이를 공제한 잔액을 채무자에게 청구할 수 있다는 점을 전제로 하지만, 채권자는 이행기 전에 채권의 일부라 하더라도 청구할 수 없고, 채무자도 이를 이행할 의무가 없으므로, 이행기 전의 변제는 그 전액에 관하여 의무 없는 행위로서, 그 전액에 관하여 다른 채권자를 해치는 것이라고 한다.[14]

2007다37837 판결).

14) 東京高判 소화 61. 6. 25. 判時 1196-114.

4. 담보권자에 대한 변제

채무자 S가 자기의 부동산에 저당권을 가지는 채권자 Y에 대하여, 피담보채무 전액을 변제하는 경우에, S의 적극재산은 감소하지만, 저당권은 소멸하고, 그 부동산은 Y만을 위한 담보에서 일반담보로 전환되므로, 다른 채권자 X에게는 그 변제가 사해행위가 될 수 없다. 금전과 부동산의 담보력을 비교한다면 그러한 변제가 사해행위가 될 수 없다는 것은 명백하다.

5. 차입금으로써 변제

가. 파산의 경우

(1) 파산의 경우에 채무자 S가 A로부터 빌린 돈으로, 채권자 Y에 대한 채무를 변제한 사안에서, 그 변제가 부인의 대상이 되는지 여부가 문제된 사례가 있다.

오래된 일본 판례 중에는 ① 파산신청 후의 변제에 위기부인을 인정하지 않은 것[15]과, ② 지급정지 후의 변제에 위기부인을 인정한 것[16]이 있다. 전자의 견해는 Y에 대한 채무의 소멸은 A로부터 빌린 돈으로 한 것이므로 파산재단에 감소가 없다는 것이다. 후자의 견해는 S가 A로부터 빌린 돈은 그 순간 당연히 S의 일반담보에 편입되므로, 그 후에 이를 가지고 Y에게 변제하는 것은 평등변제를 해친다는 이유이다.

(2) 最判 평성 5. 1. 25. 判タ 809-116(부인권에 관한 사례)

S가 Y에게 변제하기 위하여, A・B로부터 차입하여, 관계자들의 합의에 따라 Y에게 변제한 사안이다.

"S가 특정채무의 변제에 충당하기로 하는 약정 아래 차입한 돈으로 그 채무를 변제한 경우에는, 차입채무가 변제된 채무보다 이자를 비롯한 조건이 무겁지 않고, S가 그 약정을 하지 않으면 돈을 빌릴 수 없고, A・B 및 Y의 입회 아래 차입한 후 그 장소에서 바로 변제를 하였고, 그 약정에 위반하여

15) 大判 소화 8. 4. 26. 民集 12-753.

16) 大判 소화 10. 9. 3. 民集 14-1412, 大判 소화 15. 5. 15. 法律新聞 4379-5.

차입금을 다른 용도에 유용하였다던가, 차입금이 압류되는 등 위 약정을 이행할 수 없을 가능성도 전혀 없는 경우에는, 위 변제는 파산법상 부인의 대상이 될 수 없다."

위 판결의 취지는 차입금으로써 한 변제는 원칙적으로는 부인의 대상이 되지만, 판시와 같은 사정이 있는 경우에는 부인이 되지 않는다고 해석된다.

나. 채권자취소의 경우

이에 대한 판례는 없으나, 특별한 사정이 없으면 파산절차와 같은 정도로 평등변제가 강제되는 것은 아니므로 사해성이 인정되기 어려울 것이다.[17]

6. 변제로서의 등기 · 등록

매매계약이나 저당권설정계약 등을 체결할 때에는 채무자 S의 무자력이나 그 밖에 취소요건이 갖추어지지 않았으나, 그 후 소유권이전등기나 저당권설정등기 등을 이행할 때에는 그 요건이 구비되었을 때, 당초 계약이행으로서 한 등기행위를 사해행위취소의 대상으로 할 수 있는가.

가. 판 례

사해행위가 부동산매매와 같이 등기가 필요한 경우에, 그 계약이 피보전채권 발생 전에 체결되었다면 비록 그에 대한 등기가 피보전채권 발생 후에 경유되었다 하더라도 등기를 취소할 수 없다는 판례[18]에 비추어, 원인행위를 할 당시에 취소요건이 구비되지 않았다면 그 후 등기할 때 채무자의 무자력 등 취소요건이 구비되더라도 취소할 수 없다는 것이 판례의 취지로 보인다.

나. 반대 견해

(1) 일본에서는 등기가 물권이전의 대항요건에 불과하지만, 우리 민법에서는 등기도 물권변동의 성립요건이므로 사해행위로서 취소할 수 있다고 해

17) 飯原一乘, 詐害行爲取消訴訟, 144면.

18) 대법원 1962. 11. 15. 선고 62다634 판결; 最判 소화 59. 4. 20. 金法 1068-32.

석하는 것이 논리적이다.

일본에서도, 대물변제를 부동산으로 하는 경우에는, 대물변제가 요물계약이어서 소유권이전등기를 할 때 계약이 성립하므로,[19] 이때의 등기는 양도행위의 일부를 구성하는 것으로 본다.[20]

(2) 현실적으로도 채무자가 부동산매매 후에 장기간 등기를 하지 않아, 매매사실을 전혀 알지 못하고 이를 전제로 하여 신용을 제공한 채권자가 예상치 못한 손해를 입을 수 있다.

뿐만 아니라 채무자와 수익자 사이에 등기를 하면서 등기원인일자를 5년 이전의 날짜로 소급하여 등기부에 기재되면, 등기부의 추정력 때문에 특별한 사정이 없으면 등기부상 등기원인일자를 사해행위가 있었던 것으로 판정할 수밖에 없고,[21] 채권자로서는 실제 사해행위가 있었던 날을 입증하기는 매우 어려워 결국에는 제척기간을 넘긴 소송으로 각하될 수밖에 없는 불합리한 사태가 발생할 수 있다.[22]

7. 상 계

가. 부인의 경우

(1) 채무자회생법은 부인의 대상이 되는 행위를 채무자의 행위에 국한하는 것처럼 규정하고 있어서(동법 제391조), 채무자의 행위가 개입되지 않고 채권자의 일방적인 의사표시만 있는 상계[23]가 부인권의 대상이 되는지 여부에 관하여 논란이 있다.

(2) 상계는 담보적 기능이 있고, 채무자회생법상의 절차에 따르지 않고 상계할 수 있다.

---

19) 最判 소화 40. 4. 30. 民集 19-3-768.

20) 東京高判 소화 51. 2. 24. 判タ 338-174(이중양도의 경우에 제2양수인에 대한 사해행위취소권의 소멸시효는 등기할 때부터 진행한다).

21) 대법원 2002. 11. 8. 선고 2002다41589 판결.

22) [8] 3. 다. 및 [9] 3. 나. 참조.

23) '상계계약'은 채무자의 행위이므로 당연히 부인할 수 있다.

특히 파산절차에서는 상계의 담보적 기능이 잘 발휘되고 있다. 파산채권인 자동채권은 파산선고시에 변제기가 도래된 것으로 간주되고(동법 제425조), 파산절차 진행 중에도 파산절차에 따르지 않고 상계할 수 있으며(동법 제416조), 파산채권이 파산선고시에 해제조건부 채권인 경우뿐만 아니라 비금전채권인 경우에도 상계가 인정된다(동법 제417조). 또한 상계의사표시의 시기에 관하여도 제한이 없다.

이와 달리 회생절차에서는 회생절차의 원활한 진행을 위하여 파산절차에 비교하여 상계에 상당한 제한을 가하고 있다. 즉 회생절차가 개시된 후에는 회생채권 또는 회생담보권은 회생계획에 따르지 않고는 변제 등으로 이를 소멸시키는 행위를 할 수 없으므로, 관리인 측의 상계는 원칙적으로 허용되지 않고 다만 법원의 허가가 있는 경우에 그 범위 내에서 가능하다(동법 제131조).[24] 또한 자동채권에 관하여 변제기가 도래한 것으로 간주되지 않고, 회생채권 등의 신고기간 만료일까지 변제기가 도래하여야만 상계적격을 가지며, 상계 의사표시도 신고기간 만료일까지 해야 하는 점 등 파산절차와 비교할 때 상계가 많은 제한을 받는다(동법 제144조).

(3) 어쨌든 파산절차든 회생절차든 절차 개시 후나 그 사실을 알고 채무를 부담하거나, 채권을 취득한 경우와 같이, 상계를 인정한다면 부당한 이익을 줌으로써 다른 채권자를 해칠 우려가 있는 경우에는 상계를 금지한다(동법 제145조, 제422조).

그런데 파산·회생절차에서 상계금지의 적용을 받지 않는 상계가 부인의 대상이 될 수 있는가의 문제에 관하여는, 상계 그 자체는 부인의 대상으로 삼지 않고 상계적상을 야기한 채무자의 행위를 부인의 대상으로 보아 그 행위가 부인되면 그 결과로 상계가 효력을 잃는다는 것이 대법원의 견해이다.[25]

---

24) 대법원 1988. 8. 9. 선고 86다카1858 판결.

25) 대법원 1993. 9. 14. 선고 92다12728 판결. 이에 대한 해설로는 이민걸, '회사정리법상의 상계와 부인권', 334면. 일본도 같다. 最判 평성 2. 7. 19. 民集 44-5-837, 最判 평성 2. 11. 26. 民集 44-8-1085.

대법원 2011. 11. 24. 선고 2009다76362 판결.

[사실관계] 전문건설공제조합이 조합에 대하여 출자지분을 보유하고 있던 甲 주식회

나. 채권자취소의 경우

(1) 채권자취소권에서도 취소의 대상은 채무자의 행위에 국한되기 때문에[26] 채권자의 행위인 상계가 취소의 대상이 되지 않는다는 점은 명백하다.

(2) 독일에서는 상계로 한 변제(Zahlungen durch Aufrechnung)는 변제기 도래 채무의 이행과 같이 본지변제이지만, 변제를 위하여 채권자에게 상품을 매각하는 등의 행위를 하여 상계로 이를 실현하는 것은 비본지변제로서 취소의 대상이 된다고 해석된다.

(3) 판 례

[1] 大阪地判 소화 38. 9. 21. 判タ 157-78

채권자만의 일방적 의사표시로 법률효과가 발생하는 채권자가 하는 상계 의사표시는 취소 대상이 되지 않고, 상계 의사표시 자체가 아니라, 상계적상을 야기한 채무자의 행위가 사해행위가 될 수 있다.

[2] 大阪高判 소화 42. 4. 18. 判時 495-54

Y가 S의 자회사가 가지고 있는 S에 대한 채무를 인수하여 S에 대한 채권과 상계하는 내용의 계약을 취소한 사례.

[3] 最判 소화 39. 11. 17. 判時 399-30

채권자 Y와 채무자 S가 통모하여 다른 채권자를 배제한 채 그 희생 아래, S로

사에 자금을 융자하면서 그 출자지분에 대한 출자증권에 질권을 설정받았는데, 甲 회사에 회생절차개시결정이 내려지자, 질권을 실행하기 위하여 위 출자증권을 취득하여 자신 앞으로 명의개서한 다음 융자원리금 채권과 출자증권의 취득대금 채무를 대등액에서 상계한다는 취지의 의사표시를 甲 회사에 통지하였다.

[판시] 조합이 출자증권을 취득하여 자신 앞으로 명의개서하고 위와 같은 상계 의사표시를 통지함으로써 출자증권에 대한 질권을 확정적으로 실행하였고, 이는 채무자회생법 제104조 후단의 집행행위에 준하여 같은 법 제100조 제1항 제2호에 따른 부인권 행사의 대상이 될 수 있다. 위 출자증권은 채무자인 甲 회사가 영업을 계속하기 위하여 필요한 주요자산으로서 조합이 이를 취득함으로써 甲 회사의 회생에 현저한 지장을 가져올 것임을 쉽게 예상할 수 있으므로, 조합이 출자증권을 취득한 행위는 회생채권자를 해치는 것으로서 같은 법 제100조 제1항 제2호에 따라 부인될 수 있고, 그 결과 상계행위는 효력이 유지될 수 없다.

26) [9] 2. 참조.

부터 Y에게 상품을 매각하여 그 대금채권을 가지고 Y의 S에 대한 채권과 상계하는 취지의 매매계약을 체결한 경우에 그 매매를 취소한 사례.

[4] 대법원 2003. 8. 22. 선고 2001다64073 판결

채무자 S의 수익자 Y에 대한 채권과 Y로부터 고가로 매입한 주식대금채무를 상계한 경우, 주식매매계약을 취소함으로써 상계되었던 S의 Y에 대한 채권이 부활한다고 한 사례.[27]

다. 문제점

(1) 위에서 본 바와 같이 상계에는 담보적 기능이 있고, 채무자회생법상으로도 그 절차에 따르지 않고 상계를 할 수 있다. 그러나 채권자 Y의 채무자 S에 대한 채권의 회수가 불가능하거나 충분하지 못한 상태가 되었을 때, S에 대하여 채무를 부담하는 Y가 상계를 하면, Y는 전액변제를 받을 수 있다. 그럼으로써 다른 채권자 X와의 사이에 불공평한 결과가 발생하기 때문에, 채무자회생법은 일정한 경우에 상계를 금지한다.

(2) 채권자취소권에서는 채무자회생법과 같은 규정이 없기 때문에 도산법상의 상계금지규정과 같은 사안에 해당하여 취소를 인정하는 것이 바람직한 경우라도, Y가 상계의사표시를 하면 이는 S의 행위가 아니므로 취소의 대상이 되지 않는다.

그러나 S가 사해의사를 가지고 Y와 합의 아래 상계를 하는 경우(상계계약)에는 취소할 수 있기 때문에, S가 사해의사를 가지고 Y에게 협력한 사실이 있으면 같은 논리로써 취소할 수 있다고 하더라도 부당하지 않다.

(3) 판례와 같이 상계적상을 야기한 S의 행위를 취소 대상으로 보는 것

---

27) 이 판결은 취소채권자 X의 수익자 Y에 대한 취소소송에서 금전청구의 이행은 인정하지 않았다. 즉 사해행위인 매매가 취소되는 경우에는 그 취소의 효과로 당연히 매매의 효력이 유효하게 존속함을 전제로 하여 이루어진 상계의 효력, 즉 기존채무 소멸의 효과는 부정된다. X로서는 별도로 S의 상계 의사표시를 취소할 것도 없이 S의 Y에 대한 기존의 채권이 부활하는 것으로 취급할 수 있고, 그로써 X는 사해행위 취소의 목적을 달성하고 달리 Y에게 반환을 명할 수익이 남아 있는 것도 아니므로, 더 나아가 Y에 대하여 금전채권의 이행을 별도로 직접 또는 대위의 방법으로 청구할 것까지는 없다.

도 하나의 방법임은 물론이다. 상계는 채무소멸행위로서 변제와 같기 때문에, S가 사해의사를 가지고 Y로 하여금 상계하도록 한 경우에는, S가 Y로 하여금 강제집행을 하도록 하여 변제하는 경우와 같이, 변제로서 취소할 수 있다.

[12] Ⅱ. 대물변제

1. 서 론

가. 문제의 소재

대물변제도 변제와 같이 채무이행의 한 형태이다. 금전채무를 예로 든다면 대여금의 변제나 매매대금의 지급과 같이 당사자 사이의 계약에 따르거나, 또는 손해배상채무와 같이 법률의 규정(민법 제394조, 제763조)에 따라, 채무발생의 당초부터 예정된 대로(즉 '채무의 내용에 좇은 이행' – 민법 제390조, 제460조 참조) 금전을 급부하는 것이 채무의 내용에 좇은 본지변제이다.

이와 달리 대물변제는 이미 발생한 채무에 관하여 당사자 사이의 새로운 합의에 따라 원래 급부의 지급에 갈음하여 동산·부동산·채권 등의 급부(양도)를 하는 것(민법 제466조)이라는 점에서 큰 차이가 있다.

따라서 사해행위가 성립하는지 여부를 판단하기 위해서는, ① 정당한 가액으로 평가하여 물건을 교부하였는가, ② 담보권이 부착된 부동산의 급부가 사해행위가 될 수 있는가, ③ 변제기에 이르렀는가, ④ 대물변제예약의 경우에 취소의 대상은 무엇인가 등이 문제가 된다.

나. 대물변제의 부인

대물변제는 채무자회생법상 비본지행위 부인으로서(동법 제100조 제1항 제3호, 제391조 제3호), 본지행위 부인(동법 제100조 제1항 제2호, 제391조 제3호)이 채무자가 지급정지나 절차개시 신청이 있은 후의 행위를 대상으로 하고, 수익자의 악의에 관한 입증책임은 부인권자가 지는 것과 달리, 비본지행위 부인은 시기적 요건을 완화하여 부인대상을 지급정지 등이 있기 이전 60일 이내에 이루어진 행위까지 확대하고 선의 입증책임을 수익자에게 부담시키고 있다.

다. 독일법

채무자가 지급에 갈음하여 한 급부는 비본지변제(inkongruente Deckung)로서 취소의 대상이 되고, 신도산법(InsO 제131조 제1항)은 도산채권자를 만족시키거나 만족시킬 수 있는 법률적 행위로서 그가 청구할 수 없는 방법이었던 행위는 일정한 시기에 한 경우에 부인할 수 있다고 규정한다.

2. 정당한 가격에 따른 대물변제

채무액과 대물변제의 목적물가액이 같을 경우, 채무자의 책임재산으로부터 일탈한 적극재산과 소멸하는 소극재산은 같고, 채무자의 총재산에 증감이 없으므로, 이러한 대물변제는 채권자를 해치는 것으로 볼 수 없지 않느냐 하는 문제가 논의의 중심이 된다.

가. 판 례

대법원은 과거에는 정당한 가격에 따른 대물변제에 대하여 채무자의 재산에 증감이 없고 공동담보인 재산에 증감이 없다는 이유로 사해행위를 인정하지 않다가,[28] 1990년대 이후의 판례에서는 원칙적으로 사해행위를 인정한다. 특히 채무자가 채무초과 상태에서 '유일한' 재산인 부동산을 일부 채권자에게 대물변제한 경우에는, 그 대물변제가 적정한 가격에 따른 것인지 여부를 불문하고 사해행위를 긍정한다.[29] 근래에는 채무초과 상태에서 채무자가 적극재산을 대물변제하는 행위는 유일한 재산인지, 적정가격인지 여부를 묻지 않고 원칙적으로 사해행위가 된다고 한다.[30] 한편 대물변제로 채권양도를 한 경우에는 채무자와 수익자의 통모를 요건으로 한 판결이 있었으나, 현재

28) 대법원 1962. 11. 15. 선고 62다634 판결.

29) 아래 대법원 1998. 5. 12. 선고 97다57320 판결. 그 외 대법원 1996. 10. 29. 선고 96다23207 판결; 대법원 1995. 5. 26. 선고 95다7413 판결. 유일한 재산을 대물변제하는 것은 '통모'에 준하는 비난가능성이 큰 행위이므로 사해행위를 인정할 수 있다는 주장이 있다. 허진용, 채권자취소권과 파산절차상 부인권의 차이, 73면.

30) 대법원 2009. 9. 10. 선고 2008다85161 판결; 대법원 2010. 9. 30. 선고 2007다2718 판결.

는 다른 재산의 대물변제와 달리 취급하지 않는 것으로 보인다.[31)]

[1] 대법원 1967. 4. 25. 선고 67다75 판결(선박의 대물변제-취소 부정)

[사안] Y_1은 X 등에게 많은 채무를 부담하고 여러 채권자들로부터 채무변제요구를 받았다. Y_1과 Y_2는 남매지간으로 이러한 사정을 잘 알고, 서로 통정하여 다른 채권자들을 해치는 줄 알면서 Y_1의 유일한 재산인 선박을 Y_2에 대한 채무 600만 원을 변제하기 위하여 선박을 718만 원에 Y_2에게 매도하되, 매매대금 중 600만 원은 위 채권과 상계하고, 나머지 118만 원은 Y_1의 위 선박저당 채무금 1,047,788원 및 기타 채무금 20만 원을 Y_2가 인수하기로 하여, 이 선박을 매도하였다.

[원심] 채권자의 일반담보를 감소케 한 것으로서 사해행위가 성립된다.

[대법원] 채무자가 기존채무를 변제하는 것은 채무자의 총재산에 증감을 가져오는 것은 아니며, 채권자평등의 원칙도 채무자의 의사에 따른 자유스러운 변제까지를 제한하는 것은 아니므로, 변제로 딴 채권자에 대한 변제자력이 없어졌다고 하더라도, 채무자가 채권자 X를 해칠 것을 알고 한 법률행위 즉 사해행위가 성립되지 않는다. 채무자가 자기의 채무변제로서, 본래의 급부에 대신하여 다른 급부를 한 경우에 그것이 합당한 가격으로 평가되었을 때에도 같다.[32)]

[2] 대법원 1981. 7. 7. 선고 80다2613 판결(부동산의 대물변제-취소 부정)

[사안] S가 그의 처 A의 채무를 인수하여 X에게는 990,000원의, Y를 포함한 나머지 23명의 채권자들에게는 도합 19,000,000원의 채무를 부담하고 있었는데, 당시 시가 2,000,000~3,000,000원의 이 사건 부동산 이외 달리 재산이 없었던 S가 모든 채권자들로 하여금 채권자단을 조직하고 위 부동산을 양수하여 그 처분대금으로 각자의 채권액에 비례하여 변제받도록 종용하였으나, X만이 채권자단의 가입을 거부하면서 채권 전액의 변제를 고집하므로, 부득이 S는 X를 제외한 나머지 채권자들의 채권자 대표인 Y에게 채무변제조로 위 부동산을 매매 형식으로 양도하였다.

[판단] S와 Y와의 매매 및 그를 원인으로 한 Y 앞으로 한 소유권이전등기는 어느 것이나 S가 이행할 기존채무의 이행을 위한 것이므로, 비록 그 때문에 무자력이 되거나, 채무자가 어느 채권자로부터 압류당할 가능성이 있다고 판단하여 부동

31) 대법원 2010. 9. 30. 선고 2007다2718 판결은 통모를 요구하지 않는다. 통모를 요구하지 않는 취지의 판결로 대법원 2011. 3. 10. 선고 2010다52416 판결; 대법원 2011. 10. 13. 선고 2011다28045 판결이 있다.

32) 이 사건은 채무자와 수익자 사이에 통정을 인정할 수 있음에도 불구하고 취소를 부정한 사안이다.

산을 다른 채권자에게 양도했다 하여도, 그것이 기존채무 이행을 위하여 합당한 가격으로 평가되었을 때에는 사해의사를 인정할 수 없다.

[3] 대법원 1990. 11. 23. 선고 90다카27198 판결(부동산 대물변제 – 취소인정)

[사안] X가 S들에 대하여 8억여 원의 채권이 있고, S들이 위 채무를 포함한 11억 5,000만 원 상당의 채무를 부도내고 잠적하면서 이 사건 부동산들을 S_1의 4촌 누이이고, S_2의 조카가 되는 Y들에게 매매를 원인으로 대물변제로 소유권이전등기를 넘겨주었다.

[판단] 채무자 S들이 부도내고 잠적하면서 그들 소유의 부동산들을 S들의 가까운 친척들에게 매매를 원인으로 소유권이전등기를 넘겨준 경우, S들에게 다른 재산이 다소간 있다고 하더라도 그것이 위 채무 전액을 변제하고 남을 정도가 된다는 증명이 없다면 사해행위가 성립하고, Y들이 S들에게 채권이 있더라도 채무가 초과된 채무자가 특정 부동산을 일부 채권자에게 대물변제로 넘겨주는 것은 사해행위가 될 수 있다.

[4] 대법원 1994. 6. 14. 선고 94다2961 판결(부동산의 대물변제 – 취소 인정)

채무자가 채무초과 상태에서 채권자 중 한 사람과 통모하여, 그 채권자만 우선적으로 채권 만족을 얻게 할 의도로, 채무자 소유 부동산을 그 채권자에게 매각하고 매매대금채권과 그 채권자의 채무자에 대한 채권을 상계하는 약정을 하였다면, 매매가격이 합당하거나 합당한 가격을 초과하더라도, 채무자의 매각행위는 다른 채권자를 해칠 의사로 한 법률행위에 해당한다.

[5] 대법원 1997. 6. 27. 선고 96다36647 판결(분양잔대금 채권의 대물변제 – 취소 인정)

[사안] 아파트 건설업자 S가 채무초과 상태에서 채권자 중 일부인 아파트 분양계약자들인 Y들과 통모하여, S의 Y들에 대한 분양잔대금 채권을 분양계약자들 전원으로 구성된 대책위원회에 양도하여, 그 채권으로써 아파트 건축공사의 이행을 보증한 다른 건설회사들로 하여금 그 공사를 완공케 하고, 그 대가로 S의 Y들에 대한 잔여공사 완성 및 아파트 인도채무를 면제받기로 하는 약정을 하였다.

[판단] S의 Y들에 대한 잔여공사 완성 등 채무의 대물변제로 S의 분양잔대금 채권을 Y들에게 양도하였으므로, 가령 그 분양잔대금 채권액이 잔여공사 완성 등에 소요되는 비용을 초과하지 않았다 하더라도 사해행위에 해당한다.

[6] 대법원 1998. 5. 12. 선고 97다57320 판결(부동산 대물변제 – 취소 인정)

[사안] 서적 도소매업자인 S는 종이대금 채무와 차용금의 이자를 지급하지 못한 상태에서, X에 대한 약속어음금 지급책임을 부담할 염려가 생긴 후부터 자기 소유 부동산들에 집중적으로 제3자 명의로 근저당권 등을 설정하였다. 또한 S는 X와 사이에 이 사건 부동산에 관한 매매예약을 체결하고도 가등기를 해 주지 않고 있다가, X가 같은 부동산에 대하여 가압류를 하기 불과 2주일 전에 유일한 재산인 위 부동산을 처인 Y_1에게 증여를 원인으로 소유권이전등기를 해 주었고, 그 후 동생인 Y_2에게 채무변제조로 가등기를 해 주었다.

[판단] 채무자 S의 재산이 채무 전부를 변제하기에 부족한 경우에 S가 그의 유일한 재산인 부동산을 무상양도하거나 일부 채권자에게 대물변제로 제공하였다면, 특별한 사정이 없는 한 그러한 행위는 사해행위가 된다.

[7] 대법원 1999. 11. 12. 선고 99다29916 판결(부동산 대물변제－취소 부정)

채무자의 재산이 채무 전부를 변제하기에 부족한 경우에 채무자가 그의 유일한 재산인 부동산을 무상양도하거나 일부 채권자에게 대물변제로 제공하였다면 특별한 사정이 없는 한 이러한 행위는 사해행위가 된다. 다만 채무자가 아파트를 처에게 증여할 당시 가까운 장래에 성립할 개연성이 높았던 피보전채권액이 비교적 소액인 점 등에 비추어 위 증여를 사해행위로 단정하기 어렵다.[33]

[8] 대법원 2003. 6. 24. 선고 2003다1205 판결(채권양도－취소 부정)

[사안] Y가 7억 원을 S회사에 대여하였고, S회사가 A금고로부터 10억 원을 대출받을 때에도 Y가 대표이사로 있는 B회사 소유 부동산을 담보로 제공하였다. 그

33) 파주시로부터 과세 예고받은 지방세액인 4,468,030원(그 후 실제 과세된 지방세액은 2,524,030원임)이고, 증여한 아파트는 신축된 일산신도시에 위치한 40평형 아파트로서 아무런 담보권 등 제한물권이 설정되어 있지 않아 그 시가가 위 지방세액의 수십배에 이를 것으로 추측이 되고, 비록 채무자가 당시 고령으로 직업이 없기는 하나 2년 전에 주식회사를 경영하다가 이를 342,000,000원(그 중 채무자 지분은 59%)에 매도한 사실이 있고, 위 아파트를 소유하면서 거기에서 처와 함께 거주, 생활하는 데 드는 생계비 등을 고려하여 볼 때, 채무자에게는 당시 과세예고된 지방세액 정도의 돈은 어렵지 않게 마련할 수 있었을 것으로 보인다. 위 아파트의 이전등기에 따라 납부할 취득세 등 세금 및 절차비용도 상당할 것으로 추측이 되고, 위 아파트를 타인 명의로 이전한다고 하여 채무자 자신의 채무가 소멸되는 것도 아니라는 점 등에 비추어 볼 때, 채무자가 단지 장차 원고에게 이 사건 주식매매계약에 따라 446만 원 정도의 지방세액 상당의 채무를 부담할 것을 우려한 나머지 원고를 해칠 의사로서 위 아파트를 처에게 증여하였거나, 위 아파트가 채무자의 유일한 재산으로 위 아파트 처분으로 인하여 그에게 채무초과 상태가 초래되었다고 단정하기는 어렵다.

후 Y는 위 피담보채무를 대위변제하였다. C는 S회사의 X에 대한 어음할인대출금 채무를 연대보증하였다. C는 320억 원 상당의 부동산을 소유하는 등 많은 재산을 보유한 자였다. Y가 S회사로부터 대물변제로 양도받아 추심한 채권액은 대위변제금의 40% 정도이다. Y는 이 사건 채권이 대물변제로 양도될 당시 S회사의 업무나 재산상황을 잘 알지 못하였다.

[판단] 채무자가 채무초과의 상태에서 특정채권자에게 채무의 본지에 따른 변제를 함으로써 다른 채권자의 공동담보가 감소하는 결과가 되는 경우에도 그 변제는 채무자가 특히 일부의 채권자와 통모하여 다른 채권자를 해칠 의사를 가지고 변제를 한 경우가 아닌 한 원칙적으로 사해행위가 되는 것은 아니고, 기존 금전채무의 변제에 갈음하여 다른 금전채권을 양도하는 경우에도 이와 마찬가지다.[34] ① C의 재력이나 사회적 지위에 비추어 이 사건 채권양수 당시 Y는 S회사의 대주주이자 연대보증인인 C가 X금고에 어음할인대출금을 변제할 수 있을 것으로 믿었을 개연성이 큰 점, ② 당시는 외환위기 직후로서 자기 사업을 하고 있던 Y가 자금이 매우 궁색하였을 것이어서, 채무변제를 강하게 독촉함에 따라 S가 이에 따라 위 채권양도를 하기에 이르렀을 것으로 보이는 점 등의 사정을 두루 감안해 보면, ⓐ 비록 Y가 대물변제로 위 채권양도를 받아간 시점이 S회사의 부도를 전후한 시점이고 ⓑ Y가 S회사의 이사를 역임한 바 있으며 S회사의 대주주 및 대표이사와 절친한 관계에 있었다 하더라도 그러한 사정만으로 S회사가 채무 변제에 갈음하여 한 채권양도행위를 Y와 통모하여 다른 채권자를 해칠 의사를 가지고 한 사해행위로 단정하기는 어렵다. 같은 취지 : 대법원 2004. 5. 28. 선고 2003다60822 판결.

[9] 대법원 2005. 11. 10. 선고 2004다7873 판결(공유수면매립허가권의 대물변제 – 취소 인정)

채무자의 재산이 채무의 전부를 변제하기에 부족한 경우에 채무자가 그의 유일한 재산을 어느 특정채권자에게 대물변제로 제공하여 양도하였다면, 그 채권자는 다른 채권자에 우선하여 채권의 만족을 얻는 반면 그 범위 내에서 공동담보가 감소됨에 따라 다른 채권자는 종전보다 더 불리한 지위에 놓이게 되므로 이는 곧 다른 채권자의 이익을 해치는 것이다.

[10] 대법원 2009. 9. 10. 선고 2008다85161 판결(8,000만 원의 채권에 대한 대물변제로 5,800만 원 상당의 부동산을 대물변제로 제공한 경우 – 취소 인정)

채무초과 상태의 채무자가 그의 재산을 특정채권자에게 대물변제나 담보조로 제

34) 변제와 금전채권양도에 의한 대물변제를 같이 본 사례이다.

공한 경우, 그 대물변제나 담보조로 제공된 재산이 채무자의 유일한 재산이 아니거나 그 가치가 채권액에 미달하는 경우에도 사해행위에 해당한다.

[11] 대법원 2010. 9. 30. 선고 2007다2718 판결(전세권과 전세금반환채권의 대물변제－취소 인정)

채무초과 상태에 있는 채무자가 적극재산을 채권자 중 일부에게 대물변제조로 양도하는 행위는 채무자가 특정채권자에게 채무본지에 따른 변제를 하는 경우와는 달리 원칙적으로 다른 채권자에 대한 관계에서 사해행위로 될 수 있다.

나. 문제점

(1) 정당한 가격에 따른 대물변제의 사해성

(가) 정당한 가격에 따른 대물변제의 사해성을 부정하는 견해는, 변제와 같이 자산의 감소와 동시에 채무도 감소하는 것을 그 이유로 하여, 정당한 가격에 따른 것이라면 사해의사나 그 외의 요건을 문제 삼을 것도 없이 사해행위가 되지 않는다고 한다.

(나) 그러나 "지급수단으로서의 자산"이 부족하게 된 채무자 S가 다수의 채권자 중의 특정인 Y에게, 그 부족한 자산의 전부나 일부를 양도하였기 때문에, 다른 채권자 X가 전부나 일부의 변제를 받을 수 없게 되면, X가 불이익을 받는 것은 명백하다. 이 점은 금전채무의 채무자가 금전을 가지고 변제하는 경우와 금전 이외의 재산을 가지고 변제(대물변제)하는 경우를 달리 볼 이유가 없다.

현재 대부분의 학설이 사정에 따라 정당가격에 따른 대물변제도 사해행위로서 취소할 수 있다고 하는 것[35]은 당연한 것이다.

(다) 현재 판례의 주된 경향은 정당한 가격에 따른 대물변제라도 원칙적으로 사해성을 인정하고 있다. 다만 위 [8] 판례는 금전채무에 대한 대물변제로서 채권양도를 한 경우에는 본지변제와 같이 채무자 S와 수익자 Y의 통모가 필요하다고 한다. 채권을 양수하는 것은 금전을 현실로 지급받는 변제보

35) 우리나라 통설은 적정가격으로 하는 대물변제는 변제와 다름없이 사해행위가 되지 않지만, 특정채권자와 통모하여 하는 대물변제, 또는 대물변제 받는 채권자의 채권액을 초과하는 가치를 가지는 것으로써 하는 대물변제는 사해행위가 될 수 있다고 한다. 민법주해 채권 2, 829면.

다 추심 가능성이 불투명하고, Y가 추심을 위한 수고나 부담을 지는 점에 비추어, 담보력이 확실한 부동산을 대물변제로 받는 것과 같이 취급할 수 없고, 오히려 변제와 같이 취급하는 것이 타당하다는 점이 고려된 것으로 보인다. 다만 위와 같은 견해는 현재 대법원의 입장은 아닌 것으로 보인다.[36] 이에 대하여는 다음 항에서 다시 설명한다.

(2) 변제와 대물변제

(가) 앞에서 본 바와 같이 판례는, 변제는 채무내용에 좇은 의무이행이기 때문에 사해행위가 되지 않지만, 대물변제는 채무내용에 좇은 것이 아니고, 채무자 S가 이를 할지 여부에 대한 자유를 가지므로 사해행위가 된다고 한다.

그러나 채무내용에 좇은 이행인지 여부는, S와 그 이행을 받는 수익자 Y 사이의 문제이고, 취소채권자 X와 S 사이의 관계가 아니다. X로서는 채무의 이행이 금전이든 동산・부동산・채권이든, 어느 것이라도 S의 책임재산이 감소하는 것에는 차이가 없다. 사해가 되는지 여부는 X와 S 사이에서 X가 채권 변제를 받지 못함으로써 생기는 문제이므로, S가 Y에 대한 이행방법의 차이에 따라 구분하는 것은 타당하지 않다.

(나) 물론 부동산과 현금을 대비한다면, 그 담보가치(구체적으로 말하면 집행가능성)가 다르므로, 현금으로 변제하는 것과 부동산으로 대물변제하는 것은, 후자 쪽이 사해성이 크다고 말할 수도 있다. 한편 금전채권을 대물변제로서 양도하는 경우에, 그 채권의 채무자(제3채무자)의 자력에 따라 추심할 수 없는 경우도 있으므로, 그의 자력이 없으면 사해성은 채권양도 쪽이 더 작다고 할 수 있다. 현금보다도 확실성이 떨어지는 제3자에 대한 금전채권으로써 그 액면으로 대물변제하는 것은, 현금으로 변제하는 경우에 비교하여 오히려 채무자에게 유리하다는 점에서 원칙적으로 사해행위가 되지 않고,

---

36) 김재형 교수는 2003다1205 판결은 2010. 9. 30. 선고된 2007다2718 판결로 사실상 변경되었다고 본다. 김교수는 채무자가 채무초과상태에서 대물변제를 하는 경우, 채권의 양도가 부동산의 양도와 다르게 볼 이유가 없다고 한다(김재형, '2010년 분야별 중요판례분석, 민법 상', 법률신문 2011. 3. 31). 그 후 선고된 대법원 판결도 채권의 대물변제를 따로 취급하지 않는다.

사해행위가 성립하기 위하여는 통모를 요구하는 종전 대법원 판결의 견해는 그러한 점에서 이해될 수 있다. 따라서 대물변제가 항상 채무내용에 좇은 본지변제보다 사해성이 크다고 할 수 없다.[37)]

(다) 또한 채무자가 자기의 채권을 추심하여 변제하면 사해행위가 되지 않음에도, 추심의 수고를 덜면서 채권 그대로 변제(대물변제)하면 사해행위가 된다고 하는 것은 설득력이 부족하다. 뒤에 보는 바와 같이 일본의 판례는 부동산을 정당한 가격으로 매도하더라도 이는 소비·은닉하기 쉬운 금전으로 바뀌는 것이므로 사해행위가 되지만, 변제를 위하여 매도하였다면 사해행위가 될 수 없다고 하는데,[38)] 부동산을 매각하여 변제하면 사해행위가 되지 않는데, 부동산을 가지고 바로 대물변제하는 것은 사해행위가 된다는 것도 논리적으로 모순이다.[39)]

3. 정당한 가격에 따르지 않은 대물변제

대물변제 목적물의 가격과 채무액이 서로 다른 경우라 함은, 전자가 후자보다 높거나 반대로 낮은 경우의 2가지가 있다.

가. 목적물가액이 채무액을 넘는 경우

예컨대 채무자 S가 채권자 Y에 대하여 채무액이 5,000만 원임에도, 시가 8,000만 원의 부동산을 변제에 갈음하여 양도하여 무자력이 된 경우에는, S의 책임재산 3,000만 원 상당은 부당하게 감소되었으므로 이러한 대물변제는

---

37) 대법원 2010. 9. 30. 선고 2007다2718 판결이, 채권의 대물변제가 원칙적으로 사해행위가 된다고 하면서도, "이러한 경우에도 사해성의 일반적인 판단기준에 비추어 그 행위가 궁극적으로 일반채권자를 해치는 행위로 볼 수 없는 경우에는 사해행위의 성립이 부정될 수 있다"는 언뜻 보아 사족과 같이 보이는 설시를 한 것도, 대물변제로 하는 채권의 양도가 부동산 양도와 비교하여 사해성이 부정될 수 있는 여지가 많다는 점을 지적하는 의미로 해석될 수도 있다. 그리고 실제로 그러한 이유로 취소를 인정하지 않는 사례가 있다(대법원 2010. 9. 30. 선고 2007다2718 판결; 대법원 2012. 9. 13. 선고 2012다43546 판결).

38) 大判 소화 14. 12. 9. 法律新聞 4512-10 등 다수 있음.

39) 飯原一乘, 詐害行爲取消訴訟, 155면.

명백히 사해성이 있다.

대법원도 현저히 부당한 가격으로 선박을 대물변제한 경우에 사해행위를 인정한다.[40)]

정당하지 않은 가격에 따른 대물변제에서 사해행위 성립이 인정되는 경우에 「취소의 범위」는, 정당한 가격에 따른 대물변제의 취소를 인정하는 현재 판례의 입장에 선다면 그 전부의 취소를 인정하는 것은 당연한 결론이다.

정당한 가격에 따른 대물변제의 사해성을 인정하지 않고, 정당하지 않은 가격에 따른 대물변제만을 사해행위로 보는 견해에 서는 과거 일부 판례의 입장이라면, 그 전부를 취소 대상으로 할 것인가 여부에 관하여 명백히 한 판례는 적지만, 대물변제로서 금전채권을 양도한 사안에서 양도채권과 채무액과의 차액이 취소의 대상이라고 한 일본 하급심 판례[41)]가 있고, 학설로는 대물변제 목적물이 부동산 같이 불가분인이라면 전부를, 금전채권 같이 가분인 경우에는 위 판례와 같이 그 차액을 취소해야 한다는 견해도 있다.[42)]

나. 목적물의 가액이 채무액보다 낮은 경우

변제목적물 가격이 채무액보다 낮은 경우에는 그 차액만큼 소극자산이 감소하기 때문에, 채무자의 총자산의 증감만으로 사해성을 판단하는 입장에서는 사해성을 부정하는 것은 당연할 것이나, 채권자취소의 효력이 모든 채권자를 위한 것이고, 대물변제가 채권자들의 공동담보가 되는 책임재산의 감소라는 점을 강조한다면 사해성을 인정할 수 있을 것이다.

일본에서는 사해성을 인정하는 것이 대세이나, 수익자의 악의를 부정하여 사해성을 인정하지 않은 아래 최고재 판례 [3]도 있다. 대법원이 현재 사해성을 인정하고 있다는 점은 위에서 본 바와 같다(아래 판례 [4] 참조).

[1] 大判 대정 8. 7. 11. 民錄 25-1305

---

40) 대법원 1977. 6. 28. 선고 77다105 판결.

41) 東京高判 소화 48. 11. 29. 金判 399-16.

42) 板木郁郎, 詐害行爲取消權に關する硏究, 否認權に關する實證的硏究, 立命館出版部 소화 18. 409면, 飯原一乘, 詐害行爲取消訴訟, 158면에서 인용. 우리나라의 소수설(이은영)이기도 하다. 민법주해 채권 2, 829면 주 219.

원심이 대물변제 목적물가격이 채무액보다 낮다는 이유로 취소를 인정하지 않았으나, 대물변제가 본지에 따른 의무 이행이 아니라는 점을 강조하여 파기환송함.

[2] 東京高判 소화 57. 8. 19. 判時 1054-89

1,000만 엔의 채무에 대한 대물변제로서, 500만 엔 상당의 동산이 양도되었다면, 수익자 Y가 1,000만 엔의 채무에 갈음하여 동산 양도를 받든, 적정가액인 500만 엔에 갈음하여 양도받든, 취소채권자의 이해관계에는 아무런 차이가 없으므로, 채무자가 그에 따라 무자력이 되었다면 일반채권자를 해치므로 사해행위가 된다.

[3] 最判 소화 41. 5. 26. 金判 18-10

시가 30만 엔의 물건을 100만 엔의 채무에 대한 대물변제로 양도하였다면, 수익채권자로서는 그에 따라 채권자를 해친다고는 생각할 수 없었다는 이유로 사해행위 성립을 부인한 원심을 시인한 사례.

[4] 대법원 2009. 9. 10. 선고 2008다85161 판결(8,000만 원의 채권에 대한 대물변제로 5,800만 원 상당의 부동산을 대물변제로 제공한 경우)

채무초과 상태의 채무자가 그의 재산을 특정채권자에게 대물변제나 담보조로 제공한 경우, 그 재산이 채무자의 유일한 재산이 아니거나 그 가치가 채권액에 미달하는 경우에도 사해행위에 해당한다.

4. 담보물로써 대물변제

채권자취소권은 일반채권의 담보(일반담보)를 보전하는 것이므로, 그보다 특별담보가 우선하는 것은 당연하다. 따라서 채무 지급에 갈음하여 저당권 등의 특별담보가 설정되어 있는 물건의 소유권이 이전된 경우에, 그 피담보채무의 범위 내에서는 사해행위가 성립하지 않고, 피담보채무를 초과하는 부분에 국한하여 사해행위로서 취소할 수 있다.

[1] 대법원 2006. 4. 13. 선고 2005다70090 판결

저당권이 설정되어 있는 재산이 사해행위로 양도된 경우에 그 사해행위는 그 재산의 가액, 즉 시가에서 저당권의 피담보채권액을 공제한 잔액의 범위 내에서 성립하고, 피담보채권액이 그 재산가액을 초과하는 때에는 그 재산의 대물변제는 사해

행위에 해당하지 않는다.

[2] 대법원 2008. 2. 14. 선고 2006다33357 판결
채무자의 재산이 채무 전부를 변제하기에 부족한 경우에, 채무자가 그의 유일한 재산을 특정채권자에게 대물변제로 제공하는 행위는 다른 채권자들에 대하여 사해행위가 됨이 원칙이지만, 우선변제권 있는 채권자에 대한 대물변제 제공행위는 특별한 사정이 없다면 다른 채권자들의 이익을 해친다고 볼 수 없어 사해행위가 되지 않는다(임금채권자인 근로자들에게 승합자동차를 대물변제로 제공한 사안).

[3] 最判 소화 36. 7. 19. 民集 15-7-1875, 判時 266-6
담보권자의 우선권은 피담보채권의 범위에 한정되므로, 피담보채권과 대물변제목적물 가격과의 차액은 채권자들의 일반담보가 되고, 그 차액분에 관하여는 사해행위가 성립할 수 있다.

5. 변제기 전의 대물변제

변제기 전에 대물변제로 한 채권양도행위가 사해행위로서 취소가 인정된 사례가 있다.43) 이는 기한 전의 변제와 같은 이유이다.

6. 대물변제의 예약

대물변제의 예약은 가등기담보로서 담보법리의 적용을 받으므로, 그것이 사해행위로 되는지 여부는 다음 [13]에서 설명한다.

[13] Ⅲ. 담보제공

1. 서 론

가. 문제의 소재
여러 채권자에게 채무를 부담하는 채무자 S가 채무변제를 위한 자산이 부

43) 東京地判 소화 31. 9. 20. 金法 119-204; 東京高判 평성 원년 3. 6. 金法 1247-30.

족한 상태에서, 특정채권자 Y에게만 저당권을 비롯한 담보를 제공한다면, Y는 그에 따라 다른 채권자 X보다 우선하여 채권만족을 얻게 되고, X는 채권회수의 수단(공동담보)을 잃는다. 이러한 편파적인 담보제공이 사해행위에 해당하는지 살펴본다.

나. 담보제공의 부인

기존채무에 대한 담보권설정이 부인의 대상이 된다는 데에 다툼이 없다.

문제는 '신규차입'을 위하여 담보권을 설정하는 행위가 부인의 대상이 될 수 있는가 하는 것이다. 신규차입을 위한 담보권설정은 원칙적으로 부인의 대상이 되지만, 채무자가 사업의 계속과 변제력 확보를 위한 자금융통을 위하여 부득이 한 경우는 부인의 대상이 되지 않는다.

자금난으로 사업을 계속 추진하기 어려운 상황에 놓인 채무자가, 자금을 융통하여 사업을 계속 추진하는 것이 채무변제력을 갖는 최선의 방법이라 생각하여, 부득이 부동산을 특정채권자에게 담보로 제공하고 신규자금을 추가로 융통받는 경우, 채무자의 담보권설정행위는 부인의 대상이 되지 않는다. 다만 사업의 계속 추진과는 아무런 관계없는 기존채무를 아울러 피담보채무의 범위에 포함시켰다면 그 부분에 국한하여 부인대상행위에 해당될 여지가 있다.[44]

일본 신 파산법은 담보제공에 관하여 고의 부인을 인정하지 않고, 기존채무에 관한 담보제공은 지급불능 전 30일 이내 한 것은 부인의 대상이 되고(동법 제160조 제1항 제2호), 새로운 차입과 동시에 담보를 제공하는 것은(동시교환적 행위) 부인을 인정하지 않는다. 이미 담보제공 의무를 지는 경우에도, 제공시기가 지급불능이나 도산절차 개시신청 이후라면 부인된다(동법 제162조 제1항 제1호). 동시교환적 담보의 제공은 담보 제공 후 금전을 대여한 경우도 포함된다.[45]

다. 독일법

44) 회생사건실무(상), 321면. 주 26, 서울지방법원 2001. 1. 11. 선고 99가합35589 판결.
45) 飯原一乘, 詐害行爲取消訴訟, 163면.

독일에서는, 담보제공 약정을 한 경우에 한 담보제공은 '이행행위'로서 취소의 대상이 되지 않지만, 그와 같은 의무 없이 특정채권자에게 담보를 제공함으로써 다른 채권자를 해치는 것은 사해행위가 된다.

2. 설정계약의 이행으로서 한 담보제공

채무자 S가 수익자 Y로부터 차입하거나 기타 채무를 부담함과 동시에 저당권을 설정하기로 하는 계약을 체결하였으나, S가 그 이행을 하지 않은 동안 어음부도가 난 후, Y가 S로 하여금 저당권설정을 하도록 한 경우, 그 설정(등기)은 채무이행이라 할 수 있으므로, 금전채무의 변제가 원칙적으로 사해행위로 되지 않는다는 논리에 비추어, 이 역시 사해행위에 해당하지 않는다고 볼 여지가 있다. 저당권설정계약 이후에 발생한 피보전채권에 기초하여 그 후에 이행된 저당권등기의 취소를 구하는 것은 허용되지 않는다는 판례가 있다.46)

그러나 계약이행은 '구체적'인 계약상 의무를 이행하는 것을 말하고, 추상적 의무에 불과한 경우는 이에 해당되지 않는다. 채무자의 신용변동이나 기타 채권보전상 필요하다고 인정되면 금융기관이 추가담보의 제공을 요구할 수 있다는 여신거래기본약관의 규정은, 채무자에게 일반적·추상적 담보제공 의무를 부담시키는 것에 불과하고, 구체적인 담보제공의무를 부담시키는 것은 아니어서, 채권자는 그 이행을 소구할 수 없으므로, 그 약관 규정에 따른 담보제공은 사해행위가 될 수 있다.47)

3. 기존채무를 위한 담보제공

우리나라 다수설은 변제나 상당한 가격에 따른 대물변제를 사해행위로 보지 않는 이상 특정채권자를 위한 물상담보제공 역시 사해행위가 되지 않는

---

46) 大判 소화 11. 7. 23. 法律新聞 4039-10.

47) 부인권에 관한 대법원 2000. 12. 8. 선고 2000다26067 판결; 대법원 2002. 2. 8. 선고 2001다55116 판결; 대법원 2006. 6. 29. 선고 2004다32503 판결.

다고 한다.[48] 그러나 채무 발생 후에 새로이 담보설정계약을 체결하고 담보를 제공하는 행위는 채무자의 사업갱생 목적이 있다 하더라도 원칙적으로 사해행위에 해당된다.[49] 담보설정은 변제와 달리 법률상 의무의 이행이라 할 수 없고, 대물변제와도 달리 그 채권자의 채권이 소멸하지도 않기 때문이다.

[1] 대법원 1986. 9. 23. 선고 86다카83 판결

[사안] S는 X 및 Y에 대한 대여금채무를 비롯하여 모두 3,000만 원 이상의 채무를 부담하여 채무초과로 변제불능 상태에 이르게 되자, S의 유일한 재산인 이 사건 부동산을 S의 처남인 Y의 대여금채권에 대한 담보로 제공하여 Y명의로 매매예약에 따른 가등기 및 소유권이전본등기를 경료하였다.

[판단] 채무초과상태에 빠져있는 채무자가 그의 유일한 재산인 부동산을 채권자 중의 어느 한 사람에게 채권담보로 제공하는 행위는 특별한 사정이 없다면 다른 채권자들에 대한 관계에서 사해행위가 된다.

[2] 대법원 1989. 9. 12. 선고 88다카23186 판결

[사안] 채무자 S_1의 X에 대한 외상대금채무의 담보로 제공된 담보물 및 S_1과 연대보증인 S_2의 전 재산으로도 3억 3,000만 원에 이르는 X에 대한 채무를 변제하기에 부족한 상태에서 S_2가 그의 유일한 재산인 이 사건 부동산을 Y에 대한 채무의 담보로 제공하여 매매예약에 따른 가등기를 해주었다.

[판단] 이미 채무초과 상태에 빠진 채무자가 그의 유일한 재산인 부동산을 채권자 중의 어느 한사람에게 채권담보로 제공하는 행위는 특별한 사정이 없다면 다른 채권자들에 대한 관계에서 사해행위가 된다.

위의 판결들은 모두 채무자의 '유일한 재산'이라는 요건이 부가되어 있지만 이는 필요적 요건이 아니다. 따라서 유일한 재산이 아니라 하더라도 채무

---

48) 민법주해 채권 2, 830면.

49) 채무자가 사업활동에서 실제로 활용할 수 있는 신규자금의 유입과 기존채무의 이행기연장 또는 채권회수조치 유예는 사업갱생이나 계속적 추진을 위하여 가지는 경제적 의미가 동일하지 않다. 따라서 비록 채무자가 사업갱생이나 계속 추진의 의도였다 하더라도, 신규자금의 융통 없이 단지 기존채무이행을 유예받기 위하여, 자신의 채권자 중 한 사람에게 담보를 제공하는 행위는, 특별한 사정이 없다면 다른 채권자들에 대하여 사해행위에 해당한다(대법원 2009. 3. 12. 선고 2008다29215 판결; 대법원 2009. 5. 28. 선고 2008다80807 판결: 대법원 2010. 4. 29. 선고 2009다104564 판결).

초과 상태에 있는 채무자가 그 소유의 부동산을 채권자 중의 어느 한 사람에게 채권담보로 제공하는 행위는 특별한 사정이 없다면 다른 채권자들에 대한 관계에서 사해행위에 해당한다.50)

4. 채무부담과 동시에 하는 담보제공

신규차입을 위한 담보권설정이 원칙적으로 부인의 대상이 되지만, 채무자가 사업의 계속과 변제력 확보를 위한 자금융통을 위하여 부득이 한 경우는 부인의 대상이 되지 않음은 위에서 보았다.

채권자취소권에서도 채무초과 상태의 채무자가 유일한 부동산을 매도하여 소비하기 쉬운 금전으로 바꾸는 행위가 특별한 사정이 없다면 사해행위가 되는 것51)과 마찬가지로, 신규차입을 위한 담보권설정은 원칙적으로 사해행위가 될 수 있다고 보는 것이 일반적인 견해이다.

그러나 채무부담이 도산을 방지하고 사업을 계속하거나 사업재건을 위한 융자의 성격을 가지는 경우에, 채무자의 자산상태가 좋지 않은 경우가 보통이므로, 이러한 유형의 담보권설정이 사해행위가 되는지가 자주 문제 된다. 먼저 이에 대한 판례를 검토한다.

판례의 취지를 요약하면, 사업계속이나 재건을 목적으로 신규자금 융통을 위한 담보권설정은 특별한 사정이 없다면 사해행위가 되지 않고, 사업의 계속 추진과는 아무런 관계가 없는 기존채무를 피담보채무 범위에 포함시켰다면, 그 부분에 국한하여 사해행위가 될 수 있다. 다만 기존채무를 위한 담보설정이 물품의 계속 공급을 위한 담보설정과 불가피하게 동일한 목적 아래 하나의 행위로 이루어졌고, 그것이 사업 계속을 위한 담보제공행위로서 합리적인 범위를 넘지 않았다면 사해행위에 해당하지 않는다.

가. 판 례

[1] 대법원 2001. 5. 8. 선고 2000다50015 판결

---

50) 대법원 1997. 9. 9. 선고 97다10864 판결 등.

51) 대법원 1997. 5. 9. 선고 96다2606 판결.

[사안] 호텔을 경영하는 S가 Y로부터 신규자금 14억 5,500만 원을 대출 받고 Y에게 근저당권을 설정하여 줄 당시, S는 당초 40억 원의 대출을 약속받은 X은행으로부터 30억 정도의 기존대출 외에 추가대출을 받을 수 없게 되어, 자금난으로 호텔 보수공사를 계속 추진하기 어려운 상황이었다. S는 이미 위 공사에 X로부터 대출받은 약 30억의 기존대출금을 포함한 많은 자금을 투자해 놓은 상태이고, 그 공사가 약 80%의 공정이 진행된 상황이었다.

[판단] S로서는 신규자금을 대출받아 공사를 완공하는 것이 채무변제력을 회복하고 사업을 계속할 수 있는 최선의 방법이라고 믿고 공사대금을 융통하기 위하여 부득이 Y에게 근저당권을 설정하여 준 것으로 보이고, 그 후 실제로 Y로부터 신규대출을 받았으므로 S의 이 사건 근저당권설정행위는 사해행위에 해당하지 않는다.

[2] 대법원 2001. 5. 8. 선고 2000다66089 판결

[사안] 공장신축공사가 공정률 60-70% 정도 진행된 상태에서 도급업자의 자금난으로 중단되자 도급업자의 위임을 받은 채권자단이 수급업자로 하여금 수급업자의 부담 아래 공사를 계속하게 하기 위하여 공사대금의 담보조로 신축공장의 건축주 명의를 수급업자로 변경하여 주었다.

[판단] 공사를 완공하여 공장을 가동하는 것이 채권자들에 대한 최대한의 변제력을 확보하는 최선의 방법이었고, 수급인에게 건축주 명의를 변경하여 준 것은 공장완공을 위한 부득이한 조치였으므로 사해행위에 해당하지 않는다.

[3] 대법원 2001. 10. 26. 선고 2001다19134 판결

[사안] S가 대주주 겸 대표이사로 있는 A회사는 X로부터 신용보증을 받을 때부터 부채비율이 높아 계속 Y 등으로부터 돈을 빌려 사업을 운영하였다. 이 사건 근저당권설정계약 당시에 Y는 A회사에 대하여 원재료 대금채권이 있었다. 그 당시는 I.M.F. 위기로 갑자기 A회사가 유동성 위기에 빠지게 되자 이를 타개하기 위하여 Y에게 당좌결제 대금과 외화대출금 상환금의 긴급지원을 요청하였다. S는 자금융통을 위하여 Y로부터 신규자금을 지원받은 다음 이 사건 근저당권을 설정하여 주었다. 위 융통한 자금을 모두 당좌어음을 결제에 사용되었다.

[판단] 이 사건 근저당권설정행위는 사해행위에 해당하지 않는다. 다만, 사업의 계속 추진과는 아무런 관계가 없는 기존채무를 아울러 피담보채무 범위에 포함시켰다면, 그 부분에 한하여 사해행위가 될 여지는 있다.

[4] 대법원 2002. 3. 29. 선고 2000다25842 판결

근저당권의 피담보채무에 기존채무를 포함시켰다 하더라도 기존채무를 위한 담보설정과 물품을 계속 공급받기 위한 담보설정이 불가피하게 동일한 목적 아래 하나의 행위로 이루어졌고, 당시의 모든 사정 아래서는 그것이 사업 계속을 통한 회사 갱생이라는 목적을 위한 담보제공행위로서 합리적인 범위를 넘은 것이 아니라면, 기존채무를 위한 담보설정행위 역시 사해행위에 해당하지 않는다.

[5] 대법원 2007. 11. 29. 선고 2007다52430 판결

S는 이 사건 건물의 신축공사 중 공사자금이 부족하게 되자, 완공할 자금을 융통하기 위하여 X에 대한 1억 5,000만 원의 채무 중 1억 원을 변제하고, 이 사건 대지에 설정되어 있는 X 명의 근저당권설정등기를 말소하고 Y 명의 근저당권설정등기를 새로 해준 후, 나아가 당시 건축 중이던 건물에 관한 건축주 명의를 S에서 Y로 변경하면서 완공 후에는 Y 명의로 소유권보존등기를 마쳐주는 방식으로 이 사건 건물을 양도담보로 제공하는 내용의 약정을 하고, Y로부터 2억 5,000만 원을 빌려서 공사비에 사용하였다. S가 이 사건 소유권보존등기를 마쳐준 행위는 사해행위에 해당되지 않는다.

나. 사해행위를 인정하지 않은 일본 판례

일본에서도 채무부담과 동시에 담보제공을 한 사안에 관하여 사해행위 성립을 부정하는 것이 많지만, 대법원 판례가 주로 사업계속을 위한 경우에 한정되어 있는 것과 달리, 일본에서는 여러 가지 사례가 있으므로, 참고로 소개한다.

[1] 大判 대정 5. 5. 24. 民錄 22-1023

부동산 매수와 동시에 매도인에게 대금채무의 담보로서 그 부동산에 저당권을 설정하여준 행위는, 그에 따라 채무자의 자산상태에 손상을 가져오는 것이 아니므로 사해행위가 되지 않는다.

[2] 大判 소화 5. 3. 3. 法律新聞 3123-9

어선의 대금지급과 출어에 필요한 자금을 얻기 위하여, 그 어선을 매도담보로 제공한 행위는, 사업 운용상 당연한 수단이므로, 채권자를 사해하는 행위가 아니다.

[3] 大判 소화 5. 10. 4. 法律新聞 3196-9

채권자 Y로부터 심한 독촉을 받고 채무변제를 위하여, S가 자기의 부동산지분을

시가 이상의 대금으로 매도담보로 제공한 것은, 불가피한 행위로서 채권자 X의 채권을 해칠 의사가 있다고 할 수 없다.

[4] 大判 소화 6. 4. 18. 評論 20 民 778

부동산이 부담을 가지게 된 결과 다른 채권자를 해치는 결과가 되더라도, 지배적 권능을 가지지 않는 채권의 성질상 어쩔 수 없고, 그 저당권설정행위가 채무자로서 자기 재산에 대하여 가지는 처분권을 정당하게 행사하는 것으로 인정된다면, 특히 다른 채권자를 해하려는 의사로 하였다는 사정이 없다면, 사해행위로 볼 수 없다.[52)]

[5] 最判 소화 42. 11. 9. 民集 21-9-2323, 判時 505-34

채무자가 생계비나 자녀교육비를 빌리기 위하여 가재도구나 의류를 매각하거나 양도담보에 제공하는 행위는, 공동담보가 감소되는 결과가 발생하더라도, 담보물 가격이 차입액수를 초과한다는 등의 특별한 사정이 없다면 사해행위는 성립하지 않는다.

[6] 最判 소화 44. 12. 19. 民集 23-12-2518

우유소매업자가 계속적으로 우유를 공급받기 위하여, 자기 소유점포 등에 Y를 위하여 근저당권을 설정하였는데, 그에 따른 강제집행을 당할 우려가 생기자, Y와 합의하여 기존채무의 지급을 유예하고 영업을 계속하기 위하여, 점포·영업용 동산·영업권에 현재 및 장래 채무를 위하여 양도담보를 설정한 경우는, 달리 회생방법으로서 적절한 방책이 없으므로 사해행위에 해당하지 않는다.

[7] 最判 소화 47. 10. 26. 金法 671-56

S가 주류회사인 Y로부터 계속 상품공급을 받아 영업을 계속하기 위하여, Y로부터 새로이 영업자금을 빌리면서, Y에 대한 모든 채무를 담보하기 위하여 A의 저당권이 부착된 S의 부동산에 대하여 매매예약을 하고, 차입금의 일부로 A의 저당채무를 변제하고, 그 등기를 말소한 후, Y에게 소유권이전가등기를 하고 영업을 계속하였으나, 4년 후 위 부동산을 전체 채무의 변제에 갈음하여 Y에게 소유권이전등기를 하고, 가등기에 따른 본등기를 하였다면, 위 매매예약 및 대물변제계약은 사해행위가 되지 않는다.

52) 大判 소화 6. 8. 7. 法律新聞 3311-11은 변제자금을 차입하기 위한 저당권설정에 관하여 같은 취지로 판결하였다.

[8] 東京地判 소화 54. 4. 18. 判時 941-57

S가 다른 채권자의 이익을 해칠 것을 알면서도 특정채권자 Y에게 양도담보로서 부동산소유권을 이전하였다 하더라도, Y가 전부터 S의 사업을 지원하여 왔고, 그 지원이 장래에도 계속될 것이 확실하며, 또한 즉시 담보권이 실행될 가능성이 없는 경우에 사해성을 부인하였다.

[9] 福岡高判 평성 3. 3. 14. 金法 1369-77

은행 Y가 S에게 융자를 하면서, S의 D에 대한 채권의 대리수령 특약을 하였다가, 또 다시 융자를 추가하면서 그 채권의 담보를 위하여 S의 D에 대한 채권을 양도받은 경우에 사해성을 부인하였다(다만 양도채권 중에서 새로운 융자금액을 넘는 기존 채권액 부분에 관하여는, 대리수령 약정으로 우선권을 가지는 것은 아니라는 이유로 취소함).

다. 사해행위를 인정한 일본 판례

이에 대한 최고재판소 판례는 보이지 않고, 하급심에서 사해행위를 인정한 사례를 보면, 수익자가 취득한 피담보채무의 대부분이 기존채무여서 실제로는 기존채무의 담보를 위한 것으로 볼 수 있는 경우나, 담보물 가격이 채권에 비하여 높은 경우에 취소를 인정한다.

[1] 釧路地判 소화 54. 3. 6. 判タ 389-126

S가 Y로부터 600만 엔을 급히 빌리면서 종전 채무 500만 엔을 포함한 채무를 반년 이내에 6회에 나누어 변제하기로 하고, 그 담보로서 S의 전체 재고상품과 모든 차량의 소유권을 이전하고, 변제기에 지급하지 못하면 Y에게 임의로 처분하도록 하는 계약을 체결하였으나, 제1회 분할변제기가 융자일로부터 불과 1주일 후이고, S가 변제하지 못하여, 그 재고상품의 거의 전부가 Y에게 넘어가고, 제2회 기일에 변제하지 못하여, 계약일로부터 1개월 만에 잔존상품 등을 전부 넘겨주고, S도 행방불명이 되어 도산한 사안에서, 사해행위를 인정하였다.

[2] 東京地判 소화 62. 2. 26. 判時 1262-115

S가 Y은행으로부터 영업자금을 비롯한 2,774만 엔과 그 후의 영업계속을 위한 융자를 받기 위하여, A에 대한 공사대금 채권 5,494만 엔을 담보로 양도하여, Y는 A로부터 824만 엔을 회수한 경우에, 차입액과 담보물건의 가격 사이에 합리적인 균형을 인정할 수 없다는 이유로, 취소를 인정하였다.

라. 검 토

(1) 새로운 채무부담과 동시에 부동산을 비롯한 재산을 담보로 제공하는 것은, 채무자의 재산이 담보권자를 위한 우선변제의 대상이 되는 반면 차용금이 들어오므로, 그러한 점에서 부동산 매각에 준하여 사해행위의 성립 여부를 생각할 수 있다.

(2) 그러나 부동산매각의 경우와 차용과 동시에 담보를 제공하는 경우는 반드시 동일한 각도로 볼 수 없다. 특히 정당하지 않은 가격으로 부동산을 매각하였다는 사실을 사해행위를 인정하는 근거로 삼는 사안에서 볼 때, 매매의 경우에는 그에 따라 거래가 종료되어 목적물이 채무자의 자산으로부터 일탈하는 것과 달리, 차용과 동시에 담보를 제공하는 경우에는, 그 당시에 담보가격이 합당하지 않더라도 변제기에 청산할 수 있으므로, 정당하지 않는 가격이라는 이유가 사해성을 결정짓는 근거가 되지는 않는다.

(3) 사업자금을 빌리기 위한 책임재산 일탈행위는 담보제공에 국한되지 않고 일반적으로 사해성이 조각되며, 이에 대하여는 사해의사가 없는 것으로 볼 수 있다.

(4) 이 경우의 수익자는 채권자라 하더라도 일반채권자의 지위에 있었던 자가 아니기 때문에, 기존채무에 대한 담보제공과는 달리 취급할 필요가 있다. 즉 채권자 사이의 다툼이라고 하더라도, 채권자 사이의 평등보다는 무자력인 채무자에게 새로이 금전을 대여하고, 채무자의 재산을 담보로 취득한 사람에 대한 금융거래 안전의 보호, 또는 경제적 갱생이나 생활비를 마련하기 어려운 채무자 보호를, 책임재산 보호의 요청과 어떻게 조화시킬 것인가가 문제의 핵심이다.

자녀의 학비를 비롯한 생활비를 마련하기 위한 담보제공은, 합리적인 한도를 초과하지 않는다면 채무자의 생존권 보호의 가치에 우위성을 인정하여 사해성을 부정함으로써(민집법 제195조 참조), 그 결과 수익자도 보호된다. 경제적 갱생이 문제로 된 경우도 이에 준하여 생각할 수 있으나, 이러한 유형이 문제가 될 때는 갱생이 실패한 경우이고, 새로 신용을 공여한 사람은 대개 종래부터 거래를 하던 기존 채권자인 경우가 많기 때문에 채권자평등의 고려도 필요하다.

5. 대물변제예약

대물변제예약과 관련된 사해행위에 관하여는, 부동산 가등기(소유권 이전등기를 포함)를 이용한 대물변제의 예약이 주로 문제된다.

과거 대법원은 가등기를 원칙적으로 본래형 가등기로 파악하는 입장에 서 있었으나,[53] 1970년대에 들어와서 가등기가 채권담보를 목적으로 된 경우에 '채무에 대한 담보조로 경료된 가등기'라는 용어를 사용하다가,[54] 그 후 실정법에 없는 '가등기담보권'이라는 개념을 도입하여 가등기담보권자에게 정산의무가 있음을 인정하였다.[55]

이러한 판례의 취지에 따라 1983. 12. 30. 법률 제3681호로서 '가등기담보법'이 제정되어 1984. 1. 1.부터 시행함으로써, 가등기담보권은 법률상으로도 담보물권으로 되었다.

따라서 대물변제예약이 사해행위에 해당되느냐 여부는, '가등기담보'라는 개념의 출현(가등기담보에 관한 판례의 확립이나 가등기담보법의 시행) 전후를 구별하여 고찰할 필요가 있다. 물론 가등기 이외의 방법으로 대물변제예약을 하는 경우가 있으므로,[56] 아래 「가.」항의 설명은 현재에도 가등기담보법의 적용을 받지 않는 대물변제예약의 경우에 적용될 수 있다.[57]

---

53) 대법원 1963. 4. 18. 선고 63다114 판결 참조.

54) 대법원 1974. 12. 10. 선고 74다1658 판결; 대법원 1980. 1. 15. 선고 79다2033 판결.

55) 대법원 1976. 2. 24. 선고 75다1605 판결은 "가등기담보권자가 담보부동산에 대한 시가를 적정가격으로 평가한 후 시가에서 피담보채권 금액과 채무자가 부담할 비용 등을 공제하고 남는 돈을 채무자에게 반환 또는 변제공탁하여 정산하는 절차를 거쳐야 하고"라고 판시하였다.

56) 이 경우에는 민법 제607조, 제608조의 적용 문제가 생긴다.

57) 한편 이를 양도담보의 측면에서 볼 수 있는데, 양도담보의 법리는 부동산에 관하여는 가등기담보법 제정을 기준으로, 그 이전은 '신탁적 소유권 이전설'이고 그 이후는 '담보물권설'이라고 보는 것이 학설과 판례의 지배적인 견해이다.
그런데 동산양도담보에 관한 학설은 가등기담보법의 제정 전에는 신탁적 소유권이전설이 다수의 견해이었지만 법 제정 후에는 담보물권설이 통설적 지위를 차지하게 되었다. 이와 달리 판례는 법 제정 전후를 불문하고 신탁적 소유권 이전설을 고수하고 있다. 동산양도담보는 위 법의 적용대상이 아니라는 것을 이유로 한다.
즉 대법원 1986. 8. 19. 선고 86다카315 판결이나 대법원 1999. 9. 7. 선고 98다

가. 가등기담보의 출현 이전

(1) 대물변제예약의 성격

대물변제는 기존채무의 변제에 갈음하여 다른 급부를 할 것을 약속함과 동시에, 그 급부를 하는 것을 말하지만(민법 제466조), 채권발생 시점에서 그 채무를 변제기에 지급하지 못할 때 이에 갈음하여 다른 급부를 할 것을 미리 약속한 경우에는, 채권자는 완결 의사표시에 따라 목적물 소유권을 취득한다.

다만 그 차액이 너무 커서 폭리행위가 되어 민법 제104조에 따라 무효로 되거나, '예약 당시'의 물건가액이 차용액과 그 이자의 합산액을 넘는 경우에는 민법 제607조, 제608조에 따라 무효가 됨에 그치고,[58] 예약 후에 대물변제의 목적물가격이 올라도 원칙적으로 그 소유권이전의 효력에는 아무런 영향이 없다.

따라서 이 경우에 채권자로서는 ① 대물변제예약이 민법 제104조의 폭리행위나 민법 제607조, 제608조에 따라 무효라고 하여, 채무자를 대위하여 대물로 넘어간 물건이나 차액의 반환을 구하는 방법, ② 정당하지 아니한 가격에 따른 대물변제를 사해행위로 취소하는 방법, ③ 정당한 가격이라도 대물변제를 사해행위로 취소하는 방법을 생각할 수 있다.

(2) 대물변제예약의 취소

47283 판결에 따르면, "동산에 대하여 양도담보설정계약이 체결된 경우에 양도담보권자는 양도담보설정자를 제외한 제3자에 대한 관계에서, 자신이 동산의 소유자임을 주장하여 권리를 행사할 수 있다."고 판시한다.

또한 부동산에 관하여도 소비대차계약을 피담보채무로 하지 않은 경우에도 위 법의 적용이 없다. 대법원 2002. 12. 24. 선고 2002다50484 판결－가등기의 주된 목적이 매매대금채권의 확보에 있고, 대여금채권의 확보는 부수적 목적인 경우 가등기담보법이 적용되지 않는다(가등기의 피담보채권액 47억 9,000만 원 중 매매대금 채권이 42억 원으로서 대부분을 차지한 사례). 가등기 담보법의 피담보채권은 소비대차 또는 준소비대차에 따른 차용물에 한정된다(가담법 제1조). 따라서 매매대금채권(2002다50484), 공사대금채권(91다45356), 불하대금채무(94다26080), 물품대금선급금의 반환채무(92다22879)의 담보를 위하여 가등기를 경료한 경우에는 위 법률이 적용되지 않는다.

58) 대법원 1992. 10. 9. 선고 92다13790 판결.

대물변제예약은 그것만으로는 아직 목적물건의 소유권은 이전하지 않고, 완결의 의사표시와 함께 목적물 인도나 등기가 되었을 때(요물계약) 비로소 소유권이 이전되므로, 사해행위가 되는 시점이 문제가 된다.

판례는 본래의 가등기에 관한 사안에서 가등기의 등기원인인 법률행위를 한 때 사해행위를 한 것으로 본다.[59] 예약에 따른 완결의 의사표시는 채권자인 Y가 하고, 취소 대상은 Y의 행위가 아니라, 채무자 S의 행위이므로, 예약행위를 사해행위로 볼 수밖에 없다. 따라서 채권자취소의 요건은 예약시에 구비되어 있을 필요가 있고, 예컨대 취소채권자 X의 채권은 그때까지 발생되어 있어야 하며, S의 무자력이나 사해의사도 그때 갖추어져 있어야 한다.

나. 가등기담보의 출현 이후

대물변제예약 당시에 예측할 수 없었던 목적부동산의 가격급등으로 말미암아, 예약완결 의사표시에 따라 소유권을 취득한 채권자와 소유권을 잃는 채무자 사이의 이해가 대립할 수 있다. 가등기담보법은 가등기에 따른 담보의 담보적 성격을 중시하여 '청산시'를 기준으로 부동산과 채권액의 차액을 정산한다(동법 제4조 참조).

따라서 가등기에 따른 대물변제예약은 담보권 설정과 같이 취급하여 사해행위가 될 수 있으므로,[60] 저당권 설정과 같이 보아 그 예약시를 기준으로 하여 사해성 유무를 판단한다.[61]

□ 대법원 1998. 5. 12. 선고 97다57320 판결

채무초과 상태인 채무자가 유일한 재산인 부동산을 일부 채권자에게 대물변제로 제공하는 것은 사해행위에 해당하므로, 동생에게 채무변제조로 경료해준 가등기가 사해행위에 해당하는지 여부를 심리해야 한다.

6. 물상보증

채권자 X의 채무자 S가 자기소유 부동산을 A가 Y로부터 융자를 얻기 위

59) 대법원 1996. 11. 8. 선고 96다26329 판결 외 다수.

60) 대법원 1998. 5. 12. 선고 97다57320 판결.

61) 東京高判 평성 10. 12. 25. 金法 1563-57.

하여 담보로 제공한 경우에, X가 그 담보제공행위를 사해행위로서 취소할 수 있는가.

S가 A를 위하여 담보를 제공한 후, A가 변제하지 않으면, Y는 S의 부동산에 설정된 담보권을 실행하지만, S는 A에 대하여 구상권을 취득하기 때문에(민법 제370조 · 제341조), S의 자산평가에 그 구상권을 어떻게 볼 것인가 검토가 필요하다.

□ 東京高判 소화 52. 1. 31. 判時 848-71

S가 거래처인 A의 Y에 대한 채무를 위하여 S의 부동산(4,894만 엔)을 근저당권 및 대물변제예약의 목적으로 제공하였다 하더라도, S가 A와 신용거래를 하기 위한 것이고, 또한 S의 A에 대한 채무가 항상 3,000만 엔에 이르며, S의 A에 대한 구상채권이 그 채무와 상계로 쉽게 회수할 수 있는 경우에는, 일반담보가 감소하여도 사해행위가 되지 않는다.

이 사안은 S의 담보제공이 A와의 계속적인 거래를 위한 것이고, 장래 S에게 구상권이 발생하여도, 그때까지 생길 S의 채무와 상계함으로써 결제될 수 있으므로, 사해행위가 성립하지 않는다는 것이다. 그러나 일반적으로는 S의 구상권은 Y의 담보권실행 후에 발생하고, 채권자취소소송에서 A의 유자력이 입증되어도 그 후 구상권의 실효성이 지속될지는 불분명하며, 만약 그 실효성이 있다고 하더라도, X의 입장에서 볼 때 그 구상권으로만 채권을 회수할 수 있다고 한다면 사해성이 있다.62)

S가 A를 위하여 자기 부동산을 담보로 제공하는 것은 A의 자력과는 관계없이 사해성이 인정된다. 대법원도 같은 입장이다.63)

[1] 最判 평성 12. 7. 7. 金法 1599-88

[사안] X의 채무자 S는 Y와 사이에 자기 소유 부동산을 Y의 A(S의 관련회사)에 대한 채권의 양도담보로 제공하였던 A 소유 부동산에 갈음하여 담보제공하기로 합의한 후, Y에게 소유권이전등기를 하자, X가 주위적으로 통정허위표시에 따른 등기의 말소를, 예비적으로 채권자취소를 구하였으나, 원심은 X의 청구를 모두 기

62) [9] 5. 나. (3) 참조.

63) 대법원 2010. 6. 24. 선고 2010다20617 판결.

각하였다. 상고심은 다음과 같은 이유로 사해행위를 인정하여 파기 환송하였다.

[판단] S가 남은 재산으로는 X에게 충분한 변제를 할 수 없다는 것을 알면서, Y에게 자기의 재산을 양도담보로 제공한 것은, 그것이 S와 밀접한 관계가 있는 A가 소유하는 재산에 설정되어 있는 Y의 양도담보권의 해소와 상환으로 한 경우에도, 사해행위로서 취소의 대상이 된다. 왜냐하면 S와 A가 별개의 법인격을 가지는 이상, A 소유 재산이 당연히 S의 책임재산으로 되지 않고, 양도담보설정에 따라 S의 책임재산 감소라는 결과가 발생하기 때문이다.

[2] 最判 소화 62. 7. 3. 判時 1252-41

파산법상 부인에 관한 사안으로서, 회사 사장이 실질적으로 자기가 경영하는 회사를 위하여 연대보증을 하고, 개인자산을 담보로 제공하고도 보증료를 징수하지 않은 경우, 무상행위로서 부인의 대상이 된다고 하였다.

[3] 대법원 2010. 6. 24. 선고 2010다20617 판결

채무자가 아무 채무도 없이 다른 사람을 위해 자신의 부동산에 근저당권을 설정함으로써 물상보증인이 되는 행위는 그 부동산의 담보가치만큼 채무자의 총재산에 감소를 가져오므로, 그 근저당권이 채권자의 가압류와 같은 순위의 효력밖에 없다 하여도, 그 자체로 다른 채권자를 해치는 행위가 된다.

7. 집합물의 담보제공

가. 유동집합동산의 양도담보

기업이나 일반인이 영업활동을 하면서 자금을 차용해야만 하는 경우가 생기는데, 자금을 차용하려면 차용금액에 상응하는 가치의 재산을 담보로 제공해야 한다. 그런데 토지나 공장을 비롯한 등기·등록할 수 있는 재산이 이미 담보로 제공되었거나 없다면, 공장 내의 기계·기구 및 영업자산인 원재료·반제품·제품, 창고 안의 재고상품, 축사 안의 가축과 같은, 다수의 동산집합체를 일괄하여 담보목적물로 제공할 필요성이 있고, 그 담보방법은 점유개정이 인정되는 양도담보가 될 것이다.[64] 대법원은 일반적으로 일단(一團)의 증감 변동하는 동산을 하나의 물건으로 보아 이를 채권담보의 목적으로 삼으

64) 만일 담보의 방법으로 질권을 설정한다면, 질권은 점유개정이 인정되지 않으므로(민법 제332조) 영업활동에 지장을 초래하기 때문이다.

려는 이른바 집합물에 대한 양도담보설정계약 체결도 가능하며, 이 경우 그 목적 동산이 담보설정자의 다른 물건과 구별될 수 있도록 그 종류, 장소 또는 수량지정 등의 방법으로 특정되어 있으면, 그 전부를 하나의 재산권으로 보아 유효한 담보권이 설정된 것으로 볼 수 있다고 하여 이러한 유형의 담보를 인정하여 왔다.[65)]

이처럼 공장 내의 영업재산인 원재료·반제품·완제품, 창고 안의 재고상품, 축사 안의 가축 등과 같이, 유통과정 중에 있기 때문에 유입·유출이 반복되어 내용이 변동하는 다수의 동산집합체를 담보설정자의 수중에 그대로 두고 영업활동을 계속하면서, 그 동산의 집합을 일괄하여 담보로 제공하여 자금을 융통하는 방법을 유동집합동산의 양도담보라고 한다.

나. 법률적인 구성

유동집합동산 양도담보의 유효성을 인정할 경우, 그 법적 구성을 어떻게 할 것인가는 사해행위의 인정 여부나 그 범위와 밀접한 관계가 있다.

집합물의 개념을 인정하여 다수의 동산집합체를 일괄해서 그것 자체에 양도담보가 설정되는 것으로 이론 구성할 수도 있고(집합물설), 일물일권주의에 충실하여 집합동산을 별개의 동산으로 분해해서 그 별개의 동산마다 양도담보가 설정되는 것으로 이론 구성할 수도 있다(분석설). 판례는 집합물설을 채택하고 있다.[66)]

---

65) 대법원 1988. 10. 25. 선고 85누941 판결(공장 내의 원자재); 대법원 1988. 12. 2. 선고 87누1043 판결(재고상품, 제품, 원자재); 대법원 1990. 12. 26. 선고 88다카20224 판결(양만장 내의 뱀장어); 대법원 1996. 9. 10. 선고 96다25463 판결(축사 내의 돼지－돼지를 대상으로 한 사례로는 대법원 2003. 3. 14. 선고 2002다72385 판결; 대법원 2004. 11. 12. 선고 2004다22858 판결; 대법원 2007. 2. 22. 선고 2006도8649 판결); 대법원 1999. 9. 7. 선고 98다47283 판결(의류회사 창고 내의 시가 60억 원 상당의 의류).

66) 대법원 2007. 2. 22. 선고 2006도8649 판결(돈사에서 대량 사육되는 돼지를 집합물에 대한 양도담보의 목적물로 삼은 경우, 그 돼지는 번식, 사망, 판매, 구입 등의 요인에 의하여 증감 변동하기 마련이므로, 양도담보권자가 그 때마다 별도의 양도담보권 설정계약을 맺거나 점유개정의 표시를 하지 않더라도 하나의 집합물로서 동일성을 잃지 아니한 채 양도담보권의 효력은 항상 현재의 집합물 위에 미치게 된다).

다. 문제점

(1) 쟁 점

양도담보가 설정된 후에 집합물로 유입된 개별동산이 집합물과 독립하여 채권자취소권의 대상이 될 수 있는가.

(2) 돈사에서 대량으로 사육되는 돼지를 양도담보의 목적물로 삼은 경우, 그 효력은 양도담보 설정자로부터 이를 양수한 양수인이 당초 양수한 돈사 내에 있던 돼지들 및 통상적인 양돈방식에 따라 그 돼지들을 사육·관리하면서 돼지를 출하하여 얻은 수익으로 새로 구입하거나, 그 돼지와 교환한 돼지 또는 그 돼지가 출산한 새끼돼지에 국한하여 미치는 것이지, 양수인이 별도의 자금을 투입하여 반입한 돼지에까지는 미치지 않는다는 판례가 있다.[67] 이러한 견해를 따른다면, 일반적 양돈방식에 따라 구입한 돼지의 경우에는 별도로 사해행위가 된다고 할 수 없으나, 양수인이 별도 자금으로 구입한 돼지를 담보로 넣은 행위에 대하여는, 당초의 담보설정행위와는 별도로 사해행위가 될 수 있다.

(3) 분석설을 따른다면 개별동산 유입 시에 비로소 목적물의 범위에 포함되므로 따로 채권자취소권의 대상이 될 수 있을 것이다.

일본의 하급심 판결 중에는 집합물의 대물변제예약에 관하여 대물변제 예약시가 아닌 완결의 의사표시를 할 때를 기준으로 하여 사해행위를 판단해야 한다는 판례가 있다.[68]

(4) 그러나 집합물설에 따라 집합물을 하나의 재산으로 본다면, 담보목적물의 특정시점을 양도담보설정시로 보고, 그 때를 기준으로 사해행위의 성립 여부를 판단해야 한다. 따라서 양도담보설정 후에 유입된 개별동산 중 일반적 관리방식에 따른 것들은 당연히 집합물의 범위 내에 포함되어 설정 시에 소급하여 양도담보 목적물이 되기 때문에 따로 채권자취소권의 대상이 될 수 없다.

---

67) 대법원 2004. 11. 12. 선고 2004다22858 판결.

68) 岡山地判 소화 45. 8. 25. 判時 617-82.

8. 담보권 소멸 후 설정행위의 취소

S의 부동산에 Y를 위한 담보권이 설정된 후에, 담보권실행 등의 사유로 소멸된 후에도, 그 취소가 가능한지에 대하여 판례는 이를 긍정한다.[69] 다만 이 경우 목적부동산의 저당권이 말소되고 제3자에게 양도되었다면, Y가 저당권에 따라 변제받은 액수를 가액배상으로 반환해야 한다.

저당권의 소멸원인은 여러 가지가 있을 수 있는데 그 중에서 취소가 인정된 사례를 살펴본다.

가. 저당권 실행

[1] 대법원 1997. 10. 10. 선고 97다8687 판결

S와 Y 사이의 근저당권설정계약이 사해행위이라면, 그에 따른 근저당권설정등기가 경락으로 말소되었다고 하더라도, Y로 하여금 근저당권자로서의 배당을 받도록 하는 것은 민법 제406조 제1항의 취지에 어긋나므로, Y에게 부당한 이득을 보유시키지 않기 위하여 그 근저당권설정등기로 패해를 입은 채권자는 근저당권설정계약의 취소를 구할 이익이 있다.

[2] 대법원 2001. 2. 27. 선고 2000다44348 판결

S와 Y 사이의 저당권설정행위가 사해행위로 인정되어 저당권설정계약이 취소되는 경우에도, 그 부동산이 이미 입찰절차에서 낙찰되어 대금이 완납되었을 때에는 낙찰인의 소유권취득에는 영향을 미칠 수 없으므로(민집법 제267조), 채권자취소권 행사에 따르는 원상회복의 방법으로 매수인의 소유권이전등기를 말소할 수는 없고, Y가 받은 배당금을 반환해야 한다.

나. 매각금으로 한 변제

□ 東京控判 대정 10. 2. 7. 法律新聞 1816-19

S가 저당부동산을 임의로 A에게 매각하여 그 대금으로 저당권자 Y에게 변제한 때에도, 저당권이 유효하게 설정된 것으로 취급된다면 Y에 대한 우선변제가 되어 사해행위가 되지 않으므로, Y의 우선변제권을 박탈하기 위하여 그 설정행위의 취

69) [32] 7. 가. 참조.

소를 청구할 필요가 있다.

다. 다른 재산으로 변제한 경우

□ 廣島高 松江支判 소화 50. 7. 16. 判時 795-55

S가 다른 재산으로 저당권자 Y에게 변제하여, 피담보채권이 소멸하여 저당권이 소멸한 경우에도, 저당권의 우선변제권을 이행한 것으로 볼 수 있으므로, 저당권설정행위의 취소가 필요하다.

라. 저당권을 포기한 경우

□ 大判 대정 8. 10. 28. 民錄 25-1908

S가 저당부동산을 A에게 매각하여 일부 400엔을 변제받은 저당권자 Y가 저당권을 포기한 경우에도, 그 설정행위의 취소가 필요하다. 왜냐하면 이를 취소하지 않으면 저당권은 유효하고 Y가 위 포기의 대가로 받은 400엔은 부당이득이 되지 않기 때문이다.

9. 인적담보의 부담

X에게 채무를 부담하는 S가, Y로부터 돈을 빌리는 A(주채무자)를 위하여, Y와 사이에 보증계약을 체결한 경우에, X는 그 보증계약을 사해행위로 취소할 수 있는가. S가 Y에 대하여 A와 연대하여 채무를 부담하거나, A의 연대보증인으로 되는 경우에도 같은 문제가 발생한다.

가. 보 증

S의 보증계약은 취소할 수 있고, 그 취소는 S의 채권자 X가 원고가 되고 보증계약의 상대방인 Y가 피고로 된다.

(1) 판 례

□ 東京地判 소화 41. 2. 28. 判時 454-46

S가 A의 국세채무에 관하여 A를 위하여 Y(세무서장)와 한 보증계약을 S의 채

권자 X가 사해행위를 이유로 취소를 구하였다.

A가 3년간 영업부진으로 많은 국세를 체납하여 영업을 중단하고, S의 보증으로 일시적인 징수유예를 받았지만, 이를 납부할 자력이나 그럴 가망도 없었다. S의 납세보증에 따라 그만큼 S의 채무가 증가하여, X의 채무가 변제받을 가능성이 더 적어진 것이 명백하므로, 그러한 납세보증은 사해행위가 된다.

(2) 검 토

(가) 일반적으로 보증계약 체결은 소극재산의 증가를 가져오기 때문에 사해행위가 될 수 있다. 그런데 S의 보증행위가 사해행위가 되느냐 여부가, 주된 채무자 A의 자력 여하에 달려 있는가 하는 점이 문제가 된다. A의 자력은 2가지 측면에서 문제되는데, ① 보증인이 하는 검색의 항변과, ② S의 무자력을 판단할 때 A의 자력이 어떻게 작용하는가 하는 점이다.

(나) 만약 A가 자력이 있으면 그 채권자 Y는 A에게 청구를 하고, S에게 청구할 필요가 없을 것이고, S로부터 검색의 항변권이 행사되면 Y는 S에게 청구할 수 없다. X 역시 Y의 보증채권 행사에 대하여 S를 대위하여 그 항변권을 원용할 수 있을 것이다. 그렇게 된다면 X는 보증계약을 사해행위로 취소하지 않더라도 자기 채권을 보전할 수 있다.

(다) 그러나 Y가 A에게 융자를 하면서 S의 보증을 요구한 것은 A에게 충분한 신용이 없기 때문일 것이다. 그래서 X가 보증계약 취소를 구할 때는 Y로서는 A에 대한 청구가 가망이 없음을 알고, S에 대한 보증계약이행을 청구함으로써, X와 Y가 서로 S로부터 채권회수를 하기 위하여 경쟁하고 있는 상태가 되어 있을 것이다. 따라서 보증계약 체결이 사해행위 대상이 되는 한 검색의 항변은 문제될 여지가 거의 없다. 검색의 항변은 S의 Y에 대한 것이고, X에 대한 것이 아니며, 채권자취소소송의 피고가 되는 Y는 이미 A로부터 채권회수를 할 수 없다고 하여, X와 다투고 있으므로, A에게 자력이 있다는 증명을 할 수 있는 사정은 아니다.

(라) A에게 자력이 있을 때, S의 보증행위 취소가 허용되지 않는다는 이유는, 보증행위에 따라 S의 자산에 감소가 없다는 점에 있으나, A의 자력은 그대로 S의 자력은 아니고, S가 Y에게 변제를 하면, S는 A에 대하여 구상

권을 취득하거나 변제자로서 Y를 대위할 수 있을 뿐이다.

그러나 S가 Y에게 변제하는 것은, Y가 A로부터 회수할 수 없기 때문이고, 그렇다면 S의 구상권이나 대위도 실효성이 없다. 만약 구상권에 실효성이 있어서, X가 압류・추심명령・A의 일반재산에 집행하는 등의 절차를 통하여 채권을 회수할 수 있다고 하더라도, X로서는 S의 수중에 있는 재산으로부터 채권을 회수하는 것과, 이러한 구상권으로 압류 등의 절차를 통하여 회수하는 것과는 현격한 차이가 있고, 그렇게 하지 않으면 회수할 수 없다는 사실 자체가 채권자를 해치는 행위라 할 수 있다.

(마) 사해행위의 성립 여부는 행위 당시나 늦어도 채권자취소소송의 변론종결시를 기준으로 하여 판단한다. 따라서 그 후에 S가 Y에게 변제함으로써 비로소 발생하는 구상권을 고려할 수 없고, 그 당시 A에게 자력이 있다 하더라도, 그것을 그대로 구체적으로 발생한 구상권과 같이 볼 수는 없다.

(바) 결국 S의 보증계약체결 자체는 A의 자력 유무와 관계없이 사해행위가 되고, X는 S가 무자력으로서 S의 기존자산에서 보증채권을 공제하면, 자기채권을 회수할 수 없다는 점을 주장・증명하면 된다. 그리고 Y는 S에 대하여 보증채권의 이행을 청구하지 않을 것이 확실하다는 사실을 증명하지 못하면 취소를 면할 수 없다.

나. 연대채무

(1) X의 채무자 S가 A와 연대하여 Y에게 채무를 부담하는 경우, S는 Y에 대하여 채무 전부를 이행할 의무를 지지만(민법 제413조), 다른 연대채무자 A에 대하여는 자기의 부담부분을 넘는 부분에 관하여 구상권을 가지므로(민법 제425조), S의 채무를 계산함에 있어서 이 구상권을 어떻게 볼 것인가 문제가 된다.

(2) 이에 대하여 X가 S의 행위를 취소할 때, S가 A와 함께 Y에 대하여 부담하는 연대채무는 S의 소극재산으로 계상해야 하고, S가 A에 대하여 구상권을 취득한다 하더라도, 이러한 미필적인 청구권은 사해행위자의 현재재산에 속하지 않으므로, 이를 적극재산으로 계상해서는 안 되며, 위 채무는

그 일부라도 소극재산으로부터 공제되어서도 안 된다는 일본 판례가 있다.[70)]

(3) S가 A와 함께 Y에 대하여 연대채무를 부담하는 경우, S는 Y에 대하여 전부를 이행할 의무를 부담하는 것이고, S의 구상권은 S가 그 의무를 이행한 후에 발생하는 것이 원칙이므로,[71)] 채권자취소소송을 할 때 A의 자력이 증명되었다 하더라도, 그 후 X가 구상권에 터 잡아 자신의 채권을 회수하려고 할 때, 실효가 있을 것인지가 불분명하고, 또한 실효가 있다 하더라도 X로서는 그러한 방식으로 하지 않으면 채권을 회수할 수 없다는 것 자체가 손해가 된다.

(4) 연대채무의 부담은 그 자체가 다른 연대채무자의 자력 여하에 관계없이 사해성을 가진다. X는 S의 기존자산으로부터 연대채무를 공제한 잔액으로는 자신의 채권을 회수할 수 없다는 사실을 주장・증명하여, 연대채무부담행위의 취소를 구할 수 있다.

다. 연대보증

연대보증은 연대채무와 같이 해석할 수 있다.[72)]

일본의 하급심 판결로서, 회사 사장이 회사 재건을 위하여 회사 채무에 연대보증하면서, 개인자산을 담보로 제공한 경우에 사해의사를 인정하지 않은 사례가 있고,[73)] 주채무자의 무자력이 명백한 경우로서 구상권의 문제는 전혀 언급함이 없이 연대보증의 취소를 인정한 사례가 있다.[74)]

---

70) 大判 소화 20. 8. 30. 民集 24-60.

71) 민법 제441조[수탁보증인의 구상권]과 제442조[수탁보증인의 사전구상권] 참조.

72) 대법원 2010. 6. 10. 선고 2010다12067 판결(연대보증인에게 부동산 매도행위 당시 사해의사가 있었는지 여부는 연대보증인이 자신의 자산상태가 채권자에 대한 연대보증채무를 담보하는 데 부족하게 되리라는 것을 인식하였는가 하는 점에 따라 판단해야 하고, 연대보증인이 주채무자의 자산상태가 채무를 담보하는 데 부족하게 되리라는 것까지 인식하였어야만 사해의사를 인정할 수 있는 것은 아니다). 위 판결의 취지는 연대보증인의 사해의사에 관한 것이나 사해행위의 객관적 내용 역시 같다.

73) 東京地判 소화 41. 8. 26. 判時 470-47.

74) 東京地判 소화 52. 12. 8. 判時 908-67.

[14] Ⅳ. 무상행위

1. 서 론

가. 문제의 소재

채무자가 자산을 대가 없이 타인에게 양도하여 무자력 상태가 되면, 그의 채권자가 채권회수를 할 수 없거나 매우 곤란해지는 것은 유상양도의 경우와 비교하면 명백한 사실이다.

나. 무상행위의 부인

채무자가 지급의 정지나 도산절차 신청이 있은 후 또는 그 전 6월 이내에 한 무상행위 및 이와 동일시할 수 있는 유상행위는 부인할 수 있다(채무자회생법 제100조 제1항 제4호, 제391조 제4호).

다. 독일법

독일 취소법(AnfG)은 취소시 전 4년 이내에 한 무상급부(unentgeltliche Leistung)를 취소할 수 있고(제4조 제1항), 소액의 관습상의 증여나 답례품(ge-bräuchliches Gelegenheitsgeschenke geringen Werts)을 대상으로 한 행위는 취소할 수 없다고 한다(제4조 제2항). 소액이라고 함은 100DM을 초과하지 않는 액수를 말한다. 도산법(InsO 제134조)도 같은 취지로 규정하고 있다.

라. 미국법(UVTA)

미국법도 양도나 채무부담이 합리적인 대가(reasonable equivalent value)의 수령 없이 한 경우에 사해를 인정하고 있다(제4조, 제5조).

2. 증 여

가. 취소를 긍정한 사례

판례에 나타나는 증여에 관한 사안은 근친자에 대한 것이 많고 그러한 경우에는 사해의사를 묻지 않고 바로 취소를 인정하고 있다.

(1) 남편이 처에게 하는 증여

현실적으로 이 유형의 증여가 가장 많은 것으로 보인다. 이는 이혼을 원인으로 하는 재산분할과도 관계가 있다.[75] 이에 대한 대표적인 판례를 아래에 소개한다.

[1] 대법원 1998. 5. 12. 선고 97다57320 판결

채무초과 상태인 채무자가 유일한 재산인 부동산을 무상양도하는 것은 사해행위에 해당된다(처에게 부동산을 증여한 사안).

[2] 대법원 2000. 7. 28. 선고 2000다14101 판결(재산분할의 범위를 초과하는 부분의 취소 인정)

채무초과 상태에 있는 채무자가 이혼을 하면서 배우자에게 재산분할로 일정한 재산을 양도함으로써 결과적으로 일반채권자에 대한 공동담보를 감소시키는 결과로 되어도, 재산분할이 정당한 정도를 벗어나는 과대한 것이라고 인정할 만한 특별한 사정이 없다면 사해행위가 되지 않는다. 다만 정당한 정도를 벗어나는 초과부분은 적법한 재산분할이라고 할 수 없기 때문에 취소의 대상이 될 수 있고, 그에 관한 입증책임은 채권자에게 있다.

(2) 부모가 자녀에게 하는 증여

[1] 最判 소화 53. 10. 5. 判時 912-58

양모가 양자에게 부동산을 증여한 사안이다.

[2] 最判 평성 8. 2. 8. 判時 1563-112

아버지가 아들에게 농지 13필지를 증여한 사안이다.

(3) 그 밖의 증여

그 밖에도 형제·자매 사이의 증여가 많이 있고,[76] 직원에 대한 증여도 있

75) 이에 대하여는 [9] 4. 나. (3) 참조.

76) 東京地判 소화 28. 6. 24. 法曹新聞 77-15는 여동생에게 건물을 증여한 사안이고,

다. 또한 특정채권에 대한 공동연대보증인 중 1인이 다른 공동연대보증인에게 재산을 증여한 경우에 증여의 사해성을 인정한 경우가 있다.[77)]

□ 山口地判 소화 39. 11. 20. 訟月 11-1-76

채석업을 경영하던 S가 사업소를 폐쇄하고 40-50인의 종업원을 해고할 때, 취업규칙 등에 퇴직금에 관한 규정이 없고 그러한 관행도 없음에도, 10인에게만 S 마음대로 금전을 지급하고, 동생인 Y에 대하여 퇴직금 명의로 50만 엔을 증여한 사안에서, 이를 모두 사해행위로 인정한 사례.

(4) 실질적인 증여

□ 東京地判 평성 10. 12. 8. 金判 1057-3

채무자 S가 노후 생활자금을 확보하기 위하여 아들인 Y에게 1억 엔을 무이자로 10년 거치, 11년째부터 15년간 분할변제하는 조건으로 대여하고, Y가 다시 자기 회사에 같은 조건으로 대여한 사안이다. S가 금전의 대여 후 10년 동안 1억 엔을 운용할 수 없고, 25년에 걸쳐 이자도 없으므로, 일반적인 금전소비대차와는 많이 다르고, 실질적으로 증여와 별 차이가 없으며, S의 채권자로서는 일반재산의 증여에 따라 1억 엔이 감소되는 것과 큰 차이가 없어, 사해행위로서 취소를 인정하고, Y의 악의도 인정하여 Y로부터 1억 엔의 반환을 인용하였다.

나. 취소를 부정한 사례

[1] 대법원 1999. 11. 12. 선고 99다29916 판결

S가 주식매매계약에 따라 446만 원 정도의 지방세 채무를 부담할 것을 우려한 나머지 원고를 해칠 의사로서 아파트를 처 Y에게 증여한 것으로 보기 어렵고, 위 아파트가 S의 유일한 재산으로 이를 처분함으로써 그에게 채무초과의 상태가 초래되었다고 단정하기 어렵다.

京都地判 평성 4. 6. 19. 判タ 813-237은 처와 이혼소송의 계속 중에 여동생에게 부동산을 증여한 사안이다.

77) 대법원 2009. 3. 26. 선고 2007다63102 판결(특정채권에 대한 공동 연대보증인 중 1인이 다른 공동 연대보증인에게 재산을 증여하여 특정채권자가 추급할 수 있는 채무자들의 총 책임재산에는 변동이 없다고 하더라도, 재산을 증여한 연대보증인의 재산이 감소되어 그 특정채권자를 포함한 일반채권자들의 공동담보에 부족이 생기거나 그 부족이 심화된 경우에는, 그 증여행위의 사해성을 부정할 수는 없다).

[2] 대법원 2007. 5. 31. 선고 2005다28686 판결(증여를 인정하지 않은 사례)
채무자가 채무초과 상태에서 자신의 재산을 타인에게 증여하였다면 특별한 사정이 없는 한 사해행위가 되지만, 변제인지 증여인지 다툼이 있는 경우에 증여에 대한 입증은 채권자가 해야 하고, 특히 12억 원이 넘는 돈을 처에게 증여하는 것은 이례적이므로, 부부라는 이유만으로 이를 증여로 보는 것은 경험칙에 반한다.[78]

[1]판결은 S의 자력이나 거래 목적물의 가격과 비교하여 거래 당시 예상할 수 있었던 채권액이 너무 근소하여 사해의사를 인정하기 어려운 사안이다. [2]판결은 처에게 교부한 돈이 증여인지 변제인지가 쟁점이 된 사안에서, 증여에 대한 증명책임이 채권자에게 있다는 점을 전제로 하여, 부부라는 이유만으로 이를 증여로 보아서는 안 된다고 하였다. 그러나 부부 사이의 채권·채무관계는 그 증거가 조작되기 쉽고, 외부에서 쉽게 파악할 수 없다는 점에 비추어, 위 판결이 일반적인 기준으로 되어서는 곤란하다.[79] 내부자(insider) 사이의 거래를 사해행위의 중요한 징표(badges of fraud)로 보는 미국법{UVTA§4(b) 참조}의 규정도 참고할 여지가 있다.

다만 증여에 대한 증명책임은 채권자에게 있으므로, 채무자가 과세당국의 추적을 피하기 위하여 처와 처형의 승낙을 얻어 그들의 계좌명의를 사용하여, 채무자 소유의 금전이 그 계좌에 송금되었다는 사실만으로는, 채무자가 계좌명의인에게 송금액을 증여하였다고 추단할 수 없다.[80]

78) 대법원 2006. 9. 14. 선고 2006다33258 판결은 부부간 부동산의 증여가 협의이혼 신고일로부터 약 5개월 전에 이루어진 점 등을 들어 협의이혼에 따른 재산분할로 볼 수 없다고 한 원심판단을 파기하였다.

79) 또한 [2]판결은 12억 원이나 되는 돈을 처에게 증여한다는 것은 이례적이고 경험칙에 반한다는 이유를 들고 있으나, 반대로 부부 사이에 12억 원의 채권·채무관계가 있다는 것도 일반적인 경험칙에 부합한다고 볼 수는 없을 것이다. 따라서 이 문제는 부부 사이의 재산관계를 비롯한 여러 가지 사정을 고려하여 합리적으로 판단하되, 내부자 사이의 거래인 점이 반드시 고려되어야 할 것이다.

80) 대법원 2012. 7. 26. 선고 2012다30861 판결. 채무자가 과세당국의 추적을 피하기 위하여 처와 처형 명의로 실명확인절차를 거쳐 개설된 예금계좌에 돈을 송금하였다가 그 대부분을 인출하여 자신의 형사합의금을 비롯한 개인적인 용도에 사용한 사례임. 금융실명제에 따라 개설된 예금계좌의 명의인은 특별한 사정이 없다면 예금계약 당사자로서 예금청구권을 가진다(대법원 2009. 3. 19. 선고 2008다45828 전원합의체 판결)는 법리는 그 계좌가 개설된 금융기관에 대한 관계에 관한 것임에 유의할 것.

3. 채무부담행위

채무부담행위가 대가 없이 이루어지면 채무자의 소극재산이 그만큼 증가하므로 채권자를 해치는 것이 명백하다. 실제로 문제가 된 경우는 주로 채무자 S가 자신이 운영하는 회사나 친척인 A를 위하여 A가 Y에 대하여 부담하는 채무의 보증인이 되는 경우이다.

채무자가 유일한 재산인 그 소유 부동산에 관한 매매예약에 따른 예약 완결권이 제척기간 경과가 임박하여 소멸할 예정인 상태에서 제척기간을 연장하기 위하여 새로 매매예약을 하는 행위는 채무자가 부담하지 않아도 될 채무를 새롭게 부담하게 되는 결과가 되므로 채권자취소권의 대상인 사해행위가 될 수 있다.[81)]

대법원은 채무자가 적극재산인 채권을 특정채권자로 하여금 강제집행의 형식을 빌려 압류·전부 받게 할 목적으로 채무부담행위를 하고 그에 대한 강제집행을 승낙하는 취지의 공정증서를 작성해 주어 채권자가 채권을 압류·전부 받은 경우, 그에 따라 채무자가 채무초과 상태에 이르거나 그 상태가 심화되었다면 사해행위가 성립한다고 한다.[82)] 아무런 대가 없이 타인의 채무에 대하여 보증채무를 부담하는 경우에 사해행위가 성립함은 당연하다.[83)]

참고로 대표이사 S가 회사의 갱생을 위하여 회사채무의 연대보증을 하고,

---

81) 대법원 2018. 11. 29. 선고 2017다247190 판결 (채무자 A가 여동생인 피고와 유일한 재산인 부동산에 관해서 제1매매예약을 하고 피고 앞으로 제1가등기를 설정한 다음 10년의 제척기간이 임박하자 피고와 거의 같은 내용으로 제2매매예약을 하고 피고 앞으로 제2가등기를 설정하자 채권자인 원고가 제1, 2가등기의 말소를 구한 사안에서, 제1매매예약에 따른 예약완결권 행사기간이 확정되지 않아 예약완결권은 매매예약일로부터 10년이 지나 제척기간 경과로 소멸하여 제1가등기를 말소할 의무가 있고, 제척기간의 경과가 임박해서 이루어진 제2매매예약은 사해행위로서 제2가등기를 말소할 의무가 있다고 판단한 원심을 수긍한 사례)

82) 대법원 2002. 10. 25. 선고 2000다7783 판결; 대법원 2009. 1. 15. 선고 2007다61618 판결.

83) 대법원 1999. 3. 26. 선고 97다20755 판결(정리회사가 대가로서 직접적인 경제적 이익을 받지 아니한 채 계열회사의 채무에 대한 보증 또는 담보제공을 한 경우, 회사정리법 제78조 제1항 제4호 소정의 부인의 대상인 무상행위에 해당한다.) 같은 취지로 대법원 2014. 5. 29. 선고 2014다765 판결.

S의 부동산에 근저당설정을 해 준 사안에서, 채권자취소제도는 파산에서 부인권제도와 달리 공동담보를 감소하는 일체의 행위를 취소하는 것이 아니라, 사업재건을 위한 합리적인 행위는 취소의 대상이 되지 않는다는 일본 판례가 있다.[84]

[15] Ⅴ. 채권양도 · 채무면제

채권양도와 채무면제는 채무자 S가 하는 재산처분행위의 한 모습이지만, 사해행위의 성립 여부와 관련하여 특별히 검토가 필요하므로 따로 살펴본다.

1. 채권양도의 유형

채권양도는 그 법적 성격이 일률적인 것이 아니라, 그 목적이 대물변제, 담보설정, 매매, 증여 등을 위하여 이루어지므로, 사해행위의 성립 여부는 그에 따라 미묘한 차이가 있다.

가. 대물변제로서 한 채권양도

대물변제에 대하여는 [12]에서 이미 살펴보았으므로, 여기서는 그 중 채권양도의 방식에 따른 대물변제에 관하여만 다시 검토한다.

일본의 대심원 이래 최고재판소는 대물변제가 채무의 본지에 따른 이행이 아니라는 이유로,[85] 그 목적물 여하에 관계없이, 정당한 가격에 따른 것이라도[86] 사해행위 성립을 인정하고 있다.[87]

그러나 종래 대법원은 정당한 가격에 따른 대물변제라도 원칙적으로 사해성을 인정하면서도, 금전채무에 대한 대물변제로서 채권양도를 한 경우에는

84) 東京地判 소화 41. 8. 26. 判時 470-47. 개인의 재산과 회사의 재산이 법적으로 별개이지만 S가 회사의 실질적인 소유자인 경우에는 이러한 해석은 회사갱생을 위한 노력을 장려한다는 의미에서도 바람직하다.

85) 最判 소화 29. 4. 2. 民集 8-4-745, 判タ 40-22; 最判 소화 42. 6. 29. 判時 492-55.

86) 最判 소화 48. 11. 30. 民集 27-10-1491, 判時 725-18.

87) 最判 평성 원년 4. 13. 金法 1228-34는 대물변제로서 채권양도를 한 사안임.

본지변제와 같이 채무자 S와 수익자 Y의 통모가 필요하다고 하였다.[88] 채권을 양수하는 것은 금전을 현실로 지급받는 변제보다 추심 가능성이 불투명하고, Y가 추심을 위한 수고나 부담을 지는 점에 비추어, 담보력이 확실한 부동산을 대물변제로 받는 것과 같이 취급할 수 없고, 오히려 변제와 같이 취급하는 것이 타당하다는 점이 고려된 것으로 생각된다.

이에 대하여 대물변제의 목적물이 금전채권인지, 아니면 부동산인지는 사해행위에 관한 판단에서 아무런 영향을 미치지 않으므로, 채무자가 대물변제로 채권을 양도한 행위가 사해행위에 해당하는지 판단하는 단계에서 대물변제로 부동산을 양도한 경우와 다르게 보아야 할 아무런 이유가 없다는 비판이 있었다. 대법원도 2010. 9. 30. 선고 2007다2718 판결로 종래의 입장을 사실상 변경하여 채권의 대물변제를 달리 취급하지 않고 있는 것으로 보인다.[89] 그 후 선고된 대법원 판결들은 2007다2718 판결을 인용하여 변경된 입장을 채택하고 있다.[90] 아래에서 대법원 판결들을 살펴본다.

[1] 대법원 1967. 7. 11. 선고 67다847 판결

[원심] X들이 S회사에 대하여 채권이 있고, S회사는 국가와의 사이에 235만 원으로 공사도급계약을 체결하였으며, S회사는 대표이사 A와 하도급계약을 체결하여 A의 S회사에게 대한 채권추심을 위하여, S회사의 국가에 대한 공사금채권을 Y에게 양도하였다면, 이는 X들에 대한 사해행위가 된다.

[판단] S회사가 국가에 대한 채권을 적법한 절차에 따라 Y에게 양도하고, Y의 채권양수가 A의 S회사에게 대한 채권추심의 방법으로서 이루어졌다면, 이는 S회사의 A에 대한 채무를 변제하기 위한 행위이므로 X들에게 대한 사해행위는 될 수 없다.

다만 위 판결은 사해행위 성립에 '통모'가 필요한지에 대한 언급은 없다.

[2] 대법원 2003. 6. 24. 선고 2003다1205 판결

수익자가 친구의 형으로 채무자의 내부사정을 잘 알았고, 채권양도 시점과 양도

---

88) 대법원 2003. 6. 24. 선고 2003다1205 판결; 대법원 2004. 5. 28. 선고 2003다60822 판결.

89) 김재형, '2010년 분야별 중요판례분석 민법(상)', 법률신문 2011. 3. 31.

90) 대법원 2011. 3. 10. 선고 2010다52416 판결; 대법원 2011. 10. 13. 선고 2011다28045 판결 참조.

통지 시점이 15일 차이 나는 점에서 통모 인정.

[3] 대법원 2004. 5. 28. 선고 2003다60822 판결 – 통모 부정

[사안] Y는 S에 대하여 10억 원 상당의 채권이 있었다. Y는 그 중 7억 5,000만 원 상당의 채권을 대물변제로 양도받았고, 그 양도받은 채권의 실제회수율은 불확실하다. Y는 S의 대표이사인 B의 처남이지만 S의 그 재무상황을 알 수는 없었다. S는 X에게도 1억 원의 채권을 양도하는 등 Y 및 그 밖의 채권자들에게 변제(대물변제)하거나 담보를 제공한 액수는 모두 22억 원 상당이다. S와 B는 이러한 S의 채무변제의 일환으로 Y에게 매월 1억 원씩 변제하되 이를 이행하지 않으면 S 소유 동산, 외상채권 등을 모두 Y에게 양도하기로 약정하였다. 채권양도약정 당시 S의 적극재산으로 약 20억 원에 이르는 외상채권이 있었고, 소극재산으로는 X 등에 대하여 20억 원 이상의 채무가 있었으며 영업을 계속하고 있었다.

[판단] S와 Y 사이의 채권양도를 S와 X 사이의 채권양도와 달리 취급하여, 전자만이 사해행위라고 볼 이유가 없다. 비록 Y가 대물변제로 채권양도를 받아간 시점이 S의 부도 직전이고, Y가 S의 대표이사인 B의 처남인 관계에 있다 하더라도, S가 채무 변제에 갈음하여 한 채권양도는 채무자인 S가 Y와 통모하여 다른 채권자를 해칠 의사를 가지고 한 사해행위로 보기 어렵다.

[4] 대법원 2010. 9. 30. 선고 2007다2718 판결 – 통모 언급 없이 사해행위 부정

[사안] 채무자 S가 수익자 Y에게 유일한 재산인 전세금반환채권을 양도하였다. Y는 최고액 채권자로서, S는 Y와 거래관계를 유지하면서 새로이 판로를 개척하는 길만이 갱생을 도모하기 위한 유일한 방안으로 생각하였고, S에 대한 채무를 Y가 대신 변제하였다.

[원심] 서울고등법원 2006. 12. 5. 선고 2006나9554 판결

S가 채권양도를 할 때 Y와의 통모가 없었다는 이유로 사해행위를 부정하였다. 이에 대하여 원고 X가 대물변제로 채권을 양도한 경우에 통모가 있어야 사해행위가 된다는 이론은 부당하다며 상고하였다.

[판단] 대법원은 통모 여부를 언급하지 않은 채, "채무초과 상태에 있는 S가 적극재산을 채권자 중 일부에게 대물변제조로 양도하는 행위는, S가 특정채권자에게 채무 본지에 따른 변제를 하는 경우와는 달리 원칙적으로 다른 채권자들에 대한 관계에서 사해행위가 될 수 있"고, 다만 "사해성의 일반적인 판단기준에 비추어 그 행위가 궁극적으로 일반채권자를 해치는 행위로 볼 수 없는 경우에는 사해행위의 성립

을 부정할 수 있다"는 일반론을 제시한 후, 채무초과 상태의 S가 유일한 재산인 전세권과 전세금반환채권을 특정채권자에게 그 채무 일부에 대한 대물변제조로 양도한 행위가 최고액 채권자와의 거래관계를 유지하면서 채무초과 상태에 있던 회사의 갱생을 도모하기 위한 유일한 방안이었던 점 등을 감안하면, 위 양도행위가 다른 채권자를 해치는 사해행위라고 단정하기 어렵다고 한 원심의 판단을 수긍하였다.

이는 지금까지 대법원이 부동산이나 부동산에 준한 권리(공유수면 점유허가권), 담보력이 확실한 재산(상장주식)을 대물변제로 양도한 사안에서 원칙적으로 사해행위가 성립한다는 취지로 설시할 때의 표현을 그대로 사용한 것으로서, 원고의 상고이유에서 주장한 내용－대물변제로 채권을 양도한 경우에 통모가 있어야 사해행위가 된다는 이론에 관한 부당성－과 판결의 문언을 볼 때 대물변제로 채권을 양도한 경우에도 부동산 등을 양도한 경우와 같은 기준을 적용하여 통모가 필요 없다는 취지로 판시한 것으로 볼 수 있다.[91)]

나. 담보로서 한 채권양도

담보로서 한 채권양도는 담보설정으로 한 채권양도와 그 실행으로서 한 채권양도가 있다. 전자는 비본지변제로서 사해행위가 될 수 있지만,[92)] 후자는 그 전제인 담보설정이 사해행위가 아니라면 따로 사해행위가 되지 않음은 당연하다.

다. 대가 없는 채권양도

채무자 S가 자산인 채권을 대가 없이 타인에게 양도하는 것은 그만큼 책임재산을 잃게 되므로, 채권자를 해치는 것은 명백하다.[93)]

---

91) 다만 종래 통모를 요구하던 대법원 판례가 명시적으로 폐기되지는 않은 상태이다.

92) 대법원 2011. 3. 10. 선고 2010다52416 판결(채무초과 상태의 채무자가 적극재산을 일부 채권자에게 채무변제를 위하여 또는 그 담보로 양도하는 행위는 사해행위에 해당하는 것이 원칙이다. 채무초과 상태의 채무자 甲이 유일한 적극재산인 乙에 대한 물품대금채권을 丙 은행에 채무 변제를 위하여 양도한 사안에서, 丙 은행이 甲의 주거래은행으로서 재산상태나 변제자력 유무 등에 관하여 잘 알고 있었고 금융기관이 채무자에게서 다른 사인간의 채권을 양도받는 형태로 대출금을 회수하는 것은 매우 이례적인 점 등을 고려하여, 위 채권양도행위가 원칙적으로 다른 채권자에 대한 관계에서 사해행위가 될 수 있다고 한 사례).

라. 매매로서 한 채권양도

채무자가 유일한 재산인 채권을 소비하기 쉬운 금전으로 바꾸는 행위는 사해행위가 된다.[94] 그러나 채권을 추심하는 것이 사실상 어렵거나 채무자의 신용상태가 좋지 않은 등의 사정이 있을 경우에 그 채권을 추심전문기관 등에 매도하는 것이 편리한 경우가 있고, 채권을 합리적인 매매가격에 매도하였다면 사해의사를 인정하기 어려울 것이다.[95]

마. 채권의 신탁적 양도

□ 東京地判 소화 61. 11. 18. 判タ 650-185

변호사 Y가 채무자 S로부터 채무정리를 위임받아 배당재원을 확보하기 위하여 S의 D에 대한 채권의 신탁적 양도를 받은 사안에서, 그에 따라 재산이 S의 일반담보로부터 유출되었으므로 사해행위가 되고, Y의 사해의사도 부정할 수 없다고 하여, 국가 X가 조세채권을 보전하기 위하여 한 취소청구를 인용하였다.

그러나 위 판결은 그 이유가 이치에 어긋나고 설득력이 없다는 비판이 있다.[96] 즉 변호사가 S로부터 채무의 정리를 위임받아 그 배당재원 확보를 위하여 채권을 양도받았다면, 취소채권자도 그 절차에 가입하여 배당을 받으면 되기 때문에, 일반적으로는 사해행위가 성립되지 않는다(아래 東京地判 평성 10. 10. 29. 참조). 한편 위 판례가 다른 채권에 우선하는 조세채권이 피보전채권이라는 이유로 취소를 인정한다는 취지라면, 이른바 상대적 사해행위를 인정하는 것이 되어 역시 부당하다.[97]

---

93) 大判 소화 3. 5. 9. 民集 7-329(S가 주식납입을 예측하고 친족에게 채권을 양도하여 무자력이 된 경우) ; 大阪地判 소화 3. 7. 31. 法律新聞 2920-10(조세를 체납하고 그 밖에도 완제할 수 없는 채무를 부담하고 있는 S가 아무런 대가 없이 채권을 양도한 경우) ; 東京地判 소화 41. 10. 11. 金判 31-17(임료채권 외에 이렇다 할 채권이 없음에도 이를 채권자도 아닌 자에게 대물변제를 가장하여 양도한 경우).

94) 대법원 2005. 7. 22. 선고 2004다43909 판결.

95) 大判 소화 14. 12. 9. 法律新聞 4512-10은, 채무자가 정당한 가격으로 채권양도를 하였다면 특별한 사정이 없는 한 사해의사가 인정되지 않는다고 하였다.

96) 飯原一乘, 詐害行爲取消訴訟, 108면.

97) [9] 5. 라. (4) 참조.

또한 이 판결은 Y가 채무정리를 위하여 채권을 양도받았다고 하여, S는 물론 Y에게도 사해의사가 있다고 판시하였으나, Y에 관하여는 사해의사가 아니라 사해 인식(악의)의 유무를 문제로 삼아야 하고, 신탁법 제8조는 수탁자가 선의인 경우에도 취소할 수 있다고 규정하고 있으므로, 그 이유 설시도 법리에 어긋난다.

□ 東京地判 평성 10. 10. 29. 判時 1686-59

[사안] 채무자 S로부터 채무의 정리를 의뢰받은 변호사 Y가 배당재원을 확보하기 위하여, S와 사이에 신탁적 채권양도계약을 체결하자, X가 그 취소를 구하였다.

[판단] X가 이 소송에서 승소하면, 모든 채권자를 위하여 수령하는 채권액 상당액과 자기의 S에 대한 채권을 서로 상계하여 사실상 채권의 회수를 인정하게 되고, Y는 법원의 파산관재사무와 같이 모든 채권자의 배당재원을 확보하기 위하여 채권을 신탁적으로 양도받은 것이며, X는 우선권자가 아니라 채무정리과정에서 일반채권자와 같은 지위의 채권자이고, Y는 이미 양수채권의 변제를 받아 일부 종업원의 임금지급을 마쳤으므로, 취소를 인용한다면, Y는 그 부분을 개인적으로 부담하여야 하므로, 위와 같은 점에 비추어 취소를 인정할 수 없다.

2. 집합채권 양도

채권담보로서 특정거래처에 대하여 현재 발생한 채권 외에 장래 발생할 채권을 포함한 복수의 채권이나 불특정다수의 거래처에 대하여 장래 발생할 채권을 포괄적으로 양도하는 경우가 있다.

이 경우 채권양도계약을 체결하고 곧바로 제3채무자에게 양도통지를 하는 것이 원칙이겠지만 그렇게 하면, 채무자의 재정상태가 거래계에 알려져 채무자의 신용불안을 야기할 우려가 있기 때문에 곧바로 양도통지를 하는 경우는 거의 없고, 채무자가 양도통지에 관한 서류를 백지로 만들어 채권자에게 교부하거나 또는 채권자에게 양도통지에 관한 대리권을 수여하여, 나중에 채무자에게 거래정지 등의 사유가 생긴 때(즉 담보실행의 필요가 있을 때)에 비로소 채권자가 채무자를 대리하거나 대행하여 확정일자 있는 양도통지를 하는 것이 보통이다(이른바 통지유보형 채권양도).

이러한 집합채권양도는 어떠한 경우에 유효한가, 그 대항요건의 구비는 어떻게 하는가 등의 문제가 있고, 그것이 사해행위에 해당하는지 여부에 대하여도 같은 점이 문제가 된다.

가. 집합채권 양도의 유효성과 효용성

대법원은 장래 발생할 채권이라도 현재 그 권리의 특정이 가능하고 가까운 장래에 발생할 것임이 상당한 정도로 기대되는 경우에는 채권양도의 대상이 될 수 있다고 하여 장래채권 양도의 유효성을 인정해 왔다.[98)]

전통적으로 담보제도는 목적물의 담보가치가 높고 등기라는 공시제도가 완비되어 담보권에 관한 성립요건 또는 제3자 대항력 취득이 쉬운 부동산담보를 중심으로 이용되어 왔다. 현재도 부동산담보가 금융거래에서 차지하는 중요도가 결코 낮다고 할 수는 없지만, 최근에는 채권 및 동산의 담보가치에 대한 재발견으로 이에 관한 담보거래나 매매거래의 규모가 폭발적으로 증가하고 있다.

유럽이나 미국은 물론이고, 일본에서도 종래 기업금융의 조달방식이 부동산담보 및 개인보증에 과도하게 의존하는 것으로부터 탈피할 필요성과 재고자산이나 매출채권이 갖는 담보력의 적극적인 활용이 사회경제적 효율성을 창출한다는 점을 인식하고, 집합적 대량거래의 절차 및 대항요건을 간단히 갖출 수 있도록 1992년 특정채권 양도에 관하여 등록제도를 도입하였다.

우리나라도 외환위기 사태를 겪으면서 기업구조조정 차원에서 집합채권양도 거래의 중요성을 자각하고 1998년 '자산유동화에 관한 법률'을 제정하여 집합채권 등을 '자산유동화'하는 경우 그 집합채권양도에 관한 사항을 금융위원회에 등록하도록 함으로써 민법상 확정일자 증서에 따른 채권양도통지나 승낙이 없더라도 '제3자 대항요건'을 취득하도록 하는 방식을 도입하였다(위 법 제7조 제2항).

또한 2012. 6. 11. 시행된 '동산 · 채권 등의 담보에 관한 법률'은 동산담보

98) 대법원 1991. 6. 25. 선고 88다카6358 판결(물품공급계약에 따른 채권); 대법원 1996. 7. 30. 선고 95다7932 판결(소프트웨어 개발 · 공급계약에 따른 채권); 대법원 1997. 7. 25. 선고 95다21624 판결(장래 매매계약 해제로 발생할 원상회복채권).

권이나 채권담보권[99]이라는 새로운 담보권을 창설하여 담보등기를 할 수 있게 하였다. 이 법은 동산담보권과 채권담보권에 관하여 부동산담보와 마찬가지로 등기를 할 수 있도록 함으로써 종래의 질권이나 양도담보와는 완전히 다른 공시방법을 채택하였다. 다만 동산이나 채권에 관한 담보등기부는 부동산 등기부와는 달리, 인적 편성주의를 채택하여 담보권설정자 별로 편제된다. 그러나 위 법을 따르더라도, 채권담보권을 설정할 수 있는 사람을 법인이나 상업등기법에 따라 상호등기를 한 사람에 한정되고(위 법 제2조 제5호), 채권담보권과 함께 기존의 담보제도들(양도담보나 질권 등)을 그대로 인정하고 어느 한쪽에 우선적 지위를 인정하지 않으므로,[100] 번잡한 등기제도를 이용하지 않아도 되는 간편한 제도인 집합채권 양도담보에 관한 현재의 관행은 계속될 것으로 보인다.

나. 집합채권 양도의 사해성

장래채권을 비롯한 집합채권양도가 광범위하게 이루어지면서 사해성의 문제가 대두될 여지가 많아졌다. 부인권에 관한 사례는 물론이고 채권자취소권에 관한 판례도 눈에 보인다. 필자의 상담사례 중에는 공사 수급인이 도급인으로부터 받을 공사대금을 미리 특정인에게 모두 양도해버리는 바람에, 수급인의 채권자(특히 하수급인)들이 피해를 입는 일이 자주 있었다.

□ 대법원 2022. 1. 14. 선고 2018다295103 판결

의료병원 운영자 甲이 채무초과 상태에서 乙 저축은행으로부터 대출을 받으면서 이에 대한 담보로 甲의 국민건강보험공단에 대한 현재 또는 장래의 요양급여채권을 양도하고, 위 대출금의 상당 부분을 丙 저축은행에 대한 기존 대출금 채무 변

---

99) 동산·채권 등의 담보에 관한 법률 제2조(정의)

2. "동산담보권"은 담보약정에 따라 동산(여러 개의 동산 또는 장래에 취득할 동산을 포함한다)을 목적으로 등기한 담보권을 말한다.

3. "채권담보권"은 담보약정에 따라 금전의 지급을 목적으로 하는 지명채권(여러 개의 채권 또는 장래에 발생할 채권을 포함한다)을 목적으로 등기한 담보권을 말한다.

100) 채권담보등기와 민법 제450조 제2항에 따른 확정일자 있는 통지 또는 승낙이 경합하는 경우에는 등기와 통지의 도달 또는 승낙의 시간적 순서에 따라 우열이 결정된다(동산·채권 등의 담보에 관한 법률 제35조 제3항).

제에 사용한 사안에서, 甲은 기존 대출금 채무를 변제하기 위해서 대출을 받고 담보로 채권양도를 하였던 것으로 보일 뿐 위 대출과 채권양도가 신규자금 유입을 통한 甲의 변제능력 향상에 기여하였다고 볼 근거는 없는 점, 위 채권양도로 乙 은행은 국민건강보험공단의 甲에 대한 요양급여비용이 담보로 제공된 일정액에 이를 때까지 甲 대신 이를 지급받게 되는데 그 기간 동안 甲의 다른 일반채권자들은 요양급여채권에 대한 강제집행이 사실상 배제되어 이를 통한 채권만족이 어려워지는 점 등을 고려하면, 위 채권양도는 甲의 채무초과 상태를 더욱 심화시키고 乙 은행에 대해서만 다른 채권자에 우선하여 자신의 채권을 회수할 기회를 부여하는 것으로 볼 수 있으므로 다른 일반채권자들을 해하는 사해행위에 해당한다고 한 사례.

□ 最判 소화 40. 4. 20. 判時 411-63

[사안] 채무자 S가 1959. 2. 19. 채권자 Y와 사이에 S가 거래처 D에 대하여 장래 취득할 매출채권을 Y에게 양도하기로 약정한 행위를 다른 채권자 X가 사해행위로 취소를 구하였다.

[원심] 원심인 東京高判 소화 38. 4. 26. 東京時報 14-4-104는 양도계약시에 매출채권은 아직 S의 일반담보가 아니었다고 하여 취소를 인정하지 않았다.

[최고재] 원심 파기

양도계약의 실질은 장래 거래로부터 발생하는 매출채권에 관하여 양도예약을 한 것으로서, S의 갱생이 예상대로 진척되지 않게 된 경우에는 Y가 일방적으로 위 예약을 본계약으로 하는 완결권을 행사한 후에, 채권양도 통지서를 D에게 발송하여 대항요건을 갖출 수 있다. 그렇다면 본건 채권양도의 효력발생시점은 양도계약시가 아니다. 오히려 S의 D에 대한 그 후 거래에 따라 이 사건 채권양도의 목적인 매출채권이 구체적으로 발생한 시점 이후에 채권양도의 효력이 발생한 것으로 볼 수 있다. 그렇다면 원심과 같이 위 채권양도행위가 S의 채무에 대한 일반담보에 아무런 영향을 미치지 않은 행위라고 단정할 수 없다.

최고재는 장래 발생할 채권의 양도계약을 예약이라고 보고, 채권이 구체적으로 발생한 후에 완결의 의사표시를 하는 것으로 보고 있으나, 이와 달리 사안에 따라 채권의 구체적인 발생을 조건으로 하는 계약(정지조건부 양도계약)으로 볼 수도 있을 것이다.

다. 집합채권 양도의 취소 요건

집합채권 양도에 사해성이 인정된다면 그 취소의 요건인 사행성 및 사해의사의 존재를 판단하는 기준시가 문제가 된다. 이에 대하여는 아래 3가지 견해가 있다.

(1) 양도통지시

□ 東京高判 소화 55. 12. 23. 判タ 444-110

[사안] 채권자 Y가 채무자 S의 도산 우려에 대비하여, 계속적인 구리(銅)재료거래의 채무불이행을 정지조건으로 하여, S의 거래처인 D들에 대한 장래 매출채권 전부를 담보로서 Y가 양수하고, Y의 채권을 한도로 D들 중 임의로 선택하여 S명의로 채권양도통지를 발송함으로써, 그 거래처들에 대한 채권을 양수하는 계약을 체결하였다. 그로부터 8개월 후에 S의 채무불이행이 발생하여 채권단 회의가 열릴 무렵에, Y가 S명의로 통지서를 발송하였다. 이에 다른 채권자 X가 그 채권양도를 사해행위로 취소를 구하여 1심은 이를 인용하였다.

항소심에서 Y는 양도채권이 S의 채무불이행시 또는 채권양도통지시에 특정되었다 하더라도, S는 위 계약 이후에 아무런 법률행위를 하지 않았으므로, 양도통지시나 그 전후 근접한 시기에 사해의사를 가지고 재산상의 행위를 하였다고 볼 수 없다고 다투었다.

[판단] 항소심은, Y의 양도통지 발송으로써 양도채권이 특정되고, 통지의 대상인 채권이 S의 일반담보로부터 이탈하였으므로, S의 수권에 따른 Y의 통지는 Y가 X를 포함한 일반채권자를 해치는 것을 알면서 한 것이고, 거기다 수권자인 S도 사해의사를 가지고 있어 양자가 묵시 의사가 합치하였다고 하며, 항소를 기각하였다.

이 사안에서는 S명의로 양도통지를 Y가 발송한 행위는 S의 대리인으로서 한 것이므로, 그것을 S가 한 양도통지로 보고, 그 당시 Y와 함께 S에게도 사해의사가 있다고 한다. 따라서 양도통지 자체를 사해행위로 보았다. 그러나 채권양도통지 자체를 사해행위로 보지 않는 것이 일반적인 견해이다.[101)]

(2) 계약시와 조건성취시

일본의 하급심 판례 중에는, S의 채무불이행을 정지조건으로, S로부터 그

101) 最判 평성 10. 6. 12. 民集 52-4-1121, 앞에서 본 [8] 3. 다. 참조.

거래처에 대한 채권을 Y에게 양도하는 취지의 계약을 체결하더라도, 계약체결시에는 아직 대상인 채권이 특정되어 있지 않고, 조건이 성취되어 효력이 발생함과 동시에 양도채권도 특정되므로, 이러한 채권양도가 사해행위 요건을 구비하는지 여부는, 조건이 성취되어 양도채권이 특정된 시기를 기준으로 판단하고, 다만 S나 Y의 선의 · 악의는 계약체결시를 기준으로 하여 판단한다는 사례가 있다.[102] 그러나 계약시와 조건성취시의 시간적 간격이 너무 멀면 사해성과 사해의사의 조건을 모두 충족시키기 어려운 경우가 많을 것이다.

(3) 양도계약시

[1] 東京地判 평성 2. 11. 30. 金判 884-41
양도담보의 목적인 채권을 양도한 경우에 채무자에게 사해의사가 없으면 취소할 수 없으나, 그 의사의 존재 여부는 양도담보계약시를 기준으로 하고, 양도통지시가 아니다.

[2] 東京地判 평성 15. 6. 20. 金法 1699-67
S가 D등 32사에 대한 매출채권을 Y에게 양도한 후에, X가 S에 대한 채권을 취득하여 취소청구를 한 사안에서, 양도계약은 X의 채권취득 이전이므로 X의 취소청구는 요건을 갖추지 못하였다는 이유로 기각하였다.

대법원은 집합채권은 아니나 정지조건부 채권을 양도한 사안에서 양도계약시설을 취하였다.[103]

라. 집합채권 양도의 부인

집합채권 양도행위가 부인권의 대상이 됨은 당연하다.

그런데 부인권의 경우에는 일반집행의 특수성 때문에 대항요건 자체를 부

102) 東京高判 소화 47. 9. 4. 判タ 288-324, 東京地判 평성 9. 7. 24. 金判 1039-48. 둘 다 취소를 인정하고 있다. 후자는 계약시와 조건성취시의 간격이 6개월이다.

103) 대법원 2013. 6. 28. 선고 2013다8564 판결(S가 Y와의 물품 및 금전거래에 따른 채무를 담보하기 위하여 Y에게 채무를 변제하지 못하는 것을 정지조건으로 S의 D에 대한 임대차보증금 반환채권을 양도하고 Y로부터 금전을 차용하였는데, 그 후 S가 부도를 내고 사업을 폐지한 다음 Y와 임대차보증금 반환채권에 관한 채권양도증서를 작성하여 채권양도 사실을 D에게 통지한 사안임).

인의 대상으로 하고(채무자회생법 제103조, 제394조), 개개 채권자의 채권발생시기는 문제가 되지 않고, 채무자의 사해의사나 상대방의 사해인식도 요건으로 하지 않으며, 오로지 지급정지와 대항요건의 시기(원인행위일부터 15일 후에 이루어진 경우만이 부인권의 대상이 됨)만이 문제가 된다. 그래서 채권자취소소송과는 다른 면에서 논의가 필요하다.

대항요건 등의 구비행위에 대한 부인을 인정하는 취지는 원인행위가 있었음에도 상당기간 대항요건 등의 구비행위를 하지 않고 있다가 지급정지 등이 있은 후에 그 구비행위를 한다는 것은 일반채권자들에게 예상치 않았던 손해를 주기 때문이다.

대항요건 부인규정과 채무자회생법 제100조 제1항(파산에서 동법 제391조와 제394조와의 관계도 같음)과의 관계에 관하여 견해가 대립되나, 통설과 판례는, 대항요건 구비행위도 본래 위 법 제100조의 일반규정에 따른 부인의 대상이 되어야 하지만, 권리변동의 원인이 되는 행위를 부인할 수 없는 경우에는 가능한 한 대항요건을 구비시켜 당사자가 의도한 목적을 달성시키면서 위 법 제103조의 엄격한 요건을 충족시키는 경우에만 특별히 이를 부인할 수 있도록 한 것이라고 해석되므로, 권리변동의 대항요건을 구비하는 행위는 위 법 제103조의 엄격한 요건을 충족시키는 경우에만 부인 대상이 되고, 이와 별도로 위 법 제100조에 따른 고의부인의 대상이 될 수 없다고 한다. 즉 위 법 제103조가 정한 15일의 대항요건 구비기간 내에 한 대항요건 구비행위에 관하여는 형식적 위기시기를 막론하고 고의부인은 인정되지 않는다.[104)]

즉 대항요건 등의 부인이 인정되려면 시기적으로 권리의 설정·이전·변경이 있은 날로부터 15일을 경과한 후에 대항요건 등의 구비행위가 되어야 한다.[105)] 15일의 기산점에 관하여는 의견의 대립이 있으나 대법원은 원인행위가 이루어진 날이 아니라 원인행위 효력이 발생한 날을 의미한다.[106)]

---

104) 대법원 2004. 2. 12. 선고 2003다53497 판결. 회생사건실무(상), 334면.

105) 다만 관리인의 제3자성과 관련하여 거래행위 후 15일 이내이기는 하나, 회생절차개시 후에 대항요건을 갖춘 행위를 부인할 수 있는가에 관하여 논란이 있다. 대구지방법원 2004. 4. 30. 선고 2003가단52460 판결은 파산선고시까지 대항요건이 구비되지 않는 한 이해관계 있는 제3자인 파산관재인에 대하여 그 채권의 양도 등을 대항할 수 없다고 한다. 회생사건실무(상), 334면.

□ 대법원 2004. 2. 12. 선고 2003다53497 판결

회사정리법 제80조 제1항[107]은 “지급의 정지 또는 파산, 화의개시, 정리절차개시의 신청이 있은 후 권리의 설정, 이전 또는 변경으로써 제3자에 대항하기 위하여 필요한 행위를 한 경우에 그 행위가 권리의 설정, 이전 또는 변경이 있은 날로부터 15일을 경과한 후 악의로 한 것인 때에는 이를 부인할 수 있다.”라고 규정하고 있다. 대항요건을 구비해야 하는 위 15일의 기간은 권리변동의 원인행위가 이루어진 날이 아니고 그 원인행위의 효력이 발생하는 날부터 기산해야 한다.

(1) 집합채권 양도담보계약의 부인

□ 東京地判 평성 14. 7. 30. 判時 1807-97

집합채권양도담보계약 체결에 이어 채권양도통지가 된 경우에, 위 계약의 고의부인에서 파산자의 사해의사 존부는 계약체결시를 기준으로 하여 판단하고 통지시가 아니다. 이는 채권자취소의 경우와 같다.

(2) 정지조건부 집합채권양도의 부인

채권양도의 효력이 채무자의 지급정지 등을 조건으로 하고, 양도통지를 함으로써 대항력이 생기는 경우는, 대항요건 구비행위 부인뿐만 아니라(아래 [1] 판례) 고의부인이나 위기부인과의 관계가 문제된 사례가 있고(아래 [3] 판례), 위기 시기 이전에 한 정지조건부 채권양도에 관하여 위기부인을 직접적으로 인정한 최고재 판례(아래 [4] 판례)가 있다.

(가) 대항요건 구비행위의 부인

[1] 最判 소화 48. 4. 6. 民集 27-3-483

파산관재인 A가 채권양도통지가 정지조건부 집합채권양도계약 후 15일을 경과하였다고 하여 부인을 한 사안. 여기서 15일은 계약체결일이 아니라 정지조건의 성취일(권리이전의 효과가 생긴 날)로부터 기산한다.

---

106) 대법원 2004. 2. 12. 선고 2003다53497 판결. 이에 대한 해설로는 심준보, ‘회사정리법상 대항요건의 부인’, 837면 이하 참조, 아래에서 보는 바와 같이 이 판결의 영향으로 대항요건이 부인당할 위험을 줄이기 위하여 정지조건부 채권양도와 예약형 채권양도 등의 기법이 고안되었다. 회생사건실무(상), 334면.

107) 현행 채무자회생법 제103조 제1항에 해당됨.

위에서 본 바와 같이 우리 대법원도 [1] 판례와 같은 입장에 있으나, 위와 같이 해석한다면, 양도계약을 정지조건으로 하면, 대항요건의 구비행위가 부인될 가능성은 거의 없어지므로, 이에 대하여는 비판적인 견해가 있다.108) 하급심 판례에는 최고재와는 반대의 견해가 보인다(아래 [2][3] 판례).109)

[2] 東京地判 평성 15. 9. 12. 判時 1853-116

정지조건부 집합채권양도계약은, 파산자의 행위가 아닌 방법으로 권리이전의 효력이 생기는 구조를 설정하여 고의부인이나 위기부인의 대상이 되지 않고, 권리이전일로부터 15일 이내에 대항요건을 구비한 것으로 대항요건 구비행위부인의 대상도 되지 않게 하기 위하여 체결한 것이므로, 신의칙상 정지조건을 주장할 수 없고, 15일은 계약체결시부터 기산해야 한다.

(나) 고의부인・위기부인・대항요건 구비행위부인의 관계

[3] 大阪高判 평성 14. 7. 31. 金法 1668-76

채무자 S의 지급정지 등을 채권양도의 효력발생요건으로 하는 정지조건부 특약은, 총채권자의 이익과 채권자 사이의 공평을 해치는 행위를 금지하는 파산법질서에 어긋나거나 이를 잠탈하는 것으로 부당하다. 이는 파산법상 고의부인의 대상이 되는 상황에서 파산채권자를 해친다는 사실을 알면서 체결한 채권양도계약이나, 위기부인의 대상이 되는 단계에서 체결된 채권양도계약과 전혀 다를 바 없다. 그렇지 않다 하더라도 대항요건 구비행위 부인(채무자회생법 제394조에 해당)을 적용할 때, 정지조건부 특약 부분을 고려하지 않고 집합채권양도계약 체결 시점에서 그 효력이 생긴 것으로 보아 부인권을 인정해야 한다.

(다) 위기부인

최고재도 그 후 위와 같은 하급심의 견해를 수용하여 정지조건부 집합채권양도를 위기부인의 대상으로 인정하고 있다.

[4] 最判 평성 16. 7. 16. 民集 58-5-1744, 判時 1872-64

108) 飯原一乘, 詐害行爲取消訴訟, 203면 주 5 참조. 伊藤眞 등의 학자가 이에 비판적이다.

109) 大阪地判 평성 10. 3. 18. 金法 1523-75 및 그 항소심인 大阪高判 평성 10. 7. 31. 金法 1528-36.

채무자의 지급정지 등을 정지조건으로 하는 채권양도계약은 그 계약체결행위 자체는 위기시기 전에 한 것이지만, 계약당사자는 그 계약에 기한 채권양도의 효력발생을 채무자의 지급정지 등의 위기시기의 도래에 관련시켜, 이를 정지조건으로 하는 것이므로, 위기시기에 이르기까지 채무자의 책임재산에 속해 있던 채권을 채무자의 위기시기가 도래하자 바로 그 채권자에게 귀속시킴으로써, 이를 책임재산으로부터 일탈시키는 것을 미리 의도하고, 이를 목적으로 그 계약을 체결한 것이다. 따라서 그 양도는 채무자에게 지급정지 등의 위기시기가 도래한 후에 한 채권양도와 같이 볼 것이므로, 위기부인의 대상이 된다.[110)]

(3) 집합채권 양도의 예약

[1] 대법원 2002. 7. 9. 선고 2001다46761 판결

금융기관 Y가 정리 전 S회사에 대한 대출채무를 담보하기 위하여 S의 매출채권에 관한 채권양도를 목적으로 한 대물변제예약은 예약형 집합채권의 양도담보에 해당한다.

회사정리법상 부인의 대상은 원칙적으로 회사의 행위이고, 다만 회사의 행위가 없었더라도 회사와의 통모 등 특별한 사정이 있어서 채권자 또는 제3자의 행위를 회사의 행위와 동일시할 수 있는 경우에는 예외적으로 그 채권자 또는 제3자의 행위도 부인의 대상이 될 수 있다. 그러나 Y와 S 사이의 대물변제예약의 내용에 따라 예약완결권과 대물변제로 양도할 매출채권의 선택권을 행사하고 S를 대리하여 제3채무자에게 채권양도사실을 통지한 것은, S의 행위라거나 S의 행위와 동일시할 수 있는 행위로 볼 수 없어 회사정리법 제78조 제1항 제2호(채무자회생법 제100조 제1항 제2호)의 위기부인의 대상이 되지 않는다.[111)]

위에서 본 최고재 [4] 판례가 정지조건부 채권양도약정을 실질적으로 파악하여 그 효과가 위기시기의 채권양도와 다르지 않다고 하여 위기부인을 인정한 것과 달리, 대법원의 위 [1] 판례는 예약형 집합채권 양도담보의 실질적 효과가 정지조건부 채권양도나 그 밖에 유사한 계약 유형과 어떠한 차이가 있는지, 즉 법률효과가 실질적으로 동일한지 여부에 대하여는 아무런 고민 없이, 단지 예약완결권의 행사 등이 채무자의 행위에 해당하지 않는다는 이

110) 같은 취지로서, 最判 평성 16. 9. 14. 判時 1872-64.

111) 같은 취지 대법원 2004. 2. 12. 선고 2003다53497 판결.

유로 부인권을 인정하지 않았다. 그런데 그 후 대법원은 입장을 바꾸어 예약형 집합채권양도에서 예약완결권 행사가 실질적으로 채무자의 행위로 볼 수 있다고 하여 부인권을 인정하고 있다(아래 [2] 판례).[112)]

[2] 대법원 2011. 10. 13. 선고 2011다56637 판결

[사안] S가 예금부족으로 1차 부도가 났는데, Y에게 교부한 약속어음의 지급기일을 연장받으면서 그에 대한 담보로 S의 D 등에 대한 채권을 Y에게 양도하기로 하는 내용의 약정을 체결하였다. 그 후 Y가 S로부터 교부받은 채권양도계약서와 채권양도통지서의 백지부분을 보충하여 D 등에게 채권양도통지를 하였는데, Y가 예약완결 의사표시를 한 당일 S가 2차 부도가 났다.

[판단] 위 약정은 이른바 '예약형 집합채권의 양도담보'에 해당하고, 특정 채권자에게만 담보를 제공함으로써 파산절차에서 채권자평등원칙을 회피하는 편파행위에 해당하며, Y의 예약완결 의사표시는 실질적으로 S의 행위와 동일시할 만한 특별한 사정이 있으므로, 채무자회생법 제391조 제1호에서 정한 부인의 대상에 해당한다.

3. 대리수령(추심위임)

채권담보의 방법으로서 대리수령(추심위임)이나 납입지정을 이용하는 경우가 있다. 대리수령은 채권자 Y가 채무자 S의 거래처 D로부터 변제금을 소극적으로 수령함에 그치지만, 추심위임은 Y가 D에 대하여 적극적으로 지급을 청구하는 것이므로, 엄밀히 말하면 양자는 다르다. 그러나 둘 다 Y가 D로부터

112) 참고로 이와 관점이 다르지만, 집합채권에 관하여 양도담보를 설정한 후에 양도담보 설정자에 대하여 도산절차가 개시된 경우, 도산절차개시 이후에 취득한 새로운 채권에는 양도담보의 효력이 미치지 않는다는 판례가 있다{대법원 2013. 3. 28. 선고 2010다63836 판결－장래 발생하는 채권이 담보목적으로 양도된 후 채권양도인에 대하여 회생절차가 개시되었을 경우, 회생절차개시결정으로 채무자의 업무 수행과 재산의 관리 및 처분 권한은 모두 관리인에게 전속하는데(채무자회생법 제56조 제1항), 관리인은 채무자나 그의 기관 또는 대표자가 아니고 채무자와 그 채권자 등으로 구성되는 이른바 이해관계인 단체의 관리자로서 일종의 공적 수탁자에 해당하므로, 회생절차가 개시된 후 발생하는 채권은 채무자가 아닌 관리인의 지위에 기초한 행위로 발생하는 것으로서 채권양도담보의 목적물에 포함되지 않고, 이에 따라 그러한 채권에 대해서는 담보권의 효력이 미치지 않는다}. 이 판결은 양도담보권이 설정된 채권의 채권자는 여전히 담보권설정자라는 점을 전제로 하고 있다.

지급받은 금액은 S의 Y에 대한 채무에 충당되므로, S의 다른 채권자 X로서는 채권회수에 지장이 생긴다는 점에서는 같다. 납입지정도 D로부터 Y에게 입금된 돈은 상계로 Y의 채권만족에 제공되므로 같은 문제가 생긴다.[113]

가. 대리수령의 담보적 기능

대리수령은 Y가 S에게 융자를 할 때 S의 D에 대한 현재 및 장래 채권을 담보목적으로 하여, S가 수령할 금전을 Y가 대신 수령할 것을 위임하는 것으로, S의 채권이 공사도급금과 같이 양도가 금지된 경우와 같은 사정이 있을 때 이용된다.

Y와 S만의 합의가 아니라 D가 이를 승인한 경우에도, Y가 D에 대하여 직접청구를 할 수는 없으나,[114] D가 승인하였음에도 불구하고 S에게 지급하여 Y가 손해를 입은 때는, D는 Y에 대하여 불법행위에 따른 손해배상책임을 지므로,[115] 대리수령은 채권담보의 기능을 가진다.

다만 대리수령은 채무자 S 및 제3채무자 D와의 관계에서 담보적 기능을 가질 뿐 법정담보권은 아니므로, 다른 채권자에 대한 관계에서 우선변제권을 가지는 것은 아니다.[116]

나. 대리수령계약의 사해성

(1) 사해성의 부정

채권담보의 방법은 채권질(민법 제345조)이나 채권양도(민법 제449조)가 있고, 담보채권자 Y는 설정 전에 채권을 가지고 있던 다른 일반채권자 X에 대하

113) 대리수령에 대하여는 조재연, '채권담보의 목적으로 채무자로부터 변제수령권을 위임받은 채권자는 제3채무자에 대하여 직접 이행청구를 할 수 있는가?' 법률실무연구, 1호, 강원법률실무연구회, 1999.
대리수령과 납입지정의 회사정리법과 관련된 문제로는 우성만, '회사정리법상 담보권자의 지위', 재판자료 86집, 회사정리법 · 화의법상의 제문제, 법원도서관, 2000.

114) 대법원 1987. 2. 24 선고 85다카2487 판결; 最判 소화 61. 11. 20. 金法 1147-34.

115) 위 最判 소화 61. 11. 20. 판결; 最判 소화 44. 3. 4. 民集 23-3-561; 京都地判 소화 61. 6. 26. 判タ 626-169.

116) 最判 소화 51. 7. 19. 金判 507-8. 부인권에 관하여는 東京高判 소화 61. 3. 26. 判時 1196-120.

여도 우선하여 피담보채권의 변제를 받기 때문에, X는 그 설정에 따라 피해를 입고 Y의 설정행위를 사해행위로서 취소를 구할 수 있다.

그러나 대리수령은 Y의 우선변제권이 없기 때문에, 대리수령계약이 체결되더라도 S의 거래처 D에 대한 채권은 계속해서 X를 비롯한 다른 채권자들의 일반담보이기도 하다. X는 이를 압류나 가압류할 수 있기 때문에 위 계약은 그 자체로서는 사해행위취소의 대상이 될 수 없다.[117)]

(2) 대리수령금의 변제충당

(가) 채권자 Y가 대리수령계약에 따라 S의 거래선 D로부터 변제금을 수령하면, S의 채무와 Y의 S에 대한 수령금 반환채무를 대등액에서 상계하는 취지의 의사표시를 하거나(민법 제492조), 수령금을 S의 채무변제에 충당하는 취지의 의사표시를 함으로써(민법 제476조), 결제하는 것이 일반적일 것이다. 다만 채권자취소의 대상은 S의 행위이므로, S의 다른 채권자 X가 Y가 한 상계나 변제충당행위에 따라 피해를 입더라도, X가 그 취소를 구할 수 없다.

그러나 대리수령계약에는 미리 변제충당 합의가 포함되어 있고, Y는 변제충당에 따라 S에 대한 채권의 만족을 얻을 수 있으므로, X는 이 변제충당을 당초의 대리수령계약과 일체로 보아, S의 변제행위로서 사해행위의 요건을 갖춘다면 취소를 구할 수 있다.

(나) 채권자 취소 사례

□ 最判 소화 52. 7. 12. 判時 867-58

Y가 S회사로부터 D市에 대한 공사대금 대리수령의 위임장을 받아서, 다음날 S회사의 종업원을 데리고 D시에 가서 수표로 지급을 받아 이를 현금화한 후 변제금을 수령한 사안에서, X가 변제의 취소를 구하였다. 원심은 X의 청구를 인용하였으나, 최고재는 통상의 변제로서 사해의사가 인정되지 않는다는 이유로 원심을 파기하였다.[118)]

---

117) 東京高判 소화 58. 1. 26. 金法 1048-46.

118) 이 사안에서는 Y가 S의 사원과 동행하여, 그로부터 직접 변제받은 것으로도 볼 수 있기 때문에 대리수령은 문제로 되지 않았다.

(다) 부인 사례

□ 東京高判 소화 61. 3. 26. 判時 1196-120

파산자 S가 Y로부터 주택을 구입하면서 금고로부터 융자를 받아, Y가 대리수령계약에 따라 금고로부터 수령한 융자금을 변제충당하였다. 파산관재인 X가 부인하자, 1심은 본건 변제충당은 부당성이 없다는 이유로 부인의 대상이 되지 않는다고 하였다. 항소심은, 대리수령특약은 채권적 합의에 지나지 않고, 그에 따른 수령권한은 채권질이나 그 밖의 담보권과 같은 정도의 담보적 기능을 가지지 않고, 거래업계에 그와 같은 사실인 관습도 없으므로, 대리수령에 따른 변제충당은 파산절차상의 위기부인(채무자회생법 제391조 제2호)에서 말하는 '채무소멸에 관한 행위'에 해당된다는 이유로, 부인을 인정하고 제1심을 취소하였다.

다. 대리수령 계약 후의 채권양도

대리수령에 담보적 기능이 있다고 하여도 우선변제권이 없다면, 채권자 Y로서는 대리수령계약을 한 상태만으로는 다른 채권자로부터 채무자 S의 D에 대한 채권집행이 있으면 채권회수의 기회를 잃을 수도 있으므로, S의 자산상태가 나빠지면 S의 D에 대한 채권을 양도받고자 할 것이다.

(1) 대물변제로서 양도

[1] 最判 소화 29. 4. 2. 民集 8-4-745(취소 인정)

[1심] 東京地判 소화 25. 8. 29. 民集 1-1346은 추임위임행위와 채권양도행위를 일체로 보아 사해행위의 성립을 부정하였다.

[항소심] 東京高判 소화 26. 10. 23. 下民集 2-10-1238은 이를 분리하여 채권양도만을 취소하였다.

[상고심] 항소심의 결론을 지지. 채권추심을 함으로써 대여금채무의 변제에 충당하기로 양해하였더라도, 채권양도는 채권자를 해치는 행위이다.

(2) 담보로서 양도

(가) 취소 부정사례 — 대리수령의 담보적 기능을 중시한 판례이다.

[2] 東京地判 소화 38. 8. 31. 判タ 155-90

채권의 대리수령계약 후에 그 채권이 양도된 사안에서, 채무자 S · 수익자 Y 사이의 대리수령계약에는 Y에게만 지급하도록 하고 S가 일방적으로 해제할 수 없는 특약이 붙어 있고, 현실적으로 보더라도 이 계약 이전에도 Y가 대여금지급을 위하여 어음의 지정납입은행으로 되어 있어, S가 관여하지 않고 Y가 직접 D로부터 수령하는 권한을 가졌으므로, S가 자유로 채권을 처분할 수 없었다. 따라서 대리수령을 채권양도로 바꾸었다 하여 S의 자산상태에 특별한 변동이 없다.

(나) 취소 긍정사례 – 위 [1] 판례와 이론적 근거가 같다.

[3] 大阪高判 소화 48. 11. 22. 判時 743-60

위 [1] 판례를 인용하여, 대리수령은 제3자 대항력을 갖출 수 없는 매우 약한 담보이고, 담보를 위한 채권양도는 대리수령과는 별개의 제3자대항력을 갖출 수 있는 강력한 담보이므로, 별개로 보아야 한다.

[4] 最判 소화 51. 7. 19. 金法 801-33

채무자 S와 수익자 Y가 채권의 대리수령계약을 체결하고 제3채무자 D가 이를 승인한 때, S와 Y는 그 계약의 효력에 의하여, Y에 대하여만 변제할 의무를 부담하지만, 다른 일반채권자와의 관계에서는 Y는 아무런 우선적인 지위를 가지지 못하고, S의 위 채권은 모든 채권자들을 위한 공동담보를 구성하므로, 대리수령계약을 한 이후 S가 Y에게 담보로 D에 대한 채권을 양도하는 것은 사해행위가 된다.

[5] 福岡高判 평성 3. 3. 14. 金法 1369-77

대리수령계약 후에 융자를 받기 위하여 담보로서 채권을 양도하는 행위는 양도채권과 융자액과의 합리적 균형이 있는 부분은 사해행위가 되지 않지만, 이를 초과하는 부분은 사해행위가 된다.

4. 납입지정

가. 납입지정의 담보적 기능

납입지정은 은행을 비롯한 금융기관 Y가 S에게 융자하면서, S와 사이에 S가 거래처 D로부터 수령할 매출금 등을, Y의 S 명의 예금계좌에 납입하기로 약정하고 D가 이를 승인하는 것이다. 납입된 후에는 Y의 S에 대한 반환채무(예금채무)와 S의 Y에 대한 대여금채무를 상계하여 결제하기 때문에 담보 기능을 가지고, 특히 S에게 여러 거래처가 있을 때 이용된다.

법정담보권이 아니고, 납입지정계약과 D의 승인만으로는 Y가 우선권을 가지지 않는 것은 대리수령의 경우와 같다.

나. 납입지정의 사해성

납입지정의 사해성은 대리수령과 같이 해석하여도 좋을 것이다.

Y는 납입지정 합의에 따라 다른 채권자에게 우선권을 주장할 수 없으므로, 다른 채권자 X는 D가 납입할 때까지는 S의 D에 대한 채권을 압류나 가압류할 수 있다. 또한 납입 후에는 S의 계좌에 납입된 예금은 S의 예금채권으로서 그 일반담보가 되므로, Y가 대여금채권과 상계하기까지는 X는 그 예금채권을 압류나 가압류할 수 있다.

그러나 이 경우에 Y는 압류와 관계없이 예금채무와 대여금채권을 상계할 수 있으므로,[119] 납입 후에는 Y가 결과적으로 우선권을 가진다.

그렇다면 납입지정 합의를 할 때, S가 그 결과를 예견하고 Y와 통모하였다고 인정되는 사정이 있다면, 납입지정 합의도 사해행위가 될 수 있다.

5. 채권양도에 관한 그 밖의 문제

가. 채권양도와 채권자취소권의 이전[120]

채권 양수인은 이미 채무자의 자산이 감소된 채권을 양수한 자이므로 취소권을 행사할 수 없다는 주장에 대하여, 일본판례는 오래 전부터[121] 채권양도는 양수인이 양도인의 모든 권리를 승계하므로, 양도인이 가진 채권자취소권과 같이 채권의 효력 역시 함께 양수인에게 이전한다는 이유로, 양수인의

119) 다만 가압류명령을 받은 제3채무자가 가압류채무자에 대한 반대채권을 가지고 있는 경우에 가압류채권자에게 상계로 대항하기 위하여는 가압류 효력발생 당시에 양 채권이 상계적상에 있거나 반대채권이 압류당시 변제기에 이르지 않는 경우에는 피압류채권인 수동채권의 변제기와 동시에 또는 그 보다 먼저 변제기에 도달하는 경우이어야 한다(대법원 1987. 7. 7. 선고 86다카2762 판결). 김병재, '제3채무자가 가압류채무자에 대한 반대채권으로써 상계할 수 있는 요건', 75면 이하.

120) 이에 대하여는 [8] 3. 바. 참조.

121) 大判 명치 37. 2. 24. 民錄 10-213.

취소권을 인정하였다. 따라서 채권양도 대항요건의 구비는 사해행위의 시기 전후를 묻지 않고,[122] 양수인을 해칠 의사가 없더라도 양도인에게 채권자취소권의 요건이 갖추어져 있었다면 양수인의 취소권은 인정된다.[123]

나. 채권양도통지의 취소

채무자회생법은 성립・대항요건의 구비행위를 부인의 대상으로 삼고 있으나, 판례는 사해행위가 부동산 매매와 같이 등기가 필요한 경우에, 피보전채권 발생 전에 한 행위는 비록 그에 대한 등기가 피보전채권 발생 후에 경유되더라도 취소할 수 없다고 한다.[124] 채권양도통지도 같다.[125]

이 문제는 별도로 아래 [18]에서 살펴본다.

다. 채권양도취소의 방법과 효과

채권양도는 양도된 채권의 추심이 되기 전과 그 후의 취소방법이 다르고, 그 효과에 관하여도 검토할 문제점이 있으므로 별도로 검토하기로 한다.[126]

6. 채무면제

가. 채무면제의 사해성

충분한 자력이 없는 채무자 S가 자기 자산의 일부인 D에 대한 채권을 면제한다면, 그만큼 자산이 감소하므로, 채권자 X에게 손해가 된다는 것은 명백하다.

나. 채무면제의 취소

채무면제의 취소를 부정하는 견해는 없으나, 채권자취소권의 성질을 어떻

122) 大判 소화 10. 1. 23. 法律新聞 3802-7.
123) 大判 소화 10. 10. 11. 判決全集 23-13.
124) 대법원 1962. 11. 15. 선고 62다634 판결; 最判 소화 59. 4. 20. 金法 1068-32.
125) 대법원 2012. 8. 30. 선고 2011다32785 판결; 最判 평성 10. 6. 12. 判時 1660-60.
126) [31] 6. 참조.

게 보느냐에 따라 그 방법이 달라질 수 있다. 주로 취소 후의 원상회복을 어떻게 할 것인가 하는 점이 문제가 되므로 이에 대하여는 나중에 다시 살핀다.[127]

[16] VI. 재산 특히 부동산의 매매

1. 서 론

가. 문제점

부동산은 채무자의 자산 중에서 가장 중요한 재산이고, 채권자로서도 부동산을 통한 채권회수는 다른 재산에 비할 바 없이 확실성이 높기 때문에, 다른 재산의 양도와는 달리 취급할 여지가 있다. 한편 매매로 부동산 소유권을 다른 사람에게 이전하여도 그 대신 금전을 받으므로 자산에는 변화가 없다는 점도 고려해야 한다.

나. 재산매각의 부인

(1) 문제의 소재

채무자가 변제자력이 부족한 위기시기에 부동산을 저렴한 가격에 매각하는 행위는 채무자의 일반재산을 감소시키는 사해행위이므로 고의부인의 대상이 된다는 점에 다른 견해가 없다. 그렇다면 위기시기에 부동산을 적정한 가격으로 매각한 경우에는 어떠한가. 부동산 대신 그 매각대금이 들어와 채무자의 재산 전체에 증감이 없으므로 사해행위가 아니라고 볼 것인가, 아니면 부동산을 소비·은닉 또는 없어지기 쉬운 금전으로 바꾸었다는 이유로 부인의 대상이 된다고 할 것인가.

(2) 학 설

적정가격에 따른 부동산매각행위 자체가 파산자의 일반재산을 감소시킬 위험성을 가지는 이상 유해성의 요건은 일단은 충족되나, 그 상대방인 수익

127) [31] 5. 및 [35] 참조.

자가 행위의 부당성 흠결, 즉 정당성을 뒷받침하는 사실(매각행위의 목적과 동기, 매매대금의 사용용도 등)을 부인권의 발생을 방해하는 권리장애사실로서 주장·증명한 경우에는 파산관재인은 부인권을 행사할 수 없다는 견해가 있다.[128]

(3) 판 례

부인권에 관한 우리나라 판례는 없으나 아래에서 보는 바와 같이 채권자취소에 관하여, 채무자가 자기의 유일한 재산인 부동산을 매각하여, 소비하기 쉬운 금전으로 바꾸는 행위는, 그 매각이 일부 채권자에 대한 정당한 변제에 충당하기 위하여, 합당한 가격으로 이루어졌다든가 하는 특별한 사정이 없다면 항상 채권자에 대하여, 사해행위가 된다고 보므로,[129] 부인권에 관하여도 같은 취지의 판례가 나오리라 예상된다.

일본 판례는, 채권자들에게 가장 확실한 책임재산인 부동산을 매각하여 소비·은닉하거나 없어지기 쉬운 금전으로 바꾸는 행위는 채권자의 공동담보를 해치는 경우에 해당된다고 하면서도, 한편으로는 매매대금인 금전이 채무자에게 보관되어 있는 경우나 다른 재산으로 변형되어 현존하는 경우, 그 매각행위가 모든 채권자의 지시 아래 특히 공정한 방법으로 이루어진 경우와 같은 때는 부인의 대상이 되지 않는다고 한다.[130]

(4) 소결론

채무자가 위기시기에 부동산을 매각하는 것은 보통은 채무자의 일반재산을 감소시킬 위험성이 있으므로 원칙적으로 부인의 대상이 된다. 다만 수익자가 채무자의 사해의사를 알지 못하였음을 증명한 경우에는 부인의 대상이 되지 않는다(채무자회생법 제100조 제1항 제1호 단서). 그러나 위기시기에 한 적정가격에 따른 부동산의 매각을 모두 부인의 대상으로 한다면, 채무자의 자체적인 구조조정행위와 워크아웃 등을 봉쇄하여 채무자가 도산절차 밖에서 경

128) 박성철, '파산법상의 부인권', 260면.
129) 대법원 2009. 5. 14. 선고 2008다84458 판결 외 다수.
130) 大判 소화 8. 4. 15. 民集 12-12-637; 大判 소화 9. 4. 26. 法律新聞 3702-9; 東京高判 평성 5. 5. 27. 判時 1476-121.

제적 위기를 극복할 길을 막아버릴 우려가 있으므로 적정가액으로 한 부동산매각을 채권자를 해치는 행위로 보더라도 그 매각의 목적, 대금의 사용용도 등을 종합적으로 살펴 정당성이 있다고 인정되는 경우에는 부인을 부정하고, 그 정당성은 수익자가 입증해야 한다.[131]

한편 회생절차의 부인은, 파산절차의 부인과는 다른 점이 있어, 채무자에 대한 공평한 변제보다는 기업재산의 일탈을 막아 기업의 존속가치(계속기업가치)를 유지・회복하고 기업의 수익력을 확보하여 기업의 회생을 도모하는 것에 그 중점이 있기 때문에, 매각한 부동산이 계속기업가치의 유지에 필요한지 여부도 부인을 인정할 것인지를 판단할 때 고려해야 한다.[132]

(5) 일본 도산법

일본 도산법[133]은 이 문제에 관하여 새로운 규정을 두었다.

즉 정당한 가격을 받고 한 재산의 처분행위는 원칙적으로 부인의 대상이 아니다. 다만 부동산을 금전으로 환가하는 등 당해 처분행위로 재산의 종류가 변경됨으로써 채무자가 은닉, 무상증여 기타 채권자를 해치는 처분을 할 염려가 있고, 채무자가 행위 당시 대가로 취득한 금전 기타 재산에 관하여 은닉 등의 처분을 할 의사를 가지고 있었으며, 상대방이 행위 당시 채무자의 위와 같은 사해의사를 알고 있었던 경우에만 부인의 대상이 된다. 상대방의 악의 입증책임은 관재인이 부담한다. 다만 상대방이 특수관계인인 경우에는 상대방의 악의는 추정된다.[134]

사해행위취소권에 관한 일본 개정 민법 제424조의2도 같은 취지이다.

다. 독일법

독일에서 '사해'라 함은 직접사해와 간접사해로 나누고, 일반적인 사해의사

---

131) 대법원 2002. 8. 23. 선고 2001다78898 판결; 대법원 2004. 3. 26. 선고 2003다65049 판결.

132) 이진만, '통합도산법상의 부인권', 921면 이하.

133) 일본 파산법 제161조 제1항, 회사갱생법 제86조의2 제1항, 민사재생법 제127조의2 제1항. 일본민법 개정안의 사해행위취소에 관한 규정도 같다. 이순동, 사해행위취소권에 관한 일본민법 개정안의 연구, 206면 이하.

134) 飯原一乘, 詐害行爲取消訴訟, 214면 참조.

가 있는 행위는 간접적 사해(mittelbare Benachteilligung)가 있으면 충분하다고 한다. 매매행위는 대금의 수령이 있더라도 그것은 낭비나 은닉하기 쉬운 것이므로 사해행위를 구성한다.

2. 부당한 가격으로 한 매매

부동산을 객관적으로 평가되지 않은 가격으로 매각하는 경우는, 고가로 매각하는 경우와 저가로 매각하는 경우가 있으나, 주로 문제되는 것은 저가매각이다.

가. 저렴한 매매

부동산을 저렴한 가격으로 매각한다면 그 차액만큼 자산이 감소하므로 사해행위가 되는 것은 의문이 없다. 이 경우에 전부 취소를 인정할 것인가, 그 차액만을 취소할 것인가. 전부를 취소한 일본 사례가 있다.[135)]

나. 고가 매매

부동산 매매는 그것이 정당한 가격이라 하더라도 소비나 은닉하기 쉬운 금전으로 바꾸는 것은 그 자체로 채권자를 해치는 것이므로, 그러한 논리를 관철한다면 부동산을 고가로 매각하는 것도 사해성이 있다고 할 수 있다. 이 경우에 사해의사가 없다는 이유로 사해행위를 인정하지 않는 사례가 있으나,[136)] 이들은 모두 변제를 위하여 매각한 경우이고, 뒤에 보는 바와 같이 판례는 변제를 위한 매각은 사해의사를 인정하지 않으므로, 이는 당연한 결론이다.

---

135) 大判 대정 9. 12. 27. 民錄 26-2096; 大判 소화 8. 5. 2. 民集 12-1050.

136) 東京控判 대정 7. 10. 7. 評論 7 民 803; 宮城控判 소화 9. 11. 2. 法律新聞 3777-17; 大判 명치 40. 2. 4. 民錄 13-43.

3. 정당한 가격으로 한 매매

물건을 시가 상당의 적정가격으로 매도하는 행위가 사해행위가 되느냐 여부는 가장 다툼이 심한 부분이다.

가. 판 례

(1) 동 산

동산 매도에 관한 일본 판례는 주로 대물변제와 관련된 것이다. 정당한 가격으로 한 동산의 매매대금채무와 채무자의 기존채무를 상계하여 결제한 사안에서, 사해행위를 인정한 사례가 여럿 있다.137) 기존채무와 매매대금채무를 상계하기로 합의하여 결제하는 것은 실제로 대물변제와 같으므로 사해행위를 인정하기 쉬울 것이다.

상품의 매도인 Y가 매수인 S의 자력이 부족하다는 사실을 알고 그 상품을 환매한 경우에도 사해행위가 성립한다는 일본 사례가 있다.138)

(2) 부동산

[1] 대법원 1997. 5. 9. 선고 96다2606 판결

채무자가 자기의 유일한 재산인 부동산을 매도하여 소비하기 쉬운 금전으로 바꾸는 행위는 공동담보의 효력을 감소시켜 채권자를 해치기 때문에, 다른 채권자에 대한 정당한 변제에 충당하기 위하여 부동산을 정당한 가격으로 매도하였다거나 하는 특별한 사정이 없다면, 항상 채권자에게 사해행위가 되고, 채무자의 사해의사가 추정된다.139)

---

137) 大判 명치 36. 2. 13. 民錄 9-970; 最判 소화 39. 11. 17. 判時 399-30; 最判 소화 46. 6. 18. 金法 620-55.

138) 最判 소화 33. 7. 10. 裁判集 32-765. 참고로 일본 민법에 따르면 동산 매매를 원인으로 한 채권을 가진 자는 그 동산에 대하여 다른 채권자보다 우선변제받을 수 있는 권리, 즉 선취특권이 있다(일본 민법 제311조 제5호). 따라서 Y가 그 상품에 대하여 선취특권을 가지는데, 그럼에도 불구하고 그것은 S가 점유하는 그 동산에 대한 경매에서 환가대금에 대한 우선변제권을 가질 뿐이므로, 우선변제권이 있다고 하더라도 S로부터 Y에게 악의로 환매한 경우에는 사해행위취소권 성립을 방해하지 않는다고 한다.

[2] 대법원 1994. 6. 14. 선고 94다2961 판결

채무자가 채무초과 상태에서 채권자 중 한 사람과 통모하여 그 채권자만 우선적으로 채권만족을 얻도록 할 의도로, 채무자 소유 부동산을 그 채권자에게 매도하고 매매대금채권과 그 채권자의 채무자에 대한 채권을 상계하는 약정을 하였다면, 매매가격이 정당한 가격이거나 정당한 가격을 초과하더라도, 채무자의 매각행위는 다른 채권자를 해칠 의사로 한 법률행위에 해당한다.

나. 채무변제를 위한 매매

위 [1] 판례에서 본 바와 같이, 부동산이 다른 채권자에 대한 정당한 변제에 충당하기 위하여 정당한 가격에 매도된 경우에는 사해행위 취소가 부정된다. 일본에서도 변제를 위한 매각은 사해의사가 없는 것으로서 사해행위 성립을 부정하고 있는 것이 일반적이다.[140] 하급심에서도, 변제자금과 공장신설을 위한 자금을 충당하기 위하여 부동산을 매각한 것은 사해의사가 없다고 한 사례가 있다.[141]

그러나 아래 사안에서는 취소를 인정하였다.

□ 大判 소화 7. 12. 13. 法律新聞 3506-7

채무자 S가 채권자 X를 사해할 의사를 가지고 X에게, 저당권으로 담보되어 있는 변제기 전의 채무를 다른 사람으로부터 돈을 빌려서 변제하겠다고 말하여 X의 저당권을 말소하도록 한 후, 목적부동산을 Y에게 정당한 가격으로 매각하고, 그 대금으로 X에게는 변제하지 않고 다른 채권자에게 변제하였다.

변제를 위하여 정당한 가격으로 매각하였다 하더라도, S에게 사해의사가 있고, Y도 사해사실을 알았다면 취소가 인정된다.[142]

다. 우선적 채무를 변제하기 위한 매각

X의 S에 대한 채권(피보전채권)보다, S가 Y에게 자산을 매각하여 G에게 변제한 채무(G의 채권)가 우선하는 경우에, 그 매각은 사해성이 없다(사해성

139) 같은 취지로 대법원 1966. 10. 4. 선고 66다1535 판결.

140) 大判 소화 15. 5. 20. 評論 29 民 614 외 다수.

141) 東京地判 소화 52. 1. 31. 判時 866-153.

142) 그 밖에 당사자가 통모하여 채권자를 해칠 의사로 한 매매를 취소한 사례로 大判 소화 4. 9. 14. 裁判例(3) 民 14.

조각).

(1) 납 세

조세채권은 일반채권에 우선하여 납세자의 모든 재산으로부터 징수된다(국세기본법 제35조, 지방세기본법 제71조). 주세의 납입을 위한 부동산매각에서 채권자가 그 부동산에 강제집행을 하여도 국가의 교부청구에 따라 조세채권에 우선 충당되기 때문에 채권자가 경매대금으로부터 변제를 받을 수 없다는 이유로 사해행위가 되지 않는다는 판례[143]가 있고, 공조공과금의 납입을 위한 부동산의 매각에도 사해의사가 없다는 사례[144]가 있다.

(2) 저당채무변제

저당채무는 일반채무에 우선하여 변제된다(민법 제356조, 민집법 제264조, 채무자회생법 제141조, 제411조). 따라서 저당권이 설정되어 있는 부동산에 관하여 사해행위가 이루어진 경우에 그 사해행위는 부동산 가액, 즉 시가에서 저당권의 피담보채권액을 공제한 잔액의 범위 내에서만 성립한다. 즉 부동산에 설정된 제3자 명의 담보권의 피담보채권액이 목적물 가격을 넘는 경우는 그 목적물 처분은 사해행위에 해당하지 않는다.[145]

이와 관련하여, 유치권을 가지는 부동산 공사의 수급인이 유치권을 포기하는 대신 그 부동산에 공사대금을 피담보채권으로 하는 저당권을 설정하는 경우(민법 제666조 참조)에도 사해행위가 되지 않는다.

□ 대법원 2008. 3. 27. 선고 2007다78616 판결

신축건물의 도급인이 민법 제666조가 정한 수급인의 저당권설정청구권 행사에 따라 공사대금채무의 담보로 그 건물에 저당권을 설정하는 행위는 특별한 사정이 없다면 사해행위에 해당하지 않는다. 즉 민법 제666조는 부동산공사에서 목적물이 보통 수급인의 자재와 노력으로 완성되는 점을 감안하여 목적물 소유권이 원시적

143) 大判 명치 37. 10. 21. 民錄 10-1347; 東京控判 대정 7. 5. 31. 法律新聞 1445-19.

144) 大判 대정 6. 6. 7. 民錄 23-932. 공과금을 납입하기 위하여 부동산을 매각하는 것은, 공모하여 채권자를 해칠 목적으로 변제하는 행위와는 그 성격이 다르므로 사해의사는 문제가 되지 않는다.

145) 대법원 1997. 9. 9. 선고 97다10864 판결; 대법원 2006. 4. 13. 선고 2005다70090 판결.

으로 도급인에게 귀속되는 경우 수급인에게 목적물에 대한 저당권설정청구권을 부여함으로써 수급인이 사실상 목적물로부터 공사대금을 우선적으로 변제받을 수 있도록 하는 데 취지가 있다. 이러한 수급인의 지위가 목적물에 유치권을 행사하는 지위보다 더 강화되는 것은 아니어서 도급인의 일반채권자들에게 부당하게 불리해지는 것도 아니다.[146]

같은 취지에서 공사대금을 지급받지 못한 아파트공사 수급인이 신축아파트에 대한 유치권을 포기하는 대신 수분양자들로부터 미납입분양대금을 직접 지급받기로 하고, 그 담보를 위해 도급인과의 사이에 그 아파트를 대상으로 수익자를 수급인으로 하는 신탁계약을 체결하고 수급인이 지정하는 자 앞으로 소유권이전등기를 경료하게 한 행위[147]나 약정공사비 지급을 위하여 건축주 명의를 유치권을 가지는 수급인으로 변경한 행위[148]가 사해행위에 해당하지 않는다고 한 사례가 있다.

(3) 영업계속 · 사업재건

채무자의 영업용 도구 등에 대하여는 강제집행이나 체납처분이 금지되고(민집법 제195조 제4호 · 제5호 · 제6호, 국세징수법 제41조), 도산법에서도 일부 준용된다(채무자회생법 제383조 제1항).

이러한 법의 취지에 비추어, 사업을 계속하기 위하여 부동산을 적정한 가격으로 양도한 경우에 사해행위를 부정한 일본 판례가 있다.[149]

(4) 생계비 · 자녀양육비

채무자나 그 가족의 생계를 유지하기 위한 비용은 강제집행이나 체납처분

146) 민법 제666조에서 정한 수급인의 저당권설정청구권은 공사대금채권을 담보하기 위하여 인정되는 채권적 청구권으로서 공사대금채권에 부수하여 인정되는 권리이다. 공사대금채권이 양도되는 경우 저당권설정청구권도 이에 수반하여 함께 이전되므로, 신축건물 수급인으로부터 공사대금채권을 양수받은 자의 저당권설정청구에 따라 신축건물 도급인이 그 건물에 저당권을 설정하는 행위는 사해행위에 해당하지 않는다. 대법원 2018. 11. 29. 선고 2015다19827 판결

147) 대법원 2001. 7. 27. 선고 2001다13709 판결.

148) 대법원 2001. 5. 8. 선고 2000다66089 판결.

149) 大判 소화 9. 12. 24. 裁判例(8) 民 320; 最判 소화 44. 12. 19. 判時 585-38.

을 할 때 우선적인 취급을 받고(민집법 제195조 제1호·제2호·제3호, 국세징수법 제41조 제1호·제2호), 도산법에서도 같이 취급된다(채무자회생법 제383조 제1항). 따라서 이를 마련하기 위한 재산의 양도는 특별히 채권자를 해하려는 목적으로 하지 않았다면 사해행위가 되지 않는다.

□ 最判 소화 42. 11. 9. 判時 505-34

생계비와 자녀교육비를 차용하기 위하여 S 소유 동산 소유권을 담보로 양도한 사안에서, 그에 따라 공동담보가 감소하더라도, 그 매매가격이 부당하게 낮다거나 제공한 담보물의 가격이 빌린 돈을 초과하거나, 빌린 돈을 생활을 영위하기 위한 목적 외의 불필요한 곳에 사용하였다는 등의 특별한 사정이 없다면 사해행위가 성립하지 않는다. 같은 취지의 하급심 판례도 있다.[150)]

라. 정당목적의 입증책임

부동산을 소비하기 쉬운 금전으로 바꾸는 행위는 사해의사가 있다고 추정되므로, 정당한 목적을 위한 자금마련이라는 점에 관한 입증책임은 취소청구를 저지하려는 쪽에 있다.[151)]

마. 판례이론의 정리

(1) 매수인이 채권자인 경우

매수인 Y가 매도인 S의 채권자이고, S가 Y에 대한 기존채무의 변제를 위하여 매도하는 경우, 기존채무와 대금채무는 상계하여 결제되므로, 이는 실질적으로 대물변제이기 때문에 사해성이 인정된다.

(2) 매수인이 채권자가 아닌 경우

(가) 대금을 채권자에게 변제하는 경우

① 일반채권자에게 변제하는 경우에는 사해성이 인정될 수 있다. 즉 일

150) 東京控判 대정 5. 2. 19. 評論 6 民 104(자녀교육비와 장례비 마련을 위한 부동산 매각); 東京控判 소화 14. 1. 30. 法律新聞 4379-5 및 東京地判 소화 29. 4. 9. 下民集 5-4-459(생활비 마련을 위한 부동산 매각).

151) 대법원 2001. 4. 24. 선고 2000다41875 판결; 대법원 1994. 6. 14. 선고 94다2961 판결.

반적인 변제는 사해의사(통모)가 있는 경우에만 사해행위가 성립한다는 이론에 따라, 부동산 매도가 변제를 위한 것이라면 원칙적으로 사해행위가 되지 않으므로, 사해의사(통모) 유무에 따라 채권자취소권 성립 여부가 결정된다.

② 우선채권자에 대한 변제는 사해성이 조각된다.

(나) 대금을 채권자 자신이 소비하는 경우

① 생활비, 사업재건 등을 위하여 소비하는 때는 사해성이 조각된다.

② 낭비, 은닉할 때는 사해성이 인정된다.

바. 학 설

(1) 우리나라의 학설

통설은 채무자와 수익자 사이의 통모로 한 경우를 제외하고는 적정가격으로 한 부동산매도는 재산의 소유형태가 부동산에서 금전으로 바뀔 뿐 전체 재산의 가액에는 변동이 없으므로 사해행위로 되지 않는다고 한다(소극설).[152] 이와 달리 소수설은 부동산을 은닉 또는 소비하기 쉬운 금전으로 바꾸는 것은 실질적으로 재산 감소행위와 다를 바 없으므로 사해행위가 된다고 한다(적극설).[153] 또한 부동산 등의 매각을 무조건 사해행위로 본다면 채무자가 부동산을 환가하여 유리하게 운용함으로써 경제적 회생을 꾀하는 것을 방해하므로, 부동산 등의 매각목적을 살펴 경제적 회생을 꾀하는 것이라면 사해행위를 부정하고, 그렇지 않는 경우는 사해행위를 인정하자는 견해도 있다.[154]

(2) 소극설의 논거

소극설은 위에서 본 판례를 반박하며 다음과 같은 논거를 제시한다.

(가) 금전이 소비나 은닉하기 쉽다고 하더라도, 채무자 S가 잃은 재산의 가격과 동일한 가치의 금전이 자산으로 들어오기 때문에, 전체로서 일반담보에 증감이 없으므로, 채권자 X를 해치지 않는다.

---

152) 곽윤직, 채권총론(신정수정판), 1999. 193면. 그 밖에도 매각 목적에 따라 사해행위의 성부를 결정하는 것은 거래 안전을 해칠 염려가 있으며, 채무자가 부동산을 환가하여 유용하게 이용함으로써 경제적 갱생을 꾀할 수 있다는 점 등을 들고 있다.

153) 민법주해 IX, 828면 참조.

154) 이은영, 채권총론, 468면.

(나) 재산을 매각할 당시 S의 목적이나 의사에 따라 사해행위 여부를 판단하는 것은, 매수인 Y로서는 전혀 알지 못하는 내용인 만큼 거래안전을 해친다.

(다) 매매대금을 정당한 용도에 충당하면 매매행위가 사해행위가 되지 않는다는 것은, S와 Y 또는 그 후 목적물에 관계된 사람의 법적 지위를 오랫동안 불안정하게 한다. 재산 매각행위와 그 후의 행위를 엄격히 구별하여, 환가대금을 무익하게 소비한 경우에는 그 사실만을 포착하여 사해행위로 될지 여부를 판단해야 한다.

(라) S가 재산을 매각하여 재건 자금을 마련하는 데 방해가 된다.

(3) 소극설의 검토

(가) 소극설은 부동산 매각으로 소유권을 잃은 부동산과 같은 액수의 금전이 자산으로 들어오므로, "자산의 증감이 없다"든가 "금전으로 남아 있으면 강제집행의 대상이 되므로 부동산과 차이가 없다"고 한다.

그러나 부동산과 금전의 비교는 단순히 채무자의 대차대조표상의 문제가 아니고, 담보력으로서의 가치, 즉 일반채권자의 시점에서 비교해야 한다. 부동산은 등기와 점유의 관점에서 볼 때에도 채권자로서는 쉽게 알 수 있어서, 이에 대하여 압류나 가압류를 하는 것이 쉽지만(이른바 책임재산의 확고성), 금전은 채권자로서는 존부 자체를 파악하기 어렵다. 은닉되거나 소비되기 쉬운 것은 물론이다.

이론상으로 볼 때 모두 강제집행의 대상으로 되는 것은 사실이나, 집행절차의 면에서 볼 때, 부동산은 채권자가 이를 특정하여 집행신청을 할 수 있으나(민집법 제80조), 금전(동산)은 채권자가 지정하는 것이 아니라 집행관이 채무자의 주거를 비롯한 집행장소에 가서 집행대상물을 선택한다(민집법 제189조). 따라서 채권자가 부동산에 갈음한 채무자의 재산으로서 금전 집행신청을 할 수는 없다.

독일에서도 재산을 현금으로 바꾸는 것은 채무자가 낭비하기 쉽고, 채권자로서는 이를 파악하기 어렵다는 이유로 취소 대상이 되는 것으로 해석한다.

(나) 소극설은 판례가 변제 목적으로 부동산을 매각하는 것은 사해행위가

되지 않는다고 하는 것이 거래 안전을 위협한다고 한다.

그러나 변제를 위한 부동산매각도, 채권자에게 매각하여 그 대금채권과 기존채무를 상계하는 것으로 결제하는 경우에는 매수인에게는 채무자의 목적이나 의사를 명확히 알 수 있다. 또한 판례 이론은 부동산을 낭비·은닉하기 쉬운 금전으로 바꾸는 것 자체에, 객관적인 사해성을 인정할 수 있을 뿐 아니라, 주관적인 사해의사가 추정되지만, 변제 등의 목적이 있는 때에는 그 추정이 번복된다고 한다.

그렇다면 변제 목적이나 의사에 따라 사해행위의 성립 여부를 결정하는 것도, 채무자의 다른 법률행위에 관하여 사해행위 여부를 검토하는 경우와 다를 바 없다.

(다) 소극설은 판례가 매매대금을 변제를 포함한 정당한 용도에 사용하기 위한 것인가 여부로 사해행위의 성립 여부를 결정하는 것이, 거래관계자의 지위를 불안하게 하고, 정당한 용도에 충당한 것인지 여부를 판단 자료로 삼는 것은, 행위시를 기준으로 하여 사해행위 여부를 판단하는 판례의 태도와 정면으로 충돌한다고 비판한다.

그러나 이는 채권자취소소송의 판결을 할 때, 행위시에 사해의사가 있었는지 여부를 행위 후의 사실까지 참작하여 판단한다는 것이고, 부동산의 매각으로 채권자취소권이 생겼다가 그 후에 그 대가가 정당한 목적에 사용된 사실이 증명되면 그것이 소멸한다는 취지는 아니다.

(라) 또한 변제를 비롯한 정당한 목적에 사용하였다는 것은, 일반적으로 사해의사가 없다고 보고 있으나, 이는 채권자취소권을 행사할 때 사해상태가 소멸하여 객관적 요건인 사해성이 없어졌다고도 할 수 있다.[155]

매각대금으로 다른 부동산을 샀거나,[156] 예금으로 예치됨으로써, 채권자의 일반담보로 파악할 수 있는 경우에는, 객관적 요건이 없다. 우선권 있는 채권의 변제에 사용한 경우에도 그 범위에서는 일반채권자가 채권만족을 얻을 수 없는 부분이므로 위와 같이 해석될 수 있다.

(마) 소극설은 부동산 매매를 사해행위라고 한다면, 채무자가 회생자금을

155) 大判 명치 37. 10. 21. 民錄 10-1347.

156) 東京地判 평성 3. 4. 16. 判時 1404-88.

마련할 수 없다고 한다. 그러나 판례는 재건이나 회생자금을 구하기 위한 매각에 대하여 사해행위 성립을 부정한다.[157]

(4) 결 론

이론적으로 볼 때도 판례의 입장인 적극설이 타당하다. 다만 구체적으로 부동산 매각이 사해행위에 해당하는지 여부를 판단할 때, 그 부동산이 유일한 재산인지 여부, 통모 여부, 채무자가 매도대금을 은닉, 낭비하였는지 여부와 그 사실을 수익자가 알았는지 여부를 검토해야 한다는 견해가 있다.[158]

사. 부인권과 관련하여

채무자가 실질적 위기시기에 부동산을 매각하는 것은 일반적으로 채무자의 일반재산을 감소시킬 위험성이 있으므로 원칙적으로 부인의 대상이 된다. 다만 고의부인에서는 제3자가 채무자의 사해의사를 알지 못하였음을 입증하여 부인을 면할 수 있다(채무자회생법 제391조 제1호 단서). 일본에서도 부동산 매각은 채권자의 공동담보를 해치는 경우에 해당한다고 하면서도, 한편으로는 매매대금이 채권자에게 보관되어 있거나 다른 재산으로 변형되어 현존하는 경우, 또는 그 매각행위가 전체 채권자의 지시 아래 특히 공정한 방법으로 한 경우에는 부인의 대상이 되지 않는다는 대심원 이래의 판례를 따라 실무가 이루어지고 있다.[159]

다만 실질적 위기시기에 한 적정가격에 따른 부동산매각을 모두 부인 대상으로 한다면, 채무자의 자체적인 구조조정행위와 기업회생활동을 봉쇄하여 채무자가 경제적 위기를 극복할 수 있는 길을 막아버릴 우려가 있으므로, 매각 목적이나 대금 사용처를 비롯한 모든 사정을 종합적으로 살펴 정당성이 있다고 인정되는 경우에는 부인권을 행사할 수 없다.

참고로 2005. 1. 1.부터 시행된 일본 파산법 제161조[160]에서는 정당한 가격으로 재산을 처분한 경우에는 원칙으로 부인의 대상이 되지 않는다. 다만 파

157) 대법원 2001. 5. 8. 선고 2000다66089 판결.

158) 한호형, '채권자취소제도 운용에 관한 시론', 102면.

159) 이진만, '통합도산법상의 부인권', 924면.

160) 회사갱생법 제86조의2, 민사재생법 제127조의2도 같다.

산자가 은닉, 무상증여 기타 파산채권자를 해칠 의사를 가지고 재산을 처분하고, 상대방이 그러한 사실을 알고 있었을 경우에만 부인의 대상이 된다. 그리고 상대방의 악의에 대한 입증책임은 관재인이 부담한다.

위와 같은 규정은 이른바 구제금융을 위한 담보제공에 관한 일본 파산법 제162조가 부인권을 원칙적으로 인정하지 않는 것과 궤를 같이 한다. 거래안전을 도모하여 기업의 구조조정행위가 위축되는 것을 방지하고자 하는 입법자의 의도가 기존 판례 이론과는 다른 기준을 제시한 것이다.

부인권에 관한 위와 같은 새로운 입법이 채권자취소권의 입법에 영향을 미쳐, 현행 일본 민법 제424조의2는 적정가격으로 재산을 매각한 경우 원칙적으로 채권자취소권을 인정하지 않는다.

4. 담보목적물의 매매

채무자 S가 채권자 G를 위하여 저당권을 비롯한 담보를 설정한 부동산을 Y에게 매각하여도, G는 그 부동산에 대하여 Y에게도 저당권을 실행할 수 있으므로, 이 경우에 G에 대한 사해행위는 성립되지 않는다.[161)]

그러므로 여기서 검토할 것은, G를 위하여 저당권이 설정된 부동산을 S가 Y에게 매각한 경우에, S의 일반채권자 X가 그 매각행위를 사해행위로서 취소할 수 있는가 여부이다.

G의 S에 대한 피담보채권이 부동산가격보다 높거나(또는 같거나) 낮은 경우가 있고, 담보권이 설정된 목적물을 담보권자 G에게 매각한 경우와 G 이외의 사람에게 매각한 경우로 나누어 볼 수 있다.

가. 피담보채권이 부동산가액보다 높은 경우

피담보채권액이 담보목적물의 가격보다 높거나 같은 경우에는, 그 목적물은 전체가 담보채권자 G의 특별담보로서 다른 일반채권자 X의 담보(일반담보)가 아니므로, 그 매각은 X에 대한 사해행위가 되지 않는다.[162)] 이는 대법

161) 대법원 2005. 10. 13. 선고 2005다30641 판결.

162) 독일법 해석에 따른 표현을 빌리면, 담보권자에 대한 매각은 인적 채권자(der

원의 확립된 견해이다.[163]

나. 피담보채권이 부동산가액보다 낮은 경우

(1) 담보목적물의 가격에 비하여 피담보채권액이 낮을 경우에는 그 차액은 일반채권자의 담보(일반담보)가 된다.

따라서 담보목적물이 매각된 후 변제로 저당권설정등기가 말소된 경우, 그 부동산 가액에서 저당권의 피담보채권액을 공제한 잔액의 한도에서 위 매각행위는 사해행위가 된다.[164]

(2) 그런데, 체납자 소유 부동산에 국세채권에 우선하는 근저당권으로 담보되는 채무액이 부동산의 시가를 상회하고 있는 경우라도, 그 피담보채무의 채무자가 체납자가 아닌 제3자인 경우에는 일차적인 변제의무가 있는 제3자의 변제 여부에 따라 장차 그 채무액이 감소할 수 있으므로, 사해행위가 될 수 있다는 대법원 판례[165]가 있다.

그러나 피보전채권이 일반채권인 경우에 부동산에 설정된 제3자 명의 담보권의 피담보채권액이 목적물 가격보다 높다면, 그 목적물의 처분이 사해행위가 되지 않는다는 것은 대법원의 확립된 견해[166]임에 비추어, 피보전채권이 조세채권이라는 이유만으로 결론을 달리한 것은 문제가 있다.[167]

---

persönlichen Gläubiger)에 대한 사해행위가 되지 않는다고 한다.

163) 대법원 1997. 9. 9. 선고 97다10864 판결; 대법원 2006. 4. 13. 선고 2005다70090 판결.

164) 대법원 1998. 2. 13. 선고 97다6711 판결. 이때는 가액반환을 명한다.

165) 대법원 1996. 10. 11. 선고 95다3442 판결.

166) 대법원 1996. 10. 29. 선고 96다23207 판결; 대법원 1997. 9. 9. 선고 97다10864 판결; 대법원 2006. 4. 13. 선고 2005다70090 판결 외 다수.

167) [9] 5. 라. (3) 참조. 또한 [9] 5. 다. (2)에서 인용된 대법원 2007. 7. 12. 선고 2007다24954 판결과도 서로 모순된다. 위 판결의 사안은 채무자가 양도한 목적물에 담보권이 설정되어 있고 그 피담보채권액이 목적물 가격을 초과하는 상황에서 목적물가격에 미달하는 변제액에 기초한 근저당권자의 조건부 담보해지의사에 따라 목적물을 양도한 경우인데, 양도 당시 채권자가 '현실적으로 손해'를 입었다고 볼 수 없어서 사해행위가 성립하지 않는다고 한다.

5. 매매예약

금전채무의 담보를 목적으로 하는 매매예약은 대물변제예약과 함께 가등기담보법에 따른 가등기담보로서 이루어지고, 대부분 판례도 대물변제예약의 사안이므로 그 부분 설명을 참조하기 바란다.[168]

[17] Ⅶ. 신분법 관련 행위

1. 서 론

채권자취소권은 채무자의 책임재산 확보를 위한 것이므로, 채무자의 행위는 재산권을 목적으로 하는 행위여야 한다(민법 제406조 제1항). 따라서 혼인, 이혼, 파양 등의 순수한 신분행위는 그에 따라 채무자의 재산상태에 영향이 생기는 경우에도 취소의 대상이 되지 않는다.

그러나 신분행위에는 혼인, 입양, 이혼과 같이 신분변동에 재산적인 출연이 수반되는 경우가 있고, 상속 포기・승인, 상속재산분할, 유류분 포기와 같이 그 자체가 재산적 성격을 가진 신분행위가 있으므로, 이에 대한 사해행위의 성립 여부가 문제된다.

2. 상속의 승인과 포기

가. 통설・판례

상속의 승인이나 포기는 취소의 대상이 되지 않는다.[169] 국내 학설도 이에 반대하는 견해가 없다.[170] 아래 판결은 상속포기가 취소의 대상이 되지 않은 이론적 근거를 상세히 설명하고 있다.

□ 대법원 2011. 6. 9. 선고 2011다29307 판결

168) [13] 5. 참조.

169) 대법원 2011. 6. 9. 선고 2011다29307 판결.

170) 윤진수, '상속법상의 법률행위와 채권자취소권', 2~3면.

상속포기는 비록 포기자의 재산에 영향을 미치는 바가 없지 아니하나[171] 상속인으로서의 지위 자체를 소멸하게 하는 행위로서 피상속인 또는 후순위상속인을 포함하여 다른 상속인 등과의 인격적 관계를 전체적으로 판단하여 하는 '인적 결단'으로서의 성질을 가진다. 그리고 상속은 피상속인이 사망 당시에 가지던 모든 재산적 권리의무를 포괄적으로 승계하는 것으로서 다수의 관련자가 이해관계를 가진다. 이러한 상속포기의 의사표시에 당해 채권자와 수익자 또는 전득자 사이에서만 상대적으로 무효로 하는 채권자취소권이 인정된다면, 상속을 둘러싼 법률관계는 그 법적 처리의 출발점이 되는 상속인 확정의 단계에서부터 복잡하게 얽히게 된다. 또한 상속인의 채권자 입장에서는 상속포기가 그의 기대를 저버리는 측면이 있다고 하더라도, 채무자인 상속인의 재산을 현재의 상태보다 악화시키지 않는다. 그러므로 상속포기는 사해행위취소의 대상이 되지 못한다.

나. 프랑스

프랑스 민법 제788조에 따르면 상속포기는 채권자취소권의 대상이 된다. 다만 상속포기의 취소는 상속인의 채권자만이 할 수 있고, 상속재산에 대한 채권자(피상속인의 채권자)는 상속포기를 취소할 수 없으며, 상속인의 채권자 가운데도 상속포기 이전에 채권을 취득한 사람에 한정되고, 상속 포기 후에 채권을 취득한 사람은 채권자취소권을 행사할 수 없다.[172]

다. 독 일

학설은 일치하여 상속포기는 채권자취소권의 취소대상이 되지 않는다고 한다.[173] 상속포기는 고도로 인격적(höchstpersönlich)인 성질을 가지고 있고, 민법이 상속포기 여부를 오로지 상속인만이 결정할 수 있도록 하였다는 것이 그 이유이다.

---

171) 이러한 점을 감안하여 파산절차에서는 채무자가 파산선고 전에 상속인이 되었다 하더라도, 파산 선고 후에 한 상속포기는 파산재단에 대하여 한정승인의 효력을 가질 뿐이다(채무자회생법 제386조).

172) 飯原一乘, 詐害行爲取消訴訟, 233면.

173) 윤진수, '상속법상의 법률행위와 채권자취소권', 10면.

라. 일 본

(1) 학설·판례의 흐름

일본 민법 시행 초기에는 프랑스법의 영향으로 취소를 긍정하는 견해가 유력하였으나, 그 후 독일의 영향을 받아서 현재는 부정설이 지배적인 학설이 되었다. 판례도 부정설을 채택하고 있으나,[174] 근래에는 다시 긍정설, 특히 제한적 긍정설이 유력한 학설로 등장하였다. 일본 판례의 기본적인 입장은 아래와 같다.

□ **最判 소화 49. 9. 20. 民集 28-6-1202, 判時 756-70**

상속포기와 같은 신분행위는 민법 제406조의 사해행위취소권 행사의 대상이 되지 않는다. 취소권행사의 대상은 적극적으로 채무자의 재산을 감소시키는 행위이어야 하고, 소극적으로 그 증가를 방해하는 데 지나지 않는 것을 포함하지 않는다. 상속포기는 이미 얻은 재산을 적극적으로 감소시키는 행위가 아니라 소극적으로 그 증가를 방해하는 행위에 지나지 않는다. 또한 상속포기와 같은 신분행위는 다른 사람이 강제할 수 없다. 상속포기를 사해행위로 취소할 수 있다면, 상속인에 대하여 상속의 승인을 강제하는 결과가 된다.

(2) 부정설의 근거

(가) 상속포기에 대하여 채권자취소권 행사를 인정하면 상속인이 가진 포기의 자유가 침해되고 상속인에 대하여 상속승인을 강제하는 것이 된다.

(나) 상속포기는 '재산권을 목적으로 하지 않는 법률행위'(민법 제406조 제1항)이어서 채권자취소권의 대상이 될 수 없다.

(다) 상속포기는 신분행위이다.

(라) 상속포기를 할 것인가 아닌가를 판단할 때 상속인은 채권자와 관계없는 요소도 고려한다.

(마) 상속포기에는 소급효가 있어서 포기자는 처음부터 상속인이 아닌 것으로 되므로(민법 제1042조) 상속포기는 재산을 감소하는 행위가 아니다.

(바) 채권자는 채무자의 고유재산만을 기대하였으므로, 채무자인 상속인의

---

174) 大判 소화 10. 7. 13. 法律新聞 3876-6; 東京高判 소화 30. 5. 31. 下民集 6-5-1051; 最判 소화 49. 9. 20. 民集 28-6-1202, 判時 756-70.

상속승인에 관한 채권자의 기대는 보호할 가치가 없다.

(사) 상속인과 채권자 사이의 이익 조정은 재산분리제도(민법 제1045조 이하)를 이용해야 하고, 사해행위취소권이 개입할 여지는 없다.[175]

(3) 긍정설의 논거

(가) 민법에서는 프랑스 민법과 같이 상속포기에 관하여 채권자취소권의 행사를 인정하는 개별규정이 없으나, 프랑스 민법에서도 그 규정은 연혁상의 이유 때문에 주의적으로 둔 것에 지나지 않는다.

(나) 취소를 인정하면 상속인의 포기의 자유가 침해된다고 하지만, 이를 인정하지 않으면 채권자를 해치는 자유를 상속인에게 인정하게 된다.

(다) 부정설에서는 상속포기는 '재산권을 목적으로 하는 법률행위' 또는 직접 재산권을 목적으로 하는 행위가 아니라거나, 신분행위이므로 취소를 인정하지 않아야 한다고 주장하나, 상속포기는 재산권을 목적으로 하는 행위로서 신분행위가 아니고, 직접 또는 간접의 기준은 애매한 개념이다.

(라) 상속포기를 할 것인가 여부를 결정할 때 상속인이 채권자와는 관계없는 요소도 고려한다는 점은 상속의 승인이나 포기에만 특유한 요소는 아니다.

(마) 상속포기에 소급효가 있으므로 포기자는 처음부터 상속인이 아닌 것으로 되고 따라서 상속포기는 재산을 감소시키는 행위가 아니라고 하는, 포기의 소급효(민법 제1042조)는 법적 의제에 지나지 않는다. 이를 상속인은 상속개시시부터 상속인의 재산에 관한 포괄적 권리의무를 승계한다는 민법 제1005조보다 중시하는 것은 적절하지 않다.

(바) 채권자는 채무자의 고유재산만을 기대한 것이고, 채무자의 상속승인에 관한 채권자의 기대는 보호할 가치가 없다고 하나, 채권자가 상속개시 후에 채권을 취득한 경우에는 채무자가 상속을 승인할 것을 채권자가 기대하는 것은 지극히 정상적이고, 채권자의 기대와 채무자의 사해의사를 비교 교량한다면 상속포기의 취소를 인정하는 쪽이 타당하다.

(사) 채권자가 상속개시 전에 채권을 취득한 경우라도, 상속개시 후에는

175) 윤진수, '상속법상의 법률행위와 채권자취소권', 16면.

채무자가 상속을 승인할 것을 채권자가 기대하는 것은 당연하고, 상속개시 전부터 채권자가 상속재산을 기대한 경우에도 이와 달리 볼 이유는 없다.

(아) 재산분리제도(민법 제1045조)는 상속재산에 소극재산이 많은 경우에 상속인의 채권자를 보호하기 위한 제도이고, 이 제도만으로는 상속재산에 적극재산이 많음에도 불구하고 채무자(상속인)가 상속포기를 한 경우에 상속인의 채권자를 보호하기에는 불충분하다.[176)]

(4) 최근의 유력한 학설은 '제한적 긍정설'이라 할 수 있다.[177)]

(가) 제한적 긍정설을 주장하는 飯原一乘 변호사는, 피상속인 A의 채권자(상속채권자) B가 취소를 구하는 유형(이를 '제1유형'이라 함)과 상속인 C의 채권자 D가 취소를 구하는 유형(이를 '제2유형'이라 함)으로 나누어 고찰한다.

(나) 제1유형은 취소를 인정하지 않는다.

왜냐하면 B는, C가 상속을 승인할 때 비로소 A의 채무를 승계하여 B의 채무자가 되고, 승계하지 않고 포기한 경우에는 처음부터 상속을 하지 않기 때문에(민법 제1042조), C는 B의 채무자라고 할 수 없고, B가 C에게 기대하는 것은, A가 부담하는 B에 대한 채무나 채무초과의 유산을 승계하는 것이므로, C의 포기를 취소하여 그 승인을 강제하는 것은 상속포기제도를 부정하는 것과 같기 때문이다. B는 A의 재산을 일반담보로 생각하여 신용을 부여하였으므로, C의 고유재산으로부터 채권회수를 인정할 필요가 없다. C는 B로부터 A에 대한 채권의 추급을 면하기 위하여 상속을 포기하는 것이고, 이는 상속포기제도가 예정하고 있는 것이므로 사해성을 인정할 수 없다.

(다) 상속인의 채권자에 의한 포기의 취소(제2유형)

---

176) 윤진수, '상속법상의 법률행위와 채권자취소권', 17~18면, 吉田邦彦, '相續放棄と詐害行爲取消權', 별책 ジュリット No. 99 家族法判例百選(제4판), 1988., 205면.

177) 飯原一乘, 詐害行爲取消訴訟, 232~239면. 1926년생인 飯原一乘 변호사는 50년 넘게 채권자취소권을 연구한 경력이 있고, 2006년 발간된 위 책에서 자신의 종래 학설인 부정설에서 제한적 긍정설로 변경하였다. 위 책 243면 주 21 참조.
윤진수 교수도 같은 견해이다. 윤진수, '상속법상의 법률행위와 채권자취소권', 24면 이하. 한편 윤진수 교수는 위 글의 '추기'란에서 상속재산의 채무가 적극재산을 초과하는 경우에 상속인이 이를 알면서도 상속을 승인하는 것도 이론상 취소 대상이 될 수 있다고 한다.

상속인 C의 채권자 D가 C의 상속포기를 취소하려는 것은, C에게는 일반담보로 될 수 있는 충분한 재산이 없고 상속재산으로 채권을 만족할 수 있는 경우이다. 원래 D는 C의 고유재산을 일반담보로 생각하여 신용을 제공한 것이고, C의 상속포기는 일반담보의 감소행위가 아니라 증가를 방해하는 것에 불과하기 때문에, 원칙적으로 사해행위가 될 수 없다.

그러나 상속개시 후 C가 상속재산이 있다는 점을 D에게 알림으로써, D가 C에게 신용을 제공한 경우의 상속포기에 대하여는, D가 취소를 할 수 있다고 해야 한다. 이 경우 상속재산의 존재를 알리는 것은 D에 대한 관계에서는 사실상 상속승인에 해당하고, 포기는 지분의 처분으로 볼 수 있기 때문이다. 이와 같은 경우에는 사해성이 있고 사해의사도 인정된다.

3. 유증과 유류분청구권의 포기

가. 유류분반환청구권의 포기

독일에서는 유류분청구권은 상속 개시와 동시에 발생하는 것으로서, 단순히 취득할 수 있는 권리의 포기가 아닌 이미 취득한 권리의 포기로 보므로, 일정한 조건 아래 사해행위로 취소할 수 있다고 해석한다.

그러나 우리나라에서는 상속의 포기·승인과 같은 취지에서 유류분반환청구권의 포기도 사해행위취소권의 대상이 될 수 없다고 보는 견해가 일반적이다.[178] 판례는 유류분반환청구권은 행사상 일신전속권이므로, 유류분권자의 확정적인 의사가 있을 때만 채권자대위권을 행사할 수 있다고 한다.[179] 판례의 취지에 비추어 본다면, 유류분권을 행사한다는 채무자의 확정적인 의사가 없다면, 채무자가 유류분반환청구권을 포기한 사실을 가지고 채권자취소권을

178) 변동열, '유류분제도', 886면. 박동섭, 유류분청구의 이론과 실무, 27면. 김능환, '유류분반환청구(상속법의 제문제)', 68면.

179) 대법원 2010. 5. 27. 선고 2009다93992 판결(유류분반환청구권은 행사 여부가 유류분 권리자의 인격적 이익을 위하여 그의 자유로운 의사결정에 전적으로 맡겨진 권리로서 행사상 일신전속성을 가지므로, 유류분권리자에게 권리행사의 확정적 의사가 있다고 인정되는 경우가 아니라면 채권자대위권의 목적이 될 수 없다.); 같은 취지로 最判 평성 13. 11. 22. 金法 1642-56.

행사할 수는 없다.

나. 유 증

(1) 유증은 수증자의 의사와 관계없이 유증자의 의사로 효력이 발생하고, 일반적으로 수증자는 이를 예측할 수 없으므로, 유증의 포기도 수증자의 의사를 존중하여 증여의 거부와 같이 해석할 수 있다. 판례도 같다.[180)]

그러나 상속포기는 상속개시를 알고부터 3개월 이내에 가정법원에 신고하지만(민법 제1019조), 특정유증의 포기는 유언자의 사망 후에 언제든지 할 수 있으므로(민법 제1074조 제1항), 유증의 효력이 발생한 후 장기간 경과한 후에 유증의 포기가 있는 경우에는, 수증자의 채권자가 예상치 못한 손해를 입을 수 있다. 물론 채권자로서는 수증자에 대하여 유증의 승인 여부를 최고하여(민법 제1077조), 조속히 법률관계를 정착할 수 있으나, 많은 경우에 장기간의 경과에 따라 묵시적인 승인이 있다고 해석될 수 있을 것이다. 그리고 유증의 승인은 취소할 수 없고(민법 제1075조), 그 승인은 묵시적 승인도 포함되므로, 묵시적 승인이 인정될 수 있는 상태에서 채무자가 한 유증목적물의 처분은 사해행위가 성립된다.[181)]

(2) 또한 수증자가 유언자의 사망 후에 채권자에게 유증 사실을 고지하여 신용을 얻은 후에 목적물을 처분한 경우는, 채권자와 관계에서는 유증의 승인을 한 것으로 볼 수 있다(또는 처분함으로써 승인한 것으로 의제될 수 있다 : 민법 제1026조 제1항 참조). 그렇게 되면 그 목적물은 수증자의 일반담보가 되고, 그 처분은 채권자에 대한 사해가 될 것이다. 그러한 정황이라면 물론 사해의사도 인정된다.

---

180) 대법원 2019. 1. 17. 선고 2018다260855 판결(유증을 받을 자는 유언자의 사망 후에 언제든지 유증을 승인 또는 포기할 수 있고, 그 효력은 유언자가 사망한 때에 소급하여 발생하므로(민법 제1074조), 채무초과 상태에 있는 채무자라도 자유롭게 유증을 받을 것을 포기할 수 있다. 또한 채무자의 유증 포기가 직접적으로 채무자의 일반재산을 감소시켜 채무자의 재산을 유증 이전의 상태보다 악화시킨다고 볼 수도 없다. 따라서 유증을 받을 자가 이를 포기하는 것은 사해행위 취소의 대상이 되지 않는다).

181) 飯原一乘, 詐害行爲取消訴訟, 239~240면.

4. 상속재산 분할협의

가. 판례－적극설

상속재산 분할[182]은 이미 채무자 S의 소유로 된 재산에 대한 처분행위이므로 채권자취소권의 대상이 된다. 대법원 판례는 모두 상속인의 채권자가 취소를 청구하는 경우이고, 피상속인의 채권자, 즉 상속채권자가 취소를 구하는 사례는 없다. 일본 최고재 판례도 같은 입장이다.[183] 대법원의 기본적 입장을 아래에서 본다.

□ 대법원 2001. 2. 9. 선고 2000다51797 판결

상속재산 분할협의는 상속이 개시되어 공동상속인 사이에 잠정적 공유가 된 상속재산에 대하여 그 전부 또는 일부를 각 상속인의 단독소유로 하거나 새로운 공유관계로 함으로써 상속재산 귀속을 확정시키는 것으로, 그 성질상 재산권을 목적으로 하는 법률행위이므로 사해행위취소권의 대상이 될 수 있다.[184]

나. 소극설

이에 대하여는 상속재산분할에 따라 상속인 S가 취득하는 피상속인 A의 재산은, 다른 공동상속인들을 거치지 않고 A로부터 직접 취득하는 것이며(민법 제1015조), 따라서 상속재산분할 과정에서 자신의 상속분을 포기하거나 다른 공동상속인 중 Y에게 양도한 경우에도 S의 재산이 이전된 것으로 볼 수는 없으므로, S의 재산임을 전제로 하여 그 재산을 Y에게 양도하는 법률행

---

182) 상속재산분할은 협의가 되지 않으면 가정법원에 청구할 수 있다(민법 제1013조 제2항·제269조, 가소법 제2조 제1항 나. (2) 10호). 가정법원의 심판에는 당사자의 의사(특히 사해의사)가 작용할 여지가 없으므로 사해행위 취소의 대상으로 되는지 문제가 되는 것은 주로 상속인들이 협의분할을 한 경우이다.

183) 最判 평성 11. 6. 11. 民集 53-5-898, 判時 1682-54.

184) 같은 취지로, 대법원 2007. 7. 26. 선고 2007다29119 판결(상속재산 분할과정에서 채무초과 상태에 있는 채무자가 상속재산의 분할협의를 하면서 자신의 상속분에 관한 권리를 포기함으로써 일반채권자에 대한 공동담보가 감소된 사안임); 대법원 2008. 3. 13. 선고 2007다73765 판결(채무초과 상태에 있는 채무자가 상속재산 분할협의를 하면서 유일한 상속재산인 부동산에 관한 상속분을 포기하고 대신 현금을 지급받기로 한 경우, 사해행위에 해당한다고 한 사례).

위가 사해행위가 된다고 하는 것은, 상속재산 귀속에 관한 법리를 오해한 것이라는 이유로 비판하는 견해가 있다.[185] 이는 결국 상속재산 분할을 상속포기와 같이 취급하여 사해행위를 인정하지 않는 입장으로 볼 수 있다.

다. 적극설의 논거

상속포기와 상속재산 분할은 같이 취급할 수 없다.

(1) 상속포기는 법정상속분의 전부에 미치기 때문에 상속인 C의 일반담보로 될 수 있는 재산이 없지만, 상속재산 분할은 일부 상속을 하는 경우도 있어서 C의 일반담보로 되는 재산도 있다.

(2) 상속포기를 할 수 있는 숙려기간 중에는 상속재산에 대한 공유관계는 아직 추상적이지만, 상속재산 분할을 하는 단계에서는 이미 명시적이거나 법정의 단순승인(민법 제1026조 제2호)을 거친 상태여서 공유지분은 보다 구체적이다.

(3) 상속포기는 상속개시 후 3개월이란 단기간에만 가능하고, 또한 상속재산에 대한 처분행위가 있으면 포기는 허용되지 않기 때문에, 제3자의 출현을 고려할 여지가 비교적 적은 반면, 상속재산 분할은 그 기한이 없기 때문에, C의 채권자 D로서는 C의 공유지분을 일반담보로 이해하여 거래할 가능성이 크다.

(4) 둘 다 소급적 효력이 있으나, 상속포기는 절대적인 반면(민법 제1042조) 상속재산 분할은 제3자[186]의 권리를 해치지 못한다(민법 제1015조 단서). 상

185) 전경근, '상속재산의 분할과 채권자취소권', 534~535면. 그 밖의 이유로, 상속재산 분할과정에서 자신의 상속분을 포기하거나 다른 상속인에게 양도하는 것은, 상속인의 재산상 이익에 영향을 미치는 행위이기는 하나 채무자의 자유에 맡겨야 하는 행위이고, 상속인의 상속재산 포기나 양도에 따라 상속인의 재산상태가 채권자취소권의 요건인 적극재산이 감소하거나 소극재산이 증가한 경우라고 할 수 있을지도 의문이라고 한다(위 논문 제531면). 같은 취지로 울산지방법원 1998. 5. 20. 선고 97가합7901 판결(하급심판례집 1998-1, 47면).

186) 여기서 제3자는 선의·악의를 묻지 않는다. 상속인으로부터 개개의 상속재산 지분을 양수하거나 담보로 제공받은 사람, 상속지분을 압류한 채권자가 이에 해당된다. 제3자가 권리를 주장하기 위해서는 효력발생요건이나 대항요건을 갖추어야 한다.

속개시 후 분할 전에 상속재산에 대하여 제3자가 이해관계를 가지는 경우가 있고, 분할에 따라 제3자의 지위를 위태롭게 하는 것은 법률관계의 안정을 해치기 때문에 이를 보호하기 위하여 둔 규정이라 할 수 있다.

라. 상속채권자와 상속인의 채권자

(1) 상속재산 분할은 상속 승인 후의 문제이므로, 상속채권자 B는 상속재산이 채무초과인 경우에도 상속인 C의 채권자로서 지위를 가지고, 그 점에서 고유의 채권자 D와 동일한 입장에 있다. 그러므로 C가 B로부터의 추급을 면하기 위하여 상속재산을 전혀 가지지 않는 내용의 분할을 하면 B에 대하여 사해행위가 된다.187)

(2) D가 취소를 구하는 경우, D의 채권이 상속승인 이전에 발생한 것인가 그 후에 발생한 것인가에 따라 사해성은 다르게 평가되어야 하지만, C가 D에게 상속재산을 담보로 하여 신용을 얻은 경우는 물론이고,188) 상속개시 이후 17년 넘게 경과하여 D가 C의 상속재산을 그 일반담보가 될 것이라는 강한 기대를 가지게 된 경우에는,189) 사해성을 인정할 수 있다.

마. 상속재산 분할협의 취소의 효과(취소판결의 주문)

(1) 원상회복

상속재산 분할이 취소된 경우에, 분할협의를 다시 해야 한다는 견해도 있으나, 그렇게 되면 취소판결로써 채무자 C의 일반담보를 보전한다고 하는 목적을 달성할 수 없다. 취소를 인용하는 이상 주문에 원상회복을 명해야 한다.

(2) 취소의 범위

상속재산 분할이 사해행위가 된다 하더라도 그 범위는 재산분할 결과가 구체적 상속분190)에 상당하는 정도에 미달하는 부분에 국한하여 취소된다.191)

주석민법 상속(1), 한국사법행정학회 2005. 458~459면.

187) 奈良地判 소화 27. 11. 8. 下民集 3-11-1582.

188) 神戸地判 소화 53. 2. 10. 判時 900-95.

189) 最判 평성 11. 6. 11. 民集 53-5-898, 判時 1682-54.

190) 여기서 '구체적 상속분'이란 특별수익(민법 제1008조)이나 기여분(민법 제1008조의2

□ 대법원 2001. 2. 9. 선고 2000다51797 판결

채무초과 상태에 있는 채무자가 상속재산 분할협의를 하면서 상속재산에 관한 권리를 포기함으로써 결과적으로 일반채권자에 대한 공동담보가 감소되었다 하더라도, 그 재산분할 결과가 채무자의 구체적 상속분에 상당하는 정도에 미달하는 과소한 것이라고 인정되지 않는다면 사해행위로서 취소되지 않는다. 구체적 상속분에 상당하는 정도에 미달하는 과소한 경우에도 사해행위로서 취소되는 범위는 그 미달하는 부분에 한정되어야 하고, 법정상속분 전체의 취소를 명할 수 없다.

위 사건은 상속재산이 여러 개 있는 경우인데, 대법원은 그 재산 전부가 고려되어야 하고, 상속재산의 일부에 대한 상속을 포기하는 상속재산의 분할이 사해행위가 되더라도, 다른 상속재산이 남아 있는 경우에는 채무총액과 재산총액의 차이를 고려하여 구체적 상속분을 기준으로 사해 범위를 판단해야 한다고 한다.

(3) 원상회복의 방법

상속재산 전부를 분할받아 이전등기를 마친 상속인(수익자) E로부터 분할로 재산을 이전받지 못한 상속인(채무자) C에게 취소되는 부분인 상속지분의 '이전'을 명한 사례가 있다.[192]

5. 이혼을 원인으로 한 재산분할

가. 원 칙

이혼에 따른 재산분할은 혼인생활 중 형성한 재산의 청산이라는 성격을 가지므로, 너무 과대하여 재산분할을 빙자하여 한 재산처분이라고 인정되기

제1항)이 있는 경우에 지정상속분이나 법정상속분이 그에 따라 수정된 것을 가리킨다. 구체적 상속분이 법정상속분과 다르다는 사실은 주장하는 자가 입증해야 한다.

191) 대법원 2001. 2. 9. 선고 2000다51797 판결; 最判 평성 11. 6. 11. 判時 1682-54.

192) 위 神戶地判 소화 53. 2. 10.과 最判 평성 11. 6. 11. 이에 대하여 E 명의 이전등기의 말소를 명해야 한다는 견해가 있으나, 그렇게 되면 다시 C의 지분에 관한 상속등기를 해야 하고, 이는 채권자가 C를 대위하여 신청하는 등 복잡한 절차를 거쳐야 하므로, 간편한 방법인 판례의 태도가 무난할 것이다.

에 충분한 특별한 사정[193]이 없다면 취소의 대상이 되지 않는다.[194] 가사소송법 제2조 제1항 나. (2) 4호에 따라 가정법원의 심판으로 한 재산분할은 사해행위로 취소될 수는 없지만, 재산분할이 당사자의 합의에 따라 공정증서의 방식이나[195] 조정조서로 된 것이라도 취소 대상이 될 수 있다.

이혼 후에 협의·심판을 거치지 않은 상태에서 재산분할청구권을 포기한 경우에는 사해행위취소의 대상이 되지 않는다는 판례가 있다.[196] 협의·심판을 거치지 않은 상태에서는 아직 채무자의 책임재산을 구성하지 않기 때문이다. 한편 민법 제839조의3에 따라 협의·심판을 거치지 않은 재산분할청구권이 채권자취소권의 피보전채권이 될 수 있다는 점과 다르다는 점에 유의해야 한다.

재산분할을 원인으로 한 경우 그 등기원인이 증여로 되어 있더라도 실질적으로 재산분할인 경우에는 재산분할로 보아야 한다.[197]

나. 입증과 범위

재산분할이 너무 과대하거나 재산분할을 빙자한 재산처분이라는 점은 이를 주장하는 채권자가 증명해야 하고,[198] 취소의 범위도 과다한 부분에 국한

---

193) 最判 평성 12. 3. 9. 判時 1708-101은 민법 제839조의2 제2항(재산분할의 액수와 방법)의 취지에 반하여 지나치게 과대하고 사해의사가 존재하는 것으로 판단된다고 하여 취소를 인정하였다.

194) 대법원 1984. 7. 24. 선고 84다카68 판결 외 다수. 대법원 판례를 보면 재산분할이 타당성을 초과하여 사해행위가 된다고 본 사례는 그리 많지 않다. 양창수, '최근 중요 민사판례 동향', 389면 참조.

195) 最判 평성 12. 3. 9. 民集 54-31-1013.

196) 대법원 2013. 10. 11. 선고 2013다7936 판결(이혼에 따른 재산분할청구권은 이혼을 한 당사자 일방이 다른 일방에 대하여 재산분할을 청구할 수 있는 권리로서 이혼이 성립한 때에 그 법적 효과로서 비로소 발생한다. 협의 또는 심판에 따라 구체적 내용이 형성되기까지는 그 범위 및 내용이 불명확·불확정하기 때문에 구체적으로 권리가 발생하였다고 할 수 없으므로, 협의 또는 심판에 따라 구체화되지 않은 재산분할청구권은 채무자의 책임재산에 해당하지 않고, 이를 포기하는 행위 또한 채권자취소권의 대상이 될 수 없다).

197) 대법원 2000. 7. 28. 선고 2000다14101 판결 및 대법원 2005. 1. 28. 선고 2004다58963 판결의 사안.

198) 대법원 2006. 6. 29. 선고 2005다73105 판결.

된다.[199)]

다. 취소가 인정된 사례

채무자의 유일한 재산인 아파트를 아내에게 이전하여 준 것은 타당성을 넘는 것이라고 한 사례가 있다.[200)]

□ 대법원 2001. 2. 9. 선고 2000다63516 판결

이혼(재산증여 후에 협의이혼을 하였으나 재산증여 당시 이미 혼인이 파탄상태에 있었음)에 따른 재산분할은 사해행위가 되지 않는 것이 원칙이나, 채무자의 유일한 재산인 아파트를 위자료 명목으로 아내에게 이전하여 준 것은 타당성을 넘는다. 이 사건 아파트는 채무자의 아내에게 이전된 후 근저당권이 설정되었는데, 실제 대출 여부 및 대출금 용도까지 심리하여 재산분할액수를 정해야 한다.

라. 재산분할과 이혼시기

재산분할이 먼저 이루어지고 그 후에 이혼하는 경우에도 재산분할로서 효력이 있다.[201)]

6. 이혼 위자료, 양육비

가. 원 칙

199) 대법원 2000. 9. 29. 선고 2000다25569 판결.

200) 대법원 2001. 2. 9. 선고 2000다63516 판결.
그 외 재산분할이 타당성을 넘는다고 한 사례로는 대법원 2006. 6. 29. 선고 2005다73105 판결; 대법원 2006. 9. 14. 선고 2005다74900 판결 참조.

201) 대법원 2001. 5. 8. 선고 2000다58804 판결(재산분할에 관한 협의는 이미 이혼을 마친 당사자 또는 아직 이혼하지 않은 당사자 사이에 하는 협의를 가리키는 것으로, 아직 이혼하지 않은 당사자가 장차 협의 이혼할 것을 약정하면서 이를 전제로 하여 재산분할에 관한 협의를 하는 경우에는 협의 후 당사자가 약정한 대로 협의 이혼이 이루어진 경우에 그 협의의 효력이 발생한다 – 재산분할 후 20일 지나 이혼). 대법원 2001. 2. 23. 선고 2000다57757 판결은 재산분할 후 2개월, 대법원 2006. 9. 14. 선고 2006다33258 판결은 재산분할 후 5개월, 대법원 2013. 2. 28. 선고 2012다82084 판결은 증여의 형식으로 재산분할 후 6개월 지나 이혼한 경우에도 모두 재산분할로 인정하였다.

이혼에 따른 위자료는 정신적 손해에 대한 손해배상채권으로 일반채권자의 채권과 동일한 성격을 가지므로, 혼인생활 중 형성한 재산의 청산이라는 성격을 가지는 재산분할과는 달리 보아야 하므로, 위자료지급을 위하여 재산을 넘김으로써 무자력이 되었다면 사해행위가 될 수 있다.[202)]

나. 재산분할의 성격을 가지는 위자료

다만 형식상 위자료 명목으로 지급한 재산이라도 재산분할의 성격을 가지고 있다면 재산분할로 보고 사해행위 여부를 판단해야 한다.[203)]

대법원은, 재산분할을 할 때 재산의 청산뿐만 아니라 정신적 손해와 자녀 양육비를 포함하여 재산분할을 할 수 있고, 이 부분에 대하여도 모두 재산분할로서 일반채권에 우선한다고 한다.[204)]

다. 양육비

이혼을 원인으로 한 양육비도 위자료와 같이 보아야 할 것이나 타당성이 있는 경우에는 사해성이 부정될 수 있을 것이다.[205)]

[18] Ⅷ. 등기나 대항요건 구비행위[206)]

1. 서 론

202) 위 2000다14101 판결도 '위자료를 제외한 상당한 재산분할액수를 확정'해야 한다고 한다.

203) 대법원 2001. 5. 8. 선고 2000다58804 판결.

204) 대법원 2000. 7. 28. 선고 99다6180 판결; 대법원 2001. 5. 8. 선고 2000다58804 판결; 대법원 2005. 1. 28. 선고 2004다58963 판결. 가사쟁송에서 재산분할을 할 때 대법원은 원칙적으로 청산을 주된 요소로 하고, 부양적 요소는 몰라도 위자료적 요소는 직접 참작하지 않는 것이 원칙이다. 즉 여기에서 든 판시는 가사쟁송이 아니라 채권자취소소송에서 취소 대상이 되는지 여부와 관련된 사례이다. 따라서 가사쟁송에서 위 판례를 인용하는 것은 적절하지 않다는 점에 주의할 필요가 있다.

205) [9] 6. 다. 참조.

206) [8] 3. 다. 및 [9] 3. 나. 참조.

가. 문제의 소재

(1) A가 B에게 부동산을 매각하더라도 등기를 하지 않으면 물권변동이 일어나지 않는다. 또한 지명채권을 A로부터 B에게 양도하는 경우에도 A·B 사이의 양도계약이 있으면 그 효력이 생기지만, 이를 채무자 C 또는 제3자 D에게 대항하기 위하여는, A로부터 C에게 통지하거나 양도에 대한 C의 승낙이 필요하다(민법 제450조).

따라서 A의 채권자 G는 A가 그의 부동산이나 지명채권을 B에게 양도하더라도, 등기나 대항요건을 구비하지 않으면 그 부동산이나 채권을 A의 재산으로 보고 가압류나 압류를 할 수 있다.

(2) 등기나 대항요건을 구비하는 데는 기한이 없으므로 부동산이나 채권의 양도 후에 등기나 양도통지를 하지 않고 있다가, A의 자산상태가 불안하여지면 다급하게 이를 마치는 경우가 있다. 특히 B가 A에게 융자를 하면서, 담보로서 A의 C에 대한 채권을 양도받는 경우에, B가 양도시에 A명의의 C에 대한 양도통지서를 맡아두었다가, A가 지급불능 상태가 되었을 때 양도통지를 C에게 발송하는 경우가 있다.

(3) 위와 같은 사례에서, 부동산이나 채권의 양도계약 당시에는 아직 사해행위의 요건을 갖추지 못하였으나, 등기나 대항요건의 구비 당시 취소의 요건이 구비된 경우, 양도계약과 별도로 등기나 대항요건 구비행위만을 취소의 대상으로 할 수 있는가 하는 점이 문제가 된다.

나. 대항요건 구비행위의 부인

(1) 부인권의 경우에는 일반집행의 특수성 때문에 성립요건 및 대항요건(이하 '대항요건 등'이라 함)의 부인을 인정하여(채무자회생법 제394조), 개별 채권자의 채권발생시기는 문제가 되지 않고, 채무자의 사해의사나 상대방의 사해인식도 요건으로 하지 않으며, 오로지 대항요건 등의 시기만이 문제가 된다.

(2) 또한 부인의 경우에는 원래의 등기는 말소되지 않고 부인 등기(채무자회생법 제26조)를 하여, 부동산이 관리인(관재인)의 관리 아래 있다는 사실을 공시한다.

(3) 대항요건 등 부인의 요건은 ① 객관적 요건으로서 채무자가 권리의 설정·이전 또는 변경의 효력발생요건 또는 대항요건을 구비하는 행위를 해야 한다. 즉 부동산 등기, 동산 인도, 채권 양도와 입질에 관한 통지와 승낙,[207] 지시채권의 배서, 교부, 선박의 등기, 자동차의 등록 등을 구비하는 행위를 가리킨다. ② 시기적 요건으로서 권리의 설정·이전·변경이 있은 날부터 15일을 경과한 후에 대항요건 등의 구비행위를 해야 한다. 15일의 기산점은 원인행위가 이루어진 날이 아니라 그 효력이 발생한 날을 의미한다.[208] ③ 주관적 요건으로서 수익자가 지급정지 등이 있음을 알아야 한다. 위와 같은 요건의 입증책임은 모두 관리인(관재인)에게 있다.

(4) 그러나 지급정지 등이 있기 전에 이루어진 가등기·가등록에 따른 본등기·본등록은 부인의 대상이 되지 않는다(소극적 요건)(동법 제103조 제1항 단서). 이미 가등기 등이 경료된 경우에는 그 재산이 채무자의 일반재산으로부터 일탈될 가능성을 대외적으로 공시하기 때문에 가등기에 기초하여 본등기가 이루어지더라도 다른 채권자들에게 예상치 않은 손해를 준다고 할 수 없기 때문이다.

다. 독일법

독일에서는 물권변동에 형식주의를 채택하고 있으므로, 파산법과 채권자취소법에서 대항요건 구비행위의 부인을 따로 규정하지 않는다. 채권자취소법(AnfG 1999) 제8조 및 도산법(InsO) 제140조는 취소나 부인의 대상인 법률행위의 효과가 생기기 위하여 등기가 필요한 때는, 취소의 다른 요건이 구비되고 권리변동의 등기신청을 한 때 그 효력이 생긴다고 한다.

2. 부동산등기

가. 등기의 부인

207) 승낙에 대해서는, 부인의 성립요건으로서 채무자의 행위가 필요한가와 관련하여 부인할 수 있는지에 대하여 견해의 대립이 있다.

208) 대법원 2001. 9. 4. 선고 2001다25931 판결; 最判 소화 48. 4. 6. 民集 27-3-483.

(1) 부인권의 규정

채무자회생법 제394조는 지급정지 등이 있은 후, 예컨대 부동산소유권이전등기를 한 경우에, 그 등기가 매매계약이 있은 날부터 15일을 경과한 후에 지급정지 등이 있음을 알고 하였다면 부인할 수 있다고 규정한다.

예를 들면, S가 Y에게 부동산을 매각한 후에 지급을 정지한 경우에도, 소유권이전등기를 한 날이 매매계약일부터 15일 이내라면, 매매계약의 고의부인(동법 제391조 제1호)은 할 수 있으나, 등기의 부인을 할 수는 없다. 그러나 15일 경과 후라면 매매계약의 고의부인이 문제되지 않아도 등기의 부인을 할 수 있다.

등기의 부인이 인정되는 경우에는, 원인행위(매매계약)의 부인이 인용되는 경우와 같이 소유권이전등기의 말소등기가 아니라 부인등기(동법 제26조)를 한다.[209]

(2) 부인권 규정의 취지

부인권 규정의 취지에 관하여는 2가지의 견해가 있다.

(가) 제한설

성립요건이나 대항요건 구비행위도 원래 일반규정에 따른 부인의 대상이 될 수 있지만, 원인행위에 부인 이유가 없다면 성립요건이나 대항요건을 구비하게 하여, 당사자가 원인행위의 목적을 달성케 하는 것이 바람직하므로, 부인할 수 있는 범위를 법률로 제한하고 있다고 해석하는 견해이다.[210]

(나) 창설설

성립요건이나 대항요건 구비행위는 본래 부인의 대상이 될 수 없지만, 채무자회생법이 정한 한도에서 특별히 부인이 인정된다는 견해이다.

나. 등기의 사해행위 취소

(1) 등기와 채권발생의 시기와의 관계

(가) 사해행위가 부동산 매매와 같이 등기가 필요한 경우에, 피보전채권

---

209) 最判 소화 49. 6. 27. 民集 28-5-641.

210) 통설적 견해이자 판례이다. 대법원 2004. 2. 12. 선고 2003다53497 판결; 最判 소화 45. 8. 20. 民集 24-9-1339.

발생 전에 한 행위는 비록 그 등기를 피보전채권 발생 후에 하였더라도 취소할 수 없다는 것이 대법원의 견해이다.[211)]

(나) 이에 대하여 일본에서는 채권자는 채무자가 부동산을 양도하여도 이전등기를 할 때까지는 양도되었다고 생각하지 않고 이를 압류할 수 있고, 양수인도 등기함으로써 소유자가 된다고 하여, 피보전채권은 매매계약 후 등기이전할 때 발생하여도 된다는 유력한 반대설[212)]이 있고, 이 반대설을 따른 판례도 있다.[213)]

(2) 등기 자체의 취소 가부

(가) 등기이전행위 자체나 물권이전행위 자체는 사해행위가 될 수 없다는 일본 판례[214)]가 있다. 대법원은 가등기 경료행위가 사해행위에 해당한다는 표현을 사용한 예가 있으나[215)] 그 취지가 등기경료행위를 그 원인행위와 별개의 사해행위로 본 것 같지는 않다.

(나) 피보전채권의 성립시기나 제척기간과 관련하여, 채권자의 보호와 거래안전을 위하여, 등기경료를 물권변동행위의 요소로 보고, 등기경료가 있을 때, 부동산 처분행위(사해행위)가 완성된 것으로 볼 필요가 있다.[216)] 그렇다 하더라도 물권변동의 요소인 원인행위와 등기 중에서 사해행위로서 취소되어야 할 것은 등기행위가 아니라, 등기를 목적으로 하는 법률행위인 것이 원칙이다. 원인행위가 취소되면 등기는 효력을 상실하기 때문이다.

3. 채권양도의 통지 · 승낙

가. 통지 · 승낙의 부인

211) 대법원 1962. 11. 15. 선고 62다634 판결; 最判 소화 59. 4. 20. 金法 1068-32.
212) 我妻 榮, 新訂債權總論(民法講義 Ⅳ), 岩波書店 소화 39. 89면.
213) 東京地判 소화 41. 8. 19. 判時 468-50; 廣島地判 소화 43. 11. 7. 判時 547-74(양도한 후 10년 이상 경과한 후 소유권이전등기가 된 사안에서, 등기한 때 소유권이전행위가 있는 것으로 보았다).
214) 最判 소화 55. 1. 24. 判時 956-48.
215) 대법원 1975. 2. 10. 선고 74다334 판결.
216) [8] 3. 다. 참조.

앞에서 본 바와 같이,[217] 채권양도통지의 부인이 문제되는 것은, 채무자 S가 채권자 G로부터 돈을 빌릴 때, 제3채무자 D에 대한 채권을 G에게 양도하면서, S명의 양도통지를 G가 위임받아, S의 지급정지시에 양도통지를 발송하는 경우이고, 특히 G가 복수의 채권을 양도(집합채권양도)받는 경우가 많다. 이때 권리이전으로부터 15일 이내에 대항요건을 갖추면 부인되지 않으므로(채무자회생법 제394조), 그 15일을 언제부터 계산하는가가 쟁점이 된다.

이와 관련하여 예약완결권 행사 등은 채무자의 행위가 아니므로, 부인의 대상을 채무자의 행위만으로 한정할 것인가에 대하여도 문제가 된다.

(1) 판 례

[1] 대법원 2004. 2. 12. 선고 2003다53497 판결(예약형 집합채권의 양도 사안)

회사정리법 제80조 제1항은 "지급의 정지 또는 파산, 화의개시, 정리절차개시 신청이 있은 후 권리의 설정, 이전 또는 변경으로써 제3자에 대항하기 위하여 필요한 행위를 한 경우에 그 행위가 권리의 설정, 이전 또는 변경이 있은 날로부터 15일을 경과한 후 악의로 한 것인 때에는 이를 부인할 수 있다."라고 규정하고 있다. 대항요건을 구비해야 하는 위 15일의 기간은 권리변동의 원인행위가 이루어진 날이 아니고 그 원인행위의 효력이 발생하는 날, 즉 예약완결시부터 기산해야 한다.

일본 최고재도 같은 견해였다.[218] 그러나 위와 같이 해석한다면 대항요건 부인의 범위가 지나치게 좁아 부적절하다는 비판이 있다는 점은 앞에서 보았다.

일본 하급심 판결 중에서는 위 최고재 판례와는 달리 위 15일의 기산점을 계약체결시로 보는 것이 많다.

[2] 東京地判 평성 15. 9. 12. 判時 1853-116

정지조건부 집합채권양도계약은, 파산자의 행위에 의하지 않고 권리이전의 효력이 생기는 구조를 만들어 고의부인이나 위기부인의 대상이 되지 않고, 권리이전일로부터 15일 이내에 대항요건을 구비한 것으로 대항요건 구비행위부인의 대상도 되지 않게 하기 위한 의도로 구성한 법률행위이므로, 신의칙상 정지조건을 주장할

217) [15] 2. 참조.

218) 最判 소화 48. 4. 6. 民集 27-3-483.

수 없고, 15일은 계약체결시부터 기산해야 한다.

그 후 최고재도 위기시기 전에 체결된 정지조건부 채권양도계약이 위기시기의 도래를 정지조건으로 하였다면 그 양도 자체가 위기부인의 대상이 된다고 한다.

[3] 最判 평성 16. 7. 16. 民集 58-5-1744, 判時 1872-64

채무자의 지급정지 등을 정지조건으로 하는 채권양도계약은 그 계약체결행위 자체는 위기시기 전에 한 것이지만, 계약당사자는 그 계약에 따른 채권양도의 효력발생을 채무자의 지급정지 등의 위기시기 도래에 관련시켜, 이를 정지조건으로 한 것이므로, 위기시기에 이르기까지 채무자의 책임재산에 속해있던 채권을 채무자의 위기시기가 도래하자 바로 그 채권자에게 귀속시킴으로써, 이를 책임재산으로부터 일탈시키는 것을 미리 의도하고, 이를 목적으로 그 계약을 체결한 것이다. 따라서 그 양도는 채무자에게 지급정지 등의 위기시기가 도래한 후에 한 채권양도와 같이 볼 수 있으므로, 위기부인의 대상이 된다.[219)]

이와 관련하여 예약형 집합채권 양도의 경우에 예약완결권의 행사와 양도통지가 채무자의 행위가 아니라는 점이 문제가 된다. 그러한 행위가 부인의 대상이 되느냐 여부에 대하여 위 [3] 판례가 정지조건부 채권양도약정을 실질적으로 파악하여 그 효과가 위기시기의 채권양도와 다르지 않다고 하여 위기부인을 인정하였다. 이와 달리, 대법원은 예약완결권 행사 등이 채무자에 행위에 해당하지 않는다는 이유로 부인권을 인정하지 않았으나,[220)] 그 후 입장을 변경하여 예약형 집합채권 양도의 경우에 예약완결권 행사가 실질적으로 채무자의 행위로 볼 수 있다고 하여 부인권을 인정하고 있다.[221)]

---

219) 같은 취지로서 最判 평성 16. 9. 14. 判時 1872-64.

220) 대법원 2002. 10. 13. 선고 2001다46761 판결, 같은 취지 대법원 2004. 2. 12. 선고 2003다53497 판결. 제3채무자의 승낙에 관하여 最判 소화 40. 3. 9. 民集 19-2-352, 判時 407-29도 채권양도의 제3채무자의 승낙행위의 부인은, 파산자의 행위 또는 이와 동일시할 만한 것에 국한되므로, 제3채무자의 행위는 원칙적으로 부인의 대상이 되지 않는다고 한다.

221) 대법원 2011. 10. 13. 선고 2011다56637 판결. 이에 대하여는 [15] 2. 참조.

(2) 학 설

(가) 채권양도계약과 통지와의 관계는 ① 양도계약을 할 때 양수인 Y가 양도인 S 명의로 된 양도통지서를 가지고 있다가, S가 지급정지 등이 있기까지 이를 발송하지 않는 경우(유보형), ② 양도의 효력을 S의 지급정지 등을 조건으로 하는 경우(조건형), ③ 양도계약을 예약으로 하여 S가 지급정지 등의 사정이 있을 때 완결권을 행사하는 경우(예약완결형)의 3가지 유형으로 나눈다.

(나) ①의 유보형은 채권양도를 할 때 그 효력이 생기기 때문에, S의 지급정지 후의 통지는 양도계약일로부터 15일이 경과한 후에 하는 경우가 많아, 대부분의 채권양도는 부인의 대상이 된다. 그래서 ②의 조건형이나 ③의 예약완결형이 고안되었고, 이러한 유형에 대하여 양도의 효력발생 시점을 기산점으로 하여 15일 이내에 통지가 되었다고 본다면[222] 부인을 면할 수 있다.

(다) 그러나 최근 일본의 학설은 이들은 모두 지금까지의 순수한 채권양도계약이 아니라 비전형담보로 보아, 당초의 채권양도계약을 할 때 효력이 발생하는 것으로 해석하여, 15일의 기간은 그때부터 기산한다.[223]

나. 통지·승낙의 취소

(1) 문제점

장래채권을 비롯한 집합채권의 양도가 광범위하게 이루어지면서 사해성 문제가 대두될 여지가 많아졌다. 부인권에 관한 사례 외에는 아직까지 우리 판례가 눈에 띄지는 않지만, 필자의 상담사례 중에는 공사 수급인이 도급인으로부터 받을 공사대금을 미리 특정인에게 모두 양도해버리는 바람에, 수급인의 채권자들이 피해를 입는 일이 자주 있었다.

그런데 양도계약 당시에는 사해행위로서의 요건을 갖추지 못하였으나 양도통지나 승낙을 할 때 그 요건이 충족되는 경우가 있다. 이 경우 앞[224]에서 본 바와 같이 채권양도 자체를 취소의 대상으로 하면서, 다만 사해행위의 판

---

222) 대법원 2004. 2. 12. 선고 2003다53497 판결; 대법원 2001. 9. 4. 선고 2001다25931 판결.

223) 飯原一乘, 詐害行爲取消訴訟, 269면 참조.

224) [8] 3. 다. 참조.

단기준시를 양도통지나 승낙 시로 보아서 취소를 인정할 수 있다는 것이 필자의 견해이다.

한편으로는 양도통지나 승낙 자체가 취소의 대상이 되는지 여부를 검토할 필요도 있다.

(2) 판 례

판례는 채권양도통지를 채권자취소권의 대상으로 보지 않는다.

[1] 最判 평성 10. 6. 12. 民集 52-4-1121, 判時 1660-60

[사안] X가 S에게 돈을 빌려주면서 그 담보로 S의 D에 대한 현재 및 장래의 채권 전부를 S의 채무불이행을 정지조건으로 하여 양수하기로 하고, S와 X와 연명으로 된 채권양도 및 양도통지서를 맡겼다. 그런데 그 후 차례로 Y_1과 Y_2가 S에게 돈을 빌려주고 X와 같은 방법으로 담보를 제공받았다. 얼마 후 S가 이행지체 상태가 되어 X, Y_1, Y_2가 모두 D에 대하여 양도통지를 발송하였으나 X의 통지가 가장 먼저 도달하였다. 이에 D가 채권자불확지 공탁을 하였고, X가 Y들에 대하여 공탁금출급청구권의 확인청구를 하자, Y들은 반소로 본건 양도통지에 대하여 사해행위취소를 구하였다.

[1심] X의 청구를 기각하고 반소를 인용하였다.

[항소심] 아래와 같은 이유로 항소를 기각하였다.

① 사해행위취소의 대상은 채무자의 법률행위뿐만 아니라, 책임재산을 감소하는 채무자의 행위라면, 채권양도통지, 채무승인 등 준법률행위에도 준용된다. ② 채권양도통지는 채무자에 대하여는 채권자의 변동을 채무자에게 주장할 수 있는 필수요건이고, 그에 따라 비로소 그 채권이 양도인의 책임재산으로부터 확정적으로 일탈하여, 제3자에 대한 대항요건 구비 이상의 기능을 가진다. ③ X의 양도통지 발송시에는 S는 무자력이고 X도 채권자를 해친다는 사실은 인식하였다고 추인된다.

[상고심] 파기자판

사해행위취소의 대상은 채무자의 재산감소를 목적으로 하는 행위 그 자체이다. 채권의 양도행위와 양도통지는 원래 별개의 행위이고, 후자는 단지 그때부터 채권이전을 채무자나 제3자에게 대항할 수 있는 효과를 생기게 하는 데 불과하고, 양도통지시에 채권의 이전행위가 있다거나, 채권이전의 효과가 생기는 것이 아니다. 채권양도행위 자체가 사해행위를 구성하지 않는 경우에, 양도통지만을 분리하여 사해행위로 취소하는 것은 바람직하지 않다.

[2] 대법원 2012. 8. 30. 선고 2011다32785 판결

피보전권리인 채권자 X의 채무자 S에 대한 대여금채권은 S→Y의 임대차보증금 반환채권 양도 후에 발생하였고, 채권양도통지는 피보전권리가 발생한 후에 이루어진 사안에서 X는 채권양도통지행위가 사해행위에 해당된다고 주장하였으나, 양도통지는 사해행위취소의 대상이 되지 않는다고 판시하였다.

(3) 검 토

(가) 민법 제406조는 채권자취소의 대상을 '법률행위'라고 규정하나, 독일 취소법(AnfG)은 '법률적 행위(Rechtshandlungen, '준법률행위'라고도 한다)'로 규정한다. 법률적 행위는 법률행위(Rechtsgeschäft)보다 넓은 개념이다. 후자는 행위자가 의도한 바에 따라 법률의 규정에 따른 법률효과가 발생하는 행위이지만, 전자는 어떠한 의사활동이 있으면 행위자의 의도와 관계없이 법률이 그 행위에 대하여 일정한 법률효과를 부여하는 것이다.

일반적으로 법률행위뿐만 아니라 변제와 같은 준법률행위도 사해행위가 될 수 있다.[225] 다만 준법률행위에 속하는 채권양도통지도 사해행위가 될 수 있는가 하는 점은 좀 더 검토할 필요가 있다.

(나) 결 론

채권양도통지의 취소를 인정한다 하더라도 그것만으로는 그 원인행위인 양도의 유효성을 부정할 수 없다. 따라서 양도통지는 취소되고 채권양도만이 남아 분쟁의 근본적인 해결이 되지 못하고, 오히려 법률관계가 복잡하게 될 우려가 있다. 채권양도행위를 취소할 수 없는 경우에는 그 대항요건 구비행위만을 따로 취소할 수는 없다는 판례이론은 타당하다. 다만 채무자와 수익자가 통모하여, '양도통지'를 채무자가 무자력이나 그 우려가 있을 때까지 지체하기로 하여, 채권자로부터 돈을 빌린 경우에는 '양도행위'의 취소를 인정할 수 있다.

225) [9] 3. 가. (2) 참조.

[19] Ⅸ. 소송에 관한 행위

채무자 S가 일방 당사자가 되고, 수익자 Y가 상대방이 되어, 서로 짜고 채권자 X를 해칠 사해소송을 하여, 판결이 그대로 확정되는 경우가 있다. 개개의 소송행위가 사해행위가 되는 경우도 있으나, 통모하여 화해나 조정을 하거나 집행력 있는 공정증서를 작성하는 경우도 있다. 또한 강제집행을 통하여 사해행위를 하는 경우도 있다.

이러한 행위들이 사해행위로서 취소할 수 있는가 하는 점을 검토하면서 참고로 민사소송법 등의 절차로 구제가 가능한지를 살펴본다.

1. 민사소송법상의 구제

통모하여 취득한 확정판결을 다투는 방법과 소송 계속 중 사해판결을 저지하는 방법이 있다. 채권자취소권에 참고가 되는 범위에서 살펴본다.

가. 확정판결을 다투는 방법

(1) 판 례

이에 대한 우리 판례는 없고 일본에서 문제된 사안을 소개한다.

□ 最判 소화 40. 12. 21. 民集 19-9-2270(원·피고가 서로 짜고 한 소송의 확정판결에 대한 청구이의소송을 인정하지 않은 사례)

[사안] 임차지 위의 건물을 경락받은 A가, 토지소유자 B로부터 지료를 지급하지 않았다는 이유로 계약해제와 건물철거·토지인도의 확정판결을 받은 건물의 전 소유자 C의 승계인으로 집행을 받게 되자, 위 판결은 B와 C가 통모하여 A의 권리를 침해할 목적으로 선고받은 것이라는 이유로 청구이의의 소를 제기하였다.

[판지] 판결이 확정된 이상, 그 판결의 성립과정에서 당사자의 소송활동의 배후에 그와 같은 의도나 목적이 있거나, 위 판결이 오로지 제3자의 권리를 해치기 위한 목적으로 당사자가 통모하여 거짓말로 법원을 기망하여 얻었다 하더라도, 당사자의 위 행위가 민법 제750조의 불법행위를 구성하는지 여부는 별개로 하고, 확정판결의 기판력이나 집행력에는 지장이 없다.

(2) 특별법의 규정

특허심판의 당사자가 공모하여 제3자의 권리나 이익을 사해할 목적으로 심결을 하게 한 때, 제3자는 그 확정된 심결에 대하여 재심을 청구할 수 있고(특허법 제179조), 행정처분 등을 취소하는 판결에 따라 권리나 이익의 침해를 받은 제3자는 자기에게 책임 없는 사유로 소송결과에 영향을 미칠 공격방어방법을 제출하지 못한 때에는 이를 이유로 확정된 종국판결에 대하여 재심을 청구할 수 있다(행소법 제31조). 또한 주주대표소송이 제기된 경우에, 원고와 피고가 공모하여 소송 목적인 회사의 권리를 사해할 목적으로써 판결을 받은 때에는 회사 또는 주주는 확정된 종국판결에 대하여 재심의 소를 제기할 수 있다(상법 제406조).[226]

나. 소송계속 중인 경우

소송결과에 따라 권리가 침해된다고 주장하는 제3자는 당사자의 양 쪽 또는 한 쪽을 상대방으로 하여 독립당사자 참가 중 사해방지참가를 할 수 있다(민소법 제79조 제1항).

독립당사자참가 규정을 이용하여 채무자가 재산은닉의 목적으로 통모하여 소송을 하거나, 어차피 채권자에게 집행 당할 것이라고 생각하여 성실하게 소송을 진행하지 않고 패소하려는 등의 사해의사가 있는 경우, 채권자는 그 소송에 참가하여 미리 패소판결을 저지할 수 있다.

그런데 대법원 2014. 6. 12. 선고 2012다47548 판결(이하 '2014년 판결'이라 함)은 사해행위취소를 청구하며 이를 사유로 독립당사자참가를 할 수는 없다고 한다.[227] 문제된 사안은 원고(Y)가 피고(S)에 대하여 대물변제예약을

226) 이에 대한 우리나라 판례는 보이지 않는다. 일본에서는 상법(일본 회사법 제853조)에 따른 재심 사안이 아닌, 유한회사의 사원총회결의 부존재확인의 확정판결에 대하여 사해재심을 인정한 사례가 있다(大阪高判 평성 15. 12. 16. 判タ 1152-287).

227) 대법원 2014. 6. 12. 선고 2012다47548 판결(독립당사자참가 중 사해방지참가는 본소의 원고와 피고가 당해 소송을 통하여 참가인을 해칠 의사를 가지고 있다고 객관적으로 인정되고 그 소송의 결과 참가인의 권리 또는 법률상 지위가 침해될 우려가 있다고 인정되는 경우에 그 제3자가 사해소송의 결과로 선고·확정될 사해판결을 방지하기 위하여 그 사해소송에 참가하는 것이다. 한편 채권자가 사해행위 취소와 함께 수익자로부터 책임재산회복을 명하는 사해행위취소 판결을 받은 경우

청구원인으로 하여 피고 소유의 건물에 관한 소유권이전등기를 청구하고 있고, 독립당사자참가인(X)은 위 대물변제예약이 사해행위에 해당한다는 이유로 원고에 대하여 사해행위취소를 청구하면서 사해방지참가를 한 사건에서, 독립당사자참가인의 참가신청은 사해소송의 방지라는 사해방지참가로서의 요건을 갖추지 못하였으므로 부적법하다고 판단하였다.

위 2014년 판결은 유사한 사안에 관한 종전판례[228]와 배치된다. 종전 판례

그 취소의 효과는 채권자와 수익자 사이에만 미치므로, 수익자가 채권자에 대하여 사해행위취소에 따른 원상회복 의무를 부담하게 될 뿐, 채권자와 채무자 사이에서 그 취소에 따른 법률관계가 형성되거나 취소의 효력이 소급하여 채무자의 책임재산으로 복구되는 것은 아니다. 이러한 사해행위취소의 상대적 효력에 따르면, 원고의 피고에 대한 청구의 원인행위가 사해행위라는 이유로 원고에 대하여 사해행위취소를 청구하면서 독립당사자참가신청을 하는 경우, 독립당사자참가인의 청구가 그대로 받아들여진다 하더라도 원고와 피고 사이의 법률관계에는 아무런 영향이 없고, 따라서 그러한 참가신청은 사해방지참가의 목적을 달성할 수 없으므로 부적법하다).

228) 대법원 1990. 4. 27. 선고 88다카25274 판결.

[사안] 원고는 피고에 대하여 X부동산에 관하여 피고에 대한 기존 채권의 변제에 갈음한 대물변제 약정을 원인으로 한 소유권이전등기절차 이행을 구하는 본소송을 제기하였다.

이에 대하여 참가인은 독립당사자참가신청을 하기를, 자신이 피고로부터 X부동산을 담보로 제공받기로 약정하고 자금을 대여하였는데, 피고가 참가인에 대한 위 채무를 면탈하기 위해서 위와 같은 사정을 잘 아는 원고와 공모하여 참가인을 해칠 목적으로 원고에게 기존 채무의 대물변제조로 X부동산을 양도하기로 하는 가장 대물변제계약을 체결하고, 원고가 피고를 상대로 소유권이전등기절차 이행의 소를 제기하였으므로, 참가인은 그 소송결과에 의하여 권리의 침해를 받을 위험이 있다고 주장하면서, 주위적 청구로서 원・피고 쌍방에 대하여 위 대물변제계약의 사해행위취소를 구함과 아울러, 피고에 대하여 대여금의 지급을 구하고, 예비적 청구로서 원・피고 쌍방에 대하여 위 대물변제계약의 무효 확인을 구함과 아울러 피고에 대하여 주위적 청구에서와 같은 위 대여금의 지급을 구하였다.

[판시] 사해방지참가의 경우에는, 권리주장참가와는 달리 사해소송 결과로 제3자의 권리나 법률상 지위가 침해될 염려가 있는 경우에 그 제3자가 그 사해소송의 결과로 선고확정 될 사해판결을 방지하기 위하여 그 사해소송에 참가할 수 있도록 한 것이므로, 원고와 피고가 당해 소송을 통하여 제3자를 해칠 의사를 갖고 있다고 객관적으로 인정되고, 그 소송 결과 제3자의 권리 또는 법률상 지위가 침해될 염려가 있다고 인정되는 경우에는 제3자인 참가인의 청구와 원고의 청구가 논리상 서로 양립할 수 있는 관계에 있다 하더라도 민소법 제72조 제1항 후단의 독립당사자참가를 할 수 있다.

의 입장은 다음과 같다. "S와 Y가 소송을 통하여 X를 해칠 의사를 갖고 있다고 객관적으로 인정되고, 그 소송 결과 X의 권리 또는 법률상 지위가 침해될 염려가 있다고 인정되는 경우에는, X의 참가청구와 Y의 본소청구가 논리상 서로 양립할 수 있는 관계에 있더라도 사해방지참가를 할 수 있다. 소송결과에 따라 참가인이 권리 또는 법률상 지위가 침해될 염려가 있다는 것은, 참가인이 패소확정판결의 기판력이나 반사적 효력을 받는 관계에 있을 필요는 없고, 그 확정판결에 따라 참가인의 권리실현이나 법률상 지위의 확보가 사실상 불가능하거나 장애를 받는다는 것을 의미한다."229) 종전 판례의 사례에서 X는 바로 그러한 위치에 있다. 즉 S로부터 Y에게 대물변제가 이행된다면 X의 S에 대한 채권회수가 장애를 받는 상황이 된다. 다시 말해서 대물변제가 이행되지 않은 상태에서는 X는 단순히 Y에 대하여 대물변제예약의 취소만을 청구하면 되지만, S와 Y의 소송결과 대물변제가 이행되면 원상회복까지 구해야 하고 Y의 처분을 막기 위하여 보전처분을 하여야 하는 등 채권확보를 위한 방법이 더욱 어렵게 된다. 그러므로 X로서는 S・Y 사이의 소송행위가 X를 사해하기 위한 소송이라는 점을 주장하여 사해방지참가를 할 수 있다. 이 경우 S・Y의 소송행위가 확정된다면 그 자체가 사해행위가 될 수 있고, 그러한 사해소송을 미리 방지할 수 있는 제도가 사해방지참가인 것이다.

그런데 2014년 판결의 취지대로라면 X로서는 S・Y 사이의 본소송이 사해소송이라 하더라도, X의 참가청구가 Y에 대한 채권자취소소송이라면 참가소송의 효력이 S에게 미치지 않아 본소청구와 합일적으로 판단될 수 없어서 사해방지참가를 할 수 없고, 그 소송이 종결될 때를 기다려 그 소송행위 자체나 그 결과에 대한 사해행위취소의 소를 제기하고 사해행위로 이행된 부

이 사건에서, 우선 주위적 청구에 관하여, 참가인의 원고에 대한 사해행위취소청구가 적법하므로, 채무자인 피고에 대한 사해행위취소청구가 부적법하더라도 다른 하나의 청구인 피고에 대한 금전지급청구가 적법하다면 참가인의 원・피고 쌍방에 대한 청구가 존재하는 셈이 되고, 예비적 청구에 관하여, 자기의 권리 또는 법률상의 지위가 타인들 사이의 사해적 법률행위를 청구원인으로 한 사해소송의 결과에 따라 침해를 받을 염려가 있는 경우에는 그 타인들을 상대로 하여 사해소송의 청구원인이 된 법률행위에 대하여 무효확인을 소구할 이익을 부정할 수 없다.

229) 김홍엽, 민사소송법(제4판), 박영사(2013), 1000면.

분의 원상회복청구를 해야 한다.

채권자취소소송에서 말하는 상대효는 연혁적으로 원래 채무자와 수익자 사이의 사해행위 효력을 부정하지는 않은 채, 채무자에 대한 집행권원으로 수익자에 대한 집행을 할 수 있다는 의미를 가지고 있다. 그런데 일본과 우리나라에서는 그러한 집행법상 의미는 사라지고 실체법상 이론으로 변화된 것이다. 즉 사해행위취소권이 원래 연혁적으로 집행절차(또는 파산절차)상의 문제였던 때에는, 사해행위의 이행이 필요한 사안에서, 아직 수익자에게 이행이 되지 않은 상태에서는 취소나 상대효 이론 자체가 별 의미가 없는 것이었다. 즉 채무자 S 명의로 재산이 남아 있다면, 채권자인 X로서는 즉시 그 재산에 집행(보전처분 포함)할 수 있으므로 특별한 사정이 없다면 굳이 사해행위취소 소송 자체를 구할 소의 이익이 없다. 그러나 취소권이 실체법상 권리로 구성되어 있는 우리나라에서는, 사해행위가 이행이 되었든 되지 않았든 그 효력이 발생한 상태이므로 취소권의 행사가 가능하다. 그런데 취소의 효과를 상대적이라고 한다면 독립당사자참가에 따른 소송의 효과가 본소의 원고와 피고 사이에서는 미치지 않으므로, 하나의 소송절차에서 관련된 분쟁을 한꺼번에 모순 없이 해결한다는 소송참가제도의 취지에 반하여 허용되지 않는다는 것이 2014년 판결의 논지다. 즉 채권자취소소송의 참가신청이 받아들여진다 하더라도 본소의 소송물인 채무자와 수익자 사이의 사해행위 자체에는 아무런 영향을 미치지 못하고 본소 역시 인용되어야 하기 때문에 참가의 실익이 없다는 것이다.

결국 2014년 판결에 따르면, 채권자취소소송을 제기하며 독립당사자참가를 하는 것은 부적법하고, X는 별개의 소송으로 Y를 상대로 하여 취소소송을 제기할 수밖에 없다. 이러한 대법원의 견해가 부당하다는 점에 대하여는 따로 상세히 설명한다.[230]

2. 채권자취소권에 따른 구제

개개의 소송행위가 채권자를 해치는 행위로서 취소의 대상이 되는지 문제

230) [34] 2. 다. (4) 기타(독립당사자참가 부분) 참조.

되는 것은, 그에 따른 판결이 선고되어 집행력 있는 집행권원으로서 강제집행을 할 때부터이다.

가. 개개의 소송행위

(1) 독일법의 해석

재판상의 자백・인낙・화해 및 소취하와 같은 소송행위도, 채무자의 사해의사와 상대방의 인식이 있으면 사해행위가 될 수 있다. 변론기일에 출석하지 않는 것, 방어방법을 제출하지 않거나, 지급명령에 대하여 이의하지 않거나, 상소를 제기하지 않는 등의 소송상의 부작위도 채무자와 공모한 행위(arglistiges Zusammenwirkung)가 있으면 취소의 대상이 된다.

또한 집행증서의 작성은 그것만으로는 아직 재산의 이전이 없으므로 사해행위가 되지 않으나, 집행을 하면 취소할 수 있는 행위가 된다.

(2) 통 설

소송행위는 민법 제406조에서 말하는 법률행위가 아니므로 일반적으로 취소할 수 없으나, 청구의 포기・인낙, 재판상 화해나 상계와 같이 소송행위인 동시에 사법행위의 성격을 가지는 것은 취소할 수 있다고 한다.[231)]

(3) 판 례[232)]

(가) 집행수락행위

공증에 관련된 집행수락행위는 취소의 대상이 되지 않는다(원칙). 다만 특정채권자로 하여금 우선변제를 받게 할 목적으로 한 행위는 사해행위가 될 수 있다.

기본적으로 채권은 당사자 사이의 신뢰관계를 전제로 하여 성립하는 권리이고, 채권자가 채무의 변제를 구하는 것은 당연한 권리행사로서 다른 채권자가 있다는 이유로 방해받아서는 안 되고 채무자도 다른 채권자가 있다는 이유로 그 채무이행을 거절할 수는 없다.

---

231) 민법주해 Ⅸ, 816면 참조.

232) 이 부분 우리나라 하급심 판례는 임채웅, '사해행위로서의 소송행위의 취소 및 부인에 관한 연구'에서 인용함.

만일 진정한 채권자가 채무자를 상대로 대여금 청구소송을 제기한 경우 그 소송절차에서 채무자가 조정에서 채권자의 권리를 인정하였다거나 청구를 인낙하였다고 하여 사해행위에 해당한다고 할 수는 없다. 마찬가지로 채무자의 재산에 대한 경매절차에서 실제 채권에 따라 평등하게 배당받을 목적으로 집행권원을 필요로 하는 채권자의 요구에 따라, 채무자가 소비대차계약을 체결하고 집행증서를 작성하여 주었다고 하여 그와 같은 사정만으로 곧바로 사해행위에 해당한다고 할 수는 없다. 다만 특정 채권자로 하여금 위와 같은 집행증서를 이용하여 전부명령을 받을 수 있도록 함으로써 자신의 책임재산을 특정 채권자에게 실질적으로 양도한 것과 다를 바 없는 것으로 볼 수 있는 특별한 사정이 있는 경우에만 사해행위에 해당한다.

아래 [1] 판결에서는 다른 채권자들의 신청으로 이미 경매절차가 진행되고 있었고, 수익자(피고)는 채무자로부터 이 사건 집행증서를 작성받아 취소채권자(원고)도 참여한 위 경매절차에 참가하여 다른 채권자들과 함께 안분배당을 받은 것에 불과할 뿐, 법률상은 물론 사실상으로도 우선변제를 받았다거나 그 실질이 채권양도를 받은 경우와 같다고 보기도 어렵다. 만일 수익자의 채권이 배당에서 배제된다면 수익자와의 관계에서 취소채권자만이 배당받게 되어 오히려 취소채권자에게 우선권을 용인하는 결과가 되고 만다.

한편 아래 [2] 판결과 관련하여, 집행증서를 작성한 후 강제집행하는 일련의 행위가 사해행위로 평가될 수 있는 것은, 채무자의 소비대차계약 체결이나 어음발행행위만이 아니라 특정 채권자로 하여금 집행증서를 이용하여 전부명령을 받아가도록 한 행위를 종합적으로 고려한 결과 실질적으로 특정 채권자에게만 채권을 양도한 것과 다를 바 없는 것으로 볼 수 있기 때문이다. 그런데 전부명령은 압류된 채권의 채권자 변동을 가져오는 점에서 채권양도와 유사하고 일반채권자가 집행절차에서 우선변제를 받을 수 있는 법률적 수단인 점에서 위와 같이 사해행위성을 긍정할 수 있으나, 집행증서의 작성을 통하여 특정 채권자로 하여금 단지 추심명령을 받거나 경매절차에 참가할 수 있는 집행의 편의를 제공한 데 그친 경우에는 그에 따라 특정 채권자가 독점적인 만족을 얻었다거나 우선변제를 받았다고 보기는 어려우므로 사해성을 인정하기 어렵다. 그럼에도 불구하고 기존채무에 관한 특정 채권자로 하여금 채무자의 채권에 대하여 압류 및 추심명령을 받도록 집행증서를 작성하여 준 경우에도 사해행위로 인정된다고 한 것은, 채권압류 및 추심명령을 받은 경우 채무자는 공탁을 하고 바로 채권배당절차가 개시되므로 특정 채권자로서는 사실상 우선변제를 받을 여지가 있는 점 등을 고려한 것으로 보인다.[233)]

[1] 대법원 2011. 12. 22. 선고 2010다103376 판결

채무자의 재산에 대한 경매절차에서 평등하게 배당받기 위해 집행권원이 필요한 채권자의 요구에 따라 채무자가 채권자에 대한 기존채무의 변제를 위하여 소비대차계약을 체결하고 강제집행을 승낙하는 취지가 기재된 공정증서를 작성하여 준 경우에는, 그와 같은 행위로 자신의 책임재산을 특정채권자에게 양도한 것과 다를 바 없는 것으로 볼 수 있는 특별한 사정이 있는 경우에 해당하지 않는다면 다른 채권자를 해치는 사해행위가 되지 않는다.

[2] 대법원 2010. 4. 29. 선고 2009다33884 판결

무자력상태의 채무자가 기존채무에 관한 특정 채권자로 하여금 채무자가 가지는 채권에 대하여 압류·추심명령을 받음으로써 강제집행절차를 통하여 사실상 우선변제를 받게 할 목적으로, 그 기존채무에 관하여 강제집행을 승낙하는 취지가 기재된 공정증서를 작성해주어, 채권자가 채무자의 위 채권에 관하여 압류·추심명령을 얻은 경우에는, 그와 같은 공정증서 작성의 원인이 된 채권자와 채무자의 합의는 기존채무의 이행에 관한 별도의 계약인 이른바 채무변제계약에 해당하는 것으로서 다른 일반채권자의 이익을 해치므로 사해행위가 된다.[234)]

(나) 자백이나 재판상 화해

[3] 대법원 2017. 4. 7. 선고 2016다204783 판결

---

233) 같은 취지로 이종채, 대법원판례해설 89호, 83~84면. 아래 [2] 판결의 사실관계를 보면, 채무자의 예금채권 약 3,600만 원에 대하여 선행가압류 채권자와 추심명령을 받은 수익자(피고)가 있다는 이유로, 은행이 집행공탁을 하자 바로 배당절차가 개시되었는데(취소채권자인 원고는 배당에 가입할 기회가 없었음), 선행가압류 채권자는 그 중 약 400만 원을, 수익자는 그 중 대부분인 약 3,200만 원을 배당받았다.

234) 이에 대하여는 구체적 타당성은 인정되나 사해성 인정에 관한 이론적 타당성에 의문을 표시한 견해가 있다. 장홍선, 판례연구 23집(부산판례연구회, 2012.), 673면 이하 참조.

무자력상태의 채무자가 소송절차를 통해 수익자에게 자신의 책임재산을 이전하기로 하여, 수익자가 제기한 소송에서 자백하는 등의 방법으로 패소판결 또는 그와 같은 취지의 화해권고결정 등을 받아 확정시키고, 이에 따라 수익자 앞으로 책임재산에 대한 소유권이전등기 등을 마쳤다면, 이러한 일련의 행위의 실질적 원인이 되는 채무자와 수익자 사이의 이전합의는 다른 일반채권자의 이익을 해치는 사해행위가 될 수 있다.

(다) 인 낙

[4] 인천지법 1996. 12. 18. 선고 96가합4356 판결

청구인낙행위는 순수한 소송행위가 아니라 실체법상 법률행위의 성질도 공유하고 있으며, 사해행위로부터 채권자를 보호하기 위해서는 그와 같이 실체법상 법률행위의 성질을 가지는 소송행위에 대하여도 채권자취소권을 인정할 필요가 있다.[235)]

(라) 기일불출석에 따른 의제자백

[5] 광주고등법원 1984. 3. 16. 선고 83나329 제2민사부 판결

[사안] 채무자 S가 위법행위로 구속되자, 그의 아버지인 Y가 S를 상대로 S의 유일한 재산인 부동산에 관하여 신탁해지를 원인으로 한 소유권이전등기청구의 소를 제기하였고, 이에 대하여 S가 법정에 출석하지 아니함으로써, Y는 의제자백의 방법으로 승소판결을 받아 소유권이전등기를 마쳤다.

[판단] Y가 S에게 소유명의를 신탁하였음을 내세워 그 신탁을 해지한다는 행위 및 이전등기행위는 가장행위에 불과하다. 그것이 비록 확정판결이라는 채무명의의 방법으로 이루어졌다 하더라도 가장된 행위임에는 다름없다. 채권자취소권의 행사대상은 법률행위에 국한되지 않고, 더 넓게 법적행위를 의미하며, 이는 당사자의 의욕 여부를 묻지 않고 법률효과를 부여하는 의사활동으로서 의식된 부작위도 포함된다. 따라서 채무자가 피고의 신탁해지를 적극적으로 거절할 수 있었음에도 불구하고, 오히려 소극적으로 이를 묵인하는 것처럼 가장한 부작위는, 비록 확정판결이라는 수단을 이용하였다 하더라도 채권자취소권의 대상이 된다. 또한 확정판결의

---

235) 東京高判 소화 55. 4. 9. 東京時報 31-4-76도 같은 취지이다. [4] 판결의 항소심인 서울고등법원 1997. 10. 2. 선고 97나23778 판결은 채무자에게 사해의사를 인정할 수 없다는 이유로 취소를 인정하지 않았으나, 청구인낙이 취소의 대상이 되는 것을 전제로 한 것으로 보인다. 상고심에서는 심리불속행으로 기각되었다.

효력은 S와 Y 사이에서만 미치고 X의 Y에 대한 취소소송에는 미치지 않는다.

(마) 지급명령에 대한 이의신청 부제기(부인 사건임)

[6] 서울지방법원 2002. 3. 21. 선고 2001가단2240 판결[236)]

[사안] 파산관재인 X가 Y를 상대로 대여금의 지급을 청구한 사안인데, 파산 전 회사 A가 Y로부터 견질용 수표를 받아, A는 Y와의 약정에 위배하여 위 수표를 B에게 양도하였다. Y는 B의 추심에 대하여 수표금을 지급함으로써 그 금액에 해당하는 재산상 손해를 입었다. Y는 이를 이유로 A에 대하여 지급명령을 신청함에 대하여, A가 이의를 제기하지 않아 지급명령이 확정되었다. Y는 위 지급명령에 따라 A로부터 받을 수 있는 돈 중 일부를 자동채권으로 하고, A의 Y에 대한 대여금 채권을 수동채권으로 하여 상계하고, 나머지에 대해서는 A의 C 은행에 대한 예금채권에 대해 채권압류 및 전부명령을 받아 배당을 받았다.

[판단] A의 수표양도는 부적법하고 Y에 대하여 손해배상의무가 있었으므로 A의 이의부제기는 부인될 수 없다.

나. 집행력 있는 집행권원이 있을 때

(1) 입법례

(가) 부인권의 경우

부인권은 부인하고자 하는 행위에 관하여 집행력 있는 집행권원이 있는 때 또는 그 행위가 집행행위로 한 것인 때에도 행사할 수 있다(채무자회생법 제395조). 독일 도산법(InsO) 제141조도 같은 취지로 규정한다.

(나) 독일 취소법(AnfG) 제10조

"취소는 취소할 법률적 행위에 관하여 집행력 있는 집행권원이 있거나 강제집행으로 한 것이라도 행사할 수 있다"고 규정한다.

(2) 학 설[237)]

236) 2심인 서울고등법원 2003. 4. 24. 선고 2002나21488 판결은 1심을 유지하였는데, 상고심인 대법원 2005. 9. 29. 선고 2003다30135 판결은 피고에게 악의의 개연성이 있다는 이유로 파기환송하였다. 환송 후 2심인 서울고등법원 2007. 3. 14. 선고 2005나91259 판결은 1심의 견해를 지지하여 A에게 손해배상의무가 있다면 지급명령에 대한 이의제기를 하지 않은 행위는 부인의 대상이 될 수 없다고 하였다.

237) 飯原一乘, 詐害行爲取消訴訟, 279~280면 참조.

(가) 부인권의 경우

이에 관하여는 3가지 유형이 있다.

① 집행권원의 내용인 금전지급의무에 관한 관재인의 부인에 대하여, 수익자는 집행권원이 있다는 것을 가지고 항변할 수 없고, 지급의무를 발생시키는 채무자의 행위가 부인되면 집행권원의 내용인 지급의무는 소멸한다.

② 집행권원을 성립시킨 재판상의 자백·인낙·재판상의 화해 등이 부인되면 그 효과로서 집행권원의 효력이 소멸한다.

③ 집행권원에 따른 권리의 실현이 금전집행의 경우에는 배당수령을 부인하고, 등기 이전을 명한 판결로 한 집행에서는 이전등기신청을 부인한다.

(나) 채권자취소의 경우

① 적극설

사해행위에 판결이나 강제집행의 옷을 입혔다고 하여 그 성질이 변하지 않고, 채권자취소권이 소멸한다는 이론은 있을 수 없다. 또한 그러한 이유로 취소를 면할 수 있다면, 판결이나 강제집행의 수단을 통하여 채권자취소권을 무력화할 수 있다. 따라서 채무자회생법상 집행행위 부인규정은 이론상 당연한 것을 명시한 것에 불과하므로, 부인권과 같은 목적을 가지는 채권자취소권에 유추적용해야 한다.

② 소극설

재심 없이, 집행권원 자체를 그대로 두고 청구권의 효력을 박탈하는 것은 극히 이례적이고, 특별규정이 없는 한 이론상 당연하다고는 할 수 없다. 이와 같이 예외규정을 채권자취소권을 준용하여, 거기다 이를 위하여 '법률행위'라고 규정되어 있는 채권자취소권의 대상을 소송행위까지 확대 유추하는 것은 해석론의 영역을 넘는 것으로서 허용될 수 없다.

(3) 판례 — 적극설

[1] 대법원 2004. 8. 30. 선고 2004다21923 판결(재판상 화해)

취소를 구하는 행위는 채무자 S와 수익자 Y 사이의 대물변제약정이고, 재판상 화해는 S와 전득자인 피고 Z 사이에 이루어진 것이므로, 화해의 기판력에 저촉되지 않는다는 이유로 취소를 인정하였다.

[2] 대법원 2017. 4. 7. 선고 2016다204783 판결

채권자가 사해행위 취소와 함께 수익자나 전득자로부터 책임재산 회복을 명하는 사해행위취소 판결을 받은 경우, 수익자나 전득자가 채권자에 대하여 사해행위취소에 따른 원상회복 의무를 부담할 뿐, 채권자와 채무자 사이에서 취소에 따른 법률관계가 형성되지는 않는다. 따라서 채무자와 수익자 사이의 소송절차에서 확정판결 등에 따른 소유권이전등기가 사해행위취소에 따라 원상회복으로 말소된다고 하더라도, 그것이 확정판결 등의 효력에 반하거나 모순되는 것이 아니다.

다. 집행행위로 한 때

(1) 부인의 경우

위 「나.」항에서 본 바와 같이 부인하려는 행위가 집행행위로 한 때를 집행권원이 있을 때와 같이 취급한다.

집행권원을 가진 채권자 Y의 청구에 따라 집행기관을 개입시켜 채무자 S로부터 Y에게 권리가 이전하는 경우, 예컨대 전부명령에 따른 채권의 이전이나 경매로 소유권이 이전된 경우에, 집행기관의 행위를 통하여 실현된 효과 자체를 채무자가 한 것과 같이 보아 부인할 수 있다. 부인의 대상이 되는 것은 집행기관의 집행행위가 아니라 채무자 S의 행위이다.

最判 소화 37. 12. 6. 民集 16-12-2313은, 파산채무자가 강제집행절차에서 집행채권자와 통모하여 가담한 경우에는 집행을 이용한 채무자의 변제행위로서 고의부인의 대상이 된다고 한다.

(2) 채권자취소의 경우

집행행위는 민법 제406조의 '법률행위'가 아니고, '채무자의 행위'가 아니므로 사해행위가 될 수 없다는 견해와 위에서 본 집행력 있는 집행권원이 있는 경우와 같아 취소를 긍정하는 견해가 있다.

독일법의 해석상, 집행행위는 채무자의 행위가 아니므로 취소할 수 없지만, 채무자가 사해의사를 가지고 수익자와 통모하여 집행에 협력한 경우, 예컨대 채무자가 수익자에게 다른 채권자에 앞서 손을 쓸 수 있도록 연락해주거나, 수익자를 위하여 압류목적물을 은닉하거나 준비해 주는 행위는 사해행위가 된다고 한다.

대법원은 채무자가 수익자와 통모하여 압류·전부명령에 따라 채권을 넘겨준 경우에 사해행위를 인정한 사례가 있다.

□ 대법원 2002. 10. 25. 선고 2000다7783 판결

채무자가 처음부터 특정채권자로 하여금 채무자의 적극재산인 채권을 강제집행의 형식을 빌어 압류전부 받게 할 목적으로 채무부담행위를 하고 그와 아울러 그에게 강제집행을 승낙하는 취지가 기재된 공정증서를 작성해 주고, 채권자는 이를 이용하여 채무자의 채권을 압류전부 받은 때와 같이, 실질적으로 채무자가 자신의 채권을 특정채권자에게 양도한 것과 다를 바가 없는 것으로 볼 수 있는 특별한 사정이 있는 경우에, 그 행위에 따라 채무자가 채무초과 상태에 이르거나 이미 채무초과 상태에 있는 것을 심화시키는 상태가 초래되면 사해행위가 성립할 수 있다.[238]

그러나 채무자가 기존채무의 변제를 위하여 어음을 발행한 뒤 5개월이 더 지나서 그 어음금청구에 관하여 강제집행을 승낙하는 취지의 공정증서를 작성해 주고 채권자가 이를 이용하여 채무자의 제3채무자에 대한 채권에 관하여 압류·전부명령을 받은 경우에는 사해행위에 해당하지 않는다는 판례가 있다.[239] 어음발행과 동시에 집행승낙의 공정증서를 발행한 경우와는 달리 볼 수 있다는 취지이다.

238) 같은 취지 대법원 2009. 1. 15. 선고 2007다61618 판결.

239) 대법원 2002. 8. 27. 선고 2002다27903 판결(채권자취소권의 대상이 되는 채권자를 해치는 행위라 함은 재산권을 목적으로 한 법률행위로서 그에 따라 채무자의 소극재산이 적극재산을 초과하게 되거나 채무초과상태가 더 나빠지게 하는 행위를 뜻한다. 따라서 채무자가 이전부터 있는 채무의 변제를 위하여 약속어음을 발행하는 행위는 소극재산을 증가시키는 행위가 아니므로 그것만으로는 다른 채권자를 해치는 행위라고 보기 어렵다. 한편, 이 사건에서 보면, 채무자는 피고에 대한 차용금채무의 변제를 위하여 이 사건 약속어음을 발행하였다가 그로부터 5개월 더 지난 뒤 그 어음금 청구에 관하여 강제집행을 승낙하는 취지의 공정증서를 작성하여 주었는데, 피고가 이 사건 약속어음과 공정증서를 이용하여 채무자의 전세금반환채권에 대한 압류·전부명령을 받았다고 하여 이로써 바로 채무자가 전세금반환채권을 피고에게 양도한 것과 같다고 볼 수는 없고, 또 채무자가 피고와 짜고 원고를 해칠 의사로 이 사건 약속어음을 발행하였다고 볼 자료도 없다.)

3. 문제점의 고찰

가. 소송에 관한 행위와 취소의 대상

(1) 판결 · 집행의 취소와 개개 소송행위의 취소

소송계속 중에 채무자 S와 상대방(수익자) Y 사이에 한 사해적 담합행위는 피해채권자 X가 독립당사자 참가를 함으로써 막을 수 있으나,[240] 참가하지 못한 사이에 판결이 선고 · 확정되어 집행까지 된다면 사해의 결과가 발생한다.

이러한 결과를 제거하기 위한 가장 손쉽고 알기 쉬운 방법은, 판결 자체를 취소하거나 집행 자체를 배제하는 것이지만, 이들은 민사소송법의 재심이나 민사집행법의 청구이의 · 제3자이의 규정에 따라야 하고, 그 절차는 엄격한 요건이 필요하기 때문에 사해 목적으로 된 경우에는 대응하기 어렵다.

그렇다면 담합행위에 따른 판결 · 집행행위가 민법 제406조의 취소대상이 될 수 있는가? 이에 대하여 그것이 국가의 집행행위나 집행기관의 행위이지, '채무자의 법률행위'가 아니라는 이유로 취소할 수 없다고 하는 견해가 있다. 그러나 담합행위에 따라 판결이 선고되고 집행이 되었더라도, 원래 그 원인은 S의 행위이고 X를 해칠 의사로 한 것이며, Y에게 사해인식이 있다면, 채권자취소의 요건은 구비되므로, 그와 같은 통모행위는 취소의 대상이 된다. 다만 이 경우에는 X를 구제하기 위한 방법으로 판결이나 집행 자체를 취소할 것이 아니라, Y와 사이에서 상대적으로 담합행위를 취소하면 충분하다.

(2) 부인의 경우

부인권에 관한 규정(채무자회생법 제395조)에 따르면 집행권원이나 강제집행이 개재되어도 채무자의 행위를 부인할 수 있다. 채무자의 행위를 부인하면 집행권원의 내용이 되는 채무자의 의무가 소멸하거나, 집행권원이 가지는 집

---

240) 다만 대법원 2014. 6. 12. 선고 2012다47548 판결에 따르면, 독립당사자참가인이 통정허위표시와 같이 원고가 주장하는 권리가 무효임을 전제로 사해방지참가를 하는 것은 몰라도, 채권자취소소송을 제기하면서 참가하는 것은, 피대위소송의 원 · 피고 사이에서는 취소소송의 효력이 미치지 않아, 분쟁을 한꺼번에 해결할 수 없기 때문에 독립당사자참가의 소가 각하된다.

행력을 잃게 된다. 그러므로 강제집행으로 한 것도 부인의 대상은 집행기관의 집행행위가 아니고, 채무자가 강제집행을 받는 과정에서 사해의사를 가지고 협력한 경우에는, 집행행위를 통하여 채무자가 스스로 변제한 것과 같아 고의부인의 대상이 된다.

(3) 사해행위 취소의 경우

부인권에 관한 위의 해석은 채무자회생법과 같은 명문의 규정이 없는 채권자취소권에도 유추적용될 수 있다. 위에서 본 대법원 2000다7783 판결도, 실질적으로 채무자가 자신의 채권을 특정채권자에게 양도한 것과 다를 바가 없는 것으로 볼 수 있는 특별한 사정이 있는 경우에는 집행행위(전부명령)를 통한 채권양도(전부)도 사해행위가 될 수 있다고 한다. 소송상 화해나 인낙, 불출석에 따른 의제자백이 사해행위로 인정된 사례는 위에서 보았다.

또한 저당권 설정이 사해행위인 경우에는, 그 실행(법원의 경매절차) 후에도 설정행위를 취소할 수 있고,[241] 이 경우에는 경매절차가 아닌 채무자의 사해의사에 따른 설정행위가 취소대상이 되고, 경매절차에서 배당받은 수익자로부터 가액반환을 구할 수 있다.

나. 취소의 방법

집행권원이 있거나 강제집행을 한 경우에도, 취소대상은 채무자의 행위라고 한다면, 채권자취소권 행사는 일반의 경우와 다를 바 없으나, 아래에서 보는 바와 같이 몇 가지 문제가 있다.

(1) 취소대상의 특정

부인권에서는 고의부인의 경우에도 소제기 방식으로 할 필요가 없고 공격방어의 방법으로 주장할 수 있으므로, 부인의 대상을 청구취지 즉, 판결주문에 표시하지 않지만, 채권자취소소송에서는 '취소'가 소제기로 해야 하므로, 취소채권자 X는 취소 대상을 특정하여 청구취지에 기재할 필요가 있다.

위에서 본 바와 같이 취소 대상은 집행을 통한 채무자 S의 수익자 Y에

---

241) 대법원 1997. 10. 10. 선고 97다8687 판결; 대법원 2001. 2. 27. 선고 2000다44348 판결.

대한 변제행위이므로, 주문의 예를 들면, "Y의 S에 대한 ○○지방법원 2010. 5. 5. 선고 2009가합123 판결의 집행력 있는 판결정본에 따라, S가 Y에게 한 2010. 7. 1.자 1,000만 원의 변제를 취소한다. Y는 X에게 1,000만 원을 지급하라"는 형식이 될 것이다.

(2) 배당이의 소로 하는 취소청구

채권자가 배당기일에 출석하여 수익자의 배당부분에 대하여 이의를 하였다면, 그 채권자는 사해행위취소의 소와 병합하여 원상회복으로서 배당이의 소를 제기할 수 있다.[242] 따라서 예를 들면, S에 대하여 대여금채권의 확정판결을 가지고 있는 X가, S와 사이의 이혼에 따른 위자료청구권의 공정증서를 가지고 있는 Y와 함께, S의 A회사에 대한 채권을 압류하자, A회사가 채무액을 집행공탁하여 법원이 X와 Y의 신고에 따라 배당표를 작성한 때, X는 Y에 대하여 배당이의소송을 제기함과 동시에, S의 Y에 대한 위자료지급합의가 사해행위임을 이유로 취소를 구하는 소를 제기하면서, 배당표의 변경을 구할 수 있다.[243]

취소채권자로서는 배당표 경정을 통하여, 사해행위로 설정된 근저당권에 할당된 배당금을 자기만이 손쉽게 재분배받을 수 있으므로, 이러한 병합방식은 상당히 실익이 있는 방법이다. 즉 배당이의소송이 가지는 상대적 효력 때문에 사해행위취소소송을 병합한 취소채권자가 사실상 우선적인 만족을 얻을 수 있기 때문이다.[244]

(3) 확정판결에 따른 소유권이전등기를 한 경우

확정판결에 따른 소유권이전등기가 경료된 경우에, 소유권이전의 원인행위가 취소되면 그 등기는 말소되어야 한다.[245] 이러한 경우에 원인행위가 취소되는 것은 당연하지만, 소유권이전등기가 말소된다면, S·Y 사이 법률행위의 효력도 결국은 부인되는 결과가 된다. 독일법의 해석으로는 사해매매에

---

242) 근저당권에 기한 경매의 경우 대법원 2004. 1. 27. 선고 2003다6200 판결.

243) 最判 평성 12. 3. 9. 民集 54-31-1013, 判時 1708-101의 사안이다.

244) [32] 7. 나. (3) 참조.

245) 위에서 본 大阪高判 소화 38. 9. 18.(소유권이전등기)나 서울지방법원 2003. 7. 28. 선고 2002가합28338 판결(폐기물 처리업 등록명의) 참조.

관하여 채무자 S와 수익자 Y 사이에 판결이 있은 후 그 매매가 취소되면, 그 판결은 S·Y 사이에는 그대로 효력이 있으나, 취소채권자 X에 대하여만 무효가 된다고 한다.

이러한 경우에 상대적 무효설을 관철하기 위하여는 가액배상을 명하는 것이 바람직하다는 견해가 있다.[246] 그러나 확정판결이 개입되지 않은 사해행위를 취소하는 경우에도, 통설과 판례는 상대적 무효설을 취하고 있음에도 불구하고 위의 경우에 소유권이전등기의 말소를 명하고 있어 동일한 문제가 발생한다. 사해행위 후에 확정판결(대부분이 담합판결이 될 것이다)이 있다는 이유만으로 그렇지 않은 경우와 달리 취급할 만한 합리적인 근거를 찾기 어렵고, 위 견해에 따르면 채권자취소소송의 원상회복방법이 원칙적으로 가액반환이 될 수밖에 없으므로 찬성할 수 없다.

[20] X. 부작위

채무자 S가 채권자 X를 해칠 것을 알면서 제3채무자 A에 대한 권리를 행사하지 않는 경우, X는 채권자대위권(민법 제404조)을 통하여 채권을 보전할 수 있다. 그러나 채권자대위권은 채무자가 권리를 행사할 수 있을 때에만 가능하므로, 그렇지 않은 경우에는 채권자취소제도를 이용하는 수밖에 없다.

1. 독 일

가. 도산법(InsO) 제129조 제2항 및 채권자취소법(AnfG) 제1조 제2항은 모두 부작위(Unterlassung)를 부인이나 취소의 대상이 되는 법률적 행위(Rechtshandlung)와 같이 보고 있다.

나. 위 규정이 신설되기 전에도 부작위를 소극적 법적행위로서 적극적 법적행위와 같이 취소를 인정하는 것이 통설이었다.[247] 의식 없는 부작위

246) 飯原一乘, 詐害行爲取消訴訟, 286면.
247) 飯原一乘, 詐害行爲取消訴訟, 288면.

(unbewußte Unterlassung), 예를 들면 잊거나 부주의로 채권의 소멸시효가 완성되는 경우나 역권(役權, Dienstbarkeit)의 불행사는 법적행위가 아니므로 취소의 대상이 되지 않는다. 그러나 부작위는 통모(Verabredung)로 할 것을 요구하지 않는다. 부작위에 해의(害意) 있는 공동행위(arglistige Zusammenwirken)가 있으면 오히려 적극적 행위로서 취소할 수 있다. 독일에서 이론상 부인이나 취소의 대상이 되는 부작위의 예로서, 시효기간 도과(시효중단 조치의 미실시, Verstreichenlassen der Verjährungsfrist), 부작위적 어음인수 거절(unterlassener Wechselprotest) 등과 같이 실체법상 부작위뿐만 아니라, 기일에 출석하지 않거나, 변론을 하지 않는 행위, 지급명령에 대한 이의신청이나 상소, 적시에 제출하여야 할 항변을 제출하지 않는 것, 공격방어방법이나 증거방법을 제출하지 않는 등 소송절차에서 불항쟁(Nicht-bestreiten im Prozeß)도 취소의 대상이 된다.

다. 그러나 증여의 거절이나, 취득이 가능함에도 이를 거절하거나, 청약의 거절 등은, 채무자에게는 수령 전에 아무런 권리가 없고, 채권자에게 변제를 위하여 수령을 강제할 권리가 없다고 본다.

라. 독일에서는 부인뿐만 아니라 취소의 대상을 넓게 인정하고 있는데, 이는 독일법이 취소의 대상을 '법률행위'가 아닌 '법률적 행위'로 규정하고, 채권자취소권을 반드시 소제기로 행사하는 것만이 아니라, 항변으로도 행사할 수 있다(AnfG 제9조)는 점에서 그 원인을 찾을 수 있다. 우리 민법(일본도 같음)은 반드시 소제기로만 행사하게 되어 있어, 취소부분은 청구취지와 주문에서 구체적으로 법률행위가 특정되어야 한다. 독일에서는 그러한 제약이 없으므로 상대적으로 취소의 대상을 넓게 인정할 수 있다.

2. 일 본

가. 부인권

부인권의 행사대상으로 부작위가 포함될 수 있음은 일반적으로 인정되고, 판례도 어음상환청구권의 시효중단을 하지 않은 부작위에 대해 부인을 인정

한 예가 있다.[248)]

나. 채권자취소권

부작위에 관하여 취소를 인정한 판례는 없고, 학설상으로는 다툼이 있다.[249)]

3. 우리나라

가. 부인권

시효 중단, 소송상 방어, 보존행위를 게을리 하는 것과 같은 부작위도 상대방과 통모한 경우에는 부인의 대상이 된다는 견해가 있다.[250)] 또한 파산채무자의 부작위도 부인의 대상이 된다는 것이 통설·판례이고, 시효중단의 해태, 지급명령신청에 대한 이의신청의 부제기, 지급거절증서의 작성 해태, 변론기일에 불출석, 공격방어방법의 부제출과 같은 경우에 부인이 될 수 있다는 견해[251)]가 있다.

지급명령에 대한 이의신청 부제기가 부인의 대상으로 문제가 된 사례가 있음은 위에서 보았다(서울지방법원 2002. 3. 21. 선고 2001가단2240 판결).[252)]

나. 채권자취소권

취소권의 행사대상은 '채무자가 한 법률행위'이어야 하므로 시효중단조치를 하지 않거나, 증여에 대하여 승낙의 의사표시를 하지 않는 것 같은 단순한 부작위는 대상이 되지 못한다.

부작위는 채무자의 법률행위가 아니고, 이를 판결주문에 특정하여 취소를 선고하는 것도 적절하지 않으므로, 그 자체를 취소의 대상으로 삼기가 쉽지 않다. 다만 민법 제15조나 제131조와 같이 상대방의 최고에 대하여 일정기간 내에 확답을 하지 아니하면 취소할 수 있는 법률행위를 추인한 것으로 간주

248) 大判 소화 10. 8. 8. 民集 14-1695.

249) 飯原一乘, 詐害行爲取消訴訟, 289면.

250) 임채홍·백창훈, 회사정리법(상)(제2판), 한국사법행정학회 2002. 452면.

251) 법인파산실무, 389면. 임채웅, '사해행위로서의 소송행위의 취소 및 부인에 관한 연구', 310면 참조.

252) [19] 참조.

되거나 추인을 거절한 것으로 간주되는 경우에는, 법률행위의 추인이나 추인거절로서 취소의 대상이 될 수 있다는 것이 통설적 견해이다.[253)]

기일불출석에 따른 의제자백이 취소된 사례는 위에서 보았다(광주고등법원 1984. 3. 16. 선고 83나329 판결).[254)]

4. 부작위의 시점

부작위가 행위로 인정된다면, 그 시점, 즉 행위의 완료시점은 언제인가. 이는 부인의 요건 검토의 기준시점인 동시에, 제척기간의 기산점이 되므로 중요한 의미를 갖는다.

부작위의 행위로서 완성은 그 부작위로써 의도하는 바가 달성된 때로 보아, 시효중단의 해태는 중단이 가능한 마지막 날이고, 각종 이의부제기는 그 이의기간이 만료된 때이며, 민사소송법 제268조에 따른 취하간주의 경우 2회의 쌍방불출석이 있은 후, 기일지정 신청기간인 1개월이 도과된 때라고 하는 견해가 있다.[255)]

5. 개별적인 검토와 부인(취소 포함)의 효과

가. 시효중단의 해태

시효중단의 해태가 부인되면 수익자와 관재인 사이에서는 시효가 완성되기 전의 상태로 돌아가고, 관재인은 수익자에 대하여 채무이행을 청구할 수 있는 한편, 채무자와 수익자 사이에는 여전히 채권이 시효완성으로 소멸된 것으로 취급된다.[256)]

나. 변론기일에 불출석

253) 민법주해 IX, 815~816면.
254) [19] 참조.
255) 임채웅, 전게논문, 313면.
256) 임채웅, 전게논문, 314면.

변론기일에 불출석함으로써 소가 취하간주되거나, 자백이 간주되어 수익자가 승소하는 경우에 문제가 된다.

취하간주가 부인되면 회복되는 상황은 소취하가 없었던 상태이므로 결국 소송이 계속된다. 자백간주로 수익자가 승소판결을 받은 행위가 부인되면 그 판결에 따른 집행권원의 효력이 상실되고 소송이 계속된다.

문제는 소취하가 부인된 후 소송 수행을 계속하여 수익자가 승소하더라도 부인이 인용될 수 있을 것인가? 이에 대하여는 부인과 같은 강대한 권한의 행사는 엄격한 요건이 필요하므로 이를 부정해야 한다는 견해가 있다.[257]

다. 공격방어방법의 부제출

공격방어방법은 무수히 많고 복잡하며 소송전략에 관한 문제이므로, 당사자에게 고도의 재량을 인정해야 하므로, 실제로 그것이 적절한지 여부는 판단하기 어렵다. 특히 다양한 공격방어방법이 있는 경우, 그러한 방법을 모두 사용할 것을 요구하는 것은 무리이므로, 이를 부인의 대상으로 삼는 것은 일반적으로 적절하지 않다.[258]

라. 지급명령에 대한 이의신청이나 판결에 대한 상소 부제기

(1) 지급명령에 대한 이의신청 부제기에 관한 위에서 본 서울지방법원 2002. 3. 21. 선고 2001가단2240 판결에서는 원래의 채권이 정당한지 여부가 1차적으로 판단기준이 되었다. 이의신청의 부제기가 부인된다면 이의신청을 한 것으로 보아야 하므로 소송이 계속된다.

(2) 그러나 판결에 대한 상소 부제기는, 설혹 상급심에서 파기될 가능성이 있다 하더라도, 파기 가능성이 확실한 경우가 아니라면, 일단 법원에서 판단한 내용은 정당하다고 간주되므로, 당사자가 법원의 판결을 따랐다고 하여 사해행위라고 하는 것은 적절하지 않다.

---

257) 임채웅, 전게논문, 314~315면 참조.

258) 임채웅, 전게논문, 315~316면 참조.

[21] XI. 회사설립

1. 서 론

가. 상법 제185조는 합명회사에 관하여 "사원이 그 채권자를 해할 것을 알고 회사를 설립한 때에는, 채권자는 그 사원과 회사에 대한 소로 회사의 설립취소를 청구할 수 있다"고 규정하고, 합자회사와 유한회사의 경우에도 합명회사의 규정을 준용한다(상법 제269조, 제552조 제2항). 특이한 것은 사해행위를 한 사원과 회사를 공동피고로 하여 소를 제기해야 한다.

취소의 요건으로서 수익자(회사)의 악의는, 설립자가 사해사실을 알고 있으면 회사가 안 것으로 인정되므로,[259] 따로 규정되지 않았다.

따라서 인적회사인 합명회사와 합자회사, 물적회사로서 규모가 작은 유한회사(이하 이들을 '지분회사'라 함)는 사해설립취소의 소에서는 같은 법리가 적용된다.[260]

나. 주식회사에서는 위 규정의 적용이 없고 해석상 여러 가지 문제가 있다.[261]

2. 지분회사 설립의 취소

259) 大判 대정 7. 10. 28. 民錄 24-2195는 우리 상법 제185조에 해당하는 일본 상법 제141조의 규정이 없던 시기(소화 13년 상법 개정으로 추가)에 나온 판결로서 민법의 채권자취소권 규정에 따라 합자회사설립 취소를 인정하고, 회사의 악의에 관하여도 본문과 같이 판단하였다.

260) 일본 회사법은 이들 회사를 주식회사와 구분하여 '지분회사'로 분류한다. 이 책에서도 주식회사가 아닌 소규모회사를 가리킬 때 편의상 '지분회사'라는 말을 사용한다.

261) 이와 관련하여, 大阪高判 소화 50. 3. 28. 判時 781-101은 기존의 A회사 채권자를 해칠 목적으로, B회사를 설립한 때, 채권자는 A회사에 대한 급부판결에 집행문을 받아 B회사에 대한 강제집행을 할 수 있다고 한다. 그러나 이는 법인격부인 이론을 집행단계에서 적용할 수 있다는 것을 전제로 하는데, 법인격부인 이론은 소송단계에서 판단하는 것이므로 最高裁 소화 53. 9. 14. 判時 906-88은 그러한 이론을 채택하지 않았다. 대법원 2002. 10. 11. 선고 2002다43851 판결도 같은 견해이다.

가. 민법 제406조와의 관계

상법 제185조에 따른 취소는 민법 제406조와 같이, 소로써 해야 하고, 본점소재지 지방법원의 전속관할이다(상법 제186조).

지분회사 설립행위가 민법상 채권자취소권과 상법상 설립취소의 요건을 동시에 만족시키는 경우에, 양쪽의 구제수단을 선택할 수 있는가. 민법상 채권자취소제도가 설립취소에 관하여 상법에서 특별히 설계된 것으로 볼 수 있으므로 상법이 우선 적용되고 채권자취소권은 배제된다.[262)]

나. 취소의 대상

취소의 대상은 회사의 설립행위 자체이고, 출자약속이나 출자행위가 아니다.[263)] 상법 제185조에 따른 사해행위취소는 민법 제406조의 특칙으로서 민법은 적용할 여지가 없으므로, 출자행위를 취소할 필요가 없다는 것이 일본최고재[264)]와 통설의 견해이다.

이에 대하여 회사설립행위와 채무자의 입사행위는 전혀 별개의 행위로서, 채권자는 출자약속을 내용으로 하는 입사행위를 취소할 수 있고, 신분법상의 행위인 설립행위를 취소할 수 없으며, 채권자는 채무자를 퇴사시켜 그 출자를 반환받는 것만으로, 사해행위취소의 목적은 충분히 달성할 수 있음에도 불구하고, 기업 전체를 없앰으로써 제3자에게 악영향을 끼치는 것은 부당하다는 유력한 견해가 있다.[265)]

다. 당사자

(1) 원고는 회사설립에 따라 피해를 입은 채권자이다(상법 제185조).

취소권을 행사할 수 있는 채권자는, 채무자가 유한회사 설립을 발기하여 정관을 작성한 후 공증인의 인증을 받을 당시에 채권을 가진 자이어야 하고,

---

262) 김재범, 회사의 동일성, 채무면탈 목적과 법인격부인론의 적용, 7면 이하.

263) 大判 소화 16. 5. 16. 法律新聞 4707-22(합명회사설립취소 사건).

264) 最判 소화 39. 1. 23. 民集 18-1-87, 判タ 161-71(유한회사설립취소 사건임).

265) 飯原一乘, 詐害行爲取消訴訟, 296면, 302면에 인용된 주 8 野津務의 견해. 아래 보는 바와 같이 상법 제194조에 따라 나머지 사원들이 회사를 계속할 수 있으므로 사해설립의 취소가 있다고 하여 항상 기업이 소멸되는 것은 아니다. 다만 취소채권자의 구제기능이라는 측면에서 볼 때 입사행위만을 취소할 수 있다는 견해를 취한다면 더욱 효율성이 있다고 하겠다.

정관 작성 후에는 출자 이행 전에 채권을 취득한 사람이라 하더라도 취소권을 가지지 않는다고 하여, 출자는 정관상 의무이행에 불과하여 그 자체로는 채권자를 해치는 것이 아니라는 판례가 있다.[266)]

(2) 피고는 사원(채무자)과 회사(수익자)로서(상법 제185조), 고유필수적 공동소송(민소법 제67조)이고, 일부 사원에게 취소원인이 있는 내용의 사해행위에 따른 회사의 설립 취소는 그 전부에 대하여 효력이 있다.[267)]

라. 당사자의 악의

사원(채무자)의 사해의사는 필요하지만, 회사(수익자)의 악의는 요건이 아니다.

마. 취소의 효력

취소판결의 효력은 소송당사자뿐만 아니라 제3자에게도 미치는 대세적인 효력이 있으나 소급효는 없고 장래에 향하여 효력을 가진다(상법 제190조).

취소판결이 확정되면 회사는 해산에 준하여 청산되지만(상법 제193조), 취소의 원인이 특정한 사원에 국한된 때에는 다른 사원 전원의 동의로써 회사를 계속할 수 있고, 이때 취소의 원인이 된 사원은 퇴사한다(상법 제194조).

바. 채권자의 구제 – 미흡

사해설립 취소가 있으면 회사는 채무자(사원)의 출자를 반환하는 것이 아니라, 설립 자체가 취소되어 해산절차에 들어간다. 그러므로 그 후 절차에서 먼저 보호되는 것은 회사채권자이고, 출자사원(채무자)은 잔여재산에 관한 권리를 가질 뿐이므로, 취소채권자는 그 잔여재산청구권을 대위행사하거나 압류할 수밖에 없어 구제방법으로서 실효성이 낮다. 따라서 채권자로서는 상법 제185조의 사해설립취소의 방법 외에 채무자(사원)의 지분을 압류(상법 제223조, 제224조)하거나 법인격부인의 법리에 따라 구제받을 길을 모색할 수 있을 것이다.

---

266) 東京地判 소화 47. 7. 6. 下民集 23-5/8-356.

267) 鳥取地判 소화 43. 8. 30. 下民集 19-7/8-524.

3. 주식회사의 경우

위에서 본 바와 같이 상법 제185조는 합명·합자·유한회사, 즉 이른 바 지분회사만 적용되므로, 주식회사는 민법 제406조에 따른 취소가 가능한지 여부를 검토할 필요가 있다.

가. 설립행위의 취소

채무자가 한 법률행위의 종류나 성질은 문제되지 않으므로 계약은 물론, 단독행위나 합동행위인 회사설립행위도 채권자취소의 대상이 된다는 것이 일반적인 견해이다.[268] 그런데 위 견해를 전제로 하면서도 다만 회사설립행위에 대하여는 상법 제185조의 특별규정이 있으므로 채권자취소의 대상이 되지 않는다는 견해가 있다.[269]

그러나 위의 견해들은 모두 상법 제185조의 적용이 없는 주식회사 설립행위를 염두에 둔 설명이 아니므로, 이에 대한 학설이 정립되어 있다고 할 수 없고 달리 이를 쟁점으로 다룬 판례도 찾을 수 없다.

나. 출자행위의 취소

주식회사에 관하여는 설립행위 자체를 취소할 수 있다는 규정이 없고, 위에서 본 바와 같이 그에 관한 학설이 정립된 것도 아니므로, 주식청약이나 인수 또는 현물출자에 관한 행위가 민법 제406조에 따라 취소의 대상이 되는지 검토한다.

(1) 판 례

일본 하급심 판례에는 취소를 인정하지 않은 것과 인정한 판례가 있다.

[1] 宇都宮地判 소화 33. 7. 25. 下民集 9-7-1433(취소 부정)

[사안] S가 부동산과 기계류(합계 12만 엔)를 현물출자하여 자본금 15만 엔의 Y

---

268) 조남대, '채권자취소권의 대상으로서의 사해행위에 관한 고찰', 587면.

269) 민법주해 IX, 815면 참조. 다만 여기에서 인용한 最判 소화 39. 1. 23. 판결은 위에서 본 바와 같이 유한회사설립 취소에 관한 사건이다.

주식회사를 설립하자, 채권자 X가 Y에 대하여 S의 출자행위취소와 원상회복으로서 부동산소유권이전등기의 말소를 청구하였다.

[판단] ① 현물출자행위는 일반적인 개인 간의 행위가 아니라 단체적인 행위이고 회사설립을 하기 위한 행위이므로, 개인 간의 행위를 규율하는 민법규정은 적용되지 않는다(상법 제320조[270] 참조). ② 현물출자행위는 회사설립과 밀접하게 관련되어 있고, 현물출자가 없어도 발기인은 자본을 전보할 의무가 없으므로, 많은 경우 현물출자행위가 취소되면 회사설립은 무효가 된다.[271] ③ 회사설립의 무효는 엄격히 제한된다(상법 제184조, 제328조). ④ 합명회사와 합자회사는 회사설립행위가 사해행위에 해당하는 경우에는, 채권자가 설립취소의 소를 제기할 수 있다(상법 제185조)는 점이 명시적으로 규정되어 있으나, 주식회사에는 이러한 규정이 없다. 위와 같은 이유 때문에 주식회사설립의 취소를 소구할 수 없다고 해석되는 점 및 주식회사를 설립할 때 현물출자행위는 그 영향이 매우 크다(출자행위를 취소하면 Y의 설립은 무효로 된다)는 점을 함께 고려하면, 현물출자를 사해행위로 취소하는 것은 허용될 수 없다.

[2] 東京地判 평성 15. 10. 10. 金判 1178-2(취소 인정)

[사안] 부채 약 5억 6,920만 엔, 자산 약 3억 3,051만 엔인 S가, 상업용 8층 빌딩(본건 건물=1억 5,190만 엔) 외에 부동산(8,124만 엔)을 현물출자하여 자본금 3,000만 엔의 Y주식회사(대표자 : S의 처)를 설립하였다. S에 대하여 약 5억 4,929만 엔의 채권을 가지는 X_1, X_2가 Y에 대하여 본건 건물에 대한 현물출자의 취소와 그 소유권이전등기의 말소를 구하였다.

[판단] 주식회사에 대한 현물출자를 취소하여도, 적어도 주식회사의 자본을 훼손하지 않는 범위에서는, 설립행위를 직접 취소하는 것은 아니므로, 사해행위로 취소할 수 있다. 상법 제185조는 설립행위취소를 규정하므로, 현물출자의 사해행위취소를 인정하는 것은 상법의 규정에 모순되는 것도 아니다. 주식회사의 중요한 재산에 대한 현물출자의 취소를 인정하더라도 회사의 설립행위 자체를 해치지 않는다.

---

270) 상법 제320조[주식인수의 무효주장, 취소의 제한]
① 회사 성립 후에는 주식을 인수한 자는 주식청약서 요건의 흠결을 이유로 하여 그 인수의 무효를 주장하거나 사기, 강박 또는 착오를 이유로 하여 그 인수를 취소하지 못한다. ② 창립총회에 출석하여 그 권리를 행사한 자는 회사의 성립 전에도 전항과 같다.

271) 당시에는 일본 상법 제192조 제2항(우리 상법 제321조에 해당)이 없어서, 발기인의 인수담보책임이 없었다.

(2) 검 토

(가) 위 두 판례의 차이는, [1]은 Y회사의 자본금이 15만 엔이고 현물출자가 12만 엔이므로 그 출자의 취소는 바로 설립의 무효로 연결된다. 이와 달리 [2]는 현물출자액이 모두 2억 3,314만 엔이므로, 1억 5,190만 엔 상당을 취소하더라도 8,124만 엔의 출자가 남아 있어, 3,000만 엔의 자본은 훼손되지 않는다.

(나) 소극설의 입장은, 주식인수를 민법 제406조에 따라 취소하는 경우에는, 회사성립 후에 그 취소를 인정하지 않는 상법 제320조가 적용되지 않고, 발기인의 인수담보책임에 관한 상법 제321조에 따른 구제도 될 수 없으므로, 결국 회사설립은 무효가 될 수밖에 없으나, 회사의 설립 전체를 무효로 하는 것은 채권자에게 필요 이상의 권리를 부여하는 반면, 채권자구제에도 실제로 실익이 없으며, 보다 기본적으로는 회사 설립행위는 성질상 회사라는 인격의 창설을 목적으로 하는 인격권적 행위이므로 취소할 수 없다는 것이다.

참고로 정리회사가 현물출자를 받고 신주를 발행하는 행위는 비록 현물출자의 목적물이 과대평가되었다고 하더라도 특별한 사정이 없다면 정리회사의 재산이 감소하는 것이 아니라 증가하므로, 그와 같은 행위는 회사정리절차에서 (고의)부인권을 둔 취지에 어긋나거나 그 실효성을 상실시키는 것이 아니므로, 부인권행사의 대상이 되지 않는다는 판례가 있다.[272)]

(다) 이에 대하여 적극설은, 민법에 따라 출자행위가 취소되더라도 상법 제321조의 따라 인수의 담보책임이 있으므로, 회사설립무효를 초래하지 않는다고 한다.

(라) 한편 절충설은, 회사설립은 채무자인 발기인 이외의 주주와 일반 제3자에게도 중대한 영향을 미치는 사항이므로, 상법 제320조의 취지를 유추하여, 적어도 회사설립 이후에는 민법 제406조에 따른 주식인수취소도 허용되지 않는다고 한다.

(마) 이는 상법 제321조[273)]와도 관련되는데, 현물출자를 취소하더라도 발

272) 대법원 2004. 9. 3. 선고 2004다27686 판결.

273) 상법 제321조(발기인의 인수·납입 담보책임)

① 회사 설립 시에 발행한 주식으로서 회사 성립 후에 아직 인수되지 아니한 주식

기인의 담보책임 이행으로 회사 설립이 무효로 되지 않는다면, 현물출자가 사해행위인 경우 민법 제406조의 적용을 배제할 이유가 없을 것이다.

4. 소규모 물적회사의 경우

가. 1인회사

과거 주식회사 설립에는 7인의 발기인이 필요하였고, 따라서 설립 시에는 최소한 7명의 주주가 있었으나, 현행법은 발기인의 수를 정하지 않아, 설립 시부터 1인회사가 가능하다(상법 제288조). 회사의 설립취소에 관한 소극설의 논거 중 하나가, 취소가 사해채무자(주주) 외의 다른 주주에게도 영향을 미친다는 것이다. 그렇다면 1인회사의 설립이 가능함에 따라 출자행위가 채권자취소의 대상으로 될 수 있는 논거가 더 설득력이 높아졌다.

나. 소규모회사

또한 자본액을 5,000만 원 이상으로 정하였던 상법 제329조 제1항이 삭제됨으로써(2009. 5. 28.), 주식회사도 소자본으로 설립이 가능하게 되었다. 그러한 소규모회사는 이해관계인도 적고 지분회사와 실질적으로 큰 차이가 없으므로 설립취소를 인정될 수 있는 여지가 많아졌다 할 수 있다.

5. 법인격 부인론과의 관계

가. 논의의 필요성

(1) 법인격부인의 법리는, 회사가 그 실질적인 소유자인 주주(사원)와는 별개의 권리·의무 주체로서 인격을 갖는 독립적인 법인임을 형식적으로 관철하면 정의에 어긋나는 경우에, 회사로서의 존재(일반적인 법인격)는 인정하면

이 있거나, 주식인수의 청약이 취소된 때는 발기인이 이를 공동으로 인수한 것으로 본다.

② 회사 성립 후 제295조 제1항 또는 제305조 제1항의 규정에 의한 납입이 완료되지 아니한 주식이 있는 때에는 발기인이 연대하여 그 납입을 해야 한다.

서도 특정한 사안을 처리할 때는 회사에 독립적인 법인격이 없는 것처럼 취급하여 배후에 있는 실체(주주나 사원)를 회사와 동일시하는 법리이다.[274)]

(2) 지분회사 사해설립취소는 효용성이 낮고, 주식회사는 상법상 사해설립취소 규정이 없어 민법상 채권자취소의 대상이 되는지 여부에 관한 학설의 대립이 있음은 위에서 살펴보았다. 그러므로 채무자가 채무면탈을 위하여 회사설립을 한 경우에 설립된 회사의 법인격을 부인하여, 채권자가 회사에 대하여도 채권을 추심할 수 있도록 하는 방법으로 채권자를 구제하는 방법이 실무상으로나 이론적으로 강구되고 있다.[275)] 물론 법인격 부인이 문제되는 행위는 회사설립만이 아니다. 오히려 정상적으로는 사업양도나 회사분할과 같이 기업의 양도나 매수 또는 채무초과상태에 있는 회사의 회생을 위한 방법으로 이용되고 있는 방법이, 현실적으로 회사채권자를 해칠 목적으로 남용되는 경우가 있다. 예를 들면 회사가 많은 채무를 부담하여 지급불능의 상황이 되자, 회사 경영자가 채권자의 강제집행을 면하기 위하여 따로 회사를 설립하여 그 회사와 사이에 사업양도계약을 체결하거나, 회사분할이라는 상법상 형식을 이용하는 경우가 있다. 이 경우에 채권자취소권(경우에 따라서는 사해설립취소)을 이용할 수도 있으나, 법인격부인 법리를 적용하여 재산권을 이전받은 회사 재산에 대하여 강제집행을 할 수 있다면 효과적인 채권자 보호 방안이 될 수 있다.

(3) 법인격부인론은 민법 제2조의 신의칙이나 권리남용금지 원칙에 따라 인정되는 것으로서, 일반조항적 성격을 띠고 있고, 회사의 유한책임원칙을 함

---

274) 법인격 부인론은 법인이라는 형식 뒤에 숨어서 책임을 회피하는 수단으로 법인 제도를 이용하는 것을 억제함으로써, 법인제도의 형식적 엄격성을 완화하고 구체적 타당성을 실현하는 중요한 기능을 수행할 수 있는 유용한 법개념이다. 김재형, '법인격, 그 인정과 부정', 32면.

275) 이에 대한 논의로는 김재범, 회사의 동일성, 채무면탈 목적과 법인격부인론의 적용, 5면 이하. 또한 일본에서의 이에 대한 논의로는 高須順一, 民法から 詐害行爲取消と法人格否認の法理, 法學セミナー 57권 12호(通卷 695호), 日本評論社, 2012; 松中學, 商法から 詐害行爲取消と法人格否認の法理, 法學セミナー 57권 12(通卷 695호), 日本評論社; 伊藤靖史, 財産讓渡による債權者詐害と法人格否認・詐害行爲取消權、商事法律硏究會, 2003.

부로 부정해서는 안 되므로, 다른 법리에 따른 구제수단이 없는 경우에 비로소 '보충적'으로 적용해야 한다는 견해가 통설이다. 그러나 다른 구제수단을 모두 행사한 경우에만 이를 인정해야 한다는 취지는 아니다. 법인격부인의 법리는 형평을 구현하기 위한 여러 구제수단 중의 하나이기 때문이다.[276)]

아래에서 채권자취소권과 법인격부인 제도의 요건과 효과의 차이점을 살펴본다.[277)]

나. 요건의 차이

(1) 법인격부인

권리의무는 인격마다 따로 판단되므로, 회사에 귀속되는 재산과 회사경영자 개인의 재산은 엄격히 구별된다. 그러나 실제로는 회사와 회사경영자나 관계회사의 재산이 구별되지 않고 혼연일체가 되어 있는 회사(법인격 형해화)가 있다. 또한 회사경영자가 회사재산을 다른 회사에 이전시킴으로써 채권자의 추급을 면하려 하는 경우(법인격 남용)가 있다.[278)]

대법원 2004. 11. 22. 선고 2002다66892 판결은 기존회사가 채무를 면탈하기 위하여 신설회사를 설립한 사안에서, 두 회사가 실질적으로 동일하고, 기존회사의 채권자에 대한 채무를 면탈할 목적으로 신설회사를 설립한 경우에, 법인격부인(남용)의 법리를 적용하여, 기존회사의 채권자는 두 회사 어느 쪽에 대하여도 채무이행을 청구할 수 있다고 하였다. 판례는 법인격부인의 법리적 근거를 민법 제2조 제1항 신의성실의 원칙에서 찾고 있으므로, 요건의 검토도 결국은 개별적으로 신의칙위반 사실에 관한 판단에 따라야 한다. 그러나 일반적 법리로서 위 판례에서 법인격부인(남용)의 요건을 추출하면, ① 신설회사와 기존회사 또는 회사의 배후자와 회사가 기업의 형태·내용이 실

---

276) 김재형, 전게논문, 27면.

277) 사해설립취소의 성격은 채권자취소권의 특별규정이고, 그 요건이나 효과도 다른 규정이 없다면 채권자취소권과 같으므로 따로 설명하지 않는다.

278) '법인격 형해화'와 '법인격 남용'을 구분하여 그 요건을 설시한 판결로는 대법원 2008. 9. 11. 선고 2007다90982 판결 참조. 그 중에서 채권자취소권과 관계되는 것은 원칙적으로 법인격 남용이 될 것이다. 다만 판례가 위 2가지 유형을 엄밀하게 구분하지는 않고 있다. 김재형, 전게 논문, 19면.

질적으로 동일할 것(객관적 요건 – 지배요건)[279]과 ② 회사의 지배권을 가지는 배후자가 위법하거나 부정한 목적을 가질 것(주관적 요건 – 목적요건)의 2가지를 요건사실로 하고 있다.[280]

채권자취소권이 채무자의 법률행위를 취소하는 방식을 취함에 대하여, 법인격부인은 당사자 사이에 일어난 법률행위의 존부나 그 존속에 관하여는 아무런 관심이 없다. 또한 최종적으로 신의칙에 위배되느냐 여부의 판단문제이므로, 지배요건이나 목적요건이 필요하다고 하여도 이는 다분히 규범적이고, 그 기초가 되는 구체적 사실로서 필요한 내용이나 증명의 정도에 관하여는 법관의 판단에 맡길 수밖에 없다.[281] 이에 대하여 채권자취소권에서 사해행위의 요건에 관하여는, 행위유형마다 일정한 판례법리가 형성되어 있어서 어느 정도는 주장입증의 명제가 정형화되어 있다.

(2) 채권자취소권

채권자취소권의 요건은 피보전채권의 존재, 채무자 행위의 사해성과 채무자의 사해의사, 그리고 피고인 수익자나 전득자의 악의가 있다.

---

279) 친자회사의 사안에서 지배요건에 관하여, 대법원 2006. 8. 25. 선고 2004다26119 판결 참조(자회사가 그 자체의 독자적인 의사 또는 존재를 상실하고 모회사가 자기 사업의 일부로서 자회사를 운영한다고 할 수 있을 정도로 완전한 지배력을 행사하고 있을 것이 요구되고, 구체적으로는 모회사와 자회사 사이에 재산과 업무 및 대외적인 기업거래활동이 명확히 구분되어 있지 않고 두 회사가 서로 혼용되어 있다는 등의 개관적 징표가 있어야 한다).

280) 법인격부인(남용)의 요건으로서 채무면탈의 목적을 비롯한 '주관적 요건'이 반드시 필요하지는 않다는 견해로 김재형, 전게 논문, 24면 이하 참조. 즉 법인격 부인론의 발상지인 미국에서는 뉴욕 등 여러 주에서 사기나 기망 의도 등 주관적 요소가 없는 경우에도 형평에 맞는 결과를 도출하기 위하여 필요하다면 회사의 법인격을 무시하고 그 배후자의 책임을 인정하고 있다고 한다. 그러나 대법원은 현재까지 법인격부인(남용)의 요건으로 주관적 목적을 요구하고 있다. 대법원 2006. 8. 25. 선고 2004다26119 판결; 대법원 2008. 8. 21. 선고 2006다24438 판결 참조.

281) 법인격 남용의 판단기준으로 고려할 요소(징표)에 관하여는 김재형, 전게 논문, 20면 이하 참조. 그 중 미국 판례가 들고 있는 가장 중요한 2가지 요소로서 ①회사와 주주가 더 이상 독립적인 인격체로 존재한다고 볼 수 없을 정도로 이해관계와 소유가 일체화되었는지 여부와 ②그 행위가 오로지 회사의 행위로 취급된다면 정의에 반하거나 형평에 맞지 않게 되는지 여부(예컨대, 지배주주의 자금 유용)가 있다고 한다.

그런데 채무자의 행위는 재산권을 목적으로 하는 법률행위여야 하는데, 회사설립은 상법에 따른 조직법상 행위로서 민법에서 말하는 일반적인 재산처분행위와는 성질이 다르다는 점이 문제될 수 있다. 그러나 채무자가 한 법률행위의 종류나 성질은 문제되지 않으므로 합동행위인 회사설립행위도 채권자취소의 대상이 된다는 점은 위에서 보았다.[282]

채무자가 재산을 출자하여 회사를 설립한 후에 그에 상당한 대가인 주식(지분 포함)을 얻은 경우에도 사해성이 있다고 할 것인가? 채무자가 취득한 회사는 대개 비상장회사일 것이고, 그 주권은 주주가 헐값에 처분한다면 몰라도 일반적으로는 유동성이 없고, 채권자로서는 회사의 주주명부를 열람할 수 있는 권한도 없으며, 주권이 발행된다면 더욱 이를 보전하기가 어렵고, 강제집행절차에서도 평가가 어려워 환가절차가 쉽지 않다. 따라서 채무자가 출자재산에 상당한 가액의 주식을 취득하더라도, 채무자의 일반재산이 공동담보로서 가치가 실질적으로 훼손되었다고 평가되므로 사해행위에 해당된다.[283]

다. 효과의 차이

(1) 법인격부인

법인격부인의 법리가 적용되면 재산을 취득한 회사의 법인성이 부정되어, 재산양도인의 채권자는 재산양도 사실을 전제로 하면서도, 취득 회사에 대하여 이행청구와 강제집행을 할 수 있다.

다만 강제집행을 하기 위하여 채권자는 집행권원이 필요하다(민집법 제24조). 예를 들어 A가 재산을 출자하여 B회사를 설립한 경우에, A의 채권자 X가 법인격부인의 법리를 적용하여 B의 재산에 강제집행을 하기 위해서는, 반드시 B에 대한 집행권원이 필요하다. 집행권원의 전형적인 것은 확정판결이므

282) 조남대, '채권자취소권의 대상으로서의 사해행위에 관한 고찰', 587면. 회사분할이 채권자취소권의 대상이 된다는 판례로는 東京高判 평성 22. 10. 27. 金法 1910-77.

283) 東京高判 평성 22. 10. 27. 金法 1910-77는 회사분할의 경우에 위와 같은 견해를 밝혔다. 현재 일본의 판례에서는 사해행위를 판단할 때 일반재산에 관한 공동담보로서의 가치를 실질적으로 훼손하였는지 여부를 기준으로 한다는 견해로는 高須順一, '民法から 詐害行爲取消と法人格否認の法理', 3면.

로, X는 B를 상대로 소송을 제기하여 그 소송에서 법인격부인의 법리를 적용받아야 한다. 한편 X가 A에 대한 집행권원(확정판결)을 가지는 경우에, 강제집행절차(구체적으로는 집행문부여 절차) 내에서 법인격부인 법리의 적용을 주장할 수 있는가. 이를 인정한 일본 하급심 판결이 눈에 띄나, 최고재판소는 소송절차와 집행절차의 명확성과 안정성을 이유로 이를 부정한다.284) 우리 대법원도 같다.285)

(2) 채권자취소권

채권자취소권의 법적 성질에 관하여는 절충설 및 상대적효력설이 판례상 확립되어 있다. 따라서 수익자나 전득자만이 피고가 되고, 판결로 사해행위를 취소하고 일탈한 재산의 반환을 명한다. 반환은 원물반환이 원칙이고 원물반환이 곤란한 경우에만 예외적으로 가액배상을 명한다.

회사설립 취소도 기본적으로는 효과가 동일하다. 따라서 채권자취소소송의 판결주문에는 사해적인 회사설립을 취소하고 원상회복을 명한다. 문제는 반환방법이다. 만약 원물반환만을 고집한다면, 유기적 일체로 이행된 출자나 회사설립 자체를 부정함으로써, 채무자의 행동에 대한 지나친 간섭이 될 수 있고, 거래활동의 보장이라는 관점에서 볼 때도 문제가 있다.

그래서 회사분할에 관하여 채권자취소를 인정한 일본의 하급심판결에서는 가액배상을 인정한 사례가 있다.286) 가액배상은 취소채권자의 수익자나 전득자에 대한 직접 청구권으로 이해된다. 그렇다면 취소채권자가 채무자에 대하여 가지는 본래의 청구권과는 성질이 다르다는 차이는 있지만, 원고가 자기 채권액에 상당하는 가액배상을 수익자나 전득자에 대하여 직접 청구한다는 의미에서는, 법인격부인의 법리를 주장하여 채권자가 신설회사에 대하여 직접 청구권을 행사하는 경우와 기능적으로는 유사하다.

---

284) 大阪高判 소화 50. 3. 28. 判時 781-101은 기존의 A회사 채권자를 해칠 목적으로, B회사를 설립한 때, 채권자는 A회사에 대한 급부판결에 집행문을 받아 B회사에 대한 강제집행을 할 수 있다고 한다. 그러나 그 후 最高裁 소화 53. 9. 14. 判時 906-88은 이러한 이론을 인정하지 않았다.

285) 대법원 2002. 10. 11. 선고 2002다43851 판결 참조.

286) 東京高判 평성 22. 10. 27. 金法 1910-77(하급심인 東京地判 평성 22. 5. 27.도 같다).

[22] XII. 부존재의 행위, 허위의 행위

1. 부존재의 행위

채권자취소의 대상은 채무자의 법률행위이지만, 채무자의 행위가 존재하지 않는 것으로 보이는 경우가 있다. 처음부터 존재하지 않는 경우와 법률행위가 해제되거나 목적달성에 따라 소멸한 경우로 나누어 볼 수 있다.

가. 중간생략등기

(1) 예를 들면, 채무자 S가 Y에게 토지를 증여하고, Y가 다시 Z에게 이를 매각하였으나, 소유권이전등기는 S로부터 바로 Z에게 이행한 경우에는, 취소의 대상은 S의 Y에 대한 증여행위이고, S의 Z에 대한 매매계약은 존재하지 않으므로 취소의 대상이 되지 않는다.[287)]

(2) 부동산이 S → Y → Z로 순차 양도되어, 소유권이전등기도 모두 경료된 경우에, S에게 사해의사, Y · Z에 사해의 인식이 있을 때, S의 채권자 X가 채권자취소권을 행사함에는, S의 양도행위를 취소하고 Y · Z의 각 소유권이전등기의 말소등기청구를 하는 것이 원칙이지만, 그에 갈음하여 Z로부터 S에게 이전등기를 구할 수도 있다.

(3) 중간생략등기의 경우, S가 A로부터 양수한 부동산을 Y에게 증여하면서, A로부터 Y에게 이전등기를 한 경우의 채권자취소를 할 때, S의 채권자 X는 Y를 피고로 하여 S의 증여행위의 취소와 Y로부터 S에게 이전등기를 구할 수 있다는 일본 판례가 있다.[288)] 그러나 이는 의사주의를 취하는 일본에서는 S가 이미 소유권을 취득하였기 때문에 가능한 결론이지만, 등기를 소유권취득의 성립요건으로 하는 우리나라에서는 S가 소유권을 취득한 사실

---

287) 大判 대정 7. 5. 11. 民錄 24-915; 東京高判 소화 41. 6. 21. 金法 447-23; 東京高判 소화 43. 8. 30. 判時 533-41, 金法 525-23.

288) 仙台高判 소화 35. 1. 22.(最大判 소화 36. 7. 19. 民集 15-7-1875의 원심). 東京地判 소화 49. 12. 24. 判時 797-118.

이 없으므로, S의 증여를 취소할 수는 있지만 S에게 소유권이전을 구할 수는 없다. X로서는 Y의 소유권이전등기의 말소를 구한 후, S를 대위하여 A를 상대로 S에게 소유권이전등기를 구해야 한다.

나. 진정등기명의의 회복

현재 부동산등기부의 소유명의자인 S가 그 명의를 진실한 소유자인 Y 명의로 반환하는 경우에는 소유권이전등기의 방식으로 할 수 있고, 실무상 이를 진정명의회복을 위한 이전등기라고 한다. 이 경우에는 부동산이 원래 S의 책임재산이 아니어서, 그 소유권이전등기에 따라 채권자 G가 손해를 입은 사실이 없으므로, 채권자취소권이 성립할 여지가 없다.[289]

다. 해제 후의 계약

채권자취소소송의 대상인 계약이 취소판결이 확정되기 전에 해제되었다면, 그 취소판결은 효력이 없다. "채권자취소판결은 그 목적인 사해행위의 존재를 전제로 하여 취소를 선언하는 것이고, 사해행위 자체의 존재를 확정하는 효력이 없기 때문"이다.[290] 이는 상계계약의 합의해제에 관한 것이지만, 매매계약의 합의해제의 경우도 같다.[291]

대법원도 취소소송계속 중 사해행위가 해제되고 재산이 복귀된 경우에는 소의 이익이 없다고 한다.[292]

---

289) 부동산명의신탁과 관련한 설명으로는 [9] 1. 나. 참조.

290) 大判 대정 11. 6. 22. 民集 1-343.

291) 大判 소화 6. 3. 19. 法律新聞 3263-10.

292) 대법원 2008. 3. 27. 선고 2007다85157 판결.
채권자가 채무자의 부동산에 관한 사해행위를 이유로 수익자를 상대로 사해행위 취소 및 원상회복을 구하는 소송을 제기하여 소송계속 중 위 사해행위가 해제 또는 해지되고 채권자가 사해행위취소에 따라 복귀를 구하는 재산이 벌써 채무자에게 복귀한 경우에는, 특별한 사정이 없다면, 그 채권자취소소송은 이미 그 목적이 실현되어 더 이상 그 소로써 확보할 권리보호의 이익이 없고, 이는 그 목적재산인 부동산의 복귀가 이전등기 말소 형식이 아니라 소유권이전등기 형식을 취하였다고 하여 다르지 않다.

라. 권리소멸 후의 법률행위 취소

사해행위로 경료된 근저당권설정등기가 경락으로 말소됨으로써, 근저당권설정계약이 소멸되었다 하더라도 수익자로 하여금 근저당권자로서 배당을 받도록 하는 것은 민법 제406조 제1항의 취지에 어긋나므로, 채권자는 근저당권설정계약의 취소를 구할 이익이 있다.[293] 이 경우의 원상회복은 가액배상으로 한다.[294]

2. 허위의 행위

가. 취소 대상인지 여부

채무자 S가 채권자 X로부터의 압류를 면하기 위하여, Y와 통모하여 자기 부동산을 매매를 가장하여 Y 소유명의로 한 경우, 그 매매는 S・Y 사이에는 무효이고(민법 제108조 제1항), 무효인 행위는 법률상 존재하지 않으므로 취소 대상이 될 수 없다(ohne Gegenstand)고 하는 것이 논리적이다.[295]

일본에서는 통정허위표시는 사해행위취소권의 대상이 되지 않는다는 것이 대심원[296] 이래의 판례이다(따라서 일본의 실무에서는 주위적 청구로서 허위표시의 무효를 주장하면서 채무자를 대위하여 재산 반환을 구하고, 허위표시가 인정되지 않을 것에 대비하여 예비적으로 사해행위취소권에 따른 취소를 구하는 형식을 취한다[297]).

나. 대법원 판례

그러나 통정허위표시 행위도 채권자취소권의 대상이 된다는 것이 대법원의 확립된 입장이다.[298] 다만 허위표시를 이유로 채권자취소의 소를 제기하였다면 제척기간의 적용을 받는다.[299]

293) 대법원 1997. 10. 10. 선고 97다8687 판결.

294) 이에 대한 자세한 설명은, [31] 7. 참조.

295) 이는 일본의 통설・판례이고 독일법의 해석이다. 飯原一乘, 詐害行爲取消訴訟, 304~305면 참조.

296) 大判 명치 41. 6. 20. 民錄 14-759.

297) 飯原一乘, 詐害行爲取消訴訟, 306면 참조.

298) 대법원 1984. 7. 24. 선고 84다카68 판결.

채권자취소권의 대상으로 된 채무자의 법률행위라도 통정허위표시의 요건을 갖춘 경우에는 채권자취소의 소로써 취소되지 않더라도 그 무효를 주장할 수 있음은 물론이다.[300)]

다. 민법 제108조 제2항과의 관계

민법 제108조 제2항은 통정허위표시는 선의 제3자에게 대항할 수 없다고 하므로, 취소채권자나 전득자가 그 제3자에 해당하는가 하는 점이 문제된다. 여기에서 '제3자'라 함은 허위표시의 당사자와 포괄승계인 이외의 사람으로서, 허위표시에 따라 외형상 형성된 법률관계를 토대로 실질적으로 새로운 법률상 이해관계를 맺은 사람이다. 허위표시를 선의 제3자에게 대항하지 못하게 한 취지는 이를 기초로 하여 별개의 법률원인에 따라 고유한 법률상 이익을 갖는 법률관계에 들어간 자를 보호하기 위한 것이므로, 제3자의 범위는 권리관계에 기초하여 형식적으로만 파악할 것이 아니라 허위표시행위를 기초로 하여 새로운 법률상 이해관계를 맺었는지 여부에 따라 실질적으로 파악해야 한다.[301)]

구 상호신용금고법이 정한 계약이전을 받은 금융기관은 계약이전을 요구받은 금융기관과 대출채무자 사이의 통정허위표시에 따라 형성된 법률관계를 기초로 하여 새로운 법률상 이해관계를 가지게 된 제3자에 해당하지 않는다.[302)] 그러나 실제로는 전세권설정계약이 없음에도 담보 목적 등으로 당사

299) 대법원 1991. 11. 8. 선고 91다14079 판결. 원고가 채무자를 대위하여 그 등기가 허위표시이므로 원인 없음을 이유로 제척기간의 적용을 받음이 없이 말소를 구할 수 있음은 물론이다.

300) 대법원 1998. 2. 27. 선고 97다50985 판결; 대법원 2001. 5. 8. 선고 2000다9611 판결(피고의 근저당권 양수가 허위표시로서 무효임을 이유로 배당이의 소를 제기한 사안).

301) 대법원 2000. 7. 6. 선고 99다51258 판결(보증인이 주채무자의 기망행위에 따라 주채무가 있는 것으로 믿고 주채무자와 보증계약을 체결한 다음, 그에 따라 보증채무자로서 채무를 이행한 경우, 보증인은 주채무자의 채권자에 대한 채무부담행위라는 허위표시에 기초하여 구상권취득에 관한 법률상 이해관계를 가지게 되었다고 보아 민법 제108조 제2항의 '제3자'에 해당한다).

302) 대법원 2004. 1. 15. 선고 2002다31537 판결. 무효인 채권을 양도한 경우 채무자는 양도통지를 받을 때까지 양도인에게 생긴 사유로 양수인에게 대항할 수 있기 때문이다(민 제451조 제2항).

자 사이의 합의에 따라 임차인 명의로 전세권설정등기를 경료한 후, 그 전세권에 대하여 근저당권이 설정된 경우, 그와 같은 사정을 알지 못한 근저당권자는 제3자에 해당한다.[303)]

(1) 취소채권자의 제3자성

우리나라에서는 이것이 쟁점으로 된 사례는 보이지 않으나, 통정허위표시에 따라 외형상 형성된 법률관계로 생긴 채권을 가압류한 자는 허위표시에 기초하여 새로운 법률상 이해관계를 가지므로 민법 제108조 제2항의 제3자에 해당한다고 보는 점에 비추어,[304)] 취소채권자도 제3자로 보아야 한다. 일본에는 취소채권자의 제3자성을 인정하는 판례가 있고,[305)] 학설도 이에 찬동한다.[306)]

파산관재인은 민법 제108조 제2항의 제3자에 해당하므로,[307)] 파산채무자가 수익자로서 한 허위의 대물변제에 대하여 부인권을 행사할 수 있다.[308)]

(2) 전득자의 제3자성

S와 Y 사이의 부동산양도가 가장매매이지만, Y로부터 양수한 Z가 그 가장매매 사실을 알지 못한다면, S의 채권자 X는 Z에 대하여 채권자취소권을 행사할 수 있는가?

허위행위의 무효는 선의의 제3자에게 대항할 수 없으므로, Z가 선의라면 그 허위행위는 Z에 대하여 유효하다. 다만, S와 Y 사이에 사해의 요건이 구비되어 있다면, X는 Z에 대하여 허위행위가 유효함을 전제로 하여 채권자취

303) 대법원 2008. 3. 13. 선고 2006다58912 판결; 대법원 2010. 3. 25. 선고 2009다35743 판결.

304) 대법원 2004. 5. 28. 선고 2003다70041 판결(제3자는 선의이면 족하고 무과실은 요건이 아니다).

305) 大判 명치 37. 4. 25. 民錄 10-543(채무자 S가 Y를 위하여 저당권의 설정을 가장한 사안에서, S와 Y 사이의 사정을 알지 못한 채권자 X는 민법 제108조 제2항에 따라 저당권이 유효하다는 것을 주장할 수 있으므로, 가장된 저당권의 취소를 구할 수 있다.)

306) 飯原一乘, 詐害行爲取消訴訟, 307~308면 참조.

307) 대법원 2007. 10. 26. 선고 2005다42545 판결.

308) 最判 소화 37. 12. 13. 判タ 140-123.

소권을 행사할 수 있다.309)

허위표시의 제3자는 특별한 사정이 없다면 선의로 추정되므로, Z가 악의(허위행위라는 점에 관하여)라는 사실에 관한 주장·입증책임은 그 허위표시의 무효를 주장하는 X에게 있다.310) 그러나 Z가 Y로부터 재산을 양수한 것이 X를 해친다는 사실을 알지 못하였다는 점은 Z가 입증해야 한다.311) 따라서 X가 Z에 대하여 S·Y의 허위표시가 무효임을 주장할 수 없는 경우에도, Z를 상대로 하여 S·Y의 행위가 사해행위임을 주장하여 그 취소를 청구하여 승소할 수도 있다.

[23] XIII. 어음행위

1. 어음행위의 사해성

어음행위의 사해성에 관하여 약속어음(또는 수표)의 발행(또는 환어음의 인수) (이하 이들을 모두 '어음발행'이라고만 한다)과 그 배서를 따로 검토할 필요가 있다.

가. 어음발행행위312)

(1) 채무부담행위로서 발행행위의 사해성

(가) 어음발행으로 새로운 채무를 부담하는 경우에 사해행위가 될 수 있다. 즉 새로운 채무를 부담하거나, 가공의 어음채무를 부담하는 행위는 사해행위에 해당된다.

[1] 대법원 2002. 10. 25. 선고 2000다64441 판결

---

309) 大判 소화 6. 9. 16. 民集 10-806.

310) 대법원 2006. 3. 10. 선고 2002다1321 판결; 대법원 2007. 11. 29. 선고 2007다53013 판결.

311) 대법원 1998. 2. 13. 선고 97다6711 판결.

312) 어음발행행위가 채권자취소권 행사의 대상인 사해행위가 되는지에 관하여 다룬 최초의 판례로는 부정적인 입장인 대법원 2002. 8. 27. 선고 2002다27903 판결이 있고, 긍정적인 입장을 밝힌 판결로는 아래 [1], [2], [3] 3건의 판결이 있다.

[사안] 원고 X들은 A회사에 대하여 물품대금채권을 가지고 있었다. A회사는 채무초과 상태에서 대주주인 Y와, Y 소유인 담보가치 없는 부동산을 A회사의 물품거래에 대한 담보로 제공하는 대신, A회사는 Y에게 액면금 10억 원의 약속어음 1장을 발행하고 즉시 강제집행이 가능하도록 하는 내용의 공정증서를 작성해 주었다. Y는 약속어음 공정증서에 따라 A회사의 10억 원어치 물품대금채권에 대하여 압류·전부명령을 받았으나 아직 위 전부명령이 확정되지 않았다.

[판단] 기존채무의 지급을 위하여 약속어음이 발행되더라도, 그에 따라 채무자의 채무가 새로이 증가되지 않으므로 사해행위가 되지 않는다. 그러나 채무자가 약속어음을 발행함으로써 새로운 채무를 부담하는 경우에는, 그에 따라 채무자가 채무초과 상태에 빠지거나 이미 빠져 있던 채무초과 상태가 더욱 악화·심화된다면, 그 약속어음의 발행은 다른 채권자를 해치는 것으로서 사해행위에 해당한다.

[2] 대법원 2002. 10. 25. 선고 2002다42711 판결

[사안] 원고 X는 A에 대하여 확정판결에 따른 대여금채권을 가지고 있었다. A는 피고 Y들에 대하여 아무런 채무가 없었음에도, 액면금 모두 6억 9,000만 원의 약속어음을 각 발행한 다음 위 약속어음에 대하여 강제집행인낙의 의사표시가 기재된 공정증서를 작성해 주었다. X는 A의 급여 및 퇴직금채권 중 2분의 1을 가압류하였고, Y들도 위 약속어음 공정증서에 따라 위 채권 중 2분의 1에 대하여 각 채권압류 및 추심명령 또는 전부명령을 받아, 집행법원의 배당절차에서 X와 Y들은 채권액 비율에 따른 안분배당을 받았고 각 배당금원을 출급하였다.

[판단] 이미 채무초과의 상태에 빠져 있는 채무자가 허위의 약속어음을 발행하여 가공의 어음채무를 부담함으로써 소극재산을 증가시키는 행위를 한 것은 다른 채권자들에 대한 관계에서 사해행위가 된다.[313)]

313) 다만 원칙적으로 피보전채권액을 초과하여 취소권을 행사할 수 없다는 이유로 취소채권자의 채권액(원금과 사실심 변론종결일까지의 지연손해금 4,481만 원)의 범위를 넘어 약속어음 발행행위(Y_1에게 3억 원, Y_2에게 2억 5,000만 원, Y_3에게 1억 4,000만 원 발행) 전부를 사해행위로 취소한 원심판결을 위법하다고 보아 파기자판하였다. 대법원은 Y들에 대한 각 어음발행행위를 피보전채권인 4,481만 원의 범위 내에서 취소하였다. 이 사건은 채무자의 임금채권에 대하여 원고와 피고들 및 기타 채권자들의 압류로 6,400만 원이 공탁되어 채권비율에 따라 배당된 사안이다. 배당액은 원고 300만 원, Y_1은 1,800만 원, Y_2는 1500만 원, Y_3는 850만 원이다. 그런데 Y들에 대하여 각 피보전채권액의 범위 내에서만 취소를 인정한다면 Y들에 대한 나머지 어음발행은 유효한 것으로 보고 배당절차에서 유효한 부분의 비율에 따른 배당은 인정된다. 대법원은 피보전채권의 범위를 벗어난 어음발행에 관하여 원

(나) 그러나 한편 어음의 발행은 기존채무의 '지급을 위하'거나 '담보를 위한' 경우와 '지급에 갈음하여' 발행하는 경우가 많으므로, 그러한 경우에 사해행위가 되는지 검토할 필요가 있다.

① 지급이나 담보를 위하여 발행하는 경우

채무자 S가 채권자 Y에 대하여 기존채무의 지급이나 담보를 위하여 약속어음을 발행한 경우, S는 그에 따라 Y에 대하여 기존채무 외에 새로운 어음채무를 부담하게 되고, 이는 병존하기 때문에,[314] S의 소극재산은 그만큼 증가하는 것같이 보인다. 그러나 기존채무와 어음채무는 한쪽이 이행되면 다른 쪽은 소멸하는 것이고, 만약 S의 다른 채권자 X가 발행행위를 취소하여 어음채무가 소멸한다 하여도 채권자 Y는 기존채권을 행사할 수 있으므로, S의 소극재산은 어음발행으로 아무런 변화가 없다.

따라서 기존채무 변제를 위하여 약속어음을 발행하는 행위는 원칙적으로 사해행위가 될 수 없다.[315]

② 지급에 갈음하여 발행하는 경우

어음이 기존채무의 지급에 갈음하여 발행된 경우에는, 기존채무는 어음교부에 따라 소멸하지만, 기존채무가 어음채무에 갈음하는 것일 뿐이므로 S의 소극재산은 변화가 없으므로, 이 역시 원칙적으로 사해성을 인정할 수 없다.[316]

③ 예외적으로 기존 채권자에 대한 것이라 하더라도 어음발행 및 그 이후의 공정증서 작성 등으로 사실상 채무자의 재산을 양도하는 결과에 이르렀다면 사해행위가 될 수 있다.

심이 한 취소를 스스로 파기하는 선에서 종결하였으므로, 위 사건에서 원심 판결 중 Y들에게 배당된 돈을 모두 원고에게 지급하라는 원상회복 판결에 대하여는 그대로 확정되어 더 이상 문제가 되지 않았다. 대법원 판결이 과연 타당한가? 만약 원심으로 환송되었다면 어떻게 되었을까. 즉 피고들에게 발행된 어음금액 중 취소되지 않은 유효한 부분의 비율에 상당하는 배당부분까지 원고에게 반환하라는 당초 원심의 판결 부분이 유지될 수 있었을까?

채권자취소소송에서 피보전권리와 관련하여 취소의 범위를 정하는 것이 간단한 문제가 아니라는 것을 알 수 있는 사례이다. 이에 대하여는 [30]에서 살펴본다.

314) 대법원 1996. 11. 8. 선고 95다25060 판결 외 다수

315) 대법원 2002. 8. 27. 선고 2002다27903 판결.

316) 東京地判 소화 40. 2. 27. 下民集 16-2-379. 위 대법원 2002다27903 판결의 취지도 같다고 볼 수 있다.

[3] 대법원 2002. 10. 25. 선고 2000다7783 판결

채무자가 처음부터 특정채권자로 하여금 채무자의 적극재산인 채권을 강제집행의 형식을 빌어 압류·전부 받게 할 목적으로, 채무부담행위를 하고 아울러 그에 대하여 강제집행을 승낙하는 취지가 기재된 공정증서를 작성해 주고, 채권자는 이를 이용하여 채무자의 채권을 압류·전부 받은 때와 같이, 실질적으로 채무자가 자신의 채권을 특정채권자에게 양도한 것과 다를 바가 없는 것으로 볼 수 있는 특별한 사정이 있는 경우에, 그 행위로 채무자가 채무초과 상태에 이르거나 이미 채무초과 상태에 있는 것을 심화시키는 상태가 초래되면 사해행위가 성립할 수 있다.

(2) 어음항변의 절단과 발행행위의 사해성

Y가 S로부터 수취한 어음을 Z에게 배서양도하면 사정이 달라진다. 예를 들어, S가 Y에 대한 매매대금지급을 위하여 약속어음을 발행하였으나, 그 후 매매계약이 해제된 때와 같이, S가 Y에 대하여 인적항변을 가지는 경우에는, S는 본래의 어음금을 지급할 필요가 없다. 그럼에도 그 어음이 선의 Z에게 배서되면, 항변이 절단된다. 따라서 S는 Z로부터 어음금청구를 받으면 그 항변사유로 Z의 악의를 입증해야 하고, 입증할 수 없으면 S는 어음금청구를 거절할 수 없다. 그렇다면 결국 S의 어음발행행위는 그 소극재산을 증가하는 것이 되어 S의 채권자 X는 그에 따라 손해를 입는다. 그런데 당초 사해행위가 아니었던 어음발행행위가 수익자가 이를 양도하였다는 이유로 사해행위가 된다고 할 수는 없고, 처음부터 제3자에게 양도하기로 예정하고 어음발행을 하였다면 그 발행행위 자체가 사해성이 있고, 수익자가 이를 다시 제3자에게 배서·양도하였다면 발행행위를 취소할 필요도 있을 것이다.

수표의 전득자가 제기한 채권확정소송에서, 파산관재인이 지급정지 후 기존채무 지급을 위한 수표발행행위를 부인한 사안에서, 기존채무 지급을 위하여 새로이 수표채무를 부담한 것은 반증이 없다면 일단 파산재단의 채무를 해치는 것이라고 하여 부인을 인정한 사례가 있다.317)

나. 어음배서행위

어음배서행위의 사해성은 발행인이 수취인 겸 배서인 S의 채권자 이외의

317) 大阪控判 소화 11. 5. 1. 法律新聞 4001-11.

A인 경우와 채권자 X인 경우로 나누어 살펴본다.

(1) 발행인이 채권자 이외의 사람인 경우

A가 S에게 발행한 약속어음을, S가 Y에게 양도한 행위에는 2가지 의미가 있다.

(가) 하나는 배서양도는 S의 자산으로서의 어음채권의 양도라는 점이다. 배서 후 어음금이 지급된 사안에서, 배서 자체에 사해성이 있다고 본 것[318]과 그것을 양도담보의 설정으로 보아 사해성을 인정한 사례[319]가 있다. 다만 어음이 변제를 위하여 배서양도된 때에는 변제와 같이 통모와 사해의사가 없다면 사해행위가 되지 않는다는 판례가 있다.[320]

(나) 또 한 가지는, S의 배서는 발행인 A의 채무를 보증하는 효과가 생기므로, S는 배서에 따라 새로운 채무를 부담한다는 점이다. 그 결과 A가 무자력이거나 어음항변을 가질 때는 어음소지인 Y는 S의 자산으로부터 만족을 얻게 되므로, S의 채권자 X의 입장에서 볼 때 사해성이 있다.[321]

(2) 발행인이 채권자인 경우

(가) S가 Y에게 배서양도한 어음이 S의 채권자 X가 발행한 때에도, X가 S에 대하여 피보전채권을 가지고 있고, 취소의 요건이 구비되면, 배서의 취소는 가능하다. 만약 S가 Y에게 어음의 배서를 하지 않았다면 X로서는 피보전채권과 어음채무를 상계하거나, 어음채무를 일단 S에게 이행하더라도, X는 그 중에서 자신의 채권을 변제받을 수 있기 때문이다.

(나) X가 발행한 어음에 S에 대한 어음항변이 붙어있는 경우에도, S가 Y에 대하여 배서에 의한 담보책임을 부담하는 것에는 변함이 없고, S의 소극재산이 증가하기 때문에, 이 경우에도 배서에 사해성이 있을 수 있다. 다만 Y가 악의(행의)로서 X가 Y에 대하여 인적항변을 가지고 대항할 수 있는 때에는, X는 Y가 하는 어음금청구를 거부할 수 있기 때문에, 실제로는 사해행

318) 東京地判 소화 41. 9. 22. 金法 458-9.

319) 東京地判 소화 44. 5. 24. 判時 586-93.

320) 最判 소화 41. 11. 4. 金判 35-5.

321) 서울고등법원 2000. 7. 21. 선고 2000나13339 판결 참조(다만 약속어음의 배서에 관한 무상부인을 인정한 사안임).

위로서 배서의 취소를 구할 이익은 적을 것이다.

일본의 하급심 판례에서도, X가 S에 대하여 매매대금의 선불로서 어음을 발행하였으나, S가 상품을 교부하지 않았다는 항변을 가지고 있고, 이에 대하여 Y(피배서인, 어음소지인)가 악의인 사안에서, 어음배서에 사해행위의 성립을 인정할 실익이 없다고 한 것이 있다.322)

그러나 채권자취소의 목적은 X가 어음과는 별개의 채권을 가지고, 이를 보전하기 위하여 S의 배서행위를 취소하여, 그 소극재산을 감소하려는 것이므로, 이론상으로는 X가 항변으로 어음금지급의무를 면하였다는 것만으로는 취소를 부정할 수 없다 할 것이다.323)

(다) X가 공사대금을 지급하기 위하여 발행한 약속어음을, S가 Y에게 배서양도한 후, S의 도산으로 도급계약이 해제된 사안에서, Y의 인적항변에 관한 악의는 인정되지 않지만, S의 배서행위는 그 소극재산을 증가시키므로 사해성이 있다고 하여, X가 제기한 취소청구를 인정한 사례가 있다.324)

2. 사해의사와 악의의 항변

가. 채권자취소권의 성립요건은, 채무자 S가 채권자 X를 해칠 것을 알고 법률행위를 하고, 수익자 Y가 행위 당시 S의 행위가 객관적으로 X를 해치는 것을 아는 것이다(민법 제406조 제1항). 한편 어음행위에서 인적항변을 배제하기 위한 악의의 항변에서 악의는, 항변사실을 알고 어음채무자를 해칠 것을 알면서 어음을 취득하는 것(어음법 제17조 단서)인데,325) 어음행위를 사해행위로서 취소하는 경우에는 양자의 관계가 문제로 된다.

나. 이에 관하여 위에서 본 大阪地判 소화 48. 5. 19.이, 어음의 피배서인 Y가 인적항변에 관하여 악의는 인정되지 않지만, 어음수취인 겸 배서인 S의

322) 東京高判 소화 54. 6. 25. 判タ 392-70.

323) 飯原一乘, 詐害行爲取消訴訟, 315면.

324) 大阪地判 소화 48. 5. 19. 判時 716-91, 항소심 大阪高判 소화 50. 5. 30. 金法 766-32, 상고심 最判 소화 54. 4. 6. 民集 33-3-329도 1심 판결의 취지를 인정.

325) 대법원 1996. 5. 14. 선고 96다3449 판결.

Y에 대한 배서에는 사해의사가 있고, Y에게도 사해의 인식이 있다고 하여, X의 배서양도 취소청구를 인용한데 대하여, 악의의 항변이 성립하지 않으면, 사해행위로서 취소도 인정되지 않아야 한다고 비판하는 견해가 있다.[326)]

다. 위 사건에서 S의 어음배서행위가 취소되면, X는 자신이 발행한 어음의 지급의무를 면하게 되므로, 악의 항변이 인정된 것과 같은 효과가 생긴다. 또한 Y에 대한 악의 항변에서 말하는 인식과 사해인식과는 그 기초사실에 공통점이 있다는 점은 부정할 수 없으므로, 악의 항변을 증명할 수 없다면, 사해인식에 관하여도 같은 결론이 나오는 경우가 많을 것이다.

라. 그러나 악의항변은 어음채무자와 어음취득자와 사이의 원인관계에 기초하여 어음채무자를 구제하는 것이고, 채권자취소는 채권자 X를 무자력인 채무자 S와 관계에서 구제하는 것으로 제도의 취지가 다르고, 권리발생요건도 다르다.

또한 악의항변은 그 기초 되는 사실을 X가 주장·입증하여야 하나, 채권자취소에서는 반대로 Y가 사해사실에 관한 선의의 주장·입증책임을 진다.

마. 특히 위 大阪地判의 사례를 보더라도, Y는 S가 도산하기 2일 전에 대여금회수를 위하여, X가 발행한 어음을 발행경위는 모른 채 배서양도받았기 때문에, 악의는 인정하기 어렵지만, Y는 그 어음의 집행관보관·양도금지가처분 집행을 받을 당시에, 어음을 몰래 타인에게 양도하여 집행을 면하려 하는 행위를 하였고, 그 밖에 어음취득 후의 사정에 비추어 볼 때 사해인식은 인정할 수 있었던 사안이었다.

그렇다면, 어음법상 악의와 채권자취소의 사해인식은 반드시 같이 평가될 수는 없다.

3. 어음행위의 취소

가. 발행행위의 취소

326) 新堂幸司, 大隅健一郎, 河本一郎 등. 飯原一乘, 詐害行爲取消訴訟, 319면 주 12 참조.

(1) 취소의 요건

채무자 S가 채무지급을 위하여 발행한 어음을 수취인 Y가 소지하고 있는 경우에는, S의 채권자 X에 대한 사해는 없으므로, 그러한 상태에서 취소는 할 수 없다. 그러나 Y가 그 어음을 Z에게 배서양도하면, S・Y 사이의 인적 항변권은 절단되므로, S의 발행행위를 취소할 필요가 있고, 처음부터 Z에게 배서・양도할 것을 예상하고 한 어음발행행위는 사해성도 인정될 수 있다.

(2) 청구의 형태

이 경우에 X는 Z를 피고로 하여, S의 발행행위를 취소하고, Z가 S로부터 어음추심을 마친 경우에는 어음금 상당액(X의 S에 대한 채권이 그보다 적은 때는 그 금액)의 지급을 구하고, 배당표까지 작성되었으나 실제 배당이 이루어지기 전이라면 수익자에게 배당금지급채권의 양도와 그 채권양도 통지를 배당금지급채권의 채무자에게 할 것을 청구하는 형태가 된다.[327)]

(3) 어음의 반환문제

어음의 추심을 마치지 않은 경우에는 어음 그 자체의 반환을 구할 수 있다는 견해가 있으나,[328)] 수익자 Y가 어음채권을 취득한 것 외에 어떤 구체적인 수익을 얻었다고 할 수 없고, 집행권원을 얻은 것 자체를 원상회복의 대상이 되는 수익에 해당한다고도 할 수 없으므로, 그 집행권원(어음공정증서)의 반환이나 인도 등을 원상회복으로 청구할 여지는 없다는 것이 대법원의 견해이다.[329)] 그러나 어음이 계속 Y의 수중에 있으리라는 보장이 없는 한 Y가 이를 선의의 제3자인 Z에게 이전한다면, X로서는 어음발행을 취소하더라도 이를 Z에게 대항할 수 없으므로,[330)] 취소에 따른 원상회복을 넓게 해석하여 취소 이전의 상태로 회복하고, X의 불안한 지위를 해소한다는 의미에서 어음의 반환이나 인도를 구할 수 있도록 하는 것이 타당하다.

327) 대법원 2002. 10. 25. 선고 2002다42711 판결.

328) 飯原一乘, 詐害行爲取消訴訟, 317면.

329) 대법원 2002. 10. 25. 선고 2000다64441 판결. 한편 이 판결은 피보전채권이 4억 7,000만 원 정도인데 10억 원의 어음발행행위 전부를 취소한 것은 부당하다고 하여 원심을 파기하였다.

330) X가 Z에게 대항할 수 있다고 하더라도, X로서는 또 다시 Z에 대하여 소송을 제기하여야 하는 번거로움이 있다.

나. 배서행위의 취소

(1) 어음발행인이 채권자 이외의 사람인 경우

A가 발행한 어음을 수취한 S가 Y에게 배서양도한 행위를, S의 채권자 X가 취소하는 경우, X는 Y를 피고로 취소를 구한다. Y가 A로부터 추심을 마친 경우에는 금전지급을 청구할 수 있다. 한편 추심을 마치지 않은 경우에는 대법원은 어음 자체의 반환을 구할 수 없다고 하나, X의 불안한 지위를 해소한다는 의미에서 그 반환을 구할 수 있다는 견해가 타당하다는 것은 위에서 보았다.

(2) 어음발행인이 채권자인 경우

어음발행인이 채권자 X인 경우에는, 어음 소지인 Y로부터 어음금청구소송(본소)이 제기되면, 반소로써 X가 Y에 대하여 S의 Y에 대한 배서행위의 취소를 구하는 형태가 될 것이다.[331]

[24] XIV. 신탁행위[332]

1. 서 론

가. 신탁과 사해신탁

(1) 신탁의 뜻

신탁은, 신탁설정자(위탁자)가 신탁을 인수하는 자(수탁자)에게 특정 재산[333]을 이전하거나 담보권의 설정[334] 또는 그 밖의 처분을 하고, 수탁자로

331) 最判 소화 54. 4. 6. 民集 33-3-329.

332) 여기서 '신탁'이라 함은 신탁법상의 신탁만을 의미하고, 이른바 명의신탁은 포함되지 않는다. 이하 [24]에서 현행 신탁법을 인용할 경우에는 단순히 '법'이라고 한다.

333) 구 신탁법(2011. 7. 25. 법률 제10924호로 전문 개정되기 전, 이하 같음)은 신탁의 대상을 '재산권(구 신탁법 제1호 제2항)'으로 규정되어 있어서 적극재산 외에 소극재산도 신탁재산이 될 수 있는지에 대한 논란이 있었으나{임채웅, "사해신탁의 연구", 법조 55권 9호, 법조협회(2006. 9.) 18면은 이를 소극적으로 봄}, 현행법에서는 '재산'으로 규정함으로써 소극재산(특히 소극재산이 포함된 포괄재산)도 신탁재산으로 될 수 있도록 함과 동시에, 소극재산이 포함된 '영업'에 관한 신탁도 명문으로 인정한다. 또한 영업이나 지적재산권의 일부에 대한 신탁, 이른바 '분리신탁'도 허

하여금 일정한 자(수익자[335]=신탁수익자)의 이익이나 특정한 목적[336]을 위하여 그 재산을 관리·처분·운용·개발·그 밖에 신탁목적의 달성을 위하여 필요한 행위를 하게 하는 법률관계를 말한다(법 제2조).

즉 신탁은 위탁자가 특정 재산을 수탁자에게 이전하거나 담보권 설정 또는 그 밖의 처분을 하는 부분(물권적 효력부분)과 수탁자가 신탁수익자나 특정 목적을 위하여 부담하는 신탁재산에 대한 관리·처분 등의 권리의무를 창설하는 부분(채권적 효력부분)이 유기적으로 결합함으로써 성립되고, 이 2가지 효력이 밀접하게 관련되어 있다.[337]

(2) 사해신탁

채무자가 채권자를 해침을 알고 신탁을 설정한 경우에 채권자는 민법 제

용된다(법 제2조 참조). 김상용 감수, 신탁법 해설, 법무부(2012)(이하, '법무부 신탁법 해설'이라 함), 3면.

334) 종래의 '담보신탁(담보목적 신탁)'은 채무자(위탁자)가 수탁자에게 부동산 소유권을 이전하면서, 채권자를 수익자로 정하는 타익신탁을 설정하고, 수탁자는 채무자가 채무를 이행하지 않으면 부동산을 처분하여 채무를 변제하는 유형의 신탁이었다. 현행 신탁법에서 새로 도입된 '담보권신탁'은 채무자가 수탁자에게 자기 소유 재산에 대한 담보권(예를 들어 채무자 소유 부동산에 수탁자를 권리자로 하여 저당권을 설정)을 신탁재산으로 하여 신탁을 설정하고, 채권자를 수익자로 지정하면서, 수탁자가 채권자에게 수익권증서를 발행해주는 형태이다. 이를 이용하면 수익자는 담보권을 유지하면서 수익권증서를 양도함으로써 자산을 유동화할 수 있는 이점이 있다. 법무부 신탁법 해설, 6면.

335) 신탁법상의 수탁자는 민법상 채권자취소권에서(이하 '민법상'이라고만 한다) 수익자이고, 신탁법상의 수익자는 민법상 전득자에 유사하다. 다만 신탁법상 수익자는 신탁행위와 별개의 법률행위로 발생한 지위가 아니라, 신탁행위 자체의 효력으로 발생한 지위이고, 수탁자가 여전히 재산권을 보유하고 있다는 점에서도 민법상 전득자와는 다른 지위를 가진다. 이하 [24]에서는 용어의 혼동을 피하기 위하여 신탁법상의 수익자를 '신탁수익자'라고 한다.

336) 현행 신탁법은 이른바 '목적신탁'의 유효성을 인정한다. 목적신탁은 특정의 사적 목적을 위하여 설정되는 신탁으로, 전형적 신탁인 '수익자신탁'과 달리 수익자가 존재하지 않는다. 법무부 신탁법 해설 11면.

337) 유재관, 신탁법실무, 법률출판사(2008). 45면. 한편 '수동신탁(passive trust)', 즉 수탁자가 신탁재산의 명의인이 될 뿐, 신탁재산의 관리방법에 대한 재량을 갖지 않고, 수익자나 위탁자 등의 지시에 따라 관리·처분 등을 하는 신탁의 유효성에 관하여는, 법무부 신탁법 해설, 13~15면. 참조.

406조 제1항의 취소 및 원상회복을 청구할 수 있다(법 제8조 제1항). 이를 사해신탁취소권이라 한다.

사해신탁취소권은 채권자취소권의 일종이므로 신탁법에 특별한 규정이 없으면 민법의 조문과 이론이 적용된다.[338][339]

(3) 사해신탁에 관한 특별 규정 개관

(가) 신탁은 영미법 국가에서 유래하여 활발하게 이용되는 제도이지만, 오래 전에 대륙법계 국가에 도입되어, 우리나라도 일본 식민지 시대부터 주로 신탁회사를 중심으로 운용되어 왔고, 근래에는 특히 부동산개발과 투자금융 분야에서 널리 운용되고 있다. 그러나 신탁법은 1961. 12. 30. 법률 제900호로 제정된 이후, 신탁업의 발전과 신탁실무를 제대로 반영할 수 있도록 정비되지 못하고 오히려 신탁실무에 걸림돌이 되고 있다는 비판이 있었다. 그래서 신탁법의 정비와 신탁제도의 활성화를 위하여 제정 후 50년 만인 2011. 7. 5. 법률 제10924호로 현행 신탁법으로 전면 개정되면서(2012. 7. 26. 시행) 시대에 뒤떨어진 내용을 대폭 정비하고 새로운 신탁의 유형을 신설하였으며, 본문의 조문 수만도 72조에서 147조로 크게 늘어났다. 그와 함께 사해신탁과 관련된 규정도 대폭 손질하였다. 이에 대한 자세한 내용은 각 해당 항목에서 취급하기로 하고 여기서는 간단히 사해신탁과 관련된 규정의 개관을 살핀다.

(나) 먼저 수탁자가 선의인 경우에도 취소권을 행사할 수 있다는 점이 사해신탁취소 제도의 가장 중요한 특징이다. 다만 신탁수익자가 선의인 때에는 수탁자에 대하여도 취소할 수 없다(법 제8조 제1항). 또한 선의 수탁자에게는 현존하는 신탁재산의 범위 내에서만 원상회복을 청구할 수 있다(법 제8조 제3항).

(다) 신탁이 취소되어 신탁재산이 원상회복된 경우 위탁자는 취소된 신탁과 관련하여 수탁자와 거래한 선의 제3자('신탁채권자'라 함)에 대하여 원상회복된 신탁재산의 한도 내에서 책임을 진다(법 제8조 제4항). 따라서 신탁채권

---

338) 신탁법에서 따로 취소권제도를 두는 것은 일본과 우리나라만의 독특한 법제라 한다. 임채웅, 전게 논문, 15면.

339) 이하 민법상 채권자취소권은 단순히 '채권자취소권'이라 하고, 신탁법에 의한 사해신탁취소권을 '사해신탁취소권' 또는 단순히 '신탁취소권'이라 한다. 다만 뒤에 보는 바와 같이 이들은 서로 배척되는 관계가 아니라 양립할 수 있다.

자는 위탁자의 채권자와 함께 원상회복된 재산에 대한 강제집행에 참여할 수 있다.

(라) 채권자는 사해신탁취소권을 행사할 수 없는 경우에도 악의 수익자에게 그가 취득한 '수익권'을 위탁자에게 양도할 것을 청구할 수 있고(법 제8조 제5항), 위탁자와 사해신탁 설정을 공모하거나 교사·방조한 신탁수익자나 수탁자는 위탁자와 연대하여 채권자가 입은 손해를 배상할 책임을 진다(법 제8조 제6항).

나. 문제점

(1) 신탁은 법정신탁도 있지만(법 제101조 제4항, 제113조) 이는 예외적이고, 법률행위인 신탁설정행위로 성립하는 것이 원칙이며, 이에는 위탁자와 수탁자 사이의 계약에 따른 경우와 유언 및 신탁선언[340]으로 한 경우가 있다(법 제3조 제1항). 따라서 계약에 따른 사해신탁의 문제점과 계약이 아닌 유언이나 신탁선언으로 한 신탁이 사해신탁이 될 수 있는지 여부와 사해신탁취소를 행사할 수 있는 시점 등을 살펴본다.

(2) 위탁자가 수탁자에게 재산권을 이전하는 행위가 사해신탁이라면, 수탁자는 채권자취소권의 수익자에 해당되므로 사해신탁소송의 피고가 되는 것은 당연하지만, 신탁수익자는 사해신탁소송에서 어떠한 지위에 있는가 하는 점도 문제가 된다.

(3) 그 밖에 사해신탁의 특별한 요건인 선의 수탁자에 대한 취소와 자익신탁의 사해성에 관한 문제점을 비롯하여, 사해신탁취소권의 행사와 효과 및 부인권과의 관계, 그리고 현행 신탁법에 도입된 손해배상청구권을 본다.

(4) 신탁수익자의 이익 보호를 위하여 특별히 마련한 제도인 신탁수익자의 취소권(법 제75조)에 관하여도 따로 살펴본다.

---

340) 신탁선언으로 하는 신탁설정은, 신탁의 목적, 신탁재산, 수익자 등을 특정하고 자신을 수탁자로 정한 위탁자의 선언으로 설정되는 신탁을 말한다(법 제3조 제1항 제3호). 자산유동화를 위한 집단투자형태의 금융신탁, 자금조달 목적의 기업신탁뿐만 아니라 유언대용신탁 등 민사신탁에서도 널리 활용될 가능성이 높고, 이를 허용하는 세계적인 입법 추세에 따라 현행법에서 도입하였다. 법무부 신탁법 해설, 25면.

2. 사해신탁의 대상

가. 신탁법의 규정

채무자가 채권자를 해칠 것을 알고 '신탁을 설정'한 경우에 채권자는 신탁취소권을 행사할 수 있다(법 제8조 제1항). 신탁설정행위는 위탁자와 수탁자 사이의 계약으로 한 경우와 위탁자의 단독행위인 유언이나 신탁선언으로 한 경우가 있다(법 제3조 제1항). 이하 신탁설정방식에 따른 사해행위 성립 여부와 문제점을 본다.

나. 신탁계약

(1) 신탁계약은 낙성계약이므로[341] 당사자의 의사 합치로 계약 효력이 발생한다. 따라서 신탁계약에 따른 재산권의 양도가 있기 전에도 사해신탁으로서 요건을 갖추고 취소를 구할 특별한 사정이 있다면 취소할 수 있다.[342]

(2) 등기나 등록하여야 할 재산권에 관하여 신탁은 등기·등록으로 공시하여야 제3자에게 대항할 수 있다(법 제4조 제1항). 가장 전형적인 공시방법인 부동산등기를 예를 들면, 공시할 내용은 '재산권이전의 공시'와 '신탁의 공시' 2가지가 함께 이루어진다(부동산등기법 제81조, 제82조). 전자는 권리이전의 효력발생요건이고 후자는 대항요건이다. 신탁재산으로 공시가 되면 제3자에게 신탁재산이 수탁자의 고유재산이 아니라 신탁재산임을 주장할 수 있고, 공시가 되지 않으면 악의의 제3자에게도 신탁재산임을 대항할 수 없다.[343]

---

341) 요물계약설도 있는 것 같으나 낙성계약설이 통설이다. 법무부 신탁법 해설, 28면.

342) 계약체결만 되고 이행이 되기 전에는 항상 취소할 수 있는 것이 아니라 취소를 구할 특별한 필요성이 인정된 경우에만 취소할 수 있고, 그 경우에는 취소 선언만 하고 원상회복을 명할 필요는 없다. 이행이 있기 전에도 취소를 구할 필요성이 있는지 여부는 개별적 사안에서 구체적으로 판단되어야 하지만, 이론적인 엄격성을 떠나서 채권자의 지위가 불안한 상태에 놓인 경우에는 취소를 인정해야 할 것이다. 재산양도의 공시방법이 명확하지 못하여 채권자가 사해신탁취소권 행사 없이 바로 강제집행을 할 수 있을지 여부를 쉽게 알 수 없는 경우가 예로 들 수 있다. 이에 대하여는 아래 재산권의 공시방법·대항요건과 관련된 설명 참조.

343) 다만 여기서의 '제3자'란 재산권 양도에 관하여 양수인의 지위와 양립할 수 없는

그리고 신탁등기를 하는 경우에 신탁재산의 관리방법 등을 기재한 신탁원부가 첨부되고, 신탁원부는 재산권이전의 등기와 함께 1건의 신청정보로 일괄하여 함으로써 등기부의 일부가 되기 때문에(부동산등기법 제140조), 신탁원부에 기재되어 있는 사항은 제3자에게 대항할 수 있다.[344]

(3) 등기 또는 등록할 수 없는 재산권[345]은 다른 재산과 분별하여 관리하는 등의 방법으로 신탁재산임을 표시함으로써 그 재산이 신탁재산에 속한 것임을 제3자에게 대항할 수 있다(법 제4조 제2항). 수탁자가 신탁법 제37조에 따라 분별관리의무를 다한 경우라면 보통 제3자는 해당 재산이 수탁자의 고유재산과 분리된 신탁재산임을 확인할 수 있으므로, 신탁재산이라는 사실의 표시가 이루어졌다고 볼 수 있다. 신탁재산이 동산이나 유가증권인 경우에는 물리적으로 분별함으로써 충분하고, 채권인 경우에는 신탁재산목록에 기재하거나 별도의 예금계좌를 개설하는 등의 방법으로 분리해야 하며, 금전이나 액체 그 밖의 대체물은 '계산상 분별'을 해야 한다(법 제37조 제3항).[346]

(4) 따라서 신탁행위가 있다 하더라도 재산권에 대한 제3자 대항요건을 갖추기 전에는, 채권자가 채무자(위탁자) 명의로 된 재산권에 대한 강제집행(보전처분 포함)을 할 수 있으므로, 특별한 사정이 없다면 채권자에게 신탁을 취소할 실익이 없다. 여기서 특별한 사정이라 함은 등기·등록할 수 없는 재산권과 같이 공시방법이 불완전한 재산의 양도에 관하여, 채권자(제3자)의 입장에서 볼 때 대항요건을 갖추었는지 여부와 시기를 판단하기 어려운 경

법률상 지위를 취득한 경우와 같이 등록의 흠결을 주장함에 정당한 이익을 가지는 사람에 국한하고, 재산권을 '침해'한 사람은 여기에서 말하는 제3자에 해당하지 않는다(대법원 2006. 7. 13. 선고 2004다10756 판결－저작권 신탁에 관한 사안).

344) 대법원 1975. 12. 23. 선고 74다736 판결(신탁재산의 관리로서 신탁재산을 제3자와 사이에 전세권을 설정하면서, 위탁자와의 약정으로 "신탁이 종료된 때에는 신탁재산에 부대하는 채무는 수익자가 변제해야 한다"는 신탁조항이 신탁원부에 기재되어 신탁등기가 경료된 경우에, 전세계약의 기간만료에 따른 전세금반환채무는 신탁계약이 종료한 후에는 위탁자인 신탁수익자에게 있으므로, 수탁자에게 그 반환을 청구할 수 없다).

345) 등기·등록할 수 있는 재산권 중 해당 재산권에 대한 등기·등록부가 아직 편철되지 않은 경우도 등기·등록할 수 없는 재산권과 같은 것으로 본다(법 제4조 제3항).

346) 법무부 신탁법 해설, 49면. 이하.

우를 예로 들 수 있다.

다. 유언신탁

(1) 유언은 가족법상 행위이기는 하나 재산에 관한 행위이므로, 유언으로 한 신탁설정은 사해성이 있을 수 있고, 취소되어야 할 필요성도 있으므로 사해신탁으로 취소를 구할 수 있다.[347)]

(2) 그러나 유언의 효력은 유언자가 사망해야 비로소 발생하고, 정지조건이 있는 경우에는 정지조건이 성취된 때 효력이 발생하기 때문에(민법 제1073조), 유언의 효력이 발생하기 전에는 채권자가 유언자의 일반재산을 집행할 수 있으므로 채권자취소권을 인정할 필요가 없고, 취소권 행사기간도 유언의 효력이 발생한 때부터 진행한다.

(3) 유언신탁(법 제3조 제1항 제2호)이 위탁자가 사망한 때 신탁효력이 발생하는 것과 달리, 유언대용신탁(법 제59조)은 신탁 자체는 위탁자의 생전에 효력을 발생하나, 위탁자의 사망 시점에서 신탁수익자가 수익권을 취득하거나 행사할 수 있다.[348)] 유언대용신탁은 신탁의 효력이 즉시 발생하기 때문에, 신탁행위시를 기준으로 하여 사해성과 취소의 필요성이 인정된다면 취소권을 행사할 수 있다.

---

347) 임채웅, 전게논문, 19~20면.

348) 유언대용신탁에는 2가지 유형이 있다. ① 위탁자의 사망시에 신탁수익자가 될 자가 위탁자의 사망 전에는 신탁수익자가 되지 못하는 유형이다(법 제59조 제1항 제1호). 신탁행위로 신탁수익자가 사망한 경우 그가 갖는 수익권이 소멸하고 타인이 새로 수익권을 취득하도록 하는 '수익자 연속신탁'(법 제60조)도 가능하다. ② 위탁자의 사망 이전에도 이미 신탁수익자의 지위를 얻지만, 사망시까지 그 권리를 행사하지 못하는 유형이다(법 제59조 제1항 제2호). 유언대용신탁은 ① 유증이나 사인증여에 비하여 위탁자의 의사를 보다 적극적으로 반영하여 위탁자의 재산승계를 설계할 수 있어, 고령화 사회에서 유용한 신탁유형으로 도입한 제도이다. ② 또한 유언신탁은 유언의 방식(민법 제1065~1072조)을 따라야 하지만, 유언대용신탁은 생전신탁이므로 유언의 형식을 요구하지 않아 그 이용이 손쉬운 면도 있다. 현행 신탁법이 유언대용신탁 제도를 도입함으로써 종래 상사법적으로만 이용되던 신탁제도를 일반 민사법적으로도 이용이 활발해질 것으로 예상된다.

라. 신탁선언

(1) 신탁선언은 위탁자가 자기 또는 제3자 소유 재산 중에서 특정 재산을 분리하여 그 재산을 자신이 수탁자로서 보유하고 신탁수익자를 위하여 관리·처분한다는 것을 선언함으로써 설정하는 신탁으로, '자기신탁'이라고도 한다.

(2) 신탁선언은 이를 인정하는 것이 세계적인 추세이고, 자산유동화에 관한 법률 제16조 제2항에 규정되어 있으며, 기업이나 금융뿐만 아니라 민사신탁의 영역에서도 그 활용도가 높아 현행 신탁법에 도입되었다.[349] 그러나 신탁선언은 다른 유형의 신탁에 비교하여 위탁자가 집행면탈 등을 목적으로 자기 재산을 신탁재산으로 정하여 채권자를 해칠 위험성이 높다. 그래서 이를 방지하기 위하여 신탁법에 일정한 제한을 두고 있고,[350] 특히 신탁선언에 사해성이 있는 경우에 채권자는 법원에 신탁종료청구를 할 수 있다(법 제3조 제3항).[351] 이때 채권자는 사해신탁취소나 채권자취소권도 행사할 수 있음은 물론이다.[352]

3. 선의의 수탁자에 대한 청구

가. 사해신탁취소의 요건

349) 그 유용성에 관하여는 법무부 신탁법 해설, 32면.

350) 신탁선언에 관한 제한을 구체적으로 들면, ① 공익신탁을 제외하고 신탁수익자 없는 신탁선언을 할 수 없고(법 제3조 제1항 단서), ② 집행면탈이나 탈세 등의 부정한 목적의 신탁선언은 이해관계인이 종료를 청구할 수 있으며(같은 조 제3항), ③ 반드시 공정증서를 작성해야 하고(같은 조 제2항 전단), ④ 원칙적으로 해지할 수 없으며(같은 조 제2항 후단), ⑤ 위탁자가 자신을 단독 신탁수익자로 정할 수 없다(법 제36조).

351) 신탁종료청구의 피고적격에 관하여, 신탁선언이 위탁자(=수탁자)의 단독행위이므로 위탁자만을 상대로 하면 된다는 의견이 있을 수 있으나, 신탁수익자의 신뢰보호를 위하여 신탁수익자도 공동피고로 함이 바람직하다.

352) 일본 신탁법은 위탁자가 사해행위로 자기신탁을 한 경우에는 위탁자의 채권자는 사해행위취소 없이도 원칙적으로 신탁재산에 강제집행을 할 수 있도록 규정한다(다만 신탁수익자가 선의인 경우와 신탁설정한 때부터 2년이 경과하면 강제집행할 수 없다. 일본신탁법 제23조 제2∼4항).

(1) 채권자취소권의 요건은, ① 원고가 될 수 있는 요건으로 피보전채권의 존재, ② 객관적 요건으로 채무자가 채권자를 해치는 법률행위, 즉 사해행위를 하였을 것, ③ 주관적 요건으로 채무자와 수익자·전득자의 악의가 필요하다.

사해신탁취소도 위의 ①과 ②의 요건은 필요로 하나, ③의 주관적 요건 중 채무자(위탁자)의 악의는 필요하지만 수탁자의 악의는 요건이 아니고, 다만 소극적 요건으로 신탁수익자의 선의를 요구한다.

즉 사해신탁취소는 채권자취소권과는 달리 수탁자의 악의를 요건으로 하지 않으므로(법 제8조 제1항), 채권자는 수탁자가 선의인 경우에도, 즉 신탁설정행위로 채무자의 소극재산이 적극재산보다 많게 된다는 사실을 수탁자가 알지 못하는 때에도 수탁자를 상대방으로 하여 사해신탁을 취소할 수 있다.[353]

(2) 다만 신탁수익자가 악의인 경우에만 취소할 수 있도록 하여 신탁관계자의 보호를 꾀하고 있다. 따라서 신탁수익자가 지정되어 수익권을 취득(법 제56조 제1항)[354]하기 전이나, 이른바 목적신탁과 공익신탁의 경우에는, 위탁자

353) 이는 수탁자가 원래 신탁재산으로부터 이익을 얻을 지위에 있는 실질적인 소유자가 아니라 단순한 관리자이므로, 그 취소로 손해를 입거나 불이익을 당할 우려가 없기 때문이라는 점을 전제로 한다(유재관, 전게서, 80면). 이에 대하여 부동산신탁의 경우 수탁자는 단순히 수탁수수료만 받고 운용하는 것이 아니라, 신탁재산인 부동산에 건물을 신축하는 등 투자를 하여 그로부터 얻는 수익에서 수입을 얻고, 신탁관계가 종료할 경우 공사도급계약, 대출계약, 분양계약 등에서 복잡한 분쟁이 야기되어 원활한 토지개발을 저해할 우려가 있으므로, 수탁자가 신탁재산으로부터 이익을 얻을 지위가 아니라는 이유로 선의 수탁자에 대한 신탁 취소를 허용하는 것은 부당하다는 견해가 있다(법무부 신탁법 해설, 81면; 김이수, "상사신탁에 비추어 본 신탁법 제8조 사해신탁 법리의 재구성", 상사판례연구 제22집 제3권, 한국상사판례학회(2009), 551면 이하.) 신탁법은 선의수탁자에 대한 신탁취소를 허용하면서도 신뢰보호를 위하여 그 원상회복의 범위를 현존 신탁재산의 범위로 한정한다(법 제8조 제3항).

354) 구 신탁법(제51조)은 신탁수익자로 지정되더라도 수익권을 취득하기 위해서는 신탁이익을 받겠다는 의사가 필요함을 전제로 그 의사를 추정하는 형식을 취하였으나, 현행 신탁법은 신탁수익자로 지정된 자는 당연히 수익권을 취득하도록 하여(법 제56조 제1항), 수익권 취득시기를 명확히 하고 조기에 확정할 수 있도록 하였다. 이와 관련하여 일본 신탁법 제11조 제1항은 신탁수익자가 수익자 지정(수익권 취득)을 통지받은 때 또는 수익권을 양수받은 때를 선의의 판단시기로 한다. 시기적으로

에게 사해의사가 있다면 채권자는 항상 취소할 수 있으나, 신탁수익자가 수익권을 취득한 후에는 신탁수익자 모두가 수익권 취득 당시 악의인 때에만 취소할 수 있다. 여기에서 신탁수익자의 악의는 위탁자가 채권자를 해칠 것을 알고 신탁을 설정한 사실에 관한 인식이다.

나. 선의 수탁자 보호에 관한 견해의 대립

수탁자가 신탁설정의 대가를 지급한 유상취득자이거나, 상업신탁의 수탁자와 같이 신탁업을 운영함으로써 보수를 받는 경우에는, 신탁설정 취소로 손해를 입을 수 있다. 그러므로 유상・선의의 수탁자에 대하여는 신탁 취소를 인정하지 않는 예외조항이 필요하다는 견해가 있다.[355] 이에 달리 실무에서 수탁자가 선의인 경우에 신탁취소를 인정함으로써 비롯되는 부당함은 별로 드러나지 않는데, 그 이유는 수탁자의 선의・악의에 관한 논의에 이르기 전에 사해성 검토 단계에서 먼저 걸러지기 때문이라는 견해도 있다.[356] 현행 신탁법이 개정되면서 구법과 같이 여전히 선의수탁자에 대한 신탁취소를 인정하고 있는 이유는 후자의 견해에 무게를 둔 것으로 보인다.[357]

4. 자익신탁의 사해성

가. 자익신탁과 타익신탁

(1) 자익신탁은 신탁재산에서 생기는 이익을 위탁자 자신이 취득하는 신탁을 말한다. 자익신탁은 신탁수익자와 귀속권리자를 모두 위탁자로 지정한 경우로서, 신탁재산의 관리・처분에 따른 신탁수익과 신탁종료시 남은 신탁

볼 때 <수익권 취득시 → 수익권 취득을 안 때(통지받은 때) → 실제로 이익을 받은 때> 순으로 판단의 기준시가 늦어진다. 우리 신탁법은 신탁수익자가 수익권 취득시에 선의이면 그 후에 악의가 되더라도 선의로 취급하므로, 일본 신탁법에 비교해 보더라도 신탁수익자의 선의가 인정될 여지가 크다(林邦彦, "信託法改正における詐害信託の問題点", 阪大法學 55(3・4), 大阪大學法學會(2005. 11.) 451면 참조).

355) 이중기, "사해신탁에 대한 취소와 원상회복", 비교사법 제14권 1호(통권 36호), 한국비교사법학회(2007). 604면.

356) 임채웅, 전게논문, 26면.

357) 일본 신탁법 제11조 제1항도 같다.

재산의 귀속권리자가 모두 위탁자이다. 우리나라에서 이루어지는 신탁은 대부분 자익신탁이다.

(2) 타익신탁은 신탁재산에서 생기는 이익을 위탁자 이외의 제3자가 취득하는 신탁을 말한다. 신탁수익에 대한 권리자를 위탁자로 지정하고 신탁종료시 남은 신탁재산의 귀속권자를 제3자로 지정할 수도 있으며 반대의 경우도 가능하다.

나. 자익신탁의 사해성 판단 기준

(1) 최근에는 아파트나 상가 건설·분양과 관련된 부동산신탁이 많이 이용된다. 이러한 신탁은 신탁 설정으로 수익을 얻는 자가 위탁자 자신인 자익신탁이다.

타익신탁은 사해성을 인정하는 데 달리 문제가 없으나,[358] 자익신탁은 위탁자가 출연을 하지만 그에 따른 수익을 얻기 때문에 실제로는 책임재산 감소를 가져오지 않는 것으로 보아 사해성이 부정될 여지가 많다.

(2) 자익신탁으로 위탁자가 가지는 수익권은 채무자가 유일한 재산인 부동산을 매각하여 소비하기 쉬운 금전으로 바꾸는 행위와 달리 일반채권자들의 강제집행을 피해 은밀한 방법으로 처분되기 어렵다. 특히 수탁자가 법규에 따라 인가받은 신탁업자인 경우 공신력 있는 신탁사무의 처리를 기대할 수 있고, 신탁에 따라 모든 사항이 공시되어 채권자도 위탁재산의 운용상태를 확인·감시할 수 있다. 그러므로 위탁자가 사업 계속을 위하여 자익신탁을 설정한 것이 사해행위에 해당하는지 여부를 판단할 때는, 단순히 신탁재산이 위탁자의 책임재산에서 이탈하여 외견상 무자력이 된다는 측면에만 주목할 것이 아니라, 신탁의 동기와 신탁계약의 내용, 이에 따른 위탁자의 지위, 신탁의 상대방 등을 두루 살펴 신탁설정으로 위탁자의 책임재산이나 변제능력에 실질적인 감소가 초래되었는지, 이에 따라 위탁자의 채무면탈이 가능해지거나 수탁자 등 제3자에게 부당한 이익이 귀속되는지, 채권자들의 실

358) 다만 채무자가 모든 채권자를 위하여 신탁을 설정하는 행위는 책임재산 감소에 상당하는 담보권의 증가가 수반되므로 사해성이나 사해의사가 없다고 볼 여지가 많다(이중기, 전게논문, 596면).

효적 강제집행이나 그 밖에 채권만족의 가능성에 새로운 장애가 생겨났는지 여부를 신중히 검토하여 판단해야 한다.359)

실제로 대법원 판결에 등장하는 부동산신탁은 개발촉진, 부동산 관리・분양 등을 목적으로 하는 것으로 사해성이 부정되는 경우가 대부분이다.360)

(3) 그러나 자익신탁이라는 이유만으로 사해성이 부정되는 것은 아니고, 위탁자가 후순위 수익자가 되거나 과다한 신탁보수를 지급함으로써 수탁자에게 재산을 빼돌리는 경우는 사해성이 인정될 여지가 있다. 그렇지 않더라도 위에서 본 바와 같이 신탁의 목적이나 채무자 재산의 감소와 책임재산 부족상태의 초래나 심화 여부를 따져서 사해성을 판단해야 한다.361)

또한 자익신탁으로 직접적 지배권인 소유권이 신탁상 수익권으로 변경됨으로써 집행이 어려워질 수 있고,362) 현재의 권리가 장래의 수익권으로 변경되어363) 현재 가치의 측면에서 무자력으로 해석될 여지가 있는 점도 고려해야 한다.364)

5. 신탁수익자의 지위

가. 신탁수익자의 피고적격에 관한 문제

(1) 채권자가 민법상 채권자취소권을 행사하려면 사해행위로 이익을 얻

359) 대법원 2011. 5. 23.자 2009마1176 결정.

360) 대법원 2003. 12. 12. 선고 2001다57884 판결(채무자가 토지에 집합건물을 지어 분양하는 사업을 추진하던 중 공정률 45.8%의 상태에서 자금난으로 공사를 계속할 수 없게 되자, 사업 계속을 위한 방법으로 신탁회사와 사이에 신탁계약을 체결한 사안에서 사해성을 부정하였다). 부동산개발신탁은 수익을 즉시 일시불로 지급하고, 그 후의 처분에는 위탁자가 관여하지 않기로 하여 사실상 처분행위로 볼 수밖에 없는 예외적인 경우가 아니라면 사해신탁이라고 할 수 없다는 견해로, 이우재, "개발신탁의 사해행위 판단방법", 판례해설(46), 543~544면.

361) 대법원 1999. 9. 7. 선고 98다41490 판결(자익신탁에서 사해신탁을 인정한 사례).

362) 신탁수익권에 관한 집행상의 문제점에 관하여는, 임채웅, "신탁수익권에 관한 민사집행의 연구", 신탁법 연구 2, 박영사(2011), 217~246면. 참조.

363) 기본적인 수익권 또는 수익권 그 자체는 현재의 권리라 할 수 있으나, 그로부터 파생되는 구체적인 수익권은 장래의 권리인 경우가 많을 것이다.

364) 이중기, 전게논문, 595면 이하.

은 수익자 Y나 전득자 Z를 상대로 법률행위의 취소를 구하는 소송을 제기해야 한다. 사해신탁의 경우에는 수탁자(민법상 Y에 해당)의 피고적격에 대하여 학설의 대립이 없으나, 신탁수익자(민법상 Z와 유사)를 피고로 하여 취소소송을 제기하는 데는 구 신탁법 이래 견해가 나뉘었다.

(2) 이러한 견해의 차이는 우선 민법과 개정 전 신탁법의 사해신탁에 관한 규정 방식이 달랐기 때문에 생긴 것이지만, 다른 한편으로 Z와 신탁수익자의 성격이 다르다는 점에서 비롯된 것이다. 즉 전득행위는 사해행위와는 별개로 Y와 Z 사이의 독립된 법률행위이지만, 신탁수익자는 수탁자와 사이에 별도의 법률행위가 아닌, 신탁행위 자체의 효과로서 재산권을 취득한다. 또한 전득행위는 목적물에 대한 권리의 전부나 일부를 Z에게 이전하거나 설정하지만, 신탁수익자가 취득하는 것은 신탁목적물 자체(원본, capital)에 관한 것이 아니고(즉 신탁목적물은 여전히 수탁자가 보유하고 있다), 보통 신탁재산에서 발생하는 이익(income)으로서, 위탁자의 책임재산이 아닌 수탁자의 책임재산에 영향을 미치는 행위인 점에서도 차이가 있다.

나. 신탁수익자의 피고적격에 관한 학설

(1) 긍정설

위탁자의 채권자는 신탁수익자에 대하여도 취소를 구할 수 있다는 견해이다. 채권자취소권과 신탁취소권은 모두 사해행위를 취소하고 채무자의 재산회복을 목적으로 하는 점에서 공통점이 있으므로, 신탁취소권에서도 위탁자의 채권자는 신탁수익자에 대하여 신탁행위를 취소하지 않으면, 신탁수익자에 대하여 수익한 재산의 원상회복을 구할 수 없다고 한다. 신탁수익자를 채권자취소소송에서의 전득자와 같이 보고 채권자취소권의 구조를 그대로 유추적용하는 입장이다.[365]

---

365) 일본 신탁법(2007. 9. 30. 시행)은 신탁수익자의 피고적격을 인정한다.

제11조[사해신탁의 취소 등]

④ 위탁자가 채권자를 해침을 알고 신탁한 경우에, 수익자가 수탁자로부터 신탁재산에 속한 재산의 급부를 받은 때에는 채권자는 수익자를 피고로 민법 제424조 제1항(우리 민법 제406조 제1항에 해당)에 따른 취소를 법원에 청구할 수 있

(2) 부정설

수탁자에 대하여만 취소권을 행사해야 하고, 신탁수익자에 대하여는 수탁자에 대한 취소를 전제로 하여 그 이익의 반환만이 문제가 된다는 견해이다.[366] 즉 수탁자에 대한 취소의 효과는 신탁수익자에게 미치므로, 위탁자의 채권자는 수탁자에 대한 사해신탁취소의 소와 동시에 또는 그에 대해 승소한 다음 신탁수익자에 대하여 일반 이행의 소로써 이익반환을 구할 수 있다고 한다.

다. 현행 신탁법

(1) 긍정설을 취함

(가) 채권자취소소송이든 신탁취소소송이든 취소와 원상회복이 결합된 소송인데, 그 주된 목적은 채권자의 채권 보전을 위한 일탈재산의 회복에 있다는 것이 판례의 입장이다.[367] 즉 취소소송에서 사해행위취소는 채무자의 책임재산으로부터 일탈된 재산을 반환하기 위한 전제가 되지만, 일탈된 재산이 반환되지 않는다면 취소소송은 아무런 실익이 없다.[368]

한편 취소의 대상은 채무자(위탁자)와 수익자(수탁자) 사이의 사해행위(사해신탁 설정행위)이지 전득자(신탁수익자)의 전득행위(수익취득행위)가 아니다. 그럼에도 불구하고 채권자취소소송에서 사해행위의 당사자가 아닌 전득

다. 다만 그 수익자가 수익자로서 지정되는 것을 알 때 또는 수익권을 양수한 때 채권자를 해친다는 사실을 알지 못한 때는 그렇지 않다.

⑤ 위탁자가 채권자를 해침을 알고 신탁한 경우에는, 채권자는 수익자를 피고로 하여 그 수익권을 위탁자에게 양도할 것을 소로써 청구할 수 있다. 이 경우에 전항 단서를 준용한다.

제12조[사해신탁의 부인 등]

② 파산자가 파산채권자를 해침을 알고 위탁자로서 신탁을 한 경우에는, 파산관재인은 수익자를 피고로 하여 그 수익권을 파산재단에 반환할 것을 소로써 청구할 수 있다. 이 경우에는 전조 제4항 단서를 준용한다.

366) 임채웅, 전게 논문, 32~36면; 유재관, 전게서, 83~84면; 이중기, 전게논문, 598면 이하.

367) 대법원 2002. 5. 10.자 2002마1156 결정.

368) 사해행위가 있고 실제로 일탈재산이 없어도 사해행위의 취소를 구할 필요가 있는 경우가 있지만, 그런 경우가 있다고 하여 본문의 설명이 달라지는 것은 아니다.

자를 피고로 하여 취소권을 행사하도록 하는 것은, 수익자를 상대로 하는 것보다는, 일탈재산을 보유하고 있는 전득자를 피고로 하여 취소를 구하고, 일탈재산 반환을 구하는 것이, 실질적인 이해관계인인 전득자를 당사자로 함으로써 그의 방어권을 보장하는 동시에 소송이 간명해지기 때문이다.[369]

(나) 신탁법은 위탁자의 채권자로 하여금 수탁자와 신탁수익자 모두를 피고로 하여 취소와 원상회복을 구할 수 있도록 함으로써 신탁수익자의 절차 관여권을 보장하고 있다(법 제8조 제1항). 수탁자와 신탁수익자를 반드시 공동피고로 할 필요는 없으나,[370] 수탁자에 대한 취소판결의 효력은 신탁수익자에게 미치지 않으므로, 신탁수익자도 취소소송의 피고로 하는 것이 바람직하다.[371]

(2) 신탁수익자와 채권자의 보호

(가) 신탁수익자가 수익권을 취득할 당시(신탁수익자로 지정될 때, 법 제56조 제1항)[372], 채권자를 해침을 알지 못한 경우에는 사해신탁을 취소할 수 없다(법 제8조 제1항 단서). 구 신탁법은 신탁수익자가 무상으로 수익권을 취득하므로 신탁수익자의 이익이 크게 침해되지 않는다는 이유로 신탁수익자의 악

369) 신탁에서는 수탁자가 신탁재산의 원본을 가지고 있지만, 신탁수익자도 현실적으로 신탁 수익을 취득하여 보유할 수 있다. 이 경우에 수탁자 명의의 신탁재산은 그대로 두고 신탁수익자로부터 신탁 수익을 반환받는 쪽이 법률관계가 간명할 수 있다.

370) 입법정책적으로 선의 수탁자와 신탁수익자를 확실하게 보호하려면 필수적 공동소송으로 규정할 필요가 있다는 의견으로는 김이수, 전게논문, 557면; 현행 신탁법 개정과정에서 논의에 대하여는 법무부 신탁법 해설, 87면 참조.

371) 신탁수익자에게 수익권이 있어도 신탁재산은 보통 수탁자가 보유하고 있는 경우가 많으므로, 채권자의 입장에서는 책임재산 보전의 관점에서 수탁자만을 피고로 하면 충분하다고 생각하는 경우가 많을 것이다. 그런데 수탁자는 취소판결에 따라 신탁재산을 반환하더라도 선의·악의에 불구하고 여전히 신탁수익자와 사이에 신탁관계는 존속하고 수탁자로서의 의무를 부담하므로, 선의 수탁자에게 지나치게 가혹하다(물론 수탁자로서는 법 제98조 제1호에 따라 신탁목적달성 불능을 이유로 신탁이 종료되었음을 주장할 수 있다). 따라서 취소소송의 피고가 된 수탁자로서는 피고가 되지 않는 신탁수익자에게 소송고지를 할 필요가 있다.

372) 신탁수익자에 대한 선의 판단시기에 관하여 구 신탁법 제8조 제2항은 수익권을 통하여 '이익을 받은 때'로 규정하였으나, 현행법은 '수익권을 취득한 때'로 정하여 수익자 보호를 강화하였다. 즉 신탁수익자가 수익권 취득시에 선의였다면, 그 후 이익을 받을 당시에 악의라도 신탁을 취소할 수 없다(법무부 신탁법 해설, 85면).

의 여부를 사해신탁취소의 요건으로 하지 않았다. 그러나 토지개발신탁과 같은 경우에는 대출금융기관이 신탁수익자가 되는 경우가 많아, 신탁수익자를 보호할 필요성은 채권자취소권에서 선의 전득자와 다르지 않으므로, 현행법에서는 신탁수익자의 선의를 신탁취소의 요건으로 규정한다.[373]

구 신탁법은 신탁수익자가 수익권을 취득할 당시에 선의였더라도, 그 이익을 받을 당시 채권자를 해침을 알았거나 중대한 과실로 알지 못한 경우에는 취소와 원상회복을 해야 하므로(구 신탁법 제8조 제2항), 채권자의 취소청구 당시 이미 받은 이익은 제외되더라도 장래(특히 취소청구 이후)에 받을 이익은 취소·반환되어야 하였다. 이에 대하여 선의 신탁수익자가 취소권의 영향을 받는 범위가 지나치게 넓다는 비판을 받아들여 현행법은 선의 기준시기를 수익권 취득시로 앞당겼다.[374]

신·구법의 적용과 관련하여 주의할 것은 현행법 시행 이전에 신탁수익자가 악의나 중과실로 이미 이익을 받았다면 수익권 취득 당시 선의였더라도 이를 반환해야 하지만, 현행법 시행 이전에 신탁설정이 되었더라도 시행 후에 이익을 받았다면, 현행법에 따라 수익권 취득 당시 선의인 신탁수익자는 이익을 받을 당시 악의나 중과실이 있더라도 취소 대상이 되지 않는다는 점이다.

(나) 신탁수익자가 여러 명인 경우에는, 신탁수익자 중에 1사람이라도 악의인 경우에 수탁자에 대하여 취소권을 행사할 수 있다면, 취소권 행사로 신탁재산이 줄어들어 선의 신탁수익자가 받은 권리를 결과적으로 보장할 수 없게 되므로, 신탁수익자 모두가 악의인 때에만 수탁자에 대하여 취소권을 행사할 수 있다.[375] 그러나 신탁수익자 중 1사람이라도 선의인 경우 신탁설정행위를 취소할 수 없다면, 사해신탁취소를 할 수 없는 경우가 많아지고,

---

373) 일본 신탁법의 개정요강 시안에서는 신탁수익자에게 '중과실이 없을 것'까지 요구하였으나, 민법 제406조(채권자취소권)와의 균형을 고려하여 선의만을 요구하게 되었다. 寺本振透(編集代表) 解說, 新信託法, 弘文堂, 2007(평성 19년) 24면.

374) 다만 현행법은 2012. 7. 26.부터 시행되었고(법 부칙 제1조), 종전 규정에 따라 생긴 효력에는 영향을 받지 않는다(법 부칙 제2조).

375) 안성포, "사해신탁의 취소와 수익자보호－일본 신신탁법을 중심으로－", 증권법연구 9권 2호, 삼우사(2008), 168면 참조.

신탁이 위탁자와 수탁자의 공모로 남용될 가능성이 크다. 그래서 신탁법은 채권자의 구제수단을 마련하고 있는데, 직접적인 방법으로는 악의 신탁수익자에 대하여 신탁취소와 원상회복을 구하거나(법 제8조 제2항), 악의 신탁수익자가 취득한 '수익권'을 위탁자에게 양도할 것을 청구할 수 있고(법 제8조 제5항), 간접적인 방법으로는 공동으로 사해신탁행위를 한 수탁자와 신탁수익자에 대한 손해배상청구권이 있다(법 제8조 제6항).

(3) 수탁자에 대한 취소권이 먼저 행사되어야 한다는 주장에 대하여

사해신탁의 경우에는 일단 수탁자로부터 주된 재산인 신탁재산을 회복하고, 그래도 부족한 경우에 추가적으로 신탁수익자로부터 신탁수익을 회복해야 한다는 주장이 있다. 그 이유로서, ① 수탁자는 신탁재산의 원본을 보유하고 있으나, 신탁수익자는 상대적으로 적은 가치인 신탁재산 운용수익을 가지고 있으므로, 수탁자로부터 신탁재산 원본을 반환받으면 채권변제에 충분한 경우가 많지만, 신탁수익자의 분배수익만을 반환받는 것만으로는 채권변제에 부족한 경우가 많고, ② 수탁자에 대한 설정행위 취소와 신탁원본의 반환은 모든 신탁수익자에게 균등하게 신탁재산 감소의 효과가 미치지만, 신탁수익자에 대한 취소는 취소 상대방이 되지 않은 다른 신탁수익자와의 관계에서 구상의 문제를 야기하기 때문이라는 것이다.[376]

그러나 위 견해는 찬성할 수 없다. 먼저 피보전채권이 소액이어서 신탁수익자로부터 반환을 받으면 충분한 경우까지 굳이 수탁자를 상대로 신탁행위 전체를 취소하고 신탁재산반환을 구할 필요는 없다. 또한 신탁수익자가 여러 명 있는 경우에 그 중 일부에 대한 취소와 반환에 따른 신탁수익자 사이의 구상은, 채권자취소권을 행사하는 경우에도 발생할 수 있는 문제로서,[377] 이를 들어 신탁취소의 경우에만 특별한 취급을 하는 것은 법체계의 통일적 운용이라는 점에서 볼 때 바람직하지 않다.

376) 이중기, 전게 논문, 598면 이하.

377) 민법상 채권자취소소송에서 채권자가 여러 명의 수익자 중에서 일부에 대하여만 취소를 구하는 경우에 다른 수익자를 상대로 구상권을 취득하는지 여부는 취소의 상대효와 관련하여 부정하는 견해가 일반적이고, 다만 취소로 손실을 입은 수익자는 채무자에 대하여 담보책임 등을 물을 수 있다.

무엇보다도 신탁법 제8조 제1항이, '수탁자나 수익자에게' 선택적으로 취소와 원상회복을 청구할 수 있다고 규정하므로, 수탁자에 대하여 우선 청구를 해야 한다는 것은 신탁법의 명문 규정과도 맞지 않다. 따라서 채권자는 수탁자가 아닌 신탁수익자만을 상대로 취소권을 행사할 수 있으며, 모든 신탁수익자들을 피고로 할 필요가 없고, 책임재산 보전에 충분하다면 수익권에 따라 급부를 받은 신탁수익자(그 중 일부도 가능)만을 상대로 취소와 반환을 구할 수 있다.[378)]

(4) 이익을 받기 전의 신탁수익자에게 취소를 구할 수 있는가

신탁수익자가 수익권만을 취득하고 그에 따라 구체적인 이익을 얻지 않은 상태에서는 위탁자의 일반채권자들이 직접 해를 입을 이유가 없으므로, 신탁수익자에 대한 취소청구는 인정되지 않거나 인정되더라도 신중을 기해야 한다는 견해가 있다.[379)] 그러나 신탁법이 사해신탁취소권 행사의 상대방에 신탁수익자를 명백히 포함하고 있고, 신탁수익자로 지정된 때, 즉 수익권을 '취득할 때'를 선의·악의의 기준일로 하고 있는 점(법 제8조 제1항)에 비추어 볼 때, 현행 신탁법 아래서 위 주장에 동의할 수 없다. 오히려 신탁수익자의 지위는 언제든 신탁재산 감소를 가져옴으로써 위탁자의 채권자를 해칠 수 있는 법적 관계로서, 수익을 취득할 가능성이 없다는 특별한 사정이 없다면 신탁수익자에 대한 취소는 가능하고 취소할 법률상 이익이 있다고 보는 것이 타당하다.[380)]

6. 사해신탁취소의 행사

가. 소송으로 행사

신탁취소는 민법 제406조 제1항에 따라 취소와 원상회복을 청구할 수 있으므로(법 제8조 제1항) 소제기로써만 행사할 수 있다.[381)]

---

378) 林邦彦, 전게논문, 455면.
379) 개정 전 구 신탁법을 전제로 한 주장이다. 임채웅, 전게논문, 41면 이하.
380) 林邦彦, 전게논문, 448~449면 참조.
381) 이중기, 전게논문, 606면.

나. 증명책임

위탁자(채무자)의 사해의사에 대한 증명책임이 취소채권자에게 있음은 채권자취소소송과 같다. 신탁수익자의 선의·악의에 대한 증명책임에 관하여, 구 신탁법의 해석상 신탁수익자의 악의를 채권자가 입증해야 한다는 견해가 있었다.[382] 그러나 현행 신탁법 제8조 제1항이 민법 제406조 제1항을 준용하면서 법문의 형식도 민법과 같은 방식으로 규정하고 있어,[383] 채권자취소권의 해석과 보조를 같이 하는 것이 바람직하므로, 취소의 효력을 다투는 수탁자나 신탁수익자가 신탁수익자의 선의를 증명할 책임이 있다.[384]

다. 수탁자의 통지의무와 성실의무

(1) 수탁자는 신탁취소소송이 자신에 대하여 제기되면 즉시 그 사실을 신탁수익자에게 통지해야 한다. 수탁자는 선량한 관리자의 주의의무로써 신탁수익자의 이익을 위하여 신탁사무를 처리해야 하고(법 제32~34조), 신탁수익자는 수탁자에 대하여 사무처리에 대한 설명요구권을 가지고 있는 외에(법 제40조 제1항), 사무처리와 관련하여 위기상황이 발생하면 신탁수익자의 요구와 관계없이 통지의무가 발생한다. 통지를 받은 신탁수익자는 수탁자에 대한 소송에 보조참가할 수 있다. 신탁설정의 취소가 피고로 되지 않은 신탁수익자에게 효력이 미치지 않는다 하더라도, 신탁수익자는 소송결과에 대하여 법률상 이해관계를 가지기 때문이다. 신탁수익자에 대한 통지는 취소판결의 효력(상대효)과 관련하여 수탁자가 신탁수익자에 대하여 부담할 불이익으로부터 구제될 수 있는 유효한 수단이 될 수도 있다.

또한 수탁자는 신탁수익자의 선의에 관한 증명책임을 지고, 선관주의의무에 따라 충실하게 소송을 수행함으로써 증명책임을 다해야 하고, 이에 위반

382) 이중기, 전게논문, 615면; 임채웅, 전게논문, 45면.

383) 민법 제406조 제1항 단서(수익자·전득자가 선의인 때 취소권 행사불가)와 신탁법 제8조 제1항 단서(신탁수익자가 선의인 때 취소권 행사불가)의 규정 방식이 동일하다. 한편 구 신탁법 제8조 제1항은 취소 및 원상회복의 원칙 규정이고, 제2항 본문은 제1항에 관한 제한 규정이며, 선의 신탁수익자 보호에 관한 제2항 단서는 다시 제2항 본문에 대한 예외 규정인 점에서 현행 신탁법의 구조와는 많이 달랐다.

384) 林邦彦, 전게논문, 451면.

한 경우에는 신탁수익자에 대하여 책임을 부담할 수 있다.[385]

(2) 수탁자의 통지의무를 신탁수익자 지위의 종속성에서 구하는 견해가 있다. 즉 신탁수익자의 이익은 채권자취소권에서 전득자가 사해행위 상대방으로부터 독립된 거래를 통해 취득하는 지위보다 약한 것이고, 신탁이나 수탁자에 종속적이므로, 일단 수탁자에 대한 신탁이 취소되면 신탁취소의 효력은 당연히 신탁수익자에게 미친다는 견해를 전제로, 신탁수익자의 이익 보호를 위하여 수탁자의 통지의무가 발생한다는 것이다.[386] 그러나 뒤에 설명하는 바와 같이 수탁자에 대한 사해신탁취소의 효력이 신탁수익자에게 당연히 미치지는 않으므로, 위와 같은 견해에는 찬동할 수 없다.

라. 원상회복의 방법

(1) 반환 목적물

사해신탁을 취소하고 수탁자로부터 반환을 청구할 수 있는 목적물은 원래의 신탁재산인 원물반환이 원칙이고 가액반환은 예외라는 점은 채권자취소권과 다르지 않다. 그러나 신탁수익자는 수탁자로부터 신탁재산이 아니라 신탁재산의 운영수익을 취득하기 때문에, 신탁수익자로부터 원상회복을 통해 회복할 수 있는 것은 신탁재산일 가능성은 거의 없고 금전·가액배상인 경우가 대부분일 것이다.

(2) 선의수탁자의 원상회복 범위

선의수탁자에 대한 신탁취소가 허용되는 한편 그의 신뢰 보호를 위하여 선의수탁자에 대하여는 '현존하는' 신탁재산의 범위 내에서 원상회복을 청구할 수 있다(법 제8조 제3항).[387]

(3) 신탁등기의 말소청구 요부

부동산신탁은 '재산권이전의 등기'와 '신탁등기'로 공시되고, 신탁설정등기

385) 寺本振透, 전게서, 24면, 주 19 참조.

386) 이중기, 전게논문, 602면.

387) 선의에 대한 증명책임은 이를 주장하는 수탁자에게 있다. 즉 수탁자는 자신이 선의임을 증명함으로써 반환범위를 현존재산의 한도로 제한할 수 있다.

를 신청할 때는 반드시 둘 다 함께 신청하여야 하며, 그 중 한 가지만 신청하면 각하된다. 신탁말소등기를 신청할 때도 같다.[388)]

그런데 사해신탁취소의 원상회복을 청구할 때 재산권이전 등기의 말소만 구하면 되고, 신탁등기말소를 구할 필요가 없으며, 전자의 판결만 있으면 후자의 등기까지 신청하여 말소할 수 있다는 견해가 있다. 재판실무의 다수가 그러하고, 양자는 별개의 소송물이 아니라 전자만이 독립된 소송물이며 후자는 그 일부에 불과하다는 점을 이유로 든다.[389)]

그러나 재산권이전 등기는 권리의 효력발생요건이지만, 신탁등기는 대항요건으로서 양자는 그 성격이 다르다. 그리고 양자는 언제나 함께 신청되어야 하는 것은 아니고, 경우에 따라서는 신탁등기만이 신청되는 경우도 있으며,[390)] 그때에는 신탁등기가 등기소송에서 별개 소송물이 된다. 설혹 양자가 함께 신청되는 경우에 하나의 소송물로서 신탁등기는 재산권이전등기의 일부에 불과하다고 보더라도, 그 내용이 당사자 사이에 다툼이 될 수 있는 여지가 많으므로,[391)] 후자에 관한 판결이 없는데도 형식적 심사권을 가지는 등기관이 이를 직권으로 심사하여 등기할 수 있다는 견해는 선뜻 납득하기 어렵다.[392)]

마. 수탁자의 비용상환청구권

(1) 신탁법의 규정

신탁이 취소되면 수탁자가 취소 전에 신탁사무 처리에 관하여 필요한 비

388) 신탁등기사무처리에 관한 예규[등기예규 제1473호, 2012. 6. 29, 개정] 참조.

389) 임채웅, "신탁과 등기의 연구", 신탁법 연구 2, 98～111면. 신탁의 말소등기뿐만 아니라 신탁설정등기에 관하여도 동일한 주장을 하고 있다.

390) 예를 들어 자기신탁이나 수익자 변동에 관한 등기는 재산권이전 등기와는 관련 없는 순수한 신탁등기이다.

391) 부동산등기법 제81조 제1항 신탁등기의 등기사항 참조(특히 신탁재산의 관리방법이나 신탁종료의 사유가 이에 해당한다).

392) 지상권설정등기를 예로 들면, 지상권의 내용을 이루는 '기간, 지료, 범위'에 관한 내용은 지상권등기의 내용(일부)에 불과하지만, 그 부분에 대하여 판결주문에 없고 등기의무자가 동의하지 않는데도 등기관이 직권으로 심사하여 이를 등기할 수는 없다.

용을 고유재산에서 지출한 경우와, 과실 없이 채무를 부담하거나 손해를 입은 경우에는, 그 비용 등과 그에 대한 비용지출일(또는 채무부담일·손해발생일) 이후의 이자를 신탁재산으로부터 청구할 수 있다(법 제46조 제2, 3항). 또한 수탁자는 신탁 목적에 따라 신탁재산의 보존, 개량을 위하여 지출한 필요비나 유익비에 관하여, 신탁재산에 대한 민사집행절차나 공매절차에서 수익자나 그 밖의 채권자[393]보다 우선변제를 받을 권리가 있고(법 제48조 제1항), 신탁재산을 매각[394]하여 비용상환청구권이나 보수청구권의 변제에 충당할 수 있다(법 제48조 제2항).[395]

(2) 취지와 성격

이는 수임인의 비용상환청구권(민법 제688조)과 같은 취지로서, 유익비에 관하여 가액 증가가 현존한 때에만 상환을 청구할 수 있는 점유자나 임차인의 상환청구권(민법 제203조 제2항, 제626조 제2항)과는 달리, 신탁의 목적에 따라 지출된 비용이라면 신탁재산에 관한 유익비라도 지출한 비용 전부의 상환을 청구할 수 있고, 신탁재산으로부터 다른 채권자보다 우선변제권을 가진다.[396]

수탁자의 신탁재산 반환의무는 비용상환의무보다 먼저 이행할 성질의 것은 아니므로,[397] 비용상환청구권을 피담보채권으로 하여 신탁재산을 유치할

---

393) 여기서 '다른 채권자'라 함은 담보권자를 포함하지 않는다. 이근영, "신탁수탁자의 보상청구권에 관한 고찰", 재산법연구 26권 3호, 법문사(2009), 254면.

394) 이를 수탁자의 '자조매각권'이라 한다. 임의매각 외에 민사집행에 따를 수도 있으나(대법원 2003. 5. 16. 선고 2003다11134 판결), 이를 대위행사할 수 없고, 수탁자가 재임 중에는 신탁재산에 대하여 강제집행할 수 없다(대법원 2005. 12. 22. 선고 2003다55059 판결). 또한 신탁재산 매각으로 신탁목적을 달성할 수 없을 때(법 제48조 제2항 단서)와 신탁이 종료된 후에는 약정자조매각권은 몰라도 법정자조매각권을 행사할 수 없다(법 제102조, 제54조, 제48조 제1항 참조. 신탁종료시 제48조 제2항은 준용하지 않음).

395) 수탁자의 비용상환청구권과 신탁재산에 부담하는 금전채무를 상계하는 것도 '신탁재산 매각'의 한 형태로 인정된다(이근영, 전게논문, 249면).

396) 다만 수탁자가 선량한 관리자의 주의를 위반하여 지출한 비용은 상환청구할 수 없다(대법원 2006. 6. 9. 선고 2004다24557 판결). 그러한 거래의 결과 신탁재산에 이익이 생긴 경우에 이익이 현존하는 한도에서 부당이득법리에 따라 보상받을 수 있음은 다른 문제이다(이근영, 전게논문, 242면).

397) 신탁계약에서 위탁자나 수익자가 부담하는 신탁비용 등의 지급의무와 신탁종료시에

수 있다.[398)]

(3) 가액배상의 경우

수탁자의 비용투입으로 신탁재산의 가치가 달라져, 신탁재산의 원상회복 대신 가액배상이 인정될 수 있고,[399)] 이 경우에는 신탁재산이 수탁자에게 잔존하므로 수탁자의 비용상환청구권은 발생될 여지가 없다.

바. 신탁수익자에 대한 수익권의 양도청구

(1) 의미와 요건

(가) 채권자는 악의의 신탁수익자에게 그가 취득한 '수익권'을 위탁자에게 양도할 것을 청구할 수 있다(법 제8조 제5항).

신탁수익자가 여러 명 있고 악의인 사람과 선의인 사람이 섞여 있는 경우에는 수탁자를 상대로 하여 신탁행위를 취소할 수 없고, 악의의 신탁수익자

수탁자가 부담하는 신탁재산 이전의무는 동시이행관계에 있음이 원칙이다(대법원 2008. 3. 27. 선고 2006다7532 판결). 다만 비용상환의무에 관하여 신탁재산에 대하여 수탁자가 자조매각권을 가지는 경우에는, 수탁자의 원상회복의무보다 신탁재산 권리귀속자의 비용상환의무가 먼저 이행된다(대법원 2009. 1. 30. 선고 2006다62461 판결). 수탁자의 비용상환청구권에 관한 신탁법 제48조 제2항의 법정 자조매각권은 원래의 신탁관계가 존속하는 경우에만 인정되고 신탁관계가 종료된 경우에는 행사할 수 없다(임채웅, "신탁법상 수탁자의 자조매각권 및 비용상환청구권에 관한 연구", 신탁법 연구 2, 146~150면 참조.) 그런데 사해신탁취소는 취소 당사자가 아닌 위탁자와 수탁자, 수탁자와 수익자 사이의 신탁법률관계에는 효력이 미치지 않으므로, 단순히 사해신탁이 취소되었다는 이유만으로는 수탁자의 법정 자조매각권이 배제되지 않아, 수탁자에게 계약상의 자조매각권이 없더라도 비용상환의무가 선이행의무가 되는 것으로 생각할 수 있다. 그러나 사해신탁취소와 신탁재산의 원상회복으로 신탁계약상 의무이행이 불가능한 경우에는 신탁법 제98조 제1호에 따라 신탁이 절대적으로 종료된다(대법원 2002. 3. 26. 선고 2000다25989 판결). 따라서 사해신탁으로 수탁자가 원물을 반환하게 될 사정이 되면 약정 자조매각권이 없다면 비용상환의무가 선이행의무가 될 수 없다.

398) 수탁자 변경시에 종전 수탁자의 비용상환청구권에 따른 유치권은 신탁법 제54조 제2항에서 명문으로 인정한다. 참고로 수탁자가 의무위반이나 분별의무위배로 신탁재산을 원상회복할 의무가 있는 경우에, 그 의무는 비용상환청구권보다 먼저 이행해야 하므로 유치권을 행사할 수 없다(법 제43조, 제44조, 제49조).

399) 대법원 2003. 10. 9. 선고 2003다19091 판결; 대법원 2010. 2. 25. 선고 2007다28819 판결 참조.

만을 상대로 하여 사해신탁의 취소와 원상회복을 구할 수 있는 한편(법 제8조 제2항), 사해신탁을 취소하지 않고 신탁수익자가 받은 수익권을 위탁자에게 양도할 것을 청구할 수도 있다(법 제8조 제5항).

또한 채무자가 다른 위탁자와 함께 공동으로 신탁을 설정하였는데, 채무자는 사해의사를 갖고 있었으나 다른 위탁자가 선의인 경우에는 신탁설정행위를 취소할 수 없으므로, 악의의 신탁수익자를 상대로 그가 취득한 수익권 중 채무자의 신탁설정 관여 부분을 채무자에게 양도할 것을 청구할 수 있다.

(나) 수익권 양도청구는 수탁자에 대한 취소청구를 할 수 없을 때, 채권자 보호를 위한 유효한 수단이지만, 반드시 수탁자에 대한 취소청구가 불가능할 것을 요건으로 하지는 않는다. 따라서 채권자는 수탁자에 대한 취소권을 행사할 수 있는 경우에도 이를 행사함이 없이, 악의의 신탁수익자에 대하여 수익권 양도청구권을 행사할 수 있다.[400]

(2) 수익권의 양수인

수익권 양도청구에 따른 수익권은 위탁자의 채권자가 아닌 위탁자(채무자)에게 양도해야 한다. 다만 사해행위를 한 위탁자에게 수익권을 귀속시키는 것이 책임재산의 보전방법으로서 타당한지에 대하여 의문이 있다.[401]

(3) 신탁행위의 취소 여부

(가) 신탁수익자에 대한 반환청구를 할 때 그에 대한 신탁행위를 취소해야 하는가, 아니면 취소 없이 반환만을 청구할 수 있는가? 신탁수익자에 대하여 원상회복을 구하는 신탁법 제8조 제2항의 경우에는 신탁이 취소되어야 하지만(법 제8조 제2항에 '취소' 및 원상회복을 청구할 수 있다고 규정한다), 신탁법 제8조 제5항의 수익권 양도는 신탁을 전제로 하여 신탁수익자가 취득한 수익권을 양도하는 것이므로 신탁취소 없이 수익권 양도만을 명해야 한다(법 제8조 제5항은 취소는 언급함이 없이 '양도'할 것을 청구할 수 있다고 규정한다).[402]

400) 임채웅, 전게논문, 50면; 寺本振透, 전게서, 26면.
401) 안성포 전게논문, 171면.
402) 안성포, 전게논문, 177면.

(나) 신탁행위가 취소되지 않는다 하더라도, 수익권 양도청구 역시 실질적으로는 사해신탁취소의 기능과 성격을 가지므로, 기본적 요건이나 행사방법과 효과는 신탁취소권과 같다.403) 따라서 수익권양도청구는 소제기 방식으로 하고 민법 제406조 제2항의 제척기간이 적용된다(법 제8조 제5항 후문). 또한 악의 신탁수익자가 수익권을 선의 제3자에게 양도한 경우에는, 채권자는 그 악의 신탁수익자에 대하여 가액배상을 청구할 수 있다.404)

(4) 전득자에 대한 청구 불가

신탁재산을 받은 신탁수익자 Y가 그 재산(수익권 자체가 아님)을 전득자 Z에게 처분한 때, Z는 신탁법 제8조 제2항과 제5항의 신탁수익자가 아니므로, 그에 대하여 수익권 양도청구를 할 수 없고, 위탁자의 채권자 X는 Z에 대하여 민법 제406조에 따라 재산반환을 청구할 수 있다. 다만 취소되는 사해행위는 위탁자와 수탁자 사이의 신탁설정이므로 Z가 민법 제406조에 따라 보호되기 위한 요건인 '선의'는 사해신탁 사실을 알지 못하는 것이다.405)

(5) 수익권 양도청구 행사의 효과

양도청구의 대상은 수익권이므로 양도청구판결이 확정되면 수익권은 법률상 당연히 위탁자에게 귀속되고, 그 수익권의 범위에서 자익신탁이 된다.406) 위탁자의 채권자는 위탁자가 위 수익권 행사로 취득한 재산권을 압류할 수 있음은 물론이다. 그 밖에도 수익권 자체(기본적 수익권)를 압류하거나, 수익권으로부터 생기는 수탁자에 대한 장래의 구체적 급부청구권을 압류하는 것도 생각해볼 수 있으나,407) 이들이 압류 대상이 될 수 있을지가 문제된다.408)

---

403) 따라서 피보전채권은 사해신탁설정 이전에 발생한 채권이어야 하고, 위탁자가 무자력 상태에서 사해의사를 가지고 신탁을 설정해야 한다. 임채웅, 전게논문, 50면; 寺本振透, 전게서, 26면.

404) 임채웅, 전게논문, 51면.

405) 안성포, 전게논문, 177면.

406) 林邦彦, 전게논문, 457면(다만 사해행위를 한 채무자인 위탁자에게 수익권을 귀속시키는 것은 책임재산 보전의 관점에서 문제가 있다고 함).

407) 기본적 수익권은 압류금지채권에 해당되지 않는다면 압류할 수는 있다(기본적 수입권을 압류하면 장래의 구체적인 청구권도 포함하여 함께 압류된다). 그러나 구체적인 수익청구권이 금전채권이나 부동산에 관한 권리인 경우에도 기본적 수익권은

채권자로서는 채권자대위권에 따라 위탁자를 대위하여 수익권이나 수익채권[409]을 행사하는 것도 피보전채권 만족의 한 방법이다.[410]

사. 채권자취소권과의 관계

(1) 판례는 신탁설정행위가 채권자취소권의 대상이 되는 경우에, 채권자는 신탁취소권을 행사하는 외에 채권자취소권 행사도 허용한다.[411]

양자의 요건은 피보전채권이나 행위의 사해성 및 채무자 악의의 점에서는 같지만 다른 요건에서 다른 점이 있다. 즉 신탁취소권은 수탁자가 선의라도 신탁을 취소할 수 있지만 신탁수익자가 선의이면 신탁을 취소할 수 없다.[412] 이와 달리 채권자취소권은 수탁자가 선의이면 신탁을 취소할 수 없지만, 수탁자가 악의라면 신탁수익자가 선의라도 수탁자에 대하여는 신탁을 취소할 수 있다. 다만 수탁자에 대하여 신탁재산 자체의 반환을 명하면 취소의 상대방이 될 수 없는 선의 신탁수익자의 이익을 해칠 수 있을 것이므로, 이 경우에는 가액배상을 명해야 한다.

(2) 수탁자로부터 신탁재산을 취득한 전득자(신탁수익자가 아님)에 대하

다양한 내용을 포함하는 '포괄적인 권리'로서 금전채권이나 부동산에 대한 권리가 아니다. 그러므로 기본적 수익권은 민사집행법 제251조에서 말하는 '그 밖의 재산권'이고, 성질상 추심명령이 허용될 수 없으며 민사집행법 제241조의 특별한 현금화방법으로 해야 한다. 임채웅, 전게논문, 237면 및 243면.

408) 이에 대한 상세한 연구로, 임채웅, 전게논문, 217면. 이하 참조. 신탁수익권이 부양료청구권(민법 제979조), 종신정기금채권(민법 제725조 이하)의 성질을 가지고 있는 경우에는 성질상 양도가 금지된 채권으로 압류할 수 없고(실제로 이러한 경우가 적지 않을 것이다), 채무자가 제3자의 도움으로 계속 받는 수입의 전부 및 연금이나 이와 유사한 성질을 가지는 급여채권의 성질을 가지는 것의 1/2을 압류할 수 없다(민집법 제246조 제1항 제2, 4호).

409) 수익채권이라 함은 '신탁수익자가 수탁자에게 신탁재산에 속한 재산의 인도와 그 밖에 신탁재산에 기한 급부를 요구하는 청구권'이다(법 제62조). 수익채권은 신탁채권보다 후순위 권리이고(법 제62조), 소멸시효 기산점과 소멸에 관한 특칙이 있다(법 제63조).

410) 林邦彦, 전게논문, 458면.

411) 대법원 2003. 12. 12. 선고 2001다57884 판결(신탁설정행위의 사해행위취소가 문제된 사안에서 민법상 채권자취소권이 적용되었다).

412) 악의 신탁수익자에 대하여 수익권의 양도를 구할 수 있음은 별개의 문제이다.

여, 위탁자의 채권자는 신탁취소권이 아닌 채권자취소권만을 행사할 수 있다는 견해가 있다.[413] 그러나 위탁자의 채권자가 악의 전득자로부터 신탁재산을 반환받기 위해서는, 신탁취소권이든 채권자취소권이든 어느 쪽을 행사하더라도 수탁자에 대한 신탁설정이 취소되면 상관없으므로, 반드시 민법상 채권자취소권만을 행사할 필요는 없다.[414] 그런 점에서 신탁재산을 취득한 전득자에 대하여 신탁법 제8조 제2항과 제5항의 수익권 양도청구를 할 수 없는 것과는 다르다.

7. 사해신탁 취소의 효과

가. 신탁수익자 지위의 종속성에 관하여

(1) 사해행위취소의 효력은 피고로 된 수익자·전득자와 채권자 사이에만 미치고, 채무자를 비롯한 취소소송의 피고가 되지 않은 사람에게는 미치지 않는다는 것이 확립된 판례이다. 그런데 채권자취소권의 상대방인 수익자와 전득자는 독립한 거래 당사자의 지위를 가지고 있고, 서로 상대방에 대한 신뢰관계가 필수적이라고 할 수 없으나, 수탁자와 신탁수익자는 신탁의 내부관계인으로서 신탁수익자의 수익은 수탁자가 신탁사무를 이행한 결과 취득하는 것이다. 그래서 신탁수익자의 이익은 채권자취소권에서 전득자가 사해행위의 상대방으로부터 취득하는 지위보다 약하고, 신탁이나 수탁자에 종속적이므로, 일단 수탁자에 대한 신탁이 취소되면 신탁취소의 효력은 당연히 신탁수익자에게 미친다는 견해가 있다.[415]

(2) 이는 사해신탁취소소송의 피고는 수탁자이고 신탁수익자는 피고적격이 없다는 견해와 맥을 같이 한다. 그러나 앞에서 본 바와 같이 신탁법은 신탁수익자를 사해신탁소송의 피고로 인정한다. 그렇다면 사해행위취소의 상대적 효력에 관한 확립된 판례이론을, 사해신탁에서만 예외로 하여 피고로 되지 않은 신탁수익자에게 절대적 효력을 인정할 만한 불가피한 이유는 없다.

413) 이중기, 전게논문, 618~620면.

414) 임채웅, 전게논문, 38면.

415) 이중기, 전게논문, 601면 이하.

신탁수익자의 지위가 사해행위와는 별개의 거래당사자인 전득자와 달리 사해신탁 설정행위로 발생한다는 이유만으로, 신탁수익자를 상대로 하지 않은 수탁자에 대한 취소의 효력이 신탁수익자에게 미친다는 것은, 채권자취소소송의 확립된 이론에 비추어 볼 때 납득할 수 없다. 이는 제3자를 위한 계약을 취소 대상으로 한 채권자취소소송에서 제3자를 피고로 하지 않은 취소의 효력이 제3자에게 미쳐서 제3자가 원상회복의무가 있다고 볼 수 없다는 법리와도 모순된다. 제3자를 위한 계약에서 제3자의 지위는 주된 계약과 별개의 독립된 법률행위로 취득되는 것이 아니라는 점에서, 신탁계약에서 신탁수익자의 지위와 매우 비슷하기 때문이다.

또한 현행 신탁법이 신탁수익자의 피고적격을 인정하고, 신탁수익자가 선의인 경우에는 사해신탁을 취소할 수 없도록 규정한 점을 감안하더라도, 신탁수익자의 관여 없는 수탁자에 대한 신탁취소의 효력이 신탁수익자에게 미친다는 것은, 근거 없이 신탁수익자의 절차관여권을 해치는 것이 되어, 구체적 타당성을 고려하더라도 용납될 수 없다.

나. 선의 제3자(신탁채권자) 보호

(1) 사해신탁이 취소되어 신탁재산이 위탁자에게 원상회복되면, 취소된 신탁과 관련하여 수탁자와 거래한 선의 제3자(신탁채권자)는 예측할 수 없는 손해를 입을 수 있으므로, 위탁자는 원상회복된 신탁재산의 한도 내에서 신탁채권에 대한 이행책임을 부담한다(법 제8조 제4항). 이는 선의 신탁수익자를 보호하는 제도를 둔 것과 같은 맥락에서 신탁채권자의 보호도 필요하다는 취지에서 둔 규정이다. 원상회복된 재산을 한도로 이행책임을 부담하므로, 일부만 취소되어 반환되는 경우에 위탁자는 그 반환된 재산의 한도 내에서 이행책임이 있다.[416] 다만 반환된 재산은 신탁채권자를 위한 배타적인 책임재

416) 위탁자의 책임범위가 원상회복된 재산을 한도로 한다고 하여, 판결주문에서 그 재산의 금액을 명시할 필요는 없다. 즉 판결 주문에 '000원의 범위 내에서'라고 하여서는 안 되고, '피고(위탁자)와 수탁자 사이의 2012. 1. 2.자 신탁계약(증서번호 제○○호)에 따른 신탁재산 (중 별지 목록 기재 재산; 일부취소된 경우)의 범위 내에서'라는 형태를 취해야 한다(대법원 2010. 2. 25. 선고 2009다83797 판결. 이는 신탁법 제53조 제2항에 따라 새로운 수탁자의 신탁채권자에 대한 책임을 묻는 소송

산이 되는 것은 아니므로, 신탁채권자는 취소권을 행사한 위탁자의 채권자와 함께 그 재산으로부터 변제를 청구할 수 있다.417)

(2) 신탁 취소 전에 수탁자가 신탁재산을 선의 신탁채권자에게 담보로 제공한 경우에, 신탁채권자는 신탁재산의 회복과 무관하게 담보권에 따른 강제집행을 할 수 있음은 물론이고, 수탁자가 신탁재산을 임대한 경우에 선의 임차인은 수탁자와 체결한 임차권을 위탁자에 대하여 주장할 수 있다.

(3) 선의 신탁채권자가 위탁자에 대하여 이행책임을 행사하는 방법에 관하여, 사해신탁취소권에 준하는 것으로 보아 소송으로만 청구할 수 있다는 견해와 소송 외의 방법으로도 가능하다는 견해가 있다.418) 신탁채권자의 권리는 사해행위 취소권과는 성질이 다르고, 행사방법에 관하여 특별한 규정이 없으므로, 반드시 소송으로 행사할 필요는 없다는 견해가 타당하다.

다. 강제집행의 문제

(1) 신탁재산에 대하여는 신탁 전의 원인으로 발생한 권리 또는 신탁사무 처리상 발생한 권리에 따른 경우가 아니라면 강제집행(보전처분 포함419))

에 관한 사례이나 본문의 경우에도 같이 볼 수 있다. 위 판결에 대한 평석으로는, 임채웅, "수탁자의 변경과 신수탁자의 책임제한에 관한 연구", 신탁법 연구 2, 박영사(2011), 159면. 이하 참조).

417) 안성포, 전게논문, 179면.

418) 자세한 내용은 법무부 신탁법 해설, 91면 참조.

419) 보전처분 중 가처분의 경우에는 피보전채권의 성질에 따라 허용되는 경우가 있다. 즉 신탁재산에 대한 강제집행 금지규정은 '신탁관계의 존재'를 전제로 하여, 신탁재산은 위탁자나 수탁자의 재산으로부터 독립성을 가지기 때문에 파생한 법리이므로, 사해신탁을 이유로 신탁취소를 주장하는 경우에는 그에 따른 채권을 피보전권리로 한 가처분은 가능하다. 대법원 2008. 10. 27.자 2007마380 결정은 신탁계약해지로 위탁자가 수탁자에 대하여 가지는 신탁재산귀속권을 피보전채권으로 한 신탁재산에 대한 처분금지가처분은, 신탁계약에 따른 신탁관계의 성립 · 유지 및 신탁사무의 처리와 모순관계에 있지 않기 때문에 신탁법 제22조에서 금지하는 보전처분에 해당되지 않는다고 한다(따라서 신탁이 종료된 경우에는 신탁재산귀속권자의 가처분이 당연히 허용된다. 대법원 2005. 4. 15. 선고 2003다47621 판결). 다만 위와 같은 가처분을 쉽게 인정할 경우에는 신탁수익자나 수탁자가 그 채권과 권한을 제대로 행사하지 못할 우려가 있으므로, 가처분 발령에 신중을 기하여 피보전채권의 특정이

을 할 수 없다(법 제22조 제1항).

전자의 '신탁전 채권'이란, 신탁재산에 관한 신탁행위에 따라 수탁자에게 권리가 이전되기 전에 발생한 권리로서, 신탁재산과 밀접한 관련성이 있어 위탁자를 채무자로 하여 신탁재산에 집행할 수 있는 권리이다. 구체적으로는 신탁재산에 담보권이 있거나, 가압류, 압류 또는 가처분이 되어 있는 채권과 위탁자에 대한 집행권원을 가지고 수탁자에 대하여 승계집행문을 받을 수 있는 채권을 말한다.[420]

후자의 '신탁사무 처리상 발생한 권리'라 함은, 수탁자가 신탁사무와 관련한 행위를 함으로써 발생한 권리로서 신탁재산으로 부담할 채무를 말한다.[421] 제3자의 보호라는 관점에서, 신탁사무처리와 관련된 채무이지만 궁극적으로는 신탁재산이 아닌 수탁자가 부담할 것이라도 일단은 여기에 해당된다. 구체적으로 신탁재산에 관한 조세, 공과금, 신탁재산의 하자에 따른 손해배상책임, 신탁목적 수행을 위한 소비대차 채무와 수탁자의 불법행위에 따른 손해배상채무[422] 등이 포함된다.[423]

(2) 사해신탁이 취소되어 신탁재산의 원상회복 방법으로, 원물반환을 한다면 위에서 본 신탁재산에 대한 강제집행 문제는 생기지 않는다.[424] 그러나 수탁자에 대하여 가액배상이 선고된 경우에는, 수탁자의 고유재산에 강제집행할 수 있음은 물론이지만, 신탁재산에 대한 집행이 가능한지 의문이 있다. 가액배상채권은 취소채권자의 피보전채권과는 별개의 채권이고,[425] 신탁설정

가능하고 가까운 장래에 발생할 것임이 상당 정도 기대할 수 있어야 한다{임채웅, "신탁재산에 대한 가처분에 관한 연구", 신탁법연구 2, 박영사(2011), 263면}. 이는 사해신탁을 이유로 한 가처분에도 타당한 견해이다.

420) 임채웅, "신탁재산에 대한 민사집행의 연구", 신탁법연구 3, 박영사(2011), 206면.

421) 이 경우 권리자는 수탁자의 고유재산에 관하여도 권리를 행사할 수 있다(대법원 2006. 11. 23. 선고 2004다3925 판결). 다만 유한책임신탁의 신탁채권에 따라 수탁자의 고유재산에 강제집행할 수 없다(법 제119조. 법 제118조에 따른 수탁자의 손해배상책임은 예외).

422) 대법원 2007. 6. 1. 선고 2005다5843 판결(분양형 토지신탁계약에서 수탁자의 허위·과장 분양광고로 수분양자가 입은 손해).

423) 임채웅, 전게논문, 207~208면.

424) 원물반환의 보전을 위하여 가처분을 할 수 있음은 앞에서 보았다.

이후에 발생한 채권으로서 신탁 전 채권이라 할 수 없으며, 신탁수락에 따른 채무이지 신탁사무를 처리하는 과정에서 발생한 채권으로도 볼 수 없으므로, 신탁재산(사해신탁 목적물 포함)에 대하여는 집행할 수 없다. 취소채권자가 이에 위반하여 신탁재산에 집행하는 경우에는 이해관계인(위탁자 · 신탁수익자 · 수탁자)은 제3자이의 소를 제기할 수 있다(법 제22조 제2항).[426] 그러므로 만일 수탁자의 고유재산이 충분하지 않다면 취소채권자의 권리가 제대로 확보되지 못할 우려가 있다.[427]

8. 손해배상책임

가. 의미와 규정의 취지

위탁자와 사해신탁 설정을 공모 · 교사 또는 방조한 신탁수익자나 수탁자는 신탁법 제8조 제1항의 책임 외에도 위탁자의 채권자에 대하여 위탁자와 연대하여 손해를 배상할 책임이 있다(법 제8조 제6항). 여러 명의 신탁수익자가 있는 경우에 그 중 1사람이라도 선의이면 사해신탁을 취소할 수 없으므로, 신탁이 위탁자와 수탁자의 공모 등에 따라 남용될 우려가 있다. 이러한 경우에 채권자를 구제하고 사해신탁설정을 억제하기 위하여 마련한 규정이다.

---

425) 취소채권자의 위탁자에 대한 피보전채권이 신탁재산에 대하여 신탁설정(정확히 말하면 신탁행위로 인한 권리이전) 전에 담보권(유치권 포함)을 가지거나 보전처분이 되어 있다면, 신탁전 채권으로서 신탁재산에 강제집행이 가능하다. 한편 담보권이나 보전처분이 신탁설정 후에 되었다면 피보전채권은 신탁채권이 되어 역시 강제집행을 할 수 있다. 피보전채권을 기초로 신탁재산에 강제집행할 수 있다면 굳이 신탁설정을 사해행위로 취소할 소의 이익을 인정할 수 없을 것이다.

426) 이해관계인이 제3자 이의 소를 제기하지 않아 집행이 되었다면 어떤가? 신탁법 제4조에 따라 신탁이 공시되어 제3자에게 대항할 수 있는 신탁재산에 대한 집행은 무효이므로 신탁재산반환을 구할 수 있으나, 공시가 이루어지지 않았다면 제3자에게 대항할 수 없다(임채웅, 전게논문, 209~213면. 참조. 구 신탁법 아래의 설명이다. 구 신탁법 제3조는 등기 · 등록할 재산권이나 유가증권에 관하여만 신탁공시를 인정하였으므로, 공시방법을 갖추고 있는 재산과 그렇지 않은 재산 사이에 취급이 달랐다. 그러나 현행법은 등기 · 등록이나 유가증권과 상관없이 모든 재산에 대하여 신탁공시를 인정하므로 공시 여부에 따라 같이 취급하면 되고, 신탁공시방법을 갖추지 않은 재산에 관한 문제는 따로 생각할 필요가 없게 되었다).

427) 임채웅, 전게논문, 201~203면.

나. 손해배상의 범위

손해배상의 범위는 위탁자의 채권자가 사해신탁설정으로 입은 손해 중 신탁법 제8조 제1항에 따라 양도받은 이익을 제외한 부분이다.[428)]

9. 부인권과의 관계

가. 신탁법은 채무자인 위탁자의 신탁설정행위에 대하여, 사해행위취소만을 규정하고 있고 도산법상 부인에 대한 언급이 없다. 채무자인 위탁자에 대하여 도산절차, 즉 파산이나 회생절차가 개시되면, 위탁자의 사해신탁 설정행위에 대하여는 도산법상 부인권을 행사해야 한다.[429)]

나. 그런데 사해신탁취소에 관하여 신탁법은 민법 제406조에 대한 특칙을 규정하므로, 신탁설정행위에 관하여 부인권을 행사할 때도 그에 상응한 규정을 둠으로써, 동일한 법률행위인 신탁에 관하여 채무자의 도산을 계기로 취소와 부인 사이에 불합리한 차별이 생기는 것을 방지할 필요가 있다. 입법론적으로 신탁 부인에 관하여 신탁취소와 같이 수탁자의 선의·악의를 묻지 않고 부인을 인정하고, 선의 신탁수익자의 보호규정 및 악의 신탁수익자의 수익권 양도 규정을 신탁법에 따로 규정함이 바람직할 것이다.[430)]

다. 유한책임신탁의 경우에 '신탁재산'에 대하여 채무초과가 명백하면 청산수탁자는 파산신청을 해야 한다(법 제138조). 파산절차에서 부인권은 채무자가 한 행위를 대상으로 하는데(채무자회생 제391조), '신탁재산'의 파산에서는 신탁재산에 관한 관리처분권을 가지는 자, 즉 '수탁자나 신탁재산관리인'의 행위가 부인의 대상이 된다(채무자회생 제578조의13).[431)]

---

428) 법무부 신탁법 해설, 91면.

429) 부인권은 사해행위뿐만 아니라 편파행위에 대하여도 행사할 수 있으나, 신탁설정행위가 기존채무에 대한 편파행위로서 이루어지는 것은 현실적으로 생각하기 어려우므로 주로 사해행위만이 문제가 될 것이다.

430) 林邦彦, 전게논문, 459면 이하. 일본의 현행 신탁법은 사해신탁 부인에 관한 특칙을 두어 사해신탁취소와 같이 규정한다(일본 신탁법 제12조).

431) 유한책임신탁의 파산절차에 관하여는 채무자회생법 제9장(제578조의2에서 17)에 특칙을 두고 있다. 이 부분(개정안)에 대한 자세한 설명은, 이연갑, "신탁재산의 파산

10. 신탁수익자의 취소권

가. 개 념

(1) 수탁자가 신탁의 목적에 위반하여 신탁재산에 관한 법률행위를 한 경우에, 신탁수익자는 상대방이나 전득자가 그 법률행위 당시 수탁자의 신탁목적 위반 사실을 알았거나 중대한 과실로 알지 못하였을 때 그 법률행위를 취소할 수 있다(법 제75조 제1항). 신탁수익자의 취소권은 신탁수익자의 이익을 위하여 신탁재산의 추급을 인정하는 신탁법상의 특수한 제도로서, 채권자취소권이나 신탁취소권과는 그 요건이 다른 별개의 제도이지만, 신탁수익자(채권자취소권의 채권자에 해당함)를 해치는 수탁자(채권자취소권의 채무자에 해당함)의 행위를 취소할 수 있는 제도라는 점에서 유사하다.

(2) 신탁법은 수탁자의 의무위반에 대한 신탁수익자의 구제수단으로서 신탁수익자의 취소권 외에도 원상회복청구권(법 제43조)을 인정하고, 수탁자가 취득한 대위물을 신탁재산에 포함시키고 있다(법 제27조). 한편 신탁수익자는 위 취소권과는 별도로, 수탁자에 대한 일반채권자의 지위에서 채권자취소권도 행사할 수 있다.432)

나. 행사요건

(1) 신탁목적 위반

법률이나 신탁행위에 따라 수탁자에게 부여된 의무를 위반하거나 수여된 권한을 초과하는 행위를 하여 신탁이 달성하고자 하는 목적에 어긋난 결과에 이른 것으로, 수탁자의 충실의무 위반행위, 분별관리의무의 중대한 위반행위 및 공평의무 위반행위가 이에 포함된다.

구 신탁법은 '신탁의 본지'에 반하는 행위를 취소대상으로 규정하였으나(구 신탁법 제52조) 이는 수탁자의 대외적인 권한을 판단하기에는 지나치게 불명확

에 관한 「채무자 회생 및 파산에 관한 법률」 개제정안의 검토", 법조(661호), 법조협회(2011. 10.), 75~103면.

432) 임채웅, 사해신탁의 연구, 48면.

하여 거래안전을 해친다는 비판이 있었다.[433] 그래서 현행법은 '수탁자의 의무위반행위와 권한초과행위'라는 보다 구체적인 기준을 설정하였다.

수탁자의 선관의무는 수탁자의 권한범위 자체를 제한하는 것은 아니므로 신탁목적 위반에 해당되지 않는 것이 원칙이나, 그 의무 위반 정도가 중대하여 신탁 목적을 달성하기 어려운 상태에 이르렀다면 이에 해당된다.[434]

(2) 신탁재산에 관한 법률행위

구 신탁법은 취소권의 대상을 신탁재산의 '처분행위'로 한정하여(구 신탁법 제52조 제1항), 채무부담행위나 차입행위와 같은 처분 아닌 법률행위가 취소권의 대상이 되는지 논란이 있었으나, 현행 신탁법은 '법률행위'로 규정하여 처분이 아닌 법률행위가 포함됨을 명확히 하였다. 다만 '법률행위'가 아닌 소송행위나 사실행위에는 적용할 수 없다.[435]

(3) 상대방이나 전득자의 고의나 중과실

채권자취소권은 수익자나 전득자가 악의인 경우에만 인정된다(중과실은 요건이 아님). 그런데 구 신탁법상 신탁수익자의 취소권은 신탁이 공시방법을 갖추고 있느냐 여부에 따라 주관적 요건이 달랐다. 즉 공시가 된 신탁재산에 관하여는 관련자들의 선의·악의에 관계없이 취소할 수 있고(구 신탁법 제52조 제1항), 그 반면 공시방법이 규정된 신탁재산에 대하여 공시가 되어 있지 않으면 관련자들이 악의라도 이를 취소할 수 없었다(구 신탁법 제3조 제1항). 그리고 공시방법이 규정되지 않은 신탁재산은, 상대방과 전득자가 그 처분이 신탁의 본지에 위반하는 사실을 알거나 중대한 과실로 알지 못한 때에 취소할 수 있었다(구 신탁법 제52조 제2항).

그러나 신탁 공시가 되어 있다고 하더라도 신탁의 목적이나 권한까지 공시하지 않으므로 거래안전을 해칠 우려가 있어서, 현행법은 공시 여부에 상관없이 상대방이나 전득자의 고의·중과실을 취소권 발생의 주관적 요건으로 규정하고 있다.

---

433) 天野佳洋 외 편저, 一問一答 改正 信託法の實務, 經濟法令研究會(2007), 100면.
434) 법무부 신탁법 해설, 594면.
435) 법무부 신탁법 해설, 595면의 설명 참조; 임채웅, 사해신탁의 연구, 47면.

고의 · 중과실의 내용에 관하여 신탁재산에 관한 법률행위 상대방과 전득자를 구별하여 보면, 상대방은 ① 법률행위로 얻은 재산이 신탁재산이라는 사실과 ② 그 법률행위가 신탁 목적에 위반한다는 사실을, 전득자는 위 ① 사실과 ② 자신이 거래한 상대방이 수탁자가 신탁 목적에 위반한 법률행위로 신탁재산을 취득하였다는 사실을 알거나 중대한 과실로 알지 못하는 것을 의미한다. 이에 대하여 신탁의 존재에 관한 인식 여부만 문제되고 그 처분이 신탁목적에 위반되는 사실까지 인식할 필요가 없다는 견해도 있다.[436)]

고의 · 중과실은 상대방이나 전득자가 법률행위 당시(법 제75조 제1항), 즉 신탁재산에 관한 계약을 체결할 때 인정되어야 한다.

고의 · 중과실의 증명책임은 취소를 주장하는 신탁수익자에게 있다. 채권자취소권에서 취소의 상대방인 수익자와 전득자가 선의의 증명책임이 있는 점과 다르다.[437)]

다. 행사방법

(1) 취소권자와 행사범위

(가) 취소권자는 신탁수익자이다. 원상회복청구권(법 제43조)은 위탁자와 신탁수익자뿐만 아니라, 수탁자가 여럿인 경우에 다른 수탁자도 행사할 수 있는 것과 다르다.[438)] 신탁수익자가 여러 명인 경우에도 단독으로 행사할 수 있고,[439)] 이 권리를 제한할 수 없다(법 제71조 제1항 단서, 제61조 제6호).

436) 이에 대한 견해의 대립은 법무부 신탁법 해설, 596면 참조.

437) 유재관, 전게서, 192면; 임채웅, 사해신탁의 연구, 47면.

438) 신탁재산에 발생한 손해 등을 보전하는 것은 당연히 이루어져야 하므로, 이해관계를 가지는 모든 사람에게 원상회복청구권 등을 인정하는 것이 타당하지만, 수익자 이외의 이해관계인은 신탁목적을 위반한 법률행위를 추인하여 그 대가를 신탁재산에 귀속시킬 것인지, 취소하여 신탁재산을 회수하는 것이 유리한지 여부를 판단하기 어려우므로, 신탁에 관하여 가장 큰 이해관계를 가지는 신탁수익자만의 판단에 따르도록 하였다(법무부 신탁법 해설, 597면). 다만 신탁행위에 따라 위탁자에게도 취소권을 부여할 수는 있다(天野佳洋, 전게서, 102면).

439) 신탁목적위반행위에 대하여 취소권을 행사하려는 수익자와 추인하려는 수익자들이 서로 대립할 수도 있다. 특히 여러 종류의 성질을 가지는 수익자가 있는 경우에는 그 대립이 격화될 수 있다. 입법론적으로 수익자들의 결의를 요하는 방식을 생각할 수 있다는 주장으로, 天野佳洋, 전게서, 103면.

다만 수익증권이 발행된 경우에는 총수익자의 의결권 중 3/100(신탁행위로 그보다 낮은 비율을 정할 수 있음) 이상 비율의 수익권을 가진 신탁수익자만 취소권을 행사할 수 있다는 뜻을 신탁행위로 정할 수 있다(법 제85조 제6항 제1호 나목).

(나) 신탁수익자는 수익권의 범위와 관계없이 거래된 전체 신탁재산에 대하여 반환청구를 할 수 있다. 채권자취소권의 행사범위가 피보전채권에 한정되는 것과 구별된다.

(2) 행사방식

형성권이지만 채권자취소권과는 달리 소제기 형식으로 행사할 필요가 없고 재판 외의 의사표시로도 할 수 있다. 따라서 취소의사표시를 소송에서 행사하는 경우에는 취소의사표시를 담은 소장 부본이 상대방에게 송달될 때 비로소 취소권행사의 효력이 발생한다.

(3) 상대방

취소의사표시의 상대방은 ① 수탁자라는 설, ② 수탁자와 수탁자의 상대방이라는 설, ③ 수탁자의 상대방 또는 전득자라는 설이 있다. 법문상으로는 '상대방이나 전득자'에 대하여 행사할 수 있는 것으로 되어 있으나, 반드시 재판상 행사하여야 하는 것이 아니므로, 처분행위의 당사자인 수탁자와 그 취득자를 상대방으로 하는 것이 타당하다는 점에서 ②설이 통설이다.[440]

(4) 원상회복청구권과의 관계

신탁법 제43조의 원상회복청구권과 수익자취소권은 어느 권리를 먼저 행사해야 한다고 해석할 근거가 없으므로 신탁수익자의 재량에 따라 선택하여 행사할 수 있다.[441]

라. 행사효과

440) 서울고등법원 2012. 10. 18. 선고 2011나64944 판결(제척기간 내에 취소의사표시가 수탁자와 수탁자의 상대방에게 송달되어야 한다). 임채웅, 전게논문, 47면; 유재관, 전게서, 193면.

441) 법무부 신탁법 해설, 598면.

(1) 취소의 절대적 효력

취소권이 행사되면 수탁자의 신탁위반행위는 관여자 전부에 대하여 소급하여 무효가 된다(법 제75조 제2항 참조). 채권자취소의 효과가 취소채권자와 피고로 된 수익자나 전득자 사이에서 상대적으로 무효가 되고 소급하지 않은 것과 다르다. 상대효는 사해행위 취소권의 취소 효력에 관한, 민법상 일반이론과는 연혁적으로 다르게 발전한 특수한 이론이다.[442] 수익자취소권은 사해행위 취소권과는 다른 별개의 제도이고, 반드시 소송상 행사할 필요가 없는 등 민법상 취소권 행사방식과 달리 볼 이유가 없으므로, 그 효과 역시 민법상 일반이론을 적용하는 것이 타당하기 때문이다.[443]

(2) 물권적 효력

부당처분된 신탁재산은 그 처분이 취소되면 등기·등록이 없어도 물권적으로 신탁재산에 복귀한다. 다만 취소 후에 당해 재산의 복귀에 대한 등기·등록이나 대항요건을 갖추지 않고 있는 동안에 처분의 상대방으로부터 전득한 선의의 제3자가 등기·등록이나 대항요건을 갖춘 때에는 그 제3자에게 취소로써 대항할 수 없다(민법 제548조 제1항 단서).

(3) 목적물 반환

취소권자는 신탁수익자이지만, 목적물 반환은 수탁자의 임무이고, 취소요건을 갖춘 상대방이나 전득자를 상대로 반환청구를 선택적으로 행사할 수 있으나, 수탁자가 이를 게을리 하면 신탁수익자는 채권자대위권을 행사하여 반환을 청구할 수 있다.[444] 다만 신탁재산 등이 금전이라도 신탁수익자가 이를 직접 수령할 수 없고 반드시 신탁재산에 반환하도록 해야 한다.[445]

반환범위에 관하여는 민법상 부당이득 반환에 관한 법리가 적용되고, 신탁

442) [3] 참조.

443) 법무부 신탁법 해설, 598면에 따르면, 신탁법 제75조 제2항은 신탁이라는 단체관계의 획일적 확정을 위하여 채권자취소권과 달리 규정한 것이라고 한다. 입법 목적을 설명한 점에서는 나무랄 수 없지만, 이와 같은 해설 방식은 마치 수익자취소권의 효력에 관하여 신탁법 제75조 제2항이 없으면 채권자취소권의 효력과 같이 해석하여야 하나, 신탁법에서 특별히 그 예외를 규정하였다는 인상을 줄 수 있다.

444) 임채웅, 전게서, 48면.

445) 법무부 신탁법 해설, 599면.

재산 중 일부가 선의취득이나 수용 등으로 반환할 수 없는 경우에는 그 대위물에 대하여도 반환을 청구할 수 있다(법 제27조 참조).[446]

(4) 신탁수익자가 여러 명 있는 경우

신탁수익자 중 1인이 취소하면 다른 신탁수익자들을 위해서도 효과가 있다(법 제75조 제2항). 이는 외관상 채권자취소권에 관한 민법 제407조에 상응하는 규정으로 보이지만,[447] 신탁수익자의 취소는 사해행위취소와는 달리 일반적인 민법상 법률행위의 취소에 해당되고, 그 효과는 절대적이어서 당연히 제3자도 취소효력을 주장할 수 있으므로, 오히려 이 규정의 의미는 수익자가 복수이고 취소 여부에 관한 이해관계가 대립되는 경우에 취소를 주장하는 수익자가 우선한다는 점에 있다고 할 수 있다.

마. 취소권의 소멸

(1) 취소권은 신탁행위로 제한할 수 없으므로(법 제61조 제5호), 신탁약정으로 소멸하지 않는다.

(2) 취소권은 신탁수익자 또는 신탁관리인이 취소 원인이 있음을 안 날부터 3개월 내에 행사하지 않으면 소멸한다.[448] 처분한 때로부터 1년을 경과한 때에도 같다(법 제76조). 이는 제척기간이다. 다만 출소기간이 아니라 재판상이나 재판 외의 권리행사기간이므로 수탁자와 수탁자의 상대방에게 기간 내에 송달되어야 한다.

바. 유지청구권

(1) 의미와 취지

수탁자의 신탁위반행위에 대하여 원상회복청구권(법 제43조)이나 법률행위취소권(법 제75조)은 사후적인 구제수단으로서, 수탁자의 자력이 충분하지 못하거나 법률행위의 상대방이 악의·중과실이 아닌 경우에는 실효성이 없으

446) 법무부 신탁법 해설, 600면.

447) 법무부 신탁법 해설, 600면은 신탁법 제75조 제2항이 민법 제407조에 상응하는 규정이라고 설명하고 있으나, 이는 정확한 설명은 아니다.

448) 구 신탁법 제54는 단기 제척기간이 1개월이었다.

므로, 신탁법은 신탁재산의 일실을 방지하기 위하여 상법 제402조[449]와 유사한 사전적인 구제수단인 유지청구권 제도를 도입하였다(법 제77조). 이는 수탁자의 감독권능에 바탕을 둔 것으로서, 유지청구권을 피보전권리로 하여 가처분도 할 수 있다.

(2) 요 건

유지청구권은 수탁자가 법령이나 신탁행위에서 정한 의무를 위반하거나 위반할 우려가 있을 경우에 인정되는데, 수익자 취소권과는 달리 선관의무 위반행위(법 제32조)도 이에 포함된다.[450] 다만 유지청구권을 폭 넓게 허용한다면 오히려 원활한 신탁사무처리를 저해하고 신탁목적을 방해할 수 있으므로, 행사요건을 '회복할 수 없는 손해'가 발생할 우려가 있는 경우에 한정하였다.

(3) 행사방법

유지청구권은 수익자가 여러 명 있는 경우에도 개별 수익자 단독으로 행사할 수 있고, 신탁행위로도 제한할 수 없다(법 제71조 제1항 단서, 제67조 제7호). 다만 수익증권이 발행된 경우에는 6개월(신탁행위로 이보다 짧은 기간을 정할 수 있음) 전부터 계속하여 수익권을 가진 수익자만 유지청구권을 행사할 수 있다는 뜻을 신탁행위로 정할 수 있다(법 제85조 제6항 제2호).

행사방법은 법률에 달리 정한 바가 없으므로 반드시 소제기 방법에 따를 필요가 없고 재판 외에서도 행사할 수 있다.[451]

---

449) 상법 제402조 : 이사가 법령 또는 정관에 위반한 행위를 하여 이로 인하여 회사에 회복할 수 없는 손해가 생길 위험이 있는 경우에는 감사 또는 발생주식총수의 100분의 1 이상에 해당하는 주식을 가진 주주는 회사를 위하여 이사에 대하여 그 행위를 유지(留止)할 것을 청구할 수 있다.

450) 법무부 신탁법 해설, 606면.

451) 법무부 신탁법 해설, 608면.

제5장 채권자취소권의 행사

[25] Ⅰ. 원 고

1. 원고적격

가. 원 칙

채권자취소권은 채권자가 자기 채권의 권능으로써 자기 이름으로 행사하는 것이고, 채무자의 대리인이나 채무자의 권리를 대위행사하는 것은 아니다. 그래서 취소의 효과가 채무자가 아닌 채권자에게 미친다. 어떠한 채권을 가져야 하는가에 대하여는 이미 설명하였다.[1)] 채권에 관하여 집행권원이 있어야 하고, 변제기가 도래할 것을 요건으로 하는 법제도 있으나(독일 취소법 AnfG 제2조), 우리나라는 집행권원이나 변제기 도래를 요구하지 않는다.

나. 피보전채권은 소송요건이 아니다.

채권자라고 주장함으로써 원고적격이 인정되고 심리결과 채권의 존재가 인정되지 않은 경우에도, 원고적격이 없다고 하여 소가 각하되는 것이 아니라 청구가 기각될 뿐이라는 설과 당사자적격의 문제로 보아 소를 각하할 것이라는 설이 있다.[2)] 판례는 채권자대위소송에서 피보전채권이 존재하지 않는 경우에는 소를 각하하지만, 채권자취소소송에서 피보전채권이 없으면 청구기각을 한다.[3)]

판례의 태도가 옳다. 채권자대위권은 채권자가 채무자의 권리를 채권자의 자격으로 행사하므로, 채권자가 채권을 가지고 있다는 것이 소 제기의 소송

---

1) [8] 참조.

2) 민법 주해 Ⅸ 833면 참조.

3) [8] 7. 참조.

요건이 된다. 이와 달리 채권자취소권은 채권자가 자기 채권을 보전하기 위하여 특별히 실체법(민법)에서 부여된 자기 권리를 행사하는 것이므로 위와 같은 차이가 생긴다.

2. 여러 개의 채권이 있는 경우

가. 채권자 X가 채무자 S에 대하여 200만 원, 300만 원, 500만 원의 3개 채권이 있고, S가 Y에게 시가 800만 원의 부동산을 양도한 행위를 취소하는 경우에 X는 300만 원과 500만 원의 채권을 주장·입증하면 된다.

X가 만일을 위해 200만 원을 더 넣어 1,000만 원의 채권을 주장·입증하여도, 판결에서는 800만 원을 넘은 부분에 관하여 청구기각을 할 필요가 없다. 반대로 채권이 500만 원 밖에 입증되지 못한 때는, 800만 원의 부동산 양도행위 중 500만 원의 범위에서 일부 취소되는 것이 원칙이다. 다만 이 경우 가액반환의 경우에는 500만 원의 배상을 명하는 것이 당연하지만, 원물반환의 경우에 부동산이 불가분인 경우에는 그 전체의 반환을 구할 수 있다.

나. 피보전채권을 달리한 새로운 소제기의 효력

채권자가 채무자 S의 행위를 취소하기 위하여 가져야 할 피보전채권은 S의 사해행위 전에 발생하여야 하는데, 채권의 존재가 입증되지 않았다는 이유로 청구기각 판결이 확정된 경우에도, X가 그 요건을 충족하는 다른 채권이 있는 경우에는, 그 채권을 보전하기 위하여 다시 채권자취소소송을 제기할 수 있고, 다만 민법 제406조 제2항의 제척기간 내에 제기하여야 한다는 견해가 있다.[4] 이는 피보전채권이 달라지면 소송물이 달라진다는 점을 전제로 한 견해로 보인다.

그러나 대법원은 채권자가 사해행위취소를 구하면서 보전하고자 하는 채권을 추가하거나 교환하는 것은, 사해행위취소권을 이유 있게 하는 '공격방법에 관한 주장'을 변경하는 것일 뿐이지 '소의 변경'이라 할 수 없으므로, 소장에서 주장하였던 피보전권리가 소송계속 중 변제로 소멸한 후 새로운 피

4) 飯原一乘, 詐害行爲取消訴訟, 337면.

보전권리를 주장할 때 1년의 제척기간이 경과하였다 하더라도 그 소가 부적법하게 되는 것은 아니라고 한다.[5] 따라서 대법원 판례를 따른다면 일단 채권자취소소송을 제기하여 확정판결을 받은 당사자 사이에서 피보전채권을 달리하여 동일한 사해행위취소를 구하는 것은 기판력에 저촉된다.[6]

3. 채권자가 여러 명 있는 경우

가. 채권자들은 각자 별개로 소송을 제기하거나 공동원고로 채권자취소소송을 제기할 수 있다. 취소의 효력을 상대적으로 해석한다면, 취소소송도 여러 개 있을 수 있다. 여러 채권자의 취소청구는 합일확정의 필요성이 없으므로, 민사소송법 제83조(공동소송참가)에 따른 참가는 허용되지 않는다.

따라서 피고는 채권자 중 1인이 소송을 제기하였다는 사실을 들어, 다른 채권자가 제기한 소송에서 중복제소 항변을 제기할 수 없다. 그러나 일부 채권자의 취소에 따라 목적물이 반환되거나 가액배상을 완료한 경우에는, 다른 채권자는 더 이상 취소권을 행사할 수 없다.[7]

나. 일부 채권자의 취소가 사해목적물의 일부에 관한 것이고, 나머지 부분이 있는 경우에는, 다른 채권자는 목적물의 남은 범위 내에서 취소권을 행사

---

5) 대법원 2003. 5. 27. 선고 2001다13532 판결. 원심은 피보전채권의 변경을 소의 교환적 변경으로 보았다. 이에 대한 연구로는 이영풍, '소송물과 소의 교환적 변경' 참조

6) 대법원 2012. 7. 5. 선고 2010다80503 판결 참고. 이 부분은 채권자취소소송의 소송물과 관련된 논의이기도 하다. [29] 4. 참조. 참고로 위 판결은 특히 중복제소의 해소시점(=상고심 심리종결시점)에 관한 판단을 내린 판결이기도 하다. 즉 채권자가 피보전채권을 달리하여 동일한 법률행위의 취소와 원상회복을 구하는 채권자취소의 소를 이중으로 제기한 경우에, ① 피보전채권은 소송물이 아니므로 전·후소 소송물이 동일하고, ② 이때 전·후소 중 어느 하나가 승계참가신청에 따라 이루어진 경우에도 마찬가지며, ③ 중복제소 해소 여부에 대한 판단시점은 후소의 상고심 심리종결시이고, ④ 후소의 상고심 계속 중 전소 판결이 확정되면 전소의 기판력이 후소에 미친다는 점을 명백히 하였다. 신용호, "채권자가 피보전채권을 달리하여 동일한 법률행위의 취소 및 원상회복을 구하는 채권자취소의 소를 이중으로 제기한 경우, 전·후소의 소송물이 동일한지 여부", 대법원 판례해설, 제93호(2012년 하), 33면 이하 참조.

7) 대법원 2003. 7. 11. 선고 2003다19558 판결; 대법원 2008. 3. 27. 선고 2007다85157 판결. 독일 판례도 같은 견해를 취한다. 민일영, '독일의 채권자취소제도', 22~23면.

할 수 있다. 이 경우 1년의 제척기간은 각 채권자가 취소 원인을 안 때부터 진행하므로(민법 제406조 제2항), 채권자에 따라 제척기간이 다르다.

4. 대위소송

대위에는 채권자대위권(민법 제404조)과 변제자대위(민법 제480조, 제481조)가 있다.

가. 채권자대위소송

채권자는 자기의 채권을 보전하기 위하여 채무자의 권리를 행사할 수 있다(민법 제404조). 채권자취소권도 그러한 채무자의 권리에 해당되므로,[8] 채권자대위권에 따라 채권자취소소송을 제기할 수 있다.[9]

나. 변제자대위소송

채무자를 위하여 변제한 자는 그 채권자가 가진 일체의 권리를 행사할 수 있고(민법 제480조, 제481조), 그 권리 가운데 채권자취소권도 포함된다.[10]

5. 채무자가 도산한 때

가. 채무자 도산 후의 취소소송 제기

(1) 부인권 행사

채무자 S가 파산선고를 받은 때에는 S에 대한 사해행위는 오로지 파산관재인이 하는 부인권에 따라야 하고, 채권자[11]는 물론 파산관재인[12]도 민법

8) 민법주해 Ⅸ, 833면.

9) 대법원 2001. 11. 27. 선고 2000다73049 판결.

10) 東京高判 소화 53. 3. 30. 判時 894-68. X 금고가 S에게 융자하면서 보증을 한 G 신용보증협회가 S를 대위하여 X 금고에 변제하였다. 그보다 먼저 S가 Y에 대한 채무를 위하여 부동산을 양도담보로 제공하였다. G가 변제자대위로서 Y를 상대로 양도담보 취소소송을 제기하였다. 이 판결은 사해행위 성립을 인정하지 않은 1심 판결을 취소하고 G의 청구를 인용하였다.

11) 大判 소화 4. 10. 23. 民集 8-787.

제406조의 채권자취소권을 행사할 수 없다.[13] 채권자가 S의 파산선고 후에 채권자취소소송을 제기한 경우에는 부적법 각하된다.[14] S가 회생절차 개시결정을 받은 경우도 관리인이 부인권이 행사해야 하고 회생채권자의 채권자취소소송은 부적법하다.[15]

(2) 환취권 등

채무자회생법 제70조는 회생절차개시는 채무자에게 속하지 않는 재산을 채무자로부터 환취하는 권리에 영향을 미치지 않는다고 하므로, 환취권은 회생채권이나 회생담보권과는 달리 회생절차에 따르지 않고 행사할 수 있다.

(가) 판례 : 사해행위취소권은 사해행위로 이루어진 채무자의 재산처분행위를 취소하고 사해행위에 따라 일탈된 채무자의 책임재산을 수익자나 전득자로부터 채무자에게 복귀시키기 위한 것이므로 환취권의 기초가 될 수 있다. 수익자나 전득자에 대하여 회생절차가 개시된 경우 채무자의 채권자가 사해행위취소와 함께 회생채무자로부터 사해행위의 목적인 재산 그 자체의 반환을 청구하는 것은 환취권의 행사에 해당하여 회생절차개시의 영향을 받지 않는다. 따라서 채무자의 채권자는 사해행위의 수익자나 전득자에 대하여 회생절차가 개시되더라도 관리인을 상대로 사해행위취소 및 그에 따른 원물반환을 구하는 사해행위취소소송을 제기할 수 있다.[16]

(나) 학설 : 환취권을 긍정하는 견해[17]와 회생채권으로 인정해야 한다는 견해[18]가 있다.

---

12) 大判 소화 12. 7. 9. 民集 16-1145.
13) 대법원 2010. 9. 9. 선고 2010다37141 판결.
14) 松山地判 소화 36. 8. 23. 判時 280-50.
15) 대법원 2010. 9. 9. 선고 2010다37141 판결.
16) 대법원 2014. 9. 4. 선고 2014다36771 판결. 한편 이 판결은 회생절차개시결정에 따라 채무자 재산에 대한 관리·처분 권한이 관리인에게 전속된다고 하더라도, 채무자의 재산권 자체가 관리인에게 이전되는 것은 아니므로, 관리인을 사해행위의 전득자라고 할 수 없다고 하여, 수익자 피고에 대한 회생절차의 관리인 지위에 있는 피고가 선의의 전득자에 해당한다는 피고의 주장을 배척하였다.
17) 이동진, "채권자취소권의 법적 성질과 그 구성－책임법적무효와 침해부당이득의 관점에서－", 저스티스, 174호(2019. 10), 57면(각주 9).
18) 최준규, "사해행위의 수익자에 대하여 도산절차가 개시된 경우의 법률관계－취소채

(다) 대법원은 한편으로 수익자의 채권자가 사해행위취소의 대상인 목적물을 압류한 경우 상대적 효력을 이유로 취소판결의 효력은 압류채권자에게 미치지 않으므로 배당을 받은 압류채권자를 상대로 부당이득 반환을 청구할 수 없다고 한다.[19] 그러나 다른 한편 회생절차가 개시된 수익자를 상대로 채권자취소권을 행사하는 경우, 원물반환청구는 환취권 행사에, 가액반환 청구권은 회생절차의 공익채권에[20] 해당한다고 한다. 그런데 도산절차개시는 기본적으로 총체적 집행절차로서 채무자의 재산 관리처분권을 제한한다는 점에서 압류와 비슷한 효력을 가지며, 채무자 재산에 관리인이 아닌 도산채권자가 이해관계를 취득한 것으로 취급된다.[21] 또한 채권자취소권 행사의 효력은 소급하지 않고,[22] 수익자나 전득자의 채권자와 취소채권자 사이에 우열이 없다.[23] 그럼에도 불구하고 취소채권자에게 우선권을 주는 환취권(가액반환에서는 공익채권)을 인정하는 것은 무리한 해석이다. 회생채권으로 취급해야 한다는 견해가 타당하다.

나. 취소소송 계속 중에 채무자의 도산

취소채권자인 원고 X가 수익자 Y나 전득자 Z를 피고로 취소소송을 제기한 후에 채무자 S가 파산선고를 받은 때에는 소송절차는 중단되고 파산관재인이 수계할 수 있다(채무자회생법 제406조, 제347조 제1항).[24] 파산관재인은 수계

권자와 수익자의 일반채권자 사이의 우열관계를 중심으로－", 서울대학교 법학, 제61권 제2호(2020. 7), 134면.

19) 대법원 2005. 11. 10. 선고 2004다49532 판결.

20) 대법원 2019. 4. 11. 선고 2018다203715 판결.

21) 대법원 2003. 6. 24. 선고 2002다48214 판결; 2006. 11. 10. 선고 2004다10299 판결.

22) 대법원 2007. 4. 12. 선고 2005다1407 판결 외 다수.

23) 대법원 2005. 11. 10. 선고 2004다49532 판결.

24) 대법원 2013. 6. 13. 선고 2012다33976 판결; 소송 중단 후에 원고가 파산채권자에서 파산관재인으로 수계되면 청구취지도 부인소송으로 변경되어야 한다(도산절차와 소송, 198면). 한편 명문 규정은 없지만 채권자대위소송 진행 중 채무자가 파산한 경우에도 소송절차는 중단되고 파산관재인이 수계할 수 있다. 채권자대위소송도 그 목적이 채무자의 책임재산 보전에 있고 채무자에 대하여 파산이 선고되면 그 소송 결과는 파산재단의 증감에 직결된다는 점은 채권자취소소송에서와 같기 때문이다(대법원 2013. 3. 28. 선고 2012다100746 판결).

를 강제당하는 것이 아니며, 수계를 거절하고 별도로 부인소송을 제기할 수 있다. 따라서 수계신청의 상대방이 파산관재인으로 하여금 수계를 하도록 신청하는 것은 허용되지 않는다.[25] 또한 취소권 보전을 위한 가처분 후에 S가 파산하고, 파산관재인이 제소명령에 따라 그 본안에 해당하는 부인소송을 제기한 때는 가처분채권자의 지위를 승계하는 것으로 추인되어, 가처분취소나 이의소송의 상대방은(가처분신청을 한 취소채권자가 아닌) 파산관재인이 된다.[26] 이때 보전처분 채무자(수익자)의 보전명령에 위반한 행위는 파산관재인에게 대항할 수 없다.[27]

채권자취소소송 계속 중 S에 대하여 개인회생절차 개시결정이 되었는데, 법원이 그 사실을 알고도 S의 소송수계가 되지 않은 상태 그대로 소송절차를 진행하여 판결을 선고하였다면, 그 판결은 S의 개인회생절차 개시결정으로 소송절차를 수계할 S가 법률상 소송행위를 할 수 없는 상태에서 심리되어 선고된 것이므로, 여기에는 마치 대리인이 적법하게 대리하지 않았던 경우와 마찬가지의 위법이 있다.[28] 다만 이 경우 사해행위를 한 채무자 S가 채권자가 제기한 취소소송을 수계하여 원고가 된다는 것은 불합리하므로 회생위원이나 그 밖에 중립적 위치에 있는 사람이 원고가 될 수 있도록 하는 것이 입법론으로 바람직하다.

다. 도산절차의 종료

(1) 취소소송 중에 채무자 S가 파산선고를 받아 그 소송이 중단되고, 파산관재인의 수계 여부와 상관없이 파산절차가 종료되면, 소송수행권은 취소채권자 X에게 복귀한다. 파산관재인이 수계하여 부인소송이 계속 중이었던 경우에는, 부인절차가 중단되고 파산절차 개시 전에 취소소송을 제기하였던 X가 그 소송을 수계한다(채무자회생법 제59조 제4항, 제113조 제2항 참조).

---

25) 東京地判 소화 49. 9. 19. 判時 771-66. 다만 일본의 신 파산법 제45조 제2항은 상대방에게도 수계신청을 인정하고 있다.

26) 福岡高判 소화 31. 3. 19. 判時 80-132.

27) 大判 소화 11. 7. 11. 民集 15-1367.

28) 대법원 2013. 6. 13. 선고 2012다33976 판결; 대법원 2011. 10. 27. 선고 2011다56057 판결.

(2) 다만 파산관재인이 독자적으로 제기한 부인소송은 도산절차를 전제로 하여 파산관재인만이 행사할 수 있는 권리이므로, 소송 계속 중 파산절차가 종료되면 부인권의 소멸과 원고 부존재로서 당해 소송은 종료되고, X가 수계할 수 없으며, 별도로 취소소송을 제기하여야 한다.[29)]

(3) 이상의 설명은 채무자 S가 회생절차 개시결정을 받은 경우에도 같다(채무자회생법 제113조).[30)] 회생절차가 폐지된 경우는 물론이고 회생절차가 종결된 경우도 같다. 정리절차 진행 중에 부인권이 행사되었다고 하더라도 이에 따라 회사에 재산이 회복되기 이전에 정리절차가 종료한 때에는, 부인권 행사의 효과로서 상대방에 대하여 재산반환을 구하거나 또는 그 가액 상환을 구하는 권리도 소멸한다는 것이 대법원의 확립된 견해이다.[31)]

대법원 판례에 따르면 부인소송을 제기하여 승소가 된 경우라도 아직 집행이 되지 않은 상태에서 회사정리절차가 종료되었다면 관리인이 부인권의 효과를 주장하여 집행할 수 없다는 입장으로 이해된다. 이러한 판례의 태도는 편파변제를 받은 채권자에게 의외의 소득을 주는 것으로서 부인권의 취지에도 맞지 않고 인수합병을 통하여 조기에 회사정리절차를 종결하려는 실무에 걸림돌로 작용하므로, 속히 변경되거나 입법으로 시정되어야 한다는 유력한 견해가 있다.[32)]

29) 법인파산실무, 421면. 파산절차에서는 부인소송이 계속 중인 동안은 법원이 파산절차를 종료하지 않는다. 따라서 파산절차 종료 후 계속 중인 부인소송의 처리 문제는 실무상 발생하지 않는다. 그러나 아래 보는 바와 같이 회생절차는 일단 제3자의 인수가 완료되면 제3자는 더 이상 법원의 감독을 받기 싫어하므로 조속히 회생절차를 종결하기 원하고, 그렇게 되면 계속 중인 부인소송의 처리가 문제되고 이와 관련된 대법원 판결도 많이 보인다. 임치용, '판례를 통하여 본 부인권의 효과', 45면.

30) 대법원 1995. 10. 13. 선고 95다30253 판결; 대법원 2004. 7. 22. 선고 2002다46058 판결은 부인소송의 계속 중 정리절차가 종결된 사안에서, 부인권이 소멸하여 회사가 부인소송을 수계할 수 없다고 한다.

31) 대법원 2006. 10. 13. 선고 2005다73402 판결 등.

32) 임치용, '판례를 통하여 본 부인권의 효과', 44면.

[26] Ⅱ. 피 고

1. 채무자

가. 채무자의 피고적격

통설·판례는 취소소송의 효과에 관하여 상대적 효력설을 취하는 결과 소의 상대방은 언제나 재산반환청구의 상대방인 수익자 Y나 전득자 Z이고, 채무자 S는 피고적격이 없다고 한다.[33] 즉 채권자취소는 채권자 X가 Y나 Z와 사이에, S의 법률행위를 취소하여 이를 무효로 하고, 일탈재산을 회복하는 것이고, S에게는 그 효력이 미치지 않는다는 것이 상대적 효력설의 입장이기 때문에, S는 취소소송의 피고적격이 없다는 것이다.

다만 지분회사[34]의 설립을 사해행위로서 취소하는 경우에, 피고는 사원(채무자)과 회사(수익자)로서(상법 제185조, 제269조, 제287조의6) 고유필수적 공동소송이다.

나. 채무자의 보조참가

S는 예컨대, Y에 대한 매매계약이 취소되어, 목적물이 반환되면, Y로부터 부당이득반환의무를 지는 불이익을 입게 되는 등, 취소소송의 결과에 이해관계가 있으므로 Y를 위하여 보조참가할 수 있다(민소법 제71조).

참고로 X의 S에 대한 채권(피보전채권)은 채권자취소소송에 따라 시효중단효력이 없고,[35] S가 보조참가를 하더라도 시효가 중단되지 않는다는 일본 판례가 있다.[36][37]

---

33) 대법원 1961. 11. 9. 선고 4293민상263 판결 참조, 한편 대법원 1962. 2. 15. 선고 4294민상378 판결; 대법원 1967. 12. 26. 선고 67다1839 판결은 모두 채무자에 대한 소를 부적법 각하해야 한다고 함. 채무자를 피고로 잘못 지정하여 소송을 제기한 경우에, 최고(소멸시효 중단)의 효력은 있다고 한 것으로는 福岡高判 소화 49. 5. 16. 判時 759-48.

34) '지분회사'란 합명회사, 합자회사, 유한책임회사를 가리킴.

35) 最判 소화 37. 10. 12. 判時 324-18.

36) 大判 소화 17. 6. 23. 民集 21-716.

37) 자세한 내용은 [43] 2. 가. (4) 참조.

부동산이 S → Y → Z로 순차 매각되고, S로부터 Z에게 중간생략등기가 되자, X가 Z에 대하여 그 등기의 말소에 갈음하는 이전등기절차를 구하는 취소소송에 S가 Z에 보조참가한 사안에서, Z에게 보조참가인 S 앞으로 소유권 이전등기절차를 명한 사례가 있다.[38)]

다. 채무자에 대한 급부소송의 병합

Y나 Z에 대한 취소소송과 S에 대한 급부소송을 병합하여 제기하는 것이 판결의 저촉을 막기 위하여 바람직하다. 비교법적으로 참고가 될 수 있는 예로는 프랑스에서 간접소권(action oblique, 우리나라의 채권자대위권에 해당함)을 소송상 행사하는 경우에도, 제3채무자에게만 피고적격이 있으나 실제로 채무자를 이 소송에 참가시키는 것이 관행이 되어 있다. 이는 소송법적으로 채무자에 대하여 판결의 기판력을 미치도록 함에 주된 이유가 있다. 덧붙여서 그에 따른 실질적 이익을 보면, ① 법원의 입장에서는 관계 당사자들이 모두 소송에 참가함으로써 사실관계를 더 잘 파악할 수 있고, ② 채권자의 입장에서는 피고가 된 제3채무자가 자신이 간접소권에 따라 행사하는 권리를 다툴 때 채무자를 소송에 참가시킬 실익이 있으며, ③ 제3채무자의 입장에서는 자신의 채권자인 채무자와의 분쟁을 일거에 해결하여, 이후 다시 분쟁이 발생하는 것을 방지할 수 있다는 점이다.[39)] 또한 급부소송의 병합은 채권자취소판결 후의 집행을 위한 집행권원을 확보하고 피보전채권의 시효를 중단할 수 있다는 장점도 있다.

S에 대한 급부소송이 병합되었다고 하더라도, S가 사해행위취소판결에 대하여 불복하여 항소할 수는 없다.[40)]

라. 문제점

상대적 효력설의 가장 큰 난점은 S에게 채권자취소의 효력이 미치지 않는다면, 취소판결로 회복된 재산이 S의 책임재산이 되어, S에 대한 집행권원으

38) 東京地判 소화 36. 7. 28. 訟月 7-1602.

39) 여하윤, 채권자대위권의 연구, 221면.

40) 대법원 2009. 1. 15. 선고 2008다72394 판결. 다만 수익자인 피고에 보조참가를 하며 항소할 수는 있음.

로 강제집행할 수 있는가 하는 점이다.

실무상으로는 이러한 이론적 난점에 대한 설명이 없이, 부동산양도가 취소되면 이전등기를 말소함으로써 S명의로 환원하고, S에 대한 집행권원으로 그에 대한 강제집행을 하고 있는 형편이다.[41] 결과적으로는 취소판결이 S에게도 효력이 미치는 절대적 효력을 가지게 되는 것이다.

2. 수익자와 전득자

가. 수익자란

수익자는 사해행위로 이익을 받은 자이다(민법 제406조 제1항). 매매의 매수인, 변제의 채권자, 채무면제의 제3채무자[42]가 수익자이다. 회사설립이 사해행위인 경우에는 그 회사가 수익자이다.[43] 그리고 제3자를 위한 계약에서는 제3자가 수익자이다.[44]

나. 전득자란

(1) 뜻

전득자 Z는 수익자 Y로부터 다시 일탈재산을 취득한 자이다. 소유권을 그대로 승계한 경우뿐만 아니라, Y로부터 저당권 · 지상권 · 대항력 있는 임차권을 취득한 자, 저당권 설정이 취소의 대상이 되는 경우의 경매에 따른 매수인도 전득자이다.

그러나 Y의 상속인을 비롯한 포괄승계인은 포함되지 않고, 시효 · 선점 · 가공 · 혼화 등 원시취득을 한 경우에도 전득자라 할 수 없다.

전부명령에 따른 권리취득은 Y의 행위로 한 것이 아니라는 이유로, 전부채권자는 전득자가 아니라는 견해도 있으나, 일반적으로는 전득자로 본다.[45]

전득자로부터 다시 일탈재산을 승계한 자도 전득자이다(반대 견해 있음).

---

41) 이에 대하여는 [33]에서 자세히 본다.
42) 大判 대정 9. 6. 3. 民錄 26-808.
43) 大判 대정 7. 10. 28. 民錄 24-2195.
44) 飯原一乘, 詐害行爲取消訴訟, 346면.
45) 大判 소화 6. 3. 17. 民集 10-170.

(2) 전득자는 승계참가인이 아니다.

Y를 피고로 한 사해행위취소소송 계속 중에 Y로부터 목적물을 양수한 Z를 승계참가 규정인 민사소송법 제82조 제1항의 "소송의 목적인 권리 또는 의무를 승계한 자"로 볼 수 없다. 소송의 목적물이 Y로부터 Z에게 양도되었다 하더라도, 채권자의 선택에 따라 Y는 채권자에게 사해행위의 취소와 아울러 사해행위 목적물의 가액 상당을 배상할 의무가 있으므로, Y에게 그대로 소송수행을 시키는 것이 반드시 무의미한 소송이 아니기 때문이다.[46]

다. 피고적격

(1) 수익자 · 전득자

채무자의 피고적격을 부정하는 입장에서는 취소소송의 피고는 수익자나 전득자가 되어야 한다.

(2) 가등기나 저당권이 이전된 경우

가등기나 저당권이 부기등기로 이전된 경우[47]에, 채권자취소소송의 피고가 원래의 가등기권자 · 저당권자인가, 가등기 · 저당권을 양수한 자인가, 아니면 양도인은 Y이고 양수인은 Z로서 채권자가 선택할 수 있는가?

가등기 · 저당권의 말소등기청구는 양수인만을 상대로 하면 되고, 양도인은 그 말소등기청구에서 피고적격이 없다는 판례[48]에 따라, 가등기 · 저당권의

46) 대법원 2003. 12. 17. 선고 2002나6706 판결.

47) 가등기가 이전된 이후 양수인 명의로 본등기가 경료된 경우도 마찬가지이다.

48) 가등기에 관하여는 대법원 1994. 10. 21. 선고 94다17109 판결 외 다수. 근저당등기에 관하여는 대법원 2000. 4. 11. 선고 2000다5640 판결 등.
판례가 드는 근거는, 가등기나 저당권등기의 이전에 의한 부기등기는 기존의 가등기 · 근저당등기에 따른 권리의 승계관계를 등기부상에 명시하는 것뿐으로 그 등기로써 새로운 권리가 생기는 것이 아니라는 것이다. 따라서 가등기 · 저당권 이전의 부기등기는 기존의 주등기에 종속되어 주등기와 일체를 이루는 것이어서, 주등기인 가등기 · 저당등기의 말소만 구하면 되고 부기등기는 별도로 말소를 구하지 않더라도 주등기 말소에 따라 직권말소된다(94다17109 판결). 다만 근저당권의 이전원인만이 무효로 되거나 취소 또는 해제된 경우, 즉 근저당권의 주등기 자체는 유효한 것을 전제로 이와는 별도로 근저당권 이전의 부기등기에 국한하여 무효 사유가 있다는 이유로 부기등기만의 효력을 다투는 경우에는 그 부기등기의 말소를 소구할 필요가 있으므로 예외적으로 소의 이익이 있다(대법원 2005. 6. 10. 선고 2002다15412 판결).

양수인만이 채권자취소소송의 피고가 되어야 한다는 것이 종래 대법원의 입장이었다.[49)]

그런데 이는 가등기·저당권 이전의 부기등기는 기존의 주등기에 종속되어 일체를 이루는 것이라는 점을 전제로 한다. 그러나 예를 들어 사해행위에 따라 설정된 저당권이 양도된 경우 수익자인 주등기 명의자는 주등기의 등기원인인 저당권설정계약이 사해행위임을 알았지만 전득자인 부기등기 명의자가 그 사실을 알지 못한 경우에는 부기등기는 주등기와 법률적인 운명을 같이 하지 않는다. 또한 취소권자가 저당권을 양수한 부기등기 명의자(전득자)를 상대로 원상회복의 일환으로 주등기 말소를 구한 소송에서 그가 선의임이 밝혀져 패소하였고 그 후 다시 수익자를 상대로 가액배상을 구하려고 하였으나 그 사이 제척기간이 도과해 버릴 수 있다. 그리고 취소권자가 사해행위임을 입증하면 전득자의 악의가 추정됨에 따라 전득자가 적극적으로 자신의 선의를 입증해야 하므로 전득자의 입증 여하에 따라 수익자의 운명이 결정된다. 소유권이 이전된 경우나 가등기나 저당권이 이전된 경우나 권리가 이전되었다는 점에서는 동일함에도 불구하고, 전자의 경우에는 수익자에게 피고적격을 인정하면서도, 후자의 경우에는 수익자는 피고가 될 수 없다는 것은 납득하기 어렵다. 채권자취소권에서는 수익자와 전득자는 각자 독립한 거래당사자로서 피고적격을 인정해야 한다. 부기등기말소의 상대방에 대한 일반적인 판례이론을 채권자취소권 행사에 무비판적으로 적용한 것은 문제가 있었다.[50)]

위와 같은 문제점을 인식하여 대법원도 판례를 변경하였다.

즉, 사해행위인 매매예약에 따라 수익자 앞으로 가등기를 마친 후 전득자 앞으로 그 가등기 이전의 부기등기를 마치고 나아가 그 가등기에 따른 본등기까지 마쳤다 하더라도, 위 부기등기는 사해행위인 매매예약에 기초한 수익자의 권리 이전을 나타내는 것으로서 위 부기등기에 따라 수익자로서의 지

---

49) 대법원 2005. 3. 24. 선고 2004다70079 판결(가등기 이전); 대법원 2012. 8. 17. 선고 2010다87672 판결(가등기와 근저당등기의 이전).

50) 부기등기 말소에 관한 판례의 일반적인 문제점과 함께 채권자취소권의 피고적격에 관하여는, 하현국, "부기등기의 말소에 관한 일고－저당권 이전을 중심으로－", 청연논총, 사법연수원, 2009. 135면 이하 참조.

위가 소멸하지는 않으며, 채권자는 수익자를 상대로 사해행위인 매매예약의 취소를 청구할 수 있다. 그리고 설령 부기등기 결과 가등기 및 본등기에 대한 말소청구소송에서 수익자의 피고적격이 부정되는 등의 사유로 수익자의 원물반환의무인 가등기말소의무 이행이 불가능하게 된다 하더라도 달리 볼 수 없으며, 특별한 사정이 없다면 수익자는 위 가등기 및 본등기에 따라 발생된 채권자들의 공동담보 부족에 관하여 원상회복의무로서 가액을 배상할 의무를 진다[51]는 것이다. 타당한 판결이다.

(3) 신탁수익자

사해신탁취소소송에 있어서 신탁수익자가 취소소송의 피고가 될 수 있는지 여부에 관하여 견해의 대립이 있었으나 피고적격을 인정한 신탁법 개정에 따라 입법적으로 해결되었다(신탁법 제8조 제1항 · 제5항).[52]

라. 수익자 Y와 전득자 Z와의 관계

Z에 대하여 취소권을 행사하기 위하여, Y에 대해 먼저 취소권을 행사할 필요는 없다. 채권자가 Y에 대해 행사할 수 있는 취소권과 Z에 대해 행사할 수 있는 취소권은 별개의 권리로서 Z에 대해서는 전득행위라는 새로운 요건의 충족으로 채권자가 추가로 갖게 되는 별도의 취소권이기 때문이다.[53] 이러한 전제 아래 경우를 나누어 구체적으로 살펴본다.

(1) Y · Z가 모두 악의인 경우

(가) 상대방 선택의 자유

통설은 채권자의 선택에 따라 Y를 상대방으로 하여 가액반환을 구할 수 있고, Z를 상대로 하여 목적물 반환을 구할 수 있다고 하여 상대방 선택의

51) 대법원 2015. 5. 21. 선고 2012다952 전원합의체 판결.

52) [24] 6. 참조.

53) 부인소송에서도 같다. 임채웅, '부인소송의 연구', 81면. 이에 대하여 독일에서는 승계인을 상대로 한 취소는 그 전자에 대한 취소가능성을 전제로 하므로, 전자에 대하여나 승계인에 대하여나 모두 제척기간 내에 취소청구를 해야 하고, 중간의 어느 취득자에 대하여 제척기간이 도과되면 그 후의 취득자는 더 이상 취소청구의 상대가 되지 않는다고 한다. 민일영, '독일의 채권자취소제도', 24면.

자유를 인정한다.

Y와 Z 모두에게 가액반환을 구할 수 있는 경우(예를 들어, 부동산 양도 후에 사해행위 당시 존재하던 저당권이 피담보채권 변제로 말소된 때)에는 이들을 공동피고로 할 수 있고, 이 경우에 그들의 가액배상의무는 부진정연대이다.[54]

(나) 동산과 부동산

원상회복으로서 사해행위 목적물 자체의 반환을 구하는 경우에 목적물이 동산인 경우에는 Z를 상대방으로 하여 동산의 인도를 구한다.

그러나 목적물이 부동산인 경우에는 Y 및 Z 모두를 상대로 하여 그들 명의 등기를 모두 말소하거나 Z로부터 S에게 이전등기하지 않으면[55] 원물반환의 목적을 달성할 수 없다.[56] 등기말소를 구하는 경우에도 반드시 Y와 Z 모두를 상대로 하여 소를 제기하여야 하는 필수적 공동소송은 아니고, Y만을 상대로 S와 Y 사이의 등기의 말소를 구할 수 있으나, 그 판결은 소송 당사자가 아닌 Z에 대하여는 효력이 없다.[57]

(다) 또한 S → Y → Z로 부동산이 양도되었으나, S → Z로 중간생략등기가 된 경우에는, 취소채권자는 Z를 상대로 하여 S와 Y간의 사해행위를 취소하고 Z명의 등기의 말소를 청구할 수 있다(Y는 피고로 할 필요가 없다).

(2) Y가 악의이고 Z가 선의인 경우

채권자 X는 Y를 상대로 원상회복에 갈음한 가액반환을 소구하거나, Z의 권리에 영향을 미치지 않는 범위 내에서 원상회복을 소구할 수 있다. 예컨대 부동산이 Y에게 이전된 후 Z 앞으로 저당권이 설정된 경우, Y를 상대방으로 하여 사해행위를 취소하고 Y로부터 S에게 이전등기를 구할 수 있다(부등법 제171조에 의하여 근저당권자 Z의 승낙 없이는 Y명의의 등기를 말소할 수 없다).

---

54) 대법원 2001. 9. 4. 선고 2000다66416 판결 참조.

55) 진정명의 회복을 위한 등기임. 대법원 2000. 2. 25. 선고 99다53704 판결; 대법원 2001. 2. 9. 선고 2000다57139 판결.

56) 부동산등기법 제171조(이해관계 있는 제3자가 있을 때) 등기말소를 신청하는 경우에 그 말소에 대하여 등기상 이해관계 있는 제3자가 있는 때에는 신청서에 그 승낙서 또는 이에 대항할 수 있는 재판등본을 첨부해야 한다.

57) 대법원 1984. 11. 24.자 84마610 결정.

(3) 주관적 · 예비적 병합의 가능

채무자 S가 Y에게 부동산을 양도하고, Y가 이를 다시 Z에게 양도하여, 채권자 X가 채권자취소소송을 제기한 경우에, X는 Y와 Z를 공동피고로 하여, Z에 대하여 S의 양도행위의 취소와 목적물의 반환을 구하고, Z가 선의인 경우에 대비하여 예비적으로 Y에 대하여 가액배상을 구할 수 있다(민소법 제70조).

마. 수익자가 파산한 경우

이 경우에 파산한 수익자의 파산관재인을 수익자로 취급할 것인가 전득자로 취급할 것인가? 파산관재인은 파산채권자 전체의 공동의 이익을 위하여 선량한 관리자의 주의로써 직무를 수행하는 지위에 있기 때문에, 파산관재인이 통정허위표시와 관련하여 민법 제108조 제2항의 제3자에 해당한다는 것이 대법원의 입장이다.[58] 회사회생절차에서 부인권 행사의 상대방이 파산한 경우에 파산관재인을 수익자가 아닌 전득자로 취급하여야 한다는 견해가 있다.[59] 이 견해에 따르면 수익자가 악의라도 파산관재인이 선의라면 취소권이나 부인권을 행사할 수 없다.[60]

이에 대하여 부인소송에서 수익자가 파산하여 파산관재인이 선임된 경우에 상대방인 수익자의 파산관재인은 부인권의 상대효에서 말하는 제3자에 포함되지 않는다는 견해가 있다. 그 근거로 독일과 일본의 다수설과 파산관재인이 제3자에 해당하지 않음을 전제로 하여 부인권에 기한 금전반환청구를 재단채권이 아닌 파산채권으로 본 하급심 판결을 들고 있다.[61]

이 문제는 특히 채권자취소권(부인권도 포함) 행사의 상대방인 수익자가 파산선고를 받고, 취소목적물이 현존하는 경우에, 취소채권자는 수익자의 파

58) 대법원 2006. 11. 10. 선고 2004다10299 판결.

59) 兼子, 條解 會社更生法(中), 161~162면, 부인의 목적물이 상대방의 일반재산에 귀속하였다고 믿은 그의 일반채권자의 보호를 위하여 파산관재인을 전득자로 취급하여야 한다고 함.

60) 통정허위표시에 관한 위 대법원 판결를 따르면, 파산관재인의 선의 · 악의는 파산관재인 개인의 선의 · 악의를 기준으로 할 수는 없고 총파산채권자를 기준으로 하여 파산채권자 모두가 악의로 되지 않으면 파산관재인은 선의 제3자라고 한다.

61) 임치용, '도산법 에세이', 107~108면. 하급심 판결은 서울고등법원 2003. 11. 5. 선고 2002나23088 판결.

산재단을 상대로 환취권(배상적 환취권. 채무자회생법 제407조 이하)을 행사하여 파산절차에 따르지 않고 이를 환수할 수 있는가 하는 점을 두고 결론이 갈린다. 즉 파산관재인을 수익자로 본다면 취소채권자의 환취권이 인정되고, 파산관재인을 전득자로 본다면 원칙적으로 환취권이 부정된다. 한편 이와 달리 수익자가 파산한 경우에는 파산재단에 속한 재산에 대하여는 압류집행이 된 것과 유사한 효과가 발생하므로, 실체법상 압류채권자를 제3자로 볼 수 있는 경우에는 취소채권자의 환취권을 인정할 수 없고, 회생절차는 포괄집행절차가 아니므로 취소채권자의 환취권이 인정된다는 견해도 있다.[62]

그러나 수익자의 파산관재인을 전득자로 취급하여 취소채권자에게 대항하게 하는 것은 부당하고, 파산절차와 회생절차를 구분하여 취급하는 것도 합리성이 없으므로, 채권자취소권 행사의 상대방이 파산이 선고되거나 회생개시가 되거나 모두 수익자로 취급하는 것이 타당하다.[63]

3. 제3채무자

채권양도 취소를 구하는 소송에서 제3채무자를 채권양수인과 함께 공동피고로 제기할 수 있는가.[64]

가. 양도채권이 변제되어 소멸된 경우

사해행위에 해당하는 채권양도가 채권자 X의 청구로 취소되기 전에 이미 채권양수인(수익자 Y[65])이 제3채무자 D로부터 채권을 변제받았거나 그 채권을 포기 또는 면제하는 등으로 양도채권이 소멸된 경우에는, X는 Y를 상대로 채권양도취소와 함께 변제로 수령한 금전의 지급(가액반환)을 청구할 수

62) 윤남근, '일반환취권과 관리인 · 파산관재인의 제3자적 지위', 111면.

63) 대법원 2014. 9. 4. 선고 2014다36771 판결 참조. 이 판결은 회생절차개시결정에 따라 채무자의 재산에 대한 관리 · 처분 권한이 관리인에게 전속된다고 하더라도, 채무자의 재산권 자체가 관리인에게 이전되는 것은 아니므로, 관리인을 사해행위의 전득자라고 할 수 없다고 하여, 수익자에 대한 회생절차 관리인 지위에 있는 피고가 선의 전득자에 해당한다는 피고의 주장을 배척하였다.

64) 본 항은 [31] 5. 및 6.과도 관련되므로, 이 부분을 함께 참고할 것.

65) 전득자 Z 포함, 이하 본 항에서는 같음.

있으므로[66] D를 피고로 할 필요가 없다.

나. 양도채권이 소멸하지 않은 경우

(1) 이 경우에 X가 원상회복의 일환으로 채권양수인 Y를 상대로 채권양도취소를 구하는 외에, D를 상대로 직접 자신에게 그 채권을 지급하라는 청구를 할 수 있는가, 아니면 Y에게 그 채권양도가 취소되었다는 내용의 통지를 D에게 하라는 청구를 할 수 있을 뿐인가 하는 문제가 생긴다.

사해행위취소의 효력은 상대적이어서 소송당사자인 X와 Y 사이에서만 발생하고 S는 취소판결의 효력을 받지 않기 때문에, X는 S를 대위하여 D에 대하여 채권의 지급을 청구할 수는 없다.

마찬가지로 양도채권의 채무자(＝제3채무자 D)에 대하여도 채권양도 취소의 효과를 주장할 수 없으므로, 취소권 행사의 실효성을 확보하기 위하여, D를 상대로 취소에 따라 복귀한 채권의 이행을 직접 소구할 수 있다는 견해가 있다.[67] 그러나 X가 D에게 직접 소구할 수 있는 근거가 없으므로, 원상회복의 방법으로 Y에게 그 채권양도가 취소되었다는 내용의 통지를 D에게 할 것을 청구할 수 있을 뿐[68]이라고 하는 설이 현재 실무가들의 지배적인 견해로 보인다.[69]

---

66) 이에 대하여는 판례와 학설에 이견이 없다. 서울고등법원 1998. 7. 2. 선고 97나35162 판결; 김창종, '채권자취소권 행사에 의한 원상회복의 방법 및 내용', 172면. 위 논문에는 같은 취지의 일본 판례로, 最判 소화 51. 7. 19. 金法 801-33, 金判 507-8; 東京地判 소화 53. 12. 12. 判時 918-91; 大阪地判 소화 55. 8. 14. 金判 611-27을 인용하고 있다. 그 외에도 박창현, '채권양도가 사해행위로 취소된 경우의 원상회복 및 법률관계', 131~132면; 이상경, '채권자취소소송에 있어서 원상회복방법 및 채권의 만족방법', 89면 등 참조.

67) 김창종, 전게논문, 173면, 주 85에서 그와 같은 입장을 취한 판결을 소개하고 있다. 이를 인용하면, 東京地判 소화 60. 9. 19. 金判 751-30; 東京地判 소화 61. 11. 18. 金判 772-31; 大阪高判 소화 55. 8. 14. 判時 743-60.

68) 취소채권자는 원상회복의 목적물이 부동산인 경우와 마찬가지로 사해행위 목적물인 채권을 채권자 자신에게 양도하라는 청구를 수익자에 대하여 할 수 없다. 大阪地判 소화 31. 9. 28. 下民 7-9-2716, 判タ 66-79 참고.

69) 김창종, 전게논문, 173면; 최영남, '채권자취소권 행사의 방법, 범위 및 원상회복의 방법', 311면 이하; 박창현, '채권양도가 사해행위로 취소된 경우의 원상회복 및 법률관계', 123면 이하. 판례로는, 위 東京地判 소화 60. 9. 19.의 항소심인 東京高判 소

(2) 이때 판결 주문의 형식을 예로 들면 아래와 같다.

> 1. 피고(양수인)와 소외 ○○○(채무자 S)(주소 : - -) 사이의 별지목록 기재 채권에 관한 2016. 1. 2.자 채권양도계약을 취소한다.
> 2. 피고는 소외 ○○○(제3채무자 D)(주소 : - -)에게 별지목록 기재 채권에 관한 제1항 기재 채권양도계약이 취소되었다는 취지의 통지를 하라.[70)]

(3) 여기서 하는 채권양도통지의 취소는, 양도인 S가 제3채무자 D에 대하여 다시 채권자가 된다는 의미가 아니라,[71)] X와 다른 채권자와 Y에 대한 관계에서는 통지 후부터는 S의 채권으로 취급된다는 것을 고지하는 것으로서, D는 Y에게 변제하면 안 된다는 의미이다.[72)]

실무에서는 취소채권자 X가 채무자(양도인) S에 대한 집행권원을 가지고, D에 대하여 압류 및 전부・추심의 강제집행을 하고 있다.

다. 검 토

취소의 상대효에 따르면, 채무자(양도인) S와 제3채무자 D에게는 채권양도 취소의 효력이 미치지 않기 때문에, 취소채권자 X로서는 S에 대한 집행권원을 가지고, S에게 회복된 채권에 관하여 D에 대한 압류 및 전부・추심

화 61. 11. 27. 判タ 641-128; 大阪地判 소화 31. 9. 28. 下民 7-9-2716, 判タ 66-79.

70) 서울지법 동부지원 1997. 12. 5. 선고 97가합1516 판결(하급심판결집 1997-2, 37면); 최영남, 전게서, 312면 참조.

71) 채권양도가 사해행위로 취소된 경우에는 취소채권자와 양수인에 대한 관계에서만 상대적으로 취소되고, 그 결과 양도인은 제3채무자의 채권자가 아니므로 제3채무자에게 채권을 청구할 수 없다.

72) 다만 취소통지 후의 양도인은 채권의 준점유자로 볼 수 있고, 제3채무자가 양도인에게 채권을 변제하였다면 이는 채권의 준점유자에 대한 변제로서 특별한 사정이 없다면 유효한 변제가 된다. 그러므로 취소채권자는 제3채무자가 양도인에게 변제하기 전에 압류 및 전부・추심의 강제집행을 할 필요가 있다.
한편 제3채무자로서도 채권양도의 효력, 유무 등에 관하여 법률상, 사실상 의문이 있는 경우로서 변제자의 과실 없이 채권자를 알 수 없는 때에 해당하므로 민법 제487조 후문에 따른 변제공탁을 함으로써 채무를 면할 수 있다.

도 할 수 없고, X가 S를 대위하여 D에게 청구할 수 없다고 해야 이론상 모순이 없다. 결국 X로서는 채권자취소권을 행사하여 승소한다 하여도 아무런 소용이 없다.

그렇다면 처음부터 Y와 함께 D도 피고로 삼아 취소에 따라 양도가 무효가 되고, 채권이 S에게 복귀하는 효력을 D에 대하여도 미치도록 하고, 동시에 X로 하여금 D에 대한 청구를 할 수 있도록 하는 것이 합리적인 해법 중 하나가 될 수 있을 것이다.[73]

라. 채무면제의 취소

이와 관련하여 채무면제를 취소할 경우에 X는 채무면제의 취소와 동시에 제3채무자 D를 상대로 부활된 채권의 지급을 직접 청구할 수 있는가 하는 문제가 있다.

채무면제의 취소와 채권양도의 취소는 금전의 이전을 수반하지 않는 점에서는 마찬가지이다. 그러나 채권양도의 제3채무자는 수익자가 아니고 취소소송에서 당연히 피고로 되지 않지만, 채무면제에서 제3채무자는 자신이 수익자 Y로서 취소소송의 피고로 되고 그 결과 취소의 효과가 직접 미친다. 그렇기 때문에 부활한 채권에 관하여 직접 이행청구가 가능하다고 보아야 한다. 그리고 이때의 직접 이행청구권은 채권자취소권의 한 내용이 된다.[74]

[27] Ⅲ. 권리행사의 방법

1. 통설 · 판례

민법 제406조 제1항이 채권자취소권을 "법원에 청구할 수 있다"고 규정하고 있어, 통설 · 판례는 취소권 행사를 반드시 소로써 행사해야 하고, 항변으로 행사할 수 없다고 한다.[75] 이러한 입장은 채권자취소권이 연혁적으로 소

73) 飯原一乘, 詐害行爲取消訴訟, 411면; 박창현, 전게논문, 131면도 제3채무자가 피고가 된 경우에 직접청구권을 인정하자는 견해이다.

74) 박창현, 전게논문, 134면 이하 참조. 위 東京地裁 소화 60. 9. 19. 判決 및 東京高裁 소화 61. 11. 27. 判決도 같은 설시를 하고 있다.

권(actio)에서 비롯되었고, 우리가 일본 민법을 통하여 받아들인 프랑스 민법의 action paulienne에서도 소권 체계가 아직도 살아있기 때문에 그 영향을 받은 것이라고 할 수 있다.[76] 따라서 사해행위취소를 청구하지 않고 원상회복만을 청구할 수는 없다.

배당이의소송에서 원심이 채무자가 공정증서로 한 재산분할을 사해행위로 취소하고, 배당표 변경을 인용한 사안에서, 재산분할협의를 판결주문에서 취소하지 않은 것은 위법하다는 일본 판례가 있다.[77]

2. 부인권의 경우

가. 행사방법

부인권은 소, 부인의 청구 또는 항변의 방법으로 파산관재인이 행사한다(채무자회생법 제396조). 부인권을 재판 외에서 행사할 수 있는가 하는 점에 관하여는 우리나라와 일본의 다수설은 이를 긍정하지만, 법 규정을 떠나서 이를 인정할 만한 실익이 없다는 이유로 반대하는 견해도 있다.[78] 부인권은 소송으로 하는 경우에도 판결 주문에 부인을 선언할 필요는 없고 판결 이유 중에 판단하면 충분하다는 것이 일본의 통설・판례이므로, 소송의 경우에도 부인은 공격방어방법의 의미를 가진다.[79] 우리나라 실무에서도 원칙적으로 일본의 통설・판례와 같이 별도로 원상회복이나 가액배상을 구하는 경우에는 부인을 구할 확인의 이익이 없다고 본다.[80] 어쨌든 부인의 효과로서 금전지

75) 대법원 1978. 6. 13. 선고 78다404 판결; 대법원 2008. 12. 11. 선고 2007다69162 판결 외 다수. 청구취지에 원상회복만을 구하고 있고 사해행위를 취소하여 달라는 기재를 하지 않았다고 하더라도, 청구원인에서 사해행위의 취소를 구하는 취지가 명백하다면 원상회복청구에 대한 실체적 판단을 해야 하고, 그렇지 않더라도 석명권을 행사하여 청구취지를 바로 잡아야 한다는 주장이 있다(김재형, 2008년도 주요판례해설, 358~359면).

76) 佐藤岩昭, 詐害行為取消權の理論, 437면.

77) 最判 평성 12. 3. 9. 民集 54-31-1013.

78) 긍정설로는 전병서, 도산법, 275면이 대표적이고, 부정설로는 임채웅, '부인소송의 연구', 104면 참조.

79) 飯原一乘, 詐害行為取消訴訟, 328면.

80) 법인파산실무, 409면. 서울중앙지방법원 2009. 4. 15. 선고 2007가합46195 판결; 대

급이나 물건인도를 명하는 부분은, 주문에 나타나지 않으면 이를 집행권원으로서 강제집행할 수 없으므로, 주문에 명백히 기재되어야 함은 물론이다.

나. 부인의 등기

파산관재인으로서는 부인권을 행사하여 수익자 앞으로 넘어간 부동산 소유권명의(저당권설정등기 등 포함)를 파산재단에 회복시킬 필요가 있다. 이 경우에 수익자 앞으로 경료된 소유권이전등기를 말소하는 방식은 일반적인 말소가 아니라 부인등기의 방식으로 한다(채무자회생법 제26조). 부인등기는 파산관재인이 단독으로 신청할 수 있고, 등기원인을 증명하는 서면으로 부인과 관련된 소송의 재판서를 제출하면 된다(채무자 회생 및 파산에 관한 법률에 따른 부동산 등의 등기사무처리지침 제11조 제2항 · 제3항). 한편 일본에서는 상대방에 대하여 부인등기절차를 소구하여 그 확정된 인용판결이 있어야 부인등기를 할 수 있다.[81)]

3. 채권자취소권을 항변으로 행사할 수 있다는 견해

채권자취소권을 항변으로 행사할 수 있는가? 채권자취소권은 반드시 소로써 행사해야 한다는 판례 · 통설(소극설)에 반대하여 항변으로도 행사할 수 있다는 견해(적극설)가 일본에는 상당히 유력하고, 그 근거는 아래와 같다.[82)]

가. 소극설은, 채권자취소권은 "법원에 청구할 수 있다"고 규정되어 있으나, 부인권은 '소, 부인의 청구 또는 항변'으로 규정되어 있다는 점을 들고 있으나, 이들은 원래 동일한 제도로서 생겨나 현재에도 같은 기능을 가지고 있으므로, 민법 제406조에서 말하는 '취소를 법원에 청구'한다는 것은 '부인'이나 '이의'를 포함하는 취지로 해석된다.

법원 2009. 5. 28. 선고 2005다56865 판결 참조.

81) 最判 소화 49. 6. 27. 民集 28-5-641.

82) 이에는 일본의 유명한 민소법 학자인 兼子一, 新堂幸司를 비롯한 사해행위취소권의 권위자인 飯原一乘도 포함된다. 飯原一乘, 詐害行爲取消訴訟, 329면, 332면 주 24, 25 참조. 김재형 교수도 같은 견해로 볼 수 있다(김재형, "채권자취소권의 본질과 효과에 관한 연구", 민법론 Ⅱ. 2004. 21면 참조).

나. 민법 제406조의 문맥으로 보아서 사해행위취소는 형성소송으로서 취소는 판결주문에 표시되어야 한다고 하나, 그 판결의 효력은 지분회사 회사설립취소의 소(상법 제184조, 제190조, 제269조, 제552조), 주주총회결의 취소의 소(상법 제376조), 혼인 취소의 소(민법 제824조), 행정처분 취소의 소(행정소송법 제29조)와 같이 법률상 당연히 제3자에게 미치는 경우와는 다르다.

다. 민법 제406조의 "법원에 청구"한다는 것은 재판상 행사(gerichtliche Geltendmachung)를 의미하므로, 취소원고가 반드시 형성판결을 청구해야 한다는 뜻은 아니다.

라. 소극설은 채권자취소가 형성판결로서 제3자에게 공시할 필요가 있다고 하나, 채권자취소의 효력이 제3자에게 미치지 않는다면 그 실익이 없다. 민사집행법은 집행권원 없는 채권자에게는 배당가입을 인정하지 않으므로(민집법 제88조, 제148조, 제169조, 제172조, 제217조, 제247조), 형성판결을 판결주문에 공시할 실익이 없다.[83)]

마. 항변으로도 행사할 수 있다고 해석하면, 소송대리인의 특별수권(민소법 제90조)이 필요 없고, 항소심에서의 제약(반소로 취소를 구할 경우, 민소법 제412조)도 없다.

바. 제3자이의소송에 대항하여 채권자취소를 주장하는 경우에는, 이의소송을 기각시키면 충분하므로, 반소가 아니라 항변을 행사하는 것이 합리적이다.

사. 배당이의소송에서 채권자취소권을 공격방어방법으로 행사할 수 있다고 해석하면, 배당이의소송에 채권자취소소송을 병합할 필요가 없고, 위에서 본 最判 평성 12. 3. 9. 판결과 같이 단지 판결주문에 채권자취소를 선언하는 형식적 요건을 갖추기 위하여 원심판결을 파기환송할 필요도 없다.

---

83) 민사집행법에서 말하는 집행권원이라 함은 일정한 사법상의 '이행청구권'에 집행력을 인정한 공정의 문서를 말한다. 따라서 형성판결은 집행권원이 되지 못한다.

4. 취소권 행사와 관련한 문제점

가. 취소권 행사와 잔대금지급 거절

□ 東京地判 평성 8. 4. 26. 判時 1584-121

[사안] S가 Y에게 근저당권이 설정되어 있는 부동산을, Y가 근저당채무의 이행인수를 하는 조건으로, 대금 일부(1,000만 엔)를 변제받고 매각하였다. S의 채권자 X가 Y에게 위 매매의 사해행위취소와 Y명의 소유권이전등기의 말소를 구하였다. 소송 중에 근저당권이 실행되어 부동산은 제3자에게 경락되었다. S가 Y에게 매매잔대금청구를 하자, Y가 반소로써 민법 제576조를 준용하여 매매계약을 해제하고 대금의 반환을 구하였다.

[판단] Y의 해제와 1,000만 엔의 반환청구를 인용하였다. Y로서는 채권자취소권의 피고가 되어 부동산소유권을 잃을 우려가 있으므로, 잔금 변제를 거부할 수 있고, 근저당권 실행과 관련하여 이행인수특약에 따른 의무불이행을 인정할 수 없다.

나. 고액의 회수비용과 취소권의 행사

□ 大阪地 堺支判 평성 9. 6. 26. 金判 1032-47

[사안] X로부터 토지 증여에 대한 채권자취소소송이 제기되자, Y가 계쟁 토지의 시가는 40만 엔에 불과함에 반하여, 경매신청비용은 50만 엔을 넘으므로, X의 회수행위는 배임행위이고, 그 반사적 효과로서 Y의 토지취득행위는 사해행위가 되지 않는다고 주장하였다.

[판단] Y의 독자적인 견해로서, 회수비용이 토지의 시가보다 높다 하더라도, 사해행위대상물의 재산적 가치가 없어지는 것은 아니므로 사해행위에 해당한다.

다. 취소권 행사와 권리남용

□ 東京地判 평성 10. 10. 29. 判時 1686-59

[사안] 변호사 Y가 S로부터 채권의 사적 정리를 의뢰받아, 채권의 신탁적 양도를 받은 것을 채권자 X가 사해행위라 하여 취소를 구하였다.

[판단] X는 우선채권자가 아니고, Y는 배당을 위하여 채권양도를 받았으므로, 파산관재 업무를 실시하는 경우와 같으므로, X의 청구는 권리남용에 해당된다.[84)]

84) 이에 대하여 동일하게 변호사에게 사적 정리를 위하여 채권양도를 하였다 하더라도 피보전채권이 우선권을 가지는 국세라면 취소를 인용하고 있다(東京地判 소화 61.

라. 취소권 행사와 신의칙 위반

[1] 대법원 2006. 6. 15. 선고 2004다46519 판결(부인권의 행사)

관리인이 부인권의 제척기간 완성 전날에 부인의 소를 제기하고, 위기시기에 정리회사로부터 변제를 받은 채권자들 중 피고를 비롯한 일부의 채권자들에 대하여만 부인권을 행사하였다는 사정만으로는 신의칙 위반이나 부인권의 남용이라 할 수 없다.

[2] 神戸地判 평성 8. 4. 24. 判時 1594-133

신용금고가 대부하면서 체결한 포괄근보증계약에 따른 보증채무의 이행청구권을 피보전채권으로 하는 채권자취소권 행사는 신의칙에 비추어 인정되지 않는다.

[3] 京都地判 평성 11. 4. 15. 金判 1068-3

금융기관인 X가 친족회사인 Y・S 사이의 재산양도에 따른 대금이 S의 계좌에 입금되자, 이를 대여금과 상계하여 일부 회수한 후에, Y에 대하여 그 재산양도의 취소청구를 하는 것은 신의칙상 허용되지 않는다.

[4] 東京地判 소화 63. 8. 30. 金判 816-3

채권자회의의 결의로 배당을 받은 채권자가 채권자취소권을 행사하여도 신의칙에 어긋하지 않는다.

[5] 東京高判 평성 12. 2. 17. 金判 1090-14

[사안] S가 대표자로 있는 A회사에 대하여 대여금채권을 가지고, A가 Y에 대하여 부동산을 매각한 행위에 대하여 채권자취소권을 가지고 있음에도, S가 이를 행사하지 않자, S의 채권자 X(은행)가 S를 대위하여 Y에게 채권자취소소송을 제기하자, Y가 방어방법으로서 S는 채권자취소권을 포기하였다고 주장하였다.

[판단] S의 A에 대한 자산은 채권자취소권을 포함하여 X의 채권에 대한 책임재산이고, Y도 이를 알고 있었으므로, S가 포기하였다 하더라도 그 효력이 없다.[85]

[28] Ⅳ. 취소소송의 관할법원

1. 보통재판적

11. 18. 判タ 650-185).

85) 참조조문 민법 제405조 제2항(채무자가 채권자대위권 행사의 통지를 받은 후에는 그 권리를 처분하여도 채권자에게 대항하지 못한다).

피고의 보통재판적 소재지의 법원이 관할을 가진다(민소법 제2조).

2. 특별재판적

가. 불법행위지

사해행위를 불법행위로 보고 불법행위에 관한 민사소송법 제18조의 특별재판적을 인정하는 견해도 있으나, 사해행위는 불법행위가 아니므로 타당하지 않다.[86]

나. 의무이행지

(1) 취소소송도 '재산권상의 소'이므로 의무이행지(민소법 제8조)에서도 제소할 수 있다.

그런데 여기서 「의무이행지」라 함은 '취소의 대상인 법률행위의 의무이행지'인가 아니면, '취소에 따라 형성된 법률관계에 관한 의무이행지(취소와 동시에 물건의 반환을 구하는 경우 그 반환의무의 이행지)'인가 하는 문제가 있다. 예를 들면 채권자취소의 대상이 S → Y로 부동산이 매각된 경우에 민사소송법 제8조의 의무이행지는 매매계약의 의무이행지인가(A설), 아니면 매매계약의 취소로 생긴 부동산반환의무나 그에 갈음하는 가액반환의무의 이행지(B설)를 말하는가의 문제이다.

채권자취소권의 피고가 원칙적으로 수익자 Y나 전득자 Z가 되어야 한다는 점에서 본다면 B설이 타당하고 대법원도 이 설을 취한다.[87]

(2) B설의 견해 중 취소채권자 X의 주소지 등이 의무이행지로서 관할을 가지는 것은, 취소와 함께 Y나 Z로부터 직접 자기에게 급부를 구하는 경우

86) 飯原一乘, 詐害行爲取消訴訟, 333면.

87) 부동산등기의 경우 : 대법원 2002. 5. 10.자 2002마1156 결정. 채무자가 수익자(피고)에게 부동산의 소유권을 넘겨준 사안에서, 의무이행지는 취소채권자인 원고의 주소지가 아니라, 민소법 제21조의 등기소 소재지이다.
동산인도의 경우 : 東京高決 소화 40. 1. 28. 下民集 16-1-133. 동산의 매매를 사해행위로서 취소하고, 그 동산의 반환에 갈음하여 가액반환을 구하는 소에서 취소채권자인 원고의 주소지가 의무이행지로서 관할권이 있다.

에 타당하고, 채권양도를 사해행위로 취소하는 소송에서는, 채권양도의 취소에 따라 채무자인 양도인 S에게 채권자의 지위가 외견상 복귀하므로 S의 주소지가 의무이행지라는 일본 판례가 있다.[88]

그러나 이는 지나치게 논리적인 견해일 뿐 아니라, 채권자취소의 상대효에도 어긋난다. 무엇보다도 토지관할은 원래 원고와 피고 중 어느 쪽의 주소지가 되는 것이 공평한가 하는 관점에서 결정되므로, 원고도 아니고 피고도 아닌 S의 주소지를 의무이행지라고 하여서는 곤란하다.

이와 관련하여 독일에서는, 채권자취소의 법적 근거는 취소의 대상인 계약에 있는 것이 아니고, 그에 따라 생긴 잘못된 결과를 제거하여 불가능하게 되었던 강제집행을 다시 가능하게 하는 것이므로, 장소를 특정할 것이 아니라, 특별한 사정이 없다면 피고의 보통재판적에 따라야 한다고 해석한다.[89]

3. 사물관할

일반사건과 같이 소송물 가격에 따라 결정하지만, 그 가격은 원고의 피보전채권의 액수에 따르고, 취소되는 법률행위의 목적물가격이 원고의 채권액보다 적을 때에는 그 목적물 가액에 따른다(민사소송등 인지규칙 제12조 제9호).

4. 지분회사 설립취소의 경우

지분회사 설립취소의 경우에는 회사본점 소재지의 지방법원이 전속관할을 가진다(상법 제186조).

[29] Ⅴ. 소송물(Streitgegenstand)

1. 개 설

88) 大津地判 소화 49. 11. 13 判時 780-88.
89) 飯原一乘, 詐害行爲取消訴訟, 335면.

가. 취소와 반환의 병합청구 가능

(1) 채권자취소권이 사해행위 취소와 재산 반환의 2가지를 구하는 권리라고 하는 것이 판례이고,[90] 양자의 청구가 1개의 소송물을 이룬다고 보는 것이 절충설이다.[91]

(2) 채권자취소청구에는 그 취소를 전제로 하는 원상회복청구를 병합하여 제기할 수 있으므로(민법 제406조 제1항), 형성의 소는 그 판결이 확정됨으로써 비로소 권리변동의 효력이 발생하기 때문에 형성의 소와 이에 따라 형성되는 법률관계를 전제로 하는 이행소송 등을 병합 제기할 수 없다[92]는 일반이론이 적용되지 않는다.

(3) 반소로 청구한 사해행위소송을 인용하는 경우 본소청구와 관계

원고의 본소 청구에 대하여 피고가 본소 청구를 다투면서 사해행위 취소 및 원상회복을 구하는 반소를 제기한 경우, 법원이 반소 청구가 이유 있다고 판단하여 사해행위 취소 및 원상회복을 명하는 판결을 선고하는 경우, 비록 그 반소 청구에 대한 판결이 확정되지 않았다고 하더라도, 원고의 소유권 취득 원인이 된 법률행위가 취소되었음을 전제로 원고의 본소청구를 심리하여 판단할 수 있다.[93]

---

90) 대법원 1961. 11. 9. 선고 4293민상263 판결.

91) 절충설을 취하면서도 사해행위취소권은 비록 하나의 요건사실을 충족하면 행사할 수 있는 하나의 권리이고 그 내부에 취소와 원상회복을 구할 수 있다고 법정되어 있으나, 취소에 따른 구체적 법률관계의 발생 또는 형성을 위해서는 별도의 원상회복청구가 이루어져야 하므로 실질적으로 이는 취소청구와 원상회복청구 2개로 분리되는 2개의 소송물이라는 설이 있다(이영풍, "소송물과 소의 교환적 변경", 67면; 신용호, "채권자가 피보전채권을 달리하여 동일한 법률행위의 취소 및 원상회복을 구하는 채권자취소의 소를 이중으로 제기하는 경우, 전·후소의 소송물이 동일한지 여부", 42면 이하). 그러나 채권자취소소송의 소송물을 반드시 2개로 볼 필연적인 이유는 없고, 민법 제406조 제1항의 취지와 소송물을 2개로 볼 때 발생하는 번잡성을 고려한다면 취소소송의 소송물은 취소와 원상회복이 결합한 1개의 소송물이라는 절충설의 일반적 견해가 타당하다.

92) 대법원 1969. 12. 29. 선고 68다2425 판결 등 참조.

93) 대법원 2019. 3. 14. 선고 2018다277785 판결 : 차량 소유자가 본소로 저당권말소를 청구하자 저당권자가 차량소유권 취득의 원인인 매매계약이 사해행위라고 주장하면서 반소로 그 취소를 청구한 사건에서 사해행위취소를 명하는 한편 이를 이유로 본

(4) 그러나 항상 취소와 반환 모두를 청구해야 하는 것은 아니고, 사해행위의 성질상 취소청구만으로 충분한 경우가 있다.94)

나. 별개청구도 가능

(1) 절충설을 따르면, 채권자취소권은 취소와 반환이 결합한 1개의 실체상 권리로 보므로, 취소나 반환은 각각 채권자취소권의 일부로 보고, 이를 별개로 행사하는 것은 일부청구라 할 수 있다.

일반적으로 당사자가 실체상 1개 권리의 일부를 소송상 청구하는 것은 널리 인정되고 있고, 판례는 금전채권의 경우에도 당초의 청구에서 일부청구인 것을 명확히 하면 소송물은 그 후의 잔액청구와 별개가 되고 당초 청구의 기판력은 잔액청구에 미치지 않는다고 한다.95)

취소와 반환은 그 성질상 양자의 구별이 명확하므로, 취소만을 청구하면서 특별히 일부청구라는 사실을 명확히 하지 않더라도, 취소판결의 기판력은 반환청구에 미치지 않는다.

(2) 판례는 채권자가 민법 제406조 제1항에 따라 사해행위의 취소·원상회복을 청구할 때, 사해행위취소만을 먼저 청구한 다음 원상회복을 나중에 청구할 수 있다고 한다.96)

소 청구를 기각하였다. 이 경우 사해행위 취소 여부는 반소의 청구원인임과 동시에 본소 청구에 대한 방어방법이자, 본소청구 인용 여부의 선결문제이기 때문이다. 또한 본소와 반소가 같은 소송절차 내에서 함께 심리·판단되기 때문에, 반소 사해행위 취소 판결의 확정 여부가 본소 청구 판단시 불확실한 상황이라고 보기 어렵고, 그 때문에 원고에게 소송상 지나친 부담을 지운다거나, 원고의 소송상 지위가 불안정해진다고 볼 수도 없다. 오히려 이로써 반소인 사해행위취소소송의 심리를 무위로 만들지 않고, 소송경제를 도모하며, 본소청구와 반소 청구에 대한 판결의 모순 저촉을 피할 수 있다.

94) 부인권소송에서는 부인선언을 구하는 소는 확인의 이익이 없으므로 이는 부적법하다. 서울중앙지방법원 2009. 4. 15. 선고 2007가합46195 판결.

95) 대법원 1988. 10. 11. 선고 87다카1416 판결 외 다수.

96) 대법원 2001. 9. 4. 선고 2001다14108 판결. 이 판결에서 쟁점이 된 것은 사해행위취소의 소를 제척기간 내에 제기한 후에 제척기간이 지난 후에 원상회복의 소를 제기할 수 있는가이다. 양자의 피고가 동일한 경우에 법원은 이를 긍정하였는데 이 점은 사해행위소송의 제척기간을 다루는 항에서 다시 본다. [37] 3. 참조.

(3) 이와 관련하여, 대법원은 채권자 X가 채무자 S를 상대로 채무이행을 구하는 소를 제기하여 승소판결이 확정되면, 채권자취소소송의 상대방인 수익자 Y나 전득자 Z는 그와 같이 확정된 X의 채권의 존부나 범위에 관하여 다툴 수 없다고 한다.97) 위 판결이 내세우는 근거를 보면 채권자대위권의 원고적격에 관한 이론을 그대로 원용하고 있다. 그러나 채권자대위권은 채권자가 채무자의 권리를 대신 행사하는 것이고, 채권자취소권은 채권자가 자기의 채권을 보전하기 위하여 특별히 민법에서 부여된 자기의 권리를 행사하는 것이며, 피고인 수익자나 전득자에게 미치는 불이익이 어차피 채무를 이행하여야 할 채권자대위권에서의 피고와는 비교할 수 없을 정도로 크므로 동일하게 취급할 수 없다. 채권자취소소송의 피고는 취소소송의 요건 중 하나인 피보전채권의 존재에 관하여 X와 S 사이의 확정판결에 구애됨이 없이 이를 다툴 수 있다고 보아야 한다.98)

2. 취소만의 청구

취소채권자가 취소만을 청구하고 반환을 청구하지 않은 사안으로서, 동산양도(양도담보,99) 증여,100) 대물변제101)), 보증계약, 채권양도,102) 어음배서,

97) 대법원 2003. 7. 11. 선고 2003다19572 판결.

98) 자세한 내용은 [43] 1. 가. (2) 참조. 또한 아래 보는 바와 같이 취소채권자는 특별한 사정이 없으면 소송계속 중 언제든지 피보전채권에 관한 주장을 변경하거나 보충할 수 있다. 그런데 피고는 자신이 개입한 적이 없는 원고와 채무자 사이의 소송 결과인 피보전채권의 존재를 다툴 수 없다면, 소송절차상 당사자 사이의 형평에도 어긋난다. 원고가 내세우는 피보전채권의 부존재를 피고가 다투는 상황에서, 원고가 피고 모르게 채무자에 대한 소송을 제기하여 피보전채권의 존재가 확정되는 경우를 생각한다면 더욱 그러하다. 같은 취지에서 윤경, "사해행위취소와 가액배상", 저스티스 34권 5호, 한국법학원, (2001년), 116면에는 채무자에 대한 급부판결이 이미 확정되었다 하더라도 채권자는 채권자취소소송에서 다시 그 피보전채권의 존재와 수액을 주장, 입증하지 않으면 안 된다고 한다.

99) 廣島高判 소화 40. 9. 1. 下民 35-5-577, 判時 433-36, 상고심 最判 소화 42. 11. 9. 判時 505-34. 채무자가 생계비와 자녀의 교육비를 차용하기 위하여 대주에게 가재도구를 양도담보로 제공한 행위는 생활유지를 위한 재산처분으로서, 처분가격이 부당하게 염가이거나, 담보물의 가액이 차입금을 초과하거나, 빌린 돈이 생활을 유지하는 이외에 불필요한 목적을 위하여 사용되었다는 등의 사정이 없다면 취소의 대상

채무면제,[103] 제3자이의소송의 반소로서 이의의 원인행위[104] 등의 각 취소를 구하는 경우를 들 수 있다.

3. 반환만의 청구

반환은 취소를 전제로 하므로 행위의 취소를 구하지 않고 반환만을 청구하는 것은 인정되지 않는다는 것이 통설·판례[105]이다. 취소를 구함이 없이 원상회복만을 구하는 경우, 이를 각하할 것인가 기각할 것인가 견해가 나뉠 수 있고, 오래된 대법원 판결에는 각하한 사례가 있으나,[106] 현재 실무에서는 기각설이 일반적인 것 같다. 다만 원상회복청구도 사해행위취소를 전제로 하는 채권자취소소송의 행사방법이므로, 취소를 전제로 하지 않는 반환만의 청구가 취소소송의 제척기간을 도과하였다면 적법요건을 갖추지 못한 것으로 각하하여야 한다.

한편, 취소권을 항변으로 행사할 수 있다는 전제 아래 청구취지(판결주문)에 취소의 문언이 필요 없다는 유력한 설이 있다는 점은 앞에서 보았다.[107]

4. 피보전채권의 변경이 소의 변경인가

취소채권자 X가 여러 채권이 있음에도 불구하고 하나의 채권만을 피보전

이 되지 않는다.

100) 東京高判 소화 33. 10. 10. 民集 19-2-520, 상고심 最判 소화 40. 3. 26. 判時 407-27.

101) 東京高判 소화 57. 8. 19. 判時 1054-89. 피고의 동산집행에 대하여 원고가 제3자이의소송을 제기하자, 피고가 사해행위를 이유로 반소를 제기한 사건.

102) 채권양수인이 아직 추심을 하지 않은 경우임. 大判 소화 16. 2. 10. 民集 20-79.

103) 大判 대정 9. 6. 3. 民錄 26-808.

104) 最判 소화 40. 3. 26. 判時 407-27.

105) 대법원 2008. 12. 11. 선고 2007다69162 판결.

106) 대법원 1962. 2. 8. 선고 61다722 판결(집 10-1, 민 92). 취소와 원상회복이 채권자취소권을 이루는 하나의 소송물이고, 일부청구로서 그 중 취소청구만은 할 수 있으나 원상회복만을 일부청구로 할 수는 없다.

107) [27] 3. 참조.

채권으로 주장하다가, 그 채권이 피보전채권으로서의 요건을 갖추지 못하거나 소송 중에 이를 채무자 S가 변제한 경우에, 다른 채권을 다시 주장할 수 있는가.

이에 대하여 대법원은 X가 사해행위의 취소를 청구하면서 보전하고자 하는 채권을 추가하거나 교환하는 것은 채권자취소권을 이유 있게 하는 공격방법에 관한 주장을 변경하는 것일 뿐이지 소송물 또는 청구 자체를 변경하는 것이 아니므로 소의 변경이라 할 수 없다고 한다.[108] 따라서 채권자취소소송의 제척기간이 지나서 피보전채권이 변경되더라도 부적법한 소가 아니다.[109] 다만 교환된 다른 채권은 사해행위 당시에 존재하여야 하는 등 피보전채권으로서의 요건을 갖춘 것이어야 함은 물론이다.

한편 대법원판결을 따른다면, A, B 2개의 채권을 가진 채권자가 그 중 A 채권만을 피보전채권으로 하여 사해행위취소소송을 제기하였으나, 피보전채권이 소멸되었다는 이유로 패소판결을 받고 확정된 후, 다시 B 채권을 피보전채권으로 하여 취소소송을 제기하는 것은 기판력에 저촉된다.

채권자가 동일한 법률행위의 취소를 구하는 채권자취소의 소를 이중으로 제기하는 경우에, 전소와 후소는 소송물이 동일하고, 이때 전소나 후소 중

---

108) 채권자취소소송에서 피보전채권을 변경하는 것은 소의 변경이 아니라 공격방법의 변경으로 보는 견해의 논거는 다음과 같다(아래 2001다13532 판결에 관한 김대원, 판례평석, 181~183면).

① 채권자취소소송의 소송물은 취소권 자체이므로 이를 이유 있게 하는 피보전채권은 소송물에 해당하지 않는다. ② 채권자취소권은 채권자의 공동담보보전을 위하여 채권자에게 인정된 권리이지, 채권자의 개별적인 채권의 만족을 위하여 법이 인정한 것은 아니다. ③ 채권자취소권은 채무자와 수익자 사이의 법률행위를 취소하고, 원상회복을 목적으로 한다. 따라서 판결 주문에도 법률행위의 취소와 그 원상회복만이 선언된다. ④ 채권자취소소송에 있어 피보전채권의 존부에 대하여는 기판력이 생기지 않는다. ⑤ 채권자취소권을 행사한 경우의 반환범위는 취소채권자의 피보전채권의 범위에 한정되는 것이 원칙이나, 다른 채권자가 배당요구를 할 것이 명백하거나, 목적물이 불가분인 경우와 같이 특별한 사정이 있는 경우에는 취소채권자의 채권액을 넘어서까지 취소를 명할 수 있으므로, 반드시 피보전채권의 범위에 구속되지 않는다.

109) 대법원 2003. 5. 27. 선고 2001다13532 판결, 이에 대한 판례평석으로는, 김대원, '사해행위취소소송에서 피보전채권을 변경하는 것이 소의 변경에 해당하는지 여부', 172면 이하.

하나가 승계참가신청[110]로 이루어진 경우에도 마찬가지라는 판례가 있다.[111]

5. 원물반환과 가액반환

사해행위취소 및 원물반환의 승소판결이 확정된 후 원물반환이 불가능하게 되었음을 이유로 다시 가액반환청구를 할 수 있는가. 이는 원물반환청구와 가액반환청구를 동일한 소송물로 볼 것인가 여부와 관련되어 있다.

이에 대하여는 동일소송물설,[112] 별개소송물설[113]과 구분설[114]이 있고, 일본 판례는 두개의 청구가 소송물을 달리 한다는 것을 전제로 하여 별개의 청구를 인정하고 있다.[115]

대법원은 이에 대하여 별개 청구를 인정한 판례가 있으나,[116] 그 후 선고

---

110) 전소의 원고 X_1이 후소의 원고 X_2의 피보전채권을 양수하여 후소에 승계참가한 사례임.

111) 대법원 2012. 7. 5. 선고 2010다80503 판결. 이 사건에서는 전소가 후소의 사실심 변론종결 후에 확정(원고 패소)된 사안으로서, 확정판결의 존부는 당사자의 주장이 없어도 직권으로 조사해야 하고, 사실심 변론종결 이후에 발생한 경우에 상고심에서도 이를 직권으로 참작하여야 한다고 하여 대법원에서 후소 판결을 파기하여 원고청구를 기각(자판)하였다.

112) 이백규, 채권자취소권의 행사요건, 85~86면(원물반환이나 가액배상 모두 사해행위취소에 따른 원상회복의 방법에 불과하여 법적 성격과 효과가 사실상 동일하고, 원물반환과 가액배상은 질적·양적으로 전부·일부의 관계에 있으며, 소송경제상 바람직하다).

113) 박치봉, 원물반환을 청구취지로 하는 사해행위취소소송에서 가액배상판결을 할 수 있는가, 68~71면(어느 소송물이론에 따르더라도 청구취지가 다르면 원칙적으로 소송물이 다르고, 사해행위취소에서 원물반환과 가액배상의 관계는 부당이득반환청구에서 원물반환청구와 가액반환청구의 관계와 동일선상에 있는데 부당이득반환청구에서의 두 권리는 소송물이 다른 것으로 본다).

114) 윤경, 사해행위취소와 가액배상, 168~169면{가액배상이 인정되는 경우를 저당권 등이 설정된 부동산에 관하여 사해행위가 이루어진 후 그 저당권이 말소된 경우(제1유형)와 목적물의 멸실 또는 상대방의 일반재산에 혼입되거나, 수익자가 목적물을 선의의 전득자에게 양도한 경우(제2유형)로 나누어 제1유형은 사해행위 취소의 범위에 관한 것이고(일부취소), 제2유형은 이행불능의 경우 전보배상과 같은 구조를 가지고 있다. 제1유형은 원물반환과 가액배상은 전부·일부청구의 관계에 있어 소송물이 동일하고, 제2유형은 소송물이 다르다}.

115) 大判 대정 8. 4. 12. 民錄 25-674; 東京高判 소화 38. 7. 3. 東京時報 14-189.

된 판결은 모두 이를 부정하는 취지의 동일소송물설을 취하고 있다.[117]

그런데 사해행위 후 그 목적물에 관하여 제3자가 저당권이나 지상권 등의 권리를 취득한 경우에는 수익자가 목적물을 저당권 등의 제한이 없는 상태로 회복하여 이전하여 줄 수 있다는 등의 특별한 사정이 없다면 채권자는 수익자를 상대로 원물반환 대신 가액배상을 구할 수 있다. 다만 대법원은 채권자가 스스로 위험이나 불이익을 감수하면서 원물반환을 구하는 것은 허용되고, 채권자는 원상회복 방법으로 가액배상 대신 수익자를 상대로 채무자 앞으로 직접 소유권이전등기절차를 이행할 것을 구할 수 있다고 한다. 이 경우에도 원상회복청구권은 사실심 변론종결 당시의 채권자의 선택에 따라 원물반환과 가액배상 중 어느 하나로 확정된다고 한다.[118] 그러나 동일소송물설의 근거 중 하나가 가액배상은 원물반환의 일부청구라는 것인데, 일부청구만을 할 수 있는 원고가 전부청구를 할 수 있다는 것은 납득하기 어려운 논리이다.

6. 소송물 가액[119]

가. 원 칙

소송물 값은 소로써 주장하는 이익에 따라 산정된다(민소법 제26조 제1항). 채권자가 채권자취소권을 행사할 수 있는 범위는 목적물 가액이나, 그것이 피보전채권 액수를 초과하는 때에는 그 액수를 한도로 하는 것이 원칙이므로, 이를 기준으로 소송물 값을 산정한다.

구체적으로는 ① 취소소송만 제기되는 경우, ② 취소와 원상회복청구를 함께 하는 경우 및 ③ 피보전채권의 급부소송과 함께 취소(혹은 취소와 원

116) 별개의 청구를 인정하는 판례로는 대법원 1998. 5. 15. 선고 97다58316 판결.

117) 이 문제에 대하여 직접 판시한 것으로는 대법원 2006. 12. 7. 선고 2004다54978 판결. 또한 원물반환을 구하는 청구취지 속에는 가액반환을 구하는 취지가 포함되어 있다는 판결로는 대법원 2001. 6. 12. 선고 99다20612 판결; 대법원 2011. 7. 14. 선고 2011다16219 판결 등 참조. 이에 대하여는 [32] 2. 사. 참조.

118) 대법원 2006. 12. 7. 선고 2004다54978 판결.

119) 자세한 설명은 인지실무, 127~133면 참조.

상회복)소송을 제기한 경우로 나누어 살펴본다.[120]

나. 취소만 구하는 경우

취소소송의 소송물 가격은, 목적물의 가액이 피보전채권과 같거나 높을 때에는 채권액에 따르고, 채권액보다 낮은 때에는 목적물의 가액에 따라 결정된다(인지규칙 제12조 제9호).

취소되는 법률행위의 목적물가액이라 함은, 이전행위 또는 설정행위에 따라 이전 또는 설정된 권리의 가액을 말한다. 권리의 가액은 인지규칙 제10조·제11조에 따라 산정한다. 예컨대, 법률행위가 부동산매매계약인 경우에는 부동산소유권 가격이 그 가액이 되고(인지규칙 제10조 제1항), 법률행위가 근저당권설정계약인 경우에는 목적물건가액을 한도로 한 근저당권의 채권최고액이 그 가액이 된다(인지규칙 제10조 제5항).

다. 취소청구와 원상회복청구를 함께 구하는 경우

양 청구의 경제적 이익이 동일하거나 중복되는 경우에 해당하므로 소송목적의 값 중 다액인 쪽을 소송목적의 값으로 한다(인지규칙 제20조).[121]

라. 피보전채권의 이행소송과 병합

채권자가 채무자에 대한 피보전채권의 이행소송과 수익자에 대한 채권자취소(또는 취소와 원상회복)소송을 병합한 경우에, 수익자에 대한 청구는 채무자에 대한 청구를 위한 수단이므로, 수익자에 대한 청구의 소송목적의 값은 산입하지 않으나, 그 값이 채무자에 대한 청구의 소송목적의 값보다 많은 경우에는 이를 소송목적의 값으로 한다(인지규칙 제21조[122]).

---

120) 취소소송만을 먼저 제기하여 승소한 이후, 원상회복청구의 소를 따로 제기할 수 있으나, 이는 일반적인 급부소송과 다름없으므로 여기에서 따로 언급하지 않는다.

121) 제20조(중복청구의 흡수) 1개의 소로써 주장하는 수개의 청구의 경제적 이익이 동일하거나 중복되는 때에는 중복되는 범위 내에서 흡수되고, 그 중 가장 다액인 청구의 가액을 소가로 한다.

122) 제21조(수단인 청구의 흡수) 1개의 청구가 다른 청구의 수단에 지나지 않을 때에는, 특별한 규정이 있는 경우를 제외하고, 그 가액은 소가에 산입하지 아니한다. 다만 수단인 청구의 가액이 주된 가액보다 다액인 경우에는 그 다액을 소가로 한다.

7. 부인권

가. 부인소송의 소송물

부인소송의 법적 성질에 관하여, 판결 주문에서 부인을 선언하는 '형성소송설'과 부인의 선언을 하지 않고 부인에 기초하여 발생한 상대방의 원상회복의무를 명하거나 확인하여야 한다는 '이행·확인소송설'의 대립이 있다. 실무의 대세는 이행·확인소송설을 따른다.[123] 이행·확인소송설을 따르면 부인소송의 소송물은 부인권 자체가 아니라, 부인의 효과로서 발생한 권리관계에 따른 이행청구권이나 확인청구권이고, 부인의 주장은 공격방어방법으로서 판결이유 중에서 판단된다.[124]

나. 기판력

이행의 소로서 이루어진 부인의 소에서 파산관재인이 승소한 경우에, 그 기판력은 주문에서 이행을 명한 부분에만 미치고 부인권이 행사된 점 또는 부인의 효력에 관하여는 미치지 않는다. 이것이 형성권을 소로써만 행사하고 주문에서 반드시 취소를 선언하는 채권자취소권의 기판력이 취소권행사에 미친다는 것과 다른 점이다.

부인권은 본질적으로 사법상 형성권이다.[125] 다만 법에서 정한 방법과 기간 내에 행사되어야 한다는 제약이 있을 뿐이다. 그러므로 예를 들어 부인권이 일단 항변으로 행사되었다면, 그때 효력이 발생하고[126] 그 후에 부인의 소를 제기할 때 다시 부인권을 행사할 필요 없이, 이미 행사될 당시를 기준으로 하여 그 효력이 있는지 여부를 판단하면 된다.[127]

---

123) 법인파산실무, 408면, 서울고등법원 2009. 12. 10. 선고 2009나42361 판결. 이에 대하여 임채웅, '부인소송의 연구', 84면 이하는 법원의 주문례를 상세히 검토하고 있다.

124) 박성철, '파산법상의 부인권', 296면. 이에 대하여 부인의 소의 법적 성질을 어느 하나만으로 묶기는 쉽지 않고, 부인의 행위유형에 따라 계약 자체의 부인만을 선언함으로써 원상회복이 가능한 경우도 있으므로 이 경우에는 형성의 소에 따를 수도 있다는 주장이 있다. 임치용, '판례를 통하여 본 부인권의 효과', 12면 이하 참조.

125) 임채웅, '부인소송의 연구', 81면, 전병서, 도산법, 270면.

126) 부인권의 효력발생시기에 관하여, 판결확정시설과 의사표시설의 대립이 있으나 의사표시설이 타당하다. 임채웅, '부인소송의 연구', 82면 참조.

다만 일반적인 사법상 형성권은 재판에서 행사된 후에 그 소가 각하되거나 취하되더라도 소송법상 효력과 상관없이 유효하게 남지만, 부인권은 법정 방식을 통해서만 행사되어야 하므로 그 방식 자체가 취하 또는 철회되었다면 부인권행사 역시 함께 철회되어 행사되지 않는 것으로 보아야 한다.[128]

[30] Ⅵ. 취소 · 반환의 범위

채권자취소권은 채권의 공동담보를 보전함이 목적이므로, 그 취소의 범위는 공동담보의 보전에 필요하고 충분한 범위에 한정된다.[129]

1. 피보전채권에 따른 제약[130]

가. 원 칙

취소와 반환의 범위는 다른 채권자가 배당요구할 것이 명백하거나 목적물이 불가분인 경우와 같은 특별한 사정이 없으면 피보전채권액의 범위에 한정된다.[131]

민법 제407조는 채권자평등주의를 취하고 있고, 취소채권자가 만족을 얻는 단계에서 일반채권자의 배당가입을 허용하기 때문에, 다른 채권자의 존재를 고려할 필요가 있다. 그러나 우선주의를 취한다면 사해행위취소에 따라 회복된 재산은 취소채권자 자신의 채권만족에만 제공되고 다른 일반채권자는 배당요구를 할 수 없으므로, 취소와 원상회복의 범위도 취소채권자의 채권액을 기준으로 정하면 충분하다.

우리나라는 채권자평등주의를 취하면서도 원칙적으로 채권자 자신의 피보전채권을 기준으로 하여 취소권을 인정하고 있다. 이러한 판례의 태도는 가액반환의 경우에 실질적으로 취소채권자가 우선변제를 받을 수 있게 되는

127) 대법원 2009. 5. 28. 선고 2005다56865 판결 참조.

128) 임채웅, '부인소송의 연구', 82면.

129) 대법원 2010. 8. 19. 선고 2010다36209 판결.

130) 이에 대하여는 [8] 4.에서 자세히 설명하였다.

131) 대법원 2008. 11. 13. 선고 2006다1442 판결 외 다수.

점을 감안한 것으로 보인다.[132)]

나. 우선변제권이 확보된 경우

(1) 취소채권자가 다른 방법으로 채권만족이 확보되어 있는 경우에는 그 '채권액'에서 공제되어야 한다. 즉 주채무자 또는 제3자 소유의 부동산에 대하여 채권자 앞으로 근저당권이 설정되어 채권자에게 우선변제권이 확보되어 있다면 그 범위 내에서는 채무자의 재산처분행위는 채권자를 해치지 않으므로, 그 담보물로부터 우선변제 받을 액을 공제한 나머지 채권액에 대하여만 채권자취소권이 인정된다.[133)]

(2) 채권자의 채권원리금이 우선변제권으로 전액담보되지 않는 경우에는, 변제충당의 법리를 유추적용하여 이자채권이 원금채권에 우선하여 우선변제권으로 담보된다. 따라서 채권자가 채권자취소권을 행사할 수 있는 범위는 사해행위 이후 담보권 실행 등으로 소멸한 부분을 제외하고 난 다음 실제로 남은 미회수원리금 전부가 아니라, '사해행위 당시' 채권최고액 및 담보부동산의 가액을 초과하는 부분에 해당하는 채무원리금 및 그 중 원금 부분에 대한 사실심 변론종결 시점까지 발생한 지연이자 상당의 금액이 이에 해당한다.[134)]

(3) 채권자가 주장・증명

피보전채권의 존재와 그 범위는 채권자취소권 행사의 요건에 해당되므로, 이 경우 채권자취소권을 행사하는 채권자로서는 담보권의 존재에도 불구하고 자신이 주장하는 피보전채권이 그 우선변제권 범위 밖에 있다는 점을 주장・증명하여야 한다.[135)]

---

132) 대법원 2008. 6. 12. 선고 2007다37837 판결; 대법원 2008. 11. 13. 선고 2006다1442 판결도, '다른 채권자들이 가액배상금에 대하여 배당요구를 할 수도 없으므로' 채권자는 자신의 채권액을 초과하여 가액배상을 구할 수는 없다고 한다.

133) 대법원 2002. 4. 12. 선고 2000다63912 판결.

134) 대법원 2002. 11. 8. 선고 2002다41589 판결.

135) 대법원 2002. 11. 8. 선고 2002다41589 판결.

2. 피보전채권의 이자 또는 지연손해금

사해행위 당시의 채권액만이 아니라 사실심 변론종결시까지의 이자나 지연손해금도 취소의 범위에 포함된다.136)

3. 채권자가 여럿 있는 경우 취소의 범위

가. 취소채권자 아닌 채권자의 존재

(1) 원 칙

취소의 효력은 모든 채권자의 이익을 위하여 효력이 있으므로(민법 제407조), 취소채권자는 다른 채권자의 채권까지 포함하여 취소할 수 있다고 하는 것이 논리적이다. 그러나 판례는 단순히 다른 채권자가 존재한다는 이유로 자기의 채권액을 넘어서 취소권을 행사할 수 없다고 한다. 특히 취소 결과 돈을 반환받거나(예를 들어 변제가 취소된 경우가 이에 해당) 가격배상이 인정된 때, 취소채권자는 바로 자기 채권의 변제에 충당할 수 있고, 다른 채권자에게 분배할 필요가 없기 때문에 더욱 그러하다.137)

(2) 예 외 — 배당요구 가능성이 명백한 때

(가) 취소채권자에게 우선변제권을 인정하지 않는 우리 민법 아래서는, 다른 일반채권자의 배당가입도 고려하여 취소 범위를 검토하지 않으면, 취소채권자의 채권보전에 부족할 염려가 있다. 그러므로 단순히 다른 채권자가 있다는 사실만으로 취소채권자가 그의 채권액을 넘어서 취소권을 행사할 수 있는 것은 아니지만,138) 다른 채권자가 배당요구할 것이 명백한 경우와 같이 보전의 필요성이 있을 때에는139) 취소채권자가 그의 채권액을 초과하여 취소권을 행사할 수 있다.140)

136) [8] 4. 참조.

137) 대법원 2008. 6. 12. 선고 2007다37837 판결.

138) 대법원 2009. 1. 15. 선고 2007다61618 판결.

139) 대법원 1979. 9. 9. 선고 97다10864 판결은, 다른 채권자들이 채권단을 구성하고 있다면 배당요구할 것이 명백하다고 한다.

140) 대법원 2008. 11. 13. 선고 2006다1442 판결.

(나) 입증책임

이론적으로 볼 때는, 다른 채권자가 배당에 가입하는 것은 당연히 추인되기 때문에, 취소채권자는 다른 채권자의 존재사실과 그 채권액의 합계를 입증하면 되고, 다른 채권자가 배당에 참가하지 않을 만한 특별한 사정이 있다는 사실은 이를 주장하는 쪽에 입증책임이 있다고 하는 것이 채권자 평등주의를 취하는 우리 법제에서는 합리적이다.[141]

그러나 대법원판례는 취소채권자에게 다른 채권자의 배당요구 가능성에 대한 입증책임이 있다는 취지로 보인다.

강제집행절차까지 이행한 단계에서는 다른 채권자의 존재는 당연히 고려되지는 않고, 민사집행법상 배당가입을 하기 위하여는 원칙적으로 집행권원이 있어야 하므로, 단순히 다른 채권자가 있다는 사정만으로는 집행권원도 없는 그의 채권액을 고려할 필요가 없다는 견해가 있다.[142] 그러나 부동산집행의 경우에는 압류등기 후에 가압류를 한 채권자도 배당요구를 할 수 있어(민집법 제88조 제1항), 배당을 받기 위하여 반드시 집행권원이 필요하지 않으므로, 부동산집행이 가장 중요한 위치를 차지하는 우리 실정에서는 이러한 견해의 근거는 설득력이 부족하다.

나. 취소채권자가 복수인 경우

(1) 원고 모두가 각자 피보전채권액의 범위에서(그리고 수익자의 반환범위 내에서) 취소권을 행사할 수 있다.

우리나라와 일본의 하급심 판결 중에는 금전 급부를 명하는 경우에 채권자 전원을 마치 연대채권자와 같이 취급하여 원고들에게 반환을 명한 경우[143]와 각 원고에 대하여 그 채권액에 안분한 금액의 지급을 명한 경우[144]가 있다. 그러나 계약자유 원칙상 당사자의 법률행위에 따라 연대채권을 발

---

141) 일본 판례 중에서 이러한 견해가 있다. 大判 대정 5. 12. 6. 民錄 22-2370; 大判 소화 7. 12. 6. 法律新聞 3504-8; 熊本地判 소화 34. 11. 20. 下民集 10-11-2473.

142) 飯原一乘, 詐害行爲取消訴訟, 370면.

143) 札幌地判 소화 43. 12. 20. 判時 555-67.

144) 서울고등법원 2000. 9. 22. 선고 99나32839 판결; 東京地判 소화 60. 9. 19. 金判 751-30.

생시킬 수 있는 경우가 있다 하더라도, 우리 민법상 직접 법률 규정에 따라 연대채권이 발생하는 경우는 없으므로 채권자들을 연대채권자와 같이 취급할 수는 없다. 그리고 현행법상 채권자들 사이에 분배 또는 배당절차가 확보되어 있지 않으므로, 각 채권자별로 안분하여 지급을 명하는 쪽이 배당을 둘러싸고 또 다른 분쟁을 야기하지 않는다는 점에서 언뜻 보아 합리적이라는 생각이 든다.

그러나 대법원은 안분지급을 인정하지 않고 수익자가 반환하여야 할 가액의 범위 내에서 각 채권자마다 별개로 피보전채권액 전액의 반환을 명하여야 한다는 입장이다.[145]

(2) 이와 같이 여러 개의 소송에서 수익자 Y가 배상하여야 할 가액 전액의 반환을 명하는 판결이 선고되어 확정될 경우 Y는 이중으로 가액을 반환하게 될 위험에 처할 수 있다. Y가 어느 채권자에게 자신이 배상할 가액의 일부 또는 전부를 반환한 때에는 그 범위 내에서 다른 채권자에 대하여 청구이의 등의 방법으로 이중지급을 거부할 수 있으나, Y로서는 청구이의 소를 제기하여야 하고, 그 과정에서 강제집행정지를 위한 담보를 제공하여야 하는 등 여러 가지 불이익을 감내해야 하는 문제가 있다. 따라서 여러 명의 채권자로부터 소송을 제기당한 Y로서는 자신이 배상할 금액을 공탁함으로써 책임을 면할 수 있다.[146]

4. 목적물이 복수이거나 취득자가 복수인 경우

가. 목적물이 복수이고 가분인 경우

(1) 사해행위 목적물이 복수이고 가분인 경우에는 채권보전에 필요한 한도에서 일부 물건만 취소가 인정된다. 금전채권 양도[147]나 여러 필지의 부동

145) 대법원 2005. 11. 25. 선고 2005다51457 판결; 대법원 2008. 11. 13. 선고 2006다1442 판결.

146) 대법원 2007. 5. 31. 선고 2007다3391 판결도 Y의 공탁(채권자불확지공탁)이 인정되었고, 채권자들에게 가액반환금액의 비율로 안분지급되었다. 이에 대하여는 [35] 3. 참조.

147) 大判 명치 36. 12. 7. 民錄 9-1339.

산매매[148]의 취소를 구한 사안이 전형적인 사례이다.

(2) 여러 필지의 부동산이라도 그것이 공동담보로 되어 있는 경우에는, 담보의 불가분성(민법 제321조, 제343조, 제355조, 제370조)에 따라 불가분물과 같이 취급하여 가액반환을 할 경우도 있다.[149]

(3) 토지와 지상건물이나, 개개의 동산 · 부동산이 일체로 되어 영업자산이 되어 있는 경우에도 불가분물과 같이 취급되는 경우가 있다. 자동차운송사업 면허권과 부대시설 전부 및 차량의 양도가 사해행위가 되는 경우에, 양도된 차량 전체가 다른 부대시설과 함께 하나의 노선면허권의 대상이 되어서 경제적으로 보아 분할 취소하는 것이 적합하지 않다고 하여 면허권과 부대시설 전부 및 차량의 양도계약 전체의 취소한 사례가 있다.[150]

나. 취득자가 복수인 경우

(1) 수익자(전득자 포함)가 여러 명인 경우, 채권자가 사해행위취소와 원상회복청구를 하여 승소판결을 받아 확정되었다 하더라도, 그에 따라 재산이나 가액의 회복을 마치지 않았다면, 채권자는 자신의 피보전채권에 따라 다른 수익자에 대하여 별도로 사해행위취소 및 원상회복청구의 소를 제기할 수 있다.

(2) 따라서 채권자가 여러 수익자들을 상대로 사해행위취소소송을 제기하여 여러 개의 소송이 계속 중인 경우에는 각 소송에서 채권자의 청구에 따라 사해행위의 취소 및 원상회복을 명하는 판결이 선고되어야 하고, 수익자가 가액반환을 할 경우에는 다른 소송 결과를 참작할 필요 없이 수익자가 반환하여야 할 가액의 범위 내에서 채권자의 피보전채권 전액의 반환을 명해야 한다. 채권자가 수익자들을 공동피고로 한 경우에도 마찬가지이다.[151]

148) 大判 명치 42. 6. 8. 民錄 12-579; 大判 대정 6. 6. 7. 民錄 23-932; 大判 대정 7. 5. 18. 民錄 24-993; 大判 대정 9. 12. 24. 民錄 26-2024 등.

149) 공동저당과 가액반환에 관하여는, [32] 2. 다. 참조.

150) 대법원 1975. 6. 24. 선고 75다625 판결.

151) 대법원 2008. 11. 13. 선고 2006다1442 판결.

공동피고들 사이의 관계는, 피고들에 대한 가액배상 인용액의 합계액이 피보전권리의 범위 내라면 각자가 이를 모두 이행하여야 할 독립된 채무이고, 피보전권리를 초과하면 피보전권리의 범위 내에서 부진정연대채무가 된다.[152)]

□ 대법원 2008. 11. 13. 선고 2006다1442 판결

채권자가 여러 수익자를 상대로 사해행위취소 및 원상회복청구의 소를 제기하여 여러 개의 소송이 계속 중인 경우에는, 각 소송에서 채권자의 청구에 따라 사해행위의 취소 및 원상회복을 명하는 판결을 선고하여야 한다. 수익자가 가액배상을 할 경우에도 다른 소송의 결과를 참작할 필요 없이 수익자가 반환해야 할 가액 범위 내에서 채권자의 피보전채권 전액의 반환을 명해야 한다. 이러한 법리는 채무자가 동시에 여러 부동산을 여러 수익자들에게 처분한 결과 채무초과 상태가 됨으로써 그와 같은 각각의 처분행위가 모두 사해행위로 되고, 채권자가 그 수익자들을 공동피고로 하여 사해행위취소 및 원상회복을 구하여 각 수익자들이 부담하는 원상회복의무의 대상이 되는 책임재산의 가액을 합산한 금액이 채권자의 피보전채권액을 초과하는 경우에도 마찬가지이다.

5. 양도 목적물이 불가분인 경우

1필의 토지나 건물의 증여와 같이 사해행위 목적물이 불가분인 경우, 목적물 가격이 피보전채권액을 넘는다면, 원칙적으로 사해행위가 성립하는 범위

---

152) 대법원 2001. 9. 4. 선고 2000다66416 판결은 수익자와 전득자가 공동피고가 된 경우에는 부진정연대채무가 된다는 취지이다. 그러나 수익자들이 공동피고로 된 경우에는 각 피고에 대한 인용금액이 다른 것이 보통이므로 일률적으로 부진정연대채무가 된다고 할 수 없다. 채권자의 피보전채권액이 1,000만 원임을 전제로 수익자인 Y_1, Y_2, Y_3에 대하여 가액반환청구를 한 경우를 예로 들어보자. ① Y_1 200만 원, Y_2 300만 원, Y_3 500만 원이 인용된 경우(즉, 인용금액이 모두 합해도 피보전채권액을 넘지 않을 때)에는, 피고들은 각각 위 금액을 모두 취소채권자에게 지급하여야 한다. ② Y_1 1,000만 원, Y_2 400만 원, Y_3 500만 원이 인용된 경우에 주문은, "원고에게, Y_1은 1,000만 원, Y_2는 Y_1과 부진정연대하여(실무에서는 종래 '각자'라고 써왔음) 400만 원, Y_3은 Y_1과 부진정연대하여 500만 원을 각 지급하라"는 방식이 된다. ③ Y_1 700만 원, Y_2 500만 원, Y_3 300만 원이 인용된 경우에 주문은, "피고들은 원고에게 1,000만 원의 범위 내에서 부진정연대하여, Y_1은 700만 원, Y_2는 500만 원, Y_3는 300만 원을 각 지급하라"는 방식이 된다.

는 채권액을 한도로 하지만, 전부를 취소할 것인가(원물반환) 아니면 일부를 취소할 것인가(가액반환)가 문제가 된다.

대법원은 원칙적으로 사해행위취소의 범위는 취소채권자의 채권액을 넘을 수 없으나, 목적물이 불가분인 경우에는 전체를 취소할 수 있다고 한다.[153)]

가. 전부 취소를 인정한 사례

(1) 1필의 부동산

[1] 最判 소화 30. 10. 11. ジュリ95-53

[사안] 피보전채권액이 45만 엔, 목적물의 가액이 54만 엔인 1동의 건물을 증여한 계약의 취소.

[판단] 채권자취소권은, 채권자의 채권을 보전하기 위하여 채권을 해치는 채무자의 행위를 취소하는 권리이므로, 채권자는 이유 없이 자기채권의 액수를 넘어 취소권을 행사할 수 없지만, 채무자가 한 행위의 목적물이 불가분인 때에는, 설혹 그 가액이 채권액을 초과하는 경우에도 행위 전부를 취소할 수 있다.

[2] 最判 소화 34. 12. 24. ジュリ195-5-3(1개 건물의 매매를 취소한 사안)

[3] 東京地判 소화 26. 4. 11. 下民集 2-4-508(1필지 부동산에 대한 저당권설정의 취소)

[4] 京都地判 평성 4. 6. 19. 判タ 813-237(불가분의 토지와 1동의 건물의 증여 취소)

(2) 토지와 그 지상건물

아래에 드는 것은 모두 토지와 지상건물이 일체로서 사해행위의 목적이 된 경우에 전부 취소를 인정한 사례이다.

[1] 大判 대정 5. 12. 6. 民錄 22-2370(채권이 500엔이고, 시가 700엔의 목적물을 담보로 제공한 경우)

---

153) 대법원 1997. 9. 9. 선고 97다10864 판결(채권단이 구성된 경우); 대법원 2009. 1. 15. 선고 2007다61618 판결(채권의 압류 · 전부가 취소된 사안에서 취소목적물이 가분이어서 일부만 취소).

[2] 大阪高判 소화 31. 6. 28. 下民集 7-6-1656{채권이 33만 엔으로 건물만 60만 엔(토지는 알 수 없음)의 목적물을 매각한 경우}

[3] 東京地判 소화 41. 4. 26. 判タ 193-158
채권이 114만 엔이고, 토지 720만 엔 및 건물 140만 엔을 매각한 경우, 일부 취소에 따라 토지와 건물의 소유자가 달라지면, 그 가치와 효용이 현저히 낮아져서 일반채권자의 이익이 보호되지 않는다는 이유로 불가분으로 판단하였다.

[4] 神戸地判 소화 27. 12. 18. 下民集 3-12-1799(채권이 95만 엔이고 100만 엔의 유기적 공장의 처분)

[5] 대법원 1975. 2. 25. 선고 74다2114 판결(원심 대구고법 1974. 11. 13. 선고 73나620 판결)
채권이 410만 원(원금 270만 원+이자 140만 원)이고, 대지 724만 원 및 건물 206만 원인 사안에서, 동일인 소유인 토지와 건물의 처분행위를 채권자취소권으로 취소하는 경우, 그 중 대지 가격이 채권자의 채권액보다 많다고 하더라도 대지와 건물 중 한쪽만을 취소하면 건물 소유자와 대지 소유자가 다르게 되어 가격과 효용이 현저히 감소될 것이므로 전부를 취소함.

(3) 사업면허권과 부대시설 등

□ 대법원 1975. 6. 24. 선고 75다625 판결(원심 대구고법 1976. 2. 25 선고 1974나167 판결)
자동차운송사업 면허권과 부대시설 전부 및 차량 양도가 사해행위가 되는 경우에, 양도된 차량을 분할할 수 있다고 하더라도 양도된 차량 전체가 다른 부대시설과 함께 하나의 노선면허권의 대상이어서 경제적으로 보아 분할하여 취소하는 것이 경제적 실정에 적합하지 않다면, 위 면허권과 부대시설 전부 및 차량의 양도계약 전체를 취소한 것은 정당하다.

나. 일부 취소를 인정한 사례
일부 취소가 문제가 된 것은 다음의 경우이다.

(1) 피보전채권액이 불가분물의 가액보다 낮은 때
불가분물의 가격보다 피보전채권의 가액이 낮은 때는, 그 차액이 비교적 적다면 전부 취소를 할 것이지만, 그 차액이 크다면 취소에 따라 보호되는 채권자의 이익과 상대방의 불이익을 비교 · 교량하여 피보전채권액의 범위 내로 일부취소(가액배상)를 해야 한다는 견해가 있다.[154] 대법원은 불가분물에 대하여 원칙적으로 전부를 취소할 수 있다는 입장을 취하고,[155] 피보전채권액이 불가분물의 가액보다 현저하게 낮을 경우에 일부취소를 할 수 있는가에 대한 판례는 없다.

이를 인정한다면 그 판결 주문은, 「S와 Y가 (언제) 한 (목적물)의 양도계약을 ○○원의 한도에서 취소한다. Y는 X에게 ○○원을 지급하라」는 가액반환의 방식이 될 것이다. 일부 취소를 한 아래 사례가 있다.

[1] 東京地判 평성 원년 3. 28. 判時 1325-73

건축이 예정된 아파트와 부지이용권에 대한 매수인의 지위를 양도한 계약이 취소된 사안에서, 그 양도계약 후에 완성된 아파트 가격이 수억 엔이 되었고 피보전채권액은 2,500만 엔 정도인 경우.

[2] 東京地判 평성 11. 12. 7. 判時 1710-125

골프장영업권의 양도를 취소한 사안에서, 개개 재산의 평가는 할 수 있지만, 이를 반환하면 회원의 권리행사가 곤란해지는 경우에 불가분물로 보고 피보전채권액의 범위에서 가액반환.[156]

(2) 목적물에 담보가 설정되어 있는 때

사해행위 목적물이 불가분인 경우의 일부취소는, 예컨대 가격 300만 원인 1필의 부동산에 200만 원의 저당권이 설정되어 있는 경우, 또는 합계 500만 원의 여러 필지의 부동산이 400만 원 채무의 공동담보 대상인 경우와 같이, 목적물에 저당권 등의 특별담보가 설정되어 있고, 그 가격보다 저당채권액이 낮은 경우에 명한다. 어느 경우든 저당권자는 사해행위의 상대방(수익자) Y이건 Y 그 밖의 제3자 G보다, 그리고 취소소송의 원고 X가 되는 일반채권자보다 우선권을 가지므로, X가 그 목적물로부터 만족을 받을 수 있는 범위

154) 飯原一乘, 詐害行爲取消訴訟, 373면.

155) 대법원 1997. 9. 9. 선고 97다10864 판결.

156) 名古屋地判 평성 13. 7. 10. 判時 1775-108도 골프장영업권에 관한 사례임.

는, 목적물 가격과 피담보채무의 차액(위의 예에서는 100만 원)에 그친다. 따라서 위 경우에 사해행위가 성립하는 것은 그 범위이고, 취소(반환)의 범위도 같다.

물론 위와 같은 전제에 서면서도, 목적물 자체의 반환을 명하는 전부취소의 형식을 취할 수 있다.[157] 다만 일부 취소를 명하는 경우에는, 목적물 자체의 반환(원물반환)을 할 수는 없고, 가액반환으로 한다.[158]

특히 사해행위 후에 저당권이 변제된 경우에는 가액반환에 따를 수밖에 없다.[159] 즉 저당권이 설정된 부동산의 대물변제가 사해행위인 경우에는, 목적물 가격 중에서 저당채무액을 공제한 잔액 부분만 사해행위가 인정되고, 사해행위 이후 저당권이 변제로 소멸되었다면 목적물 가격에서 피담보채무액을 공제한 금액의 한도에서 가액반환만이 가능하다.[160]

(3) 사해성이 일부에 존재할 때

예컨대, 자산 5,000만 원, 부채 4,500만 원을 가진 채무자 S가 1,000만 원을 증여한 경우에, 채권자 X는 증여의 일부인 500만 원 부분을 취소할 수 있다.[161]

다. 부인권의 특수성

(1) 부인권에서는 채권자취소권과 같이 피보전채권이라는 개념이 없으므

157) 전부취소가 되더라도 저당권자가 영향을 받지는 않는다. 最判 소화 54. 1. 25. 民集 33-1-1; 最判 소화 62. 4. 7. 金法 1185-27.

158) 最判 소화 36. 7. 19. 民集 15-7-1875; 最判 소화 40. 10. 15. 裁判集 80-791; 最判 소화 63. 7. 19. 判時 1299-70; 最判 평성 4. 2. 27. 民集 46-2-112, 判時 1416-42.

159) 아래 [32] 2. 나. 참조.

160) 대법원 1998. 2. 13. 선고 97다6711 판결.

161) 대법원 2010. 8. 19. 선고 2010다36209 판결(사해행위취소권은 채권의 공동담보를 보전하는 것을 목적으로 하므로, 그 취소의 범위는 공동담보 보전에 필요하고 충분한 범위에 한정된다. 따라서 채무자가 사해행위에 따라 비로소 채무초과 상태에 빠진 경우에, 채권자는 사해행위가 가분이라면 그 중 채권의 공동담보로 부족하게 되는 부분만을 자신의 채권액을 한도로 취소하면 되고, 그 행위 전부를 취소할 수는 없다).

로, 부인의 범위가 그에 따라 제약받지는 않지만, 회사회생사건에서 일부 부인인가 전부 부인인가가 문제된 사안이 있다. 아래에서 보는 일본 하급심 판결은 1심과 2심의 견해가 서로 다르다.

□ 東京高判 평성 16. 10. 13. 判時 1872-64

[사안] 골프클럽 회원인 X_1 등이 골프장을 경영하는 K회사가 모회사 N의 Y은행에 대한 부채를 담보하기 위하여, K의 토지건물에 200억 엔의 근저당권을 설정한 것을 사해행위로서 취소소송을 제기한 후, K에 대한 회사정리절차가 개시되자, 관재인 X_2가 이를 승계하였다.

[1심 판단] 이 사건 근저당권은 골프장으로서 일체를 이루는 토지건물에 일괄하여 설정되어 있으나, 대상인 토지는 필지마다 나눌 수 있고, K의 근저당설정에 따라 부담하는 채무와 책임의 총액은 적극적 재산총액보다 6억 엔을 초과하므로, 부인권 행사는 그 한도에서 일부 토지의 근저당권설정에 인정하면 충분하다.

[2심 판단] 민법상 채권자취소권은 개별 채권자의 채권집행을 위한 준비를 목적으로 하기 때문에, 그 취소권 행사에서 취소권자의 채권액을 한도로 하고, 취소의 대상이 여러 필지의 부동산인 경우에는 그 채권액 한도 안에서 취소 대상이 되는 부동산을 한정하는 것이 고려되지만, 회사정리법의 부인권은 관재인이 회생절차를 원활하게 수행하기 위한 권한의 하나로서 다수 이해관계인의 이해를 공평하게 조절하는 것이므로, 부인권행사의 범위나 효과에 관하여는 민법의 채권자취소권과는 다른 관점에서 고찰해야 한다.

이 사건에서는 그때까지 이 사건 부동산 전체가 정리회사의 총채권자의 채권담보 역할을 하였다. 이 사건 근저당권설정계약은 N의 Y에 대한 채무 담보를 위하여 체결되었고, 그 계약 전체에 따라 정리회사가 무자력이 되었으므로, 부인권 행사도 계약 전체에 미치는 것이 적정한 회생절차의 수행에 적합하다.

(2) 다음 판례는 채권의 준점유자에 대한 변제와 관련하여 부인권행사에 따른 원상회복의 범위를 다룬 흥미로운 사례이다.

□ 대법원 2009. 5. 28. 선고 2005다56865 판결

[사안] 채권자 Y가 보증인 S_2의 파산선고 전에 S_2로부터 제공받은 담보목적물에 대한 담보권을 실행하여 채권변제에 충당하였다. 그 후 파산선고를 받은 S_2의 파산관재인 X가 위 채권변제가 유효함을 전제로 Y를 대위하여 주채무자 S_1에게

구상금이행청구를 하자, 이에 따라 S_1이 X에게 선의·무과실로 변제하였다. 그 후 X가 Y를 상대로 제기한 부인권소송에서 S_2의 보증행위와 담보제공행위가 부인되었다.

[판단] 비록 X가 Y를 상대로 제기한 부인권소송에서 S_2의 보증행위와 담보제공행위가 부인됨으로써 Y의 위 담보권실행에 따른 채권변제가 무효로 되고, 그에 따라 X가 대위변제자로서 갖는 권리가 소급적으로 소멸한 것으로 밝혀졌다 하더라도, S_1의 위 변제는 채권의 준점유자에 대한 변제로서 유효하고, X는 S_1으로부터 변제받은 금원을 S_1에게 반환할 의무가 없다.

그런데 Y는 위 담보제공행위가 부인됨에 따라 X에게 원상회복의무를 부담한다. Y가 위 의무를 전부 이행하게 되더라도, Y의 S_1에 대한 채권 중 X가 Y를 대위하여 S_1로부터 변제받았던 채권 부분은 위와 같은 이유로 소멸한 채 그 나머지 채권 부분만이 부활하므로, Y는 S_1에 대한 채권을 일부 상실한다.

이러한 경우에도 Y로 하여금 X에게 원상회복의무를 전부 이행하도록 하는 것은 공평의 원칙에 어긋나므로, X는 그가 Y를 대위하여 S_1으로부터 변제받아 이득을 취함으로써 상실시킨 Y의 일부 채권액의 한도에서는 부인권행사를 이유로 Y에게 원상회복을 구할 수 없다.[162)]

예를 들면 Y가 S_1에 대하여 1,000만 원의 채권을 가지고 있었고, 이에 S_2가 보증인이 되어 그 돈을 Y에게 모두 변제한 후, S_2가 S_1을 상대로 하여 구상권을 행사하여 그 중 300만 원을 받은 경우를 생각해보자. 이때 주채무

162) 위 판결은 부인권이 행사된 상태에서, 부인권의 대상이 되는 행위로 발생한 파산채권을 배당받은 행위가 채권의 준점유자에 대한 변제에 해당한다고 하여 다음과 같이 판시한다.
"파산절차의 채권조사기일에서 신고채권이 이의 없이 확정되어 채권자표에 기재된 때에는 확정판결과 동일한 효력이 발생한다. 그와 같이 확정된 파산채권을 갖고 있는 사람이 자신의 파산채권 취득원인인 대위변제가 부인대상 행위에 해당된다며 대위변제를 받은 원채권자를 상대로 부인권소송 등을 제기한 사정이 있다 하더라도, 그 승소 여부가 불분명한 상태에서는 그러한 사정만으로 파산관재인이 그 파산채권자의 확정된 파산채권에 대한 배당을 거절할 권한이나 의무가 있다고 볼 수 없다. 원채권자가 그 파산채권자의 부인권행사에 따라 실제로 원상회복의무를 이행하고, 원채권이 부활하였음을 증명하면서 자신을 파산채권자로 취급해 줄 것을 요구하지 않는다면, 파산관재인이 원채권자를 파산채권자로 취급할 수도 없다. 그러므로 파산관재인이 위와 같은 상태에서 구 파산법에 따라 채권자표 등에 기초하여 당해 파산채권자의 확정된 파산채권에 대하여 실시한 배당은 채권의 준점유자에 대한 변제로서 유효하다."

자인 S_1의 변제가 채권의 준점유자에 대한 변제로서 유효하다면, S_1의 Y에 대한 채무는 그만큼 소멸하므로, 그 범위 안에서는 Y에 대한 부인권의 행사에 따른 원상회복을 청구할 수 없고, Y는 나머지 700만 원의 한도에서 원상회복의무가 있다. 결국 주채무자의 변제가 유효한 범위만큼 보증인의 변제 역시 유효하다고 보아야 하므로 보증행위에 대한 부인권 행사가 제한된다.

6. 담보권설정이 사해행위에 해당하는 경우

사해행위에 따른 저당권이 경매나 변제로 소멸하거나 말소되었을 때도 저당권 취소를 구할 수 있고, 수익자가 우선변제를 받거나 받을 수 있는 한도에서 가액반환을 청구할 수 있다.[163)]

담보권설정이 사해행위인 경우에는 그 설정행위만을 취소하면 충분하고, 담보권실행행위까지 취소할 필요는 없다.[164)]

7. 반환과 관련된 지연손해금

가. 지연손해금의 2가지 개념

(1) 취소소송의 피고에 대하여 금전지급을 명하는 경우에는 원금 이외에도 부대청구로서 지연손해금을 아울러 구할 수 있다.

주의할 것은, 여기서 말하는 지연손해금은 가액반환이나 변제를 취소한 경우에 그 배상금에 대한 지연손해금으로서, 피보전채권에 이자와 지연손해금이 포함되느냐 하는 문제와는 별개라는 점이다.[165)] 피보전채권은 채권자 X의

---

163) 대법원 1997. 10. 10. 선고 97다8687 판결; 最判 소화 35. 4. 26. 判時 223-2.

164) 질권설정행위를 부인하여 그 효력이 상실된 경우에는 그에 따라 발생한 질권도 소급적으로 소멸하고, 질권이 소급적으로 소멸한 이상 그에 기초한 질권실행행위도 그 효력을 상실한다. 구 파산법(2005. 3. 31. 폐지)상 담보권 실행에 대하여는 별도로 부인권을 행사할 수도 없으므로, 파산관재인이 별도로 질권실행행위를 부인하여야만 원상회복의 효과를 얻을 수 있는 것은 아니다(대법원 2009. 5. 28. 선고 2005다56865 판결).

165) 즉 취소채권자가 청구하는 이자나 지연손해금은, 피보전채권의 원본에 대한 것과 변제의 취소나 가액배상을 하는 경우에 배상금채권의 원본에 대한 것으로 나눌 수

채무자 S에 대한 것이고, 그 사이의 법률관계에 따라 생기는 것이다. 이와 달리 배상금채권은 X의 수익자 Y에 대한 것으로서 채권자취소 이후에 발생하므로, 양자는 질적으로 다르다.

(2) 기산점과 이율

피보전채권에 관한 이자는 X와 S 사이의 합의나 법률관계(예컨대 어음의 만기 후는 연 6%)에 따르고, 지연손해금은 약정 이율, 기한의 도래 또는 최고에 따라 발생하므로 별 문제가 없다. 그러나 배상금은 기산점이나 이율에 관하여 여러 가지 견해가 있다.

(3) 부인권은 피보전채권이 없으므로 배상금에 관하여만 문제가 된다.

나. 기산점

이에 대하여 일본에서는 여러 가지 견해와 판례가 있다.

(1) 사해행위

변제가 사해행위인 경우에 변제 다음 날부터,[166] 소비대차가 사해행위인 경우에는 빌려준 다음날부터[167] 기산한다는 일본 판례가 있다.

(2) 추 심

채권양도 후에 Y가 추심을 한 경우, 추심 다음날을 기산일로 한 사례가 있다.[168]

(3) 소장송달

일본에서는 채권자취소소송의 소장송달 다음날을 기산일로 하는 사례가 많다.[169]

있다(飯原一乘, 詐害行爲取消訴訟, 414면·421면·422면 참조). 전자에 대하여는 [8] 4.에서 이미 상세히 설명하였다.

166) 東京高判 소화 61. 6. 25. 判時 1196-114.

167) 東京地判 평성 10. 12. 8. 金判 1057-3.

168) 札幌地判 소화 43. 12. 20. 判時 555-67(이율 연 6%); 大阪地判 소화 55. 8. 14. 金判 611-27(이율 연 5%).

169) 東京地判 소화 53. 12. 12. 判時 918-91; 東京地判 소화 62. 2. 26. 判時 1262-

□ 廣島高判 소화 38. 2. 11. 訟月 9-272

S가 한 변제행위의 취소는 취소소송의 확정판결에 따라, X와 Y 사이에서는 소급하여 효력을 잃지만, 그렇다고 하여 변제에 따른 수령금의 반환채무가 변제행위의 실효와 함께 바로 이행지체에 이른다고 볼 근거가 없고, X가 Y에 대하여 그 돈을 지급하라는 의사표시를 재판상 한 때에 비로소 이행기가 도래하므로, 소장송달 다음 날부터 지연손해금의 지급의무가 있다.

(4) 변론종결

이혼에 따른 재산분할에서 부동산을 지나치게 많이 분할해 준 부분을 취소하여 가액배상을 인용하면서 그 산정 기준시인 변론종결시부터 지연손해금을 인용한 사례가 있다.170)

(5) 취소판결 확정

채권자취소권에 따른 채권은 판결확정에 따라 발생하므로(즉 비소급효-통설), 지연손해금은 확정일 다음날부터 기산해야 한다는 견해이다.171) 위 廣島高判 소화 38. 2. 11. 판결이 판결확정에 따라 사해행위시에 소급하여 무효라고 한 것과는 견해가 다르다.

(6) 결 론

배상금채권은 채권자 X가 수익자 Y에 대하여 채권자취소권을 행사함으로써 취득하는 고유의 청구권이고, 그 발생은 사해행위취소의 결과이며, 취소는 취소소송판결이 확정되어야 하므로, 그 지체는 권리가 발생한 후가 아니면 있을 수 없다.

그러나 변제나 채권양도를 취소하면서, Y가 수령한 돈 자체의 반환을 구하는 경우에는 원물반환과 유사한 성질을 가지므로 사정이 다르다. 이 경우

115; 大阪地判 평성 원년 3. 16. 金法 1221-34; 東京地判 평성 3. 6. 27. 判時 1409-77; 東京地判 평성 13. 11. 21. 金法 1658-95.

170) 大阪高判 평성 16. 10. 15. 判時 1886-52.

171) 東京高判 소화 63. 10. 20. 判時 1259-62(最判 평성 원년 4. 13. 金法 1228-34의 원심); 東京地判 소화 53. 12. 12. 判時 918-91; 大阪高判 평성 2. 9. 27. 判タ 743-171; 横濱支 小田原支判 평성 7. 9. 26. 金法 1450-95; 東京高判 평성 11. 2. 16. 金判 1072-32; 東京地判 평성 12. 5. 24. 判時 1734-127.

에는 부당이득반환의 성질을 가지므로, 민법 제748조에 따라 수익자의 선의·악의에 따라 반환 범위가 달라질 수 있다. 수익자가 악의라면 금전을 지급받은 때로부터 이자 반환의무를 지겠지만, 그렇게 해석할 수 있는 경우는 드물 것이다.[172)]

대법원은, 원물반환의 경우[173)]에는 수익자가 실제로 금전을 지급받은 때로부터 지체책임을 지고,[174)] 가액반환에서는 그 반환의무판결(취소판결)의 확정일 다음날부터 지체책임을 진다고 한다.[175)] 그러나 원물반환의 경우에 수익자의 반환채무는 금전을 지급받은 때 발생하지만, 채무의 발생과 지체는 별개의 문제이고, 수익자의 채무는 기한의 정함이 없는 채무로서 지체책임을 지려면 민법 제387조 제2항에 따라 최고가 있어야 하므로, 소장송달 다음날을 기준으로 해야 한다.[176)]

다. 이 율

(1) 배상금채권은 채권자 X가 채무자 S에 대하여 가지는 피보전채권과는 달리, X가 수익자 Y 또는 전득자 Z에 대하여 사해행위를 행사함으로써 취득하는 고유의 채권이고, 한편 S·Y 사이의 사해행위가 상행위라 할지라도, 이를 취소하는 행위가 상행위라고 할 수 없으므로, 법에 특별히 정한 바

---

172) 부당이득에서 수익자가 선의라 함은 "그의 수익에 법률상의 원인이 없다"는 것을 알지 못하는 것이며, 수익자의 과실의 유무는 묻지 아니한다. 채권자취소소송에서 요구하는 수익자의 악의는 '채무자를 해친다는 사실'이므로 부당이득에서 말하는 악의와는 성질이 다르다.

173) 즉 수익자가 금전을 교부받은 행위가 사해행위로서 취소되어 원상회복으로서 이를 반환하는 경우. 금전 반환이 수익자가 수령한 금전 자체의 반환이 아니므로, 엄격히 말하자면 이를 원물반환이라고 할 수 없지만, 여기서는 금전을 받은 수익자가 금전을 반환한다는 의미에서 원물반환이라는 말을 사용한다.

174) 대법원 2006. 10. 26. 선고 2005다76753 판결.

175) 대법원 2002. 3. 26. 선고 2001다72968 판결; 대법원 2009. 1. 15. 선고 2007다61618 판결. 가액반환의 범위에 대한 상세한 설명은 [32] 3. 참조.

176) 飯原一乘, 詐害行爲取消訴訟, 422면 참조. 이에 대하여 수익자의 반환의무는 계약해제에 관한 민법 제548조 제2항을 유추적용하여 이를 수령한 날 이후의 이자를 지급하여야 한다는 주장도 있으나(서인겸, '채권자취소권에 관한 몇 가지 쟁점', 180면), 민법 제548조 제2항은 계약해제의 특칙으로서 이를 함부로 채권자취소에 따른 반환의무에 유추적용할 수는 없다.

가 없다면 지연손해금의 이율은 민법이 정한 연 5%라 봄이 타당하다.[177]

대법원도 원물(금전)반환이든 가액반환이든, 취소소송과 함께 제기된 경우에는 장래이행의 소이므로 소송촉진 등에 관한 특례법 제3조 제1항 단서에 따라 연 20% 이율은 적용되지 않고, 연 5%의 민사법정이율에 따른 지연손해금을 명하여야 한다는 입장이다.[178]

(2) 부인권의 경우에 일본은 大判 소화 8. 6. 22. 民集 12-1627 판결 이래, 최고재도 연 6%의 지연손해금을 명하지만,[179] 하급심 판결 중에는 이에 따르지 않는 것도 있다.[180] 우리 판례에서 부인권 행사에 따른 지연손해금이 쟁점이 된 사례가 없으나, 취소권의 경우와 달리 볼 이유도 없으므로 연 5%의 지연손해금을 인정하는 것으로 보인다.[181]

라. 부인권

부인권이 가액배상으로 이루어지는 경우에, 가액배상 산정시점에 관하여 견해가 나뉘지만, 판례는 부인권의 효력발생시점인 부인권을 행사한 때, 즉 부인의 의사표시가 담긴 서면이 상대방에게 송달된 때로 본다.[182] 취소소송

177) 최진수, "지연손해금청구", 「사법연수원 논문집」 제4집, 사법연수원(2007), 41~41면.

178) 일본판례 중에서는 피보전채권인 연 6푼의 상사법정이율에 따른 지연손해금을 그대로 배상금의 범위로 인용한 사례가 있으나(最判 소화 35. 4. 26. 判時 223-2, 東京地判 평성 원년 3. 28. 判時 1325-73), 민법이 정한 연 5%가 최근 일본 판례의 주류이다(飯原一乘, 詐害行爲取消訴訟, 419면 · 421면 · 428면). 우리나라도 하급심에서 연 6%의 이율을 적용한 사례가 있으나(서울중앙지방법원 2006. 4. 12. 선고 2005가합89228 판결 등) 위의 대법원 2001다72968 판결 및 2007다61618 판결 모두 판결확정일 다음날부터 민사법정이율인 연 5%를 적용한다.

179) 最判 소화 36. 10. 6. 裁判集 民 55-13; 最判 소화 40. 4. 22. 民集 19-30689.

180) 東京高判 소화 38. 5. 9. 東京時報 14-123.

181) 회생사건실무(상), 345면에는 "법정이자면 족하다"고 하고 민법상 이율인지 상법상 이율인지는 구체적으로 밝히지 않으나, 그 취지로 보아 민법상 법정이율을 의미하는 것으로 보인다.

182) 법인파산실무, 417면. 서울중앙지방법원 2009. 4. 15. 선고 2007가합46195 판결 등. 이에 대하여 부인권에서 가액반환의 산정시기는 유류분반환청구와 같이 사실심 변론종결시로 해야 한다는 견해가 있다(임치용, '판례를 통하여 본 부인권의 효과', 23~24면). 유류분액 산정에서 증여재산의 시가 산정 기준시기는 상속개시시이지만, 원물반환이 불가능하여 가액반환을 명하는 경우 사실심 변론종결시를 가액산정의

에서 취소 효과가 발생하는 것은 취소판결의 인용판결이 확정된 때이고, 지연손해금도 그때부터 기산한다는 것이 판례 이론임은 위에서 보았다. 이를 부인권에 그대로 적용한다면, 지연손해금은 부인의 효력이 발생한 다음날부터(부인의 소에서는 소장 송달 다음날부터) 기산하는 것이 논리적이다.[183]

한편 부인의 소에서는 부인권 행사로 바로 부인의 효과가 발생한다. 따라서 그 원상회복을 구하는 소는 장래이행의 소가 아니므로 소송촉진 등에 관한 특례법상의 이율이 적용될 수 있다.

8. 목적물의 사용이익

판례는 사용이익 반환을 인정하지 않는다.

□ 대법원 2008. 12. 11. 선고 2007다69162 판결

사해행위취소에 따른 원상회복은 책임재산 보전을 위하여 필요한 범위 내로 한정되어야 하므로, 원래의 책임재산을 초과하는 부분까지 원상회복의 범위에 포함되지 않는다. 따라서 수익자가 사해행위 이후 그 부동산을 직접 사용하거나 제3자에게 임대했다고 하더라도, 당초 채권자의 공동담보를 이루는 채무자의 책임재산은 그 부동산이었을 뿐, 수익자가 그 부동산을 사용함으로써 얻은 사용이익이나 임차인으로부터 받은 임료 상당액까지 채무자의 책임재산이었다고 볼 수 없으므로, 수익자가 원상회복으로서 그 부동산을 반환하는 외에 그 사용이익이나 임료 상당액을 반환해야 하는 것은 아니다.

그러나 채권자취소권에서 원상회복은 사해행위인 법률행위가 없었던 상태로 복귀하는 것이 아니라[184] 채권자가 공취력을 행사할 수 있는 상태로 책임

기준시기로 한다(대법원 2005. 6. 23. 선고 2004다51887 판결). 채권자취소소송에서도 가액반환의 기준시를 사실심 변론종결시로 하므로 이론의 정합성이라는 측면에서 본다면 위 견해가 설득력이 있다.

183) 임채웅, '부인소송의 연구', 98면. 이 논문에서는 원물반환을 비롯한 모든 금전지급의 경우에 부당이득의 법리를 적용하고, 민법 제748조에 따라 취소권이나 부인권의 효력이 발생하기 이전에는 수익자를 원칙적으로 선의로 봐야 하므로, 그 이후부터 지연손해금을 기산하여야 한다고 주장한다.

184) '원상회복'이라는 말에도 여러 가지 의미가 있다. 즉 계약해제의 경우에는 계약이

재산을 회복한다는 의미로 해석한다. 수익자는 사해행위가 없었더라면 채무자가 부동산을 계속 보유하면서 그 부동산으로부터 얻었을 사용이익을 반환해야 한다.185) 금전을 지급받은 수익자나 전득자에 대하여는 수령일로부터 지연손해금을 반환해야 한다는 대법원의 판결186)과는 실질적으로 같은 쟁점에 관한 것임에도 불구하고 그 반환목적물에 따라 서로 결론이 다르고, 결국 사해행위취소의 효과로서 원상회복에 관한 판례의 법리가 모순되는 결과를 가져오므로, 일관성 있는 법리를 위하여도 부동산 사용이익의 반환을 인정하는 것이 옳다.187)

[31] Ⅶ. 반환의 방법

1. 원물반환의 원칙

가. 원 칙

(1) 통설 · 판례

채권자취소권은 채무자로부터 일탈된 재산을 사해행위 이전의 상태로 회복하는 것을 목적으로 한다. 따라서 사해행위 취소에 따른 원상회복은 원칙적으로 그 목적물 자체를 반환하는 방법으로 하고, 그것이 불가능하거나 현저히 곤란한 경우에만 예외적으로 가액반환으로 한다. 이와 같은 해석은 구법시대 판례 이래 확립된 견해이다.188)

없었던 상태로 회복하는 것을 의미한다. 또한 채무불이행에 따른 원상회복은 채무이행이 있었던 상태로 돌아가는 것을 의미한다.

185) 김재형, '2008년도 주요판례 해설', 358면 참조.

186) 대법원 2006. 10. 26. 선고 2005다76753 판결. 지연손해금을 수령일로부터 기산하는 것은 타당하지 않다. 다만 수령한 금액을 부당이득으로 반환해야 한다면 수령인이 선의인 경우에도 특별한 사정이 없다면 수령한 날부터 원금에 대한 법정이자 상당액은 현존하는 것으로 추정되고, 이를 부당이득으로 반환해야 하므로(대법원 2009. 5. 28. 선고 2007다20440 판결), 결론적으로는 금전 수령일로부터 지연손해금을 가산하여 지급하는 것과 별 차이가 없다.

187) 서인겸, '채권자취소권에 관한 몇 가지 쟁점', 183~184면 참조.

188) 그 근저에는 가액반환을 널리 허용하는 경우에는 취소채권자가 수령한 돈에 대하여 상계 등으로 사실상 우선변제받는 것을 시인하게 되어, 취소권행사의 효과가 모

(2) 상장법인의 주식양도

활발하게 거래되는 코스닥 상장법인 주식을 양도한 행위가 사해행위에 해당하는 경우에는, 수익자가 그 주식을 타인에게 다시 양도하여 이를 보유하지 않다는 사실만으로, 수익자의 주식반환의무가 불가능하게 되었다고 할 수 없다. 수익자는 같은 수량의 주식을 다시 취득하여 이를 채권자인 원고에게 양도함으로써 원물반환의무를 이행할 의무가 있다.[189]

나. 가액반환 원칙론의 검토

사해행위로 일탈한 재산의 반환방법으로서 가액배상이 원칙이 되어야 한다는 견해가 있다.

(1) 근 거

(가) 취소채권자 X로서는 금전채권의 만족만 얻으면, 원물반환이든 가액반환이든 차이가 없다.

(나) 원물반환은, 다시 채무자 S에 대한 집행권원을 받아, 거기에 강제집행절차를 거치는 만큼 시간과 비용이 든다.

(다) 판례는 반환목적물이 처음부터 금전인 경우나 가액반환을 하는 경우, 수익자 Y로부터 X에게 직접 지급을 인정하므로, X는 사실상 우선적으로 자기채권의 만족을 얻을 수 있지만, 이는 오히려 긍정적으로 평가해야 한다. 즉 민법 제407조는 취소소송 판결효의 확장을 규정하지만, 실무상은 의미가 없고 취소채권자가 우선적으로 만족을 얻는 것이 바람직하다.

(라) 가액배상의 경우에는, X는 Y에 대한 판결로써 Y에게 집행하므로, Y의 다른 채권자가 배당요구할 우려가 있으나, X에게 원물반환과 가액반환의 선택을 인정한다면, X는 원물반환 쪽이 더 유리하다고 생각되면 그 쪽을 선택할 것이므로, X에게 불리한 점은 없다.[190]

(마) 독일에서도, 원고는 피고의 선택에 따라 원물에 대한 집행을 수인하

든 채권자를 위하여 효력이 있다는 점과 부합하지 않는 결과가 된다는 점도 고려되었다고 할 수 있다.

189) 대법원 2007. 7. 12. 선고 2007다18218 판결.

190) 辻正美, 詐害行爲取消權の效力と機能, 民商 93-4, 소화 61, 飯原一乘, 詐害行爲取消訴訟, 389~390면에서 인용.

거나, 금전을 지급할 것을 청구취지에 기재할 수 있다.

(2) 검 토

(가) 채권자취소제도는 채무자 S의 자산상태를 사해행위 이전 상태로 회복하는 것이 목적이므로, 일탈한 재산 자체의 반환이 가장 제도의 취지에 부합한다. 원물반환을 원칙으로 한다면 원상회복이 충실하게 이행될 수 있다.

(나) 우리 판례와 실무는, 취소채권자 X가 취소소송을 근거로 수익자 Y로부터 금전을 수령한 경우에, 다른 채권자에게 분배할 의무가 없고, 취소소송에서 피고에게 안분액 지급거절의 항변을 인정하지 않는다. 그 결과 X가 우선적·독점적 만족을 얻는 결과가 되는데, 이는 채권자취소제도가 X의 채권보전을 목적으로 하는 제도라는 점과 서로 맞지는 않다.

(다) X로 하여금 Y로부터 금전 수령을 허용하는 것은, S에게 수령하도록 할 경우에 집행절차가 곤란하고, S가 이를 소비하든가 은닉함으로써 집행보전의 목적을 달성할 수 없다는 이유 때문이다. 따라서 이는 예외적인 경우이므로 가액반환을 원칙으로 하는 이유가 될 수 없다.

(라) 독일에서는 채권자취소소송을 제기하려면 X의 S에 대한 집행권원이 필요하고(AnfG 제2조), 그 소송 후의 집행은 취소소송 판결과 S에 대한 집행권원으로 하므로, 가액배상청구의 경우에도, X가 Y로부터 수령한 금전을 S에 대한 채권만족에 충당하는 데 절차적 근거가 있다. 그러나 우리 민법의 해석은 취소소송에 집행권원이 필요하지 않고, S를 피고로 하지 않아 X의 S에 대한 채권이 확정되지 않은 상태이므로, 반환받은 금전을 바로 채권만족에 충당하는 것은, 집행절차를 거치지 않고 집행보전절차인 취소소송으로, 집행권원도 없는 채권자가 채권을 집행하는 결과가 된다.

(마) 원물반환이 되면 다시 S에 대한 집행권원을 얻어 목적재산에 강제집행을 해야 하므로, 가액배상보다 시간과 비용이 많이 든다고 하나, S에 대한 집행권원은 취소소송에 병합하여 취득할 수 있고, 가액배상의 경우에도 Y가 항상 임의로 돈을 지급하지는 않을 것이므로, 이때 X는 Y에 대한 채권자취소소송의 금전급부 판결을 받아 Y에 대하여 강제집행을 해야 하므로, 시간과 비용 면에서도 그다지 차이가 없다.

(바) 가액배상을 원칙으로 한다면, 그 판결은 항상 금전 지급을 목적으로 하기 때문에, X는 Y의 수중에 있는 S로부터 일탈한 재산이 있는 경우에도, Y의 고유재산에 대하여 집행할 수 있으므로, 이는 제도의 취지와 맞지 않다.

(사) 가액배상의 가장 큰 장점은 X가 그로부터 우선적·독점적으로 만족을 얻을 수 있다는 점이고, 이와 달리 원물반환의 경우에는 다른 채권자의 배당가입 가능성이 있기 때문에 우선적·독점적 회수가 위협을 받는다는 것이다. 그러나 채권자취소권은 그 후 강제집행이 예정되어 있고, 우리나라 집행제도는 독일법에서 채권자에게 우선권이 있는 것과는 달리, 민사집행법이 정한 배당가입의 요건을 갖춘 채권자의 배당가입을 피할 수 없다.

(아) 가액배상을 원칙으로 하면, Y나 전득자 Z에 대한 강제집행에는 Y나 Z의 다른 채권자가 배당요구를 할 수 있으나, S의 다른 채권자는 S에 대한 집행권원이 있어도, 그 집행절차에 배당가입을 할 수 없기 때문에, 배당가입의 기회를 원천적으로 봉쇄하는 결과가 된다.

2. 금전의 경우

가. 금전으로 회복

취소채권자 X가 수익자 Y나 전득자 Z로부터 금전으로 회복을 청구할 수 있는 경우는, 채무자 S가 금전채무를 변제한 경우와 목적물의 원물을 반환할 수 없어 가액배상을 하는 경우이다.

나. 금전의 수령자

반환 이행을 받을 자는 원칙적으로 채무자가 되어야 하나, 채무자가 목적물인 금전을 수령하지 않는 경우에는 곤란한 문제가 생기므로, 취소채권자는 상대방에 대하여 직접 자기에게 인도나 지급을 청구할 수 있다.[191] 가액반환의 경우에도 그 이행의 상대방은 채권자다.[192]

---

191) 大判 대정 10. 6. 18. 民錄 27-11689.

192) 대법원 2008. 4. 24. 선고 2007다84352 판결.

3. 유체동산

가. 채권자에게 인도

판례·통설은 유체동산양도의 취소에 따라 원물반환을 구하는 경우에도 금전지급을 구하는 경우와 마찬가지로 취소채권자 X에게 직접인도를 인정한다.[193]

나. 대상청구

사해행위취소와 동시에 동산 반환청구를 할 때, 그 동산을 반환할 수 없는 경우에 대상으로서 금전지급을 청구할 수 있는가.

(1) 판례는 일반적으로 특정물 급부청구권에 대한 대상청구를 인정한다.

□ 대법원 1975. 7. 22. 선고 75다450 판결

채권자가 본래적 급부청구에다가 이를 대신할 전보배상을 부가하여 대상청구를 병합하여 소구한 경우의 대상청구는, 본래적 급부청구의 현존을 전제로 하여 이것이 판결확정 후에 이행불능 또는 집행불능이 된 경우에 대비하여 전보배상을 미리 청구하는 경우로서, 양자의 경합은 현재의 급부청구와 장래의 급부청구의 단순병합에 속한다. 이 경우에 대상금액의 산정시기는 사실심 변론종결 당시의 본래적 급부의 가격을 기준으로 산정한다.

(2) 채권자취소에 따른 동산인도의 경우

동산양도를 사해행위로 취소하여 그 동산을 반환하는 것은, 결국 특정물급부청구의 집행으로서 일반의 경우와 다르지 않다. 따라서 동산 인도가 집행불능인 경우를 대비하여 가액배상으로서 대상청구를 인정하는 것은 문제가 없다.

그러나 채권자취소권의 행사에 따른 반환 방식은 원물반환이 원칙이고, 가액반환은 그것이 불가능하거나 현저히 곤란한 경우에만 예외적으로 인정된다. 그런데 대상청구는 결국 가액배상과 같은 결과를 초래하므로, 가액배상의

---

193) 대법원 1999. 8. 24. 선고 99다23468 판결(주권의 양도에 관한 사례); 最判 소화 39. 1. 23. 判タ 365-59.

요건, 즉 원물반환을 할 수 없다는 점에 관한 입증이 없는 상태에서, 집행관의 판단으로 대상청구에 대한 집행이 이루어짐으로써, 결과적으로 가액배상이 되도록 하는 것은 부당하다는 견해가 있고, 그러한 입장에서 대상청구를 기각한 사례가 있다.

□ 岡山地判 소화 43. 10. 30. 判時 566-84, 判タ 232-149, ジュリ432-3
예금증서・집기비품 등의 반환청구와 대상청구를 한 데 대하여, 채권자취소에 따른 반환은 원물반환을 원칙으로 하기 때문에, 동시에 가액배상을 구하는 것은 특별한 사정이 있어야 함에도, 그 입증이 없으므로 대상청구를 기각한다.

그러나 가액배상과 대상청구는 별개의 제도이고, 그 요건이 서로 다르다. 또한 원물반환의 원칙상 가액배상을 구하기 위하여는 원물반환이 곤란하다는 사정을 입증해야 하는데, 취소채권자로서는 가액배상의 요건을 주장하지 않고 원물반환을 구하되, 다만 집행단계에서 집행불능에 대비하여 대상청구를 하는 것은 소송전략상 유용한 방법이고, 그러한 소송방식을 막을 아무런 이유가 없다. 채권자취소소송이라 하여 대상청구를 일반의 급부청구와 달리 볼 필요는 없다.[194)]

4. 부동산

가. 채권자에게 직접 등기이전을 구할 수 없다.

목적물이 금전이나 유체동산인 경우와는 달리 취소채권자가 직접 자기에게 소유권이전등기절차를 청구할 수는 없다. 사해행위취소권은 채무자의 책임재산을 회복하기 위한 것이고, 금전이나 동산과는 달리 채무자의 협력이 없어도 등기를 원상회복할 수 있기 때문이다. 따라서 부동산 이외의 권리라도 등기, 등록이 권리변동의 효력발생요건이나 대항요건인 경우에는 마찬가지로 해석된다.[195)]

---

194) 大阪地判 소화 34. 11. 21. 下民集 10-11-2487(부인권에 관한 사안), 飯原一乘, 詐害行爲取消訴訟, 400면도 이유는 다르지만 필자와 같은 의견이다.

195) 전화가입권에 관하여 東京地判 소화 31. 6. 28. 判時 87-13.

나. 등기의 방법

(1) 말소등기로 회복

(가) 사해행위취소소송에서 취소목적부동산의 등기명의를 수익자로부터 채무자에게 복귀시키고자 하는 경우, 그 등기의 말소를 구하는 것이 원칙이다.

(나) 말소등기절차

채권자 X가 채권자취소소송에서 채무자 S→수익자 Y의 소유권이전등기의 말소등기절차를 명하는 판결을 받은 경우에, X는 그 확정판결을 '등기원인' 및 '대위원인'을 증명하는 서면으로 첨부하여, S를 대위하여 단독으로 말소등기를 신청할 수 있다(등기예규 제1214호). 수익자 Y를 상대로 사해행위취소판결을 받은 채권자 X는 채무자 S를 대위하여 단독으로 등기를 신청할 수 있다. 이 경우 등기신청서의 등기권리자란에는 "S 대위신청인 X"로 기재하고, 등기의무자란에는 "Y"를 기재한다. 또한 등기원인은 "사해행위취소"로, 그 연월일은 "판결확정일"을 기재한다(등기예규 제1607호). 등기권리자인 S가 단독으로 등기신청을 할 수 없다는 결정례가 있다.[196]

(2) 이전등기로 회복

(가) 주류적인 판례는 아니지만 채권자취소권의 상대적 효력설의 입장에서 말소등기가 아닌 이전등기가 적합하다고 한 사례도 있다.[197]

(나) 전전 양도와 말소에 갈음하는 이전등기

그러나 일반적인 판례의 태도는 채권자취소권 행사로 부동산소유권이전이 취소되면, 원칙적으로는 이전등기의 말소등기절차로 하고, 경우에 따라 말소등기에 갈음하는 소유권이전등기절차 이행을 구하는 것도 허용된다.[198]

부동산이 S→Y→Z로 전전 양도되어 각각 소유권이전등기가 경료된 경우에, 이를 말소등기의 방법으로 S 명의로 회복하기 위하여는, Y와 Z를 모두 피고로 하여, S의 행위를 취소하고 Y와 Z의 소유권이전등기를 말소해야 한다. X로서는 Y로부터 전전양수한 모든 소유명의자를 상대로 소송을 제기하는 것보다, 최종명의자를 상대로 S에게 말소에 갈음한 이전등기를 하도록

196) 大決 대정 11. 8. 30. 民集 1-507.

197) 大阪高判 소화 38. 2. 23. 判時 331-24.

198) 대법원 2000. 2. 25. 선고 99다53704 판결.

하는 소송을 제기하는 것이 간편할 수 있다.

(다) 수익자인 건물양수인이 직접 그 건물에 소유권보존등기를 경유하였거나, 양도·소유권이전등기 후에 선의 제3자명의로 저당권이 설정되어 있는 경우와 같이 소유권이전등기로 하는 것이 적절한 경우도 있다.

즉, 채무자 S가 부동산을 Y에게 양도하고, Y가 Z에게 저당권을 설정한 경우에, 완전한 원상회복을 하기 위해서는 Y와 Z를 상대로 하여 각 등기를 말소해야 하겠지만, Z가 선의인 경우에는 X는 Y에 대하여 가액배상을 구할 수밖에 없다. 그러나 Z가 선의인 경우에도 그의 저당권을 그대로 두고, Y에 대하여 그 소유권이전등기의 말소에 갈음하는 이전등기를 구할 수 있다. 이러한 방식은 장래 그 부동산 가격이 상승할 가능성이 있는 경우에 X의 채권보전을 위한 유용한 수단이 될 수 있다.

(3) 저당권변경등기로 회복

사해행위가 저당권설정이나 대물변제예약인 경우에는 저당권설정등기나 가등기의 말소등기절차로 할 수밖에 없다.

다만, 근저당권설정계약 중 일부만이 사해행위에 해당하는 경우에 그 원상회복은 근저당권설정등기의 채권최고액을 감축하는 근저당권변경등기절차 이행을 명하는 방법을 해야 한다.

□ 대법원 2006. 12. 7. 선고 2006다43620 판결

이미 1번 근저당등기(채권최고액 5억 2,000만 원)가 설정된 부동산에 사해행위로 2번 근저당등기(채권최고액 20억 원)를 설정하면서 빌린 돈의 일부로, 1번 근저당등기의 피담보채무 401,911,232원을 변제하고 이를 말소한 경우에는, 선순위근저당권의 피담보채무를 변제한 부분을 제외한 나머지 부분에 대하여만 사해행위가 성립한다. 따라서 2번 근저당권설정계약의 채권최고액 20억 원에서 변제한 1번 근저당권의 피담보채무액을 공제한 잔액의 한도에서 사해행위를 취소하고, 2번 근저당권설정등기의 채권최고액 20억 원을 변제한 1번 근저당권의 피담보채무액으로 감축하는 근저당권변경등기절차의 이행을 명한다.[199]

---

199) 원심에서는 가액반환을 명하였으나 대법원은 가액반환의 요건이 되지 않는다고 파기한 사례이다.

위 판결의 환송 후 서울고등법원 2007. 4. 11 선고 2006나117745 판결은, 근저당권설정계약 중 1번 근저당권의 변제액인 401,911,232원을 넘는 부분을 취소하고, 2번 근저당권의 채권최고액도 같은 금액으로 변경하였다.

이에 대하여 근저당채권의 감축된 금액은, 말소된 선순위근저당권의 채권최고액을 넘지 않은 범위에서, 변제한 금액에 대하여 S와 Y 사이의 '약정이자를 포함'한 금액으로 감축해야 한다는 주장이 있다.[200]

그러나 1번 근저당권이 말소되지 않았다면 취소판결에 따라 2번 근저당권 전체가 말소되었을 것이고, 그렇게 되면 2번 근저당권자의 대여원금과 이자는 근저당권으로 보장받지 못하였을 것이다. 우연히 1번 근저당권이 변제로 말소되었다는 이유 때문에, 그 변제에 사용된 금액에 대한 2번 근저당권자의 이자를 1번 근저당권에 준하여 보장해 준다는 것은 부당하다. 1번 근저당권과 2번 근저당권은 전혀 별개의 것이고, 1번 근저당권으로 담보되는 채권액은 1번 근저당권이 변제로 소멸할 당시의 피담보채권액이다. 그 이상의 부동산 가치는 채권자들의 일반담보가 된다.

(4) 중간생략등기의 경우

(가) 부동산이 S → Y → Z로 매매되었으나 소유권이전등기는 S → Z에게 이전된 경우가 있다. 채권자취소권의 대상은 S의 행위이므로, 이 경우 X는 S·Z 사이에 매매계약이 있다고 하여 그 취소를 구할 수는 없고,[201] Z를 피고로 하여 S·Y 사이 매매계약의 취소와 Z의 소유권이전등기의말소를 구해야 한다.[202]

(나) 그러나 A → S → Y로 부동산이 매매되었으나, A → Y에게 이전등기가 된 경우에, X는 Y의 소유권이전등기의 말소등기만을 구하여서는 일탈재산회복의 목적을 이룰 수 없으므로, 말소등기 후에 S를 대위하여 A에게 S 명의로 소유권이전등기를 구해야 한다.

200) 최한신, 사해행위 I, 492면.
201) 大判 대정 7. 5. 11. 民錄 24-915.
202) 大判 대정 6. 3. 31. 民錄 23-596.

다. 농지의 회복과 농지매매증명

농지매매를 사해행위로 취소하고, 원상회복하려는 경우 농지법상 허가를 얻을 필요가 없다는 일본 판례[203]가 있다.

5. 채무면제

가. 취소의 방식

사해행위의 내용이 채무면제와 같이 재산급여가 수반되지 않는 단독행위인 경우에는, 수익자(제3채무자) Y를 상대방으로 하여 사해행위취소를 구하면 되고 별도로 반환청구를 할 여지가 없다.[204] 그 취소에 따라 Y의 채무가 채권자 X에 대한 관계에서 부활한다.[205]

나. 수익자에 대한 직접청구

(1) X는 채무면제의 취소와 동시에 Y를 상대로 직접 부활된 채권의 지급을 청구할 수 있는가.

판례・통설은 채무면제 취소의 효력은 상대적이므로, 취소 후에도 S・Y 사이의 면제는 계속 유효하여, S의 Y에 대한 채권은 부활하지 않으므로, X는 S를 대위하여 Y에 대한 채권을 청구할 수 없다고 한다.

그러나 취소소송은 X와 Y 사이의 소송이므로, 판례・통설을 따르더라도 소송당사자 사이에는 취소의 효력으로서, X는 채권이 S에게 복귀하였다고 주장할 수 있고, Y는 이를 부정할 수 없다. 따라서 X의 Y에 대한 직접 청구를 긍정함이 타당하다.[206] 일본 판례는 취소소송과 병합하여 수익자에 대한 직접 청구를 인정한다.[207]

---

203) 仙台地判 소화 31. 2. 14. 下民集 3-343, 말소등기의 경우이나 이전등기의 경우도 마찬가지로 본다.

204) 大判 대정 9. 6. 3. 民錄 26-808.

205) 민법주해 IX, 843면.

206) 박창현, '채권양도가 사해행위로 취소된 경우의 원상회복 및 법률관계', 134~135면.

207) 東京地判 소화 60. 9. 19. 金判 751-30. 그 항소심인 東京高判 소화 61. 11. 27. 金判 768-14.

(2) 채무면제의 취소와 채권양도의 취소는 금전의 이전을 수반하지 않는 점에서는 마찬가지이다. 그러나 채권양도의 제3채무자는 수익자가 아니고 취소소송의 피고로 되지 않음이 원칙이지만, 채무면제에서 제3채무자는 자신이 수익자로서 취소소송의 피고로 되므로 그에 대하여 취소효과를 주장할 수 있다.

그런데도 X가 취소의 상대효 때문에 S를 대위하여 Y를 상대로 채무이행의 청구도 할 수 없고, 거기다 X가 직접 Y에게 직접 청구도 할 수 없다면, 기껏 취소소송에 승소하더라도 실제로 이를 집행할 아무런 방법이 없다.[208] 따라서 X는 Y에 대하여 부활한 채권의 직접 이행청구를 할 수 있다고 봐야 한다.

(3) 여기서 직접 이행청구권의 성질은 채무자를 대위하여 행사하는 권리가 아니라, 채권자취소권이 가진 권능의 하나로서 취소채권자 자신의 권한행사이다.

6. 채권양도[209]

가. 양도채권이 소멸한 때

(1) 채권양도가 사해행위로서 취소되더라도, 이미 채권양수인인 수익자 Y나 전득자 Z가 변제받았거나 면제함으로써 채권이 소멸한 때는 가액반환이나 이득반환으로 해야 한다.

채무자 S가 제3채무자 D에 대한 채권을 Y에게 양도한 후, Y가 D로부터 추심을 마친 경우, 판례는 취소채권자 X가 채권자취소소송으로 양도취소와 함께 Y에 대하여 추심액(피보전채권이 그보다 소액이면 그 액을 한도로 하여)의 청구를 인정한다.[210]

(2) X가 S의 D에 대한 채권이 Y에게 양도된 행위를 사해행위로 취소하기 위하여 Y에 대하여 처분금지가처분을 한 후 소송계속 중, Y가 추심금

---

208) 大判 대정 10. 6. 18. 民錄 27-11689.

209) [26] 3. 참고.

210) 이에 대하여는 판례와 학설에 다른 견해가 없다. 서울고등법원 1998. 7. 2. 선고 97나35162 판결; 最判 평성 원년 4. 13. 金法 1228-34.

을 S에게 반환하여 채권양도를 철회하였다고 주장한 데 대하여, 채권양도 철회의 효력을 인정하지 않고, 취소와 그 통지 및 추심금배상을 인용한 일본 판례가 있다.[211] 채권 자체가 반환된 것이 아니고 추심한 현금을 채무자에게 반환하는 것은 채권양도의 철회로 볼 수 없다.

이와 달리 수익자가 채무자에게 원물을 반환하는 행위, 채권양도 자체를 철회하는 행위는 X의 피보전권리를 침해하는 것이 아니라 오히려 그 피보전권리에 부합하므로 가처분의 처분금지효력에 저촉하지 않는다.[212]

나. 양도 후 채권추심 전

(1) 제3채무자 D에 대한 청구

추심이 되지 않은 경우에, X가 Y에 대한 취소 외에 D에 대한 이행의 청구를 할 수 있는가. 아니면 Y에게 그 채권양도가 취소되었다는 내용의 통지를 D에게 하라는 청구를 할 수 있을 뿐인가.

사해행위취소의 효력은 상대적이어서 소송당사자인 X와 Y 사이에서만 발생하고 채무자 S는 취소판결의 효력을 받지 않기 때문에, X는 S를 대위하여 D에 대하여 그 채권의 지급을 청구할 수는 없다는 점은 이론이 없다.

마찬가지로 양도채권의 채무자(제3채무자) D에 대하여도 채권양도취소의 효과를 주장할 수 없으므로, 취소권행사의 실효성을 확보하기 위하여, D를 상대로 취소에 따라 복귀된 채권의 이행을 직접 소구할 수 있다는 일본 판례가 있다.[213]

---

211) 東京地判 평성 12. 7. 6. 判時 1703-33.

212) 대법원 2008. 3. 27. 선고 2007다85157 판결 등. [46] 3. 가. (2) 참조.

213) ① 東京地判 소화 60. 9. 19. 金判 751-30(D도 피고로 되어 있는 사안임, 항소심인 東京高判 소화 61. 11. 27. 判タ 641-128에서 변경).
② 大阪高判 소화 48. 11. 22. 判時 743-60(S가 D에 대한 채권을 Y에게 양도한 후, X가 그 채권을 압류·전부하여, Y의 D에 대한 양수금 청구소송에 참가하여, 양도취소와 D에 대한 이행을 구한 사안에서 X의 청구를 인용하였다).
③ 東京地判 소화 61. 11. 18. 金判 772-31{X(나라)가 S로부터 사적 정리를 의뢰받아 채권양도를 받은 Y(변호사)와 S를 피고로 하여, Y에 대하여 채권양도취소와, S에 대한 체납처분으로서의 채권압류에 의한 지급청구를 한 사안에서 이를 모두 인용하였다}.
④ 大阪高判 소화 39. 2. 24. 高民集 17-1-67(파산부인 사안에서 X의 부인과 D에

그러나 이는 대부분 X가 D에 대하여 직접 청구를 할 수 있는 고유한 권리(채권의 압류・전부를 받았다거나 국세체납권 등)가 있는 경우의 사안으로서,[214] 채권자취소권만으로는 X가 D에게 직접 소구할 수 있는 근거가 없으므로, 원상회복의 방법으로 양수인에게 그 채권양도가 취소되었다는 내용의 통지를 제3채무자에게 할 것을 청구할 수 있을 뿐이라는 견해가 실무가들의 지배적인 견해이자 다수 판례의 견해인 것으로 보인다.[215]

(2) 채권자에게 채권을 양도하라고 청구할 수 없다.

취소 목적물이 부동산인 경우와 마찬가지로 X는 Y나 Z에 대하여 사해행위 목적물인 채권 자체를 자기에게 양도하라고 청구할 수 없다.[216]

(3) 제3채무자에 대한 통지

(가) 사해행위인 채권양도를 취소하면 양도된 채권은 당연히 복귀하고, 따로 '반환'행위가 필요 없다. 그러나 양도가 이미 제3채무자 D에게 통지되었거나 승인을 받은 경우에 양도 취소를 D에게 대항하기 위하여는 그 취소사실을 통지해야 한다.[217]

(나) 이때 판결 주문의 형식을 예로 들면 아래와 같다.

> 1. 피고(양수인)와 소외 ○○○(채무자)(주소 : - -) 사이의 별지목록 기재 채권에 관한 2000. 1. 2.자 채권양도계약을 취소한다.

게 대한 직접청구를 인용하였다).

214) 앞의 주에서 ②,③,④는 모두 X가 D에 대하여 고유의 청구권원이 있는 사례이다.

215) 김창종, 전게논문, 173면, 최영남, '채권자취소권행사의 방법, 범위 및 원상회복의 방법', 311면 이하, 박창현, '채권양도가 사해행위로 취소된 경우의 원상회복 및 법률관계', 123면 이하.

판례로는, ① 위 東京地判 소화 60. 9. 19.의 항소심인 東京高判 소화 61. 11. 27. 判タ 641-128, ② 大阪地判 소화 31. 9. 28. 下民 7-9-2716, 判タ 66-79(채권자체의 양도를 인정하지 않은 사례). ③ 東京地判 평성 원년 5. 24. 判時 1351-74(양수채권이 추심된 상황에서는 Y에 대한 직접청구가 인정되지만, 추심되지 않은 상태에서는 D에 대하여 채권양도취소의 통지만이 가능하다).

216) 大阪地判 소화 31. 9. 28. 下民集 7-9-2716, 判タ 66-79.

217) 대법원 1997. 10. 10. 선고 97다8687 판결.

> 2. 피고는 소외 ○○○(제3채무자)(주소 : - -)에게 별지목록 기재 채권에 관한 제1항 기재 채권양도계약이 취소되었다는 취지의 통지를 하라.[218]

(다) 이 경우 채권양도취소의 통지는 현실적으로 어떠한 의미를 가지는가? 그것은 양도인 S가 채권자로 복귀한다는 것이 아니라, X를 비롯한 다른 채권자와 Y에 대한 관계에서는 통지 후부터는 S의 채권으로 취급된다는 취지를 고지하는 것으로서, D는 Y에게 변제하면 안 된다. 즉 채권양도가 상대적으로 취소되었다는 것을 통지한 셈이 된다.[219]

다만 취소통지 후의 S는 채권의 준점유자로 볼 수 있고, D가 S에게 채권을 변제하였다면 이는 채권의 준점유자에 대한 변제로서 유효한 변제가 될 것이다. 그러므로 X는 D가 S에게 변제하기 전에 압류 및 전부·추심의 강제집행을 할 필요가 있다(이 점에 대하여는 아래 보는 바와 같이 상대효에 따른 이론적 문제가 있다).

한편 D로서도 채권양도의 효력, 유무 등에 관하여 법률상, 사실상 의문이 있는 경우로서 변제자의 과실 없이 채권자를 알 수 없는 때에 해당하므로 민법 제487조 후문에 따른 채권자불확지 변제공탁을 함으로써 채무를 면할 수 있다.

(4) 검토－채권자의 만족방법과 관련하여

주류적인 판례를 따르면, 취소채권자 X는 채무자(양도인) S에 대한 집행권원을 가지고, S에게 회복된 채권에 관하여 제3채무자 D에 대한 압류 및 전부·추심의 강제집행을 할 수 있다고 본다. 왜냐하면 취소의 상대효 때문에 S와 D 사이에는 채권양도취소의 효력이 미치지 않기 때문에, X가 S를 대위하여 D에게 청구할 수 없으므로, X가 할 수 있는 방법으로는 S의 D에 대한 채권을 압류하는 것밖에 없기 때문이다. 그러나 이 방법 또한 취소의

218) 서울지법 동부지원 1997. 12. 5. 선고 97가합1516 판결, 최영남, 전게논문, 312면 참조.

219) 이에 대한 상세한 설명은 [26] 3. 참조.

상대효를 엄격하게 적용하면 S는 D에 대하여 채권이 없으므로, 이를 압류할 수 없다는 문제가 있다. 결국 X로서는 채권자취소권을 행사하여 승소한다 하여도 아무런 소용이 없게 된다.

그렇다면 처음부터 Y와 함께 D도 피고로 삼아 취소에 따라 양도가 무효가 되고, 채권이 S에게 복귀하는 효력을 D에 대하여도 미치도록 하고, 동시에 X로 하여금 D에 대한 청구를 할 수 있도록 하는 것이 합리적 해결책이 아닐까 생각한다.[220]

7. 저당권이나 담보가등기 설정의 경우

저당권설정행위는 그 저당권이 실행되어도 취소할 수 있으므로, 각 단계마다 원상회복방법을 검토할 필요가 있다.

가. 저당등기의 말소등기

저당권이 설정되어 그대로 남아 있는 단계에서는 설정계약 취소와 설정등기의 말소등기절차로 충분하다(통설・판례).

나. 저당권 소멸 후

목적부동산이 경매되거나 다른 원인으로 소멸한 후에는 가액배상으로 한다.[221]

다. 담보가등기가 설정된 부동산이 공유물분할이 된 경우

공유물분할 이후 당초 공유지분에 담보가등기를 설정한 공유자의 단독소유로 귀속된 부동산에 종전의 담보가등기를 대체하는 새로운 담보가등기를 설정하고, 다른 공유자의 소유로 분할된 부동산에 전사된 담보가등기는 모두 말소한 경우, 그 담보권설정자에 대한 채권자의 채권자취소권 행사의 방법에

---

220) 飯原一乘, 詐害行爲取消訴訟, 411면; 박창현, 전게논문, 131면도 제3채무자가 피고가 된 경우에 직접청구권을 인정하자는 견해이다.

221) 자세한 설명은 아래 [32] 7. 참조.

관하여 흥미로운 판례가 있다.[222)]

채무자 S가 피고 Y에 대한 차용금채무의 지급을 담보하기 위하여 Y와 사이에 그 소유인 분할 전 토지의 공유지분에 관하여 제1 대물반환예약을 체결하고 위 지분에 관하여 제1 담보가등기를 마쳤다가 위 토지가 공유물분할되자 단독소유로 된 분할된 토지에 관하여 제1 대물반환예약과 동일한 내용의 제2 대물반환예약을 체결하고 제1 담보가등기는 말소한 뒤 분할된 토지에 관하여 다시 제2 담보가등기를 마쳤다. 채권자인 원고 X가 사해행위를 주장하며 제2 대물반환예약의 취소와 제2 담보가등기의 말소를 구하였다. 원심은 제2 대물반환예약은 제1 대물반환예약에 따른 분할 전 토지의 공유지분에 관한 제1 담보가등기를 공유물분할에 따라 분할된 토지에 관한 제2 담보가등기로 이전하기 위한 계약에 불과하여 분할 전 토지에 관한 제1 대물반환예약이 사해행위에 해당함은 몰라도 제2 대물반환예약에 따라 별도로 채무자의 공동담보가 더욱 부족하게 되었다고 볼 수 없다는 이유로 제2 대물반환예약의 체결은 사해행위에 해당하지 않는다고 판단하였다.

대법원은 제1 담보가등기 설정 당시, 즉 제1 대물반환예약을 기준으로 사해행위 여부를 판단하더라도, 그 원상회복의 방법으로는 제2 대물반환예약 취소와 제2 담보가등기의 말소를 구할 수 있다고 하여 원심을 파기하였다.

즉 공유물분할은 형식적으로는 공유자 상호간의 지분의 교환 또는 매매라고 볼 것이나 실질적으로는 공유물에 분산되어 있는 지분을 분할로 취득하는 특정 부분에 집중시켜 그 소유형태를 변경한 것에 불과하다. 그러므로 공유지분에 제1 담보가등기를 설정하였다가 공유물분할로 단독소유가 된 부동산에 전사된 담보가등기에 대하여 사해행위를 이유로 채권자취소권을 행사할 경우에는, 공유지분에 대한 제1 담보가등기 설정 당시를 기준으로 사해행위에 해당하는지 여부를 판단해야 함이 원칙이다. 한편 공유물분할 이후 당초 공유지분에 담보가등기를 설정한 공유자의 단독소유로 귀속된 부동산에 제1 담보가등기에 대체하는 제2 담보가등기를 설정하고 다른 공유자의 소유로 분할된 부동산에 전사된 제1 담보가등기는 모두 말소한 경우에, 그 담보권설

222) 대법원 2016. 5. 27. 선고 2014다230894 판결.

정자에 대한 채권자가 채권자취소권을 행사할 때에는 공유물분할 자체가 불공정하게 이루어져 사해행위에 해당한다는 특별한 사정이 없다면, 공유물분할이 되어 단독소유로 된 부동산에 설정된 제2 담보가등기 설정계약의 취소와 그 담보가등기의 말소를 구하는 방법으로 할 수 있다.

8. 상속재산분할협의 취소와 등기

S(처) · Y(자 2명)가 상속재산분할협의를 하면서, S가 전혀 상속을 받지 않은 것으로 처리하자, S의 채권자 X가 Y들을 상대로 상속재산분할협의를 사해행위로 취소하고, Y들로부터 S에게 채권자취소를 원인으로 지분이전등기절차를 청구하여 인용된 사례가 있다.[223]

[32] Ⅷ. 가액반환(배상)

1. 가액반환의 근거

가. 법적 근거

가액배상은 현행 민법에 근거는 없으나,[224] 판례를 통하여 확립되어 있다.

나. 법적 성격

가액배상의 성격에 관하여 부당이득에 의한 악의 수익자의 반환의무에 준하는 것이라는 견해[225]를 비롯한 여러 가지 학설이 있으나, 채권자취소권의 인정근거를 형평의 견지에서 법이 특별히 인정한 것이라는 데에서 구하므로, 가액반환청구 역시 법률에 따른 원상회복의무의 일종으로 상대방에게 인정된

223) 東京高判 평성 10. 1. 22. 判タ 995-233.

224) 일본 구민법 제341조 제4항에는, “채권자가 사해행위의 취소를 구할 수 없을 때에는 피고에 대하여 손해배상을 구할 수 있다”는 규정이 있었다.

225) 일본의 통설. 飯原一乘, 詐害行爲取消訴訟, 384면.

것이라고 보아야 한다.[226]

다. 부인권의 근거

한편 도산법상 부인권에도 가액배상제도가 인정되고, 그 근거로는 회생절차에서는 채무자회생법 제108조 제2항,[227] 제109조 제1항[228]을, 파산절차에서는 같은 법 제397조 제2항,[229] 제403조 제2항[230] 및 제399조[231]를 그 근거로 인정하는 것이 통설과 판례이다.[232]

2. 가액반환이 허용되는 경우

가. 원물반환이 불가능하거나, 현저히 곤란한 경우

(1) 사해행위로 채무자의 책임재산에서 일탈된 재산의 반환방법, 즉 원상회복은 원물반환이 원칙이고, 예외적으로 그것이 불가능하거나 현저히 곤란한 경우에 가액반환을 청구할 수 있다.

(가) 수익자 Y가 채무자 S로부터 사해행위에 따라 취득한 물건을 훼손하거나 멸실한 경우에는, 고의·과실의 유무에 상관없이(취득시에 사해 인식은 필요) 가액배상의 책임을 진다.[233]

(나) 원물반환이 불가능하거나 현저히 곤란한 경우라 함은 원물반환이 절대적으로 불능인 경우가 아니라 사회생활상의 경험법칙이나 거래 관념에 비추어 그 이행의 실현을 기대할 수 없는 경우를 말한다.

---

226) 민법주해 IX, 845면, 대법원 1998. 5. 15. 선고 97다58316 판결(원래 채권자와 아무런 채권·채무관계가 없던 수익자가 채권자취소에 따라 원상회복의무를 부담하는 것은 형평의 견지에서 법이 특별히 인정한 것이다).

227) 제100조 제1항 제4호의 규정에 의한 행위가 부인된 경우 상대방이 그 행위 당시 지급정지 등을 알지 못한 때에는 이익이 현존하는 한도 안에서 상환하면 된다.

228) 채무자의 행위가 부인된 경우 상대방이 그가 받은 급부를 반환하거나 그 가액을 상환한 때에는 상대방의 채권은 원상으로 회복된다.

229) 회생절차에 관한 제108조 제2항에 상응하는 조문.

230) 전득자에 대한 준용규정.

231) 회생절차에 관한 제109조 제2항에 상응하는 조문.

232) 대법원 2003. 2. 28. 선고 2000다50275 판결.

233) 대법원 1998. 5. 15. 선고 97다58316 판결.

(다) 목적물의 멸실

목적물이 과일 등 부패하거나 멸실하기 쉬운 물건이나 약품인 경우,[234] 상대방의 일반재산에 혼입되어 특정성을 상실[235]하거나 멸실된 경우, Y가 택시 영업권을 양수한 후 돈을 투자하여 차량이나 공구를 다시 사들인 경우[236]에는 가액배상을 청구할 수 있다.

(라) 목적물의 양도, 제한물권의 설정

사해행위 목적물을 수익자가 전득자에게 양도한 경우나,[237] 사해행위 후 그 목적물에 관하여 제3자가 저당권이나 지상권 등의 권리를 취득한 경우에는,[238] 수익자가 목적물을 다시 찾아올 수 있다거나, 저당권 등의 제한이 없는 상태로 회복하여 이전하여 줄 수 있다는 등의 특별한 사정이 없다면 채권자는 수익자를 상대로 원물반환 대신 그 가액 상당의 반환을 구할 수 있다.

즉 전득자가 생긴 경우에 취소채권자는 전득자에 대한 원물반환[239]과 수익

---

234) 부인권에 관하여, 東京地判 소화 35. 6. 14. 下民集 11-1325; 東京高判 소화 38. 5. 9. 東京時報 14-123.

235) 佐賀地 唐津支判 소화 33. 12. 3. 訟月 5-228.

236) 長崎地判 소화 36. 12. 27. 下民集 12-12-3245.

237) 대법원 1998. 5. 15. 선고 97다58316 판결(이 경우 훗날 채권자가 전득자를 상대로 소송을 통하여 구제받을 수 있는지 여부에 관계없이 특별한 사정이 없다면 이행불능 상태에 빠졌다고 볼 수 있다).

238) 대법원 2001. 2. 9. 선고 2000다57139 판결.
이 판결은 사해행위 후 그 목적물에 관하여 제3자가 저당권이나 지상권 등의 권리를 취득한 경우에 수익자가 목적물을 저당권 등의 제한이 없는 상태로 회복하여 이전하여 줄 수 있다는 등의 특별한 사정이 없다면 ① 가액반환을 구하거나, ② 수익자 명의 등기의 말소를 구하거나, ③ 수익자를 상대로 채무자 앞으로 직접 소유권 이전등기절차를 이행(진정명의 회복을 위한 이전등기)할 것을 구할 수 있다고 하여, 3가지 반환방법의 선택이 가능하다고 한다. 그러나 위 ②의 방법인 수익자명의 등기의 말소를 구하는 청구는 집행불능의 위험이 있다. 즉 사해행위 취소의 상대적 효력 때문에 전득자에게 수익자를 상대로 한 판결의 효력을 주장할 수 없기 때문이다. 그리고 위 ①의 가액반환을 청구할 경우 저당권의 피담보채권이 고액이어서 목적물의 평가액을 넘어서는 경우에는, 부동산에 대한 강제집행 과정에서 근저당권자가 우선변제를 받고 나면 취소채권자를 비롯한 일반채권자들이 전혀 배당을 받지 못할 위험이 있기 때문에, ③의 진정명의 회복을 위한 이전등기를 구하는 것이 바람직하다는 견해가 있다(최한신, 사해행위 I, 192면 이하).

239) 진정명의 회복을 위한 이전등기의 방법도 가능하다(대법원 2000. 2. 25. 선고 99다53704 판결).

자에 대한 가액반환을 선택적으로 청구할 수 있다.

사해행위의 목적물이 상장주식인 경우에는, 수익자 또는 전득자는 대체물인 그 상장법인의 주식 중 원상회복을 할 수량을 다시 취득하여 원물반환의무를 이행할 수 있으므로, 양도 받은 주권 그 자체를 보유하고 있지 않다는 사실만으로 주식반환의무가 불가능하게 되었다고 할 수 없다.[240)]

매도인 S가 매매목적물인 부동산을 Y에게 신탁하고 이전등기를 마치자 매수인 X가 위 부동산 소유권이전등기의무의 이행불능에 따른 손해배상청구권을 피보전권리로 하여 위 신탁이 사해행위에 해당한다고 주장한 사안에서, 신탁의 성질상 S가 소유권에 관한 등기명의를 회복하여 X에게 이전등기해주는 것이 불가능하게 되었다고 단정할 수 없다고 한 사례가 있다.[241)]

(마) 권리의 소멸·이전

S가 Y를 위하여 저당권을 설정한 행위가 사해행위로 취소되는 경우, Y가 저당권을 실행하여 수령한 변제금 상당은 가액배상으로 반환해야 하고,[242)] 저당채권을 Z에게 양도하여 이득이 남아 있지 않더라도 그 가액을 배상해야 한다.[243)] Y가 S로부터 양수한 채권을 제3채무자로부터 추심한 경우도 같다.[244)]

(바) 일부 취소

사해행위의 목적물이 불가분이고 그 가격이 피보전채권보다 높을 때에는, 피보전채권의 범위 내에서 일부취소·가액반환을 할 수 있다.[245)]

(2) 가액반환은 예외적인 조치이므로 원물반환이 가능함에도 불구하고 가액반환을 구하는 것은 허용되지 않는다. 그러나 가액반환이 가능함에도 불구하고 채권자가 굳이 원물배상을 구하는 것은 허용된다.[246)] 원고(채권자)와

---

240) 대법원 2007. 7. 12. 선고 2007다18218 판결.

241) 대법원 2010. 4. 29. 선고 2009다99129 판결(분양을 위한 신탁의 경우로서 X가 S에 대하여 손해배상청구권을 가진다고 할 수 없을 뿐만 아니라, S의 행위가 사해행위에 해당한다고 단정할 수도 없다고 함).

242) 東京地判 소화 41. 12. 26. 判タ 202-185.

243) 最判 소화 35. 4. 26. 民集 14-6-1406.

244) 東京地判 평성 13. 11. 21. 金法 1658-95.

245) [30] 5. 나. 참조.

피고(수익자)가 모두 원물반환을 원하는 경우도 같다.[247] 그러나 대법원이 가액배상청구를 원물반환의 일부청구로 보면서도, 이러한 판시를 한 것은 논리적으로 문제가 있다.

(3) 사정변경에 따른 주식 가치의 변동은 주식의 일반적 속성에 포함되고 주식 자체의 성질이나 내용에는 변화가 없으므로, 이를 가액반환 사유로 삼을 수는 없다.[248]

나. 저당채무의 변제

(1) 판례의 태도

저당권이 설정되어 있는 부동산이 사해행위로 이전된 후 그 저당권설정등기가 말소되면 그 부동산 가액에서 저당권의 피담보채무액(채권최고액을 초과할 수 없다[249])을 공제한 잔액의 한도에서 사해행위를 취소하고 그 가액의 배상을 명한다.[250]

채무자가 제3자에 대한 채무를 담보할 목적으로 저당권을 설정하지 않고 신탁법에 따라 신탁한 부동산을 매도한 행위가 사해행위에 해당하는 경우에도, 매수인이 채무자를 대위하여 제3자에 대한 채무를 변제하고 신탁계약을 해지하여 그 부동산 소유권을 이전받았다면 마찬가지로 가액배상의 대상이 된다.[251]

부동산이 사해행위로 이전된 후 피담보채무 전액이 소멸되었다면 특별한 사정이 없으면 그 피담보채무의 소멸 원인이 무엇인지, 소멸의 원인 중에 변제도 포함되어 있는 경우라면 실제 변제 자금의 출연주체가 누구인지 여부는 더 나아가 따질 여지가 없다는 것이 판례이다.[252]

---

246) 대법원 2001. 2. 9. 선고 2000다57139 판결 참조.

247) 대법원 2013. 4. 11. 선고 2012다107198 판결.

248) 대법원 2009. 3. 26. 선고 2007다63102 판결.

249) 대법원 2005. 5. 27. 선고 2003다36478 판결.

250) 大判 명치 44. 11. 20. 民錄 17-715; 最判 소화 36. 7. 17. 民集 15-7-1875는 채무자 S가 Y를 위하여 저당권을 설정한 부동산을 Y에게 대물변제함으로써 저당권이 혼동으로 소멸하여 저당권등기가 말소된 경우에 가액배상을 명하였다.

251) 대법원 1999. 11. 9. 선고 99다50101 판결.

그러나 실제로 채무자가 출연한 돈으로 변제하였다는 사실이 증명된 경우까지, 동일하게 취급되어야 하는지는 의문이다. 왜냐하면 사해행위 없이 채무자소유로 남아 있는 상태에서, 채무자가 저당채무를 변제하여 저당권이 소멸되었다면, 채무자의 채권자들은 당연히 그에 따른 이익을 향유할 수 있기 때문이다.[253)]

(2) 채무자 소유의 다른 부동산에 관한 저당권의 말소와 관련하여

사해행위 목적 부동산에 설정된 저당권등기가 말소되었음을 이유로 가액배상을 명하는 경우, 그 부동산가액에서 그 부동산에 설정되었다가 말소된 저당권의 피담보채권액을 공제하는 것이지, 수익자로부터 받은 돈으로 말소된 채무자 소유의 다른 부동산에 관한 저당권이나 전세권의 피담보채무액도 공제하여 배상액을 산정하여서는 안 된다는 대법원 판례가 있다.[254)]

그러나 채권자로서는 채무자의 전 재산이 채권의 일반담보가 되므로, 채무자의 전체 재산을 두고 볼 때 채권자의 일반담보가 감소되지 않았을 뿐만 아니라, 이러한 경우에 채무자의 사해의사를 인정하기도 어려울 것이므로, 위 판결의 입장은 채권자취소권을 지나치게 넓게 인정하였다는 비판을 면할 수 없다. 그 후 위와 다른 입장으로 볼 수 있는 대법원 판례가 나왔다.[255)] 새로운 대법원 판결이 타당함은 말할 나위가 없다.

---

252) 대법원 2002. 11. 8. 선고 2002다41589 판결.

253) 박치봉, "원물반환을 청구취지로 하는 사해행위취소소송에서 가액배상판결을 할 수 있는가?", 裁判과 判例 11집, 대구판례연구회(2002년), 83쪽, 84쪽 ; 박성철, "사해행위와 가액배상액산정의 기준시", 판례연구 11집, 부산판례연구회(2000), 166쪽 토론자 이수기의 질의사항부분(채무자가 다른 사람으로부터 돈을 빌려서 저당권을 소멸시키지 않은 이상, 원물반환으로 원상회복하더라도 전체 책임재산의 변동이 없으므로 채무자의 재산으로 저당채무를 변제한 경우 원물반환을 명해야 하며, 수익자가 가액배상을 원하면 채무자가 자기 재산으로 저당채무를 변제하지 않고 다른 재산으로 변제하였다는 점을 주장・입증하면 되지 않을까 생각한다.)

254) 대법원 2007. 5. 31. 선고 2006다18242 판결(원심인 서울고등법원 2006. 2. 10. 선고 2004나57443 판결에서는 취소채권자와 일반채권자 및 수익자와의 공평의 관점에서, 수익자로부터 받은 돈으로 채무자의 다른 부동산에 설정된 근저당설정등기가 말소되었다면 그 액수도 공제대상이 된다고 하였다).

255) 대법원 2012. 1. 12. 선고 2010다64792 판결. [9] 6. 다. 참조.

□ 대법원 2012. 1. 12. 선고 2010다64792 판결

[사안] 채무자 S가 Y_1에게서 돈을 빌리면서 여러 개의 부동산을 공동담보로 하여 근저당권설정등기를 해 주었고, Y_2에게서 돈을 차용하면서 위 부동산이 포함된 여러 개의 부동산을 공동담보로 하여 근저당권설정계약을 체결하였다. 그 후 S가 Y_1 명의의 근저당권설정등기를 말소한 후 위 근저당권설정계약에 따라 Y_2에게 근저당권설정등기를 경료하여 주었다.

[판단] S와 Y_2 사이의 근저당권설정계약은 Y_1 명의의 선순위 근저당권설정등기를 대체하기 위하여 체결된으로 보이므로, 근저당권설정계약 중 Y_1 명의의 선순위 근저당권이 경료되어 있던 부동산의 피담보채무에 관한 부분은 S의 공동담보를 부족하게 하지 않으므로 사해행위가 성립하지 않는다.

(3) 저당채권의 일부 변제

사해행위 이후에 저당채권의 일부만이 변제되었기 때문에 저당권등기가 그대로 존속하는 경우에도 원물반환을 인정하면 그 사해행위로 감소된 공동담보 이상의 담보가치를 반환하게 되므로 역시 원물반환이 불가능한 경우로 해석된다.256) 이에 대하여 저당채권의 일부 변제만으로는 가액반환의 요건이 되지 않는다는 견해가 있다.257)

256) 대법원 2007. 7. 12. 선고 2005다65197 판결 참조(사해행위 후 1, 2순위 근저당권이 말소되고, 3순위 근저당권의 피담보채권 중 일부가 채무자의 재산에 대한 공매절차를 통하여 변제됨으로써 법원이 사해행위취소에 따른 원상회복으로 가액배상을 명하는 경우, 부동산 시가에서 공제할 3순위 근저당권의 피담보채권액은 공매절차를 통하여 일부 변제된 후가 아닌 사해행위 당시의 피담보채권액이라고 한 사례이다.)

257) 박치봉, "원물반환을 청구취지로 하는 사해행위취소소송에서 가액배상판결을 할 수 있는가?", 裁判과 判例 11집, 대구판례연구회, (2002년) 93-94면은 아래와 같이 그 이유를 설명한다. "저당권이 소멸되는 경우 즉, 저당채무가 완제되거나 저당권이 말소된 경우만을 가액배상을 할 사례로 들고 있기 때문이다. 그러나 원물반환을 한다면 수익자의 손실 및 취소채권자의 부당한 이득이 발생하는 문제점이 생길 수 있다. 판례가 저당권소멸의 경우에 가액배상을 명하는 이유는 과잉회복을 방지하기 위한 것이고, 이는 저당채무의 일부 소멸의 경우에도 마찬가지로 적용되어야 할 요소인 것이므로, 따라서 판례는 자체의 논리를 끝까지 관철하지 않고 있는 셈이다. 그러나 이 경우에 가액배상을 인정하는 데는 문제도 따른다. 원물반환을 하더라도 장차 지연손해금이 증가하여 강제집행시에 피담보채무액이 채권최고액을 초과하는 경우에는 결과적으로는 취소채권자의 부당한 이득이 생기지 않을 수 있고, 저당부

다. 공동저당의 경우

(1) 가액의 안분

여러 개의 부동산에 공동저당권이 설정되었다가 말소된 경우에도 가액배상을 해야 하나, 이때 부동산별로 가액반환의 여부와 그 범위는 어떻게 될까. 가액반환 범위에 관한 사례는 아니나, 공동담보의 경우에 피담보채권액은 민법 제368조 제1항의 취지에 따라 공동저당의 목적인 각 부동산의 가액에 비례하여 각 부동산별로 피담보채권액을 안분하여 계산해야 한다는 판례가 있다.[258] 가액반환의 경우에도 달리 볼 이유가 없다.

(2) 제3자의 부동산

공동저당의 목적이 된 부동산 중 채무자가 아닌 제3자가 제공한 담보가 있는 경우에는 물상보증인의 내부적 부담부분은 없으므로 안분가격을 산정할 부동산에 포함되어서는 안 된다.[259]

(3) 예 외

(가) 일괄하여 매도된 각 부동산에 관하여 공동저당권이 경료되어 있었으나, 사해행위(매도) 당시를 기준으로 수익자와 취소채권자 이외에는 각 부동산에 별도의 독립된 이해관계인이 존재하지 않는 경우에는, 취소채권자의 의

동산이 양도된 경우에는 거의 모든 사건에서 저당채무의 증감을 심리하여야 한다는 부담을 안게 되며, 가액배상액은 사해부동산 가액에서 수익자의 변제액(채권최고액과 잔존채무원리금의 차액을 한도로 함)을 공제한 금액이어야 하는데, 잔존채무원리금은 사해행위취소소송의 사실심 변론종결시로부터 판결확정시—강제집행개시시—배당표작성시에 이르기까지 계속 증가하고 이념적으로는 배당표작성시를 기준으로 함이 바람직하나 현실적으로는 사실심변론종결시를 기준으로 삼을 수밖에 없는 데에 근본적인 문제점이 있다." 그러나 위 2005다65197 판결이 적절히 판시한 바와 같이 일부 변제된 저당권의 현재 피담보채무가 얼마인지 따질 필요가 없이 사해행위 당시 피담보채무 전액을 공제한 목적물 가액을(피보전채권의 범위 내에서) 가액반환금으로 산정하면 되므로, 위에서 본 지적은 문제가 되지 않을 것이다.

258) 대법원 2003. 11. 13. 선고 2003다39989 판결.

259) 대법원 2008. 4. 10. 선고 2007다78234 판결(여러 개의 부동산 중 일부는 채무자의 소유이고 일부는 물상보증인의 소유인 경우에는, 물상보증인이 민법 제481조, 제482조에 따른 변제자대위에 따라 채무자 소유 부동산에 대하여 담보권을 행사할 수 있는 지위에 있으므로, 채무자 소유 부동산에 관한 피담보채권액은 공동저당권의 피담보채권액 전액으로 보아야 한다).

사에 반하여 일괄매도된 부동산 전부에 대하여 안분한 가액으로 피담보채권을 계산하여서는 안 된다는 판례가 있다.

□ 대법원 2005. 5. 26. 선고 2004다67806 판결

사해행위의 목적 부동산 전부가 하나의 계약으로 동일인에게 일괄양도된 경우에는, 사해행위가 되는 매매계약이 공동저당부동산의 일부를 매매목적물로 할 때처럼, 그 부동산가액에서 공제하여야 할 피담보채권액의 산정문제(즉 안분문제)가 발생하지 않으므로, 특별한 사정이 없다면 취소에 따른 배상액의 산정은 목적부동산 전체의 가액에서 공동저당권의 피담보채권 총액을 공제하는 방식으로 함이 그 취소채권자의 의사에도 부합하는 타당한 방법이다.

(나) 위 판례는, 공동저당권이 경료된 여러 개의 부동산이 일괄하여 수익자 Y에게 사해행위로 이전된 후에 저당권이 모두 소멸된 경우, 취소채권자 X로서는 그 부동산 중 일부에 관한 사해행위만 취소되고 가액반환을 받아도 피보전채권의 만족을 얻을 수 있다고 생각하여, X가 일부 부동산에 대한 채권자취소소송을 제기한 경우이다.[260] 이 경우 Y가 공동저당의 목적이 되는 각 부동산의 가액에 비례하여 각 부동산별로 피담보채권액을 안분하여 계산해야 하므로, 그 중 X가 사해행위취소의 대상으로 선택한 일부 부동산에 관한 안분액만이 가액반환의 대상이 된다고 주장할 수 있는가가 쟁점이 되었다. 이에 대하여 대법원은 Y와 X 외에 당시 달리 이해관계인이 없다면, 가액배상액의 산정은 전체 부동산 가액에서 공동저당권의 피담보채권 총액의 가액을 공제한 금액으로 일괄산정하고, X가 그 중 일부 부동산만에 대한 사

260) 한 개의 법률행위로 여러 개의 공동담보물이 일괄 양도된 경우, 그 중 일부 목적물에 대하여만 취소를 구하는 것을 허용하여서는 안 된다는 주장에 대하여, 사해행위취소 및 그 반환의 범위를 정하는 것은 채권자의 권한에 속하는 것이고, 일부 취소를 구할 경우 피담보채권액의 안분비율을 변론종결일 당시를 기준으로 정하는 이상 채권자가 그 취소범위를 어떻게 정하든지 수익자에게 불합리한 결과가 발생하지 않는다는 이유로 이를 배척한 원심 판단을 지지한 판례가 있다(대법원 2014. 6. 26. 선고 2012다77891 판결). 사해행위취소 및 그 반환 범위를 정하는 것은 채권자의 처분권주의에 따라야 하므로 위 판결은 정당하다. 다만 위 사안은 공동저당권이 설정된 후에 일부 부동산에 제3자의 가압류가 되어 수익자와 취소채권자 이외에 이해관계인이 생긴 경우로서, 대법원 2005. 5. 26. 선고 2004다67806 판결과는 사안이 다르다.

해행위취소소송을 제기하더라도, 그 부동산의 가액에서 공동저당권의 피담보채권 가액을 공제한 액수가 피보전채권의 가액을 넘는다면, X의 선택을 존중하여 소송의 대상이 되지 않은 다른 부동산의 존재를 고려할 필요가 없이 피보전채권액 상당의 가액반환을 명하여야 한다는 것이다.[261)][262)]

라. 사해행위가 가등기인 경우

소유권이전등기청구권 보전을 위한 가등기가 사해행위로 이루어진 경우에는 그 매매예약을 취소하고 원상회복으로서 가등기를 말소하면 족하고, 가등기 후에 저당권이 말소되었다거나 그 피담보채무가 일부 변제된 점 또는 그 가등기가 사실상 담보가등기라는 점[263)] 등은 그와 같은 원상회복의 방법에

---

261) 예컨대 사해행위로 소유권이 이전된 A, B, C, 3개의 부동산가격이 각각 3억 원, 2억 원, 1억 원으로서 합계 6억 원이고, 이를 공동저당으로 한 근저당권의 피담보채권액이 3억 원이며, 취소채권자의 피보전채권액이 1억 원이라고 하자. 가액배상금을 전체부동산과 공동근저당권의 총채권액을 기준으로 일괄하여 계산한다면, 근저당권으로 담보된 금액을 공제한 부동산의 공동담보가액은 3억 원(6억 원－3억 원)이므로, X로서는 그보다 적은 피보전채권액 1억 원의 범위 내에서 취소권을 행사할 수 있다. 따라서 3개의 부동산 중 A와 C부동산에 대한 사해행위를 취소하면 가액배상금이 1억 원(부동산 가액 합계액 4억 원－피담보채권 3억 원)이 되므로 피보전채권액을 만족할 수 있다.

262) 앞 각주의 예에서, 피담보채권액을 각 부동산의 시가 비율로 안분하면 A, B, C 각각 1억 5,000만 원, 1억 원, 5,000만 원이 된다.

263) 사해행위가 담보가등기의 경우에는 저당권설정등기와 동일하게 취급한다(가등기담보 등에 관한 법률 제12조, 제13조, 제15조). 사해행위인 저당권설정등기가 사해행위취소소송의 변론종결시까지 존속하고 있는 경우 원상회복은 저당권설정등기를 말소하는 방법으로 하고, 사해행위 이전에 설정된 별개의 저당권이 사해행위 이후에 말소되었다는 사정은 원칙적으로 원상회복의 방법에 아무런 영향을 주지 못한다(대법원 2007. 10. 11. 선고 2007다45364 판결). 담보가등기는 소유권이전청구권 보전을 위한 가등기와는 달리 가등기 자체로서 저당권등기와 같은 효력이 있지만, 사해행위로서 저당권이 설정된 이후에 다른 저당권이 변제되었다고 하더라도 원상회복의 방법에는 아무런 제한이 없다.

여기서 주의할 것은 사해행위 여부가 문제된 저당권설정행위가 이미 설정되어 있던 저당권을 말소하기 위한 자금으로 사용하기 위한 것임이 증명되어, 처음부터 사해행위가 될 수 없는 경우는 원상회복을 할 여지가 없으므로 본문의 문제와 혼동하지 말아야 한다. 즉 여기서는 후순위저당권설정등기가 사해행위에 해당됨을 전제로 하여 그 원상회복의 방법을 설명하고 있는 것이다.

아무런 영향을 주지 않는다.[264] 가등기가 채권자를 해칠 수 있어 사해행위가 된다 하더라도, 소유권이전청구권 보전을 위한 가등기 자체만으로는 물권취득의 효력이 발생하지 않기 때문이다.

마. 우선적 효력 있는 채권의 변제

우리 법제상 저당권 등 제한물권 이외에 일반 채권자보다 우선변제권이 인정되는 채권이 있다. 주택임대차보호법상의 소액임차보증금 반환채권, 우선변제권을 가지는 임차보증금 반환채권,[265] 선박우선특권, 근로기준법상 임금·퇴직금 등의 채권, 각종 조세채권(당해세 포함), 의료보험법·산업재해보상보험법·국민연금법상 보험료 등이 그것인데, 사해행위 당시 이미 성립되어 있던 위 채권이 사해행위 이후 변제 등으로 소멸되었다면 역시 가액반환의 문제가 된다. 가액반환 이론이 일반채권자의 공동담보목적이 아닌 부분까지 반환시킬 수는 없다는 이유에서 비롯된 것이기 때문이다.

한편 사해행위 당시 어느 부동산이 가압류되어 있다는 사정은 채권자평등의 원칙상 채권자의 공동담보로서 그 부동산의 가치에 아무런 영향을 미치지 않으므로, 가압류가 된 여부나 그 청구채권 액수에 관계없이 그 부동산 전부에 대하여 사해행위가 성립한다. 따라서 사해행위 후 수익자 또는 전득자가 그 가압류 청구채권을 변제하거나 채권액 상당을 해방공탁하여 가압류를 해제시키거나 또는 그 집행을 취소시켰다 하더라도, 법원이 사해행위를 취소하면서 원상회복으로 원물반환 대신 가액배상을 명하거나, 다른 사정으로 가액배상을 명하는 경우에도 그 변제액을 공제할 것은 아니다.[266]

---

264) 대법원 2001. 6. 12. 선고 99다20612 판결; 대법원 2003. 7. 11. 선고 2003다19435 판결.

265) 저당권설정등기보다 먼저 대항력을 갖춘 임차인은 확정일자를 받지 않았더라도 가액반환의 가액에서 공제해야 한다(윤경, '대법원판례해설', 제36호, 2001년 상반기, 145면). 그러나 대항력을 갖추었으나 그전에 이미 선순위근저당권이 마쳐져 있어 부동산이 경락되는 경우 소멸할 운명에 놓인 임차권의 임차보증금반환채권은, (사해행위 이전에) 임대차계약서에서 확정일자를 받아 우선변제권을 가지거나 주택임대차보호법상의 소액임차인에 해당하는 등의 특별한 사정이 없다면 수익자가 배상할 부동산 가액에서 공제하지 않는다(대법원 2001. 6. 12. 선고 99다51197 판결).

266) 대법원 2003. 2. 11. 선고 2002다37474 판결.

바. 공평의 견지에서 가액반환이 인정되는 경우

수익자가 신축 중인 건물을 매수한 뒤 자금을 투입하여 건물을 완성시켜 수익자 앞으로 소유권보존등기를 경료한 경우, 원상회복으로 수익자가 완공한 건물 전체에 대하여 소유권보존등기의 말소를 명하는 것은 당초 일반채권자들의 공동담보로 되어 있지 않던 부분까지 회복하는 것이 되어 공평에 어긋난 결과가 되므로, 가액 상당의 배상을 명함이 타당하다.267)

사. 사해행위취소 및 원물반환의 승소판결이 확정된 후 원물반환이 불가능하게 되었음을 이유로 가액반환청구를 할 수 있는지 여부

이에 대하여는 상반된 판례가 있다.

[1] 대법원 1998. 5. 15. 선고 97다58316 판결

X가 Y를 상대로 하여 원물반환을 명하는 확정판결을 받았으나, 그 확정판결 당시에 이미 Y가 목적물을 제3자에게 처분하여 원물반환이 불가능하게 된 경우에, X가 Y를 상대로 다시 가액반환청구를 할 수 있다.

[2] 대법원 2006. 12. 7. 선고 2004다54978 판결

X의 Y에 대한 원상회복청구권은 사실심 변론종결 당시의 X의 선택에 따라 원물반환과 가액반환 중 어느 하나로 확정되며, X가 일단 사해행위 취소 및 원상회복으로서 원물반환청구를 하여 승소판결이 확정되었다면, 그 후 어떠한 사유로 원물반환의 목적을 달성할 수 없게 되었다고 하더라도 다시 원상회복청구권을 행사하여 가액반환을 청구할 수는 없다(권리보호이익이 없다는 이유로 각하).268)

후자가 새로운 판례이고, 대법원이 판시사항에서 명백히 밝힌 견해로서 현재 대법원의 입장으로 보인다.269)

---

267) 대법원 2003. 10. 9. 선고 2003다19091 판결; 대법원 2010. 2. 25. 선고 2007다28819 판결.

268) Y로부터 S에게 이전등기를 하는 방식으로 원상회복을 명하는 사해행위취소소송판결이 확정된 후에, 아직 등기가 경료되지 않은 상태에서, 그 부동산에 임의경매절차가 진행되어 근저당권자에게 배당되고 남은 잔여배당액이 Y에게 배당된 사안이다. 제1심은 그 잔여배당액의 지급을 구하는 원고의 청구를 인용하였으나, 항소심은 권리보호의 이익이 없다는 이유로 각하하였고, 대법원은 본문과 같은 이유로 원고의 상고를 기각하였다.

269) 이에 대하여 소송물로서의 관점에 관한 고찰은 [29] 5. 참조.

한편 이와 관련하여 유의할 판례가 있다. 즉 X가 Y를 상대로 제기한 사해행위취소소송에서 원물반환으로 근저당권설정등기 말소를 구하여 승소판결이 확정되었는데, 그 후 해당 부동산이 담보권실행을 위한 경매절차에서 매각되었다. 그러자 X는 Y가 말소될 근저당설정등기에 따라 지급받은 배당금의 반환을 구하는 소송을 제기하였고, 제1·2심[270]은 X의 청구를 인용하였다. 그런데 제1·2심은 X의 청구를 사해행위취소소송의 가액배상청구로 보고, 다만 전소의 변론종결시까지 가액배상을 할 수 없는 경우에 해당되므로, 원물반환을 명한 전소의 기판력이 가액배상을 명하는 후소에 미치지 않는다고 하였다.

그러나 대법원은 X의 청구를 가액배상청구가 아닌 이른바 대상청구로 보고 X의 청구를 인용하였다.[271] 결국 대법원의 견해는 원물반환 판결이 확정된 후에 가액배상을 구하는 것은 기판력에 저촉되어 허용되지 않지만, 원물반환이 이행불능이 되면 대상청구권을 행사함으로써 원물의 대체물인 가액을 구할 수 있다는 취지라 할 수 있다. 채권자취소소송의 소송물과 기판력이론을 유지하면서도 취소채권자를 보호하고 구체적 타당성까지 고려한 것으로 보인다.

아. 수익자로부터 가액배상을 받은 후 채권잔액에 관하여 채무자 상대로 한 가압류에 근거한 강제집행을 할 수 있는지 여부

이와 관련된 하급심 판례의 사실관계는 다음과 같다.[272]

채무자 S 소유 부동산(7억 원 상당)에 관하여, A 명의로 채권최고액 3억 원의 근저당권이 설정되어 있는 상태에서, S에 대하여 8억 원의 채권을 가진 X가 가압류를 하였고, S로부터 Y 앞으로 매매로 인한 소유권이전등기가 경료된 후, Y가 A에게 근저당채무 3억 원을 변제하여 근저당설정등기가 말소되었다. X의 Y에 대한 채권자취소소송에서 S-Y의 매매행위가 사해행위로 인정되어, Y는 4억 원(부동산 가액 7억 원－근저당 채무 변제액 3억 원)의

---

270) 제1심은 서울중앙지방법원 2010. 2. 9. 선고 2009가단306658 판결이고, 제2심은 같은 법원 2010. 7. 27. 선고 2010나13229판결로서, 제1심 판결을 그대로 인용하였다.

271) 대법원 2012. 6. 28. 선고 2010다71431 판결.

272) 서울고등법원 2012. 7. 17. 선고 2011나38259 판결.

가액배상판결을 받고 이를 변제하였다. 그러자 위 가압류등기가 남아 있음을 기화로 X는 S에 대한 채권 잔액 4억 원을 집행채권(X는 Y에 대한 취소소송 제기 전에 S를 상대로 제소하여 집행권원을 받아두었음)으로 하여 위 부동산에 강제집행을 개시하자, Y가 X를 상대로 하여 제3자이의 소를 제기하였다.[273]

이에 대하여 법원은, 가압류와 취소소송은 둘 다 S에 대한 책임재산 회복을 목적으로 한 것이고, 가액배상은 원물반환이 부당한 경우에 공평의 원칙에 입각하여 당초 책임재산으로 파악한 범위 내의 재산만을 회복시켜 주기 위한 제도로서, 만약 Y가 근저당채무를 변제하지 않아서 원물반환이 되었더라면, X가 사해행위 목적 부동산에 강제집행을 하더라도 가액배상으로 받은 금액 이상의 변제를 받지 못하고 가압류는 말소되어야 하였는데, 가액배상으로 사실상 그보다 더 유리한 변제를 받고도, 가압류등기가 남아 있음을 기화로 가압류의 처분금지효에 터잡아 S에 대한 나머지 채권을 변제받을 목적으로 다시 Y 소유 부동산에 대하여 강제집행을 하는 것은, Y로 하여금 동일 부동산을 놓고 사실상 이중변제의 위험을 부담하게 하는 결과가 되어 부당하다고 판시하였다.

원물반환의 경우에 위 가압류는 S에 대한 판결의 본집행에 포섭되고, 일반채권자를 위한 공동담보인 책임재산, 즉 위 부동산의 가치 중에서 선순위 근저당권의 채권최고액을 공제한 나머지 부분만 보전할 뿐이었는데, 선순위 근저당권의 소멸을 전제로 한 가액배상에서는 당초의 책임재산을 넘어서 배당을 받음으로써 그만큼 가압류의 효력이 확장된다는 것은 공평의 원칙에 비추어 가액배상을 인정한 취지에 어긋난다는 것이다.

한편 위 사례는 부동산에 대한 사해행위 당시 그 부동산이 가압류되어 있는 경우에, 그 환가금액에 대한 배당을 할 때, 가압류채권과 가액배상채권의 순위에 관한 문제와도 관련된다. 사해행위 당시 어느 부동산이 가압류되어 있다는 사정은 채권자 평등의 원칙상 그 부동산이 채권자들의 공동담보가 되는지 여부에 영향을 미치지 않으므로, 가압류가 된 여부나 그 청구채권액수에 관계없이 그 부동산 전부에 대하여 사해행위가 성립한다.[274] 이러한 법

273) 주위적으로 청구이의 소를 제기하였으나 Y는 청구이의 소를 제기할 원고적격이 없다는 이유로 각하되었다. 제3자이의 소는 예비적 청구이다.

리를 배당의 국면에서 본다면, 가압류채권과 가액배상 취소채권은 동순위로 취급하여, 이들 채권의 피보전채권이 같다면 다액 채권에 흡수되어 배당하고, 다르다면 안분하여 배당한다.

3. 가액반환의무의 성립과 범위

가. 성 립

원래 채권자 X와 아무런 채권·채무관계가 없었던 수익자 Y가 채권자취소에 따라 원상회복의무를 부담하는 것은 형평의 견지에서 법이 특별히 인정한 것이므로, Y와 전득자 Z의 재산회복의무는 재산양도에 따른 이득이 잔존하는가 여부를 묻지 않고,[275] 가액반환 의무는 목적물 반환이 불가능하거나 현저히 곤란하게 됨으로써 성립하고, 그 외에 그와 같이 불가능하게 된 데에 상대방인 Y 등의 고의나 과실이 필요하지는 않다.[276]

나. 범 위

가액배상은 ① 사해행위 목적물이 가지는 공동담보가액과 ② 채권자의 피보전채권액 및 ③ 수익자나 전득자가 취득한 이익의 각 범위 내에서 그 중 적은 금액을 한도로 한다.[277] 수익자가 목적물 소유권을 취득한 경우에는 ①과 ③은 같다.

①의 사해행위 목적물의 공동담보가액을 산정함에는 사해행위 당시 목적물에 대하여 우선변제권을 가진 채권을 공제한다. 그러나 사해행위 당시 어느 부동산이 가압류가 된 사정은 채권자평등의 원칙상 채권자의 공동담보로서 그 부동산의 가치에 아무런 영향을 미치지 않으므로, 가압류가 된 여부나

---

274) 대법원 2003. 2. 11. 선고 2002다37474 판결(따라서 사해행위 후 수익자 또는 전득자가 그 가압류 청구채권을 변제하거나 채권액 상당을 해방공탁하여 가압류를 해제시키거나 또는 그 집행을 취소시켰다 하더라도, 법원이 사해행위를 취소하면서 원상회복으로 원물반환 대신 가액배상을 명하여야 하거나, 다른 사정으로 가액배상을 명하는 경우에도 그 변제액을 공제할 것은 아니다).

275) 最判 소화 35. 4. 26. 判時 223-2.

276) 대법원 1998. 5. 15. 선고 97다58316 판결.

277) 대법원 2001. 9. 4. 선고 2000다66416 판결 등 참조.

청구채권액의 다과에 관계없이 그 부동산 전부에 대하여 사해행위가 성립한다. 따라서 사해행위 후 수익자나 전득자가 가압류청구채권을 변제하거나 채권액 상당을 해방공탁하여 가압류를 해제하거나 또는 그 집행을 취소했다 하더라도, 법원이 사해행위를 취소하면서 원상회복으로 원물반환 대신 가액배상을 명하거나, 다른 사정으로 가액배상을 명하는 경우에도 그 변제액을 공제하여서는 안 된다.[278]

(1) 피보전채권의 이자(지연손해금)

사해행위 당시의 채권액에 그 이후 사실심 변론종결시까지 발생한 이자나 지연손해금이 포함된다.[279]

(2) 사용이익

사해행위 이후 상대방이 목적물을 사용・수익함으로써 얻은 이득의 반환 역시 원상회복의 범위에 속하는지 여부에 대하여는 판례[280]는 부정하지만 판례의 견해가 부당하다는 점은 앞에서 보았다.[281]

(3) 집행비용

저당권자의 신청에 따라 담보권실행을 위한 경매절차가 진행 중인 물건이 사해행위로 이전되고, 그 후 변제 등으로 저당권설정등기가 말소되어 그 경매신청이 취하되면, 사해행위취소에 따른 가액반환을 산정할 때 그 물건 가액에서 저당권의 피담보채권액 뿐만 아니라 경매절차에서 우선적으로 변상받을 수 있었던 집행비용액도 공제해야 한다.[282]

(4) 저당권이 설정되어 있는 부동산에 관하여 사해행위가 이루어진 경우

(가) 사해행위취소로 배상할 가액은 사해행위취소권을 행사한 때인 사실심 변론종결시를 기준으로 하여 그 부동산의 가액에서 근저당권의 피담보채무액을 공제하는 방식으로 산정한다.

---

278) 대법원 2003. 2. 11. 선고 2002다37474 판결.

279) 대법원 2001. 9. 4. 선고 2000다66416 판결.

280) 대법원 2008. 12. 11. 선고 2007다69162 판결.

281) [30] 8. 참조.

282) 대법원 2008. 8. 21. 선고 2008다26360 판결.

(나) 피담보채권액을 공제할 때 사실심 변론종결 당시의 피담보채권액이 사해행위 당시의 그것보다 증대되어 남아 있는 경우에는 근저당권의 채권최고액의 범위 내에서 이를 모두 공제하여야 한다.

(다) 반대로 Y가 피담보채무의 일부를 대위변제하여 사실심 변론종결 당시의 피담보채무액이 사해행위 당시보다 줄어들게 되었다면, 감소된 피담보채무액만을 공제하는 것은 사해행위 당시 채권자들의 공동담보로 제공되지 않은 부분까지 회복시키는 결과가 되어 불공평하므로, 사해행위 당시의 피담보채무액을 공제하는 방법으로 가액반환의 범위를 확정해야 한다.[283] 사해행위 당시 존재하던 기존의 근저당권이 말소된 후에 사해목적물에 관한 권리를 취득한 전득자 Z에 대한 배상액도 말소된 근저당권의 피담보채무액을 공제해야 한다.[284]

이때 채무자 S를 위하여 변제한 자는 변제자대위의 법리에 따라 채권최고액의 범위 내에서 채권자의 근저당권을 행사할 수 있으므로, 위와 같이 공제된 금액에서 대위변제된 금원을 또 다시 공제해서는 안 된다.[285]

(라) 사해행위목적 부동산에 설정된 저당권등기가 말소되었음을 이유로 가액배상을 명하는 경우, 그 부동산가액에서 당해 부동산에 설정되었다가 말소된 저당권의 피담보채권액을 공제하는 것이지, 수익자로부터 받은 돈으로 말소된 채무자 소유의 다른 부동산에 관한 저당권이나 전세권의 피담보채무액도 공제하여 배상액을 산정하여서는 안 된다는 대법원 판례가 있다.[286] 그러나 채권자로서는 채무자의 전 재산이 채권의 일반담보가 되므로, 채무자의 전체 재산을 두고 볼 때 채권자의 일반담보가 감소되지 않았을 뿐만 아니라, 이러한 경우에 채무자의 사해의사를 인정하기도 어려울 것이므로, 말소된 저당권이 채무자의 소유 부동산 중 어느 부동산 위에 설정된 것이냐에 따라 결론이 달라져서는 안 된다. 사해행위의 성립에 관한 사례이지만 필자의 견해와 같은 취지의 판례가 있다.[287]

283) 대법원 2007. 7. 12. 선고 2005다65197 판결.
284) 대법원 2001. 9. 4. 선고 2000다66416 판결.
285) 대법원 2005. 10. 14. 선고 2003다60891 판결.
286) 대법원 2007. 5. 31. 선고 2006다18242 판결.
287) 대법원 2012. 1. 12. 선고 2010다64792 판결; [9] 6. 다., [32] 2. 나. (2) 참조.

(5) 임차보증금

우선변제권 있는 임차인(주택임대차보호법 제3조 제1항의 대항력과 확정일자를 갖추거나 같은 법 제8조에 의한 소액임차인)의 임차보증금 반환채권액은 가액배상할 때 공제되어야 한다.[288]

그러나 대항력을 갖추었으나 그 전에 이미 선순위근저당권이 되어 있어 부동산이 경락되는 경우 소멸할 운명에 있는 임차권의 임차보증금 반환채권은, 확정일자를 받아 우선변제권을 가지거나 소액임차인에 해당하는 경우가 아니라면, 수익자가 배상할 부동산 가액에서 공제되지 않는다.[289]

사해행위 이전에 임대차계약이 체결되었고 임차인에게 임차보증금에 대해 우선변제권이 있다면, 부동산 가액 중 임차보증금에 해당하는 부분이 일반채권자의 공동담보에 제공되었다고 볼 수 없으므로 수익자가 반환할 부동산 가액에서 우선변제권 있는 임차보증금 반환채권액을 공제한다. 그러나 부동산에 관한 사해행위 이후에 비로소 채무자가 부동산을 임대한 경우에는 그 임차보증금을 가액반환의 범위에서 공제할 이유가 없다. 이러한 경우에는 부동산 가액 중 임차보증금에 해당하는 부분도 일반 채권자의 공동담보에 제공되어 있음이 분명하기 때문이다.[290]

(6) 가액반환 자체에 대한 지연손해금

수익자가 가액반환의무를 부담하는 시점은 사해행위취소소송 판결이 확정되는 시점이므로 그 다음날부터 이행지체책임을 지고, 가액반환은 장래이행의 소이므로 소송촉진법 제3조 제1항 단서[291]에 따라 같은 조항 본문의 이율이 적용되지 않는다.[292] 따라서 사해행위취소소송만이 제기되어 먼저 확정된 후에 가액반환을 구하는 경우에는 소송촉진법이 정한 지연손해금을 구할 수 있다.

---

288) 대법원 2007. 7. 26. 선고 2007다29119 판결.

289) 대법원 2001. 6. 12. 선고 99다51197 판결.

290) 대법원 2018. 9. 13. 선고 2018다215756 판결.

291) 소송촉진법 제3조(법정이율) 제1항 단서에 따르면, 민소법 제251조에 규정된 소, 즉 장래이행의 소에는 본문이 정한 이율을 적용하지 않는다.

292) 대법원 2002. 6. 14. 선고 2000다3583 판결; 대법원 2009. 1. 15. 선고 2007다61618 판결 모두 연 5푼의 비율에 의한 민사지연손해금을 명하였다.

(7) 사해행위 후 목적물에 선의 제3자가 저당권을 취득한 경우

선의 제3자가 저당권을 취득하였다는 이유로 가액배상을 명하는 경우에는 사해행위 당시 일반 채권자들의 공동담보로 되어 있었던 부동산가액 전부의 배상을 명하여야 하고, 그 가액에서 제3자가 취득한 저당권의 피담보채권액을 공제해서는 안 된다. 또한 증여 형식으로 이루어진 사해행위를 취소하고 원물반환에 갈음하여 명하는 목적물가액의 배상에는 수익자에게 부과된 증여세액과 취득세액을 공제해서는 안 된다.[293)]

4. 가액반환청구의 유무와 판결

가. 원물반환청구는 가액반환청구를 포함

취소채권자가 원물반환을 구하였으나, 법원이 원물반환은 할 수 없고 가액반환을 구하는 것이 타당하다고 판단할 때, 원물반환청구를 기각하고 말 것인가, 그렇지 않으면(일종의 일부인용으로써) 가액반환을 명할 수 있는가? 현재 판례는 후자의 입장에 있다.[294)]

다만 원물반환을 청구하였는데 청구취지 변경 없이 가액배상을 할 경우 그 지연손해금 지급을 명할 수는 없다. 원상회복으로서 반환하는 원물에 상응하는 것은 가액배상 원금이고, 원금과 지연손해금은 소송물을 달리하기 때문이다.[295)]

나. 가액반환이 가능함에도 원물반환을 구하는 경우

이 경우에는 채권자의 청구에 따라야 한다는 판례가 있다. 그러나 대법원이 가액반환을 원물반환의 일부 청구라고 하면서도 가액반환 대신 원물반환

---

293) 대법원 2003. 12. 12. 선고 2003다40286 판결.

294) 대법원 2002. 11. 8. 선고 2002다41589 판결(사해행위인 계약 전부의 취소와 부동산 자체의 반환을 구하는 청구취지 안에는, 일부취소를 할 경우 그 일부취소와 가액반환을 구하는 취지도 포함되어 있으므로, 청구취지 변경이 없더라도 바로 가액반환을 명할 수 있다).

295) 윤경, “사해행위취소와 가액배상”, 162면; 최진수, “지연손해금청구”, 사법연수원 논문집 제4집, 사법연수원(2007), 53면.

을 할 수 있다고 하는 것은 논리적으로 문제가 있다.

□ 대법원 2005. 10. 28. 선고 2004다59379 판결

사해행위취소에서 원물반환이 불가능하거나 현저히 곤란한 경우 채권자는 원물반환 대신 가액반환을 구할 수 있지만, 그렇다고 하여 채권자가 스스로 위험이나 불이익을 감수하면서 원물반환을 구하는 것까지 금지되는 것은 아니므로, 법원으로서는 채권자가 구하는 바에 따라 원물반환의 방법으로 원상회복을 명할 수 있다.

다. 원물반환이 가능함에도 가액반환을 구하는 경우

원고가 가액반환을 구하는 경우에 법원이 원물반환이 가능하다고 판단할 때는, 가액반환이 예외적이고 일부 청구임에 비추어 청구취지 변경이 없다면 청구를 기각해야 한다.

라. 상소의 이익 문제

가액반환을 받을 수 있는 채권자가 원물반환의 판결을 받은 경우에, 가액반환을 구하는 취지로 상고할 수 있는가. 이를 부인한 판례가 있다.

□ 대법원 2009. 5. 14. 선고 2009다4947 판결[296)]

사해행위 후 기존의 근저당권이 변제로 말소되었다면 채권자의 가액반환청구는 정당하므로, 특별한 사정이 없다면 채권자가 구하는 가액반환의 범위를 넘어 원물반환을 명할 수 없으나, 이러한 원심 재판이 자신에게 이익이 되는 원고로서는 그 변경을 구할 상고의 이익이 없다.

가액반환이 채권자에게 현실적으로 이익이 될 가능성이 크지만, 법리적으로는 원물반환이 사해행위의 전부 취소이고 가액반환은 일부 취소이므로 원물반환보다 유리하다고 할 수 없다는 것이 이유이다.

5. 예비적 대상청구

물건의 급부청구와 함께 그 집행불능의 경우에 대비한 손해배상(전보배상)

296) 이에 대한 평석으로는 이진수, '가액배상을 구하는 사해행위취소소송에서 원물반환을 명할 수 있는지 여부'.

을 구하는 예비적 대상청구는 일반적으로 인정되지만, 사해행위취소소송에서는 원물반환을 원칙으로 하고, 가액반환은 법률상이나 사실상 그 회복이 불능이거나 현저히 곤란한 경우에만 인정된다는 이유로, 원물을 피고가 보유하고 있는 것이 명백하고, 가액반환을 구할 만한 특별한 사정이 보이지 않는다고 하여 대상청구를 인정하지 않은 외국 사례[297]가 있으나, 가액배상과 대상청구는 별개의 제도이고, 그 기능이 서로 다르므로, 위 판시는 의문이 있다는 점은 위에서 보았다.[298]

6. 가액반환의 산정기준시

가. 사실심 변론종결시

(1) 상대방이 반환하여야 할 가액의 산정기준시에 대하여는 견해가 나뉠 수 있으나, 가액반환은 원물반환에 갈음하는 것이고, 원물반환의무의 존재는 채권자취소소송의 사실심 변론종결시를 기준으로 하여 판단하므로 가액산정 역시 그때가 기준이 된다.[299]

공동저당이 설정된 경우 민법 제368조 제1항의 취지에 따라 각 부동산 가액의 비율에 따라 가액배상 범위를 정하는 경우에도, 각 부동산이 부담하는 피담보채권액은 변론종결일을 기준으로 하여 안분한다.[300]

(2) 부인권의 경우

---

297) 岡山地判 소화 43. 10. 30. 判時 566-84.

298) [31] 3. 참조.

299) 대법원 1999. 9. 7. 선고 98다41490 판결; 대법원 1998. 2. 13. 선고 97다6711 판결; 대법원 2010. 4. 29. 선고 2009다104564 판결; 最判 소화 50. 12. 1. 判時 803-61.

300) 대법원 2014. 6. 26. 선고 2012다77891 판결.
원심(서울고법 2012. 7. 24. 선고 2011나59874 판결)은, 사실심 변론종결 당시의 가액에 비례하여 공동저당 목적물의 공동담보액을 산정하는 것은, ① 사해행위의 취소가 채무자의 책임재산을 사해행위가 있기 이전의 상태로 회복시키는 제도라는 점, ② 사실심 변론 종결 당시를 기준으로 할 경우 채권자가 언제 사해행위를 취소하느냐에 따라 그 안분비율이 달라질 수 있어 불합리한 결과가 초래될 가능성이 있다는 점에서 보면, 공동저당권 말소 당시 가액반환의 대상이 된 각 부동산이 부담하고 있는 피담보채권액은 사해행위 당시 공동저당 목적물의 가액에 비례하여 안분해야 한다고 판시했다.

이에 대하여는 변론종결시설, 부인권행사시설 및 회생절차개시시설 등의 학설이 대립하고 있으나, 실무는 부인권행사시설을 따른다.[301] 부인권은 채권자취소권과는 달리 공격방법으로서 소장의 청구원인이나 준비서면에 기재하여 행사할 수 있고, 그것이 진술될 때 효력이 발생하므로, 일본의 통설과 주류적인 판례도 가액배상 산정의 기준시를 부인권행사시로 본다.[302]

나. 수익자의 목적물 가치 증가행위

예컨대 2층 건물을 증여받은 자가 그 건물을 4층으로 증축한 경우와 같이 사해행위 후에 수익자가 목적물 가치를 많이 증가시킨 경우에는 그 목적물에 대한 사해행위 당시의 시가를 기준으로 가액반환을 명한다.[303]

채권양도가 사해행위로 취소되는 경우에도, 수익자의 행위로 채권의 가치가 양도를 전후하여 달라졌다면, 원상회복으로서 채권 자체의 양도에 따른 반환을 구할 수는 없고, 양도될 당시의 채권가액 배상을 구해야 한다.[304]

□ 대법원 2002. 10. 25. 선고 2000다7783 판결

Y가 S의 광주군에 대한 공사도급계약에 따른 공사대금채권을 약속어음공정증서를 이용하여 압류·전부 받은 후 Y 스스로 공사를 수행하여 완공하였다면, 위 공사대금채권은 압류·전부 후에 그 성질이나 내용 또는 가치가 달라졌으므로, 위 약속어음 발행행위가 사해행위로 취소되는 데 따른 원상회복은 현재 Y가 보유하고 있는 공사대금채권 그 자체의 양도에 따른 반환을 구할 수는 없고, 위 압류·전부 당시를 기준으로 공사대금채권의 객관적 평가액 또는 그 당시의 기성고에 따른 공사대금채권 상당액의 배상을 구하는 방법으로 해야 한다.

부동산신탁이 사해신탁으로 취소되는 경우에, 신탁이 설정된 후 수탁자가 자금을 동원하여 사업을 진행하여 부동산의 가치가 달라진 때에도, 원물반환을 명해서는 안 되고 사해신탁 당시의 가액반환을 명해야 한다는 견해가 있다.[305]

---

301) 회생사건실무(상), 345면.

302) 最判 평성 9. 12. 18. 判時 1627-102 외 다수.

303) 대법원 2003. 10. 9. 선고 2003다19091 판결 참조.

304) 대법원 2002. 10. 25. 선고 2000다7783 판결.

다. 가치변동이 심한 경우

사실심 변론종결시가 원칙이기는 하나 가치변동이 심한 경우까지 일률적으로 변론종결 당시 시가를 기준으로 하는 것은 공평하지 않으므로, 수익자인 피고가 처분할 당시의 부동산가액을 기초로 산정해야 한다는 하급심 판례가 있다.

[1] 서울중앙법원 2004. 4. 1. 선고 2003가합4940 판결

원래 X와 아무런 채권채무관계가 없었던 Y가 채권자취소에 따라 원상회복의무를 부담하는 것은 형평의 견지에서 법이 특별히 인정한 것이다. 이 경우 Y에게 사해행위목적물의 소유권이 귀속되지 않는 점과 목적물 시가가 Y가 처분한 후 대폭적으로 상승하거나 하락하는 등 가치변동이 현저한 경우에까지 일률적으로 변론종결 당시 목적물 시가를 기준으로 하여 가액반환의 범위를 산정하는 것은, X가 Y를 상대로 사해행위취소의 소를 제기한 시점 또는 사해행위취소소송의 변론종결시점이라는 우연한 사정으로 Y의 가액반환액이 좌우되는 것은 부당한 점에 비추어 공평의 관념에 합치하지 않는다. 그러한 경우에는 사해행위취소 및 가액반환의 범위를 원물반환이 불가능하게 된 사정이 있었던 당시 Y가 얻은 이득, 다시 말하자면 Y가 처분한 당시의 부동산가액과 이를 기초로 하여 그때, 즉 Y가 원물반환 이행불능시부터 원상회복의무를 부담하는 채권자취소판결 확정일까지 통상 얻을 수 있는 이익인 민법 소정의 연 5%의 비율에 따른 이자 상당액을 합한 금액을 기준으로 산정해야 한다.

그러나 위 판결의 항소심에서는 다음과 같은 이유로 가액배상 기준시는 원칙대로 사실심 변론종결시가 되어야 한다고 하였다.[306]

[2] 서울고등법원 2005. 10. 6. 선고 2004나28957 판결

① 가액배상은 원물반환에 갈음하는 것이고 원물반환의무의 존부는 사해행위 취소의 효과가 생겨 수익자가 재산반환의 의무를 부담하는 때인 채권자취소소송의 사실심 변론종결시를 기준으로 하여 판단된다. ② 매매계약서에 매매대금을 실제보다 낮게 기재하는 거래관행에 비추어 볼 때 수익자가 주장하는 가격이 실제 거래가격인지 입증하기 어렵다. ③ 수익자가 스스로 시세보다 현저히 낮은 가격으로 목

305) 임채웅, '사해신탁의 연구', 26~27면.

306) 2005다69144로 상고되었으나 2006. 1. 27 심리불속행으로 기각되었다.

적물을 처분할 경우 그 불이익은 수익자가 감수하는 것이 타당하다. ④ 처분시 가액을 기준으로 배상을 명할 경우 가액배상의 범위가 수익자의 자의에 따라 달라질 수 있다는 점 등을 고려할 때, 가액산정은 사실심 변론종결시를 기준으로 하는 것이 타당하다.

사정변경에 따른 주식가치의 변동은 주식의 통상적인 속성에 포함되는 것이고 주식 자체의 성질이나 내용에는 변화가 없으므로, 이를 가액반환의 사유로 삼을 수는 없다.[307] 주식처분에 대하여 가액반환이 인정될 경우에도 같은 취지에서 주식가액의 변동이 있다 하더라도 사실심 변론종결시를 기준으로 한다.

7. 근저당권설정계약을 사해행위로 취소하는 경우

가. 근저당권설정등기가 말소된 경우 사해행위취소소송의 이익 문제

근저당권설정계약을 사해행위로서 취소하는 경우, 그 근저당권에 따른 경매절차가 진행되어 타인이 소유권을 취득하고 근저당권설정등기가 말소되었다면, 원물반환이 불가능하므로 가액반환의 방법으로 원상회복을 명할 수밖에 없다. 그런데 사해행위인 근저당권이 경락으로 말소된 경우 그 취소를 구할 이익이 있는가? 대법원은 이를 긍정한다.[308]

□ 대법원 1997. 10. 10. 선고 97다8687 판결

채무자 S와 수익자 Y 사이의 근저당권설정계약이 사해행위인 이상, 그에 따른 근저당권설정등기가 경락으로 말소되었다고 하더라도, Y로 하여금 근저당권자로서

---

307) 대법원 2009. 3. 26. 선고 2007다63102 판결(사해행위 이후 주식의 가치가 상승하였다고 하여 원물반환을 명하는 것이 당초 책임재산에 포함되지 아니하는 부분까지 반환하는 것이 되어 부당한 결과를 초래하는 것이라고 볼 수 없다).

308) 다만 토지수용의 경우, 서울고등법원 2010. 1. 15. 선고 2008나110373 판결은, 근저당권등기가 경료된 토지에 관하여 토지수용이 되어 근저당권등기가 말소되었으며, 근저당권자가 토지수용보상금 채권에 대한 채권압류나 배당요구 등의 물상대위 절차를 밟지 않았다면, 토지가 수용되면서 근저당권이 소멸되었으므로, 근저당권설정행위에 대한 사해행위취소소송은 이미 그 목적이 실현되어 더 이상 권리보호이익이 없어졌다고 한다.

의 배당을 받도록 하는 것은 민법 제406조 제1항의 취지에 어긋나므로, Y에게 부당한 이득을 보유시키지 않기 위하여 근저당권설정등기로 해를 입은 채권자 X는 근저당권설정계약의 취소를 구할 이익이 있다.[309]

나. 경매절차 진행 단계별 반환방법

(1) 배당금을 수령한 때

이미 배당이 종료되어 Y가 배당금을 수령하였다면 Y로 하여금 배당금을 반환하도록 명한다.[310] 다만 X는 적법한 배당요구권자이어야 한다.

(2) 배당표가 확정되었으나 X의 배당금지급금지 가처분으로 Y가 배당금을 현실적으로 지급받지 못한 경우

(가) 배당금지급채권을 S에게 양도하고 그 채권양도의 통지를 명한다.[311]

주문은

수익자는 채무자에게 이 사건 배당금지급채권을 양도하는 의사표시를 하고, 대한민국에게 그 채권양도의 통지를 하라.

는 형식이 된다. 배당금을 바로 X에게 지급하도록 명할 수는 없다.[312] 경매법원이 수익자에게 배당하여야 할 돈을 다른 사람에게 배당하는 바람에, 수익자가 배당금을 지급 받지 못하고 자신의 권리 이상으로 배당을 받은 다른 사람에 대하여 부당이득반환채권을 취득한 경우에도 마찬가지다.[313]

309) 대법원 2001. 2. 27. 선고 2000다44348 판결도 같은 취지.

310) 대법원 2001. 2. 27. 선고 2000다44348 판결; 대법원 2009. 1. 15. 선고 2007다61618 판결.

311) 대법원 1997. 10. 10. 선고 97다8687 판결.

312) 대법원 2009. 5. 14. 선고 2007다64310 판결 참조. 원심에서는 Y(피고)로 하여금 X에게 바로 배당금의 지급을 명하는 판결을 하였다. X가 배당금지급금지 가처분을 하여 Y로 하여금 배당금을 지급받지 못하게 한 경우가, 가처분을 하지 않아 배당금이 Y(피고)에게 지급된 경우(이때는 X가 바로 배당금의 지급을 받을 수 있음)보다 불리하게 되었다고 하며, 이러한 불합리를 없애기 위해서는, 배당금이 지급된 경우에도 이를 바로 X에게 지급하라는 판결을 하여서는 안 되고, S에게 지급하라는 형식을 취해야 한다는 견해가 있다(최한신, 사해행위 I, 187면 이하). 그러나 S에게 지급하라는 것은 집행불능이나 소비・은닉의 우려가 있으므로 X에게 지급하도록 하는 것이 타당하다.

배당금지급채권에 대한 압류가 경합하여 제3채무자(국가)가 자신의 채무를 집행공탁한 경우에도, 그 공탁에 따라 채무변제의 효과가 생겨 제3채무자가 면책되기는 하지만, 제3채무자의 채권자는 현실적으로 그 채권을 추심한 것이 아니라 공탁금출급청구권을 취득한 것에 불과하고, 압류 효력이 공탁금출급청구권에 대하여 존속하므로, 채권자취소권 행사에 따른 원상회복의 방법은 가액배상이 아니라 공탁금출급청구권을 반환하는 방법으로 한다.[314)]

이에 대하여 사해행위인 근저당권설정계약이 취소되면 바로 추가배당사유가 발생한다는 판례[315)]의 입장에서 볼 때, 원상회복방법으로 굳이 수익자에 대한 배당금지급채권을 채무자에게 양도하는 절차를 거칠 필요가 없다는 의견이 있다. 즉 배당금지급채권을 채무자에게 양도하지 않더라도 근저당권설정계약이 사해행위로 취소되는 것만으로 배당절차 내에서 추가배당이 실시된다면, 채권자취소소송에서 따로 원상회복을 명할 필요 없이 근저당권설정계약을 취소하는 주문만을 내면 충분하다는 것이다.[316)] 그러나 원고가 배당요구권자인 경우에는 위 주장이 타당하지만, 배당요구권자가 아닌 경우에는 배당하고 남는 잉여금이 있을 때 이를 채무자의 책임재산으로 환원할 필요가 있으므로, 채무자에게 양도하는 절차가 필요 없다고 단정할 수는 없다.[317)]

---

313) 대법원 2008. 12. 11. 선고 2007다91398 판결.

314) 대법원 2004. 7. 9. 선고 2003다38245 판결.

315) 대법원 2002. 9. 24. 선고 2002다33069 판결. 이 판결의 취지에 찬성하는 견해로는 임기환, '채권자취소권의 행사에 따른 원상회복의 방법으로서의 배당이의의 소', 756면 이하; 양창수, '최근 중요 민법판례 동향', 민법연구 7권, 405면이 있다. 이에 대하여 위 판결에 따른다면 절차가 매우 간명하여 유용한 집행절차가 될 수 있으나, 사해행위취소판결의 성질과 효력에 관한 기존의 법리 및 배당절차에 관한 법리에 비추어볼 때 이론적으로 보완할 문제가 있다는 견해로는, 이우재, '사해행위취소의 효력과 배당절차에서의 취급, 444면 이하가 있다.
필자로서는 위 판결이 사해행위취소의 효과가 소급되지 않는다는 대법원의 확고한 입장과 조화될 수 있도록 운용해야 한다고 생각된다. 즉 사해행위의 취소는 소급하지 않으나 민법 제407조에 따라 취소채권자뿐만 아니라 '다른 채권자'의 이익을 위하여도 효력이 있다. 그런데 배당요구채권자 중에서 민법 제407조에 따라 취소의 효력을 원용할 수 있는 채권자가 아닌 경우도 있으므로 이들은 추가배당에서 제외되어야 한다. 예를 들면 사해행위 후에 발생한 채권을 가진 배당요구채권자가 이에 해당된다.

316) 이우재, '사해행위취소의 효력과 배당절차에서의 취급, 437면 이하.

(나) 공탁금출급청구권이 채무자 S에게 반환된 이후 S의 채권자(취소채권자 X는 물론이고 Y가 채권자인 경우에도 채권자취소소송의 이익을 향유한다)가 어떠한 절차에 따라 채권만족을 받을 수 있는가?

채권자는 채무자 S가 국가(소관은 공탁관이 속해 있는 법원)에 대하여 배당금지급청구권을 갖는 것으로 보고, 그 채권에 대한 강제집행절차(채권압류 및 추심·전부명령 등)를 다시 거쳐 채권의 만족을 받을 수 있다. 다만 경매법원으로서는 취소된 근저당권에 따른 배당금지급청구권에 대한 압류가 있으면 이를 공탁하고 추가배당을 하고, 공탁금지급청구권에 관한 채권압류 및 추심명령은 추가배당절차에서 배당되고 남은 잉여금에만 효력이 있을 뿐이다. 따라서 아래 「(3)」항에서 보는 바와 같이 X가 배당요구권자인 경우에 배당이의 소를 제기한 경우에 비하여 불리한 위치에 있으므로,[318] 배당요구권자인 X로서는 가능하면 배당이의 소를 제기해 둘 필요가 있다.

(다) 사해행위인 근저당권설정계약이 취소되어 추가배당이 되는 경우에, 배당받을 채권자는 경매절차에서 적법하게 배당요구한 채권자이어야 하고,[319] 그 중에서도 채권자취소권을 행사할 수 있는 피보전채권을 가진 채권자이어

---

317) 배당요구권자들에게 배당하고 남는 금액이 생기는 경우는 현실적으로 많지 않겠지만, 배당요구권자들 중에는 민법 제407조에 따라 사해행위취소의 이익을 받을 수 없는 채권자들이 있을 수 있고, 그러한 채권자들은 사해행위가 취소되었다고 하여도 추가배당을 받을 수 없으므로, 취소에 따른 원상회복으로서 채무자에게 배당금지급채권을 양도하는 방식이 무익하다고는 할 수 없다.

318) 배당이의 소에서는 원·피고 사이에서만 원래 배당표가 경정되고 다른 배당권자는 배당이의 소에서 전혀 고려될 사정이 아니기 때문에, 배당이의를 제기한 원고는 다른 채권자보다 우선적으로 변제받을 수 있다. 다만 배당이의 소는 실체법상 권리를 확정하는 것이 아니므로, 배당이의로 배당표가 경정된 경우에 다른 배당권자가 과다배당을 받은 사람을 상대로 부당이득반환청구를 할 수는 있으므로(대법원 2007. 2. 9. 선고 2006다39546 판결), 일부는 다시 환수될 위험은 있다. 그러나 배당요구권자가 부당이득청구를 한다는 것이 확실하지 않고, 모든 배당요구권자가 부당이득청구를 할 가능성이 있는 것은 아니기 때문에, 먼저 배당받아 가지는 것이 반드시 실익이 없다 할 수는 없다.

319) 대법원 2002. 9. 24. 선고 2002다33069 판결. 이 경우 근저당권자로서 경매법원에 채권계산서를 제출하기는 하였지만 그 근저당권설정계약이 사해행위로서 취소된 때에는 이를 적법한 배당요구로 볼 수 없으므로 사해행위의 수익자는 배당받을 수 없다.

야 한다. 사해행위취소는 원・피고 사이에 상대적 효력이 있을 뿐이고 소급하지 않으나 민법 제407조에 따라 취소채권자뿐만 아니라 '다른 채권자'의 이익을 위하여도 효력이 있다. 그런데 배당요구채권자 중에서 민법 제407조에 따라 취소의 효력을 원용할 수 없는 채권자도 있을 수 있으므로 이들은 추가배당에서 제외된다. 예를 들면 사해행위 후에 발생한 채권을 가진 배당요구채권자가 이에 해당된다.

□ 대법원 2002. 9. 24. 선고 2002다33069 판결

근저당권자에게 배당하기로 한 배당금에 대하여 처분금지가처분결정이 있어 경매법원이 그 배당금을 공탁한 후에 그 근저당권설정계약이 사해행위로 취소되었다면, ① 공탁금의 지급 여부가 불확정한 상태에서는 공탁된 배당금이 피공탁자에게 지급될 때까지는 배당절차는 확정적으로 종료되었다고 단정할 수는 없고, ② 사해행위취소로 S에게 회복된 재산은 X 및 다른 채권자에 대한 관계에서 S의 책임재산으로 취급될 뿐, S가 직접 그 재산에 대하여 권리를 취득하는 것은 아니므로, 그 공탁금은 그 경매절차에서 적법하게 배당요구하였던 다른 채권자들에게 추가배당함이 상당하다.

근저당권이 사해행위로 말소되는 경우 수익자 Y(근저당권자)가 채권자로서 추가배당에서 배당받기 위해서도, 단순히 근저당권자로서 채권계산서를 제출한 것만으로는 배당요구한 것으로 보지 않고, 별도로 부동산에 가압류를 하여 배당요구를 하거나, 집행권원에 따른 배당요구를 배당요구종기까지 해야 한다는 것이 판례의 취지[320]이므로, Y에게는 상당히 가혹하다. 왜냐하면 근저당권자가 근저당권설정계약의 말소를 구하는 사해행위취소소송이 제기된다는 이유만으로, 그 소송에 패소할 것에 대비하여 부동산에 가압류를 하고 배당요구를 한다는 것은 현실적으로 기대하기 어렵기 때문이다.

(라) 만약 적법한 배당요구를 하지 않은 채권자가 배당금지급청구권에 대한 채권압류 및 추심명령에 따라 배당금을 우선 수령하였다면, 적법하게 배당요구하였던 다른 채권자들이 각 추가배당 받을 부분만큼 부당이득으로 반

---

320) 근저당권자는 당연히 배당을 받을 수 있는 채권자이나, 근저당권설정계약이 사해행위로 취소되어 버렸기 때문에 일반채권자가 되었다. 따라서 배당절차에서 배당을 받기 위해서는 배당요구 종기까지 배당요구를 할 필요가 있다.

환해야 한다.[321)]

(3) 배당표가 확정되지 않은 경우

(가) 배당이의와 사해행위취소소송의 병합 가능

X가 배당기일에 출석하여 Y의 배당부분에 대하여 이의를 하였다면, 그 채권자는 사해행위취소의 소와 병합하여 원상회복으로서 배당이의 소를 제기할 수 있다.[322)] X로서는 아래 보는 바와 같이 배당표의 경정을 통하여, 사해행위로 설정된 근저당권에 할당된 배당금을 자기만이 손쉽게 재분배받을 수 있으므로, 이러한 병합방식은 상당히 실익이 있다. 즉 배당이의 소송이 가지는 상대적 효력 때문에 사해행위취소소송을 병합한 취소채권자가 사실상 우선적인 만족을 얻을 수 있기 때문이다.

배당이의소송에서 피고는 원고의 청구를 배척할 수 있는 모든 주장을 방어방법으로 내세울 수 있으므로, 배당기일에 피고가 원고에 대하여 구체적 사유를 주장하지 않았다 하더라도 피고는 원고의 청구를 배척할 수 있는 사유로서 원고의 피보전채권 자체의 존재를 부인할 수 있다.[323)]

(나) 다른 채권자들은 고려하지 않음

채권자가 제기하는 배당이의소송의 판결은 원·피고로 되어 있는 채권자들 사이에서 상대적으로 계쟁 배당부분의 귀속을 변경한다. 따라서 피고의 채권이 존재하지 않는 것으로 인정되는 경우, 이의신청을 하지 않은 다른 채권자의 채권을 참작할 필요가 없다.[324)]

따라서 배당이의 소를 제기한 당해 채권자의 채권이 만족을 받지 못한 한

321) 대법원 2009. 5. 14. 선고 2007다64310 판결; 대법원 2011. 2. 10. 선고 2010다90708 판결.

322) 대법원 2004. 1. 27. 선고 2003다6200 판결.
배당이의 소는 집행법원의 전속관할이기 때문에 취소소송은 배당이의 소의 관할법원에 병합되어야 한다. 사해행위취소 소의 관할과 배당이의 소의 관할이 달라 병합할 수 없을 때에는 배당이의 소는 사해행위취소의 소가 확정될 때까지 추정을 해 놓는 것이 실무의 일반적 업무방식이다.

323) 대법원 2004. 6. 25. 선고 2004다9398 판결.

324) 대법원 2001. 2. 9. 선고 2000다41844 판결. 제1심과 원심은 원고보다 우선순위의 근저당권자가 있으므로, 피고의 채권이 사해행위로 생긴 것이라 하더라도 어차피 원고는 배당받을 수 없다고 하여 원고의 소를 각하하였다.

도에서만 근저당권설정계약을 취소하고, 그 한도에서만 Y의 배당액을 삭제하여 당해 채권자의 배당액으로 경정한다.[325)]

다만 배당이의 소는 실체법상 권리를 확정하는 것이 아니므로, 배당이의에 따라 배당표가 경정된 경우에 다른 배당권자가 과다배당을 받은 사람을 상대로 부당이득반환청구를 할 수 있다.[326)] 주의할 것은 이 경우에 부당이득반환청구를 할 수 있는 채권자는 적법한 배당요구를 한 채권자이면 충분하고, 반드시 배당에 대하여 이의를 해야 하는 것은 아니라는 점이다.[327)]

(다) 잉여금의 처리

배당이의소송의 상대적인 성격과 채권자취소소송의 상대적 효력에 비추어, 피고에게 배당된 돈으로 원고의 배당요구채권을 충족하고도 남는 돈이 있다면, 피고(Y)가 배당받을 자격이나 채권이 없다고 인정되더라도, 그 잉여금을 S(소유자)에게 교부할 것이 아니라, 피고의 배당액으로 남겨두어야 한다.[328)]

그런데 근저당권설정계약이 사해행위로 취소되었다면 근저당권자는 근저당권에 따라 배당받을 권리를 상실하여 그에게 배당을 실시할 수 없는 명백한 사유가 생겼으므로, 경매법원으로서는 민사집행법 제161조를 유추적용하여 배당이의소송의 제기로 공탁된 배당액 중 소송 결과 근저당권자에게 남게 된 부분을 부동산경매절차에서 적법하게 배당요구하였던 다른 채권자들에게 추가배당해야 한다.[329)]

325) 대법원 2004. 1. 27. 선고 2003다6200 판결.
326) 대법원 2007. 2. 9. 선고 2006다39546 판결; 대법원 2007. 3. 29. 선고 2006다49130 판결.
327) 대법원 2011. 2. 10. 선고 2010다90708 판결.
328) 대법원 1998. 5. 22. 선고 98다3818 판결; 위 2003다6200 판결.
329) 대법원 2015. 10. 15. 선고 2012다57699 판결.

제6장 취소의 효과

채권자 X가 사해행위취소와 함께 수익자 Y(전득자 Z 포함)로부터 책임재산의 회복을 명하는 채권자취소 판결을 받은 경우, 통설·판례에 따르면 그 취소의 효과는 X와 Y 사이에만 미치므로, Y가 X에 대하여 사해행위취소에 따른 원상회복의무를 부담하게 될 뿐, S와 사이에서 그 취소에 따른 법률관계가 형성되지 않고(취소의 상대효) 취소효력이 소급하여 S의 책임재산으로 회복되는 것도 아니라고 한다(효력의 불소급).[1)]

여기에서는 원상회복의 성격과 관련된 학설을 먼저 보고, 취소에 관한 효과를 둘러싼 절대적 효력설과 상대적 효력설을 살핀 후, 통설·판례의 입장인 상대적 무효설의 관점에서 취소의 효과와 관련된 문제점을 검토한다.

[33] Ⅰ. 서 론

1. 원상회복에 관한 학설[2)]

채권자취소권은 채무자 S의 사해행위로 일탈한 재산을, 그 이전 상태로 회복하여 채권자 X의 채권만족에 제공하는 것을 목적으로 하지만, 원상회복의

1) 대법원 2001. 5. 29. 선고 99다9011 판결; 대법원 2006. 8. 24. 선고 2004다23110 판결 등.

2) 飯原一乘, 詐害行爲取消訴訟, 489면 이하, 佐藤岩昭, 詐害行爲取消權の理論, 285면 이하 각 참조. 일본에서는 독일이나 프랑스의 학설까지 들어와 다소 복잡하게 학설이 갈려 있으나, 우리나라에서는 그다지 학설 대립이 심하지 않고, 일본에서의 다양한 학설 대립이 채권자취소소송의 실무상 운용에 영향을 미치지도 않는다. 다만 채권자취소법이 일종의 판례법의 체계로 운영되고 있는 상황에서, 취소효과에 관한 학설은 판례의 이해는 물론이고 판례의 바람직한 발전과 나아가 입법의 길잡이로서 도움이 될 것이다.

성격에 관하여는 채권자취소권 자체의 성격과도 관련하여 과거 프랑스와 독일에서 시작된 여러 가지 학설이 있다. 이에 대한 이론적 대립은 채권자취소권의 성격(혹은 소권으로서의 취소소송의 성격)을 파악하는 데 중요한 쟁점에 관한 것이고, 채권자취소권의 운용 전반에 걸쳐 차이를 초래한다. 또한 이를 검토하는 것은 통설인 상대적 무효설이 가지는 이론적 난점을 파악하고 이를 극복하기 위한 대안을 마련하는 데 도움이 된다.

여기서 살펴볼 학설은 특히 독일의 학설에 영향을 받은 일본과 우리나라의 학설이다. 프랑스와 독일의 학설은 제1장 [3]에서 설명한 바와 같고, 제2장 [6][7]에서 설명한 채권자취소권의 성질에 관한 학설의 연장선 위에 있으므로 이를 참고하기 바란다. 일본에서는 채권자취소권에 관한 법조문은 프랑스법을 계수하였으나, 학설은 독일의 영향을 크게 받았다. 학설의 쟁점은 크게 다음 3가지로 나눌 수 있다. ① 채권자취소권을 실체법상 어떠한 권리로 보는가 하는 점이다. 즉 취소권을 형성권으로 볼 것인가, 아니면 채권(청구권)으로 볼 것인가에 따라, 전자로 본다면 취소소송은 형성소송이 되고, 후자로 본다면 이행소송이 되며, 양자를 모두 포함한 것으로 본다면 형성소송과 이행소송의 결합이 된다. 한편 보는 각도를 달리하여, 채권자취소권이 순수한 실체법상의 권리가 아닌 강제집행법상의 제도라고 하거나, 실체법과 절차법이 미분화된 소권적인 성질을 가진 권리라는 주장도 있다. ② 취소의 효과가 채무자와 수익자 사이에 미치는가 여부에 관한 것이다. ③ 채무자에게 피고적격을 인정할 것인가 하는 점이다.

가. 물권적 효력설

채권자취소권은 채무자 S의 행위를 취소하여 그 효력을 물권적으로 소멸시켜, S의 재산상태를 원상으로 회복하는 권리라고 한다. 이 학설도 다음과 같이 나뉜다.

(1) 물권설(취소권설)

독일의 Hellwig가 주장한 학설이고, 채권자취소법(AnfG 1898)의 취소(Anfechtung)를 민법의 취소와 같이 해석하여, 취소가 되면 그때부터 효력이 발생하지 않는 것으로 본다(BGB 제142조). 즉 물권적 효과가 생기고, 그 취소는 재판 외의 의사표시로도 할 수 있다(BGB 제143조). 따라서 원상회복을 위한 소송은 형성소송이 아니라 이행 또는 확인소송이 되지만, 그 효과는 채권자취소법(AnfG 1898) 제1조가 "채권자에 대하여 무효로(gegenüber unwirksam) 취소된다"고 규정하므로, BGB 제135조에 따라 취소채권자에 대하여만 상대적 무효(relative Unwirksamkeit)라고 한다.

(2) 형성권설

일본에서 주장된 형성권설은 독일의 물권설과 유사하다. 사해행위취소는 민법상 의사표시 하자에 따른 취소와 같고, 민법 제141조가 적용되어, 취소에 따라 채무자 S의 법률행위는 물권적으로 무효가 된다고 한다. 그리고 그 무효는 누구에 대한 관계에서도 무효인 절대적 무효라는 점에서 독일과 다르다. 그 행사는 S와 수익자 Y를 피고로 하는 소송으로 하므로, 항상 형성소송이 된다. 판결 확정 후 S는 일탈재산 인도와 그 대상(代償)의 지급을 Y에게 청구할 수 있으나, S가 이를 청구하지 않으면, 채권자 X가 채권자대위권으로 청구할 수 있다. 이 학설은 과거 일본에서 주장된 학설[3]이고 현재는 일본에서도 이 설을 취하는 사람은 없다.[4]

(3) 신형성권설

(가) 前田達明[5]의 학설(이하 '前田설'이라 함)

형성권설이 말하는 취소청구에 항상 채무자 S를 피고로 하는 피보전채권의 이행청구를 같이 해야 하고, 취소 효과는 물권적이라 한다. 일탈재산의 원상회복은 채권자대위권으로 하지 않고, 절충설에 따라 부동산 양도를 취소하는 경우에는 취소채권자에게 Y명의 취득등기의 말소청구를 인정한다. 채무자를 공동피고로 하는 것은 민법 기초자의 사고와 일치하고, 취소소송은 사적자치, 의사자유, 법률행위자유의 원칙을 내용으로 하는 사법의 대원칙에

3) 石坂音四郞, 채권자취소권(폐파소권)론, 민법연구 제2권, 유비각서방 대정 2(1913년).

4) 이은영 교수는 '취소효과설'이라는 이름으로 형성권설과 유사한 주장을 하면서, S에 대한 청구와 Y(Z)에 대한 청구는 필수적 공동소송이라고 한다. 이은영, '채권자취소권과 판례발전', 고시계 47권 4호(542호), 2002년 4월호, 26면.

5) 前田達明, 구술 채권총론[제3판] 성문당 평성 5, 267면.

대한 예외이므로, 의사표시자의 참여 없이 그의 의사표시효과를 박탈할 수 없다는 점이 학설이 내세우는 근거가 된다. 그리고 취소소송과 병합하여 X의 S에 대한 채권의 이행을 구하도록 함으로써, 판결 확정 후에 X는 취소결과 S에게 귀속한 재산에 대한 강제집행을 할 수 있다고 한다.

다만 이 설에 따르면, Y가 선의 전득자 Z에게 전매한 경우와 같이, 사해행위취소를 할 수 없는 경우에 Y에 대한 가액배상은, 불법행위에 따른 손해배상의 문제이지 채권자취소의 문제가 아니라고 한다.

이는 실무상 별다른 저항 없이 적용이 가능하고, 특히 S에 대한 집행권원을 취소판결과 동시에 획득함으로써, 취소목적물에 대하여 강제집행이 즉시 가능함은 물론이고, 사해행위 자체의 취소에 행위당사자를 참여시킴으로써 소송법상 절차보장의 원리에 부합한다는 장점이 있다.

그러나 가액배상을 불법행위에 따른 손해배상의 문제로 본다면, 그 성립요건인 고의과실이 사해의사보다 엄격히 인정된다는 점에서, 현물반환이 가능한 경우와 균형이 맞지 않는다는 비판이 있다.

(나) 長井秀典[6]의 학설(이하 '長井설'이라 함)

취소권을 형성권이라고 보면서, 취소의 효력은 부인권과 같이, 일탈재산에 대한 청산절차의 관계에서만 발생하는 상대적인 것(절차상대효)이라고 한다. 따라서 피고는 Y나 Z로서 S는 피고적격이 없다고 한다. 취소권 행사는 소송상 의사표시로 하나, 반드시 소제기 방식을 취할 필요는 없고, 취소는 공격방법이기 때문에 판결주문에 선언하지 않는다고 한다. 그 효과는 물권적이고, 채권자취소소송은 채권자대위소송의 일종으로 본다.

기본적으로는 아래 부인채권설과 거의 유사한 이론을 전개하고 있다.

나. 채권적 효력설

채권자취소권은 사해행위의 효력을 소멸시키는 것이 아니라, 채무자 S로부터 일탈한 재산을 수익자 Y나 전득자 Z가 S에게 반환하는 의무를 부담하도록 하는 것이라는 설이다. 따라서 취소소송은 이행의 소가 되고, 그 효력은 상대적이다. 그런데 반환청구권을 발생시키는 전제로서 채권자가 수익자(전

6) 長井秀典, 詐害行爲取消權の構造, 사법연수소논집(86호), 1992. 73~120면.

득자)에 대하여 특별한 의사표시를 하여야 하는가 여부에 따라 순채권설과 부인채권설로 나뉜다.

(1) 순채권설

채권자취소권은 그 연혁적으로 일탈재산의 반환청구권이었으므로, 사해행위취소 결과 Y가 수령한 이익을 S에게 반환하는 효력이 생기고, 그 반환채무는 Y에게 채권자취소권의 법률상 '요건이 구비'되면 발생한다고 본다.[7] 독일의 통설·판례로서,[8] 채권자 X는 취소요건의 구비와 함께 일탈재산의 취득자 Y에 대하여 그 반환청구권을 가진다. 다만 그 반환청구권은 X가 Y에 대하여 강제집행을 인용하는 것을 구하는 것(즉 집행인용의 소－die Klage der Duldung der Zwangsvollstreckung)이다.

그 논거로는, 민법 제406조의 취소는 반드시 민법 제141조의 취소와 같이 볼 필요가 없고, 취소권의 목적은 책임재산으로부터 부당하게 이탈한 재산의 반환청구이며, 취소는 그 논리적 전제에 불과하고, 또한 연혁상 취소권은 사해행위에 따라 재산을 취득한 사람에 대하여 그 재산이나 이에 갈음하는 재산적 가치의 반환을 청구하는 권리라는 것이다.

그러나 취소 없이도 반환을 구할 수 있다는 점에 관하여, 취소권의 행사방법으로서 '취소와 원상회복'을 규정하고 있는 민법 규정에 어긋하고, 예를 들어 채무면제나 이행이 완료되지 않는 채권계약이 사해행위인 경우에, 취소만으로 목적을 달성할 수 있음에도 불구하고, 반환할 재산이 없으므로 취소권을 행사할 수 없는 불합리한 결과가 발생한다는 비판이 있다.

(2) 부인채권설

사해행위를 부인함으로써 비로소 반환청구권이 생긴다는 설이다. 이때 행사하는 권리가 부인권이고, 부인권은 사해행위의 효력을 채권자와 수익자(전

7) 독일에서 위와 같이 해석할 수 있는 근거는, 구 취소법(AnfG 1879) 제7조가 일탈재산을 여전히 채무자의 재산에 속하는 것으로 하여, 수령자로부터 반환을 구할 수 있다고 규정하고 있었기 때문이다.

8) 일본에서도 소수설이지만 이를 지지하는 학자가 있다. 雉本郎造, 債權者取消ノ訴の性質(폐파소권), 민사소송법논문집, 내외출판인쇄 소화 3, 川島武宜, 채권법총칙강의 제1, 岩波서점 소화 27.

득자)와 관계에서 제한함으로써 목적재산 반환이라는 채권적 청구권을 발생시키는 일종의 형성권이다. 부인권(Anfechtungsrecht)과 부인에 따른 청구권(Anfechtungsanspruch)를 구별하여, 반드시 전자를 행사해야 한다는 점에서 순채권설과 다르다. 부인권은 반드시 재판상 행사되어야 하지만, 재판상·항변이나 재항변의 방법으로 행사하면 충분하고, 반드시 형성의 소로 행사할 필요는 없다. 또한 부인권을 행사하기만 하면 바로 목적물 반환청구권이 생기므로, 그 소는 항상 재산반환청구를 내용으로 하는 이행의 소나, 청구권존부의 확인을 구하는 소가 된다.[9]

다. 절충설

우리 판례의 입장이다. X의 청구에 따라 S의 법률행위가 취소됨으로써 그 법률행위는 소송의 상대방(Y·Z)에 대하여 무효가 되고, X는 취소 목적물을 채권자대위권에 따르지 않고 채권자취소의 효력에 따라 Y·Z를 상대로 반환청구를 할 수 있다고 한다.

절충설은 취소를 중시하는 설과 반환을 중시하는 설(우리나라와 일본의 통설·판례)로 나뉘나 어느 쪽도 취소의 효력은 물권적으로 본다.

(1) 취소를 중시하는 절충설[10]은 취소부분의 효력을 형성권설과 같이 물권적이고 절대적으로 본다. 그러므로 S는 항상 피고가 되고, 단독행위의 취소는 S만이, 계약 취소는 S와 Y가 피고로 된다. S는 일탈재산이나 그에 갈음한 금전 이행을 Y에게 청구할 수 있고, X도 Y에 대하여 S에게 반환을 구하거나, 채권자대위권에 따라 자기에게 이행할 것을 청구할 수 있다.[11]

---

9) 加藤正治, 폐파소권론, 파산법연구 제4권, 유비각 대정 8, 石田文次郎, 채권총론[제5판], 早稻田대학출판부 소화 26.

10) 鳩山秀夫, 일본채권법 총론, 증정개판, 岩波서점 소화 7, 星野英一, 민법개론 III 채권총론, 양서보급회 소화 56 등의 여러 학자들이 주장하고, 그 내용은 반드시 같지 않다.

11) 절충설은 채권자취소권을 취소와 원상회복이 결합된 하나로 소송물로 보는 것이 일반적인 견해이다. 그런데 절충설에 근거하면서도 채권자취소권의 소송물을 취소와 원상회복이 병합된 2개의 소송물로 보고, 한편 채무자를 취소소송의 피고로 요구하지 않으면서도 취소를 중시하는 설을 취하는 견해가 있다. 즉 사해행위취소는 취소를 선언하는 형성판결로써만 취소할 수 있고, 취소가 없이는 수익자나 전득자에 대

(2) 반환을 중시하는 절충설[12]은, 사해행위취소는 취소채권자 X와 일탈재산이나 그에 갈음하는 이익을 보유하는 자(Y・Z) 사이에서 하면 충분하고, 그 외에 S는 피고적격이 없다고 한다. 이러한 견해를 취소권의 효과라는 관점에서 보면 상대적 무효설(상대적 취소설)이라고 한다.

라. 강제집행 인용설

위의 학설들이 사해행위로 일탈한 재산은 그 취소에 따라 S의 책임재산으로 환원한 후에, X가 S에 대한 집행권원으로 강제집행을 하여 만족을 얻는다는 구성을 하고 있다. 이와 달리 강제집행 인용설은 일탈재산을 S에게 현실적으로 반환하는 것이 아니라, Y의 소유나 명의를 그대로 둔 채로, Y에 대한 집행권원으로 S에 대한 채권 만족을 얻는 구조를 갖는다.

(1) 책임설

책임설은, X는 Y에 대하여 먼저 사해행위 취소만을 구하고, 그 인용판결이 확정되면, S의 처분으로 이전된 재산에서 생긴 책임관계의 효과가 실효되어(책임적인 무효가 되어), Y는 S를 위하여 일종의 물적 유한책임[13]을 지고,

---

하여 원상회복을 청구할 수 없으며(대법원 1962. 2. 28. 선고 4294민상722 판결), 가액배상의 기준시가 사해행위의 취소를 명하는 판결이 확정된 때라는(대법원 2002. 3. 26. 선고 2001다72968 판결 등) 대법원 판결은 사해행위취소소송에서 본질적 내용은 사해행위의 취소이고 그 원상회복은 취소에 따라 부수하여 발생되는 당연한 효과로 파악할 수 있다는 것이다(이영풍, 소송물과 소의 교환적 변경, 65면 참조). 통설과 판례인 절충설의 입장에서 채권자취소소송의 소송물이론을 깔끔하게 해석하지 못한다는 점에서 볼 때, 위의 견해는 경청할 만한 가치가 있다고 보이고, 이론적으로 따진다면 원상회복은 취소를 전제로 한다는 것은 당연한 이치다. 그러나 소송구조상 피고적격의 문제는 그 소송의 성격을 규정하는데 매우 중요한 요소이고, 연혁적으로나 통설・판례가 채무자의 피고적격을 부인하고 사해목적물의 수익자나 전득자를 피고로 한다는 것은, 결국 사해목적물을 원상회복함으로써 채권자를 보호하려는 것이 채권자취소소송의 주된 목적이기 때문이라는 것이 필자의 생각이다.

12) 뒤에 보는 바와 같이 여러 가지 이론상 문제점이 있으나, 오랫동안 형성된 판례로서 바뀔 가능성이 없다는 이유로 일본의 我妻 榮, 新訂債權總論, 민법강의 Ⅳ, 岩波서점 소화 39을 비롯한 많은 학자와 실무가들이 이 설을 취하고 있다.

13) 책임설은 게르만법 특유의 채무(Schuld)와 책임(Haftung)의 준별이라는 전통의 영향을 받은 학설이다. 여기서 '책임'이란 채무가 이행되지 않는 경우에 일정한 재산이 채권의 만족을 위한 강제집행의 대상이 되는 상태를 의미한다.

X는 취소판결과는 다른 책임판결을 얻어, 이를 집행권원으로 하여, 일탈재산에 S에 대한 채권만족을 위한 강제집행을 한다는 것이다. 이는 일본에서 1960년에 下森定 교수를 시작으로 中野貞一郎 교수가 독일의 Paulus의 학설에 영향을 받아 주장한 것으로서, 그에 따라 채권자취소권의 실체법상 효과와 강제집행절차상 효과의 관계가 명확히 수면 위로 부상되었다. 즉 일본에서 그전에는 채권자취소권을 실체법인 민법상 권리로만 파악하려고 하였으나, 책임설의 등장으로 채권자취소권이 연혁적으로나 기능적으로 강제집행법상 제도로서의 속성이 있다는 점을 인식하게 되었다.[14)]

책임설에 따르면 채권자취소권은 사해행위취소만을 목적으로 하는 형성권으로서 그 소송은 형성소송이다. 피고는 Y나 Z만을 상대로 하고, S는 피고적격이 없다. 취소판결이 확정되면, 사해행위에 따라 S의 재산에 생긴 변동은 소급하여 소멸하지만, 사해행위의 처분적 효과는 영향이 없다. 즉 사해행위는 X의 채권과 S의 재산 사이에 존재하는 책임관계에서 생긴 효과에 관하여만 무효가 되고, Y나 Z는 S의 채무를 위하여 일종의 물적 유한책임을 진다고 한다. 취소의 효력은 절대적이고, 그 효력은 S에게도 미친다.

X는 취소판결 확정 후 별도로 제기하거나, 취소소송과 병합하여 제기한 책임소송(Haftungsklage)이나 강제집행 인용소송(Klage auf Duldung der Zwangsvollsreckung)에서, Y나 Z에 대하여, X의 채권에 관하여, Y나 Z의 소유명의인 채로 재산에 집행할 수 있다는 판결(집행인용판결=책임판결)을 받아, 이를 집행권원으로 하여 강제집행할 수 있다.

책임설이 주장되기 전까지의 학설은 모두 사해행위에 따라 일탈한 재산을 일단 S의 책임재산으로 회복한 후 이를 강제집행한다는 사고였다. 그런데 책

14) 유병현, '채권자취소소송에 관한 연구'는 논문의 첫머리부터 이 점을 강조한다. 연혁적으로 본다면 로마법의 actio 체계가 근대 유럽법에 계수되면서 모든 권리는 절차법으로부터 실체법이 분리되지 않은 소권 체계로 이해되었으나, 독일의 Windscheid가 actio로부터 절차법적인 요소를 제거한 청구권(Anspruch) 개념을 주장하면서부터 실체적인 권리(subjektive Recht)가 따로 구별되기 시작하였다. 그런데 유럽과 같은 역사적인 전통을 가지지 않은 일본이나 우리나라는 오히려 그 반대로 독일의 실체법적인 개념이 먼저 도입되어 채권자취소권도 실체법상의 권리로만 인식되다가, Paulus의 영향과 로마법과 프랑스 법학의 연구 성과로 채권자취소권이 소송절차나 강제집행절차와 긴밀한 관계가 있는 제도라는 점을 인식하게 되었다.

임설은 Y나 Z 명의인 채로 재산을 집행할 수 있다는 점에서 매우 매력적이고 그러한 이유로 많은 학자들의 지지를 받고 있다.[15] 그러나 이러한 소송은, S가 아닌 Y를 피고로 하고, 책임소송에서는 X는 S에 대한 채권을 Y와 사이에서 확정하며, 그 이행판결로 Y에 대한 금전집행을 한다는 점에서 우리 소송법 체계에서 수용하기 힘들다는 비판이 있다.[16] 그러나 이에 대하여 우리 소송법이나 집행법에서도 충분히 가능하다는 반론도 있다.[17]

한편 독일과 일본의 책임설은 그 내용에 차이가 있다. 이를 보면, ① 독일은 S의 행위가 취소의 요건이 구비되면 당연히 책임적 무효가 되고, 일본은 사해행위의 취소판결이 확정되어야 무효가 된다. ② 독일은 취소소송 그 자체가 책임소송 또는 강제집행 인용소송으로 보지만, 일본은 책임소송은 취소소송과는 별개이다(병합제기 가능). ③ 독일은 인용판결이 S에 대한 집행권원을 가지고 S에 대한 집행을, Y・Z에게 인용하도록 하기 위한 것이지만, 일본은 Y에 대한 집행권원만으로 S에 대한 금전집행을 Y・Z에게 인용하도록 하는 것이다. 우리나라에서 책임설을 주장하고 있는 학자들의 견해를 보면, 독일의 책임설과 다르고, 우리와 법체계를 같이 하는 일본학자들의 견해

15) 일본에서 이를 지지하는 학자들이 많다. 山本進一외 편, 채권총론, 청림쌍서, 청림서원신사 소화 56. 168면; 潮見佳男, 채권총론 Ⅱ[제3판], 신산사 평성 17. 91면; 石田喜久夫－林良平 등, 채권총론[제3판], 현대법률학전집 8, 청림서원 평성 8. 192면; 安達三季生, 채권총론강의[제4판], 신산사 평성 12. 129면; 平野裕之, 채권법강의안 Ⅰ 채권총론[제2판보정판], 법률학강의안 시리즈 21, 신산사 평성 8. 297면; 談路剛久, 채권총론, 유비각 평성 14. 287면; 水邊芳郞, 채권총론, 법률문화사 평성 3, 140면; 山野目章夫, 사해행위취소권의 법적구성은 어떻게 전망할 것인가, 椿壽夫편, 강좌 현대계약과 현대채권의 전망 제1권 채권총론(1), 일본평론사 평성 2. 109면; 小林秀之, 채권자취소권의 수속법적 시각, 판례평론 410호, 평성 5. 10면 등.

16) 飯原一乘, 詐害行爲取消訴訟, 26면과 32면의 주 23, 24에 飯原一乘를 위시하여 많은 학자들로부터 비판이 있다.

17) 유병현, '채권자취소소송에 관한 연구' 참조. 유병현 교수 외에도 민법주해 채권 2, 807면. 주 51에서는 책임설을 주장하는 학자로 김형배, 고상용, 정동윤, 김주수를 들고 있다. 또한 최은석, "사해행위취소에서 원상회복의무의 내용과 등기상 이해관계 있는 제3자의 승낙의무", 서울대학교 법학, 제62권 제1호(2021. 3), 113면 이하도 수익자 등의 원상회복의무는 강제집행 수인의무이고, 이것이 부동산등기법상으로는 등기상 이해관계 있는 제3자의 승낙의무로 나타나므로, 우리 법에 이미 있는 제도를 통해 수익자 등의 소유명의로 둔 채로 강제집행할 수 있다고 한다.

에 가깝지만 학자에 따라 내용이 다르다.[18)]

(2) 소권설

소권설은 *佐藤岩昭* 교수가 주창한 가장 최근의 학설[19)]로서 취소라 함은 집행인용을 의미하므로 취소를 따로 선언하지 않고,[20)] S의 행위에 따라 회수불능으로 된 손해의 배상을 Y에 대하여 구하기 위한 집행인용판결을 얻어 강제집행하는 것이라고 한다.

여기서 말하는 소권은 actio로서, 민사소송법상 Klagerecht와는 다른 개념이다. 채권자취소권은 로마법의 actio pauliana에서 기원하는 것이고, actio는 ① 실체법상 권리(Privatrecht)와 ② 소송법상 권리(Prozeßrecht)의 합체이고, ②는 다시 ㉠ 판결절차상의 권능과 ㉡ 강제집행절차상의 권능을 포함하기 때문에, 결국 actio는 위 3개의 권능을 포함하는 것으로 본다. 책임설을 비롯한 종래의 학설이 채권자취소권을 실체법상의 권리로 보는 것과 큰 차이가 있다.

---

18) 책임설을 주장하는 유병현 교수는 취소의 소는 책임법적 무효를 가져오는 형성의 소와 강제집행의 수인을 구하는 수인의 소(이행의 소)가 결합된 것이라고 한다. 유병현, 전게서, 173면. 김형배 교수는 채권자취소권이 형성권이지만 이를 재판상 행사할 때는 사해행위를 취소하고 그 목적재산이 자기의 채권을 위하여 책임재산으로서의 지위에 있음을 확인하여 줄 것을 청구하는 '확인의 소'로 본다. 집행권원은 피고에 대한 책임판결이고 이는 취소소송과 병합하여 청구할 수 있다는 취지로 보인다(이 부분은 일본 中野의 이론을 그대로 인용하고 있다). 김형배, '채권자취소권 제도의 재구성', 고시계 1986. 9. 41~41면 참조.

19) *佐藤岩昭* 교수가 1985년 동경대 박사학위논문인 '사해행위취소권의 이론'에서 주장하고, 이를 정리하여 2001년에 단행본으로 출간하였다. *平井宜雄* 교수도 이에 동조한다. *平井宜雄*, '부동산의 이중양도와 사해행위-action paulienne로 회귀를 의도하며', 鈴木祿弥선생 고희기념 「민사법학의 제문제」, 169면 이하(1993). 다만 *佐藤* 교수가 원상회복에 관하여 원물반환을 원칙으로 하고 모든 채권자에게 취소의 효력이 미친다고 하지만, *平井* 교수는 가격배상을 원칙으로 하므로 취소채권자의 우선권을 사실상 인정한다. *佐藤* 교수가 주장하는 원물반환원칙은 사해목적물을 현실로 채무자에게 복귀시키지 않은 채 수익자(전득자) 명의로 둔 채로 그 물건에 대하여만 집행한다는 의미이고, 가격배상을 명한 경우에는 수익자의 일반재산에 집행이 가능하다는 의미이다.

20) 판결주문에 취소는 필요하지 않고, "피고는 원고에 의한 목적물(혹은 그에 상당하는 가액의 일반재산)에 대한 강제집행을 인용하라"가 된다.

소권설과 책임설[21]이 반환의 방법에서 볼 때 큰 차이가 나지는 않지만, 접근방법에서 다음과 같은 차이가 있다. 즉 ① 책임설이 채권자취소권을 실체법상 형성권으로 풀이하지만, 소권설은 소권(actio)으로 본다. ② 따라서 책임설은 채권자취소의 소를 형성의 소로 풀이하고 그 후의 강제집행을 위한 집행권원이 필요하지만,[22] 소권설은 일본 민법 제424조가 집행인용의 소라고 본다면 취소판결(이는 손해배상을 명하는 이행판결이다) 외에 따로 집행권원이 필요 없다. 소권설은 프랑스법상의 폐파소권에 의한 취소가 이를 집행명의로 하여 수익자의 수중에 있는 목적물에 강제집행을 한다는 의미로 풀이되고, 이것을 Boissonade가 일본 민법 초안에 도입한 것이므로, 일본 민법 제424조의 문언이 집행인용의 소를 의미하는 것은 연혁상 명백하다고 한다. 그리고 소권설은 집행인용판결 자체가 집행권원(이행판결임)이 되기 때문에 집행인용의 소를 제기하기 위하여는 피보전채권의 ① 존재확정, ② 채권액의 확정, ③ 기한의 도래 및 조건의 성취가 필요하고, 취소소송에서 이를 모두 증명하여야 한다고 한다.

X는 취소소송에서 얻은 판결을 집행권원으로 하여 Y 소유 명의인 채로 사해목적물에 대하여 강제집행할 수 있다. Y는 집행채무자이기 때문에 그 집행에 배당가입할 수 없지만, 사해행위 이전에 채권을 취득한 채권자에게는 민법 제407조에 의하여 민사소송법 제218조 제1항의 예외로서 취소판결의 기판력이 미쳐, 배당가입의 요건을 구비한다면 배당요구를 할 수 있다. 변제의 취소나 가액배상의 경우에는 Y의 일반재산에 대하여 강제집행할 수 있다.

이에 대하여는 채권자취소권에서 actio=소권의 개념은 극복된 것으로서, 굳이 지금 다시 과거의 실체법과 절차법의 미분화된 이론을 가지고 문제를 해결하는 것은 오히려 혼란만 올 것이고, 우리 집행법에서는 그러한 집행인

21) 여기서는 일본의 책임설을 말한다.

22) 中野貞一郎 교수가 주장하는 책임설에도 취소소송의 성질과 집행권원에 대하여 변화가 있다. 즉 당초에는 ① 취소소송을 확인소송으로 보고, ② 그 후의 강제집행은 채무자에 대한 집행권원을 가지고 수익자의 수중에 있는 사해목적물에 대한 집행을 한다고 하다가, 그 후 ① 취소소송을 형성소송으로 보고, ② 수익자에 대한 집행권원이 되는 책임판결=집행인용판결을 얻어 집행을 할 수 있고, 위 ①, ②는 병합제기할 수 있다고 한다. 佐藤岩昭, 詐害行爲取消權の理論, 306, 349면 참조.

용의 절차가 존재하지 않는다는 비판이 있다. 그러나 Y에 대한 집행이 가능한 이행판결이 취소판결 속에 포함되어 있다면,[23] 우리 집행법 아래서도 취소판결 자체를 집행권원으로 하여 Y명의로 된 재산에 대한 집행이 가능하고, 무엇보다 로마법의 actio Pauliana를 계수하여 채권자취소권을 운영하고 있는 대륙법계인 프랑스와 독일, 그리고 영미법계인 미국에서도 '수익자나 전득자 명의의 양도재산'에 집행이 가능하다는 점을 들어 위의 비판이 잘못이라는 견해가 있다.[24] 입법론은 물론이지만 현실적으로도 우리 집행법 체계상 집행인용판결의 강제집행이 불가능하지는 않다고 생각된다.[25] 특히 소권설과 책임설이 주장하는 집행인용판결이론은 현재 판례가 취하는 상대적 무효설의 여러 가지 문제점을 해결하기 위한 대안 중 하나임은 분명한 것 같다.

마. 대항불능설

프랑스법에서는, 채권자취소권의 행사에 따라, 채권자는 사해행위가 그에게는 생기지 않은 것으로 보고, 일탈재산은 여전히 채무자의 재산으로 남아 있는 것처럼, 이를 압류할 수 있다고 해석한다. 그래서 과거에는 채권자취소권을 채무자의 행위를 무효로 하는 무효소권이라고 이해하였으나, 이제는 대항불능소권으로 생각하는 방향으로 변화하고 있다.

이에 따르면 사해행위는 취소권 행사에 따라, 그 채권자에 대하여는 대항할 수 없으나, 다른 모든 사람에 대하여는 유효한 것으로 된다. 이는 독일의 강제집행인용절차와 기능적으로 차이가 없다.

바. 학설의 차이점

(1) 소송의 형태

(가) 형성소송

---

23) 우리나라도 가액배상의 경우에는 피고(수익자나 전득자)에 대하여 금전의 지급을 명하는 이행판결에 기하여 피고의 재산에 강제집행을 할 수 있다.

24) 佐藤岩昭의 '사해행위취소권의 이론'은 소권설의 타당성을 연혁적·이론적으로 논증한 저서이다.

25) 이 부분은 유병현 교수의 전게 논문에 독일의 민사집행제도인 집행인용절차의 소개와 함께 잘 설명되어 있다.

형성권설, 신형성권설(前田설), 절충설 및 책임설에서 사해행위 취소부분은 모두 형성소송의 형태를 취한다.

(나) 이행소송

순채권설은 처음부터 이행소송이다. 부인채권설, 절충설, 신형성권설(長井설)에서는 반환을 구하는 부분이 이행소송이고, 그 전제로서 취소나 부인이 필요하다고 한다. 구체적으로 절충설에서는 취소판결, 나머지 설은 공격방법으로서의 취소(부인)가 필요하다고 한다.

(다) 강제집행인용의 소

책임설에서의 책임소송 및 소권설에서는, 강제집행인용소송의 형태를 취한다고 한다.

(2) 피 고

(가) 채무자 및 수익자

형성권설, 신형성권설(前田설) 및 절충설 중 취소를 중시하는 설(鳩山秀夫의 학설). 다만 앞의 2설은 전득자는 피고로 되지 않는다.

(나) 수익자 및 전득자

채권설, 절충설 중 반환을 중시하는 설(판례 · 통설), 신형성권설(長井설), 책임설, 소권설.

(3) 취소의 범위

(가) 사해행위 전부

형성권설, 책임설의 취소소송 부분은 나눌 수 있는 물건이라도 전부 취소를 한다.

(나) 사해행위의 일부

그 외의 설에서는, 취소의 범위는 원칙적으로 피보전채권금액에 한정된다. 책임설에서는 책임소송으로, 집행인용의 범위가 피보전채권으로 제한된다.

(4) 등기의 회복

(가) 말소등기

형성권설, 절충설 및 신형성권설은, 취소에 물권적 효과가 있다고 하므로,

등기의 회복은 말소등기로 한다.

(나) 이전등기

채권설은 취소권 행사에 따라 수익자는 채무자에게 소유권을 이전할 의무를 부담하므로, 이전등기로 회복을 한다. 절충설에서는 말소등기를 원칙으로 하지만, 말소등기에 갈음하는 이전등기도 인정한다.

(다) 집행인용

집행인용설에서는 S로부터 Y에게 이전된 등기는 그대로 둔 상태에서 집행한다.

2. 절대적 효력설

가. 의 미

채권자취소권의 효력이 모두에게 미친다는 설이다.[26] 이 설은 사해행위 취소의 효력에 관하여 민법이 아무런 규정을 두고 있지 않으므로, 일반의 의사표시 취소에 관한 민법 제141조에 따라 그 효력을 정하여야 한다는 것이다.

형성권설, 절충설 중에서 취소를 중시하는 설, 책임설에서의 취소판결, 신형성권설(前田설)은 취소의 효력은 절대적이라고 한다. 절대적 효력설은 물권적 효력설과 연결되기 쉬울 것 같지만, 실제로는 독일의 물권설은 상대적 효력설을 취하고, 판례·통설도 취소에 물권적 효력을 인정하지만 그 효력은 상대적이라고 한다.

---

26) 원래 프랑스와 독일에서 말하는 절대적 효력설과 상대적 효력설은 취소권의 효력이 취소채권자에게만 미치는가, 아니면 다른 채권자에게도 미치는가 하는 점에 관한 대립이다. 취소권의 효력이 채무자와 수익자 사이에 미치지 않는다는 점에 대하여는 견해의 대립이 없었다(다만 독일 민법 BGB의 시행으로 Hellwig가 취소권을 민법 즉 실체법상 취소의 개념으로 포섭하기 위하여 물권설을 주장하면서, 취소에 따라 채무자와 수익자 사이의 법률행위도 무효가 된다고 주장하였다). 그런데 일본에서는 민법에 채권자취소판결의 효력이 모든 채권자에게 미친다는 규정을 두었기 때문에, 이 부분에 대한 학설의 대립은 실익이 없었으므로, 오히려 채권자들에 대한 효력보다는 그 외에 당사자인 채무자와 수익자, 전득자와의 법률관계에 취소판결의 효력이 미치느냐 여부가 문제가 되었다. 佐藤岩昭, 詐害行爲取消權の理論, 122면 이하.

나. 비 판

민법상 취소는 여러 가지 의미를 가진다. 무능력자의 행위나 하자 있는 의사표시의 취소와 사해행위 취소는, 같은 취소라 하여도 반드시 동일하게 해석할 이유가 없다. 전자는 의사표시에 흠결이 있다는 것을 이유로 표의자가 자기가 한 의사표시의 효력을 소멸시키는 것이지만, 후자는 채권자가 자기의 채권을 보전하기 위하여 채무자가 제3자와 한 행위의 효력을 소멸시키는 것이다. 또한 절대적 효력설의 가장 큰 결점은 취소 효과가 불필요하게 넓어서, 거래안전을 해친다는 것이다.

다. 선의 전득자

절대적 효력설을 따르더라도 선의 전득자에게는 취소 효력이 미치지 않는다고 한다. 다만 회사설립이 사해행위로서 취소되면 그 효력은 제3자에게도 미친다(상법 제190조).

3. 상대적 효력설

가. 판례와 이론

판례·통설[27]은 사해행위취소에 상대적 효력만을 인정한다.

즉 채권자취소권은 채무자 S의 책임재산의 보전에 필요하고도 충분한 범위 내에서 취소소송의 상대방인 수익자 Y나 전득자 Z에 대한 관계에서만 사해행위를 무효로 하여 재산반환을 하게 하는 제도이고 제3자에 대하여는 미치지 않는다. 또한 취소의 효력은 소급하지 않는다.[28]

참고로 대표적인 대법원 판결을 본다.

---

27) 주해민법 채권 2, 806면의 각주 46 참조. 통설을 취하는 학자로 곽윤직, 김증한, 김용한, 임정평, 김기선, 현승종, 이태재 등을 들고 있다.

28) 대법원 2007. 4. 12. 선고 2005다1407 판결. 이와 달리 통설·판례가 취하는 상대적 무효설을 따르더라도 사해행위취소의 소급적 효력이 인정된다는 견해가 있으나(오영준, 사해행위취소권과 채권자평등주의, 사법논집 제32집, 227면), 사해행위취소는 일반적인 취소와 달리 소급효가 인정되지 않는다는 것이 대법원의 확고한 판례이다(이우재, 사해행위취소의 효력과 배당절차에서의 취급, 민사집행법 실무연구 Ⅱ, 441면 이하 참조).

[1] 대법원 2001. 5. 29. 선고 99다9011 판결=상대효

[사안] 채무자 S가 소유하던 부동산에 저당권을 가지는 Y가 그 부동산에 대한 경매절차에서 우선적으로 배당받은 것에 대하여, S에 임금우선채권을 가지는 X가 부당이득반환을 청구한 사안이다. 한편 이 소송 이전에 X는 S로부터 부동산을 양수한 A(Y의 저당권은 양도 이전에 설정되어 있었다)를 상대로 사해행위취소소송을 제기하였고, A는 그 청구를 인낙하였다.

[판단] 사해행위취소의 효력은 상대적이어서 소송의 상대방이 아닌 제3자에게는 효력이 미치지 않는다. 따라서 이 사건의 경우 X가 A를 상대로 제기한 사해행위취소소송에서 청구가 인낙되었다 하더라도 취소의 효력은 소송의 당사자 사이에만 발생할 뿐 사해행위 이전에 이미 이 사건 부동산에 대하여 근저당권을 가지고 있던 Y에게 위 사해행위취소의 효력이 미치지 않는다. X의 청구 기각.

[2] 대법원 2006. 8. 24. 선고 2004다23110 판결=비소급효

[사안] A가 D에 대한 채권을 B에게 양도하여 제3자에 대한 대항요건을 갖추었는데, A의 채권자 X가 A의 D에 대한 채권을 압류·전부하였다. 한편 A의 다른 채권자 Y가 B를 상대로 채권자취소소송을 제기하여 채권양도계약이 취소되었다.

[판단] 사해행위취소의 효과는 채권자에 대한 관계에서 생기는 법률효과에 불과하고, 채무자와 사이에서 취소에 따른 법률관계가 형성되는 것은 아니며, 취소의 효력이 소급하여 채무자의 책임재산으로 회복되는 것도 아니다. 압류·전부명령 당시 피압류채권이 이미 제3자에 대한 대항요건을 갖추어 양도되어 그 명령이 무효가 되었다면, 그 후의 사해행위취소소송에서 위 채권양도계약이 취소되어 그 채권이 채무자 A에게 복귀하였다고 하더라도 이미 무효로 된 압류·전부명령이 다시 유효로 되어 채권이 압류채권자에게 전부되는 것이 아니다.

[3] 대법원 2009. 6. 11. 선고 2008다7109 판결=상대효의 범위

[사안] A 소유 부동산 위에 B명의 저당권이 설정된 후 부동산이 경매되어 B가 저당권에 기하여 배당을 받았다. A의 채권자인 원고는 B를 상대로 채권자취소소송을 제기하였고, B의 채권자인 피고는 위 배당금을 가압류하였다.

[판단] 사해행위취소의 효력이 미치지 않는 제3자의 범위를 사해행위를 기초로 목적부동산에 관하여 새롭게 법률행위를 한 그 목적부동산의 전득자 등만으로 한정할 것은 아니므로, 수익자와 새로운 법률관계를 맺은 것이 아니라 수익자의 고유채권자로서 이미 가지고 있던 채권확보를 위하여 수익자가 사해행위로 취득한 근저당권에 배당된 배당금을 가압류한 자에게 사해행위취소판결의 효력이 미친다고

볼 수 없다. 배당금 중 피고에게 가압류금액을 우선적으로 배당하고 남은 돈을 원고에게 배당함.

[4] 대법원 2010. 10. 28. 선고 2010후1435 판결=상표등록취소 사건의 당사자

상표등록취소심판의 보조참가인이 수익자 Y와 전득자 Z를 상대로 한 별건 사해행위취소청구소송에서 승소확정판결을 받고 상표등록취소소송이 대법원에 계속된 후에, 그 판결을 집행하여 Y와 Z의 상표등록이 말소된 사안에서, 그 효력은 상표등록취소 심판청구인에게 미치지 않아, 청구인에 대한 관계에서는 Y와 Z가 여전히 상표권자로서 상표등록취소심판의 피심판청구인 적격을 갖는다.[29)]

[5] 대법원 2014. 12. 24. 선고 2012다73158 판결=법정지상권 성립 문제

[사안] 토지와 그 지상 건물이 함께 양도되었다가 채권자취소권 행사에 따라 그 중 건물에 관하여만 양도가 취소되고 수익자 명의 소유권이전등기가 말소된 다음 그 건물이 경매절차에서 매각되었다.

[판단] (1) 동일인의 소유에 속하던 토지와 그 지상 건물이 매매 등으로 소유자가 다르게 된 경우에 그 건물을 철거한다는 특약이 없다면 건물소유자는 그 건물의 소유를 위한 관습상 법정지상권을 취득한다.[30)] 그런데 민법 제406조의 채권자취소권 행사에 따른 사해행위취소와 일탈재산의 원상회복은 채권자와 수익자 또는 전득자에 대한 관계에서만 효력이 발생할 뿐이고 채무자가 직접 권리를 취득하지 않으므로, 토지와 그 지상 건물이 함께 양도되었다가 채권자취소권 행사에 따라 그 중 건물만 양도가 취소되고 수익자와 전득자 명의 소유권이전등기가 말소되었다고 하더라도, 이는 관습상 법정지상권의 성립요건인 '동일인의 소유에 속하던 토지와 그 지상 건물이 매매 등으로 소유자가 다르게 된 경우'에 해당한다고 할 수 없다.

(2) 저당권설정 당시 동일인의 소유에 속하던 토지와 그 지상 건물이 경매로 소유자가 달라진 경우에 건물소유자는 그 건물 소유를 위한 민법 제366조의 법정지상권을 취득한다.[31)] 그리고 건물 소유를 위하여 법정지상권을 취득한 사람으로부터 경매에 따라 그 건물 소유권을 이전받은 매수인은 매수 후 건물을 철거한다는 등의 매각조건으로 경매되는 경우 등 특별한 사정이 없다면 건물의 매수취득과 함께 위 지상권도 당연히 취득한다.[32)] 이러한 법리는 사해행위의 수익자 또는 전득자

---

29) 대법원 2011. 1. 27. 선고 2010후2407 판결도 같은 취지.

30) 대법원 1997. 1. 21. 선고 96다40080 판결 등 참조.

31) 대법원 2011. 1. 13. 선고 2010다67159 판결 등 참조.

32) 대법원 2013. 9. 12. 선고 2013다43345 판결 등 참조.

가 건물 소유자로서 법정지상권을 취득한 후 채무자와 수익자 사이의 건물 양도에 대한 채권자취소권 행사에 따라 수익자와 전득자 명의의 소유권이전등기가 말소된 다음 경매절차에서 그 건물이 매각되는 경우에도 마찬가지로 적용된다(즉 수익자나 전득자가 취득한 법정지상권이 채권자취소권의 행사에 따라 소멸하지 않는다).

상대적 무효설은 다음과 같은 형태로 나타난다.

(1) 채무자의 지위

(가) 피고적격

채무자 S는 취소소송의 피고적격이 없다.[33)]

(나) 일탈재산의 회복

취소 효과가 S에게는 미치지 않는다고 하면, 사해행위 결과 일탈한 재산은 취소에 따라 S에게 귀속하지 않게 된다. 판례는 다음과 같이 처리한다.

① 채무자의 반환청구권

S는 수익자 Y에 대하여 반환청구권을 가지지 않으므로, 금전이나 유체동산을 반환하는 경우에는 채권자 X가 직접 자기에게 인도할 것을 구하지 않으면 취소의 목적을 달성할 수 없다.[34)]

② 대위권

S는 Y에 대하여 청구권을 가지지 않으므로, X가 S를 대위하여 Y에 대한 청구권을 행사할 수 없다.[35)]

③ 압류·전부

Y가 원물반환의 불능으로 가액배상의무를 지는 경우에도, S가 Y에 대하여 청구권을 가지지 않으므로, X는 S의 Y에 대한 권리를 압류·전부할 수 없다.[36)] 다만 판례·실무가 상대적 무효설을 취하면서도 특히 채권양도를 취소하는 경우에는 S의 채무자(제3채무자) D에 대한 채권이 회복된 것으로 보

33) 대법원 1962. 2. 15. 선고 4294민상378 판결은 채무자에 대한 소를 부적법 각하해야 한다고 함.

34) 대법원 1999. 8. 24. 선고 99다23468 판결(주권의 양도에 관한 사례), 最判 소화 39. 1. 23. 判タ 365-59.

35) 대법원 2015. 11. 17. 선고 2012다2743 판결, 最判 평성 13. 11. 16. 判時 1810-57.

36) 大判 대정 8. 4. 11. 民錄 25-808.

고, X는 S에 대한 집행권원으로써 S의 D에 대한 채권을 압류·전부하는 방식으로 반환받고 있다는 점은 위에서 보았다.[37)] 상대적 무효설에 따라 굳이 이론을 구성하자면 X에 대한 관계에서는, S가 D에 대한 채권자라고 볼 수 있기 때문에 압류·전부가 가능하다고 할 수 있다.

④ 잉여재산

X가 Y의 수중에 있는 일탈재산으로부터 변제를 받고 남은 잉여부분은 그대로 Y에게 귀속한다.[38)]

⑤ 권리의 부활

S가 Y에게 저당권을 설정한 부동산을 Y에게 대물변제로서 소유권을 이전하여, 저당권이 혼동으로 소멸한 후, X가 그 대물변제를 사해행위로서 취소하여도, 취소의 효력은 S에게 미치지 않으므로, Y가 S에 대하여 그 소유권과 Y의 저당권이 부활하였다고 하여, 저당권말소등기의 회복등기를 청구할 수는 없다는 것이 일본의 판례이다.[39)]

그러나 대법원의 견해는 다르다. 즉 이 경우 X는 소유권이전행위뿐만 아니라 소유권이전이 취소됨에 따라 부활하는 근저당권설정계약의 취소도 구할 필요가 있다고 한다.[40)] 취소의 상대효와 관련하여 문제는 있으나, 소유권이전행위가 취소되면 혼동으로 말소되었던 근저당권도 부활한다는 부동산등기법상의 일반적인 이론(등기예규 제183호 참조)[41)]을 그대로 적용한 것으로 생각된다.[42)]

위 대법원 판례는 부동산등기절차와 관련하여 등기법상 부활된 근저당등

37) [31] 6. 참조.

38) 대법원 1998. 5. 22. 선고 98다3818 판결; 대법원 2004. 1. 27. 선고 2003다6200 판결.

39) 最判 소화 38. 4. 2. 裁判集 65-393.

40) 대법원 2001. 9. 4. 선고 2001다14108 판결 참조.
X는 취소대상부동산에 관하여 Y와 S 사이에 체결된 근저당권설정계약과 매매계약의 취소 및 Y명의로 경료된 소유권이전등기의 말소를 청구하여 제1심에서 승소한 뒤, 제2심에서 사해행위의 취소에 따른 원상회복으로서 근저당권설정등기의 말소청구를 추가한 사안에서, 제척기간이 문제된 사안이다.

41) 대법원 1971. 8. 31. 선고 71다1386 판결.

42) 채권자취소소송에서 혼동으로 소멸한 근저당권의 회복에 관한 예외를 인정하는 등기예규나 선례도 없다.

기의 말소를 구할 필요가 있어서 그와 같은 결론에 이른 것으로도 보인다. 그러나 한편 취소의 효과가 X와 피고로 된 Y나 Z 사이에서만 생긴다 하더라도, 판례와 실무는 당사자 사이의 공평의 관념에서, ① 변제나 대물변제가 취소되면 Y의 S에 대한 채권은 부활하고, ② 매매가 취소된 때 대금을 이미 S에게 지급한 Y는 S에 대하여 부당이득반환청구권을 가지며, ③ Z가 반환을 한 경우에 Z는 그 전자에 대하여 부당이득반환청구권이나 담보책임을 추급할 수 있는 것으로 본다.[43] 이에 비추어 보더라도, Y의 저당권이 부활한다고 보는 것이 일관성 있는 견해라 할 수 있다. 상대적 효력설의 근거가 절대적 효력설이 취소의 효과가 불필요하게 넓어서, 거래안전을 해친다는 것이다. 그러나 취소로 권리를 잃은 Y에 대하여, 그에 따라 발생하는 S에 대한 권리까지 인정해주지 않는다면, 오히려 거래안전을 해칠 뿐만 아니라 정의롭지 못한 결과를 낳게 될 것이다.

⑥ 채권자취소와 과세

대법원은 채권자 X가 수익자 Y를 상대로 사해행위취소와 일탈재산의 원상회복을 구하는 판결을 받아 그 등기명의를 원상회복시켰다고 하더라도 재산세 납세의무자인 사실상의 소유자는 Y라고 한다.[44]

(2) 전득자의 지위

Y만을 상대로 한 사해행위취소의 효력은 Z에게 미치지 않는다.[45] 예를 들어 Y가 S로부터 취득한 부동산에 Z를 위한 저당권을 설정한 경우, X의 Y

43) 대물변제가 취소된 경우의 대법원 2003. 6. 27. 선고 2003다15907 판결; 대법원 2003. 8. 22. 선고 2001다64073 판결 참조.

44) 대법원 2000. 12. 8. 선고 98두11458 판결. 다만 행정소송과 관련하여 대법원 1979. 2. 13. 선고 78누428 전원합의체 판결은, 자동차운송사업 양수도계약이 사해행위로 취소된 경우, 행정청이 위 양수도계약에 관하여 한 인가처분도 마땅히 시정되어야 할 것이므로, 행정청이 그 시정에 따르지 않은 경우 위 인가처분의 무효확인을 구할 수 있다고 하여, 취소효력이 행정청에 미치는 것으로 판시한다. 이 판결에는 채권자취소소송의 상대효에 반한다는 소수의견이 있다. 그러나 이 경우 행정청은 위 양수도계약의 전득자는 물론 아니고, 독립적인 이해관계를 가진 제3자도 아닌 단순히 양수도계약의 효력을 완성시키는 인가처분을 한 것에 불과하므로, 양수도계약의 취소효력이 행정청에 미친다고 하여 거래의 안전을 해친다고 볼 수는 없다.

45) 대법원 1984. 11. 24.자 84마610 결정.

에 대한 소유권이전취소의 효력은 Z의 저당권에는 영향을 미치지 않는다.

따라서 Z는 X의 Y에 대한 취소소송에 민사소송법 제79조의 독립당사자참가(사해방지참가)를 할 수 없다는 판례가 있다.[46]

나. 학 설

학설에 따라 취소의 효력이 어떻게 차이가 나는지는 위에서 살펴보았으나, 상대적 무효설의 검토에 필요한 한도에서 간단히 정리하면 다음과 같다.

(1) 채권설

채권자취소권은 채권자 X가 수익자 Y나 전득자 Z에 대하여 일탈재산을 채무자 S에게 반환할 것을 청구하는 권리이므로, 그 효력은 X와 Y・Z 사이에 생긴다.

(2) 절충설

판례와 같이 취소보다는 일탈재산 반환을 중시하는 절충설에 따르면, 취소의 효력은 상대적이고, 취소는 X와 Y・Z와 관계에서 사해행위효력을 실효시킬 뿐, 다른 관계자들에게는 영향이 없으므로, 취소의 효과인 일탈재산 회복은 S에게 귀속하는 것이 아니라 X에게 귀속한다.

(3) 독일의 상대적 무효설

독일의 채권설에 따르면, 취소의 효과는 채권자 X에 대하여 무효이고, X는 일탈재산을 가진 Y에 대하여 반환청구권(Rückgewäranspruch)을 가지고, 이 청구권은 Y가 S에게 일탈재산을 현실로 반환할 필요가 없이, 강제집행이 가능하도록 S의 재산과 같이 취급할 것을 요구하는 것을 의미한다.

독일의 물권설도, 취소의 효과를 상대적으로 보지만, 그 중 강제집행확장설에 따르면, 취소판결에서는 물권적 상대무효를 확인한 후에, AnfG 제2조

---

46) 대법원 2014. 6. 12. 선고 2012다47548 판결(수익자가 원고가 되어 채무자를 상대로 하여 대물변제이행을 구하자 채권자가 사해방지참가를 한 사안) : 名古屋高 金澤支判 소화 36. 3. 1. 下民集 12-3-43. 다만 이와 다른 견해에서 독립당사자참가를 인정한 판례도 있다. 대법원 1990. 4. 27. 선고 88다카25274 판결 참조. 이에 대한 자세한 논의는 [19] 1. 나. 참조.

에서 요구하는 S에 대한 집행권원을 근거로 하여, S・Y 사이에서 사해행위가 무효로 확인된 것으로 보고, S에 대한 강제집행으로서 사해행위 목적물을 압류할 수 있다고 한다.

(4) 강제집행인용설

책임설에서는 책임소송 판결의 효과는 X와 Y・Z 사이에만 상대적으로 발생하고, 소권설도 취소소송(집행인용소송)판결이 상대적 효력을 가진다고 하므로, 채무자 S의 피고적격을 부인하는 것은 당연하다.

(5) 신형성권설

사해행위취소는 소송상 공격방법으로서 그 의사표시를 하면, 부인권의 경우와 같이, 반환될 일탈재산에 대한 청산절차와 관계에서만 무효로 취급된다.

다. 상대적 효력설의 검토

(1) 채무자의 피고적격

(가) 채무자를 피고로 할 필요성

① 채무자 S의 피고적격은 일본 민법의 입법과정에서도 중요한 쟁점이 되었다. 처음에는 S를 피고나 참가인으로 하자는 제안도 있었으나, 취소권은 타인에게 이전된 이익을 다시 반환하기 위한 것이고, S는 무자력이므로 이익을 가지고 있는 자를 상대로 하는 것이 실익이 있다는 쪽으로 결론이 나서, 그 제안은 채택되지 않았다. 일본의 초기 판례는 S와 수익자 Y를 필수적 공동피고의 관계에 있다고 하였으나, 大判 명치 44. 3. 24. 民錄 17-117는, 채권자 X가 Y에 대하여 소를 제기하여, 이에 대한 관계에서 법률행위를 취소하였다면, 그 재산이나 그에 갈음하는 배상을 얻음으로써 담보권을 확보할 수 있으므로, S를 피고로 할 필요가 없다고 하였고, 위 판결이 선례가 되어 그 후 일본이나 우리나라에서는 채무자의 피고적격을 부인하는 판례가 확립되었다.

위와 같은 견해는, 사해행위를 취소하면 일탈재산은 당연히 S의 책임재산으로 귀속하고, 등기가 이전되어 있을 때는 그 등기를 말소하여 X가 집행할 수 있다는 안이한 생각에 따른 것으로 생각된다.

② 그러나 채권자취소소송은 X의 S에 대한 채권의 집행보전을 위한 것이므로, 먼저 X와 S 사이의 채권을 확정할 필요가 있다. 또한 사해행위는 S의 사해의사를 요건으로 하여 성립하므로, S에게도 그에 대한 방어를 할 수 있도록 절차적 보장을 할 필요가 있다. 이는 채권자취소권과 같은 채권보전절차인 X의 S에 대한 채권의 집행보전을 위한 가압류절차에서 S가 상대방이 되는 것과 대비하더라도 명백하다.

③ 현실적 대안

다만 확립된 판례법과 실무관행에 따라 뒷받침된 상대적 효력설을 당장 포기하고 S의 피고적격을 인정하는 것은 현실적으로 어려운 일이므로, 이를 보완하는 방법은 Y·Z를 피고로 하는 채권자취소소송에, S를 피고로 하는 금전급부소송을 병합하여 제기하는 것이다. X로서는 현행법상 S에 대한 집행권원을 가지지 않아도, 채권자취소소송을 제기할 수 있으나, 그 후 강제집행절차에 대비하여 2개의 소송을 동시에 진행하여 종결하는 장점도 있다.47) S를 피고로 하는 급부소송을 병합 제기하면, S는 채권자취소소송의 피고인 Y의 보조참가인으로서 소송행위를 할 수도 있다.

(나) 강제집행인용설과의 관계

① 강제집행인용설(소권설)에서 S에게 피고적격을 부정하는 이유는 민법 제406조를 집행인용소송으로 보기 때문이다. 독일의 채권설도 채권자취소소송을 집행인용소송으로 보고, S를 피고로 하지 않는다. 그러나 독일에서는 채권자취소소송에 X의 S에 대한 집행권원이 필요하므로, 그 채권 확정이 필요하지 않아 S가 피고로 될 의미가 적다.

② 이 설을 따르면, 채권자취소소송은 X가 그 판결로써 S에 대하여 실시하는 강제집행을 Y에게 인용할 것을 명하고, 주문은 집행인용을 선언하는데 그치므로, 소송의 피고는 Y로서 충분하다는 것이다. 강제집행확장설에 따르면, S의 행위는 물권적으로 무효라고 하면서도, X는 S에 대한 집행권원을

47) 미국의 실무에서도 처음에는 엘리자베스법과 판례에 따라 보통법에 따라 채무자에 대한 금전채권에 관한 집행권원을 취득한 후에 형평법상의 채권자취소소송을 제기할 수 있었으나, UFCA의 제정으로 이를 함께 병합하여 제기할 수 있게 되었다. 미국법에 관하여는 [3] 6. 참조.

가지고, Y의 수중에 있는 목적물에 대한 강제집행을 할 수 있다고 한다.

③ 그러나 우리나라나 일본에서 주장하는 책임설의 책임소송이나 소권설의 강제집행인용소송 모두 X의 S에 대한 집행권원을 필요로 하지 않고, 그 소송에서는 X의 S에 대한 채권에 관하여 Y에게 집행인용을 요구하는 것이기 때문에, 독일법과 같이 S를 피고로 할 필요가 전혀 없다고 단정적으로 해석할 수는 없다. 즉 취소소송에서 S가 피고로 될 필요가 없다는 점은 상대적 무효설을 비롯한 책임설이나 소권설이 모두 다툼이 없지만, S에 대한 금전급부소송을 취소소송과 병합하는 것은 여러 가지로 실익이 있다.

(2) 일탈재산의 귀속

(가) 상대적 효력설의 가장 큰 이론적 약점은, 취소판결이 있더라도 그 효력은 S에게 미치지 않고, 일탈재산은 S에게 복귀하지 않는다는 점이다.

부동산양도가 취소된 경우, 그 취소가 상대적 효력밖에 없다면, 그 부동산은 X와 Y 사이에서는 S의 재산이지만, X와 S와 사이에서는 그렇지 않으므로, 원래는 말소등기를 할 수 없을 터이지만, 판례나 실무에서는 말소등기로 그 재산을 반환하고 있다.

그러한 등기를 X의 S에 대한 집행권원으로써 강제집행을 하기 위한 수단에 불과하고 S와 Y 사이에는 소유권이 여전히 Y에게 있다는 설명을 하고 있으나, 우리 부동산등기법에는 그러한 종류의 등기가 없다. 즉 등기는 상대적 효력을 가진 등기가 없고 모든 사람에게 동일한 효력을 가진다. 일탈재산의 명의를 S에게 복귀시킴으로써 우리 물권법 체계 아래에서는 그 재산은 모든 사람들에 대하여(절대적으로) S의 소유가 된다. 상대적 효력설에 따르면 일탈재산의 소유권이 Y에게 있으므로 경매잉여금은 Y에게 배당하여야 한다고 주장하나, 집행기관으로서는 그렇게 할 수 있는 근거가 없기 때문에, S에게 배당할 수밖에 없다. 또한 Y의 채권자가 S에게 복귀한 일탈재산에 대하여 강제집행할 수 있는 방법도 없다.

무엇보다 상대적 효력설을 따르면 피고가 아닌 S에게는 취소판결의 효력이 미치지 않고, 그 결과 X와 S 사이에서 일탈부동산은, S와 Y 사이에 양도가 유효하기 때문에 Y의 소유이다. 그렇다면 X는 S에 대한 집행권원을 가지고 Y의 소유물에 대한 강제집행을 하는 결과가 된다.

(나) 강제집행인용설(책임설, 소권설)에서는, 위와 같은 이론적 모순을 해소하기 위하여, 일탈재산을 S에게 반환하지 않고, Y의 수중에 둔 채, S의 재산으로서 집행할 수 있다는 이론적 구성을 취한다.

이 설은 독일의 집행인용설을 모방한 것이지만, 독일에서의 채권자취소소송 판결은 S에 대한 채권의 집행권원에 따른 집행을, Y가 인용할 것을 청구하는 것임에 대하여, 일본에서 주장되는 집행인용설에서는, 채권자취소소송에 S에 대한 집행권원을 요건으로 하지 않고, Y에 대하여 S에 대한 채권집행을 인용하라는 책임명의로써 집행을 하는 것이므로, 독일법의 해석과는 다르다. 취소판결 자체를 집행권원으로 하여 Y명의 재산에 대한 집행이 가능하려면, Y에 대한 이행판결이 필요하다. 우리의 채권자취소판결 중 가액배상판결이 바로 그러한 판결의 일종이다. 그러나 취소채권자의 S에 대한 집행권원이 없는 상태에서 Y에 대한 집행은 S에 대한 채권에 관하여는 강제집행의 준비에 불과하고 정식의 강제집행절차가 될 수 없다. 필자의 견해로는 Y에 대한 집행권원을 얻더라도 채권자취소소송을 집행하기 위하여는 S에 대한 집행권원을 취득하도록 하는 것이 바람직하다고 생각한다. 이를 위하여 채무자에 대한 금전급부소송과 수익자에 대한 취소소송을 병합하도록 하고, 전자에 대한 집행권원이 있어야 후자에 대한 집행이 가능하도록 운영하는 것이 바람직하다.

(다) 추심을 완료하지 않은 채권양도·채무면제가 취소된 경우에도 상대적 무효설은 이론적으로 문제가 있다. 예를 들어 채무면제가 취소된 경우에도 판례의 견해인 상대적 무효설에 따르면, 채무자 S와 수익자 Y 사이의 채무면제가 유효하다면, Y로서는 S에게 면제 받은 채무를 이행할 필요가 없어, 취소채권자 X로서는 취소판결을 받은 것만으로는 피보전채권을 변제받을 수 없다는 결론에 이른다. 이에 대하여 집행인용설에서는 취소 결과 채권은 S의 재산으로 보아 채권집행을 할 수 있으므로 판례와 같은 모순이 없다고 주장한다. 이 경우 책임설은 채권자취소의 소를 형성의 소로 풀이하고 그 후의 강제집행을 위한 X의 S에 대한 집행권원이 필요하지만, 소권설은 민법 제406조를 수인의 소라고 보아 취소판결 외에 따로 집행권원이 필요하지 않고

취소판결 자체로서 집행이 가능하다고 한다.

[34] Ⅱ. 취소의 효과가 미치는 인적범위

위 [33]에서 취소의 효과에 관한 여러 가지 학설을 검토하여 보았고, 상대적 효력설이 가지는 이론적 문제점과 이론과 실무의 괴리를 파악하였다. 그러나 판례와 실무가 오랫동안 확립되어 있어 이를 변경할 가능성은 희박하다. 따라서 아래에서는 통설·판례인 상대적 효력설의 입장과 실무관행을 중심으로 취소의 효과를 살펴본다. 다만 판례가 상대적 효력설을 무분별하게 적용함으로서 구체적 타당성 없는 결론을 낸 사례들이 나오고 있으므로 이러한 경우는 그 해당 부분에서 검토하기로 한다.

1. 취소채권자에 대한 효과

가. 일반론

(1) 원 칙

채권자취소권은 사해행위로 이루어진 채무자의 재산처분행위를 취소하고 그 원상회복을 구하기 위한 권리로서 사해행위로 일탈된 채무자의 책임재산을 모든 채권자를 위하여 채무자에게 복귀하기 위한 것이다. 따라서 채권자취소권을 행사하는 특정 채권자에게만 독점적 만족을 주기 위한 권리가 아니며, 취소채권자는 취소권을 스스로 행사하지 않은 다른 채권자에 대하여 우선적 지위에 있는 것도 아니다.

채권자는 채무자에 대한 채권보전이 아니라 제3자에 대한 채권만족을 위해서는 사해행위취소의 효력을 주장할 수 없다.

□ 대법원 2010. 5. 27. 선고 2007다40802 판결

[사안] 채권자 X는 채무자 S가 D에 대한 채권을 Y에게 양도한 것에 대하여 사해행위취소소송을 제기하여 일부취소 확정판결을 받았다. 한편 X는 D에 대하여도 채권이 있었는데, 그 지위에서 D 소유 부동산에 대하여 강제경매신청을 하였다. 그 경매절차에서 Y가 위 사해행위취소판결 전에 D를 상대로 제기한 채권양수금소송

에서 성립된 조정조서에 따라 배당요구를 하여 배당을 받자, X가 위 사해행위취소의 효력을 주장하여 배당이의를 하였다.

[판단] X가 자신의 채무자 D에 대한 경매절차에서 채무자 S의 Y에 대한 사해행위취소판결의 효력을 주장하는 것은, S의 다른 채권자들이 D의 채권자가 아니면 사해행위취소의 효력을 향유할 수 없게 할 뿐만 아니라,[48] S의 모든 채권자의 이익을 위하여 효력이 발휘되어야 할 채권자취소권의 행사로써, X는 채무자 S가 아닌 제3자 D에 대한 자신의 채권을 만족시키는 것이 되어 허용되지 않는다.

(2) 예 외

반환의 목적물이 금전인 경우에는 취소채권자가 이를 자기채무의 변제에 충당하고 다른 채권자에게 분배할 의무를 부담하는 것이 아니기 때문에,[49] 실질적으로 우선적 지위에 서게 되고, 그런 의미에서는 민법 제407조는 사문화되었다고 할 수 있다. 이러한 불공평은 채무자에 대한 파산절차 등 도산절차를 통하여 시정하거나 가액반환금의 분배절차에 관한 별도의 법규를 마련하는 것 외에, 현행 채권자취소 관련규정의 해석상으로는 불가피하다는 것이 대법원의 입장이다.[50]

(3) 취소소송에 든 비용의 우선변제 여부

사해행위취소의 효과는 모든 채권자의 이익을 위하여 발생되므로 취소소송에 든 비용은 공익비용으로서 우선변제된다는 견해가 있으나,[51] 이는 일본민법 제306조 제1호,[52] 제307조가 모든 채권자의 이익을 위한 비용인 "공익비용"을 널리 선취특권으로 규정함으로써 우선변제가 가능한 것이지, 우리 법제 아래서는 입법론으로서는 몰라도 취소소송비용의 우선변제는 인정할 수

48) 즉 S의 채권자들만이 X가 앞서 제기한 사해행위취소 소송의 효력을 향유할 수 있고, D의 채권자들이 그 효력을 받을 수는 없다.

49) 대법원 2008. 6. 12. 선고 2007다37837 판결; 最判 소화 37. 10. 9. 民集 16-10-2070.

50) 위 2007다37837 판결.

51) 윤경, '사해행위취소와 가액배상', 123면(일본 주석민법(10) 유비각 859면에서 인용함). 또한 이를 인용한 백승엽, '채권자취소권과 배당', 535면.

52) 일본 민법 제306조(일반의 선취특권을 가지는 채권) 아래 원인으로 발생한 채권을 가지는 자는 채무자의 총재산 위에 선취특권을 가진다.
1. 공익비용, 2. 근로자의 급료, 3. 장례비용, 4. 일용품의 공급.

없다. 대법원도 필자의 견해와 같다. 즉 소송비용 확정 및 집행절차와 강제집행비용의 변상절차가 서로 다르고, 강제집행에 필요한 비용은 채무자가 부담하고 소송비용과 달리 집행절차에서 집행권원 없이도 우선적으로 변상을 받는다(민집법 제53조 제1항).[53] 채권자취소소송에서 소송비용 부담자는 수익자나 전득자인 반면, 강제집행에 필요한 비용은 취소소송의 당사자가 아닌 채무자가 부담하여 그 부담 주체가 다르다. 또한 소송비용의 우선변제를 인정하면 사해행위의 목적재산에 설정된 담보물권자 등의 권리를 해칠 수 있다. 따라서 취소소송의 소송비용을 원상회복된 채무자의 재산에 대한 집행에서 우선적으로 변상받을 수 없다.[54]

나. 채권의 만족방법

(1) 원 칙

채권자취소권은 원칙적으로 직접 채권의 만족을 얻기 위한 것이 아니라, 그 보전이나 준비를 위한 것이라는 점에서는 마치 보전처분과 같다.

□ 대법원 2005. 8. 25. 선고 2005다14595 판결

사해행위취소란 채권보전을 위하여 일반 채권자들의 공동담보인 채무자 S의 재산이 그의 처분행위로 감소되는 경우, 채권자 X의 청구에 따라 이를 취소하고, 일탈된 재산을 S의 책임재산으로 환원시키는 제도로서, 사해행위 취소와 원상회복은 모든 채권자의 이익을 위하여 효력이 있으므로(민법 제407조), X가 자신이 회복해 온 재산에 대하여 우선권을 가지는 것은 아니다. 수익자 Y 소유의 부동산에 대한 경매절차에서 X가 Y에 대한 가액배상판결에 따라 배당받은 경우, 그 배당액은 배당요구를 한 X에게 그대로 귀속되는 것이 아니라 S의 책임재산으로 회복되어, S의 채권자들은 채권만족에 관한 일반원칙에 따라 채권내용을 실현할 수 있다.[55]

---

53) 여기서 집행비용이라 함은 각 채권자가 지출한 비용의 전부가 아니라 배당재단으로부터 우선변제 받을 집행비용만을 의미하며, 이에 해당하는 것으로서는 당해 경매절차를 통하여 모든 채권자를 위하여 체당한 공익비용으로서의 성질을 띤 집행비용을 말한다. 집행비용에는 민사집행의 준비 및 실시를 위하여 필요한 비용이 포함된다.

54) 대법원 2011. 2. 10. 선고 2010다79565 판결.

55) 다만 취소채권자가 가액배상을 받은 경우 다른 채권자들이 채권만족에 관한 일반원칙에 따라 채권내용을 실행하는 절차가 현실적으로 존재하는가? 판례는 취소채권자의 분배의무를 부정하고 있으므로, 실질적으로 다른 채권자는 취소채권자를 제3채무

(2) 반환 목적물이 금전인 경우

취소 목적물이 금전인 경우, 채권자 X는 직접 자기에게 지급을 구할 수 있으나,[56] 이에 대하여 X가 다른 채권자에 우선하는 것은 아니고, 본래는 모든 채권자가 평등한 비율로 변제받아야 한다. 그러나 다른 채권자는 현실적으로 분배를 받을 권리가 없고, X도 다른 채권자에게 분배할 의무를 부담하지 않는다.[57] 결국 X가 사실상 우선하여 채권만족을 받을 수 있는데, 그 근거로서 상계설이 통설이다.[58]

채권자취소권은 우리 법제에서는 채무자 S에 대한 집행권원 없이 행사할 수 있으며, 또한 취소소송 중에 피보전채권의 존재가 인정된다 하더라도, 그것이 S에 대하여 기판력을 갖지 않음은 물론이다. 그럼에도 불구하고 취소채권자 X는 수익자 Y나 전득자 Z로부터 직접 금전을 취득함으로써 S에 대한 집행권원도 없이 다른 채권자에 우선하여 자기채권의 만족을 확보하는 것이 실제로 승인되어 있다.

거기다 판례는 변제나 대물변제도 사해행위가 될 수 있다고 하고, 또한 피

자로 한 새로운 채권집행절차를 통하여 배당을 받을 수 있을 뿐이다. 그러나 취소채권자의 상계를 허용하고 있으므로 이 또한 실익이 없다.

56) 대법원 2008. 4. 24. 선고 2007다84352 판결.

57) 대법원 2008. 6. 12. 선고 2007다37837 판결.

58) 취소채권자가 자신에게 반환된 가액으로부터 채권의 만족을 얻는 방법 및 근거에 관한 학설을 본다.

(1) 일방변제충당설 : 취소채권자는 상대방으로부터 인도받은 금원을 그대로 자기 채권의 변제에 충당하여 우선변제를 받을 수 있다는 견해.

(2) 강제집행설 : 취소채권자가 인도받은 금원으로부터 자기채권의 만족을 얻기 위하여는 반드시 채무자에 대한 집행권원에 따라 그 금전에 대한 강제집행을 해야 한다는 견해.

(3) 책임설 : 채권자취소권의 성질에 관한 책임설의 입장에서 취소채권자가 상대방에 대한 강제집행인용판결에 따라 직접 강제집행을 할 수 있고, 그 결과 상대방으로부터 금전의 지급을 받은 때에 그 자체로서 집행이 종료하므로 취소채권자에게 사실상 우선변제권이 인정된다는 견해

(4) 상계설 : 취소채권자가 가액반환판결에 따라 수익자의 일반재산에 강제집행을 함으로써 배당법원으로부터 받게 된 배당액 또는 수령한 가액을 채무자에게 반환할 의무를 지게 되지만, 취소채권자는 채무자에 대한 채권으로 이를 상계함으로써 우선변제를 받는 것과 같은 효과를 얻게 된다는 견해.

고로 된 S의 채권자인 Y는 자기의 채권액에 상응하는 안분액의 지급을 거부할 수 없다고 하므로, Y에 대한 편파적인 변제를 시정함과 동시에 새로이 X에 대한 편파변제를 만드는 결과가 생긴다.

가액반환은 특히 집행법상의 문제와 관련하여 여러 가지 어려운 쟁점이 있으므로, 이에 대하여는 아래 [35]에서 살펴본다.

(3) 반환 목적물이 유체동산인 경우

반환 목적물이 유체동산인 경우, 취소채권자 X는 반환 목적물이 금전인 경우와 마찬가지로 자기에게 인도를 구할 수 있으나, 인도를 받은 동산이 바로 자기 소유로 될 수는 없다. 따라서 X는 그 동산에 대하여 임의매각을 하는 등 환가하여 그 대금을 자기채권의 변제에 충당할 수 없다.

절차상은 채무자 S에 대한 집행권원을 가지고, S 이외의 자가 점유하는 동산에 대한 집행(민집법 제188조 이하)으로서, 집행관에게 그 물건을 제공하여 압류한 후, 그 경매절차에서 배당을 받을 수 있고, 다른 채권자도 배당요구할 수 있다. 그러나 X가 자기에게 불리한 위와 같은 절차를 취할지는 의문이고, 임의매각하여 그 대금으로 자기채권의 변제에 충당하는 것이 현실이 아닌가 생각된다.

(4) 반환 목적물이 부동산인 경우

취소채권자 X는 직접 자기에게 소유권이전등기절차를 청구할 수 없고, 채무자 S에 대한 집행권원을 가지고 S 명의로 회복된 부동산에 강제집행할 수 있다. 사해행위 취소의 효력은 채무자와 수익자의 법률관계에 영향을 미치지 않고, 사해행위 취소에 따른 원상회복 '판결'의 효력은 소송당사자인 채권자와 수익자·전득자에게만 미칠 뿐 채무자나 다른 채권자에게 미치지 않는다. 그러므로 어느 채권자가 수익자를 상대로 사해행위취소 및 원상회복으로 소유권이전등기 말소를 명하는 판결을 받았으나 말소등기를 마치지 아니한 상태라면 소송당사자가 아닌 다른 채권자는 위 판결에 따라 채무자를 대위하여 말소등기를 신청할 수 없다. 그럼에도 불구하고 다른 채권자의 등기신청으로 말소등기가 마쳐졌다면 등기에는 절차상의 흠이 존재한다.

그러나 채권자가 사해행위취소의 소를 제기하여 승소한 경우 취소의 효력은 민법 제407조에 따라 모든 채권자의 이익을 위하여 미치므로 수익자는 채무자의 다른 채권자에 대하여도 사해행위의 취소에 따른 소유권이전등기의 말소등기의무를 부담하는 점, 등기절차상 흠을 이유로 말소된 소유권이전등기가 회복되더라도 다른 채권자가 사해행위취소판결에 따라 사해행위가 취소되었다는 사정을 들어 수익자를 상대로 다시 소유권이전등기 말소를 청구하면 수익자는 말소등기를 해 줄 수밖에 없어서 결국 말소된 소유권이전등기가 회복되기 전의 상태로 돌아가는데 이와 같은 불필요한 절차를 거치게 할 필요가 없는 점 등에 비추어 보면, 사해행위취소 및 원상회복으로 소유권이전등기의 말소를 명한 판결의 소송당사자가 아닌 다른 채권자가 위 판결에 따라 채무자를 대위하여 마친 말소등기는 등기절차상 흠에도 불구하고 실체관계에 부합하는 등기로서 유효하다.59)

(5) 반환 목적물이 채권인 경우

(가) 개 관

① 채권양도의 취소에 따라 취소채권자 X와의 관계에서 당연히 채무자 S가 당해 채권의 채권자의 지위에 복귀하므로, X는 S에 대한 집행권원을 가지고, 다시 그 채권을 압류(동시에 추심 및 전부)할 수 있다는 것이 통설·판례의 입장이나, 상대적 효력설의 입장에서 볼 때 이론적으로 문제가 있다.

② 채권양도를 취소한 경우, X는 직접 제3채무자 D로부터 채권을 추심할 수 있는가 하는 점에 대하여 의견의 대립이 있고, 부정하는 것이 실무가들의 지배적 견해이나, D를 취소소송의 당사자에 넣어 이를 긍정하는 것이 채권자취소권의 실효성을 확보하는 방법이 된다는 점은 앞에서 보았다.

③ X 또는 다른 채권자는 채권자대위권에 따라 S에 대위하여 D에게 채무변제를 청구할 수 있는가? 취소의 상대적 효력 때문에 S가 D를 상대로 채권추심을 할 수 없다는 이유로 이를 부정한다.60)

(나) 제3채무자에 대한 법률관계

① 취소통지를 받기 전

59) 대법원 2015. 11. 17. 선고 2013다84995 판결.

60) [26] 3. 및 [31] 6. 참조.

채권양도가 무효·취소된 경우의 양수인은 채권의 준점유자이다. 따라서 채권양도가 사해행위로 취소되었으나 제3채무자 D가 취소통지를 받기 전까지는, D가 양수인에게 변제하면 선의이며 과실이 없는 한 유효한 변제가 된다(민법 제470조).

② 취소통지를 받은 후

i) 문제점

D가 취소통지를 받은 후에 사해행위취소의 상대적 효력은 D에게 미치는가? 나아가 D의 입장에서 적법한 채권자(채권의 주체)가 누구인가?

ii) 양도인의 입장

양도인의 입장에서는 상대적 효력에 따라 양수인과 사이에 채권양도계약은 여전히 유효하다.

iii) 제3채무자 D의 입장

D의 입장에서 취소통지의 의미는 채권양도가 상대적으로 취소되었다는 통지이고 이 취소통지에 따라 채권이 S에게로 원상회복되었다는 것이다. 그리고 이 원상회복된 채권은 X 및 다른 채권자에 대한 관계에서 S의 책임재산으로 취급될 뿐 S가 직접 그 채권을 다시 취득함으로써 D에 대하여 그 채권을 행사할 수 있다는 것은 아니다. 그 결과 D는 취소통지를 받았다 하더라도 양도인에게 변제해서는 안 된다. 즉 D에 대한 관계에서 양도인은 채권자가 아니다.

iv) 양도인은 채권의 준점유자

다만 취소통지 후의 양도인은 채권의 준점유자로 볼 수 있으며, D가 양도인에게 채권을 변제하였다면 이는 채권의 준점유자에 대한 변제이고 특별한 사정이 없는 한 이 경우에는 선의 및 과실이 없는 유효한 변제가 될 것이다(취소통지를 받은 D로서는 양도인이 채권자의 지위를 회복하여 수령권한이 있다고 믿을 것이고 사해행위취소의 상대적 효력 등의 까다로운 법률관계에 관하여 잘 모르는 D에게 과실이 있다고 보기도 어렵다).

v) 취소채권자 X의 조치

X로서는 D가 양도인 S에게 변제하기 이전에 압류·전부명령 등의 강제집행을 할 필요가 있다.

vi) 제3채무자 D의 공탁권한

한편 D로서는 채권양도의 효력·유무 등에 관하여 법률상·사실상 의문이 있는 경우로서 변제자의 과실 없이 채권자를 알 수 없는 때에 해당하여 공탁함으로써(민법 제487조) 채무를 면할 수 있다.

(6) '반환'이 필요 없는 경우

채무자 S가 다른 제3자가 부담하는 채무에 관하여 보증을 서거나, 그 채무를 인수한 행위가 취소된 때, 그 보증이나 채무인수에 관한 채권자가 S의 재산에 강제집행하는 경우에는, X는 배당이의를 할 수 있다.[61]

2. 다른 채권자에 대한 효과

가. 채권자평등주의 원칙

(1) 판례는 취소소송은 반드시 소로써 행사해야 하고,[62] 취소판결의 효력은 소송당사자인 취소채권자와 수익자(전득자) 사이에만 미친다고 한다(상대적 효력설). 이러한 판례이론을 따른다면 취소판결의 효력은 취소판결이 확정되었을 때 비로소 취소채권자가 사해행위 무효를 주장할 수 있고,[63] 취소판결의 효력을 원용할 수 없는 소송당사자가 아닌 다른 채권자에게는 미치지 않는다.[64]

그런데 민법 제407조는 "취소와 원상회복은 모든 채권자의 이익을 위하여 그 효력이 있다"고 하여, 취소채권자 X의 우월적 지위를 부정한다. 그래서 취소 목적물이 금전이고, X가 수익자 Y로부터 이를 지급받았을 때를 제외하고(이때에는 다른 채권자는 분배 또는 배당요구할 수 있는 법적 절차가 없다),

61) 東京地判 소화 52. 12. 8. 判時 908-67.

62) 대법원 1978. 6. 13. 선고 78다404 판결; 대법원 2008. 12. 11. 선고 2007다69162 판결 외 다수.

63) '소'로써만 취소를 구할 수 있으므로, '소'에 대응하는 '판결'만이 사해행위를 취소할 수 있다.

64) 민사소송법 제218조(기판력의 주관적 범위)에 의하면, 확정판결은 원칙적으로 당사자와 변론종결 뒤의 승계인에 대하여만 효력이 미치므로 소송법적으로도 당연한 결론이 된다.

취소 목적물이 부동산이나 채권의 경우에는, 취소권을 행사하지 않았던 다른 채권자들도, 채무자 S에 대한 집행권원을 얻어, 당해 부동산이나 채권을 압류할 수 있다.65)

여기서 X 외의 다른 채권자에는 변제나 대물변제를 취소한 경우에, 수익자 Y도 포함되지만 이 점에 관하여는 아래 「4. 수익자 또는 전득자에 대한 효과」에서 본다.

(2) 채권자평등주의와 우선주의

일본 구 민법이 프랑스 민법을 계수할 당시는 물론이고 현재에도 프랑스에서는 채권자취소권의 효력에 관하여 우선주의를 채택하여 취소채권자의 우선권을 인정하고 있고,66) 평등주의를 지지하는 학설은 소수설에 불과하다. 그런데 구 민법의 초안자인 Boissonade가 굳이 평등주의를 지향하는 절대적 효력설을 기초로 초안을 만든 것은,67) 부인권은 상법에만 규정되어 일반인에게는 적용되지 않는 상인파산주의를 취하고 있었기 때문에, 일반인에게도 집단적 청산절차와 유사한 기능을 채권자취소권과 채권자대위권 제도를 통하여 수행할 수 있도록 하는 제도적 장치가 필요하다고 생각하였기 때문이다. 따라서 그 후 파산법 제정으로 일반인에 대한 파산이 인정되고, 파산법상 부인권 행사가 가능하게 됨에 따라 Boissonade의 당초 취지는 크게 퇴색하였다고 할 수 있다.68)

채권자취소의 효력과 관련하여 Boissonade의 민법초안과 주석에 나타난 견해는 아래와 같다. 이를 보더라도 Boissonade가 채권자취소권을 파산절차와 같이 운용하려 의도하였다는 사실을 잘 알 수 있다.

---

65) 대법원 2003. 6. 27. 선고 2003다15907 판결.

66) 이는 독일도 같다. 허진용, '채권자취소권과 파산절차상 부인권의 차이', 20면.

67) 일본 민법의 사해행위취소권에 관한 제정과정에 관하여는 [3] 7. 참조.

68) 오영준, '사해행위취소의 효력이 미치는 채권자의 범위', 159면 이하. 상대적 효력설은 원래 사해행위취소의 효력에 관하여 민법 제407조와 같은 규정이 존재하지 않아 우선주의적 해석이 가능한 법제에서 통용되던 이론이다. 그래서 통설·판례가 취하고 있는 상대적 효력설과 채권자평등주의는 이론적으로 서로 상충되므로, 이를 규명하기 위하여, ① 이념적 해석론, ② 기판력 확장설, ③ 실체적 형성력설, ④ 법률요건적 효력규정설 등의 학설이 등장하였다. 상세한 설명은 위 논문 참조.

① 실체법적 효력 : 사해행위 전후를 묻지 않고 모든 채권자에 대하여 사해행위는 무효가 된다.

② 판결절차상 효력 : 원고로 될 수 있는 채권자는 사해행위 전의 채권자이다. 또한 원고가 받은 승소판결의 효력만이 다른 채권자에게 미치고, 패소판결의 효력은 원고 이외의 채권자에게는 미치지 않는다.

③ 강제집행절차상 효력 : 사해행위 목적물을 매각한 매득금은 파산절차에서의 평등원칙에 따라 모든 채권자에게 분배된다. 다시 말해서 사해행위 목적물은 모든 채권자를 위한 공동담보(le gage commun)가 된다.69)

(3) 우리 민사집행법이 채권자평등주의 원칙을 취하고 있다고 하더라도, 채권자취소소송에서 반드시 모든 채권자에게 동일한 권리가 부여되어야 한다는 논리필연성이나 타당성도 없다. 왜냐하면 민사집행법상 집행절차에서는 다른 채권자도 어차피 채무자의 재산에 강제집행을 하여 채권 만족을 얻을 수 있다. 그러나 채권자취소소송의 경우는 다른 채권자는 타인 소유의 일탈재산에 강제집행을 할 수 없는 상태에 있었다가, 취소채권자의 취소권행사라는 개인적 노력으로 비로소 집행에 참가할 수 있는 상태가 회복되었기 때문이다. 그래서 민사집행절차에서 채권자평등주의를 기조로 하는 프랑스 실무에서도, 취소채권자에게 우선적 권리를 부여하고 있다.

(4) 민법 제407조가 채권자평등주의를 선언하고 있더라도 이는 채권자취소소송의 모든 절차에서 절대적 기준이 될 수 없다.70) 오히려 채권자취소소송제도의 취지와 위에서 본 입법연혁이나 당초 강제집행의 대상이 되지 않았던 일탈재산의 회복에 노력한 채권자에 대한 보상이라는 측면을 고려하여, 가능하면 당사자의 공평에 부합하는 방향으로 해석할 필요가 있다.71) 판례도

69) 佐藤岩昭, 詐害行爲取消權の理論, 257면. Boissonade의 견해는 당시 Paris대학의 교수였던 Colmet de Santerre의 학설을 따른 것이다.

70) 채권자평등주의를 철저하게 관철한다면, 취소의 효과가 모든 채권자에게 미치기 때문에 사해행위 이후의 채권자도 그 취소의 이익을 누릴 수 있고, 따라서 사해행위 이후에 채권을 취득한 자도 채권자취소권을 행사할 수 있다. 당초 Boissonade의 견해도 취소의 효과는 사해행위의 전후를 묻지 않고 모든 채권자의 이익을 위하여 효력이 있다고 하였다.

71) 그래서 민법 407조의 성격에 관하여는 다음과 같은 여러 가지 견해가 있다. ① 이

사해행위 이후에 채권을 취득한 채권자를, 회복된 재산에 대한 집행절차에 참여시키지 않음으로써 채권자 사이의 이해관계를 조정하고 있다. 입법론적으로 볼 때 민법 제407조는 폐지되는 것이 바람직하다. 입법 연혁상의 근거인 파산절차가 완비되었고, 비교법적인 관점에서도 프랑스, 독일을 비롯한 영미법 국가인 미국에서조차 채권자평등주의는 채택되어 있지 않다. 우리 판례에서도 가액배상에서는 다른 채권자들이 채권의 만족을 얻을 수 없어, 채권자평등주의가 일관되게 관철되지 못하고, 취소권의 행사범위 등 여러 가지 문제가 관련되어 있기 때문이다.

나. 사해행위 이후의 채권자

(1) 문제점

사해행위 이후에 발생한 채권자도 강제집행이나 배당요구에 참가할 수 있는가? 물론 장래채권 중 사해행위취소의 소를 제기할 수 있는 채권의 경우에는 배당요구를 할 수 있다는 데 이론이 있을 수 없으나 그 외의 채권으로서 사해행위 이후에 발생한 채권이 문제가 된다.

(2) 검 토

(가) 학 설

① 적극설

념적 해석론 = 시간과 비용을 들인 취소채권자를 다른 일반 채권자들과 동일하게 보는 것은 오히려 형평에 반하므로 민법 407조는 채권자평등의 이념을 선언한 것에 불과하다. ② 기판력 확장설 = 민법 407조는 기판력의 주관적 범위를 정한 민사소송법 218조에 따른 기판력 상대성 원칙의 예외이다. ③ 실체적 형성력설 = 사해행위취소권의 법적 성질에 관한 형성권설의 연장선상에서 취소판결 자체의 형성력에 근거해 민법 407조를 설명하는 견해. ④ 법률요건적 효력규정설 = 취소와 원상회복을 하나의 법률요건사실로 보고, 취소채권자의 승소판결과 원상회복이라는 법률요건사실이 갖추어지면, 그 법률요건적 효력 내지 반사적 효력으로서 다른 채권자도 승소판결의 효력을 원용할 수 있다. ⑤ 평등주의(공동담보) 선언설 = 민법 407조는 사해행위취소판결 자체의 효력을 정한 것이 아니라, 취소판결의 집행으로 채무자에게 환원된 책임재산이 모든 채권자에 대한 공동담보로 활용된다는 사실은 선언한 것이다. 자세한 설명은 정다영, "채권자취소권 행사의 효과에 관한 연구", 법조(723호), 법조협회(2017. 6), 716면 이하 참조

취소권을 행사함에는 사해행위 이전에 발생한 채권임을 요하나, 일단 회복된 재산에 관하여 사해행위 후에 발생한 채권자의 강제집행신청이나 배당요구가 배제되지 않는다는 설로서 일본의 통설이다.[72)]

적극설의 이유는, ① 사해행위 후의 채권자도 사해행위가 없었더라면 배당가입을 할 수 있었을 것인데, 우연히 사해행위가 있다는 이유로 그 권리를 박탈하는 것은 균형에 맞지 않고, ② 민사집행법은 배당가입을 하는 채권자의 채권이 집행채권자 X가 취소한 대상인 사해행위 전에 발생한 것인가, 후에 발생한 것인가를 점검할 방법이 없고, 배당이의소송에 따라 그러한 채권자를 배제할 정도의 실체법상 근거도 없으며, ③ X가 수익자 Y에 대하여 가액배상 등의 금전집행을 하는 경우에는, 어느 설을 취하든 Y의 일반재산에 대한 강제집행을 하므로, Y에 대한 X 이외의 채권자도 배당가입을 할 수 있다고 한다.

그러나 적극설을 취하더라도, 민사집행법은 부동산집행에 관하여는 배당가입 전에 집행권원이 있거나, 목적물에 가압류등기를 할 것을 요구하고(민집법 제88조), 동산집행도 일반채권자의 배당가입을 인정하지 않으므로(민집법 제217조), 다른 채권자가 배당가입할 기회는 매우 적다.

② 소극설

사해행위 이후에 발생한 채권자는 채권취득 당시에 사해행위취소에 따라 회복되는 재산을 채무자의 공동담보로 파악하지도 않은 사람이므로 굳이 보호할 필요가 없다는 설이다.

또한 사해행위 후의 채권자까지 배당에 참가할 수 있다면, 그만큼 취소의 범위가 확대될 수밖에 없어, 사해행위가 원래 적법유효한 행위인 점에 비추어, 취소의 효과를 제도의 목적에 필요한 최소한도에 머물러야 한다는 입장이다. 소극설이 통설이다.[73)]

이와 관련하여, 통설은 채권자가 아닌 단순한 수익자(예컨대 사해행위목적물의 매수인)로서 사해행위 취소에 따라 발생한 부당이득반환청구권이나 담

---

72) 飯原一乘, 詐害行爲取消訴訟, 520면.

73) 편집대표 곽윤직, 민법 주해 Ⅸ, 박영사 1995. 854면. 김능환 집필 부분, 법원행정처, 법원실무제요 민사집행Ⅱ, 2003. 509면 등 참조.

보책임추급권에 터 잡아서는 배당요구를 할 수 없다고 한다.[74)]

(나) 판 례

판례도, 사해행위 이후의 채권자들은 채권취득 당시에 사해행위취소에 따라 회복되는 재산을 채권자의 공동담보로 파악하지 않은 사람이므로, 회복된 재산에 대한 집행절차에 참여할 수 없다고 한다.[75)]

채무자의 부동산에 관한 매매계약을 비롯한 유상행위가 사해행위라는 이유로 취소되고 그 원상회복이 이루어짐으로써 수익자에 대하여 부당이득반환채무를 부담하게 된 채무자가, 그 부당이득반환채무의 변제를 위하여 수익자와 소비대차계약을 체결하고 강제집행을 승낙하는 취지가 기재된 공정증서를 작성하여 준 경우에도, 그러한 행위로 자신의 책임재산을 그 수익자에게 실질적으로 양도한 것과 다를 바 없는 것으로 볼 수 있는 특별한 사정이 있는 경우에 해당하지 않는다면, 다른 채권자를 해치는 새로운 사해행위가 된다고 볼 수 없다. 그러나 이러한 수익자의 채무자에 대한 채권은 당초의 사해행위 이후에 취득한 채권에 불과하므로 수익자는 그 원상회복된 재산에 대한 강제경매절차에서 배당을 요구할 권리가 없다.[76)]

(다) 집행절차상의 문제점

소극설을 취하는 판례의 입장이 타당하다. 그러나 현실적인 집행절차에서 집행기관으로서는 배당요구채권이 사해행위 전에 발생한 것인지 여부에 관한 실체판단을 할 수 없어 이를 가려 배당할 수는 없다. 배당이 된 후에 이를 다투는 채권자가 배당이의를 하거나,[77)] 배당금 수령 후에는 부당이득반환청구를 할 수 있을 뿐이다.[78)]

다. 다른 채권자의 만족방법

74) 법원행정처, 법원실무제요 민사집행 Ⅱ, 2003. 509면.

75) 대법원 2009. 6. 23. 선고 2009다18502 판결. 일본 판례도 같다. 最判 소화 33. 2. 21. 民集 12-34-1.

76) 대법원 2015. 10. 29. 선고 2012다14975 판결.

77) 위 2009다18502 판결도 배당이의소송이다.

78) 대법원 2009. 5. 14. 선고 2007다64310 판결 참조. 다만 부당이득반환을 구하기 위해서는 배당절차에서 배당을 받을 수 있는 자격이 있는 채권자이어야 한다.

(1) 배당가입

구 민사소송법에서는 강제집행절차에서 채권자의 배당가입을 넓게 인정하였으나, 민사집행법은 일반채권자가 부동산집행(동법 제88조)과 채권집행(동법 제247조)에서는 원칙으로 집행권원을 가지는 채권자(부동산집행에서는 가압류 채권자 포함)가 아니면 배당요구를 할 수 없고, 동산집행에서는 배당가입이 인정되지 않는다(동법 제217조).

(2) 반환재산의 분배청구

취소채권자 X가 취소소송을 통하여 수익자 Y로부터 반환받은 재산에 관하여, 다른 채권자 G가 X에 대하여 분배청구를 할 수 있는가? 다른 채권자에는 변제나 대물변제의 취소 등의 수익자도 포함되지만, 수익자의 분배청구나 상계의 가능 여부는 아래 「4. 수익자 또는 전득자에 대한 효과」에서 따로 검토한다.

판례와 통설은 현행법상 분배를 인정하는 제도가 없고, 취소 단계에서 분배를 인정한다면, 채권자취소제도가 일반담보의 보전절차가 아니라 청산절차가 되어 바람직하지 않다는 이유로 이를 부인한다.

[1] 最判 소화 37. 10. 9. 民集 16-10-2070

채권자가 회복된 채무자의 재산으로부터 평등한 비율로 변제를 받을 수 있다고 하려면, 이를 위한 법률의 절차가 있어야 한다. 취소채권자가 가액배상금을 수령한 경우에, 다른 채권자는 취소채권자의 수중에 있는 반환물에 대하여 총채권자로서 평등한 비율에 의한 현실의 권리를 당연히 취득하는 것은 아니다. 취소채권자는 자기에게 인도된 반환물을 채무자의 일반재산으로 회복된 것으로서 취급하여야 하지만, 그 이상으로 자기 스스로 분배자가 되어 다른 채권자의 청구에 따라 평등한 비율로 분배할 의무를 부담하는 것은 아니다. 그러한 의무가 있다고 해석하는 것은, 분배의 시기·절차 등을 해석상 명확하게 하는 규정이 없는 현행법 아래서는 부정할 수밖에 없다.

[2] 대법원 2001. 2. 27. 선고 2000다44348 판결

채권자취소권은 채권의 공동담보인 채무자 S의 책임재산을 보전하기 위하여, S와 수익자 Y 사이의 사해행위를 취소하고, S의 일반재산으로부터 일탈된 재산을 모든 채권자를 위하여 Y 또는 전득자 Z로부터 환원시키는 제도이다. 따라서 Y가

S의 채권자라 하더라도 안분액의 반환을 거절하도록 하는 것은, 자신의 채권을 변제받은 Y를 보호하고, 다른 채권자의 이익을 무시하는 결과가 되어, 제도의 취지에 어긋난다. 그러므로 Y가 S의 채권자인 경우, Y가 가액배상을 할 때 Y 스스로도 사해행위취소의 효력을 받는 채권자 중의 1인이라는 이유로, 취소채권자 X에 대하여 총 채권액 중 자기의 채권에 대한 안분액의 분배를 청구하거나, Y가 X의 원상회복에 대하여 총 채권액 중 자기의 채권에 해당하는 안분액의 배당요구권으로써 원상회복청구와의 상계를 주장하여 그 안분액의 지급을 거절할 수는 없다.[79)]

(3) 파산신청

(가) 채권자 X가 아직 채권자취소권을 행사하지 않거나, 채권자취소소송을 제기하였더라도 그 판결이 확정되지 않았다면, 다른 채권자 G가 파산신청을 하여, 파산관재인이 부인의 소를 제기하든가, 채권자취소소송을 수계함으로써 (채무자회생법 제347조, 제406조), G는 안분액의 배당을 받을 수 있다.

(나) X가 채권자취소소송에 따라 일탈한 부동산을 S에게 반환시킨 후, G의 신청에 따라 S에게 파산절차가 계속된 경우에, G는 그로부터 배당을 받을 수 있다. X가 반환을 시켰다 하더라도 그 부동산은 S의 일반담보가 되기 때문이다. X가 동산이나 금전을 Y로부터 반환받은 경우에도 같다.

(4) 기 타

(가) 별소의 제기

G가 X의 채권자취소소송과는 별개의 소를 제기하여, 변론을 병합시키는 것이 가장 쉽고 효과적인 방법이다.

(나) 압류 · 가압류

G는 X가 채권자취소소송의 판결 확정 후 Y로부터 반환금을 받기 이전에 채무자 S에 대한 집행권원이 있으면 이를 근거로, S의 Y에 대한 금전반환청구권을 압류하고, G가 집행권원이 없으면 가압류를 할 수 있다고 하는 견해가 있다.[80)] 판례의 상대적 효력설에 따르면, X가 취소소송 결과 Y에 대하여 가액배상 등의 채권이 S에게 귀속하였다는 이유로 직접 청구할 수는 있으나, S는 Y에 대하여 반환청구권을 가지지 않으므로, X도 S에 대한 집행권원으

79) 같은 취지로 대법원 2003. 11. 28. 선고 2003다50061 판결.

80) 飯原一乘, 詐害行爲取消訴訟, 524면.

로 그 반환청구권에 대한 압류 · 전부명령을 얻을 수 없다고 함이 논리에 맞다. X에게 압류를 인정하지 않는다면, 다른 채권자 G에게도 위와 같은 압류나 가압류가 인정되지 않아야 함은 두말할 나위가 없다. 그러나 부동산 양도를 취소하고, S에게 이를 반환한 때, 판례는 이론상 문제가 있지만, S에 대한 집행권원으로 이를 압류하는 것을 인정하고 있으므로, 채권이라고 하여 달리 볼 이유가 없다.

(다) 소송참가(독립당사자참가)

다른 채권자 G가 X가 Y에 대하여 제기한 소송에 민사소송법 제79조의 독립당사자참가를 할 수 있는가. 이에 대하여는 상반된 대법원 판결이 있다. 아래 [1] 판결은 이를 긍정하고, [2] 판결은 이를 부정한다.

[1] 대법원 1990. 4. 27. 선고 88다카25274 판결

[사안] 원고는 피고에 대하여 이 사건 부동산에 관하여 피고에 대한 기존 채권의 변제에 갈음한 대물변제 약정을 원인으로 한 소유권이전등기절차의 이행을 구하는 본소송을 제기하였다.

이에 대하여 참가인은 독립당사자참가신청을 하기를, 자신이 피고로부터 위 부동산을 담보로 제공받기로 약정하고 자금을 대여하였는데, 피고가 참가인에 대한 위 채무를 면탈하기 위해서 위와 같은 사정을 잘 아는 원고와 공모하여 참가인을 해할 목적으로 원고에게 기존 채무의 대물변제조로 위 부동산을 양도하기로 하는 가장대물변제계약을 체결하고, 원고가 피고를 상대로 소유권이전등기절차 이행의 소를 제기하였으므로, 참가인은 그 소송결과에 따라 권리 침해를 받을 위험이 있다고 주장하면서, 주위적 청구로서 원 · 피고 쌍방에 대하여 위 대물변제계약의 사해행위 취소를 구함과 아울러 피고에 대하여 대여금 지급을 구하고, 예비적 청구로서 원 · 피고 쌍방에 대하여 위 대물변제계약의 무효확인을 구함과 아울러 피고에 대하여 주위적 청구에서와 같은 대여금 지급을 구하였다.

[판시] 사해방지참가의 경우에는, 권리주장참가와는 달리 사해소송의 결과로 제3자의 권리나 법률상 지위가 침해될 염려가 있는 경우에 그 제3자가 그 사해소송의 결과로 선고확정될 사해판결을 방지하기 위하여 그 사해소송에 참가할 수 있도록 한 것이므로, 원고와 피고가 당해 소송을 통하여 제3자를 해칠 의사를 갖고 있다고 객관적으로 인정되고, 그 소송 결과 제3자의 권리 또는 법률상 지위가 침해될 염려가 있다고 인정되는 경우에는 제3자인 참가인의 청구와 원고의 청구가

논리상 서로 양립할 수 있는 관계에 있다 하더라도 민소법 제72조(현행 79조) 제1항 후단의 독립당사자참가를 할 수 있다.

이 사건에서, 우선 주위적 청구에 관하여, 참가인의 원고에 대한 사해행위취소청구가 적법하므로, 채무자인 피고에 대한 사해행위취소청구가 부적법하더라도 다른 하나의 청구인 피고에 대한 금전지급청구가 적법하다면 참가인의 원·피고 쌍방에 대한 청구가 존재하는 셈이 되고, 예비적 청구에 관하여, 자기의 권리 또는 법률상의 지위가 타인들 사이의 사해적 법률행위를 청구원인으로 한 사해소송의 결과에 따라 침해를 받을 염려가 있는 경우에는 그 타인들을 상대로 하여 사해소송의 청구원인이 된 법률행위에 대하여 무효확인을 소구할 이익을 부정할 수 없다.

[2] 대법원 2014. 6. 12. 선고 2012다47548 판결

[사안] 원고는 주택건축회사이고, 피고는 부동산 분양업을 하는 회사이다. 피고는 참가인로부터 A토지를 매수하여 건물신축공사를 원고에게 도급주었다. 참가인은 피고에 대하여 토지매매대금 잔금채권이 있는데, 원고가 A토지 지상에 이 사건 건물의 공사를 완공하고 공사대금채권의 변제를 위하여 피고로부터 이 사건 건물에 대한 대물변제를 받기로 예약하였다.

원고는 본소로서 피고에 대하여 대물변제예약을 원인으로 이 사건 건물에 관한 소유권이전등기절차를 구하였다. 이에 참가인은 위 대물변제예약은 통정허위표시로 무효이거나, 사해행위이므로 취소되어야 한다고 주장하며 독립당사자참가를 하였다.

[판시] 민사소송법 제79조 제1항에 규정된 독립당사자참가는 소송대상의 전부나 일부가 자기의 권리임을 주장하거나, 소송의 결과에 따라 권리침해를 받을 것을 주장하는 제3자가 당사자로서 소송에 참가하여 3당사자 사이에 서로 대립하는 권리 또는 법률관계를 하나의 판결로써 서로 모순 없이 일시에 해결하려는 것이다. 그리고 독립당사자참가 중 민사소송법 제79조 제1항 후단의 사해방지참가는 본소의 원고와 피고가 당해 소송을 통하여 참가인을 해칠 의사를 가지고 있다고 객관적으로 인정되고 그 소송 결과 참가인의 권리 또는 법률상 지위가 침해될 우려가 있다고 인정되는 경우에 그 제3자가 사해소송의 결과로 선고·확정될 사해판결을 방지하기 위하여 그 사해소송에 참가하는 것이다.

한편 채권자가 사해행위의 취소와 함께 수익자(전득자 포함)로부터 책임재산의 회복을 명하는 사해행위취소의 판결을 받은 경우 그 취소의 효과는 채권자와 수익자 사이에만 미치므로, 수익자가 채권자에 대하여 사해행위의 취소에 따른 원상회복 의무를 부담하게 될 뿐, 채권자와 채무자 사이에서 그 취소에 따른 법률관계가

형성되거나 취소의 효력이 소급하여 채무자의 책임재산으로 복구되는 것은 아니다.

이러한 사해행위취소의 상대적 효력에 따르면, 원고의 피고에 대한 청구의 원인행위가 사해행위라는 이유로 원고에 대하여 사해행위취소를 청구하면서 독립당사자참가신청을 하는 경우, 독립당사자참가인의 청구가 그대로 받아들여진다 하더라도 원고와 피고 사이의 법률관계에는 아무런 영향이 없고, 따라서 그러한 참가신청은 사해방지참가의 목적을 달성할 수 없으므로 부적법하다.

[1] 판결의 취지는 다음과 같다. 즉 원고와 피고가 소송을 통하여 참가인을 해칠 의사를 갖고 있다고 객관적으로 인정되고, 그 소송 결과 참가인의 권리 또는 법률상의 지위가 침해될 염려가 있다고 인정되는 경우에는, 참가인의 참가청구와 원고의 본소청구가 논리상 서로 양립할 수 있는 관계에 있더라도 사해방지참가를 할 수 있다. 소송결과에 따라 참가인이 권리 또는 법률상 지위가 침해될 염려가 있다는 것은, 참가인이 패소확정판결의 기판력이나 반사적 효력을 받는 관계에 있을 필요는 없고, 그 확정판결에 따라 참가인의 권리실현이나 법률상 지위의 확보가 사실상 불가능하거나 장애를 받는다는 것을 의미한다.[81] 위 판결의 사례에서 참가인은 바로 그러한 위치에 있다. 즉 피고로부터 원고에게 대물변제가 이행된다면 참가인의 피고에 대한 채권회수가 장애를 받는 상황이 된다. 구체적으로 말해서 대물변제가 이행되지 않은 상태에서는 참가인은 단순히 원고에 대하여 대물변제예약의 취소만을 청구하면 되지만(참가인이 채무자인 피고의 재산에 바로 집행하거나 집행보전을 할 수 있다면 대물변제예약의 취소도 필요 없을 것이다), 원고와 피고의 소송 결과 대물변제가 이행되면 원상회복까지 구하여야 하고 원고의 처분을 막기 위하여 보전처분을 하여야 하는 등 채권확보절차가 더욱 어려워진다. 그러므로 참가인으로서는 원피고 사이의 소송행위가 참가인을 사해하기 위한 소송이라는 점을 주장하여 사해방지참가를 할 수 있다. 이 경우 원피고의 소송행위가 확정된다면 소송행위 그 자체가 사해행위가 될 수도 있는데, 그러한 사해소송을 미리 방지할 수 있는 제도가 바로 사해방지참가이다.

한편 [2] 판결의 취지대로라면 참가인으로서는 원피고 사이의 본소송이 사

81) 김홍엽, 민사소송법(제4판), 박영사(2013), 1000면.

해소송이라 하더라도, 참가청구의 취지가 원고를 상대로 한 사해행위취소소송이라면 사해방지참가를 할 수 없고, 그 소송이 종결될 때를 기다려 대물변제예약에 대한 사해행위취소를 하여(본소송의 소송행위 자체에 대한 사해행위취소도 구할 수 있는 여지가 있음), 사해행위로 이행된 부분의 원상회복청구를 해야 한다. 즉 채권자취소소송을 제기하며 독립당사자참가를 하는 것은 3당사자 사이의 권리 또는 법률관계를 하나의 판결로써 서로 모순 없이 일시에 해결할 수 있는 방안이 될 수 없으므로 원칙적으로 부적법하고, X는 별개의 소송으로 Y를 상대로 하여 취소소송을 제기할 수밖에 없다.

이 문제는 결국 사해방지참가의 요건을 어떻게 보는가 하는 관점의 차이에서 비롯된 것이다. [1] 판결은 원고의 사해의사가 인정되면 참가인의 청구가 원고의 청구와 서로 양립하는 관계에 있더라도 원칙적으로 참가인의 권리침해의 염려가 있다고 인정하여 사해방지참가를 인정하는 입장이다.82) 이에 대하여 [2] 판결은, 독립당사자참가는 제3자가 당사자로서 타인 사이의 소송에 참가하여 3당사자 사이에 서로 대립하는 법률관계를 하나의 판결로써 서로 모순 없이 일시에 해결하려는 것인데, 채권자취소소송의 효력은 채

82) 이는 [1] 판결에 대한 재판연구관의 판례해설에서도 명백히 나타난다(김재구, 대법원 판례해설, 제13호, 법원도서관, 1991. 69면). 이를 그대로 소개하면 아래와 같다.
사해방지참가로서 예상할 수 있는 경우는 참가의 요건에 관한 통설·판례의 입장인 사해의사설에 의할 때 (1) 원고가 피고를 상대로 부동산소유권이전등기를 구하는 본소에 제3자가 같은 피고로부터 같은 부동산을 매수하였다고 하고 또 피고가 자기에 대한 소유권이전등기의무를 회피하기 위하여 사해소송을 하고 있다고 주장하며 참가하는 경우(이는 통상의 2중매매와는 다르다)와 (2) 이 사건과 같이 원고가 피고를 상대로 부동산소유권이전등기를 구하는 본소에 제3자가 피고에 대하여 금전지급청구권이 있다고 하고 또 피고가 그 채무의 이행을 회피하기 위하여 사해소송을 하고 있다고 주장하며 참가하는 경우 정도이다.
그러면 위의 각 경우에 그 청구취지를 어떻게 하여야 할 것인가?
위 (1)의 경우는 원고 또는 원·피고 쌍방에 대하여 원고 주장의 소유권이전등기청구권의 부존재확인과 피고에 대하여 참가인 앞으로의 소유권이전등기를 구하고 (2)의 경우는 원고에 대하여 원고 주장의 등기원인 행위에 대한 사해행위취소 또는 원고나 원·피고 쌍방에 대하여 원고 주장의 소유권이전등기청구권의 부존재확인을, 그리고 피고에 대하여 금전의 지급청구(근저당권설정의 약정이 있는 경우에는 그 등기청구)를 할 수 있을 것인바, 이 사건 대법원판결은 (2)의 경우의 사해방지참가가 적법하다고 판시한 것이다.

권자(참가인)와 채무자(피고) 사이에만 미치고, 수익자(원고)와 채무자(피고) 사이의 법률관계에는 아무런 영향이 없기 때문에, 본소의 결과가 채권자취소권의 채권자인 참가인에 대하여 권리침해의 염려가 없어 3당사자 사이에 서로 대립하는 법률관계를 하나의 판결로써 모순 없이 일시에 해결할 수 없고, 따라서 이 경우의 독립당사자참가는 부적법하다는 것이다.

사해판결에 대하여는 사후적으로 채권자취소권으로 구제받을 가능성이 있지만, 사해방지참가는 이러한 구제가능성을 소송계속 중의 소송절차에까지 미치게 하는 점에 그 특색이 있다는 견해가 일반적이다.[83] 그래서 대법원도 그러한 취지의 [1] 판결을 하였고, 그 후에도 이를 전제로 판단을 해 온 것으로 보인다.[84] 그런데 [2] 판결은 채권자취소권의 상대적효력을 이유로 채권자취소권을 행사하면서 사해방지참가는 할 수 없다고 하였다.

필자의 견해를 결론적으로 말한다면 종래의 대법원 판결인 [1] 판결이 타당하다고 본다. 왜냐하면 사해방지참가의 전형적인 예가 바로 사해행위취소를 청구하면서 하는 독립당사자참가임에도 불구하고 이를 사해방지참가에서 제외해버린다면 민사소송법이 모처럼 마련한 사해방지참가가 설 자리가 거의 없어져 버리고, 조속한 분쟁해결이 늦어진다는 점이 첫째 이유이다.

또한 사해방지참가는 원고와 피고가 소송을 통하여 참가인을 해칠 의사를 갖고 있다고 객관적으로 인정되고, 그 소송 결과 참가인의 권리 또는 법률상 지위가 침해될 염려가 있다고 인정되는 경우에는 그 자체로 요건을 갖추었다고 보아야 한다. 이러한 사해방지참가의 요건은 채권자취소소송의 요건이나 효과와는 별개로 보아야 하고, 나중에 소송참가가 아닌 별소를 제기할 수 있다고 하여 참가의 이익이 없다고 할 수 없다.[85]

채권자취소소송의 상대효는 단순히 이론적인 면에서 파악하기보다는 실질

83) 윤경, 사해방지참가의 요건과 인정기준-대상판결 : 대법원 2001. 8. 24. 선고 2000다12785 판결-, 인권과 정의 제306호(2002년), 대한변호사협회, 108면: 또한 위의 김재구, 대법원판례해설: 또한 [19] 1. 나. 참조.

84) 대법원 1997. 6. 27. 선고 95다40977 판결은, 원고와 피고가 사해행위 당사자인 경우에는 사해방지참가를 할 수 있다는 전제 아래, 원고와 소외인이 사해행위의 당사자이고 피고는 사해행위의 당사자가 아니라면, 참가인은 원고와 피고 사이의 소송결과에 따라 권리침해를 받지 않으므로 사해방지참가를 할 수 없다고 판시하였다.

85) 윤경, 전게 논문, 123면 참조.

적으로 파악해야 한다. 특히 부동산처분(채권의 처분도 포함)을 사해행위로 취소하는 판결은 등기말소에 관한 한 외견적으로 절대적 효력을 가지고, 수익자 명의 등기는 말소되어 채무자에게 등기명의가 복귀한다.[86] 그렇다면 참가인의 채권자취소소송이 승소한다면 원고의 이전등기소송은 기각하는 것이 타당하고, 결국 참가는 그 실익이 있다고 보아야 한다. 즉 본소의 결과가 참가인에 대하여 아무런 '권리침해의 염려가 없다'는 [2]판결의 판시는 타당하지 않다. 이와 관련하여 사해행위가 가장매매계약과 같은 통정허위표시로서 무효인 경우에도 채권자취소권 행사의 대상이 된다는 판례[87]도 참고할 필요가 있다.

이러한 해석은 사해방지참가를 활성화시킴으로써 조기에 분쟁을 한꺼번에 종식시킬 수 있다는 실익이 있다. 채권자취소소송의 상대효를 절대적 이론으로 모든 단계에서 적용할 것이 아니라, 실제로 적용되는 절차와의 관계에서 사해방지참가의 이익을 인정하는 것이 효과적인 방법이라면 사해방지참가의 이익이 있다. 특히 사해행위가 완성되기 전에 이를 중단시킴으로써 채권자의 권리구제가 보다 용이하다면 사해방지참가를 인용함으로써, 채권자취소청구와 사해방지참가를 조화롭게 해석할 수 있는 해결책이 될 수 있다. 채권자취소판결에 상대적 효력만을 인정하는 것은 사해행위취소 채권자와 수익자 그리고 제3자의 이익을 조정하고,[88] 거래안전을 위한 합리적 수단이지 그 자체가 절대적이고 다른 제도에 우선적인 이론도 아니고 실무에서도 구체적 타당성이나 집행상 편의를 위하여 유연하게 운영하고 있음은 주지의 사실이다.[89]

---

86) 채권자취소권의 효력에 관한 학설의 실질적 적용결과에 대하여는 [7]의 표를 참고.

87) 대법원 1998. 2. 27. 선고 97다50985 판결.

88) 대법원 2005. 11. 10. 선고 2004다49532 판결 참조.

89) 필자와 결론적으로 같은 견해로, 홍춘의, 태기정, "독립당사자참가에서의 사해소송과 채권자취소권에서의 사해행위", 동북아법연구(제9권 3호), 2016. 참조. 위 글에서는 ① 민사소송법상 사해방지참가의 요건을 민법상 채권자취소권 행사의 상대효와 연계하여 위 대법원 판례와 같이 해석하여서는 안 된다. ② 채무자와 수익자 사이의 법률행위가 채권자취소가 되더라도 유효하다고 하더라도, 채권자인 참가인의 관점에서는 무효이므로, 참가인의 지위를 우선시하여야 한다. ③ 별소제기에 따른 판결의 모순저촉과 소송비경제 등을 이유로 들고 있다. 타당한 견해이다.

라. 취소판결의 효력이 다른 채권자에게 미치지 않는다는 사례

채권양도를 취소한 판결의 효력이 채권양도 이전에 그 채권에 가압류를 한 다른 채권자에게 미치지 않는다는 대법원 판례가 있다.

□ 대법원 2008. 9. 25. 선고 2007다47216 판결

[사안] 채무자 S의 제3채무자 D에 대한 채권에 대하여, 채권자 A의 가압류가 있은 후 그 채권이 Y에게 양도되고, 그 후 다시 S의 채권자 B의 가압류가 있자, D가 이와 같은 사정을 이유로 공탁을 하고 공탁사유신고를 함으로 인해 열린 배당절차에서 A와 Y에게만 배당이 되고 채권자 B가 배당에서 제외되었다. 채권자 B가 채권양수인 Y를 상대로는 위 채권양도가 사해행위에 해당한다고 하여 그 취소 및 그 배당액을 자신에게 배당하는 것으로 배당표 경정을 구하고, 동시에 채권자 A를 상대로는 위 채권이 여전히 S에 귀속됨을 전제로 하는 배당표의 경정을 구하였다. 법원은 B의 Y에 대한 취소소송을 인용하였다.

[쟁점] 문제는 B의 A에 대한 배당표 경정청구인데, 사해행위취소의 효과는 원고인 B와 피고 Y 사이에만 미치고, '사해행위 이전'에 이미 위 채권을 가압류한 다른 채권자 A에게는 미치지 않는다. B의 A에 대한 청구기각.

위 판결은, 취소의 효과가 취소채권자 아닌 다른 채권자 A에게 미치지 않는 이유를, 사해행위 이전에 사해목적물인 채권을 가압류하였다는 사유를 들고 있다. 그러나 A가 사해행위 이전에 가압류를 하였다는 이유를 가지고 A에게 취소의 효력이 미치지 않는다는 법리는 타당하지 않다. 가압류채권자는 다른 채권자에 대하여 우선권이 없다. 이 사건에서 A의 가압류가 Y에 대한 사해행위인 채권양도보다 대항요건을 빨리 취득함으로써, 채권양도에 대항할 수 있었다 하더라도(바꾸어 말하면 채권양도가 유효하다면, A가 가압류의 처분금지효 때문에 채권양수인 Y보다 우선하여 배당받을 권리가 있고, 채권양도 이후에는 S의 채권자인 B는 S의 재산이 아닌 위 채권을 대상으로 하여 가압류를 할 수 없게 되었으므로 배당받을 권리가 없다 하더라도), Y에 대한 채권양도는 사해행위로 취소되었기 때문에, 만약 A가 민법 제407조에 따라 취소의 효력을 받는 '모든 채권자' 중의 한 사람이라면, 취소된 채권양도를 이유로 채권양도 후의 가압류권자인 B에 대하여 우선권을 주장하지 못한다.

판시내용에는 나와 있지 않지만, 민법 제407조가 취소의 효과는 모든 채권

자의 '이익'을 위하여 효과가 있으므로, '불이익'한 경우에는 효과가 없다는 점을 이유로, 취소의 효과로 불이익을 입는 A에게 취소판결의 효력이 미치지 않는다고 생각한 것인지 모르겠지만, 이 또한 전혀 근거가 없다. 원래 민법 제407조는 채권자 중 한 사람이 사해행위취소의 소를 제기하여 승소한 경우에는 다른 채권자들에게도 그 효력이 미치지만(즉 다른 채권자들에 대하여도 사해행위는 무효이다), 취소판결에서 패소한 경우에는 다른 채권자들에게 그 효력이 미치지 않는다는 취지로 규정된 것이다. 다시 말해서 사해행위취소의 원고승소판결이 선고되면 다른 모든 채권자에게도 그 효력이 미치고, 그 판결이 다른 채권자들에게 현실적으로 이익이 되거나 불이익이 되거나 하는 이유로 효력의 범위가 좌우되지 않는다. 반면에 취소채권자인 원고로서는 민법 제407조에 따라 다른 채권자들과 함께 배당받음으로써 불이익한 경우가 일반적이겠지만, 이 사건과 같이 경우에 따라 위 규정을 적용함으로써 유리한 경우도 있는 것이다.

결론적으로 사해행위취소에 따른 원상회복의 효력이 모든 채권자에게 미친다는 민법 제407조의 규정에 비추어 볼 때 이해하기 어려운 판결이다.[90)]

3. 채무자에 대한 효과

가. 취소의 효력은 채무자에게 미치지 않는다.

(1) 사해행위와 채무자

---

90) 대법원이 2007다47216 판결을 할 때, 해제된 계약에 따라 채무자의 책임재산이 된 계약 목적물을 가압류한 가압류채권자가 계약해제 효과를 받지 않는 제3자에 해당된다는 대법원 2000. 1. 14. 선고 99다40937 판결을 염두에 두었는지도 모르겠다. 그러나 민법 제548조 제1항 단서에서 말하는 '제3자'란 일반적으로 그 해제된 계약으로부터 생긴 법률효과를 기초로 하여 해제 전에 ① 별개의 새로운 이해관계(권리)를 가지고 ② 등기·인도 등으로 완전한 권리를 취득한 사람을 뜻하는 것으로서(대법원 2007. 12. 27. 선고 2006다60229 판결), 99다40937판결은 가압류권자는 본압류로 이전됨으로써 별개의 새로운 이해관계를 가지므로 (가압류)등기로 완전한 권리를 취득할 수 있어, 위 '제3자'에 해당된다는 법리를 선언한 것으로서, 채권자취소가 모든 채권자들에게 그 효력이 있다는 민법 제407조를 해석하는데 유추적용될 수 있는 법리는 될 수 없다.

사해행위는 채무자 S의 법률행위이고, 취소의 대상도 바로 S의 행위이다. 취소권이 발생하려면 S의 행위가 채권자 X를 사해하고, S에게 사해의사가 있어야 한다. 이러한 문제는 사해행위취소의 기본적 요건으로서, 취소소송에서 심리·판단의 중심이 된다. 그리고 취소소송은 S에 대한 강제집행의 준비로서 기능을 가지고 있다.

(2) 취소의 효력

그러나 상대적 효력설에 따르면, 사해행위취소는 절대적 취소가 아니라, 악의의 수익자 Y나 전득자 Z에 대한 관계에서만 상대적으로 취소하는 것이고,[91] 취소의 효과는 S에게 미치지 않으므로 S와 Y 사이의 법률관계에는 아무런 영향을 미치지 않는다.[92]

따라서 사해행위취소에 따라 S에게 회복된 재산은 취소채권자 X 및 다른 채권자에 대한 관계에서 S의 책임재산으로 취급될 뿐, S가 직접 그 재산에 대하여 어떤 권리를 취득하는 것은 아니다(재산의 양도가 취소되었다 하더라도 S는 Y나 Z에게 그 재산을 자기에게 인도하라고 청구할 권리가 없다[93]). 따라서 재산세납부의무자도 S가 아니라 Y가 된다.[94]

(3) 사 례

취소의 효력이 채무자 S에게 미치지 않는다는 점과 관련하여 아래와 같은 사례가 있다.

[1] 대법원 2001. 6. 1. 선고 99다63183 판결

S에게 가액배상금을 지급하라는 1심판결[95]이 선고된 후에 Y가 가액배상 명목으로 돈을 지급하였다고 하더라도, 채권자취소권 행사에 따라 S가 Y에 대하여 권리를

91) 대법원 1962. 2. 15. 선고 4294민상378 판결; 대법원 2004. 8. 30. 선고 2004다21923 판결.

92) 대법원 1988. 2. 23. 선고 87다카1989 판결.

93) 대법원 2009. 5. 14. 선고 2007다64310 판결.

94) 대법원 2000. 12. 8. 선고 98두11458 판결(사해행위취소와 일탈재산의 원상회복으로 채무자가 직접 권리를 취득하는 것이 아니므로 사해행위취소판결에 따라 등기명의를 원상회복시켰다고 하더라도, 재산세납세의무자는 수익자이다).

95) 가액배상금을 채무자에게 지급하라고 명한 판결은 잘못된 판결임.

취득하는 것은 아니므로, X에 대하여 위 돈을 가액배상에서 공제할 수 없다.[96]

[2] 대법원 2007. 4. 12. 선고 2005다1407 판결

채권자 X가 사해행위의 취소와 함께 수익자 Y로부터 책임재산 회복을 명하는 사해행위취소 판결을 받은 경우, 그 취소의 효과는 X와 Y 사이에만 미치므로, Y가 X에 대하여 사해행위취소에 따른 원상회복의무를 부담하게 될 뿐, 채무자 S와 사이에서 그 취소에 따른 법률관계가 형성되거나 취소 효력이 소급하여 S의 책임재산으로 회복되는 것은 아니다.

X의 S에 대한 전부명령 당시 피전부채권이 이미 S로부터 Y에게 양도되어 대항요건까지 갖추었다면, X의 전부명령은 무효이고, 그 후 사해행위취소소송에서 피전부채권에 대한 채권양도계약이 취소되고 그 채권의 복귀를 명하는 판결이 확정되었다고 하더라도, 위 채권이 소급하여 S에게 복귀하거나 이미 무효로 된 전부명령이 다시 유효하게 되는 것은 아니다.[97]

[3] 대법원 2009. 5. 14. 선고 2007다64310 판결＝배당절차와 채권자취소의 효력

[사안] 근저당권자 Y에게 배당하기로 한 배당금에 대하여 X의 신청으로 처분금지가처분결정이 있어 경매법원이 그 배당금을 공탁하였다. 그 후 X의 Y에 대한 채권자취소소송에서 그 근저당권설정계약이 사해행위로 취소되었다. X는 Y의 배당금지급청구권에 대하여 채권압류·추심명령을 받아 배당금을 우선 수령하였다.

[판단] 채권자취소의 효과는 채무자에게 미치지 않고 채무자와 수익자 사이의 법률관계에도 아무런 영향을 미치지 않는다. 취소채권자의 사해행위취소 및 원상회복청구에 따라 채무자에게 회복된 재산은 취소채권자 및 다른 채권자에 대한 관계에서 채무자의 책임재산으로 취급될 뿐, 채무자가 직접 그 재산에 대하여 어떤 권리를 취득하는 것은 아니다. 그렇다면 위 공탁금은 그 경매절차에서 적법하게 배당

96) 이 사건은 제1심에서 "Y는 S에게 61,000,000원을 지급하라."는 가집행이 붙은 판결이 선고된 후에 X가 제2심 변론기일에서 위 돈을 X에게 지급하라는 내용으로 청구취지를 교환적으로 변경한 사안이다. 그런데 Y가 S에게 그 중 일부인 6,000,000원을 지급한 날은 청구취지 변경 이후이므로, 위 돈의 지급은 교환적 변경으로 구청구가 취하의 효력이 발생하고 그에 따라 구 청구를 인용한 제1심판결도 실효된 후에 이루어진 것이어서, 위 돈을 제1심판결의 가집행을 면하기 위하여 지급한 것이라고 볼 여지도 없다는 점도 판시이유 중의 하나다.

97) 원심인 서울고법 2004. 12. 7. 선고 2004나26166 판결은 사해행위취소판결에 따라 전부명령이 소급하여 유효하게 된다고 하였다.

요구하였던 다른 채권자들에게 추가배당하여야 한다. 그 공탁금지급청구권에 관한 채권압류·추심명령은 추가배당절차에서 배당되고 남은 잉여금에 국한하여 효력이 있을 뿐이다. 취소채권자가 배당금을 우선 수령하였다면 적법하게 배당요구하였던 다른 채권자들과의 관계에서 부당이득이 성립한다.[98)]

나. 채무자에 대한 환원은 채권보전의 수단에 불과

사해행위 목적물이 부동산인 경우, 말소등기나 이전등기로 양도인 명의로 원상회복이 되었어도 양도인은 그 부동산에 관하여 사해행위가 있기 전의 권리를 다시 취득하는 것은 아니고, 단지 소유권이 형식상 채무자에게로 환원되는 것은 오로지 채권자의 채권보전을 위한 수단으로서 의미만 지닐 뿐이다(양도인 S가 그 앞으로 회복된 부동산을 다시 제3자에게 처분한 경우에, 그 처분행위는 무권리자의 처분행위로 되어 그에 따른 이전등기는 원인무효의 등기이다[99)]).

또 회복된 재산으로부터 취소채권자 X를 비롯한 다른 채권자들이 만족을 얻고 남은 잉여는 S가 가질 수 없고, 사해행위취소청구를 받아 그 재산을 반환하였던 상대방에게 주어야 한다(다만 이는 실체법적인 측면에서 볼 때의 결론이고, 현행 경매과정에서는 잉여금은 일단 S에게 배당될 수밖에 없다).

다. 채무자에게 환원된 이후 채무자가 한 처분행위의 효력

실제 사례를 예로 들어보자. 수익자 Y의 일반채권자 C가 목적부동산을 가압류한 후에 채무자 S의 채권자 B가 Y를 상대로 사해행위취소 및 소유권이전등기말소를 청구하는 소송을 제기하여 승소판결을 받고 Y 명의 이전등기가 말소됨으로써[100)] 등기명의가 채무자 S에게 환원되자, S가 이를 다시 제3자 X에게 양도하였다. 그 후 C가 가압류의 처분금지효를 전제로, Y에 대하여 얻은 승소판결을 집행권원으로 하여 부동산에 경매신청을 하자, 이에 X

98) 공탁금의 지급 여부가 불확정 상태에 있는 경우에는 공탁된 배당금이 피공탁자에게 지급될 때까지 배당절차는 아직 종료되지 않는다.

99) 대법원 2017. 3. 9. 선고 2015다217980 판결.

100) 이 경우 가압류권자인 C는 부동산등기법상의 이해관계인으로서(부동산등기법 제57조) C의 승낙이 없는 한 Y명의의 등기가 말소될 수 없음에도 불구하고 이 사건에서는·등기관의 잘못으로 C의 승낙 없이 Y명의 등기가 말소된 것으로 보인다.

가 제3자이의 소송을 제기하였다.

원심은 이 청구를 인용하였는데, 대법원은, "사해행위 취소는 상대적 효력밖에 없어 가압류의 효력이 당연히 소멸되는 것은 아니므로, S로부터 위 부동산을 전전하여 양도받은 자는 가압류의 부담이 있는 소유권을 취득하였다"는 이유로 원심을 파기하였다.[101]

대법원이 S로부터 부동산을 양수한 X가 그 소유권을 취득하였다고 판시하고 있으므로 S의 처분행위를 무효로 보지 않는 것으로 보인다.

그런데 그 후 대법원은 S의 처분은 무권리자의 처분으로 무효이므로 S의 등기를 바탕으로 한 등기는 모두 말소되어야 하고, 취소채권자나 민법 407조에 따라 사해행위취소의 효력이 미치는 채권자는 채무자의 책임재산으로 취급되는 그 부동산에 대한 강제집행을 위하여 위와 같은 원인무효 등기의 명의인을 상대로 등기의 말소를 청구할 수 있다는 견해를 밝혔다.

□ 대법원 2017. 3. 9. 선고 2015다217980 판결

사해행위취소는 채권자와 수익자의 관계에서 상대적으로 채무자와 수익자 사이의 법률행위를 무효로 하는 데 그치고, 채무자와 수익자 사이의 법률관계에는 영향을 미치지 않으므로, 채무자와 수익자 사이의 부동산매매계약이 사해행위로 취소되고 그에 따른 원상회복으로 수익자 명의 소유권이전등기가 말소되어 채무자의 등기명의가 회복되더라도, 그 부동산은 취소채권자나 민법 제407조에 따라 사해행위취소와 원상회복의 효력을 받는 채권자와 수익자 사이에서 채무자의 책임재산으로 취급될 뿐, 채무자가 직접 그 부동산을 취득하여 권리자가 되는 것은 아니다.

따라서 채무자가 사해행위취소로 그 등기명의를 회복한 부동산을 제3자에게 처분하더라도 이는 무권리자의 처분에 불과하여 효력이 없으므로, 채무자로부터 제3자에게 마쳐진 소유권이전등기나 이에 기초하여 순차로 마쳐진 소유권이전등기 등은 모두 원인무효의 등기로서 말소되어야 한다. 이 경우 취소채권자나 민법 제407조에 따라 사해행위취소와 원상회복의 효력을 받는 채권자는 채무자의 책임재산으로 취급되는 그 부동산에 대한 강제집행을 위하여 원인무효 등기 명의인을 상대로 그 등기의 말소를 청구할 수 있다.

위 사안은 채무자가 수익자에게 부동산을 매도하고 소유권이전등기를 하

---

101) 대법원 1990. 10. 30. 선고 89다카35421 판결.

였는데, 매매계약이 사해행위라는 이유로 취소되고 원상회복으로 수익자 명의의 소유권이전등기가 말소되자, 채무자가 다시 피고 1에게 부동산을 매도하여 소유권이전등기를 하고, 피고 2, 3 등 명의로 소유권이전등기 청구권가등기, 가등기의 이전등기, 가등기에 기초한 본등기가 순차로 이루어진 사안에서, (1) 사해행위 취소와 원상회복의 효력은 채권자와 수익자 사이에서 채무자의 책임재산으로 취급될 뿐이고 채무자가 부동산을 취득하여 권리자가 되는 것은 아니므로, 피고들 명의의 등기는 모두 말소되어야 하고, (2) 사해행위취소의 효력을 받는 채권자인 원고는 책임재산에 대한 강제집행을 위하여 피고들을 상대로 등기말소청구를 할 수 있다고 판단한 사례이다. 이론적인 문제점이 있지만 채권자취소권의 실효성 확보를 위한 차원에서 볼 때 타당한 판결이다.[102)]

라. 강제집행절차에서 잉여금의 배당과 관련하여

채권자취소권이 행사되어 S 앞으로 부동산이 환원된 후 경매가 개시되어, S의 채권자들에게 배당하고 남은 잉여가 있는 경우, 수익자 Y의 채권자가 배당요구를 할 수 있는가.

이에 대하여는 ① Y에 대한 채권자들은 Y에 대한 잉여금 교부청구권을 집행목적으로 삼아야 하고, 따라서 부동산경매절차의 배당절차가 아닌 금전채권에 대한 집행절차를 통하여 만족을 얻어야 한다는 견해와, ② 채권자취소권의 효과에 대하여 상대적 무효설을 취하는 한 사해행위는 S의 채권자들을 위한 공동담보가 되는 범위 내에서만 무효가 될 뿐이고, 따라서 S의 채권자들을 모두 만족시키고 남은 금액에 대하여는 Y의 부동산을 매각한 것과 다름없으므로, S의 채권자들에게 배당하고 남은 잉여금은 Y의 채권자들에게

102) 이에 대한 평석이 많이 있다. ① 양형우, "사해행위취소로 원상회복된 부동산 처분행위의 효력", 홍익법학 제18권 제3호(2017), 27면 이하, ② 정다영, "채권자취소권 행사의 효과에 관한 연구", 법조(723호), 법조협회(2017. 6), 698조 이하, ③ 전원열, "사해행위취소 후 복귀한 재산에 대한 채무자의 처분권", 법조(726호), 법조협회, (2017. 12.), 368면 이하, ④ 여하윤, "사해행위 취소로 원상회복된 부동산을 채무자가 처분한 행위의 효력", 입법과 정책 제9권 제3호, 국회입법조사처(2017. 12), 83면 이하. ⑤ 이순동, "사해행위취소로 환원된 부동산을 채무자가 처분한 경우 채권자의 구제방법" 사법 1(45), 사법발전재단 (2018. 9.), 223면 이하.

배당함이 타당하다는 견해가 대립되어 있다.[103)]

②의 견해가 간편하여 실무가들 사이에서는 다수설인 것으로 보이나, 집행절차상 소유권등기 명의자인 S에게 지급할 수밖에 없고, 이해관계인으로 취급받을 수도 없는 Y에게 배당할 수 있는 방법이 없다.[104)] Y의 채권자로서는 Y가 S에 대하여 가지는 부당이득반환청구권 등에 기한 배당금청구권에 대하여 강제집행할 수밖에 없을 것이다.

4. 수익자 또는 전득자에 대한 효과[105)]

가. 피고의 의무

취소소송의 피고로 된 수익자 Y나 전득자 Z는 판결에서 명한 대로 반환에 따를 의무를 진다. 소유권이전행위가 사해행위에 해당하는 경우, Y가 다른 원인으로 이전등기를 받을 수 있는 경우에도 사해행위인 소유권이전행위는 취소되어야 한다.

□ 대법원 2002. 7. 26. 선고 2001다73138 판결

[사안] Y가 가등기권자인 경우에, 가등기에 기초한 본등기 절차에 따르지 않고, 별도로 소유권이전등기를 경료받은 사안임.

[판단] 가등기권자는 재차 가등기에 따른 본등기를 청구할 수 있으므로 별도의 소유권이전등기를 가등기에 따른 본등기와 동일하게 볼 수는 없다. 따라서 별도 소유권이전등기의 원인된 법률행위가 사해행위로서 취소되는 이상, 원상회복으로서 그 이전등기는 말소되어야 한다. 장차 그 가등기가 혼동의 법리에 따라 부활되는지의 여부나 그와 같이 부활되는 가등기에 따라 이전등기 명의인이 다시 본등기를 경료할 수 있는지 여부 등에 의하여 달리 볼 것은 아니다.

채무자 S의 특정채권자 Y에 대한 담보권설정행위가 사해행위로 취소 확

103) 법원실무제요 강제집행법 Ⅱ, 510면.

104) 프랑스나 독일은 '수익자의 수중'에 두고 강제집행을 실시하기 때문에 잉여금은 당연히 수익자가 수령한다(오영준, '채권자취소소송의 제문제', 194면).

105) 채권자취소판결에 따른 수익자·전득자의 채무자에 대한 관계와 그 구제책에 대하여는 아래 「6. 취소에 의한 법률관계」에서 다시 본다.

정된 경우에는 취소채권자 X 및 그 취소의 효력을 받는 다른 채권자에 대한 관계에서는 무효이므로, Y에 대한 취소판결이 확정되었으나 그 담보권등기가 말소되지 않고 있다가 경매가 진행된 경우에, Y는 별도의 배당요구를 하여 배당요구채권자로서 배당 받는 것은 몰라도 '담보권자'로서는 배당받을 수 없다.[106)]

나. 수익자와 전득자의 지위에 따른 효과 개관

(1) 피고로 된 Y나 Z가 S의 채권자인 때

(가) 안분액의 지급거절[107)]

변제나 대물변제가 취소된 때, Y는 당연히 취소채권자 X와 같이 S에 대하여 채권을 가지는 채권자이다. 이때 Y는 반환할 재산 중에서 자기채권에 해당하는 안분액의 배당청구권으로써 원상회복청구와의 상계를 주장하여 그 안분액의 지급을 거절하는 것은 허용되지 않는다.[108)]

이미 가액배상을 받은 X에 대하여 안분액의 분배를 청구할 권리도 없다는 점은 위 「2. 다른 채권자에 대한 효과」에서 보았다.

(나) 그러나 부동산이나 채권의 양도가 취소된 경우에는 채권자인 Y나 Z도 사해행위가 취소됨으로써 채권이 부활하게 되어 X와 함께 당해 부동산이나 채권을 압류할 수 있음은 물론이다.[109)]

(2) 피고로 된 Y나 Z가 S의 채권자가 아닌 때

---

106) 대법원 2009. 12. 10. 선고 2009다56627 판결.

107) 이와 관련된 문제는 아래 「다. 취소소송에서의 대항수단」 이하에서 다시 자세히 살펴본다.

108) 대법원 2001. 2. 27. 선고 2000다44348 판결.

109) 위에서 본 「2. 다른 채권자에 대한 효과」 참조.
아래 「6. 취소에 의한 법률관계」에서 보는 바와 같이, 상대적 무효설에 따르면 S와 Y 사이의 법률관계는 유효하므로 사해행위가 취소되더라도 Y가 원래 S에 대하여 가지고 있던 채권이 부활하지 않는다고 할 수 있다. 그러나 판례는 구체적 타당성과 형평의 관점에서 이를 인정하고 있다.
대법원 2003. 6. 27. 선고 2003다15907 판결; 대법원 2003. 8. 22. 선고 2001다64073 판결, 2001다64073 판결은 Y가 S에게 별도로 법률행위 취소의 의사표시를 할 필요 없이 기존채권이 부활한다고 한다.

Y가 부동산의 매수인과 같이 S의 채권자가 아닌 때, 부동산을 반환해준 Y가 S에 대하여 부당이득반환청구를 하거나 매도인의 담보책임을 물을 수 있다는 것이 판례의 입장이다.[110]

그런데 Y의 부당이득반환청구권이나 담보추급권에 따라 X가 신청한 강제집행에 참가하여 배당요구를 할 수 있는가. 이러한 사안에 대하여는 아직 판례가 없으나,[111] 민법 제407조의 취소의 효력을 받는 채권자의 범위를 사해행위 전에 채권을 취득한 자로 제한하는 판례의 입장에서는, Y의 위와 같은 권리는 사해행위 이후에 발생한 것이고 피보전채권이 될 수 있는 장래채권에도 해당하지 않기 때문에, 배당요구를 할 수 없다고 하는 것이 논리적이다.

그러나 그렇게 해석한다면 사해행위의 채무자 S는 무자력자로서 Y가 반환한 부동산이 거의 유일한 재산에 해당될 가능성이 크므로, 이를 반환한 Y가 그 배당에 가입할 수 없다는 것은 결국 피해를 전혀 회복하지 못하는 결과가 되어 지나치게 가혹하다.

(3) 피고로 되지 않았던 Y나 Z

피고로 되지 않았던 Y나 Z는 취소의 상대적 효력 때문에 취소의 효과를 받지 않는 것이 원칙이다.

다. 취소소송에서의 대항수단

(1) 안분액의 지급거절

취소채권자 X가 취소판결에 의하여 수익자 Y에 대하여 가액배상으로서 금전지급을 구하는 경우에, Y가 X에 대하여 자기의 S에 대한 채권의 전체 채권에 대한 안분액의 분배청구를 할 수 없다는 것은 위에서 본 바와 같으나,[112] Y는 채권자취소소송의 단계에서 X의 반환청구(금전채권)에 대항하여, 그 안분액의 지급을 거절하는 항변을 제출할 수 있는가.

---

110) 아래 「6. 취소에 의한 법률관계」 참조.

111) 이와 관련하여 양도인이 제3자에게 부동산을 이중양도하고 소유권이전등기를 경료해 줌으로써 양수인이 양도인에 대하여 취득하는 손해배상채권이 채권자취소권의 피보전채권에 해당되지 않는다는 판례가 있다. 대법원 1999. 4. 27. 선고 98다56690 판결.

112) 상세한 설명은 앞에서 설명한 [34] 2. 다. (2) 참조.

(가) 판　례

[1] 대법원 2001. 2. 27. 선고 2000다44348 판결

채권자취소권은 채권의 공동담보인 S의 책임재산을 보전하기 위하여, S와 Y 사이의 사해행위를 취소하고 S의 일반재산으로부터 일탈된 재산을 모든 채권자를 위하여 Y 또는 Z로부터 환원시키는 제도로서, 수익자인 채권자로 하여금 안분액의 반환을 거절하도록 하는 것은 자신의 채권에 대하여 변제를 받은 수익자를 보호하고 다른 채권자의 이익을 무시하는 결과가 되어 위 제도의 취지에 어긋난다. Y가 S의 채권자인 경우 Y가 가액배상을 할 때 Y 자신도 사해행위취소의 효력을 받는 채권자 중의 1인이라는 이유로 X에 대하여 전체 채권액 중 자기 채권에 대한 안분액의 분배를 청구하거나, 수익자가 취소채권자의 원상회복에 대하여 전체 채권액 중 자기의 채권에 해당하는 안분액의 배당요구권으로써 원상회복청구와의 상계를 주장하여 그 안분액의 지급을 거절할 수는 없다.

[2] 最判 소화 46. 11. 19. 民集 25-8-1321, 判時 651-65, 金法 637-26

[사안] Y가 S로부터 일부변제를 받자, X가 자신의 채권액만큼 이를 취소하고 그 가액의 배상을 구하였다. Y가 항변으로서 안분액의 배당요구를 하며, X의 청구액은 그의 안분액에 그친다고 주장했다. 원심인 廣島高判 소화 45. 3. 2. 判時 597-101은 위 항변을 인정하지 않았다. Y가 상고이유로, 원심판결에 따른다면, X가 우선변제를 받음은 물론이고, 거기다 Y의 출연으로 우선변제받은 것과 같아 불공평하다고 주장하였다.

[판단] 상고기각. 피고가 주장하는 배당요구는 강제집행법상의 배당요구가 아니라, 수익의 의사표시라고 하지만, 실정법상 이러한 의사표시의 효력을 인정할 근거가 없다. 채권자취소권은 S의 행위를 취소하여 그 일반재산에서 일탈한 것을 모든 채권자를 위하여 Y·Z로부터 반환할 수 있도록 한 제도이다. 만약 Y가 안분액의 지급을 거부할 수 있다면, 재빠르게 자기의 채권에 관하여 변제받은 수익자를 보호하고, 모든 채권자의 이익을 무시하는 결과가 되므로, 제도의 취지에 반한다. X가 Y·Z에게 취소와 관련된 변제액을 자기에게 인도할 것을 요구할 수 있는 것은, 반환의 실효성을 확보하기 위한 어쩔 수 없는 방법이다. 이 경우에 일단 X에게 인도된 돈은 X뿐만 아니라 다른 채권자의 채권변제에도 충당되기 위한 절차를 어떻게 정하느냐가 입법상 문제가 될 여지가 있다 하더라도, 그러한 사실로부터 바로 Y가 주장하는 배당요구의 의사표시에 Y가 주장하는 대로의 효력을 인정할 수는 없다.

(나) 검　토

① 위에서 본 바와 같이 판례는 현행법상 X가 Y · Z로부터 반환받은 돈을 독점한다는 문제점을 부정하지는 않으면서도, 취소소송 후에 분배청구를 인정하지 않음은 물론이고 취소소송의 단계에서 Y · Z의 안분액지급거절의 항변도 인정하지 않는다.

다만 이에 대하여는 앞에서 본 바와 같이 X가 금전 수령 후에 사실상 상계가 인정되므로, 민법 제407조가 사문화된다는 지적이 있다.

그래서 Y의 항변권을 인정하느냐 여부를 아예 따지지 않고, 민법 제407조를 사문화시켜 X의 우선권을 인정함으로써, X의 취소는 항상 현물배상이 아니라 가액배상에 의할 것이라는 설도 있다.[113)]

② 독일법에서도 Y의 안분액지급거절은 인정되지 않는다.

③ 판례의 사안에서 보는 바와 같이, 안분액지급거절의 항변이 제출되는 것은, X의 취소소송에서 Y · Z에 대한 청구가 금전반환인 경우이다. 우리 민법의 해석으로는 취소소송에서 X의 S에 대한 채권(피보전채권)의 존재가 전제로 되어 있으나, 그에 대한 집행권원이 필요하지 않다. 취소소송에서 피보전채권의 존부에 다툼이 있으면, X가 입증책임을 부담하고 그에 대한 심리는 하지만, S는 피고가 될 수 없고, S가 가지는 항변사유도 제대로 참작되지 않으므로, 그 결과는 피보전채권에 관한 진정한 확정이 될 수 없다.

④ 취소소송에서 승소한 X는 그 금전반환의 승소판결을 집행권원으로 하여, Y의 일반재산에 강제집행할 수 있으나, 그것은 S에 대한 채권 자체에 대한 만족을 얻기 위한 것이 아니라, 그 보전을 위한 것이다. X가 Y · Z로부터 반환받은 금전은 S의 일반담보가 되어야 하고, X가 그로부터 S의 의사와 관계없이 강제적으로 만족을 얻기 위해서는, S에 대한 집행권원에 따라, 반환물에 강제집행하는 것이 원칙이다.

결론적으로 X는 Y · Z로부터 반환받은 금전을 바로 변제에 충당하거나 상계의 수동채권으로 할 수 있는 지위에 있지 않다.[114)]

⑤ 반환된 금전에 대하여 X에게 위와 같은 제약이 있다는 점에 비추어

---

113) 飯原一乘, 詐害行爲取消訴訟, 531면 · 389면 참조.

114) 이는 당위의 문제이고, 현실적으로 X가 이를 돌려줄 절차가 마련되지 않음으로써 상계와 같은 결과가 발생하는 것과는 서로 다른 문제이다.

본다면, Y・Z가 S에 대하여 금전채권을 가지고 있다고 하여, 그 안분액의 지급을 거절할 수는 없다고 해석해야 한다. 이를 인정하면 채권자취소소송을 정산절차화하는 결과가 된다. 정산절차는 채권의 궁극적인 만족을 목적으로 하는 것이므로, 민사집행법과 같이 집행권원이 필요하거나, 채무자회생법에서의 채권확정절차를 거쳐야 한다.

(2) 상계항변

(가) 판 례

X가 Y에 대한 취소소송에서 가액배상 등 금전지급청구를 함에 대하여, Y가 항변으로서 S에 대하여 가지고 있는 금전채권을 자동채권으로 상계를 할 수 있는가에 관하여도, 앞의 「(1)」항에서 본 바와 같은 문제가 발생한다. Y의 채권에는 ① 변제・대물변제의 취소에 따라 부활하는 채권,[115] ② 대가 있는 행위(유상행위)의 취소에 따라 생기는 채권, ③ 사해행위와는 관계없이 Y가 S에 대하여 가지고 있는 채권이 있다.

판례는 위의 경우에 모두 상계를 인정하지 않는다.

[1] 위 2000다44348 판결(변제를 위하여 근저당권설정등기를 취소한 것으로 위 ① 유형이다).

[2] 대법원 2001. 6. 1. 선고 99다63183 판결(부동산 매매를 취소한 위 ② 유형이다).

[3] 대법원 2011. 6. 10. 선고 2011다8980 판결(채권양도를 취소한 위 ② 유형인데 민법 제496조의 상계 제한 규정과도 관련된다).

고의의 불법행위에 따른 손해배상채권의 채무자는 그 채권을 수동채권으로 한 상계로 채권자에게 대항하지 못하고(민법 제496조), 그 결과 채권이 양도된 경우에 양수인에게도 상계로 대항할 수 없으나(민법 제451조 제2항 참조), 그 채권양도가 사해행위에 해당하는 경우, 불법행위에 따른 손해배상채권의 채무자 X가 채권양도인 S에 대한 별도의 채권자 지위에서 채권양수인에게 채권자취소권을 행사하여 채권양도 취소를 구함과 아울러, 취소에 따른 원상회복방법으로 직접 자신 앞으로 가

115) Y의 채권변제를 위한 저당권설정행위의 취소는 채권이 소멸하지 않고 그대로 존속하므로 채권이 부활하는 것은 아니다.

액배상의 지급을 구하는 것 자체는 민법 제496조에 반하지 않으므로 허용된다.[116)]

[4] 神戸地判 소화 56. 9. 28. 判時 1043-109(가액배상금을 자동채권으로 한 취소채권자의 상계도 불허. 위 ③ 유형이다).

[사안] Y의 X에 대한 어음금청구사건에서, X가 반소로써 Y가 S의 D에 대한 채권에 질권을 설정하여 D로부터 추심한 행위를 사해행위로 취소하고, Y에게 추심금 반환을 구하는 채권으로, 어음금채권과 상계한다고 주장.

[판단] 반소청구 기각. X에게 반환금 지급을 인정한 것은, 이를 S에게 지급하도록 하여서는 취소권행사의 목적이 저해되기 때문이고, 다른 채권자와 함께 변제받기 위한 것으로, 그 재산은 채무자의 책임재산이 되므로, 채권자취소의 결과 취소채권자에게 인정된 원상회복청구권은 그 채무의 성질상 상계가 인정되지 않는다. X로서는 현실적으로 추심금을 반환받아야 할 의무가 있고, 따라서 Y에게 어음금을 지급할 의무가 있으므로, 서로 각자의 채무를 이행하라는 판결이 선고되어야 한다.

[5] 大判 소화 11. 7. 31. 民集 15-1563(위 ① 유형이다).

[사안] 어음금 변제를 부인함에 대하여, Y가 변제금 반환에 따라 부활하는 어음채권으로 상계항변을 주장.

[판단] X(관재인)의 변제금반환청구권은 부인판결의 확정에 따라 발생하고, 한편 Y의 어음채권은 변제금이 이행됨으로써 부활하므로, 그 이전에 양 채권의 대립이 있을 수 없으므로 상계가 허용되지 않는다.

(나) 검 토

(a) 부인권에 관한 위 [5] 판결은 ① 유형으로, 부인소송 중에는 Y의 채권은 부활하지 않고, X의 가액배상청구권도 부인판결 확정으로 생기므로, 부인소송에서 채권의 대립이 없다고 한다. 채권자취소소송에서도 같은 이론이

---

116) 이 경우에 고의에 따른 불법행위의 채권자 S로서는 위 채권을 자동채권으로 하여 X에 대한 채무를 수동채권으로 하여 상계할 수 있는 지위에 있었으나, 사해행위취소권을 행사한 X에 대하여는 채권양수인 Y가 상계주장을 할 수 없게 되어, 결국은 상계권을 상실하게 된다. 한편 X가 자기의 S에 대한 채권을 자동채권으로 하여 Y로부터 수령한 금전의 S에 대한 반환채무를 수동채권으로 하여 상계할 수 있는가? 여기서 X가 S에 대하여 반환할 채무는 불법행위에 따른 손해배상채무 자체는 아니지만, 애초에 X가 S에 대하여 부담하고 있었던 손해배상채무의 변형물이다. 따라서 X는 자신의 S에 대한 채권을 가지고 S에 대한 반환채무와 상계함으로써 실질적으로 다른 채권자들보다 우선하여 채권만족을 얻을 수 없다고 봄이 타당하다.

가능할 것이다.[117] 그러나 위와 같이 상계적상의 문제로 해결하기보다는, 만약 상계를 허용하여 X의 청구를 기각한다면, 변제가 사해행위로 되는 것을 부정하는 것과 같은 결과를 가져오고, 결국에는 이 제도의 존재 의미를 몰각하게 된다는 점을 우선적인 이유로 삼는 것이 보다 타당하다.

(b) ② 유형에 관하여도, X가 S로부터 회수하여야 비로소 S의 채무가 소멸하고, Y의 부당이득반환청구권이 발생한다고 하면, 취소소송 단계에서는 상계를 할 수 없다. 이 경우에 Y의 상계를 인정한다면 ① 유형과 마찬가지로 채권자취소제도를 부정하는 결과가 된다.

(c) ③ 유형도 마찬가지로 생각할 수 있다. 다만 [4] 판결에서 X가 취소권을 행사하여 Y로부터 수령한 돈은 실질적으로 X가 우선변제를 받게 되는 결과가 되는데도 불구하고, 이를 채무자의 책임재산으로서 다른 채권자와 함께 변제받기 위한 것이므로, 성질상 상계가 인정되지 않는다고 판시한 것은, 법운영의 현실에 눈 감은 판결이라는 비판을 면하기 어려울 것이다.

(d) 한편 판례는 Y가 X에 대하여 채권을 가지고, 그에 관한 집행권원을 가지고 있다면, X의 Y에 대한 가액반환채권을 압류·전부할 수 있다고 한다.[118] X가 가액배상을 받음으로써 실질적으로 우선변제를 받는 결과가 되는 현실에 비추어, Y의 이익과 형평성 차원에서 볼 때 위 판결은 구체적 타당성을 좇은 것으로도 보인다. 그러나 Y의 X에 대한 채권행사는 Y의 S에 대한 채권행사와는 성질이 다르다고는 하나, 위에서 본 바와 같이 X의 Y에 대한 가액반환채권은 다른 채권자들을 위한 공동담보를 확보하기 위한 절차에

117) 우리 판례에 따르면 채권자취소권은 취소판결이 확정되었을 때 취소효력이 발생하지만, 부인은 부인 의사표시가 소송상 행사되었을 때에 효과가 발생하므로([48] 4. 라. (2) 참조), [5] 판결의 이유는 채권자취소권의 경우에만 그대로 적용된다.

118) 대법원 2017. 8. 21.자 2017마499 결정.
수익자가 채권자취소권을 행사하는 채권자에 대해 가지는 별개의 다른 채권을 집행하기 위하여 그에 대한 집행권원을 가지고 채권자의 수익자에 대한 가액배상채권을 압류하고 전부명령을 받는 것은 허용된다. 이는 수익자의 채무자에 대한 채권을 기초로 한 상계나 임의적인 공제와는 내용과 성질이 다르다. 또한 채권자가 채무자의 제3채무자에 대한 채권을 압류하는 경우 제3채무자가 채권자 자신인 경우에도 이를 압류하는 것이 금지되지 않으므로 단지 채권자와 제3채무자가 같다고 하여 채권압류 및 전부명령이 위법하다고 볼 수 없다.

불과하다는 관점에서 본다면, X, Y 사이의 개별 채권을 가지고, X가 다른 채권자들을 위한 공익절차를 수행하는 과정에서 취득한 가액반환채권을 압류·전부할 수 있다고 하는 것은 일관된 논리라고 볼 수는 없다. 채권자대위소송의 확정판결에 따라 대위채권자가 제3채무자로부터 지급받을 채권은 대위채권자의 제3채무자에 대한 추심권능이나 변제수령권에 불과하여 이에 대한 압류를 무효로 본 판결도 참고할 필요가 있다.[119] Y는 X에 대한 채권을 집행권원으로 하여 X의 S에 대한 채권을 압류·전부함으로써 X의 피보전채권을 소멸시켜 Y에 대한 채권자취소권 행사 자체를 미리 막을 수 있고, 그것이 보다 효과적인 수단일 뿐만 아니라 판례의 이론적 일관성을 유지할 수 있을 것으로 보인다.

라. 반환 후의 구제

(1) 취소채권자에 대한 분배청구

이를 인정할 수 없다는 것은 위에서 본 바와 같다.[120]

(2) 취소채권자가 신청한 집행에 배당참가

(가) 배당가입

여기서 배당가입이라 함은, X가 취소소송에 따라 Y의 취득부동산에 대한 말소등기절차를 마친 후, X를 집행채권자, S를 집행채무자로 하는 강제경매에서 Y가 배당가입하는 경우를 말한다(민집법 제88조). 이 강제집행절차에서는 X의 Y에 대한 채권자취소소송에서는 필요하지 않았던, 그 소송의 피보전채권에 관한 X의 S에 대한 집행권원이 필요함은 물론이다.

(나) 유형별 검토

민사집행법 제88조는 채권자가 배당가입을 하려면, S에 대한 집행권원을 가질 것을 원칙으로 하므로,[121] 채권자취소의 경우에 위에서 본 Y의 S에 대한 채권의 ①, ②, ③의 유형 별로 검토하여 본다.

---

119) 대법원 2016. 8. 29. 선고 2015다236547 판결.

120) [34] 2. 다. (2) 참조.

121) 배당요구권자의 요건으로서 채권집행에 관한 민집법 제247조는 집행권원을 요구하고, 부동산집행에 관한 민집법 제88조는 경매개시 후 가압류채권자도 포함된다.

① 부활한 채권의 경우

S가 Y에게 한 변제・대물변제가 취소되어, Y가 X의 반환청구에 따르면, Y의 S에 대한 구 채권은 부활하므로, Y는 그 채권으로 X가 신청한 강제경매에 배당요구를 할 수 있으나, 민사집행법 제88조에 따라 원칙적으로 Y가 그 집행권원을 가져야 한다. 일반적으로 Y는 집행권원을 가지고 있지 않을 것이나, 다만 변제・대물변제를 받기 전에 Y가 집행권원을 취득하였거나, S의 협력으로 집행승낙의 취지가 있는 공정증서(민집법 제56조 제4호)의 작성이 가능하다면, 배당가입이 가능할 것이고, 그렇지 않다면 집행부동산에 가압류를 해야 한다.

원래 Y가 S로부터 변제 받은 것을 취소한 것은, 자력이 없는 S의 일반재산으로부터 채권자 전원이 평등변제를 받기 위한 것이므로, S의 재산이 일단 원상태로 복귀한 이상은 Y도 그 재산으로부터 만족을 얻도록 하는 것이 바람직하다.

② 부당이득반환청구권의 경우

Y・Z의 부당이득반환청구권은 Y・Z가 현실적으로 반환을 함으로써 발생하므로, 사해행위 전에 발생한 채권으로 볼 수 없으므로 Y・Z는 배당가입을 할 수 없다.

③ 사해행위취소와 관계 없는 채권

Y・Z의 채권이 사해행위와 관계 없는 경우에도, 그 채권으로써 하는 배당가입을 허용하지 않을 이유는 없다. X가 신청한 반환물에 대한 강제집행절차에서 Y・Z의 채권이 사해행위 이전에 성립한 것이라면 배당에 참가할 수 있다(판례). 다만 Y・Z의 채권에 집행권원이 있거나 집행부동산에 가압류를 해야 함은 당연하다.

마. 그 외의 구제방법

(1) 파산신청

(가) Y가 취소소송 결과 일탈재산을 반환한 후, X의 강제집행에 배당가입을 할 수 없는 경우에는, Y는 그 이전에 S에 대하여 파산을 신청함으로써 X와 사이에 평등변제를 받을 수 있다.

(나) X・Y가 S의 D에 대한 물품대금채권을 이중으로 양도받은 경우에, X가 Y에 대한 채권양도를 사해행위로 취소하여 Y가 그 원상회복을 하고, X가 전부명령으로 회수한 후에, S가 파산선고를 받자, 파산관재인이 그 전부명령을 부인한 사례가 있다.[122]

(다) 부동산양도가 취소되어 등기명의가 S에게 반환된 경우에는, 파산이 개시되면 관재인이 그 부동산을 장악하는 것이 쉬우나, X가 동산이나 현금을 Y로부터 받은 경우에도, 그것은 S의 재산을 관리하는 것이므로, 관재인의 요구가 있으면, X는 이를 파산재단에 넣어야 할 의무가 있다. 관재인이 요구하기 전에 X가 상계하거나 변제충당을 하더라도, X로서는 S에게 귀속한 책임재산의 관리권만을 가지고 있으므로, 상계나 변제충당이 제한되거나 부인될 수 있다.

(2) 공탁의 청구

(가) X가 Y에 대하여 변제 취소나 가액배상에 따른 금전지급청구를 하는 경우, X가 이를 수령한 후 독점하는 것을 방지하기 위하여, Y에 대하여 X에게 지급하지 않고, 그 금전을 공탁할 것을 명해야 한다는 견해가 있다.

입법론으로서 채무자나 집행관에게 공탁하도록 하기 위하여는 실정법이 마련되어야 한다는 견해,[123] 해석론으로도 공탁청구권이 인정된다는 견해,[124] 취소판결로서 공탁을 명하므로 공탁의 유효성을 둘러싼 분쟁은 생기지 않는다는 견해[125] 등이 있다. 다만 어느 견해도 그 구체적인 방법론을 제시하지는 않는다.

(나) 현행법상 생각할 수 있는 공탁으로는 다음과 같은 것이 있다.

① 채권압류의 경우

제3채무자는 1개의 가압류명령을 받더라도 그 금전채권 전액을 공탁할 수 있다(권리공탁. 민집법 제248조 제1항). 또한 제3채무자는 채권집행이 경합하고 채권자의 요구가 있으면 공탁을 해야 한다(의무공탁. 민집법 제248조 제3항). 이와

122) 大阪地判 소화 54. 11. 29. 判タ 408-120.

123) 我妻 榮, 新訂債權總論(民法講義 Ⅳ), 岩波書店 소화 39. 122면.

124) 星野英一, 民法概論 Ⅲ 債權總論, 良書普及會 평성 5. 122면.

125) 淡路剛久, 債權總論, 有斐閣 평성 14. 312면.

같은 공탁이 있으면 집행법원은 배당절차에 들어간다(민집법 제252조).

② S가 D에 대한 채권을 Y에게 양도한 행위를 X가 사해행위로서 취소청구한 경우에, D는 채권자불확지를 이유로 채권액을 공탁할 수 있다.[126]

(다) 위에서 본 것 중에서 압류가 경합하고 채권자가 공탁을 요구하는 경우의 의무공탁 외에는 모두 D(제3채무자)가 임의로 공탁할 것을 전제로 하므로, 그것을 기대할 수 없는 경우에는 현실성이 없다.

(3) 청구이의소송

(가) 판 례

□ 東京高判 소화 51. 4. 7. 判時 827-62

[사안] 수익자 Y가 채권자취소소송의 확정판결에 대하여, 상계를 주장하여 청구이의소송을 제기한 사안이다. Y는 S로부터 400만 엔을 맡아서 이를 X에 대한 S의 채무를 지급하라는 지급대행계약을 체결하였으나, S가 체납처분을 받았기 때문에, S와 사이에 그 계약을 해제하고 예탁금을 반환하지 않기로 합의하였다. 그래서 X가 Y를 상대로 하여 이를 사해행위로 취소하고 예탁금반환을 청구하여 승소판결이 확정되었다(A 소송). 한편 Y는 S에 대하여 체납처분으로 손해를 입었다며 배상청구를 하여 승소판결이 확정되었다(B 소송). 그래서 Y는 A 소송에 대한 청구이의소송을 제기하여, B 소송의 채권으로써 A 소송의 채권과 상계한다고 주장하였다.

[판단] ① 이 사건에서 상계가 인정된다면, Y는 그에 따라 Y의 손해배상채권을 예탁금으로 충당하는 것과 같은 결과를 실현하고, 이 사건 확정판결이 앞의 합의를 사해행위로 취소한 취지가 완전히 몰각되며, 그와 같이 사해행위취소의 효력을 상실하게 하는 상계는 그 성질상 허용되지 않는다.

② 상계권은 강력한 담보기능을 보장하고, 상계는 단독행위이므로, 일반적으로는 상계의 상대방인 채권자와의 관계에서 상계가 사해행위가 되지는 않지만, 이 사건에서는 S와 Y 사이에서 예탁금을 반환하지 않기로 하는 합의는, 결국 S · Y 사이에서 서로 채권을 합의로 상계하는 취지의 상계계약이거나, 이에 유사한 계약이므로, 그 합의가 사해행위로서 취소된 이상, 그 후 판결 확정 후에 상계하는 것은 비록 단독행위로서 상계라 하여도, 이는 실질적으로 확정판결의 취지에 어긋나므로 허용되지 않는다.

(나) 검 토

126) 뒤에 보는 [46] 1. 다. (3) 참조.

① 이 사안에서는, Y가 A소송에서 반환의무가 확정된 예탁금반환 채무와 B소송에서 승소한 손해배상채권을 상계할 수 있는가 하는 문제와 A소송의 판결확정 후에 청구이의소송으로 상계를 주장할 수 있는가 하는 문제가 있다. 전자에 관하여는 앞에서 본 바와 같이 상계를 인정하는 것은 취소제도를 무의미하게 하는 것으로 허용되지 않는다.

② 후자에 관하여 보면, 일반적으로는 앞 소송의 변론종결일까지 주장할 수 있었던 항변은 기판력의 구속을 받아, 청구이의사유가 되지 않지만, 상계는 이를 인정하는 것이 대법원의 입장이다.[127] 그러나 대법원 판례의 위와 같은 입장은 Y가 하는 상계가 앞 소송의 변론종결 전에도 할 수 있었다는 것을 전제로 하기 때문에, Y가 채권자취소에 따라 지급할 것으로 확정된 채무를 수동채권으로 하는 Y의 상계는 인정하지 않는다고 본다면, 채권자취소소송 중이든 그 판결확정 후든 관계없이 상계는 인정되지 않는다.

(4) 민법 제537조에 따른 구제

쌍무계약에서 당사자 쌍방의 귀책사유 없이 채무가 이행불능된 경우 채무자는 급부의무를 면함과 더불어 반대급부도 청구하지 못한다(민법 제537조). 쌍방 급부가 없었던 경우에는 계약관계는 소멸하고 이미 이행한 급부는 법률상 원인 없는 급부가 되어 부당이득의 법리에 따라 반환청구할 수 있다. S로부터 부동산을 매수하여 등기까지 경료받은 Y가 S의 채권자로부터 사해행위취소소송을 당하고 있어 민법 제588조에서 정한 불안의 항변에 따른 대금지급거절권이 있다면, 부당이득 법리에 따라 Y는 S에게 이미 지급한 계약금 반환을 구할 수 있다(다만 S는 Y의 부동산 점유·사용에 따른 임료 상당의 부당이득을 구할 수 있음).[128]

바. 잔여재산의 귀속

채권자 X가 수익자 Y·전득자 Z로부터 일탈재산을 반환받아, 이로써 자기 채권을 회수한 후에 남은 재산이 있는 경우 그 귀속은 어떻게 되는가?

---

127) 대법원 1966. 6. 28. 선고 66다780 판결.

128) 대법원 2009. 5. 28. 선고 2008다98655 판결.

(1) 절대적 효력설

취소에 따라 일탈재산이 당연히 채무자 S에게 복귀하므로, 잔여재산도 S에게 귀속한다. 이 설에 따르면 취소의 범위는 피보전채권액에 관계없이 항상 전부 취소를 하기 때문에, 잔여재산이 생길 가능성이 상대적 효력설보다 더 많다.

(2) 상대적 효력설

취소의 효력이 S에게 미치지 않으므로, 이론상으로는 취소가 되더라도 Y가 취득재산의 주체임에는 변함이 없으므로, 잔여재산은 Y에게 남는다.

즉 사해행위취소는 절대적 취소가 아니라, 악의의 Y나 Z에 대한 관계에서만 상대적으로 취소하는 것이고,[129] 취소효과는 S에게 미치지 않으므로 S와 Y 사이의 법률관계에는 아무런 영향을 미치지 않는다.[130] 따라서 사해행위취소에 따라 S에게 회복된 재산은 취소채권자 및 다른 채권자에 대한 관계에서 S의 책임재산으로 취급될 뿐, S가 직접 그 재산에 대하여 어떤 권리를 취득하지는 않는다(재산양도가 취소되었다 하더라도 S는 Y나 Z에게 그 재산을 자기에게 인도하라고 청구할 권리가 없다[131]).

(가) 금전반환의 경우

X가 변제 받고 남는 부분은 Y나 Z의 자산이므로, Y가 목적물 반환불능으로 부담하는 배상의무를 가지고, S가 Y에 대하여 채권을 취득한다고 보아 이를 압류・전부할 수 없고,[132] 취소의 상대효에 따라 Y로부터 배상금을 수령한 X는 이를 S에게 반환할 의무가 있지만, 한편 S가 X에 대하여 그 배상금의 반환청구권은 없고, X가 변제를 받고 남는 부분은 Y에게 귀속한다.[133]

(나) 부동산반환의 경우

판례와 실무는 부동산반환의 경우에는, Y의 등기를 말소하여 S 명의로 반

---

129) 대법원 1962. 2. 15. 선고 4294민상378 판결.

130) 대법원 1988. 2. 23. 선고 87다카1989 판결.

131) 대법원 2009. 5. 14. 선고 2007다64310 판결.

132) 大判 대정 8. 4. 11. 民錄 25-808.

133) 最判 소화 37. 10. 9. 民集 16-10-2070의 원심인 仙台高判 소화 34. 7. 8. 民集 16-10-2083.

환한 후, X는 S에 대한 집행권원으로써 그 부동산에 집행하므로, 외관적으로는 상대적 효력설로 설명하기 어렵지만, 이는 소유권이 S에게 반환된 것이 아니라 강제집행을 위한 편의상 등기명의를 S에게 이전한 것에 불과하다. 따라서 경매절차에서 잉여금이 있다면 그 돈은 Y에게 지급해야 한다.134)

5. 취소채권자와 수익자의 채권자 사이의 관계

가. 문제점

(1) 상대적 효력설에 따르면, 취소판결의 효력은 소송당사자인 취소채권자 X와 수익자 Y 사이에만 미치고, 그 이외에 제3자에 대하여는 미치지 않는다. 취소의 효력이 미치지 않는 제3자의 범위는 사해행위를 기초로 목적부동산에 관하여 새롭게 법률행위를 한 그 부동산의 전득자 등만으로 한정되지 않는다. 예를 들면 수익자 Y와 새로운 법률관계를 맺은 것이 아니라 Y의 고유채권자로서 이미 가지고 있던 채권확보를 위하여 Y가 사해행위로 취득한 근저당권에 배당된 배당금을 가압류한 사람에게도 사해행위 취소판결의 효력이 미치지 않는다.135)

(2) 관점을 바꾸어 Y의 고유채권자와 X는 어느 쪽이 우위에 있는가. 예컨대, Y의 채권자가 Y 명의 부동산에 관하여 가압류·압류 집행을 한 후에 취소판결이 내려지거나, 취소판결이 내려진 이후에도 Y 명의로 남아 있는 부동산에 대하여 Y의 채권자가 집행을 한 경우에, X와 Y의 채권자들 사이에 우열관계는 어떻게 되는가.

나. 취소채권자의 우위 부정

(1) 이에 대하여는 독일이나 프랑스 판례에 따라, X에게 제3자이의 소를 인정함으로써 X의 우위를 인정하려는 견해가 있을 수 있으나, 대법원 판례는 이를 부정한다.136)

---

134) 법원행정처, 법원실무제요 민사집행[Ⅱ] (2014), 504면, 507면.

135) 대법원 2009. 6. 11. 선고 2008다7109 판결(수익자의 채권자에게 취소채권자보다 우선배당한 사건).

일반적으로 취소·해제 전에 양도행위의 목적물에 관하여 압류를 한 채권자는 물론이고, 취소·해제 후 양도목적물에 관한 소유권이전등기의 말소등기가 있기 전에 그 목적물에 관하여 새로운 이해관계를 맺은 선의의 제3자에 대하여도 취소의 효력을 주장할 수 없으므로,[137] 대법원은 그러한 취소에 관한 일반이론을 채권자취소소송에도 적용한 것으로 보인다.

□ 대법원 2005. 11. 10. 선고 2004다49532 판결

사해행위취소에 상대적 효력만을 인정하는 것은 사해행위취소 채권자와 수익자 그리고 제3자의 이익을 조정하기 위한 것으로, 그 취소의 효력이 미치지 않는 제3자의 범위를 사해행위를 기초로 목적부동산에 관하여 새롭게 법률행위를 한 목적부동산의 전득자 등만으로 한정되지 않는다. 수익자의 기존 채권자가 채권확보를 위하여 사해행위취소의 목적물인 부동산을 압류 또는 가압류한 경우에도, 목적부동산의 매각대금에 대하여 사해행위취소 채권자에게 수익자의 채권자보다 우선하여 변제받을 수 있는 권리를 부여할 아무런 근거가 없으므로, 사해행위취소의 상대적 효력을 부정하여 수익자에 대한 압류채권자들에게 사해행위취소판결의 효력이 미친다고는 볼 수 없다(수익자에 대하여 가액반환이 선고된 경우, 취소채권자가 경매절차에서 수익자의 채권자들보다 우선하여 변제받을 수는 없다는 취지).

(2) 그런데 위 판결만 보아서는 판례이론이 수익자의 채권자들이 취소의 효과에 영향을 받지 않는 유리한 입장에 서는 것으로 보일지 모르지만, 반대로 취소채권자가 여러 명 있는 경우에 가액배상총액이 원물 가액보다 높아질 수 있고, 그러한 경우에 이들이 모두 수익자의 채권자들과 동등한 지위에

---

136) 대법원 1990. 10. 30. 선고 89다카35421 판결(제3자이의). 사해행위의 목적부동산에 수익자에 대한 채권자의 가압류등기가 경료된 후, 채무자와 수익자 사이의 위 부동산에 관한 매매계약이 사해행위라는 이유로 취소되어, 수익자 명의 소유권이전등기가 말소되었다 하더라도, 사해행위 취소는 상대적 효력밖에 없어 가압류의 효력이 당연히 소멸되는 것은 아니다. 채무자로부터 위 부동산을 진전하여 양도받은 사람은 가압류의 부담이 있는 소유권을 취득한다.
같은 취지로 대법원 2005. 11. 10. 선고 2004다49532 판결; 대법원 2005. 8. 25. 선고 2005다14595 판결; 대법원 2009. 6. 11. 선고 2008다7109 판결.

137) 대법원 1975. 12. 23. 선고 75다533 판결. 사해행위취소의 효력이 상대적 효력을 가짐에 반하여 일반 민법상 취소·해제의 효력은 특별한 사정이 없다면 누구에게나 주장할 수 있음에도 불구하고, 취소·해제의 사실을 모르는 제3자에 대하여 그 효과를 주장할 수 없다.

서, 사해행위의 목적물뿐만 아니라 수익자의 일반재산으로 만족을 얻을 수 있는 불합리한 결과를 초래한다.[138] 독일이나 프랑스는 취소판결이 수익자로 하여금 취소채권자에 대하여 일탈재산에 관한 집행인용(프랑스에서는 '대항불능'이라 하나 기능은 같다)을 명하는 것이므로, 취소채권자의 집행대상은 일탈재산에 한정되는 대신, 수익자의 채권자가 일탈재산에 집행하는 경우에는 제3자이의가 가능하다.

이 문제는 부동산과 같이 공시되는 물건에 대한 원물반환의 경우에는 일어나지 않는다. 예를 들어 부동산 소유명의가 S에게 반환된 경우에는 S의 채권자들만이 집행에 참가할 수 있고, Y의 채권자들은 집행에 참가할 수 없기 때문이다. 그런데 가액배상의 판결주문에 따르면 X로서는 일탈재산뿐만 아니라 Y 명의 모든 재산에 대하여 집행할 수 있고, 취소채권자들이 많은 경우에는 가액배상의 총액이 일탈재산의 가액보다 높을 수 있다. 이러한 결과는 채권자취소권의 취지에도 맞지 않을 뿐만 아니라 Y에 대한 고유채권자들의 이익에도 반한다. 원물반환인가 가액반환인가 하는 우연한 결과에 따라 제3자에 대한 효력까지 이렇게 차이가 나는 것은 제도의 합리적인 운용의 측면에서 볼 때 바람직하지 않다.

(3) 한편 S가 공탁금출급채권을 Y에게 양도하자, 채권자 X가 채권양도를 사해행위라고 하며 채권자취소권을 보전하기 위하여 Y를 채무자, 대한민국을 제3채무자로 하여 채권의 처분금지가처분을 하였는데, 그 후 Y의 채권자 A가 위 채권에 대하여 압류한 경우에, X가 채권자취소소송을 제기하여 승소확정되었다면 A의 압류는 X에 대하여 주장할 수 없다는 판결이 있다.[139] 채

---

138) 아래 [35] 3. 다. 참조.

139) 대법원 2014. 6. 26. 선고 2012다116260 판결{다만 이 판결은 채권에 대한 선행 가처분과 국세징수법상의 압류와의 관계만을 설시하고, 원심에서부터 문제가 된 채권자취소권의 상대효에 대하여는 아무런 언급이 없다. 이 사건은 A가 X를 상대로 하여 A가 공탁금출급권자임의 확인을 구하는 소송인데, 원심(서울고등법원 2012. 11. 23. 선고 2012나28020 판결)은 채권자취소소송의 효력과 관련하여 다음과 같이 판시함으로써 압류채권자 A의 권리가 취소권자의 가처분에 영향을 받지 않는다고 하였다.

"X가 A의 압류에 앞서 채권처분과 추심 금지가처분 집행을 완료하였다고 하더라도 그 가처분은 이와 관계없이 제3자의 지위에서 한 A의 압류에 우선하는 효력은

권에 대한 처분금지가처분이 개입되었다고는 하지만, 이러한 가처분은 공시 방법이 없어 가처분당사자와 제3채무자인 Y 외에는 대항할 수 없음이 원칙이다.[140] 그런데 가처분으로 보전되는 권리가 채권자취소권인 이 사건에서, 취소권자의 가처분이 수익자의 채권자가 한 압류에 대항할 수 있다고 한 것은, 결과적으로 수익자의 채권자에 대하여 채권자취소권의 효력이 미치는 것으로 본 점에서 채권자취소권의 상대효에 관한 기존의 대법원판례와는 모순된다.

6. 취소에 따른 법률관계

가. 문제점

(1) 취소의 효과가 X와 피고로 된 Y나 Z 사이(즉 X–Y, X–Z)에서만 효력이 생긴다면, S와 Y, Y와 Z 사이의 법률관계는 어떻게 되는가.

생각할 수 있는 문제점의 예를 들면, ① 변제나 대물변제가 취소되면 Y의

없고, X가 Y를 상대로 한 채권자취소소송에서 이 사건 채권양도는 강제집행을 면탈하려는 목적으로 이루어진 것으로 사해행위에 해당하여 취소되어야 한다는 내용의 승소판결을 받았다고 하더라도 이러한 사해행위취소의 효과는 채권자인 X와 수익자인 Y 사이에만 미치므로, Y가 X에 대하여 사해행위 취소에 따른 원상회복 의무를 부담하게 될 뿐, 채무자인 S와의 사이에서 취소에 따른 법률관계가 형성되거나 취소 효력이 소급하여 S의 책임재산으로 회복되는 것은 아니다. 따라서 가처분 결정 송달 이후에 실시된 압류는 가처분의 처분금지 효력에 반하므로 그 압류권자인 A는 가처분권자인 X에게 대항할 수 없다는 주장은 이유 없다."

140) 대법원 1999. 2. 9. 선고 98다42615 판결 외 다수(소유권이전등기청구권에 대한 압류나 가압류는 채권에 대한 것이지 등기청구권의 목적물인 부동산에 대한 것이 아니고, 채무자와 제3채무자에게 그 결정을 송달하는 외에 현행법상 등기부에 이를 공시하는 방법이 없는 것으로서, 당해 채권자와 채무자 및 제3채무자 사이에만 효력이 있을 뿐 압류나 가압류와 관계가 없는 제3자에 대하여는 압류나 가압류의 처분금지적 효력을 주장할 수 없다. 금전채권에 대한 압류에 절대적인 효력이 없다고 한 사례로는 대법원 2015. 5. 14. 선고 2014다12072 판결). 그런데 2012다116260 판결은 "채권자가 채무자의 금전채권에 대하여 가처분결정을 받아 그 가처분결정이 제3채무자에게 송달되고 그 후 본안소송에서 승소하여 확정되었다면, 그 가처분결정의 송달 이후에 실시된 가압류 등의 보전처분 또는 그에 기한 강제집행은 그 가처분의 처분금지 효력에 반하는 범위 내에서는 가처분채권자에게 대항할 수 없다"고 하여 원심판결을 파기하였다.

S에 대한 채권은 부활하는가, ② 매매가 취소된 때 대금을 이미 S에게 지급한 Y는 S에 대하여 부당이득반환청구권을 가지는가, ③ Z가 반환을 한 경우에 Z는 그 전자인 Y에 대하여 부당이득반환청구권이나 담보책임을 추급할 수 있는가 하는 여러 가지가 있다. 이러한 문제점들은 상대적 효력설을 취하는 채권자취소소송의 실무에서 가장 해결하기 힘든 분야라 할 수 있다.

(2) 판례와 실무

판례와 실무는 위 ①과 ② 문제에 대하여는 긍정하는 것으로 보인다.[141] 다만 상대적 무효론을 취하면서도 그와 같이 해석하는 데 대한 명확한 근거를 제시하지는 않는다. 아래 「나.」항에서 위 ③항의 문제, 즉 취소목적물을 반환한 Y · Z의 지위를 중심으로 하여 이론적인 검토를 시도해 본다.

[1] 대법원 2003. 6. 27. 선고 2003다15907 판결(①의 경우=변제가 취소)

[사안] S가 Y_1에 대한 채무변제를 위하여 부동산 소유권을 이전하고, Y_2에 대한 채무변제를 위하여 채권을 양도한 사안에서, 이들이 모두 사해행위로 취소되었다.

[판단] 민법 제406조의 채권자취소와 원상회복은 모든 채권자의 이익을 위하여 효력이 있다. S가 다수의 채권자들 중 1인(Y)에게 담보를 제공하거나 대물변제를 한 것이 다른 채권자들에 대한 사해행위가 되어 채권자들 중 1인(X)의 사해행위취소소송 제기에 따라, 그 취소와 원상회복이 확정된 경우에, 사해행위 상대방인 Y는 그의 채권이 사해행위 당시에 그대로 존재하고 있었거나, 또는 사해행위가 취소되면서 그의 채권이 부활한 결과, 본래의 채권자로서 지위를 회복하게 되므로, 다른 채권자들과 함께 민법 제407조에 따라 취소 및 원상회복의 효력을 받게 되는 채권자에 포함된다. 따라서 X 등이 원상회복된 S의 재산에 대한 강제집행을 신청하여 그 절차가 개시되면 Y도 그 집행권원을 갖추어 강제집행절차에서 배당을 요구할 권리가 있다.

[2] 대법원 2003. 8. 22. 선고 2001다64073 판결(②의 경우=매매가 취소)

[사안] S가 Y로부터 주식을 거래가의 12-16배의 가격으로 매수하고, Y에 대한 채권으로 주식매수대금과 상계하였다.

[판단] 사해행위인 매매가 취소되는 경우에는 그 취소의 효과로 당연히 X로서는

141) 대법원 2003. 6. 27. 선고 2003다15907 판결; 대법원 2003. 8. 22. 선고 2001다64073 판결.

매매의 효력이 유효하게 존속함을 전제로 하여 이루어진 상계의 효력, 즉 기존채무 소멸의 효과를 부정할 수 있으므로, 별도로 S의 상계 의사표시를 취소할 것도 없이 S의 Y에 대한 기존채권이 부활한다.

나. 재산을 반환한 Y・Z의 지위[142)]

(1) 증여의 경우

S가 Y에게 한 증여가 사해행위로 취소되어, X가 Y로부터 목적물을 회수한 경우에, 특별한 사정이 없으면 Y가 S에 대하여 어떠한 권리를 가진다고 할 수 없다. 그러나 Y가 Z에게 이를 매각하고 Z가 악의여서, Z가 X의 취소소송에 따라 목적물을 반환한 경우에, Z가 Y나 S에 대하여 어떠한 권리를 가지는지 검토할 여지는 있다.

(2) 변제・대물변제의 경우

Y가 S의 채권자로서, S로부터 변제나 대물변제를 받은 행위가 취소되어, Y가 S로부터 수령한 물건을 X에게 반환한 때에는, Y의 채권은 부활한다는 것이 판례의 태도이다.[143)] 채권부활의 시기는 변제의 취소에서는 Y가 변제로 수령한 금액을 X에게 지급한 때이고, 부동산의 대물변제가 취소된 때에는 Y 명의의 소유권이전등기가 말소되어 S명의로 복귀한 때이다.

회사정리절차에서 부인권에 관한 판례의 입장도 같다.[144)]

이와 관련하여 변제가 부인되어 파산재단에 반환된 때, 연대보증채무도 부활한다는 일본 판례[145)]가 있다. 채권자취소의 경우도 같이 볼 수 있다.

---

142) 飯原一乘, 詐害行爲取消訴訟, 526~529면.

143) 대법원 2003. 6. 27. 선고 2003다15907 판결(대물변제); 대법원 2003. 8. 22. 선고 2001다64073 판결(상계가 취소되면 상계에 의하여 소멸된 채권이 당연히 부활한다).

144) 대법원 2007. 7. 13. 선고 2005다71710 판결.
구 회사정리법(2005. 3. 31. 법률 제7428호 채무자 회생 및 파산에 관한 법률 부칙 제2조로 폐지) 제89조에 따르면, 부인권이 행사된 경우 상대방이 그 부인의 대상이 되는 행위에 따라 받은 이행을 원상회복으로 반환하거나 그 가액을 상환한 후에야 비로소 상대방의 채권이 부활한다. 부인권 행사에 따른 이행가액 상환청구에 대하여 상대방이 그 채무의 존재를 다투면서 이를 이행하지 않는 경우 그 상대방의 채권은 아직 부활하지 않으므로, 이와 같이 부활하지도 않은 채권을 자동채권으로 하는 상계는 그 상계적상을 흠결하여 부적법하다.

145) 最判 소화 48. 11. 22. 民集 27-10-1435.

(3) 대가를 지급한 거래의 경우

(가) 절대적 효력설

① 취소의 효력이 절대적이라는 입장을 취한다면, S・Y 사이의 유상행위, 예컨대 물건의 매매계약은 처음부터 없었던 것이 되므로, S는 당연히 그 물건의 소유권을 회복하고, Y는 그에 따라 수령한 물건을 부당이득으로 S에게 반환할 의무를 부담함과 동시에, S에 대하여 역시 자기가 급부한 대가를 부당이득으로 반환할 것을 청구할 수 있다.

② 전득자 Z가 X로부터 취소청구를 당한 경우에, 목적물 소유권은 당연히 S에게 복귀하고, Z는 무권리자인 Y로부터 양도를 받은 것이 되므로, Y・Z 간의 거래가 유상계약인 경우에는 Y에 대하여 매도담보책임에 따른 청구권을 가진다(민법 제570조, 제567조).

(나) 상대적 효력설

① 상대적 효력설을 취하는 입장에서 이 부분을 설명하기가 어렵다.

취소의 효력이 S에게 미치지 않는다면, 취소에 따라 목적물을 X에게 반환한 Y는, 그 소유권을 취득하지 못하고, 매도인이 아닌 X에게 반환해야 하는 점에서, 타인 소유 목적물의 매수인과 같으므로, 매도인 S에 대하여 민법 제570조에 따라 매도담보책임을 물을 수 있다는 설이 있다.[146]

S・Y 사이의 행위가 취소 후에도 유효하다고 하는 이상, S・Y 사이, Y・Z 사이에서 각자 담보책임이 생기는 것으로 보아야 하고, 그 경우에는 민법 제570조의 취지를 유추적용할 것이라는 설도 있다.[147]

② 그러나 상대적 효력설을 취하는 다수의 사람들은 취소의 효력이 S에게 미치지 않는다고 하면서도, 일탈재산이 X에 의하여 회복(반환)되면, S는 그에 따라 부당이득을 얻는다고 한다.

한편 매도담보책임은 원래 권리하자를 원인으로 하는 이행의무위반으로 발생하므로, S・Y 사이의 행위가 취소되고, Y・Z 사이의 행위가 취소의 효력을 받더라도, 여전히 그 효력이 있으므로 권리 하자가 있다고 할 수 없는

---

146) 安達三季生, 債權總論講義[제4판], 信山社 평성 12. 127면.

147) 민법주석 채권총칙, 120면; 潮見佳男, 債權總論 Ⅱ[제3판], 信山社 평성 17. 177면.

이상, 매도담보의 문제는 생기지 않는다.[148] 그리고 취소판결이 확정되어도 S・Y, Y・Z 사이의 법률관계는 원칙적으로 아무런 영향이 없으므로, Y가 X에게 원물을 반환하더라도 S가 애초에 Y에 대한 채무를 제대로 이행하여 일단 채무가 소멸한 이상 다시 그 채무가 부활하거나 민법 제570조의 추탈담보책임을 지지 않고, 그들 사이의 법률관계가 유효한 이상 자신이 급부한 것의 반환을 청구할 수도 없으며, 이는 Z가 원물반환을 할 경우 Y에 대한 법률관계에서도 같다는 견해도 있다. 이러한 견해를 따르면 X에게 재산을 반환함으로써 손실을 입은 Y나 Z는 그에 따라 이익을 받은 S에 대한 부당이득반환청구로 이를 전보받을 수 있을 뿐이다.[149]

다만 위에서 본 부당이득은 무엇을 말하는가에 관하여는 의견이 나뉜다. X의 채권액이 600만 원이고, 부동산의 가액이 700만 원, S・Y의 매매대금이 400만 원, Y・Z의 매매대금이 500만 원인 경우를 예로 들어 설명한다.[150]

i) 매매대금액이라는 설

Y가 취소 결과 취득재산을 반환한 경우(가액배상을 한 경우도 같다), S의 이득은 Y가 S에게 지급한 대가가 현존하면 그 400만 원이라고 한다. 또한 Z가 취소에 따라 반환한 경우, Y에 대하여 매도담보책임을 물을 수는 없으나, S가 Y로부터 대가를 받고도 목적물을 반환받음으로써 생기는 부당이득반환을, Y를 뛰어 넘어 S의 일반재산에서 청구할 수 있다. 다만 그 액수는 400만 원이고, Z가 지급한 500만 원 중에서 100만 원은 Z의 손실이 된다.[151]

ii) 반환된 재산의 가액이라는 설

상대적 효력이라 하더라도, 취소 결과 S에게 일탈재산이 이전된다는 것은, 절대적 효력과 아무런 차이가 없고, 그 부당이득은 Y나 Z로부터 S에게 반환된 재산(700만 원)이고, S가 Y로부터 수령한 대가가 아니다.[152]

---

148) 近江幸治, 民法講義 Ⅳ 債權總論[제2판], 成文堂 평성 12. 173면.

149) 양창수・김형석, 민법 Ⅲ 권리의 보전과 담보, 박영사(2012), 204면.

150) 飯原一乘, 詐害行爲取消訴訟, 527~528면.

151) 我妻 榮, 新訂債權總論(民法講義 Ⅳ), 岩波書店 소화 39. 200면.

152) 奧田昌道, 註釋民法(10), 874면. 이 부분 필자인 下森定 교수는 책임설을 취하는 학자이나, 상대적 효력설을 취할 경우 위와 같이 해석해야 한다는 견해를 피력한다.

iii) 채무를 면한 금액이라는 설

현재 일본의 다수설로서, 취소에 따라 Y・Z가 목적물을 X에게 반환(혹은 가액배상)하여, X가 그 물건으로부터 S에 대한 채권을 회수하면, S의 채무는 그만큼 소멸하므로, 그 액수가 부당이득이라 한다.[153] 위의 예에서, X가 600만 원을 회수하였다면, 600만 원의 한도 내에서 Y는 출연액(손해액)인 400만 원을, Z는 500만 원을 각 부당이득으로 구할 수 있다.

이 설을 따르면, Y의 부당이득청구권은 X가 Y로부터 반환받은 일탈재산에, S의 책임재산으로서 강제집행을 하여 배당금을 수령한 때 비로소 발생한다.

(다) 독일법의 해석

독일법의 해석으로는 일탈재산의 수령자 Y가 취소법상 반환을 이행하면, S는 타인의 손실로 면책된 부당이득에 따른 책임을 부담하고, 취소법 제12조는 반대급부의 상환이나 취소 결과 부활한 청구권에 따라 취소의 상대방은 S에게만 청구할 수 있다고 규정한다.

(라) 문제점의 고찰

① 재산이 S로부터 Y에게 매각되고, 그것이 X의 청구로 취소되는 경우에, 취소에 절대적인 효력이 있다고 보면, 매매는 처음부터 없었던 것으로 되므로, Y는 S에 대하여 그 재산을 반환하고, S는 수령한 대가를 Y에게 반환해야 한다. Y가 그 재산을 채권자취소권을 행사한 X에게 인도하더라도, Y는 S에 대하여 부당이득으로 대가의 반환을 청구할 수 있다.

② 이에 대하여 취소의 효과를 상대적으로 본다면, 취소는 X・Y 사이에만 효력이 있고, 일탈재산이 S에게 복귀하는 것은 아니다. 따라서 S의 부당이득이 일탈재산 가액일 수 없고, S가 Y로부터 수령한 대가일 수도 없다.

③ 또한 취소는 원칙으로 X의 피보전채권액의 범위에 한정되고, X가 일탈재산으로부터 만족을 얻은 후의 잔여재산은 Y에게 유보되거나 반환된다. 따라서 Y의 손해는 X가 일탈재산으로부터 회수한 금액과 같고, 따라서 S의 부당이득은 X의 회수에 따라 'S가 면한 채무금액'이라는 설이 합리적이다.

④ 다만 실무상 부동산양도를 취소하는 경우 회수절차는, 소유권이전등

153) 奧田昌道, 債權總論[增補版], 悠悠社 평성 14. 326면.

기 말소등기 등에 따라 그 소유명의를 S에게 반환한 후에, S에 대한 집행권원으로 강제집행절차를 실시하고, 잔여재산은 절차상 S에게 귀속되므로, 절대적 효력설과 같이 볼 수 있을 것이다.

⑤ 그에 따른 S의 이득은 X가 일탈부동산에 S에 대한 집행권원으로 강제집행을 실시하여, 이를 완료한 때 비로소 확정적으로 발생한다.

다만 판례는 Y의 부당이득반환청구권은 책임재산이 채무자에게 회복되는 때 발생한다고 한다.[154] 다만 이 경우 그 부당이득반환금액이 일탈재산의 가액인지, 수익자가 지급한 매매대금인지, 아니면 피보전채권액이 될 것인지에 관하여는 아무런 판시가 없다.

(4) 납세의무

(가) 증권거래세의 납세의무자

Y가 S로부터 주식을 증여받았으나, S의 채권자 X가 사해행위임을 이유로 그 증여계약의 취소와 주식인도청구의 소를 제기하여 승소·확정판결을 받아 사해행위취소에 따른 원상회복으로 주식이 S에게 명의개서된 이후 X의 신청으로 진행된 강제경매절차에서 제3자에게 주식이 매각되어 매각대금이 모두 X에게 배당되었다. 세무서가 강제경매절차에서 주식 매각에 따른 증권거래세를 Y에게 부과하자, Y는 증권거래세 납세의무자인 주권의 양도자에 해당하지 않는다고 주장하며, 증권거래세 부과처분의 취소를 구하였다. 이 청구는 인용될 것인가?

대법원은 Y의 청구를 인용하면서, 증권거래세 납세의무를 부담하는 증권거래세법 제3조 제3호에 따른 주권의 양도자는 수익자 또는 전득자가 아닌 채무자로 보아야 한다고 한다. 그 이유는 다음과 같다.

"사해행위취소 판결로 채무자 명의로 원상회복된 재산에 대한 강제경매절차에서 매각대금이 채권자에게 배당되면, 채무자의 채무변제에 충당되어 채무가 소멸한다. 이러한 재산의 매각대금으로 채무자의 채무가 변제된다는 점에서는 사해행위취소의 효과가 채무자에게도 미친다고 볼 수 있다.

---

154) 대법원 2015. 10. 29. 선고 2012다14975 판결(책임재산이 채무자에게 원상회복되는 때(해당 재산의 강제집행으로 채무자의 일반채권자에 대한 채무소멸이 현실적으로 이루어진 때가 아님) 수익자의 부당이득반환채권이 발생한다).

사해행위취소로 채권자의 강제집행을 위해 채무자 명의 책임재산으로 회복되는 것일 뿐 채무자가 그 재산에 대한 권리를 직접 취득하는 것은 아니라고 하더라도, 원상회복에 이은 강제경매절차에서 채무자 소유명의 주식이 매각되었다는 거래의 외관과 그 매각대금이 채무자의 채무 변제에 충당되어 채무소멸의 효력이 발생하였다는 거래의 법률효과가 채무자 소유 주식이 강제경매절차에서 매각된 거래와 일치하는 만큼, 과세관청도 이러한 주권의 유상 양도라는 증권거래세 과세대상에 대해 주권의 양도자를 채무자로 보아 과세권을 행사해야 한다."[155]

대법원의 위 판결은 채권자취소권 행사의 상대효를 유연하게 해석하여 구체적 타당성에 맞는 결론을 내고 있다. 즉 취소권 행사에 따른 원상회복은 채권자의 강제집행을 위한 수단일 뿐, 채권자취소의 효과가 채무자에게 미치지 않는다는 상대효를 전제로 하면서도, 원상회복된 재산의 강제집행으로 채무자의 채무가 변제된다는 점에서, 사해행위취소의 효과가 채무자에게도 결과적으로 미치는 점을 직시하여, 그 재산매각에 따른 거래세 부담자를 채무자로 본 것이다. 이 판결이 조세부과처분 분야에 관한 법률판단이라 하더라도, 채권자취소권 행사의 상대효를 엄격히 적용할 사안과 그렇지 못한 사안에 대한 깊은 성찰이 필요하다는 점에서 의미가 있는 판결이라 할 수 있다.

(나) 상속세 납세의무 여부

한편 수익자가 증여받은 재산을 상속하였으나 증여행위가 사해행위로 취소된 경우에는, 증여재산에 대한 상속세를 납부하여야 한다는 판례가 있다. 원고가 자신의 토지를 처에게 증여하고 얼마 후 수익자인 처가 사망하여 원고와 자녀들이 그 토지를 함께 상속하였는데, 원고의 채권자들이 위 증여행위가 사해행위임을 이유로 증여계약의 취소 및 원상회복의 소를 제기하여 승소·확정판결을 받아 채권자들의 강제집행까지 완료되었다. 원고가 위 토지를 상속재산가액에서 제외하여 달라는 경정청구를 하였으나 과세관청은 이를 거부하였다. 원고의 취소청구에 대하여 대법원은 채권자취소권의 상대효와 비소급효를 이유로 아래와 같이 판시하였다.[156]

---

155) 대법원 2020. 10. 29. 선고 2017두52979 판결.

156) 대법원 2020. 11 26. 선고 2014두46485 판결의 사안이다.

"채권자취소권 행사로 사해행위가 취소되고 일탈재산이 원상회복되더라도, 채무자가 일탈재산에 대한 권리를 직접 취득하는 것이 아니고 사해행위 취소의 효력이 소급하여 채무자의 책임재산으로 회복되는 것도 아니다. 따라서 재산을 증여받은 수증자가 사망하여 증여받은 재산을 상속재산으로 한 상속개시가 이루어졌다면, 이후 사해행위취소 판결에 따라 증여계약이 취소되고 상속재산이 증여자의 책임재산으로 원상회복되었다고 하더라도, 수증자의 상속인은 국세기본법 제45조의2 제2항이 정한 후발적 경정청구를 통하여 상속재산에 대한 상속세 납세의무를 면할 수 없다."

앞의 증권거래세 사례는 세금을 채무자와 수익자 중에서 누가 납부하여야 하는가의 문제이고, 이 사안은 상속세 납부의무가 소멸하는지 여부에 관한 사안으로서 같은 관점에서 볼 수만은 없지만, 사해행위취소와 관련한 조세부과의 문제가 간단하지 않음을 알 수 있다. 이 분야에 대하여는 보다 많은 판례가 집적될 필요가 있다.

[35] Ⅲ. 가액반환판결과 관련된 집행법상 문제

1. 채권자평등주의와의 관계

가. 취소채권자의 우선만족

가액반환판결에서 채무자 S에게 가액이 지급될 경우, S의 수령거절이나 수령물의 소비·은닉 등의 어려운 문제가 발생하므로, X가 가액을 자신에게 직접 반환할 것을 구할 수 있다.157) 그에 따라 가액반환판결을 받은 X는 사실상 우선변제를 받게 되는 결과 민법 제407조에서 정한 채권자평등주의는 그 범위 내에서 의미를 잃게 된다.158)

나. 채권자들 사이의 이해조정의 필요성

157) 대법원 2001. 2. 27. 선고 2000다44348 판결.
158) 대법원 2008. 6. 12. 선고 2007다37837 판결.

X가 가액반환판결에 따라 Y의 재산에 대하여 하는 강제집행은, 설사 그 집행대상이 사해행위취소의 대상인 법률행위의 목적이 된 바로 그 부동산이라고 할지라도, 이는 원칙적으로 X가 S에 대하여 갖는 피보전채권에 관한 집행권원으로서 하는 환가절차가 아니라, 피보전채권의 집행을 위하여 일탈된 재산을 S의 일반재산으로 환원시키기 위한 그 전 단계 준비절차이다.[159] 따라서 만일 X가 가액반환판결에 따라 Y의 재산에 대하여 신청한 강제집행절차가 있었다고 하더라도, X가 그 가액을 배당받은 후 상계에 따라 X가 자신의 채권의 만족을 얻는 한, 다른 일반채권자들이 배당에 참가할 수 있는 S에 대한 강제집행절차는 존재하지 않는다. 그럼에도 불구하고 Y에 대한 강제집행이 X에 대한 관계에서는 사실상 피보전채권의 직접 만족을 위한 강제집행절차로 기능하게 된다. 그래서 가액반환판결에 따른 강제집행단계에서도 X와 다른 일반채권자와의 이해조정의 필요성이 있다.[160][161]

아래 항을 나누어 이에 대하여 생각해보기로 한다.

2. 취소채권자 아닌 일반채권자들의 권리행사방법

가. 배당참가 여부

S의 일반채권자는 Y에 대하여 가액반환을 명하는 집행권원을 가진 X와 달리, Y에 대한 집행권원은 물론 그 피보전채권과 관련하여 Y와 아무런 법률관계가 없으므로, Y에 대한 경매절차에서 배당에 참가할 수 없다. 설사 채권자가 사해행위 목적부동산의 원래 소유자이던 S에 대한 집행권원을 가지고 있거나, S에 대해 채권이 있는 수익자라 하더라도 마찬가지이다.[162]

159) 대법원 2005. 8. 25. 선고 2005다14595 판결.

160) 이종엽, '가액반환판결의 집행법상 실현', 저스티스, 한국법학원 2007. 12. 260면.

161) 시간과 비용을 들여 일탈재산을 원상회복 시킨 X와 다른 일반채권자를 동등하게 취급하는 것은 오히려 형평에 맞지 않다. 또한 채권자인 Y 역시 자신의 채권 만족을 위하여 다른 채권자에 비하여 노력한 자이므로, X와 Y 사이의 형평상 가액반환에 따른 Y에 대한 강제집행시 이해조정이 필요하다.

162) 채무자가 다수의 채권자들 중 1인(수익자 Y)에게 대물변제를 한 것이 사해행위가 되어 그 취소와 원상회복이 확정된 경우에, Y의 채권은 부활하게 되는 결과 본래의 채권자로서의 지위를 회복하게 된다. 따라서 다른 채권자들과 함께 민법 제407

뿐만 아니라 Y는 가액반환판결의 성립단계에서 X를 상대로 자기채권에 해당하는 안분액의 배분을 청구하거나 상계를 주장하여 안분액의 지급을 거절할 수도 없다.[163] 민법 제407조의 취지는, 채권이 공동담보로 회복된 S의 책임재산으로부터 민사집행법 등의 법률상 절차를 거쳐 다른 채권자도 안분액을 지급받을 수 있다는 것을 의미할 뿐, 다른 채권자가 이러한 법률적 절차를 거치지 않고, X를 상대로 하여 안분액의 지급을 직접 구할 수 있는 권리를 취득한다거나, X에게 인도 받은 재산 또는 가액배상금에 대한 분배의무가 인정된다고 볼 수는 없기 때문이다.[164]

나. 배당금출급채권에 대한 권리행사 여부

가액반환판결에 기한 Y의 재산에 대한 강제경매절차에서 X에게 배당이 되어, 배당금 출급채권이 X의 명의로 되어 있는 경우, X에 대하여 아무런 권리도 가지고 있지 않은 일반채권자는 위 채권에 대하여 권리를 행사할 수 없다.

다. 채무자가 취소채권자에 대하여 갖는 배당금인도청구권에 대한 압류

조에 따라 그 취소 및 원상회복의 효력을 받게 되는 채권자에 포함되고, 취소소송을 제기한 채권자 등이 원상회복된 채무자의 재산에 대한 강제집행을 신청하여 그 절차가 개시되면 Y도 그 강제집행절차에서 배당을 요구할 권리가 있다(대법원 2003. 6. 27. 선고 2003다15907 판결).

그런데 Y는 가액반환판결을 집행권원으로 하여 X가 자신의 소유인 재산에 개시한 집행절차에서, 배당에 참가할 수 있는 방도가 없다(서울중앙지방법원 2006. 5. 4.자 2006라202 결정－대법원 2006. 6. 28.자 2006마582 결정으로 재항고 기각. 최한신, 사해행위 I, 28면 참조. 이 사건에서는 Y가 채권자취소소송에서 가액반환판결을 받아 확정된 후, Y를 채권자로, S를 채무자로, 제3채무자를 Y로 하여 압류전부명령을 신청하였으나, 채권자취소소송의 상대효 때문에 S가 Y에 대하여 아무런 권리를 취득하지 못한다는 이유로 기각하였다).

163) 대법원 2001. 2. 27. 선고 2000다44348 판결.

164) 대법원 2008. 6. 12. 선고 2007다37837 판결. 이 판결은, 가액배상금을 수령한 취소채권자가 이러한 분배의무를 부담하지 않음으로써 사실상 우선변제를 받는 불공평한 결과를 초래하는 경우가 생기더라도, 이러한 불공평은 채무자에 대한 파산절차 등 도산절차를 통하여 시정하거나 가액배상금의 분배절차에 관한 별도의 법률규정을 마련하여 개선하는 것은 몰라도, 현행 채권자취소 규정의 해석상으로는 불가피하다고 한다.

강제집행절차를 통해 가액반환금이 X에게 현실적으로 배당되면 S는 X에 대하여 배당금의 반환을 요구할 권리가 있는가? 통설인 상대적 효력설에 따르면 이를 인정할 수 없다는 의견이 있을 수 있으나, 상계설은 배당금 반환청구권의 존재를 전제로 하므로 그러한 권리를 인정한다. 그러나 자동채권인 X의 피보전채권은 특별한 사정이 없다면 이미 변제기에 도래하여 상계적상에 있을 것이므로, 배당금반환청구권에 대한 압류로써 X의 상계에 대항할 수 없다는 것이 상계에 관한 일반적 판례이론이다.[165)]

다만 이 경우에 X는 다른 채권자를 위하여 S의 일반담보를 관리하는 지위에 있으므로, S에 대한 반환채무와 자신의 채권을 상계할 수 없다는 이론도 가능하다.[166)] 이러한 이론이 수긍된다면 상계로써 다른 채권자들의 압류에 대항할 수 없다.

자동채권인 피보전채권의 기한이나 조건이 도래·성취되지 않았거나 항변권이 부착된 때에는, 상계에 관한 일반적인 이론에 따르더라도 이를 가지고 S의 가액배상채권과 상계할 수 없으므로, 이러한 경우에는 S의 다른 일반채권자는 S가 X에 대하여 갖는 배당금반환채권에 대한 강제집행절차에서 자신의 채권만족을 얻을 수 있다.

라. 결 론

채무자 S의 재산이 아니라 수익자 Y의 재산에 대해서 실시된 가액반환판결에 기한 강제집행절차에서, S의 일반채권자가 자신의 권리를 행사할 수 있는 가장 실효성 있는 방법은 Y를 상대로 하여 별도의 채권자취소소송을 제

---

165) 대법원 1988. 2. 23. 선고 87다카472 판결 등(압류 효력발생 당시에 양 채권이 상계적상에 있거나, 반대채권이 압류의 효력발생 당시에 변제기에 이르지 않은 경우, 그것이 피압류채권인 수동채권의 변제기와 동시에 또는 그보다 먼저 변제기에 도달하여야 하는 경우에는 제3채무자가 압류채무자에 대해 가지고 있던 반대채권으로 상계로써 대항할 수 있다).

166) 神戶地判 소화 56. 9. 28. 判時 1043-109은 채권자 X에게 반환금 지급을 인정한 것은, 이를 채무자 S에게 지급하도록 하여서는 취소권행사의 목적이 저해되기 때문이고, 다른 채권자와 함께 변제받기 위한 것으로, 그 재산은 S의 책임재산이 되므로, 채권자취소의 결과 X에게 인정된 원상회복청구권은 그 채무의 성질상 상계할 수 없다고 한다.

기하거나 공동원고로서 함께 소송을 제기하는 방법이다.

3. 경합된 취소채권자들 사이의 관계

가. 경합된 취소채권자들의 인용금액

(1) 문제점

예를 들어 수익자 Y가 책임져야 할 한도액이 1,000만 원인데, X_1이 먼저 피보전채권을 700만 원으로 하여 지급을 명하는 가액반환판결이 선고되어 확정되었고, 그 배상금이 지급되기 전에 다시 채무자 S에 대하여 500만 원의 피보전채권을 가진 X_2가 제기한 가액반환청구가 제기된 경우 그에게 인용되는 금액은 500만 원인가 아니면 300만 원(1,000만 원－700만 원)인가.

(2) 판례의 견해

여러 명의 채권자가 사해행위취소 및 원상회복청구의 소를 제기하여 여러 개의 소송이 계속 중인 경우에는, 각 소송에서 채권자의 청구에 따라 사해행위의 취소 및 원상회복을 명하는 판결을 선고한다. 수익자 Y(전득자 Z 포함)가 가액반환을 할 경우에도 Y가 반환할 가액을 채권자의 채권액에 비례하여 채권자별로 안분한 범위 내에서 반환을 명할 것이 아니라, Y가 반환할 가액 범위 내에서 각 채권자의 피보전채권액 전액의 반환을 명하여야 한다. 이와 같이 여러 개의 소송에서 Y가 배상할 가액 전액의 반환을 명하는 판결이 선고되어 확정될 경우 Y는 이중으로 가액을 반환할 위험에 처할 수 있으나, Y가 어느 채권자에게 자신이 배상할 가액의 일부 또는 전부를 반환한 때에는 그 범위 내에서 다른 채권자에 대하여 청구이의 등의 방법으로 이중지급을 거부할 수 있다.[167] 이는 변론이 병합된 경우도 마찬가지이다.[168]

---

167) 대법원 2005. 11. 25. 선고 2005다51457 판결; 대법원 2008. 4. 24. 선고 2007다84352 판결.

168) 이종엽, 위 논문, 268면 참조. 대법원 2008. 11. 13. 선고 2006다1442 판결－여러 명의 수익자들이 공동피고로 된 경우에도 다른 피고를 감안할 필요 없이 수익자가 반환하여야 할 가액범위 내에서 채권자의 피보전채권 전액의 반환을 명한다. 각 수익자들이 부담하는 원상회복의무의 대상이 되는 책임재산의 가액을 합산한 금액이 채권자의 피보전채권액을 초과하는 경우에도 마찬가지이다.

그러나 Y로서는 청구이의 소를 제기해야 하고, 그 과정에서 강제집행정지를 위한 담보를 제공해야 하는 등 여러 가지 불이익을 감내하여야 하는 문제가 있다. 따라서 여러 명의 채권자로부터 소송을 제기 당한 Y에게 자신이 배상할 금액을 공탁함으로써 책임을 면할 수 있는 방안이 검토되어야 한다.

나아가 가액배상에서 판례와 실무가 취소채권자에게 지나치게 유리하고, 다른 채권자, 특히 수익자에게 지나치게 불리한 점을 개선하기 위하여, 취소채권자에게 가액배상을 직접 수령하게 해서는 안 되고, 피고인 수익자로 하여금 이를 공탁할 것을 청구할 수 있도록 하는 것이 해결책이라고 하며, 그 공탁은 변제공탁이 아닌 집행공탁이라는 견해가 있다.[169] 아래 「나.」항의 2007다3391판결이 수익자의 공탁권을 인정하고 채권자들 사이에 가액배상판결 금액에 비례하여 안분배당하도록 한 것은 위 견해의 실효성과 관련하여 의미가 있다.

나. 경합된 취소채권자에 대한 배당액산정의 기준

(1) 문제점

별개의 사해행위취소 채권자들이 Y 명의로 된 부동산에 대한 강제집행에 참가할 때, 그 채권자들이 배당받는 몫을, 가액반환금액을 기준으로 할 것인가, 아니면 채권자 X들이 채무자 S에 대하여 가지는 피보전채권액을 기준으로 할 것인가에 대하여 의견이 갈린다.

(2) 검 토

(가) 가액반환금액설

Y에 대한 X의 강제집행절차는 X가 S에 대하여 가지는 피보전채권 자체의 만족을 위한 절차가 아니라, 그 준비단계로서 일탈된 재산을 S에게 귀속시키는 절차에 불과하므로, 위 배당절차에서 Y에 대한 가액판결의 인용금액이 아닌 S에 대한 피보전채권액을 가지고 안분배당을 하는 것은 절차적으로 허용될 수 없다는 견해이다. 판례가 취하는 견해이다.[170]

---

169) 하현국, '채권자취소로 인한 가액배상과 취소채권자의 우선변제', 58면 이하 참조.

170) 대법원 2007. 5. 31. 선고 2007다3391 판결(Y가 X들이 제기한 채권자취소소송에서 확정된 가액배상판결에 따라 X들을 피공탁자로 하여 채권자불확지 공탁으로 사해

(나) 피보전채권액설

X는 Y에 대한 강제집행의 기회에 수령한 배당금을 자신의 채권과 상계하는 방법으로 사실상 우선변제받을 수 있는 이익을 누리고, 상계에 따라 채권만족의 방법으로는 원래 예정된 S에 대한 강제집행절차가 존재하지 않아, Y에 대한 강제집행은 실질적으로 X가 S에 대한 피보전채권을 만족하는 집행절차로서 기능하므로, X가 S에 대하여 가지는 채권액에 따라 안분배당하여야 한다는 견해이다.171)

다. 수익자의 고유채권자와의 관계

(1) 구분하지 않고 동일하게 취급

수익자의 고유채권자들 사이와 취소채권자 X들 사이에서 배당할 금액을 따로 구분하지 않고 고유채권자의 채권액과 X의 각 가액반환액을 기준으로 일률적으로 안분한 금액을 배당하는 것이 판례의 태도이다.172)

(2) 불합리한 결과의 발생

그러나 여러 개의 취소소송이 경합되는 경우라도 그 취소소송에서 인용된 가액반환금액의 합계는 서로 중첩될 뿐 원래 S가 Y에 대하여 갖는 가액반환채권의 액수보다 많을 수 없고, 가액 자체도 원물에 갈음하는 것이므로 아무리 많은 취소채권자들이 경합하더라도 그 인용금액 역시 원물의 가액범위 내에서 중첩될 뿐, 인용금액을 합친 금액이 아무리 크다 하더라도 원물가액

행위취소소송의 가액배상금을 변제공탁한 이상, X들은 각자 확정된 판결에서 인정된 가액배상금의 비율에 해당하는 공탁금을 출급청구할 수 있다).

참고로 변제공탁의 효력과 관련하여 대법원 2006. 8. 25. 선고 2005다67476 판결은, 취소채권자 X_1(우선권 있는 조세채권자인 국가), X_2가 사해행위취소 소송을 제기하여 '수익자는 $X_1 \cdot X_2$에게 1억 원을 지급하라'는 판결을 받았는데, X_1은 조세채권에 대하여 우선권이 있으므로 변제공탁금 전액에 대한 권리가 있다고 주장하였지만 법원은 공탁서의 기재 비율에 따라 공탁금을 출급할 수 있을 뿐이라고 하였다. 변제공탁에서는 공탁자가 피공탁자로 지정한 자에 대하여 지정한 금액대로 출급청구권이 인정될 뿐이다. X_1이 그 변제공탁금에 대하여 우선권이 있다면 X_2에 대한 공탁금출급권을 압류하여 우선권을 행사할 수 있다.

171) 이종엽, 위 논문 271면 이하 참조.

172) 대법원 2005. 11. 10. 선고 2004다49532 판결(수익자에 대하여 가액반환이 선고된 경우, 취소채권자가 경매절차에서 수익자의 채권자들보다 우선변제받을 수는 없다).

(혹은 그 중 취소된 부분)을 초과하여 지급되어서는 안 된다. 그럼에도 불구하고, 사해행위목적 재산이 아닌 Y의 다른 재산에 대하여 강제경매가 이루어지고, 그 재산가액이 사해행위목적 재산가액보다 높은 경우에는, 취소채권자인 X들과 Y의 고유채권자들에 대한 배당재단을 분리하지 않으면, X들은 Y가 X들에 대하여 책임질 범위를 넘어선 부분에 대한 배당까지 받게 되어, 명백히 불합리한 결과가 발생한다.[173] Y의 고유재산이 집행되는 경우에도 Y는 취소에 따라 책임질 부분을 넘어서 X들에게 지급하여서는 안 된다.

그 해결책의 하나로, 집행목적물이 사해행위 목적 부동산이고, 예를 들어 부동산 가액이 5,000만 원, Y가 취소로 책임지는 금액이 4,000만 원, 취소채권자들이 3명으로 Y에 대하여 각 2,000만 원 합계 6,000만 원의 가액반환판결을 받았는데, 한편 Y의 고유채권자들이 2명으로 모두 4,000만 원의 채권을 가지고 있는 경우, 배당재단을 분리하여 위 부동산의 매각대금 5,000만 원 중 Y가 취소로 책임져야 할 범위인 4,000만 원과 Y의 고유채권자들에 대한 채권액인 4,000만 원을 안분한 2,500만 원{5,000만 원×4,000만 원 / (4,000만 원+4,000만 원)}을 취소채권자들에 대한 전체 배당액으로 정한 다음, 위 2,500만 원을 다시 취소채권자들 사이에서 그 피보전채권의 비율대로 안분배당하여야 한다는 견해가 있다.[174]

173) 예를 들면 Y가 취소로 책임지는 금액이 4,000만 원인데, 취소채권자들이 3인이고, 각자가 2,000만 원의 가액반환판결을 받은 경우에는 집행채권이 모두 6,000만 원이 되어 Y의 재산에 그대로 집행될 수 있다.

174) 이종엽, 위 논문, 273면 이하. 이 점과 관련하여, 채권자취소판결의 상대효를 가압류의 상대적 효력과 비교하면서 가액반환의 집행과정에서 발생하는 불합리한 점을 지적한 견해가 있다. 최한신, 사해행위 I, 24면 이하.

제7장 채권자취소권의 소멸

[36] Ⅰ. 개 설

1. 실무상 중요한 쟁점

사해행위취소소송에서 원고나 피고 대리인으로서 가장 먼저 검토할 사항이 바로 제소기간도과 여부이다.

사해행위취소의 소는 채권자가 취소원인을 안 날부터 1년, 법률행위가 있은 날부터 5년 내에 제기해야 한다(민법 제406조 제2항). 그중에서 실무에서 자주 문제가 되는 것은 1년의 단기 제소기간이다.

취소권 행사기간을 일반의 취소권(3년, 10년－민법 제146조)보다 더 단기로 규정한 것은 채권자취소권이 이미 이루어진 채무자의 재산처분행위의 효력을 부인하고, 수익자나 전득자로부터 그가 취득한 재산을 회수하는 것을 본질적 기능으로 하는 것이어서, 제3자에게 미치는 영향이 크므로 법률관계를 조속히 확정시킬 필요가 있기 때문이다.[1)]

---

1) 헌법재판소 2006. 11. 30. 선고 2003헌바66(헌공 제122호)에서는 제소기간이 헌법에 위반되는지 문제되었으나, 헌법재판소는 이를 부정하면서 상세한 이유를 제시하였다. 즉 ① 민법상의 일반적인 취소권의 제척기간(민법 제146조)은 취소권행사의 제척기간의 기산점과 채권 소멸시효의 기산점이 거의 동일하다는 점을 고려한 것으로서, 원칙적으로 채권자의 채권발생 후의 시점에서 사해행위를 예정하고 있는 채권자취소와는 그 제도의 취지가 다르고, ② 일반적인 취소권행사의 대상이 되는 법률행위는 성립 당시에 하자가 있는 경우로서 유효하게 성립된 법률행위를 취소하는 채권자취소의 경우보다는 보호가치가 적으며, ③ 일반적인 취소권행사에서 상대방은 주로 법률행위의 직접당사자로서 취소원인을 직접 알 수 있는 위치에 있는 반면, 채권자취소의 경우에 수익자나 전득자는 취소채권자와는 아무런 법률관계를 맺지 않으며, 직접 거래당사자가 아닌 제3자가 취소한다는 점에서 거래안전에 끼치는 영향이 더 클 수 있는 점을 고려하고, ④ 상속회복청구권은 10년의 제척기간이 경과하면 진정상속인은 참칭상속

2. 상법상의 사해설립취소의 소

상법 제185조 회사사해설립취소의 소는 회사설립일로부터 2년 이내에 제기해야 한다(상법 제184조).

3. 세법상의 사해행위취소의 소

국세징수법 제25조가 정한 사해행위취소의 소도 민법 제406조를 준용하므로 그 제소기간 내에 제기되어야 한다.[2)]

4. 부인권

가. 파산절차에서 부인권행사의 제척기간은 파산절차 개시일부터 2년이 경과하거나, 부인의 대상인 행위를 한 날부터 10년이 경과하면 행사할 수 없다(채무자회생법 제405조). 지급정지 사실을 안 것을 이유로 하는 위기부인은 파산선고일부터 1년 전에 한 행위는 부인할 수 없다(동법 제404조).

한편 채권조사기일에 파산관재인이나 다른 채권자들이 이의를 제기하지 않아 파산채권이 그대로 확정된 후에는 부인권을 행사하여 파산채권자표 기재의 무효확인을 구할 수 없다.[3)]

인에 대한 아무런 권리도 행사할 수 없지만, 채권자취소권은 취소권이 인정되지 않더라도 채권자는 채무자의 책임재산에 대한 추급이 어려워지는 것일 뿐 채권을 확보할 모든 수단을 상실하는 것도 아니고, ⑤ 채권을 보전하기 위한 것이지 소유권에 따른 물권적청구권과 유사한 권리를 행사하는 것도 아닌 점을 고려하여 보면, 채권자취소권은 민법상의 일반적인 취소권이나 상속회복청구권과는 본질적으로 달라 비교대상으로 삼기에 부적절하거나 그 차별에 합리적인 이유가 있으므로 평등원칙에 반한다고 볼 수 없다.

2) 현행 국세징수법으로 개정되기 전에도 같은 취지의 판결로 대법원 1991. 11. 8. 선고 91다14079 판결; 대법원 2003. 12. 12. 선고 2003다30616 판결.

3) 대법원 2003. 5. 30. 선고 2003다18685 판결(회사정리절차에 관한 판례임).

나. 회생절차에서도 같다(동법 제112조). 지급정지사실을 안 것을 이유로 하는 부인은, 회생절차개시 신청일을 기준으로 1년 전에 한 행위를 부인할 수 없다(동법 제111조).

다. 개인회생절차에서 제척기간은 개시결정이 있은 날부터 1년, 행위시부터 5년이다(동법 제584조 제5항). 지급정지부인의 제척기간은 개인회생절차 개시결정 전 1년이다(동법 제584조 제1항, 제404조).

5. 증명책임

제척기간의 경과는 법원의 직권조사사항이나 그 증명책임은 채권자취소소송의 상대방에게 있다.[4)]

[37] Ⅱ. 기간의 성질

1. 제척기간[5)]

가. 직권심리

소멸시효와는 달리 상대방으로부터 기간이 경과하였다는 주장이 없더라도 법원이 직권으로 기간경과에 의한 권리소멸 여부를 심리·판단해야 한다.[6)] 다만 직권탐지사항은 아니므로 법원에 현출된 모든 소송자료를 보아도 그 기간이 도과되었다고 의심할 만한 사정이 발견되지 않는 경우까지 법원이 직권으로 추가적인 증거조사를 하여 기간준수 여부를 확인할 의무는 없다.[7)]

나. 석명권과의 관계

---

4) 대법원 2009. 3. 26. 선고 2007다63102 판결.
5) 대법원 1980. 7. 22. 선고 80다795 판결.
6) 대법원 2001. 2. 9. 선고 2000다65536 판결.
7) 대법원 1996. 5. 14. 선고 95다50875 판결; 대법원 2001. 2. 27. 선고 2000다44348 판결.

제척기간 경과 여부가 당사자 사이에 전혀 쟁점이 되지 않았음에도 불구하고, 법원이 원고에게 의견진술의 기회를 주거나 석명권을 행사하지도 않은 채 제척기간 경과를 이유로 소를 각하하는 것은, 당사자가 전혀 생각하지 못하였던 법률적 관점에 따른 예상하지 못한 재판으로 원고에게 불의의 타격을 가한 것으로 위법하다.[8]

2. 피보전권리의 추가 · 교환과 제척기간

채권자가 사해행위 취소를 구하면서 보전하고자 하는 채권을 추가하거나 교환하는 것은 소의 변경이 아니다. 소장에서 주장하였던 피보전채권이 소송계속 중 변제로 소멸한 후 새로운 피보전채권을 주장할 때 1년의 제척기간이 경과하였더라도 그 소가 부적법하지 않다.[9]

3. 원상회복과 제척기간

가. 판 례

채권자는 사해행위취소만을 먼저 청구한 다음 원상회복을 나중에 청구할 수 있다. 이 경우 사해행위취소청구가 민법 제406조 제2항의 기간 안에 제기되었다면 원상회복청구는 그 기간이 지난 뒤에도 할 수 있다.[10]

[1] 대법원 2001. 9. 4. 선고 2001다14108 판결

[사안] 채권자인 X들이 채무자 S와 사이에 이 사건 취소대상 부동산에 대하여 임대차계약을 체결하였고, S는 그 계약에 따라 X들에 대하여 임대차보증금 반환채무를 부담하고 있던 중 채무초과 상태에 빠지게 되자 동생인 Y와 사이에 위 부동산에 관하여 근저당권설정계약을 체결하고 Y를 채권자로 하는 근저당권설정등기를 마치고, 이어 얼마 후 매매계약을 체결한 후 Y 앞으로 소유권이전등기를 마쳤으며,

---

8) 대법원 2006. 1. 26. 선고 2005다37186 판결.

9) 대법원 2003. 5. 27. 선고 2001다13532 판결.

10) 대법원 2001. 9. 4. 선고 2001다14108 판결.
채권자취소소송의 소송물과 관련한 상세한 논의는 이영풍, '소송물과 소의 교환적 변경－사해행위취소소송을 중심으로－', 53면 이하 참조.

그 뒤 Y명의의 근저당권설정등기는 혼동을 원인으로 하여 말소되었다.

X는 취소대상 부동산에 관하여 Y와 S 사이에 체결된 근저당권설정계약과 매매계약의 취소 및 Y명의로 경료된 소유권이전등기의 말소를 청구하여 제1심에서 승소한 뒤, 제2심에서 사해행위의 취소에 따른 원상회복으로서 근저당권설정등기의 말소청구를 추가하였다.

[판단] 추가 청구부분에 대하여는 민법 제406조 제2항이 적용되지 않는다.

참고로 대법원 1980. 7. 22. 선고 80다795 판결은, "사해행위취소와 원상회복의 청구는 동시에 행사할 수 있으므로, 취소가 확정된 때에 원상회복에 따른 새로운 반환청구권이 발생한다는 논지는 채용할 수 없다"고 하며, 원상회복청구에 관하여 제척기간이 경과되었음을 이유로 원고청구를 기각한 원심을 확정하였다. 이 판결은 위 2001다14108판결로 사실상 변경된 것으로 보인다.

나. 유의할 점

위의 설명은 취소소송의 피고와 원상회복소송의 피고가 같을 때에만 타당하다. 사해행위취소는 취소채권자 X와 피고 사이에서만 효력이 있고 제3자에 대하여 효력이 없으므로, 전득자 Z를 피고로 하지 않은 채 수익자 Y만을 피고로 한 소송에서 사해행위취소를 구하는 소송이 확정되었다 하더라도, Z에 대하여 원상회복을 구하기 위하여는, 민법 제406조 제2항의 기간 안에 Z를 상대로 하여 S와 Y 사이의 사해행위를 취소하는 청구를 해야 한다.

[2] 대법원 2005. 6. 9. 선고 2004다17535 판결[11)]

채권자 X가 전득자 Z를 상대로 민법 제406조 제1항에 따른 채권자취소권을 행사하기 위해서는, 같은 조 제2항에서 정한 기간 안에 채무자 S와 수익자 Y 사이의 사해행위의 취소를 소송상 공격방법이 아닌 법원에 소를 제기하는 방법으로 청구해야 한다. 비록 X가 Y를 상대로 사해행위취소를 구하는 소를 이미 제기하여 S와

11) 수익자 Y에게 소유권이전등기가, 전득자 Z에게 소유권이전등기청구권 가등기가 된 사안이다. 이 경우는 Y에 대한 판결만으로는 소유권이전등기 말소등기절차는 집행불능이 되므로, Y뿐만 아니라 Z에 대하여도 함께 소송을 제기해야 한다. 이 경우 채권자는 늦어도 Y를 상대로 채권자취소소송을 제기한 때 취소원인을 알았다고 보므로, 그로부터 1년이 지난 후 Z를 상대로 제기한 채권자취소의 소는 부적법하다.

Y 사이의 법률행위를 취소하는 내용의 판결을 선고받아 확정되었더라도 그 판결의 효력은 그 소송의 피고가 아닌 Z에게는 미칠 수 없다. 그러므로 X가 그 소송과는 별도로 Z에 대하여 채권자취소권을 행사하여 원상회복을 구하기 위해서는, 민법 제406조 제2항의 기간 안에 Z에 대하여 S와 Y 사이의 사해행위를 취소하는 청구를 해야 한다.

4. 청구취지 변경 등과 관련하여

가. 청구취지의 감축

청구취지 감축이 소 일부취하의 의미를 가지고 있는 경우에는 그 취하부분에 관하여는 제척기간 준수의 효력이 소멸된다(민법 제170조 제1항 참조).

다만 공동저당권이 설정된 여러 개의 부동산에 관한 일괄매매행위가 사해행위에 해당함을 이유로 그 매매계약의 전부 취소와 그 원상회복으로서 각 소유권이전등기의 말소를 구하다가, 사해행위 이후 저당권이 소멸된 사정을 감안하여 원상회복이 허용되는 범위 내의 가액반환을 구하는 것으로 청구취지를 변경(감축)하면서, 그에 맞게 사해행위취소의 청구취지를 변경한 데에 불과한 경우에는, 하나의 매매계약으로서 당해 사해행위의 취소를 구하는 소제기의 효과는 그대로 유지된다. 그래서 비록 취소소송의 제척기간이 경과한 후에 당초의 청구취지변경(감축)이 잘못 되었음을 이유로 다시 위 매매계약의 전부 취소 및 소유권이전등기의 말소를 구하는 것으로 청구취지를 변경(확장)한다 해도 최초 소 제기시에 발생한 제척기간 준수의 효과에는 영향이 없다는 사례[12]가 있다.

---

12) 대법원 2005. 5. 27. 선고 2004다67806 판결. 4개의 부동산을 일괄적으로 매매한 행위가 사해행위로 된 사안이다. 당초 4개의 부동산 전부에 대하여 취소를 구하다가, 가액반환으로 청구취지를 변경하면서 그 중 3개면 충분하다고 생각하여 1개의 부동산의 매매부분을 제외하였다가, 그 후 다시 그 부분도 청구취지에 추가한 경우이다. 취소채권자인 원고가 청구취지를 가액반환으로 변경할 때 실질적인 의사가, 피보전채권의 범위에 맞추어 변경한다는 것이었지, 일부 부동산에 관한 매매부분을 취하한다는 의사가 아니었다는 점을 감안한 판결이다.
그런데 만약 이 사건과 같이 중간에 가액반환으로 변경한 것이 아니라, 원물배상을 계속 유지하면서 당초 청구에 포함시켰던 부동산 중 일부에 관한 사해행위취소 부분을 취하하였다가, 다시 포함시켰다면, 취소채권자의 의사를 위와 같이 해석할 수 있

나. 사해행위에 대한 법률적 평가의 변경

채권자가 채무자의 어떤 금전지급행위가 사해행위에 해당된다고 하여 그 취소를 청구하면서 다만 그 금전지급행위의 법률적 평가와 관련하여 증여에서 변제로 달리 주장하는 것은, 그 사해행위취소권을 이유 있게 하는 공격방법에 관한 주장을 달리하는 것일 뿐이지 소송물 또는 청구 자체를 달리하는 것으로 볼 수 없으므로, 새로운 주장이 금전지급행위로부터 5년이 지나 제기되었다 하더라도 당초의 소제기가 제척기간 이내라면 제척기간이 경과되었다고 할 수 없다.[13]

[38] Ⅲ. 기간의 기산점

1. 취소원인을 안 날

가. 사해행위와 사해의사의 존재를 알아야 함.

(1) 원 칙

채권자 X가 취소원인을 안 날이라 함은, 단순히 채무자 S가 재산처분행위를 한 사실을 아는 것만으로는 부족하고, 구체적인 사해행위의 존재를 알고 나아가 S에게 사해의사가 있었다는 사실까지 알아야 한다.[14] 사해의 객관적 사실을 알았다고 하여 취소원인을 알았다고 추정되는 것은 아니다.[15]

(2) 취소원인을 알았다고 판단한 사례

주로 문제가 되는 것은 X가 S의 사해의사를 언제 알았는가 하는 점이다.

을지 의문이다.

13) 대법원 2005. 3. 25. 선고 2004다10985 판결.

14) 대법원 2003. 12. 12. 선고 2003다30616 판결(국세징수법상의 사해행위취소소송에서, 국가가 압류를 해제한 사실을 가지고 채무자에게 사해의사가 있었다는 사실까지 알았다고 볼 수 없다), 最判 소화 47. 4. 13. 判時 669-63.

15) 대법원 1989. 9. 12. 선고 88다카26475 판결; 대법원 2011. 1. 13. 선고 2010다71684 판결(채권자가 대물변제계약에 기초한 소유권이전등기청구권을 피보전권리로 하는 처분금지가처분등기가 경료된 사실을 알았다는 사정만으로, 위 대물변제계약이 사해행위에 해당하는지 여부를 알 수 있었다고 볼 수 없다).

(가) 기술신용보증기금 X가 보증사고 발생을 통지받고 S의 재산상태를 조사하여, S 소유의 아파트가 신용보증사고 발생 직전에 Y에게 소유권이전등기가 경료된 사실을 발견하고, Y에게 매매대금의 출처에 관한 명세서를 제출하여 줄 것을 요구하는 채권조회서를 발송하였을 때.[16)]

(나) 강제집행면탈죄로 고소한 때.[17)]

(다) 신용금고 X가 S의 재산상태를 조사한 후 가압류신청을 위하여 부동산등기부등본을 발급받았을 때.[18)]

(라) 농업협동조합 X가 S의 부동산에 대하여 가압류를 할 무렵 위 부동산에 근저당권이 설정된 사실을 알았고, 한편 S소유인 별개의 부동산의 매매계약에 대한 사해행위취소소송을 제기하여 승소판결을 선고받았다면, 위 근저당권설정 사실과 S의 무자력 상태를 모두 인식한 위 소송의 1심판결문 송달일까지는 위 근저당설정행위에 대하여 S에게 사해의사가 있음을 알았다고 보아야 한다.[19)]

(마) 신용보증기금 X가 보증사고 발생 후 신용보증사고관리규정에 따라 재산조사를 하여 S의 유일한 부동산이 매각된 사실을 알았을 때.[20)]

---

16) 대법원 2005. 6. 24. 선고 2005다19859 판결. 이 판결의 원심은 기술신용보증기금이 채무자의 사해의사가 있었다는 사실을 알게 된 시기를, 채권조회서를 발송한 후에 가처분신청 품의서를 작성한 때라고 판단하였으나, 대법원은 그 이전인 채권조회서를 발송할 때로 보아 원심을 파기하였다. 기술신용보증기금이나 신용보증기금은 보증서 발급 전에 이미 채무자들의 재산을 모두 파악해 둔 상태이므로, 보증사고가 발생한 경우에 별도의 재산조사 없이도 재산내역을 알 수 있다는 점이 참작된 판결이라 할 수 있다.

17) 대법원 2004. 1. 16. 선고 2003다47218 판결. 이 판결의 주된 쟁점은 출원중인 특허를 받을 수 있는 권리를 양수인에게 허위로 양도하고, 그에 따라 양수인명의로 출원인명의변경이 이루어져 양수인이 특허권 설정등록을 받은 경우에, 그 양도계약은 무효이므로, 양도인은 양수인에 대하여 특허권 이전등록을 청구할 수 있다는 것으로서, 채권자가 채권자취소권의 행사와 함께 채권자대위권의 행사를 한 사안이다.

18) 대법원 2006. 2. 23. 선고 2005다64422 판결.

19) 대법원 2005. 3. 25. 선고 2004다66490 판결. 근저당권설정 사실을 아는 것만으로는 실제 피담보채무의 액수를 알 수는 없지만, 그 부분까지 고려하여 판단한 사해행위취소판결이 선고되었다면 채무자의 자산상태를 알 수 있었다는 취지이다.

20) 대법원 2000. 9. 29. 선고 2000다3262 판결. 국세청이나 신용보증기금 등의 기관에는 재산조사에 관한 엄격한 규정이 있고, 재산조사의 자료가 있을 것이기 때문에, 제척

(바) X가 S의 유일한 재산에 대하여 가등기가 경료된 사실을 알고 S의 재산상태를 조사한 결과 다른 재산이 없음을 확인한 후 S의 재산에 대하여 가압류를 한 때.[21]

(사) 국가가 조세채권을 피보전채권으로 하여 채권자취소권을 행사하는 경우, 조세채권의 추심 및 보전 등에 관한 업무를 담당하는 세무공무원이 실질적으로 S의 유일한 재산인 부동산의 매각사실을 알았을 때.[22]

(아) X가 S의 재산상태를 조사하여 S소유 부동산가액이 자신의 채권 총액에 미치지 못함을 파악한 상태에서, S의 재산을 가압류하던 중 일부 부동산에 제3자명의의 근저당권설정등기가 마쳐진 사실을 확인한 때.[23]

(자) 예금보험공사 X가 법무사에게 S소유 부동산에 관한 처분금지가처분신청을 의뢰하여, 법무사가 그 부동산에 관한 등기부등본 등을 발급 받은 후, 사해행위취소에 따른 소유권이전등기 말소청구권을 피보전권리로 하여 처분금지가처분신청을 한 경우, X는 위 부동산등기부등본 등을 발급 받은 시점 이전에 이미 취소원인을 알고 있었다.[24]

(3) 취소원인을 알지 못하였다고 판단한 사례

(가) X가 S소유의 부동산에 대한 가압류신청시 등기부등본에 Y명의의 근저당권설정등기가 경료되어 있었다는 사실만으로는 X가 가압류신청 당시 취소원인을 알았다고 인정할 수 없다.[25]

(나) X가 S의 제3자에 대한 금전증여행위가 사해행위에 해당한다는 것을 확실히 알지 못한 채, 그 금전으로 취득한 제3자명의 부동산이 사실은 S소유인데, 제3자에게 명의신탁한 것으로 잘못 알고 그 부동산을 대상으로 처분금

기간을 주장하는 측에서는 위 문서에 대한 송부촉탁이나 문서제출명령을 신청할 필요가 있다. 이에 따르지 않을 경우에는 제척기간의 주장이 인정될 수 있을 것이다 (민소법 제349조 · 제350조).

21) 대법원 1999. 4. 9. 선고 99다2515 판결.

22) 서울고등법원 2004. 3. 11. 선고 2003나34795 판결.

23) 대법원 2012. 1. 12. 선고 2011다82384 판결. 유사한 사안으로 대법원 2002. 11. 26. 선고 2001다11239 판결(농협중앙회가 채권자인 사안).

24) 대법원 2006. 11. 9. 선고 2006다46483 판결.

25) 대법원 2000. 6. 13. 선고 2000다15265 판결(원고가 신용보증기금인 사안); 대법원 2001. 2. 27. 선고 2000다44348 판결(원고가 일반 개인인 사안).

지가처분신청을 하였다는 사정만으로는, X가 그때 취소원인을 알았다고 볼 수 없다.[26]

(4) 취소원인을 알았는지 여부의 판단기준

(가) 원고가 재산조사권한이 있는 국가기관이나 금융기관인지 아니면 개인인지에 따라 다르다. 전자가 후자보다는 취소원인을 쉽게 알 수 있을 것이다.

(나) 법률행위가 매매에 따른 소유권이전등기인지, 매매예약에 따른 가등기인지, 근저당권설정계약에 따른 근저당권설정인지에 따라 다르다.

(다) 사해행위의 목적물인 부동산이 주택으로서 S가 전입한 사실이 있는지, 임야나 전답으로서 그 존재를 X가 알기 어려운 부동산인지 등도 제척기간의 기산점에서 중요한 판단자료가 된다.

(라) 특히 재산조사가 이루어졌는지가 중요하므로 피고로서는 문서제출명령을 통하여 이를 밝힐 필요가 있다.[27]

나. 수익자의 악의까지 알 필요는 없다.

사해행위취소를 구하는 취소채권자는 요건사실로서 피보전채권, 사해행위, 채무자의 사해의사를 주장·증명하면 되고, 수익자와 전득자의 악의는 추정되어 그 선의를 주장하는 쪽의 항변사항이므로, 제척기간의 기산점인 '취소원인'에는 수익자나 전득자의 악의는 포함되지 않는다. 따라서 취소채권자가 수익자·전득자의 악의를 몰랐다 하더라도 제척기간은 진행된다.

만약 수익자나 전득자의 악의까지 알아야 한다면 상대방이 누구냐에 따라 채권자취소권 행사에 있어서의 제척기간의 기산점이 달라지는 불합리한 결과가 발생하게 될 것이다.[28]

---

26) 대법원 2009. 4. 9. 선고 2008다81398 판결.

27) 최한신, 사해행위 I, 148면 이하 참조. 이에 대하여 최한신 변호사는 자신이 직접 수행한 사건을 비롯한 여러 판례를 분석하여 알기 쉽고 흥미 있게 설명하고 있다.

28) 대법원 2000. 9. 29. 선고 2000다3262 판결(수익자가 채무자와 사위와 장모인 사실을 몰랐으므로 단기제척기간이 진행되지 않는다는 원고의 주장을 배척함)을 시작으로, 대법원 2005. 6. 9. 선고 2004다17535 판결; 대법원 2005. 3. 25. 선고 2004다66490 판결 등 다수. 일본에서는 福岡高判 소화 33. 11. 10. 判時 172-21가 있다.

다. 채무자의 사해의사가 사실상 추정되는 경우에, 채권자가 채무자의 재산처분을 알았다면 제척기간이 진행되는가

(1) 이미 채무초과 상태에 빠져 있는 채무자 S가 그의 유일한 재산인 부동산을 채권자들 가운데 어느 한 사람에게 대물변제로 제공하는 행위는 다른 특별한 사정이 없으면 다른 채권자들에 대한 관계에서 사해행위가 되고,[29] 특히 S가 자기의 유일한 재산인 부동산을 매각하여 소비하기 쉬운 금전으로 바꾸는 행위는 특별한 사정이 없다면 항상 채권자에 대하여 사해행위가 되므로 S의 사해의사는 사실상 추정된다.[30]

그리고 S가 유일한 재산인 부동산을 매도한 사실을 채권자 X가 알게 된 때에, X가 S에게 당해 부동산 외에는 별다른 재산이 없다는 사실을 알고 있었다면, 그 때 X는 S가 X를 해침을 알면서 사해행위를 한 사실을 알게 되었다고 보아야 한다.[31]

(2) 결론적으로 S가 유일한 재산인 부동산을 처분함으로써 S의 사해의사가 추정되는 경우에는, X가 사해행위의 객관적 요건을 알았다면 그 주관적 요건인 S의 사해의사도 알았다고 봄이 타당하다.[32]

(3) 다만 이는 X가 사해행위의 객관적 요건, 특히 S의 재산상태를 알고 있었다는 점에 관하여, 제척기간을 주장하는 피고가 증명했다는 점을 전제로 한다. S의 부동산 증여로 S의 소극재산이 적극재산을 넘게 되었으나, X가 S의 채무내역을 잘 알지 못하여, 1심에서 S의 소극재산이 적극재산을 초과하지 않았다는 이유로 패소판결을 받았다면, 그 때까지는 X가 취소원인을 알았다고 볼 수 없다고 한 사례[33]가 있다.

---

29) 대법원 1996. 10. 29. 선고 96다23207 판결.

30) 대법원 1998. 4. 14. 선고 97다54420 판결 등.

31) 대법원 1997. 5. 9. 선고 96다2606 판결; 대법원 1999. 4. 9. 선고 99다2515 판결; 대법원 2000. 9. 29. 선고 2000다3262 판결.

32) 안철상, '사해행위취소의 소에 있어서 제척기간의 기산점인 "채권자가 취소원인을 안 날"의 의미'.

33) 대법원 2000. 2. 25. 선고 99다53704 판결.

라. 파산관재인[34)]

(1) 제척기간 경과 후 파산

채권자의 파산선고로 파산관재인이 선임된 경우, 채권자가 취소원인을 안 날부터 1년이 경과한 후 파산선고를 받은 때에는 채권자를 기준으로 기산하여 채권자취소권의 제척기간은 이미 경과하였다고 보아야 한다. 파산이라는 우연한 사건으로 이미 제척기간이 도과한 파산자의 채권자취소권을 파산관재인이 행사할 수 있다는 것은 부당하기 때문이다.

(2) 제척기간 진행 중 파산

문제는 채권자가 취소원인을 안 날부터 1년을 경과하지 않은 상태에서 파산선고를 받아 파산관재인이 선임된 경우에, 채권자를 기준으로 하여 기산할 것인가, 아니면 파산관재인이 그 직무를 개시하여 취소원인을 알게 될 때 다시 그 제척기간이 기산된다고 볼 것인가. 판례는 전자의 견해를 취하여 제척기간은 파산관재인을 기준으로 새로 진행되는 것은 아니라고 한다.[35)]

또한 파산자의 채권에 기초한 사해행위취소 소송에서 채무자의 사해행위를 알았는지 여부는 파산자를 기준으로 판단해야 하나, 파산자가 사해행위 취소원인을 알지 못한 상태에서 파산관재인이 선임되었다면, 그 후로는 파산관재인을 기준으로 판단한다.[36)]

---

34) 주의할 것은 채권자취소권과 부인권은 별개의 제도로서 제척기간의 경과 여부도 별개의 요건에 따라 정하여지므로, 취소권의 제척기간이 도과하였다고 하더라도 부인권의 제척기간이 도과하지 않았다면 부인권을 행사하는 데 아무런 지장이 없다(最高裁 소화 58. 11. 25. 民集 37-9-1430, 金法 1065-30). 따라서 아래에서 언급하는 문제는 채권자취소권만의 제척기간에 관한 것이다. 다만 채무자가 파산한 경우에는 채권자는 물론이고 관재인도 민법에 의한 채권자취소소송을 제기할 수 없고, 부인권을 행사해야 하므로([25] 5. 참조), 파산관재인을 기준으로 하여 제척기간의 기산점이 문제되는 것은 채권자가 파산한 경우이다.

35) 대법원 2006. 8. 25. 선고 2004다24144 판결. 이는 파산관재인이 통정허위표시에서 제3자성을 가지고 악의 여부의 판단도 파산관재인 개인이 아니라 총 파산채권자를 기준으로 해야 한다는 대법원 2006. 11. 10. 선고 2004다10299 판결과 비교된다. 통정허위표시와 채권자취소의 제척기간이라는 두 가지 제도의 취지가 다르기 때문에 동일하게 해석할 필요는 없을 것이다.

36) 대법원 2008. 4. 24. 선고 2006다57001 판결. 원심은 파산선고 전후를 불문하고 일반적으로 파산자를 기준으로 채무자의 사해행위를 알았는지 여부를 판단해야 한다고

(3) 참고 사례

이와 관련하여 예금보험공사 X가 파산자 A의 파산관재인으로서 채무자 B의 증여행위에 대한 사해행위취소권을 피보전권리로 하여 처분금지가처분을 받은 후, B의 또 다른 채권자인 파산자 C의 파산관재인으로도 선임된 경우, X가 위 가처분결정을 받음으로써 B의 증여행위가 C에 대하여도 사해행위가 된다는 사실을 알았다고 볼 수 없다는 사례가 있다.37)

마. 피보전채권의 양도

사해행위가 있은 후 피보전채권이 양도된 경우에는, 1년의 단기제척기간은 취소권자의 주관적 요건을 요구하므로 취소권을 행사하는 채권자(원고)인 채권양수인을 기준으로 하여 제척기간을 기산해야 한다는 일본의 오래된 판결이 있다.38) 그러나 양수인은 채무자와의 관계에서 채권자가 가지고 있던 동일한 제약이 있는 채권을 양수하고 그 이상의 권리를 주장할 수 없을 뿐 아니라,39) 채무자는 양수인인 취소채권자에 대하여 채무자가 양도통지를 받은 때까지 양도인에 대하여 생긴 사유로써 대항할 수 있고(민법 제451조 제2항 준용), 양도인에 대하여 생긴 사유 중에는 제척기간의 경과 사실도 포함되므로, 채권양도인을 기준으로 단기 제척기간을 기산해야 한다.40) 물론 채권양도인이 취소원인을 알지 못하고 채권양수인이 이를 알게 된 경우에는 채권양수인을 기준으로 단기제척기간을 기산하는 것은 당연하다.

바. 대위행사의 경우

채권자가 채무자의 채권자취소권을 대위행사하는 경우, 제소기간은 대위의

하였다.

37) 위 2006다57001 판결. 이 판결에는 예금보험공사가 구체적으로 언제 B의 증여행위가 C에 대하여도 사해행위가 된다는 사실을 알았는가에 대하여는 판시가 없다.

38) 名古屋控判 명치 42. 4. 29. 最近判 5-4.

39) 이영풍, 소송물과 소의 교환적 변경, 75면 참조.

40) 대법원 2018. 4. 10. 선고 2016다272311 판결. 채권자취소소송의 피고는 피보전채권의 소멸시효를 원용할 수 있는데(대법원 2007. 11. 29. 선고 2007다54849 판결), 이때에도 그 기산점은 채권양도인을 기준으로 할 수 있음은 물론이다(대법원 1992. 5. 22. 선고 92다4796 판결 참조).

목적으로 되는 권리의 채권자인 채무자를 기준으로 하여 그 준수 여부를 가려야 한다.[41]

사. 대리인

대리인(법인의 기관 포함)이 있을 때에는 대리인을 기준으로 하여 기산한다(민법 제116조 제1항). 따라서 국가가 원고인 때에는 관할청이 알았을 때,[42] 관할세무서에 확정신고서가 제출된 때,[43] 세무공무원이 세무조사를 위하여 회사에 나가 장부를 조사한 때[44]에 국가가 사해행위사실을 알았다는 일본 하급심 판례가 있다. 대법원도 국가가 조세채권을 피보전채권으로 하여 체납자의 법률행위를 대상으로 하여 채권자취소권을 행사할 때, 제척기간의 기산점은 조세채권의 추심업무를 담당하는 세무공무원의 인식을 기준으로 판단해야 하고, 체납자의 재산처분에 관한 등기·등록업무를 담당하는 다른 공무원의 인식을 기준으로 하여 판단해서는 안 된다.[45]

2. 법률행위 있은 날

가. 여기서 법률행위라 함은 사해행위를 가리키므로 S와 Y 사이의 행위를 말하며, Z의 전득행위를 가리키지는 않는다.

나. 어느 시점에서 사해행위에 해당하는 법률행위가 있었는가는, 당사자 사이의 이해관계에 미치는 영향의 중대성을 고려하여 신중하게 판단하고, 형식적인 증거에 근거할 것이 아니라 실제로 사해행위가 이루어진 날을 표준으로 판정한다.[46]

---

41) 대법원 2001. 11. 27. 선고 2000다73049 판결.
42) 東京地判 소화 35. 12. 27. 下民集 11-12-2790.
43) 東京高判 소화 43. 8. 30. 判時 533-41, 金法 525-23.
44) 大阪地判 평성 원년 3. 16. 金法 1221-34.
45) 대법원 2017. 6. 15. 선고 2015다247707 판결(특허청 공무원이 양도 사실을 안 시점에 국가도 체납자의 사해행위 및 사해의사의 존재를 알았다고 보아야 한다는 피고의 주장을 배척).
46) 대법원 2002. 7. 26. 선고 2001다73138 판결.

채권자가 채권담보를 위하여 채무자로부터 백지 근저당권 설정계약서를 교부받을 당시에는 채무초과 상태가 아니었으나 이를 보충할 당시에는 채무초과 상태에 있었던 경우, 백지근저당권 설정계약서를 보충한 날 근저당권설정계약이 체결되었다고 보아야 하고, 그 계약이 사해행위에 해당한다고 한 사례가 있다.[47]

다. 등기일자의 경우에는 등기의 추정력과의 관계상 다른 특별한 사정이 없다면 처분문서에 기초한 것으로 보이는 등기부상 등기원인일자를 기준으로 사해행위가 실제로 있었는지 여부를 판정할 수밖에 없다.[48]

그러나 등기원인일자가 실제 사해행위를 한 일자보다 소급한 일자임을 원고가 밝힌 경우에는 실제 일자를 기준으로 해야 함은 물론이다.[49]

3. 가등기에 따른 소유권이전등기의 본등기가 경료된 경우

가. 가등기와 본등기의 각 원인이 명백하게 다르지 않다면 채권자취소권행사의 제척기간 기산점은 가등기의 등기원인인 법률행위를 기준으로 기산한다.[50] 또한 채권자가 가등기의 원인행위가 사해행위임을 안 때부터 1년 내에 가등기의 원인행위에 대하여 취소소송을 제기하였다면, 본등기의 원인행위에 대한 취소청구는 가등기와 그 원인이 명백히 다르지 않다면, 그 원인행위에 대한 제척기간이 경과한 후 제기하더라도 적법하다.[51]

---

47) 대법원 2000. 4. 25. 선고 99다55656 판결.

48) 대법원 2002. 11. 8. 선고 2002다41589 판결.

49) 대법원 2002. 7. 26. 선고 2001다73138 판결은 1995. 6. 14.경 사해행위가 있었으나, 1992. 1. 5.을 등기원인일자로 기재한 사실이 밝혀진 사안이다.
또한 대법원 2005. 7. 22. 선고 2005다7795 판결은 등기부상 2001. 4. 17.이 매매의 등기원인일자로 되어 있으나, 자산양수도의향서 작성일인 같은 달 2.로 본 사안이다. 법무사들의 업무관행상 등기접수일자보다 한 달 앞의 날짜를 등기원인일자로 신청하는 경우가 많기 때문에, 실제 행위일자보다 소급하였다는 부분을 증명할 수 있다면, 등기부상 제척기간을 도과한 사건이라도 구제될 수 있다고 한다. 최한신, 사해행위 I, 34면 참조.

50) 대법원 1993. 1. 26. 선고 92다11008 판결; 대법원 1996. 11. 8. 선고 96다26329 판결; 대법원 1999. 4. 9. 선고 99다2515 판결.

51) 대법원 2006. 12. 21. 선고 2004다24960 판결.

나. 가등기와 본등기의 각 원인이 명백하게 다른 경우의 전형적인 예로서, 가등기를 하고 별도로 소유권이전등기를 해주는 경우를 들 수 있다. 이 경우의 가등기는 허위표시가 아니라면, 실질적으로 담보가등기로 보아야 하기 때문에, 가등기와 본등기의 원인이 다르다. 가등기권자가 가등기와 상관없이 소유권이전등기를 넘겨받고, 그 본등기가 사해행위로 취소된 경우에는, 가등기에 따라 다시 소유권이전등기를 구할 수 있다.52)

[39] Ⅳ. 수익자와 전득자의 제척기간 기산

1. 5년의 제척기간

사해행위라는 것은 수익자와 전득자 사이의 행위가 아니라, 채무자와 수익자 사이의 행위이므로, 전득자를 상대로 소송을 제기할 경우에도 사해행위인 후자, 즉 채무자의 행위를 기준으로 제척기간을 기산한다.53)

2. 1년의 단기제척기간

가. 원 칙

취소소송의 상대방이 전득자인 경우에도 사해행위는 언제나 채무자와 수익자 사이의 법률행위이므로 기간의 기산점이 달라지지 않는 것이 원칙이다.

나. 예 외

예외적으로 수익자에 대한 채권자취소 소송을 제기하고 나서 전득자가 발생하여, 전득자를 상대로 소를 제기할 경우에는, 전득행위가 존재함을 알았을

---

52) 대법원 1995. 12. 26. 선고 95다29888 판결.

53) 대법원 2005. 6. 9. 선고 2004다17535 판결(채권자가 수익자를 상대로 사해행위의 취소를 구하는 소를 이미 제기하여 채무자와 수익자 사이의 법률행위를 취소하는 내용의 판결을 선고받아 확정되었더라도, 채권자가 그 소송과는 별도로 전득자에 대하여 채권자취소권을 행사하여 원상회복을 구하기 위해서는 민법 제406조 제2항의 기간 안에 채무자의 사해행위를 취소하는 청구를 해야 한다).

때 취소원인을 안 것으로 보고, 그때부터 1년 안에 제기할 수 있도록 하는 것이 타당하다.[54]

이렇게 해석하는 것은 앞에서 본 5년의 제척기간에 관한 해석과 서로 모순되고, 일반적인 판례의 취지와도 배치되는 것으로 생각할 수 있다. 그러나 5년의 제척기간은 거래안전을 도모하기 위하여 '법률행위(사해행위)'를 기산점으로 하여 취소소송의 제기를 봉쇄한다는 의미가 있고, 문구상 그렇게 해석할 수밖에 없다. 이와 달리 1년의 제척기간은 '취소원인을 안 날'이 기산점으로서 법문상으로도 개별적으로 고려할 수 있는 여지가 있고, 그렇게 해석하지 않으면 이미 채권자취소권을 행사하고 있는 채권자에게 지나치게 가혹하다. 예컨대 가등기가 사해행위인 경우에는 가등기상 권리처분을 금지하는 가처분을 하더라도 가등기권리자는 본등기를 경료할 수 있고,[55] 다시 이를 제3자에게 매도할 수 있기 때문에, 가등기권자인 수익자에 대한 처분금지가처분도 아무런 도움이 되지 않는다. 그럼에도 불구하고 전득자에 대한 소송을 제기할 수 없다고 한다면 채권자의 이익을 지나치게 해친다.[56]

[40] Ⅴ. 그 외의 소멸사유

1. 채권양도

채권이 양도되면 채권의 속성인 채권자취소권도 당연히 이전하고, 채권양도인은 취소권을 행사할 수 없다.

---

54) 같은 취지, 홍준호, '채권자취소권 행사의 제척기간의 기산점', 41면.

55) 대법원 2007. 2. 22. 선고 2004다59546 판결.
소유권이전청구권을 보전하기 위한 가등기는 부동산등기법 제3조에 따른 등기사항이고, 그 가등기상의 권리 자체의 처분을 금지하는 가처분은 '처분제한'에 해당되어 등기사항에 해당되지만(부등 88조), 가등기에 터 잡아 본등기를 하는 것은 그 가등기에 따라 순위보전된 권리의 취득(권리의 증대나 부가)이지 가등기상 권리 자체의 처분(권리의 감소나 소멸)이라고는 볼 수 없으므로 가등기에 따른 본등기절차의 이행을 금지하는 취지의 가처분은 등기사항이 아니므로 허용되지 않는다.

56) 최한신, 사해행위 I, 55면 이하 참조.

2. 포 기

가. 원 칙

채권자취소권도 사권이므로 일반의 권리와 마찬가지로 포기할 수 있으나, 그 포기는 다른 채권자에게는 아무런 영향을 미치지 않는다. 포기는 취소권을 행사하는 상대방에게 해야 한다.

나. 판 례

(1) 취소소송 제기 후에 취소권 포기는 소취하나 화해 등 법원에서 시행하는 절차가 필요하고, 소송 외에서 하여도 효과가 생기지 않는다는 일본 하급심 판례가 있으나,[57] 소송 외에서 포기한 사실이 증명되고 그 자료를 법원에 제출하면 소의 이익이 부정된다.

(2) 채무자 S가 A에 대한 임금채권을 가지고 있고, A가 Y에게 부동산을 매도한 행위에 대하여 S가 채권자취소권을 행사하지 않으므로, S의 채권자 X가 S를 대위하여 채권자취소권을 행사하자, Y가 방어방법으로서 S가 채권자취소권을 포기하였다고 주장하였으나, 포기의 효력을 인정하지 않은 일본 하급심 사례가 있다. S의 A에 대한 자산은 채권자취소권을 포함하여 X의 채권에 대한 담보가 되어 있고, Y도 그 사실을 알고 있으므로, S가 포기하였더라도 민법 제405조 제2항에 따라 그 효력을 인정할 수 없다.[58]

(3) "달리 채권이 존재하지 않는다"고 하는 사실을 확인하는 내용의 재판상 화해조항은 채권자취소권을 포기하는 취지가 아니라는 일본 하급심 판례가 있다.[59]

57) 東京控判 대정 5. 4. 29. 評論 5 民 1222.
58) 東京高判 평성 12. 2. 17. 金判 1090-14.
59) 東京地判 소화 43. 11. 20. 金判 154-18.

제8장 채권자취소소송의 실무

[41] Ⅰ. 소제기의 효과

1. 중복제소의 금지

가. 원 칙

어느 채권자 X가 제기한 취소소송의 계속 중에 다른 채권자 G가 동일한 행위의 취소를 구하는 취소소송을 제기하는 것을 막을 수 없다. 채권자취소권은 채권자대위권과는 달리 채권자 개개인에게 부여된 고유의 권리이므로 이를 중복소송에 해당한다고 할 수 없기 때문이다.[1)]

나. 반환이 이행된 경우(회복시설)

이미 취소소송의 인용판결이 확정된 이후에는 다른 채권자가 동일한 행위의 취소를 구하는 소를 제기할 수 없다는 견해가 있으나,[2)] 판례는 이미 다른 취소소송의 인용판결이 확정되었다는 사정만으로는 그 후에 제기된 다른 채권자의 동일한 청구가 권리보호의 이익이 없어지지는 않고, 그에 따라 재산이나 가액의 회복을 마친 경우에 비로소 다른 채권자의 채권자취소 및 원상회복청구는 그와 중첩되는 범위 내에서 권리보호의 이익이 없어진다고 한다. 사해행위의 취소 및 원상회복을 구하는 소송계속 중 사해행위가 해제 또는 해지되어 그 목적부동산이 이전등기의 말소 또는 소유권이전등기의 형식으로

1) 대법원 2008. 4. 24. 선고 2007다84352 판결.

2) 이환승, '대법원판례해설 77호(2008년 상반기)', 27면. 민법 제407조는 취소판결은 다른 모든 채권자의 이익을 위하여 효력이 생기기 때문에, 다른 채권자가 동일한 취소 목적물에 관하여 다시 취소소송을 제기하는 것은 허용되지 않고, 그 취소판결에 기하여 회복된 목적물에 대한 강제집행절차에 참가하여 배당요구를 해야 한다는 것이다. 이는 채권자평등주의 입장을 관철할 경우 당연히 나올 수밖에 없는 견해이다.

채무자에게 복귀한 경우에도 소의 이익이 없다.[3)]

사해행위취소가 모든 채권자의 이익을 위하여 효력이 있다는 것이 기판력까지 있다는 것을 의미하지는 않고, 어디까지나 사해행위취소의 효과는 취소채권자와 수익자 사이의 상대적 효력에 그치는 것이어서, 다른 채권자에게 집행당사자적격은 없다. 따라서 경합소송의 판결이 확정되더라도 취소채권자가 집행을 하지 않는다면, 다른 채권자 어느 누구도 그 확정판결에 따른 집행을 할 수 없다. 따라서 자기들의 채권만족을 위한 책임재산이 확보될 수 없기 때문에, 현실적인 회복을 마쳐야 소의 이익을 부정할 수 있다는 것이 법원의 입장으로 보인다.

다. 판 례

(1) 취소목적물의 가액과 관련한 사례

동일한 사해행위와 관련된 취소소송이 중첩된 경우, 선행소송에서 확정판결로 처분부동산의 감정평가에 따른 가액반환이 이루어졌다면 후행소송에서 부동산 시가를 다시 감정한 결과 위 확정판결에서 인정한 시가보다 평가액이 증가되었다 하더라도, 그 증가된 부분을 위 확정판결에서 인정한 부분과 중첩되지 않는 부분으로 보아, 이에 대하여 다시 가액반환을 명할 수는 없다.[4)] 다만 선행소송에 따른 가액반환이 아직 이행되지 않은 경우라면 그렇지 않다.[5)]

채권자 A가 선행소송에서 확정판결을 받아 가액반환이 이행되었다 하더라도, 사해행위목적물의 가액이 그보다 더 크고 일반담보부분이 아직도 존재한다면, 그 부분에 관하여 다른 채권자가 채권자취소소송을 제기하더라도 이를 중첩되는 부분이라 할 수 없다. 이 경우 채권자취소소송의 요건을 갖춘 채권자 B가 제기한 소송의 변론종결 당시 시가평가액이 채권자 A가 그 전에 제기한 소송의 평가액보다 증가되었다면, 그 증가액에 따른 가액반환청구는 권

3) 대법원 2003. 7. 11. 선고 2003다19558 판결; 대법원 2008. 3. 27. 선고 2007다85157 판결; 대법원 2014. 5. 29. 선고 2014다204352 판결.

4) 대법원 2005. 3. 24. 선고 2004다65367 판결.

5) 이에 대한 평석으로, 윤병철, '대법원판례해설 54호(2005년 상반기)', 138~157면.

리보호의 이익이 인정된다. 채권자취소권의 요건을 갖춘 각 채권자는 고유의 권리로서 채무자의 재산처분행위를 취소하고 그 원상회복을 구할 수 있기 때문이다.[6)]

(2) 법원이 수익자 Y_1의 가액반환범위를 잘못 산정하여 과소한 금액의 지급을 명한 부분이 채권자 X가 항소하지 아니하여 확정되고 Y_1로부터 가액반환을 받더라도, X의 채권 중 일부는 현실적으로 여전히 존속하고 있으므로, X는 이에 기초하여 또 다른 수익자(공동피고) Y_2를 상대로 채권자취소권을 행사할 수 있다고 한 사례가 있다.[7)] 이 사건은 Y_1과 Y_2가 공동피고인 경우에 Y_1에 대한 지급부분이 잘못 계산되어 X의 채권이 남아있는 사실을 항소심이 인정하였다면, Y_1에 대하여는 불이익변경금지의 원칙 때문에 1심보다 증액하여 지급을 명할 수 없다 하더라도, Y_2에 대한 사해행위성립 여부 등을 심리해야 함에도 항소심에서 그러한 조치를 취하지 않았다고 하여 파기환송한 사례이다.

□ 대법원 2005. 5. 27. 선고 2003다36478 판결

Y_1은 원상회복의 방법으로 X에게 30,000,000원을 지급할 의무가 있다. 그러나 제1심은 Y_1의 가액배상범위를 잘못 산정한 나머지 단지 25,001,690원 지급만을 명하였고, 이에 대해 Y_1만이 항소한 결과 원심은 Y_1에게 더 많은 금액의 지급의무가 있음을 인정하면서도 불이익변경금지 원칙 때문에 부득이 과소한 금액의 지급을 명한 위 제1심판결을 유지하고 항소기각을 하였다. 이 경우 X로서는 Y_1로부터 가액배상을 받더라도 X의 채권 중 일부는 여전히 존속하므로 X는 이에 기초하여 또

---

6) 예를 들면, 피보전채권이 1,000만 원인 A채권자가 제기한 채권자취소소송에서 취소목적물의 일반담보가액이 1,500만 원으로 평가되어, 그 범위 내에서 1,000만 원의 가액반환의 승소판결을 받은 A에게, 피고 Y가 이를 모두 이행한 경우에도 500만 원의 일반담보가 남아있어, 다른 채권자의 취소소송이 가능하다. 그래서 다시 피보전채권이 800만 원인 B채권자가 Y를 상대로 채권자취소소송을 제기하였고 그 소송에서 목적물의 가액이 1,800만 원으로 증액평가되었다면, 피고는 A에게 이행한 1,000만 원을 공제한 800만 원의 범위에서 새로운 취소채권자 B에게 반환해야 하고, B채권자의 피보전채권이 800만 원이므로 800만 원을 반환해야 한다. Y는 B에 대한 반환의무를 이행함으로써 비로소 일반 채권자들을 위한 담보가 모두 없어지게 되어 사해행위소송의 속박에서 완전히 벗어날 수 있다.

7) 대법원 2005. 5. 27. 선고 2003다36478 판결.

다른 수익자 Y_2를 상대로 채권자취소권을 행사할 수 있다.

2. 시효중단

취소소송이 제기되더라도 피보전채권의 소멸시효가 중단하는 것은 아니라는 것이 일본의 주류적인 판례이나, 통설의 견해는 다르다. 이에 대하여는 뒤에 다시 본다.[8)]

[42] Ⅱ. 가집행선고

가. 적극설

채권자취소판결에 가집행을 선고하지 않는 것은 형성판결이라는 이유 때문인데, 취소부분을 배상금 지급을 명하는 부분의 논리적인 전제라고 본다면, 일반적인 금전급부판결과 같이 채권자취소소송 판결 중 금전급부 부분은 가집행을 선고할 수 있다는 견해이다.[9)]

한편 부인의 소와 병합하여 금전지급을 구하는 경우에 금전지급을 명하는 부분에 대하여 판례는 가집행을 허용한다.[10)] 부인소송 소송물에 관하여 이행·확인소송설을 취하여, 부인주장은 공격방법으로서 판결이유 중에서 판단되고, 그에 따라 소급적으로 소멸된 법률효과인 원상회복의무 이행이나 확인을 주문에서 선고하는 우리 실무의 입장에서 본다면 자연스러운 결론이다.[11)]

부인청구에 관하여도 가집행을 긍정하는 견해가 있으나[12)] 입법론이라면 몰라도[13)] 명문의 규정[14)]이 없는 한 판결이 아닌 결정(채무자회생법 제106조)에

8) 아래 [43] 2. 가. (4) 참조.
9) 飯原一乘, 詐害行爲取消訴訟, 423면.
10) 대법원 2000. 3. 13.자 99그90 결정.
11) 법인파산실무, 412면 참조.
12) 임채홍·백창훈, 회사정리법(상)(제2판), 473면.
13) 일본 파산법 제175조 제5항은 부인청구에 대한 이의의 소에서 결정을 인가 또는 변경하는 판결을 선고할 때는 가집행을 붙일 수 있다고 하나, 부인청구에 대한 결정 자체에 대해서는 아무런 규정이 없다.
14) 가사소송법 제42조 제1항은 재산상의 청구 또는 유아인도에 관한 심판(가사비송)에

서 가집행선고를 붙일 수는 없다.[15)]

나. 소극설

가집행을 선고하면 본판결이 확정됨으로써 생기는 사해행위취소의 효력발생보다 먼저, 그 취소에 따른 원상회복의 실현을 가능케 하므로 허용되지 않는다는 설로서,[16)] 우리나라의 실무도 대부분 가집행을 선고하지 않는다.[17)]

다. 예 외

위에서 본 것은, 사해행위취소와 그에 따른 재산권 회복으로서 가액반환을 병합하여 청구할 때의 문제이지, 이미 사해행위를 취소하는 판결이 선고되고 그 판결이 확정된 다음 가액반환을 청구하는 경우에는 단순한 이행소송에 불과하므로 당연히 가집행을 선고할 수 있다.[18)]

대해 가집행을 붙일 수 있다고 하고, 형사재판에서 유죄판결 선고와 동시에 할 수 있는 배상명령에 대해서도 가집행을 선고할 수 있다(소촉법 제31조 제1항, 제3항).

15) 이에 대한 자세한 논의는 임채웅, '부인소송의 연구', 100면 이하 참조.

16) 大阪地判 소화 55. 8. 14. 金判 611-27.

17) 이한석, '사해행위취소소송에 있어서 가액반환 문제에 대한 소고', 159면. 이 글의 필자가 조사한 하급심 판결 10건 중 8건이 가집행을 선고하지 않았다고 한다.

18) 이와 관련하여 주의할 것은 재산분할청구권에 관한 대법원 2014. 9. 4. 선고 2012므1656 판결이다. 민법 제839조의2에 따른 재산분할은 부부가 혼인 중에 취득한 실질적인 공동재산을 청산 분배하는 것을 주된 목적으로 하고, 법원이 당사자 쌍방의 협력으로 이룩한 재산의 액수 기타 사정을 참작하여 분할의 액수와 방법을 정하는 것이므로, 재산분할로 금전지급을 명하는 경우에도 판결 또는 심판이 확정되기 전에는 금전지급의무의 이행기가 도래하지 않을 뿐만 아니라, 금전채권의 발생조차 확정되지 않은 상태에 있다. 따라서 재산분할방법으로 금전지급을 명한 부분은 가집행선고의 대상이 될 수 없다. 그리고 이는 이혼이 먼저 성립한 후에 재산분할로 금전지급을 명하는 경우라고 하더라도 같다. 다시 말해서 이혼에 따른 재산분할청구권은 이혼이 성립한 때에 법적 효과로서 발생하지만 협의나 심판에 따라 구체적 내용이 형성되기까지는 범위 및 내용이 불명확하기 때문에 구체적으로 권리가 발생하였다고 할 수 없다. 따라서 당사자가 이혼 성립 후에 재산분할 등을 청구하고 법원이 재산분할로서 금전지급을 명하는 판결이나 심판을 하는 경우에도, 가집행선고의 대상이 될 수 없다. 한편 이는 장래이행을 청구하는 것으로서 분할의무자는 금전지급의무에 관하여 판결이나 심판이 확정된 다음 날부터 이행지체책임을 지고, 그 지연손해금의 이율은 소송촉진특례법 제3조 제1항 본문이 정한 이율도 적용되지 않는다.
결론적으로 이혼과 재산분할청구권의 관계와 채권자취소와 원상회복청구의 관계는

[43] Ⅲ. 소송당사자의 주장 · 증명

1. 청구의 원인과 증명

원고 X는 사해행위취소권의 적극적 요건으로서 ① 피보전채권의 존재, ② 채무자 S의 사해행위(행위의 존재와 사해성－무자력), ③ S의 악의(사해의사)를 청구원인으로 주장하고 증명해야 한다.

가. 피보전채권

(1) 피보전채권의 주장과 증명

(가) 주장 · 증명책임

채권자취소소송에서는 피보전채권은 소송물은 아니지만, 채권자취소권 발생의 전제요건이므로 X가 그 존재를 주장 · 증명해야 한다.

(나) 주장의 정도

피보전채권의 주장은 채권이 존재한다는 것을 주장하는 것이라는 설(권리주장설)과 그 발생원인사실을 주장하는 것이라는 설(사실주장설)이 있으나,[19] 권리의 존재에 관한 증명은 그 발생원인사실로 하는 것이므로, 주장도 그 사실을 대상으로 해야 한다.

그러나 당사자 사이에 권리의 존재에 관한 다툼이 없으면, 굳이 발생원인사실을 증명할 필요가 없으므로, 실제 소송에서는 권리의 존재를 주장하면 충분하다. 이 점은 예를 들면, 소유권에 기한 인도청구에서, 원고가 소유권의 발생원인사실을 주장 · 증명해야 하나, 소유권의 존재에 관한 다툼이 없으면 "소유권이 있다"고 주장만 하면 되는 것과 같다.

(다) 주장 · 증명의 내용

어떠한 채권이 피보전채권이 되는지에 대하여는 이미 살펴보았다.[20]

동일하게 볼 수 없다. 즉 이혼이 되었다고 하여 바로 재산분할청구권이 구체적으로 발생하였다고 볼 수 없지만, 채권자취소소송이 확정되면 그에 따른 원상회복청구권은 구체적인 권리로서 발생하기 때문에 가집행선고를 할 수 있다.

19) 春日偉知郞, 要件事實の證明責任, 202면.

채권자취소권은 사해행위 당시의 채권에 관하여 채권자에게 부여되는 것이므로, X는 채권이 S의 사해행위보다 먼저 발생한 것임을 주장 · 증명해야 한다. 또한 피보전채권의 액수는 S의 무자력, 사해의사, 취소의 범위 등을 판단하는 중요한 자료가 되므로, X는 이를 명확히 할 필요가 있다.[21]

독일에서는 채권의 변제기 도래를 요구되나, 우리나라에서는 판례[22] · 통설[23]이 변제기 도래는 주장 · 증명할 필요가 없다고 한다.

X의 채권이 제3자 T로부터 양수하였다면, T의 S에 대한 채권이 사해행위 이전에 발생한 사실과 양도와 대항요건 구비사실이 주장 · 증명의 대상이다.

피보전채권에 대한 담보권이 있다는 사실은 사해성 조각사유이므로 뒤에 보는 바와 같이 항변이 된다.

(2) 채권에 관하여 판결이 있는 경우

(가) 확정판결

독일에서는 채권자 X의 채무자 S에 대한 집행권원을 채권자취소권 행사의 요건이지만(AnfG 제2조), 피고 Y는 S가 주장할 수 있는 항변을 원용할 수 있다고 한다.

우리나라 소송실무에서도 채권자취소소송에 앞서서 X가 S에 대한 금전급부의 확정판결을 가지고 있는 경우가 있으나, 그 급부판결은 수익자 Y에 대하여 기판력이 없으므로, Y는 그 피보전채권의 존재를 다툴 수 있다. 이 경우에 X는 피보전채권의 존재를 주장 · 증명할 필요가 있고 그 확정판결은 유력한 증거가 된다.

그런데 대법원은, X가 S를 상대로 그 채무이행을 구하는 소를 제기하여 승소판결이 확정되면 채권자취소소송의 상대방인 Y나 Z는 그와 같이 확정된 X의 채권의 존부나 범위에 관하여 다툴 수 없다고 한다.[24] 이는 채권자대위

20) [8] 참조.

21) 특정물채권을 피보전채권으로 인정하고 있는 일본에서도, 그 특정물채권이 손해배상채권으로 바뀌었을 때, 그 채권의 담보로 될 수 있는 재산이 달리 있으면 사해성이 없고, 가액배상을 하는 경우도 있으므로, 손해액을 명확히 할 것을 요구한다. 飯原一乘, 詐害行爲取消訴訟, 430면.

22) 청주지법 2004. 10. 21. 선고 2004나2404 판결.

23) 민법주해 Ⅸ, 813면.

소송의 판례이론[25]을 그대로 원용한 것으로 보인다.[26] 그러나 채권자대위소송에서 채권자는 채무자를 대위하여 채무자의 제3채무자에 대한 권리를 행사하는 자로서, 채권자의 채무자에 대한 채권은 원고적격을 갖추기 위한 요건으로 그 부존재는 소 각하 사유에 해당된다. 이와 달리 채권자취소권에서 채권자는 자신의 채권을 행사하는 자로서, 채무자에 대한 채권이 없다 하더라도 당사자적격이 없다 하여 소 각하가 되지는 않고 취소청구의 요건을 충족하지 못하여 청구기각이 될 뿐이다.[27] 또한 피고가 된 Y・Z는 X의 채권에 대하여 시효소멸을 원용할 수도 있는 반면,[28] 채권자대위소송의 제3채무자는 채권자의 채무자에 대한 채권의 소멸시효를 원용할 수 없다.[29] 그 외에도 채권자대위권은 채권자취소권과는 동일하게 취급할 수 없는 점이 많다.[30] 채권자대위소송에서 제3채무자는 어차피 채무자에 대한 의무를 이행해야 할 지위에 있는 자로서, 채권자와 채무자 사이에서 피보전채권이 판결로 확정되었다면 제3채무자가 이를 다툴 실익이 없다. 채권자와 채무자 사이에서는 확정판결의 효력 때문에 이를 다툴 수 없고, 제3채무자는 채권자가 아니라도 채무자에게 의무를 이행해야 할 지위에 있기 때문에, 이를 다툴만한 실익이 없다. 그러나 채권자취소소송에서는 상황이 전혀 다르다. X의 S에 대한 피보전채권이 존재하지 않는다면 Y나 Z는 자신들이 취득한 권리를 부정당하지 않고 온전한 권리자가 될 수 있다. 즉 피보전채권의 존재를 다투는 것은 취소소송의 피고들에게 결정적인 이해관계가 있다. 그래서 피보전채권의 존재는 단순히 취소소송의 원고적격이 아니라 본안판결에서 승소하기 위한 요건이 된다. 결론적으로 채권자취소소송에서 피보전채권은 취소소송의 요건 중

24) 대법원 2003. 7. 11. 선고 2003다19572 판결.
25) 대법원 1995. 12. 26. 선고 95다18741 판결; 대법원 1998. 3. 27. 선고 96다10522 판결; 대법원 2000. 6. 9. 선고 98다18155 판결.
26) 최복규, 대법원판례해설 47호(2004), 284~287면 참조.
27) 대법원 1993. 2. 12. 선고 92다25151 판결 참조.
28) 대법원 2007. 11. 29. 선고 2007다54849 판결. 「[8] 6. 나. 피보전채권의 소멸시효와 그 중단」 참조.
29) 대법원 1992. 11. 10. 선고 92다35899 판결; 대법원 2004. 2. 12. 선고 2001다10151 판결 등.
30) 자세한 내용은 [2] 3. 참조.

하나로서 피고(수익자나 전득자)는 당연히 채무자와는 별개의 지위에서 그 부존재를 다툴 수 있다고 보아야 한다.[31] 하루빨리 대법원 판결이 변경되기를 바란다.

(나) 미확정판결

처가 이혼에 따른 재산분할 · 위자료채권을 피보전채권으로 하여, 남편의 재산처분을 사해행위로서 취소를 청구한 사안에서, 가사사건의 1심판결에서 피보전채권이 인용되더라도 미확정인 경우에는 피보전채권으로 인정되지 않는다는 일본 판결이 있다.[32] 우리나라에서는 재산분할청구권을 보전하기 위한 사해행위취소와 원상회복청구권이 명문으로 인정되고(민법 제839조의3), 절차법상으로도 다류 가사소송사건이므로(가소법 제2조 제1항), 재산분할청구권이 확정되지 않더라도 피보전채권이 될 수 있다. 다만 일반 민사사건이 아닌 가정법원에서 관할하는 가사사건이다.

(3) 미발생채권

사해행위를 할 당시 아직 발생하지 않은 채권이라도, 그 기초가 되는 법률관계가 존재하고, 채권성립의 고도의 개연성이 있으면, 피보전채권이 되므로,[33] 그러한 경우에는 위 사실을 주장 · 증명해야 한다.

(4) 부대청구

피보전채권의 원본에 이자와 지연손해금을 부가하여 청구하는 경우에는, 이자의 합의와 지체사실이나 이율 등을 주장 · 증명해야 한다.

---

31) 일본 최고재 판결도 필자의 견해와 같다. 最判 소화 58. 6. 7. 判時 1084-73은, 1심에서 채무자에 대한 급부소송이 취소소송에 병합되어 의제자백이 된 후, 2심의 취소소송에서 원고가 피보전채권에 대한 증명이 부족하다 하여 원고청구가 기각된 사안이다. 상고심에서는, 항소심에서 쌍방이 증명에 전력을 다한 사해행위의 성립 여부에 대하여는 아무런 판단을 하지 않고, 전혀 증명의 대상으로 되지 않은 피보전채권의 존부를 가지고 원고 패소판결을 선고한 것은 석명권행사를 게을리 하였다고 하여 파기환송되었다.

32) 仙台高判 소화 35. 7. 4. 判時 233-24; 岐阜地判 소화 57. 11. 29. 判時 1075-144. [8] 2. 가. (2) 참조.

33) [8] 3. 나. 참조.

나. 사해사실

(1) 채무자의 법률행위

어떠한 행위가 사해성[34] 있는 행위인지는 이미 살펴보았다.[35]

채무자 S의 법률행위가 취소의 대상이 되고, 사해성이나 사해의사와의 관계에서, 그 행위가 S의 전체 재산에서 어느 정도 감소가 되는가, 유상인가 무상인가, 누구와 법률행위를 하였는가와 같은 점들이 중요한 요소이므로, 원고 X는 이를 특정하여 주장・증명해야 한다.

부동산양도의 취소를 구하는 경우에는, 수익자 Y에 대하여 소유권이전등기말소를 구해야 하므로, Y에게 그 등기가 있다는 점까지 주장・증명할 필요가 있다.

법률행위를 주장하면서, 매매와 증여를 따로 구분하지 않고, '양도행위'라고 해야 한다는 견해가 있다. 그 이유로, 판례는 무상증여는 물론이고 정당한 가격에 따른 부동산 매각도 사해행위가 된다는 입장이기 때문에, 사해행위는 1개의 사회적 사실로서 포착하면 충분하고, 그 법적 평가는 필요 없으며, 법적 평가를 바꾸어 매매의 취소를 구하는 소송이 기각되면, 다시 증여로 소송을 제기할 수도 있다는 것이다.[36]

그러나 비전형계약에서 채무자의 행위를 '양도행위'라고 부르는 경우도 있으므로, 용어 자체에 문제가 있다고 볼 수 없으나, 일반적으로 사용하는 법률행위를 가리키는 말로서는 매매나 증여라고 하는 편이 보다 알기 쉽다. 또한 새로운 소송을 제기할 수 있다는 점에 대하여는, 같은 목적물을 대상으로 하는 동일한 행위라면, 그것이 매매가 되건 증여가 되건 간에, 일반담보의 감소행위인 동일한 '양도행위'라는 전제에 선다면, 매매를 주장하여 기각된 이상 다시 증여라고 하여 다시 소송을 제기할 수는 없다.[37] 따라서 매매와

---

34) '사해성'이라는 말은, 일반적으로 사해행위에서 '사해의사'를 뺀 것을 의미하는 개념으로 사용된다.

35) [9] 5. 참조.

36) 三井哲夫, 要件事實の再構成, 信山社 평성 5. 223면, 飯原一乘, 詐害行爲取消訴訟, 432면에서 인용.

37) 대법원 2005. 3. 25. 선고 2004다10985 판결(사해행위에 대한 법률적 평가는 공격방어방법의 주장에 불과하다).

증여를 구분하지 않고 굳이 '양도행위'라고 부를 필요는 없을 것이다.[38] 대법원도 같은 견해로 볼 수 있다.

□ 대법원 2007. 5. 31. 선고 2005다28686 판결

채무자의 금원지급행위가 증여인지, 변제인지에 대한 증명책임은 사해행위를 주장하는 채권자에게 있다.

(2) 행위의 사해성

(가) 사해성의 주장 · 증명책임

행위가 사해성이 있다는 점은 취소권 성립의 기본적인 요건이므로, 채권자 X가 주장 · 증명해야 한다.

(나) 주장 · 증명책임의 내용

사해행위 성립요건의 하나인 사해성은 사해의사와 함께 법적 판단을 요소로 하는 개념이므로, 과실이나 정당사유 등과 같이 일반조항이나 불확정개념의 일종이다. 따라서 사해성은 가치판단의 결론일 뿐이고, 그 판단의 기초가 되는 개개 사실이 요건사실이 되므로, X는 그러한 개개 사실을 주장 · 증명해야 한다.[39]

개개 사실에 관하여 다음과 같은 점이 문제가 된다.

① 독일 취소법 제2조는, 강제집행의 효과가 없을 것(die Erfolglosigkeit der Zwangsvollstreckung)을 취소의 요건으로 하므로, X는 전체 재산에 대한 강제집행이 효과 없이 종료되었거나, 그에 대한 합리적 추정이 가능하다는 점을 증명하지 않으면 취소가 허용되지 않는다. 그러나 우리 민법의 해석으로는 그 정도까지는 필요 없고, 실무에서는 일반적으로 자산과 부채의 액을 주장하여, 담보력이 있는 유일한 재산이 양도되었다는 주장을 한다.

② S가 그 책임재산을 감소하는 행위를 하더라도, X가 집행에 따라 채권 만족을 얻을 수 있는 재산이 남아 있으면, 사해성이 있다고 할 수 없다. S가 무자력, 즉 채무초과 상태에 있음에도 불구하고, 그 적극재산을 감소하거나, 반대로 소극재산을 증가함으로써, X가 채권의 전부 만족을 할 수 없는

38) 飯原一乘, 詐害行爲取消訴訟, 433면.

39) 요건사실론, 11면.

상태가 되면, 사해성이 있다. X는 그러한 점을 주장·증명해야 한다.

구체적으로는, 소극재산의 존재는 X가, 적극재산의 존재는 Y가 그 발생이나 취득의 구체적 사실을 주장·증명할 필요가 있다.[40]

③ X의 피보전채권에 물적담보가 설정되어 있다면, 사해성을 인정할 수 없고, 이는 항변사유이므로 뒤에 다시 검토한다.

같은 처분행위라도 피보전채권이 우선채권인 경우에는, 사해성이 있고, 일반채권이라면 사해성이 없는 경우가 있다. 사적 정리를 위하여 채무자가 변호사에게 채권을 신탁양도한 사안에서, 일반채권자 X가 그 양도의 취소를 구한 경우에는 청구기각이 되고,[41] 국가가 조세채권을 보전하기 위하여 취소청구를 한 경우에는 이를 인용한 일본 사례[42]가 있다.

④ 일탈한 재산이 X 이외의 채권자 G를 위한 담보(저당권 등)의 목적이 되어 있는 경우에, 그 재산가액과 담보권자의 채권액이 동일하거나, G의 채권액이 목적물 가액보다 높을 때는, 일반담보로 제공될 부분이 없으므로, X에 대한 사해가 인정되지 않는다. 목적물 가액이 더 높을 때에는 그 부분의 취소가 문제되고, X는 경우에 따라 가액배상을 청구할 수 있다. 이에 대한 주장·증명에 관하여는 항변과 관련하여 후술한다.

⑤ 피보전채권에 보증 등의 인적담보가 있거나 S의 채무 중에 보증 등의 채무가 있는 경우의 주장·증명 사항이나 책임에 관하여는 몇 가지 문제가 있다. 후술하는 항변의 항 「2. 항변과 그 증명」에서 일괄하여 검토한다.

⑥ 이미 채무초과 상태에 있는 S가 이혼을 하면서 배우자 Y에게 재산분할로 일정한 재산을 양도함으로써 결과적으로 일반채권자에 대한 공동담보를 감소시키는 결과가 되더라도, 그 재산분할이 민법 제839조의2 제2항의 규정취지에 따른 상당한 정도를 벗어나는 과대한 것이라고 인정할 만한 특별한 사정이 없다면, 사해행위로 취소되지 않는다. 다만 상당한 정도를 벗어나는 초과부분은 적법한 재산분할이라고 할 수 없기 때문에 사해행위에 해당하여 취소 대상으로 될 수 있으나, 이 경우에도 취소의 범위는 그 상당한

---

40) 飯原一乘, 詐害行爲取消訴訟, 434면.

41) 東京地判 평성 10. 10. 29. 判時 1686-59.

42) 東京地判 소화 61. 11. 18. 判タ 650-185.

정도를 초과하는 부분에 한정된다. 위와 같이 상당한 정도를 벗어나는 과대한 재산분할이라고 볼 만한 특별한 사정이 있다는 점에 관한 증명책임은 채권자 X에게 있다.[43] 그러므로 X는 상당한 정도를 넘는다는 사정과 그 액수를 주장 · 증명해야 한다.

(3) 사해성의 조각

(가) 우선적 채권에 충당하거나 사업계속이나 생활을 위한 경우

재산의 처분행위가 조세납부를 위하거나,[44] 당해 부동산의 담보권자에 대한 변제에 충당되거나,[45] 변제, 기계설비자금 등의 용도에 사용되거나,[46] 사업계속 또는 사업재건을 위하거나,[47] 생계비나 자녀의 교육비를 마련하기 위한 행위[48]는 사해행위가 되지 않는다.

채무자가 수익자로부터 차용한 돈 중 일부로 우선변제권 있는 국세를 납부하고 선순위근저당권자에게 피담보채무를 대위변제하여 근저당등기를 말소한 경우에도, 국세와 대위변제금의 범위 내에서 사해행위가 성립한다는 판결[49]이 있으나, 이미 1번근저당등기가 설정된 부동산에 사해행위로 2번 근저당등기를 설정하면서 빌린 돈의 일부로, 1번근저당등기의 피담보채무를 변제하고 이를 말소한 경우에는, 선순위근저당권의 피담보채무를 변제한 부분을 제외한 나머지 부분에 대하여만 사해행위가 성립한다는 판례의 취지[50]에 비추어 타당성이 없다.[51]

---

43) 대법원 2000. 9. 29. 선고 2000다25569 판결.

44) 大判 대정 6. 6. 7. 民錄 23-932.

45) 最判 소화 41. 5. 27. 判時 455-38.

46) 東京地判 소화 29. 4. 9. 下民集 5-4-459; 東京地判 소화 52. 1. 31. 判時 866-153.

47) 대법원 2001. 5. 8. 선고 2000다50015 판결; 대법원 2001. 5. 8. 선고 2000다66089 판결; 대법원 2005. 11. 10. 선고 2005다33718 판결 등.

48) 最判 소화 42. 11. 9. 判時 505-34. 어차피 채무자의 생활을 위하여 필요한 경비임.

49) 대법원 2007. 10. 11. 선고 2007다45364 판결.
이 사건은 수익자가 근저당권자인 경우인데, 만약 수익자가 소유권을 이전받았다면 대법원 판례 이론상 결론이 달라졌을 것이다.

50) 대법원 2006. 12. 7. 선고 2006다43620 판결; 대법원 2012. 1. 12. 선고 2010다64792 판결.

51) [9] 6. 참조.

위와 같은 사유로 사해성이 조각되는 경우는 항변에 해당하므로, 후술하는 항변의 항에서 다시 본다.

(나) 자력의 회복

사해성은 행위시뿐만 아니라 사실심 변론종결시에도 필요하다.[52] 따라서 처분행위 당시에는 채권자를 해치는 것이었다고 하더라도 그 후 취소소송 변론종결시까지 채무자가 자력을 회복[53]한 경우에는, 책임재산보전의 필요성이 없어지게 되어 채권자취소권을 행사할 수 없으므로, 그러한 사정변경이 있다는 사실은 항변사실이다.[54]

따라서 X는 사해(무자력) 상태가 행위시에 있었다는 점을 증명해야 하고, 변론종결시에 자력이 회복되었다는 점은 Y가 주장·증명해야 한다. 이에 대하여는 후술하는 항변의 항에서 다시 본다.

다. 채무자의 악의

(1) 주장·증명책임

채무자 S가 사해행위시에 채권자를 해친다는 사실을 알았다는 점(악의)은, 행위의 사해성과 함께 사해행위의 성립요건이므로, 원고 X가 주장·증명할[55] 중요한 사항이다. 파산의 고의부인에서도 관재인이 채무자의 고의를 증명할 책임이 있다.[56]

악의의 내용으로서, 사해의사가 필요하다는 설(의사설)이 있으나 인식만으로 충분하다는 설(인식설)이 통설이고, 판례는 변제에 관하여 특정채권자와 통모하여 그 채권자에게 우선적으로 채권만족을 주려는 의도가 있는 경우에 사해의사를 인정한다.[57]

---

52) 대법원 2001. 10. 9. 선고 2000다42618 판결; 대법원 2005. 5. 27. 선고 2003다36478 판결; 대법원 2009. 3. 26. 선고 2007다63102 판결.

53) 大判 대정 15. 11. 13. 民集 5-798; 東京地判 평성 3. 4. 16. 判時 1404-88.

54) 대법원 2003. 9. 5. 선고 2003다32964 판결; 대법원 2007. 11. 29. 선고 2007다54849 판결.

55) 대법원 1965. 4. 6. 선고 64다1743 판결.

56) 飯原一乘, 詐害行爲取消訴訟, 436면.

57) [10] 2. 나. 참조.

채무자의 사해의사는 사해행위 당시의 사정을 기준으로 판단해야 하나, 사해행위라고 주장되는 행위 이후의 채무자의 변제노력과 채권자의 태도 등도 사해의사의 유무를 판단하기 위한 간접사실로 삼을 수 있다.[58]

(2) 악의의 추정

사람의 의사나 인식은 이를 직접 인정할 수는 없으므로 외부에서 여러 가지 징표를 근거사실로 하여 추정할 수밖에 없다. 채무자의 악의도 같다.

사해행위를 할 때 채무초과사실(무자력)이 증명되면 채무자의 악의는 사실상 추정되므로, 유일한 재산인 부동산의 처분행위(매각,[59] 담보제공,[60] 소액임차권의 설정[61] 등)가 있으면 채무자의 사해의사 역시 사실상 추정된다.[62]

(3) 악의 유무의 판단기준

일반적으로 다음과 같은 간접사실에 따라 악의 유무를 판단할 수 있다.

(가) 채무자의 자력

처분 당시 채무자의 자력(무자력 여부)은 채무자의 사해의사를 판단할 때 가장 유력한 자료이다. 또한 채무자는 자신의 재산에 관한 가장 충실한 파수꾼이므로, 자기의 재산처분이 채권자에게 미칠 영향에 관하여 누구보다 잘 알고 있다. 토지를 매각하여 법인세 과세가 예상됨에도 불구하고, 매각대금 전액을 다른 채권자들의 채권변제에 사용하여 무자력이 된 경우에 사해의사를 인정한 사례가 있다.[63]

(나) 유일한 자산의 양도

채무자 S가 그 재산 이외에는 일반담보가 될 수 있는 자산이 없는 상태에서, 유일한 자산을 양도한 경우에는, 그 행위 자체가 채권자에 대한 사해행

58) 대법원 2000. 12. 8. 선고 99다31940 판결; 대법원 2003. 12. 12. 선고 2001다57884 판결.
59) 대법원 1966. 10. 4. 선고 66다1535 판결 외 다수.
60) 대법원 2007. 2. 23. 선고 2006다47301 판결.
61) 대법원 2005. 5. 13. 선고 2003다50771 판결.
62) 대법원 1966. 10. 4. 선고 66다1535 판결; 대법원 1991. 2. 12. 선고 90다16276 판결; 대법원 2008. 12. 11. 선고 2006다5550 판결.
63) 大阪高判 평성 2. 9. 27. 判タ 743-171.

위가 됨은 물론이지만, 판례에서는 이를 사해의사가 있는 것으로 보는 경우가 많다.[64)]

(다) 부당한 처분가격

채무자 S가 부당하게 저렴한 가격으로 재산을 처분하면, 그 자체로서 S의 자산이 감소하므로, 사해성이 인정되는 것은 명백하고, 그러한 경우에 S의 사해의사를 추정하는 것도 어렵지 않다.[65)]

미국법(UVTA) 제4조는 합리적인 대가(reasonable equivalent value)를 받았는지 여부가 사해의사 판단에 고려한다.

(라) 행위의 상대방

독일 취소법(AnfG) 제3조 제2항은, 채무자 S의 배우자·그 친족·S와 가정적 공동생활을 한 자와 수익자 Y나 Y가 법인인 경우에 그 대표자·대주주 등 S와 밀접한 관계가 있는 사람과의 계약은, Y가 S의 고의를 알지 못한 점을 증명하지 못하면 취소의 대상이 된다. 미국법(UVTA) 제4조, 제5조도 내부자(insider)거래에 악의를 추정한다.

(마) 소비하기 쉬운 금전으로 바꿈

부동산은 일반적으로 담보가치가 높으므로, 이를 매각하여 소비나 은닉하기 쉬운 금전으로 바꾸는 것은, 그 자체가 사해성이 있는 행위가 되지만, 판례는 사해의사를 추정하고 있는 경우가 많다.[66)] 그러나 그 대금이 변제를 비롯한 유용한 자금으로 사용한 사실을 수익자 Y가 증명한 경우에는 그 추정이 번복된다.

(바) 사해행위의 시기

사해행위의 시기가 사해의사를 추정하기 위한 중요한 사항인 점은 두말할 나위가 없다. 채무자회생법상 위기부인은 채무자가 지급정지나 파산신청 이

---

64) 대법원 2000. 9. 29. 선고 2000다3262 판결 등 참조.

65) 대법원 1996. 5. 14. 선고 95다50875 판결 참조. 한편 대법원 2003. 3. 25. 선고 2002다62036 판결은, 사해행위의 수익자 Y가 S와 일면식이 없이 이웃의 소개로 급히 금전이 필요한 S로부터 다소 저렴한 가격으로 토지를 매수하였을 뿐이어서 그 과정에서 단기간에 매매대금이 지급되고 그 직후 소유권이전등기가 되는 등 부동산거래관행과 다소 다르게 매매가 이루어진 사정이 있다고 하더라도, Y가 S로부터의 토지매수가 X를 해치는 사해행위임을 알지 못하였다고 판단하였다.

66) 대법원 2009. 5. 14. 선고 2008다84458 판결 등 참조.

후에 한 재산처분행위에 대하여, 사해의사를 요건으로 하지 않고 부인권을 인정한다(동법 제391조 제2호).

라. 수익자 · 전득자의 악의

독일법의 해석으로는 채무자 S와 수익자 Y의 악의에 대한 증명책임이 채권자 X에게 있다고 한다. 우리 판례는 변제에 관하여 S의 사해의사를 특정채권자 Y와의 통모를 요구하므로, 그에 따른 Y의 악의도 S와 같은 정도의 것으로 볼 수밖에 없다.

그러나 우리 통설 · 판례상 일반적으로 수익자 Y · 전득자 Z는 자신들의 선의에 대한 주장 · 증명책임이 있고,[67] 이는 항변에 속하므로 해당 부분에서 후술한다.

마. 가액배상

일탈재산의 원물에 갈음하여 가액배상을 구하는 경우에, 그 가액의 주장 · 증명은 채권자 X가 해야 한다.

가액반환은 원칙적으로 변론종결일을 기준시로 하나, 당사자 사이의 공평을 고려해야 할 특별한 사정이 있으면 사해행위시가 된다.[68]

2. 항변과 그 증명

가. 피보전채권에 대한 항변

원고 X가 주장하는 피보전채권에 대하여 피고 Y나 Z가 주장 · 증명할 항변으로는 아래와 같은 것이 있다.

(1) 변 제

사해행위 이후에 피보전채권이 전부 변제되면 취소권은 소멸하므로,[69] Y · Z는 이를 항변으로 주장 · 증명해야 한다.

그러나 조정에 따라 S(남편)가 X들(처자)에게 지급하기로 되어 있는 생활

67) [10] 5. 다. 참조. 대법원 1998. 2. 13. 선고 97다6711 판결.

68) [32] 6. 참조.

69) 大判 소화 11. 4. 8. 民集 15-709.

비의 미지급분을 피보전채권으로 한 채권자취소소송에서는, 소송 중에 미지급분을 공탁하여 변제하였다 하더라도, 장래 발생하는 생활비의 기초가 되는 사실관계가 존속하는 경우에는, 그 부분 생활비 채권을 위한 취소권이 존속한다.[70] 다만 일부 변제(혹은 면제)도 그 부분에 관하여는 취소범위가 축소되므로[71] 항변이 된다.

(2) 면 책

파산자가 면책이 된 경우에, 그 채무가 소멸하는가 아니면 자연채무로 남는가에 관하여는 다툼이 있으나,[72] 어느 쪽이든 채권자는 그 채권에 기초하여 채무자에 대한 이행을 강제할 수 없으므로, 그 채권은 채권자취소권의 피보전채권이 될 수 없다.[73] 면책은 Y・Z가 주장・증명해야 한다.

(3) 변제기 미도래

피보전채권의 변제기가 도래하지 않아도 채권자취소는 가능하므로,[74] 항변이 되지 않는다. 다만 피보전채권에 대한 지연손해금 부분에 관하여, 이행기 도래는 청구원인이고 X의 증명사항이나, 변제기가 연기되었다는 사실은 항변이 된다.

(4) 피보전채권의 소멸시효

(가) 소멸시효항변의 원용

Y・Z는 X의 채권에 대하여 시효소멸을 주장할 수 있다.[75] 그렇게 해석하지 않는다면, X는 S에 대하여 피보전채권의 이행청구를 할 수 없음에도, Y나 Z에 대하여는 취소와 원상회복의 청구가 가능하고, 특히 가액배상의 경우

---

70) 最判 소화 46. 9. 21. 民集 25-6-823.

71) 大判 소화 6. 7. 11. 裁判例(5) 民 172.

72) 통설・판례는 자연채무설이다. 最判 평성 9. 2. 25. 判時 1607-5. 대법원 2001. 7. 24. 선고 2001다3122 판결 참조.

73) [8] 5. 참조.

74) [8] 3. 마. 참조.

75) 대법원 2007. 11. 29. 선고 2007다54849 판결. [8] 6. 나. 참조. 한편 이와 달리 채권자대위소송의 제3채무자는 채권자의 채무자에 대한 채권의 소멸시효를 원용할 수 없다(대법원 1992. 11. 10. 선고 92다35899 판결; 대법원 2004. 2. 12. 선고 2001다10151 판결 등).

에는 수령한 금전을 X의 채권만족에 충당하는 불합리한 결과가 생긴다.

(나) 시효중단의 재항변

X는 시효중단의 재항변을 행사할 수 있고,[76] 시효중단사유가 존재하면, Y도 이를 부정할 수 없다.[77]

이는 민법 제169조[78]의 해석상 문제가 있다는 견해도 있을 수 있으나, X의 S에 대한 채권의 효력을 Y에 대하여 주장하는 것이 채권자취소권이고(대외적 효력), Y로 하여금 S가 가진 소멸시효 항변을 X에 대하여 주장할 수 있는 권한을 준 이상, X에게도 S에 대한 재항변을 Y에 대하여 주장할 수 있다고 함이 공평하다.

또한 X로서는, 보증인 · 물상보증인 · 담보물의 제3취득자와 같이 그 존재가 명백한 경우와 달리, 사해행위의 상대방 Y의 존재는 미리 알기 어렵고, Y에 대하여는 피보전채권의 소멸시효를 중단할 방법도 없어, S에 대하여 중단조치를 취할 수밖에 없으므로, S에 대한 중단의 효과가 Y에게 미치지 않는다면 X에게 가혹하다.

시효중단 사유를 예시하면 아래와 같다.

① S의 채무승인

S가 X에 대하여 채무를 승인하면 시효중단사유가 되고, Y도 이를 부정할 수 없다.

② X의 청구 · 압류 등

X가 취소소송을 제기하기 전에 S에 대하여 청구 · 압류, 가압류나 가처분을 한 경우에도 위와 같다.

③ 채권자취소소송

수익자나 전득자를 상대로 한 채권자취소소송의 제기는 피보전채권에 대한 소멸시효중단의 효력이 없다는 것이 일본의 주류적인 판례이다.[79] 피보전채권이 채권자취소소송의 소송물이 아니고, 채무자에 대한 직접 청구도 아니

76) 最判 평성 10. 6. 22. 民集 52-4-1195.

77) 飯原一乘, 詐害行爲取消訴訟, 445면, 위 最判 평성 10. 6. 22.

78) 제169조(시효중단의 효력) 시효의 중단은 당사자 및 그 승계인 간에만 효력이 있다.

79) 最判 소화 37. 10. 12. 判時 324-18.

라는 점이 그 이유이다.

그러나 채권자취소소송은 채무자 S로부터 변제를 받을 수 없는 상황에서 제기하는 소송이고, 재판상 청구라고 할 수는 없더라도 강력한 최고의 의미는 있으므로, 적어도 취소소송의 제기사실이 S에게 통지되었다면 그 소송의 계속 중에는 중단사유로서 최고가 계속된다고 보아야 한다. 특히 채권자 X는 피보전채권의 보전, 즉 일탈재산에 대한 집행을 위하여, 우선 그 재산을 보전하기 위한 것이고, X로서는 재산보전이라는 점에서 가압류나 가처분과 동일하게 채권을 행사하는 것이므로(민법 제168조 제2호), 피보전채권이 소송물이 아니라는 이유로 시효중단의 효력을 부정하는 것은 지나치게 형식적인 논리다.[80] 중단효를 인정한 하급심 판례도 있다.[81]

한편 채무자 S는 채권자취소소송의 피고적격이 없으나, S를 피고로 한 취소소송의 제기는 소멸시효의 중단사유인 최고의 효력을 가진다.[82]

나. 사해사실에 대한 항변

(1) 사해행위목적물의 멸실

(가) 일탈재산의 멸실

사해행위에 따라 채무자 S가 Y에게 양도한 재산을, Y가 Z에게 양도하여도, Y는 X의 배상청구에 따라 재산회복의무를 진다. Y의 양도가 무상인 경우에는 물론이고, Y가 취득한 후에 가치 없는 물건이 되거나 소실된 경우에도 Y는 배상의무를 면할 수 없다. 따라서 위와 같은 사실은 항변이 될 수 없다.

X가 Y에 대하여 원물반환을 구하고, Y가 원물의 부존재를 주장·증명하였음에도, X가 가액배상으로서 금전급부청구로 변경하지 않은 경우에는 X의 청구를 기각해야 하는가, 아니면 가액반환을 선고해야 하는가? 판례는, 사해

---

80) 일본에서도 통설은 판례와 반대 입장이다. 飯原一乘, 詐害行爲取消訴訟, 445면·448면.

81) 東京高判 평성 12. 8. 17. 判時 1735-63.

82) 福岡高判 소화 49. 5. 16. 判時 759-48, 채무자에 대한 소를 제기하였다가 취하한 경우, 소송계속 중 시효중단의 효력이 계속 존속하고, 취하로 소송이 종료된 후에 6개월 이내에 재판상 청구 등을 함으로써 시효중단의 효력을 유지할 수 있다.

행위인 계약 전부의 취소와 원물 자체의 반환을 구하는 청구취지 속에는 일부취소를 해야 할 경우 그 일부취소와 가액배상을 구하는 취지도 포함되어 있다고 볼 수 있으므로, 청구취지의 변경이 없더라도 바로 가액반환을 명할 수 있다고 한다. 따라서 이때에는 X의 원물반환청구는 기각되고 가액배상의 요건을 갖추고 있으면 가액배상을 명해야 한다.[83] 그렇다고 하더라도 원물배상과 가액배상은 그 요건이 다르므로 가액배상의 요건을 충족하는지 여부를 반드시 검토해야 한다. 특히 X가 유체동산 반환을 구하는 경우에는 Y가 이를 점유하지 않을 것에 대비하여 가액배상이나 대상청구를 하면서 그 요건을 주장 · 증명하는 것이 바람직하다.[84]

(나) 계약해제

사해행위 취소판결의 확정 전에 그 취소의 대상인 계약이 합의해제되어 원상회복이 된 경우에는 취소를 구할 수 없다는 것이 판례이다.[85]

다만 계약이 해제되더라도 재산감소가 생기는 경우에는 취소를 구할 수 있다. 예를 들면, 건물매매계약이 해제되었더라도 채무자 S가 수익자 Y에게 반환할 대금을 마련하기 위하여 그 건물이 있는 토지의 임차권을 지주에게 처분하여, 그 처분대금으로 대금반환에 충당하려는 경우에는, 대금반환은 토지임차권을 상실하여 건물철거의 결과를 가져오고, S는 한편으로는 대금을 잃고, 다른 한편으로는 건물회수를 할 수 없게 되어, 재산감소가 생기므로, 계약해제가 있다고 하여 항상 취소가 불가능하다고 할 수는 없다.[86]

(다) 저당권의 소멸

저당권설정이 사해행위가 되는 경우에, 저당권이 소멸하더라도 취소할 수 있는가.

---

83) 대법원 2002. 11. 8. 선고 2002다41589 판결; 대법원 2001. 6. 12. 선고 99다20612 판결(모두 저당권이 설정된 부동산의 양도 후에 저당권이 말소된 경우에 양도행위를 취소한 원심을 파기하면서 가액배상의 대상이 된다고 판시한 사례이다).

84) [31] 3. 및 [32] 5. 참조. 대법원은 원물반환의 승소판결을 받았으나, 원물반환이 불가능할 때에도 다시 대상청구로서 가액배상을 구할 수 있다고 한다. 대법원 2012. 6. 28. 선고 2010다71431 판결.

85) 大判 대정 11. 6. 22. 民集 1-343(상계계약이 합의 해제된 경우); 大判 소화 6. 3. 19. 法律新聞 3263-10(매매계약이 합의 해제된 경우).

86) 大判 소화 7. 4. 11. 裁判例(6) 民 101.

① 저당권 실행

저당권을 설정받은 Y가 그 실행으로 우선변제를 받은 경우에는, X는 그 설정행위를 취소하여 Y가 받은 이익의 반환을 구할 수 있으므로,[87] 이 경우에는 저당권소멸은 항변이 되지 않는다.

② 저당권의 포기

저당권 포기로 저당권이 소멸되면 사해행위의 대상이 소멸하므로 취소권이 인정될 수 없음이 원칙이다. 그러나 저당권설정 후에 저당권을 포기하여 저당권이 소멸하였다 하더라도, 포기하는 대신 일부 변제를 받은 경우에는, 그 변제는 근저당권의 성립을 전제로 한 것이므로, 취소하면 무효인 저당권에 따라 변제받은 것이 되어, 법률상 원인 없이 변제를 받은 것이 되므로, 이를 반환받기 위하여 취소할 수 있다.[88]

③ 변제에 따른 저당권 소멸

저당권을 소멸시키기 위하여 변제한 경우에는 저당권실행과 마찬가지로 취소할 수 있으므로, 항변사유가 되지 않는다.

④ 혼동에 따른 소멸

사해행위로 수익자 Y를 위하여 근저당권설정등기가 경료된 후, Y가 사해행위로 목적부동산에 대한 소유권을 취득함으로써 근저당권설정등기가 혼동으로 소멸한 경우에도, X는 소유권이전행위뿐만 아니라 근저당권설정계약의 취소도 구할 필요가 있다.[89] 소유권이전행위가 취소되면 혼동으로 말소되었던 근저당권도 부활하기 때문이다(등기예규 제183호 참조).[90] 따라서 혼동에 따른 소멸은 항변이 되지 않는다.

⑤ 수용에 따른 말소

수익자 Y명의로 근저당권등기가 경료된 토지에 한국토지공사 앞으로 토지

---

87) 대법원 1997. 10. 10. 선고 97다8687 판결.

88) 大判 대정 8. 10. 28. 民錄 25-1908.

89) 대법원 2001. 9. 4. 선고 2001다14108 판결 참조.
X는 취소대상 부동산에 관하여 Y와 S 사이에 체결된 근저당권설정계약과 매매계약의 취소 및 Y명의로 경료된 소유권이전등기의 말소를 청구하여 제1심에서 승소한 뒤, 제2심에서 사해행위취소에 따른 원상회복으로서 근저당권설정등기의 말소청구를 추가한 사안에서, 제척기간이 문제된 사안이다.

90) 대법원 1971. 8. 31. 선고 71다1386 판결.

수용을 원인으로 한 소유권이전등기가 경료되었고, Y명의 근저당권등기가 말소되었으며, Y는 토지에 관한 수용보상금 지급절차 완료 시까지 근저당권 말소에 따른 물상대위로서 토지수용보상금채권에 대한 채권압류 · 전부명령을 신청하거나 배당요구 등의 절차를 밟지 않았다면, 토지가 수용되면서 Y의 근저당권이 소멸되었으므로, Y에 대한 근저당권설정행위에 대한 사해행위취소소송은 이미 그 목적이 실현되어 더 이상 권리보호 이익이 없다고 한 하급심 판례가 있다.[91] 따라서 이 경우에는 수용에 따른 소멸은 항변사유가 될 수 있다.

(2) 특별담보의 존재

(가) 피보전채권의 담보

① 물적담보

ⅰ) 채무자 S가 A토지를 Y에게 양도한 행위에 관하여 X가 취소청구를 하는 경우에, X의 피보전채권에 대한 담보로서 A토지에 저당권이 설정되어 있으면, X는 Y에 대하여도 A토지 저당권을 실행할 수 있으므로, 사해행위가 되지 않는다. 따라서 이러한 담보의 존재는 X의 청구를 배제하기 위한 항변사유가 된다. X의 채권액이 A토지 가격보다 낮은 경우는 물론이고 그보다 높은 경우에도, X는 채권액이나 토지 평가액 이상의 만족을 얻을 수 없으므로, Y는 A토지에 담보가 설정되어 있다는 사실을 주장 · 증명하여 취소를 배제할 수 있다.

ⅱ) 채무자 S가 B토지를 Y에게 양도한 행위에 대하여, A토지에 담보를 가지고 있는 X가 취소청구를 한 경우에도, 그 피담보채권을 위하여 A토지에 담보가 설정되어 있는 것은 항변사유가 될 수 있는가?.

Y가 X청구의 기각을 구하기 위하여는, A토지 가격이 X의 채권액과 같거나 그보다 높다는 사실을 주장 · 증명해야 하므로, 담보설정사실은 항변사유이고, 이때 X의 담보부족이라는 주장은 Y의 항변에 대한 부인이라는 주장이 있다. 이 견해를 따르면 X가 청구의 일부라도 유지하기 위하여는, 스스로 A토지 가격이 채권액보다 낮다는 사실을 증명할 필요가 있으나 이는 반증이

91) 서울고등법원 2010. 1. 15. 선고 2008나110373 판결.

고, 다만 X의 담보가 소멸되었다는 사실은 X의 재항변사유가 된다.[92)]

그러나 대법원은 X의 담보부족 주장은 피보전채권에 관한 주장이고, 피보전채권의 존재와 범위는 채권자취소권 행사의 요건이므로 이 경우 채권자취소권을 행사하는 채권자로서는 그 담보권의 존재에도 불구하고 자신이 주장하는 피보전채권이 우선변제권 범위 밖에 있다는 점을 주장·증명할 의무가 있다고 한다.[93)] 이러한 견해를 따르면 취소채권자가 특별담보를 가지고 있다는 사실은 Y의 항변이 아니라 반증사실에 불과하고, 담보부족으로 취소권의 피보전채권이 있다는 주장과 증명은 어디까지나 X가 증명해야 한다.[94)]

② 물상보증

X의 피보전채권에 관하여 제3자 A가 물상보증을 하고 있는 경우에는, X는 그 범위 내에서 물상보증에 대한 담보권을 실행하여 우선변제를 받을 수 있어(민법 제340조 제1항, 제355조, 제370조), 취소권행사는 실익이 없으므로, 물상보증의 존재는 항변사유가 된다는 견해가 있으나,[95)] 위에서 본 바와 같이 대법원의 견해는 다른 것으로 보인다.[96)]

③ 인적담보

X의 피보전채권에 보증·연대보증이 있거나 연대채무인 경우에도, X는 이

92) 飯原一乘, 詐害行爲取消訴訟, 451면.

93) 대법원 2002. 11. 8. 선고 2002다41589 판결(주채무자 또는 제3자 소유의 부동산에 대하여 채권자 앞으로 근저당권이 설정되어 있고, 그 부동산의 가액 및 채권최고액이 그 채무액을 초과하여 채무 전액에 대하여 채권자에게 우선변제권이 확보되어 있다면, 그 범위 내에서는 채무자의 재산처분행위는 채권자를 해치지 않으므로 연대보증인이 비록 유일한 재산을 처분하는 법률행위를 하더라도 채권자에 대하여 사해행위가 성립되지 않는다. 당해 채무액이 그 부동산의 가액 및 채권최고액을 초과하는 경우에는 그 담보물로부터 우선변제받을 액수를 공제한 나머지 채권액에 대하여만 채권자취소권이 인정된다. 피보전채권의 존재와 그 범위는 채권자취소권 행사의 요건에 해당되므로 이 경우 채권자취소권을 행사하는 채권자로서는 그 담보권 존재에도 불구하고 자신이 주장하는 피보전채권이 그 우선변제권 범위 밖에 있다는 점을 주장·증명해야 한다).

94) 대법원 2008. 5. 15. 선고 2005다60338 판결.

95) 飯原一乘, 詐害行爲取消訴訟, 451면.

96) 대법원 2002. 4. 12. 선고 2000다63912 판결 참조.

를 무시하고 채권자취소를 구할 수 있으므로, 그러한 사유는 항변이 되지 않는다.

다만 피보전채권이 X의 S에 대한 보증채권인 경우에는, S는 X에 대하여 검색의 항변권을 가지므로, Y는 S의 항변권을 원용하여 주된 채무자 A에게 자력이 있고 집행이 쉽다는 것을 항변으로 주장할 수 있다.

(나) 채무자의 재산에 다른 채권자의 담보가 있을 때

① 일반 담보

채무자 S가 Y에게 양도한 A토지에 다른 채권자 G를 위하여 담보가 설정되어 있고, G의 피담보채권액이 토지가액과 같거나 그 이상인 경우에, A토지는 그 전액이 G의 담보대상으로 되어 있으므로, X의 취소청구는 기각된다. Y 자신이 담보권자인 경우도 같다. 이 경우 Y가 담보설정 사실을 항변으로 주장해야 한다는 견해도 있다. 이에 따르면 A토지의 가격이 보다 높다거나, G의 피담보채권의 액수가 보다 낮다는 취지의 X의 주장은, Y의 항변에 대한 부인이고, 피담보채권의 변제 등에 의한 담보의 소멸은 X의 재항변이 된다. 그러나 대법원 판례에 따르면 이들은 모두 X가 주장 · 증명해야 할 요건사실로서 사해성에 관한 사실이 된다.

A토지의 가격이 G의 피담보채권보다 높은 경우에는, X는 그 차액부분을 취소 대상으로 할 수 있다. 일부취소의 경우에 X는 원물반환에 갈음하는 가액배상을 구한다. 가액배상청구를 하는 경우에는, X는 원물반환청구를 가액배상청구로 변경하거나, 주청구를 원물반환으로, 예비적 청구를 가액반환으로 할 수 있다.[97] 어느 경우나 가액배상청구는 원물반환청구와는 요건이 다르므로, X는 청구원인으로 각 부분에 대한 요건사실을 주장 · 증명해야 한다.

② 물상보증

S의 부동산이 다른 채권자 G의 채무자 C에 대한 채권을 위하여 담보로 제공되어 있는 경우에, X는 청구원인으로서 S의 무자력을 주장할 때, 자산으

97) 다만 대법원은, 사해행위인 계약 전부의 취소와 원물 자체의 반환을 구하는 청구취지 속에는 일부취소를 해야 할 경우 그 일부취소와 가액배상을 구하는 취지도 포함되어 있다고 보고, 청구취지변경이 없더라도 바로 가액반환을 명할 수 있다고 한다 (대법원 2002. 11. 8. 선고 2002다41589 판결; 대법원 2001. 6. 12. 선고 99다20612 판결).

로서의 부동산이 물상보증의 대상으로 되어 자산가치가 없다는 점을 주장·증명해야 한다. 대법원 판례에 따른다면, 만약 X가 그러한 주장을 하지 않을 때에는 Y가 S에게 부동산이 있다는 사실을 주장하고(반증으로 충분), X는 그 부동산이 물상보증의 대상이라는 점을 주장·증명해야 한다.

(다) 채무자 자산 중의 인적담보

① 보증채무

S_1이 X_1에 대하여 주된 채무를 부담하고, S_2가 그 보증을 한 사안에서, S_2의 Y에 대한 행위를, X_1이 취소를 구하는 경우와 S_2의 다른 채권자인 X_2가 취소를 구하는 경우를 나누어 살펴본다.

ⅰ) 보증채권자의 취소

X_1은 보증인 S_2에 대하여는, 보증채무의 이행을 구할 수 있으므로, 그 보전을 위하여 수익자 Y에 대하여 취소권을 행사할 수 있으나, S_2는 X_1에 대하여 검색의 항변권을 행사할 수 있고, 그 이행을 거부할 수 있다. 그 경우에 Y는 S_2의 항변권을 원용하여 S_1에게 자력이 있고 집행이 쉽다는 점을 항변으로 주장할 수 있다. 검색의 항변권이 인정되지 않는 연대보증에는 위와 같은 항변이 인정될 수 없다.

ⅱ) 다른 채권자의 취소

X_2가 S_2의 행위를 취소하는 경우에, 보증채무를 S_2의 소극재산으로 산입할 것인가? S_1에 대한 구상권행사가 가능한지 여부에 따라 결정해야 한다는 견해가 있다. 그러나 구상권은 보증채무를 이행한 후의 문제이므로, 채권자취소소송의 단계에서 구상권이 소극재산을 결정하는 근거가 된다는 견해는 옳지 않다. 여기서 보증채무가 소극재산이 되기 위해서는, 오히려 S_2가 X_1으로부터 보증채무의 추급을 받을 우려가 있는가 여부, 다시 말해서 S_1에게 자력이 없는지 여부에 따라 결정되어야 한다.

이 경우의 주장·증명책임에 관하여 여러 가지 견해가 있을 수 있지만, X_2가 S_1의 무자력을 증명해야 한다. 즉 이 소송에서 일반적으로는 X_2가 S_2에게 많은 채무가 있다는 사실과 그 총액을 주장해야 한다. Y는 그 채무 중에 X_1에 대한 보증채무가 있다는 사실을 항변으로 주장하고, X_2가 S_1의 무자력 사실과 따라서 X_1이 S_2에게 청구할 것이라는 사실을 재항변으로 주장할 수 있다. 만약 X_2가 S_2의 채무 중에서 X_1을 채권자로 하는 보증채무가 있다고 청구원인에 주장하면, 이는 선행자백이 되므로, X_2는 그와 함께 S_1의 무자력을 주장 · 증명해야 한다.

위와 같은 해석은 보증채권자 X_1이 S_2의 행위를 취소하는 경우에, Y에게 S_1의 유자력을 증명하도록 하는 것과 상치된다. X_1이나 X_2 둘 다 S_2의 행위를 취소하는 것이지만, X_1은 보증채권자이고, X_2는 S_2의 고유채권자로서 취소를 구하는 것이다. 보증채권자의 청구에 대하여는 검색의 항변권이 있는 경우에는 S_1의 무자력에 관한 Y의 항변이 인정되나, 연대보증과 같이 검색의 항변권이 없는 경우에는 S_1의 무자력이 항변으로 되지도 않는다.[98] 그러나 고유의 채권자가 채권자취소권을 행사하는 경우에는 채무자의 무자력을 증명할 책임이 있고, 채무자가 보증채무를 부담하는 경우에는 채무자의 무자력을 판단하기 위하여 주채무자의 자력을 증명할 필요가 있다. 결국 보증채권자로서 S_2의 행위를 취소하는 경우와 고유채권자로서 그의 재산을 평가하는 경우와는 관점이 다르므로 모순되는 것이 아니다.

② 연대채무

연대채무가 소극재산으로 볼 수 있는가 여부는, 그 채무의 채권자 X_1이 취소를 구하는 경우와 다른 채권자 X_2가 취소를 구하는 경우로 나누어 살펴볼 필요가 있다.

i) 연대채무의 채권자 X_1이 취소를 구하는 경우

연대채무의 채무자는 각자 채권자에 대하여 그 전부의 채무를 부담하므로, X_1이 이를 피보전채권으로 하는 경우에, Y가 다른 채무자가 있다는 사실을 항변으로 주장할 수 없다.

ii) 다른 채권자 X_2가 취소를 구하는 경우

연대채무자는 부담부분 이외의 채무를 부담하지 않으므로, X_2가 다른 채권자인 경우에는, 소극재산은 부담부분에 한정된다고 주장할 수 있다. 따라서

98) 대법원 2003. 7. 8. 선고 2003다13246 판결(연대보증인의 법률행위가 사해행위에 해당하는지 여부를 판단함에 있어서 주채무에 관하여 주채무자 또는 제3자 소유의 부동산에 대하여 채권자 앞으로 근저당권이 설정되어 있는 등으로 채권자에게 우선변제권이 확보되어 있는 경우가 아닌 이상, 주채무자의 일반적인 자력은 고려할 요소가 아니다).

X_2가 그 전부를 소극재산으로 주장하는 경우에, 수익자 Y는 항변으로 채무자 S에게 부담부분이 없거나 다른 연대채무자에게 부담부분이 있다는 점을 주장·증명하고, 다른 연대채무자에게 자력이 없고, S가 장래 구상할 수 없다는 점은 X_2의 재항변으로 보아야 한다.

(3) 사해성 조각

사해행위의 성립요건 중에서 주관적 요건을 뺀 부분을 '사해성'이라고 한다면, 피고 Y가 주장할 수 있는 사해성 조각사유를 살핀다.

(가) 조세납부를 위한 부동산 매각

조세채권은 일반채권에 우선하여 납세자의 모든 재산으로부터 징수된다(국세기본법 제35조, 지방세기본법 제99조). 채무자회생법상으로도 우선권이 인정된다(법 제473조 제2호).

주세의 납입을 위한 부동산매각에서 채권자가 그 부동산에 강제집행을 하여도 국가의 교부청구에 따라 먼저 조세채권에 충당되기 때문에 채권자가 경매대금으로부터 변제를 받을 수 없다는 이유로 사해행위가 되지 않는다는 판례[99]가 있고, 공조공과금의 납입을 위한 부동산 매각에도 사해의사를 인정하지 않은 사례[100]가 있다.

이와 관련하여 사적 정리를 위하여 채무자가 변호사에게 채권을 신탁양도한 사안에서, 일반채권자 X가 그 양도의 취소를 구한 경우에는 청구기각이 되고,[101] 국가가 조세채권을 보전하기 위하여 취소청구를 한 경우에는 이를 인용한[102] 일본의 사례가 있다.

(나) 담보권자에 대한 변제 등[103]

S의 재산에 다른 채권자 G를 위한 담보가 설정되어 있는 경우에, 그 평가액과 피담보채권과 차액이 있는 경우를 제외하고는, 그 재산은 X의 채권만

99) 大判 명치 37. 10. 21. 民錄 10-1347; 東京控判 대정 7. 5. 31. 法律新聞 1445-19.

100) 大判 대정 6. 6. 7. 民錄 23-932. 공과금을 납입하기 위하여 부동산을 매각하는 것은, 공모하여 채권자를 해칠 목적으로 변제하는 행위와는 그 성격이 다르므로 사해의사는 문제가 되지 않는다.

101) 東京地判 평성 10. 10. 29. 判時 1686-59.

102) 東京地判 소화 61. 11. 18. 判タ 650-185.

103) [9] 5. 라. 참조.

족에 제공될 수 없으므로, G에게 변제하기 위하여 부동산을 제3자에게 매각하거나, 담보물로써 대물변제하였다는 사실은 항변사유가 된다.

이미 1번근저당등기가 설정된 부동산에 사해행위로 2번근저당등기를 설정하면서 빌린 돈의 일부로, 1번근저당등기의 피담보채무를 변제하고 이를 말소한 경우에는, 선순위근저당권의 피담보채무를 변제한 부분을 제외한 나머지 부분에 대하여만 사해행위가 성립한다.[104)]

(다) 임금 등의 지급을 위한 행위

① 최종 3개월 분의 임금채권과 재해보상금은 일반채권에 우선하고(근로기준법 제38조), 집행관계법(민집법 제145조 제2항, 국세징수법 제81조 제5항)에서나 채무자회생법(동법 제473조 제10호)에서도 우선권이 인정된다.

종업원에 대한 임금이나 수당의 대물변제를 위한 물건의 양도나 채권양도가 사해행위에 해당되지 않는다는 사례가 있다.[105)]

② 신축건물의 도급인이 민법 제666조가 정한 수급인의 저당권설정청구권의 행사에 따라 공사대금채무의 담보로 그 건물에 저당권을 설정하는 행위는 특별한 사정이 없다면 사해행위에 해당하지 않는다.[106)] 공사대금을 지급받지 못한 아파트공사 수급인이 신축아파트에 대한 유치권을 포기하는 대신, 분양대금을 직접 지급받기 위하여 당해 아파트를 대상으로 수익자를 수급인으로 하는 신탁계약을 체결하고 소유권이전등기를 경료한 행위[107)]나 약정공사비의 지급을 위하여 건축주명의를 유치권을 가지는 수급인으로 변경한 행위[108)]도 사해행위에 해당하지 않는다.

---

104) 대법원 2006. 12. 7. 선고 2006다43620 판결. 이와 달리 대법원 2007. 10. 11. 선고 2007다45364 판결은 채무자가 수익자로부터 차용한 돈 중 일부로 우선변제권 있는 국세를 납부하고 선순위 근저당권자에게 피담보채무를 대위변제하여 근저당등기를 말소하였다는 사정만으로는, 국세와 대위변제금의 범위 내에서 사해행위가 성립하지 않는다고는 볼 수 없다고 하나, 대법원 2007. 5. 31. 선고 2006다18242 판결과 그 후 선고된 대법원 2012. 1. 12. 선고 2010다64792 판결은 모두 차용한 돈으로 채무자 소유의 다른 부동산의 저당권을 말소하였다면 이 부분에 대하여는 사해행위가 성립하지 않는다고 한다.

105) 대법원 2008. 2. 14. 선고 2006다33357 판결(임금채권의 대물변제로 승합차 양도); 東京地判 소화 55. 6. 9. 判時 998-77.

106) 대법원 2008. 3. 27. 선고 2007다78616 판결.

107) 대법원 2001. 7. 27. 선고 2001다13709 판결.

③ 특별히 우선권은 없으나, 사건해결을 위하여 변호사에게 착수금・사례금을 지급한 경우에, 곤궁에 빠진 채무자라 하더라도, 자기의 권리나 이익을 지키기 위하여 법적으로 인정된 수단을 취하는 것까지 금지되는 것은 아니므로, 그 보수의 지급이 합당하다면 사해성이 없다.[109]

(라) 영업계속・사업재건을 위한 행위

① 채무자가 영업을 위하여 사용하는 기구류 등에 대하여는 강제집행이나 체납처분이 금지되어 있다(민집법 제195조 제4호・제5호・제6호・제10호・제11호, 국세징수법 제31조 제3호・제7호, 제32조).

② 재판실무에서 사해행위의 성립 여부가 문제된 경우는 영업계속이나 사업재건을 위한 행위에 관한 것이 많다.

채무자가 유일한 재산을 특정채권자에게 담보로 제공하였더라도, 자금난으로 사업을 계속 추진하기 어려운 상황에 놓인 채무자가 자금을 융통하여 사업을 계속 추진하는 것이 채무변제력을 갖는 최선의 방법이라고 생각하고, 이를 위하여 부득이 부동산을 특정채권자에게 담보로 제공한 경우에는 그 행위가 사해행위에 해당되지 않는다.[110]

신규자금의 융통 없이 단지 기존채무의 이행을 유예받기 위하여 채권자 중 한 사람에게 담보를 제공하는 행위는, 그것이 비록 사업의 갱생이나 계속 추진의 의도에서 비롯된 것이라 할지라도, 다른 채권자들에 대한 관계에서 사해행위에 해당한다.[111] 다만 계속적 거래관계에서 외상물품대금이 있는 상황에서 사후의 거래를 계속하기 위하여 불가피하게 기존 물품대금에 대하여도 저당권을 설정해 준 경우에는 사해행위가 되지 않는다.[112]

---

108) 대법원 2001. 5. 8. 선고 2000다66089 판결.

109) 東京高判 평성 2. 8. 29. 判時 1364-38.

110) 대법원 2001. 5. 8. 선고 2000다50015 판결; 대법원 2001. 5. 8. 선고 2000다66089 판결; 대법원 2005. 11. 10. 선고 2005다33718 판결; 대법원 2003. 12. 12. 선고 2001다57884 판결 등.

111) 대법원 2009. 3. 12. 선고 2008다29215 판결.

112) 대법원 2002. 3. 29. 선고 2000다25842 판결(채무초과 상태에서 사업의 계속에 필요한 물품을 공급받기 위한 방법으로 기존 물품대금채무를 포함하여 장래 발생할 물품대금채무를 담보하기 위하여 근저당권을 설정하여 준 행위가 사해행위에 해당하지 않는다고 한 사례).

또한 사업추진과 관계없는 채무는 기존채무이든 신규차입이든 이를 피담보채무의 범위에 포함시켰다면 그 부분에 대한 담보권설정행위는 사해행위가 된다.[113] 재료를 계속적으로 공급받기 위한 목적이라도 부동산을 염가로 대물변제하는 것은 사해행위가 된다.[114]

(마) 생계유지 등을 위한 행위

채무자와 그 가족의 생계를 유지하기 위한 물품과 비용은 강제집행이나 체납처분을 할 때, 우선적인 취급을 받는다(민집법 제195조 제1호 · 제2호 · 제3호 · 제14호 · 제15호, 국세징수법 제31조 제1호 · 제2호 · 제13호).

생계비나 자녀의 교육비를 빌리기 위한 양도담보설정이 사해행위가 되지 않는다는 판례[115]가 있으나, 이와 달리 이혼하면서 미성년자인 자녀의 양육비를 위하여 그 자녀에게 한 증여가 사해행위에 해당된다는 판례[116]가 있다.

(4) 자력의 회복

(가) 사해행위는 채무자 S가 채권자 X에 대한 채무의 지급을 할 수 없는 상태(무자력)에서 한 경우에 성립하므로, S의 자력이 취소소송의 사실심 변론종결시에 회복된 사실이 밝혀지면, X의 청구는 인용될 수 없다. 즉 사해성은 행위시뿐만 아니라 사실심 변론종결시에도 필요하다.[117] 따라서 처분행위 당시에는 채권자를 해치는 것이었다고 하더라도, 그 후 채무자가 자력을 회복하여 사해행위취소권을 행사하는 사실심 변론종결시에는 채권자를 해치지 않게 되었다면, 책임재산보전의 필요성이 없어지게 되어 채권자취소권을 행사할 수 없다.

---

113) 대법원 2001. 10. 26. 선고 2001다19134 판결(기존채무의 경우); 대법원 2008. 10. 23. 선고 2008다49578 판결(신규차입채무의 경우).

114) 宮崎地判 소화 57. 3. 29. 判タ 471-176.

115) 最判 소화 42. 11. 9. 判時 505-34. 어차피 채무자의 생활을 위하여 필요한 경비임.

116) 大阪地判 소화 42. 8. 3. 判タ 214-227. 배우자에게 양육비로 지급하였다면 사해행위로 되지 않을 가능성이 크다.

117) 대법원 2001. 10. 9. 선고 2000다42618 판결(근저당권이 설정된 부동산의 시가에서 실제의 피담보채권액을 공제한 결과 사해행위시는 물론 변론종결시에 잔액이 있는 경우 그 한도에서 사해행위의 성립을 인정해야 한다); 대법원 2005. 5. 27. 선고 2003다36478 판결; 대법원 2009. 3. 26. 선고 2007다63102 판결.

그러한 사정변경이 있다는 사실은 채권자취소소송의 상대방이 증명해야 할 항변사실이다.[118]

(나) 자력회복의 법적 성질

채무자의 자력이 회복한 경우, 취소권이 소멸한다고 볼 것인가(소멸설), 아니면 취소권의 행사를 허용하지 않는 항변이 인정된다고 할 것인가(항변권설)의 다툼이 있다.

채무자의 자력이 다시 악화된 경우에, 항변권설에 따르면 원래의 사해행위에 대하여 다시 취소권 행사를 할 수 있지만, 소멸설에 따르면 새로운 사해행위가 있어야 그에 대한 취소권을 행사할 수 있다.

소멸설이 일본의 통설이나, 자력이 완전히 회복되어 취소권이 전면적으로 소멸하는 경우에는 명쾌하지만, 자력이 일부 회복된 경우에도 취소권이 부분적으로 소멸한다고 볼 것인지에 대하여 이론상 어려운 문제가 있다. 또한 사해목적물의 가격 등락이 심한 경우에 목적물가격이 높아져서 자력이 회복되었다는 이유로 취소권이 소멸된다고 한다면, 다시 목적물 가격이 낮아져서 S의 자력이 부족하게 되었을 때 X의 취소권행사가 부정되므로, X로서는 예기치 않은 사정으로 취소권을 행사할 수 없게 되어 부당하다. 그렇다면 변론종결시를 기준으로 하여 자력이 회복된 부분만큼 X가 그 부분에서 만족을 얻고, 부족부분에 관하여 취소할 수 있다는 항변설이 유연한 대응을 할 수 있어 보다 합리적으로 보인다.[119] 그러나 대법원은 소멸설을 취한다.[120]

(다) 채권자취소소송 판결확정 후에는 자력이 회복된 경우에도 청구이의의 사유에 해당하지 않는다.[121] S의 자력은 최종적으로 사실심 변론종결시가 기준이 되기 때문이다.

다. 악의에 관한 항변

(1) 채무자 악의의 조각사유

118) 대법원 2003. 9. 5. 선고 2003다32964 판결; 대법원 2007. 11. 29. 선고 2007다54849 판결.

119) 飯原一乘, 詐害行爲取消訴訟, 460면은 항변설을 취한다.

120) 대법원 2009. 3. 26. 선고 2007다63102 판결.

121) 飯原一乘, 詐害行爲取消訴訟, 460면.

부동산을 소비나 은닉하기 쉬운 현금으로 바꾸는 행위는 원칙적으로 사해행위가 되나, 앞의 「나」항에서 본 바와 같이,[122] 조세채권의 변제, 담보권자에 대한 변제, 임금 등의 지급, 영업계속·사업재건 등을 위한 자산의 처분행위는 사해성이 조각되는 행위이고, 관점을 달리 하면 채무자의 악의가 조각된다고 볼 수도 있다.

어느 쪽으로 보더라도 이에 대한 주장·증명은 수익자 Y가 해야 한다.[123] Y로서는 자산의 처분대가가 실제로 위와 같은 목적에 사용된 사실을 구체적으로 주장·증명할 필요가 있다.

(2) 수익자·전득자의 선의·악의

(가) 선의·악의의 내용

수익자 Y와 전득자 Z의 선의·악의가 어떤 것인지는 앞에서 이미 설명하였다.[124]

(나) 선의·악의의 증명책임

판례·통설은 민법 제406조 제1항 단서에 의하여, Y와 Z가 선의의 주장·증명책임을 부담한다고 하지만,[125] 그 해석을 둘러싸고 추정설과 항변권설의 다툼이 있다.[126]

① 추정설

Y·Z의 악의가 취소권의 요건이지만, 이를 민법 제406조 제1항 단서가 추정하므로, Y·Z는 그 추정을 번복하기 위하여 선의의 증명을 해야 한다.

② 항변권설

취소권은 채무자 S의 악의가 있으면 성립하고, X는 그 증명을 하면 권리를 행사할 수 있으므로, 이를 저지하기 위하여 Y·Z는 그의 선의를 증명해야 한다.

---

122) [43] 나. (3) 참조.

123) 반대설 있음. 飯原一乘, 詐害行爲取消訴訟, 462면·471면 참조.

124) [10] 3. 참조.

125) 대법원 1966. 10. 18. 선고 66다1447 판결; 대법원 2008. 12. 11. 선고 2006다5550 판결 외 다수.

126) 이에 대한 자세한 설명은 [10] 3. 나. 참조.

③ 어느 설이든 Y・Z에게 선의의 주장・증명이 있어야 한다는 점에는 같다. 추정설은 X가 S의 악의에 대한 주장・증명을 하는 외에 Y・Z가 악의라는 주장을 해야 하지만, 항변권설에서는 X는 S의 악의에 대한 주장・증명만 하면 되고, Y・Z가 악의라는 점에 대하여는 주장도 할 필요가 없다.

④ 수익자 선의・전득자 악의의 경우

추정설을 따르면 Y가 선의라면 Z가 악의라도 Z에 대한 취소권 행사를 할 수 없다고 한다. 따라서 Z는 Y의 선의를 주장・증명하면 취소를 면할 수 있다. 그러나 항변권설을 따르면 Z로서는 Y의 선의를 증명할 필요가 있을 때 이를 증명함과 동시에 자신의 선의를 주장・증명해야 한다.

⑤ 대법원은 항변권설을 취하고 있다고 해석된다.[127]

라. 채권자취소권의 제척기간[128]

(1) 개 설

채권자취소소송에서 원고나 피고 대리인으로서 가장 먼저 검토할 사항이 바로 제소기간의 도과 여부이다.

채권자취소의 소는 X가 취소원인을 안 날부터 1년, 법률행위가 있은 날부터 5년 내에 제기해야 한다(민법 제406조 제2항). 그중에서 실무에서 많이 문제가 되는 것은 단기 1년의 제소기간이다.

(2) 증명책임

제소기간 도과의 증명책임은 채권자취소소송의 상대방에게 있다.[129]

(3) 법적 성질

(가) 제척기간이라는 데에 다른 견해가 없고 판례도 같다.[130]

---

127) 상세한 내용은 [10] 3. 참조.

128) 「제7장 채권자취소권의 소멸」 참조.

129) 대법원 2009. 3. 26. 선고 2007다63102 판결.

130) 대법원 1980. 7. 22. 선고 80다795 판결. 일본의 개정 전 민법에 관하여 통설・판례는 취소원인을 안 날부터 2년은 소멸시효기간이고, 법률행위 있은 날부터 20년은 제척기간이라 한다. 다만 일본의 파산법상의 부인권은 모두 제척기간으로 하고 있다(회사갱생법이나 민사재생법상의 부인권도 같다). 현행 민법은 단기 2년, 장기 10년의 제척기간(출소기간)을 명문화하였다.

따라서 소멸시효와는 달리 상대방으로부터 기간이 경과하였다는 주장이 없더라도 법원이 직권으로 기간경과에 따른 권리소멸 여부를 심리・판단해야 한다.[131] 다만 법원에 현출된 모든 소송자료를 살펴보아도 그 기간이 도과되었다고 의심할 만한 사정이 발견되지 않는 경우까지, 법원이 직권으로 추가적인 증거조사를 하여 기간준수 여부를 확인할 의무는 없다.[132]

(나) 석명권과의 관계

제척기간 경과 여부가 당사자 사이에 전혀 쟁점이 되지 않았고, X에게 의견진술의 기회를 주거나 석명권을 행사하지도 않은 채 제척기간 경과를 이유로 소를 각하한 것은, 심리미진으로 X에게 불의의 타격을 가하였다는 이유로 원심을 파기한 사례가 있다.[133]

(4) 피보전권리의 추가・교환과 제척기간

X가 사해행위의 취소를 구하면서 보전하고자 하는 채권을 추가하거나 교환하는 것은 소의 변경이 아니다. 따라서 소장에서 주장하였던 피보전권리가 소송계속 중 소멸한 후 새로운 피보전권리를 주장할 때 제척기간이 경과하였다 하더라도 그 소가 부적법하지 않다.[134]

마. 채권자취소권의 남용

채권자취소권의 행사도 권리남용이나 신의칙에 따라 허용되지 않는 경우가 있고, 이에 대한 주장은 피고의 항변이 된다.

[44] Ⅳ. 소송상의 화해

1. 채권자취소권의 경우

131) 대법원 2001. 2. 9. 선고 2000다65536 판결.

132) 대법원 1996. 5. 14. 선고 95다50875 판결; 대법원 2001. 2. 27. 선고 2000다44348 판결.

133) 대법원 2006. 1. 26. 선고 2005다37186 판결.

134) 대법원 2003. 5. 27. 선고 2001다13532 판결.

판결로만 창설적 효력이 생기는 형성소송이나 형식적 형성소송은 화해·조정의 대상이 되지 않음이 원칙이므로 그와 같은 내용의 형성조항이 작성되더라도 형성의 효과는 생기지 않는다. 다만 예외적으로 권리 또는 법률관계가 자유로이 처분할 수 있는 성질의 것이고, 당사자가 그러한 권한을 가지며, 법률행위의 종류·성질·방식·법령 등에 따라서 법률행위로서의 적법요건(요식행위인 때에는 그 방식)을 구비한다면 화해·조정이 가능하다.[135]

민사재판 실무에서는 사해행위취소 소송에서도 화해·조정을 인정하되 다만 화해·조정조항에서 '취소'의 조항은 두지 않고 이행부분만 두는 것이 일반적이다. 취소소송에서도 일반의 소송과 마찬가지로 소송상 화해·조정을 할 수 있다고 보는 것이 일반적인 견해인 것 같으나, 이에 대하여 부정적인 견해도 있다.[136]

부정적인 견해의 논거를 보면, 첫째로 조정이나 화해로 소가 종결되는 경우 "취소한다"라는 조항이 들어가지 않으면 그 취소부분에 대해 기판력이 생기지 않게 되어, 다른 채권자들이 사해행위를 취소하는 것을 막을 방법이 없고, 수익자는 이중으로 원상회복을 해야 하는 위험을 안게 된다는 점이다.

또한 판결로 확정되어야 하는 형성소송은 조정대상이 되지 않지만, 형성소송에 대해서도 실체법상 권리관계에 관하여 합의할 수는 있으므로, 그런 취지로 조정조항을 만들면 되지만,[137] 사해행위취소 소송은 판결에서 취소가

---

135) 조정실무, 602면. 예를 들면, 재판상 이혼소송 중 이혼하기로 하는 조정이나 화해는 가능하다.
한편 공유물분할소송에서도 조정이 가능하나, 대법원은 이를 공유물분할 소송의 소송물 자체를 대상으로 하여 그 소송에서 할 법원의 판단을 갈음하는 것이 아니어서 본질적으로 당사자들 사이에 협의에 따른 공유물분할과 다를 바 없다고 한다. 따라서 공유물분할의 소송절차 또는 조정절차에서 공유자 사이에 공유토지에 관한 현물분할 협의가 성립하여 그 합의사항을 조서에 기재함으로써 조정이 성립하였다고 하더라도, 그와 같은 사정만으로 재판에 따른 공유물분할과 마찬가지로 그 즉시 공유관계가 소멸하고 각 공유자에게 그 협의에 따른 새로운 법률관계가 창설되는 것은 아니고, 공유자들이 협의한 바에 따라 토지의 분필절차를 마친 후 각 단독소유로 하기로 한 부분에 관하여 다른 공유자의 공유지분을 이전받아 등기를 마침으로써 비로소 그 부분에 대한 대세적 권리로서의 소유권을 취득하게 된다고 한다(대법원 2013. 11. 21. 선고 2011두1917 전합 판결).

136) 임채웅, '부인소송의 연구', 102면.

선고되지 않으면, 당사자 사이에 실체법상 권리관계에 관하여 합의하더라도 다른 채권자들의 취소소송제기를 막을 수 없으므로 역시 조정 등으로 소를 종결하는 것은 적절하지 않다는 것이다.

필자로서는 실무에서 널리 인정되고 있는 취소소송에서 화해나 조정을 굳이 부인하고 싶지는 않지만, 여러 가지 문제점이 있는 것은 사실이다. 예컨대, 채무자 S가 수익자 Y에 대하여 1,000만 원 상당의 부동산을 증여하고, S에 대한 채권자 X가 증여의 취소와 Y 앞으로 된 소유권이전등기의 말소를 구하는 소송을 제기한 경우에, 취소조항 없이 Y가 X에게 300만 원을 지급한다는 소송상 화해가 성립한 경우, 다른 채권자 A가 Y에 대하여 같은 소송을 제기하였을 때, X에게 지급한 300만 원에 관하여 S에게 재산을 반환한 것을 가지고 A의 청구를 거부할 수 있는가? 소송상 화해의 성질과 그 효력이 미치는 인적 범위와 관련하여 어려운 문제가 생긴다. 이 부분에 대하여는 아직까지 충분한 논의가 있다고 할 수 없으나,[138] 소송상 화해는 확정판결과 동일한 효과가 있고(민소법 제220조), Y의 재산반환이 X의 취소권행사를 전제로 한 것이므로, 특별한 사정(예컨대 그 화해가 사해행위로서 취소되는 경우)이 없다면 일탈재산반환으로서 효력을 인정하는 것이 소송절차의 안정이라는 측면에서 바람직하다고 생각된다.

2. 부인권의 경우

이행·확인의 소인 부인의 소에서는 형성의 소인 채권자취소소송과 같은 문제점은 없다. 또한 부인의 소는 개별채권자들이 아니라 관재인만이 행사할 수 있으므로, 관재인과 수익자가 화해·조정을 통하여 사건을 종결하고 수익

137) 조정실무, 635면 참조.

138) 荒木新五, 判例便覽, 51면.
사해행위취소소송의 조정시(특히 금전배상으로 조정이 되는 경우) 주의해야 할 부분은 다른 채권자가 또 다른 취소의 소를 제기하는 경우에 피고가 예견치 못한 상황이 발생할 수 있으므로 이 점을 설명해 주고, 만일 이 점이 불안하다면 지급기일을 제척기간 이후로 잡아 피고가 그 당시의 상황에 따라 등기를 말소할 것인지 돈을 지급할 것인지를 선택할 수 있게 해 주는 것이 좋다는 견해도 있다(재판의 이해, 342면).

자가 원상을 회복하면, 그 회복물은 당연히 파산재단에 편입되어 전체 채권자들을 위한 배당재원이 되고, 다른 채권자들이 별개로 부인권을 행사할 여지도 없다. 부인권이 항변이나 부인의 청구 형식으로 행사되는 경우에도 같다.[139)]

[45] Ⅴ. 다른 소송과의 관계

1. 채무자에 대한 급부소송과의 관계

채무자에 대한 급부소송이 취소소송에 병합된 때에는, 일반적으로는 선결문제로서 취소부분 판단의 전제로 급부 부분이 심리되지만 판결은 동시에 선고되는 것이 보통이다. 다만 채무자에 대한 집행권원을 가지고 있다고 하여 취소채권자가 취소소송에서 피보전채권의 존재를 주장·증명하지 않아도 된다는 것은 아니다.[140)]

취소소송의 인용판결이 확정된 후에, 취소채권자의 채무자에 대한 급부소송이 별소로 제기되어, 그 소송에서 채권의 부존재나 소멸, 또는 채권의 소멸시효가 원용되어 청구기각의 판결이 나는 경우 곤란한 문제가 생긴다.

취소소송에서 수익자는 피보전채권에 관한 채무자의 취소채권자에 대한 시효소멸을 비롯한 모든 항변을 주장할 수 있으므로, 별소에서 한 채무자의 주장이 취소소송의 변론종결 이후 발생한 사유가 아니라면 급부소송 판결결과를 취소소송판결의 청구이의 사유로 삼을 수 없는 것이 원칙이다. 그러나 대법원은 확정판결에 따른 강제집행이 권리남용에 해당하는 경우 청구이의 소송으로 집행을 배제할 수 있고, 특히 실체적 권리관계에 배치되는 확정판결의 집행이 권리남용으로서 허용되지 않는 경우의 사례도 있으며[141)] 취소소

139) 임채웅, '부인소송의 연구', 103면.

140) 다만 대법원 판결은 반대의 입장이다. 대법원 2003. 7. 11. 선고 2003다19572 판결 참조. 最判 소화 58. 6. 7. 判時 1084-73, 1심에서 채무자에 대한 급부소송이 취소소송에 병합되어 의제자백이 된 후, 2심의 취소소송에서 피보전채권에 대한 증명이 부족하다 하여 원고 청구를 기각하였다. 자세한 내용는 [43] 1. 가. (2) 참조.

141) 대법원 2008. 11. 13. 선고 2008다51588 판결.

송의 수익자로서는 취소채권자와 채무자 사이의 피보전채권에 관하여 알기 어려운 사정에 비추어, 급부소송에서 피보전채권이 부정된다면 이를 취소소송의 청구이의사유로 삼을 수 있을 것이다.

2. 판결의 중복(다른 취소소송과의 관계)

가. 원 칙

채권자 A의 취소소송에서 청구가 기각되었더라도, 채권자 B는 이에 영향을 받지 않지만, 한 채권자가 인용판결을 받아 확정됨으로써 채무자의 재산회복이 실현된 때에는, 이미 동일행위의 취소를 구하는 소는 소의 이익이 없는 것으로 각하된다는 점은 위에서 보았다.

나. 동일 피고에 대한 여러 개의 소송은 현실적으로 대처하기 어렵다.

동일한 피고에 대하여 중복하여 가액반환을 명하는 판결이 선고된 경우에, 중첩된 판결 사이에는 그 효력에 우열이 있을 수 없으므로, 수익자 또는 전득자는 이중, 삼중으로 채권자들에게 지급해야 하는 위험에 빠진다. 피고로서는 여러 소송이 진행 중인 경우 가급적 병합하여 재판을 받음으로써 구제받을 수 있다는 견해도 있으나, 여러 명의 채권자가 제기한 채권자취소소송이 병합되어 가액반환을 명하는 경우라도, 수익자 등이 반환받아야 할 가액은 채권자의 채권액에 비례하여 채권자 별로 안분한 범위 내에서 반환을 명할 것이 아니라, 수익자 등이 반환해야 할 가액의 범위 내에서 각 채권자의 피보전채권액 전액의 반환을 명해야 하므로[142] 취소소송의 피고가 소송상의 주장을 통하여 적절히 대처하기 어려운 것이 현실이다.

이 경우에 피고 Y의 구제책으로는 취소채권자들을 피공탁자로 하여 민법 제487조에 따라 상대적 불확지 변제공탁을 할 수 있고, 판례도 이를 인정한다. 이때 취소채권자들이 배당받게 되는 몫을, 가액반환금액을 기준으로 할 것인가, 아니면 피보전채권액을 기준으로 할 것인가? Y에 대한 취소채권자들의 강제집행절차는 채권자들의 채무자 S에 대하여 가지는 피보전채권 자

142) 대법원 2008. 6. 12. 선고 2008다8690 판결 참조.

체의 만족을 위한 절차가 아니라, 그 준비단계로서 일탈된 재산을 S에게 귀속시키는 절차에 불과하므로, 위 배당절차에서 Y에 대한 가액판결의 인용금액이 아닌, S에 대한 피보전채권액을 가지고 안분배당을 하는 것은 절차적으로 허용될 수 없다는 것이 대법원의 견해(가액반환금액설)이다.[143)]

다. 수익자(전득자 포함)가 여러 명인 경우

채권자가 사해행위취소와 원상회복청구를 하여 승소판결을 받아 확정되었다 하더라도, 그에 따라 재산이나 가액의 회복을 마치지 않았다면, 채권자는 자신의 피보전채권에 기초하여 다른 수익자에 대하여 별도로 사해행위취소 및 원상회복청구의 소를 제기할 수 있다. 따라서 채권자가 여러 수익자들을 상대로 사해행위취소소송을 제기하여 여러 개의 소송이 계속 중인 경우는 물론이고, 수익자들을 공동피고로 한 경우에도, 각 소송에서 채권자의 청구에 따라 사해행위의 취소 및 원상회복을 명하는 판결이 선고되어야 하고, 수익자가 가액반환을 해야 할 경우에는 다른 소송 결과를 참작할 필요 없이 수익자가 반환해야 할 가액의 범위 내에서 채권자의 피보전채권 전액의 반환을 명해야 한다.[144)][145)] 이때 공동피고 사이에는 '부진정연대'관계에 있다.[146)]

라. 피고에 대한 구제책

복수의 판결이 확정된 경우 그에 따른 이중 집행이 완료되기 전에 피고가 이중지급의 위험에서 벗어나기 위한 방법으로 생각할 수 있는 것이 청구이의의 소[147)]이고, 집행이 완료된 후에는 부당이득반환의 소[148)]이다.

---

143) 대법원 2007. 5. 31. 선고 2007다3391 판결(Y가 X들이 제기한 채권자취소소송에서 확정된 가액배상판결에 따라 X들을 피공탁자로 하여 채권자불확지 공탁으로 사해행위취소소송의 가액배상금을 변제공탁한 이상, X들은 각자 확정된 판결에서 인정된 가액배상금의 비율에 해당하는 공탁금을 출급 청구할 수 있다). [35] 3. 나. 참조.

144) 대법원 2008. 11. 13. 선고 2006다1442 판결.

145) 이와 달리 수익자들을 공동피고로 한 경우에는 사해행위로 피고들이 배당 받은 금액의 비율에 따라 안분하여 산정된 금액을 피고별 반환액으로 정한 원심의 조치가 정당하다고 한 대법원 2002. 10. 25. 선고 2002다42711 판결도 있으나, 위 2006다1442 판결이 현재 대법원이 취하는 견해로 보인다.

146) 대법원 2001. 9. 4. 선고 2000다66416 판결 참조.

147) 대법원 2005. 11. 25. 선고 2005다51457 판결.

3. 제3자이의소송과의 관계

채무자 S가 수익자 Y에게 유체동산을 증여하여 양도한 후, S의 채권자 X가 당해 동산을 압류하자, Y가 X에 대하여 제3자이의소송을 제기하여 자기에게 소유권이 있다고 주장하였다. 이에 대하여 X가 Y에 대하여 반소로서 S, Y 사이의 증여는 사해행위라 하여 취소소송을 제기할 수 있다.

저당권자가 부동산경매신청을 함에 대하여, 그 선순위 가등기에 따라 소유권이전등기를 마친 사람이 제3자이의소송을 제기한 것에 대항하여, 저당권자가 그 소유자에 대하여 취소소송을 제기한 경우도 있다.[149]

채권 배당절차에서 배당이의를 하면서 다른 채권자와 채무자와의 보증계약이 사해행위라고 하여 취소소송을 제기하는 경우도 같은 유형이다.[150]

4. 어음금청구소송과의 관계

발행인 X로부터 매매대금지급을 위하여 약속어음을 교부받은 S가 이를 Y에게 배서양도한 경우에, Y의 X에 대한 어음금청구사건에 대항하여, 매매불이행에 따라 손해배상청구권을 가지게 된 X가 S, Y 사이의 배서가 사해행위에 해당된다고 하여 Y에 대하여 취소소송을 제기한 사례가 있다.[151]

5. 불법행위소송과의 관계

사해행위취소권은 불법행위를 근거로 하는 것이 아니고, 사해행위 그 자체는 채무자가 한 적법한 법률행위라고 함이 통설이다.[152] 이에 대하여 남편이 부인에 대하여 부동산을 증여한 것이 남편의 채권자에 대한 사해행위임과

148) 윤경, '사해행위취소와 가액배상', 저스티스 34권 5호 140쪽.

149) 最判 소화 43. 11. 15. 民集 22-11-2659, 判時 543-57.

150) 東京地判 소화 52. 12. 8. 判時 908-67.

151) 最判 소화 54. 4. 6. 判時 928-102(배서를 사해행위로 취소하고 어음금청구 기각).

152) 제3자가 채무자의 책임재산을 감소시킨다 하여도 당연히는 불법행위가 되지 않는다고 한 것으로 廣島高判 소화 38. 12. 4 高民 16-9-767이 있다.

동시에 그 부부의 공동불법행위에 해당한다고 하여 취소소송과 병합된 취소채권자의 손해배상청구를 인용한 사례[153]가 있으나, 드문 판례이다.

6. 배당이의소송과의 관계[154]

가. 근저당권설정계약을 사해행위로서 취소하는 경우 경매절차가 진행되어 제3자가 소유권을 취득하고 근저당권설정등기가 말소되었다면 원물반환이 불가능하므로 가액반환의 방법으로 원상회복을 명해야 한다. 채권자가 배당기일에 출석하여 수익자의 배당부분에 대하여 이의하였다면, 그 채권자는 사해행위취소소송과 병합하여 원상회복으로서 배당이의 소송을 제기할 수 있다.[155] 이 경우 법원으로서는 배당이의 소를 제기한 당해 채권자 이외의 다른 채권자의 존재를 고려할 필요 없이 그 채권자가 채권만족을 받지 못한 한도에서만 근저당권설정계약을 취소하고, 그 한도에서만 수익자의 배당액을 삭제하여 그 채권자의 배당액으로 경정해야 한다.[156]

나. 수익자의 배당금에서 채권자의 배당요구채권액을 공제하고도 남는 돈이 발생할 경우에 그 나머지는 배당이의소송의 상대효에 따라 수익자의 배당액으로 그대로 남겨둔다.[157]

다. 수익자가 근저당권자로서 배당요구를 하였는데 배당액에 불만이 있어서 배당이의소송을 제기하자, 상대방인 피고가 배당이의 소의 원고인 수익자에 대하여 반소로 수익자와 채무자 사이의 근저당권설정계약에 대하여 사해행위취소소송을 제기하여 그 부분이 인정된다면, 수익자는 적법한 배당권자가 아니므로 배당이의소송은 각하되어야 한다.[158]

---

153) 東京地判 소화 55. 5. 30. 判時 985-92.
154) 이에 대하여는 [32] 7. 참조.
155) 대법원 2004. 1. 27. 선고 2003다6200 판결
156) 대법원 2001. 2. 9. 선고 2000다41844 판결; 대법원 2004. 1. 27. 선고 2003다6200 판결.
157) 대법원 1998. 5. 22. 선고 98다3818 판결.
158) 대법원 2002. 9. 24. 선고 2002다33069 판결 참조; 최한신, 사해행위 I, 552면 참조.

7. 부인의 소와의 관계

도산법상 부인권은 총채권자에 대한 평등변제를 목적으로 하는 집단적 채무처리절차 수행을 위하여 인정되는 제도로서, 개별적 강제집행을 전제로 하여 개개의 채권에 대한 책임재산 보전을 목적으로 하는 채권자취소소송에 우선한다. 따라서 도산절차가 개시된 경우 채권자는 채권자취소소송을 제기할 수 없고, 이미 제기된 채권자취소소송은 수계되거나 도산절차의 종료에 이르기까지 중단된다.[159]

[46] Ⅵ. 채권자취소권을 피보전권리로 하는 보전처분

1. 원상회복청구의 방법과 민사보전의 형태

사해행위취소에 따른 일탈재산의 원상회복 방법에는 원물반환과 가액배상이 있으므로, 보전처분으로는 원칙적으로 전자는 가처분이, 후자는 가압류로 할 것이나 이와 관련하여 여러 가지 문제가 있다.

최변호사는 사해행위취소의 효력이 소급하지 않는다고 해석하면 배당이의가 기각될 가능성도 있다고 한다. 그러나 소송요건은 변론종결시를 기준으로 하므로, 배당이의 소의 요건이 변론종결시에 갖추어지지 않았다고 인정된다면 각하가 타당하다.

159) 대법원 2010. 9. 9. 선고 2010다37141 판결(채무자회생법 제584조·제347조 제1항·제406조에 따르면, 개인회생절차 개시결정이 내려진 후에는 채무자가 부인권을 행사하고, 법원은 채권자 또는 회생위원의 신청이나 직권으로 채무자에게 부인권 행사를 명할 수 있으며, 개인회생채권자가 제기한 채권자취소소송이 개인회생절차 개시결정 당시에 계속되어 있는 때에는 그 소송절차는 수계 또는 개인회생절차의 종료에 이르기까지 중단된다. 이러한 규정취지와 집단적 채무처리절차인 개인회생절차의 성격, 부인권의 목적 등에 비추어 보면, 개인회생절차 개시결정이 내려진 후에는 채무자가 총채권자에 대한 평등변제를 목적으로 하는 부인권을 행사해야 하고, 개인회생채권자목록에 기재된 개인회생채권을 변제받거나 변제를 요구하는 일체의 행위를 할 수 없는 개인회생채권자가 개별적 강제집행을 전제로 하여 개개의 채권에 대한 책임재산의 보전을 목적으로 하는 채권자취소소송을 제기할 수는 없다). 자세한 내용은 [25] 5. 참조.

가. 원물반환청구가 본안인 경우

(1) 부동산의 반환

(가) 수익자에 대한 청구

채무자 S가 수익자 Y에게 매매계약에 따라 부동산을 양도하여 소유권이전등기를 마친 경우에, 취소채권자 X는 Y에 대하여 매매계약 취소와 소유권이전등기의 말소등기청구나 말소에 갈음하는 이전등기청구를 하여, 그 소유명의를 S에게 반환하는 것이 본안이므로, 민사보전은 Y에 대하여 그 부동산의 처분금지를 명하는 가처분이 된다.

X가 S의 부동산에 대하여 금전집행을 하기 위하여는, S가 소유명의자여야 하지만(민집법 제81조 제1항), S가 점유하고 있을 필요는 없으므로, 채권자취소소송에서는 특별한 사정이 없으면 Y가 점유하는 일탈재산을 S에게 반환할 것을 청구할 수는 없고, 따라서 Y에 대한 점유이전금지가처분은 할 수 없다.

(나) 전득자에 대한 청구

1) 부동산이 S → Y → Z로 순차 양도되어 각자 소유권이전등기가 된 경우에, X가 S의 행위를 취소하고 S의 소유명의를 회복하기 위하여는, Y와 Z를 피고로 하여 각 소유권이전등기의 말소등기청구를 하거나, Z만을 피고로 하여 말소등기에 갈음하는 이전등기청구를 할 수 있다.

2) 그 중 전자의 방법으로 할 경우의 민사보전은, Z에게 등기명의가 있는 상태에서는 Y가 등기이전을 할 수 없고, Z에 대한 가처분을 하면 그 이후 Z의 처분은 X에게 대항할 수 없고, Z의 처분을 전제로 하는 Y의 처분도 마찬가지이므로, Z에 대한 처분금지가처분을 하면 충분하다고 생각할 수 있다. 물론 Z가 Y 아닌 제3자에게 처분하였을 경우에는 그 처분은 X에게 대항할 수 없으므로 Z에 대한 가처분만 있어도 아무 문제가 없다. 그러나 Z가 계약해제나 해지 등의 사유로 Y에게 그 부동산을 반환하는 것은, X의 피보전권리인 채권자취소권에 의한 원상회복청구권을 침해하는 것이 아니라 오히려 그 피보전권리에 부합하는 것이므로 위 가처분의 처분금지효력에 저촉되지 않는다는 것이 판례이다.[160] 그런데 Y가 부동산을 반환받을 것을 기화로

---

160) 대법원 2006. 8. 24. 선고 2004다23110 판결; 대법원 2008. 3. 27. 선고 2007다85157 판결.

이를 제3자에게 처분해버린다면 S에게 원상회복할 수 없게 되므로, 채권자인 X는 Z뿐만 아니라 Y에 대하여도 처분금지가처분을 해 둘 필요가 있다.

3) Z에 대하여 말소에 갈음하는 이전등기청구를 하는 경우에, 보전처분으로서 Z를 채무자로 하여 처분금지가처분을 하는 것은 당연하고, 이 경우에는 Z가 Y에게 부동산을 반환하는 것은 처분금지가처분의 피보전권리인 Z로부터 S에 대한 이전등기청구권을 침해하는 것으로서 채권자인 X에 대하여 대항할 수 없다.

(2) 동산의 반환

(가) 원물반환청구

일탈재산이 동산인 경우에도, X는 Y에 대하여, 본래 S에게 반환을 청구해야 할 것이나, 취소의 상대효나 S가 그 수령을 하지 않을 우려가 있고, 수령하더라도 이를 소비·은닉할 가능성이 크므로, X는 직접 자기에게 인도할 것을 청구할 수 있다. 따라서 민사보전으로서는 처분금지와 함께 점유이전금지가처분을 구해야 한다. 이 경우에는 가처분 이후에 Y가 이를 S에게 반환하더라도 X에게 대항할 수 없다. 피보전권리는 X의 Y에 대한 직접 인도청구권이기 때문이다.

(나) 대상청구

동산의 원물반환과 함께 가액으로 하는 대상청구를 할 수 있으나, 이 경우에는 원물에 대한 처분금지와 점유이전금지가처분과 함께, 그 집행불능에 대비하여 대상청구를 보전하기 위하여, 일반재산에 대한 가압류를 신청할 수 있다. 이 경우 원물에 대한 가처분을 집행할 수 있으면, 가압류 집행을 할 필요가 없고, 가처분을 집행할 수 없을 때 가압류를 집행할 수 있으므로, 2중의 보전집행이 되지는 않는다. 또한 가처분집행을 할 수 있으면, 본안에서 대상청구를 할 필요도 없어진다.

나. 금전의 지급청구가 본안인 경우

(1) 변제의 취소

변제취소에 따른 원상회복은 X가 Y에 대하여 금전지급을 청구하는 것이 본안이 되므로, 민사보전은 Y의 일반재산에 대한 가압류가 된다.

(2) 가액배상청구

원물에 갈음하는 가액배상을 청구하는 경우는 실무상 빈번하고, 그 본안판결에 따른 집행의 대상은 Y의 일반재산이므로, 민사보전은 Y의 일반재산에 대한 가압류가 된다. 다만 가액배상액은 본안의 사실심 변론종결시를 기준으로 하고, 이는 X가 증명해야 하므로, 민사보전단계에서는 X는 그 점에 대한 충분한 소명을 해야 한다.

다. 채권양도취소가 본안인 경우

채무자 S가 D에 대하여 가지고 있던 금전채권을 Y에게 양도한 행위를, X가 Y를 피고로 하여 취소하는 경우에, Y가 이미 D로부터 추심을 완료한 경우와 추심하지 않은 경우는, 본안과 민사보전의 형태가 다르다.

(1) 추심종료 후

추심종료 후의 본안은 X가 Y에 대하여 X의 S에 대한 채권의 범위 내에서 금전의 급부를 구하는 것이므로, X는 Y의 일반재산에 대하여 가압류를 할 수 있다.

(2) 추심을 마치지 않은 경우

추심을 마치지 않은 경우의 원상회복에 관한 본안청구의 방법에는, 여러 가지가 있으나, 양수인에게 그 채권양도가 취소되었다는 내용의 통지를 제3채무자에게 할 것을 청구할 수 있을 뿐이라고 하는 설이 실무가들의 지배적인 견해이자 다수 판례의 견해인 것으로 보인다.[161] 이때의 보전처분은 X가

---

161) 김창종, 전게논문, 173면; 최영남, '채권자취소권행사의 방법, 범위 및 원상회복의 방법', 311면 이하; 박창현, '채권양도가 사해행위로 취소된 경우의 원상회복 및 법률관계', 123면 이하.

판례로는, ① 東京地判 소화 60. 9. 19.의 항소심인 東京高判 소화 61. 11. 27. 判タ 641-128, ② 大阪地判 소화 31. 9. 28. 下民 7-9-2716, 判タ 66-79(채권 자체의 양도를 인정하지 않은 사례), ③ 東京地判 평성 원년 5. 24. 判時 1351-74(양수채권이 추심된 상황에서는 Y에 대한 직접청구가 인정되지만, 추심되지 않은 상태

Y에 대하여 양수채권의 처분금지가처분을 하는 방법이 될 것이다.

그러나 X가 처음부터 D를 피고로 하여 Y에 대한 취소와 D에 대하여 취소로 복귀한 채권을 청구하는 것이 가능하다는 견해를 따른다면, 그 민사보전은 Y에 대하여 양수채권의 양도금지가처분과 D의 일반재산에 가압류를 할 수 있을 것이다.

(3) 제3채무자가 공탁한 경우

제3채무자 D는 Y가 아직 추심하지 않은 경우에, X가 취소청구를 하면, 자신의 채권자 S와 Y를 피공탁자로 하는 상대적 채권자불확지 변제공탁을 할 수 있다. 본안제기 전에 X가 Y에 대하여 양수채권의 처분금지가처분을 한 경우에, D는 위와 같이 채권자불확지 변제공탁을 함과 동시에 S를 피공탁자로 하여 Y의 가처분집행으로 인하여 채권자수령불능의 변제공탁을 합한 혼합공탁을 할 수도 있다. 다만 가처분을 이유로 한 집행공탁은 할 수 없으므로[162] X에 대한 집행공탁을 추가하는 혼합공탁을 할 수는 없다.

한편 변제공탁이 되면, X의 Y에 대한 가처분의 효력은, S의 공탁금출급청구권에 미치지 않음은 물론이고, Y의 공탁금출급청구권에 관하여도 제3채무자인 국가(공탁관)에 대하여 미치지 않으므로, X로서는 S의 공탁금출급청구권에 가압류와 Y의 공탁금출급청구권에 관한 처분금지가처분을 다시 할 필요가 있다. 다만 S에 대한 가압류의 피보전권리는 X의 S에 대한 채권이고, 보전채무자는 S이다.

(4) 부동산가압류와 토지의 수용

채권자 X가 채무자 S 소유의 토지에 가압류를 한 후에 S가 Y에게 위 토지를 증여하여 소유권이전등기가 경료되었고, 그 후 위 토지가 국가(D)에 수용된 경우에는 부동산가압류의 처분금지적 효력과 관련하여 어려운 문제가

에서는 D에 대하여 채권양도취소의 통지만이 가능하다).

162) 대법원 2008. 5. 15. 선고 2006다74693 판결(집행공탁은 공탁 이후 시행될 배당 등 절차의 진행을 전제로 한 것인데, 처분금지가처분은 그것이 설령 금전채권을 목적으로 하더라도 이러한 배당 등 절차와는 관계 없으므로 제3채무자는 이를 이유로 집행공탁을 할 수는 없고, 다만 채권자불확지에 따른 변제공탁을 할 수 있다).

생긴다.

즉 가압류가 집행되어 있는 토지가 수용된 경우, 토지수용으로 기업자가 그 소유권을 원시취득함으로써 당초의 부동산가압류의 효력은 절대적으로 소멸한다. 다시 말해서 법률에 특별한 규정이 없다면 토지가압류가 그 수용보상금채권에 당연히 이전되어 그 효력이 미치게 된다거나, 수용보상금채권에 대하여도 토지가압류의 처분금지적 효력이 여전히 미친다고 볼 수 없다.[163]

따라서 X는 부동산가압류의 처분금지적 효력을 이용하여 수용보상금청구권이 가압류채무자인 S에게 귀속된다고 주장할 수 없으므로(수용보상금청구권은 Y에게 귀속된다), 부동산가압류를 근거로 한 X의 채권집행(채무자를 S, 제3채무자를 D로 한 압류·추심 혹은 압류·전부)을 할 수 없다.

그러나 X는 S·Y 사이의 증여가 사해행위임을 이유로 채권자취소소송을 제기할 수 있고, 그 원상회복의 형태는 Y에게 귀속된 토지수용보상금채권을 S에게 양도하는 방식이 되므로, 채권양도를 취소하는 경우와 유사한 상황이 된다. 따라서 X는 일단 Y에게 귀속된 토지수용보상금채권에 대하여 처분금지가처분을 할 수 있다. 또한 S의 다른 채권자들이 S에게 귀속되는 채권을 압류·추심해 갈 가능성이 있으므로, 이와 함께 S에게 채권이 귀속될 것을 조건으로 하여 토지수용보상금채권을 가압류해 둘 필요가 있다.

라. 채무면제의 취소가 본안인 경우

채무면제를 취소하는 본안에서는, 취소를 구하는 것만으로 충분하므로 민사보전은 없다. 그러나 본안에서 X가 Y에 대한 취소와 병합하여 그에 따라 복귀한 S의 채권에 대한 이행을 구할 수 있다고 본다면, 그 민사보전은 Y의 일반재산에 대한 가압류가 된다.

마. 담보제공의 취소가 본안인 경우

저당권을 비롯한 담보권설정계약의 취소에도 여러 가지 형태가 있으나, X가 본안에서 저당권자 Y에 대한 저당권설정등기의 말소등기를 구할 때의 민사보전은 그 저당권의 처분금지가처분이다.

---

163) 대법원 2004. 4. 16. 선고 2003다64206 판결.

저당권이 실행된 후의 취소는 배당금 상당액의 지급을 구하는 것이므로, Y의 일반재산에 대한 가압류를 한다.

바. 어음행위의 취소가 본안인 경우

어음행위취소의 본안은 그 소지인 Y에 대하여 취소와 함께 그 인도를 구하는 것이므로,[164] 민사보전은 어음상 권리의 처분(배서・양도)금지가처분이고, 어음 양도를 금지하기 위하여는 Y의 점유를 해제하여 집행관보관으로 하는 방법이 있으므로, 별도로 점유이전금지가처분을 구할 필요는 없다.

2. '가압류를 할 것인가', '가처분을 할 것인가'가 문제되는 경우

가. 원 칙

사해행위취소를 원물반환으로 할 것인가 가액반환으로 할 것인지 확실하지 않는 경우에는, 목적물의 처분금지가처분과 일반재산에 대한 가압류의 동시발령이 필요할 수 있다. 그러한 경우에는 본안판결의 결과가 나오기 전에는 원물반환이 허용될 것인가, 가액반환만이 인정될 것인가를 미리 결정할 수 없으므로, 양쪽의 보전처분을 모두 허용해야 한다.[165] 취소채권자가 원물반환을 예상하여 목적부동산에 처분금지가처분을 한 후에, 취소채권자가 가액배상판결을 받으면 가처분의 효력은 상실되기 때문이다.[166]

나. 일부 취소

164) 대법원은 어음 자체의 인도를 구할 수 없다고 하나 이는 타당하지 않다. 어음의 인도를 구할 수 있는지 여부는 [23] 3. 가. (3) 참조.

165) 飯原一乘, '사해행위취소권에 기한 민사보전', 民事保全講座 3-假處分의 諸類型, 法律文化社 1996. 133면. 이때 가압류등기의 등록세는 '피보전채권'을 과세표준으로 하지만, 처분금지가처분 등기의 등록세 과세표준은 '부동산가액'이 되므로, 고가의 부동산에 대한 가처분등기의 등록세 부담(세율 2/1,000)이 커질 수 있다는 점에 유의해야 한다(대법원 2013. 2. 28. 선고 2011두9683 판결).

166) 대법원 2000. 5. 26. 선고 2000다6469 판결. 이에 대하여 찬성하는 견해도 있고(이인규, '대법원판례해설 57호', 224면 이하), 구체적 타당성이 없다는 이유로 반대하는 견해도 있다(하현국, '채권자취소로 인한 가액배상과 취소채권자의 우선변제', 85면 등).

목적물의 가분·불가분에 관계없이, 일부취소와 전부취소를 할 수 있고, 이때 원물반환이나 가액배상을 할 수 있으나, 원물반환을 할 경우에는 처분금지가처분을, 가액배상을 할 때는 가압류를 한다.

다. 저당부동산 양도의 취소

저당권이 설정된 부동산을 양도한 경우에, 목적물 가액에서 저당권의 피담보채권을 공제한 액이 일반담보로서 취소 대상이 되지만, 양도 후에 저당권이 말소되면 일부취소·가액배상, 저당권설정등기가 잔존하면 전부취소·원물반할이 본안이므로, 전자는 가압류가, 후자는 처분금지가처분이 보전처분이 된다.

3. 가처분과 관련된 문제

가. 일반론

(1) 가장 흔한 사례

채무자 S가 수익자 Y에게 부동산을 양도하고 Y 앞으로 소유권이전등기가 경료되어 있는 경우, X가 Y를 상대로 당해 부동산에 대한 처분금지가처분을 하는 경우는 실무에서 가장 많이 보이는 사례이다.

(2) Y가 S에게 가처분목적물을 반환하는 행위가 허용되는가?

(가) 긍정설

위와 같은 가처분이 발령된 경우에, 그 후 Y가 계약 해제나 해지 등의 사유로 S에게 그 부동산을 반환하는 것은, X의 피보전권리인 채권자취소권에 의한 원상회복청구권을 침해하는 것이 아니라 오히려 그 피보전권리에 부합하므로 위 가처분의 처분금지효력에 저촉된다고 할 수 없다(판례).[167] 목적물에 대한 처분금지가처분결정이 내려진 경우 가처분에 따른 처분금지효력은 가처분채권자의 권리를 침해하는 한도에서만 생긴다는 것이 대법원의 확립된 견해이다.

---

167) 대법원 2006. 8. 24. 선고 2004다23110 판결; 대법원 2008. 3. 27. 선고 2007다85157 판결.

그러나 국세징수법에 따른 체납처분절차에서 채권이 압류되고 피압류채권의 채무자인 제3채무자에게 압류통지가 된 경우에는 다르다. 이 경우 제3채무자는 체납자인 채권자에게 채무를 변제할 수 없고 이행기가 도래한 때 세무서장에게 이행할 의무를 지며,[168] 체납자인 채권자는 압류된 채권을 행사할 수 없다.[169] 그러므로 국가가 체납처분으로 체납자의 제3채무자에 대한 채권을 압류하고 제3채무자에게 압류 통지를 한 후, 제3채무자가 국가를 해침을 알면서 자신의 재산을 타인에게 처분한 경우, 체납자가 제3채무자의 처분행위에 동의하였다는 사정만을 들어 국가의 사해행위취소청구를 배척할 수는 없다.[170]

(나) 부정설

가처분목적물이 S에게 반환된 것은 X의 의도와 전혀 다른 사정으로 한 것으로서, X로서는 이를 전제로 하여 다른 수단을 강구할 기회를 놓치기 쉽고, 그와 같은 혼란이 생기지 않기 위하여 가처분을 한 것이므로, 이는 가처분에 위반되는 행위이다.[171] 특히 S에게 반환된 이후에 이를 제3자 A에게 처분해버린다면, X로서는 A에게 대항할 수 없으므로 예기치 않은 피해를 입을 수밖에 없다. 이에 부합하는 일본 판례가 있다.

[1] 名古屋高判 소화 56. 3. 30. 判時 1009-75

[사안] S가 그 소유토지를 Y에게 매매하여 소유권이전등기를 마쳤다. S의 채권자 X가 Y에 대하여 채권자취소소송을 본안으로 하는 처분금지가처분을 하고, 그 등기가 되었다. 그런데 S · Y는 X의 승낙서도 없이[172] 위 소유권이전등기를 착오

168) 대법원 1988. 4. 12. 선고 86다카2476 판결 등 참조.

169) 대법원 1983. 3. 8. 선고 82다카889 판결 등 참조.

170) 대법원 2006. 12. 21. 선고 2004다24960 판결. 원심은 제3채무자가 채무자인 체납자의 요구에 따라 타인에게 재산을 처분한 것은 사해행위에 해당되지 않는다고 하였다.

171) 飯原一乘, 詐害行爲取消訴訟, 482면.

172) 이 경우에 Y명의 이전등기를 말소하기 위하여는 가처분권자인 X의 승낙이 있어야 한다. 다만 위 승낙서나 재판의 등본이 첨부되지 않은 채 말소등기가 되었다면 등기관이 직권으로 이미 말소된 등기의 말소회복등기를 할 수는 없다(등기선례 6-57. 1999. 12. 16. 등기 3402-1143 질의회답).
또한 Y명의의 근저당권설정등기가 사해행위라 하여 채권자취소소송을 제기하면서,

를 이유로 하여 말소등기를 한 후, A에게 저당권설정등기를 하였다.

X는 A에 대하여 저당권설정등기는 가처분 후에 X의 승낙 없이 된 말소등기를 전제로 한 것이므로 무효이거나, 가처분에 위반한 등기로서 X에게 대항할 수 없다는 이유로 그 말소등기를 청구하였다.

[판단] 이 사건 가처분에 따라 금지되는 처분행위 중에는, Y가 이 사건 토지를 제3자에게 양도하는 경우뿐만 아니라, S로부터 Y에게 경료된 소유권이전등기가 말소되어 등기명의가 S에게 복귀한 경우도 포함된다고 보지 않으면, 가처분을 한 의미는 전혀 없다. 그렇다면 채권자취소소송의 승소판결을 얻은 때에는, 가처분위반의 말소등기 후에 한 저당권설정등기에 관하여도, 가처분 후의 처분행위에 해당하는 것으로서 말소등기를 구할 수 있다.

[2] 東京地判 평성 12. 7. 6. 判時 1730-33

[사안] S가 D에 대한 대금채권을 Y에게 양도하고, Y가 D로부터 일부 수령한 돈을 S의 채무에 대한 변제금으로 충당하였다. X가 Y에 대하여 양도행위의 취소와 수령금의 반환을 구하고, 이를 본안으로 하여 양수채권의 처분금지가처분을 하였다. Y가 그 후 채권양도가 철회되고 일부 변제금도 S에게 반환하였으므로, X의 취소청구는 소의 이익이 없다고 다투었다.

[판단] 가처분 채무자가 가처분 목적물인 채권을 사해행위의 채무자에게 임의로 반환하여, 그 처분을 사해행위 채무자의 자유에 맡기는 것은 허용되지 않는다. 따라서 이 사건 가처분의 대상인 채권에 관하여 사해행위를 철회하였더라도, 그 철회는 원고와 사이에서는 무효다.

(3) 취소만을 구할 경우

원상회복청구 없이 취소만을 구할 경우에는, 다툼의 대상에 관한 가처분을 할 수 없고, 임시의 지위를 정하는 가처분만이 가능하다. 다툼의 대상에 관한 가처분의 피보전권리는 특정물에 관한 이행청구권이어야 하지만, 임시의 지위를 정하는 가처분의 피보전권리는 제한이 없기 때문이다.

나. 사해신탁을 이유로 신탁부동산에 대하여 처분금지가처분이 가능한가?

위 근저당권설정등기에 관한 처분금지가처분이 있는 경우에, X의 승낙이 없이는 근저당권설정등기를 말소할 수 없다(등기선례 6-377. 2001. 9. 7. 등기 3402-628 질의회답).

(1) 문제점

신탁법 제22조 제1항은 신탁재산에 대하여는 강제집행, 경매, 보전처분을 할 수 없고, 다만 신탁 전의 원인으로 발생한 권리 또는 신탁사무 처리상 발생한 권리에 따른 경우에 예외를 인정한다. 그런데 위탁자에 대하여 위 예외조항에 속하지 않는 일반채권을 가진 채권자가 신탁재산에 대하여 가처분신청을 할 수 있는가.

(2) 신탁재산에 대한 강제집행을 금지하는 신탁법 제22조는, 수탁자 개인의 채권자나 수탁자 명의에 속한 다른 신탁재산의 채권자가 신탁재산에 대하여 강제집행을 할 수 없다는 의미로 규정된 것이다. 한편 위탁자의 채권자가 수탁자에게 귀속된 신탁재산에 대하여 강제집행을 할 수 없다는 것은 당연하다. 왜냐하면 신탁 후에는 신탁재산이 더 이상 위탁자의 재산이 아니기 때문이다. 다만 신탁법 제22조 제1항 단서에 따라 신탁 전에 설정되어 있는 저당권이나 신탁 전에 압류된 위탁자에 대한 조세채권 등은 강제집행이 가능할 뿐이다.[173)]

(3) 신탁법 제22조를 위와 같이 이해하면 위탁자의 채권자가 사해신탁을 이유로 신탁등기의 말소등기청구권을 피보전권리로 하여 처분금지가처분을 하는 것은 신탁법 제22조와는 무관하고, 따라서 가처분이 가능하다.

(4) 이렇게 이해하지 않으면 비록 수탁자가 신탁재산의 관리처분권이 제한되어 있더라도, 처분신탁에서 신탁재산을 처분하면 신탁재산 자체를 회복할 수 없고, 신탁계약에 따라 저당권을 설정하는 경우에도 완전한 원상회복을 기대할 수 없게 되는 등의 불합리한 문제가 생길 수 있다.[174)]

다. 처분금지가처분에서 피보전권리와 본안의 소송물

보전처분의 피보전권리와 본안의 소송물인 권리는 엄격히 일치할 필요는

---

173) 유재관, 신탁법실무, 820면 이하 참조.

174) 민사집행법 실무연구 Ⅱ, 337면 참조. 이 책에서는 소유권이전등기청구권을 가진 채권자의 이중매도인에 대한 채권자취소권을 인정하는 것을 전제로 하여 설명하고 있으나, 대법원 판례가 이를 인정하고 있지 않음은 앞에서 보았다.

없으며 청구 기초의 동일성이 인정된다면 보전처분에 따른 보전의 효력은 본안소송의 권리에 미치고, 동일한 생활 사실이나 경제적 이익에 관한 분쟁에서 그 해결 방법에 차이가 있음에 불과한 청구취지 및 청구원인의 변경은 청구의 기초에 변경을 가져 오지 않는다.[175] 따라서 '사해행위취소에 따른 매매계약의 취소 및 소유권이전등기 말소등기청구권'을 피보전권리로 한 처분금지가처분결정은, 수익자 명의 등기가 명의신탁임을 이유로 말소를 구하는 본안소송의 권리에 미친다.[176]

4. 가압류해방공탁금에 대한 권리행사

가. 일반의 가압류해방공탁금의 경우

채권자가 채무자에 대한 채권을 피보전채권으로 하는 일반적인 가압류에서, 채무자가 해방금을 공탁한 경우에, 그 해방금은 가압류목적물에 갈음하는 것이고, 가압류채권자에게 우선권이 부여되지는 않으므로, 본집행에서 다른 채권자의 배당가입이 인정된다. 가압류채권자는 채무자에 대한 본안판결을 집행권원으로 하여 채무자의 공탁금회수청구권에 압류함으로써 권리를 행사한다.

나. 사해행위취소권의 가압류해방공탁금의 경우

사해행위취소권을 본안으로 하는 가압류에서는, 보전채무자는 수익자이고, 본안확정판결로 하는 본집행에서 수익자의 고유채권자에게 배당가입을 인정할 것인가 문제가 된다. 수익자의 고유채권자들 사이와 취소채권자들 사이에서 배당할 금액을 따로 구분하지 않고 고유채권자의 채권액과 취소채권자의 각 가액반환액을 기준으로 일률적으로 안분한 금액을 배당하는 대법원 판례의 입장[177]에서는, 수익자의 고유채권자들에 대한 배당가입을 막을 수는 없을 것이다.

---

175) 대법원 2006. 11. 24. 선고 2006다35223 판결

176) 대법원 2017. 3. 9. 선고 2016다257046 판결

177) 대법원 2005. 11. 10. 선고 2004다49532 판결.

5. 보전처분의 취소공탁금에 대한 권리행사

일반의 보전처분에서 담보제공을 이유로 한 취소공탁금(민집법 제288조 제1항 제2호)은, 보전처분채권자가 본안소송에서 승소하였음에도 보전처분이 취소됨으로 말미암아 보전처분의 목적물이 존재하지 않게 됨으로써 입는 손해를 담보하기 위한 것으로, 채권자는 질권자와 동일한 권리가 있다(민집법 제19조 제3항, 민소법 제123조 참조). 사해행위취소 채권자는 당초 일반채권자로서 평등배당을 받아야 할 지위에 있으나, 채무자의 사해행위로 말미암아 원물반환이 불가능해진 경우에는 수익자를 상대로 가액반환을 청구하여 사실상 우선변제의 효력을 누리게 된다. 또한 채권자취소권을 본안으로 하는 처분금지가처분(혹은 가액반환을 이유로 한 가압류)에서, 수익자가 특별사정을 이유로 담보를 제공하고 가처분을 취소하는 경우(민집법 제307조 제1항[178])나 담보제공을 이유로 한 가압류를 취소하는 경우(민집법 제288조 제1항 제2호)에도, 채권자는 가처분(혹은 가압류)목적물이 존재하지 않게 됨에 따른 손해배상채권에 대한 담보물인 공탁물회수청구권에 대하여, 수익자의 다른 채권자보다 우선하여 채권질을 주장할 수 있다.[179]

일본에서는 가처분해방공탁금[180]에 대하여, 일반의 계쟁물에 관한 가처분에 대한 공탁에 대하여는 우선변제적 효력을 인정하고, 사해행위취소에 기초한 가처분은 우선변제적 효력이 인정하지 않는다. 즉 가처분 목적물에 갈음

178) 민집법 제307조의 특별사정을 이유로 한 가처분취소는 금전보상 가능성이 있거나 채무자의 현저한 손해의 2가지 중 하나가 요건이다. 그런데 채권자취소권을 보전하기 위한 가처분은 금전보상이 가능한 가처분으로서 위 조문에 따라 담보를 제공하게 하고 가처분을 취소할 수 있다.

179) 대법원 1998. 5. 15. 선고 97다58316 판결.

180) 일본의 민사보전법 제25조 제1항은 우리와 달리 가처분의 해방공탁금제도를 두고 있다. 이에 대하여 우리 민집법은 이를 인정하지 않고, 판례도 가압류해방공탁금제도를 가처분에 준용할 수 없다고 한다(대법원 2002. 9. 25.자 2000마282 결정 등). 그 이유는 금전채권이나 금전으로 환산할 수 있는 채권의 보전을 목적으로 하는 가압류와 달리 가처분은 금전채권을 제외한 특정물에 대한 이행청구권 또는 다툼이 있는 권리관계의 보전에 그 본래의 목적이 있고, 민집법 제307조에서 특별사정을 이유로 한 가처분취소를 별도로 규정한 취지에 비추어 볼 때 따로 가처분해방공탁금제도를 인정할 필요가 없기 때문이라고 한다.

하는 해방공탁금에 가처분의 효력이 미치고, 채무자는 그 공탁금에 관하여 본안인 취소소송의 승소판결이 확정되는 것을 정지조건으로 출급청구권을 취득하나, 사해행위 채무자로 하여금 출급청구권을 행사하게 하는 것은 제도에 취지에 어긋나므로, 가처분채권자가 사해행위채무자에 대한 집행권원에 따라 출급청구권에 대한 강제집행을 한 때만 출급청구를 할 수 있다(일본 민집법 제65조). 이때 다른 채권자도 민법 제407조에 따라 채무자의 공탁금출급청구권에 대하여 집행하거나, 취소채권자의 공탁금에 대한 강제집행절차에서 배당요구할 수 있다.

6. 가등기가처분

채권자취소권은 판결확정에 따라 직접적으로 권리가 변동되고, 부동산등기법 제88조 전문에서 말하는 청구권이 발생할 여지가 없으므로, 같은 조 후문에서 말하는 청구권이 장래에 확정될 경우에 해당하지 않지만, 청구권보다는 권리변동 자체의 발생이 장래에 확정되는 경우이므로, 가등기가처분(부등법 제89조, 제90조)을 할 수 있다. 판례는 취소소송에서 말소등기에 갈음하는 이전등기청구를 할 수 있으므로, 청구권의 발생이 장래에 확정되는 경우와 같이 볼 수 있다는 이유로 가등기가처분을 인정한다.[181)]

181) 大阪高判 소화 38. 2. 23. 判時 331-24(X는 채무자 S가 부동산을 매각하여 소유권이전등기를 하자, 그 채권자취소소송의 소장 송달을 원인으로 하는 가등기가처분을 신청하고, 본안으로 채권자취소와 소유권이전청구권 보전의 가등기에 기초한 본등기를 청구한 사안이다). 상고심인 最判 소화 40. 9. 17. 裁判集 80-361은 Y의 S에 대한 말소에 갈음하는 이전등기의무가 인정된다는 이유로 원심을 지지하였다.

제9장 부인권

[47] Ⅰ. 부인권

1. 의미와 성질

가. 부인권의 뜻

도산절차는 재정적 위기 상황에 놓인 채무자에 대하여 이해관계인의 법률관계를 조정하여 채무자의 효율적인 회생을 도모함으로써 이해관계인들의 이익을 극대화하고, 만약 회생이 이해관계인에게 더 많은 경제적 이익을 보장하지 못하는 경우에는 채무자의 재산을 신속히 청산하여 이를 공정하게 채권자들에게 배분하는 절차이다.

그런데 채무자가 재정적으로 위기상태에 빠지게 되면 채무자를 비롯한 다수의 이해관계인들은 자신의 이익을 최대한 확보하기 위하여 독자적인 행동을 개시할 우려가 높다. 채무자는 최악의 상황에 대비하여 재산을 은닉하거나 자신과 가까운 채권자에게 편파적인 변제를 하려 한다. 채권자들은 채무자와 결탁하거나 우월적 지위를 이용하여 다른 채권자들을 배제한 채 우선변제 받거나 담보권을 취득하려 한다.

위와 같은 행위는 채무자를 재정적으로 더욱 곤란하게 하여 회생을 어렵게 하거나, 이해관계인 사이에 불공평을 초래할 수 있다. 그래서 도산절차개시 이전에 채무자가 한 재산은닉행위와 편파적인 행위를 비롯한 일정한 행위의 효력을 부인하여 회생재단이나 파산재단으로부터 일탈한 재산을 원상으로 회복시키는 부인권이란 제도를 두었다.

나. 부인권의 성질

부인권을 파산재단에서 일탈한 재산의 원상회복을 청구하는 채권적 청구권으로 보고 부인권의 요건이 구비되면 파산선고와 동시에 부인의 효과가 발생한다고 하는 청구권설이 독일의 통설이다.

그러나 대법원은 부인권행사의 요건을 충족하고 있다 하더라도 당연히 부인의 효과가 발생하는 것이 아니고 파산관재인이 부인의 대상이 되는 행위의 효력을 부인하는 의사표시를 해야 한다는 형성권설을 취한다.[1] 이 설은 다시 부인의 효과와 관련하여 물권적 효과설과 채권적 효과설로 나누고, 물권적 효과설은 다시 절대적 효력설과 상대적 효력설로 나누어진다. 부인의 효과가 파산재단과 상대방과의 사이에서만 상대적으로 발생하고 그 밖의 제3자에 대하여는 영향을 미치지 않는다는 상대적 무효설이 우리나라와 일본의 통설이자 판례이다.[2]

2. 부인의 유형

파산절차상의 부인은 채무자회생법[3] 제391조 각호를 근거로 하여 부인대상이 되는 행위의 내용과 시기 및 상대방에 따라 ① 고의부인(법 제391조 제1호), ② 위기부인(법 제391조 제2호·제3호), ③ 무상부인(법 제391조 제4호)으로 나눈다.[4] 그 밖에 특수한 유형으로 대항요건·효력요건의 부인(법 제394조),

---

1) 채무자회생법 제397조 제1항이 "부인권의 행사는 파산재단을 원상으로 회복시킨다"라고 규정하고 있는 것을 그 근거로 한다.

2) 대법원 2005. 12. 22. 선고 2003다55059 판결(수익자 Y가 파산자로부터 근질권을 설정받은 행위가 부인된 사안에서, 파산자의 지위를 양도받은 회사는 부인 사실을 Y에 대하여 주장·원용할 수 없다); 박성철, "파산법상의 부인권," 242면. 본문에서는 파산절차에 관하여만 설명하였으나 회생절차도 다르지 않다.

3) 이하 본 장에서는 채무자회생법을 단순히 '법'으로 한다. 채무자회생법상 부인권에 관한 규정은, 제2편 회생절차에서 제100조부터 제113조가 있고, 제3편 파산절차에서 제391조부터 제405조가 있으며, 개인회생절차에서는 파산절차 조항이 준용된다(법 제584조).

4) 회생절차에 관한 법 제100조 제1항도 동일하다. 파산절차가 도산처리절차의 기본절차라고 할 수 있으므로 이하에서는 파산절차를 중심으로 서술하고, 회생절차에 특이한 부분이 있는 경우 이를 언급하기로 한다.

집행행위의 부인(법 제395조)이 있다.

가. 고의부인

고의부인은 채무자가 회생채권자 등을 해칠 것을 알면서 한 행위를 부인의 대상으로 하는 것으로서 채무자의 사해의사(악의)가 부인요건의 중심이 되고, 행위의 시기에 제한을 두지 않는다. 민법상 채권자취소권과 기본적으로 동일하다.

나. 위기부인

위기부인은 채무자가 지급정지 등 경제적 위기상황이 표면화된 시기에 한 행위를 부인의 대상으로 삼는다. 여기에는 채무자가 지급정지 등이 있은 후에 한, 채무자의 의무에 속한 행위(본지행위)의 부인(법 제391조 제2호)과 채무자가 지급정지 등이 있은 후 또는 그 전 60일 이내에 한, 채무자의 의무에 속하지 않는 행위(비본지행위)의 부인(법 제391조 제3호)이 있다. 채무자의 사해의사가 요건이 아니라는 점에서 고의부인이나 채권자취소권과 다르다.

다. 무상부인

무상부인은 채무자가 한 무상행위와 이와 동일시 할 수 있는 유상행위를 부인 대상으로 하는 것이다. 채무자의 사해의사는 물론 상대방의 악의도 요건이 아니고, 지급정지 이전의 6개월 이내에 한 행위도 부인의 대상이 된다.

라. 각 유형간의 관계

법 제391조는 부인의 요건을 고의부인·위기부인·무상부인의 유형별로 구별하고 있지만 이 부인유형은 서로 고립적·배타적인 것이 아니다. 1개의 행위가 각 부인유형에 중복하여 해당하는 경우 관재인은 그 중 어느 것이라도 주장할 수 있고 부인사유를 선택적이나 예비적으로 주장할 수 있으며, 법원도 당사자가 주장하는 부인유형에 구속되지 않고 당사자의 주장과 다른 유형의 부인을 인정할 수 있다.[5)]

---

5) 大判 소화 13. 5. 17. 판결. 法協 7-1681; 서울고등법원 2002. 7. 5. 선고 2001나72342

3. 각 유형의 부인에 공통하는 일반요건

가. 행위의 유해성

부인권은 채무자가 한 재산의 은닉행위나 편파적인 행위 등의 효력을 사후에 부인하여 파산재단으로부터 일탈한 재산을 원상으로 회복시키기 위한 제도이므로, 부인의 대상이 되는 행위는 채권자 등에게 해를 끼치는 행위이어야 한다. 유해성을 흠결한 행위는 부인의 대상이 되지 않는다. 법도 '채무자가 파산채권자를 해하는 것을 알고 한 행위'(법 제391조 제1호), '파산채권자를 해하는 행위'(법 제391조 제2호)라는 표현을 사용한다. 여기서 말하는 채권자를 '해하는' 행위에는 채무자의 일반재산을 절대적으로 감소시켜 채권자에게 손해를 끼치는 사해행위 외에 채권자 간의 평등을 저해하는 편파행위까지 포함한다.[6] 그 밖에 법 제391조 제3호의 '담보의 제공 또는 채무의 소멸에 관한 행위'나 법 제391조 제4호의 '무상행위 및 이와 동일시 할 수 있는 유상행위'도 채권자 등에게 해를 끼치는 전형적 행위의 하나로서 법이 규정한다.

요컨대 채무자의 행위가 사해행위이든 편파행위이든 청산절차를 가정하였을 때 그 행위로 말미암아 다른 채권자들의 배당률이 낮아지면 채권자를 해치는 행위로 보아 그 행위의 유해성이 인정된다.[7]

나. 행위의 부당성 또는 상당성

부인의 대상이 되는 행위는 부당해야 한다. 부당성이란 채권자 등의 이익과 수익자의 이익을 비교·형량하여 행위의 타당 여부를 평가하는 것이다. 문제되는 행위가 객관적으로 보아 유해성의 요건을 충족하더라도 행위 당시의 개별적·구체적 사정에 비추어 그 행위가 사회적으로 필요하고, 또 타당하다고 인정되거나 불가피하였다고 인정되어 채권자가 그 행위에 따른 채무

판결 참조.

6) 대법원 2006. 6. 15. 선고 2004다46519 판결. 참고로 일본 파산법에서는 사해행위부인과 편파행위부인을 구분하여 규정하고 있다.

7) 이진만, '통합도산법상의 부인권', 874면.

자 재산의 감소나 불공평을 감수해야 된다고 평가되면 부인권 행사를 부정하는 것이 오히려 정의의 관념에 합치된다.

다만 유해성과는 달리 부당성은 법이 명시적으로 정하고 있는 요건이 아니고, 부당성의 판단기준은 반드시 명확한 것이 아닐 뿐만 아니라 대부분 유해성의 판단기준과 서로 중복되는 것이 많다. 그리고 부인의 적극요건으로 부당성까지 요구한다면 부인권을 행사하는 관재인에게 과도한 부담이 될 수 있으므로, 일단 유해성이 있으면 부인권의 객관적 요건은 충족되고, 다만 상당성이 있는 경우에는 그 행위가 부인될 수 없다고 보아야 한다.[8] 즉 행위의 상당성(정당성)은 부인권발생 조각사유로서 부인권행사의 상대방에게 증명책임이 있다.[9]

4. 부인유형별 성립요건[10]

<table>
<tr><th>부인유형</th><th>행위시기</th><th>대상행위</th><th>상대방</th><th>채무자의
주관적 요건</th><th>수익자의
주관적 요건</th></tr>
<tr><td>고의부인
제391조 1호</td><td>실질적
위기시기</td><td>사해행위
(편파행위)</td><td>제한 없음</td><td>사해의사
(관재인 증명)</td><td>사 해 성
(수익자 증명)</td></tr>
<tr><td>위기부인
(본지부인)
제391조 2호</td><td>지급정지 등
있은 후</td><td>의무 있는
편파행위
· 사해행위</td><td>채 권 자</td><td rowspan="3">불 필 요</td><td>위 기 시 기
또는 사해성
(관재인 증명)</td></tr>
<tr><td>위기부인
(비본지부인)
제391조 3호</td><td>지급정지 등
있은 후/그 전
60일 이내</td><td>의무 없는
편파행위</td><td>채 권 자</td><td>위 기 시 기
및 편파성
(수익자 증명)</td></tr>
<tr><td>무상부인
제391조 4호</td><td>지급정지 등
있은 후/그 전
6개월 이내</td><td>무상행위</td><td>제한 없음</td><td>불 필 요</td></tr>
</table>

가. 고의부인(법 제391조 제1호)

고의부인의 성립요건은 ① 객관적 요건으로서 '정리채권자 등을 해치는 행

8) 이진만, 전게논문, 876면.

9) 대법원 2002. 8. 23. 선고 2001다78898 판결 외 다수.

10) 아래 표는 저자의 승낙을 얻어 이진만, 전게논문, 882면에서 인용하였다.

위'(사해행위)일 것, ② 주관적 요건으로서 '채무자가 행위 당시 그 행위에 따라 정리채권자 등을 해친다는 사실을 알고 있어야 할 것'(사해의사)이다. 사해행위와 사해의사에 대한 증명책임은 관재인이 부담한다.

(1) 객관적 요건

사해행위란 채권자 등에게 손해를 주는 행위로서 채무자의 재산을 절대적으로 감소시키는 행위뿐만 아니라 채권자 등에게 불공평을 생기게 하는 편파행위도 포함한다. 그러나 편파행위라고 하여 언제나 고의부인의 대상이 되는 것은 아니고, 사해의사가 인정되는 경우에만 고의부인의 대상이 된다.

(2) 주관적 요건

채무자가 행위 당시에 그 행위에 따라 채권자의 이익을 해치게 된다는 사실을 알고 있어야 한다. 이는 행위결과 모든 채권자를 위한 공동담보인 책임재산이 감소하거나 다른 채권자의 만족을 저하시키게 됨으로써, 다른 채권자 등에게 손해를 끼친다는 인식만 있으면 되고, 사해의 의도나 악의까지 있을 필요는 없다.[11] 사해의사는 행위 당시 존재하면 되고, 채무자가 실제로 인식하지 않았다면 거기에 과실이 있다고 하더라도 부인의 대상이 되지 않는다.[12] 행위를 채무자의 대리인이 한 경우에는 사해의사 존부는 대리인을 기준으로 판단해야 한다.

인식의 내용은 부인의 대상이 되는 행위의 성질에 따라 다르다. 즉 사해행위의 경우에는 현재 자신의 변제자력이 부족하다는 사실과 그 행위에 따라 채무자의 일반재산이 감소한다는 사실에 대한 인식만으로 충분하나, 편파행위의 경우에는 그 이외에 특정채권자에게만 변제한다는 인식이 필요하다.[13]

(3) 수익자의 악의

부인의 대상이 되는 행위에 따라 직접 이익을 받는 수익자가 그 행위 당시에 채권자의 이익을 해칠 수 있음을 알고 있어야 한다. 수익자의 악의도 채무자의 사해의사와 마찬가지로 채권자 등을 해친다는 인식으로 충분하다.

---

11) 대법원 2005. 11. 10. 선고 2003다271 판결.
12) 수익자에 관한 대법원 2004. 1. 29. 선고 2003다40743 판결 참조.
13) 박성철, '파산법상의 부인권', 706면, 이진만, 전게논문, 884면. 위 2003다271 판결.

수익자가 회생채권자를 해치는 것을 알지 못하였다는 사실, 즉 선의를 증명할 책임을 부담한다. 선의인 이상 과실의 유무는 문제 삼지 않는다.[14)]

나. 위기부인[15)]

위기부인은 채무자의 경제적 위기상태가 표면화된 시기(형식적 위기시기)에, 채무자가 한 채권자 등을 해치는 행위를 채무자의 사해의사 존부와 관계없이 부인하는 객관주의적 부인유형으로 편파행위 부인이 주된 대상이 된다.

(1) 본지행위에 대한 위기부인(법 제391조 제2호)

본지행위를 부인하려면, ① 객관적 요건으로서 회생채권자 등을 해치는 행위와 담보제공 또는 채무소멸에 관한 행위라야 하고, ② 시기적 요건으로서 채무자가 지급정지・파산・회생개시의 신청이 있은 후에 한 행위라야 하며, ③ 주관적 요건으로서 수익자가 행위 당시 지급정지 등이 있는 것 또는 회생채권자 등을 해치는 사실을 알 것이 필요하다. 증명책임은 모두 관재인이 부담한다.

(가) 객관적 요건 : 객관적 요건으로서 '채권자 등을 해하는 행위'란 총 채권자를 해치는 행위, 즉 채무자의 일반재산을 절대적으로 감소시키는 사해행위와 채권자 사이의 평등을 저해하는 편파행위 모두를 포함한다.[16)]

(나) 시기적 요건 : '지급정지'란 지급불능을 추정하게 하는 사실로서, 변제자력의 결핍으로 변제기가 도래한 채무를 일반적으로 변제할 수 없음이 외부적으로 나타나는 것을 말하고, '자력의 결핍'이란 채무자에게 채무를 변제할 수 있는 자산이 없고 변제유예를 받거나 변제에 필요한 자금을 융통할 신용도 없는 것을 말한다.[17)]

파산선고가 있은 날(회생절차개시 신청일)로부터 1년 이전에 한 행위는 지

---

14) 위 2003다40743 판결과 채권자취소권에 관한 대법원 2001. 5. 8. 선고 2000다50015 판결 참조.

15) 자세한 내용은 임종헌, '일본 파산법상의 부인권에 관한 연구', 784면 이하 참조.

16) 대법원 2002. 8. 23. 선고 2001다78898 판결.

17) 대법원 2001. 6. 29. 선고 2000다63554 판결(회사가 부도유예협약 대상업체로 선정하여 줄 것을 신청하거나 주거래은행이 회사를 그 협약 대상기업으로 결정한 것이 '지급정지'에 해당하지 않는다).

급정지 사실을 안 것을 이유로 부인할 수 없다(법 제404조, 제111조).

(다) 주관적 요건 : 채무자가 편파행위 등을 한 경우 수익자가 선의인 경우에도 이를 부인할 수 있다고 한다면 거래안전을 지나치게 해치므로, 수익자가 채무자의 행위 당시에 지급정지 등이 있는 사실 또는 정리채권자 등을 해치는 사실 등을 알고 있는 경우에만 부인할 수 있다(법 제391조 제2호 단서). 수익자의 악의에 대한 증명책임은 관재인에게 있다.

(2) 비본지행위에 대한 위기부인(법 제391조 제3호)

비본지행위를 부인하려면, ① 객관적 요건으로서 담보제공 또는 채무소멸에 관한 행위로서 그 행위 자체나 방법 또는 시기가 채무자의 의무에 속하지 않아야 하고, ② 시기적 요건으로서 채무자가 지급정지 등이 있은 후 또는 그 전 60일 내에 한 행위라야 하며, ③ 주관적 요건으로서 수익자가 행위 당시 지급정지 등이 있는 것 또는 회생채권자 등을 해친다는 사실을 알고 있을 것이 필요하다. ①, ②의 증명책임은 관재인이 부담하고, ③은 선의의 증명책임을 수익자가 부담한다.

(가) 객관적 요건 : 행위 자체가 채무자의 의무에 속하지 않는 예로는 채무자가 기존 채무에 대하여 담보를 제공하기로 하는 약속이 없음에도 불구하고 담보제공을 하는 경우, 변제기한의 유예를 받거나 집행을 면하기 위하여 담보를 제공하는 경우를 들 수 있다.

방법이 의무에 속하지 않는 예로는 본래 대물변제 약정이 없음에도 불구하고 대물변제를 하는 경우, 동산담보제공약정을 체결하였음에도 불구하고 부동산담보를 제공하는 경우를 들 수 있다.

시기가 의무에 속하지 않는 예로는 변제기 전에 채무를 변제하는 경우를 들 수 있다. 여신거래약정서에 채무자의 신용변동으로 채권보전을 할 상당한 사유가 발생한 경우에는 채무자는 채권자의 청구에 따라 추가담보를 제공할 의무를 부담한다는 취지의 약관규정이 있는 경우에는, 이는 단순히 일반적・추상적인 담보제공의무만을 약정한 것에 불과하고 구체적인 담보제공의무를 부담시키는 것이 아니어서 위 약관에 따라 담보를 제공하더라도 채무자의 의무에 속하는 행위라고 볼 수 없다는 것이 판례이다.[18]

(나) 시기적 요건 : 지급정지 등이 있은 후는 물론 그 전 60일 내에 한 행위까지 부인의 대상이 되는데, 이는 비본지행위의 경우 본지행위에 비하여 상대방을 보호할 필요가 적기 때문이다.

(다) 주관적 요건 : 수익자는 '그 행위 당시 채무자가 다른 파산채권자 등과의 평등을 해친다는 것을 알고 한 사실을 수익자가 알지 못하였다는 것'19) 및 지급정지 등이 있은 후에 행위가 있었을 경우에는 '지급정지 등이 있었다는 사실을 알지 못하였다는 것'을 증명하여 선의자로서 보호받을 수 있다.

다. 무상부인(법 제391조 제4호)

무상부인이란 채무자가 한 무상행위 또는 이와 동일시 할 수 있는 유상행위를 부인하는 것을 말한다. 무상행위 또는 이와 동일시 할 수 있는 정도의 유상행위는 채권자 등을 해칠 위험성이 매우 큰 반면 수익자의 이익을 고려할 필요성은 적으므로 수익자의 악의도 요건으로 하지 않고, 시기적 요건도 보다 완화하고 있다.

무상부인의 요건은 ① 객관적 요건으로서 채무자의 행위가 무상행위 또는 이와 동일시할 수 있는 유상행위라야 하고, ② 시기적 요건으로서 채무자가 지급정지 등이 있은 후 또는 그 전 6개월 내에 한 행위라야 한다. 성립요건에 대한 증명책임은 관재인이 부담한다.

(1) 객관적 요건 : 무상행위란 채무자가 대가를 받지 않고 재산을 감소시키거나 채무를 증가시키는 일체의 행위를 말한다. 무상행위와 동일시 할 수 있는 유상행위란 상대방의 출연이 너무나 작아 대가로서의 의미가 없는 경우를 말한다. 무상행위인지 여부는 채무자를 기준으로 하여 판단해야 하고 수익자의 입장에서 무상성이 있는지를 판단할 것은 아니다. 따라서 채무자의 채무보증을 수익자인 채권자의 입장에서 보면 채무자로부터 보증을 받는 대

18) 대법원 2000. 12. 8. 선고 2000다26067 판결.

19) 이에 대해서는 입법론적으로 비판이 있다. 즉 이 규정에 따르면 수익자는 그 행위가 채권자 등을 해치는 행위임을 알고 있었지만 채무자는 그러한 사실을 알지 못한 때 또 수익자도 채무자도 각각 그 행위가 채권자 등을 해치는 행위임을 알고 있었지만 수익자는 채무자가 그러한 사실을 알고 있었다는 점을 모를 때에는 모두 부인할 수 없다는 결론이 되기 때문이다(이진만, 전게논문, 891면, 주 71 참조).

가로 융자를 하였으므로 무상으로 보증의 이익을 얻은 것이 아니지만, 채무자를 기준으로 한다면 채무자가 아무런 대가(예컨대 보증료)를 받음이 없이 보증하였다면 무상행위라고 보아야 한다.[20]

(2) 시기적 요건 : 채무자가 형식적 위기시기 또는 그 전 6개월 내에 한 행위여야 한다. 그 이전의 행위는 채무자의 사해의사와 수익자의 악의가 인정되면 고의부인의 대상이 될 수 있음은 물론이다.

5. 부인의 특수유형

가. 성립요건 · 대항요건의 부인(법 제394조)

(1) 개 념

법 제394조는 성립요건 · 대항요건의 구비행위를 권리변동의 원인행위와 분리하여 그 원인행위를 부인할 수 없게 된 경우에도 독자적으로 성립요건 · 대항요건의 구비행위를 부인할 수 있도록 규정하고 있다. 성립요건 · 대항요건의 구비행위에 대한 부인을 별도로 인정하는 취지는 채무자가 부동산 또는 채권을 다른 사람에게 양도하는 등 원인행위를 하였음에도 상당기간 성립요건 · 대항요건의 구비행위를 하지 않고 있으면, 일반 채권자들은 아무런 거래가 없었던 것으로 잘못 알고 있기 쉬운데, 지급의 정지 등이 있은 후에 갑자기 성립요건 · 대항요건을 구비하는 것을 허용하면 일반채권자들에게 예상치 않았던 손해를 주기 때문에 이를 부인할 수 있게 한 것이다.

성립요건 · 대항요건의 부인규정과 법 제391조와의 관계에 관한 견해의 대립이 있으나, 통설과 판례[21]는 대항요건 등의 구비행위도 법 제391조에 따라 부인할 수 있지만, 그 행위는 권리변동의 효력을 완성시키는데 지나지 않고 원인행위에 부인사유가 존재하지 않는 이상, 가능하면 성립요건 · 대항요건을 구비시키는 것이 바람직하므로 법 제391조의 적용을 제한한 것이 법 제394조라는 것이다. 즉 권리변동의 성립요건 · 대항요건을 구비하는 행위는 법 제

20) 자세한 내용은 이진만, '통합도산법상의 부인권', 891면 참조.

21) 대법원 2007. 7. 13. 선고 2005다72348 판결; 대법원 2004. 2. 12. 선고 2003다53497 판결. 이진만, 전게논문, 893면; 박성철, 전게논문, 723면.

394조의 엄격한 요건을 충족하는 경우에만 부인의 대상이 되고, 이와 별도로 법 제391조에 따른 부인의 대상이 될 수 없다고 한다. 따라서 대항요건 등의 구비행위에 관하여는 위기부인뿐만 아니라 지급정지 등의 전후를 막론하고 법 제391조 제1항 제1호의 고의부인도 인정되지 않는다(제한설). 채권양도사실을 통지한 행위가 권리이전행위로부터 15일 이내에 이루어졌다면 선의·악의를 묻지 않고 본조에 따른 부인권을 행사할 수 없다.[22]

(2) 요 건

성립요건·대항요건 부인의 요건은 ① 객관적 요건으로서 채무자가 권리의 설정·이전 또는 변경의 효력발생요건 또는 대항요건을 구비하는 행위를 하여야 한다. 즉 부동산 등기, 동산 인도, 채권양도와 입질에 관한 통지, 지시채권의 배서·교부, 선박의 등기, 자동차 등록 등을 구비하는 행위를 가리킨다. ② 시기적 요건으로서 권리의 설정·이전·변경이 있은 날부터 15일을 경과한 후에 대항요건 등의 구비행위를 해야 한다. 15일의 기산점은 원인행위를 한 날이 아니라 원인행위의 효력이 발생한 날을 의미한다.[23] ③ 주관적 요건으로서 수익자가 지급정지 등이 있음을 알아야 한다. 이러한 요건은 관재인이 증명해야 한다.

그러나 지급정지 등이 있기 전에 이루어진 가등기·가등록에 따른 본등기·본등록은 부인의 대상이 되지 않는다(소극적 요건)(법 제394조 제1항 단서). 이미 가등기 등이 경료된 경우에는 당해 재산이 채무자의 일반재산으로부터 일탈될 가능성을 대외적으로 공시하기 때문에 가등기에 기초하여 본등기가 되더라도 다른 채권자들에게 예상치 않은 손해를 줄 위험이 없기 때문이다.

나. 집행행위의 부인(법 제395조)

부인권은 부인하고자 하는 행위에 관하여 상대방이 이미 집행권원을 가지고 있거나 그 부인대상인 행위가 집행행위에 따른 것이라도 이를 행사할 수 있다. 채무자의 변제가 사해행위 또는 편파행위로서 부인의 요건을 갖추고

22) 대법원 2002. 7. 9. 선고 2001다46761 판결.
23) 대법원 2001. 9. 4. 선고 2001다25931 판결.

있는 경우에는 상대방이 그 채무에 관하여 집행권원을 가지고 있더라도 채권자에 대한 유해성이라는 점에서 집행권원이 없는 경우와 차이가 없다. 채권자가 비록 채무자의 임의변제가 아닌 강제집행절차를 통하여 자신의 채권에 대한 만족을 얻는다고 하여도 채권소멸이라고 하는 사법상의 효과는 채무자로부터 임의변제를 받는 때와 동일하다. 따라서 이러한 강제집행에 따른 채권만족도 부인의 요건을 구비하는 이상 당연히 부인할 수 있다.[24)]

부인의 대상은, 집행권원의 내용을 이루는 실체법상 의무를 발생시킨 채무자의 원인행위(예를 들어 매매계약에 기한 소유권이전등기청구권의 집행권원이 있다면, 원인행위인 매매계약을 부인하는 경우)가 될 수도 있고,[25)] 집행권원을 성립시킨 채무자의 소송행위(채무자가 한 청구인낙 · 포기, 재판상 화해, 집행수락 의사표시, 재판상 자백 등을 부인하는 경우)를 부인하여 집행권원 자체를 부인[26)]할 수도 있다. 나아가, 채권자가 금전지급을 명하는 집행권원에 따른 강제집행으로 지급을 받은 경우에는 금전집행을 부인할 수 있다.[27)]

집행행위 자체를 부인한다고 할 때,[28)] '집행행위'란 부동산의 매각허가결정, 전부명령과 같은 집행기관의 행위와 등기절차이행을 명하는 판결에 따른 등기관의 등기기입행위와 같은 행위를 모두 포함한다.

집행행위는 원칙적으로 집행기관의 행위를 가리키는 것이지만, 집행기관이

---

24) 따라서 통설은 법 제395조가 새로운 부인의 유형을 규정한 것이 아니라 집행행위도 부인에 관한 일반조항인 법 제391조 각호의 부인대상이 된다는 점을 주의적으로 규정한 것에 불과하다고 한다. 법인파산실무, 403면.

25) 다만 원인행위가 의무이행 이전에 부인되면 실체법상 이행의무는 소멸하는데 집행권원의 집행력도 당연히 소멸하는지, 아니면 집행력을 배제하기 위해서는 청구이의소송을 제기해야 하는가에 대하여 견해의 대립이 있다. 법인파산실무, 403면.

26) 이러한 소송행위가 부인되면 그 기판력이나 집행력은 배제되지만 실체법상 원인행위는 소멸하지 않는다. 이 경우 그 집행권원을 배제시키는 방법이 문제되나, 청구이의 사유에는 해당하지 않으므로 채무부존재확인의 소를 제기하여 다툴 수 있다. 법인파산실무, 403면.

27) 집행행위, 즉 의무이행행위가 부인되어도 집행권원 자체는 실효되지 않고, 수익자는 집행권원이 있는 파산채권자가 된다.

28) 법 제395조 후단의 '부인하고자 하는 행위가 집행행위에 의한 것인 때'와 관련하여 부인의 대상은 집행행위에 따라 실현되는 실체법상 효과가 아니라 집행행위 그 자체라는 것이 통설이다. 법인파산실무, 403면.

하지 않고, 질권자가 직접 질물을 매각하거나 스스로 취득하여 피담보채권에 충당하는 등의 행위에 대해서도 집행기관이 한 집행행위를 유추하여 같은 법 제100조 제1항 제2호에 따른 부인권 행사의 대상이 될 수 있다.[29] 다만 집행행위를 채무자의 사해의사를 요건으로 하는 고의부인으로 부인하는 경우에는 채무자의 행위와 같이 볼만한 특별한 사정이 요구된다.[30]

집행행위의 부인에 해당하는 경우로는 채권자가 전부명령을 받은 행위, 추심명령에 따라 압류된 채권을 추심하는 행위,[31] 강제집행절차에서 배당금을 수령하는 행위 등이 있다.

[48] Ⅱ. 채권자취소권과 부인권

채권자취소권과 도산법상 부인권은 별개의 제도이고 별개의 목적을 갖지만, 둘 다 유사한 제도이고 유사한 목적을 가진다. 원래 특정제도를 연구할 때 유사한 제도의 같은 점과 다른 점을 비교하다 보면 보다 입체적이고 심층적인 내용을 파악할 수 있다. 그러므로 채권자취소권과 유사한 제도인 부인권과의 비교를 통하여 채권자취소권을 보다 잘 이해할 수 있다. 앞에 나온 여러 장에서 채권자취소권을 다루면서 그와 관련된 부인권의 문제도 대부분 언급하였으나, 이 장에서는 부인권의 개념과 채권자취소권과의 비교를 전체적으로 개관하여 본다.

1. 제도의 연혁과 목적

가. 연 혁

채권자취소권과 부인권은 고대 로마법에서 온 것으로 그 뿌리가 같다는 점은 제1장에서 이미 설명하였다.

로마법에서 채권자는 채무를 이행하지 않는 채무자를 노예로 삼거나 외국

29) 대법원 2011. 11. 24. 선고 2009다76362 판결.
30) 법인파산실무, 404면.
31) 대법원 2002. 11. 8. 선고 2002다28746 판결.

에 팔 수 있는 인적 집행이 인정되었다. 그러나 B.C. 1세기 경 법무관법에 따라 집행은 채무자의 재산을 대상으로 제한되었고, 그렇게 되자 채무자의 재산처분을 규제할 필요가 생겼다. 이를 위한 제도 중 하나가 actio pauliana이다. 이 소권이 인정되기 위해서는 채무자가 그 재산적 이익을 타인에게 이전함으로써 채권자의 이익을 해치고(객관적 요건), 채무자에게 채권자를 해친다는 의사와 원칙적으로 상대방이 이를 알 것(주관적 요건)을 요구하였다.

로마법에서 pauliana 소권은 파산법과 파산 외의 구별이 없었으나, 14세기 이탈리아 도시법에서는 상인들 사이의 특별한 제도로서 파산절차가 생겨나면서, 사해의사가 필요한 주관주의로부터 필요하지 않는 객관주의가 도입되었다.

프랑스법도 그 영향을 받았고, 독일법도 actio pauliana가 승계되었으나, 우리는 민법은 프랑스 민법을, 파산법은 독일 파산법을 각 계수하였다.

부인권에 관하여 채무자회생법은 비교적 많은 조문이 있으나, 채권자취소권은 민법에 제406조와 제407조의 불과 2개조가 있을 뿐이어서, 그 적용이나 해석에 관하여는 판례와 학설에 의존하고 있는 실정이다.

나. 목 적

현대의 채권은 궁극적으로는 채무자의 재산을 마지막 담보로 실현된다. 따라서 채권 확보가 가장 확실한 것은 채무자의 재산에 대하여 저당권을 비롯한 담보(특별담보)를 설정하는 것이다. 특별담보를 가지는 채권자는 그 목적물인 재산으로부터 우선변제를 받을 수 있다. 이러한 지위는 채무자에게 파산절차가 개시되더라도 같다.[32] 그러나 저당권설정과 같은 것은 거래 상대방을 자유로이 선택할 수 있는 은행이나 대기업이라면 몰라도, 일단 상품을 팔아야만 생존할 수 있는 대부분의 기업은 그럴 수 없는 입장이다.

담보권을 가지지 못한 채권자를 일반채권자라 하고, 파산절차에서는 파산채권자라고 부르는데, 이러한 일반채권자는 채무자가 임의로 지불하지 않는 경우에는 소송을 제기하여 판결을 받아 이를 집행권원으로 하여 채무자의 재산에 강제집행해야 한다. 이러한 집행절차에서 채무자의 재산은 특별담보가 되어있지 않은 재산(일반재산 또는 일반담보)을 대상으로 하여 압류와 그

32) 다만 회생절차에서는 담보권 행사도 제한을 받는다.

에 이은 경매(입찰)에 따라 환가한 대금이 채권자에게 교부된다.

채권자가 많고 채무자에게 이를 모두 변제할 수 있을 만큼의 재산이 없을 때에는, 파산절차가 개시된다. 이러한 절차는 채권자나 채무자가 스스로 법원에 파산을 신청함으로써 개시된다. 신청을 할 때에는 판결이나 기타 집행권원은 필요하지 않다. 법원은 이유가 있으면 파산을 선고하고 동시에 파산관재인을 선임한다. 채권자들(파산채권자들)은 각자 자기 채권을 신고하고, 파산관재인은 이를 조사하여 확정된 채권총액을 분모, 일반재산의 환가금이나 채권의 회수로 모은 금액을 분자로 하여 산출된 비율에 따라 배당(변제)을 한다.

중요한 것은 강제집행이든, 파산이든, 재산이 채무자 소유(명의)가 아니면, 압류는 물론이고 환가를 할 수 없다.

그런데 압류가 되거나 파산신청이 될 우려가 있는 채무자는 어차피 채권자에게 빼앗길 것이라면 가까운 사람에게 재산을 증여하거나, 여러 채권자 중에서 특정인에게 지급하려는 경향이 있다. 그러한 행위가 허용된다면 채무자의 자산을 책임재산으로 하여 신용을 부여한 채권자는 채권회수를 할 수 없게 될 위험이 있다.

이러한 경우의 채권자를 구제하기 위하여 고안한 것이, 채권자취소권과 부인권 제도이다. 이는 위와 같은 채무자의 행위를 취소하거나 부인하여, 채무자의 행위로 재산을 취득한 수익자나 수익자로부터 다시 목적재산을 양수한 전득자로부터 그 재산이나 이익을 환수하여 채권자의 만족(변제, 배당)을 위한 재산에 편입시키는 것이다.

강제집행은 개개의 채권자들이 하므로 개별집행이라 부르고, 파산은 채권자 전원을 위하여 하므로 일반집행이라 한다. 채권자취소권은 개별집행의 보전을, 부인권은 일반집행의 보전을 위한 제도이다.

좀 더 구체적으로 설명하자면, 채권자취소권은 채무자의 사해의사를 중시하는 주관주의적인 권리로서 채무자의 사해행위를 취소함으로써 채권자의 공동담보를 보전하는 것이 주목적이며, 부인권은 주관주의적 권리인 고의부인 및 객관주의적 권리인 위기부인 · 무상부인을 모두 포함하는 것으로서 채무자의 일탈된 재산을 회복 · 환가하여 채권자들의 평등한 채권만족을 도모하는 것이 주된 목적이다.

2. 채권자의 입장

가. 담보권의 경우

(1) 물적담보

(가) 채무자 S의 부동산에 저당권을 비롯한 담보권을 가지고 있는 채권자 X는 목적부동산에 대한 담보권의 실행으로 다른 채권자보다 우선변제를 받을 수 있다. S가 파산선고를 받으면 X는 별제권자로서 파산절차에 따르지 않고 담보권을 실행할 수 있으므로 역시 우선변제를 받을 수 있다.[33]

이는 S가 그 부동산을 양도하여 A 명의로 소유권이전등기를 마치더라도, X는 그 부동산에 대한 저당권을 실행할 수 있으므로(추급권이 있으므로), 이 때에도 X는 아무런 불이익을 입지 않는다(바꾸어 말해서 해를 입지 않는다). 따라서 이 경우에는 채권자취소권이든 부인권이든 문제될 여지가 없다.

(나) X의 채권이 8,000만 원이고, 부동산의 가격이 5,000만 원인 경우에, 5,000만 원의 범위 내에서는 위에서 설명한 바와 같으나, 담보물을 초과하는 3,000만 원에 관하여는, X는 일반채권자로서 다른 재산으로 변제를 받을 수밖에 없다. S가 파산한 경우에는 위 3,000만 원에 관하여 배당을 받을 수 있으므로, X는 그 취지를 신고해야 하고, 그 점을 밝히지 않으면 배당을 받지 못하게 될 수도 있다(법 제447조 제2항, 제525조).

(다) X가 S 이외의 자(물상보증인)의 부동산을 담보로 가지는 경우에, X는 그 부동산으로부터 우선변제를 받을 수 있으므로 S의 행위를 사해행위로 취소할 수는 없으나,[34] 그러한 담보가 있다고 하더라도 채무자에 대한 권리행사를 못할 이유가 없으므로 S가 파산한 경우에는 채권신고를 할 수 있다.

(2) 인적담보

X가 S에 대한 채권을 가지고 있고, A가 그 보증을 하거나 연대채무자인

33) 회생절차에서는 회생담보권자로서 회생채권자에 비하여 유리한 변제를 받을 수 있지만, 회생담보권자라 하더라도 회생절차를 떠나서 담보권을 행사할 수는 없다.

34) 대법원 2002. 4. 12. 선고 2000다63912 판결.

경우에는 채무자에 대한 권리행사를 방해받지 않으므로 채권자취소권이나 부인권을 행사할 수 있다.[35]

나. 일반채권자(채권자취소권의 경우)

채권자취소권은 채권을 가진 사람에게 부여된 권한이다. 어떠한 채권이 취소권으로 보전될 수 있는가(즉 피보전채권의 적격이 있는가)에 관하여 주된 쟁점을 살펴본다.

(1) 특정물채권

채권자취소권을 행사하는 채권자 X의 채권은 일반적으로는 채무자 S에 대한 대여금, 물품대금, 어음금, 손해배상청구권과 같은 금전채권이다.

문제가 되는 것은 S가 부동산을 X와 Y에게 이중으로 양도한 후, Y에게 소유권이전등기를 경료해줌으로써, X에게 그 소유권을 이전할 수 없게 됨과 동시에 S가 무자력이 된 경우에, X는 S에 대한 특정물(부동산)인도청구권을 가지고 S의 Y에 대한 양도계약의 취소를 구할 수 있는가 하는 것이다. 현재 일본에서는 판례[36]와 통설이 이를 인정하고 있다.

대법원은 이를 부정한다.[37] 그러나 민법 제406조가 모든 채권자를 위한 공동담보의 보전을 목적으로 하는 제도이고, 법문상 특정물인도채권을 제외하고 있지 않으며, 특정물채권도 궁극적으로는 손해배상채권으로 변할 수 있어, 채무자의 일반재산으로 담보되어야 하므로, 특정물 처분에 따라 채무자가 무자력이 된 경우에는, 특정물채권자는 그 물건의 처분행위를 사해행위로 취소할 수 있다고 보는 유력한 견해[38]가 있다.

특히 위의 이중양도 사례에서, 채무자가 무자력으로서 당해 부동산 외에 달리 재산이 없는 경우에는, 제1매수인이 취득하는 손해배상채권의 회수는 거의 불가능하게 된다. 그러므로 제1매수인이 이중매매계약을 사해행위로서 취소할 수 있느냐 여부는 매우 중요한 의미를 가진다.

---

35) 대법원 2003. 7. 8. 선고 2003다13246 판결 참조.

36) 最判 소화 36. 7. 19. 民集 15-7-1875, 判時 266-6.

37) 대법원 1999. 4. 27. 선고 98다56690 판결.

38) 배성호, '채권자취소권에 있어서 특정물채권의 피보전채권성', 77면 이하.

채권자취소제도는 채무자가 채권자를 해칠 의사를 가지고 자신의 무자력 상태를 초래하거나 심화시키는 행위로써 채권자를 해치는 경우에 채권자를 보호하기 위한 제도이므로, 취소채권자의 채권이 공동담보의 감소로 피해를 입을 수 있으면 충분하고, 반드시 사해행위 당시 금전채권일 필요는 없다는 견해가 설득력이 있고, 채권자를 보호할 현실적 필요성도 있다.

다만 X의 취소청구가 인정되어 부동산이 S명의로 환원된 후에, X가 S로부터 그 부동산 인도를 받을 수 있는가 하는 점에 관하여는 부정설이 일본의 다수설이다.[39] Y에게 소유권이전등기가 경료됨으로써 X의 특정물인도청구권은 이행불능에 따른 손해배상청구권(금전채권)으로 전환되었고, 동시에 S가 무자력이 되어 X의 금전채권이 만족될 수 없게 되었다는 이유로 취소권이 인정되었으므로, 그 부동산이 S명의로 환원되었다고 하여 이를 다시 X에게 인도하는 것은 허용될 수 없다.

(2) 사해행위 전에 발생한 채권

채권자 X는 채무자 S의 행위(사해행위)에 따라 자기의 채권이 만족될 수 없게 되었을(채권자를 해쳤을) 때 취소권이 부여되기 때문에, 채권자를 해쳤다고 하기 위해서는 그 채권은 사해행위가 있기 전에 발생해야 한다.[40]

다만 대법원은 피보전채권은 원칙적으로 사해행위 전에 발생되어야 하지만, 그렇지 않더라도 ① 사해행위 당시에 이미 채권성립의 기초가 되는 법률관계가 발생되어 있고, ② 가까운 장래에 그 법률관계에 기초하여 채권이 성립되리라는 점에 대한 고도의 개연성이 있으며, ③ 실제로 가까운 장래에 그 개연성이 현실화되어 채권이 성립되었다는 요건을 갖춘 경우에는 채권자취소권의 피보전채권이 될 수 있다고 한다(기초적 법률관계론).[41]

(3) 기한부·조건부채권

채권자취소권은 개별집행을 목적으로 하는 제도이므로, 조건이 붙어 있거나 기한이 차지 않은 경우에도 가압류의 피보전채권이 될 수 있듯이(민집법

39) 飯原一乘, 詐害行爲取消權・否認權, 327면.
40) 대법원 1978. 11. 28. 선고 77다2467 판결 등.
41) 대법원 1995. 11. 28. 선고 95다27905 판결 등. 자세한 설명은 [8] 3. 나. 참조.

제276조 제2항), 마찬가지로 조건부채권이나 기한미도래의 채권도 피보전채권이 될 수 있다.

(4) 타인의 채권

A가 S에 대하여 갖는 대여금채권을 X가 양수한 경우에도 그 양도통지나 승낙이 있으면 X는 S의 행위를 취소할 수 있다. S의 행위는 A의 대여금채권 발생 후에 해야 하지만, 채권양도의 전후는 문제가 되지 않는다. 양도 전에 사해행위를 한 경우에는 A에게 발생한 취소권이 대여금채권과 함께 X에게 이전된다.[42)]

X의 채무자 A가 S에 대하여 채권을 가지고 있고, S가 사해행위를 하였음에도 A가 취소를 구하지 않는 경우에는 X는 A를 대위하여 S의 사해행위를 취소할 수 있다.[43)]

다. 일반채권자(부인권의 경우)

파산절차에서 일반채권자는 파산신청을 하고, 파산법원에 채권신고를 하여 배당을 받을 수 있을 뿐, 부인권을 행사할 수는 없다. 부인권은 파산관재인이 행사한다(법 제391조).

많은 채권자들을 무시하고 일부 채권자만이 변제받는 경우에, 변제받지 못하는 채권자는 파산을 신청하여 파산관재인의 부인권행사를 기대할 수밖에 없다. 채권단이 구성되어 변제계획안이 작성되었으나 그 작성에 참가한 일부 채권자들이 다른 채권자에 비하여 유리한 회수안을 마련하였다는 이유로 파산이 신청된 예도 있다. 파산관재인이 부인권을 행사하지 않는다고 하여 파산채권자 스스로 부인권을 행사하거나 채권자대위권에 따라 부인권을 행사할 수는 없고, 그러한 경우에는 파산법원에 파산관재인의 감독권 발동을 촉구하는 방법 외에는 없다(법 제358조 · 제364조).

채권자가 채권자취소권을 행사한 후에 채무자가 파산선고를 받은 때에는 그 소송절차는 중단되고 파산관재인이 이를 수계한다(민소법 제239조). 다만

42) 대법원 2012. 2. 9. 선고 2011다77146 판결.

43) 대법원 2001. 11. 27. 선고 2000다73049 판결.

파산관재인으로서는 반드시 이를 수계할 필요는 없고 독자적으로 부인권을 행사할 수 있다.

3. 취소와 부인의 대상

가. 총 론

어떠한 행위가 취소나 부인의 대상이 될 것인가 하는 점에 관하여 주로 문제되는 것은 변제, 대물변제, 담보제공, 재산매각 등이지만 이에 대하여는 앞에서 개별적으로 상세히 설명하였으므로[44] 여기서는 총괄적으로 설명하는 정도로 그친다.

채권자취소권과 부인권은 개별집행과 일반집행의 보전이라고 하는 공통의 목적을 가지고 있으면서, 전자가 개개의 채권자의 이익추구를 위한 제도임에 대하여, 후자는 채권자 전원을 위한 제도이기 때문에, 채권자평등의 원칙은 후자가 더욱 강하게 요구된다. 채권자취소권을 행사한 목적재산으로부터 채권회수가 되지 않는 경우에도, 채권자는 다른 재산으로부터 회수를 하거나, 그것도 불가능한 경우에는 채무자의 자력이 회복되기를 기다리다 보면 회수의 기회가 올 수도 있다. 그와 달리 파산절차에서는 원칙으로 채무자의 모든 재산을 대상으로 하여 배당되고 이를 제외한 나머지 채권 부분은 파산자가 자연인의 경우에는 면책에 따라 회수 기회가 사라진다(법 제566조)는 점에서 근본적인 차이가 있다.

법문상으로도 취소권의 대상은 '법률행위'(민법 제406조 제1항)임에 반하여, 부인권의 대상은 '행위'(채무자회생법 제391조)로 규정되어 있다. 물론 해석상으로는 취소권의 대상을 법률행위에 국한하지 않고 변제를 비롯한 준법률행위와 실체법상의 법률행위로서의 성질을 갖는 소송상 화해와 같은 소송행위도 포함된다는 것이 통설・판례이나,[45] 부인권의 대상이 취소권에 비하여 넓게 운용할 수 있는 여건이 법률상 마련되어 있고, 실무적으로도 그렇다고 볼 수 있다.[46] 또한 취소권의 대상이 원칙적으로 채권자를 '해'치는 행위, 즉 사해

---

44) 「제4장 사해행위의 유형」 참조.

45) [9] 3. 및 「제4장 사해행위의 유형」의 각 해당 부분 참조.

행위임에 반하여, 부인권은 '파산채권자를 해하는 행위' 외에도 위기시기에서의 '담보의 제공 또는 채무소멸에 관한 행위'(법 제391조 제2호・제3호), 즉 편파행위도 대상이 되는 것으로 규정하고 있다. 판례는 취소권의 대상이 되는 사해행위 중에서도 편파행위가 포섭되는 것으로 해석하지만,[47] 그렇다고 하더라도 부인권의 대상인 편파행위가 취소권의 대상보다 넓게 해석된다.

또한 부인권에 관한 규정은 채권자취소권에 관한 민법 규정보다 상세하다. 부인대상행위에 관하여 본다면, 사해행위 부인(고의부인, 법 제391조 제1항), 파산신청이나 지급정지 이후의 담보제공・채무소멸행위 등 행위의 부인(위기부인, 법 제391조 제2항・제3항), 무상행위 부인(무상부인, 법 제391조 제4항), 또는 어음지급의 예외(법 제393조), 권리변동의 성립요건・대항요건 부인(법 제394조)과 집행행위 부인(법 제395조)에 관하여 따로 규정한다. 이에 비하여 사해행위가 무엇인가에 관한 민법 규정은 제406조 제1항이 유일하고, 이는 고의부인의 대상과 같다.

나. 채무자의 행위[48]

사해행위로서 취소의 대상이 되는 것은 채무자의 행위이다. 채무자 S가 자기의 유일한 부동산을 Y에게 증여하고, Y가 이를 Z에게 매각한 경우에, S의 채권자 X가 채권자취소권을 행사한다면, S의 증여행위(Y와의 증여계약)의 취소를 구하는 것이 된다. X는 이 경우에 Z를 상대로 부동산 반환을 구할 것인가, Y를 상대로 하여 부동산에 갈음하는 가액배상을 구할 것인가를, 자유로이 선택할 수 있으나, X는 Z를 상대로 하는 경우에도 취소대상은 S의 증여행위일 뿐, Y의 매각행위(Z와의 매매계약)은 아니다.

이러한 점은 파산관재인이 부인권을 행사하는 경우에 부인의 대상에 관하여도 일반적으로는 같이 생각할 수 있다. 그러나 채권자가 하는 집행행위는 채무자의 행위라고 말할 수는 없음에도 파산법은 이를 부인 대상으로 삼고, 일반적으로 채권자가 하는 상계나 대물변제예약 완결 등 채무자의 행위가

---

46) 임채웅, '사해행위와 편파행위에 관한 연구', 86면.

47) [9] 5. 가. (1) 참조.

48) 자세한 논의는 [9] 2. 및 이진만, '통합도산법상의 부인권', 877면 이하 참조.

아니더라도 부인할 수 있다는 학설도 있으나,[49] 다수의 학설은 고의부인에 대하여는 채무자의 행위여야 하지만, 위기부인은 채무자의 행위가 아니더라도 부인 대상이 될 수 있다(절충설)고 한다.[50]

이에 대하여 채권자취소권은 그 대상이 채무자의 행위에 한정되고, 통설은 집행행위와 같은 채권자의 행위에 대하여 취소를 인정하지 않는다.[51]

또한 채무자의 행위가 아니라도 부인할 수 있는 경우 부인의 대상은 행위 자체가 아니라 그 행위의 효과라고 하는 견해가 있으나,[52] 채권자취소에 관하여는 일반적으로 그와 같은 논리를 펴지는 않는다.

다. 채권자를 해치는 행위

채무자의 행위는 채권자를 사해하지 않는 한 취소나 부인의 대상이 되지 않는다. 사해라 함은 채무자의 행위로 말미암아 그 자산이 감소하거나 채권을 회수할 수 없거나 그럴 우려가 있는 행위를 말한다. 회수가 곤란하게 되거나 지연되는 경우에도 사해가 된다.

위와 같은 설명은 채권자취소권에 관한 것이지만, 고의부인에 관하여도 대부분 해당된다. 그러나 채무자가 채무초과 상태가 되기만 하면 파산신청이 없더라도 변제를 거절하는 것은 허용되지 않고, 변제로 채무자의 일반재산이 절대적으로 감소하는 것도 아니므로, 편파행위 중 본지변제는 원칙적으로 취소의 대상이 되지 않는다. 다만 채무자와 수익자 사이에 사해의사와 함께 특정채권자인 수익자에게만 우선변제한다는 통모가 있다면 취소할 수 있다는 것이 판례이다. 이에 대하여 파산절차에서는 민법과는 달리 채권의 집합적 처리를 전제로 하여 법원이 개입하는 특수한 절차이기 때문에, 총채권자의 공동담보가 되는 파산자의 일반재산을 절대적으로 감소시키는 사해행위만이

49) 齊藤秀夫, 註解 破産法, 상, 442면(宗田親彦 집필).

50) 이진만, 전게논문, 878면에 절충설을 취하는 학자와 그 논거를 설명하고 있다.

51) 다만 판례는 채무자가 적극재산인 채권을 특정채권자로 하여금 강제집행의 형식을 빌려 압류·전부 받게 할 목적으로 채무부담행위를 하고, 그에 대한 강제집행을 승낙하는 취지의 공정증서를 작성해 주어, 채권자가 채권을 압류·전부 받은 경우, 그에 따라 채무자가 채무초과 상태에 이르거나 그 상태가 심화되었다면 사해행위가 성립한다고 한다(대법원 2009. 1. 15. 선고 2007다61618 판결).

52) 齊藤秀夫, 註解 破産法, 상, 447면(宗田親彦 집필).

아니라, 특정한 채권자에 대한 변제나 담보의 제공과 같이 그 행위가 파산자의 재산관계에 영향을 미쳐 특정한 파산채권자를 유리하게 하고, 다른 파산채권자와의 공평에 반하는 편파행위도 부인의 대상이 된다.[53] 채무자회생법은 채무자(파산자)가 지급정지나 파산신청 있은 후(위기시기)에 한 담보제공이나 채무소멸에 관한 행위를 당연히 채권자를 해치는 것으로 보고 있다(법 제391조 제2호·제3호).[54] 이러한 시기나 그 전 6개월 내에 한 무상행위에 대하여도 같다(법 제391조 제4호).

우리 판례는 편파행위도 고의부인의 대상이 될 수 있다는 입장이나, 일본의 현행 파산법(2005. 1. 1. 시행)에서는 고의부인에 해당하는 사해행위부인의 대상에 채무소멸에 관한 행위를 제외하고(동법 제160조 제1항), 적정 가격을 초과한 대물변제에 관하여는 그 초과부분에 한정하여 사해행위부인을 인정한다(동법 제160조 제2항). 따라서 변제나 적정가격으로 평가된 대물변제는 사해행위가 아니고, 지급불능 이후 또는 파산절차개시신청 이후에 한 경우에만 편파행위부인(동법 제162조)을 할 수 있을 뿐이다. 개정된 현행 일본 민법도 같은 취지이다.

라. 재산권을 목적으로 하는 행위

채무자의 행위는 재산권을 목적으로 하지 않으면 취소의 대상이 되지 않는다(민법 제406조 제1항). 채권자취소제도는 채무자의 행위를 취소하여 그 효력을 소멸시켜, 채무자의 재산을 행위 이전의 상태로 돌려놓아, 이를 채권자의 채권에 대한 일반담보(책임재산)로 확보하려는 것이기 때문이다. 그리고 이는 원칙적으로 강제집행(압류·경매)으로 실현되므로, 압류가 허용되지 않는 재산(민집법 제195조, 제246조)을 대상으로 하는 채무자의 행위는 취소할 수 없다.

일반집행인 파산에 관하여도 마찬가지로 압류할 수 없는 재산은 원칙적으로 파산재단에 속하지 않으므로(법 제383조 제1항), 부인할 수 있는 행위도 압류할 수 있는 재산에 관한 것이어야 한다.

---

53) 대법원 2005. 11. 10. 선고 2003다271 판결 참조.

54) '변제'에 관한 취소권과 부인권의 행사에 관하여는 [11] 참조.

상속 승인이나 포기는 재산권에 관한 행위이지만 신분 변동에 수반되는 것으로서, 이러한 행위는 개인의 자유의사에 맡겨야 하므로, 사해행위로서 취소의 대상이 되지 않는다.[55] 이혼에 수반되는 재산분할도 너무 과대하여, 재산분할을 빙자하여 한 재산처분이라고 인정되기에 족한 특별한 사정[56]이 없다면 취소 대상이 되지 않는다.[57]

파산선고 전에 파산자를 위하여 상속이 개시되고 파산자가 이를 승인하거나 포기하는 경우도 부인될 수 없다. 그러나 파산선고 후의 단순승인이나 포기는 그에 따라 파산재단의 실질가치가 감소될 수 있으므로 채무자회생법상으로는 모두 한정승인의 효력을 가진다(법 제385조, 제386조).

마. 사해의사・사해인식이 있는 행위

(1) 채무자의 사해의사

채권자취소권에서 채무자가 채무초과 상태에서 특정채권자에게 변제를 하였다면, 판례는 그 변제가 특정채권자와 통모하여 다른 채권자를 해칠 의사를 가지고 변제한 경우에, '사해의사'를 인정하고 있다.[58] 판례는 변제나 정당한 가격에 따른 부동산의 매각에 관하여 '사해의사'를 엄격하게 검토하고, 담보제공이나 대물변제에 관하여는 그보다는 더 완화하여 사해의사를 인정하되, 증여에 관하여는 사해의사를 그다지 문제 삼지 않는 방식으로, 행위의 유형에 따라 달리 취급하고 있다고 말할 수 있다.

일반적으로 사해의사는 채무자의 재산처분행위에 따라 그 재산이 감소되어 채권의 공동담보에 부족이 생기거나 이미 부족 상태에 있는 공동담보가 한층 더 부족하게 됨으로써 채권자의 채권을 완전하게 만족시킬 수 없게 된다는 사실을 인식하는 것을 뜻한다.[59] 그러한 인식은 일반채권자에 대한 관계에서 있으면 충분하고 특정 채권자를 해친다는 인식이 있어야 하는 것은 아니다.[60] 채무자가 사해사실을 인식하지 못한 이상 알지 못한 데 대하여 과

55) 대법원 2011. 6. 9. 선고 2011다29307 판결.
56) 最判 평성 12. 3. 9. 判時 1708-101(재산분할 액수와 방법이 지나치게 과대한 경우).
57) 대법원 1984. 7. 24. 선고 84다카68 판결 외 다수.
58) 대법원 2005. 3. 25. 선고 2004다10985 판결 등.
59) 대법원 1999. 11. 12. 선고 99다29916 판결.

실이 있는지 여부에 관계없이 사해행위는 성립하지 않는다.[61] 채무자의 사해의사는 원고인 채권자가 증명해야 한다.[62]

부인권에 관하여도 고의부인은 채권자취소권과 큰 차이가 없다. 다만 일본의 예를 들면 동일한 변제라도 채권자취소권의 경우에는 어음부도(지급정지) 후의 변제에 사해의사가 없는 것으로 본 판례[63]가 있는 반면에, 부인권에서는 지급정지 전의 변제가 고의부인으로 인정된 사례[64]가 있다.

또한 위기부인에 관하여는 채무자의 사해의사가 없어도 부인권이 인정된다(객관주의).

(2) 상대방의 사해인식

채권자취소권이 인정되려면 그 상대방인 수익자나 전득자가 그 행위 또는 전득 당시에 그로 말미암아 채권자를 해친다는 사실을 인식할 것(악의)이 필요하다. 다만 소송에서는 채권자가 악의를 증명하는 것이 아니라, 반대로 상대방이 이를 알지 못하였다는 사실(선의)을 증명해야 한다.[65]

고의부인에서도 수익자는 소송에서 자기의 선의를 증명해야 하고, 증명하지 못하면 부인을 면할 수 없다(법 제391조 제1호 단서).[66] 위기부인에 관하여는 수익자는 파산신청이나 지급정지가 있었다는 사실을 알지 못하였다는 사실을 증명하면 부인을 면할 수 있다(법 제391조 제2호 · 제3호 각 단서). 관재인이 부인대상행위의 전득자에 대하여 부인권을 행사하기 위해서는 전득자가 수익자나 중간전득자에 대하여 부인의 원인이 있음을 알아야 하고, 특별한 사정이 없다면 이러한 전득자의 악의에 대한 증명책임은 관재인에게 있다(법 제403조 제1항 제1호).[67] 그러나 위기시기나 그 전 6개월 이내에 한 무상행위에

60) 대법원 1998. 5. 12. 선고 97다57320 판결; 대법원 2009. 3. 26. 선고 2007다63102 판결.

61) 大判 대정 5. 10. 21. 民錄 22-2069; 대법원 2001. 5. 8. 선고 2000다50015 판결(수익자의 선의에 관하여).

62) 대법원 1965. 4. 6. 선고 64다1743 판결.

63) 最高裁 소화 33. 9. 26. 最高裁 소화 52. 7. 12. 金法 834-38, 判時 867-58.

64) 最高裁 소화 42. 5. 2. 民集 21-4-859.

65) 대법원 2008. 12. 11. 선고 2006다5550 판결.

66) 법인파산실무, 392면. 대법원 2011. 10. 13. 선고 2011다56637 판결.

관하여는 상대방의 선의・악의를 묻지 않고 부인할 수 있다(법 제391조 제4호, 제403조 제1항 제3호).

4. 채권자취소권과 부인권의 행사

가. 소송으로 행사 — 상호관계

(1) 채권자취소권이나 부인권 모두 소송으로 행사하도록 되어 있다. 다만 후자는 명문으로 '소, 부인의 청구 또는 항변의 방법으로' 행사할 수 있도록 되어 있지만(법 제396조 제1항),[68] 전자는 "법원에 청구할 수 있다"고 규정한다(민법 제406조 제1항).[69] 통설・판례에 따르면 취소권 행사를 반드시 소로써 행사해야 하고, 항변으로 행사할 수 없다.[70] 이에 대하여 일본에서는 항변으로도 행사할 수 있다는 유력한 견해가 있다.[71]

67) 회생절차에 관한 판례로서 대법원 2011. 5. 13. 선고 2009다75291 판결. 이 점에서 볼 때 우리나라도 개정 민법 시행 전의 일본처럼, 전득자에 대한 부인권의 행사범위보다, 판례가 인정하는 채권자취소권의 행사가 더 용이한 '역전현상'이 생겼다고 할 수 있다.

68) 부인권을 재판 외에서 행사할 수 있는가에 관하여는, 이를 긍정하는 것이 일반적이지만(전병서, 도산법, 275면), 이는 법 규정을 벗어난 해석으로서 그럴 실익도 없다는 견해도 있다(임채웅, '부인소송의 연구', 104면 이하).

69) 두 권리의 행사방법이 이와 같이 다른 이유를 실무적인 차원에서 분석한 견해가 있다. 즉 채권자취소권의 경우 채권자는 채무자의 권리를 대변하는 위치에 있지 않으며, 그 법률관계는 전적으로 채권자와 수익자의 관계라는 점의 차이에서 온 것이다. 즉, 항변으로 행사된다는 것은 수익자가 적극적인 당사자가 되어 공격해올 때 방어하는 입장에서 그 권리를 행사하는 것인데, 수익자가 원고가 되어 채권자를 상대로 그와 같은 항변이 제기될 만한 소를 제기할 가능성도 없고, 아울러 채무자를 상대로 그와 같은 소를 제기할 경우 채무자가 채권자취소권을 내세워 항변할 수도 없으니 결국 채권자취소권의 경우 항변으로 행사할 필요가 없다. 이와 달리 부인권의 경우 비록 권리로서는 관재인의 고유한 권리이지만, 그에 따른 권리의 귀속자는 채무자(파산자)이다. 즉 수익자가 적극적인 당사자가 되어 소를 제기하는 경우 채무자가 이미 파산되었다면 관재인이 피고가 되어야 하고, 그 관재인은 부인권을 행사하여 수익자의 공격에 대응해야 할 현실적인 필요성이 있다. 이와 같은 이유로 부인권에서는 항변으로 행사할 필요가 있다. 임채웅, 부인소송의 연구, 83면.

70) 대법원 1978. 6. 13. 선고 78다404 판결; 대법원 2008. 12. 11. 선고 2007다69162 판결 등.

71) 민소법 학자인 兼子一, 新堂幸司를 비롯한 사해행위취소권의 권위자인 飯原一乘도

(2) 부인의 소나 청구는 파산법원의 전속관할이고,[72] 부인청구에 관한 재판은 이유를 붙인 결정으로 한다. 부인청구를 인용하는 결정에 대하여 불복이 있는 자는 1개월 내에 이의의 소를 제기할 수 있다(법 제396조 제3항 · 제4항, 제106조 제2항, 제107조 제1항). 부인청구를 기각하는 결정에 대하여는 불복할 수 없고, 불복이 있는 자는 부인의 소를 제기할 수 있다.

부인권이 행사된 이상 그 주장이 받아들여지지 않았다 하더라도 그것을 행사하였다는 점에는 변함이 없다. 따라서 한 번 행사된 이후에는 부인권은 이미 행사된 것을 전제로 판단되어야 한다. 그러나 부인소송이나 부인청구가 취하되는 경우나 부인권행사를 내용으로 하는 항변을 하였다가 그 항변이

포함된다. 飯原一乘, 詐害行爲取消訴訟, 329면, 332면 주 24, 25. 상세한 내용은 [27] 3. 참조.

72) 대법원 2017. 5. 30. 선고 2017다205073 판결
부인권은 파산관재인이 부인의 소, 부인의 청구 또는 항변의 방법으로 행사하는데, 부인소송과 부인청구사건은 파산계속법원의 관할에 전속한다(채무자회생법 제396조 제1항, 제3항). 파산채권자가 제기한 채권자취소소송이 파산선고 당시 법원에 계속되어 있는 경우 그 소송절차는 중단되고 파산관재인 또는 상대방이 이를 수계할 수 있다(채무자회생법 제406조 제1항, 제2항, 제347조 제1항). 이에 따라 파산관재인이 파산채권자가 제기한 채권자취소소송을 수계하여 청구변경의 방법으로 부인권을 행사하는 경우에, 채권자취소소송이 계속 중인 법원이 파산계속법원이 아니라면 그 법원은 관할법원인 파산계속법원으로 사건을 이송해야 한다.
그러나 파산채권자가 제기한 채권자취소소송이 항소심에 계속된 후에는 파산관재인이 소송을 수계하여 부인권을 행사하더라도 채무자회생법 제396조 제3항이 적용되지 않고 항소심법원이 소송을 심리 · 판단할 권한을 계속 가진다. 상세한 이유는 다음과 같다.
① 채무자회생법에서 부인의 소 등을 파산계속법원의 전속관할로 규정한 이유는 부인권 행사와 관련 있는 사건을 파산계속법원에 집중시켜 파산절차의 신속하고 적정한 진행을 도모하고자 하는 데 있다. 여기에서 '파산계속법원'은 파산사건이 계속되어 있는 '회생법원'을 말하는데(채무자회생법 제353조 제4항 참조), 채무자회생법이 2016. 12. 27. 개정되어 회생법원이 신설되기 전에는 파산사건이 계속되어 있는 '지방법원'이 여기에 해당하였다.
② 파산관재인은 채권자취소소송을 수계함으로써 파산채권자의 소송상 지위를 승계한다. 채권자취소소송과 부인소송은 채권자에게 손해를 입힐 수 있는 행위를 취소 또는 부인함으로써 채무자의 책임재산을 보전한다는 점에서 본질과 기능이 유사하고, 동일한 민사소송절차에 따라 심리 · 판단된다.
③ 분쟁의 적정한 해결과 전체적인 소송경제의 측면에서 소송을 파산계속법원에 이송함으로써 얻을 수 있는 절차상의 편익은 소송의 진행 정도에 따라 달라진다.

철회된 경우에는 달리 보아야 한다. 다른 사법상 형성권[73]과는 달리 부인권은 반드시 법정 방식을 통하여 행사해야만 한다. 따라서 그 방식 자체가 취하 또는 철회되었다면, 부인권 역시 행사되지 않은 것으로 보아야 하기 때문이다.[74]

(3) 이행의 소로서 이루어진 부인소송에서 파산관재인이 승소한 경우에, 그 기판력은 주문에서 이행을 명한 부분에 관해서만 미치고 부인권이 행사된 점 또는 부인의 효력에 관하여는 미치지 않는다.[75] 이것이 형성권을 소로써만 행사하고 주문에서 반드시 취소를 선언하는 채권자취소권의 기판력이 취소권행사 부분에 미친다는 점과 다르다.

(4) 도산법상 부인권은 총채권자에 대한 평등변제를 목적으로 하는 집단적 채무처리절차 수행을 위하여 인정되는 제도로서, 개별적 강제집행을 전제로 하여 개개의 채권에 대한 책임재산보전을 목적으로 하는 채권자취소소송에 우선한다. 따라서 도산절차가 개시된 경우 채권자는 채권자취소소송을 제기할 수 없고,[76] 이미 제기된 채권자취소소송은 수계되거나 도산절차의 종료에 이르기까지 중단된다(법 제406조).

부인권은 파산절차의 목적을 실현하기 위하여 인정되는 권리로서 파산절차 중에만 존재하는 권리인 이상, 파산절차가 취소, 폐지, 종결 등의 사유로 종료하면 더 이상 존재할 이유가 없어 당연히 소멸하고,[77] 파산관재인이 제기하여 계속 중인 소송은 파산관재인이 당사자적격을 상실하고 이를 수계할

73) 사법상의 형성권이 재판상 행사될 때 병존설에 입각하여 고찰하면, 그 형성권이 소송상 공격방어방법으로 행사된 뒤 그 행사의 효력은 소의 각하, 취하, 실기각하 등 소송법상의 사유가 생긴 데 관계없이 유효하게 남는다. 사법상의 형성권은 원래 소송 외에서도 행사될 수 있으므로 이와 같이 볼 수 있다.

74) 임채웅, 82면.

75) 부인권행사는 관재인이 사법상 의사표시로 하며, 그것만으로 효과가 발생하고, 소로써 행사된 경우라도 소송 확정을 기다려 발생하지는 않는다. 임채웅, 부인소송의 연구, 81면.

76) 다만, 대법원은 파산관재인이 채권자취소소송을 제기할 수 있다고 보는 것 같다. 대법원 2008. 4. 24. 선고 2006다57001 판결 참조.

77) 대법원 2004. 7. 22. 선고 2002다46058 판결; 대법원 1995. 10. 13. 선고 95다30253 판결(모두 부인의 소 계속 중에 회사정리절차가 종결 또는 폐지된 사안이다).

사람도 없으므로 당사자 일방만이 남게 되므로 당연히 종료한다. 다만 부인소송이 채권자가 제기하였던 취소소송을 수계하였던 경우에는 파산절차가 종료하더라도 종전의 채권자가 수계할 수 있다.78)

나. 원 고

채권자취소소송의 원고는 채무자의 행위에 따라 피해(사해)를 입은 채권자이다. 어떠한 채권을 가지는 자에게 이러한 권리가 부여되는지는 위 「Ⅱ. 2. 나.」항에서 설명하였다. 원고가 주장하는 채권에 관하여는 판결을 비롯한 집행권원이 필요한 입법례도 있으나 우리나라는 이를 요구하지 않는다.

부인소송은 파산관재인이 원고가 되고(법 제391조), 개개의 채권자는 파산관재인을 대위하여 행사할 수도 없다. 다만 개개의 채권자는 부인소송에 보조참가(민소법 제71조)를 할 수 있다.

다. 피 고

S로부터 Y, Y로부터 다시 Z에게 재산이 양도되었을 때, S의 채권자 또는 파산관재인은 Y와 Z 어느 쪽을 피고로 할 것인가를 선택할 수 있다. 어느 경우에도 S는 취소소송이나 부인소송의 피고가 되지 않는다.

다만 X가 S에 대하여 물품대금채권을 가지고 있고, S가 부동산을 Y에게 저렴하게 매각하였다는 이유로 Y를 피고로 한 취소소송을 제기한 경우에, 여기에 병합하여 S를 피고로 하는 물품대금청구소송을 한다면, X는 판결 확정 후 Y로부터 S 명의로 반환된 부동산을 바로 압류할 수 있다.

라. 상대방에 대한 청구

(1) 청구의 내용

통설・판례에 따르면, 채권자취소소송은 소로써 행사해야 하기 때문에, 그 소송에서 원고는 소장(또는 반소장)의 청구취지에 채무자의 행위를 취소하고

---

78) 법인파산실무, 421~422면 참조. 이에 대하여는 회사정리절차가 폐지되는 경우에는 부인권이 소멸하지만, 회사정리절차가 종결되는 경우에는 회사가 수계하여 부인의 효과를 주장할 수 있다는 견해의 하급심판결도 있으나, 대법원 2007. 2. 22. 선고 2006다20429 판결로 파기되었다.

채무자로부터 일탈된 재산의 반환을 구하는 취지(형성소송과 이행소송의 병합)를 기재해야 하고, 그 승소판결에도 같은 취지의 선언을 해야 한다.

이에 대하여 부인은 공격방어방법으로서 소장의 청구원인이나 준비서면 중에 부인권을 행사한다는 취지를 기재하면 되고, 소장의 청구취지, 다시 말해서 판결 주문에는 그 결과인 재산의 반환(이행·확인소송)만이 기재되는 것이 원칙이다.[79)]

이러한 차이는 각 권리행사의 효력발생시기에 관하여 나타난다. 즉 채권자취소권의 경우는 취소판결이 확정되었을 때 취소의 효력이 발생하고, 부인의 경우는 부인의 의사표시가 소송상 행사되었을 때(즉 부인의 의사표시가 상대방에게 도달하였을 때)에 효과가 발생한다.

(2) 현물반환과 가액배상 그 범위

예를 들어, S로부터 Y에, Y로부터 Z에 부동산이 양도되었을 때, 채권자나 파산관재인은 Z를 피고로 하여 부동산(현물)의 반환을 구할 수도 있고, Y를 피고로 하여 가액배상(금전의 지급)을 청구할 수도 있다. 그러나 Z를 피고로 한다면 현물을 구해야 하고, 가액배상을 구할 수는 없는 것이 원칙이다.

Y에 대하여 가액배상을 구하는 경우에 그 산정기준시기에 관하여, 채권자취소권과 부인권 사이에는 현저한 차이가 있다. 즉 앞에서 본 바와 같이 채권자취소권의 효력은 취소판결이 확정되었을 때 발생하므로, 그에 가장 가까운 시점인 사실심 변론종결일이 기준일이 되고,[80)] 부인권은 부인의 의사표시를 소송상 하였을 때(상대방에게 도달시)가 된다.[81)]

이자나 지연손해금 역시 채권자취소권의 경우에는 취소판결이 확정된 다음날부터 발생하고, 부인권의 경우는 부인의 의사표시가 상대방에게 도달한 다음날부터 발생한다고 보는 것이 옳다.[82)]

또한 채권자취소권 행사는 채권자의 채무자에 대한 채권보전을 목적으로

79) 법인파산실무, 409면, 서울중앙지방법원 2009. 4. 15. 선고 2007가합46195 판결; 대법원 2009. 5. 28. 선고 2005다56865 판결 참조.

80) 대법원 2010. 4. 29. 선고 2009다104564 판결.

81) 법인파산실무, 417면, 서울중앙지방법원 2009. 4. 15. 선고 2007가합46195 판결.

82) 이에 대하여는 임채웅, 부인소송의 연구, 93면 이하가 상세하다.

하므로, 취소·반환의 범위는 원칙적으로 그 채권자의 채권액범위로 한정되지만, 일반집행인 파산에서는 그와 같은 제약이 없으므로 항상 파산자의 행위 전부를 부인하여 반환한다.

(3) 부동산 반환의 경우

S가 Y에게 A부동산을 저렴하게 매각한 경우, 채권자취소에서는 "S와 Y 사이의 부동산 매매계약을 취소한다. Y는 A부동산에 관한 소유권이전등기의 말소등기절차를 이행하라"는 취지의 청구를 한다. S로부터 Y, Y로부터 Z에게 소유권이 이전된 경우에는, Z만을 피고로 하여 말소등기를 구하는 것만으로는, Y의 등기가 그대로 남아 있어서 소유명의를 S에게 회복할 수 없으므로, 이 경우에는 Y도 공동피고로 할 필요가 있으나, Z만을 피고로 하여 말소등기에 갈음하여 Z로부터 S에게 이전등기를 구할 수도 있다.

이에 대하여 부인소송에서 청구는 원칙적으로 부동산 반환만을 구하면 되고, 그 경우에 "Y는 A부동산에 관하여 경료된 소유권이전등기의 부인 등기절차를 이행하라"는 방식이 된다(법 제26조).[83]

(4) 금전·동산 반환의 경우

채무자가 금전채무의 변제를 한 경우나 상대방이 가액배상을 하는 경우에는, 취소의 상대방은 원고에게 금전의 지급을 해야 하고, 채무자가 동산으로 대물변제를 한 경우는 상대방은 그 동산을 반환해야 한다. 채권자취소제도가 채무자의 재산을 사해행위 전의 상태로 회복하는 것이라면, 상대방은 금전이든 동산이든 이를 채무자에게 반환해야 할 것이다. 그러나 취소소송 판결에서 상대방으로부터 채무자에게 이를 직접 반환할 것을 명하더라도, 채무자가 이를 수령하지 않는다면 대안이 없고, 수령하더라도 이를 소비하거나 은닉해 버린다면, 소송의 실효성이 없어진다. 바로 이 점이 부동산의 경우와 현저히 다르다. 그래서 통설·판례는 금전이나 동산은 취소채권자가 상대방에 대하여 자기에게 직접 지급(인도)하여 달라고 요구할 수 있다고 한다.[84]

---

83) 부인등기의 성질에 대하여는 법인파산실무 424면, 주문례에 관하여는 같은 책 410면 참조.

84) 금전에 관하여 대법원 2008. 4. 24. 선고 2007다84352 판결; 동산에 관하여 대법원 1999. 8. 24. 선고 99다23468 판결(주권의 양도에 관한 사례).

부인권에서는 원고인 파산관재인은 집행기관이면서 스스로 배당재원(파산재단)을 확보하여 이를 배당하는 기관이므로, 부인의 대상인 재산을 직접 수령하는 것은 당연한 권한이다.

마. 상대방의 대응

수익자나 전득자가 채권자취소소송이나 부인소송을 제기 당한 경우에, 원고의 청구를 배척하기 위해서는 사해사실이나 사해의사의 존재 등, 원고가 증명책임을 지는 사실에 관하여 진위불명에 이르도록 증거(반증)를 제출할 수 있을 것이나, 상대방이 적극적으로 증명책임을 지는 사항(증명하지 않으면 청구가 인정되는 사항)으로서 문제되는 것을 들면 다음과 같다.

(1) 상대방의 선의

수익자는 채무자와 사이에 매매계약 등을 체결할 당시, 전득자는 수익자와 사이에 계약 등을 체결할 당시에, 그 행위에 따라 채권자가 피해(사해)를 입을 것이라는 것을 알지 못하였다는 사실(선의)을 증명하여 취소를 면할 수 있다. 다만 부인소송에서는 수익자의 선의는 수익자가 증명해야 하나, 전득자의 악의는 관재인이 증명해야 한다는 점은 위에서 보았다.

(2) 제척기간

채권자취소의 소는 채권자가 취소원인을 안 날부터 1년, 법률행위가 있은 날부터 5년 내에 제기해야 한다(민법 제406조 제2항). 그 중에서 실무에서 문제가 되는 것은 1년의 단기 제소기간이다. 기간의 성질은 제척기간으로서 원칙적으로 법원이 직권으로 심리하지만,[85] 직권탐지사항은 아니므로 법원이 현출된 모든 소송자료에 의하여 기간도과의 사정이 발견되지 않는 경우까지 직권으로 증거조사를 할 의무는 없다.[86] 그에 따른 불이익, 즉 객관적 증명책임은 취소소송의 상대방에게 있다.[87]

1년의 제척기간의 기산점인 '채권자가 취소원인을 안 날'이라 함은, 단순히

85) 대법원 2001. 2. 9. 선고 2000다65536 판결.

86) 대법원 1996. 5. 14. 선고 95다50875 판결; 대법원 2001. 2. 27. 선고 2000다44348 판결.

87) 대법원 2009. 3. 26. 선고 2007다63102 판결.

채무자가 재산처분행위를 한 사실을 아는 것만으로는 부족하고, 구체적인 사해행위의 존재를 알고 나아가 채무자에게 사해의 의사가 있었다는 사실까지 알아야 한다.[88]

파산절차에서 부인권행사의 제척기간은 파산절차 개시일부터 2년이 경과하거나, 부인의 대상인 행위를 한 날부터 10년이 경과하면 행사할 수 없다(법 제405조). 지급정지의 사실을 안 것을 이유로 하는 위기부인의 경우에는 파산선고가 있는 날부터 1년 전에 한 행위는 부인할 수 없다(법 제404조). 개인회생절차의 제척기간은 개시결정이 있은 날부터 1년, 행위시부터 5년이다(법 제584조 제5항). 이 또한 상대방이 그 점을 지적하고 증명할 필요가 있다.

채권자취소권의 제척기간이 도과하더라도 부인권의 제척기간과는 관계가 없다.[89] 채권자취소권과 부인권은 별개의 제도이고 그 제척기간 도과 여부도 별개의 요건에 따라 판단되어야 하기 때문이다.

(3) 채권의 소멸

채권자취소권에서 원고는 먼저 채무자에 대한 채권의 존재를 증명해야 하지만, 이에 대하여 상대방은 그 채권이 변제 등의 사유로 소멸하였다는 사실을 증명하면 원고의 청구는 배척된다. 또한 상대방은 그 채권의 소멸시효가 완성되었다는 사실을 주장(원용)할 수 있다.[90]

개개의 채권을 문제로 삼지 않는 부인소송에서는 위와 같은 쟁점이 생겨날 여지가 없다.

(4) 안분액의 지급거절

채무자 S가 Y에게 1,000만 원을 변제한 행위를, 역시 1,000만 원의 채권을 가지는 X가 사해행위로서 취소를 구하는 소송에서, Y는 안분액인 500만 원을 자신이 받아야 할 돈이라고 하여, 그 액수의 지급을 거부할 수 있을 것인가. 판례는 이를 인정하지 않는다.[91] 부인권의 경우에도 안분액의 지급거

88) 대법원 2003. 12. 12. 선고 2003다30616 판결, 자세한 설명은 [38] 참조.

89) 最高裁 소화 58. 11. 25. 民集 37-9-1430, 金法 1065-30.

90) 대법원 2007. 11. 29. 선고 2007다54849 판결.

91) 대법원 2001. 2. 27. 선고 2000다44348 판결.

절이 인정될 수 없다는 것은 명백하다.

부인에 따라 변제수령액을 반환하면 상대방의 채권은 부활하여(법 제399조) 배당을 받을 수 있다.

5. 취소와 부인의 효과

가. 파산관재인에 대한 부인의 효과

부인소송에서 관재인이 승소하면 파산자로부터 일탈한 재산은 당연히 원상으로 회복된다(법 제397조 제1항). 즉 부인권의 효과는 물권적으로 발생하고 파산관재인의 부인권행사에 따라 일탈되었던 재산은 상대방의 행위를 기다리지 않고 당연히 채무자에게 복귀한다(물권적 효과설). 그러나 부인판결이 있는 것만으로는 목적재산은 아직 상대방의 지배 아래 있으므로, 관재인은 그 판결에 기초하여, 금전의 지급을 명하는 것이라면 상대방의 재산을 압류하고, 부동산의 반환을 명하는 것이라면 부인의 등기를 경료한 후에, 이를 임의매각하거나 경매에 붙여서(법 제496조 제1항) 이를 파산재단에 넣어 파산채권자에게 배당한다.

다만 판례는 회사정리절차의 부인권에 관하여, 정리절차의 진행을 전제로 관리인만이 행사할 수 있는 권리이므로 정리절차의 종결에 따라 소멸하고, 비록 정리절차 진행 중에 부인권이 행사되었다고 하더라도 이에 따라 회사에 재산이 회복되기 전에 정리절차가 종료한 때에는 부인권행사의 효과로서 상대방에게 재산의 반환을 구하거나 또는 그 가액의 상환을 구하는 권리 또한 소멸한다고 한다.[92)]

나. 채권자에 대한 취소의 효과

(1) 취소채권자의 경우

채권자취소권의 경우에도 취소채권자는 원칙적으로 채무자로부터 일탈한 재산을 채무자의 책임재산으로 환원시킨 후에, 채무자에 대한 판결 등 집행권원을 취득하여 강제집행절차를 거쳐 궁극적인 변제를 받게 된다.

92) 대법원 2006. 10. 12. 선고 2005다59307 판결.

다만 취소판결의 결과 상대방으로부터 금전을 수령한 경우에는 취소채권자가 사실상 이를 독점할 수 있다.

(2) 다른 채권자의 경우

사해행위취소는 "모든 채권자의 이익을 위하여 그 효력이 있"으므로(민법 제407조), 취소권을 행사하지 않은 채권자도 취소판결에 따라 회복된 재산으로부터 변제를 받을 수 있다.

따라서 다른 채권자는, 취소채권자가 회복한 부동산에 대하여 강제집행을 하면, 자신도 집행권원을 얻어 그 절차에서 배당요구를 할 수 있다(민집법 제88조 제1항).

그러나 취소채권자가 상대방으로부터 금전을 반환 받은 경우에는 제도상 이를 강제집행하거나 배당요구의 기회가 없고, 판례는 취소채권자에 대한 분배청구권을 인정하지 않으므로,[93] 다른 채권자로서는 취소소송에서 공동원고가 되거나 별소를 제기하여 먼저 변제를 받거나, 또는 파산신청을 하여 부인소송에 기대를 걸 수밖에 없다.

다. 상대방에 대한 효과

(1) 수익자의 경우

(가) 반대급부

물건과 물건의 교환이 부인되고, 수익자가 파산자에게 교부(반대급부)한 것이 파산재단에 현존하는 경우(법 제398조 제1항 전단)에는 수익자는 환취권 행사로 그 반환을 청구할 수 있다.[94] 반대급부 자체는 현존하지 않으나 수익자로부터 받은 이익이 현존[95]하는 경우에는, 수익자는 그 이익 상당의 재단채

93) 最高裁 소화 37. 10. 9. 民集 16-10-2070, 金法 329-13.

94) 반대급부가 현존하는지 여부는 변론종결시를 기준으로 한다(통설). 법인파산실무, 418면.

95) 민법상 현존이익 반환의 해석론이 파산절차상 부인의 효과에도 그대로 적용되는가? 민법 이론에 따르면, 원인 없이 수령한 돈을 예금한 경우나 타인의 채무를 변제한 경우에 이익이 현존하고 도박으로 낭비한 경우에는 이익이 현존하지 않는다고 해석한다. 그러나 부인의 효과에 관하여 일본에서 구 파산법의 해석상 견해가 나뉘어 있었다. 민법과 같이 해석하는 견해도 있지만, 반대급부가 금전 기타 특정성이 없는

권을 가진다(법 제398조 제1항 후단). 따라서 그러한 경우에는 수익자는 파산관재인에 대하여 자신이 반환할 물건과 반대급부나 재단채권에 관하여 동시이행항변권이나 상계권을 가진다. 반대급부나 이익이 현존하지 않는 경우에는 수익자는 그 가액의 상환에 관하여 파산채권으로 신고할 수 있다(법 제398조 제2항).[96] 이 경우에 상대방은 동시이행의 항변권이나 상계를 주장할 수 없다.

채권자취소에서 취소채권자는 파산관재인과 같이 파산재단의 관리처분권을 갖지 않으므로, 수익자는 채무자의 재산 중에 반대급부가 현존하는 경우에도, 부인권과 같은 반환청구를 할 수는 없고, 채무자에 대하여 부당이득반환청구를 할 수 있다. 부동산매매계약이 취소된 때, 수익자가 이미 대금을 지급하였다면 그 반환청구권에 관하여 채무자에 대한 집행권원을 얻어, 취소채권자가 하는 강제집행절차에 배당가입할 수 있을 뿐이다.

(나) 채권의 부활

수익자가 파산자의 채권자로서 변제나 대물변제 등을 받았는데, 그것이 부인되어 변제금 등을 파산관재인에게 반환한 때에는, 채권은 부활한다(법 제399조). 수익자는 파산채권신고를 한 후에 배당을 받을 수 있다. 상대방은 선이행의무가 있으므로 부활한 채권을 자동채권으로 하여 원상회복청구권과 상계할 수는 없다.

채권자취소에 따라 변제금이나 대물변제의 목적물을 취소채권자에게 반환한 경우에도, 수익자의 채권은 부활하는 것으로 본다.[97] 따라서 수익자는 취

재산인 경우에는 비록 당해 금전 또는 돈으로 매입한 재산이 파산관재인의 관리점유 아래 있다고 하더라도 현존이익을 부정하되, 다만 금전을 예금한 경우에는 일반재산에 혼입되지 않은 경우로서 현존이익을 긍정하는 견해도 있다{자세한 내용은, 임치용, 판례를 통하여 본 부인권의 효과, 법조 57권 8호 (통권623호) 법조협회, 2008년, 22면}.

96) 반대급부가 급전인 경우에는 특정계좌에 입금되어 따로 관리되는 경우를 제외하고는 그 자체는 물론 그에 따라 생긴 이익도 현존하지 않는 것으로 보는 것이 통설이다. 법인파산실무, 419면. 일본 파산법상은 이익의 현존 여부를 불문하고 모두 재단채권자로 인정한다(일본 파산법 제168조).

97) 판례가 취하는 상대적 무효설에 따르면 취소가 되더라도 채무자와 수익자 사이의 법률관계는 유효하므로 수익자의 채무자에 대한 채권이 부활하지 않는다고 해야 할 것이나, 판례는 구체적 타당성과 형평의 관점에서 이를 인정한다. 대법원 2003. 8. 22. 선고 2001다64073 판결.

소채권자가 그 목적물에 대하여 강제집행을 할 때, 집행권원이 있으면 배당에 참가할 수 있으나, 변제금을 반환한 경우에는 집행권원이 있는 경우를 제외하고는 사실상 그 금전으로부터 분배를 받을 수 없고, 파산신청을 할 수밖에 없을 것이다.

채무자의 변제행위가 부인되어 상대방의 채권이 부활되는 경우에 종전의 물적·인적 담보가 부활하는가? 통설과 일본의 판례는 이를 긍정한다.98) 이때 담보권 등기가 말소된 후 부활하기까지 사이에 제3자가 목적재산 위에 소유권이나 담보권을 취득한 경우 상대방은 부활한 저당권 등을 그 제3자에게 대항할 수 있는가에 대하여는 다툼이 있다.99)

(2) 전득자의 경우

전득자가 수익자로부터 양수한 재산을 취소채권자나 파산관재인에게 반환한 때에는, 민법 제576조를 준용하여 수익자에 대하여 담보책임을 물을 수 있는가? 채권자취소권이나 부인권의 효력이 모두 취소나 부인의 당사자 사이에서만 발생하는 상대적 효력을 가지므로, 전득자와 수익자 사이의 법률관계에 영향이 없다고 본다면 전득자가 수익자에 대하여 담보책임을 묻기는 어렵다. 다만 채무자의 책임재산이나 파산재단이 전득자의 손실에 따라 부당이득을 얻었다는 법적 구성은 인정되지만, 이는 전득자의 구제로서 미흡할 것이다.100)

98) 법인파산실무, 419면 참조.

99) 법인파산실무, 420면 참조.

100) 전득자는 법 제398조에 따른 반대급부의 반환청구나 법 제399조에 따른 채권의 부활을 주장할 수 없으나, 자신의 전자에 대한 담보책임을 청구할 수 있다는 견해로는 법인파산실무, 420면. 그러나 그 근거에 대한 설명이 없다.

[부록 1] Gesetz über die Anfechtung von Rechtshandlungen eines Schuldners außerhalb des Insolvenzverfahrens (Anfechtungsgesetz – AnfG)

vom 05. Oktober 1994 (BGB l. I S. 2911)
Dieses Gesetz ist mit Wirkung vom 1. Januar 1999
in Kraft getreten

§ 1 Grundsatz

(1) Rechtshandlungen eines Schuldners, die seine Gläubiger benachteiligen, können außerhalb des Insolvenzverfahrens nach Maßgabe der folgenden Bestimmungen angefochten werden.
(2) Eine Unterlassung steht einer Rechtshandlung gleich.

§ 2 Anfechtungsberechtigte

Zur Anfechtung ist jeder Gläubiger berechtigt, der einen vollstreckbaren Schuldtitel erlangt hat und dessen Forderung fällig ist, wenn die Zwangsvollstreckung in das Vermögen des Schuldners nicht zu einer vollständigen Befriedigung des Gläubigers geführt hat oder wenn anzunehmen ist, daß sie nicht dazu führen würde.

§ 3 Vorsätzliche Benachteiligung

(1) Anfechtbar ist eine Rechtshandlung, die der Schuldner in den letzten zehn Jahren vor der Anfechtung mit dem Vorsatz, seine Gläubiger zu benachteiligen, vorgenommen hat, wenn der andere Teil zur Zeit der Handlung den Vorsatz des Schuldners kannte. Diese Kenntnis wird vermutet, wenn der andere Teil wußte, daß die Zahlungsunfähigkeit des Schuldners drohte und daß die Handlung die Gläubiger benachteiligte.
(2) Anfechtbar ist ein vom Schuldner mit einer nahestehenden Person(§ 138 der Insolvenzordnung) geschlossener entgeltlicher Vertrag, durch den seine Gläubiger unmittelbar benachteiligt werden. Die Anfechtung ist ausgeschlossen, wenn der Vertrag früher als zwei Jahre vor der Anfechtung geschlossen worden ist oder wenn dem anderen Teil zur Zeit des Vertragsschlusses ein Vorsatz des Schuldners, die Gläubiger zu benachteiligen, nicht bekannt war.

§ 4 Unentgeltliche Leistung

(1) Anfechtbar ist eine unentgeltliche Leistung des Schuldners, es sei denn,

sie ist früher als vier Jahre vor der Anfechtung vorgenommen worden.

(2) Richtet sich die Leistung auf ein gebräuchliches Gelegenheitsgeschenk geringen Werts, so ist sie nicht anfechtbar.

§ 5 Rechtshandlungen des Erben

Hat der Erbe aus dem Nachlaß Pflichtteilsansprüche, Vermächtnisse oder Auflagen erfüllt, so kann ein Nachlaßgläubiger, der im Insolvenzverfahren über den Nachlaß dem Empfänger der Leistung im Rang vorgehen oder gleichstehen würde, die Leistung in gleicher Weise anfechten wie eine unentgeltliche Leistung des Erben.

§ 6 Kapitalersetzende Darlehen

Anfechtbar ist eine Rechtshandlung, die für die Forderung eines Gesellschafters auf Rückgewähr eines kapitalersetzenden Darlehens oder für eine gleichgestellte Forderung

1. Sicherung gewährt hat, wenn die Handlung in den letzten zehn Jahren vor der Anfechtung vorgenommen worden ist;
2. Befriedigung gewährt hat, wenn die Handlung im letzten Jahr vor der Anfechtung vorgenommen worden ist.

§ 7 Berechnung der Fristen

(1) Die in den §§ 3, 4 und 6 bestimmten Fristen sind von dem Zeitpunkt zurückzurechnen, in dem die Anfechtbarkeit gerichtlich geltend gemacht wird.

(2) Hat der Gläubiger, bevor er einen vollstreckbaren Schuldtitel erlangt hatte oder seine Forderung fällig war, dem Anfechtungsgegner seine Absicht, die Rechtshandlung anzufechten, schriftlich mitgeteilt, so wird die Frist vom Zeitpunkt des Zugangs der Mitteilung zurückgerechnet, wenn schon zu dieser Zeit der Schuldner unfähig war, den Gläubiger zu befriedigen, und wenn bis zum Ablauf von zwei Jahren seit diesem Zeitpunkt die Anfechtbarkeit gerichtlich geltend gemacht wird.

(3) In die Fristen wird die Zeit nicht eingerechnet, während der Maßnahmen nach § 46a Abs. 1 Satz 1 des Gesetzes über das Kreditwesen angeordnet waren.

§ 8 Zeitpunkt der Vornahme einer Rechtshandlung

(1) Eine Rechtshandlung gilt als in dem Zeitpunkt vorgenommen, in dein ihre rechtlichen Wirkungen eintreten.

(2) Ist für das Wirksamwerden eines Rechtsgeschäfts eine Eintragung im Grundbuch, im Schiffsregister, im Schiffsbauregister oder in Register für

Pfandrechte an Luftfahrzeugen erforderlich, so gilt das Rechtsgeschäft als vorgenommen, sobald die übrigen Voraussetzungen für das Wirksamwerden erfüllt sind, die Willenserklärung des Schuldners für ihn bindend geworden ist und der andere Teil den Antrag auf Eintragung der Rechtsänderung gestellt hat. Ist der Antrag auf Eintragung einer Vormerkung zur Sicherung des Anspruchs auf die Rechtsänderung gestellt worden, so gilt Satz 1 mit der Maßgabe, daß dieser Antrag an die Stelle des Antrags auf Eintragung der Rechtsänderung tritt.

(3) Bei einer bedingten oder befristeten Rechtshandlung bleibt der Eintritt der Bedingung oder des Termins außer Betracht.

§ 9 Anfechtung durch Einrede

Die Anfechtbarkeit kann im Wege der Einrede geltend gemacht werden, bevor ein vollstreckbarer Schuldtitel für die Forderung erlangt ist; der Gläubiger hat diesen jedoch vor der Entscheidung binnen einer vom Gericht zu bestimmenden Frist beizubringen.

§ 10 Vollstreckbarer Titel

Die Anfechtung wird nicht dadurch ausgeschlossen, daß für die Rechtshandlung ein vollstreckbarer Schuldtitel erlangt oder daß die Handlung durch Zwangsvollstreckung erwirkt worden ist.

§ 11 Rechtsfolgen

(1) Was durch die anfechtbare Rechtshandlung aus dem Vermögen des Schuldners veräußert, weggegeben oder aufgegeben ist, muß dem Gläubiger zur Verfügung gestellt werden, soweit es zu dessen Befriedigung erforderlich ist. Die Vorschriften über die Rechtsfolgen einer ungerechtfertigten Bereicherung, bei der dem Empfänger der Mangel des rechtlichen Grundes bekannt ist, gelten entsprechend.

(2) Der Empfänger einer unentgeltlichen Leistung hat diese nur zur Verfügung zu stellen, soweit er durch sie bereichert ist. Dies gilt nicht, sobald er weiß oder den Umständen nach wissen muß, daß die unentgeltliche Leistung die Gläubiger benachteiligt.

§ 12 Ansprüche des Anfechtungsgegners

Wegen der Erstattung einer Gegenleistung oder wegen eines Anspruchs, der infolge der Anfechtung wiederauflebt, kann sich der Anfechtungsgegner nur an den Schuldner halten.

§ 13 Bestimmter Klageantrag

Wird der Anfechtungsanspruch im Wege der Klage geltend gemacht, so hat der Klageantrag bestimmt zu bezeichnen, in welchem Umfang und in welcher Weise der Anfechtungsgegner das Erlangte zur Verfügung stellen soll.

§ 14 Vorläufig vollstreckbarer Schuldtitel, vorbehaltsurteil

Vorbehaltsurteil. Liegt ein nur vorläufig vollstreckbarer Schuldtitel des Gläubigers oder ein unter Vorbehalt ergangenes Urteil vor, so ist in dem Urteil, das den Anfechtungsanspruch für begründet erklärt, die Vollstreckung davon abhängig zu machen, daß die gegen den Schuldner ergangene Entscheidung rechtskräftig oder vorbehaltlos wird.

§ 15 Anfechtung gegen Rechtsnachfolger

(1) Die Anfechtbarkeit kann gegen den Erben oder einen anderen Gesamtrechtsnachfolger des Anfechtungsgegners geltend gemacht werden.

(2) Gegen einen sonstigen Rechtsnachfolger kann die Anfechtbarkeit geltend gemacht werden

1. wenn dem Rechtsnachfolger zur Zeit seines Erwerbs die Umstände bekannt waren, welche die Anfechtbarkeit des Erwerbs seines Rechtsvorgängers begründen;
2. wenn der Rechtsnachfolger zur Zeit seines Erwerbs zu den Personen gehörte, die dem Schuldner nahestehen (§ 138 der Insolvenzordnung), es sei denn, daß ihm zu dieser Zeit die Umstände unbekannt waren, welche die Anfechtbarkeit des Erwerbs seines Rechtsvorgängers begründen;
3. wenn dem Rechtsnachfolger das Erlangte unentgeltlich zugewendet worden ist.

(3) Zur Erstreckung der Fristen nach § 7 Abs. 2 genügt die schriftliche Mitteilung an den Rechtsnachfolger, gegen den die Anfechtung erfolgen soll.

§ 16 Eröffnung des Insolvenzverfahrens

(1) Wird über das Vermögen des Schuldners das Insolvenzverfahren eröffnet, so ist der Insolvenzverwalter berechtigt, die von den Insolvenzgläubigern erhobenen Anfechtungsansprüche zu verfolgen. Aus dem Erstrittenen sind dem Gläubiger die Kosten des Rechtsstreits vorweg zu erstatten.

(2) Hat ein Insolvenzgläubiger bereits vor der Eröffnung des Insolvenzverfahrens auf Grund seines Anfechtungsanspruchs Sicherung oder Befriedigung erlangt, so gilt § 130 der Insolvenzordnung entsprechend.

§ 17 Unterbrechung des Verfahrens

(1) Ist das Verfahren über den Anfechtungsanspruch im Zeitpunkt der Eröffnung des Insolvenzverfahrens noch rechtshängig, so wird es unterbrochen. Es kann vom Insolvenzverwalter aufgenommen werden. Wird die Aufnahme verzögert, so gilt § 239 Abs. 2 bis 4 der Zivilprozeßordnung entsprechend.

(2) Der Insolvenzverwalter kann den Klageantrag nach Maßgabe der §§ 143, 144 und 146 der Insolvenzordnung erweitern.

(3) Lehnt der Insolvenzverwalter die Aufnahme des Rechtsstreits ab, so kann dieser hinsichtlich der Kosten von jeder Partei aufgenommen werden. Durch die Ablehnung der Aufnahme wird das Recht des Insolvenzverwalters, nach den Vorschriften der Insolvenzordnung den Anfechtungsanspruch geltend zu machen, nicht ausgeschlossen.

§ 18 Beendigung des Insolvenzverfahrens

(1) Nach der Beendigung des Insolvenzverfahrens können Anfechtungsansprüche, die der Insolvenzverwalter geltend machen konnte, von den einzelnen Gläubigern nach diesem Gesetz verfolgt werden, soweit nicht dem Anspruch entgegenstehende Einreden gegen den Insolvenzverwalter erlangt sind.

(2) War der Anfechtungsanspruch nicht schon zur Zeit der Eröffnung des Insolvenzverfahrens gerichtlich geltend gemacht, so werden die in den §§ 3, 4 und 6 bestimmter, Fristen von diesem Zeitpunkt an berechnet, wenn der Anspruch bis zum Ablauf eines Jahres seit der Beendigung des Insolvenzverfahrens gerichtlich geltend gemacht wird.

§ 19 Internationales Anfechtungsrecht

Bei Sachverhalten mit Auslandsberührung ist für die Anfechtbarkeit einer Rechtshandlung das Recht maßgeblich, dem die Wirkungen der Rechtshandlung unterliegen.

§ 20 Übergangsregeln

(1) Dieses Gesetz ist auf die vor dem 1. Januar 1999 vorgenommenen Rechtshandlungen nur anzuwenden, soweit diese nicht nach dem bisherigen Recht der Anfechtung entzogen oder in geringerem Umfang unterworfen sind.

(2) Das Gesetz, betreffend die Anfechtung von Rechtshandlungen eines Schuldners außerhalb des Konkursverfahrens in der im Bundesgesetzblatt Teil III, Gliederungsnummer 311-5, veröffentlichten bereinigten Fassung, zuletzt geändert durch Artikel 9 des Gesetzes vom 4. Juli 1980 (BGBl. I S. 836), wird aufgehoben. Es ist jedoch weiter auf die Fälle anzuwenden, bei denen die Anfechtbarkeit vor dem 1. Januar 1999 gerichtlich geltend gemacht worden ist.

도산절차 외에서 채무자의 법적 행위의 취소에 관한 법률 (Anfechtungsgesetz – AnfG)

(1994. 10. 5. 공포, 1999. 1. 1. 시행)

제 1 조(원칙)

(1) 채권자를 사해하는 채무자의 법적 행위[1]는 도산절차 외에서 아래 규정의 기준에 의하여 취소할 수 있다.

(2) 부작위는 법적 행위와 동일하게 본다.

제 2 조(취소권자)

채무자의 재산에 대한 강제집행이 채권자의 충분한 만족이 되지 못하거나, 그러한 가능성이 예측되는 때에는, 집행력 있는 집행권원을 취득하고, 그 채권이 변제기에 있는 모든 채권자는 취소권을 가진다.

제 3 조(고의에 의한 가해)

(1) 채무자가 취소하기 전 10년 내에 그 채권자에게 불이익을 줄 고의로 한 법적 행위는, 상대방이 행위시에 채무자의 고의를 알았을 경우에는 취소할 수 있다. 상대방이 채무자에게 지급불능의 우려가 있다는 사실과 그 행위가 채권자를 해한다는 사실을 안 때는 상대방의 악의는 추정된다.

(2) 채무자가 그와 친밀한 관계자와(도산법 제138조)의 사이에 체결된 채권자가 직접으로 불이익을 입을 계약은 취소할 수 있다. 취소시를 기준으로 2년 전에 계약이 체결된 경우와 상대방이 계약체결시에 채권자를 해한다는 채무자의 고의를 알지 못한 경우에는 취소할 수 없다.

제 4 조(무상급부)

(1) 채무자의 무상급부는 취소할 수 있다. 다만 취소로부터 4년 이전에 한 행위는 그러하지 아니하다.

(2) 소액의 일상적 선물이나 답례품의 급부는 취소할 수 없다.

제 5 조(상속인의 법적 행위)

상속인이 상속재산에 관한 유류분청구를 하거나 유증이나 부담을 이행한 경우, 도산절차에서 급부를 받은 자와 상속재산에서 앞선 순위나 같은 순위의 상속재산채권자는 상속인이 무상급부를 받은 경우와 같은 방법으로 취소할 수 있다.

---

1) 법적행위는 의사표시(양도, 포기, 채무면제 등)뿐만 아니라, 소송행위도 포함된다. 다만 계약의 청약을 거절하거나 상속, 유증을 거절하는 것과 같은 재산취득행위를 거절하는 것은 채무자 재산의 감소를 초래하는 것이 아니기 때문에 여기에 해당되지 아니한다. 민일영, '독일의 채권자취소제도', 12면.

제 6 조(자본전보적 소비대차)[2]

자본전보적 소비대차－출자에 갈음하는 대부금－에 대한 동업 사원의 채권이나 그와 유사한 채권에 응하여 한 아래의 법적 행위는 취소할 수 있다.

1. 취소권이 행사되기 10년 이내에 보증을 선 때
2. 취소권이 행사되기 1년 이내에 채권만족 행위를 한 때

제 7 조(기간의 산정)

(1) 제3조, 제4조 및 제6조에서 정한 기간은 취소청구가 재판상 주장한 때로부터 소급하여 계산한다.

(2) 채권자가 집행력 있는 집행권원을 취득하거나 채권이 변제기에 이르기 전, 취소의 상대방에게 그 법적 행위를 취소하겠다는 의도를 서면으로 통보하면, 그 시점에서 채무자에게 지급할 수 있는 능력이 없다 하더라도, 그때부터 2년 내에 취소청구가 재판상 주장되었다면, 그 기간은 통지의 도달시점으로부터 소급하여 기산하여야 한다.

(3) 신용제도에 관한 법률 제46조a 제1항 제1문에 의한 조치가 발령되어 있는 동안은 기간에 산입되지 않는다.

제 8 조(법적 행위의 착수 시점)

(1) 법적 행위는 그 행위의 법률효과가 발생한 시점에 행한 것으로 본다.

(2) 법률행위의 효력발생을 위하여 등기부・선박등록부・선박건조등록부 또는 항공기저당등록부에 등기(등재)가 필요한 경우에는, 효력발생을 위한 그 밖의 요건이 충족되고, 법률행위에 관한 채무자의 의사표시가 구속력을 가지고, 또한 상대방이 권리변동의 등기를 신청하였다면, 즉각적으로 그 법률행위는 행한 것으로 본다. 권리변동에 관한 청구권의 보전을 위한 등기부의 기재가 신청된 경우에는, 이러한 신청은 권리변동의 등기신청에 갈음하는 것으로 보아 제1문을 적용한다.[3]

(3) 조건부 또는 기한부 법적 행위의 경우에는 조건의 성취나 기한의 도래는 이를 고려하지 아니한다.

제 9 조(항변에 의한 취소)

취소청구는 채권에 관한 집행력 있는 집행권원을 취득하기 전에는 항변의 방법으로 주장할 수 있으나, 채권자는 재판 전에 법원이 정한 기간 내에 집행권원을 제출하여야 한다.

---

2) 유한회사법(Gesetz betreffend die Gesellschaften mit beschränkter Haftung) 제32조 a 1, 3항의 자본전보적 소비대차에 기한 채권자(예컨대 유한회사의 사원이 채무초과로 인한 회사의 자본잠식을 전보하기 위하여 회사에 금전을 대여한 경우)에게 회사가 담보를 제공하거나 변제 등의 행위를 한 경우에는 이를 취소할 수 있다는 취지이다. 민일영, '독일의 채권자취소제도', 21면 참조.

3) 사해행위의 시점에 관하여 법률행위에 등기(등록)를 요하는 경우에는, 채무자의 의사표시와 상대방의 등기(등록)신청이 있을 때를 그 기준으로 한다는 점에서, 등기(등록)는 생각하지 않고 계약이 있을 때 사해행위가 있었다고 보는 우리 판례와는 다르다.

제10조(집행력 있는 집행권원)

취소는 그 법적 행위가 집행력 있는 집행권원을 취득하거나 그 행위가 강제집행에 의하여 실현되는 것에 의하여 배제되지 않는다.

제11조(법률효과)

(1) 취소할 수 있는 법률행위에 의하여 채무자의 재산으로부터 양도, 증여 또는 포기된 것은, 그것이 채권자의 만족에 필요한 한도에서 채권자의 처분에 맡겨진다. 수익자가 법률상 원인의 흠결을 알았을 때에는 부당이득의 효과에 관한 규정이 적용된다.

(2) 무상급여의 양수인은 그로 인한 이득이 현존하는 한도에서만 채권자의 처분에 맡겨진다. 다만 양수인이 무상급여가 채권자를 해한다는 사실을 알거나 알 수 있었을 때부터는 그러하지 아니하다.[4)]

제12조(취소상대방의 청구권)

취소의 상대방은 반대급부의 상환이나 취소의 결과 부활하는 청구권에 의하여 채무자에게만 청구할 수 있다.[5)]

제13조(청구취지의 특정)

취소가 소의 방법으로 행하여진 경우에, 청구의 취지는 어떠한 범위와 방법으로 취소의 상대방이 취득한 것을 처분할 것인가를 특정하여야 한다.

제14조(가집행부 집행권원, 유보판결)

채권자가 가집행할 수 있는 집행권원이나 유보판결을 가지고 있을 때에는, 취소청구가 이유 있다고 선언한 판결에서, 채무자에 대하여 선고된 재판이 확정력을 가지거나, 유보가 없는 것으로 선언된 때 집행할 수 있다.

제15조(승계인에 대한 취소)

(1) 취소는 취소상대방의 상속인을 비롯한 포괄승계인에 대하여 할 수 있다.

(2) 그 외 다른 승계인에 대한 취소를 할 수 있는 경우

1. 승계인이 취득시에 전 권리자의 취득이 취소사유에 해당된다는 사정을 알 수 있을 때
2. 승계인이 그와 친밀한 관계자(파산법 제138조)로부터 취득할 때, 다만 승계인이 취득시에 전 권리자의 취득이 취소사유에 해당된다는 사정을 알 수 없을 때는 그러하지 아니하다.
3. 승계인이 무상으로 취득하였을 때

(3) 제7조 2항에 따른 기간의 연장은 승계인에게 취소권이 행사되리라는 사실을 서면으로 통지함으로써 충분하다.

---

4) 단서의 경우에는 원칙으로 돌아가 제(1)항이 적용된다.

5) 상대방의 채권이 채무자로부터 수익을 얻음으로써 소멸된 경우에, 그 수익권이 취소에 의하여 반환되면, 상대방의 채권은 부활되나(담보도 함께 부활됨), 이를 채권자에게 주장할 수 없으므로, 이로써 채권자의 반환청구권과 상계하거나 유치권을 행사할 수 없다.

제16조(도산절차의 개시)

(1) 채무자의 재산에 대하여 도산절차가 개시된 경우에는, 관재인은 도산채권자에 의하여 제기된 취소청구를 속행할 권한을 가진다. 채권자는 반환물에서 그 소송비용을 우선적으로 반환 받는다.

(2) 도산채권자가 도산절차 개시 전에 이미 자신의 취소청구권에 기하여 담보나 만족을 확보한 경우에는 도산법 제130조를 준용한다.

제17조(절차의 중단)

(1) 도산절차 개시 시점에서 취소청구절차가 계속 중인 경우에 그 절차는 중단된다. 그 절차는 관재인이 수계할 수 있다. 수계가 지체되는 경우에는 민사소송법 제239조 제2항 내지 4항이 준용된다.

(2) 관재인은 청구취지를 도산법 제143조, 제144조 및 제146조에 의하여 확장할 수 있다.

(3) 관재인이 소송의 수계를 거부한 경우에, 그 소송은 비용에 관하여 각 당사자가 수계할 수 있다. 도산법의 규정에 따른 부인권을 행사할 관재인의 권리는 수계의 거부로 배제되지 아니한다.

제18조(도산절차의 종료)

(1) 도산절차가 종결되면 관재인이 행사할 수 있었던 취소청구권은, 그 청구권에 대하여 관재인을 상대로 하는 대립적인 항변권이 취득된 경우가 아닌 한, 개개 채권자가 이 법률에 의하여 이를 청구할 수 있다.

(2) 취소청구권이 도산절차 개시 당시 재판상 행사되지 아니한 경우에는, 제3조, 제4조 및 제6조의 기간은, 그 청구권이 도산절차 종결 후 1년이 경과할 때까지 행사되면 그 시점부터 계산한다.

제19조(국제 취소법)

국제적 사건에서 법적 행위의 취소권은 그 행위의 효력을 규율하는 법을 준거법으로 한다.

제20조(경과규정)

(1) 1999. 1. 1. 전에 행하여진 법적 행위에 대하여는, 그 행위가 종전 법에 의하여 취소가 면제되지 아니하였거나 보다 작은 범위에서 취소할 수 있었다면 이 법률이 적용된다.

(2) 연방법령공보 제3부, 311-5에서 수정 공포되고, 1980. 7. 4. 법률 제9장에 의하여 개정된 '채무자의 법적 행위에 대한 파산절차 밖에서의 취소에 관한 법률(구 채권자취소법)'은 이를 폐지한다. 다만 그 취소권이 1999. 1. 1. 전에 재판상 행사된 사건에는 구법을 적용한다.

[부록 2] UNIFORM VOIDABLE TRANSACTIONS ACT[6)]

SECTION 1(DEFINITIONS) As used in this [Act]:

(1) "Affiliate"[7)] means:

(i) a person that directly or indirectly owns, controls, or holds with power to vote, 20 percent or more of the outstanding voting securities of the debtor, other than a person that holds the securities:

(A) as a fiduciary or agent without sole discretionary power to vote the securities; or

(B) solely to secure a debt, if the person has not in fact exercised the power to vote;

(ii) a corporation 20 percent or more of whose outstanding voting securities are directly or indirectly owned, controlled, or held with power to vote, by the debtor or a person that directly or indirectly owns, controls, or holds, with power to vote, 20 percent or more of the outstanding voting securities of the debtor, other than a person that holds the securities:

(A) as a fiduciary or agent without sole discretionary power to vote the securities; or

(B) solely to secure a debt, if the person has not in fact exercised the power to vote;

(iii) a person whose business is operated by the debtor under a lease or other agreement, or a person substantially all of whose assets are controlled by the debtor; or

(iv) a person that operates the debtor's business under a lease or other agreement or controls substantially all of the debtor's assets.

(2) "Asset"[8)] means property of a debtor, but the term does not include:

---

6) 각주는 모델법에 대한 공적인 comment 중 중요부분이다. 뒤에 나오는 모델법의 번역문에서 각주 부분도 함께 번역해 놓았다.

7) The definition of "affiliate" is derived from Bankruptcy Code §101(2)(1984).

8) The definition of "asset" is substantially to the same effect as the definition of "assets" in § 1 of the Uniform Fraudulent Conveyance Act. The definition in this Act, unlike that in the earlier Act, does not, however require a determination that the property is liable for the debts of the debtor. Thus, an unliquidated claim for damages resulting from personal injury or a contingent claim of a surety for reimbursement, contribution, or subrogation may be counted as an asset for the purpose of determining whether the holder of the claim is solvent as a debtor under § 2 of this Act.

(i) property to the extent it is encumbered by a valid lien;

(ii) property to the extent it is generally exempt[9] under nonbankruptcy law[10]; or

(iii) an interest in property held in tenancy by the entireties to the extent it is not subject to process by a creditor holding a claim against only one tenant.

(3) "Claim",[11] except as used in "claim for relief", means a right to payment, whether or not the right is reduced to judgment, liquidated, unliquidated, fixed, contingent, matured, unmatured, disputed, undisputed, legal, equitable, secured, or unsecured.

(4) "Creditor"[12] means a person that has a claim.

(5) "Debt"[13] means liability on a claim.

(6) "Debtor" means a person that is liable on a claim.

(7) "Electronic" means relating to technology having electrical, digital, magnetic, wireless, optical, electromagnetic, or similar capabilities.

(8) "Insider"[14] includes:

---

9) The reference to "generally exempt" property in § 1(2)(ii) recognizes that all exemptions are subject to exceptions. Creditors having special rights against generally exempt property typically include claimants for alimony, taxes, wages, the purchase price of the property, and labor or materials that improve the property. See Uniform Exemptions Act § 10 and the accompanying Comment. The fact that a particular creditor may reach generally exempt property by resorting to judicial process does not warrant its inclusion as an asset in determining whether the debtor is insolvent

10) "Nonbankruptcy law" is the law of a state or federal law that is not part of the Bankruptcy Code, Title 11 of the United States Code.

11) The definition of "claim" is derived from § 101(4) of the Bankruptcy Code. Since the purpose of this Act is primarily to protect unsecured creditors against transfers and obligations injurious to their rights, the words "claim" and "debt" as used in the Act generally have reference to an unsecured claim and debt. As the context may indicate, however, usage of the terms is not so restricted.

12) The definition of "creditor" in combination with the definition of "claim" has substantially the same effect as the definition of "creditor" under § 1 of the Uniform Fraudulent Conveyance Act. As under that Act, the holder of an unliquidated tort claim or a contingent claim may be a creditor protected by this Act.

13) The definition of "debt" is derived from § 101(11) of the Bankruptcy Code.

14) The definition of "insider" is derived from § 101(28) of the Bankruptcy Code, but somewhat differs from the definition in the Bankruptcy Code.

(i) if the debtor is an individual:

(A) a relative of the debtor or of a general partner of the debtor;

(B) a partnership in which the debtor is a general partner;

(C) a general partner in a partnership described in clause (B); or

(D) a corporation of which the debtor is a director, officer, or person in control;

(ii) if the debtor is a corporation:

(A) a director of the debtor;

(B) an officer of the debtor;

(C) a person in control of the debtor;

(D) a partnership in which the debtor is a general partner;

(E) a general partner in a partnership described in clause (D); or

(F) a relative of a general partner, director, officer, or person in control of the debtor;

(iii) if the debtor is a partnership:

(A) a general partner in the debtor;

(B) a relative of a general partner in, a general partner of, or a person in control of the debtor;

(C) another partnership in which the debtor is a general partner;

(D) a general partner in a partnership described in clause (C); or

(E) a person in control of the debtor;

(iv) an affiliate, or an insider of an affiliate as if the affiliate were the debtor; and

(v) a managing agent of the debtor.

(9) "Lien"[15)] means a charge against or an interest in property to secure payment of a debt or performance of an obligation, and includes a security interest created by agreement, a judicial lien obtained by legal or equitable process or proceedings, a common-law lien, or a statutory lien.

(10) "Organization" means a person other than an individual.

(11) "Person"[16)] means an individual, estate, partnership, association, trust, business or nonprofit entity, public corporation, government or governmental subdivision, agency, or instrumentality, or other legal or commercial entity.

(12) "Property"[17)] means anything that may be the subject of ownership.

---

15) The definition of "lien" is derived from paragraphs (30), (31), (43), and (45) of § 101 of the Bankruptcy Code, which define "judicial lien," "lien," "security interest," and "statutory lien" respectively.

16) The definition of "person" is adapted from paragraphs (28) and (30) of § 1-201 of the Uniform Commercial Code, defining "organization" and "person" respectively.

(13) "Record" means information that is inscribed on a tangible medium or that is stored in an electronic or other medium and is retrievable in perceivable form.

(14) "Relative"[18] means an individual related by consanguinity within the third degree as determined by the common law, a spouse, or an individual related to a spouse within the third degree as so determined, and includes an individual in an adoptive relationship within the third degree.

(15) "Sign" means, with present intent to authenticate or adopt a record:

(i) to execute or adopt a tangible symbol; or

(ii) to attach to or logically associate with the record an electronic symbol, sound, or process.

(16) "Transfer"[19] means every mode, direct or indirect, absolute or conditional, voluntary or involuntary, of disposing of or parting with an asset or an interest in an asset, and includes payment of money, release, lease, license, and creation of a lien or other encumbrance.

(17) "Valid lien"[20] means a lien that is effective against the holder of a judicial lien subsequently obtained by legal or equitable process or proceedings.

SECTION 2(INSOLVENCY)

(a) A debtor is insolvent if, at a fair valuation, the sum of the debtor's debts is greater than the sum of the debtor's assets.[21]

---

17) The definition of "property" is derived from § 1-201(33) of the Uniform Probate Code. Property includes both real and personal property, whether tangible or intangible, and any interest in property, whether legal or equitable.

18) The definition of "relative" is derived from § 101(37) of the Bankruptcy Code but is explicit in its references to the spouse of a debtor in view of uncertainty as to whether the common law determines degrees of relationship by affinity.

19) The definition of "transfer" is derived principally from § 101(48) of the Bankruptcy Code. The definition of "conveyance" in § 1 of the Uniform Fraudulent Conveyance Act was similarly comprehensive, and the references in this Act to "payment of money, release, lease, and the creation of a lien or incumbrance" are derived from the Uniform Fraudulent Conveyance Act. While the definition in the Uniform Fraudulent Conveyance Act did not explicitly refer to an involuntary transfer, the decisions under that Act were generally consistent with an interpretation that covered such a transfer.

20) The definition of "valid lien" is new. A valid lien includes an equitable lien that may not be defeated by a judicial lien creditor.

21) Subsection (a) is derived from the definition of "insolvent" in § 101(29)(A) of

(b) A debtor that is generally not paying the debtor's debts as they become due other than as a result of a bona fide dispute is presumed to be insolvent.[22] The presumption imposes on the party against which the presumption is directed the burden of proving that the nonexistence of insolvency is more probable than its existence.

(c) Assets under this section do not include property that has been transferred, concealed, or removed with intent to hinder, delay, or defraud creditors or that has been transferred in a manner making the transfer voidable under this [Act].[23]

(d) Debts under this section do not include an obligation to the extent it is secured by a valid lien on property of the debtor not included as an asset.[24]

SECTION 3(VALUE)

(a) Value is given for a transfer or an obligation if, in exchange for the transfer or obligation, property is transferred or an antecedent debt is secured or satisfied, but value does not include an unperformed promise made otherwise than in the ordinary course of the promisor's business to furnish support to the debtor or another person.[25]

(b) For the purposes of Section 4(a)(2) and Section 5, a person gives a reasonably equivalent value if the person acquires an interest of the debtor in an asset pursuant to a regularly conducted, noncollusive foreclosure sale or execution of a power of sale for the acquisition or disposition of the interest of the debtor upon default under a mortgage, deed of trust, or security agreement.[26]

---

the Bankruptcy Code.

22) Section 2(b) establishes a rebuttable presumption of insolvency from the fact of general nonpayment of debts as they become due. Such general nonpayment is a ground for the filing of an involuntary petition under § 303(h)(1) of the Bankruptcy Code.

23) Subsection (c) follows the approach of the definition of "insolvency" in § 101(29) of the Bankruptcy Code by excluding from the computation of the value of the debtor''s assets any value that can be realized only by avoiding a transfer of an interest formerly held by the debtor or by discovery or pursuit of property that has been fraudulently concealed or removed.

24) Subsection (d) is new. It makes clear the purpose not to render a person insolvent under this section by counting as a debt an obligation secured by property of the debtor that is not counted as an asset.

25) Section 3(a) is adapted from § 548(d)(2)(A) of the Bankruptcy Code.

26) Subsection (b) does not apply to an action under Section 4(a)(1) to avoid a

(c) A transfer is made for present value if the exchange between the debtor and the transferee is intended by them to be contemporaneous and is in fact substantially contemporaneous.[27)]

SECTION 4(TRANSFER OR OBLIGATION VOIDABLE AS TO PRESENT OR FUTURE CREDITOR)

(a) A transfer made or obligation incurred by a debtor is voidable as to a creditor, whether the creditor's claim arose before or after the transfer was made or the obligation was incurred, if the debtor made the transfer or incurred the obligation:

(1) with actual intent to hinder, delay, or defraud any creditor of the debtor; or

(2) without receiving a reasonably equivalent value in exchange for the transfer or obligation, and the debtor:

(i) was engaged or was about to engage in a business or a transaction for which the remaining assets of the debtor were unreasonably small in relation to the business or transaction; or

(ii) intended to incur, or believed or reasonably should have believed that the debtor would incur, debts beyond the debtor's ability to pay as they became due.

(b) In determining actual intent under subsection (a)(1), consideration may be given, among other factors, to whether:

(1) the transfer or obligation was to an insider;

(2) the debtor retained possession or control of the property transferred after the transfer;

(3) the transfer or obligation was disclosed or concealed;

(4) before the transfer was made or obligation was incurred, the debtor had been sued or threatened with suit;

(5) the transfer was of substantially all the debtor's assets;

(6) the debtor absconded;

(7) the debtor removed or concealed assets;

(8) the value of the consideration received by the debtor was reasonably equivalent to the value of the asset transferred or the amount of the obligation incurred;

(9) the debtor was insolvent or became insolvent shortly after the transfer

---

transfer or obligation because made or incurred with actual intent to hinder, delay, or defraud any creditor.

27) Subsection (c) is an adaptation of § 547(c)(1) of the Bankruptcy Code. A transfer to an insider for an antecedent debt may be voidable under § 5(b).

was made or the obligation was incurred;

(10) the transfer occurred shortly before or shortly after a substantial debt was incurred; and

(11) the debtor transferred the essential assets of the business to a lienor that transferred the assets to an insider of the debtor.

(c) A creditor making a claim for relief under subsection (a) has the burden of proving the elements of the claim for relief by a preponderance of the evidence.

SECTION 5(TRANSFER OR OBLIGATION VOIDABLE AS TO PRESENT CREDITOR)

(a) A transfer made or obligation incurred by a debtor is voidable as to a creditor whose claim arose before the transfer was made or the obligation was incurred if the debtor made the transfer or incurred the obligation without receiving a reasonably equivalent value in exchange for the transfer or obligation and the debtor was insolvent at that time or the debtor became insolvent as a result of the transfer or obligation.[28)]

(b) A transfer made by a debtor is voidable as to a creditor whose claim arose before the transfer was made if the transfer was made to an insider for an antecedent debt, the debtor was insolvent at that time, and the insider had reasonable cause to believe that the debtor was insolvent.[29)]

(c) Subject to Section 2(b), a creditor making a claim for relief under subsection (a) or (b) has the burden of proving the elements of the claim for relief by a preponderance of the evidence.

SECTION 6(WHEN TRANSFER IS MADE OR OBLIGATION IS INCURRED)

For the purposes of this [Act]:

(1) a transfer is made:[30)]

---

28) Subsection (a) is derived from § 4 of the Uniform Fraudulent Conveyance Act.

29) Subsection (b) renders a preferential transfer-*i.e.*, a transfer by an insolvent debtor for or on account of an antecedent debt-to an insider vulnerable as a fraudulent transfer when the insider had reasonable cause to believe that the debtor was insolvent.

30) For transfers of real estate Section 6(1) fixes the time as the date of perfection against a good faith purchaser from the transferor; and for transfers of fixtures and assets constituting personalty, the time is fixed as the date of perfection against a judicial lien creditor not asserting rights under this Act. Perfection typically is effected by notice-filing, recordation, or

(i) with respect to an asset that is real property other than a fixture, but including the interest of a seller or purchaser under a contract for the sale of the asset, when the transfer is so far perfected that a good-faith purchaser of the asset from the debtor against which applicable law permits the transfer to be perfected cannot acquire an interest in the asset that is superior to the interest of the transferee; and

(ii) with respect to an asset that is not real property or that is a fixture, when the transfer is so far perfected that a creditor on a simple contract cannot acquire a judicial lien otherwise than under this [Act] that is superior to the interest of the transferee;

(2) if applicable law permits the transfer to be perfected as provided in paragraph (1) and the transfer is not so perfected before the commencement of an action for relief under this [Act], the transfer is deemed made immediately before the commencement of the action;

(3) if applicable law does not permit the transfer to be perfected as provided in paragraph (1), the transfer is made when it becomes effective between the debtor and the transferee;

(4) a transfer is not made until the debtor has acquired rights in the asset transferred;[31] and

(5) an obligation is incurred:

(i) if oral, when it becomes effective between the parties; or

(ii) if evidenced by a record, when the record signed by the obligor is delivered to or for the benefit of the obligee.

SECTION 7(REMEDIES OF CREDITOR)[32]

(a) In an action for relief against a transfer or obligation under this [Act], a creditor, subject to the limitations in Section 8, may obtain:

(1) avoidance of the transfer or obligation to the extent necessary to satisfy the creditor's claim;

(2) an attachment or other provisional remedy against the asset transferred or other property of the transferee if available under applicable law; and

---

delivery of unequivocal possession.

31) Paragraph (4) requires the transferor to have rights in the asset transferred before the transfer is made for the purpose of this section. This provision makes clear that its purpose may not be circumvented by notice-filing or recordation of a document evidencing an interest in an asset to be acquired in the future.

32) This section is derived from §§ 9 and 10 of the Uniform Fraudulent Conveyance Act.

(3) subject to applicable principles of equity and in accordance with applicable rules of civil procedure:

(i) an injunction against further disposition by the debtor or a transferee, or both, of the asset transferred or of other property;

(ii) appointment of a receiver to take charge of the asset transferred or of other property of the transferee; or

(iii) any other relief the circumstances may require.

(b) If a creditor has obtained a judgment on a claim against the debtor, the creditor, if the court so orders, may levy execution on the asset transferred or its proceeds.

SECTION 8(DEFENSES, LIABILITY, AND PROTECTION OF TRANSFEREE OR OBLIGEE)

(a) A transfer or obligation is not voidable under Section 4(a)(1) against a person that took in good faith and for a reasonably equivalent value given the debtor or against any subsequent transferee or obligee.[33)]

(b) To the extent a transfer is avoidable in an action by a creditor under Section 7(a)(1), the following rules apply:

(1) Except as otherwise provided in this section, the creditor may recover judgment for the value of the asset transferred, as adjusted under subsection (c), or the amount necessary to satisfy the creditor's claim, whichever is less.[34)] The judgment may be entered against:

(i) the first transferee of the asset or the person for whose benefit the transfer was made; or

(ii) an immediate or mediate transferee of the first transferee, other than:

(A) a good-faith transferee that took for value; or

(B) an immediate or mediate good-faith transferee of a person described in clause (A).

(2) Recovery pursuant to Section 7(a)(1) or (b) of or from the asset

---

33) Subsection (a) states the rule that applies when the transferee establishes a complete defense to the action for avoidance based on Section 4(a)(1). The subsection is an adaptation of the exception stated in § 9 of the Uniform Fraudulent Conveyance Act. The person who invokes this defense carries the burden of establishing good faith and the reasonable equivalence of the consideration exchanged.

34) Subsection (b) is derived from § 550(a) of the Bankruptcy Code. The value of the asset transferred is limited to the value of the levyable interest on the transferor, exclusive of any interest encumbered by a valid lien.

transferred or its proceeds, by levy or otherwise, is available only against a person described in paragraph (1)(i) or (ii).

(c) If the judgment under subsection (b) is based upon the value of the asset transferred, the judgment must be for an amount equal to the value of the asset at the time of the transfer, subject to adjustment as the equities may require.35)

(d) Notwithstanding voidability of a transfer or an obligation under this [Act], a good-faith transferee or obligee is entitled, to the extent of the value given the debtor for the transfer or obligation,36) to:

(1) a lien on or a right to retain an interest in the asset transferred;

(2) enforcement of an obligation incurred; or

(3) a reduction in the amount of the liability on the judgment.

(e) A transfer is not voidable under Section 4(a)(2) or Section 5 if the transfer results from:

(1) termination of a lease upon default by the debtor when the termination is pursuant to the lease and applicable law; or

(2) enforcement of a security interest in compliance with Article 9 of the Uniform Commercial Code, other than acceptance of collateral in full or partial satisfaction of the obligation it secures.

(f) A transfer is not voidable under Section 5(b):37)

(1) to the extent the insider gave new value to or for the benefit of the debtor after the transfer was made, except to the extent the new value was secured by a valid lien;38)

(2) if made in the ordinary course of business or financial affairs of the

---

35) Subsection (c) is new. The measure of the recovery of a defrauded creditor against a fraudulent transferee is usually limited to the value of the asset transferred at the time of the transfer.

36) Subsection (d) is an adaptation of § 548(c) of the Bankruptcy Code. An insider who receives property or an obligation from an insolvent debtor as security for or in satisfaction of an antecedent debt of the transferor or obligor is not a good faith transferee or obligee if the insider has reasonable cause to believe that the debtor was insolvent at the time the transfer was made or the obligation was incurred.

37) Subsection (f) provides additional defenses against the avoidance of a preferential transfer to an insider under § 5(b).

38) Paragraph (1) is adapted from § 547(c)(4) of the Bankruptcy Code, which permits a preferred creditor to set off the amount of new value subsequently advanced against the recovery of a voidable preference by a trustee in bankruptcy to the debtor without security. It does not include an obligation substituted for a prior obligation.

debtor and the insider;[39] or

(3) if made pursuant to a good-faith effort to rehabilitate the debtor and the transfer secured present value given for that purpose as well as an antecedent debt of the debtor.[40]

(g) The following rules determine the burden of proving matters referred to in this section:

(1) A party that seeks to invoke subsection (a), (d), (e), or (f) has the burden of proving the applicability of that subsection.

(2) Except as otherwise provided in paragraphs (3) and (4), the creditor has the burden of proving each applicable element of subsection (b) or (c).

(3) The transferee has the burden of proving the applicability to the transferee of subsection (b)(1)(ii)(A) or (B).

(4) A party that seeks adjustment under subsection (c) has the burden of proving the adjustment.

(h) The standard of proof required to establish matters referred to in this section is preponderance of the evidence.

SECTION 9(EXTINGUISHMENT OF CLAIM FOR RELIEF)[41]

A claim for relief with respect to a transfer or obligation under this [Act] is extinguished unless action is brought:

---

39) Paragraph (2) is derived from § 546(c)(2) of the Bankruptcy Code, which excepts certain payments made in the ordinary course of business or financial affairs from avoidance by the trustee in bankruptcy as preferential transfers. Whether a transfer was in the "ordinary course" requires a consideration of the pattern of payments or secured transactions engaged in by the debtor and the insider prior to the transfer challenged under § 5(b).

40) Paragraph (3) is new and reflects a policy judgment that an insider who has previously extended credit to a debtor should not be deterred from extending further credit to the debtor in a good faith effort to save the debtor from a forced liquidation in bankruptcy or otherwise. A similar rationale has sustained the taking of security from an insolvent debtor for an advance to enable the debtor to stave off bankruptcy and extricate itself from financial stringency. The amount of the present value given, the size of the antecedent debt secured, and the likelihood of success for the rehabilitative effort are relevant considerations in determining whether the transfer was in good faith.

41) The periods prescribed apply, whether the action under this Act is brought by the creditor defrauded or by a purchaser at a sale on execution levied pursuant to § 7(b) and whether the action is brought against the original transferee or subsequent transferee. The prescription of statutory periods of limitation does not preclude the barring of an avoidance action for laches.

(a) under Section 4(a)(1), not later than four years after the transfer was made or the obligation was incurred or, if later, not later than one year after the transfer or obligation was or could reasonably have been discovered by the claimant;

(b) under Section 4(a)(2) or 5(a), not later than four years after the transfer was made or the obligation was incurred; or

(c) under Section 5(b), not later than one year after the transfer was made.

SECTION 10(GOVERNING LAW)

(a) In this section, the following rules determine a debtor's location:

(1) A debtor who is an individual is located at the individual's principal residence.

(2) A debtor that is an organization and has only one place of business is located at its place of business.

(3) A debtor that is an organization and has more than one place of business is located at its chief executive office.

(b) A claim for relief in the nature of a claim for relief under this [Act] is governed by the local law of the jurisdiction in which the debtor is located when the transfer is made or the obligation is incurred.

SECTION 11(APPLICATION TO SERIES ORGANIZATION)[42]

(a) In this section:

(1) "Protected series" means an arrangement, however denominated, created by a series organization that, pursuant to the law under which the series organization is organized, has the characteristics set forth in paragraph (2).

(2) "Series organization" means an organization that, pursuant to the law under which it is organized, has the following characteristics:

(i) The organic record of the organization provides for creation by the organization of one or more protected series, however denominated, with respect to specified property of the organization, and for records to be maintained for each protected series that identify the property of or associated with the protected series.

(ii) Debt incurred or existing with respect to the activities of, or property of or associated with, a particular protected series is enforceable against the property of or associated with the protected series only, and not against the property of or associated with the organization or other protected series of the

42) This section, added in 2014, accommodates developments in business organization statutes exemplified by the Uniform Statutory Trust Entity Act §§ 401–404 (2009).

organization.

(iii) Debt incurred or existing with respect to the activities or property of the organization is enforceable against the property of the organization only, and not against the property of or associated with a protected series of the organization.

(b) A series organization and each protected series of the organization is a separate person for purposes of this [Act], even if for other purposes a protected series is not a person separate from the organization or other protected series of the organization.

SECTION 12(SUPPLEMENTARY PROVISIONS)[43)]

Unless displaced by the provisions of this [Act], the principles of law and equity, including the law merchant and the law relating to principal and agent, estoppel, laches, fraud, misrepresentation, duress, coercion, mistake, insolvency, or other validating or invalidating cause, supplement its provisions.

SECTION 13(UNIFORMITY OF APPLICATION AND CONSTRUCTION)

This [Act] shall be applied and construed to effectuate its general purpose to make uniform the law with respect to the subject of this [Act] among states enacting it.

SECTION 14(RELATION TO ELECTRONIC SIGNATURES IN GLOBAL AND NATIONAL COMMERCE ACT)

This [Act] modifies, limits, or supersedes the Electronic Signatures in Global and National Commerce Act, 15 U.S.C. Section 7001 et seq., but does not modify, limit, or supersede Section 101(c) of that act, 15 U.S.C. Section 7001(c), or authorize electronic delivery of any of the notices described in Section 103(b) of that act, 15 U.S.C. Section 7003(b).

SECTION 15(SHORT TITLE)

This [Act], which was formerly cited as the Uniform Fraudulent Transfer Act, may be cited as the Uniform Voidable Transactions Act.

43) This section is derived from § 11 of the Uniform Fraudulent Conveyance Act and § 1-103 of the Uniform Commercial Code. The section adds a reference to “laches” in recognition of the particular appropriateness of the application of this equitable doctrine to an untimely action to avoid a fraudulent transfer.

통일 사해행위취소법[44)]

제1조(정의) 이 법에서는 다음과 같은 의미로 사용된다.

(1) '관계자'라 함은[45)]

(i) 직접적이든 간접적이든, 채무자에 대하여 20% 이상 의결권을 가진 담보권을 가지거나, 관리나 표결할 수 있는 권한을 가진 자를 말한다. 다만 아래 내용의 담보권을 가진 자는 제외한다.

(A) 담보에 관하여 스스로의 재량에 의한 의결권을 가지지 않는 수탁자나 대리인, 또는

(B) 오로지 채권을 보전하기 위한 목적으로 담보권을 보유하고 의결권을 행사하지 않는 사람

(ii) 직접적이든 간접적이든, 채무자가 20% 이상 의결권을 가진 담보권을 가지거나 관리·표결할 수 있는 권한을 가진 법인, 또는 채무자의 담보권에 대하여 20% 이상 의결권을 가가지거나 관리·표결할 수 있는 권한을 가진 법인을 말한다. 다만 아래 내용의 담보권을 가진 자는 제외한다.

(A) 담보에 관한 스스로의 의결권을 가지지 않는 수탁자나 대리인, 또는

(B) 오로지 채권을 보전하기 위한 목적으로 담보권을 보유하고 의결권을 행사하지 않는 사람

(iii) 임대차를 비롯한 기타 약정에 따라 채무자가 운영하는 기업의 소유자,[46)] 또는 실질적으로 채무자에 의하여 통제되는 자산의 소유자, 또는

(iv) 임대차를 비롯한 기타 약정에 따라 채무자의 기업을 운영하는 사람, 또는 채무자의 모든 자산을 실질적으로 통제하는 사람

(2) '자산'[47)]은 채무자의 재산을 뜻한다. 다만 아래의 것은 포함되지 않는다.

(i) 유효한 담보[48)]로 제공된 범위 내의 재산

---

44) 이 법안은 2014년 Washington주 Seattle에서 열린 제123차 통일주법위원회(National Conference of Commissioners on Uniform State Laws) 회의에서 채택되고, American Bar Association에서 최종적으로 승인되어 모든 주에서 입법되고 시행되기를 승인·권고된 법률안이다. 이 법안은 기존 UFTA를 약간 수정한 정도이다. 따라서 기존 UFTA에 관한 해석이 원칙적으로 그대로 유효하다.

45) "affiliate"는 Bankruptcy Code §101(2)에서 유래한다.

46) 실질적 소유자이건 명목상의 소유자이건 묻지 않는다.

47) 자산에 대한 정의는 실질적으로 Uniform Fraudulent Conveyance Act §1과 같다. 다만 이 법에서는 UFCA와는 다르게 채무자의 채무에 대한 책임재산이라는 점이 확정될 필요가 없다. 따라서 인신사고로 인한 확정되지 아니한 손해배상 채권이나 변제로 인한 보증, 구상권이나 변제자대위로 인한 불확정채권도 이 법 제2조가 정한 채무자의 무자력 여부를 판단할 때 채무자의 자산으로 평가될 수 있다.

48) valid lien에 대하여는 아래 (13)항에서 정의되어 있다. lien은 우리 법률용어로 정확

(ii) 도산법 외의[49] 일반적인 법에 의하여 강제집행이 금지된 범위 내의 재산,[50] 또는

(iii) 부부가 일체로 보유하는 재산권[51]으로서 그 중 한 사람에 대하여만 주장할 수 있는 채권을 가진 채권자에 의한 절차에 따르지 않는 범위 내의 재산

(3) '채권'은 급부를 받을 권리를 말하고, 판결의 존재여부, 확정 여부, 조건부인지 여부, 변제기의 도래 여부, 분쟁의 여부, 보통법상의 권리인지 형평법상의 권리인지 여부, 담보를 가지고 있는지 여부를 묻지 않는다.[52]

(4) '채권자'[53]는 채권을 가지는 자이다.

(5) '채무'는 채권에 대한 책임을 뜻한다.[54]

(6) '채무자'는 채권에 대한 책임을 지는 사람을 뜻한다.

(7) '전자'는 전기, 디지털, 자기, 무선, 광학, 전자나 이와 유사한 성능을 가지는 기술과 관련된 것을 뜻한다.

(8) '내부자'라 함은 아래와 같다.[55]

(i) 채무자가 개인인 경우

(A) 채무자의 친척이나 채무자의 조합원[56]의 친척

히 옮기기 어려운 개념으로서, 선취특권, 물적담보, 유치권 등의 담보를 의미한다. 당사자의 합의에 의하여 성립하는 경우가 많지만 법원이 이를 인정하는 경우도 있다.

49) "Nonbankruptcy law"라 함은 Bankruptcy Code, Title 11 of the United States Code에 속하지 않는 법규로서 주법이나 연방법을이 모두 포함된다.

50) "generally exempt property"는 집행이 면제되는 일반적인 모든 경우를 말한다. 일반적 집행면제 재산에 대한 특별한 권리를 가지는 채권자로서는 이혼부양료채권, 조세채권, 임금채권, 당해 물건에 대한 대금채권이나 유익비채권을 가진 경우가 포함된다(Uniform Exemptions Act § 10과 주석 참조). 일반적으로 집행이 면제되는 재산에 대하여 집행할 수 있는 채권자가 있다고 하여, 그 재산의 채무자에 대한 무자력을 판단함에 있어서 반드시 이를 자산에 포함되지는 않는다.

51) "tenancy by the entireties"는 부부일체보유(부동산권)라고 부를 수 있다. 부부는 일체라고 하는 unity of personality(부부일체의 원칙)로부터 부부에게만 인정되는 부동산의 공동소유형태이다. 부부 일방의 사망으로 다른 일방이 모든 권리를 취득한다. 일부 주에서는 부동산 이외의 재산에 대하여도 인정된다.

52) "claim"의 정의는 Bankruptcy Code § 101(4)에서 유래한다. 이 법의 목적은 원래 담보권을 가지지 않는 일반채권자를 사해양도나 사해채무부담으로부터 보호하는 데 있으므로, 이 법에서 사용하는 "claim"과 "debt"는 일반적으로 무담보의 채권과 채무를 가리킨다. 다만 문맥에 따라서는 무담보 채권, 채무에 한정되지 않는 경우도 있다.

53) "creditor"는 "claim"과 관련되어 있고, "creditor"의 의미는 Uniform Fraudulent Conveyance Act §1과 실질적으로 유사하다. UFCA나 UFCT 모두 확정되지 않는 불법행위채권이나 장래의 불확정채권을 가진 채권자도 보호된다.

54) "debt"의 정의는 Bankruptcy Code §101(11)에서 유래한다.

55) "insider"는 Bankruptcy Code § 101(28)에서 유래하나, 그 내용이 동일하지는 않다.

(B) 채무자가 조합원일 때 그 조합[57]
(C) (B)항에서 서술한 조합의 조합원, 또는
(D) 채무자가 법인의 이사, 중역이나 지배인인 경우에 그 법인
(ii) 채무자가 법인인 경우
(A) 채무자의 이사
(B) 채무자의 중역
(C) 채무자의 지배인
(D) 채무자가 조합원일 때 그 조합
(E) (D)항에서 기술한 조합의 조합원, 또는
(F) 채무자의 조합원・이사・직원・지배인의 친척
(iii) 채무자가 조합일 때
(A) 채무자의 조합원
(B) 채무자의 조합원이나 그 친척, 채무자를 관리하는 사람
(C) 채무자가 조합원인 다른 조합
(D) (C)항에서 기술한 조합의 조합원, 또한
(E) 채무자의 관리인
(iv) 관계자[58] 또는 관계자가 채무자인 경우와 동일하게 관계자의 내부자, 그리고
(v) 채무자의 업무집행자

(9) '담보'[59]라 함은 채무의 변제나 의무의 이행을 확보하기 위하여 재산에 부과하거나 그 재산에 관하여 가지는 권리를 말하는 것으로서, 약정담보권, 보통법이나 형평법 절차에 의한 사법적 압류[60]나 가압류, 보통법상의 유치권[61]과 제정법에 의한 담

---

56) "general partner"라 함은 무한책임을 지는 조합원이나 무한책임사원을 말한다.

57) "partnership"이라 함은 조합이나 합명회사를 말한다.

58) "affiliate"는 관계자, 자회사, 지부, 회원 등을 의미한다.

59) "lien"의 정의는 Bankruptcy Code § 101 (30), (31), (43), (45)에서 유래하고, 각각 "judicial lien," "lien," "security interest," 와 "statutory lien"을 규정하고 있다.

60) "judicial lien"이라 함은, attatchment(압류) 또는 judgment(판결)에 의한 levy(압류), sequestration(가압류) 등, 재판절차를 통하여 발생하는 담보. 미국법상 일반적으로 판결 등의 집행권원을 얻은 채권자(judgement creditor)는 자동적으로 이를 취득하거나, 법원서기가 관리하는 docket에 이를 등록함으로써 등록한 county 안에 있는 채무자소유의 모든 부동산에 관한 우선특권(이를 특히 judgement lien이라 함)을 취득하며, 법원사무관으로부터 발부받은 writ of execution을 집행(levy)함으로써 채무자소유의 특정재산에 관한 우선특권(이를 특히 execution lien이라 함)을 취득한다. 이러한 우선특권들을 judicial lien이라 한다.

61) 보통법에 의하여 인정되는, 채권자가 채무자의 재산을 채무 변제시까지 유치할 수 있는 권리(우리 민법과 상법상의 유치권과 유사)로서, 특정물과의 관계에서 발생한 채권에 관하여, 그 물건에 대하여만 행사할 수 있는 particular lien(특정유치권)과 일련의 거래관계 속에서 점유를 취득한 물건에 대하여 그 물건의 점유취득과는 직접적 관계가 없는 채권에 관하여 인정되는 general lien(포괄적 유치권)이 있다.

보를 포함한다.

(10) '법인(단체)'이라 함은 개인이 아닌 사람(권리주체)을 뜻한다.

(11) '사람'[62]이라 함은 개인, 파산재단,[63] 조합, 사단, 신탁관계를 말하고, 영리목적이든 비영리목적이든, 정부와 정부 산하기관, 대리인이나 중개인과 또는 모든 법적이나 상업적 실체를 말한다.

(12) '재산'[64]이라 함은 권리[65]의 객체가 되는 모든 것을 말한다.

(13) '기록'이라 함은 유형의 매체에 쓰여지거나, 전자를 비롯한 다른 매체에 저장된 모든 정보로서, 인식할 수 있는 형태로 복구할 수 있는 것을 말한다.

(14) '친척'[66]이라 함은 보통법에서 정하는 3등급[67] 이내의 혈족,[68] 배우자, 또는 배우자와 보통법에서 정하는 3등급 이내의 혈족을 말하고, 3등급 이내의 양자 관계를 포함한다.

(15) '서명'이라 함은 현실적인 의도를 가지고 기록을 인정하거나 채용하는 것으로서 아래의 행위를 말한다.

(ⅰ) 유형의 매체를 작성하거나 인정하는 행위

---

62) "person"의 정의는 Uniform Commercial Code § 1-201 (28) & (30)에서 유래하고 각각 "organization"(법인)과 "person"(사람)을 규정하고 있다.

63) "estate"는 원래 부동산에 관한 권리를 말하나, 여기에서는 그 자체 법률행위 주체가 될 수 있는 파산재단이나 유산 등을 의미하는 것으로 본다.

64) "property"의 정의는 Uniform Probate Code § 1-201(33)에서 유래한다. 재산에는 동산과 부동산, 유체재산과 무체재산을 비롯한 재산에 대한 모든 권리와, 보통법이나 형평법상의 권리를 모두 포함된다.

65) owner는 우리 법상 소유자로 번역되나, 영미법에서 owner의 개념은 그보다 넓다. 우리 법은 소유권을 기초로 시작되나 영미법은 하나의 물건에도 여러 가지 종류의 ownership이 있을 수 있다. 예를 들어 신탁계약에서 수탁자는 보통법상의 소유권(legal owner)을 가지고, 수익자는 형평법상의 소유권(equitable owner)을 가진다. 또한 owner of leasehold(부동산 임차권자), owner of easement(지역권자)라는 용어도 사용된다. 여기서는 '권리'로 번역하였다.

66) "relative"의 정의는 Bankruptcy Code § 101(37)에서 유래한다. 파산법에는 채무자의 배우자에 대한 명시적 규정이 있다. 이는 인척관계에 관한 보통법상의 촌수계산이 불확실하기 때문이다.

67) 보통법상의 촌수 계산법 중 직계혈족은 우리와 같다. 즉 아버지와 아들 사이는 1촌, 할아버지와 손자 사이는 2촌이다. 그러나 방계혈족은 우리와 다른 방식을 사용한다. 즉 두 사람 사이에 공동선조 중 먼 쪽을 기준으로 하여 그 촌수가 매겨진다. 형제 사이에는 둘다 1촌인 아버지가 공동선조이므로 방계 1촌이다. 그리고 삼촌과 조카 사이의 공동선조는 삼촌을 중심으로 하면 아버지로서 1촌이지만, 조카를 중심으로 하면 2촌인 할아버지가 공동선조이므로 방계 2촌이 된다. 결국 방계 3촌 중 형제 항렬이라면 증조할아버지가 공동선조이므로 우리식으로 따지자면 8촌까지 포함된다.

68) "consanguinity"(혈족관계)는 부계 및 모계의 직계혈족(lineal consanguinity)과 방계혈족(collateral consanguinity)을 모두 가리킨다. 한편 혼인에 의한 친족인 인척은 affinity라 한다.

(ii) 전자적 기호나 소리 혹은 전자처리된 기록을 첨부하거나, 접속하는 행위

(16) '양도'[69]라 함은 모든 형태의, 직접·간접적, 확정적·조건부, 강제적·임의적으로 하는 권리의 이전과 포기를 말하고, 여기에는 변제, 채무면제, 임대차와 담보의 설정, 지적재산권의 실시허락이나 기타 부담을 지는 것이 포함된다.

(17) '유효한 담보'[70]라 함은 보통법이나 형평법의 절차에 의하여 취득한 그 후의 압류나 가압류권자에게 대항할 수 있는 것을 말한다.

제2조(무자력)

(a) 채권자에 대한 채무의 총액이, 채무자의 총자산의 공정한 가격보다 많을 때 지급불능이 된다.[71]

(b) 선의의 분쟁으로 인하여 지급하지 않는 경우를 제외하고, 변제기에 있는 채무를 지급할 수 없는 채무자는 지급불능으로 추정된다.[72] 그러한 추정으로 인하여 무자력이 존재하지 않는다고 주장하는 당사자에게 증명책임이 부과된다.

(c) 본 조에서 말하는 자산 속에는 양도·은닉되거나, 채권자를 방해·지체·사해할 의도로 이전된 것, 혹은 이 법에 의하여 취소될 수 있는 방식으로 처분된 것은 포함되지 않는다.

(d) 본 조에서 말하는 채무에는 자산에 포함되지 않는 채무자의 재산에 유효한 담보가 확보되어 있는 채무는 포함되지 않는다.[73]

제3조(대가)

(a) 양도나 채무부담행위에 대한 대가로, 재산이 양도되거나 또는 기존채무에 대한 담보가 제공되거나 기존채무를 만족시킬 때, 그 양도나 채무부담을 위한 대가의 교부가 있다고 본다. 그러나 장래 이행할 것을 약속하는 것은, 약속한 자의 통상적인 거래 과정 중에 채무자나 다른 사람을 지원하기 위한 것이 아니라면, 대가에 포함되지 않는다.[74]

---

69) "transfer"의 정의는 Bankruptcy Code § 101(48)에서 유래한다. Uniform Fraudulent Conveyance Act § 1에 규정된 "conveyance"의 정의도 포괄적으로서, '변제, 포기, 임차, 담보설정이나 부담'이라는 용어는 위 법에서 유래한다. 다만 UFCA에서는 비자발적 양도에 관한 명시적인 언급이 없었으나, 위 법 아래의 판결은 일반적으로 비자발적인 양도도 양도에 포함된다는 해석에 따랐다.

70) "valid lien"의 정의는 새로운 규정이다. 유효한 담보는 사법적 담보에 우월하는 형평법상의 담보도 포함된다.

71) (a)항은 "insolvent"의 정의를 규정한 Bankruptcy Code § 101(29)(A)에서 유래한다.

72) (b)항은 변제기의 채무를 전반적으로 변제하지 못하는 사실에 기한 번복 가능한 무자력의 추정에 관한 규정이다. 그러한 전반적 변제불능은 Bankruptcy Code § 303(h)(1)에 따른 비자발적 파산신청의 근거가 된다.

73) (e)항은 새로운 규정이다. 이 규정은 특정인의 무자력을 판단할 때 자산으로 평가되지 않는 재산으로 담보된 채무를 부채로 보아 무자력의 근거로 삼지 않는다는 점을 밝히고 있다.

74) (a)항은 Bankruptcy Code § 548(d)(2)(A)와 같다.

(b) 제4조 (a)항 제2호와 제5조의 적용과 관련하여, 만약 저당권, 신탁증서나 담보약정의 불이행을 이유로 채무자의 권리를 취득하거나 양도할 목적으로 통상적이고, 통모가 아닌 담보권실행 매도나 매도권의 실행절차에 따라, 채무자의 권리를 취득하거나 양도채무자의 권리를 취득하였다면, 채무자의 자산에서 채무자의 권리를 취득한 사람은 합리적인 동등한 대가를 교부하는 것으로 본다.[75)]

(c) 채무자와 수익자 사이에 양도가 동시에 그리고 실질적으로 동시에 하려는 의사로 이루어진 경우에는, 그 거래는 현존하는 약인으로 성립한다.[76)]

제4조(현재 및 장래 채권자에 대한 사해행위)

(a) 채무자가 아래와 같은 양도나 채무부담행위를 한 때에는, 채권자의 채권이 채무자의 양도나 채무부담 전후에 발생한 것을 불문하고, 그 양도나 채무부담은 채권자에 의하여 취소될 수 있다.

(1) 어느 채권자에 대하여든 방해·지체 또는 사기의 현실적인 의도가 있을 때, 또는

(2) 양도나 채무부담행위에서 합리적인 동등한 가치의 수령이 없고

(i) 채무자가 종사하였거나 종사하려던 사업이나 거래에서, 채무자에게 남은 자산이 그 사업이나 거래와 관련하여 지나치게 작은 때,[77)] 또는

(ii) 채무자가 채무의 이행기에 이를 변제할 능력을 넘어선 채무를 부담하려고 의도하거나 의도하였다고 합리적으로 믿을 만한 사정이 있을 때[78)]

(b) (a)항 (1)호의 현실적인 의도를 파악할 때는 아래와 같은 사정을 고려하여 결정한다.[79)]

(1) 양도나 채무부담이 내부자에 대한 것인지 여부

(2) 양도 후에 채무자가 양도목적물을 점유하거나 관리하는지 여부

(3) 양도가 공개적인지 은폐되었는지 여부

(4) 양도나 채무부담이 있기 전에 채무자에게 소가 제기되었거나 소제기의 우려가 있었는지 여부

(5) 실질적으로 채무자의 전체 자산이 양도되었는지 여부

(6) 채무자의 도주 여부

(7) 채무자가 자산을 이전하거나 은닉하였는지 여부

(8) 채무자가 수령한 약인의 가치가 양도자산이나 채무부담의 가치와 합리적으로 상응하는지 여부

---

75) (b)항은 제4조 (a)항 (1)호에 따라 채권자에 대한 현실적 사해의사를 가지고 한 사해행위의 취소를 구하는 소에는 적용되지 않는다.

76) (c)항은 Bankruptcy Code § 547(c)(1)과 같다. 기존채무의 만족을 위한 내부자에 대한 양도는 제5조 (b)항에 의하여 취소될 수 있다.

77) 이를 파산법상 '과소자본유보행위'라 한다.

78) 이를 파산법상 '상환능력초과 채무발생행위'라 한다.

79) 이들은 이른바 badges of fraud(사해의 징표)로서 예시적이고 배타적인 것은 아니다.

(9) 채무자가 지급불능이었거나 양도나 채무부담 후 바로 지급불능이 되었는지 여부

(10) 양도가 실질적인 채무의 발생을 기준으로 그 직전이나 직후에 이루어졌는지 여부

(11) 채무자가 사업의 필수적인 자산을 선취특권자에게 양도하고, 양도받은 선취특권자는 그 자산을 채무자의 내부자에게 다시 양도하였는지 여부

(c) (a)항에 따른 구제의 청구를 하는 채권자는 청구요건을 증거의 우월에 의하여 증명하여야 한다.

제5조(현재 채권자에 대한 사해행위)

(a) 채무자가 양도나 채무부담에 대한 합리적인 동등한 대가를 수령하지 않고 양도나 채무부담을 하였거나, 그 당시 채무자가 이미 지급불능이었거나, 또는 양도나 채무부담으로 인하여 지급불능이 된 경우에, 양도나 채무부담 이전에 발생한 채권의 채권자에 의하여 취소될 수 있다.[80)]

(b) 지급불능인 채무자가 내부자에 대한 기존의 채무변제를 위하여 양도하고, 그 내부자가 채무자의 지급불능사실을 알고 있었다고 할 만한 합리적 이유가 있을 때, 양도는 양도약정 이전에 발생한 채권의 채권자에 의하여 취소될 수 있다.[81)]

(c) 제2조 (b)항에 따라, 본조 (a)항이나 (b)의 구제청구를 하는 채권자는 청구의 요건을 증거의 우월에 의하여 증명할 책임이 있다.

제6조(양도나 채무부담의 시기)[82)]

이 법이 적용되기 위한 요건으로서 양도나 채무부담의 성립시기는 아래와 같다.

(1) 양도의 성립시기[83)]

(i) 양도가 지상구조물이 아닌 부동산인 자산과 자산매매계약에 의한 매도인이나 매수인의 권리를 대상으로 하는 경우에, 채무자가 합법적으로 양도할 수 있는 선의 매수인으로서, 자산에 관한 수익자의 권리보다 우위의 권리를 취득하지 못하는 자에게 양도가 이행된 때.

(ii) 양도가 부동산이 아닌 자산이나 지상구조물을 대상으로 하는 경우, 이 법에 의하지 않으면 수익자의 권리에 우선하는 사법적 압류나 가압류를 할 수 없는 계약

---

80) (a)항은 Uniform Fraudulent Conveyance Act § 4에서 유래한다.

81) (b)항은 내부자에 대한 편파행위를 규정하고 있다.

82) 사해행위취소청구권(cause of action)의 발생시기를 말한다. 원칙적으로 양도가 이행된 때이다.

83) 제6조 1항에서 규정하는 부동산의 양도는 선의 양수인에 대한 양도가 이행이 완료된 때 성립하는 것으로 정하고 있다. 동산이나 지상구조물에 대하여는 사법적 담보를 취득하는 채권자로서 이 법에 따른 권리를 주장하지 않는 자에 대한 이행완료시점을 양도일을 정하고 있다. 이행은 전형적으로 부동산거래증서의 등록(notice-filing, recordation)이나 점유이전(delivery of unequivocal possession)에 의하여 효력이 발생한다.

상 채권자에게 양도가 이행되었을 때.

(2) (1)항에 따라 합법적으로 양도할 수 있으나, 이 법에 따른 구제의 소 제기 전에 양도가 이행되지 않았다면, 양도는 소 제기 직전에 성립한 것으로 본다.

(3) (1)항에 따른 합법적인 양도가 허용하지 않는다면, 양도는 채무자와 양수인 사이에 계약의 효력이 발생한 때 성립한다.

(4) 양도는 채무자가 양도 자산에 관하여 권리를 취득하기 전까지는 성립하지 아니한다.[84)]

(5) 채무부담 약정의 성립시기

(i) 구술에 의한 경우에는 당사자 사이에 그 효력이 발생한 때

(ii) 기록에 의한 경우에는 의무자가 서명한 기록이 권리자나 권리자를 위하여 전달될 때

제7조(채권자에 대한 구제수단)[85)]

(a) 이 법에 의한 양도나 채무부담에 대한 소송에서, 채권자는 제8조의 제한 내에서 아래의 권리를 취득한다.

(1) 채권의 만족에 필요한 범위 내에서 양도나 채무부담의 취소

(2) 양도된 자산이나 수익자의 다른 재산에 대한 가압류나 기타 임시구제. 다만 그 적용법규가 허용하는 경우에 한한다.

(3) 형평법과 민사소송의 원칙에 따라

(i) 채무자나 수익자, 또는 쌍방에 대한 양도자산이나 기타 재산의 처분금지명령

(ii) 양도자산이나 수익자의 다른 재산의 관리를 위한 관재인의 선임

(iii) 기타 사정에 따라 필요한 모든 구제책

(b) 채권자가 채무자에 대하여 확정판결을 취득하고 법원의 명령이 있으면, 양도된 자산이나 그 수익에 대하여 강제집행할 수 있다.

제8조(양수인의 방어방법, 책임 및 보호)

(a) 양도나 채무부담이 선의이고 합리적인 동등한 대가로 행하여지고 그 대가가 채무자에게 지급된 경우에는 수익자나 그 전득자 또는 권리자에 대하여 제4조 (a)항 (1)호에 의하여 취소할 수 없다.[86)]

---

84) (4)항은 양도인이 양도하기 전에 자산에 대한 권리를 가지고 있을 것을 요구한다. 이 규정에 따른 양도시기는 부동산거래증서의 등록에 따라 권리를 취득하였다는 증거를 제출한다고 하여 달라지지 않는다. 예를들면 C가 D에게 자동차구매자금을 대여하면서 C가 장차 구매할 자동차를 대여금채권의 담보로 제공하기로 합의하였다 하더라도, D가 그 후에 실제로 자동차를 구매하여 소유권을 취득하기 전까지는 채권자취소의 대상인 양도가 있다 할 수 없다. 따라서 그 후에 D가 C에게 담보를 제공한 행위=양도(transfer)는 기존채무(대여금채무)에 관한 것으로서 편파행위가 될 수 있다.

85) 제7조는 Uniform Fraudulent Conveyance Act §§ 9 & 10에서 유래한다.

86) (a)항은 양수인이 제4조 (a)항 (1)호에 기한 취소소송에서 항변 사실을 완전하게 증명한 경우를 규정하고 있다. 이 규정은 Uniform Fraudulent Conveyance Act § 9

(b) 양도가 제7조 (a)항 (1)호에 따라 채권자의 청구로 취소되는 한도에서, 아래 조항이 적용된다.

(1) 이 조문에서 따로 정하지 아니하는 한, 채권자는 양도 재산의 가액을 (c)항에 의하여 조정된 액수와, 채권자의 채권액 중 작은 액수의 배상판결을 받는다. 그 판결은 아래 사람을 대상으로 한다.

(ⅰ) 자산의 최초 취득자나 그의 이익을 위하여 양도된 자, 또는

(ⅱ) 그 후의 모든 전득자. 다만 아래 사람은 제외한다.

(A) 선의로 대가를 주고 취득하거나

(B) 위 (A)로부터 취득하거나 전득한 사람

(2) 제7조 (a)항 (1)호나 (b)항에 따라, 양도된 자산이나 그 수익을 집행하거나 다른 방법으로 회복할 수 있는 대상은 위 (1)호의 (ⅰ)과 (ⅱ)에 기재된 사람에 한정된다.

(c) (b)항에 의한 판결이 처분자산의 대가를 기초로 하는 경우, 그 판결은 형평법이 요구하는 조정방법에 따라, 처분 당시 자산의 가액과 동일한 액에 의하여야 한다.[87]

(d) 양도나 채무부담행위가 이 법에 따라 취소된 경우에, 선의의 수익자나 권리자는, 채무자가 그 양도나 채무부담의 대가로 받은 대가의 한도 내에서, 아래의 권리를 가진다.[88]

(1) 양도된 자산에 관한 모든 이익에 대한 선취특권이나 유치권

(2) 모든 채무의 집행, 또는

(3) 재판에서 책임액의 감소

(e) 처분이 다음의 결과로 발생한 경우에는 제4조 (a)항 (2)호에 의하여 취소할 수 없다.

(1) 임대차의 종료가 채무자의 채무불이행으로 인하여 종료되었을 때. 다만 임대차의 종료는 임대차계약과 관련 법규에 따라야 한다.

(2) Uniform Commercial Code §9에 따른 담보권의 행사

(f) 제5조 (b)항에 의하여 취소할 수 없는 처분행위는 아래와 같다.[89]

(1) 새로운 대가가 유효한 담보에 의하여 확보되지 않았다면, 내부자가 채무자

의 예외규정을 그대로 채택하였다. 이 규정을 주장하는 사람은 선의와 합리적이고 적정한 약인을 지급하였다는 사실을 증명하여야 한다.

87) (c)항은 새로운 규정이다. 사해행위의 피해자인 채권자를 위한 원상회복은 양도당시 가격을 넘지 못한다고 해석하는 것이 일반적이다.

88) (d)항는 Bankruptcy Code § 548(c)와 같다. 무자력인 채무자로부터 기존채권의 만족이나 담보 목적으로 재산을 양도받거나 권리를 취득한 내부자는, 양도시나 권리취득시에 채무자의 무자력을 알 수 있었다고 볼 합리적인 사정이 있으면 선의의 수익자가 아니다.

89) (f)항은 제5조 (b)항의 내부자에 대한 편파행위 부인에 대한 추가적 항변권을 규정하고 있다.

나 채무자의 이익을 위하여 새로운 대가를 제공한 범위 내의 행위[90)]

(2) 채무자와 내부자의 통상적인 거래나 금융거래 과정에서 성립한 경우[91)] 또는

(3) 채무자의 회생목적을 위한 최선의 노력으로 행하여지고, 처분행위가 채무자의 기존채무뿐만 아니라 회생목적을 위하여 현존가치를 확보하였을 때[92)]

(g) 이 조문에 의한 청구사실을 증명에 관하여는 아래의 규정에 따른다.

(1) (a), (b), (c), 혹은 (f)항을 주장하는 당사자는 그 사실을 증명할 책임이 있다.

(2) 아래 (3)호와 (4)호에 따라 증명된 경우를 제외하고는, 채권자가 본조 (b)와 (c)항의 요건사실을 증명할 책임이 있다.

(3) 양수인은 본조 (b)(1)(ii)(A)나 (B)의 양수인이라는 점을 증명할 책임이 있다.

(4) 본조 (c)항의 조정을 원하는 자는 그 조정에 관하여 증명할 책임이 있다.

(h) 이 조문에서 사실의 증명에 필요한 증명의 정도는 증거의 우월에 의한다.

제9조(제소기간)[93)]

이 법에 의한 사해행위소송의 제기기간은 아래와 같다.

(a) 제4조 (a)항 (1)호의 경우, 양도나 채무부담이 있은 날로부터 4년 이내, 혹은 늦어도 채권자가 양도나 채무부담을 알았거나 알 수 있었던 날로부터 1년 이내

(b) 제4조 (a)항 (2)호와 제5조 (a)항의 경우, 양도나 채무부담이 있은 날로부터 4년 이내, 또는

(c) 제5조 (b)항의 경우, 양도나 채무부담이 있은 날로부터 1년 이내

---

90) (1)호는 Bankruptcy Code § 547(c)(4)와 같은 내용이다. Bankruptcy Code는 채무자에 대하여 담보가 없어도 관재인의 부인권 행사에 대하여 새로운 대가를 지급한 채권자는 그 채권액수와 부인권 행사로 원상회복할 금액과 상계할 수 있도록 허용하고 있다. 이 규정은 기존 채권에는 허용되지 않는다.

91) (2)호는 Bankruptcy Code § 546(c)(2)에서 유래한다. Bankruptcy Code는 통상적인 거래과정이나 금융거래과정에서 이루어진 금전지급행위를 파산관재인의 편파행위 부인권으로부터 면제하고 있다. 거래가 통상적인 과정이었는지 여부는 지급의 형태나 채무자가 관여한 담보부 거래인지 여부 및 제5조 (b)항에 기한 사해행위 이전의 내부자인지 여부가 고려의 대상이 된다.

92) (3)호는 새로운 규정으로, 기존채권을 가진 내부자라도 비자발적인 파산절차에서 채무자를 구제하기 위한 선의적인 노력의 일환으로 추가적으로 금전을 제공하는 행위를 막지 않겠다는 정책적인 판단이다. 같은 취지에서 경제적으로 곤공한 채무자로 하여금 파산상태에서 벗어날 수 있도록 추가적인 금전대여를 하면서 담보를 취득하는 것을 인정하고 있다. 거래가 선의인지 여부를 판단함에는 현재 대가로 지급한 액수, 담보가 확보된 기존 채권의 규모와 회생을 위한 노력의 성공 가능성 등이 고려의 대상이 될 수 있다.

93) 제소기간은 채권자가 이 법에 기하여 취소소송을 제기하거나, 제7조 (b)항에 기하여 강제집행을 할 때 양수인이 이를 주장하거나, 취소소송을 당초 양수인을 상대로 제기하거나 전득자를 상대로 제기하거나 모두 적용된다. 실정법에 기한 제소기간의 정함이 있다고 하더라도, 태만으로 인한 형평법에 기한 취소권 소멸(laches)의 주장을 할 수 없는 것은 아니다.

제10조(준거법)

(a) 이 조문에서 채무자의 소재지는 아래와 같은 기준으로 정한다.

(1) 채무자가 개인인 경우에는 개인의 주된 주소지를 소재지로 한다.

(2) 단체가 채무자이고 영업장소가 하나인 경우에는 그 영업지를 소재지로 한다.

(3) 단체가 채무자이고 하나 이상의 영업장소가 있는 경우에는 주된 사무소를 소재지로 한다.

(b) 청구가 그 성격상 이 법에 따른 구제방법인 경우에, 거래가 행해지거나 채무가 발생한 당시에 채무자가 소재하던 법정지법을 적용한다.

제11조(구분책임회사에 대한 적용)[94)][95)]

(a) 이 조문에서:

(1)“구분책임을 지는 구성원”은 명칭과는 상관없이, 구분책임회사에 관한 법에 따라 설립되고, 아래 (2)항에서 설명하는 바와 같은 특성을 가진다.

(2)“구분책임회사”는 당해 법규에 따라 설립되어야 하고, 아래와 같은 특성을 가진다.

(i) 구분책임회사는 명칭에 상관없이 특정 재산에 관한 하나 또는 그 이상의 구분책임을 지는 구성원에 관한 사항과, 그 구성원이 소유하거나 관련되어 있는 재산에 관한 회사장부를 보존하여야 한다.

(ii) 구분책임을 지는 구성원의 행위나 재산 또는 그와 관련하여 발생하거나 존재하는 채무는, 그 구성원이 소유하거나 관련된 재산에만 집행할 수 있고, 그 회사

94) 이 조문은 2014년에 신설된 것으로서 기업조직에 관한 규정의 발전을 수용한 것으로서, 그러한 규정의 예로는 2009년 통일신탁실체법 401조에서 404조{Uniform Statutory Trust Entity Act §§ 401-404 (2009)}가 있다.

95) ‘series organizations’ 는 최근의 기업조직 방식으로 series를 만들 수 있는 조직을 말한다. 2014년 말을 기준으로 12개 주와 District of Columbia 및 Puerto Rico에서 이를 인정하는 실정법이 제정되어 있다. 한편 series는 새로운 법률용어로서 유한책임회사(limited liability companies: LLCs)에 적용된다. 유한책임회사는 회사장부에 series라는 항목의 계정을 만들어 그 회사의 자산 중 일정 부분을 그 series와 결합시킬 수 있다. 이 경우에 예를 들어 유한책임회사가 Series A와 Series B를 만들었다면, series A는 자신이 양도하거나 자신의 행위로 인한 채무만 책임을 지고 Series B는 물론이고 그 모체(mother ship)인 유한책임회사는 그로 인한 책임을 지지 아니한다. 그 효과는 모회사와 자회사 사이의 관계와 유사하다. 이러한 기업형식은 투자회사에서 생겨났다. 펀드메니저가 여러 종류의 상호투자(mutual funds)를 받아 각 펀드마다 다른 투자목적을 가지는 펀드를 조성하는 경우에 각 펀드마다 다른 series를 만들 수 있다. 문제는 series가 모체로부터 독립한 법인인지 여부나 더 나아가 회사의 한 부서인지 여부도 불분명하다는 것이다. 그런데 UVTA §§ 1(11), 1(16)에 의하면 취소할 수 있는 양도는 사람에 의한 것이 아니면 안 된다. 그래서 무자력인 Series A가 Series B에게 증여를 하는 경우에 Series A의 채권자는 증여된 재산에 집행할 수 없는 결과가 될 수 있다. 그래서 UVTA에서는 각 Series를 별개의 사람으로 취급한다는 규정을 신설한 것이다. Kenneth, 828면 이하 참조.

나 그 회사의 다른 구분책임 구성원이 소유하거나 관련된 재산에는 집행할 수 없다.

(iii) 구분책임회사의 행위나 재산과 관련하여 발생하거나 존재하는 채무는, 그 회사의 재산에만 집행할 수 있고, 그 회사의 구분책임 구성원이 소유하거나 관련된 재산에는 집행할 수 없다.

(b) 이 법에서는 구분책임회사와 각각의 구분책임을 지는 구성원은 별개의 권리주체이다. 비록 다른 법에서 특정의 구분책임을 지는 구성원이 그 회사나 회사의 다른 구분책임 구성원과 별개의 권리주체가 아닌 것으로 취급되는 경우에도 다르지 않다.

제12조(보충조항)[96]

이 법에 특별한 규정이 없다면, 본인과 대리에 관한 상법과 보통법상의 원리, 금반언, 형평법상의 소멸시효, 사기, 부실표시, 강박, 강제, 착오, 지급불능이나 기타 유효나 무효의 원인에 관한 보통법과 형평법상의 원리가 보충 적용된다.

제13조(적용과 해석의 통일)

이 법은 이를 시행하기 위한 법률을 제정하는 여러 주들 사이에서, 법의 통일이라는 일반적 목적을 달성하기 위하여 적용되고 해석되어야 한다.

제14조(전자서명법과의 관련)

이 법은 전자서명법(U.S.C. Section 7001)에 우선하여 적용된다. 그러나 같은 법 제101조 (c)항에 우선하지 아니하고, 같은 법 103조 (b)항에 의한 통지의 전자적 송달을 인정하지 아니한다.

제15조(법의 약칭)

그 전에 Uniform Fraudulent Transfer Act라고 불렀던 이 법은, Uniform Voidable Transactions Act라 부른다.

96) 제10조는 Uniform Fraudulent Conveyance Act § 11과 Uniform Commercial Code § 1-103에서 유래한다. 특히 형평법상의 출소기간 제한제도인 "laches"도 적용될 수 있음을 명시적으로 규정하고 있다.

판례 찾아보기

*대판 – 대법원 판결, 대판(전) – 대법원전원합의체 판결
대결 – 대법원 결정, 대결(전) – 대법원전원합의체 결정

■ 한국판례

[대법원]

[고등법원]

[지방법원]

[헌법재판소]

■ 일본판례

사항 찾아보기

이 순 동(李淳東)

■ 약 력

○ 서울대학교 인문대 영문과 졸업(74학번)
○ 서울대학교 법대 대학원 수료(78학번)
○ 사법시험 22회 합격(사법연수원 12기 수료)
○ 대구지방 · 고등법원 판사, 대법원 재판연구관
○ 일본 동경대학 법학부 객원연구원
○ 동국대학교 법대 강사, 변호사, 경북대학교 · 영남대학교 법과대학원 겸임교수
○ 대구지방법원 경산 · 영천 · 청도 시군법원 판사
○ 영남대학교 법학전문대학원 교수
○ 현 경상북도자치경찰위원회 위원장

■ 논문 및 저서

저서 : 민사소송의 사실인정과 증인신문기법(진원사)

논문 : 가족법상의 부양의무와 세법(쥬리스트 407호), 기부채납과 부가가치세(조세판례백선), 보증한도액이 정하여진 계속적 보증계약에 있어서 보증인의 책임범위(대법원판례해설 23호), 사법개혁－특히 법원의 심급제도와 관련하여(衡平과 正義 19집), 선박의 소유권(재판자료 52집), 실행의 착수(재판자료 49집), 안전배려의무(재판과 판례 4집), 행정심판 전치주의(재판자료 67집), 일본의 법조(형평과 정의 14집), 화교의 법적 지위(형평과 정의 15집). 채권자취소소송의 실무상 문제점(대구지방변호사회 실무연구회). 공동이행방식으로 수급한 경우 대내외 관계(건축관련판례 50선, 대구판례연구회)

역서 : 성공하는 변호사. 사랑과 격려의 말 366일. 화해기술론.

제4판
채권자취소권

2010. 6. 20. 제1판 1쇄 발행
2012. 10. 25. 제2판 1쇄 발행
2017. 4. 10. 제3판 1쇄 발행
2022. 5. 31. 제4판 1쇄 발행

저　자　이순동
펴낸이　송정례
펴낸곳　**육법사**
04039　서울특별시 마포구 홍익로5길 65
TEL (02) 332－1830 · 1831
FAX (02) 332－1836
등록연월일 1966. 8. 19. 1－300호

ISBN 978-89-7214-212-6 93360
정가 85,000원